2021
中国上市公司业绩评价报告

中国上市公司业绩评价课题组 著

PERFORMANCE EVALUATION REPORTS OF CHINESE LISTED COMPANIES

·北京·

图书在版编目（CIP）数据

2021 中国上市公司业绩评价报告 / 中国上市公司业绩评价课题组编著 . —北京：中国市场出版社有限公司，2021.6

ISBN 978-7-5092-2082-5

Ⅰ. ① 2… Ⅱ. ①中… Ⅲ. ①上市公司－经济评价－中国－2021 Ⅳ . ① F279.246

中国版本图书馆 CIP 数据核字（2021）第 093980 号

2021 中国上市公司业绩评价报告

2021 ZHONGGUO SHANGSHI GONGSI YEJI PINGJIA BAOGAO

编　　著：中国上市公司业绩评价课题组
责任编辑：宋　涛

出版发行：中国市场出版社
社　　址：北京市西城区月坛北小街2号院3号楼（100837）
电　　话：（010）68034118/68021338
网　　址：http://www.scpress.cn

印　　刷：河北鑫兆源印刷有限公司
规　　格：210mm × 285mm　　16开本
印　　张：36.5　　字　　数：820千字
版　　次：2021年6月第1版　　印　　次：2021年6月第1次印刷
书　　号：ISBN 978-7-5092-2082-5
定　　价：398.00元

版权所有　侵权必究　　**印装差错　负责调换**

中国上市公司业绩评价课题组

顾　问：孟建民　第十三届全国人大社会建设委员会委员、
　　　　　　　　国务院国有资产监督管理委员会原副主任

组　长：王子林　中联企业管理集团董事局主席

副组长：孙庆红　中国上市公司业绩评价课题组副组长
　　　　范树奎　中联资产评估集团有限公司董事长
　　　　姚庚春　中兴财光华会计师事务所首席合伙人
　　　　穆东升　中联财联网科技有限公司总裁
　　　　潘　明　中联企业管理集团合伙人
　　　　严晓健　中联造价咨询有限公司董事长

成　员：邓艳芳　金　阳　韩　荣　唐章奇　陈志红　周　良　鲁杰钢　刘　松
　　　　吴晓光　蒋卫锋　陶　涛　高红海

目　录

第一部分　中国上市公司评价总报告

第二部分　中国上市公司评价各行业分析报告

第三部分　中国上市公司税收分析报告

附　录

第一部分
中国上市公司评价总报告

第一章　中国上市公司业绩评价宏观经济背景

2020年，面对突如其来的新冠肺炎疫情、世界经济深度衰退等多重因素的严重冲击，中国经济在全球主要经济体中唯一实现正增长。脱贫攻坚战取得全面胜利，决胜全面建成小康社会取得决定性成就。

一、国际经济大环境的影响

（一）全球经济遭受重创，经济复苏缓慢

2020年，百年一遇的新冠肺炎疫情重创全球经济，各国封锁措施一度使经济大面积停摆，全球经济经历了“二战”以来最严重衰退。下半年，疫情有所缓解，各国逐渐解封重启经济，并且发达经济体实施极度宽松货币政策和大规模财政刺激计划，下半年以来经济有所恢复，主要经济指标明显回暖。但2020年12月以来全球疫情又有所反弹，多国收紧疫情防控措施，许多国家在“保生命”和“保生计”之间的艰难平衡中更倾向于后者，但经济“带病上岗”，复苏进程受阻，复苏势头明显减缓。

（二）劳动力市场恶化

2020年，主要发达经济体劳动力市场恶化。美国失业率在2020年4月达到14.8%的高位，此后虽逐步下降，但降幅持续收窄，12月失业率持平于11月的6.7%。2020年4—11月，欧元区失业率从7.2%升至8.3%，英国从4.0%升至5.0%。劳动力市场的恶化不仅体现在失业率上升，也体现在工作时长下降。国际劳工组织（ILO）发布的最新一期《新冠肺炎疫情与就业监测报告》指出，2020年全球损失了8.8%的工作时间，这相当于2.55亿个全职工作岗位。

（三）国际贸易和投资显著萎缩

2020年，全球贸易市场显著萎缩。世贸组织表示，2020年全球贸易将同比萎缩9.2%，新冠肺炎疫情对全球贸易的影响在不同地区差别较大，相对而言，亚洲地区的贸易量下滑较少，而欧洲和北美地区的贸易缩水幅度较大。联合国贸易和发展会议表示，受制于疫情期间封锁措施的影响，2020年全球外商直接投资同比下降42%。

（四）金融市场潜在风险加大

2020年第一季度，主要发达经济体金融市场一度陷入恐慌，风险资产和一些传统避险资产遭抛售，多国股市数次熔断，美元流动性快速收紧，新兴经济体汇率贬值，资本大幅流出。2020年4月之后，随着主要经济体政府出台大规模刺激政策，市场情绪趋于缓和，金融市场明显修复。在实体经济复苏脆弱的背景下，全球股市强劲反弹，2020年美国三大股指收盘均创历史新高，与经济基本面脱节，风险隐患加大。

二、国内宏观经济指标

（一）GDP突破100万亿元

2020年，我国国内生产总值（Gross Domestic Product，简称GDP）为1015986亿元，较2019年增长2.3%，经济总量突破100万亿元。分季度看，一季度同比下降6.8%，二、三、四季度同比分别增长3.2%、4.9%和6.5%。

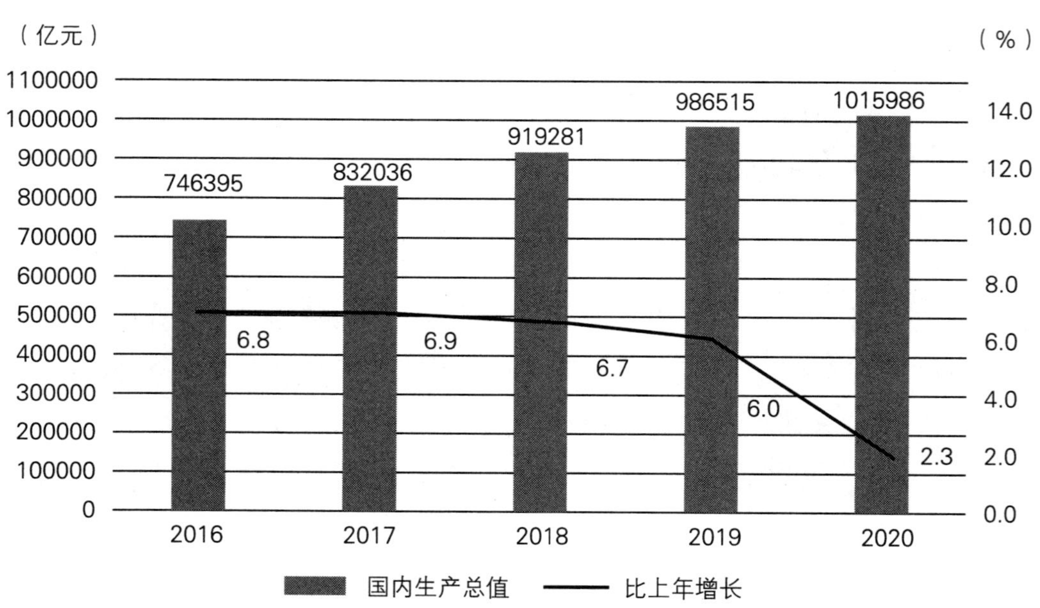

图1-1 2016—2020年国内生产总值及其增长速度

数据来源：国家统计局网站。

（二）固定资产投资稳步回升

2020年全社会固定资产投资527270亿元，比上年增长2.7%。其中，固定资产投资（不含农户）518907亿元，比上年增长2.9%。

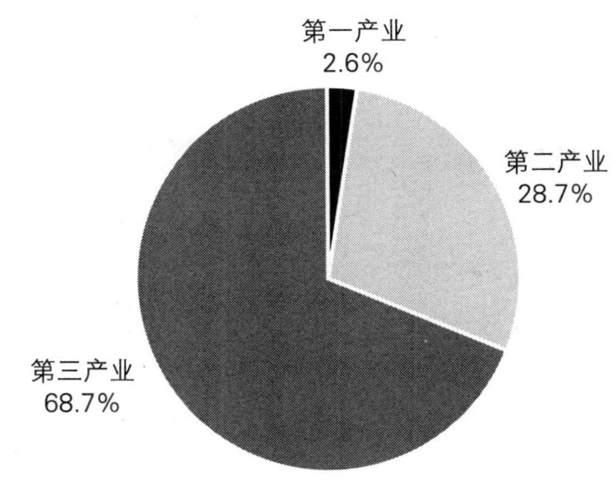

图 1－2　2020 年三次产业投资占固定资产投资（不含农户）比重

数据来源：国家统计局网站。

（三）进出口贸易逆势增长

2020 年全年货物进出口总额达到 321557 亿元，增长率比上年提高了 1.9 个百分点。其中，出口 179326 亿元，增长 4.0%；进口 142231 亿元，下降 0.7%。出口总额减去进口总额（进出口差额）为 37096 亿元，比上年增加 7976 亿元。在所有对外贸易国家中，我国对“一带一路”倡议所涉及的沿线国家进出口总额 93696 亿元，增长率比上年提高了 1.0 个百分点。其中，出口 54263 亿元，增长 3.2%；进口 39433 亿元，下降 1.8%。

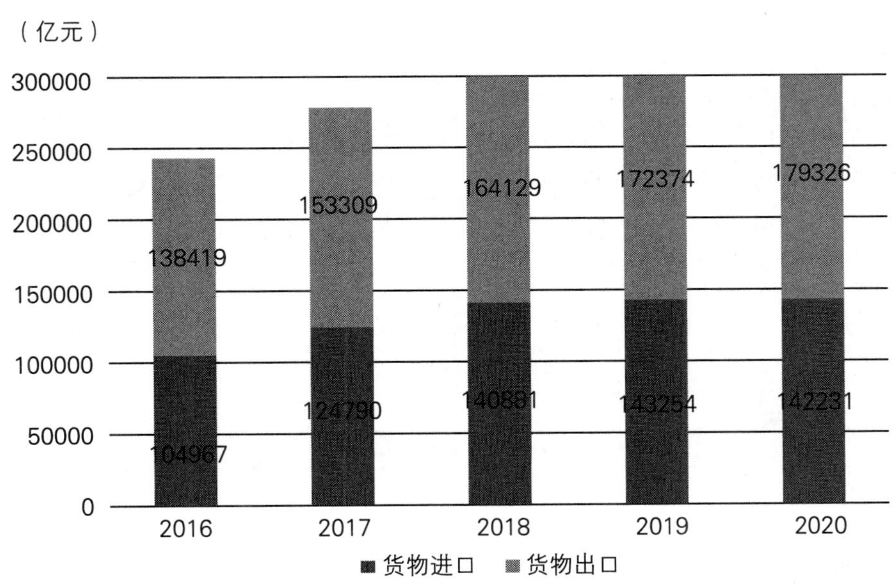

图 1－3　2016—2020 年货物进出口总额

数据来源：国家统计局网站。

（四）国内贸易稳步恢复

2020 年全社会消费品零售总额 391981 亿元，比上年下降 3.9%，其中第四季度同比增长 4.6%，比第三季度加快 3.7 个百分点。分城乡来看，城镇地区消费品零售额 339119 亿元，下降 4.0%；乡村地区消费品零售额 52862 亿元，下降 3.2%。

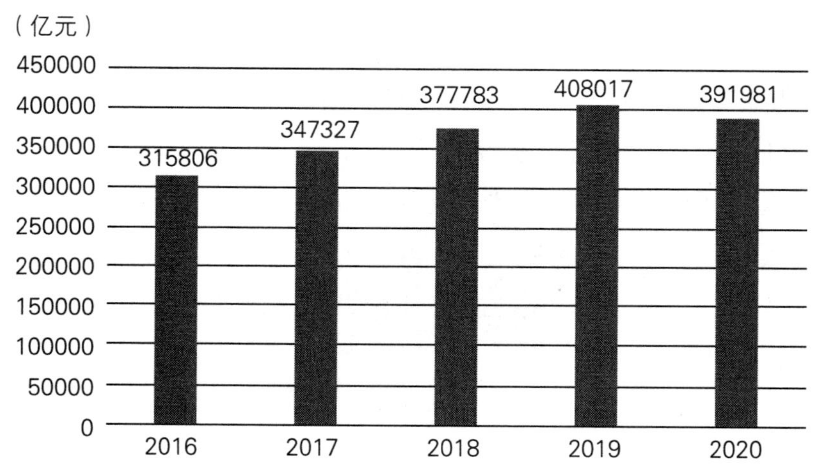

图 1－4　2016—2020 年社会消费品零售总额

数据来源：国家统计局网站。

（五）CPI 涨幅回落

2020 年居民消费价格指数（Consumer Price Index，简称 CPI）总体走势呈现前高后低、逐季下行的特征。全年同比上涨 2.5%，涨幅相较上年同期缩小了 0.4 个百分点。其中食品价格上涨 10.6%，涨幅比上年提高 1.4 个百分点；非食品价格上涨 0.4%，涨幅比上年回落 1 个百分点。不包括食品和能源的核心 CPI 温和上涨 0.8%，涨幅比上年回落 0.8 个百分点。

生产价格降幅收窄。2020 年，工业生产者出厂价格指数（Producer Price Index，简称 PPI）主要在负值区间运行，但随着工业生产稳定恢复、市场需求持续回暖，工业品价格逐渐转升，全年呈 U 型走势，同比下降 1.8%，降幅比上年扩大 1.5 个百分点。工业生产者购进价格指数（Purchasing Price Index of Raw Material，简称 PPIRM）同比下降 2.3%，降幅比上年扩大 1.6 个百分点。人民银行监测的企业商品价格（CGPI）全年同比下降 1.2%，降幅比前三季度收窄 0.2 个百分点。

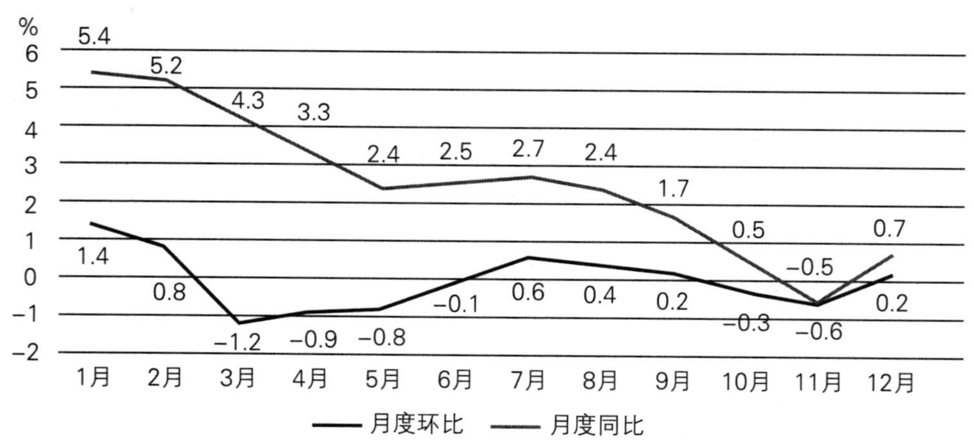

图 1－5　2020 年居民消费价格月度涨跌幅度

数据来源：国家统计局网站。

（六）就业形势总体稳定

全年城镇新增就业1186万人，比上年少增166万人。明显高于900万人以上的预期目标，完成全年目标的131.8%。2020年末全国城镇调查失业率为5.2%，城镇登记失业率为4.2%。农民工就业压力逐渐缓解，高校毕业生就业大局稳定。全年农民工总量28560万人，比上年减少517万人，下降1.8%。农民工月均收入水平4072元，比上年增长2.8%。12月，20~24岁大专及以上受教育程度人员失业率与上年同期持平。

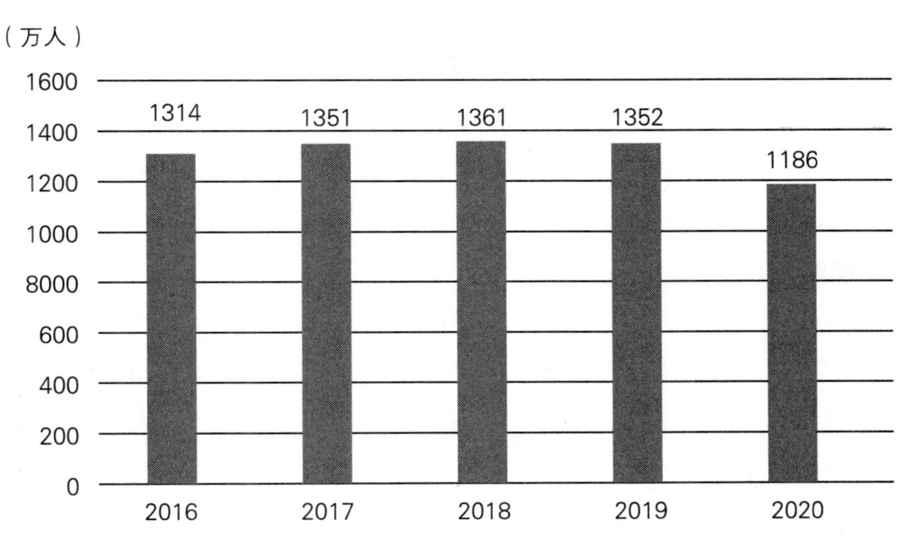

图1－6 2016—2020年城镇新增就业人数

数据来源：国家统计局。

（七）国际收支基本平衡

国际收支保持基本平衡。2020年前三个季度，我国经常项目账户顺差1687亿美元。其中，货物贸易顺差3402亿美元，服务贸易逆差1168亿美元。资本和金融账户逆差738亿美元。截至2020年12月末，外汇储备余额32165亿美元，较2019年末增加1086亿美元，增幅为3.5%。

（八）PMI维稳

制造业采购经理指数（Purchasing Managers' Index，简称PMI），是对企业采购经理发放月度问卷调查所统计出的扩散指数加权而成的综合指数，用来反映制造业整体行业的增长或者衰退情况，是行业运行情况的晴雨表。PMI以50%表示荣枯线。PMI>50%，通常可以理解为制造业经济扩张；PMI<50%，解释为制造业经济萎缩。2020年PMI各月指数见表1–1。

表1－1 2020年PMI各月指数

月份	1月	2月	3月	4月	5月	6月	7月	8月	9月	10月	11月	12月
PMI（%）	50.0	35.7	52.0	50.8	50.6	50.9	51.1	51.0	51.5	51.4	52.1	51.9

（九）股票市场指数与成交量上升

2020年末，股票市场指数上升。上证综合指数收于3473点，比上年末上涨了13.9%；深证成分指数收于14471点，比上年末上涨了38.7%。股票市场的成交量明显增加，市场交易活跃。2020年，沪、深两市累计成交额达到206.8万亿元，平均每日成交量达到8511亿元，同比增长63%。股票市场筹资额同比大幅增加，2020年累计筹资1.2万亿元，同比增长68.6%。

（十）货币市场交易活跃

2020年，银行间市场债券回购累计成交额达到959.8万亿元，每日平均成交额为3.9万亿元，同比增长17.6%；同业拆借累计成交额达到147.1万亿元，每日平均成交额为5909亿元，同比减少2.6%。人民币利率互换市场达成交易27.4万笔，同比增长15.3%。

三、宏观经济特征

2020年，面对严峻复杂的国际形势、艰巨繁重的国内改革发展稳定任务，特别是新冠肺炎疫情的严重冲击，我国经济运行稳定恢复，工业生产持续发展，消费和投资稳步回升，出口动能强劲，就业形势总体稳定，成为全球唯一实现经济正增长的主要经济体。

（一）三大产业稳步恢复与发展

2020年，我国国民经济三大产业同比增速分别为3.0%、2.6%和2.1%，占GDP比重分别为7.7%、37.8%和54.5%。具体情况如下：

1. 农业生产向好。

2020年，我国农业增加值同比增长3.0%，增速比上年低0.1个百分点，近年来第一次快于国内生产总值的增速。农业的稳定增长得益于农业现代化的不断推进，主要体现在良种科技攻关、现代技术应用以及农业组织化程度的提高。全国粮食产量再创新高，连续6年保持在1.3万亿斤以上。生猪存栏持续较快恢复，全国生猪存栏同比增长31.0%；出栏降幅明显收窄，全年生猪出栏同比下降3.2%，其中第三季度出栏同比转正，第四季度同比增速加快至22.9%。

2. 工业生产稳步回升。

2020年，全国规模以上工业增加值同比增长2.8%，增速逐季回升，其中第四季度同比增长7.1%。工业经济保持平稳恢复态势得益于政府推动全产业链协同复工复产，着力畅通经济循环。而在这其中，高技术制造业和装备制造业增长较快，2020年同比增长7.1%和6.6%，增速较全部规模以上工业快4.3%和3.8%，对经济增长起到了重要的支撑作用。这也是我国坚持供给侧结构性改革、扩大投资、推动高技术制造业和装备制造业向高附加值环节升级的重大成果。2020年全国规模以上工业企业利润总额同比增长4.1%，12月份增速加快至20.11%，连续7个月保持两位数增长。第四季度人民银行企业家问卷调查显示，企业经营景气指数为55.8%，较上季度提高6.4个百分点，较上年同期提高0.2个百分点；企业盈利指数为 59.8%，较上年同期提高 2.5 个百分点。

3. 服务业逐步恢复。

2020 年，服务业生产指数与上年持平，其中第四季度同比增长 7.7%，较第三季度加快 3.4 个百分点。服务业增加值同比增长 2.1%，占 GDP 比重为 54.5%，较上年提高 0.2 个百分点，其中，第四季度同比增长 6.7%，增速已恢复至上年同期水平。信息传输、软件和信息技术服务业，金融业，房地产业增加值分别同比增长 16.9%、7.0% 和 2.9%，合计拉动服务业增加值增长 2.7 个百分点。受疫情影响，餐饮业等部分服务业虽持续恢复但进度仍相对慢于其他部门。2020 年，餐饮收入比上年下降 16.6%，降幅比前三季度收窄 7.3 个百分点。

（二）消费持续改善，投资稳步回升，对外贸易实现正增长

1. 居民收入持续回升，消费稳步恢复。

2020 年，全国居民人均可支配收入 32189 元，比上年名义增长 4.7%，扣除价格因素实际增长 2.1%，略低于经济增长率。居民工资性收入稳步复苏，农村居民收入增速高于城镇居民。2020 年，社会消费品零售总额 39.2 万亿元，同比下降 3.9%，其中第四季度同比增长 4.6%，比第三季度加快 3.7 个百分点。消费升级类商品和网上零售持续较快增长。

2. 固定资产投资稳步回升，高技术产业投资增长较快。

2020 年，全国固定资产投资 51.9 万亿元，同比增长 2.9%。分领域看，基础设施投资同比增长 0.9%，制造业投资同比下降 2.2%，房地产开发投资同比增长 7.0%。高技术产业投资增长 10.6%，快于全部投资 7.7 个百分点，其中高技术制造业、高技术服务业投资分别同比增长 11.5%、9.1%。社会领域投资增长 11.9%，其中卫生、教育投资分别同比增长 29.9%、12.3%。

3. 出口动能强劲，贸易结构持续优化。

2020 年，货物进出口总额 32.2 万亿元，较 2018 年同期增长 1.9%。其中，出口增长 4.0%，进口下降 0.7%。进口与出口差额为顺差 3.7 万亿元。贸易结构持续优化，一般贸易占进出口总额比重为 59.9%，较 2019 年提高 0.9 个百分点。2020 年，我国前五大贸易伙伴依次为东盟、欧盟、美国、日本和韩国，对其进出口总额分别同比增长 7%、5.3%、8.8%、1.2% 和 0.7%。对“一带一路”沿线国家进出口总额 9.37 万亿元，同比增长 1%。

（三）房地产行业总体稳定

受新冠肺炎疫情影响，2020 年初商品房销售和房地产开发投资有所下降，3 月之后持续恢复。2020 年末，全国 70 个大中城市新建商品住宅和二手住宅价格同比上涨 3.7% 和 2.1%，涨幅较上年分别回落 3.1 个和 1.5 个百分点。2020 年，全国商品房销售面积同比增长 2.6%，销售额同比增长 8.7%；房地产开发投资同比增长 7%，增速较上年回落 2.9 个百分点，其中：住宅开发投资同比增长 7.6%，增速较上年回落 6.3 个百分点，占房地产开发投资的比重为 73.8%。

房地产贷款增速回落。2020 年末，全国主要金融机构（含外资）房地产贷款余额 49.6

万亿元，同比增长11.6%，增速较上年末回落3.2%。房地产贷款余额占各项贷款余额的28.7%。其中：个人住房贷款余额为34.5万亿元，同比增长14.5%，增速较上年末回落2.2个百分点；住房开发贷款余额为9.1万亿元，同比增长8.2%，增速较上年末回落6.4个百分点。

（四）高技术制造业发展迅速

高技术制造业主要指研发投入强度相对较高的制造业行业，是制造业中的高附加值领域，代表着高质量发展方向，涵盖医药制造、航空航天器及设备制造、电子及通信设备制造、计算机及办公设备制造、医疗仪器设备及仪器仪表制造、信息化学品制造等六大类。近年来，在国家创新驱动战略的积极引领下，我国高技术制造业提质增效、加速推进，产业规模不断扩大。

1. 高技术制造业规模不断扩大。

2020年3月起高技术制造业增加值同比增速转正，全年增加值同比增长7.1%，增速较规模以上工业快4.3个百分点，其中医疗仪器设备及仪器仪表制造业、电子及通信设备制造业、计算机及办公设备制造业增加值分别增长12.1%、8.8%和6.5%，对经济的拉动作用不断增强。

2. 投资增速稳步回升，经济效益稳定恢复。

首先，投资增速稳步回升，2020年高技术制造业投资增长11.5%，其中医药制造业和计算机及办公设备制造业投资增速分别达28.4%、22.4%。其次，经济效益稳定恢复，高技术制造业全年实现利润同比增长16.4%，增速比前三季度快3.5个百分点。

四、宏观经济政策

（一）积极的财政政策

2020年，面对严峻复杂的国内外环境，特别是新冠肺炎疫情的严重冲击，各级财政部门坚决落实积极的财政政策要更加积极有为，推动减税降费和财政资金直达机制等规模性助企纾困政策落地见效，经济持续稳定恢复，财政收入逐季好转。全国一般公共预算收入下降3.9%。全国一般公共预算支出增长2.8%，在坚决落实政府过紧日子要求的同时，疫情防控、脱贫攻坚、基层“三保”等重点领域支出得到有力保障。

具体财政数据。在收入方面，2020年全国一般公共预算收入182895亿元，比上年下降3.9%。分中央和地方来看，中央一般公共预算收入82771亿元，同比下降7.3%；地方一般公共预算本级收入100124亿元，同比下降0.9%。从收入构成角度来看，因税收入154310亿元，同比下降2.3%；非税收入28585亿元，同比下降11.7%。在支出方面，2020年全国一般公共预算支出245588亿元，同比增长2.8%。分中央和地方来看，中央一般公共预算本级支出35096亿元，同比下降0.1%；地方一般公共预算支出210492亿元，同比增长3.3%。分项目来看，债务付息支出、卫生健康支出和社会保障与就业支出三项增长最快，分别同比增长 16.4%、15.2% 和 10.9%。

1. 增收节支，保持预算平衡和财政稳定运行。

增收方面，在特殊时期采取特殊举措，赤字率从 2.8% 提高至 3.6% 以上，新增财政赤字 1 万亿元。安排地方政府新增专项债券 3.75 万亿元，比上年增加 1.6 万亿元。发行抗疫特别国债 1 万亿元。同时加大各类结转结存资金盘活使用力度，多渠道努力增加可用财力，弥补财政减收增支缺口。设立实施资金直达机制。新增财政赤字和抗疫特别国债 2 万亿元全部转给地方，建立特殊转移支付机制，资金直达市县基层、直接惠企利民。

节支方面，中央部门带头精打细算，本级支出安排负增长，非急需非刚性支出压减 50% 以上。督促地方大力压减一般性支出，强化“三公”经费管理，严格执行各项经费开支标准。坚持有保有压，集中财力重点支持疫情防控、脱贫攻坚、基层“三保”等领域。

2. 加大减税降费力度，帮扶企业渡过难关。

2020 年以来，财政部会同有关部门坚持积极的财政政策更加积极有为，加大减税降费力度，出台实施了 7 批 28 项有针对性的减税降费措施，特别是聚焦帮扶小微企业渡过难关，进一步加大税费支持力度。全国 5000 多万户小规模纳税人中，在近九成免征增值税的基础上，对余下 600 多万户征收率从 3% 降为 1%。阶段性减免中小微企业和个体工商户养老、工伤、失业保险费占三项社保费全部减免额的近 90%。对受疫情影响较大的纳税人给予房产税、城镇土地使用税等减免政策，累计减税 292 亿元。

（二）稳健的金融政策

2020 年，面对百年不遇的新冠肺炎疫情冲击，中国人民银行按照相关决策的部署要求，坚持科学决策和创造性应对的根本方法，稳健的金融政策灵活适度、精准导向。

2020 年，人民币汇率在合理均衡水平上保持基本稳定。2020 年前 5 个月，受新冠肺炎疫情影响，国内外经济受到冲击，国际外汇市场波动加大，人民币汇率对美元有所贬值，对一篮子货币小幅升值。6 月后，我国率先控制住了疫情，经济基本面持续向好，人民币对美元汇率转为升值，对一篮子货币汇率也升值。2020 年末，人民币对美元汇率中间价为 6.5249 元，较上年末升值 6.92%。2020 年末，广义货币供应量 M_2 余额为 218.7 万亿元，同比增长 10.1%，比上年末高 1.4 个百分点。狭义货币 M_1 余额为 62.6 万亿元，同比增长 8.6%，比上年末高 4.2 个百分点。流通中货币 M_0 余额为 8.4 万亿元，同比增长 9.2%，比上年末高 3.8 个百分点。2020 年现金净投放 7125 亿元，同比增加投放 3144 亿元。

1. 灵活开展公开市场操作。

2020 年，为保持合理且充裕的流动性，央行综合运用降准、再贷款、再贴现、中期借贷便利（Medium-term Lending Facility，简称 MLF）、7 天期逆回购等开展公开市场操作。为应对疫情冲击，央行前瞻性引导政策利率下行，MLF 和逆回购操作中标利率均下行 30 个基点，并通过贷款市场报价利率（Loan Prime Rate，简称 LPR）传导进一步降低民营和小微企业融资成本。下半年，MLF 和逆回购操作中标利率均保持不变，展现稳健货币政策姿态。2020 年，中国人民银行以每月一次的频率稳定开展央行票据互换（CBS）操作，累计操作量610亿元。

2. 对冲新冠肺炎疫情影响，加大货币信贷支持力度。

2020年，人民银行在春节开市后向金融市场提供了1.7万亿元的短期流动性，有效稳定了市场预期。2020年，人民银行三次降低存款准备金率，提供1.75万亿元长期流动性。分三批次安排共计1.8万亿元再贷款、再贴现额度，支持抗疫保供、复工复产和中小微企业等实体经济发展。截至2020年末，全国银行业金融机构累计发放普惠小微信用贷款3.9万亿元，比上年多发放1.6万亿元。共对7.3万亿元贷款本息实施延期。

3. 降低金融机构存款准备金率。

2020年，人民银行三次下调金融机构存款准备金率，并下调超额存款准备金利率。1月，下调0.5个百分点，释放长期资金8000多亿元。3月实施普惠金融定向降准，对2019年度普惠金融领域贷款达标的银行给予0.5或1.5个百分点的存款准备金率优惠。在此之外，对此次考核中得到0.5个百分点存款准备金率优惠的股份制商业银行再额外降准1个百分点，共释放长期资金约5500亿元。4月宣布下调农村商业银行、农村合作银行、农村信用社、村镇银行和仅在本省级行政区域内经营的城市商业银行存款准备金率1个百分点，共释放长期资金约4000亿元。

4. 资本市场制度型对外开放有序推进。

自2020年1月1日起，在全国范围内取消期货公司外资股比限制；自4月1日起，在全国范围内取消基金管理公司外资股比限制；自12月1日起，在全国范围内取消证券公司外资股比限制。中外合资基金公司快速发展，多家外资金融机构加速布局中国市场。截至2020年底，外资持续3年保持净流入，境外投资者持有A股资产突破3万亿元。

五、对2021年宏观经济的几点展望

2021年是我国现代化建设进程中具有特殊重要性的一年。我国发展仍面临不少风险挑战，但经济长期向好的基本面没有改变。坚持稳中求进工作总基调，立足新发展阶段，贯彻新发展理念，构建新发展格局，以推动高质量发展为主题，以深化供给侧结构性改革为主线，以改革创新为根本动力，以满足人民日益增长的美好生活需要为根本目的，坚持系统观念，巩固拓展疫情防控和经济社会发展成果，更好统筹发展和安全，扎实做好“六稳”工作、全面落实“六保”任务，科学精准实施宏观政策，努力保持经济运行在合理区间，坚持扩大内需战略，强化科技战略支撑，扩大高水平对外开放，保持社会和谐稳定，确保“十四五”开好局起好步。

（一）积极的财政政策要提质增效、更可持续

1. 继续提高财政支出规模，下调财政赤字率。

因财政收入恢复性增长，财政支出总规模比上年增加，重点仍是加大对保就业保民生保市场主体的支持力度。中央本级支出继续安排负增长，进一步大幅压减非急需非刚性支

出，对地方一般性转移支付增长7.8%，增幅明显高于上年，其中均衡性转移支付、县级基本财力保障机制奖补资金等增幅均超过10%。考虑到疫情得到有效控制和经济逐步恢复，2021年赤字率拟按3.2%左右安排，同上年相比有所下调，不再发行抗疫特别国债。

2. 优化和落实减税政策。

继续执行制度性减税政策，延长小规模纳税人增值税优惠等部分阶段性政策执行期限，实施新的结构性减税举措，对冲部分政策调整带来的影响。将小规模纳税人增值税起征点从月销售额10万元提高到15万元。对小微企业和个体工商户年应纳税所得额不到100万元的部分，在现行优惠政策基础上，再减半征收所得税。各地要把减税政策及时落实到位，确保市场主体应享尽享。

3. 推动改革，降低企业生产经营成本。

推进能源、交通、电信等基础性行业改革，提高服务效率，降低收费水平。允许所有制造业企业参与电力市场化交易，进一步清理用电不合理加价，继续推动降低一般工商业电价。中小企业宽带和专线平均资费再降10%。鼓励受疫情影响较大的地方对承租国有房屋的服务业小微企业和个体工商户减免租金。要严控非税收入不合理增长，严厉整治乱收费、乱罚款、乱摊派，让市场主体安心经营、轻装前行。

（二）稳健的货币政策要灵活精准、合理适度

1. 坚持稳字当头，不急转弯。

把握好政策时度效，处理好恢复经济和防范风险的关系，保持好正常货币政策空间的可持续性。完善货币供应调控机制，把好货币供应总闸门，保持流动性合理充裕，保持货币供应量和社会融资规模增速同名义经济增速基本匹配，保持宏观杠杆率基本稳定，同时根据形势变化灵活调整政策力度、节奏和重点。

2. 发挥好结构性货币政策工具的精准滴灌作用。

一方面，稳妥调整和接续特殊时期出台的应急政策，延续实施普惠小微企业延期还本付息和普惠小微企业信用贷款支持计划两项直达实体经济的货币政策工具。另一方面，创新和完善结构性货币政策工具体系，精准设计激励相容机制，引导金融机构加大对符合新发展理念相关领域的支持力度，继续运用普惠性再贷款、再贴现政策，加大对科技创新、小微企业、绿色发展的金融支持。落实碳达峰、碳中和重大决策部署，做好政策设计和规划，建立政策激励约束体系，引导金融资源向绿色发展领域倾斜。

3. 健全市场化利率形成和传导机制，完善央行政策利率体系，深化贷款市场报价利率改革，巩固贷款实际利率下降成果，促进企业综合融资成本稳中有降。

发挥市场供求在汇率形成中的决定性作用，增强人民币汇率弹性，加强宏观审慎管理，保持人民币汇率在合理均衡水平上的基本稳定。加强监测分析和预期管理，保持物价水平基本稳定。健全金融风险预防、预警、处置、问责制度体系，维护金融安全，牢牢守住不发生系统性金融风险的底线。以创新驱动、高质量供给引领和创造新需求，加快形成以国内大循环为主体、国内国际双循环相互促进的新发展格局。

（三）坚持扩大内需，充分挖掘国内市场潜力

1. 稳定和扩大消费。

健全城乡流通体系，加快电商、快递进农村，扩大县乡消费。稳定增加汽车、家电等大宗消费，取消对二手车交易不合理限制，增加停车场、充电桩、换电站等设施，加快建设动力电池回收利用体系。发展健康、文化、旅游、体育等服务消费。保障小店商铺等便民服务业有序运营。运用好“互联网 +”，推进线上线下更广更深融合。引导平台企业合理降低商户服务费。

2. 扩大有效投资。

2021 年拟安排地方政府专项债券 365 万亿元，中央预算内投资安排 6100 亿元，继续支持促进区域协调发展的重大工程，推进“两新一重”建设，实施一批交通、能源、水利等重大工程项目，建设信息网络等新型基础设施，发展现代物流体系。政府投资更多向惠及面广的民生项目倾斜。

参考文献：

1. 国家统计局网站
2. 财政部网站
3. 2021 年政府工作报告
4.《2020 年财政收支情况》
5.《2020 年第四季度中国货币政策执行报告》

第二章　中国上市公司业绩评价结果综述

2020年，新冠肺炎疫情重创全国乃至全球经济，防控措施的实施一度使经济大面积停摆，上半年GDP增速较往年下降明显，加快畅通国内经济大循环，加速推进复工复产和“六保六稳”政策成为发展重点。下半年疫情缓解，在积极的财政政策和稳健灵活的金融政策推动下，整体经济复苏稳步进行，内需改善为经济稳步上行提供了动力源，投资和消费协同发力，我国也成为全球唯一实现正增长的主要经济体。中国上市公司作为中国经济的支柱力量，在新冠肺炎疫情冲击下表现出较强韧性，并且随着我国宏观经济逐步趋稳而实现全年强劲增长，在加快构建以国内大循环为主体、国内国际双循环相互促进的新发展格局下，大量优质企业不断涌现。2020年度，沪深两市上市公司实现营业收入[①]43.62万亿元，同比增长2.91%，较2019年度营业收入增速8.81%，有所下降；归属于母公司股东净利润合计1.86万亿元，同比增长10.91%。A股市场活跃度再次回升，指数上涨显著，上证综指上涨11.36%，深证成指上涨34.38%，创业板指上涨57.99%。

一、上市公司业绩评价结果

按照中国上市公司业绩评价体系，本书以统一的评价标准为测算基准，运用功效系数法，同时结合上市公司的市场表现，对2020年度中国上市公司业绩进行评价。从整体综合评价得分情况来看，4007家上市公司的业绩评价得分在2020年整体小幅上涨。2020年综合得分61.41分，与2019年综合得分61.3分相比上升了0.11分。

2020年与2019年全部A股上市公司在财务效益、资产质量、偿债风险、发展能力和市场表现各方面得分情况如图2-1所示。可以看出，2020年全部A股上市公司在市场表现和偿债风险方面有所上升，其余各方面较上年不同程度下降，但下降幅度较小，因而综合得分较2019年小幅上升。2020年A股上市公司整体表现较为平稳，虽年初各企业受新冠

① 不包括金融类上市公司和B股，本文以下如无特指按此口径；本书除第二部分第十三、十四章和第三部分，如无特指，全部上市公司也按此口径。

肺炎疫情影响较为严重，对市场经济冲击较大，但后续复工复产有序进行，整体市场需求复苏较快，且医药生物、计算机等行业部分公司抓住机遇，逆流而上，市场表现亮眼，迎来较大幅度增长，因而A股市场整体表现好于预期。

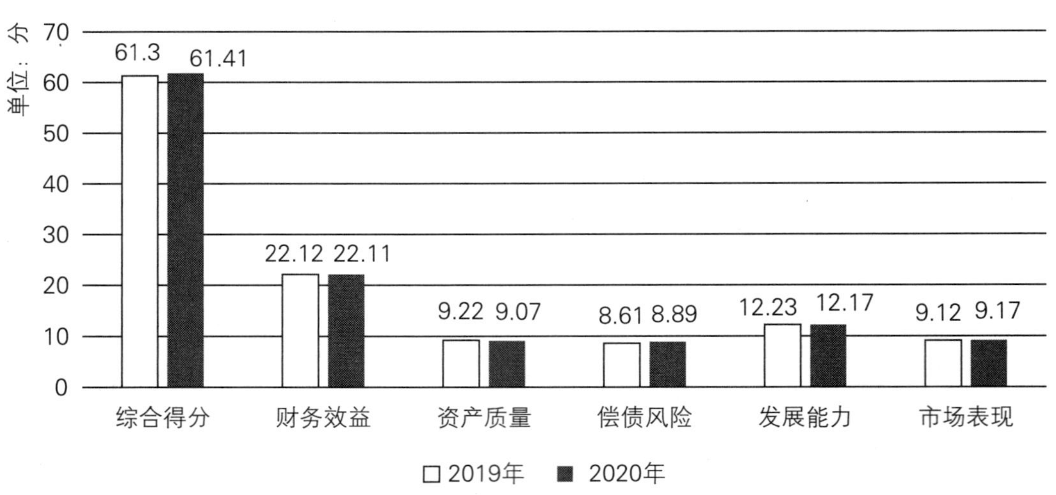

图2-1 2019—2020年全部A股上市公司各项能力得分情况对比

图2-2列示了2019—2020年各行业综合得分情况变化。从中可以看到，由于新冠肺炎疫情对社会经济发展带来一定影响，2020年全国两会再次强调“人民至上”“六稳六保”的重要性，深入推进相关政策的实施，保民生、稳就业、发展经济成为重中之重，有色金属、电气设备、机械设备、国防军工、医药生物、传媒、通信等行业综合得分较上年有不同程度提高。其中通信行业增长最为显著，主要原因在于5G主题依旧占据市场C位，在疫情催化下，在线办公、短视频、线上教学等流量端的崛起使得5G应用市场迅速发展，同

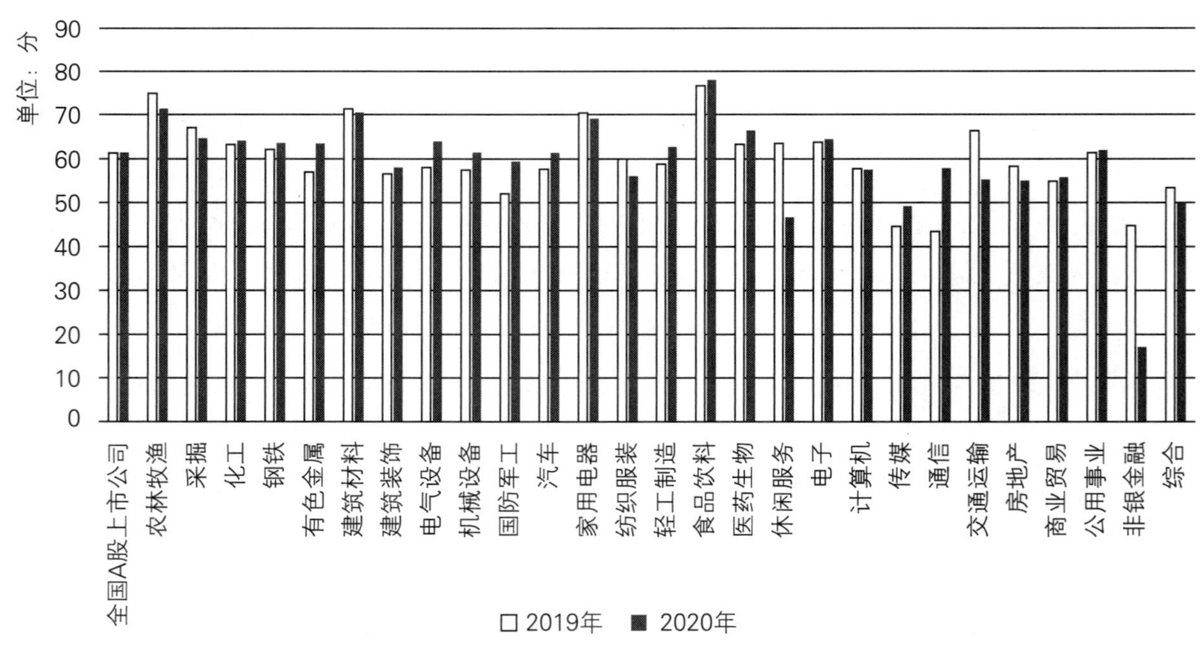

图2-2 2019—2020年申万各行业综合得分情况对比

时在新基建的加持下，行业整体呈现快速增长态势；国防军工行业增长显著，主要因经历疫情和中美博弈，其“刚需”优势凸显，同时经历数十年积淀与投入，迎来规模性快速增长；医药生物行业的小幅增长，主要源于疫情影响，全社会对医疗及健康服务业给予更多维度关注和资本支持，同时各地政府疫情后对医药产业的促进措施也陆续出台，多方利好使其在整体经济环境动荡时仍保持较高增长。除此之外，受疫情影响，休闲服务、交通运输、非银金融、农林牧渔、纺织服装等行业综合得分较上年有不同程度下降，其中非银金融行业下降最为明显，疫情加大了非银金融行业展业难度；疫情防控措施对出行、聚会的限制，对休闲服务、交通运输等行业的负面影响也是显而易见的。

图 2-3 列示了 2019—2020 年各规模上市公司综合得分情况。从中可以看出，除 100 亿元以上规模的上市公司综合得分小幅下降外，其余各规模上市公司综合得分均不同程度上升，其中 10 亿 ~50 亿元的上市公司综合得分上升幅度最大，增加了 6.83 分。由此可见，疫情带来的影响对大规模公司冲击较为严重，面对整体经济环境下行，小规模公司相对更能灵活应对，抓住机遇，逆流而上。

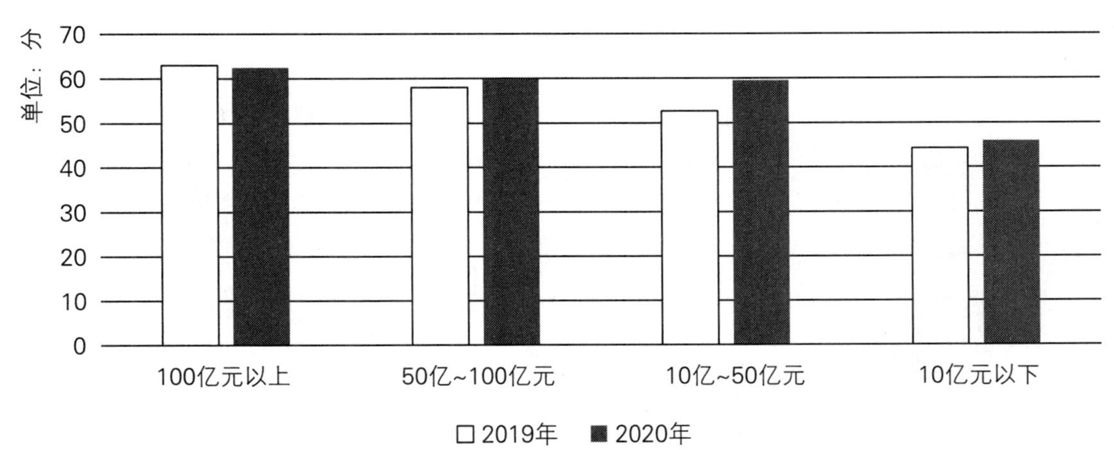

图 2－3　2019—2020 年各规模上市公司综合得分情况对比

2020 年上市公司的期末总资产为 75.93 万亿元，同比增长 10.77%。2020 年上市公司共实现营业收入 43.62 亿元，同比增长 2.91%，而当年全国 GDP 为 101.60 万亿元，占比为 42.93%。2020 年实现营业利润 2.80 万亿元，同比增长 2.48%，占当年 GDP 的 2.76%。上市公司凸显了在中国经济中的支柱力量。

下面分别从财务效益、资产质量、偿债风险、发展能力和市场表现五个方面对评价结果逐一说明。

（一）财务效益状况

2020 年上市公司的财务效益状况平均得分为 22.11 分。评价财务效益状况的指标包括两个基本指标（扣除非经常性损益净资产收益率和总资产报酬率）和三个修正指标（营业利润率、盈利现金保障倍数、股本收益率）。财务效益状况各项指标年度变化情况详见表 2-1。

表 2－1　财务效益状况指标年度对比表

分析指标		2020 年上市公司平均值	2019 年上市公司平均值	增长率 (%)
基本指标	净资产收益率 (%)	5.93	6.61	−10.29
	总资产报酬率 (%)	5	5.26	−4.94
修正指标	营业利润率 (%)	6.43	6.34	1.42
	盈利现金保障倍数	2.01	1.97	2.03
	股本收益率 (%)	38.17	36.41	4.83
综合得分		22.11	22.12	−0.05

由以上财务效益状况指标年度对比表可见，各项基本指标不同程度下降，各项修正指标均小幅上涨，因而 2020 年度整体财务效益状况较 2019 年小幅下降，可以看出 2020 年上市公司资产收益率虽有所下降，但整体现金流状况较好。

1. 行业分析。

图 2–4 列示了各行业财务效益得分在 2019—2020 年度之间的变化。有色金属、机械设备、国防军工、轻工制造、传媒、通信、公共事业等行业有较大程度的改善，休闲服务、交通运输、非银金融、农林牧渔、房地产、综合等行业有一定程度降低。

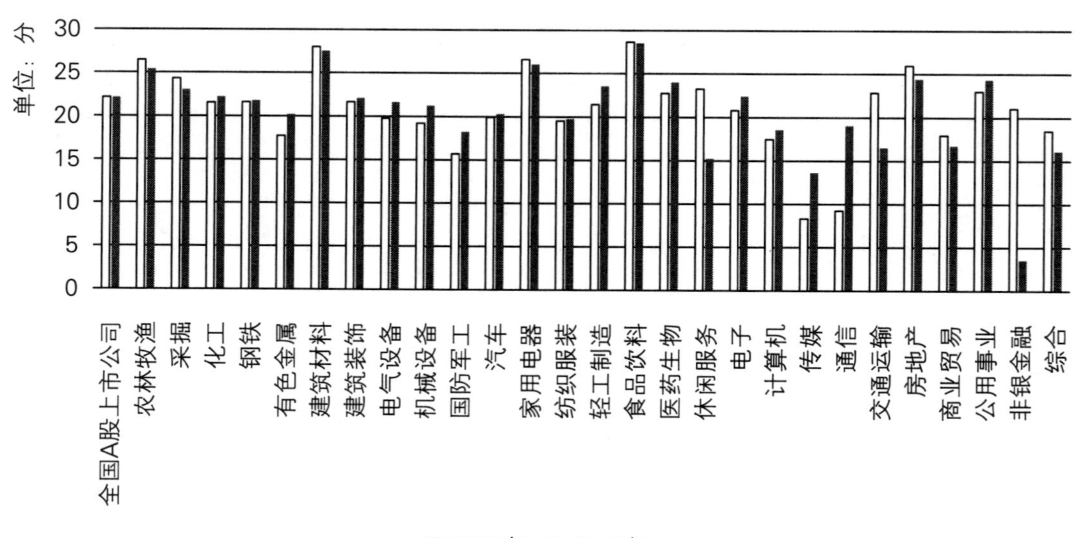

图 2－4　2019—2020 年申万各行业财务效益得分

从 2020 年各行业上市公司财务效益指标评分看来，食品饮料行业表现稳定，虽小幅下降，但仍以 28.53 分位列各行业榜首，较全部上市公司平均财务效益指标评分高出 6.42 分，此外建筑材料、家用电器、农林牧渔、房地产和公用事业行业也分别以 27.51 分、26.01 分、25.39 分、24.41 分和 24.33 分远超全部上市公司平均水平。2020 年度，食品饮料行业

110 家上市公司实现营业利润 1889.08 亿元，占全部上市公司实现营业利润总额的 6.74%，较 2019 年的 1618.11 亿元增长 16.75%，涨幅较大。从各项财务效益基本指标和修正指标看，食品饮料行业净资产收益率、总资产报酬率、营业利润率和总股本收益率指标均远高于其他行业，进而拔得头筹。位于食品饮料行业之后的是建筑材料行业，2020 年度建筑材料行业上市公司实现的营业利润为 1108.82 亿元，占全部上市公司实现营业利润的 3.95%，较 2019 年的 1033.03 亿元增长 7.34%。从各项财务效益基本指标和修正指标情况看，建筑材料行业除盈利现金保障倍数指标外，其余各项指标均优于 A 股上市公司的平均水平，且均高于 A 股上市公司平均水平 2~3 倍。可以看出，2020 年虽因疫情带来较大经济波动，但因“六保”“六稳”政策的稳步推进以及基础设施建设投资的增加，国民生活水平稳定增长，使得上述两个行业在财务效益方面维持良好表现。

此外，家用电器、农林牧渔、房地产和公用事业等行业财务效益状况评分均高于全部上市公司平均评分。家用电器行业财务效益状况评分较上年有小幅下降，主要原因是受疫情影响海外出口大幅缩减，同时房地产投资增速和商品房销售增速放缓，使得消费者对传统大家电的新增需求增速放缓，收入受损明显，但由于新冠肺炎疫情暴发时间点为家电销售淡季，同时因居家成为常态，蒸烤箱、电火锅等家电需求激增，带来新的收入增长，使其评分仍保持在较高水平。农林牧渔行业受疫情影响导致价格波动较为明显，畜禽及农产品价格大幅下跌，直接影响企业收入及利润，同时动物疫情暴发，导致动物死亡率提升，消费需求下降，使得其整体财务效益得分下降。房地产行业较去年小幅下降，主要由于房地产开发投资和销售额均有所回落。公用事业的得分上涨主要源于政府的投资力度加大，使得其整体获利水平提升。以上各行业扣除非经常性损益净资产收益率、总资产报酬率、营业利润率和总股本收益率基本均高于全部上市公司平均水平，但盈利现金保障倍数则普遍低于平均水平。

化工、钢铁、建筑装饰、电气设备、机械设备、轻工制造、医药生物、电子等行业财务效益状况评分与全部上市公司平均水平基本持平。从各项财务效益状况指标来看，以上各行业指标较全部上市公司平均水平略高或略低，与平均水平差距较小。其中轻工制造行业较上年增长明显，主要由于数字化、网络化、智能化管理在行业中的有效应用，使其生产得以持续稳步恢复，同时消费需求逐步回暖，出口形势好于预期，整体盈利水平进一步提升。医药生物行业较上年小幅增长，主要受疫情后政府扶持力度加大、需求激增影响，使得收入涨幅明显。

国防军工、休闲服务、传媒、通信、交通运输、商业贸易、综合等行业财务效益状况评分显著低于全部上市公司平均水平。传媒、通信和国防军工行业较上年增长幅度较大，其中传媒行业的高速增长主要源于互联网与传统媒体的深化融合，互联网广告和网络游戏已成为传媒产业中的支柱行业，在疫情期间更是增速亮眼，盈利可观；通信行业迎来爆发式增长，主要源于在线办公、短视频等流量端的崛起，5G 应用市场需求大幅增长，同时政府对新基建的投资不断加大，双向利好，涨幅领先，财务效益随之上升；国防军工行业则一直保持较高的增长率，一定程度上是受益于政府的高额补贴。休闲服务和交通运输行业较上年财务效益得分显著下降，均源于疫情影响较大，导致整体需求萎靡，行业整体利润率下降。

2. 规模分析。

图 2-5 列示了 2019—2020 年各规模上市公司财务效益状况得分情况。从图中可以看出，除规模在 100 亿元以上的上市公司 2020 年财务效益得分小幅下降外，其余各规模的上市公司均有不同程度的得分上升，其中 10 亿 ~50 亿元规模上市公司涨幅最为显著。

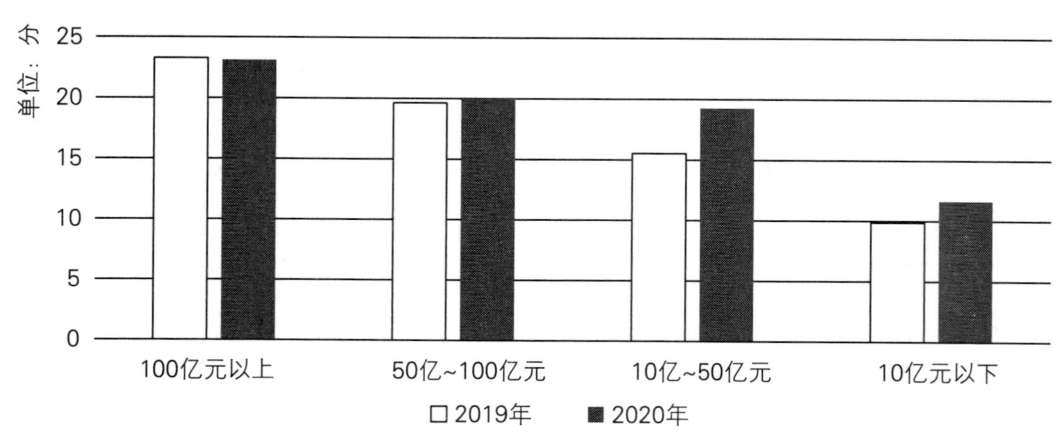

图 2－5　2019—2020 年各规模上市公司财务效益得分情况对比

100 亿元以上规模企业实现利润总额 24289.26 亿元，占全部上市公司实现利润总额的 87.59%，实现归属于母公司股东的净利润 16072.93 亿元，占全部上市公司实现归属于母公司股东的净利润的 86.57%；2020 年财务效益得分为 23.12 分，高于上市公司均值 4.57%，扣除非经常性损益净资产收益率、总资产报酬率、营业利润率和总股本收益率均高于全部上市公司平均水平，而盈利现金保障倍数则略低于全部上市公司平均值。

50 亿 ~100 亿元规模企业实现利润总额 1648.62 亿元，占全部上市公司实现利润总额的 5.94%，实现归属于母公司股东的净利润 1140.53 亿元，占全部上市公司实现归属于母公司股东的净利润的 6.14%；2020 年财务效益得分为 20.02 分，低于全部上市公司平均值 9.45%，除盈利现金保障倍数略高于全部上市公司平均水平外，扣除非经常性损益净资产收益率、总资产报酬率、营业利润率和总股本收益率均低于全部上市公司平均值。

10 亿 ~50 亿元规模企业实现利润总额 1786.77 亿元，占全部上市公司实现利润总额的 6.44%，实现归属于母公司股东的净利润 1365.00 亿元，占全部上市公司实现归属于母公司股东的净利润的 7.35%；2020 年财务效益得分为 19.25 分，低于全部上市公司平均值 12.94%，扣除非经常性损益净资产收益率、总资产报酬率和总股本收益率均远低于全部上市公司平均值，而营业利润率和盈利现金保障倍数则略高于全部上市公司平均水平。

10 亿元以下规模企业实现利润总额 7.42 亿元，占全部上市公司实现利润总额的 0.03%，实现归属于母公司股东的净利润 -11.37 亿元，占全部上市公司实现归属于母公司股东的净利

润的 –0.06%；2020 年财务效益得分为 11.64 分，低于全部上市公司平均值 47.35%，扣除非经常性损益净资产收益率、总资产报酬率、营业利润率、盈利现金保障倍数和总股本收益率均低于全部上市公司平均值，且扣除非经常性损益净资产收益率和总股本收益率为负值。

3. 中联五强。

从上市公司的财务效益指标来看，排在前五家的情况如表 2–2 所示。

表 2 – 2　2020 年度中国上市公司财务效益中联五强排行榜

名次	股票代码	股票简称	财务效益得分
1	600585	海螺水泥	35
2	600519	贵州茅台	35
3	600900	长江电力	35
4	601225	陕西煤业	34.59
5	601919	中远海控	34.18

2020 年度中联上市公司业绩评价中财务效益得分并列第一名的上市公司共有 3 家，得分均为 35，前三名按总体评分排序。财务效益得分排名前 5 家的上市公司企业规模均为 100 亿元以上企业，其中 2 家来自制造行业，1 家来自电力行业，1 家来自采掘行业，1 家来自交通运输行业。

以上公司 2020 年度整体财务效益状况除盈利现金保障倍数外，均远高于全部上市公司平均水平，海螺水泥再次位居第一，贵州茅台连续多次上榜。

（二）资产质量状况

2020 年度上市公司的资产质量状况平均得分为 9.07 分。评价资产质量状况的指标包括两个基本指标（总资产周转率和流动资产周转率）和两个修正指标（存货周转率和应收账款周转率）。资产质量状况各项指标年度变化情况如表 2–3 所示。

表 2 – 3　资产质量状况指标年度对比表

分析指标		2020 年上市公司平均值	2019 年上市公司平均值	增长率 (%)
基本指标	总资产周转率（次）	0.60	0.64	–6.25
	流动资产周转率（次）	1.14	1.21	–5.79
修正指标	存货周转率（次）	2.64	2.73	–3.30
	应收账款周转率（次）	8.07	8.24	–2.06
综合得分		9.07	9.22	–1.63

从表中可以清晰地看出，2020 年上市公司总资产质量较 2019 年有所下降，各项资产质量状况基本指标和修正指标均较 2019 年有不同程度降低，说明总资产、流动资产、存货和应收账款分别对应的公司营运能力、存货管理情况、应收账款回收速度在 2020 年度都有所降低，经营质量呈下降趋势。

1. 行业分析。

图 2-6 列示了 2019—2020 年度各行业资产质量状况得分，可见除采掘、有色金属、电气设备、机械设备、轻工制造、商业贸易和非银金融等行业有不同程度增长，农林牧渔、休闲服务、交通运输、公共事业和综合等行业不同程度降低外，其他各行业基本维持不变，其中商业贸易和非银金融行业变动幅度最大。

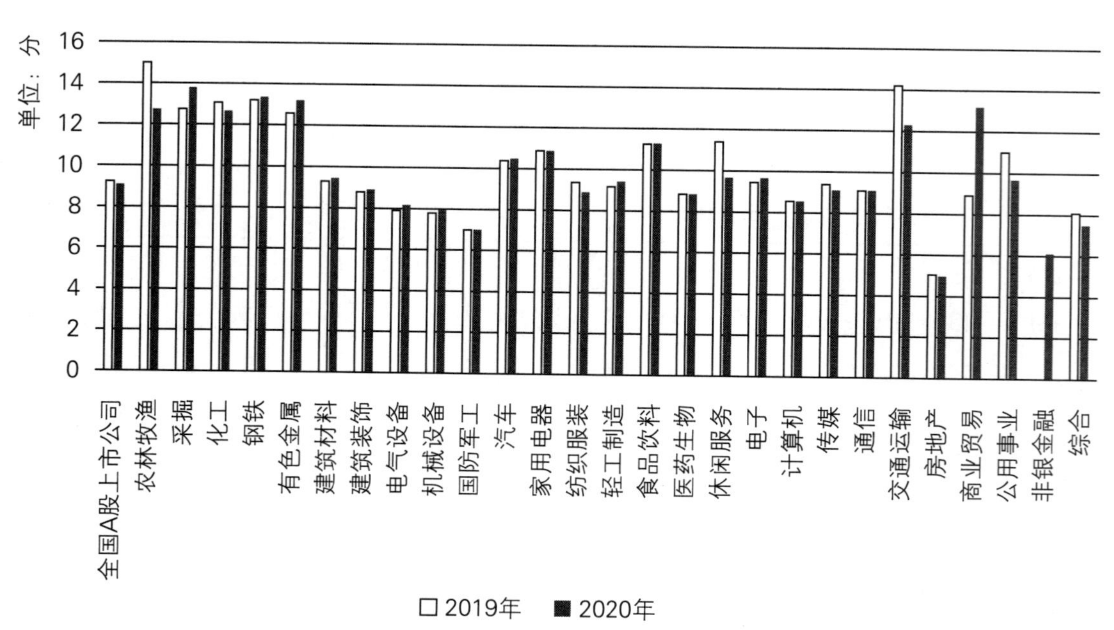

图 2-6 2019—2020 年申万各行业资产质量得分情况对比

2020 年资产质量状况表现最突出的行业为采掘业，资产质量状况得分 13.79 分，流动资产、存货及应收账款周转率均处于较高水平。常年位居榜首、保持 15.00 分的农林牧渔行业，资产质量下降较快，得分 12.73 分，但仍远高于平均水平。其资产质量下降主要受新冠肺炎疫情影响，导致畜禽及农产品价格大幅下跌，同时动物疫情暴发，导致动物死亡率提升，消费需求下降，致使总资产及流动资产周转率下降。其他行业中，商业贸易、化工、钢铁、有色金属、交通运输等行业亦远远超出上市公司资产质量状况平均得分。这些行业各项资产质量状况指标除交通运输行业总资产周转率略低于上市公司平均水平外，其余行业各项指标均高于全部上市公司平均水平，其中应收账款周转率最突出，分别为 29.28 次、17.36 次、43.7 次、25.51 次和 16.96 次，均是全部上市公司平均水平 2 倍以上。

此外，汽车、家用电器、食品饮料、休闲服务、电子和公用事业等行业的资产质量状况得分都高于全部上市公司平均水平。从各项资产质量状况指标来看，除公用事业、休闲服务行业的总资产周转率和公用事业、电子行业的应收账款周转率低于平均水平外，以上各行业的各项相关指标均高于全部上市公司平均水平或与其相当。食品饮料行业因其应收账款占收入比重较小的行业特点而具备较高的应收账款周转率。休闲服务行业得分较上年下降幅度较大，主要因行业受疫情影响较为严重，各项周转率较上年均有不同程度下降。汽车、家用电器行业因其高销量、低库存的特点而具备较高的存货周转率。公用事业行业具有庞大的资产规模且属于重资产、自然垄断、政府约束力较强的行业，因此总资产周转率远远低于其他行业。从其他指标来看，公用事业行业存货周转率非常高，但应收账款周转率低于平均水平，说明投资的回收速度较慢，行业特色较为明显。

建筑材料、建筑装饰、纺织服装、轻工制造、医药生物、通信和传媒等行业资产质量状况得分与全部上市公司平均水平相近，除传媒受行业特点影响存货周转率远高于全部上市公司平均水平外，其余行业的各项指标在全部上市公司平均水平上下波动不大。电气设备、机械设备、国防军工、计算机、房地产、非银金融和综合等行业资产质量状况指标均低于全部上市公司平均水平。其中，房地产行业的资产质量状况得分最低，从各项指标来看，除应收账款周转率维持在 12.33% 的较高水平外，其余各指标均大幅低于平均水平。其主要原因是房地产行业出台从传统的需求端抑制向供给侧增加进行转变，限购限贷限售叠加土地拍卖收紧的政策，使得房价增速变缓，大量房屋搁置，成交率下降，存货周转变缓，资金紧张，同时受疫情影响，房地产销售面积和竣工面积降幅再次加大，致使其资产质量指标明显低于全部上市公司平均水平。

2. 规模分析。

图 2-7 列示了 2019—2020 年各规模上市公司的资产质量状况得分情况。从中可以看出，各规模的上市公司资产质量得分均有不同幅度下降。

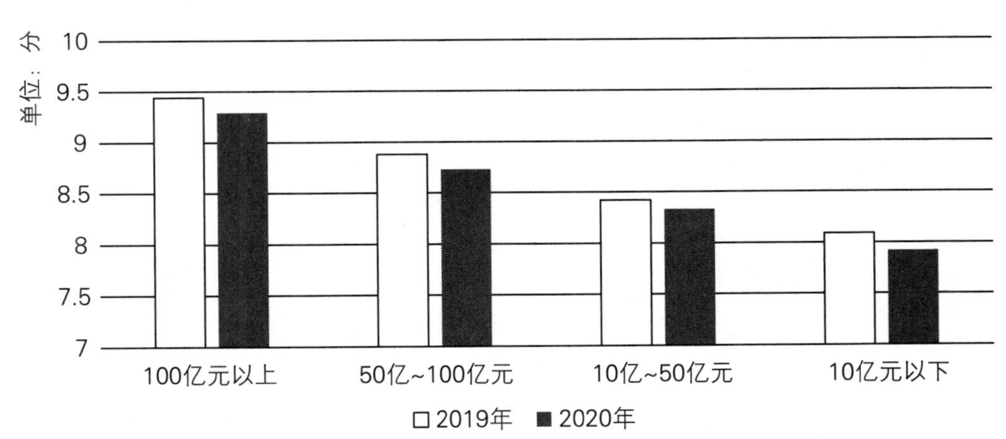

图 2-7　2019—2020 年各规模上市公司资产质量得分情况对比

100 亿元以上规模企业 2020 年资产质量得分为 9.29 分，高于全部上市公司平均值 2.43%，但较上年下降明显，各项指标基本与全部上市公司平均值持平，其中存货周转率略低于全部上市公司平均水平，应收账款周转率略高于全部上市公司平均水平，为 9.21 次，高于全部上市公司平均值 1.14 次。

50 亿 ~100 亿元规模企业 2020 年资产质量得分为 8.73 分，低于全部上市公司平均值 3.75%，总资产周转率、流动资产周转率和存货周转率均略高于全部上市公司平均水平，应收账款周转率低于全部上市公司平均水平。

10 亿 ~50 亿元规模企业 2020 年资产质量得分为 8.33 分，低于全部上市公司平均值 8.16%，除存货周转率略高于全部上市公司平均水平外，总资产周转率、流动资产周转率和应收账款周转率均低于全部上市公司平均值，应收账款周转率最显著，为 4.2 次，比全部上市公司平均水平低 3.87 次。

10 亿元以下规模企业 2020 年资产质量得分为 7.92 分，低于全部上市公司平均值 12.68%。除存货周转率高于全部上市公司均值外，总资产周转率、流动资产周转率和应收账款周转率均低于全部上市公司平均值，尤其应收账款周转率为 3.36 次，低于全部上市公司平均水平 4.71 次。

3. 中联五强。

从 2020 年上市公司质量状况得分来看，有 85 家公司质量指标得分为满分，占上市公司总数的 2.12%。资产质量中联五强排行榜中列示的 5 家为资产质量得分相同情况下综合得分较高的上市公司。如表 2–4 所示。

表 2 – 4　2020 年度中国上市公司资产质量中联五强排行榜

名次	股票代码	股票简称	资产状况得分
1	002714	牧原股份	15
2	600803	新奥股份	15
3	603565	中谷物流	15
4	601919	中远海控	15
5	300917	特发服务	15

位列上市公司资产质量中联五强的公司中，有 2 家为交通运输行业，1 家为农林牧渔行业，1 家为公共事业行业，1 家为房地产行业。2020 年，农林牧渔行业波动较为明显，但牧原股份实现逆势扩张，通过多种措施扩大产能，应收账款周转率高达 3205.64 次，远高于上市公司平均水平。2020 年下半年货物贸易景气程度大幅提升，成为当年全球唯一货物贸易正增长的主要经济体，促使交通运输行业相关企业存货周转率远高于平均水平。

（三）偿债风险状况

2020 年度上市公司的偿债风险状况平均得分为 8.89 分。评价偿债风险状况的指标包括两个基本指标（资产负债率、已获利息倍数）和三个修正指标（现金流动负债比率、速动比率和带息负债比率）。偿债风险状况各项指标年度变化情况见表 2–5。

表 2 – 5　偿债风险状况比较表

分析指标		2020 年上市公司平均值	2019 年上市公司平均值	增长率 (%)
基本指标	资产负债率 (%)	60.33	61.12	–1.29
	已获利息倍数	4.30	4.11	4.62
修正指标	速动比率	82.33	77.40	6.37
	现金流动负债比率	13.31	13.01	2.31
	带息负债比率 (%)	40.72	41.99	–3.02
综合得分		8.89	8.61	3.25

从表 2–5 可以看出，2020 年度上市公司整体盈利能力较 2019 年有所上升，已获利息倍数指标同比增长 4.62%，同时资产负债率和带息负债比率较上一年度均有不同幅度下降。2020 年 A 股上市公司盈利能力提升的同时，负债占比同比下降，因而综合来看，上市公司的偿债能力比 2019 年度有所上升，现金流状况良好，偿债风险较低，具有较好的债务偿付能力。

1. 行业分析。

图 2–8 列示了各行业在 2019—2020 年偿债风险得分情况。其中，采掘、化工、国防军工、轻工制造、医药生物、计算机、传媒、通信等行业在偿债能力方面有较大程度的改善，农林牧渔、钢铁、休闲服务、交通运输、商业贸易、非银金融、综合等行业偿债风险上升明显。

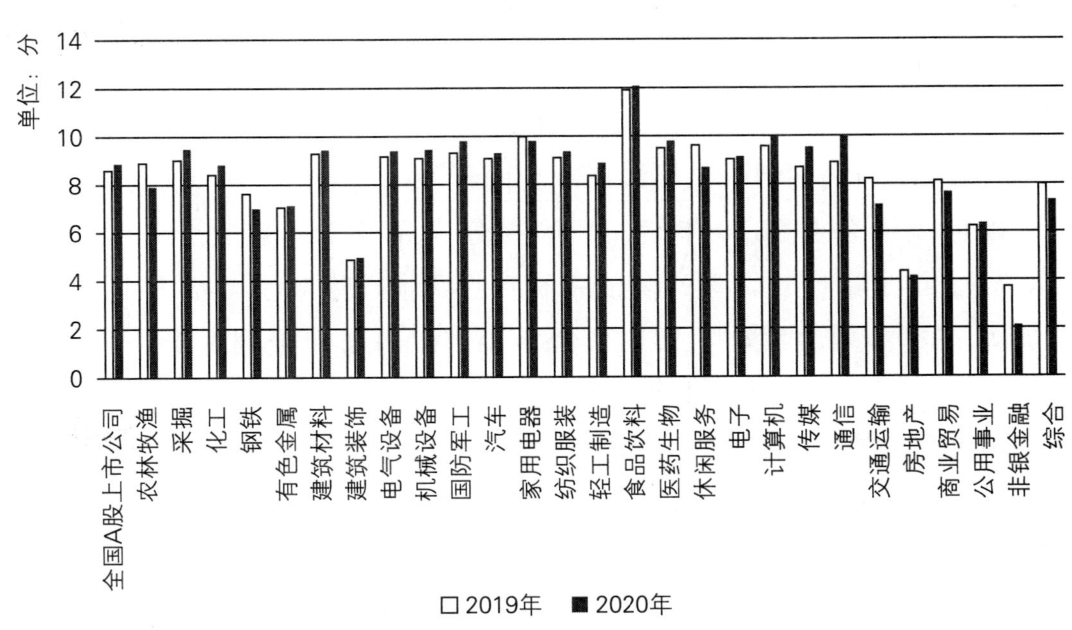

图 2 – 8　2019—2020 年申万各行业偿债风险得分情况对比

在偿债风险控制方面，表现较好的行业有食品饮料、计算机、通信、家用电器、国防军工、医药生物等。以上行业的偿债风险得分均高于全部上市公司平均水平，偿债风险指标中速动比率均远远高于全部上市公司的均值，同时资产负债率基本均低于全部上市公司均值，反映出较强的偿债能力，其中通信行业偿债能力增长最为显著，其已获利息倍数较上年增长近2倍，盈利能力涨速可观，同时资产负债率和带息负债比率下降，负债占比下降。此外，采掘、建筑材料、电气设备、机械设备、汽车、纺织服装、轻工制造、休闲服务、电子、传媒等行业的偿债风险得分也高于全部上市公司平均得分。其中休闲服务行业受疫情影响，已获利息倍数下降显著，使得获利能力大幅降低，偿债风险上升明显；传媒行业因监管政策适度修正、产业整合升级、疫情期间互联网广告和网络游戏等业务量激增，偿债能力有所回升，但已获利息倍数仍处于较低水平。

农林牧渔、钢铁、有色金属、建筑装饰、交通运输、房地产、公用事业、非银金融、综合等行业偿债风险得分低于全部上市公司平均水平。其中，尤以非银金融、房地产和建筑装饰行业得分最低。非银金融行业上市公司的偿债风险得分较上年下降幅度较大，速动比率和已获利息倍数远低于全部上市公司平均值，而资产负债率、现金流动负债比率和带息负债比率则远高于全部上市公司平均值，说明其经营现金净流量及息税前利润较低而负债比例较高，行业整体偿债能力弱。房地产行业的速动比率和现金流动负债比率均远低于上市公司均值，并且资产负债率常年较高，因而其偿债能力一直保持在较低水平，且呈下降态势，现金流动负债比率最为突出，仅为3.91%，与全部上市公司平均水平差距较大，说明行业内公司资金压力大，偿债压力重。农林牧渔行业受动物疫情暴发影响，导致动物死亡率提升，负债比率较上年有所上涨，导致偿债风险较上年明显上升；交通运输行业受疫情影响较为显著，已获利息倍数下降幅度较大，盈利受阻，致使整体偿债能力下降。

2. 规模分析。

图2–9列示了2019—2020年各规模上市公司的偿债风险状况得分情况。从图中可以看出，2020年除10亿元以下规模的上市公司偿债能力较2019年小幅下降外，其余各规模上市公司偿债风险得分均不同程度上涨，但100亿元以上规模上市公司得分仍处于最低值，10亿~50亿元规模上市公司得分涨幅最高，且位于各规模上市公司得分中最高值。

100亿元以上规模企业2020年偿债风险得分为8.17分，相比全部上市公司平均值低约8.10%，较上年小幅增长。资产负债率和带息负债比率高于全部上市公司平均水平；获利倍数、速动比率和现金流动负债比率低于全部上市公司平均水平，其中速动比率为75.81%，较全部上市公司平均水平低约7.92%。

50亿~100亿元规模企业2020年偿债风险得分为9.54分，相比全部上市公司平均值高约7.31%。已获利息倍数、速动比率和现金流动负债比率均高于上市公司平均水平，其中速动比率为116.97%，较全部上市公司平均水平82.33%高约42.07%；资产负债率和带息负债比率低于全部上市公司平均水平。

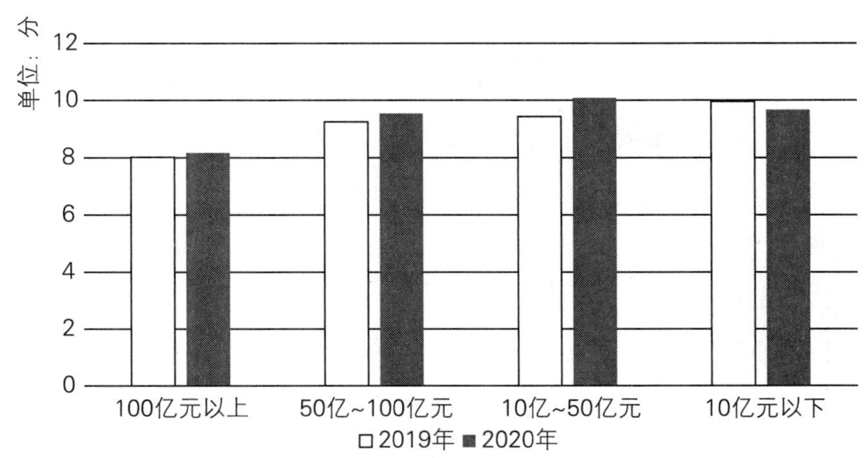

图 2－9　2019—2020 年各规模上市公司偿债风险得分情况对比

10 亿～50 亿元规模企业 2020 年偿债风险得分为 10.08 分，相比全部上市公司平均值高约 13.39%。其中已获利倍数、速动比率和现金流动负债比率均远高于全部上市公司平均水平。速动比率为 155.77%，较全部上市公司平均水平 82.33% 高约 89.20%；资产负债率和带息负债比率低于全部上市公司平均水平。

10 亿元以下规模企业 2020 年偿债风险得分为 9.67 分，相比全部上市公司平均值高约 8.77%。资产负债率、已获利息倍数和带息负债比率均远低于全部上市公司平均水平，现金流动负债比率和速动比率则远高于上市公司平均水平，其中速动比率高达 186.03%，较全部上市公司平均水平高约 1.26 倍。

从资产规模可以看出，100 亿元以上规模上市公司偿债能力最低，主要受速动比率较低，同时负债占比较高影响，2020 年该规模上市公司各项指标较上年相比较为稳定，速动比率小幅上涨，但仍低于上市公司平均水平；10 亿元以下规模企业负债占比最低，但盈利能力同样处于较低水平，使得其偿债能力稳定性较差。

3. 中联五强。

从上市公司的偿债风险指标来看，偿债风险得分并列最高分 15.00 分的共有 10 家，偿债风险状况中联五强排行榜中列示的 5 家为偿债风险得分相同情况下综合得分较高的上市公司。排在前五名的情况如表 2–6 所示。

表 2－6　2020 年度中国上市公司偿债风险状况中联五强排行榜

名次	股票代码	股票简称	偿债风险得分
1	300661	圣邦股份	15
2	300699	光威复材	15
3	688111	金山办公	15
4	002975	博杰股份	15
5	300855	图南股份	15

总体看来，上市公司偿债能力得分的分值差距较小，得分排名前五的上市公司中，4 家来自制造业，1 家来自信息传输、软件和信息技术服务业。从偿债能力分析指标来看，资产负债率普遍较低，最高仅为 20.05%。较低的负债导致的速动比率和现金流动负债比率普遍较高，而由于付息债务较少，带息负债比率均为零，已获利息倍数除圣邦股份外均保持较高水平，但差距较大。由此，以上上市公司具备优良的偿还债务能力。

（四）发展能力状况

2020 年度上市公司的发展能力状况平均得分为 12.17 分。评价发展能力状况的指标包括两个基本指标（营业收入增长率和资本扩张率）和四个修正指标（累计保留盈余率、三年营业收入平均增长率、总资产增长率和营业利润增长率）。2020 年发展能力各项指标年度变化情况见表 2-7。

表 2－7　发展能力状况比较表

分析指标		2020 年上市公司平均值	2019 年上市公司平均值	增长率 (%)
基本指标	营业收入增长率 (%)	2.91	8.81	-66.97
	资本扩张率 (%)	11.25	9.67	16.34
修正指标	累计保留盈余率 (%)	40.8	41.00	-0.49
	三年营业收入平均增长率 (%)	8.50	14.54	-41.54
	总资产增长率 (%)	10.58	10.59	-0.09
	营业利润增长率（%）	2.48	0.61	306.56
综合得分		12.17	12.23	-0.49

上市公司的发展能力判断是公司能否持续稳定经营的一个重要依据，2020 年度上市公司整体发展能力小幅下降，营业收入增长率、累计保留盈余率、三年营业收入平均增长率和总资产增长率均不同程度下降，其中营业收入增长率下降幅度最大，同比下降 66.97%，但资本扩张率和营业利润增长率有不同幅度上升，其中营业利润率上升幅度最大，同比增长 306.56%，说明 2020 年各行业上市公司营业收入大幅降低，但通过自身升级改造、成本控制，整体利润率提升显著，同时资本扩张保持良好态势，因而整体发展能力得分虽有所下降，但变动幅度较小，仅同比降低 0.49%。

1. 行业分析。

图 2-10 列示了各行业在 2019—2020 年发展能力得分情况，可知 2020 年总体情况较上年略有下降，且各行业变动幅度较大，农林牧渔、有色金属、电气设备、机械设备、国防军工、汽车、医药生物、电子、通信等行业较上年有较大程度的改善，采掘、家用电器、纺织服装、休闲服务、交通运输、房地产、商业贸易、非银金融等行业发展能力得分有较大幅度下降。各行业发展能力得分波动明显，主要受政策变动及经济环境波动影响，休闲

服务和非银金融行业变动幅度最大，其中休闲服务主要受疫情及相关防控措施影响，营业收入及利润大幅下降；非银金融行业整体低迷，营业收入和营业利润均大幅下降，营业利润增长率低至 −395.68%。

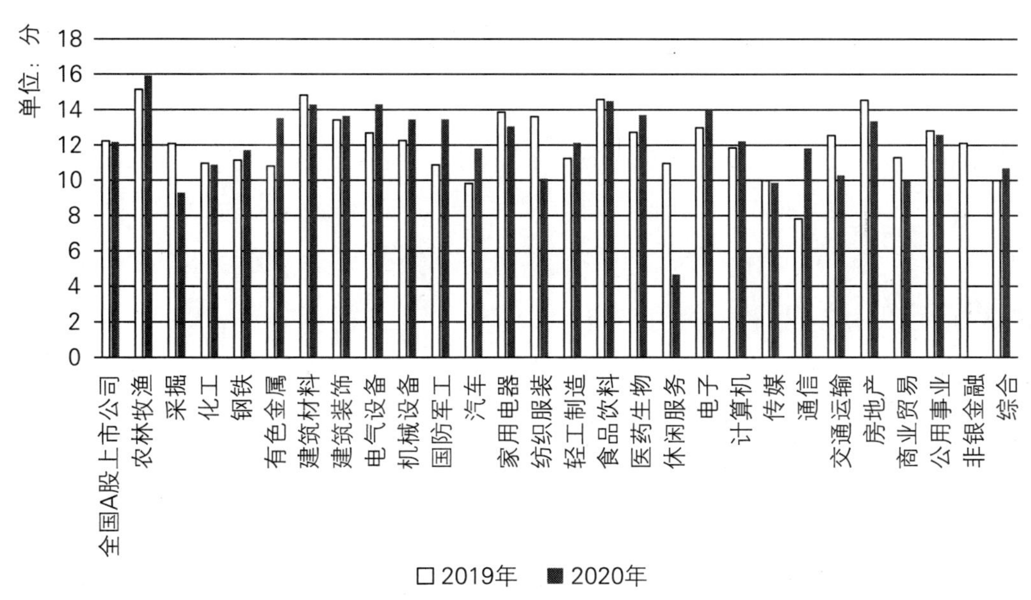

图 2－10　2019—2020 年申万各行业发展能力得分情况对比

2020 年发展能力评分较高的行业有农林牧渔、建筑材料、建筑装饰、电气设备、食品饮料、电子、医药生物等，以上行业发展能力评分都在 13.50 分以上，各单项指标表现差异性较大，但除建筑材料行业总资产增长率、电气设备和电子行业累计保留盈余率略低于全部上市公司平均水平外，其余行业各项相关指标均位于全部上市公司平均水平之上，且营业收入增长率和营业利润增长率均远高于上市公司平均水平。农林牧渔行业以 15.91 分高居榜首，营业收入增长率高达 23.71%，整体发展能力得分连续两年增长迅速，主要归功于行业内部转型升级，管理成本持续降低。而建筑材料行业得分较 2019 年小幅下降，主要由于营业收入增长率、资本扩张率、三年营业收入平均增长率和营业利润增长率较上年有所降低，其中营业利润增长率较 2019 年下降 64.35%。电气设备和电子行业发展能力增长显著，虽累计保留盈余率仍处于较低水平，仅为 32.41% 和 28.59%，但营业收入增长率、资本扩张率　总资产增长率和营业利润增长率均处于各行业领先水平。食品饮料行业发展能力保持高位，得分较 2019 年变动较小，各项指标均高于全部上市公司平均水平。

此外，有色金属、机械设备、国防军工、家用电器、计算机、房地产和公用事业等行业也高于全部上市公司平均水平。有色金属和国防军工增长迅速，营业利润增长率高达 76.26% 和 64.81%，有色金属发展能力快速增长主要归功于产量平稳增长、价格逐步回暖、进出口总额同比增长，同时智能化改造加快，利润率提升；国防军工发展能力快速增长主要源于国际局势变动，政府扶持力度加大。由于人们生活水平提高，科技快速发展以及政府的大力扶持，家用电器、计算机和公用事业行业也一直保持较高发展能力。

采掘、纺织服装、休闲服务、交通运输、商业贸易和非银金融等行业发展能力得分较去年下降明显，均跌到平均值以下，其中纺织服装、休闲服务和非银金融行业下降最为明显，主要受新冠肺炎疫情影响，行业整体需求大幅下降，营业利润增长率低至 −20.59%、−78.48% 和 −395.68%，休闲服务发展能力得分较上年下降 57.48%，得分仅为 4.66 分，非银金融发展能力得分降至 0 分，新《证券法》正式发布使得行业整体监管持续趋严。汽车和通信行业较 2019 年增长迅速，但仍处于行业平均值以下，二者均受益于利好政策相继出台，促进新能源汽车以及 5G 应用市场的快速发展。

2. 规模分析。

图 2-11 列示了 2019—2020 年各规模上市公司的发展能力状况得分情况。从图中可以看出，除 100 亿元以上规模上市公司发展能力较上年小幅下降外，其余各规模上市公司发展能力得分较 2019 年均有不同程度上升，其中 10 亿 ~50 亿元规模上市公司发展能力上升幅度最大，较 2019 年上升 25.29%。

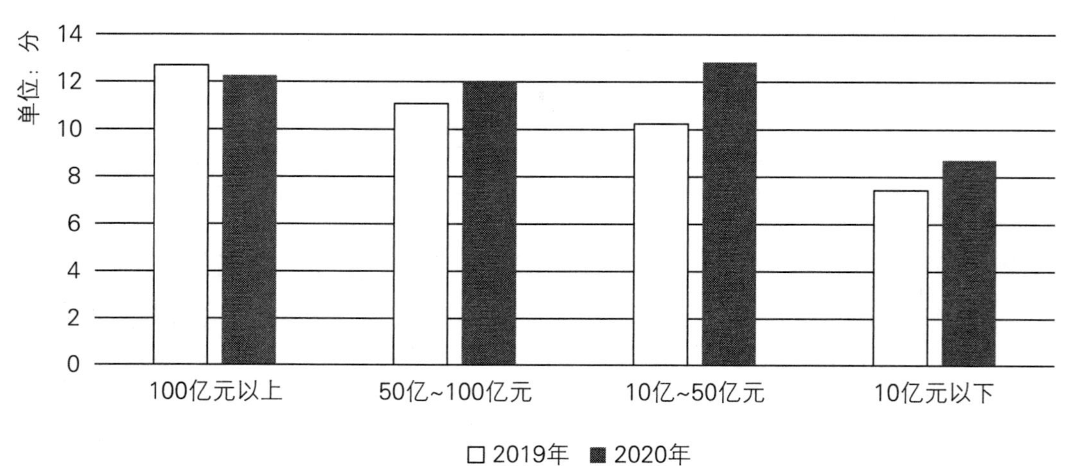

图 2-11　2019—2020 年各规模上市公司发展能力得分情况对比

100 亿元以上规模企业 2020 年发展能力得分为 12.26 分，高于全部上市公司平均值 0.74%，较上年有所下降，营业利润增长率降至负值，仅为 −2.95%，资本扩张率也降至上市公司平均值之下，其余各项基本指标和修正指标均高于全部上市公司平均水平，整体成长能力仍保持高位。

50 亿 ~100 亿元规模企业 2020 年发展能力得分为 12.02 分，低于全部上市公司平均值 1.23%，除营业利润增长率高达 30.75% 外，其余各项基本指标和修正指标均低于全部上市公司平均水平，说明其利润增长较为可观，但整体发展水平仍低于上市公司均值。

10 亿 ~50 亿元规模企业 2020 年发展能力得分为 12.83 分，高于全部上市公司平均值 5.42%，资本扩张率、总资产增长率和营业利润增长率高于全部上市公司平均水平，且营业利润增长率高达 111.47%，整体利润增速远高于其余规模上市公司平均水平，但营业收入增长率和累计保留盈余率仍处于较低水平。

10 亿元以下规模企业 2020 年发展能力得分为 8.71 分，低于全部上市公司平均值 28.43%。各项指标均远低于全部上市公司平均水平，且多项指标得分为负值，但营业收入增长率、资本扩张率和总资产增长率较上年有所增长。

从各种规模上市公司发展能力得分来看，10 亿 ~50 亿元规模的上市公司超过 100 亿元以上规模上市公司得分，摘得桂冠，主要源于营业利润增长差距显著，10 亿 ~50 亿元规模上市公司高达 111.47%，而 100 亿元以上规模上市公司仅为 −2.95%，处于负增长状态。由此可见，2020 年新冠肺炎疫情对大规模企业的影响普遍高于小规模企业，主要源于大规模企业复工复产难度较大，且进出口等国际业务占比较高。

3. 中联五强。

从上市公司的发展能力指标来看，共有 7 家上市公司以 20 分的满分获得上市公司发展能力最高分。发展能力中联五强排行榜中列示的 5 家为发展能力得分相同情况下综合得分较高的上市公司。排在前五名的情况如表 2−8 所示。

表 2－8　2020 年度中国上市公司发展能力状况中联五强排行榜

名次	股票代码	股票简称	发展能力得分
1	002714	牧原股份	20
2	601012	隆基股份	20
3	002475	立讯精密	20
4	002241	歌尔股份	20
5	002157	正邦科技	20

发展能力得分排名前五的上市公司企业规模均为 100 亿元以上企业，其中：4 家均来自制造行业、1 家来自农林牧渔行业。上述上市公司发展能力状况得分较高的原因主要有：营业利润和营业收入增长率处于较高水平，远超全部上市公司平均值；企业核心竞争力提高；行业景气度回升；政府对光伏发电等新能源设施的大力扶持；企业智能化管理转型等。

（五）市场表现状况

2020 年度上市公司的市场表现状况平均得分为 9.17 分，较上年得分小幅上升。评价市场表现状况的指标包括市场投资回报率和股价波动率。

2020 年全部上市公司整体市场投资回报率为 15.8%，较 2019 年小幅下降，在新冠肺炎疫情冲击和整体经济环境动荡的情况下，仍保持增长实属不易。2020 年全部上市公司平均股价波动率为 105.04%，较 2019 年的上市公司股价波动率 94.27% 有所放大，主要因资本市场对突如其来的新冠肺炎疫情及疫情反复所带来的不确性担忧，在一季度股指出现快速下跌，随着国内疫情得到有效控制，复工复产效果明显，股指整体呈现上升态势。2020 年的市场投资回报率远高于 2018 年，但较 2015 年 74.18% 的回报率水平仍具有较大差距。

1. 行业分析。

图 2-12 列示了各行业在 2019—2020 年度市场表现得分情况，如图所示，食品饮料行业较上年上涨明显，摘得市场表现桂冠，电气设备和国防军工行业同样涨幅可观，市场表现得分跻身高位，而 2019 年得分较高的电子行业较上年下降明显，得分仅为 9.21 分，较上年降低 19.91%，同样得分下降明显的还有计算机行业，降至全部上市公司平均水平之下，仅为 8.21 分，较上年下降 20.37%。此外，钢铁、建筑装饰、汽车、医药生物、交通运输、公用事业等行业均较上一年度有更加优异的市场表现。传媒、通信、房地产、商业贸易、非银金融等行业在 2020 年的市场表现较 2019 年有不同幅度的下降。

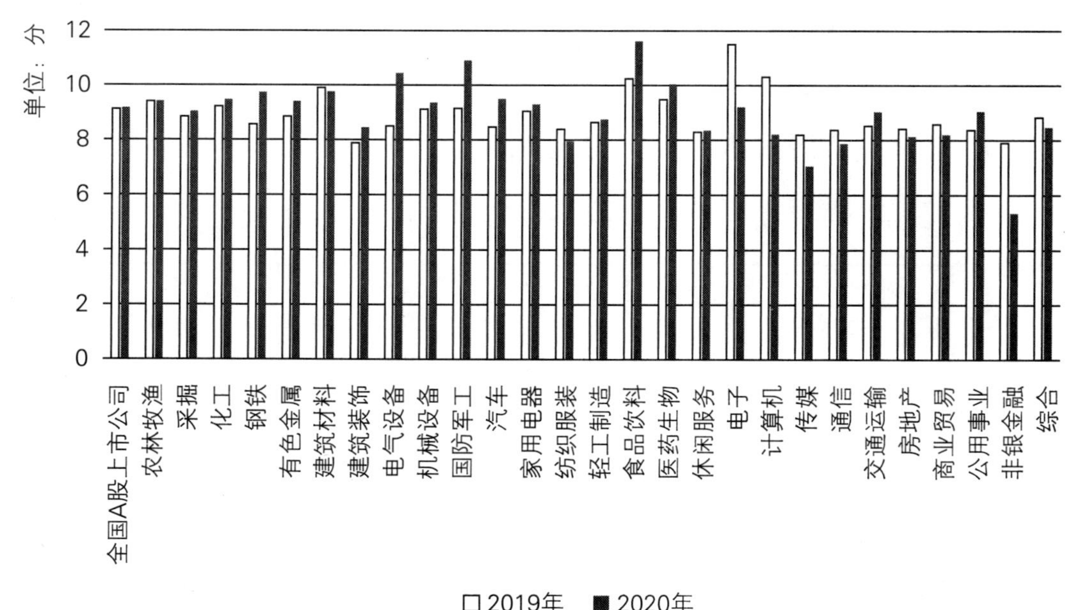

图 2－12　2019—2020 年申万各行业市场表现得分对比

2020 年，在市场表现方面，食品饮料行业以 11.62 分摘得桂冠，较上年增长 13.48%，该行业市场投资回报率高达 63.59%，同样位于各行业之首，但与此同时该行业也伴随着较高的股价波动率，为 145.04%，食品饮料行业的高市场回报率主要是源于白酒和调味品板块优异的商业模式以及极高的消费黏性，此外 2020 年白酒股成为“基金抱团”重仓股也是重要的原因。其他得分较高的行业包括国防军工、电气设备、医药生物、钢铁、建筑材料等，从各项指标来看，市场投资回报率均高于全部上市公司平均水平，而股价波动率除钢铁行业为 82.8% 外，也高于全部上市公司平均水平，其中国防军工行业市场投资回报率和股价波动率均处于较高水平。

2020 年，市场表现得分较低的行业包括非银金融、传媒、通信、纺织服装、房地产、商业贸易等行业。这些行业市场表现得分均较上年有明显下降，市场投资回报率普遍低于全部上市公司平均水平，其中非银金融下降最为显著，得分仅为 5.34，市场投资回报率仅为 −22.56%，远低于平均水平。

2. 规模分析。

图 2-13 列示了 2019—2020 年各规模上市公司市场表现状况的得分情况。从图中可以看出，规模在 100 亿元以上和 50 亿 ~100 亿元的上市公司市场表现得分上升，规模在 10 亿 ~50 亿元和 10 亿元以下的上市公司市场表现得分下降，其中 10 亿元以下规模上市公司得分变动幅度最大，由 2019 年的 8.93 分降至 8.02 分。总体来看，各规模上市公司市场表现得分差距拉大，且随着规模扩大，市场表现得分上升。

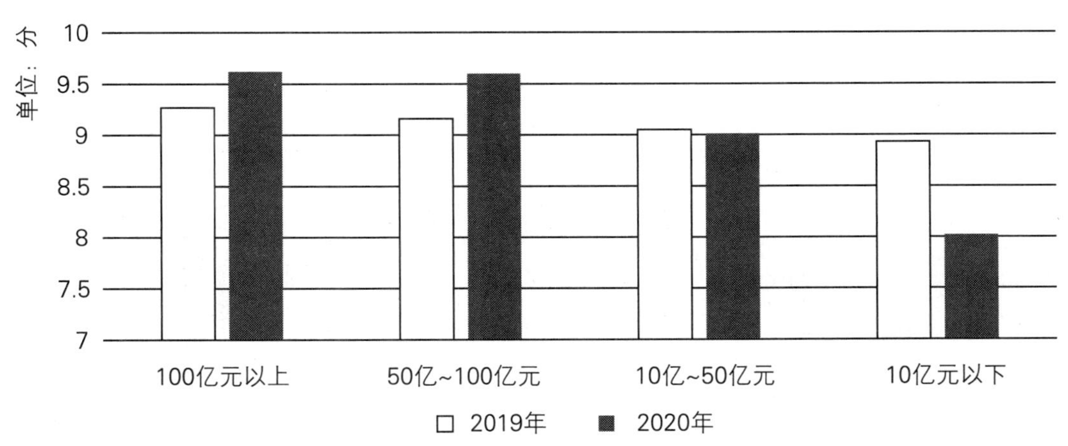

图 2-13 2019—2020 年各规模上市公司市场表现得分情况对比

100 亿元以上规模企业 2020 年市场表现得分为 9.62 分，较全部上市公司平均水平得分高 4.91%，投资回报率为 20.46%，高于全部上市公司平均水平。

50 亿 ~100 亿元规模企业 2020 年市场表现得分为 9.6 分，较全部上市公司平均水平高 4.69%，投资回报率为 23.44 %，高于全部上市公司平均水平。

10 亿 ~50 亿元规模企业 2020 年市场表现得分为 9.01 分，较全部上市公司平均水平低 1.74%，投资回报率为 13.62%，低于全部上市公司平均水平。

10 亿元以下规模企业 2020 年市场表现得分为 8.02 分，较全部上市公司平均水平低 12.54%，投资回报率为 0%，远低于全部上市公司平均水平。

从不同规模上市公司的市场表现来看，2020 年各规模的上市公司市场表现得分和市场投资回报率差距较大。100 亿元以上和 50 亿 ~100 亿元规模的上市公司投资回报率保持在较高水平，且同上年得分相比呈稳定增长态势；10 亿元以下规模的上市公司市场表现得分最低，且较上年下降 10.19%，下降幅度较大，市场投资回报率同样下降明显。综合来看，100 亿元以上规模上市公司股价稳定性最强，面对疫情对市场的冲击，10 亿元以下规模的上市公司抵抗风险能力较弱，市场表现欠佳。

3. 中联五强。

从上市公司的市场表现指标来看，2020 年市场表现得分的最高分较上年有所下降，仅为 13.15。市场表现较好的前五名如表 2-9 所示。

表 2－9　2020 年度中国上市公司市场表现状况中联五强排行榜

名次	股票代码	股票简称	市场表现得分
1	002967	广电计量	13.15
2	300454	深信服	13.14
3	002056	横店东磁	13.05
4	002623	亚玛顿	13.04
5	688023	安恒信息	13.00

2020 年市场表现得分排名前五的上市公司中：2 家来自制造业，2 家来自计算机行业，1 家来自综合行业。其中，3 家上市公司的企业规模为 10 亿 ~50 亿元，1 家企业规模为 100 亿元以上，1 家企业规模为 50 亿 ~100 亿元。计算机行业在 2020 年表现亮眼，且上榜的两家公司均属于网络安全行业领头企业，该行业因政策法规持续完善，市场规范性逐步提升，以及政府扶持力度逐步加大，市场前景广阔，市场投资回报率处于较高水平。

资料链接：

2020 年度中国资本市场十大关键词

✧ 再融资新规落地，在发行对象数量、定价折价比例、锁定期等方面均有所放宽，沉寂多年的定向增发市场迅速回暖；

✧ 新《证券法》正式实施，作为中国资本市场的“根本大法”，在全面推行证券发行注册制、大幅提高证券违法违规成本、加大投资者保护力度等方面实现重大突破，为 1.7 亿投资者更好分享我国经济发展红利提供有力保障；

✧ 证监会取消证券公司、基金管理公司外资股比限制，外资进驻中国证券业市场的热情再次被点燃，合资券商加快脚步抢滩中国市场；

✧ 创业板改革并试点注册制启幕，审核注册突出以信息披露为核心，机制流程更加公开透明可预期，再融资、并购重组同步实施注册制；

✧ 上证综指“大修”，剔除风险警示（ST、*ST）股票，延长新股计入指数时间，以及纳入科创板上市证券等，更能充分反映市场结构的新变化；

✧ 新三板精选层开市交易，首批 32 家企业集体挂牌亮相，提升新三板的辐射力和吸引力；

✧ 国务院印发《关于进一步提高上市公司质量的意见》，从 6 个方面以 17 项重点举措对提高上市公司质量作出全面系统、有针对性的部署安排，是今后一段时期推动上市公司整体质量提升的指导性文件；

✧ 退市新规面向市场征求意见，指出要坚持市场化、法治化方向，完善退市标准，简化退市程序，拓宽多元退出渠道，严格退市监管，完善常态化退出机制；

✧ A 股募资创 10 年新高，2020 年度 IPO 融资规模达 4640.19 亿元，同比增长超 8 成；

✧ 公募基金规模超 18 万亿元，同比增长 26.54%，新增基金规模创历史新高，可称公募基金“超级大年”。

资料来源：新华财经。

二、上市公司业绩评价结果分析

（一）A 股业绩企稳回升，行业龙头引领增长

2020 年度，沪深两市上市公司实现营业收入 43.62 万亿元，同比增长 2.91%；归属于母公司股东净利润合计 1.86 万亿元，同比增长 4.40%。沪深两市上市公司在产业循环逐步畅通、市场需求不断改善、减税降费等多重利好因素影响下，克服新冠肺炎疫情和严峻复杂国际形势的不利影响，生产经营逐季恢复，整体业绩走出 V 型曲线，企稳回升。

具体来看，纳入本次业绩评价范围的 4007 家上市公司中，利润业绩同比增长的上市公司合计 2362 家，占比 58.95%，较 2019 年的 51.27% 有所增加；3414 家上市公司实现盈利，占比 85.20%；2230 家上市公司盈利过亿元，超过半数。从沪深两市情况看，行业龙头公司在整体经济下行压力下业绩稳健，引领高质量增长态势明显。

1. 沪市业绩持续向好，实体类公司强劲复苏，科创板“硬科技”吸引力提升。

2020 年，沪市公司共实现营业收入 29.51 万亿元，同比增长 0.65%，占同期 GDP 比重 29.05%；共实现净利润 1.11 万亿元，同比下降 11.81%，剔除海航系三家上市公司和 ST 康美之后净利润同比增长 7.43%。总体上看，沪市公司以占全国注册企业不到万分之一的数量，实现全国 GDP 约三分之一的营业收入，充分展现了国民经济的中流砥柱作用。

实体类公司表现出了强劲的复苏势头，一批关系国计民生的支柱、龙头型公司，表现出较强的抗风险能力，稳健实体经济的“基本盘”。沪市市值 500 亿元以上的上市公司数量占比不足 10%，贡献了沪市 57.42% 的营业收入和 65.62% 的净利润，充分发挥了经济排头兵的作用。

2020 年是科创板开市的第一个完整年度，产业集聚和品牌效应逐步显现，吸引“硬科技”领域龙头企业和创新企业入驻。中芯国际、中国通号、华润微等行业标杆型企业先后登陆科创板。澜起科技等 29 家集成电路公司已经串联起芯片、半导体全产业链环节；金山办公等 32 家软件公司引领新兴数字产业，应用涵盖云计算、大数据、人工智能、物联网等创新领域；君实生物等 22 家生物制药公司深耕癌症、艾滋病等疑难病症领域。

2. 深市主板蓝筹业绩稳健回升，创业板创新驱动增长。

2020 年，深市公司共实现营业收入 14.10 万亿元，同比增长 7.97%，其中主板和创业板同比分别增长 8.14%、6.92%，均高于上市公司整体平均水平；归属于母公司股东净利润合计 0.75 万亿元，同比增长 43.84%，其中主板和创业板分别增长 44.98%、37.64%。一

批主板公司成长为优质蓝筹和细分行业冠军，发挥着国民经济“稳定器”和“压舱石”作用。其中，万科、潍柴动力、格力电器、比亚迪等 18 家公司收入超千亿元；海康威视等 15 家公司利润超百亿元。创业板已成长为创新创业企业集聚地，新一代信息技术、生物医药、新材料、高端装备制造的产业聚集效应明显。

（二）A 股市场呈结构性牛市，资金向龙头趋拢

从全年表现看，沪指累计上涨 13.87%，深证成指上涨 38.73%，创业板指上涨 64.96%，位列 2020 年全球主要股指涨幅榜第二。从 A 股市值来看，2020 年末，A 股市值总额 84.50 万亿元，较上年末增长 31.41%，延续了 2019 年的牛市行情。市值上升的公司数量占比为 48.52%，市值上升超过 100% 的公司数量占比为 7.56%。2011—2020 年 A 股总市值变化如图 2-14 所示。

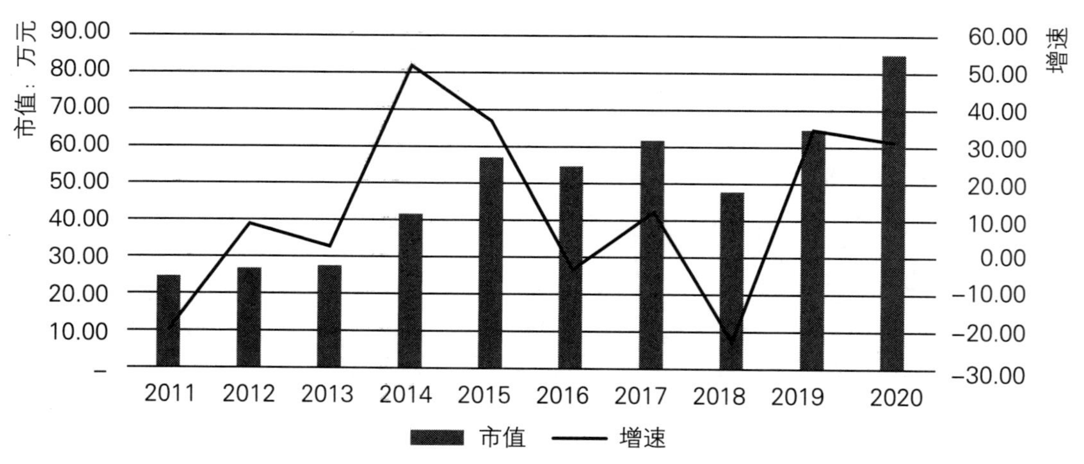

图 2-14 历年 A 股总市值变化图

从行业来看，采掘、建筑装饰、房地产、通信、银行这五个行业的市值较上年度有所下降，原因在于油价暴跌使得石油收入大幅缩水，甚至一度出现负油价，这一局面导致石油板块整体受到冲击；通信下半年受到芯片禁运等冲击持续下跌；房地产板块则因受到中央政策调控影响受到整体压制；银行业受经济环境下行、行业监管收紧影响明显，业绩和市场行情都反映不佳。其他行业都有不同程度的上涨。其中，电气设备和休闲服务涨幅最大，超过了 100%。电气设备行业以新能源汽车锂电池和光伏风电公司居多，新能源汽车受到全球追捧销量大增，进而推动电池电源设备股大涨；光伏海外需求大增、“碳中和”新政推动光伏电源设备板块股价大涨。休闲服务行业上涨主要源于权重股由免税业务暴发带来股价上涨。食品饮料行业紧随其后，市值涨幅高达 91.70%，其中白酒板块的贡献最大，主要原因是白酒股成为 2020 年“基金抱团”现象中的重仓股，贵州茅台是持仓基金数量最多的股票，有 1600 只公募基金持有该股。详见图 2-15。

国防军工、农林牧渔、医药生物、汽车、电子行业的市值涨幅也超过了 50%。总体来看，新冠肺炎疫情是影响 2020 年全球股市的核心因素；全球央行大宽松“大放水”政策是决定金融资产价格的关键因素；中美大国博弈是影响 A 股的重要因素。

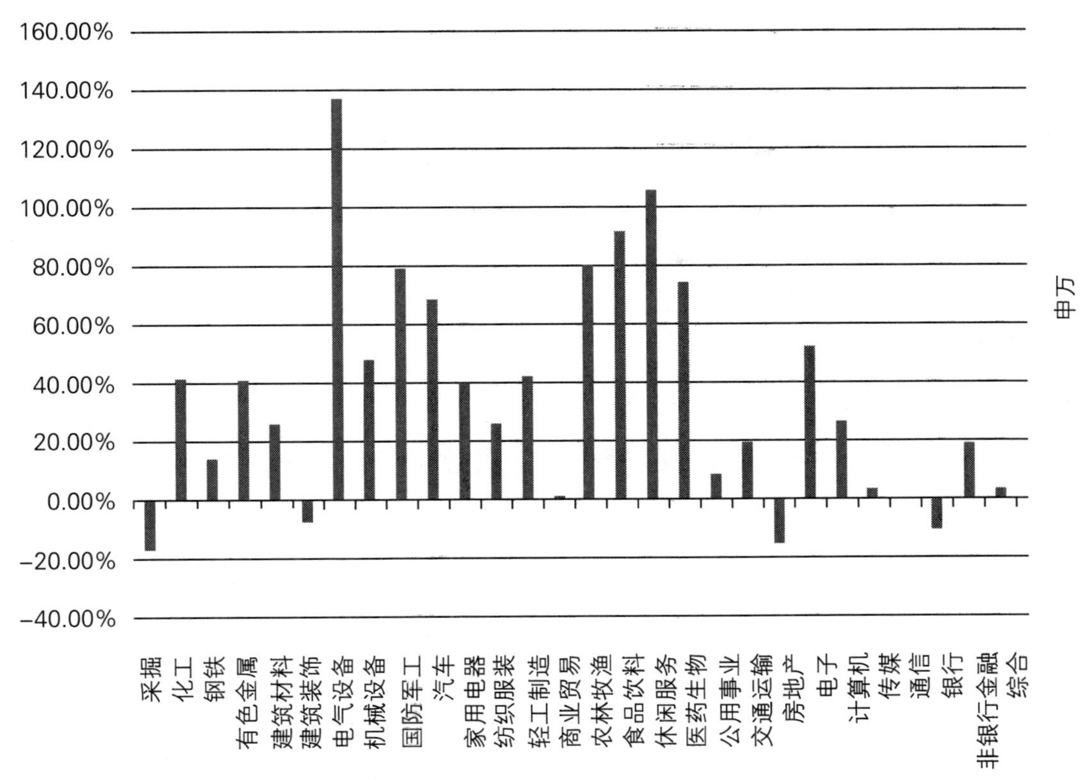

图 2－15　申万各行业 2020 年市值涨幅

（三）A 股上市公司分红总额创新高，七成公司宣告分红

2020 年度，A 股全部 4292 家上市公司（含金融）累计宣告分红总额为 1.52 万亿元，较上一年度增加 11.61%。共计 3003 家上市公司宣告分红，占全部上市公司数量的 70%；642 家上市公司的分红比例（宣告分红 / 归属于母公司股东净利润）超过 50%；1855 家上市公司的分红比例超过 30%。

沪市主板公司共有约 1200 家公司推出分红方案，占全部盈利公司的近 85%。其中，130 余家公司派现 10 亿元以上，20 家派现 100 亿元以上，同时，580 余家公司连续 3 年分红比例超 30%，约 100 家公司连续 3 年分红比例超 50%，蓝筹公司持续稳定高比例分红，与投资者分享业绩增长红利。

深市公司共有 1490 家公司推出现金分红预案，占全部盈利公司的 71%。其中，290 家上市公司的分红比例超过 50%，659 家上市公司的分红比例超过 30%，1155 家公司连续 3 年分红。

24 家上市公司宣告分红高达百亿元，其中 13 家属于银行保险业，工商银行、建设银行、农业银行和中国银行、中国平安仍然居于榜首，宣告分红金额分别为 948.04 亿元、815.04 亿元、647.82 亿元和 579.94 亿元、400.63 亿元。中国神华分红慷慨“加码”，宣告分红金额 359.62 亿元，较上一年度增加百亿元以上，首次超过“两桶油”，跃居第五名。“两桶油”依然慷慨，中国石油、中国石化宣告分红金额分别为 319.99 亿元、242.14 亿元。除此之外，贵州茅台、格力电器、长江电力、万科 A、海螺水泥、美的集团分红也都超过了百亿元。

（四）上市公司股权激励积极性提升，智力资本受到重视

2020 年度，508 家上市公司公告股权激励预案，较上一年度大幅增加了 26.68%。随着科技创新在企业发展中的作用日益凸显，智力资本正在成为上市公司持续发展的重要引擎，股权激励已然进入了“常态化”时代，成为上市公司改善公司治理、提高治理能力的重要手段。其中，计算机、通信电子、软件、专用设备、医药、化工等技术密集型产业股权激励积极性最高，主要得益于中国传统制造业在面临现代工业的转型升级过程中对核心人才的需求日益攀升以及互联网产业的发展及信息化资源的普及。越来越多的行业龙头及标杆性企业发布股权激励计划，2020 年，中微公司、宁德时代、青岛啤酒、公牛电器等一批细分行业龙头纷纷加入股权激励的行列。受益于国企混改深化推进，国企股权激励积极性与参与度也显著提升，全年共有 62 家国有控股上市公司推出股权激励方案。

（五）上市公司持续加大研发投入，技术创新提升发展动能

作为经济发展动能的“转换器”，上市公司持续加大研发投入，折射出我国经济转型的过程、方向和正在形成的突破口。2020 年，A 股上市公司研发费用支出为 9118.1 亿元，同比增长 21.60%。从研发费用占营业收入的比重来看，2018—2020 年分别为 1.30%、1.45% 和 1.68%，不断增加。详见图 2-16。

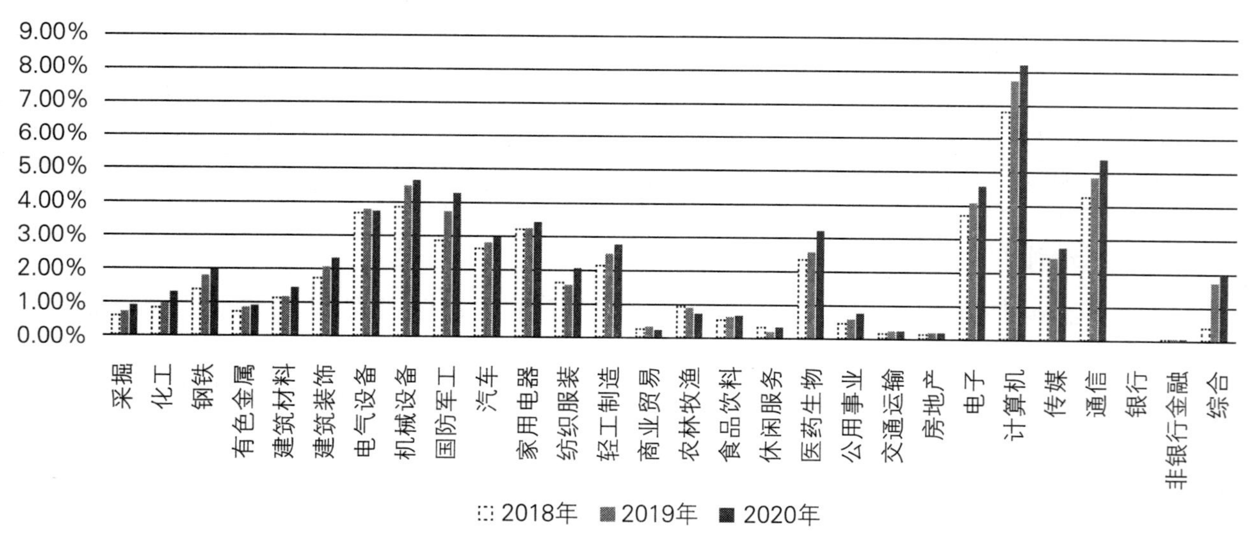

图 2-16　近三年研发费用占营业收入比重（申万）

分行业看，计算机、通信电子、机械设备行业的研发费用投入占比是最高的，中兴通讯、潍柴动力、京东方、比亚迪、美的集团等 5 家公司研发投入超过 80 亿元。科技创新带动产业向高端化、智能化、节能减排、低能环保方向升级。例如，设备制造行业，恒立液压自主研发的 15T 以下小型挖掘机用轴向柱塞泵和多路控制阀，精确操控性和燃油经济性均超过国外同类产品。煤炭、钢铁、石油等传统重工业企业利用新技术、新工艺降低能耗，如中国神华利用清洁能源替代原有供能设备，有效降低温室气体排放；钢铁行业半数以上的公司实现吨钢综合能耗下降。

（六）积极财政政策持续升温，减税降费提升发展活力

“十三五”时期，党中央、国务院立足经济社会发展全局，出台系列减税降费政策，规模不断增大，红利持续释放，为减轻市场主体负担、有效应对经济下行压力提供了有力支持。2020 年，为应对新冠肺炎疫情冲击，我国连续发布实施了 7 批 28 项减税降费措施，确保政策红利直达市场主体，全年新增减税降费超过 2.5 万亿元。从 A 股上市公司的税负情况看，2018—2020 年平均税负率（支付的各项税费 / 营业总收入）分别为 6.63%、6.30% 和 5.71%，连年持续下降显著。其中，实体企业税负下降最为明显，尤其是房地产、钢铁、轻工制造、纺织服装、采掘、电气设备等行业税负下降最多。可见，本轮财政体制改革减税力度很大程度地减轻了上市公司的负担，逆经济形势增长活力尽现。从各行业税负情况看，历年税负率最高的行业是食品饮料和房地产，在各行业税负都有所下降的情况下，休闲服务的税负率有上升的趋势。详见图 2-17。

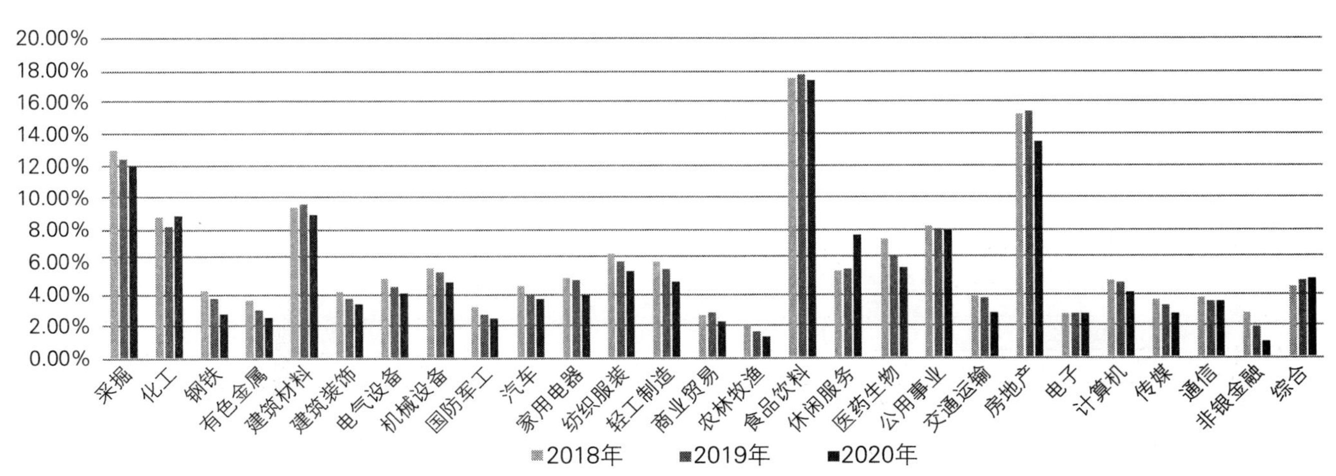

图 2－17 2018—2020 年 A 股各行业税负率

2020 年度，居于上市公司纳税榜首地位的大户仍然是中国石化和中国石油，税负总额分别为 2821.62 亿元和 2697.61 亿元，但较上一年度均有下降。工商银行和建设银行也突破了千亿元。排在前十名的除了“两桶油”、工农中建招商五大银行外，还有中国建筑、中国平安、万科 A。

（七）“退市新规”出台，从严治理呈现常态化

2020 年 11 月 2 日，中央深化改革委员会第十六次会议审议通过了《健全上市公司退市机制实施方案》，明确指出“要坚持市场化、法治化方向，完善退市标准，简化退市程序，拓宽多元退出渠道，严格退市监管，完善常态化退出机制”。围绕新一轮退市制度改革，沪深交易所正式发布新修订的《上海证券交易所股票上市规则》《深圳证券交易所股票上市规则》《上海证券交易所科创板股票上市规则》《深圳证券交易所创业板股票上市规则》等多项配套规则，也称“退市新规”。

沪市5家公司触及财务类指标将被终止上市，39家公司将被实施退市风险警示（即*ST），36家公司将被实施其他风险警示（即ST）。深市68家公司将被实施*ST，95家公司将被实施ST。退市新规中新设的“营业收入+扣除非经常性损益后净利润”组合指标是戴星戴帽的主要原因，此外还包括净资产为负、审计意见类型和破产重整原因或同时涉及多种情形。

第三章　2020 年度"中联价值"上市公司业绩评价

一、2020 年度"中联价值"上市公司评价结果

按照中国上市公司业绩评价体系，我们以统一测算的评价标准为基准，运用功效系数法，对截至 2021 年 5 月 4 日公布年报的 A 股 4007 家上市公司业绩进行了评价，得出了 2020 年度 100 家"中联价值"上市公司（以下简称"中联价值 100"），其中，海螺水泥以综合得分 89.6 获得第一，得分第 2~10 名的企业分别是牧原股份、迈瑞医疗、陕西煤业、双汇发展、英科医疗、恒瑞医药、新奥股份、海天味业、隆基股份。具体信息见表 3-1。

表 3 - 1　"中联价值 100"评价得分表

序号	股票代码	股票简称	评价得分	序号	股票代码	股票简称	评价得分
1	600585	海螺水泥	94.7	15	600031	三一重工	85.4
2	300498	温氏股份	89.1	16	000708	中信特钢	85.4
3	002714	牧原股份	88.9	17	601888	中国中免	85.1
4	600801	华新水泥	88.8	18	002555	三七互娱	85.0
5	603288	海天味业	88.6	19	000333	美的集团	84.9
6	002120	韵达股份	88.3	20	000651	格力电器	84.5
7	600276	恒瑞医药	87.6	21	002458	益生股份	84.4
8	000858	五粮液	87.5	22	000672	上峰水泥	84.0
9	601012	隆基股份	87.2	23	603160	汇顶科技	83.9
10	601225	陕西煤业	87.1	24	600309	万华化学	83.9
11	300760	迈瑞医疗	86.8	25	000789	万年青	83.8
12	600009	上海机场	86.2	26	600519	贵州茅台	83.5
13	603833	欧派家居	86.1	27	000568	泸州老窖	83.5
14	002746	仙坛股份	85.4	28	601006	大秦铁路	83.4

续表

序号	股票代码	股票简称	评价得分	序号	股票代码	股票简称	评价得分
29	601233	桐昆股份	83.2	62	603899	晨光文具	80.2
30	600426	华鲁恒升	83.2	63	300750	宁德时代	80.1
31	600570	恒生电子	82.7	64	603369	今世缘	80.1
32	600690	海尔智家	82.7	65	002064	华峰氨纶	80.1
33	002299	圣农发展	82.6	66	002468	申通快递	80.0
34	600438	通威股份	82.5	67	600188	兖州煤业	80.0
35	600809	山西汾酒	82.5	68	002236	大华股份	79.9
36	600346	恒力石化	82.4	69	000921	海信家电	79.8
37	002475	立讯精密	82.2	70	603816	顾家家居	79.7
38	000877	天山股份	82.2	71	002311	海大集团	79.7
39	600233	圆通速递	82.0	72	002110	三钢闽光	79.7
40	002128	露天煤业	81.9	73	600763	通策医疗	79.7
41	002841	视源股份	81.8	74	000538	云南白药	79.7
42	600720	祁连山	81.7	75	002508	老板电器	79.5
43	002016	世荣兆业	81.6	76	000876	新希望	79.5
44	002234	民和股份	81.5	77	300529	健帆生物	79.4
45	000338	潍柴动力	81.3	78	601021	春秋航空	79.4
46	000961	中南建设	81.3	79	002677	浙江美大	79.4
47	600167	联美控股	81.3	80	300628	亿联网络	79.3
48	603986	兆易创新	81.1	81	600606	绿地控股	79.3
49	002415	海康威视	81.1	82	603568	伟明环保	79.2
50	002233	塔牌集团	81.1	83	600887	伊利股份	79.1
51	603517	绝味食品	81.0	84	300014	亿纬锂能	79.0
52	002352	顺丰控股	80.9	85	300559	佳发教育	78.8
53	300015	爱尔眼科	80.9	86	000031	大悦城	78.8
54	002146	荣盛发展	80.9	87	300417	南华仪器	78.7
55	000401	冀东水泥	80.9	88	600328	中盐化工	78.7
56	600048	保利地产	80.7	89	603060	国检集团	78.6
57	000895	双汇发展	80.7	90	603609	禾丰牧业	78.6
58	000661	长春高新	80.6	91	000932	华菱钢铁	78.5
59	601360	三六零	80.5	92	002869	金溢科技	78.3
60	002271	东方雨虹	80.3	93	600486	扬农化工	78.3
61	300454	深信服	80.2	94	600007	中国国贸	78.3

续表

序号	股票代码	股票简称	评价得分	序号	股票代码	股票简称	评价得分
95	002078	太阳纸业	78.2	98	000596	古井贡酒	78.2
96	002032	苏泊尔	78.2	99	002821	凯莱英	78.1
97	002007	华兰生物	78.2	100	601100	恒立液压	78.0

注：当年 IPO 上市或借壳上市的公司未参与。

从评价得分结果来看，2020 年度“中联价值 100”表现优异，算数平均得分为 79.42 分，比评价范围内全部上市公司算数平均得分 53.53 分高出 25.89 分，高于评价范围内全部上市公司平均水平 48.37%。与 2019 年度相比，2020 年“中联价值 100”算术平均得分低于 2019 年度的 81.91 分，降低了 3.04%。可见，受疫情影响，2020 年度“中联价值 100”表现有所下降，但下降幅度不大。

从市场表现来看，2020 年度“中联价值 100”总市值为 165985.73 亿元，占评价范围内全部上市公司总市值的 24.29%，与 2019 年度相比，“中联价值 100”总市值高出 64.47%，占评价范围内全部上市公司总市值的比重提升了 3.49 个百分点；“中联价值 100”户均市值为 1659.86 亿元，评价范围内全部上市公司户均市值为 170.55 亿元，“中联价值 100”户均市值为评价范围内全部上市公司户均市值的 9.73 倍，明显高于评价范围内全部上市公司平均水平。以上数据表明，“中联价值 100”市场价值明显优于评价范围内全部上市公司平均水平。

从经营规模来看，“中联价值 100”2020 年度实现营业收入 38047.12 亿元，占评价范围内全部上市公司的 8.72%，户均水平为评价范围内全部上市公司户均水平的 3.50 倍；“中联价值 100”2020 年度净利润为 5856.07 亿元，占评价范围内全部上市公司的 27.08%，户均水平为评价范围内全部上市公司户均水平的 10.84 倍，明显高于评价范围内全部上市公司平均水平。“中联价值 100”2020 年度经营活动产生的现金流量净额为 7403.62 亿元，占评价范围内全部上市公司的 17.05%，户均水平为评价范围内全部上市公司户均水平的 6.84 倍，高于评价范围内全部上市公司平均水平。“中联价值 100”2020 年度资产总额 53817.11 亿元，占评价范围内全部上市公司的 7.09%，户均水平为评价范围内全部上市公司户均水平的 2.84 倍；净资产总额 28662.90 亿元，占评价范围内全部上市公司的 9.52%，户均水平为评价范围内全部上市公司户均水平的 3.81 倍。

从经营质量来看，“中联价值 100”2020 年度整体净资产收益率为 21.33%，为评价范围内全部上市公司平均水平的 3.60 倍；“中联价值 100”2020 年度整体总资产周转率为 0.78 次，为评价范围内全部上市公司平均水平的 1.30 倍，“中联价值 100”2020 年度整体资产负债率为 46.74%，低于评价范围内全部上市公司的平均水平 60.33%，“中联价值 100”2020 年度整体收入增长率为 24.92%，为评价范围内全部上市公司平均水平的 8.56 倍。可见，2020 年度“中联价值 100”整体经营质量明显优于评价范围内全部上市公司平均水平。

以上数据表明，2020 年度“中联价值 100”集聚了经营效益好、资产质量优、发展潜力大的上市公司。

二、2020 年度“中联价值 100”上市公司评价指标分析

本次业绩评价分别从财务效益状况、资产质量状况、偿债风险状况、发展能力状况、市场表现状况五个方面进行，“中联价值 100”上市公司整体优于评价范围内全部上市公司平均水平，下面分别从上述五个方面对“中联价值 100”上市公司的财务指标进行分析。

（一）财务效益

表 3-2 列示了“中联价值 100”上市公司财务效益状况评价结果。根据财务效益状况指标具体分析，2020 年度“中联价值 100”上市公司财务效益基本指标和其他修正指标明显高于评价范围内全部上市公司平均值；与上年度比较，2020 年度“中联价值 100”除扣除非经常性损益净资产收益率有所下降，其他指标均不同幅度地得到提升。总体而言，“中联价值 100”上市公司财务效益状况较 2019 年度有所提升。就“中联价值 100”具体上市公司的财务效益得分情况而言，100 家上市公司财务效益全部超过评价范围内全部上市公司平均水平，其中海螺水泥、贵州茅台、长江电力 3 家上市公司在财务效益方面获得 35 分满分，与其他“中联价值 100”上市公司相比表现明显突出。

表 3－2 “中联价值 100”财务效益状况比较表

分析指标		2020 年上市公司平均值	2020 年“中联价值 100”平均值	与上市公司平均值比值	2019 年“中联价值 100”平均值	同比增长率（%）
基本指标	扣除非经常性损益净资产收益率	5.93%	21.33%	3.60	21.40%	–0.33
	总资产报酬率	5.00%	15.43%	3.09	11.27%	36.91
修正指标	营业利润率	6.43%	18.81%	2.93	15.81%	18.98
	盈利现金保障倍数	2.01	1.26	0.63	1.22	3.28
	总股本收益率	38.17%	200.84%	5.26	196.69%	2.11

（二）资产质量

表 3-3 列示了“中联价值 100”上市公司资产质量状况评价结果。从资产质量状况指标来看，2020 年度“中联价值 100”四项指标全部高于评价范围内全部上市公司平均水平，与 2019 年度相比，除应收账款周转率有所下降，其余指标均有增长。就资产质量得分情况而言，2020 年度“中联价值 100”中有 95 家上市公司超过评价范围内全部上市公司平均水平，其中牧原股份、新奥股份、中远海控、国联股份、万兴科技、圆通速递 6 家上市公司在资产质量方面获得 15 分满分，表现优于“中联价值 100”其他公司。

表 3－3 “中联价值 100”资产质量状况比较表

分析指标		2020 年上市公司平均值	2020 年“中联价值 100”平均值	与上市公司平均值比值	2019 年“中联价值 100”平均值	同比增长率（%）
基本指标	总资产周转率（次）	0.60	0.78	1.30	0.67	16.42
	流动资产周转率（次）	1.14	1.71	1.50	0.98	74.49
修正指标	存货周转率（次）	2.64	6.58	2.49	1.65	298.79
	应收账款周转率（次）	8.07	14.00	1.73	14.08	−0.57

（三）偿债风险

表 3–4 列示了“中联价值 100”上市公司偿债能力状况评价结果。从偿债风险状况指标来看，2020 年度“中联价值 100”除资产负债率外，其余指标均高于评价范围内全部上市公司平均水平。从“中联价值 100”内具体公司来看，“中联价值 100”上市公司中有 84 家企业偿债能力综合得分高于评价范围内全部上市公司平均水平。其中，圣邦股份获得了 15 分满分，明显优于“中联价值 100”其他公司水平。

表 3－4 “中联价值 100”偿债风险状况比较表

分析指标		2020 年上市公司平均值	2020 年“中联价值 100”平均值	与上市公司平均值比值	2019 年“中联价值 100”平均值	同比增长率（%）
基本指标	资产负债率	60.33%	46.74%	0.77	62.38%	−25.07
	已获利息倍数	4.30	18.22	4.24	14.62	24.62
修正指标	速动比率	82.33%	117.44%	1.43	79.99%	46.82
	现金流动负债比率	13.31%	42.69%	3.21	19.52%	118.70
	带息负债比率	40.72%	42.55%	1.04	32.25%	31.94

（四）发展能力

表 3–5 列示了“中联价值 100”上市公司发展能力状况评价结果。从具体指标来看，2020 年度“中联价值 100”发展能力水平与 2019 年度相比明显上升，并且所有指标均优于评价范围内全部上市公司平均水平。从“中联价值 100”内具体公司来看，“中联价值 100”上市公司全部企业发展能力得分高于评价范围内全部上市公司平均水平。牧原股份、隆基股份、立讯精密、歌尔股份、正邦科技 5 家企业发展能力综合得分为满分 20 分，明显优于“中联价值 100”其他公司水平。

表 3－5 “中联价值 100”发展能力状况比较表

分析指标		2020 年上市公司平均值	2020 年“中联价值 100”平均值	与上市公司平均值比值	2019 年“中联价值 100”平均值	同比增长率（%）
基本指标	营业收入增长率	2.91%	24.92%	8.56	22.91%	8.77
	资本扩张率	11.25%	24.65%	2.19	23.52%	4.80
修正指标	累计保留盈余率	40.80%	65.98%	1.62	68.69%	-3.95
	三年营业收入增长率	8.50%	21.86%	2.57	25.12%	-12.98
	总资产增长率	10.58%	22.94%	2.17	20.20%	13.56
	营业利润增长率	2.48%	36.31%	14.64	25.79%	40.79

（五）市场表现

表 3-6 列示了“中联价值 100”上市公司市场表现状况评价结果。从具体指标来看，“中联价值 100”市场投资回报率为 109.96%，远高于纳入评价范围内全部上市公司平均值 15.87%，与 2019 年度相比，“中联价值 100”平均值均优于上年水平。95 家公司的市场投资回报率高于评价范围内全部上市公司平均水平 ，说明“中联价值 100”具有较高的投资价值，投资回报率前六名的是英科医疗、阳光电源、山西汾酒、振德医疗、百润股份和恒立液压。股价波动率高于评价范围内全部上市公司平均水平，说明股票活跃度较高。以上数据表明“中联价值 100”市场表现良好。

表 3－6 “中联价值 100”市场表现状况比较表

分析指标	2020 年上市公司平均值（%）	2020 年“中联价值 100”平均值（%）	与上市公司平均值比值（%）	2019 年“中联价值 100”平均值（%）	同比增长率（%）
市场投资回报率	15.87	109.96	6.93	79.34	38.59
股价波动率	105.04	173.92	1.66	109.82	58.37

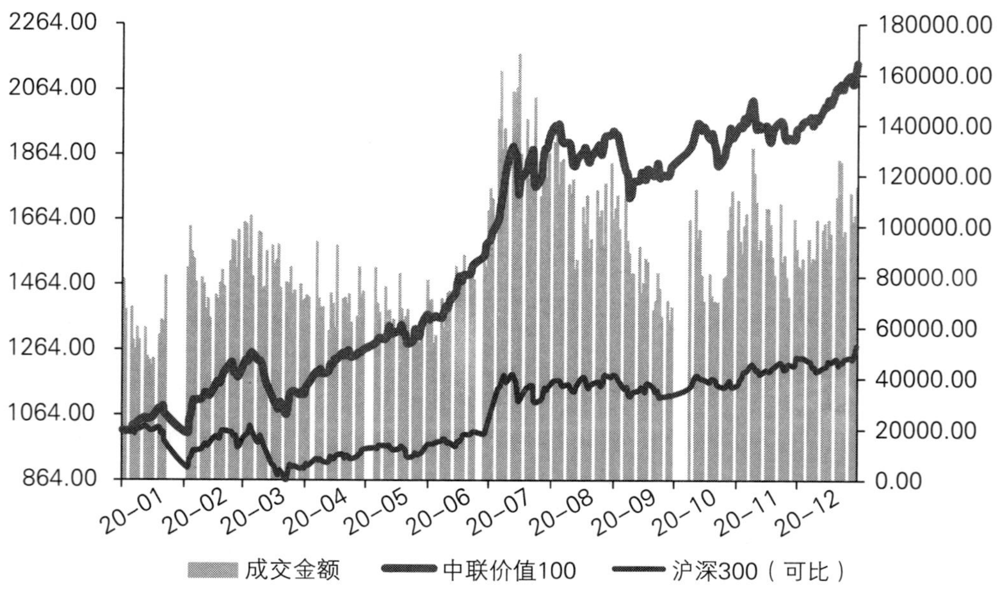

图 3－1 沪深 300 指数与 2020 年“中联价值 100”指数叠加图

三、2020 年度“中联价值 100”上市公司分布特点

2020 年，面对前所未有的疫情冲击，中国经济率先实现 V 型反弹，呈现出持续恢复的态势，GDP 实现 2.3% 的增长。A 股市场整体上展现出比较强势的一面。其中，创业板指数领涨全球市场，成为 2020 年涨幅最高的市场指数之一。与此同时，深证成指的年度涨幅也位列全球市场涨幅前列，上证指数涨幅稍显逊色，但还是比全球许多主要股票市场走势强。与全部 A 股上市公司相比，“中联价值 100”表现出了更为明显的优势。下面主要从行业、地区、板块、上市时间来介绍“中联价值 100”的分布特点。

（一）“中联价值 100”上市公司行业分布特点

2020 年“中联价值 100”上市公司中，制造业企业占比大幅提升，由 2019 年度的 66 家上升至了 77 家。其中，材料制造业企业共有 17 家上榜，水泥龙头企业海螺水泥再一次摘得桂冠；受疫情影响，医疗保健类制造企业受到社会普遍关注，共有 16 家上榜；日常消费类制造业企业共有 16 家上榜，包括 5 家酒、饮料和精制茶制造业企业，5 家农副食品加工业企业和 6 家食品制造业企业；信息技术类制造业企业共有 13 家上榜，主要为半导体及电子元件制造业企业；耐用消费品制造业企业共有 8 家上榜，主要为家用电器制造业企业；工业制造业企业共 7 家企业上榜。“中联价值 100”制造业企业中，消费类企业占比最多，说明 2020 年度消费行业虽受到疫情一定的冲击，但恢复十分强劲，可见我国“经济内循环”具有很大的发展潜力；医疗保健制造业和信息技术制造业共有 29 家企业上榜，这体现了发展高科技企业、重视科技创新、关注民生是我国经济发展的内在需求，建材、化纤、非金属矿物制品业等材料制造企业占比仍然较高，说明我国基础设施建设对高端材料的需求量不断增加，对制造材料的要求也越来越高；工业类制造业企业数量仅为 7 家，但像三一重工、恒立液压这样的工业制造业企业近几年来多次上榜，可见“中联价值 100”中工业制造业企业较为稳定，较难替代。

信息传输、软件和信息技术服务业有 4 家企业上榜，分别为万兴科技、深信服、吉比特和国联股份；采矿业，电力、热力、燃气及水生产和供应业，交通运输、仓储和邮政业，以及卫生和社会工作各有 3 家企业上榜；科学研究和技术服务业，农、林、牧、渔业，以及租赁和商务服务业各有 2 家企业上榜；中公教育作为一家教育类企业，首次上榜。2020 年度，我国房地产行业经历疫情巨大冲击后，又迎来“三道红线”的强力监管，2019 年度入围“中联价值 100”的房地产企业，今年纷纷落榜，由 2019 年度的 7 家降至 0 家。

值得注意的是，2020 年度“中联价值 100”名单中，有 21 家医疗保健概念股入围，新冠肺炎疫情是重要推手，也说明社会对健康更加重视。英科医疗、振德医疗、药明康德、华大基因等企业均为近几年首次入围“中联价值 100”，迈瑞医疗以 86.2 分的成绩，排名第三，成为近五年来首次跻身“中联价值 100”前五的“医疗保健”概念股。

近 4 年“中联价值 100”行业分布情况如表 3–7 和图 3–2 所示。

表3－7 “中联价值100”行业分布情况表

行　　业	2020年	2019年	2018年	2017年
制造业	77	66	68	67
信息传输、软件和信息技术服务业	4	5	2	3
交通运输、仓储和邮政业	3	7	7	10
采矿业	3	3	4	4
卫生和社会工作	3	2	2	3
电力、热力、燃气及水生产和供应业	3	1	3	2
农、林、牧、渔业	2	6	3	1
租赁和商务服务业	2	1	2	2
科学研究和技术服务业	2	1	1	0
教育	1	0	0	0
房地产业	0	7	5	5
水利、环境和公共设施管理业	0	1	2	1
建筑业	0	0	0	1
文化、体育和娱乐业	0	0	1	1

注：本行业分类标准参照证监会发布的《上市公司行业分类指引（2012年修订）》。

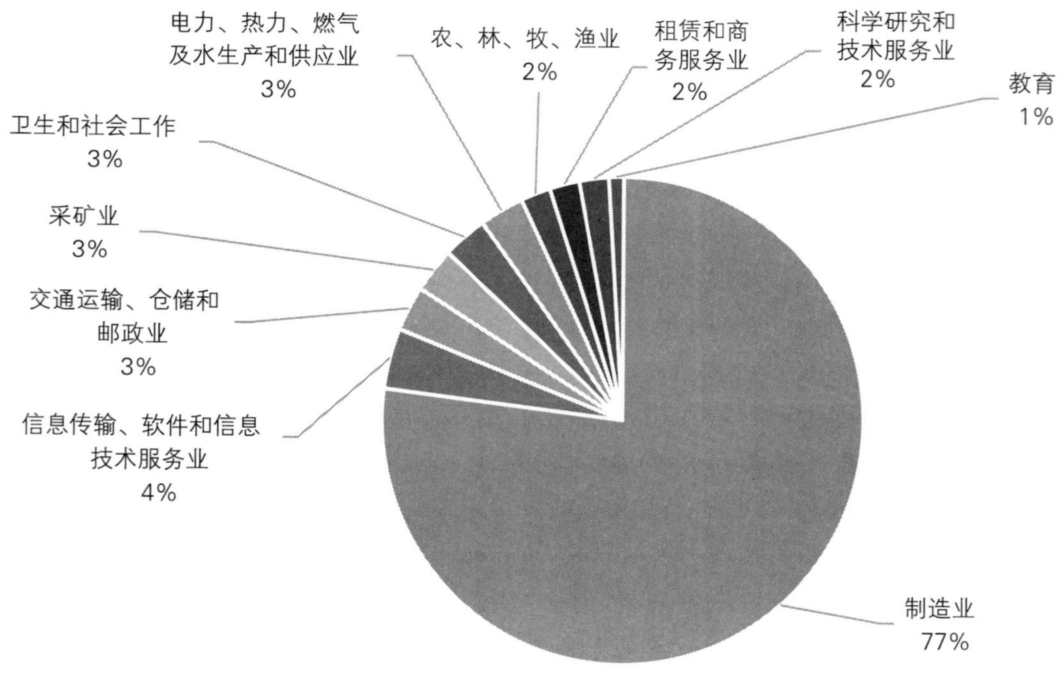

图3－2 2020年“中联价值100”行业分布

（二）“中联价值 100”上市公司地区分布特点

从“中联价值 100”地区分布来看，2020 年度东部地区共有 68 家企业上榜，较上年增加了 2 家，继续包揽前五；中部地区共有 16 家上榜，较上年度增加了 2 家；东北地区共有 3 家上榜，较上年度减少了 2 家；西部地区 13 家上榜，较上年度减少了 2 家。从“中联价值 100”省份分布来看，2019 年度广东省比上年度增加 5 家，以 26 家的绝对优势位列榜首；浙江省上榜 11 家，较上年减少 2 家，继续位列第二；北京市、江苏省入围“中联价值 100”的数量分别为 8 家和 7 家，分列第三、四位；山东省入围“中联价值 100”的数量由上年度的 9 家减少至 7 家，位列第五。

西部地区上榜名单中，四川省上榜企业最多，共有 4 家企业上榜，分别为天味食品、泸州老窖、通威股份和五粮液；陕西省和内蒙古自治区各有 2 家企业上榜；与此同时，万兴科技作为中国政府认定的“国家规划布局内重点软件企业”和“国家级高新技术企业”，以 78.9 分的成绩，成为首家西藏自治区的上榜企业。无独有偶，我国目前规模最大、现代化水平较高的农业类上市公司和优质商品粮生产基地北大荒企业也成为黑龙江省首家跻身“中联价值 100”的企业。

“中联价值 100”地区和省份数量和占比分布情况如表 3-8 和图 3-3 所示。

表 3 - 8 “中联价值 100”地区和省份分布情况表

地区	省 份	2020 年	2019 年	2018 年	2017 年
东部地区	广东省	26	21	16	17
	浙江省	11	13	20	13
	北京市	8	6	8	10
	江苏省	7	5	7	8
	山东省	7	9	5	9
	福建省	3	4	5	2
	上海市	2	4	7	8
	天津市	2	2	0	1
	河北省	2	2	4	2
	小计	68	66	72	70
西部地区	四川省	4	5	2	3
	陕西省	2	2	1	2
	内蒙古自治区	2	3	2	2
	贵州省	1	1	1	1
	重庆市	1	0	1	0
	宁夏回族自治区	1	0	0	0
	西藏自治区	1	0	0	0

续表

地区	省 份	2020 年	2019 年	2018 年	2017 年
西部地区	甘肃省	1	2	1	1
	新疆维吾尔自治区	0	1	1	1
	云南省	0	1	0	1
	广西壮族自治区	0	0	1	1
	小计	13	15	10	12
中部地区	湖南省	4	3	2	2
	安徽省	3	3	4	5
	湖北省	3	2	3	2
	江西省	3	1	3	2
	河南省	2	3	1	3
	山西省	1	2	1	2
	小计	16	14	14	16
东北地区	辽宁省	2	4	4	2
	黑龙江省	1	0	0	0
	吉林省	0	1	0	0
	小计	3	5	4	2

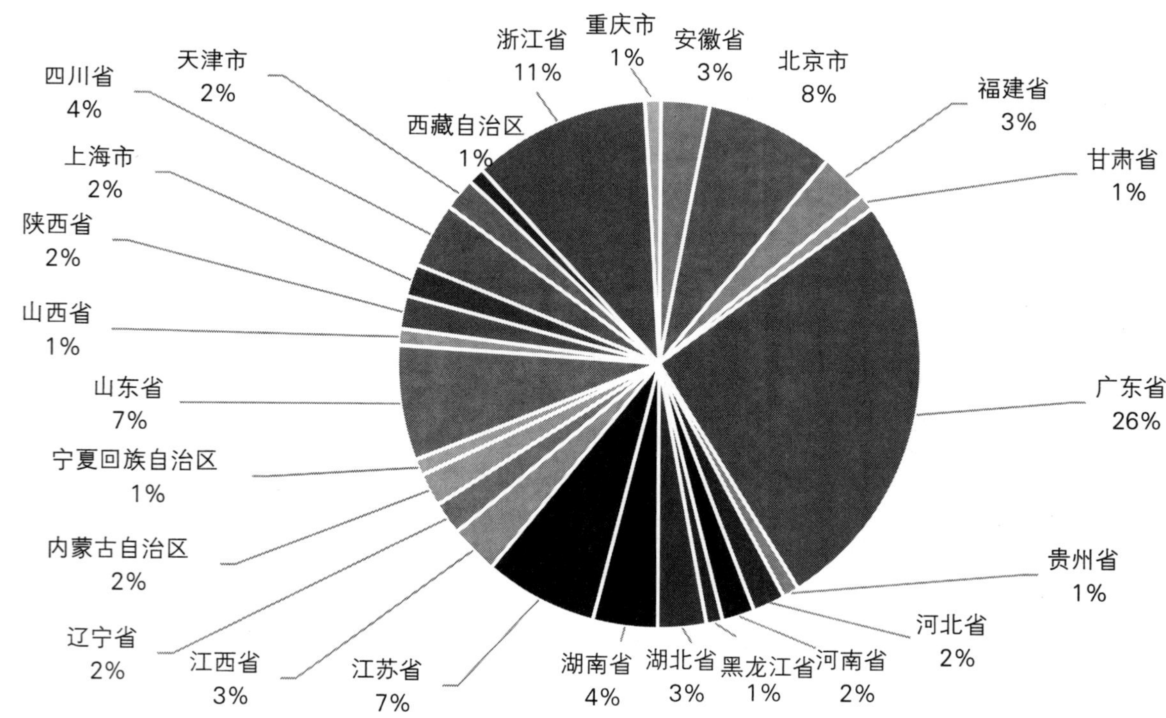

图 3－3 2020 年“中联价值 100”省份分布

（三）“中联价值 100”上市公司板块分布特点

2020 年度“中联价值 100”中，主板市场上榜数量较上年度有所下降，沪市主板上榜企业 43 家，较上年度减少了 2 家，深市主板上榜企业 12 家，较上年度减少 7 家；中小企业板上榜数量与 2019 年度持平，仍为 28 家；创业板上榜企业共计 17 家，较上年增加了 7 家，增加的企业中，多为医疗保健行业，如贝达药业、英科医疗、理邦仪器、万孚生物和华大基因等，其次为信息技术业，如蓝思科技、卓胜微、三环集团等。值得注意的是，于 2019 年开市的科创板也有两家企业跻身“中联价值 100”，分别为硕世生物和传音控股。详见图 3–4。

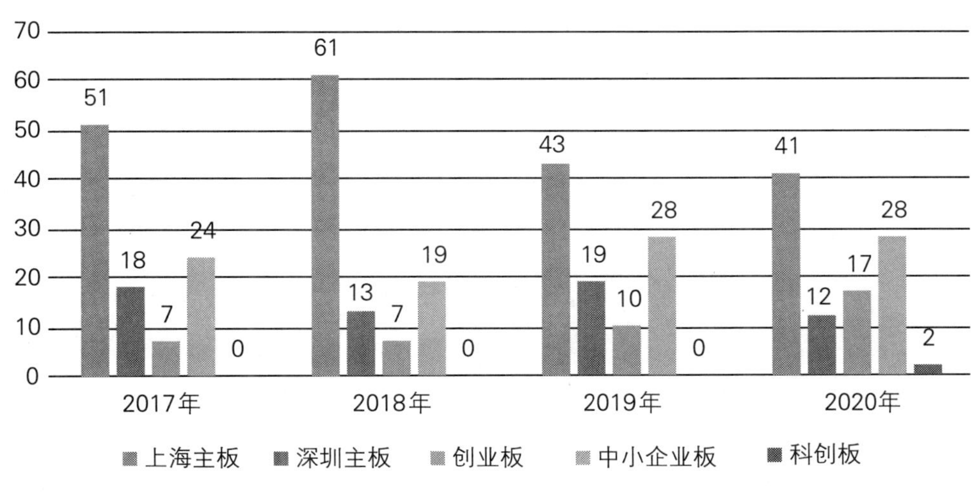

图 3 – 4　“中联价值 100”上市板块分布图

（四）“中联价值 100”上市公司上市时间分布特点

从“中联价值 100”的上市公司上市时间来看，2020 年“中联价值 100”名单中，上市时间在 10 年以上的公司最多，占比 44%，上市 5 年以内的公司占 33% 左右，上市 6~10 年的公司占比 23%。1 年内上市的企业共有 9 家上榜，这主要是由于 2019 年度新股数量大幅增长。

与 2019 年度“中联价值 100”相比，上市 10 年以上的公司占比减少了 16 家，上市 6~10 年的公司增加了 6 家，上市 4~5 年的公司减少了 2 家，上市 3 年内的公司增加了 12 家，可见近几年 A 股上市公司的质量在逐步提高。详见表 3–9 和图 3–5。

表 3 – 9　“中联价值 100”上市时间分布情况表

上市时间	2020 年	2019 年
1 年内	9	3
2~3 年	18	12
4~5 年	6	8
6~10 年	23	17
10 年以上	44	60

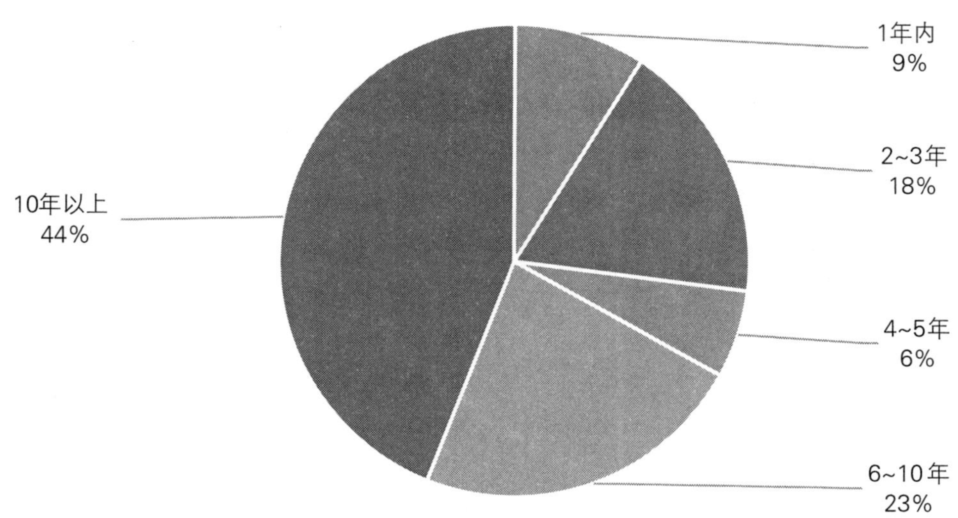

图 3－5　2020 年“中联价值 100”上市时间分布图

四、2020 年度“中联价值 100”亮点分析

（一）盈利能力创新高，营收利润双增长

2020 年度“中联价值 100”中，97 家企业实现了营业收入和净利润的双重增长。营业收入方面，共有 11 家企业收入增长率实现翻番，其中，英科医疗增长率最高，为 564.29%，其余企业分别为新奥股份、硕世生物、振德医疗、达安基因、华大基因、牧原股份、国联股份、蓝帆医疗、理邦仪器、正邦科技；26 家企业收入增长率超过 50%；83 家企业收入增长率超过 10%。

净利润方面，共有 4 家企业净利润增长率超过 1000%，分别为达安基因、英科医疗、天邦股份和振德医疗；30 家企业净利润增长率超过 100%；87 家企业净利润增长率超过 10%。

（二）核心资产涨幅迅猛，“中联价值 100”倍受追捧

2020 年度“中联价值 100”中除圆通速递和华新水泥股价略有回落外，其余企业股价均实现增长，其中：43 家企业实现股价翻番，75 家企业股价涨幅超过 50%，英科医疗以 1410.76% 的涨幅，位居“中联价值 100”涨幅榜榜首，阳光电源、山西汾酒、振德医疗、百润股份分列涨幅榜第二位至第五位。

从三年涨幅来看，“中联价值 100”有 92 家企业股价实现了增长。其中，63 家企业实现股价翻番，81 家企业股价涨幅超过 50%，卓胜微、福莱特分别以 1929.07%、1297.29% 的涨幅取得前两名。

可见，“中联价值 100”聚集了一批股价高速增长的企业。详见表 3-10。

表 3－10　“中联价值 100”2020 年度涨跌幅情况表

序号	股票代码	股票简称	2020 年度涨跌幅	序号	股票代码	股票简称	2020 年度涨跌幅
1	300677.SZ	英科医疗	1410.76	30	002603.SZ	以岭药业	127.30
2	300274.SZ	阳光电源	578.85	31	002493.SZ	荣盛石化	126.81
3	600809.SH	山西汾酒	318.80	32	002271.SZ	东方雨虹	126.18
4	603301.SH	振德医疗	311.72	33	603288.SH	海天味业	125.76
5	002568.SZ	百润股份	306.39	34	300433.SZ	蓝思科技	124.05
6	601012.SH	隆基股份	272.40	35	000858.SZ	五粮液	122.69
7	002030.SZ	达安基因	252.20	36	300454.SZ	深信服	118.63
8	688036.SH	传音控股	251.30	37	600031.SH	三一重工	112.36
9	688399.SH	硕世生物	245.56	38	002959.SZ	小熊电器	112.02
10	601100.SH	恒立液压	238.17	39	601899.SH	紫金矿业	110.78
11	601865.SH	福莱特	225.41	40	603259.SH	药明康德	107.89
12	601888.SH	中国中免	218.56	41	002475.SZ	立讯精密	107.79
13	600438.SH	通威股份	198.40	42	600598.SH	北大荒	103.50
14	600763.SH	通策医疗	172.97	43	002607.SZ	中公教育	101.98
15	603613.SH	国联股份	170.26	44	300676.SZ	华大基因	91.71
16	000568.SZ	泸州老窖	167.13	45	002241.SZ	歌尔股份	89.56
17	603317.SH	天味食品	165.01	46	002884.SZ	凌霄泵业	86.79
18	300206.SZ	理邦仪器	158.40	47	300529.SZ	健帆生物	84.78
19	002705.SZ	新宝股份	156.65	48	603238.SH	诺邦股份	84.06
20	603882.SH	金域医学	155.87	49	002311.SZ	海大集团	82.81
21	300015.SZ	爱尔眼科	152.47	50	300482.SZ	万孚生物	80.76
22	300782.SZ	卓胜微	145.74	51	600346.SH	恒力石化	80.23
23	002838.SZ	道恩股份	144.32	52	601216.SH	君正集团	79.69
24	300760.SZ	迈瑞医疗	140.51	53	002382.SZ	蓝帆医疗	75.10
25	600143.SH	金发科技	137.55	54	000333.SZ	美的集团	73.62
26	002352.SZ	顺丰控股	135.33	55	600519.SH	贵州茅台	70.46
27	002821.SZ	凯莱英	135.03	56	000895.SZ	双汇发展	68.41
28	601919.SH	中远海控	132.57	57	000708.SZ	中信特钢	67.27
29	603005.SH	晶方科技	129.08	58	300408.SZ	三环集团	66.71

续表

序号	股票代码	股票简称	2020 年度涨跌幅	序号	股票代码	股票简称	2020 年度涨跌幅
59	300558.SZ	贝达药业	64.35	80	000951.SZ	中国重汽	41.81
60	603833.SH	欧派家居	63.80	81	300624.SZ	万兴科技	41.01
61	002064.SZ	华峰化学	61.65	82	002841.SZ	视源股份	35.83
62	002507.SZ	涪陵榨菜	60.97	83	000690.SZ	宝新能源	34.14
63	601966.SH	玲珑轮胎	60.70	84	002242.SZ	九阳股份	32.52
64	603501.SH	韦尔股份	60.54	85	600803.SH	新奥股份	30.43
65	300661.SZ	圣邦股份	58.51	86	603043.SH	广州酒家	29.89
66	002027.SZ	分众传媒	58.50	87	600989.SH	宝丰能源	28.27
67	600276.SH	恒瑞医药	56.81	88	000921.SZ	海信家电	25.62
68	000786.SZ	北新建材	56.76	89	000789.SZ	万年青	22.55
69	002714.SZ	牧原股份	54.72	90	002124.SZ	天邦股份	16.89
70	000157.SZ	中联重科	54.51	91	600720.SH	祁连山	14.59
71	002415.SZ	海康威视	52.66	92	002157.SZ	正邦科技	8.59
72	002001.SZ	新和成	52.65	93	600900.SH	长江电力	8.14
73	300628.SZ	亿联网络	52.43	94	601225.SH	陕西煤业	7.70
74	002950.SZ	奥美医疗	51.67	95	000932.SZ	华菱钢铁	7.44
75	300146.SZ	汤臣倍健	51.46	96	601088.SH	中国神华	6.90
76	601877.SH	正泰电器	48.35	97	600507.SH	方大特钢	2.33
77	600887.SH	伊利股份	47.84	98	600585.SH	海螺水泥	1.44
78	002223.SZ	鱼跃医疗	43.13	99	600233.SH	圆通速递	-8.23
79	603444.SH	吉比特	42.52	100	600801.SH	华新水泥	-13.07

（三）研发保持高投入，厚积薄发展实力

从研发支出上看，“中联价值 100” 2020 年度平均研发支出约 9.62 亿元，同比增长了 26.53%，其中，传音控股研发投入由 2019 年度的 0.14 亿元增长到 3.62 亿元，涨幅为 2451.21%，共有 8 家公司研发支出涨幅超过 100%，分别为传音控股、新和成、吉比特、深信服、贝达药业、万孚生物、华新水泥和金发科技。

从研发人数上看，“中联价值 100” 2020 年度平均研发人员数量占比为 16.34%，同比增长了 0.35 个百分点。共有 63 家公司研发人数占比较 2019 年度实现增长，其中，企业研发人数占比增长较大的企业为紫金矿业，由 2019 年度的 1.21% 增长到了 16.7%。

（四）连续三年入围“中联价值 100”的公司

表 3-11 显示，2018—2020 年度连续三年入围“中联价值 100”的共有 22 家公司。就三年累计分红占比而言，伊利股份三年累计分红占比为 134.48%，位居第一，海天味业以三年累计分红占比 103.52% 位列第二。就每股留存收益而言，贵州茅台仍以 125.59 元 / 股的绝对优势占据榜首，高出第二名海螺水泥 356.11%。就近三年涨幅而言，恒立液压以 774.57% 的涨幅位居第一，通策医疗以 756.12% 的涨幅紧随其后，仅有华菱钢铁和圆通速递股价有小幅回落。

表 3－11 连续三年入围“中联价值 100”公司

证券简称	三年累计分红占比（%）	每股留存收益（元 / 股）	近 3 年涨幅（%）
海螺水泥	59.5344	27.5357	97.0212
陕西煤业	53.4895	5.2155	30.5959
恒瑞医药	34.8813	4.4131	204.5355
海天味业	103.5198	4.9491	362.4106
五粮液	89.5028	20.3889	283.7918
三一重工	52.1442	5.3257	307.8260
欧派家居	42.3716	12.3655	63.2896
贵州茅台	96.6245	125.5927	198.2661
立讯精密	17.3991	2.6757	429.4702
海康威视	98.1126	4.3324	32.2952
伊利股份	134.4809	3.8702	48.4052
华新水泥	74.3714	9.7379	128.0507
万年青	78.9174	6.2138	87.7711
泸州老窖	97.6270	12.0848	260.7601
恒立液压	54.2866	3.5107	774.5706
视源股份	56.2285	7.2284	159.5303
爱尔眼科	68.6837	0.8142	525.4189
华菱钢铁	48.1489	2.6591	–12.0575
海大集团	54.9525	4.5351	188.0898
圆通速递	50.5169	2.2404	–29.3110
亿联网络	80.1275	3.8092	239.9172
通策医疗	0.0000	5.6833	756.1280

资料链接：

新冠肺炎疫情促进迈瑞医疗产线全面发展

2020 年迈瑞医疗实现营业收入 210.26 亿元，同比增长 27%，收入略超前期报告预期；归属于上市公司股东的净利润达 66.58 亿元，同比增长 42.24%，净利润表现符合预期。2021 年一季度实现营业收入 57.81 亿元，同比增长 21.93%；归属于上市公司股东的净利润为 17.15 亿元，同比增长 30.59%。

2020 年初新冠肺炎疫情的暴发，极大地促进了公司生命信息与支持产线的高速发展，生命信息与支持产线业务收入达 100.06 亿元，增速达 57.80%，该产线下的监护仪、呼吸机、麻醉机、输注泵等与疫情防护治疗直接相关的医疗设备供不应求。除生命信息与支持产线外，疫情相关产品如体外诊断产线下的新冠 IgG/IgM 抗体试剂，医学影像业务的便携彩超、移动 DR 等也得到了加速增长。2020 年 3 月开始，国内疫情缓和，同时国际市场进入疫情高峰期，公司呼吸机等抗疫设备和新冠 IgG/IgM 抗体检测试剂等开始向海外市场倾斜。

在疫情防控进入常态化后，医疗新基建的加速推进成为公司业绩增长的又一重要驱动因素。公司作为中国最大、国际领先的医疗器械龙头企业，全面覆盖高中低端设备，满足从三级医院到基层医院等不同类型客户的需求。在规模效应带来的成本优势下，公司产品亦牢牢占据了高质量、高性价比两大特点，深受客户青睐。在国家多项政策的推动下，随着相关补助资金预算的下达，医疗新基建逐步落实开展，国内医疗器械市场加速扩容。

资料来源：Wind。

第二部分

中国上市公司评价各行业分析报告

第四章 煤炭行业上市公司业绩评价

2020 年是煤炭行业发展历程中极不平凡的一年。受新冠肺炎疫情冲击，煤炭经济运行形势复杂多变，供需阶段性错位失衡矛盾突出。随着疫情防控取得显著效果，宏观经济稳步恢复增长，加之气候因素、水电出力、进口煤月度不均衡等多种因素影响，煤炭供需关系出现了阶段性市场偏紧或宽松的现象，市场现货价格出现了较大幅度波动，但煤炭中长期合同价格始终稳定在合理区间。根据国家统计局数据，2020 年，全国规模以上煤炭企业营业收入 20001.9 亿元，同比下降 8.4%；营业成本 14086.3 亿元，同比下降 7.8%；利润总额 2222.7 亿元，同比下降 21.1%。2020 年煤炭行业指数整体呈现先跌后涨的走势，年初为 2467.86，年末涨至 2588.96 点，涨幅达 4.91%，除 2020 年初小部分时间外，全年煤炭行业指数低于沪深 300 指数。2021 年是我国现代化建设进程中具有特殊重要性的一年，中央经济工作会议强调宏观政策要保持连续性、稳定性、可持续性，要继续实施积极的财政政策和稳健的货币政策，保持对经济恢复的必要支持力度；会议部署了一系列重点任务，将推动我国宏观经济稳定向好发展，将带动煤炭需求继续增长。同时，国家强化节能减排、大气环境治理，新能源和可再生能源对煤炭消费的替代作用进一步增强，将抑制煤炭消费的增速。预计 2021 年煤炭需求将略有增长。2021 年预计山西、陕西、内蒙古、新疆等煤炭主产区新增优质产能将继续释放，但与此同时，南方部分省份如湖南、江西、重庆等落后煤炭产能还将进一步退出。总体看，2021 年全国煤炭产量将保持增长态势，增量进一步向山西、陕西、内蒙古、新疆集中。

一、煤炭行业上市公司业绩评价结果

截至 2020 年末，煤炭行业相关上市公司共计 37 家，其中沪市为 29 家，深市为 8 家。除安源煤业、ST 平能、ST 大有、辽宁能源、ST 大洲和郑州煤电之外，全部实现盈利，盈利企业占比 84%，2019 年和 2018 年该比例分别为 87% 和 94%，说明煤炭行业上市公司 2020 年度受新冠肺炎疫情影响，业绩持续回落。

煤炭行业2020年度综合评分分值为70.7，略高于2019年度的70.5分。基本保持平稳，也超过同年全部上市公司的综合评价分值61.4分，说明煤炭行业自2014年以来的低迷状态得到了阶段性改善；2家煤炭行业上市公司业绩评价综合得分进入2020年“中联价值100”，陕西煤业和中国神华分别位列第4名和第64名。

在37家煤炭行业上市公司中（在业绩排名时，剔除2020年上市、2020年借壳及2020年证监会立案处罚虚假财务报告公司），评价等级为AAA的有1家，为陕西煤业；评级等级为A的有2家，分别为中国神华和金能科技；评价等级为BBB的有3家，评价等级为BB的有5家，评价等级为B的有10家；评价等级为CCC的有4家，评价等级为CC的有2家，评价等级为C的有10家。

2020年全部上市公司共4007家，资产总额为75.93万亿元，其中煤炭行业上市公司资产总额为2.18万亿元，占全部上市公司的2.87%；全部上市公司实现营业收入43.62万亿元，其中煤炭行业上市公司营业收入为1.10万亿元，占上市公司营业收入的2.52%；全部上市公司实现净利润2.16万亿元，其中煤炭行业上市公司净利润为0.11万亿元，占全部上市公司净利润的5.07%。2020年度煤炭行业评价得分前十的公司见表4-1。

表4－1　2020年度煤炭行业评价得分前十的公司

序号	股票代码	股票简称	在A股上市公司中评价得分排序
1	601225	陕西煤业	4
2	601088	中国神华	64
3	603113	金能科技	152
4	002128	露天煤业	229
5	600985	淮北矿业	281
6	601898	中煤能源	402
7	601001	晋控煤业	438
8	600188	兖州煤业	477
9	601666	平煤股份	686
10	600997	开滦股份	712

资料链接：

陕西煤业：2020年业绩创历史新高 净利润同比增长27.85%

2020年陕西煤业全年实现营业收入948.6亿元，同比增长28.66%；实现净利润148.83亿元，同比增长27.85%；每股收益持续增长至1.54元，同比增长28.34%。经营业绩在2020年的行业逆势中创历史新高。

年报数据显示，2020年陕西煤业全年实现煤炭产量1.25亿吨，同比增长9.06%；实现煤炭销量2.42亿吨，同比增长35.36%，其中铁路运量1.44亿吨，同比增长77.82%。公司运营质量和效益增长实现历史最好水平。

报告期内，陕西煤业智能化建设取得突破性进展，智能化产能占比达到95%以上。生产辅助系统全部实现智能化集中控制，由此也推动了提升。

资料来源：《中国证券报》中证网。

基于对煤炭行业上市公司的整体评价，下面分别从财务效益状况、资产质量状况、偿债风险状况、发展能力状况、市场表现状况五个方面对煤炭行业上市公司进行具体分析。

（一）财务效益

表4–2列示了2020年煤炭行业上市公司财务效益评价结果（满分35分）。从基本指标来看，煤炭行业上市公司财务效益状况得分24.82分，较2019年得分27.03分小幅下降了8.18%，扣除非经营性损益净资产收益率、总资产报酬率两项基本指标也有一定下降，降幅分别为16.20%和8.86%。上述指标略微下降的主要原因为：2020年全国受到新冠肺炎疫情影响，煤炭消费没有大幅增长，价格与2019年相比略有下降，在当前煤炭价格相对高位稳定运行之时，企业盈利也趋于稳定。

表4－2　煤炭行业财务效益状况比较

评价指标		2020年全部上市公司平均值	2020年行业值	2019年行业值	增长率（%）
基本指标	扣除非经常性损益净资产收益率（%）	5.93	9.05	10.80	–16.20
	总资产报酬率（%）	5.00	8.13	8.92	–8.86
	基本得分	20.49	24.82	27.03	–8.18
修正指标	营业利润率（%）	6.43	13.75	14.03	–2.00
	盈利现金保障倍数	2.01	1.89	1.68	12.50
	总股本收益率（%）	38.17	74.64	79.07	–5.60
综合得分		22.11	27.1	27.76	–2.38

从修正指标来看，煤炭行业营业利润率和总股本收益率分别降低 2.00% 和 5.60%，盈利现金保证倍数指标上涨 12.5%，上述三项指标与 2019 年度维持相对平衡，波动较小，同时说明煤炭行业上市公司盈利能力虽然受到新冠肺炎疫情影响出现小幅波动，但整体保持基本平稳。

财务效益指标综合得分高于全部上市公司平均水平 22.11 分的共有 22 家，其中陕西煤业该指标得分最高，为 34.59 分，其特点在于该上市公司对产业结构和资本结构的合理布局，业务均衡发展，综合实力突出，抗风险能力优于同行。根据年报显示，陕西煤业全年实现煤炭产量 1.25 亿吨，同比增长 9.06%；实现煤炭销量 2.42 亿吨，同比增长 35.36%，其中铁路运量 1.44 亿吨，同比增长 77.82%。公司运营质量和效益增长实现历史最好水平。

（二）资产质量

表 4-3 列示了煤炭行业上市公司资产质量状况评价结果（满分 15 分），基本指标与修正指标变化趋势一致，2020 年度煤炭行业上市公司资产质量状况综合得分为 12.97 分，与上一年度 12.7 分相比上升了 2.13%。

表 4－3　煤炭行业资产质量状况比较

评价指标		2020 年全部上市公司平均值	2020 年行业值	2019 年行业值	增长率 (%)
基本指标	总资产周转率（次）	0.60	0.52	0.53	−1.89
	流动资产周转率（次）	1.14	1.91	1.82	4.95
	基本得分	9.09	10.34	10.09	2.48
修正指标	应收账款周转率（次）	8.07	17.50	17.62	−0.68
	存货周转率（次）	2.64	15.92	16.20	−1.73
综合得分		9.07	12.97	12.70	2.13

基本指标中总资产周转率为 0.52 次，与 2019 年的 0.53 次相比小幅下降 1.89%，低于全部上市公司平均值 0.6 次。而流动资产周转率从 2019 年的 1.82 次提高为 1.91 次，表明企业流动资产周转速度变快，资金利用效率提高，企业盈利能力增强。

修正指标中应收账款周转率小幅降低，平均为 17.5 次，比 2019 年降低 0.68%，说明煤炭行业上市公司收账速度略微放缓，平均收账期、坏账损失和偿债能力都基本保持稳定。存货周转率平均为 15.92 次，比上年降低 1.73%，高于全部上市公司平均值 2.64 次，表明煤炭流动性增强，煤炭供需平衡使得库存煤炭维持高位的状况进一步缓解，2020 年度煤炭销售情况与上一年度相比基本保持稳定。

2020 年度煤炭行业上市公司资产质量综合得分 12.97 分，超过 2020 年全部上市公司平均得分 9.07 分及 2019 年行业得分 12.7 分，煤炭企业虽销售收入受新冠肺炎疫情影响略有降低，但回款保持稳定，库存降低等因素是导致资产质量上升的主要原因。该指标表现较好的有兖州煤业（13.91 分）和淮北矿业（13.7 分），公司在销售渠道开拓，去库存等方面的管理较为出色。

（三）偿债风险

表 4-4 列示了煤炭行业上市公司偿债风险状况评价结果（满分为 15 分）。从综合得分来看，2020 年煤炭行业上市公司偿债风险状况得分高于全部上市公司平均水平 8.89 分，与上一年度得分 9.28 分相比下降了 1.51%。

基本指标中，资产负债率小幅度上涨了 1.33%，已获利息倍数小幅度上升 3.26%，国际上通常认为，该指标为 3 时较为适当，煤炭行业上市公司已获利息倍数 6.33 与之相比较高，说明煤炭行业上市公司长期偿债能力较强。

从修正指标来看，现金流动负债比率和速动比率较上年均基本保持稳定，涨幅分别为 5.33% 和 4.05%，表明企业流动资产中可以立即变现用于偿还流动负债的能力增强。带息负债比率较上年下降 0.26%，反映企业负债中带息负债的比重进一步下降，降低了企业未来的偿债（尤其是偿还利息）压力。在综合得分上，ST 云维该项指标得分为 12.82 分，表现较好。

表 4－4　煤炭行业偿债风险状况比较

评价指标		2020 年全部上市公司平均值	2020 年行业值	2019 年行业值	增长率 (%)
基本指标	资产负债率 (%)	60.33	49.35	48.7	1.33
	已获利息倍数	4.30	6.33	6.13	3.26
	基本得分	8.90	9.74	9.95	–2.11
修正指标	速动比率 (%)	82.33	83.05	78.85	5.33
	现金流动负债比率 (%)	13.31	31.89	30.65	4.05
	带息负债比率（%）	40.72	49.30	49.43	–0.26
综合得分		8.89	9.14	9.28	–1.51

（四）发展能力

表 4-5 列示了煤炭行业上市公司发展能力状况评价结果（满分 20 分）。下游行业需求继续改善，煤炭消费稳中有升，同时随着煤炭去产能基本完成，发展能力综合得分由 2019 年度的 11.87 分上涨至 11.93 分。

各项指标中，累计保留盈余率指标连续三年表现较为稳定，营业收入增长率下降 80.29%~1.38%，主要原因是在煤炭产量维持稳定的情况下，价格与上年相比小幅回落，同时受到新冠肺炎疫情影响，上半年产量下降较多。三年营业收入增长率下降至 7.86%，营业利润涨幅为1.18%，2020年度仍低于全部上市公司平均水平，未来随着供给侧改革由限制产能向优化产能转变，煤炭供需结构将得到改善，营业收入大幅度增长的可能性不大，煤炭行业的发展潜力在一定程度上受到限制。

资本扩张率和总资产增长率两项指标均低于全部上市公司平均值，煤炭行业"去产能"是一场持久战，淘汰落后小型矿井，严格限制新建矿井，压缩煤炭行业投资，鼓励煤炭行业转型，未来较长一段时间内上述两项指标将保持较低水平。

从综合得分来看，陕西煤业发展能力得分在煤炭行业中排名第一，发展能力综合评分17.69分，2020年度陕西煤业得益于智能化建设取得突破性进展，智能化产能占比达到95%以上。生产辅助系统全部实现智能化集中控制，由此也推动产量、销量同步提升。作为煤炭行业龙头企业，陕西煤业经历过煤炭行业大起大落，如今面对"碳达峰、碳中和"的目标，深谙传统能源行业正在迎来变局，更洞悉煤炭企业的发展必须依靠创新驱动，加快新旧动能接续转换。目前，陕西煤业建立的"产业+资本"投顾模式，已经为公司创造了新的业绩增长极。由此可见，目前煤炭行业在面对"碳达峰、碳中和"目标的背景下，保持可持续性发展，积极推进资本运营和产业升级是未来煤炭行业可持续发展的可行之路。

表4－5 煤炭行业发展能力状况

评价指标		2020年上市公司平均值	2020年行业值	2019年行业值	增长率(%)
基本指标	营业收入增长率(%)	2.91	1.38	7.00	-80.29
	资本扩张率(%)	11.25	5.75	5.48	4.93
	得分	12.11	11.09	10.99	0.91
修正指标	累计保留盈余率(%)	40.8	52.18	51.13	2.05
	三年营业收入增长率(%)	8.50	7.86	19.19	-59.04
	总资产增长率(%)	10.58	6.47	2.15	200.93
	营业利润增长率(%)	2.48	1.18	-6.04	-119.54
综合得分		12.17	11.93	11.87	0.51

（五）市场表现

2020年度，煤炭板块上市公司实现营业收入10991.04亿元，归属母公司的净利润912.60亿元，同比略有下降。根据国家能源局统计数据，截至2020年底，全国30万吨/年以下煤矿1129处、产能1.48亿吨/年，较2018年底减少911处、产能1.04亿吨/年，降幅分别达45%和41%。年产30万吨以下煤矿产能减少到2.2亿吨/年以内。煤炭行业由总量性去产能转向系统性去产能、结构性优产能。

图 4-1 为 2020 年煤炭行业（申万）指数与沪深 300 指数波动对比图，我们可以看到煤炭行业指数的走势与沪深 300 指数变化趋势一季度基本相同，二、三、四季度有所落后。

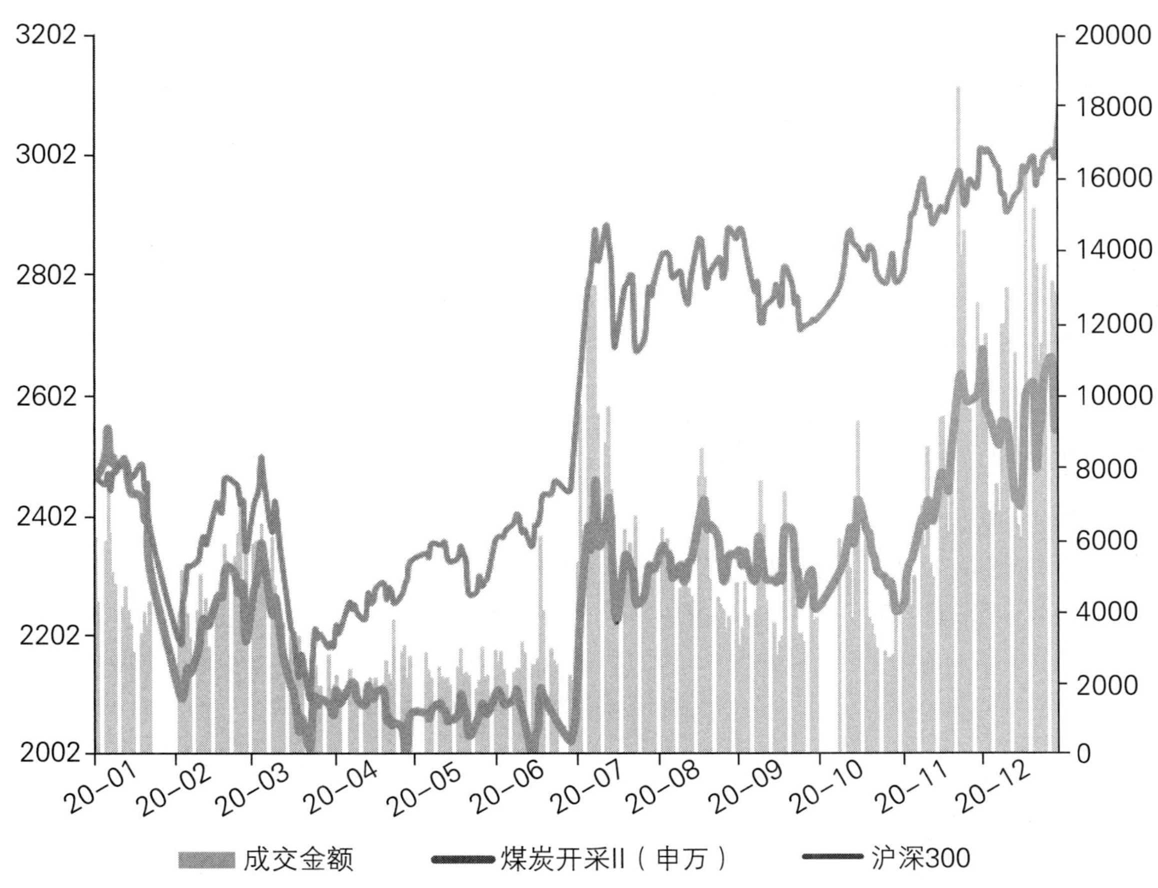

数据来源：Wind 资讯。

图 4－1　煤炭开采 II（申万）与沪深 300 指数波动

表 4–6 列示了煤炭行业上市公司市场表现状况评价结果（满分 15 分）。其中市场投资回报率指标 2020 年度行业值为 18.21，增长率为 31.48%，大盘表现比较理想。股价波动率指标与全部上市公司平均值较为接近，说明煤炭行业股票市场走势紧跟大盘脚步。从综合得分来看，煤炭行业上市公司市场表现综合得分 9.56，总体比 2019 年度略有上升。

表 4－6　煤炭行业公司市场表现比较

评价指标	2020 年全部上市公司平均值	2020 年行业值	2019 年行业值	增长率 (%)
市场投资回报率 (%)	15.87	18.21	13.85	31.48
股价波动率 (%)	105.04	95.91	78.92	21.53
综合得分	9.17	9.56	8.88	7.66

二、2020 年度煤炭行业上市公司业绩影响因素分析

2020 年，煤炭消费增速基本维持稳定，在煤炭供应将进一步增加的情况下，市场供需大概率继续保持平衡。去产能结构化调整后，陕西、内蒙古等煤炭主产区的优质产能集中释放促使我国煤炭产量稳步增长，增速高于全国平均水平。按照《能源发展“十三五”规划》的要求，到 2020 年，我国煤炭消费总量要控制在 41 亿吨以内，在一次能源消费中所占比重应减少到 58%。

煤炭行业自 2012 年开始进入“寒冬”，在 2016 年底迎来了煤价上涨，2020 年上半年受疫情和供需错配影响而煤价接连下行，到下半年煤价触底反弹，四季度煤价大幅强势上涨，但由于受到新冠肺炎疫情影响，煤企盈利能力相比 2019 年出现回落。现对影响 2020 年煤炭行业上市公司业绩因素分析如下。

（一）受疫情影响，煤炭价格波动行业收入略有降低

1. 动力煤方面。

2020 年国内煤价经历了连续下跌、持续强势上涨等两大轮价格走势，下面以秦皇岛港现货价格为例阐述国内煤价变化周期。

第一阶段：受传统春节假期前后影响，加之 12 月产地煤矿事故影响，上游煤矿供应下滑，较多市场户发运提前停止，导致北港库存降至较全年低位，产地和港口需弱供更弱，在优质货源尤为紧缺之下，国内上下游煤价缓慢上涨；其后国内新冠肺炎疫情暴发，上游煤矿率先恢复产运销，叠加高速公路免费政策，各环节发运成本降低，但疫情影响下游社会企业复工缓慢，电厂煤耗和非电需求持续低迷，加之中下游港口库存急剧累库至历史高位，各大煤企实行量价优惠政策，外加进口煤价格持续下挫，北港煤价接连跌破年长协、535 基准价，随着煤价跌至历年低位，终端陆续释放部分需求，加之安全事故、煤企政策性减产保价等利多因素的释放，煤价跌势止步于 469 元 / 吨。

第二阶段：随着国内疫情得到有效控制，下游企业复工超预期加快，导致各终端刚性需求大规模且集中释放，叠加水电阶段性乏力、部分外来电和特高压陆续检修，再有上游煤矿实际产量偏紧，大秦线等铁路运力相继检修，使得北港库存急降至历史低位。另外在各期货合约交割背景下结构性缺货异常显著，加之上半年国内煤炭进口量提前透支后期额度，北港煤价呈现触底反弹，其后受政策性调控预期和市场利空等消息发酵影响，北港煤价呈现小波段高位涨跌调整。但三四季度产地在环保及安全生产的要求下供应紧张，煤矿安全事故频发，以及进口煤外部补充严重不足，因而在下游旺季需求持续旺盛的情况下，煤价持续超预期强势反弹至全年高位 835 元 / 吨。

因此，从 2020 年上半年受疫情和供需错配影响而煤价接连下行，到下半年煤价触底反弹，特别是四季度煤价大幅强势上涨，实质上是全年动力煤市场供需矛盾的累积爆发，主要是国内主产区原煤产量增速平缓，且内蒙古地区煤矿产能及产量大幅受限，叠加进口煤上下半年分配不均，以及部分进口煤种维持严控，加之整体市场需求超预期向好，使得国

内动力煤市场呈现供弱需强格局，现货煤价高位运行。

以恒源煤电为例，公司所属矿井有气、肥、1/3 焦、主焦、贫、无烟等多煤种，动力煤、无烟中（小）块煤、喷吹精煤、炼焦配煤等产品种类齐全。在 2020 年度煤价先跌后涨的背景下，由于煤价下跌时间较长，公司 2020 年度实现营业总收入 52.1 亿元，同比下降 13.2%。从业务结构来看，煤炭是企业营业收入的主要来源。具体而言，煤炭营业收入为 45.7 亿元，占比 97.4%，毛利率为 38.9%。

2. 焦煤、焦炭方面。

2020 年焦煤价格呈现先抑后扬走势，上半年主要因为疫情影响后煤矿率先复产，供应快速恢复后，又叠加进口煤大量涌入国内，造成供应过剩，价格承压下行；而下半年在下游焦企逐步恢复产量后，进口煤受到了抑制，焦煤的供需矛盾缓解，价格逐渐止跌企稳，但依然没有超过年初高点，全年焦煤价呈现 V 型走势。以山西临汾主焦精煤价格为例，年初高点价格为 1640 元 / 吨，年中低点为 1270 元 / 吨，年末高点为 1520 元 / 吨，全年价格波动幅度为 370 元 / 吨。

2020 年焦炭价格稳步上涨，年初虽然也受到了疫情影响价格有小幅走弱，但随着下游需求逐步恢复，价格也开始回升，年底更是因为焦化去产能的超预期执行，焦价强势上涨。从供需基本面来看，年底焦炭产能产量逐渐被压缩，新投产又不及预期，需求维持强劲，上下游均处于去库存状态，价格上涨符合基本预期。2020 年前三季度同比，整体开工率要低于前两年。其中在 2 月份，由于疫情影响煤矿复产延期、公路运输暂缓，炼焦煤库存告急，迫使焦企主动限产，形成年内开工最低点，在 3 月初原料供应问题解决后，焦企开工逐步提升，在焦炭持续高利润刺激下，焦企开工更是超过近年高位，进入四季度后，虽然焦企整体开工高位，但由于山西、河南、河北等地去产能执行良好，产量下滑明显，焦炭供应缺口逐步显现，推动焦炭价格持续升高，截至年末焦价累计涨幅 600 元 / 吨。

以山西焦煤为例，山西焦煤是全国最大的炼焦煤生产加工企业和全国最大的炼焦煤市场供应商，由于 2020 年度焦煤煤价呈现 V 型走势，虽下半年价格止跌企稳，但仍未超过年初高点，山西焦煤 2020 年度实现营业总收入 337.6 亿元，同比下降 6.3%。

（二）供给侧改革深化，产销量逐步企稳

据国家统计局数据，2020 年度，全国原煤产量 39 亿吨，同比增长 1.4%；山西省规模以上企业原煤累计产量 10.63 亿吨，同比增加 8.2%；陕西省规模以上企业原煤累计产量 6.79 亿吨，同比增加 6.3%；新疆维吾尔自治区规模以上企业原煤累计产量 2.66 亿吨，同比增加 9.3%；内蒙古自治区受涉煤反腐影响，原煤产量缩减较为突出，全年规模以上企业原煤累计产量仅 10.01 亿吨，同比减少 7.8%；贵州、河南、四川和山东四省由于煤矿关停及控煤消费影响，2020 年度规模以上企业原煤产量累计同比减少 0.35 亿吨。因此，2020 年国内煤炭生产受疫情冲击有限，大体保持了往年生产节奏，但同时由于上游煤矿政策影响，各主要产区存在区域性分化，其中晋陕新地区增量明显，内蒙古等地产量明显下降。

1. 动力煤方面。

从 Mysteel 网站调研统计的全国 55 个港口库存来看，全年动力煤库存总量在 4500 万 ~7000 万吨震荡变化，其中环渤海港口库存呈现前高后低走势，而华东、江内、华南港口库存均呈偏震荡走低走势，仅东北港口库存呈震荡小幅上涨态势，因此国内中下游市场呈现供应偏紧，且优质煤种严重短缺格局。

2. 焦煤焦炭方面。

煤炭需求方面，截至 2020 年末，根据 Mysteel 网站调研统计的统计，全国 110 家洗煤厂日均精煤产量为 57.67 万吨。由于疫情影响煤矿复产延期、公路运输暂缓，焦煤供应持续紧缺，洗煤厂、焦化厂由于原料告急主动停限产，直到进入 3 月后煤矿逐步复产，焦煤供应才恢复至正常水平，同时 2020 年环保检查及上半年的煤价承压，也使得独立洗煤厂生存压力加大，导致独立洗煤厂关停较多。三季度后煤价止跌反弹，煤矿、洗煤厂生产积极性提升，四季度由于部分煤矿完成年度任务且安全检查频繁，整体焦煤供应再次下滑，而下游需求持续旺盛，基本面良好支撑焦煤价格。

（三）进口煤调控，保证国内煤企毛利率稳定

据海关总署公布数据显示，2020 年度我国累计进口煤及褐煤 3.04 亿吨，同比增长 1.5%；其中全年累计进口炼焦煤 7257 万吨，同比下降 2.6%。但从具体情况而言，2020 年进口煤政策呈前松后紧再趋松态势，其中我国 1—4 月份煤炭进口量持续高位，后续为保国内经济与产业发展，5—10 月份进口煤管控持续收紧，进口煤炭数量大幅下降。但鉴于下半年国内能源需求持续向好，导致四季度后期上下游供应偏紧态势进一步显著，国内煤价持续上行至历史高位，进而促使进口煤政策有所放松。

三、2021 年度煤炭行业前景分析

2020 年 12 月 12 日气候雄心峰会上，习近平总书记提出，“我愿进一步宣布：到 2030 年，中国单位国内生产总值二氧化碳排放将比 2005 年下降 65% 以上，非化石能源占一次能源消费比重将达到 25% 左右，森林蓄积量将比 2005 年增加 60 亿立方米，风电、太阳能发电总装机容量将达到 12 亿千瓦以上”。

短期来看，碳达峰之前，煤炭行业在能源领域仍具有明显优势。新能源短期内难以取代煤炭成为基础能源，煤炭的基础地位和资源优势依然明显。煤炭资源开发逐渐向规模化和智能化发展，并且煤炭资源利用不受季节、气候影响，具有经济、可靠、稳定的优点，新能源短期内无法解决相关问题，也为煤炭发展提供了客观条件。从电力装机结构的角度来看，新能源装机和实现并网的过程需要煤电作为调峰电源，短期内煤炭基础地位变化有限，煤炭发展的优势依然存在。从碳达峰目标上看，到 2030 年碳达峰之前，非化石能源占一次能源的消费比重达到 25%，煤电下降量有限并且仍旧将是主要的电力供应者。

（一）动力煤板块

1. 政策引领行业资源布局头部集中。

根据《煤炭工业“十四五”高质量发展指导意见》，预计到“十四五”末，国内煤炭产量控制在41亿吨左右，全国煤炭消费量控制在42亿吨左右。全国煤矿数量控制在4000处左右。培育3~5家具有全球竞争力的世界一流煤炭企业。推动企业兼并重组，组建10家亿吨级煤炭企业。意见提出，优化煤炭资源开发布局，预计煤炭资源禀赋较优异的14个基地预计产量将达到39.6亿吨左右，占目标产量比例为96.6%。预计山西、陕西、内蒙古、新疆等煤炭主产区新增优质产能将继续释放，南方部分省份如湖南、江西、重庆等落后煤炭产能还将进一步退出，未来增量进一步向山西、陕西、内蒙古集中。未来我国煤炭进口市场多元化趋势愈加明显，煤炭进口量将维持稳定。

2. 需求端分析。

动力煤下游行业包括电力、冶金、建材、化工、供热及其他，2020年这六大下游行业动力煤消耗量占比分别为61%、5%、9%、6%、8%和11%，前四大行业合计耗煤需求占比81%。受“双碳”目标指引和碳排放要求限制，火电、钢铁、建材等下游耗煤行业逐渐将更多改用其他清洁能源，长期而言，对煤炭需求是负面影响。动力煤下游需求结构中近60%为电力行业。在用电量的行业结构分布中，过去10年制造业用电量占比总体保持在50%~60%，制造业投资的逐步修复将支撑上游能源及煤炭需求。地产、基建投资保持强韧性也将拉动电力需求强劲增长。

3. 供应端分析。

2021年，预计产地增量仍然释放有限。国家发展改革委多次召开会议安排部署保供工作，但产地安监压力仍不断加大，环保预警频发，预计供给方面扰动因素仍较多，产地供应仍持续偏紧。

近年来，在政策的大力支持下，风、光等新能源发展迅猛，国家层面对煤炭行业新增产能有限制和要求，煤企对于双碳政策和目标存在预期，影响和重塑了煤企的经营策略。以动力煤龙头企业中国神华（601088）、陕西煤业（601225）为例，两家企业近年来资本支出都开始接近或者低于折旧摊销，资本开支的高点已过，趋势趋于稳定，反映出企业的经营策略逐渐趋于保守，煤企资本开支呈现逐年稳中有降趋势，现金流或保持持续强劲，分红比例不断提升，中短期内煤企现金牛属性更加凸显。对行业供给端而言，龙头煤企当下的较为保守的经营策略促使行业产能加速收缩。

供给侧改革以及碳中和大背景下，煤炭作为传统能源，仍面临供给整体持续收缩的格局，国家对煤炭资源进行整合和煤炭产地集中趋势愈加明显，龙头煤企经营壁垒不断提升，智能化和规模化采掘促进开采成本不断降低，提升竞争力。

（二）焦煤板块

1. 需求端分析。

2020年焦炭区域去产能超预期，根据Mysteel网站统计数据，2020年焦炭全年产能净减量 2500 万吨左右，2021 年是钢铁、焦化行业的产能集中置换期，本身有利于焦煤需求的释放，不考虑行政命令因素，预计焦炭 2021 年产能净增超过 3000 万吨，有利于产生焦煤的需求。若考虑到碳中和和工信部要求压减粗钢产量的影响，2021 年生铁产量同比可能持平或减量，受钢铁需求减弱的影响，焦炭全年产量增量预计仅在 1000 万吨左右，焦煤需求增量在 1200 万 ~1400 万吨。

展望远期，根据焦炭行业“十四五”规划，总体焦炭产量将受到碳中和目标的抑制，预计 2025 年下降至 4.5 亿吨，相较 2020 年下降 4%。然而，焦炭作为冶金炼钢的还原剂，短期内具备成本和技术优势，较难被其他工艺大规模取代，所以，中短期来看，焦炭焦煤在冶炼钢铁的流程中仍是刚需；长期展望，随着碳中和的不断推进，新技术不断突破获得成本优势，将逐渐取代焦炭焦煤在钢铁冶炼中的地位，长期需求将被弱化。

2. 供应端分析。

相较于其他煤种，炼焦煤属于稀缺资源，尤其是我国低硫优质主焦煤资源有限，我国每年需要从国外进口焦煤约 7000 万吨，且进口煤占我国焦煤总供给的比例逐年攀升，对外依存度整体不断上升。国内新增焦煤产能有限。炼焦用煤方面，根据海关总署数据显示，2020 年全年累计进口炼焦煤 7257 万吨，同比下降 2.6%。从进口节奏上来看，上半年因为海外疫情恢复慢，中国进口焦煤大幅上升，尤其是澳洲焦煤大量涌入国内市场，煤价也承压下行；而下半年在进口煤政策收紧后，海运煤进口下降明显，而蒙煤又受到了疫情的影响，全年进口大幅萎缩。若 2021 年进口焦煤继续下降，国内优质主焦煤可能会出现供应缺口。

（三）焦炭板块

1. 需求端分析。

从焦炭的消费结构来看，钢铁企业高炉用冶金焦用量占焦炭消费总量的 85% 左右，钢铁主要的下游产业包括地产、基建、机械、汽车等。2020 年 5 月之后，随着各行业复工复产提速以及经济迅速复苏，生铁及粗钢产量累计同比增速不断提升，焦炭下游需求向好。

2020 年 12 月，全国工业和信息化工作会议在京召开。会议强调，2021 年重点工作包括：围绕碳达峰、碳中和目标节点，实施工业低碳行动和绿色制造工程，坚决压缩粗钢产量，确保粗钢产量同比下降。2020 年，全国粗钢产量为 10.5 亿吨，同比增速 5.2%；2021 年 1—2 月，粗钢产量同比增速高达 12.9%，高炉开工率不断提升，焦炭需求侧依然强劲。若未来压降粗钢产量有具体政策严格实施，2021 年粗钢产量增速将大概率呈现不增或者下降趋势。市场或担心粗钢产量受限制，焦炭需求受到较大程度的抑制，压降粗钢产量有助于改善钢材行业供需格局，钢材利润有望增厚，钢企对上游焦炭的价格接受程度也会随之提升，有助于焦企盈利维持在较好水平。

2. 供应端分析。

根据中国银河证券研究院预测，2021—2025 年焦炭行业将持续进行产能置换，4.3 米焦炉置换为5.5米焦炉后，生产技术的稳定提升将带动产能不断提升，总体产能依旧呈现过剩格局。在需求减弱倒逼之下，到2025年焦炭产量可能降至4.5亿吨，在2020年的基础上下降4%，焦炭产能利用率从2020年的超过75%下降至70%左右。

附表　2018 年煤炭行业上市公司业绩评价结果排序表

序号	A 股上市公司评价得分排序	股票代码	股票简称	综合得分	评价等级	每股收益（元）	总资产报酬率 (%)	净资产收益率（%）	总资产周转率（次）	流动资产周转率（次）	资产负债率 (%)	已获利息倍数	营业收入增长率 (%)	资本扩张率 (%)	市场投资回报率 (%)	股价波动率 (%)	年末资产总额（万元）	营业收入（万元）	净利润（万元）
1	4	601225	陕西煤业	85.60	AAA	1.54	17.53	23.17	0.69	2.11	39.78	46.89	29.23	17.72	8.16	93.20	14891234.58	9486027.23	1975705.21
2	64	601088	中国神华	78.30	A	1.97	11.43	11.00	0.42	1.40	23.87	22.89	-3.56	2.29	5.17	60.19	55844700.00	23326300.00	4726500.00
3	152	603113	金能科技	75.20	A	1.28	10.21	12.75	0.73	1.79	33.21	108.70	-7.42	36.73	50.97	120.30	1206547.66	754508.13	88920.91
4	229	002128	露天煤业	73.30	BBB	1.08	10.91	12.28	0.59	2.79	40.31	8.47	4.80	9.77	33.56	136.94	3446912.16	2007392.41	257242.86
5	281	600985	淮北矿业	72.20	BBB	1.60	7.95	17.21	0.81	4.00	62.01	6.04	-13.00	14.97	20.75	98.78	6701056.46	5227576.88	367006.84
6	402	601898	中煤能源	70.20	BBB	0.45	6.08	5.96	0.51	2.40	56.03	3.46	9.02	5.52	-9.58	53.93	28168637.70	14096130.40	892574.70
7	438	601001	晋控煤业	69.70	BB	0.52	8.34	12.79	0.37	1.02	60.60	4.82	-3.99	11.84	43.83	127.73	3200912.51	1090504.95	133073.59
8	477	600188	兖州煤业	69.20	BB	1.46	4.98	12.13	0.92	3.54	69.19	3.84	7.15	-4.48	0.83	70.41	25891004.10	21499181.80	683768.10
9	686	601666	平煤股份	67.00	BB	0.60	6.24	9.27	0.42	1.53	66.80	2.70	-5.24	9.03	58.04	147.28	5352240.71	2239748.47	162752.00
10	712	600997	开滦股份	66.80	BB	0.68	7.22	9.21	0.70	1.50	47.98	5.68	-9.44	5.58	10.24	65.44	2735696.64	1817677.88	122770.82
11	827	600157	永泰能源	65.80	BB	0.20	7.65	13.73	0.21	2.57	56.35	2.53	4.52	58.50	-7.58	52.30	10413313.47	2214419.58	459625.87
12	930	600348	华阳股份	64.70	B	0.63	4.40	6.51	0.59	2.10	54.76	5.32	-4.52	7.62	8.32	67.21	5748273.66	3118147.45	166206.24
13	951	000983	山西焦煤	64.50	B	0.48	5.58	9.99	0.50	2.22	69.21	5.26	2.43	-6.01	22.72	110.99	7061061.89	3375658.23	220191.32
14	976	600395	盘江股份	64.30	B	0.52	7.33	12.00	0.41	1.38	55.11	11.51	0.36	1.62	37.88	116.31	1735742.24	648100.53	92837.07
15	1014	600971	恒源煤电	63.90	B	0.64	6.36	8.61	0.33	0.66	40.53	9.02	-13.20	5.76	13.38	76.56	1568488.46	520979.26	77092.35
16	1020	600508	上海能源	63.90	B	0.92	5.34	6.63	0.46	3.46	38.46	9.94	0.41	3.69	11.13	57.10	1674012.37	765412.13	60056.62
17	1083	600740	山西焦化	63.30	B	0.56	6.11	10.27	0.34	1.35	45.73	4.35	6.91	8.05	5.28	94.49	2140713.35	710082.91	100765.37
18	1185	000937	冀中能源	62.30	B	0.22	4.57	3.93	0.43	1.10	53.98	3.28	-5.05	0.58	16.40	90.94	5010986.38	2064255.44	115373.01
19	1220	600408	ST 安泰	61.90	B	0.33	9.16	14.82	1.56	4.11	54.27	3.89	-8.09	30.54	3.30	93.80	556817.13	878987.57	33329.83
20	1261	601699	潞安环能	61.40	B	0.65	4.91	7.41	0.34	0.95	66.81	3.11	-3.06	9.42	-6.65	56.87	7740384.52	2597243.73	188349.17
21	1278	601918	新集能源	61.30	B	0.33	8.85	12.99	0.30	5.07	72.95	2.92	-9.42	12.73	-4.78	63.90	2846675.80	835496.54	102633.92
22	1587	000552	靖远煤电	58.60	CCC	0.19	4.44	5.57	0.30	0.59	36.98	11.16	-9.10	9.65	30.05	94.20	1354282.38	368717.53	44544.52

续表

序号	A股上市公司评价得分排序	股票代码	股票简称	综合得分	评价等级	每股收益（元）	总资产报酬率(%)	净资产收益率（%）	总资产周转率（次）	流动资产周转率（次）	资产负债率(%)	已获利息倍数	营业收入增长率(%)	资本扩张率(%)	市场投资回报率(%)	股价波动率(%)	年末资产总额（万元）	营业收入（万元）	净利润（万元）
23	1741	600546	山煤国际	57.10	CCC	0.42	6.76	9.44	0.85	2.81	72.93	2.58	−5.94	4.40	13.09	128.64	4011075.05	3542206.41	93536.17
24	1774	000723	美锦能源	56.80	CCC	0.17	6.19	7.75	0.57	1.81	55.53	5.28	−8.83	21.32	−27.86	84.57	2531310.26	1284628.01	86029.14
25	1815	601015	陕西黑猫	56.40	CCC	0.17	4.43	4.89	0.58	1.85	53.99	3.61	−3.52	3.88	34.53	121.23	1667091.29	905685.15	45057.40
26	2058	600725	ST 云维	53.60	CC	0.01	3.82	5.19	3.29	3.29	26.96	28.22	2.80	5.33	−34.24	71.44	43418.51	137534.70	1603.44
27	2240	600123	兰花科创	51.50	CC	0.33	3.21	3.53	0.26	1.45	58.49	2.40	−16.62	0.59	−7.05	56.08	2632333.09	662637.22	25143.86
28	2444	600792	云煤能源	49.20	C	0.06	2.79	1.74	0.84	1.77	33.93	2.29	−17.56	1.85	19.27	63.56	528636.21	472044.67	6594.50
29	2609	601011	宝泰隆	47.20	C	0.03	1.37	0.87	0.24	1.40	38.01	1.40	−1.86	0.44	−7.84	64.55	1109051.97	267472.98	3187.24
30	2620	601101	昊华能源	46.90	C	0.04	2.48	0.66	0.18	1.49	54.94	1.96	−21.15	9.02	−2.65	64.85	2487650.72	436245.16	6235.20
31	2888	000968	蓝焰控股	42.10	C	0.13	2.58	2.85	0.15	0.41	57.42	2.47	−23.63	0.71	−21.55	55.64	1045630.76	144098.81	9836.01
32	3056	600397	安源煤业	36.60	C	−0.23	0.96	−30.11	1.08	2.99	93.22	0.30	36.89	−31.78	23.74	109.61	748753.94	760278.14	−22193.56
33	3197	000780	*ST 平能	30.40	C	−0.75	−18.18	−22.07	0.41	0.61	27.28	0.00	−14.49	−20.72	19.12	113.93	419104.83	184166.04	−76063.35
34	3231	600403	ST 大有	28.60	C	−0.43	−5.72	−15.17	0.32	0.66	66.88	−3.49	−0.53	−16.05	34.42	72.55	1828546.29	587114.46	−113710.34
35	3282	600758	辽宁能源	26.30	C	−0.35	−1.18	−8.98	0.33	0.84	67.21	−0.37	−24.44	−8.76	−7.33	66.16	1513448.77	505468.78	−46754.07
36	3434	000571	*ST 大洲	20.60	C	−0.41	−7.03	−55.19	0.31	1.20	67.82	−2.13	−31.27	−24.23	−3.31	123.04	293101.24	98910.80	−35282.27
37	3516	600121	郑州煤电	17.50	C	−0.77	−3.76	−41.42	0.20	0.45	82.24	−1.62	−21.97	−32.84	290.02	404.04	1445240.37	279333.72	−86318.46

第五章　钢铁行业上市公司业绩评价

钢铁行业是以从事黑色金属矿物采选和黑色金属冶炼加工等工业生产活动为主的工业行业，是国家重要的原材料工业之一。2020 年，国内钢铁市场呈现宽幅震荡、波动上行格局。2020 年钢铁行业指数有所上升，年初为 2150.93 点，年末为 2237.34 点，全年上升了 4.02%，全年钢铁行业指数与沪深 300 指数上升下降趋势一致。预计 2021 年钢铁行业主要下游行业房地产行业及汽车行业景气度或将总体趋弱，基础设施投资增速则将受到政府债务约束，预期短期内钢材需求稳中趋弱；铁矿石价格总体预计将呈现前高后低走势，钢企经营业绩在需求趋弱和存货跌价等因素影响下而有所弱化。

一、钢铁行业上市公司业绩评价结果

截至 2020 年末，钢铁行业 A 股上市公司共计 36 家，全部盈利，保持 2019 年 100% 的公司全部实现盈利的水平；钢铁行业上市公司总资产共 19939.61 亿元，占全部上市公司总资产的 2.63%。

2020 年全国 4007 家上市公司共计完成营业收入 436178.82 亿元，36 家钢铁行业上市公司完成营业收入 17190.37 亿元，占全部上市公司全部营业收入的 3.94%；全部上市公司共计实现净利润 21627.08 亿元，钢铁行业上市公司实现净利润 657.57 亿元。

2020 年钢铁行业整体评价结果为中，36 家钢铁行业上市公司中有 3 家进入 2020 年上市公司业绩评价综合得分的前百名名单。业绩为 AA 的有 1 家，业绩为 A 的有 3 家；业绩为 BBB 的有 8 家，业绩为 BB 的有 7 家，业绩为 B 的有 6 家；业绩为 CCC 的有 4 家，业绩为 CC 的有 5 家，业绩为 C 的有 2 家。表 5-1 为 2020 年度钢铁行业评价得分前十名的公司。

表 5 - 1　2020 年度钢铁行业评价得分前十名的公司

序号	股票代码	股票简称	在 A 股上市公司中评价得分排序
1	000708	中信特钢	28
2	600507	方大特钢	34

续表

序号	股票代码	股票简称	在 A 股上市公司中评价得分排序
3	000932	华菱钢铁	81
4	600782	新钢股份	106
5	002110	三钢闽光	175
6	002075	友发集团	220
7	000717	沙钢股份	225
8	600282	韶钢松山	240
9	002318	南钢股份	243
10	601003	久立特材	243

基于对钢铁行业上市公司的整体评价，下面分别从财务效益状况、资产质量状况、偿债风险状况、发展能力状况、市场表现状况五个方面对钢铁行业上市公司进行具体分析。

（一）财务效益

2020 年钢铁行业上市公司财务效益状况低于全部上市公司平均水平。财务状况评价是通过基本指标：扣除非经常性损益净资产收益率、总资产报酬率进行基本评分，然后再用营业利润率、盈利现金保障倍数、股本收益率进行修正，得出综合得分。

从综合得分来看，2020 年钢铁行业上市公司财务效益状况平均得分为 21.77 分，低于上市公司平均得分 22.11 分。

表 5-2 列示了 2020 年钢铁行业上市公司财务效益状况评价结果。在钢铁行业上市公司财务效益状况指标中，华菱钢铁财务效益排名第一。2020 年，华菱钢铁通过质量变革、效率变革和动力变革，提高企业运营效率，增强技术创新能力。全年实现营业收入 1165.00 亿元，比 2019 年增加 8.58%；实现归属于上市公司股东的净利润 63.95 亿元，同比增长 2.84%。

表 5－2　钢铁行业财务效益状况比较表

分析指标		2020 年上市公司平均值	2020 年行业值	2019 年行业值	增长率（%）
基本指标	扣除非经常性损益净资产收益率 (%)	5.93	7.52	7.85	–4.20
	总资产报酬率 (%)	5.00	5.24	5.49	–4.55
	基本得分	20.49	21.68	21.73	–0.23
修正指标	营业利润率 (%)	6.43	4.70	4.67	0.64
	盈利现金保障倍数	2.01	2.03	2.03	0.00
	股本收益率 (%)	38.17	31.63	31.63	0.00
综合得分		22.11	21.77	21.60	0.79

与2019年的情况相比较，2020年钢铁行业上市公司除营业利润率指标高于2019年行业值、盈利现金保障倍数和股本收益率指标与2019年行业值持平之外，其他指标均低于2019年行业值。

（二）资产质量

2020年钢铁行业上市公司资产质量状况优于全部上市公司平均水平。资产质量评价是通过基本指标总资产周转率、流动资产周转率进行基本评分，再用应收账款周转率和存货周转率进行修正，得出综合得分。

表5-3列示了钢铁行业上市公司资产质量状况评价结果。在钢铁行业上市公司资产质量状况指标中，新钢股份、三钢闽光、友发集团、韶钢松山、甬金股份、杭钢股份和山东钢铁并列排名第一，并列排名第一的7家钢铁行业上市公司资产质量状况得分均为15分，远高于2020年上市公司平均值。

表5－3　钢铁行业资产质量状况比较表

分析指标		2020年上市公司平均值	2020年行业值	2019年行业值	增长率（%）
基本指标	总资产周转率（次）	0.60	0.90	0.91	-1.10
	流动资产周转率（次）	1.14	2.40	2.47	-2.83
	基本得分	9.09	13.23	13.04	1.46
修正指标	应收账款周转率（次）	8.07	43.70	40.34	8.33
	存货周转率（次）	2.64	6.91	6.92	-0.14
综合得分		9.07	13.35	13.20	1.14

与2019年比较可知，从综合得分来看，2020年钢铁行业上市公司资产质量略有上升，且总体远高于2020年上市公司平均值。钢铁行业上市公司2020年平均应收账款周转率43.70次，比2019年高8.33%。

（三）偿债风险

2020年钢铁行业上市公司偿债风险状况低于全部上市公司平均水平。偿债风险评价是通过基本指标资产负债率和已获利息倍数进行基本评分，再用速动比率、现金流动负债比率和带息负债比率进行修正，得出综合得分。

表5-4列示了钢铁行业上市公司偿债风险状况评价结果。在钢铁行业上市公司偿债风险状况指标中，方大特钢排名第一，得分为13.49分，远高于2020年上市公司平均值8.89分，以及2020年行业值7.00分。2020年，各钢铁企业加强资金管理，努力去杠杆，年末资产负债率为60.33%，同比下降2.83个百分点，如南钢股份资产负债率连续两年低于50%，流动比率1.08，变现能力持续提升。

表 5－4　钢铁行业偿债风险状况比较表

分析指标		2020 年上市公司平均值	2020 年行业值	2019 年行业值	增长率（%）
基本指标	资产负债率 (%)	60.33	56.73	56.53	0.35
	已获利息倍数	4.30	4.59	4.37	5.03
	基本得分	8.90	9.21	9.29	-0.86
修正指标	速动比率 (%)	82.33	56.56	53.67	5.38
	现金流动负债比率 (%)	13.31	14.56	14.87	-2.08
	带息负债比率（%）	40.72	44.75	42.89	4.34
综合得分		8.89	7.00	7.62	-8.14

与 2019 年相比较，2020 年钢铁行业上市公司偿债风险状况平均得分有所下降。

（四）发展能力

2020 年钢铁行业上市公司发展能力状况低于全部上市公司平均水平。发展能力评价是通过基本指标：营业收入增长率和资本扩张率进行基本评分，再用累计保留盈余率、三年营业收入增长率、总资产增长率和营业利润增长率进行修正，得出综合得分。

表 5-5 列示了钢铁行业上市公司发展能力状况评价结果。在钢铁行业上市公司发展能力状况指标中，柳钢股份排名第一，得分为 16.34 分。2020 年柳钢股份建立有完善的“研－学－产－销－用”创新体系，不断提高产品研发能力，采取“以销定产”的生产模式组织生产活动，同时围绕管理节能、技术节能和结构节能三大节能方向，实现企业的可持续发展。

表 5－5　钢铁行业发展能力状况比较表

分析指标		2020 年上市公司平均值	2020 年行业值	2019 年行业值	增长率（%）
基本指标	营业收入增长率 (%)	2.91	2.84	6.14	-53.75
	资本扩张率 (%)	11.25	7.63	8.50	-10.24
	基本得分	12.11	11.55	11.39	1.40
修正指标	累计保留盈余率 (%)	40.80	37.39	34.82	7.38
	三年营业收入增长率 (%)	8.50	7.49	19.68	-61.94
	总资产增长率 (%)	10.58	8.17	6.12	33.50
	营业利润增长率 (%)	2.48	4.52	-41.43	-110.91
综合得分		12.17	11.71	11.14	5.12

2020 年钢铁行业上市公司营业收入增长率从 2019 年的 6.14% 降至 2.84%，营业收入规模不断缩小，主要受国家环保限产政策以及 2020 年疫情的影响。

（五）市场表现

钢铁行业上市公司市场表现状况优于全部上市公司的平均水平。市场表现是通过市场投资回报率和股价波动率两个指标对上市公司进行评价得出综合得分。

钢铁指数与大盘指数波动见图 5-1。

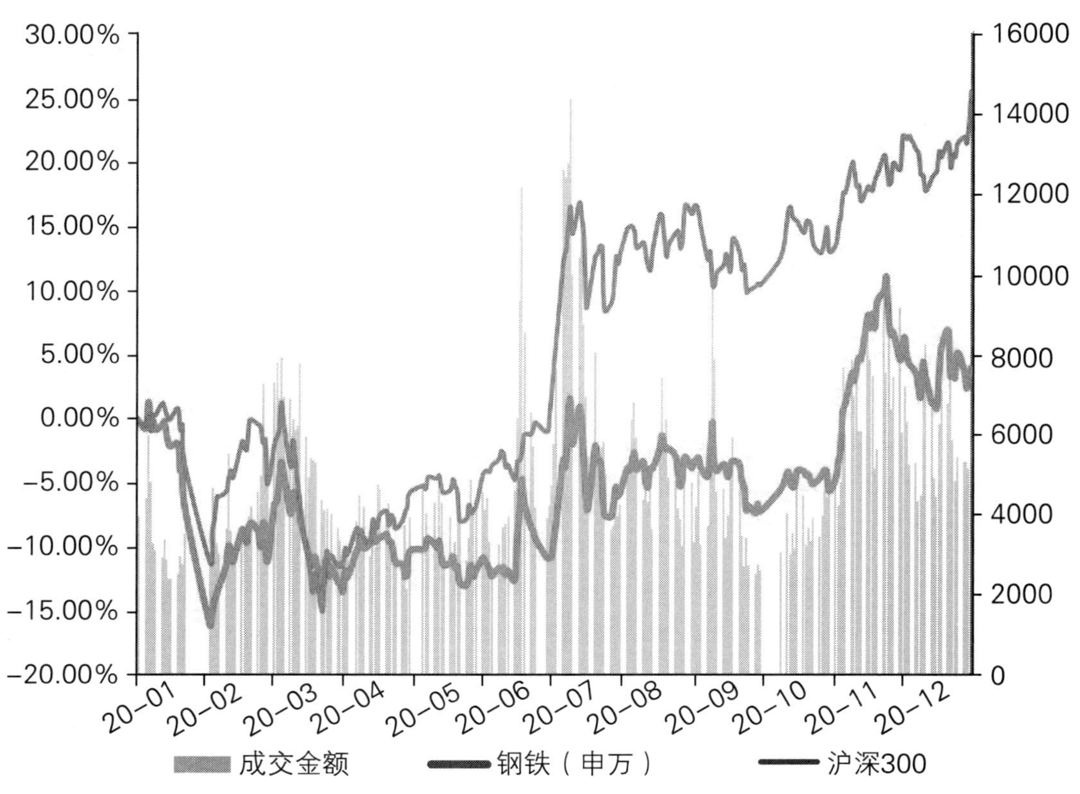

图 5-1 钢铁指数与大盘指数波动

表 5-6 列示了钢铁行业上市公司市场表现状况评价结果。在钢铁行业上市公司市场表现状况指标中，中信特钢名列第一，得分为 12.90 分。2020 年，中信特钢克服新冠肺炎疫情的影响，充分发挥集团化统一的管理、资金、采购、销售平台优势，降本增效、增产增效，盈利水平和综合竞争力在市场中表现较好。

表 5-6 钢铁行业公司市场表现状况比较表

分析指标	2020 年上市公司平均值	2020 年行业值	2019 年行业值	增长率（%）
市场投资回报率（%）	15.87	16.42	10.34	58.80
股价波动率 (%)	105.04	82.80	79.80	3.76
得分	9.17	9.74	8.56	13.79

二、2020 年度钢铁行业上市公司业绩影响因素分析

钢铁行业是我国国民经济的支柱性产业，是关系国计民生的基础性行业，在我国工业现代化进程中发挥了不可替代的作用。钢铁工业作为一个原材料的生产和加工部门，处于工业产业链的中间位置。它的发展与国家的基础建设以及工业发展的速度关联性很强。影响钢铁行业的业绩因素主要如下：

（一）经济刺激政策的逐步发力带动钢铁产量同比上升

2020 年一季度受疫情影响，钢铁需求明显萎缩，但随着二季度国家复工复产、经济刺激政策的逐步发力，经济稳定复苏，下游需求逐步恢复，带动钢铁企业生产积极性高涨，钢铁产量同比进一步上升。国家统计局数据显示，2020 年 1—12 月，中国生铁累计产量 88752.00 万吨，同比增长 4.3%；粗钢累计产量 105300.00 万吨，同比增长 5.2%；钢材累计产量 132489.20 万吨，同比增长 7.7%。

2020 年中国粗钢日产再创新高。就年度日产来看，2020 年粗钢平均日产 287.70 万吨，同比增长 4.88%；就月度日产来看，2020 年 9 月粗钢日产达 308.50 万吨，创历史新高，年化粗钢产量为 11.26 亿吨。典型例子如宝钢股份，全年粗钢产量 10.5 亿吨，同比增长 5.2%，产品应用于基建和房地产工程建设项目等。

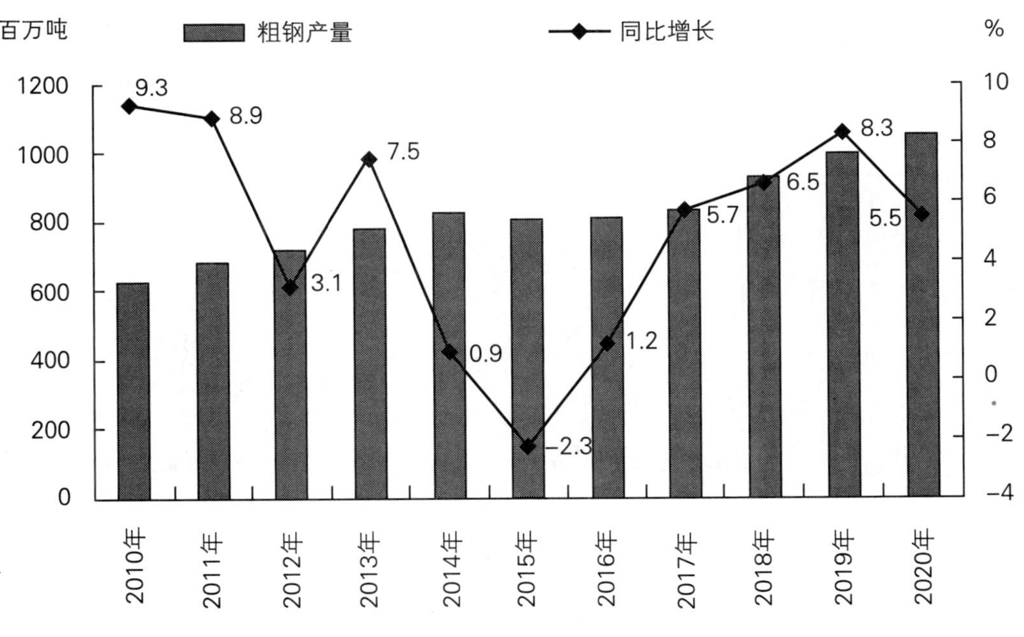

图 5－2　2010—2020 年粗钢产量及同比增速变化

数据来源：Wind。

（二）钢材出口量同比明显下降，进口量大幅回升

2020 年，疫情蔓延使得全球经济下行，在需求内强外弱、钢材出口价格优势减弱的情况下，我国钢材出口再现大幅度下降，而钢材进口则显著回升。海关统计数据显示，2020 年，累计出口钢材 5367.1 万吨，同比下降 16.5%，降幅较上年同期扩大 10 个百分点；累

计进口钢材2023.3万吨，同比增长64.4%，由降转升；同期净出口钢材2996.7万吨，同比上升11.6%，由降转升。

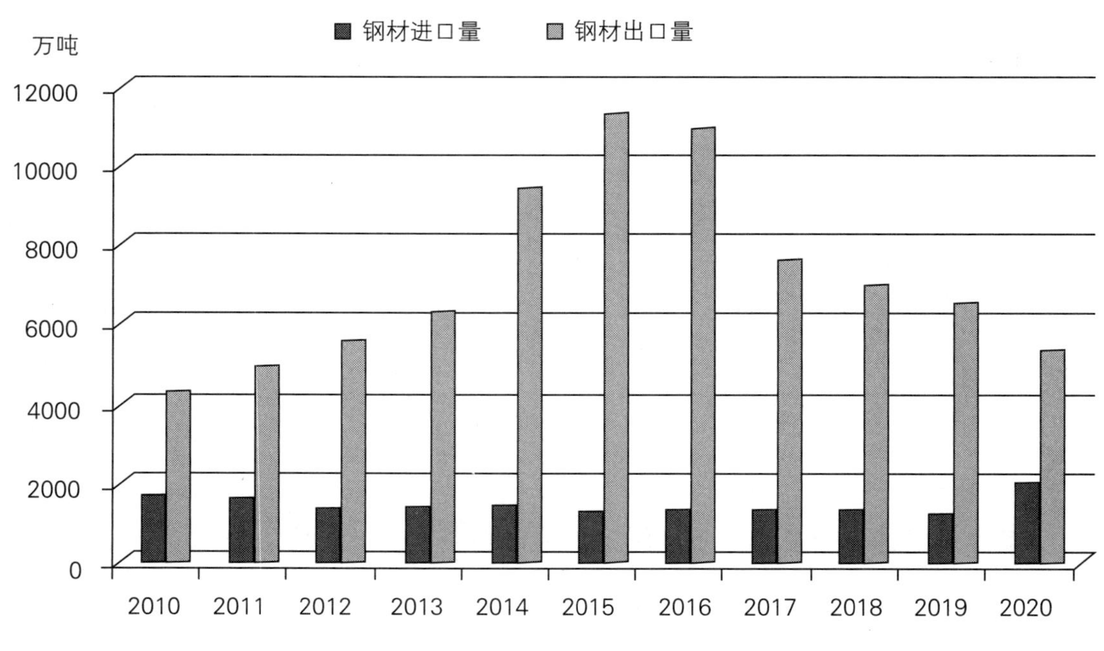

图5－3　2010—2020年钢材进出口量

数据来源：Wind。

（三）矿焦上涨推升钢企生产成本，钢铁行业盈利进一步下滑

2020，铁矿石生产受到一定制约，在中国钢铁生产保持增长以及国外企业复产的情况下，出现供需偏紧，加上资本炒作，使得铁矿石价格短期内大幅拉升。数据显示，2020年12月31日，普氏铁矿石价格指数为162.5美元/吨，较年初93.2美元/吨上涨69.3美元/吨，涨幅74.4%。此外焦炭因环保、去产能等原因也出现供应偏紧现象，价格较上年底有明显上涨，12月31日，唐山地区焦炭为2400元/吨，价格较年初上涨500元/吨，涨幅26.3%。铁矿石价格飙升以及焦炭价格上涨使得钢铁生产成本上升，钢铁企业盈利能力被严重削弱。据国家统计局数据显示，2020年，黑色金属冶炼和压延加工业实现营业收入72776.90亿元，同比增长5.2%；实现利润总额2464.6亿元，同比下降7.5%。例如，马钢股份受铁矿石等原料价格上涨及钢材销量增加因素影响，营业成本较上年增加3.25%。

（四）钢铁供需环境更迭，高库存贯穿全年

2020年，钢铁行业受疫情及产量增长影响，钢材社会库存高位运行，并呈现新特点。

1.春季库存创历史新高。

在下游行业复工达产率低、需求疲软和物流受限的情况下，春节后国内钢材社会库存持续大幅上升，不断创下新的历史纪录。数据显示，2020年3月13日，钢材社会库存到达年内高点，为2312.7万吨，较上年高点增加669.7万吨。

2. 去库存速度高于上年。

二季度随着需求的快速恢复，尽管库存量同比增长，但去库存速度高于上年。6月19日，达到去库存低点，钢材社会库存量为1302.1万吨，较库存高点下降43.7%，去库速度较上年同期提升3.7个百分点。

3. 淡季累库周期长。

因产量高位释放、需求明显减弱，自6月中旬钢材社会库存开始上升，直至9月中旬到达累库阶段性高点，上升周期长，升幅明显，9月11日，钢材社会库存为1394.1万吨，较上年同期上升34.3%。

4. 年底库存仍高于上年同期。

2020年12月，尽管在铁矿石大幅上涨带动下，下游及中小贸易商备货需求被激发，使得钢材社会库存持续下降，但由于前期累积基数高，整体库存仍高于上年同期。截至2020年末，钢材社会库存为763.2万吨，同比增长12.0%。其中，建材社会库存为385.2万吨，同比增长13.3%；板材社会库存为378.0万吨，同比增长10.7%。

资料链接：

行业重大事件

➢ 国家紧急叫停钢铁产能置换和项目备案工作

2020年1月23日，国家发展和改革委员会、工业和信息化部联合印发《关于完善钢铁产能置换和项目备案工作的通知》（发改电〔2020〕19号），暂停公示、公告新的钢铁产能置换方案和备案新的钢铁项目，要求各地区全面梳理2016年以来备案的钢铁产能项目，并开展自查自纠。

➢ 中国宝武深入推进兼并重组引领钢铁产业高质量发展

2020年8月21日，山西省国有资本运营有限公司与中国宝武签署太原钢铁（集团）有限公司股权划转协议，将太原钢铁集团51%股权无偿划转给中国宝武。9月17日，重庆钢铁股份有限公司发布《关于股东权益变动暨实际控制人变更的提示性公告》，其实际控制人由四源合股权投资管理有限公司变更为中国宝武钢铁集团有限公司。2020年，中国宝武粗钢产量将突破1亿吨，成为全球最大的钢铁企业。

➢ 超低排放改造年度目标圆满完成并将步入高质量时代

截至2020年底，全国228家钢铁企业6.1亿吨粗钢产能超低排放改造已基本完成，圆满完成阶段性目标。同时，全国钢铁企业超低排放评估监测工作全面启动，重点区域82家企业3.3亿吨粗钢产能正在开展评估监测工作。2020年1月，首钢迁钢通过全工序超低排放评估，成为世界上首家实现全流程超低排放的钢铁企业。

资料来源：和讯网新闻。

三、2021 年钢铁行业业绩前景分析

2021 年是“十四五”规划开局之年，也是中国共产党建党 100 周年。2021 年宏观政策将保持连续性、稳定性、可持续性。预计 2021 年钢铁行业主要下游行业房地产行业及汽车行业景气度或将总体趋弱，基础设施投资增速则将受到政府债务约束，预期短期内钢材需求稳中趋弱；铁矿石价格总体预计将呈现前高后低走势，钢企经营业绩在需求趋弱和存货跌价等因素影响下而有所弱化。

（一）超低排放改造深入推进，助力钢铁业绿色发展

为推进钢铁企业超低排放改造，山西、江苏两省将在 2021 年实施差别化电价。通过价格手段引导钢铁行业超低排放，实现全流程、全过程环境管理，对大幅削减主要大气污染物排放、推动钢铁行业高质量发展、促进产业转型升级、助力打赢蓝天保卫战具有重要意义。2021 年超低排放改造的深入推进，将使得更多钢铁企业污染物排放得到有效控制，助力钢铁工业实现绿色发展。

（二）钢铁置换新规出台，有效调控钢铁产能发展

2020 年 12 月 16 日，工信部就《钢铁行业产能置换实施办法》（修订意见稿）公开征求意见。新版的产能置换办法是对原版本的健全和完善，在明确提高置换比例的同时，扩大了大气污染防治重点区域范围，并对实质性兼并重组、电炉短流程炼钢等情况，实施差别化的产能置换比例政策，并引入第三方机构辅助评估。通过严格执行产能置换实施办法，将有利于化解行业的过剩产能，优化产能的区域布局，有效调控钢铁业产能发展。

（三）在中国经济新发展格局下，钢铁需求将平稳向好

2021 年在构建“双循环新发展格局”下，新一轮“扩内需”大幕将启动，制造业设备投资有望进入上行周期，基建和房地产投资基本持稳，我国钢铁需求将平稳向好。预计 2021 年中国钢材需求量为 9.91 亿吨，同比增长 1.0%。

（四）基建投资将继续回暖

从基建来看，2021 年交通运输业将加快完善交通基础设施网络，同时国家政策对传统基建投资的导向力度有所减弱。中央将加大新型基础设施投资力度，实施城市更新行动，由传统基建投资转向新基建、棚改旧改，目前“新基建”、棚改旧改在基建投资中的占比还比较小，因此，2021 年基建投资的增速不会很高，或呈现先高后低的趋势，整体增速或在 3% ~5%。

（五）制造业用钢需求有增长潜力

从制造业投资来看，中央强调要扩大制造业设备更新和技术改造投资，推动制造业升级，预计 2021 年我国制造业投资将呈现正增长。2021 年在制造业发展高景气和优化投资带动下，制造业用钢需求仍存增长潜力。

（六）全球经济回暖叠加进口关税调整，钢材进出口或将两旺

在全球经济复苏、钢铁需求增长带动下，2021 年我国钢材出口有望回升，或将超 5500

万吨；从进口来说，关税调整、东南亚地区增产以及价格优势下，2021 年我国钢材进口有望与上年持平。

（七）原料价格将继续上移一定程度影响行业盈利

在淡水河谷复产以及中国矿山稳定生产的情况下，全球铁矿石市场供需预计将会基本保持平衡，价格将由高位逐步回归至理性水平，但由于当前铁矿石价格已被拉涨到较高位置，2021 年预计铁矿石均价仍将继续上移。从焦炭市场来看，预计 2021 年上半年因去产能政策的收尾，供需关系可能仍然偏紧；2021 年下半年预计随着新产能的达产，焦炭供应相对宽松，焦炭价格或呈先高后低运行态势。

（八）钢铁均价将小幅上行

2021 年，全球经济有望恢复性增长，中国经济进入新的发展阶段。预计 2021 年国内钢铁市场将呈现宽幅震荡格局，钢材均价将有所上移，上涨空间将会扩大，下跌空间将会缩小，全国钢材平均价格预计较 2020 年上升 5%左右。

附表　2020年度钢铁行业上市公司业绩评价结果排序表

序号	A股上市公司评价得分排序	股票代码	股票简称	综合得分	评价等级	每股收益（元）	净资产收益率（%）	总资产报酬率(%)	总资产周转率（次）	流动资产周转率（次）	资产负债率(%)	已获利息倍数	营业收入增长率(%)	资本扩张率(%)	市场投资回报率(%)	股价波动率(%)	年末资产总额（万元）	营业收入（万元）	净利润（万元）
1	28	000708	中信特钢	80.10	AA	1.19	22.48	10.44	1.00	2.44	63.35	13.35	2.90	12.30	68.45	105.85	7744095.59	7472836.58	602808.98
2	34	600507	方大特钢	79.70	A	0.99	27.37	21.88	1.25	1.85	31.15	34.81	7.88	37.67	3.14	83.48	1371540.94	1660147.93	215819.54
3	81	000932	华菱钢铁	77.60	A	1.04	20.66	9.99	1.34	3.25	57.54	11.63	8.55	18.44	6.40	103.00	9074079.59	11627590.29	696427.95
4	106	600782	新钢股份	76.40	A	0.85	11.95	7.08	1.49	2.67	53.76	12.77	25.06	8.31	−5.91	48.25	5221749.34	7241193.47	274621.09
5	175	002110	三钢闽光	74.50	BBB	1.04	13.08	9.64	1.33	2.70	52.71	19.33	6.87	8.94	−24.69	60.21	4329950.78	4863634.75	256486.50
6	220	601686	友发集团	73.60	BBB	0.89	22.93	15.73	4.68	6.45	42.18	18.63	8.20	64.33	15.48	32.95	1184044.75	4841870.47	117706.72
7	225	002075	沙钢股份	73.40	BBB	0.30	12.74	12.89	1.17	1.95	38.85	62.66	7.07	7.33	74.06	161.70	1318922.35	1442722.18	121342.94
8	240	000717	韶钢松山	73.10	BBB	0.77	21.26	13.14	1.81	6.08	46.44	18.75	8.28	18.90	−4.91	65.44	1775639.78	3155553.77	186119.10
9	243	600282	南钢股份	73.00	BBB	0.56	14.05	8.95	1.16	2.65	49.59	9.86	10.74	10.11	−0.40	49.34	4790628.59	5312286.41	318755.28
10	243	002318	久立特材	73.00	BBB	0.91	18.76	14.44	0.77	1.38	27.41	27.68	11.68	38.91	16.31	100.99	681962.97	495524.67	77561.95
11	376	601003	柳钢股份	70.50	BBB	0.67	14.87	4.69	1.26	3.27	58.94	12.94	12.49	119.36	1.30	39.83	6059479.03	5469398.76	176405.65
12	391	603995	甬金股份	70.30	BBB	1.80	13.71	10.87	3.59	7.60	41.84	23.95	29.16	14.10	0.19	126.53	620649.20	2044342.19	49148.13
13	432	002756	永兴材料	69.80	BB	0.72	6.96	6.31	1.00	1.93	23.64	16.47	1.30	18.43	194.33	274.35	536151.23	497312.62	25743.25
14	432	600019	宝钢股份	69.80	BB	0.57	7.00	5.07	0.82	2.05	43.93	9.90	−2.72	4.46	8.80	78.93	35622505.19	28367441.25	1398538.33
15	543	600126	杭钢股份	68.40	BB	0.34	5.86	4.40	1.21	2.42	27.29	33.29	21.25	3.79	10.73	161.52	2737385.50	3242519.59	114810.48
16	561	000708	新兴铸管	68.20	BB	0.45	8.37	6.02	0.84	1.71	54.59	5.40	5.07	8.05	−7.94	46.61	5318873.73	4296092.11	196377.42
17	697	600022	山东钢铁	66.90	BB	0.07	3.45	3.87	1.27	4.65	54.96	3.53	22.82	2.19	−0.63	35.98	6848697.22	8731670.73	157963.44
18	737	002443	金洲管道	66.60	BB	1.12	22.02	18.31	1.32	1.84	24.46	67.49	1.20	17.41	−3.48	84.70	404173.39	510986.60	60880.42
19	771	600231	凌钢股份	66.30	BB	0.20	6.96	4.34	1.27	3.02	48.26	14.55	−3.88	6.81	−7.30	45.19	1599594.37	2029733.35	55807.32
20	1040	600399	抚顺特钢	63.70	B	0.28	11.61	7.09	0.71	1.35	45.46	7.22	9.26	12.39	331.93	372.37	922353.44	627248.65	55161.39
21	1147	600808	马钢股份	62.70	B	0.26	7.17	4.41	0.98	1.94	59.60	5.79	4.28	5.74	−11.63	39.58	8071114.18	8161415.12	257797.91
22	1150	000898	鞍钢股份	62.60	B	0.21	3.75	3.68	1.15	4.34	38.83	3.65	−4.44	2.49	−6.13	59.79	8804600.00	10090300.00	199600.00

续表

序号	A股上市公司评价得分排序	股票代码	股票简称	综合得分	评价等级	每股收益（元）	净资产收益率（%）	总资产报酬率(%)	总资产周转率（次）	流动资产周转率（次）	资产负债率(%)	已获利息倍数	营业收入增长率(%)	资本扩张率(%)	市场投资回报率(%)	股价波动率(%)	年末资产总额（万元）	营业收入（万元）	净利润（万元）
23	1197	000825	太钢不锈	62.10	B	0.31	5.35	3.58	0.98	3.10	51.03	3.04	-4.26	3.69	-9.73	45.81	6829832.22	6741939.06	170937.23
24	1252	603878	武进不锈	61.50	B	0.55	9.22	7.90	0.73	0.97	29.90	29.85	3.33	1.26	0.53	53.25	343007.51	240089.32	22043.74
25	1399	000959	首钢股份	60.20	B	0.34	6.38	3.51	0.56	3.01	73.10	1.97	15.62	-2.19	8.32	126.54	14436722.20	7995118.19	241114.28
26	1597	600581	八一钢铁	58.50	CCC	0.21	7.31	3.40	1.04	3.18	79.93	2.12	5.39	8.56	6.96	67.27	2244477.91	2172319.16	31627.82
27	1652	688186	广大特材	57.90	CCC	1.10	12.52	7.26	0.55	0.96	57.86	5.62	13.98	71.85	15.48	79.86	414734.18	181033.78	17315.91
28	1659	300881	盛德鑫泰	57.80	CCC	0.63	9.39	6.62	0.84	0.97	36.08	6.82	-2.59	97.83	15.48	45.18	115277.62	88116.08	5210.60
29	1708	601005	重庆钢铁	57.30	CCC	0.07	3.24	2.47	0.73	2.34	49.84	3.30	4.31	3.31	-20.10	51.11	3994985.60	2448993.50	63847.90
30	2000	600569	安阳钢铁	54.20	CC	0.08	2.30	2.20	0.81	1.54	73.22	1.32	6.90	1.40	2.75	47.25	4050727.85	3189587.69	22877.94
31	2019	000709	河钢股份	54.00	CC	0.12	2.97	2.80	0.48	1.57	74.95	1.56	-11.39	2.71	-13.82	41.71	24122986.82	10765705.87	202940.41
32	2114	600010	包钢股份	53.00	CC	0.01	0.77	2.13	0.41	1.47	57.28	1.27	-6.52	1.04	-12.71	34.87	14422227.49	5926613.03	66166.02
33	2281	000761	本钢板材	51.00	CC	0.10	1.90	1.70	0.77	1.50	66.85	1.41	-7.69	7.68	-19.63	36.00	6500747.07	4868479.27	39147.96
34	2299	600307	酒钢宏兴	50.80	CC	0.08	4.29	2.87	0.91	2.86	70.21	1.74	-20.79	4.09	-20.23	54.34	4144666.65	3702104.51	51892.14
35	2479	002478	常宝股份	48.70	C	0.13	2.79	2.28	0.57	1.13	32.00	19.87	-25.42	-5.96	-25.78	50.22	688780.47	394185.63	13820.51
36	2766	600117	西宁特钢	44.60	C	0.06	4.20	2.74	0.49	1.45	75.83	1.60	2.33	1.19	5.57	70.90	2048720.21	1007551.04	10827.46

第六章　有色金属行业上市公司业绩评价

有色金属是国民经济、人民日常生活及国防工业、科学技术发展必不可少的基础材料和重要的战略物资，随着现代化工、农业和科学技术的突飞猛进，有色金属在人类发展中的地位越来越重要。2020年，有色金属行业统筹推进新冠肺炎疫情防控和复工复产工作，持续深化供给侧结构性改革，推进传统产业控产能、促转型，加快高端产业强基础、补短板，推动行业高质量发展，行业运行整体平稳。2020年规模以上有色金属行业企业主营业务收入60042亿元，同比增长7.10%，增速高于工业平均值2.60个百分点。利润总额1578亿元，同比下降6.50%。2020年度有色金属指数全年震荡上行，年初开盘为3833.93点，年末收盘为5154.77点，全年指数上涨34.45%。2021年是“十四五”开局之年，展望2021年有色金属行业要开好局，起好步，统筹发展与安全，把实施扩大内需战略同深化供给侧结构性改革有机结合起来，推动传统产业转型升级，加快智能化改造，实现高端、绿色、低碳、安全发展，提升有色金属新材料高端供给能力，拓展内需市场，助力形成双循环格局，不断提升有色金属行业发展质量效益。

一、有色金属行业上市公司价值分析结果

截至2020年末，有色金属行业（含铝、铅锌、铜、黄金、锂、钨、稀土等采掘、制造子行业）的A股上市公司共128家，其中盈利公司113家，占88.28%；亏损15家，占11.72%。按照中国上市公司业绩评价指标体系，有色金属行业综合评价结果为63.45分，比全国上市公司综合评价结果57.01分高6.44分。在有色金属行业的128家上市公司中，业绩评价综合得分70分以上的有9家，60~70分的有42家，50~60分的有44家，50分以下的有33家。128家有色金属行业上市公司年末资产总额19599.25亿元，归属母公司的所有者权益7878.00亿元，资产负债率为53.98%。2020年度有色金属行业上市公司完成营业收入20115.52亿元，比上年增加18.60%；实现净利润523.47亿元，比上年增加207.24%。与全部上市公司相比，有色金属行业总资产、营业收入和净利润所占比例分别为2.58%、4.61%和2.42%。在128家行业上市公司中评价等级为A的有1家，评价等

级为BBB的有8家，评价等级为BB的有14家，评价等级为B的有27家，评价等级为CCC的有27家，评价等级为CC的有17家，评价等级为C的有34家。2020年有色金属行业评价得分前十名的公司如表6–1所示。

表6－1　2020年度有色金属行业评价得分前十名的公司

序号	股票代码	股票简称	在A股上市公司中评价得分排序
1	601899	紫金矿业	76
2	002056	横店东磁	179
3	000975	银泰黄金	210
4	601677	明泰铝业	295
5	603799	华友钴业	299
6	600547	山东黄金	331
7	600988	赤峰黄金	437
8	000060	中金岭南	469
9	688357	建龙微纳	499
10	300395	菲利华	526

资料链接：

紫金矿业量价齐飞高速成长，三步走成就“矿业茅台”

一、国内金、铜资源绝对龙头，多项目逐步投产，业绩步入高速成长期

黄金业务是公司主要营收来源和利润贡献点，得益于公司Timok矿产金、哥伦比亚武里蒂卡金矿、陇南李坝、澳大利亚帕丁顿等项目扩充产能，公司2020—2022年矿产金产量增速有望分别达到9.70%、25.60%和12.00%，带动业绩快速增长；铜精矿方面，公司铜储量、产量均为国内首位。未来两年内，公司kamoa-kakula、驱龙铜矿、Timok铜矿三个重点项目将陆续完成建设达产，预计2020—2022年公司铜精矿产量增速分别为51.60%、28.20%和47.90%，铜业务进入高速成长阶段。

二、三步走实现“高技术效益型特大国际矿业集团”的战略

紫金矿业发布《关于五年（2+3）规划和2030年发展目标纲要》的公告，未来10年（2021—2030年）是紫金矿业建成高技术效益型特大国际矿业集团战略目标的关键时期，公司制定未来10年的发展目标纲要，进一步细化了在三个发展阶段（2021—2022年、2023—2025年、2026—2030年）中主要指标、实现路径、运营体系建设和公司地位等的目标，同时把握经济指标“硬实力”和运营体系“软文化”，打造“矿业茅台”。

资料来源：华金证券、中信证券。

基于有色金属行业上市公司的整体评价，下面分别从财务效益状况、资产质量状况、偿债风险状况、发展能力状况、市场表现状况五个方面对有色金属行业上市公司进行具体分析。

（一）财务效益状况

从综合得分来看，2020 年有色金属行业上市公司财务效益状况相比 2019 年有所增长，同时高于全部上市公司平均水平。

表 6–2 列示了有色金属行业上市公司财务效益状况评价结果。从综合得分来看，有色金属行业上市公司财务效益平均得分为 20.20 分，比全部上市公司平均分 22.11 分低 1.91 分。其中，紫金矿业、合盛硅业、银泰黄金、盛达资源、山东黄金、博迁新材等 30 家公司超过全部上市公司平均水平。

表 6 – 2　2019—2020 年有色金属行业财务效益状况表

评价指标		2020 年上市公司平均值	2020 年行业值	2019 年行业值	增长率（%）
基本指标	扣除非经常性损益净资产收益率（%）	5.93	4.50	0.42	971.43
	总资产报酬率（%）	5.00	5.18	3.66	41.53
	基本得分	20.49	19.78	15.22	29.96
修正指标	营业利润率（%）	6.43	3.37	1.95	72.82
	盈利现金保障倍数	2.01	2.03	6.03	–66.33
	股本收益率（%）	38.17	24.68	7.80	216.41
综合得分		22.11	20.20	17.75	13.80

从具体指标看，除盈利现金保障倍数外，其余各项指标均有较大幅度增长，总体情况优于 2019 年。其中扣除非经常性损益净资产收益率由 0.42% 增长至 4.50%；营业利润率从 1.95% 增长至 3.37%；股本收益率从 7.80% 增长至 24.68%，尤其是扣除非经常性损益净资产收益率和股本收益率实现多倍增长。这些指标的大幅增长导致有色金属行业的整体财务效益状况评分优于上年。

在有色金属行业上市公司财务效益状况指标中，紫金矿业的财务效益得分为 29.82，财务效益在有色金属行业排名第一。紫金矿业是大型跨国矿业集团，是一家以金、铜、锌等金属矿产资源勘查和开发为主的大型矿业集团，投资项目分布在国内 24 个省和加拿大、澳大利亚、秘鲁等 9 个国家。2020 年，公司实现收入 1715 亿元，同比增长 26%，归属于母公司股东净利 65.10 亿元，同比增长 51.9%，扣除非经常性损益归属于母公司股东净利润 63.2 亿元，同比增长 58.2%。盈利主要受益于铜量价齐升和黄金价格提升，从而实现了业绩大幅提升。其扣除非经常性损益后的加权平均净资产收益率为 112.56%，总资产报酬率

8.59%，营业利润率 6.55%，盈利现金保障倍数 1.69。

（二）资产质量状况

从综合得分来看，2020 年有色金属行业上市公司资产质量状况较 2019 年略有上升，仍高于全部上市公司平均值的水平。

从表 6–3 可以看出，2020 年有色金属行业上市公司资产质量状况基本指标平均得分 15 分，大幅高于全部上市公司 9.09 分的平均水平。其中有 76 家企业超过全国上市公司平均水平，紫金矿业、山东黄金、中金黄金、云南铜业、锡业股份、中金岭南等 15 家企业的资产质量状况评分获得 15 分。

表 6 – 3　2019—2020 年有色金属行业资产质量状况表

评价指标		2020 年上市公司平均值	2020 年行业值	2019 年行业值	增长率（%）
基本指标	总资产周转率（次）	0.60	1.07	0.98	9.18
	流动资产周转率（次）	1.14	2.61	2.36	10.59
	基本得分	9.09	15.00	13.32	12.61
修正指标	应收账款周转率（次）	8.07	25.51	23.01	10.86
	存货周转率（次）	2.64	6.41	5.91	8.46
综合得分		9.07	13.20	12.57	5.01

从修正指标来看，2020 年有色金属行业上市公司资产质量状况（满分为 15 分）平均得分 13.20 分，高于全部上市公司 9.07 分的平均水平，同时较 2019 年资产质量状况评分有略有上升。

在有色金属行业上市公司资产质量指标中，中金岭南的资产质量得分为 15 分，资产质量在有色金属行业排名第一。中金岭南主要是从事铅锌铜等有色金属的采矿、选矿、冶炼和深加工一体化生产的企业，直接掌控的已探明的铅锌铜等有色金属资源总量超千万吨，已成长为具有一定影响力的跨国矿业。有研新材主营业务为具有巨大发展潜力的高端金属靶材、先进稀土材料等多个战略性新材料领域。2020 年，公司坚持“资源拓展、适度多元、创新驱动、绿色发展、文化引领”五位一体的战略方针，以持续提升全球优质矿产资源拥有量为发展基础，以加快向价值链前端和价值链高端延伸为重点，以改革创新、提质增效为主要内生动力，实现业务板块化、布局全球化、资源利用多样化、经营国际化、管理信息化、生产绿色集约智能化发展格局，不断提高公司资产质量和效益。实现营业总收入 302.53 亿元，比上年同期增长 32.47%；实现归属母公司股东净利润 9.95 亿元，比上年同期增长 16.78%；总资产周转率 1.35 次；流动资产周转率 3.97 次；应收账款周转率 52.18 次；存货周转率 15.03 次。均好于行业平均水平。

（三）偿债风险状况

从综合得分来看，2020 年有色金属行业上市公司偿债风险状况得分较 2019 年略有增加，仍低于全国上市公司平均水平。

从表 6-4 可以看出，2020 年有色金属行业上市公司偿债风险状况（满分为 15 分）基本指标平均得分 8.48 分，略低于全部上市公司 8.90 分的平均水平；其中有 80 家企业超过全国上市公司平均水平，博迁新材、金博股份、银河磁体、联瑞新材、菲利华、石英股份等 7 家企业得分为 15 分满分。基本指标得分较 2019 年同比增长 8.03 个百分点。有色金属行业 2020 年已获利息倍数较 2019 年大幅增长 57.37%，可见有色金属行业上市公司在 2020 年获利能力增强。

表 6 - 4　2019—2020 年有色金属行业偿债风险状况表

评价指标		2020 年上市公司平均值	2020 年行业值	2019 年行业值	增长率（%）
基本指标	资产负债率（%）	60.33	53.98	55.93	-3.49
	已获利息倍数	4.30	2.99	1.9	57.37
	基本得分	8.90	8.48	7.85	8.03
修正指标	速动比率（%）	82.33	70.99	65.69	8.07
	现金流动负债比率（%）	13.31	15.83	14.46	9.47
	带息负债比率（%）	40.72	64.81	64.01	1.25
综合得分		8.89	7.12	7.04	1.14

从修正指标来看，2020 年有色金属行业上市公司偿债风险状况（满分为 15 分）平均得分 7.12 分，低于全部上市公司 8.89 分的平均水平。速动比率、带息负债比率得分相比上年均小幅增长，反映有色金属行业流动资产及经营现金净流量较 2019 年有所增加，偿债压力有所降低。

在有色金属行业上市公司偿债风险指标中，图南股份的偿债风险得分为 15 分，偿债风险指标得分在有色金属行业排名靠前。图南股份作为民营高端金属材料企业，多年来专注于高温合金、特种不锈钢等材料制品研发生产，产品主要应用在包含航空发动机、燃气轮机、核电装备等军用及高端民用领域。2020 年公司一是对现有产品持续创新，通过工艺改进和设备优化，不断提高现有产品的质量和成材率；二是加快新产品的研发进度，实现产品的配套生产，使得公司盈利能力改善，偿债能力大大增加。2020 年，图南股份资产负债率 4.27%，已获利息倍数 68.76 倍，速动比率 1531.57%，现金流动负债比率 211.48%。

（四）发展能力状况

从综合得分来看，2020 年有色金属行业上市公司发展能力状况得分较 2019 年有所增长，同时高于全国上市公司平均水平。

从表 6–5 可以看出，有色金属行业上市公司发展能力状况（满分为 20 分）基本指标平均得分为 13.67 分，高于全部上市公司的平均水平 12.11 分。其中有 72 家公司高于全国上市公司平均水平，金博股份和索通发展得分超过 19.5 分。

表 6 – 5 2019—2020 年有色金属行业发展能力状况表

评价指标		2019 年上市公司平均值	2020 年行业值	2019 年行业值	增长率（%）
基本指标	营业收入增长率（%）	2.91	15.00	10.88	37.87
	资本扩张率（%）	11.25	12.17	5.86	107.68
	基本得分	12.11	13.67	11.76	16.24
修正指标	累计保留盈余率（%）	40.80	28.94	26.46	9.37
	三年营业收入增长率（%）	8.50	11.46	11.62	–1.38
	总资产增长率（%）	10.58	7.95	8.13	–2.21
	营业利润增长率（%）	2.48	76.26	–28.58	366.83
综合得分		12.17	13.53	10.8	25.28

从修正指标来看，2020 年有色金属行业上市公司发展能力状况（满分为 20 分）平均得分 13.53 分，高于全部上市公司 12.17 分的平均水平；各项修正指标中，三年营业收入增长率、总资产增长率得分略有下降，但累计保留盈余率、营业利润增长率得分均实现增长，尤其是营业利润率得分增幅较大，反映 2020 年有色金属行业公司的发展势头较好。

在有色金属行业上市公司发展能力状况指标中，中金黄金的发展能力得分为 16.91，发展能力在有色金属行业排名前列。中金黄金主要从事黄金、有色金属的地质勘查、采选、冶炼的投资与管理，是国内黄金行业目前唯一一家央企控股的上市公司。2020 年，中金黄金资本运作取得了显著成果，一是向控股股东黄金集团发行股份及支付现金购买内蒙古矿业 90% 股权，完成了颇受市场瞩目的优质资产注入；二是向战略投资者发行股份购买中原冶炼厂 60.98% 股权，实现了子公司股权向上市公司股份的转变，优化资产结构，巩固了资源优势。2020 年，中金黄金营业收入增长率 23.18%，三年营业收入平均增长率 13.88%，总资产增长率 14.44%，营业利润增长率 114.94%。

（五）市场表现状况

如图 6–1 所示，2020 年有色金属行业上市公司股价总体呈现震荡上行，波动较大。整体走势与大盘走势接近，趋于同步。从评价指标来看，2020 年有色金属行业上市公司的平均市场回报率为 18.91%，较 2019 年小幅下跌，市场投资回报率略高于全部上市公司 15.87% 的平均水平。从个股来看，横店东磁、嘉元科技、铂科新材、坤彩科技、格林美等

126家上市公司的市场投资回报率大于0，仅2家有色金属行业上市公司市场投资回报率小于0，市场投资回报率整体表现较好。横店东磁以13.05分的市场表现状况评价得分位列有色金属行业第一。有色金属行业公司市场表现得分情况如表6-6所示。

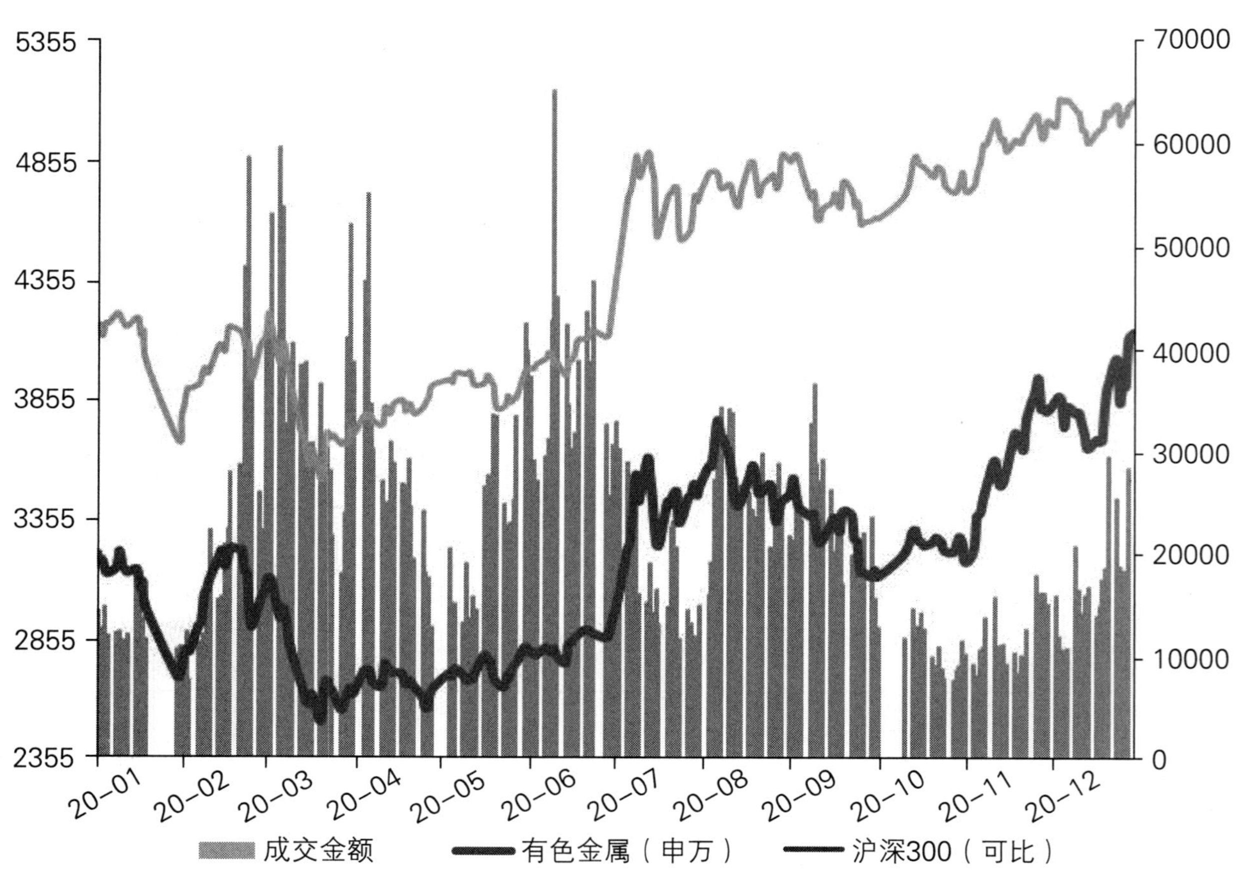

图6－1　2020年有色金属行业指数与沪深300指数走势图

数据来源：Wind。

表6－6　有色金属行业公司市场表现表

评价指标	2020年上市公司平均值	2020年行业值	2019年行业值	增长率（%）
市场投资回报率（%）	15.87	18.91	21.51	−12.09
股价波动率（%）	105.04	104.73	98.39	6.44
得分	9.17	9.40	8.85	6.21

二、有色金属行业上市公司业绩影响因素分析

据国家统计局数据，2020年，十种有色金属产量6168万吨，首次突破6000万吨，同

比增长 5.5%，增幅同比扩大 2 个百分点。中国有色金属工业协会发布四季度企业信心指数为 50.1，连续两季度保持在临界点以上。2020 年，大宗有色金属价格经历 V 型走势，2020 年 4 月以来价格持续回暖，2020 年规模以上有色金属工业企业效益明显好于预期。具体影响有色金属行业业绩的因素主要有以下几方面。

（一）基本金属价格 V 型走势，二季度后价格持续回暖，贵金属价格大幅增长，行业效益好于预期

1. 基本金属分析。

伦敦金属交易所（LME）六种基本金属现货结算价 2015—2020 年平均价格见表 6–7。

表 6 – 7　2015—2020 年基本金属 LME 现货结算年平均价统计表

美元 / 吨

	现货结算价:LME 铜	现货结算价:LME 铝	现货结算价:LME 锌	现货结算价:LME 铅	现货结算价:LME 锡	现货结算价:LME 镍
2015 年平均价格	5494.50	1660.77	1928.30	1783.57	16070.16	11807.27
2016 年平均价格	4862.63	1604.89	2094.75	1871.58	18005.93	9608.70
同比	–11.50%	–3.36%	8.63%	4.93%	12.05%	–18.62%
2017 年平均价格	6165.97	1968.74	2895.94	2317.46	20104.70	10411.35
同比	26.80%	22.67%	38.25%	23.82%	11.66%	8.35%
2018 年平均价格	6523.04	2110.08	2921.95	2242.43	20153.22	13122.27
同比	5.79%	7.18%	0.90%	–3.24%	0.24%	26.04%
2019 年平均价格	5999.73	1791.13	2546.34	1999.68	18642.89	13935.57
同比	–8.02%	–15.12%	–12.85%	–10.83%	–7.49%	6.20%
2020 年平均价格	6180.63	1704.02	2267.00	1825.58	17158.70	13789.31
同比	3.02%	–4.86%	–10.97%	–8.71%	–7.96%	–1.05%

2020 年新冠肺炎疫情在全球范围内蔓延，对全球经济和资本市场造成了巨大而深远的影响。一季度宏观金融环境急剧恶化与全球疫情不断扩散，导致基本金属价格下跌明显，以伦敦铜为例，最低跌至 4371 美元 / 吨；二季度起，在宏观面与基本面的双重提振下铜价连续反弹，宽松的货币政策与中国基本面的恢复推动了基本金属价格反弹。整个金属价格呈现 V 型走势。根据伦敦金属交易所（LME）2020 年基本金属价格走势图（图 6–2）可以看出，基本金属 2020 年整体呈现 V 型趋势。

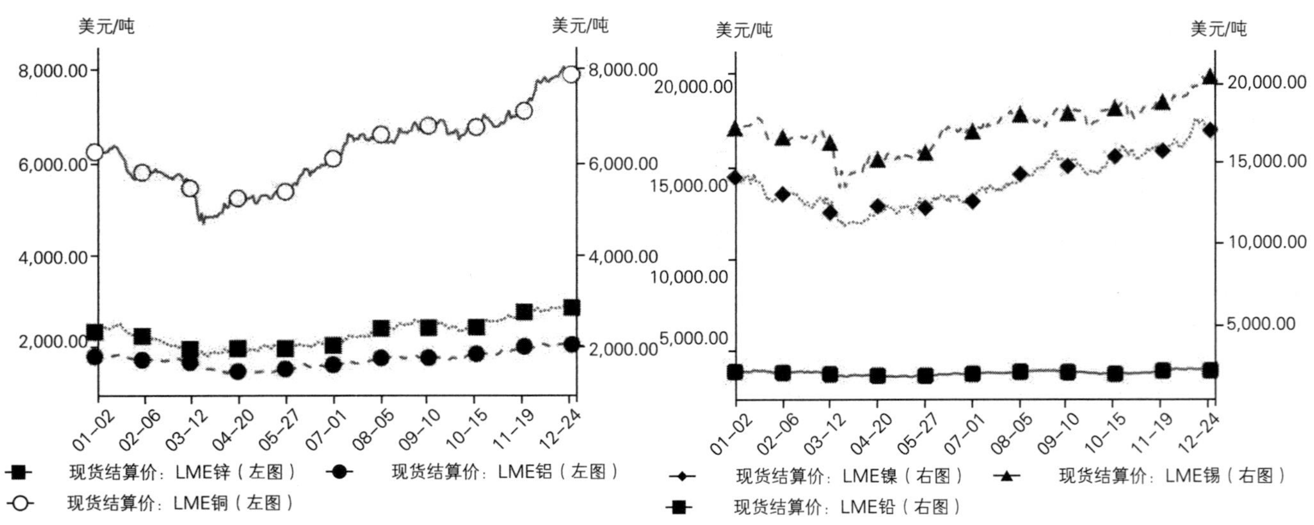

图 6－2　LME 2020 年基本金属价格走势图

以铜陵有色为例，公司是集铜采选、冶炼、加工、贸易为一体的大型全产业链铜生产企业，在铜矿采选、铜冶炼及铜箔加工等领域有着深厚的技术积累、领先的行业地位和显著的竞争优势。2020 年全年铜价经历 V 型走势，全年现货均价 48752 元 / 吨，同比上涨 2.10%，主要得益于铜价在下半年的大幅上涨。2020 年，公司实现营业收入 994.38 亿元，同比增长 7.02%；利润总额 14.35 亿元，同比增长 6.94%；归属于母公司所有者的净利润 8.66 亿元，同比增长 4.23%；期末公司总资产 521.83 亿元；净资产 206.60 亿元。

2. 稀有金属分析。

2015—2020 年主要稀有金属价格统计如表 6-8 所示。

表 6－8　主要稀有金属年平均价格统计表

年份	碳酸稀土：REO42.0－45.0%：上海（元 / 吨）	金属锂：≥ 99% 工业级，电池级（元 / 吨）	金属钴：国产（元 / 吨）（最低价）	铌：≥ 99%：上海（元 / 千克）	1# 钼：≥ 99.95%：国产（元 / 千克）
2015	24161.16	411708.33	211877.92	736.25	197.85
2016	22533.47	654375.00	207492.68	591.94	182.85
2017	22829.92	824606.74	429096.30	521.15	207.77
2018	23000.00	892510.29	525668.18	629.55	257.97
2019	24565.57	696327.87	261995.76	579.02	277.02
2020	24836.07	516687.24	270621.40	521.32	262.28

2020 年，由于锂市场处于供过于求的状态，下游采购意愿不强烈，市场需求疲软，导致锂价格承压、降幅较大，截至 12 月末，金属锂价格年内均价累计跌幅约 25.80%，降至

三年来最低点，年末略有回升。电解钴价格相较2019年近50%的跌幅，2020年企稳回升，价格较2019年均价增长3.29%。稀土2020年均价较2019年小幅增长，而金属铌、钼2020年均价较2019年小幅下降。

以天齐锂业为例，天齐锂业是中国和全球领先的集上游锂资源储备、开发和中游锂产品加工为一体的锂电新能源核心材料供应商。公司锂化工品的价格在2020年前三季度持续走低，叠加海外新冠肺炎疫情扩大因素导致出口份额降低，虽然锂化工品市场在2020年4季度以来有所反弹，但综合来看，公司锂化工产品销售均价和销量较2019年均有一定程度下降，公司实现营业总收入323945.22万元，同比减少33.08%。

3. 贵金属分析。

在贵金属方面，价格同比大幅上涨，市场交易相对活跃。其中金、银、钯、铑、铱价格同比涨幅较大。2015—2020年主要贵金属平均价格见表6–9。

表6－9 2015—2020年主要贵金属年平均价格统计表

年份	金：99.99%（元/克）	1[#]银：99.99%（元/千克）	铂：99.95%（元/克）	钯：99.95%（元/克）	钌：99.95%（元/克）	铑：99.95%（元/克）	铱：99.95%（元/克）
2015	234.88	3406.13	228.79	156.43	12.94	223.69	126.83
2016	266.23	3756.02	226.53	149.37	11.5	178.97	141.9
2017	275.61	3921.2	224.35	216.11	20.49	286.07	226.91
2018	271.10	3592.42	202.97	251.90	68.85	561.72	326.08
2019	312.67	3879.21	203.39	389.30	75.61	1024.45	386.98
2020	387.51	4676.92	207.77	557.22	77.34	2887.17	432.52

2020年新冠肺炎疫情持续严峻，全球经济逐步下滑，各大央行采取货币宽松政策，作为避险产品之一的黄金其金融对冲工具特性发挥出来，国际黄金价格得到大幅提升。回顾2020年国际现货黄金行情走势，现货黄金价格从低位1450美元/盎司一路逐步攀升，在2020年8月突破9年来的历史高位1920美元/盎司，并继续再创新高至2075美元/盎司，一年内金价最大上涨达625美元/盎司，尽管2020年12月金价有所回落，但仍然维持在1800美元/盎司重要关口上方，2020年金价获得约24%的涨幅。其他贵金属价格也有不同程度的增幅。

以银泰黄金为例，公司主要业务为贵金属和有色金属矿采选及金属贸易。2020年金价涨幅达25%，为近10年来表现最好的一年，公司旗下拥有黑河银泰、吉林板庙子和青海大柴旦等品位高、盈利能力强的黄金矿业资产，得益于黄金价格的上涨和黄金销量的增加，2020年业绩创历史新高。公司2020年度实现营业收入790580.23万元，比上年同期增长53.54%；实现营业利润174793.50万元，比上年同期增长46.62%。

（二）中国本土疫情迅速有效控制，积极有序推进企业复工复产，有色金属生产保持平稳增长

2020 年既是“十三五”收官之年，也是疫情冲击下国内外经济环境发生重大变化的一年。疫情使百年未有之大变局加速演进，抗疫结果的差异反映出各国政府治理能力和经济韧性的不同。中国经济一季度由于严格的疫情控制措施而大幅下挫，随着抗疫取得决定性胜利，二、三季度经济迅速恢复，四季度各项经济指标大致恢复到疫前水平。相较于 2008 年国际金融危机时期的政策应对，面对突如其来的疫情冲击，中国宏观经济政策保持了定力，在经济稳定和金融稳定之间实现了较好平衡。

（三）抵御疫情冲击，外贸进出口实现了快速回稳、持续向好，有色金属产品进出口贸易同比增加

随着中国政府对疫情的有效处置，外贸进出口实现了快速回稳、持续向好。有色金属进出口总额同比增加。据行业分析机构统计，2020 年，有色金属进出口贸易总额 1427 亿美元，同比增长 7.70%，其中，进口额 1167 亿美元，同比增长 12.10%，出口额 260 亿美元，同比下降 8.30%。

以铝为例，据海关总署数据，2020 年，我国铝产品贸易总额达 272 亿元，同比增长 3.40%。其中：出口贸易额 135 亿元，同比下降 13.60%；进口贸易额 137 亿元，同比增长 28.30%。进口方面，海外铝土矿供给持续提高，全年进口实物量 11156 万吨，同比增长 10.90%；受价格内强外弱等因素影响，氧化铝、未锻轧铝分别进口 381 万吨、230 万吨，同比增长 131.30%、689.00%；受废料进口政策限制影响，进口铝废碎料 83 万吨，同比下降 40.80%。出口方面，受海外疫情蔓延、贸易摩擦、内外价差等影响，出口铝材 463 万吨，同比下降 10%。

（四）产业优化，供给侧改革持续推进，严格落实产能置换，新建项目减少，高附加值发展成趋势

2020 年 11 月，国家发展改革委修订发布《产业结构调整指导目录（2020 年本）》（以下简称《目录》），《目录》由鼓励、限制和淘汰三类组成，修订重点为推动制造业高质量发展、适度提高限制和淘汰标准。各项行业政策的趋严，短期内将增加企业运营成本，但从中长期看将有利于行业过剩产能快速出清，促进行业结构进一步优化。

2020 年，进一步推进电解铝产能置换，持续深化供给侧结构性改革，谋划低碳发展路径，严控电解铝新增产能，抑制氧化铝产能无序扩张，开展铝行业规范管理，围绕“两新一重”建设以及重大民生需求，持续扩大铝应用规模，提升高端化、绿色化、智能化发展水平，促进铝行业高质量发展。

2020 年是“十三五”的收官之年，“十三五”期间，我国有色金属工业固定资产投资年均下降了 2.60%，2020 年有色金属工业（包括独立黄金企业）完成固定资产总投资同比下降 1.00%。其中矿山采选完成固定资产投资同比下降 4.00%；冶炼和压延加工完成固定资产投资同比下降 0.40%。其原因一方面是有色金属冶炼及常用加工项目产能过剩或已饱和，新建项目减少。另外在等量减量置换冶炼产能时，建设单位产能投资明显减少。比如，每吨电解铝产能投资成本已由前些年的1万元左右降到五六千元。另一方面是“十三五”期间，企业纷纷到海外投资建矿以获得国内短缺的铜、铝、镍、钴等矿产资源，且部分加工项目也转移到东南亚投资建厂，而这些海外投资不纳入国内有色金属项目投资统计范围。此外近年来，国内有色金属企业开始向一些新领域和高附加值领域投资拓展，而这些投资也没纳入有色金属行业投资统计范围。过剩的产能以及资源与环境的承载力，已经都不允许有色金属工业再搞简单粗放的大规模发展了，中国的有色金属工业应朝高质量高附加值方向发展。

资料链接：

行业重大事件

➢ 新固废法正式实施，中国迈入固体废物“零进口”时代

2020年4月29日，第十三届全国人大常委会第十七次会议通过了修订的《中华人民共和国固体废物污染环境防治法》，自2020年9月1日起施行。该法规定禁止我国境外的固体废物进境倾倒、堆放、处置，国家逐步实现固体废物零进口。

➢ 2020年8月10日，铝期权和锌期权在上海期货交易所正式挂牌交易

➢ 上海国际能源交易中心于2020年11月19日开始国际铜期货上市交易

中国证监会已批准上海国际能源交易中心（以下简称能源中心）上市交易国际铜期货。国际铜期货自2020年11月19日起上市交易。

➢ 年末铜价持续拉涨，创2013年以来新高

2020年11月中旬，随着美国大选尘埃落定，在疫苗进展推动市场风险偏好提升、美国财政刺激消息等利好刺激下，铜价一举突破前期震荡区间，出现连续拉涨的行情，并创下近7年来的高位，之后维持高位震荡至年末。

➢ 再生铜、铝原料新标准实施，促进行业健康发展

2020年10月16日，生态环境部、海关总署、商务部、工业和信息化部公布了《关于规范再生黄铜原料、再生铜原料和再生铸造铝合金原料进口管理有关事项的公告》（2020年第43号），凡符合《再生黄铜原料》（GB/T 38470—2019）、《再生铜原料》（GB/T 38471—2019）、《再生铸造铝合金原料》（GB/T 38472—2019）标准的再生黄铜原料、再生铜原料和再生铸造铝合金原料，不属于固体废物，可自由进口。

资料来源：上海有色网、资源再生杂志社。

三、2021 年有色金属行业前景分析

2021 年是实施“十四五”规划的开局之年，随着中国政府持续推动扩大内需、改善营商环境、支持创新发展等一系列利好政策，经济增速可能恢复至正常增长水平以上，预计 2021 年有色金属生产总体保持平稳运行，主要有色金属价格上半年将维持高位震荡，也不排除下半年出现回调的可能，但全年年均价格仍将好于 2020 年的年均价格，规模以上有色金属企业实现利润有望保持增长态势。

（一）后疫情时代，疫情防控常态化，中国经济和社会活动将恢复至正常水平，有色金属有望实现增长

随着中国疫情管控进入常态化，中国生产生活秩序迅速恢复，并引领全球经济复苏步伐，经济增长逐步回归至趋势性增速水平。在外部形势错综复杂、全球金融风险显著加剧、中美政治博弈持续发酵的背景下，在“十四五”的开局之年、中国共产党成立 100 周年之际，2021 年的两会为当年及未来一段时期的经济发展方向和总体目标、政策立场及政策重点提供了重要指引，具有继往开来的历史性意义，为中国经济发展新格局奠定了基调。

中国疫情防控更加科学有效，经济增长面临的有利因素较多，经济增速很可能恢复至正常水平以上。一是国内疫情对经济的影响或将减轻，经济和社会活动将恢复至正常水平。基建、房地产投资较快增长带动投资回升，消费对经济增长贡献将明显提高，供给端将进一步加快增长。二是围绕“构建以国内大循环为主体、国内国际双循环相互促进的新发展格局”，政府还将持续推动扩大内需、支持创新发展、改善营商环境，新投资、新消费、新经济仍将较快增长。三是继续全面扩大开放，以开放促改革、促发展，发挥自贸区、自贸港引领作用，推动贸易和投资自由化便利化改革创新，持续优化外商投资营商环境。同时，中国经济恢复快于全球主要经济体，将有利于吸引更多国际资本等要素流入。

（二）疫苗的问世和广泛接种，全球经济有望进入复苏共振，利好有色金属产品的消费

2021 年，若干曾经困扰全球市场的重大不确定性因素，如美国大选、英国脱欧等正在消退，当前制约全球经济运行最为关键的因素还是新冠肺炎疫情的演变。不过，随着疫苗的问世和接种，全球经济有望进入复苏共振的阶段。

从全球疫情来看，随着美国、英国疫苗接种加快，英美新增疫情显著回落。欧洲各国实施更严格的入境限制。欧洲国家继续收紧防疫措施，英、法、德等国进一步加强了入境隔离及核酸检测，控制疫情跨境输入。拜登政府继续加大新冠疫苗的采购（以及计划接种量），从 2021 年 1 月各国开始疫苗广泛接种以来，海外疫情控制整体趋势向好，出现了明显转机，但较为严格的疫情防控措施短期预计仍将继续。

从国内看，第二款国产新冠疫苗获批上市。2 月 6 日，国家药监局附条件批准北京科兴中维的灭活新冠疫苗上市，成为国内继国药中生之后第二款获批的新冠疫苗。科兴新冠灭活疫苗（CoronaVac，克尔来福）分别在巴西、土耳其、印尼、智利等国家进行了 III 期临

床试验，土耳其的III期数据显示，该疫苗保护率达到91.25%；巴西方面数据显示保护效力为：对住院、重症及死亡病例的保护效力为100.00%，对有明显症状且需要医疗干预的新冠病例的保护效力为83.70%，对包括不需医疗干预的轻症病例在内的所有新冠病例保护效力为50.65%。我们认为，新冠肺炎疫情或将逐步常态化，病毒变异与疫苗接种同步进行，此前国药灭活获批上市，持续推进重点人群接种。

（三）有色金属消费格局变化，战略新兴矿产正成为新一轮矿产资源需求热点

当前新工业革命的孕育与兴起，高技术产业、战略性新兴产业的迅猛发展，将带动新兴材料矿产消费，为矿业振兴释放出新的潜力。近年来，欧盟和美国等大多数发达国家制定了符合自身利益和发展的战略性矿产目录，这些目录无一例外地包括“三稀”矿产和非金属矿产。比如，早在2010年，欧盟委员会在研究全球46种矿产的基础上，将14种矿产确定为关键性矿产原材料，其中9种主要产自中国，包括锑、萤石、锗、石墨、稀土、钨、镓、铟、镁等。在我国，2016年11月，国务院批复通过的《全国矿产资源规划（2016—2020年）》首次将24种矿产列入战略性矿产目录。

战略性矿产原材料市场广阔。以发展新能源汽车产业为例，到2025年，新能源汽车新车销量占比或将达到25%左右，据此预测，到2025年，我国新能源汽车动力电源对锂、钴等矿产的需求分别为：碳酸锂21万~30万吨，钴3万~4万吨，另外电池行业用镍将增加至23万吨。同时，随着5G通信、人工智能、智慧城市等战略性新兴产业不断发展，对钽、铌、锂、稀土、钪、锗、镓、铟、铼、碲等关键矿产的需求还将越来越大。显然，未来战略性矿产的市场不容小视。

（四）中美贸易战仍将持续，贸易保护主义抬头，矿业投资环境分化

贸易保护主义抬头，将在未来相当一段时间内影响全球经济的增长，并使得各国对重要矿产资源的争夺将更加激烈。以锂、镍、钴为代表的关键矿产资源供应链和产业链的安全稳定，已成为世界各经济体关注的重点，美国、欧盟和日本将钴等有色金属资源列为“关键材料（criticalmaterial）”。中美贸易战爆发后，美国对关键矿产资源的关注与保障力度进一步提高，为减少高科技产业关键原材料对中国的依赖，美国与其倡议成员国共享采矿专业知识，以帮助它们发现和开发锂、铜和钴等矿产，并就管理和治理框架提供建议。2020年美国成立“关键材料核心小组”来应对关键矿产供应风险。

资源民族主义短期内无法消除。随着以我国为代表的新兴经济体工业化、城市化进程的加速，资源开发领域迎来了空前的发展机遇。在此背景下，全球主要矿产资源输出国不断提高矿业投资、税收和矿产品出口门槛，尤其最近几年，一些资源出口国不断调整出口政策。如巴西修订矿业法，以提高该国矿业的竞争力和促进矿业可持续发展，包括允许矿业公司将采矿权用作融资担保，同时也制定了更严格的环境规定；刚果（金）将钴、钽等列为战略性矿产，权利金税率由2%提升到5%；印尼通过立法，要求在外国公司于该国投资的矿山中，政府必须占有51%的权益；印尼、越南等国禁止部分原矿产品出口；几内亚实施以出口换取投资的政策，等等。

（五）做好碳达峰、碳中和工作，安全与环保压力加大，推动有色金属行业对资源绿色开采、加工

国际社会对生态环境、气候变化等问题日益重视，推动资源绿色开采、加工、利用及处理已成为世界各国的普遍共识，“全球负责任矿产计划（RMI）”正成为全球矿业开发新的准入门槛。国内方面，2020 年 9 月 22 日，习近平总书记在第七十五届联合国大会一般性辩论上郑重宣布:“中国将提高国家自主贡献力度，采取更加有力的政策和措施，二氧化碳排放力争 2030 年前达到峰值，努力争取 2060 年前实现碳中和。”这一重要宣示为我国应对气候变化、绿色低碳发展提供了方向指引，擘画了宏伟蓝图。同时也对有色金属行业的绿色发展提出了更高要求。加强绿色资源技术创新，支持绿色清洁生产，推进传统资源产业绿色改造，减少污染物排放，提高资源利用效率，推动建立绿色低碳循环发展产业体系，成为有色金属矿业发展的必由之路。

当前，我国经济已由高速增长阶段转向高质量发展阶段，对矿产资源的需求也从全面、持续、快速增长转入差异化增长。有色金属矿产资源供给安全正逐步突破以数量、规模、成本、利润为目标的市场供给范围，新一轮科技革命驱动有色金属矿产资源供应安全必将渗透到经济和大国博弈的地缘政治领域。因此有色金属矿业要深刻认识错综复杂的国际环境带来的新矛盾新挑战，紧扣新发展阶段、新发展理念、新发展格局，以推进矿业高质量发展为主题，以短缺矿产资源找矿突破为重点，以树立绿色环保矿业新形象为标志，加快构筑互利共赢的全球产业链、供应链利益共同体，形成以国内大循环为主体、国内国际双循环相互促进的矿业发展新格局。

附表 2020年度有色金属行业上市公司业绩评价结果排序表

序号	A股上市公司评价得分排序	股票代码	股票简称	综合得分	评价等级	每股收益（元）	净资产收益率(%)	总资产报酬率(%)	总资产周转率（次）	流动资产周转率（次）	资产负债率(%)	已获利息倍数	营业收入增长率(%)	资本扩张率(%)	市场投资回报率(%)	股价波动率(%)	年末资产总额（万元）	营业收入（万元）	净利润（万元）
1	76	601899	紫金矿业	77.80	A	0.25	12.08	7.94	1.12	5.05	59.08	5.70	26.01	30.69	97.22	232.05	18231325.04	17150133.85	845803.90
2	179	002056	横店东磁	74.40	BBB	0.62	17.89	10.63	0.87	1.34	41.01	33.48	23.50	13.07	85.55	100.88	1024012.04	810578.80	101509.16
3	210	000975	银泰黄金	73.80	BBB	0.45	13.12	14.54	0.64	2.59	14.26	42.74	53.54	9.45	−13.85	83.64	1290675.58	790580.23	136611.77
4	295	601677	明泰铝业	71.80	BBB	1.82	13.63	11.36	0.53	2.02	29.40	14.27	15.45	24.10	25.00	108.31	1277346.88	1633342.28	109169.92
5	299	603799	华友钴业	71.70	BBB	1.03	13.18	7.37	0.63	2.20	53.79	4.75	12.38	23.40	79.69	173.58	2694531.80	2118684.40	112565.32
6	331	600547	山东黄金	71.10	BBB	0.52	8.70	6.77	1.33	5.41	50.43	5.26	1.65	22.60	−4.71	54.56	6385945.01	6366403.01	254118.46
7	437	600988	赤峰黄金	69.70	BB	0.47	22.30	14.15	0.84	1.32	38.42	14.72	−24.89	35.67	240.51	281.98	721582.23	455818.89	82359.10
8	469	000060	中金岭南	69.30	BB	0.28	8.60	6.19	1.04	3.97	47.26	8.56	32.57	13.00	13.00	81.75	2434833.27	3022613.08	109984.32
9	499	688357	建龙微纳	68.90	BB	2.20	13.80	12.93	0.47	0.60	17.57	39.27	11.23	11.84	32.00	143.12	118237.49	45155.00	12737.07
10	526	300395	菲利华	68.50	BB	0.71	11.98	11.37	0.54	0.57	16.68	0.00	10.86	9.71	150.10	241.55	250639.63	86357.83	23945.19
11	598	600489	中金黄金	67.80	BB	0.34	8.37	6.78	0.61	2.66	44.27	5.13	23.18	28.23	0.32	76.46	4580274.71	4799531.78	193489.47
12	606	603260	合盛硅业	67.70	BB	1.50	15.45	9.82	1.35	2.06	51.07	7.69	0.33	13.77	11.47	113.58	2000222.14	896823.97	141287.00
13	696	600219	南山铝业	66.90	BB	0.17	5.14	4.90	0.39	0.97	20.93	9.42	3.67	6.59	43.95	92.31	5601186.43	2229899.26	222109.87
14	712	300811	铂科新材	66.80	BB	1.85	13.02	12.68	0.37	0.71	19.77	32.69	23.42	11.54	46.70	80.59	107559.34	49682.61	10652.65
15	751	600362	江西铜业	66.50	BB	0.67	4.12	3.19	1.12	3.93	52.54	2.72	32.54	13.26	16.94	113.85	14088155.29	31856317.48	244381.18
16	770	688300	联瑞新材	66.30	BB	1.29	11.93	11.99	0.48	0.50	11.77	821.78	28.20	7.57	−17.05	87.53	109256.87	40420.34	11091.62
17	805	000807	云铝股份	65.90	BB	0.29	7.94	4.95	0.40	3.91	66.46	2.76	21.78	9.43	45.06	190.03	4101859.77	2957310.08	123378.67
18	815	603993	洛阳钼业	65.80	BB	0.11	5.84	3.27	0.50	2.03	61.34	2.66	64.51	−4.37	41.06	100.82	12244124.99	11298101.86	247864.05
19	891	600459	贵研铂业	65.00	B	0.75	9.81	6.95	2.31	3.95	61.82	3.21	35.46	6.85	66.46	165.34	957076.74	2892647.78	36398.90
20	948	601168	西部矿业	64.50	B	0.38	8.67	5.31	4.00	1.86	67.35	2.60	−6.60	8.54	80.98	236.30	4790382.02	2855014.86	134618.64
21	966	000612	焦作万方	64.30	B	0.48	12.43	9.61	0.38	3.42	32.39	10.49	−0.36	11.86	60.20	213.57	713697.72	474406.47	56790.00
22	1025	300618	寒锐钴业	63.80	B	1.18	11.83	9.76	0.73	0.76	33.83	16.79	26.69	117.99	8.06	137.92	585337.78	225377.65	33432.19

续表

序号	A股上市公司评价得分排序	股票代码	股票简称	综合得分	评价等级	每股收益（元）	净资产收益率(%)	总资产报酬率(%)	总资产周转率(次)	流动资产周转率（次）	资产负债率(%)	已获利息倍数	营业收入增长率(%)	资本扩张率(%)	市场投资回报率(%)	股价波动率(%)	年末资产总额（万元）	营业收入（万元）	净利润（万元）
23	1025	002460	赣锋锂业	63.80	B	0.79	10.75	6.98	0.94	0.76	39.06	5.08	3.41	59.55	179.52	191.31	2202037.33	552398.61	106358.22
24	1025	601069	西部黄金	63.80	B	0.12	4.45	5.24	3.38	6.70	34.93	4.14	43.81	3.79	−14.10	39.54	272586.87	555533.30	7748.75
25	1097	300127	银河磁体	63.10	B	0.46	11.58	11.05	0.62	0.56	4.54	0.00	0.25	2.77	−10.24	86.34	136237.31	60425.46	14913.26
26	1149	688388	嘉元科技	62.60	B	0.81	7.26	7.06	0.67	0.63	10.56	16.66	−16.86	3.43	59.28	107.89	294134.93	120217.89	18647.22
27	1166	002130	沃尔核材	62.50	B	0.31	12.89	9.22	0.48	1.40	48.52	4.99	2.93	14.08	9.33	62.11	689078.36	409477.77	42813.83
28	1203	002155	湖南黄金	62.00	B	0.19	4.48	4.18	0.30	11.62	25.03	11.28	8.56	3.39	4.71	53.19	694193.35	1501265.21	22522.74
29	1203	601388	怡球资源	62.00	B	0.22	15.32	11.32	2.07	1.67	36.21	12.39	3.28	19.91	57.91	161.00	515156.11	562702.59	46177.19
30	1222	000960	锡业股份	61.80	B	0.42	5.45	4.49	0.45	3.86	60.79	2.50	4.45	4.65	5.37	70.13	3745909.34	4479527.79	85871.68
31	1251	300748	金力永磁	61.50	B	0.59	16.87	10.38	0.59	0.96	55.70	5.75	42.58	17.83	−9.18	80.46	353832.07	241930.67	24468.15
32	1255	000878	云南铜业	61.40	B	0.22	4.58	4.86	0.43	4.53	70.44	2.12	39.42	−2.89	4.34	124.47	3983771.04	8823851.37	81336.75
33	1255	600111	北方稀土	61.40	B	0.23	8.30	6.01	0.61	1.20	45.96	3.73	17.43	6.50	18.36	101.88	2552914.60	2124592.54	90614.60
34	1285	600711	盛屯矿业	61.20	B	0.03	0.60	1.69	2.18	3.68	51.76	1.40	9.28	22.74	71.13	174.62	2323333.29	3923619.14	21358.93
35	1294	603663	三祥新材	61.10	B	0.34	10.96	8.76	1.11	1.56	43.74	5.61	−3.68	31.66	13.06	112.13	133308.31	73311.29	7465.53
36	1317	603612	索通发展	61.00	B	0.59	6.84	6.19	0.70	1.43	48.43	3.47	33.84	42.49	9.80	104.12	848811.11	585083.70	28580.91
37	1317	600456	宝钛股份	61.00	B	0.84	9.36	6.77	1.23	0.75	50.10	5.23	3.58	7.29	109.13	159.50	874912.44	433769.94	40137.05
38	1330	600549	厦门钨业	60.90	B	0.44	8.19	6.10	0.76	1.70	60.46	3.45	9.02	1.54	29.19	92.77	2510387.52	1896374.81	95639.53
39	1354	603826	坤彩科技	60.70	B	0.34	10.59	9.36	2.15	1.09	30.80	17.20	21.54	11.54	120.02	150.44	226803.84	74989.15	16183.69
40	1363	600206	有研新材	60.60	B	0.20	5.40	5.61	0.87	4.84	17.83	19.56	24.08	7.24	3.89	53.90	426215.17	1296903.90	17996.28
41	1370	000630	铜陵有色	60.50	B	0.08	4.65	4.08	1.83	3.85	60.41	3.05	7.02	3.26	11.34	74.05	5218319.05	9943806.96	96108.09
42	1390	603688	石英股份	60.30	B	0.54	10.79	10.42	0.62	0.52	10.44	0.00	3.73	26.51	7.27	73.49	217352.29	64556.66	18810.98
43	1398	601137	博威合金	60.20	B	0.61	9.61	6.41	0.72	1.86	43.15	7.14	−0.04	37.84	3.39	84.41	910273.11	758873.80	42890.22
44	1418	600392	盛和资源	60.00	CCC	0.18	5.03	7.82	0.51	1.14	33.84	6.94	17.21	46.18	−2.84	74.59	1210633.95	815725.16	51501.54

续表

序号	A股上市公司评价得分排序	股票代码	股票简称	综合得分	评价等级	每股收益（元）	净资产收益率(%)	总资产报酬率(%)	总资产周转率（次）	流动资产周转率（次）	资产负债率(%)	已获利息倍数	营业收入增长率(%)	资本扩张率(%)	市场投资回报率(%)	股价波动率(%)	年末资产总额（万元）	营业收入（万元）	净利润（万元）
45	1435	002182	云海金属	59.80	CCC	0.38	8.88	6.40	0.78	2.03	50.38	5.11	6.70	7.39	36.01	86.87	579049.05	594552.80	24264.75
46	1435	002738	中矿资源	59.80	CCC	0.63	5.94	5.29	0.37	0.64	35.51	3.88	9.51	17.08	59.05	128.46	491994.67	127570.98	17121.44
47	1448	002057	中钢天源	59.70	CCC	0.30	11.39	8.46	3.22	1.13	42.03	13.08	21.04	13.91	−21.49	56.23	281676.26	167212.50	17500.45
48	1478	002237	恒邦股份	59.40	CCC	0.38	6.03	4.24	1.99	3.12	58.18	2.22	26.34	60.89	−11.86	69.63	1788803.66	3605311.04	36475.94
49	1584	600888	新疆众和	58.60	CCC	0.35	7.60	4.89	0.31	1.15	58.19	2.63	20.42	7.74	32.43	106.61	1170045.39	571710.97	35125.41
50	1584	688122	西部超导	58.60	CCC	0.84	13.79	8.99	0.91	0.56	47.89	10.02	46.10	10.38	132.80	194.56	553998.87	211283.30	36982.98
51	1621	000603	盛达资源	58.20	CCC	0.42	12.99	12.39	0.76	1.33	43.48	8.20	−43.54	−1.45	5.81	114.62	464292.26	163777.71	41333.69
52	1621	002578	闽发铝业	58.20	CCC	0.07	4.45	4.17	1.09	1.84	20.76	33.74	8.88	3.81	−2.22	51.08	181449.40	159318.87	6237.76
53	1629	300224	正海磁材	58.10	CCC	0.17	5.09	3.41	0.28	0.73	33.33	32.25	8.64	−0.08	34.87	104.95	397768.73	195394.03	13313.99
54	1663	002824	和胜股份	57.70	CCC	0.41	9.16	6.68	0.68	1.84	39.16	7.12	11.36	11.27	44.79	178.90	153704.54	148449.36	7829.24
55	1663	002171	楚江新材	57.70	CCC	0.21	4.88	4.49	2.12	3.90	47.56	3.66	34.76	5.36	16.25	79.95	1124546.69	2297409.20	30169.52
56	1663	601600	中国铝业	57.70	CCC	0.03	1.36	3.15	1.86	3.92	63.48	1.48	−2.15	0.63	0.82	74.36	19490168.40	18599425.30	157302.90
57	1705	600490	鹏欣资源	57.30	CCC	0.21	7.14	4.13	0.49	1.99	22.56	6.82	−41.07	1.05	−1.71	84.57	839886.19	871433.22	41088.07
58	1755	002540	亚太科技	56.90	CCC	0.29	7.72	8.01	0.41	1.22	12.75	51.85	12.99	0.18	27.88	62.87	530559.58	398960.01	35725.64
59	1806	600980	北矿科技	56.40	CCC	0.31	7.40	6.12	0.36	0.90	25.64	0.00	9.53	6.96	−3.47	65.97	90868.74	54604.05	4752.52
60	1806	600961	株冶集团	56.40	CCC	0.16	161.34	6.99	0.91	5.57	86.52	2.92	31.93	18.97	−12.40	96.07	561354.04	1476545.51	20866.62
61	1829	600531	豫光金铅	56.20	CCC	0.29	8.68	4.34	0.51	2.54	68.89	2.52	9.96	8.36	23.57	124.94	1205534.07	2023785.49	31196.94
62	1846	000933	神火股份	56.00	CCC	0.19	4.85	3.82	1.00	1.05	79.51	1.41	6.76	40.63	50.59	183.28	6063729.05	1880923.43	25186.22
63	1846	603115	海星股份	56.00	CCC	0.60	10.04	8.77	2.33	1.02	23.58	86.63	11.05	−3.16	−27.02	54.04	163159.50	121871.67	12625.85
64	1868	002340	格林美	55.80	CCC	0.09	3.47	3.67	0.93	0.87	52.59	1.96	−13.15	27.25	43.89	77.64	2970830.17	1246627.63	42720.78
65	1868	002203	海亮股份	55.80	CCC	0.35	7.05	4.13	0.94	2.86	60.89	5.27	12.77	4.62	−27.77	54.78	2611960.36	4640966.15	70002.48
66	1886	000751	锌业股份	55.60	CCC	0.17	8.51	6.46	0.77	2.36	46.35	3.49	−15.07	8.88	9.22	76.19	534073.98	680863.44	23382.18

续表

序号	A股上市公司评价得分排序	股票代码	股票简称	综合得分	评价等级	每股收益（元）	净资产收益率(%)	总资产报酬率(%)	总资产周转率(次)	流动资产周转率（次）	资产负债率(%)	已获利息倍数	营业收入增长率(%)	资本扩张率(%)	市场投资回报率(%)	股价波动率(%)	年末资产总额（万元）	营业收入（万元）	净利润（万元）
67	1910	601958	金钼股份	55.30	CCC	0.06	1.43	1.54	0.62	1.62	10.75	51.22	−17.21	−5.77	−18.50	54.53	1429912.59	757692.73	26026.64
68	1922	601020	ST 华钰	55.20	CCC	0.14	3.08	2.00	2.35	5.77	35.34	2.48	56.58	12.67	18.68	151.61	491479.35	237894.25	4714.41
69	1950	600330	天通股份	54.90	CC	0.39	8.68	6.69	1.77	0.96	36.22	8.98	13.52	15.57	29.39	76.14	750372.24	315577.58	38624.65
70	2027	000970	中科三环	53.90	CC	0.12	2.81	3.00	0.34	0.95	22.76	16.80	15.31	1.74	−15.15	47.48	709249.19	465210.82	15670.09
71	2046	601212	白银有色	53.70	CC	0.01	0.50	2.86	0.75	2.76	61.83	1.62	−0.45	6.87	−21.43	72.71	4650087.42	6142270.08	19419.21
72	2046	600497	驰宏锌锗	53.70	CC	0.09	3.19	2.11	0.99	6.73	41.69	1.66	16.83	−3.77	11.35	84.46	2923905.03	1916474.68	8820.91
73	2062	000657	中钨高新	53.50	CC	0.23	5.82	5.26	0.44	2.14	46.30	4.23	22.70	27.71	5.20	62.07	920318.04	991945.80	29648.99
74	2074	600259	广晟有色	53.40	CC	0.17	2.95	2.71	1.83	3.33	58.92	1.92	125.89	2.40	−15.32	55.09	458627.69	1018578.14	4251.75
75	2074	000969	安泰科技	53.40	CC	0.10	2.28	2.27	1.37	1.08	39.20	4.08	4.16	4.81	−2.64	57.99	928836.92	497915.04	15544.30
76	2082	603527	众源新材	53.30	CC	0.26	6.69	6.21	0.51	3.94	32.54	10.62	19.00	2.98	−2.03	60.79	141244.23	383599.32	6236.63
77	2173	002295	精艺股份	52.40	CC	0.17	3.64	4.00	0.50	2.76	53.34	1.85	5.98	2.47	−10.10	48.29	261246.05	543226.43	4381.95
78	2255	000831	五矿稀土	51.30	CC	0.28	11.91	10.73	0.44	0.67	18.48	44.86	0.56	10.67	4.30	98.65	313128.26	165643.46	28628.36
79	2284	603045	福达合金	50.90	CC	0.33	5.37	4.76	0.86	1.93	56.94	2.14	47.37	−0.14	−20.07	53.53	191183.38	230455.04	4420.38
80	2284	002160	常铝股份	50.90	CC	0.03	0.73	2.42	0.69	1.25	53.07	1.44	1.07	0.92	45.45	96.35	650758.25	437685.12	2200.54
81	2284	600366	宁波韵升	50.90	CC	0.18	4.11	4.12	1.29	0.70	26.25	8.08	23.30	2.70	−5.56	47.61	600701.91	239910.76	17108.86
82	2306	300697	电工合金	50.70	CC	0.56	13.28	11.95	0.63	1.56	29.69	13.86	−14.45	6.55	−0.30	107.31	127961.82	160648.63	11506.85
83	2335	600768	宁波富邦	50.40	CC	−0.05	−2.69	1.99	1.20	2.08	33.83	14.10	−4.36	18.40	−32.10	63.98	40210.03	49476.80	144.81
84	2348	002428	云南锗业	50.30	CC	0.03	1.57	2.21	2.39	1.05	30.76	1.81	60.12	3.71	21.56	121.31	221879.97	67003.96	2333.61
85	2373	600114	东睦股份	50.00	C	0.14	3.31	3.84	0.54	1.60	48.89	2.77	51.90	6.08	−13.44	101.58	589777.00	328345.40	9772.28
86	2385	002149	西部材料	49.90	C	0.19	3.63	4.04	2.92	0.64	47.35	3.90	1.16	38.13	133.95	210.33	558933.88	202934.40	12396.77
87	2385	300489	中飞股份	49.90	C	0.17	6.51	4.07	2.34	0.54	82.37	2.59	221.69	6.68	149.84	245.38	214273.91	41540.91	2381.03
88	2401	000688	国城矿业	49.80	C	0.13	6.47	5.64	0.56	0.90	32.23	97.30	−11.07	13.43	−27.52	186.07	356820.75	90757.48	14715.89

续表

序号	A股上市公司评价得分排序	股票代码	股票简称	综合得分	评价等级	每股收益（元）	净资产收益率(%)	总资产报酬率(%)	总资产周转率(次)	流动资产周转率（次）	资产负债率(%)	已获利息倍数	营业收入增长率(%)	资本扩张率(%)	市场投资回报率(%)	股价波动率(%)	年末资产总额（万元）	营业收入（万元）	净利润（万元）
89	2440	000795	英洛华	49.20	C	0.09	4.40	1.88	1.36	0.95	39.01	5.62	3.52	1.07	−11.22	60.05	394617.34	260122.92	7411.25
90	2450	300337	银邦股份	49.10	C	0.02	1.15	3.02	0.70	1.46	56.10	1.28	17.07	0.50	59.14	234.88	334374.05	237048.42	1702.28
91	2508	002378	章源钨业	48.30	C	0.04	2.21	2.99	0.41	1.08	56.67	1.45	5.66	0.03	5.85	85.83	390430.72	193122.52	3754.27
92	2588	600255	鑫科材料	47.40	C	0.03	5.52	4.65	1.28	1.30	54.57	5.36	−36.87	20.42	13.57	147.53	313438.68	223795.68	7941.98
93	2715	300328	宜安科技	45.40	C	0.02	1.24	0.99	1.40	0.95	30.24	3.17	−7.77	−0.37	−13.02	68.07	208866.48	94545.24	1759.45
94	2720	000962	东方钽业	45.30	C	0.11	4.14	3.32	0.32	1.00	19.99	12.36	12.54	3.94	21.67	90.89	152436.46	67644.22	4933.47
95	2741	002501	*ST 利源	45.00	C	1.39	0.00	174.15	0.65	0.09	39.66	8.29	−42.69	0.00	43.94	131.80	350153.14	10416.98	492880.22
96	2819	002842	翔鹭钨业	43.40	C	0.15	4.26	3.62	0.41	0.94	59.14	1.93	−12.80	0.67	−21.30	60.64	241518.91	129040.88	4049.07
97	2830	603876	鼎胜新材	43.00	C	−0.03	−0.39	1.60	0.32	1.74	71.41	1.02	10.59	−2.06	−2.81	61.99	1332879.25	1242655.39	−1623.70
98	2853	600516	方大炭素	42.60	C	0.14	3.58	2.26	0.29	0.26	13.99	15.55	−47.57	4.27	−18.70	66.87	1923547.11	353917.23	53668.14
99	2973	603978	深圳新星	39.50	C	0.18	1.77	2.22	0.70	0.83	39.19	1.96	−4.63	11.00	−35.38	80.83	274802.26	98609.42	2812.74
100	2994	600338	西藏珠峰	38.90	C	0.03	1.26	4.24	0.74	0.82	45.96	5.51	−49.31	−25.47	−16.52	117.43	377838.12	113261.82	3058.43
101	3005	000426	兴业矿业	38.30	C	−0.10	−3.50	−0.46	0.51	1.22	44.65	−0.27	7.62	−4.07	51.35	142.27	931533.86	94021.25	−18386.74
102	3043	000758	中色股份	37.00	C	0.01	0.46	−0.23	0.74	0.52	59.30	−0.12	−38.75	3.38	11.64	68.17	2209623.44	678579.22	14006.87
103	3077	603003	龙宇燃油	35.70	C	−0.17	−1.76	−1.46	0.46	2.81	10.17	−1.06	−33.74	−5.05	−7.70	67.88	425200.21	894346.90	−11238.52
104	3079	000633	合金投资	35.50	C	0.02	5.52	1.09	0.43	1.25	29.97	22.20	31.87	−7.52	21.48	76.08	23555.90	13143.13	716.90
105	3100	002114	罗平锌电	34.70	C	−0.39	−8.47	−4.54	0.03	2.86	37.31	−4.57	−7.72	−5.44	7.42	56.12	236174.78	172251.78	−12774.11
106	3148	002167	东方锆业	32.30	C	−0.26	−16.49	−3.55	0.55	1.15	54.51	−1.09	62.80	31.98	−11.52	53.42	231156.34	76780.26	−15529.96
107	3231	600615	丰华股份	28.60	C	0.01	0.23	0.27	0.93	0.10	6.30	0.00	−9.44	0.23	−39.64	75.13	67669.83	5993.61	146.43
108	3260	002379	宏创控股	27.10	C	−0.18	−10.99	−7.09	0.19	2.12	38.09	−59.21	−17.76	−10.41	−23.31	102.67	229291.81	236705.42	−16499.61
109	3273	002716	*ST 金贵	26.70	C	0.10	33.55	14.92	0.40	0.28	46.21	1.24	−80.56	0.00	−13.32	166.35	364884.42	120514.38	22231.70
110	3312	600595	*ST 中孚	25.20	C	−0.91	−70.76	−4.93	0.28	1.83	100.55	−0.68	48.22	−104.54	−0.86	127.06	2026615.05	818040.72	−259311.46

续表

序号	A股上市公司评价得分排序	股票代码	股票简称	综合得分	评价等级	每股收益（元）	净资产收益率(%)	总资产报酬率(%)	总资产周转率(次)	流动资产周转率（次）	资产负债率(%)	已获利息倍数	营业收入增长率(%)	资本扩张率(%)	市场投资回报率(%)	股价波动率(%)	年末资产总额（万元）	营业收入（万元）	净利润（万元）
111	3347	600331	宏达股份	23.80	C	−1.11	−191.60	−61.76	0.10	2.68	97.89	−23.02	−10.39	−97.86	−16.92	64.44	232719.57	228077.79	−224631.95
112	3435	002466	天齐锂业	20.50	C	−1.24	−30.14	1.71	0.29	0.70	82.32	0.42	−33.08	−16.58	26.88	163.54	4203556.44	323945.22	−112737.52
113	3468	002806	华锋股份	19.30	C	−1.73	−25.18	−15.22	1.75	0.54	40.28	−10.77	−37.66	−23.02	−24.87	48.24	177035.67	44026.81	−30477.51
114	3489	600311	*ST荣华	18.50	C	−0.63	−100.48	−46.80	0.19	1.28	74.02	−216.31	155.61	−66.88	−54.75	219.04	80111.44	54994.44	−42020.61
115	3489	603399	吉翔股份	18.50	C	−0.48	−12.94	−8.64	0.75	1.07	35.76	−7.50	−19.78	−12.17	−57.70	141.18	296379.03	229028.45	−26384.63
116	3588	600766	*ST园城	13.50	C	−0.03	−26.45	−14.22	0.34	0.20	59.97	−395.42	−2.20	−9.62	−29.76	61.78	13833.63	2622.78	−1542.57
117	3623	600385	*ST金泰	11.20	C	−0.06	−49.18	−4.19	0.09	0.37	91.11	−25.17	−31.72	−44.83	−33.25	74.86	13617.36	4910.12	−912.45
118	3663	600614	*ST鹏起	7.00	C	−0.09	−159.86	−2.32	0.99	0.06	98.70	−0.99	−95.09	−78.85	0.00	149.37	247781.00	8065.27	−15819.74
119		605376	博迁新材	73.60	BBB	0.81	15.99	17.20	0.17	0.83	9.81	77.82	23.95	151.94	15.48	51.88	157808.30	59588.22	15899.66
120		300855	图南股份	72.80	BBB	0.64	14.11	14.43	0.38	0.91	4.27	68.76	12.84	118.70	15.48	82.87	110837.02	54634.07	10908.08
121		688598	金博股份	70.60	BBB	2.35	21.58	21.63	0.65	0.64	12.94	0.00	78.05	378.77	15.48	146.46	148485.41	42646.88	16857.52
122		300828	锐新科技	69.90	BB	0.65	11.72	11.32	0.07	1.06	6.35	41.36	10.39	88.50	15.48	78.34	78286.52	36847.94	6574.87
123		601609	金田铜业	66.50	BB	0.37	8.89	6.68	0.23	6.36	47.57	4.44	14.26	37.88	15.48	70.25	1305409.65	4682925.62	49989.02
124		300835	龙磁科技	63.10	B	1.08	9.94	8.68	0.61	1.14	21.43	12.85	1.47	56.27	15.48	70.83	106509.79	55913.33	6821.59
125		688077	大地熊	61.90	B	0.76	8.13	5.14	0.73	1.06	37.37	21.59	23.97	146.06	15.48	91.80	145831.26	78216.10	5220.15
126		002996	顺博合金	59.40	CCC	0.49	12.43	10.44	0.18	2.49	32.96	13.27	11.84	48.48	15.48	58.85	303508.40	486889.24	22076.81
127		002988	豪美新材	55.90	CCC	0.56	6.55	4.99	0.29	1.64	47.14	3.50	15.82	49.62	15.48	62.06	401361.47	343713.94	11592.83
128		601702	华峰铝业	54.70	CC	0.31	11.94	7.56	0.02	1.54	46.71	4.13	13.27	75.72	15.48	56.35	499975.54	406688.99	24946.15

第七章　石油石化行业上市公司业绩评价

石油石化行业作为基础产业，是国民经济发展的支柱之一，关系国民经济的发展和经济社会稳定。宏观经济运行状态、国家政策、国际环境等经济因素很大程度影响着石油石化行业的产业结构及供需。石油石化行业与其他行业的关联度高，因而国民经济各部门的许多产品都是石油的衍生物。

2020 年，我国 GDP 总额为 101.60 万亿元，增速达 2.3%，在国家大力推进产业结构升级、高质量发展、绿色产业、安全生产和规范可持续发展的相关政策要求下，面对新冠肺炎疫情影响和全球经济衰退压力，且受到与大国博弈、国际油价震荡和风险挑战上升等多方面因素影响的情况下，石油和化工行业在奋力扭转行业收入大幅减少的形势下，运用稳油增气降本，积极应对疫情冲击，尽量保持平稳运行等举措，呈现了行业效益前低后高的局面，其中下游化工板块收益远高于上游油气板块和中游炼油板块。2020 年石油化工申万指数波动幅度较小，相对于年初数据，年末下滑 15%。2021 年作为“十四五”规划的开局之年，做好碳达峰、碳中和工作为本年八项重点任务之一。在新的国内外环境形势下，我国石油石化发展也迎来新的机遇和挑战。

一、石油石化行业上市公司业绩评价结果

截至 2020 年末，石油石化行业包括石油、化工、塑胶、塑料等企业的 A 股上市公司共 403 家，其中 354 家盈利。

石油石化行业的综合评价分值为 62.20 分，略高于同年全部上市公司的综合评价分值 61.40 分；有 7 家石油石化行业上市公司进入 2020 年上市公司业绩评价综合得分的“中联价值 100”名单。在 403 家石油石化上市公司中（在业绩排序时，剔除了其中 45 家当年上市或借壳上市的公司），业绩为 AA 的有 1 家，业绩为 A 的有 11 家；业绩为 BBB 的有 27 家，业绩为 BB 的有 66 家，业绩为 B 的有 51 家；业绩为 CCC 的有 54 家，业绩为 CC 的有 42 家，业绩为 C 的有 106 家。

2020 年全部上市公司为 4007 家，其资产总额为 75.93 万亿元，石油石化行业上市

公司资产总额合计为7.94万亿元，占全部上市公司资产总额的10.46%，行业同比增长2.06%；全部上市公司实现主营业务收入43.62万亿元，石油石化行业上市公司实现主营业务收入6.44万亿元，占全部上市公司营业收入的14.76%，行业同比减少17.17%；全部上市公司共计实现利润总额2.77万亿元，石油石化行业上市公司实现利润总额0.27万亿元，占全部上市公司实现利润总额的9.77%，行业同比减少6.59%；全部上市公司共计实现净利润2.16万亿元，石油石化行业上市公司实现净利润0.21万亿元，占全部上市公司实现净利润的9.61%，行业同比无增减变动；石油石化行业上市公司2020年度市场投资回报率18.45%，略高于全部上市公司15.87%的市场投资回报率；石油石化行业上市公司股价波动率为105.10%，略高于全部上市公司105.04%的股价波动率。

石油石化行业扣除非经常性损益净资产收益率的平均值为3.09%，低于全部上市公司5.93%的平均水平；营业利润率平均值为4.42%，低于全部上市公司6.43%的平均水平；总资产报酬率4.57%，低于全部上市公司5.00%的平均水平。说明2020年石油石化行业上市公司净资产收益水平和总资产的报酬率低于全部上市公司平均水平，经营收益低于全部上市公司平均水平。2020年，石油化工行业按评价体系，行业综合排名评价得分前十名见表7–1。

表7－1　2020年度石油石化行业评价得分前十名的公司

序号	股票代码	股票简称	在A股上市公司中评价得分排序
1	600346	恒力石化	21
2	601216	君正集团	32
3	600989	宝丰能源	36
4	002493	荣盛石化	41
5	600143	金发科技	54
6	002064	华峰化学	86
7	601966	玲珑轮胎	96
8	002838	道恩股份	101
9	300699	光威复材	106
10	000902	新洋丰	111

下面分别从财务效益、资产质量、偿债风险、发展能力及市场表现等五个方面对石油石化行业上市公司进行具体分析。

（一）财务效益

表7–2列示了石油石化行业上市公司财务效益状况评价结果。从指标来看，石油石化

行业上市公司财务效益状况平均得分略低于全部上市公司的平均水平。其中恒力石化、荣盛石化、万华化学、宝丰能源和金发科技分别排在前五名。该行业除盈利现金保障倍数外，净资产收益率、总资产报酬率、营业利润率及股本收益率等财务效益指标均低于全部上市公司平均水平。

与上年的财务效益情况相比较，2020 年行业财务效益综合得分降低了 2.66%，其中净资产收益率、总资产报酬率得分分别减少 51.79%、10.74%；营业利润率、盈利现金保障倍数、股本收益率得分分别增加 12.76%、2.23% 和 0.39%。

石油石化行业上市公司财务效益指标净资产收益率、总资产报酬率、营业利润率及股本收益率均低于全部上市公司的平均值。石油石化行业财务收益较弱，主要原因为受新冠肺炎疫情影响，市场需求不足，油气产品销量及价格大幅下降，导致石油石化行业净利润有所下滑。

表 7－2 石油石化行业财务效益状况比较表

评价指标		2020 年上市公司平均值	2020 年行业值	2019 年行业值	增长率 (%)
基本指标	净资产收益率 (%)	5.93	3.09	6.41	–51.79
	总资产报酬率 (%)	5.00	4.57	5.12	–10.74
	基本得分	20.49	18.23	20.55	–11.29
修正指标	营业利润率 (%)	6.43	4.42	3.92	12.76
	盈利现金保障倍数	2.01	3.67	3.59	2.23
	股本收益率 (%)	38.17	25.82	25.72	0.39
综合得分		22.11	21.24	21.82	–2.66

（二）资产质量

从表 7–3 可以看出，石油石化行业上市公司资产质量状况指标平均得分高于全部上市公司的平均水平，其中存货周转率、应收账款周转率远高于全部上市公司平均水平。2020 年石油石化行业收入因疫情影响需求端不足，大幅度下降。

石油石化行业 2020 年资产质量指标均低于上年，主要原因为受疫情影响，收入大幅度下降。上市公司资产质量评价得分前五名的公司为桐昆股份、新金路、新凤鸣、宇新股份和巨化股份，这五家公司在资产质量上得分表现优良，共同点是都保持很高的流动资产周转率以及应收账款周转率。

表 7－3 石油石化行业资产质量状况比较表

评价指标		2020 年上市公司平均值	2020 年行业值	2019 年行业值	增长率 (%)
基本指标	总资产周转率（次）	0.60	0.82	1.05	–21.90
	流动资产周转率（次）	1.14	2.68	3.42	–21.64
	基本得分	9.09	12.97	13.80	–6.01
修正指标	应收账款周转率（次）	8.07	17.99	21.17	–15.02
	存货周转率（次）	2.64	7.97	9.34	–14.67
综合得分		9.07	12.94	13.30	–2.71

（三）偿债风险

从表 7–4 中关于石油石化行业偿债风险指标的分析可知，2020 年该行业上市公司偿债风险状况平均得分高于全部上市公司的平均水平，该行业的资产负债率 49.68%，优于所有上市公司 60.33% 的平均值，速动比率低于所有上市公司平均值。

2020 年石油石化行业的偿债风险状况得分低于 2019 年水平，偿债风险指标资产负债率、已获利息倍数得分低于上年，主要原因为 2020 年度受疫情影响，营业收入和营业利润大幅度下滑，偿债能力下降。2020 年石油石化行业偿债风险评价得分前五名分别是光威复材、瑞丰新材、晨光新材、中简科技和宝丽迪。

表 7－4 石油石化行业偿债风险状况比较表

评价指标		2020 年上市公司平均值	2020 年行业值	2019 年行业值	增长率 (%)
基本指标	资产负债率 (%)	60.33	49.68	51.13	–2.84
	已获利息倍数	4.30	4.03	4.15	–2.89
	基本得分	8.90	9.46	9.53	–0.73
修正指标	速动比率 (%)	82.33	74.17	62.38	18.90
	现金流动负债比率 (%)	13.31	29.78	29.05	2.51
	带息负债比率（%）	40.72	40.77	41.18	–1.00
综合得分		8.89	9.08	8.49	6.95

（四）发展能力

从表 7–5 可知，石油石化行业上市公司发展能力状况指标平均得分低于全部上市公司的平均水平。行业的累计保留盈余率得分高于上市公司的平均值，营业收入增长率、资本扩张率、三年营业收入增长率、总资产增长率、营业利润增长率得分均低于全部上市公司平均水平。

2020年行业发展能力指标除了资本扩张率指标外，其余营业收入增长率、累计保留盈余率、三年营业收入增长率、总资产增长率和营业利润增长率得分均低于2019年。原因为2020年疫情因素影响下，成品油需求表现不佳，国内成品油市场供过于求局面加剧，收入和营业利润有所下滑。行业2020年度发展能力评价得分前五名为荣盛石化、恒力石化、新疆天业、道恩股份和金发科技。

表7－5 石油石化行业发展能力状况比较表

评价指标		2020年上市公司平均值	2020年行业值	2019年行业值	增长率（%）
基本指标	营业收入增长率（%）	2.91	−17.86	4.71	−479.19
	资本扩张率（%）	11.25	4.19	3.84	9.11
	基本得分	12.11	8.54	10.31	−17.17
修正指标	累计保留盈余率（%）	40.8	50.94	51.45	−0.99
	三年营业收入增长率（%）	8.5	0.87	16.04	−94.58
	总资产增长率（%）	10.58	1.44	10.94	−86.84
	营业利润增长率（%）	2.48	−9.17	−23.12	−60.34
综合得分		12.17	9.56	11.37	−15.92

（五）市场表现

图7-1列示了石油石化行业上市公司市场表现评价结果。2020年沪深300市场表现1—5月相对平稳，6—8月大幅度增长，9—12月震荡上行。石油化工行业市场表现1—4月与沪深300大致趋同，5—12月石油石化行业指数位于沪深300指数下方。

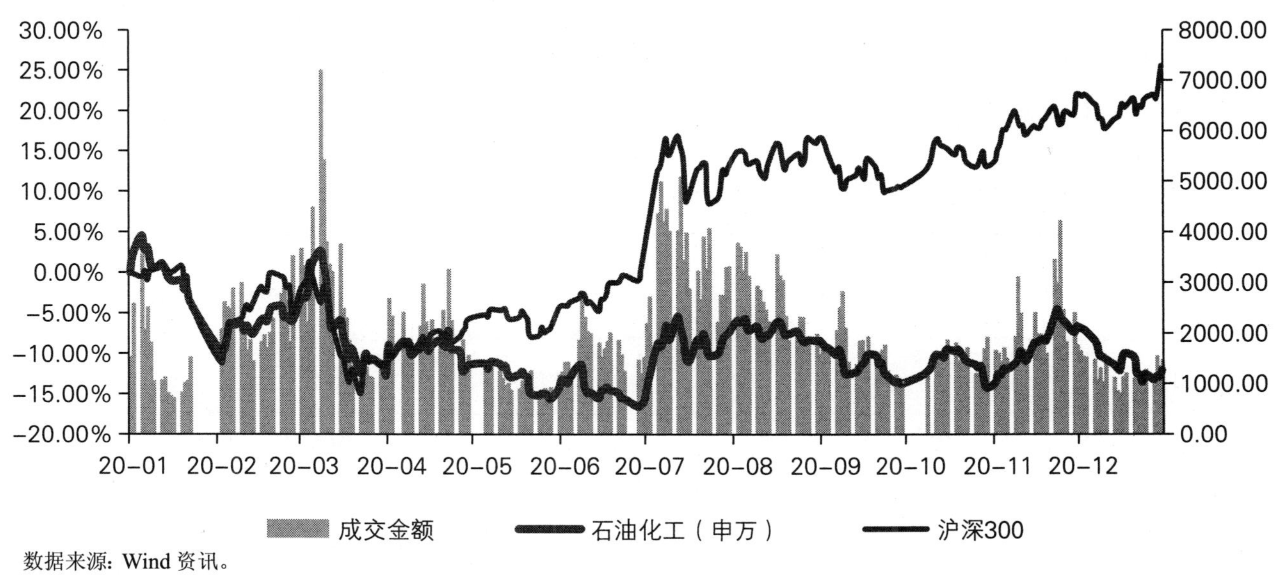

数据来源：Wind资讯。

图7－1 2020年石油石化行业指数与沪深300指数比较

从表 7-6 可知，2020 年石油石化市场表现的得分高于同年全部上市公司平均值。2020 年石油石化行业的股价波动率为 105.10%，高于全部上市公司 105.04% 的平均值，高于 2019 年 89.93% 的行业值。2020 年石油石化行业上市公司市场投资回报率为 18.45%，高于全部上市公司 15.87% 的平均值，低于 2019 年 21.91% 的行业值。行业的市场投资回报率同比 2019 年有一定下降。该行业市场表现评价得分前五名的是天奈科技、再升科技、上海新阳、普利特、珀莱雅。

表 7－6　石油石化行业公司市场表现状况比较表

评价指标	2020 年上市公司平均值	2020 年行业值	2019 年行业值	增长率 (%)
市场投资回报率 (%)	15.87	18.45	21.91	−15.79
股价波动率 (%)	105.04	105.10	89.93	16.87
得分	9.17	9.36	9.17	2.07

二、2020 年度石油石化行业上市公司业绩影响因素分析

2020 年度，石油石化行业 403 家 A 股上市公司总体表现平稳。中国石化、中国石油全产业链两大巨头公司为上市公司石油石化板块的中流砥柱，也引领着我国整个石油石化行业的发展，从石油石化行业经营实体影响力角度来看，这两家上市公司经营业绩的变化仍是石油石化上市公司业绩的决定性因素，其他数量渐增的新上市的石油石化类上市公司在行业的影响力也正日渐显现。

2020 年上市公司石油石化板块格局是中国石化、中国石油占绝对市场地位，如表 7-7 数据所列，中国石化、中国石油两家上市公司的资产总额、营业收入、净利润、总市值分别占石油石化行业上市公司相关总额的 53.15%、62.73%、36.21% 和 32.04%，而 2019 年度相关指标分别为 57.67%、70.54%、67.26% 和 36.35%，数据说明这两大行业巨头占据了石油石化行业上市公司大部分资产份额和营业收入，并且与 2019 年度相比所有相关指标占比下降，其中下降幅度最大的净利润占比指标为 46%。

表 7－7　2020 年度中国石化、中国石油与石油石化行业上市公司指标表

企业	资产总额（万亿元）		营业收入（万亿元）		净利润（亿元）		总市值（万亿元）	
名称	数额	比例（%）	数额	比例（%）	数额	比例（%）	数额	比例（%）
中国石化	1.73	21.79	2.11	32.76	417.5	20.09	0.49	8.64
中国石油	2.49	31.36	1.93	29.97	334.85	16.11	0.76	13.40
小计	4.22	53.15	4.04	62.73	752.35	36.21	1.25	22.04
石油石化行业上市公司	7.94	100.00	6.44	100.00	2078	100.00	5.67	100.00

在 2020 年度新冠肺炎疫情以及严峻的国际市场和激烈的市场竞争环境下，影响石油石化行业业绩的主要因素如下。

（一）国际油价低位震荡，整体呈 V 型走势

油价的波动是影响石化行业景气与否的决定性因素之一。2020 年，受疫情、产油国减产政策等多重因素影响，国际原油价格呈现 V 型走势，上半年出现历史罕见的大幅下跌，4 月 20 日在原油价格历史上首次出现 −37.6 美元 / 桶，创下了史无前例的“负油价”和石油消费最大降幅，于当月下旬达到低点后稳步回升。全年总体油价于低位运行，北海布伦特和 WTI 原油现货全年的平均价格分别为 41.78 美元 / 桶和 39.28 美元 / 桶，相比 2019 年分别下降了 34.9% 和 31.1%。2020 年国际油价波动主要有四大影响因素：

1. 疫情冲击导致的全球经济负增长，原油需求增量下行，主导油价下行。

2020 年世界整体经济继续呈现增速放缓的趋势。全球多国间的贸易摩擦、英国脱欧、美国总统换届等诸多不确定性事件。2020 年初突发的新冠肺炎疫情则直接将全球 GDP 增速拉入负值区间，由此对原油价格构成了极大冲击，甚至导致 4 月美油出现历史性的负油价。

原油需求状况与 GDP 正相关性强，随着全球经济出现负增长，2020 年全球石油需求疲软，也呈现明显的下降态势，全年石油消费量 9039 万桶 / 天，同比下降 9.6%。全球经济体中，影响原油需求变动的主要是中、美、印、欧，除中国外，其余三大经济体连续四个季度需求的负增长带来了全球石油需求的大幅萎缩，原油市场供大于求，价格明显下滑。

2. 美油和 OPEC 减产持续推进供给减少，推动下半年油价走高。

2020 年 3 月份，因沙特、俄罗斯、美国就减产协议未达成一致，沙特、俄罗斯开始大幅增产，引发了大型原油价格战。虽然日后 OPEC（石油输出国组织）与美国在 4 月 12 日达成了历史性的减产协议计划，但由之前增产带来的高涨库存还是导致了负油价，对美油的产量产生了强大杀伤力。根据 OPEC 数据显示，OECD（经济合作与发展组织）国家石油产量降至 2913 万桶 / 天，同比下降了 2.7%，非 OECD 国家石油产量降至 3149 桶 / 天，同比下降了 4.3%；OPEC 国家石油产量下滑至 2565 万桶 / 天，降幅高达 12.6%，非 OPEC 国家石油产量降至 6285 万桶 / 天，同比下降了 3.9%。

3. 原油库存大幅下降，供给减少推动油价回升。

2020 年 4 月出现负油价最直接的原因就是原油库存爆满，6 月以来，全球石油行业施行降库存措施，石油库存一直在大幅下降。根据 API（美国石油协会）发布数据显示，至 2020 年 12 月 31 日当周，API 原油库存减少 360.8 万桶，前值减少 261.8 万桶，预期减少 215.4 万桶。精炼油库存减少 300.6 万桶，前值增加 281 万桶，预期增加 92.5 万桶。库欣库存增加 91.7 万桶，前值减少 84 万桶。后伴随疫情逐步放缓，随着全球经济复苏，石油企业优先去库存，减产量，导致油价缓慢回升。

4. 地缘政治、全球贸易摩擦对油价的影响日益深化，导致价格波动。

2020 年委内瑞拉的石油出口量平均每天减少约 37.6 万桶，降至 77 年以来的最低水平，而伊朗出口量则持续低于30万桶/天。日后沙特为摆脱制裁，在包括也门、伊朗事务在内的各领域均暂时做出过让步，但随着美军无人机空袭刺杀苏莱曼尼，地区局势再次陷入紧张，还引发了后续一系列诸如袭击石油设施和油轮等的报复行动，周边的也门、叙利亚、利比亚等国也被裹挟在这场中东地区的地缘博弈之中，美制裁活动逐步升级。

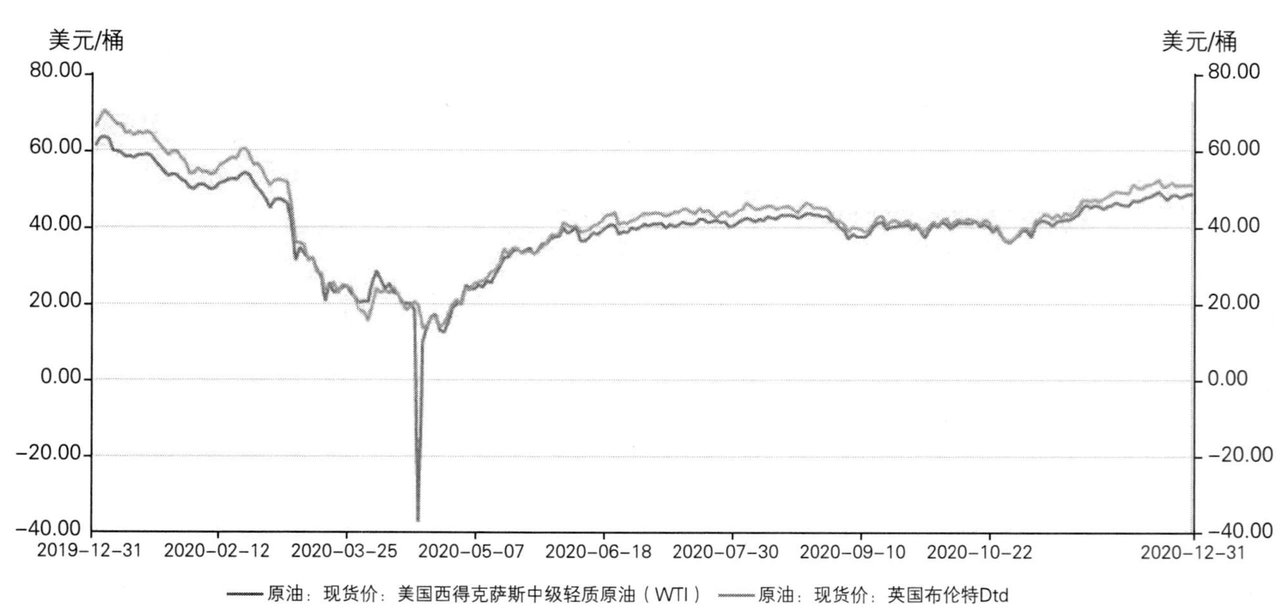

图7－2　2020年国际油价走势图

（二）世界加速发展可再生能源，能源结构调整致使世界石油需求增速放缓

2020年起，世界能源格局已经显现变化。据英国《经济学人》网站资料，当前全球能源格局正经历三个变化：一是以前对化石燃料稀缺和不可再生的担忧转变为对化石燃料储备充足的自信判断，石油需求不足逐渐成为化石能源减产的主要原因，越来越多的国家和经济体认为全球石油需求可能已经到达峰值；二是为了缓解碳大量排放导致的全球变暖严重问题，各国主张并主动减少对化石燃料的依赖和使用；三是在全力脱碳的背景下，电力在能源中的占比将迅速上升。虽然2020年的全球能源需求下降了5%，可再生能源的需求却率先发生反弹，全年总体还增长了1%，全球可再生能源净装机容量将增长近4%，最终达到近200吉瓦。风力和水力发电量的增加使全球可再生能源发电量的增加创下了新纪录，占全球总发电量增长的近90%，太阳能发电增加量也增加了近30%。反之，2020年全球石油消费量同比下降9.8%，煤炭消费量同比减少6.5%，天然气消费同比缩减超过了6%。可再生能源不仅在总体产量上实现了对不可再生能源的有效替代，替代结构也日益丰富，电能替代导致电力需求大幅上升，推动新能源汽车发展从而降低运输用油这一重要石油需求。

（三）国内石油石化产品供给与需求增速放缓，天然气需求增幅较大

1. 原油、天然气市场。

2020年全年，国内原油产量1.95亿吨，比上年增长2%，相比上年1%的增幅，产量

稳步上升，近 5 年我国原油消费量整体稳定增长，2020 年国内原油消费市场首次下滑，为 64965 万吨，同比下降 6.67%。2020 年原油表观消费量 7.36 亿吨，同比增长 5.6%，增速比上年放缓 1.73 个百分点。

2020 年国内天然气产量 1888 亿立方米，比上年同期增长 9.8%，连续 4 年增量超过 100 亿立方米，但相比上年增速放缓 1.7 个百分点；天然气进口量 1.02 亿吨，比上年同期增长 5.3%。2020 年，全球天然气消费量出现 10 年来首次下降，市场供应过剩加剧，主要市场天然气价格创历史新低。国内天然气消费量增速放缓，产量保持快速增长，进口量增速小幅回落，全年天然气市场供需总体宽松，年底出现阶段性供气紧张情况。随着国家能源结构调整，境内天然气需求保持增长，但受新冠肺炎疫情影响，增速出现下降。据国家发展改革委统计，2020 年我国天然气表观消费达 3240 亿立方米，同比增长 5.6%，增速比上年下降 3.8 个百分点。

石油石化行业全年进出口总额 6297.7 亿美元，同比减少 12.8%。其中，在进口方面，全年实现进口 4202.7 亿美元，同比减少 15.1%；在出口方面，全年出口总额 2095.0 亿美元，同比减少 7.7%，原油对外依存度达到 73.5%。目前我国油气对外依存度不断上升，而新增探明油气地质储量降至近 10 年来最低点，保障能源安全成为急迫挑战。

2. 石油加工市场。

2020 年，境内成品油市场资源总体供大于求，需求下降。国内炼油能力不断增长，据国家发展改革委资料显示，2020 年全年原油加工量 6.74 亿吨，比上年增长 3%。成品油产量（汽、煤、柴油合计）3.31 亿吨，下降 8.1%，降幅扩大 0.3 个百分点。其中，柴油产量 1.59 亿吨，下降 4.6%；汽油产量 1.32 亿吨，下降 6.6%；煤油产量 4049.4 万吨，下降 23.2%。

3. 化工市场。

2020 年，受疫情影响，特别是海外疫情蔓延导致炼厂停工，化工产品进口减少，上半年国内化工产品产销均受到压制后，下半年随着油价回升、复工复产快速推进，需求端逐步释放并在三季度集中爆发，特别是医卫原料、包装材料等化工产品需求增长较快，带动相关化工产品市场需求加速回暖，促进了国内塑料等产品价格稳定。2020 年重点化学品生产总体实现较快增长。全国乙烯产量 2160 万吨，比上年增长 5.2%；纯苯产量 1042 万吨，增长 8.6%；甲醇产量 4984 万吨，增长 4.7%；涂料产量 2549.1 万吨，增长 2.6%；化学试剂产量 2824.2 万吨，增长 4.5%；硫酸产量 9238.2 万吨，下降 1.3%；烧碱产量 3673.9 万吨，增长 6.2%；纯碱产量 2812.4 万吨，下降 2.9%；合成树脂产量 1.04 亿吨，增长 7%；合成纤维单（聚合）体产量 7418.8 万吨，增长 8.2%。此外，轮胎外胎产量 8.18 亿条，增长 1.7%

2020 年，上市公司中国石油国内业务实现原油产量 743.8 百万桶，比上年同期增长 0.6%；海外业务实现油气当量产量 215.8 百万桶，比上年同期增长 0.2%，可销售天然气产量 3993.8 十亿立方英尺，比上年同期增长 9.9%；油气当量产量 1409.7 百万桶，比上年同期增长 4.8%。该集团加工原油 1177.5 百万桶，比上年同期下降 4.1%，其中加工该集团勘探与生产业务生产的原油 678.0 百万桶，占比 57.6%，产生了良好的协同效应；生产成品油 10704.2 万吨，比上年同期下降 9.1%；生产乙烯 634.5 万吨，比上年同期增长 8.2%；化工产品商品量 2885.3 万吨，比上年同期增长 12.0%。上市公司中国石化全年油气当量产量 459.02 百万桶，其中，境内原油产量 249.52 百万桶，天然气产量 10723 亿立方英尺，同比增长 2.3%。全年加工原油 2.37 亿吨，生产成品油 1.42 亿吨。生产化工轻油 4022 万吨，同比增长 1.1%。全年乙烯产量 1206 万吨，合成纤维高附加值产品比例 32.5%，同比增加 0.8 个百分点；合成橡胶高附加值产品比例 31.6%，同比增加 2.5 个百分点；合成树脂新产品和专用料比例为 19%~67.1%，同比增加 1.8 个百分点。同时，创新营销模式，深化精细营销，提高精准服务水平，加大市场开拓力度。

（四）相关政策对石油石化行业放管并重，促进行业规范有序发展

2020 年 1 月 22 日，为了响应国际海事组织实施的限硫令，中国对国际航行船舶在中国沿海港口加注的燃料油，实行了出口退（免）税政策，增值税出口退税率为 13%。该政策的落地执行，将推动中国的石油炼化企业生产或加工低硫的船燃料油，并将其供应给保税的船燃料油市场，从而凸显中国的保税船用燃料油相较于周边国家的价格优势。另外国家市场监督管理总局对《加油站计量监督管理办法》做了进一步修订，加强了加油站的计量监督管理，规范了加油站的计量行为，维护了国家成品油零售税收的征管秩序，也保护了消费者的合法权益。

2020 年 4 月 10 日，国家能源局发布了《中华人民共和国能源法（征求意见稿）》，对能源的产业结构和消费结构做出进一步调整和优化。4 月 17 日，商务部会同发展改革委等 10 部门起草并发布了《关于促进石油成品油流通高质量发展的意见（征求意见稿）》，指出国家对成品油零售经营实施许可管理。

2020 年 7 月 3 日，商务部为贯彻落实《优化营商环境条例》和国务院有关石油成品油流通管理“放管服”改革工作的要求，决定废止《成品油市场管理办法》和《原油市场管理办法》，进而提升石油石化市场竞争程度，加快现代能源体系的构建，引入更多的市场竞争者。

2020 年 12 月 21 日，国务院发布《新时代的中国能源发展》白皮书指出，要坚定不移地推进能源高质量发展，增强能源安全保障能力，实现开放条件下的能源安全，提高非化石能源占比，发展智慧能源系统，推进油气市场化、法制化制度建设，为未来中国能源发展尤其是石油石化行业发展指明了方向。后续生态环境部也出台了《碳排放权交易管理办法（试行）》，标志着全国碳排放权交易体系正式投入运行。

资料链接：

行业重大事件

➢ 中国全面开放油气勘查开采市场，促进上游多元化

2020年1月9日，自然资源部宣布，我国全面开放油气勘察开采市场，允许民企、外资企业等社会各界资本进入油气上游领域。

➢ 疫情冲击严重，史上首次负油价，全球形势不容乐观

2020年开年，新冠肺炎疫情席卷全球。全球近200个国家和地区实施严格的限制出行措施，导致石油消费需求断崖式下跌，4月导致WTI原油期货价格暴跌305.97%，历史上首次出现负值。全球全年石油消费量同比下降9.6%，日需求同比下降800万~900万桶，且短期内难以恢复到正常水平。在全球需求锐减的态势下，中国有望成为2020年世界唯一一个石油需求同比增长的国家。

➢ 中国油气增储上产成绩斐然

2020年，中国加大增储上产力度，油气勘探开发成绩斐然。塔里木油田年油气产量（油当量）突破3000万吨，天然气产量达310亿立方米，全面建成3000万吨大油气田；长庆油气田产量（油当量）达到6000万吨，天然气产量448亿立方米，建成年产油气6000万吨级特大型油气田；西南油气田年产天然气318亿立方米，建成我国第二个、西南地区首个300亿立方米天然气大气区，建成国内首个百亿立方米页岩气田。

➢ 中国政府提出2030年碳达峰、2060年碳中和目标

2020年9月，习近平总书记在第七十五届联合国大会一般性辩论上的讲话中提出，中国将采取更加有力的政策和措施，二氧化碳排放力争于2030年前达到峰值，并努力争取2060年前实现碳中和。

➢ 国家管网集团正式运营，多项措施彰显改革决心和进程

2019年9月30日，国家管网集团举行油气管网资产交割暨运营交接签字仪式，自10月1日起，国家管网集团已全面接管原分属于三大石油公司的相关油气管道基础设施资产（业务）及人员，正式并网投入生产运营。

资料来源：经济参考报、新浪科技。

三、2021年石油石化行业前景分析

2021年是我国“十四五”规划的开局之年，在全球经济低迷、新冠肺炎疫情常态化的

影响下，我国经济仍将坚持稳中求进的基本指导方针，以“清洁、低碳、安全、高效”为能源发展与转型的主题，持续推进石油石化行业的油气改革，在上述国家基本政策发展引领下，行业参与主体的结构也将会进一步调整。以我国政府工作报告提出的2021年GDP增速达到6.0%以上为预期发展目标，预计2021年伴随疫苗接种工作的有序推进，将极大拉动中国石油市场的复苏，预计石油和石化行业总体景气表现同比会有较大幅度的提升。

（一）受疫情预期好转及相关因素影响，国际油价波动将呈现中低位震荡复苏

新冠肺炎疫情对国际石油市场的影响久远而又深刻，预计未来5年的国际油价将呈现中低位震荡复苏的走势。疫苗接种工作的有序推进为疫情的好转和防控以及经济的复苏带来了极大希望，尽管疫苗在全球范围内的分配及接种过程还存在诸多具体问题，但疫苗的接种和疫情防控工作仍朝着积极向好的趋势迈进，进而带动居民消费提升、石油需求增加。

2021年美国总统拜登上台，政策方向不明且预计变动较大，因此中东地区和中美的地缘政治预期将呈现高动荡、低烈度的新格局，进而影响国际油价将会维持高波动、中低位的新常态，预计国际石油市场将开启再次平衡的新周期。因此，2021年原油价格可能将首先随着宏观经济与供应端预期的改善而呈现阶段性上行，之后将随着OPEC+成员国的内部博弈行为、美油产量变动、伊核协议洽谈情况以及疫苗接种进展等相关因素的变化而震荡复苏，预计总体将处于40～60美元/桶的价格区间，期间地缘政治与贸易摩擦引发剧烈波动的风险不容小觑。

（二）世界石油需求整体逐步恢复，供需两侧将进入高存量、低增量新阶段

从供给方面来看，部分OPEC国家如伊拉克产量增加，部分OPEC国家如尼日利亚产量减少，沙特在达成OPEC减产协议的基础上，还额外承诺将独自减产，但美国随着石油生产逐步恢复正常，或将乘机增产抢占市场。据美国能源情报署EIA估计，2021年美油产量至少将保持在1100万桶/天左右，如果油价超过50美元/桶以上，产量甚至可能剧增。因此2021年石油供给如何还要看OPEC+成员减产率和美国页岩油产量的博弈情况。

从需求方面来看，当下新冠病毒的变异传播以及疫情带来的消费行为习惯的改变仍无法被计算出对石油需求的量化影响，但OPEC在报告中做出预测，2021年全球石油需求预计将增长6.56%，日需求增加590万桶，平均达到9591万桶/天的需求水平。另外受到运输和工业燃料需求的支持，2021年的石油需求或将稳步上升，根据国际能源机构（IEA）预测，2021年全球石油需求将达到57亿桶。但是总体来看，石油需求仍处于恢复状态，特别是亚洲的市场需求已经逐步接近疫情暴发前的水平，石油市场给出的结论是“谨慎乐观”。

2021年中国石油计划原油产量为923.5百万桶，可销售天然气产量为4354.0十亿立方英尺，油气当量合计为1649.4百万桶，计划原油加工量为1247.3百万桶；中国石化全年计划生产原油280.82百万桶，其中境外31.25百万桶，计划天然气生产12034亿立方英尺，加工原油2.50亿吨，生产成品油1.53亿吨，生产乙烯1300万吨。

（三）"十四五"规划的开启及"双碳"目标的实现将促进石油石化行业转型发展

在加快推进经济高质量发展步伐，构建"国内大循环为主体、国内国际双循环相互促进"的新发展格局下，"双碳"目标的提出对石油行业的转型发展提出了迫切要求。2020年12月21日，国务院发布了《新时代的中国能源发展》白皮书，坚定不移地推进能源高质量发展，增强能源安全保障能力，实现开放条件下的能源安全，提高非化石能源占比，发展智慧能源系统，推进油气市场化、法制化制度建设，为未来中国能源发展指明了方向。2021年1月，中国石油和化学工业联合会发布的《石油和化学工业"十四五"发展指南》指出，"十四五"期间，"清洁、低碳、安全、高效"的能源发展与转型主题将相比"十三五"更加鲜明，能源系统转型工作的推进在各级政府和部门工作中的权重和重视程度将显著增大，未来流入能源转型相关领域的国有资本、社会资本和财政资金也将显著增多，智慧能源产业或将成为重要的经济增长点和能源系统转型的基点。

碳达峰、碳中和目标将深度引发国内油气供需两侧的结构性改革，促进石油石化行业的转型发展，其中油气企业必须顺应潮流、主动出击，但也应防止盲目跟风，忘本逐末，应注重结合企业经营实际，实现有效的转型发展。

附表　2020 年度石油石化行业上市公司业绩评价结果排序表

序号	A股上市公司评价得分排序	股票代码	股票简称	综合得分	评价等级	每股收益（元）	净资产收益率(%)	总资产报酬率(%)	总资产周转率（次）	流动资产周转率（次）	资产负债率(%)	已获利息倍数	营业收入增长率(%)	资本扩张率(%)	市场投资回报率(%)	股价波动率(%)	年末资产总额（万元）	营业收入（万元）	净利润（万元）
1	21	600346	恒力石化	80.90	AA	1.92	30.82	12.77	0.83	2.89	75.38	4.41	51.19	28.00	78.77	179.36	19102872.70	15237339.60	1349479.35
2	32	601216	君正集团	79.80	A	0.57	13.29	19.09	0.45	2.10	37.04	17.41	51.15	8.33	77.97	388.54	3368014.82	1479819.47	478632.80
3	36	600989	宝丰能源	79.50	A	0.63	19.68	15.46	0.45	3.96	32.03	20.41	17.39	10.91	24.50	109.17	3810501.29	1592772.89	462276.80
4	41	002493	荣盛石化	79.30	A	1.14	22.27	9.42	0.51	1.99	71.07	6.05	30.02	68.06	126.08	237.58	24151492.80	10726499.30	1337178.97
5	54	600143	金发科技	78.60	A	1.78	34.66	18.64	1.14	2.57	53.73	10.62	19.72	40.26	129.34	185.35	3245489.65	3506117.09	460948.50
6	86	002064	华峰化学	77.20	A	0.49	22.69	14.78	0.80	1.56	41.15	28.85	6.81	49.08	61.15	173.41	1966892.47	1472388.26	227876.36
7	96	601966	玲珑轮胎	76.60	A	1.82	15.14	9.23	0.66	1.63	43.64	9.63	7.10	49.68	57.78	144.51	2929877.19	1838272.12	222027.10
8	101	002838	道恩股份	76.50	A	2.11	49.96	41.84	1.81	2.59	32.65	47.70	61.67	73.75	131.09	195.16	297135.90	442233.02	86915.08
9	106	300699	光威复材	76.40	A	1.24	16.21	16.92	0.49	0.76	20.05	62.14	23.36	14.38	95.24	144.07	464868.37	211551.90	64073.83
10	111	000902	新洋丰	76.30	A	0.75	13.57	11.39	0.96	1.65	37.14	402.62	7.94	6.38	97.18	175.67	1133001.19	1006853.32	97173.93
11	122	600309	万华化学	76.00	A	3.20	20.75	11.60	0.64	2.29	61.38	8.14	7.91	17.57	64.54	193.30	13375266.90	7343296.85	1041491.89
12	137	300690	双一科技	75.60	A	2.93	26.72	25.62	0.94	1.23	23.45	0.00	68.21	24.85	137.03	289.15	167612.38	139196.20	32133.78
13	186	300285	国瓷材料	74.20	BBB	0.60	12.59	13.42	0.47	1.01	10.88	65.63	18.08	35.76	91.74	178.11	602494.75	254225.74	62119.02
14	191	600426	华鲁恒升	74.10	BBB	1.11	11.81	11.52	0.68	3.88	23.85	20.64	−7.58	9.96	85.12	213.08	2054928.93	1311495.95	179847.38
15	197	300777	中简科技	74.00	BBB	0.58	20.04	21.08	0.30	0.74	12.73	283.59	66.14	20.89	59.13	132.11	135747.50	38951.54	23234.37
16	197	600727	鲁北化工	74.00	BBB	0.56	12.86	11.87	0.88	1.93	36.94	31.71	127.11	82.04	−2.35	40.03	456691.59	293101.82	31539.47
17	202	601233	桐昆股份	73.90	BBB	1.52	12.39	8.36	1.05	3.93	45.19	5.75	−9.39	35.00	39.09	129.40	4698869.54	4583269.28	285634.97
18	202	002080	中材科技	73.90	BBB	1.22	12.94	8.70	0.59	1.57	58.29	7.00	37.68	9.95	94.85	173.53	3369549.94	1871087.18	196860.53
19	202	600486	扬农化工	73.90	BBB	3.90	19.83	14.35	0.96	1.57	45.37	27.39	12.98	17.68	92.93	145.86	1089502.37	983115.64	121081.72
20	213	600075	新疆天业	73.70	BBB	0.66	12.61	10.68	0.79	3.41	48.86	8.09	99.67	48.57	8.23	106.41	1477379.63	899257.99	89382.49
21	220	603605	珀莱雅	73.50	BBB	2.37	19.58	16.83	1.13	1.76	31.76	60.58	20.13	19.89	98.32	134.91	363688.22	375238.68	45160.96
22	252	002810	山东赫达	72.70	BBB	1.35	22.64	19.13	0.83	2.01	28.78	31.34	17.62	28.85	83.89	222.07	168964.03	130888.80	25472.49
23	272	603010	万盛股份	72.30	BBB	1.14	26.25	20.76	1.04	2.26	33.33	22.26	20.75	32.44	96.85	181.26	241948.00	232992.75	38264.39

续表

序号	A股上市公司评价得分排序	股票代码	股票简称	综合得分	评价等级	每股收益（元）	净资产收益率(%)	总资产报酬率(%)	总资产周转率（次）	流动资产周转率（次）	资产负债率(%)	已获利息倍数	营业收入增长率(%)	资本扩张率(%)	市场投资回报率(%)	股价波动率(%)	年末资产总额（万元）	营业收入（万元）	净利润（万元）
24	276	603601	再升科技	72.20	BBB	0.50	22.26	18.56	0.73	1.54	30.78	43.52	50.47	29.55	69.25	124.60	274238.91	188422.87	39454.72
25	276	300481	濮阳惠成	72.20	BBB	0.70	18.09	20.36	0.89	1.49	7.17	0.00	34.21	15.30	15.72	112.68	107879.31	91294.18	17865.13
26	286	688196	卓越新能	72.00	BBB	2.02	9.31	11.29	0.72	1.13	2.73	4620.18	23.47	7.54	46.54	150.61	228624.01	159839.79	24221.93
27	295	002601	龙蟒佰利	71.80	BBB	1.13	17.03	10.13	0.46	1.42	54.45	12.08	24.21	12.55	101.34	205.65	3477142.90	1410816.12	232792.86
28	313	601058	赛轮轮胎	71.50	BBB	0.62	18.90	10.22	0.79	1.64	58.16	7.42	1.83	18.91	38.21	111.58	2105620.97	1540498.92	152077.68
29	315	300610	晨化股份	71.40	BBB	0.91	13.04	13.70	0.82	1.21	15.99	252.27	11.85	11.28	32.07	172.22	116623.60	90025.52	13452.12
30	322	300037	新宙邦	71.30	BBB	1.29	11.50	10.07	0.48	0.92	30.62	34.43	27.37	53.36	185.84	258.41	739608.73	296103.54	52382.23
31	331	603639	海利尔	71.10	BBB	1.71	15.02	11.96	0.83	1.36	39.35	93.81	30.83	16.64	14.25	69.50	431336.34	322718.99	40666.35
32	337	603599	广信股份	71.00	BBB	1.27	9.02	9.61	0.49	0.70	23.40	999.32	9.39	10.95	57.62	110.49	736622.20	340242.86	58873.35
33	345	002919	名臣健康	70.90	BBB	0.84	15.03	13.54	0.86	1.07	25.45	49.61	31.52	15.92	146.17	385.14	87917.72	68057.13	10224.03
34	361	000589	贵州轮胎	70.70	BBB	1.47	13.88	13.17	0.62	1.27	57.61	11.81	5.43	31.11	39.82	153.21	1151622.80	680872.95	113846.92
35	375	600273	嘉化能源	70.50	BBB	0.91	17.87	16.04	0.59	2.09	21.51	141.85	3.70	11.33	−16.63	77.39	990711.83	556761.75	130289.35
36	375	002734	利民股份	70.50	BBB	1.05	16.98	11.02	0.88	2.07	51.52	9.41	54.91	9.62	19.06	104.58	518971.71	438804.79	42981.01
37	390	603378	亚士创能	70.30	BBB	1.62	16.40	9.30	0.84	1.17	60.59	8.98	44.61	49.88	93.71	276.15	519461.67	350669.36	31560.26
38	390	002802	洪汇新材	70.30	BBB	0.87	14.81	16.48	0.83	1.27	15.20	1730.54	1.25	2.76	20.36	125.76	68673.34	54471.60	9190.29
39	390	300522	世名科技	70.30	BBB	0.52	13.05	12.93	0.57	0.91	18.84	96.27	22.35	12.19	73.21	270.96	89352.44	45452.39	9286.05
40	415	603041	美思德	70.00	BB	0.79	9.61	13.79	0.41	0.54	10.91	250.53	15.05	11.93	17.47	80.62	99973.85	38954.91	11096.23
41	415	603002	宏昌电子	70.00	BB	0.25	9.37	9.88	0.94	1.27	42.82	59.29	53.11	69.84	23.19	85.42	344614.70	250419.99	22406.18
42	431	603737	三棵树	69.80	BB	1.91	20.31	9.02	1.11	1.68	70.83	8.06	37.31	44.46	145.07	254.65	909415.26	820022.84	53506.32
43	437	300019	硅宝科技	69.70	BB	0.61	19.08	16.16	1.03	1.79	41.80	28.01	49.66	17.50	75.48	207.24	180219.00	152363.40	20103.94
44	446	600746	江苏索普	69.60	BB	0.22	8.96	8.86	1.06	4.67	17.33	19.00	542.67	20.90	−12.62	76.26	356515.26	379514.38	23130.86
45	446	002360	同德化工	69.60	BB	0.41	12.24	13.81	0.60	1.06	24.28	24.73	14.19	10.80	47.35	123.90	173449.99	96252.28	15317.57
46	455	300801	泰和科技	69.50	BB	0.90	9.95	11.28	0.75	1.14	12.03	0.00	22.78	7.78	0.16	103.78	212422.15	152888.97	19519.25

续表

序号	A股上市公司评价得分排序	股票代码	股票简称	综合得分	评价等级	每股收益（元）	净资产收益率（%）	总资产报酬率（%）	总资产周转率（次）	流动资产周转率（次）	资产负债率（%）	已获利息倍数	营业收入增长率（%）	资本扩张率（%）	市场投资回报率（%）	股价波动率（%）	年末资产总额（万元）	营业收入（万元）	净利润（万元）
47	455	002381	双箭股份	69.50	BB	0.77	15.87	15.21	0.73	1.02	25.40	856.72	18.74	11.71	1.40	82.18	265123.94	181114.94	31410.87
48	455	603810	丰山集团	69.50	BB	2.10	17.97	15.55	0.85	1.31	32.95	119495.35	72.58	21.52	8.27	160.41	199699.66	149408.55	23568.35
49	463	002812	恩捷股份	69.40	BB	1.34	12.75	9.26	0.26	0.62	43.63	7.45	35.56	137.56	163.70	223.48	2057223.48	428300.76	117564.95
50	469	300174	元力股份	69.30	BB	0.45	11.41	10.54	0.68	1.51	9.20	38.96	−11.36	120.05	3.28	69.87	204159.99	113601.14	15360.85
51	469	600176	中国巨石	69.30	BB	0.69	11.24	9.43	0.33	1.15	50.06	7.17	11.18	14.09	85.14	203.63	3673726.84	1166619.68	240976.44
52	490	603968	醋化股份	69.00	BB	1.21	12.47	13.49	1.08	1.58	28.85	42.98	7.37	8.23	14.70	91.00	239443.42	242396.16	24756.85
53	490	002709	天赐材料	69.00	BB	0.98	15.24	12.03	0.73	1.62	41.17	12.20	49.53	19.01	398.11	379.21	601046.90	411904.64	50044.67
54	490	603026	石大胜华	69.00	BB	1.28	11.83	10.44	1.37	2.42	30.17	13.16	−3.62	14.85	41.40	178.63	327998.84	447529.98	26036.25
55	499	603181	皇马科技	68.90	BB	0.79	13.59	14.47	0.77	1.69	32.54	399.52	2.75	16.27	62.80	169.23	274912.83	194611.58	32026.05
56	499	600527	江南高纤	68.90	BB	0.13	9.44	10.47	0.45	0.78	6.39	10059.06	−0.71	3.72	57.20	115.18	262297.99	114454.07	23268.32
57	505	002825	纳尔股份	68.80	BB	0.65	12.95	11.01	1.09	1.77	29.72	234.39	23.25	10.43	7.16	89.32	122128.19	125371.61	11200.39
58	505	002588	史丹利	68.80	BB	0.25	5.16	4.59	0.90	1.63	33.67	44.22	7.05	4.34	38.31	93.51	711750.21	618320.43	27077.45
59	505	002909	集泰股份	68.80	BB	0.48	15.73	11.31	0.95	1.48	47.29	11.25	23.88	64.84	27.64	119.97	164908.76	125871.16	11276.51
60	515	600618	氯碱化工	68.70	BB	0.52	12.10	11.38	0.82	1.70	15.11	46.35	−24.37	13.34	0.50	58.12	621495.77	488866.25	60135.79
61	515	002258	利尔化学	68.70	BB	1.17	14.68	10.92	0.62	1.55	44.36	8.50	19.33	16.74	44.03	141.77	846320.59	496874.78	67054.17
62	526	300214	日科化学	68.50	BB	0.49	10.99	12.58	1.05	1.75	15.26	89.48	−6.01	10.35	−0.40	54.72	226923.38	227458.67	20703.62
63	526	300082	奥克股份	68.50	BB	0.59	11.82	10.58	1.11	2.62	35.39	17.49	−9.22	2.59	63.77	156.62	543313.51	570849.62	43747.14
64	526	002942	新农股份	68.50	BB	1.46	14.93	15.06	0.90	1.52	21.04	110.13	9.91	15.23	−4.89	105.97	135005.75	119367.51	17524.25
65	526	300767	震安科技	68.50	BB	1.12	13.09	14.91	0.45	0.56	25.12	197.76	49.15	14.72	122.74	215.33	148157.03	58049.09	16071.66
66	569	300073	当升科技	68.10	BB	0.88	6.84	8.62	0.60	0.85	35.86	434.32	39.36	11.34	132.10	218.09	594135.07	318331.72	38865.18
67	569	002768	国恩股份	68.10	BB	2.69	25.85	17.11	1.39	1.90	41.14	27.11	41.66	29.21	33.56	123.54	546146.74	718129.50	74234.14
68	582	300200	高盟新材	68.00	BB	0.55	13.27	13.42	0.48	0.94	14.03	1792.04	−0.05	7.71	39.66	167.05	207347.53	95967.69	23257.93
69	588	600731	湖南海利	67.90	BB	0.81	19.87	13.93	0.75	1.35	47.05	19.54	−5.70	23.64	9.06	164.35	297019.43	202627.81	30065.51

续表

序号	A股上市公司评价得分排序	股票代码	股票简称	综合得分	评价等级	每股收益（元）	净资产收益率（%）	总资产报酬率（%）	总资产周转率（次）	流动资产周转率（次）	资产负债率（%）	已获利息倍数	营业收入增长率（%）	资本扩张率（%）	市场投资回报率（%）	股价波动率（%）	年末资产总额（万元）	营业收入（万元）	净利润（万元）
70	606	603916	苏博特	67.70	BB	1.39	15.46	11.23	0.64	0.98	41.29	12.16	10.45	43.27	41.61	158.37	641252.04	365225.18	49345.83
71	606	603938	三孚股份	67.70	BB	0.65	7.49	8.19	0.72	1.37	18.41	789.62	−13.00	7.19	5.63	80.58	152803.88	100625.21	9669.83
72	606	002648	卫星石化	67.70	BB	1.52	13.82	8.39	0.43	1.30	57.82	10.43	−0.06	47.36	52.98	164.04	3234058.75	1077254.77	165762.63
73	620	000703	恒逸石化	67.60	BB	1.08	10.86	7.19	0.97	3.10	67.17	3.43	8.55	4.23	23.33	97.33	9226026.82	8642963.02	381460.20
74	627	600063	皖维高新	67.50	BB	0.32	9.89	8.02	0.70	2.05	46.87	7.00	10.97	10.74	−4.94	51.27	1070846.71	705355.64	61119.27
75	627	002324	普利特	67.50	BB	0.47	13.41	12.27	1.07	1.59	37.92	11.44	23.54	14.25	89.96	129.12	440948.94	444754.21	39810.56
76	634	603867	新化股份	67.40	BB	1.47	13.10	11.06	0.98	1.62	37.38	26.65	35.11	11.83	−3.88	72.44	253856.10	232114.14	22269.62
77	634	002749	国光股份	67.40	BB	0.40	18.59	13.95	0.75	1.11	26.61	26.45	14.37	14.95	0.29	101.05	174631.81	116004.33	17037.04
78	634	603906	龙蟠科技	67.40	BB	0.67	12.25	11.00	0.75	1.24	28.44	32.77	11.77	39.09	212.75	325.50	295590.92	191459.88	23973.81
79	649	300132	青松股份	67.30	BB	0.89	14.67	12.67	0.83	1.71	32.24	16.65	32.90	−0.74	49.78	170.87	462665.14	386476.22	46894.09
80	663	300575	中旗股份	67.20	BB	1.42	12.03	9.66	0.78	1.54	42.53	24.48	18.65	13.15	41.29	155.57	254021.24	186174.93	19583.03
81	663	603983	丸美股份	67.20	BB	1.16	14.21	15.72	0.48	0.60	20.93	501.15	−3.10	12.39	−16.90	90.63	379508.18	174498.91	46339.60
82	674	603086	先达股份	67.10	BB	1.12	10.12	9.28	0.82	1.36	27.03	304.39	20.39	9.41	−12.53	66.13	233500.22	189559.57	17603.43
83	674	600596	新安股份	67.10	BB	0.75	6.79	7.14	1.07	2.33	41.91	13.45	14.23	13.15	6.29	128.22	1245688.07	1251641.26	64673.80
84	674	002254	泰和新材	67.10	BB	0.41	6.74	6.68	0.46	0.89	37.34	13.04	−3.97	43.47	43.02	87.45	623357.13	244116.53	28727.78
85	685	002408	齐翔腾达	67.00	BB	0.56	11.44	8.46	1.42	3.47	52.59	5.60	−17.87	19.39	16.69	116.11	2063890.13	2468591.94	102849.73
86	685	002683	宏大爆破	67.00	BB	0.57	10.16	7.15	0.71	1.10	44.03	8.77	8.34	56.57	89.66	211.35	1039742.54	639485.86	49938.38
87	696	002538	司尔特	66.90	BB	0.41	6.69	7.03	0.65	1.24	31.82	8.73	25.72	6.20	24.70	93.40	609842.18	379165.72	30072.28
88	696	601163	三角轮胎	66.90	BB	1.32	8.56	7.88	0.54	0.87	34.78	44.77	7.49	7.84	5.87	76.63	1665351.97	853534.40	106021.25
89	721	002497	雅化集团	66.70	BB	0.34	7.44	7.78	0.53	1.18	21.77	9.74	1.67	72.37	179.91	228.62	695656.13	325015.85	34450.22
90	736	600378	昊华科技	66.60	BB	0.72	9.87	7.90	0.58	1.11	34.79	53.37	15.35	7.33	15.07	67.65	1000708.75	542226.48	65378.20
91	770	002145	中核钛白	66.30	BB	0.27	9.60	8.97	0.53	1.13	28.72	10.44	10.03	77.68	24.21	105.59	817479.74	371557.97	47520.18
92	777	688268	华特气体	66.20	BB	0.89	7.03	8.59	0.69	0.92	14.13	418.82	18.44	6.52	36.87	125.84	148303.62	99958.84	10645.79

续表

序号	A股上市公司评价得分排序	股票代码	股票简称	综合得分	评价等级	每股收益（元）	净资产收益率(%)	总资产报酬率(%)	总资产周转率（次）	流动资产周转率（次）	资产负债率(%)	已获利息倍数	营业收入增长率(%)	资本扩张率(%)	市场投资回报率(%)	股价波动率(%)	年末资产总额（万元）	营业收入（万元）	净利润（万元）
93	783	300305	裕兴股份	66.10	BB	0.54	7.97	9.98	0.54	0.79	13.80	49.37	14.37	10.83	6.28	73.72	194091.91	100021.13	15619.73
94	794	603928	兴业股份	66.00	BB	0.59	8.19	8.86	0.92	1.47	14.60	0.00	13.28	6.01	-6.65	57.05	163962.51	146108.57	11979.45
95	815	002136	安纳达	65.80	BB	0.30	8.21	7.89	1.17	2.75	22.38	183.10	8.09	9.30	18.44	76.53	101881.70	112170.71	7030.49
96	815	601678	滨化股份	65.80	BB	0.33	7.71	6.95	0.51	1.65	47.33	4.87	4.75	16.24	3.02	67.18	1415174.91	645714.16	50837.31
97	815	300740	水羊股份	65.80	BB	0.37	10.43	8.42	1.85	2.39	37.87	17.25	54.02	11.01	82.82	250.23	217251.21	371503.54	13818.91
98	815	002263	大东南	65.80	BB	0.09	7.42	7.77	0.58	1.58	11.44	331.19	-8.30	7.94	29.33	89.92	271561.48	150907.68	17693.71
99	815	300196	长海股份	65.80	BB	0.66	8.88	8.80	0.58	1.11	23.65	194.42	-7.57	8.39	46.33	124.79	387817.49	204250.81	27041.22
100	831	600389	江山股份	65.70	BB	1.13	16.65	9.40	1.15	2.16	55.77	14.21	7.11	-2.32	-1.27	65.78	459561.46	512135.78	34394.12
101	844	002539	云图控股	65.60	BB	0.49	12.90	7.78	0.92	2.16	65.60	5.29	6.12	6.67	51.32	130.91	1022895.87	915431.61	50679.71
102	855	600328	中盐化工	65.50	BB	0.60	9.26	6.90	0.71	3.34	47.97	4.62	-2.92	16.78	-16.65	58.87	1338889.51	975263.98	61517.49
103	858	603970	中农立华	65.40	BB	0.69	12.87	7.46	1.96	2.08	71.58	5.62	52.93	9.48	59.71	113.96	402401.21	664099.43	15505.09
104	866	600299	安迪苏	65.30	BB	0.50	9.17	9.64	0.57	1.52	25.15	145.52	6.96	-10.35	4.90	76.98	2061763.31	1191043.10	147701.16
105	876	002643	万润股份	65.20	BB	0.56	10.09	10.25	0.46	1.07	17.94	45.99	1.67	9.12	47.43	91.92	666688.50	291810.59	55119.33
106	891	002778	高科石化	65.00	B	0.84	10.98	10.74	0.82	1.25	61.25	32.65	36.55	-4.69	10.93	66.38	158095.64	98092.43	10404.14
107	902	000510	新金路	64.90	B	0.12	6.36	6.98	1.29	3.87	39.72	9.49	-4.83	4.26	11.99	46.33	181641.53	220696.30	7542.64
108	912	000830	鲁西化工	64.80	B	0.56	5.68	5.22	0.57	5.18	54.87	3.08	-2.71	27.12	24.75	139.82	3187401.78	1759245.46	82497.45
109	924	600968	海油发展	64.70	B	0.15	7.07	6.99	1.07	2.14	38.07	28.02	-0.76	6.22	-20.59	49.63	3257603.84	3320827.98	160226.28
110	958	300596	利安隆	64.40	B	1.43	13.85	10.43	0.71	1.66	42.83	13.32	25.50	12.49	10.10	80.66	381324.95	248278.71	28952.46
111	966	000953	*ST河化	64.30	B	0.09	38.01	12.63	0.68	2.16	51.52	9.61	75.62	408.66	-2.71	75.83	37629.29	24351.27	3394.11
112	966	603798	康普顿	64.30	B	0.53	9.88	11.35	0.83	1.31	13.84	0.00	-5.19	9.11	-29.45	57.08	116729.51	91992.87	10420.62
113	993	300041	回天新材	64.10	B	0.54	11.30	8.61	0.72	1.15	41.67	21.46	15.09	16.14	42.36	106.35	334049.67	216373.06	22028.18
114	1001	300225	金力泰	64.00	B	0.19	7.72	8.05	0.68	0.95	27.89	267.13	8.78	9.77	181.84	369.95	142932.14	88495.96	9023.26
115	1011	000819	岳阳兴长	63.90	B	0.09	5.61	4.12	1.49	2.15	13.20	62.95	-16.59	3.91	-13.76	56.36	99937.61	145581.88	2731.35

续表

序号	A股上市公司评价得分排序	股票代码	股票简称	综合得分	评价等级	每股收益（元）	净资产收益率（%）	总资产报酬率（%）	总资产周转率（次）	流动资产周转率（次）	资产负债率（%）	已获利息倍数	营业收入增长率（%）	资本扩张率（%）	市场投资回报率（%）	股价波动率（%）	年末资产总额（万元）	营业收入（万元）	净利润（万元）
116	1039	600409	三友化工	63.70	B	0.35	5.48	5.01	0.72	2.46	48.77	3.56	−13.33	3.36	67.10	181.33	2429332.11	1778027.69	75290.35
117	1043	002637	赞宇科技	63.60	B	0.82	7.91	8.13	1.12	2.64	52.78	6.73	18.60	6.13	20.90	83.00	721815.92	780377.13	35839.07
118	1043	603722	阿科力	63.60	B	0.59	8.72	8.28	0.75	1.53	22.55	0.00	6.55	7.90	−14.19	113.61	75422.91	53804.68	5155.67
119	1052	600500	中化国际	63.50	B	0.11	5.39	5.22	1.00	2.14	49.94	4.29	2.49	10.78	1.25	45.86	5593690.23	5416193.76	174133.58
120	1052	603977	国泰集团	63.50	B	0.35	8.20	8.03	0.49	1.49	30.00	8.70	18.44	15.83	20.72	86.16	372110.92	170438.25	22100.49
121	1062	603266	天龙股份	63.40	B	0.47	8.52	8.12	0.77	1.06	24.54	0.00	5.91	12.39	−6.50	52.79	135931.72	97330.89	9287.82
122	1062	300487	蓝晓科技	63.40	B	0.97	11.87	9.59	0.38	0.75	34.48	16.88	−8.82	30.66	20.46	154.59	255307.12	92263.09	19553.92
123	1076	688005	容百科技	63.30	B	0.48	3.55	3.96	0.63	0.96	26.81	58.65	−9.43	4.00	58.16	129.76	613511.52	379455.67	20928.77
124	1088	300727	润禾材料	63.20	B	0.43	8.81	7.82	0.86	1.49	36.16	439.37	12.76	6.35	109.77	311.57	93715.12	71152.60	5417.95
125	1097	603110	东方材料	63.10	B	0.35	7.59	7.67	0.54	0.74	19.81	339.68	0.55	−3.73	77.49	141.62	78297.86	41497.25	4977.76
126	1097	603225	新凤鸣	63.10	B	0.43	3.36	3.90	1.44	5.88	57.60	2.79	8.30	3.28	12.93	68.52	2840306.81	3698410.34	60304.49
127	1097	002895	川恒股份	63.10	B	0.34	4.62	5.44	0.54	1.47	21.45	96.66	1.60	47.90	−10.71	57.90	376821.03	177725.19	14318.13
128	1113	603192	汇得科技	63.00	B	1.16	9.57	7.58	0.80	1.03	35.87	78.49	4.01	6.90	−18.16	41.71	201358.75	149771.78	12422.02
129	1124	002109	兴化股份	62.90	B	0.20	5.53	6.13	0.46	1.58	9.12	17.90	−1.75	5.28	−1.97	52.26	431383.91	193999.12	21389.75
130	1124	688116	天奈科技	62.90	B	0.46	4.63	6.97	0.26	0.36	10.62	38.01	22.13	5.42	87.23	105.50	188094.51	47194.64	10660.82
131	1149	600141	兴发集团	62.60	B	0.61	5.99	4.29	0.63	2.81	63.36	2.33	1.54	12.90	3.69	77.70	2945974.37	1831737.66	60129.77
132	1149	300758	七彩化学	62.60	B	0.91	14.52	13.15	0.60	1.11	30.58	20.48	45.17	19.00	18.00	188.34	193200.69	100830.35	18551.86
133	1166	603217	元利科技	62.50	B	1.24	6.43	7.33	0.48	0.71	11.68	0.00	4.68	4.79	−24.21	45.58	255773.82	122202.88	15779.18
134	1172	000912	泸天化	62.40	B	0.24	5.71	5.55	0.77	2.30	31.03	9.44	2.01	7.37	−20.21	45.23	785161.07	561795.30	38193.00
135	1183	600256	广汇能源	62.30	B	0.20	8.13	4.86	0.29	1.79	68.14	2.72	7.78	3.76	−17.49	56.29	5412047.85	1513362.79	111018.32
136	1183	300236	上海新阳	62.30	B	0.94	1.57	8.56	0.17	0.77	22.09	31.57	8.25	213.10	65.72	116.87	609034.58	69388.58	27676.59
137	1214	600458	时代新材	61.90	B	0.41	4.07	3.10	0.97	1.49	69.13	5.48	34.10	8.66	17.57	56.89	1599642.74	1508011.63	32182.29
138	1222	002440	闰土股份	61.80	B	0.69	5.72	8.50	0.47	0.84	17.74	49.19	−19.73	3.85	−18.28	49.49	1135417.27	522813.02	75585.06

续表

序号	A股上市公司评价得分排序	股票代码	股票简称	综合得分	评价等级	每股收益（元）	净资产收益率(%)	总资产报酬率(%)	总资产周转率（次）	流动资产周转率（次）	资产负债率(%)	已获利息倍数	营业收入增长率(%)	资本扩张率(%)	市场投资回报率(%)	股价波动率(%)	年末资产总额（万元）	营业收入（万元）	净利润（万元）
139	1231	300576	容大感光	61.70	B	0.36	11.25	7.31	0.63	0.94	49.39	0.00	19.52	10.45	119.24	234.45	101140.18	54396.17	5683.05
140	1231	300243	瑞丰高材	61.70	B	0.37	10.93	9.45	1.10	1.83	42.11	9.51	7.29	12.96	92.98	219.75	131709.27	130187.46	8455.95
141	1242	300655	晶瑞股份	61.60	B	0.44	4.91	6.65	0.60	1.27	33.47	5.96	35.28	121.95	7.98	84.91	208346.59	102233.25	8218.19
142	1255	603823	百合花	61.40	B	0.82	13.88	11.78	0.70	1.17	33.01	67.92	1.21	11.65	−22.49	95.11	299022.89	200508.03	28757.31
143	1272	300587	天铁股份	61.30	B	0.63	14.21	11.13	0.47	0.75	41.69	7.01	24.75	42.32	31.93	155.45	296546.59	123531.28	21182.82
144	1272	002004	华邦健康	61.30	B	0.33	5.93	6.29	0.40	1.04	49.92	3.08	7.78	6.74	15.51	50.05	2822610.97	1087636.19	89500.56
145	1294	603585	苏利股份	61.10	B	0.97	8.56	8.73	0.53	0.85	17.86	0.00	−14.01	−0.67	−10.56	38.13	306824.64	155861.00	21901.56
146	1294	002226	江南化工	61.10	B	0.36	7.28	7.20	0.32	1.00	43.97	4.07	7.86	5.27	25.00	116.95	1257239.97	391878.86	54280.75
147	1294	603630	拉芳家化	61.10	B	0.52	5.52	6.24	0.50	0.63	8.83	0.00	1.97	7.10	−0.23	111.99	204009.31	98382.63	11280.36
148	1294	603650	彤程新材	61.10	B	0.70	15.33	11.99	0.47	1.04	43.00	9.83	−7.34	8.17	78.35	246.83	458372.00	204588.71	42659.70
149	1294	002753	永东股份	61.10	B	0.42	8.40	8.04	0.97	1.62	23.84	9.01	−16.27	7.88	6.37	70.67	254041.57	239123.99	15822.11
150	1330	002886	沃特股份	60.90	B	0.53	6.63	6.12	0.78	1.18	29.48	6.92	28.07	58.68	−3.00	80.24	163506.67	115281.57	7181.98
151	1330	000731	四川美丰	60.90	B	0.18	2.94	3.38	0.74	2.02	25.83	6.54	−0.57	2.41	−2.83	46.72	400415.81	291241.33	9869.96
152	1370	300320	海达股份	60.50	B	0.33	10.45	8.42	0.78	1.15	37.06	15.51	0.99	9.15	42.06	91.24	299610.95	226327.54	19707.27
153	1370	300121	阳谷华泰	60.50	B	0.34	7.11	7.39	0.88	1.61	28.19	20.89	−3.52	−0.98	69.49	140.23	230609.09	194338.75	12578.10
154	1390	300806	斯迪克	60.30	B	1.55	8.66	9.22	0.58	1.21	60.67	6.56	7.45	16.62	26.09	168.63	320297.04	153945.92	18067.58
155	1390	603727	博迈科	60.30	B	0.58	3.34	4.03	0.70	1.30	42.43	14.70	90.48	4.66	−20.42	75.45	424406.40	257933.03	13161.61
156	1410	002666	德联集团	60.10	B	0.31	6.74	7.56	1.09	1.58	23.58	12.25	16.02	6.60	6.75	76.89	417405.28	446776.23	23024.61
157	1435	002224	三力士	59.80	CCC	0.23	5.75	7.75	0.31	0.52	16.78	14.65	−4.83	5.30	−7.52	53.27	292508.03	90044.87	16762.39
158	1435	002669	康达新材	59.80	CCC	0.85	9.55	8.99	0.66	1.05	29.36	22.42	81.24	10.13	20.97	87.05	332655.86	193213.55	21458.87
159	1435	002915	中欣氟材	59.80	CCC	0.57	10.98	9.31	0.60	1.29	36.91	8.21	45.84	−4.38	−12.60	75.69	160226.70	103417.64	11840.91
160	1448	600160	巨化股份	59.70	CCC	0.04	−0.81	0.94	1.03	2.65	17.98	16.15	2.94	−2.62	13.60	52.42	1569164.44	1605369.86	10245.89
161	1465	688021	奥福环保	59.50	CCC	1.04	7.74	7.93	0.27	0.38	24.72	16.41	17.18	10.31	66.19	192.57	121818.61	31414.65	7836.00

续表

序号	A股上市公司评价得分排序	股票代码	股票简称	综合得分	评价等级	每股收益（元）	净资产收益率(%)	总资产报酬率(%)	总资产周转率（次）	流动资产周转率（次）	资产负债率(%)	已获利息倍数	营业收入增长率(%)	资本扩张率(%)	市场投资回报率(%)	股价波动率(%)	年末资产总额（万元）	营业收入（万元）	净利润（万元）
162	1478	603683	晶华新材	59.40	CCC	1.23	3.47	13.07	0.66	1.50	41.73	10.84	11.53	16.40	-6.69	83.53	165088.79	103874.07	15278.23
163	1478	002453	华软科技	59.40	CCC	0.06	2.28	4.20	1.16	2.21	41.00	2.52	3.96	146.77	2.66	67.15	287869.23	273939.01	4776.92
164	1495	000301	东方盛虹	59.30	CCC	0.07	0.80	1.97	0.46	1.48	64.17	1.85	-8.48	47.37	84.71	193.83	6293361.26	2277700.35	31273.48
165	1495	300644	南京聚隆	59.30	CCC	0.97	7.79	6.21	0.95	1.35	46.44	14.02	19.45	4.31	19.51	107.81	136022.82	113867.09	6124.40
166	1507	603681	永冠新材	59.20	CCC	1.05	8.21	8.15	0.92	1.45	54.14	11.67	12.58	14.04	-23.00	78.90	339511.26	241407.82	17550.11
167	1519	002632	道明光学	59.10	CCC	0.27	6.84	7.12	0.43	0.77	33.09	20.86	-9.00	2.42	3.85	66.38	299772.51	126646.00	16140.89
168	1529	000635	英力特	59.00	CCC	0.23	2.18	3.08	0.63	1.32	13.93	0.00	-6.33	0.97	-0.40	57.05	313420.42	195514.06	6958.84
169	1541	600315	上海家化	58.90	CCC	0.64	6.19	5.33	0.63	1.17	42.46	9.36	-7.43	3.40	13.58	136.58	1129532.06	703238.56	43020.17
170	1555	002221	东华能源	58.80	CCC	0.77	10.68	7.30	1.03	1.80	63.70	4.13	-37.04	9.29	27.96	67.63	2812385.77	2908174.94	121247.18
171	1570	300221	银禧科技	58.70	CCC	0.22	8.77	6.61	1.07	1.52	32.59	8.53	8.55	5.80	60.41	150.67	159720.33	164065.59	10103.88
172	1570	601208	东材科技	58.70	CCC	0.29	5.98	6.17	0.51	1.46	39.25	7.80	8.40	9.04	105.57	194.72	419703.02	188107.83	17613.62
173	1584	000859	国风塑业	58.60	CCC	0.16	3.81	4.66	0.57	1.10	42.83	75.65	8.88	5.62	-12.84	50.20	305564.63	148144.05	10399.74
174	1611	002108	沧州明珠	58.30	CCC	0.21	7.90	8.79	0.57	1.37	27.63	13.14	-7.80	6.46	40.25	133.81	494517.68	276247.92	29593.91
175	1621	300717	华信新材	58.20	CCC	0.35	5.57	6.35	0.40	0.83	9.94	0.00	-16.56	2.67	16.32	121.64	66697.20	26341.69	3627.02
176	1629	600352	浙江龙盛	58.10	CCC	1.31	9.31	10.14	0.29	0.43	46.59	26.50	-26.96	12.16	-7.05	59.61	5631453.90	1560544.18	438189.37
177	1651	600929	雪天盐业	57.90	CCC	0.16	4.99	4.98	0.53	1.80	37.47	8.95	-4.73	9.48	-16.59	51.27	457237.45	216447.76	15630.12
178	1651	600028	中国石化	57.90	CCC	0.27	0.82	3.66	1.21	4.67	49.02	4.02	-29.00	0.79	-18.53	46.15	173380500.00	210598400.00	4175000.00
179	1663	300035	中科电气	57.70	CCC	0.26	7.59	7.07	0.35	0.64	24.89	15.80	4.79	8.46	53.96	140.83	278620.11	97362.68	16381.15
180	1663	603067	振华股份	57.70	CCC	0.35	10.37	10.01	0.73	1.22	27.66	49.01	-8.37	8.27	10.48	86.33	200607.57	127841.77	15136.20
181	1685	002809	红墙股份	57.50	CCC	0.70	9.08	9.31	0.73	0.83	33.39	31.03	15.45	12.79	-1.42	82.98	196442.85	133656.13	14174.53
182	1696	600688	上海石化	57.40	CCC	0.06	1.70	1.49	1.65	3.77	34.40	6.64	-25.55	-2.20	-14.71	50.77	4474917.30	7470518.30	63943.60
183	1696	002556	辉隆股份	57.40	CCC	0.26	6.15	4.32	1.86	2.95	63.28	3.37	-13.55	18.73	34.72	88.94	911307.02	1610247.20	18483.49
184	1705	603033	三维股份	57.30	CCC	0.50	6.53	6.67	0.38	0.90	40.68	8.72	3.06	4.74	70.92	157.29	511397.51	180018.51	20112.49

续表

序号	A股上市公司评价得分排序	股票代码	股票简称	综合得分	评价等级	每股收益（元）	净资产收益率(%)	总资产报酬率(%)	总资产周转率（次）	流动资产周转率（次）	资产负债率(%)	已获利息倍数	营业收入增长率(%)	资本扩张率(%)	市场投资回报率(%)	股价波动率(%)	年末资产总额（万元）	营业收入（万元）	净利润（万元）
185	1705	300398	飞凯材料	57.30	CCC	0.45	7.08	6.97	0.36	0.71	47.30	4.32	23.17	18.01	17.07	97.09	553943.19	186401.05	23918.28
186	1705	603330	上海天洋	57.30	CCC	0.34	6.58	6.77	0.56	1.17	49.38	5.19	6.07	16.20	174.53	284.45	141288.91	69905.63	5455.62
187	1716	002827	高争民爆	57.20	CCC	0.13	6.91	5.82	0.56	1.38	38.71	9.60	107.87	2.33	9.54	186.01	147207.30	75565.77	6162.37
188	1716	601808	中海油服	57.20	CCC	0.57	6.16	5.61	0.38	1.17	49.06	4.80	-6.99	4.82	-33.06	102.96	7594230.70	2895919.85	271831.56
189	1731	002917	金奥博	57.10	CCC	0.25	7.59	8.45	0.61	0.77	29.98	22.10	40.19	7.87	-16.56	58.90	118790.64	63304.40	7669.93
190	1731	603580	艾艾精工	57.10	CCC	0.23	6.09	7.35	0.41	0.56	9.81	129.18	0.34	4.66	-8.15	56.62	49525.68	19415.97	3041.81
191	1731	600469	风神股份	57.10	CCC	0.35	6.74	4.21	0.76	1.53	61.46	4.27	-5.67	37.89	8.12	41.95	750231.38	557872.68	20108.91
192	1731	603227	雪峰科技	57.10	CCC	0.16	7.76	6.03	0.57	1.12	55.54	8.77	-4.97	6.15	0.10	62.84	373403.02	202858.83	13975.52
193	1743	000990	诚志股份	57.00	CCC	0.29	2.05	3.06	0.40	1.76	31.60	2.50	40.79	2.16	-19.00	80.70	2441238.85	973180.58	34865.17
194	1743	000698	沈阳化工	57.00	CCC	0.44	8.48	7.33	0.99	2.15	60.92	4.33	-13.14	9.74	37.74	239.50	1045527.59	957185.22	35823.60
195	1755	000818	航锦科技	56.90	CCC	0.34	7.96	6.64	0.76	2.06	34.62	6.90	-6.29	14.59	5.82	101.27	482888.14	353649.16	22666.20
196	1780	600096	云天化	56.70	CCC	0.19	2.26	4.02	0.92	1.96	83.88	1.39	-3.46	30.99	10.97	54.08	5298878.71	5211083.53	39474.37
197	1780	603299	苏盐井神	56.70	CCC	0.19	1.87	3.57	0.55	1.38	42.45	4.00	-6.04	1.90	2.93	57.75	726632.91	393729.75	15202.75
198	1798	002386	天原股份	56.50	CCC	0.15	1.18	3.08	1.52	4.33	64.41	1.82	-6.31	3.54	0.86	61.87	1475084.48	2164607.03	10700.19
199	1798	300261	雅本化学	56.50	CCC	0.17	7.34	5.99	0.53	1.18	45.39	5.69	20.36	4.18	33.05	171.50	396334.05	200333.06	17257.17
200	1806	000881	中广核技	56.40	CCC	0.29	3.20	3.94	0.56	0.87	47.92	3.60	-5.27	4.11	56.22	112.07	1231971.51	665167.96	29286.80
201	1829	000985	大庆华科	56.20	CCC	0.09	0.53	1.87	2.46	6.01	16.76	0.00	-18.22	0.01	-22.39	93.42	69465.55	176304.45	1212.97
202	1868	002549	凯美特气	55.80	CCC	0.12	5.69	6.39	0.32	0.83	39.74	4.53	0.82	-1.88	28.54	96.76	162625.92	51875.32	7233.61
203	1886	002395	双象股份	55.60	CCC	0.16	3.48	3.40	0.93	1.36	42.69	18.83	-5.28	4.95	-23.16	66.53	156092.87	134175.14	4219.05
204	1886	603078	江化微	55.60	CCC	0.41	5.10	4.39	0.34	0.80	43.91	12.08	14.96	41.24	27.68	132.59	198841.31	56379.48	5742.96
205	1901	002246	北化股份	55.40	CCC	0.16	1.95	2.39	0.58	0.86	32.55	0.00	-4.16	3.81	-4.47	55.27	420665.71	235858.06	8159.62
206	1922	002170	芭田股份	55.20	CCC	0.09	3.42	3.53	0.59	1.85	42.84	4.62	-6.67	3.69	24.36	56.43	349645.06	212652.00	7668.36
207	1922	603360	百傲化学	55.20	CCC	0.85	21.25	19.94	0.57	1.32	30.87	297.91	-14.03	-4.37	-38.30	84.43	142969.60	74954.10	22175.45

续表

序号	A股上市公司评价得分排序	股票代码	股票简称	综合得分	评价等级	每股收益（元）	净资产收益率(%)	总资产报酬率(%)	总资产周转率（次）	流动资产周转率（次）	资产负债率(%)	已获利息倍数	营业收入增长率(%)	资本扩张率(%)	市场投资回报率(%)	股价波动率(%)	年末资产总额（万元）	营业收入（万元）	净利润（万元）
208	1922	300505	川金诺	55.20	CCC	0.32	3.00	3.47	0.62	1.57	45.48	6.22	-6.77	14.03	-12.71	81.67	193829.04	104980.85	4131.56
209	1922	000059	华锦股份	55.20	CCC	0.20	1.95	3.10	1.06	2.32	49.42	1.83	-23.15	-0.24	-6.38	58.80	2789965.24	3043743.75	34498.25
210	1931	600182	S佳通	55.10	CCC	0.18	7.06	6.96	0.94	1.44	42.54	4.92	-8.70	0.81	-5.71	54.41	295179.56	280304.72	12467.20
211	1939	002054	德美化工	55.00	CC	0.28	3.16	4.08	0.46	1.03	37.80	4.56	3.49	17.86	4.77	64.34	397359.51	162608.11	10035.12
212	1950	002215	诺普信	54.90	CC	0.19	3.95	4.40	0.70	1.11	50.36	3.91	1.80	2.94	-12.42	37.12	597146.53	413142.48	17467.99
213	1959	002584	西陇科学	54.80	CC	0.10	1.03	3.38	1.44	2.01	52.77	2.25	87.05	4.43	13.07	90.14	442145.39	624317.09	6368.83
214	1959	002391	长青股份	54.80	CC	0.31	4.53	4.16	0.56	1.10	22.99	11.87	-10.92	25.71	-15.29	62.45	567474.14	300825.93	19546.49
215	1965	300568	星源材质	54.70	CC	0.27	2.54	3.04	0.17	0.56	48.62	5.85	61.17	18.74	68.66	143.48	572147.16	96663.22	10147.83
216	1981	002206	海利得	54.40	CC	0.22	8.59	6.05	0.61	1.50	50.27	7.31	-12.48	3.58	1.14	63.94	587351.52	351255.70	25469.27
217	1981	600470	六国化工	54.40	CC	0.32	10.79	5.80	1.06	2.90	70.40	3.46	10.78	18.79	-4.78	115.72	451627.77	482323.22	18286.17
218	1997	002274	华昌化工	54.20	CC	0.19	4.73	4.43	0.87	3.00	60.86	3.22	-3.41	4.03	-25.02	82.89	741303.13	609932.27	17442.66
219	1997	002053	云南能投	54.20	CC	0.30	4.32	4.35	0.22	0.73	43.76	4.47	2.96	3.54	1.57	51.65	955219.03	199027.85	25955.34
220	1997	002250	联化科技	54.20	CC	0.12	1.44	2.88	0.48	1.20	41.70	3.66	11.63	1.63	42.68	151.63	1040841.00	478179.87	13358.88
221	2016	000096	广聚能源	54.00	CC	0.25	4.32	5.02	0.41	0.73	7.02	0.00	-24.29	4.53	-16.90	52.30	307620.29	122882.15	13306.06
222	2054	300429	强力新材	53.60	CC	0.18	3.91	4.23	0.30	0.59	33.99	24.07	-10.12	14.56	-14.87	58.38	301733.94	77647.25	8986.20
223	2062	300535	达威股份	53.50	CC	0.57	6.24	5.93	0.48	0.93	18.70	61.41	18.49	16.55	1.52	93.15	108133.57	46964.44	5543.98
224	2062	300409	道氏技术	53.50	CC	0.13	0.21	3.03	0.71	1.38	48.52	1.93	10.99	0.65	9.31	79.16	483500.07	331472.44	5759.55
225	2091	300387	富邦股份	53.20	CC	0.24	5.27	5.41	0.40	0.85	28.61	8.57	10.89	4.15	-24.28	74.17	173613.30	64542.62	6706.56
226	2101	002092	中泰化学	53.10	CC	0.07	-0.77	2.14	1.36	4.23	66.60	1.15	1.30	-1.56	-13.22	82.78	6392687.08	8419701.81	-4313.03
227	2111	000973	佛塑科技	53.00	CC	0.07	2.88	3.88	0.57	1.72	31.46	3.38	-19.27	2.63	-1.87	57.77	389819.59	229940.31	9992.62
228	2145	300218	安利股份	52.70	CC	0.23	3.22	3.67	0.75	1.58	43.17	3.61	-8.75	3.26	29.72	178.41	207973.03	154658.51	5238.89
229	2145	601857	中国石油	52.70	CC	0.10	0.18	3.20	0.74	4.06	45.07	3.04	-23.16	-5.38	-27.57	71.21	248840000.00	193383600.00	3348100.00
230	2145	300586	美联新材	52.70	CC	0.09	2.76	3.37	0.81	2.19	50.88	2.41	20.38	4.23	-21.21	60.69	193170.02	151713.47	3094.18

续表

序号	A股上市公司评价得分排序	股票代码	股票简称	综合得分	评价等级	每股收益（元）	净资产收益率（%）	总资产报酬率（%）	总资产周转率（次）	流动资产周转率（次）	资产负债率（%）	已获利息倍数	营业收入增长率（%）	资本扩张率（%）	市场投资回报率（%）	股价波动率（%）	年末资产总额（万元）	营业收入（万元）	净利润（万元）
231	2166	600583	海油工程	52.50	CC	0.08	0.24	1.67	0.55	1.07	31.90	110.34	21.43	−0.03	−40.77	126.53	3328189.62	1786257.63	36553.13
232	2178	300321	同大股份	52.30	CC	0.23	2.53	3.10	0.54	0.99	14.45	239.33	−10.40	−2.34	14.10	74.69	74249.16	40887.89	2028.04
233	2178	002002	鸿达兴业	52.30	CC	0.31	10.75	7.61	0.31	0.84	58.04	4.46	1.78	2.57	−28.08	67.47	1790672.65	539392.27	82027.42
234	2178	002455	百川股份	52.30	CC	0.13	1.77	2.53	0.56	1.38	62.30	3.94	−15.07	42.04	−1.65	53.73	500630.42	218673.02	6645.53
235	2189	600277	亿利洁能	52.10	CC	0.19	2.90	3.92	0.36	1.04	47.60	2.12	4.43	3.89	−32.35	67.43	3642178.18	1291520.10	65165.17
236	2195	002165	红宝丽	52.00	CC	0.20	7.58	5.07	0.64	1.54	61.48	3.04	9.57	6.04	28.64	105.30	433340.83	261081.02	11855.46
237	2202	300665	飞鹿股份	51.90	CC	0.20	3.29	3.62	0.51	0.83	60.61	2.94	21.37	16.21	1.49	91.49	134930.09	60554.99	2395.76
238	2202	603379	三美股份	51.90	CC	0.36	3.05	5.50	0.51	0.65	7.14	902.60	−30.85	0.53	−27.70	68.55	536552.62	272072.81	22157.32
239	2202	300641	正丹股份	51.90	CC	0.09	2.50	3.41	0.78	1.30	18.92	6.61	0.77	2.51	5.80	105.46	167596.01	131771.45	4299.76
240	2216	002741	光华科技	51.80	CC	0.10	1.06	2.62	0.76	1.32	52.89	1.80	17.54	2.85	−0.31	57.78	274078.27	201426.46	3530.41
241	2216	603077	和邦生物	51.80	CC	0.00	3.02	0.67	0.36	1.55	23.29	1.19	−11.87	−1.27	−6.60	41.72	1474001.73	526076.60	290.95
242	2230	000683	远兴能源	51.60	CC	0.02	1.10	2.43	0.33	1.41	47.91	1.77	0.06	−0.36	−7.69	90.37	2325477.63	769805.79	12641.89
243	2238	300743	天地数码	51.50	CC	0.23	3.29	5.18	0.76	1.07	32.54	10.71	1.14	0.53	−22.44	85.39	58202.88	42013.10	2268.98
244	2255	002037	保利联合	51.30	CC	0.26	3.16	3.05	0.43	0.58	71.04	2.24	19.02	6.05	−7.21	62.39	1520042.73	598016.49	15237.13
245	2262	002545	东方铁塔	51.20	CC	0.25	2.87	3.59	0.22	0.73	33.40	6.55	1.74	1.53	3.34	68.51	1176931.96	265138.75	30902.20
246	2272	300731	科创新源	51.10	CC	0.22	2.94	4.14	0.36	0.61	32.08	10.79	0.33	18.91	−24.20	90.89	97927.47	30699.84	2773.87
247	2296	000677	恒天海龙	50.80	CC	0.01	2.19	3.34	0.79	1.85	20.21	11.87	−13.97	2.48	−26.20	53.43	86722.81	68025.27	1671.88
248	2296	600810	神马股份	50.80	CC	0.58	2.81	4.65	0.52	0.98	72.34	2.21	−31.56	30.78	18.22	98.62	2007898.47	891200.01	38230.56
249	2306	002442	龙星化工	50.70	CC	0.16	3.88	5.60	0.89	1.62	47.77	3.04	−18.18	6.26	−21.77	65.92	251707.77	229574.58	7745.55
250	2316	000553	安道麦 A	50.60	CC	0.15	1.31	2.87	0.62	1.09	54.20	1.77	3.20	−4.19	−23.84	60.05	4680103.40	2844483.30	35275.30
251	2335	300191	潜能恒信	50.40	CC	0.03	0.54	1.30	0.26	0.57	21.96	8.10	143.61	−0.10	−26.31	69.01	154480.83	42517.14	1112.35
252	2356	600623	华谊集团	50.20	CC	0.20	0.19	1.82	0.60	1.26	53.69	2.84	−25.05	1.47	−13.30	54.16	4559277.21	2812676.46	40714.38
253	2373	600339	中油工程	50.00	C	0.15	3.19	1.63	0.71	0.77	76.78	15.08	8.68	3.68	−11.09	81.83	10631122.60	7069845.94	86625.09

续表

序号	A股上市公司评价得分排序	股票代码	股票简称	综合得分	评价等级	每股收益（元）	净资产收益率（%）	总资产报酬率（%）	总资产周转率（次）	流动资产周转率（次）	资产负债率（%）	已获利息倍数	营业收入增长率（%）	资本扩张率（%）	市场投资回报率（%）	股价波动率（%）	年末资产总额（万元）	营业收入（万元）	净利润（万元）
254	2385	300796	贝斯美	49.90	C	0.32	3.37	3.84	0.32	0.53	20.54	9.16	−18.12	2.82	−24.04	61.60	130623.40	40454.35	3819.62
255	2385	603980	吉华集团	49.90	C	0.33	0.89	5.79	0.34	0.50	16.89	129.85	−30.45	−2.07	−16.89	39.40	541872.90	183223.13	22894.75
256	2385	002783	凯龙股份	49.90	C	0.13	3.85	3.62	0.36	1.18	60.63	2.44	6.32	18.44	−14.87	91.71	669811.06	201094.12	9356.53
257	2385	000565	渝三峡A	49.90	C	0.13	2.90	4.76	0.28	0.64	24.73	6.93	−8.49	5.48	−11.54	44.34	158855.30	43288.46	5507.49
258	2415	600367	红星发展	49.60	C	0.19	−1.96	3.50	0.68	1.21	28.80	10.86	−9.57	2.06	−5.55	35.95	202936.52	137764.72	5148.67
259	2430	000554	泰山石油	49.40	C	0.02	0.95	0.99	1.73	6.41	38.29	5.42	−17.12	0.81	−12.87	40.08	148606.50	242378.64	741.29
260	2438	603725	天安新材	49.30	C	0.19	2.66	4.07	0.64	1.18	44.15	3.37	0.13	2.04	−6.02	79.14	147426.89	86921.46	3697.90
261	2450	603790	雅运股份	49.10	C	0.29	3.73	4.09	0.59	0.78	13.94	73.33	−15.96	1.85	−29.89	58.74	141226.38	80384.70	5052.36
262	2450	002211	宏达新材	49.10	C	0.12	6.25	6.93	0.83	1.16	33.17	12.89	−16.62	7.46	−8.08	65.70	113583.25	92108.85	5269.58
263	2470	603256	宏和科技	48.90	C	0.13	7.21	7.41	0.30	0.57	33.41	8.01	−6.35	3.78	−42.65	94.53	222150.65	62057.43	11707.88
264	2476	300539	横河模具	48.70	C	0.07	2.10	2.86	0.56	1.12	52.95	2.40	3.86	1.12	0.67	101.43	105460.01	57816.78	1339.99
265	2499	002361	神剑股份	48.40	C	0.10	3.37	3.64	0.52	0.87	47.74	3.48	−10.07	1.08	27.55	70.01	354122.91	186931.96	8486.88
266	2508	300067	安诺其	48.30	C	0.12	5.58	6.94	0.46	0.85	24.73	17.04	−11.51	2.63	3.32	121.45	233035.52	99504.36	11711.24
267	2515	300538	同益股份	48.20	C	0.15	4.95	4.45	2.52	2.84	43.91	4.52	24.01	2.25	40.76	107.69	84800.99	221651.32	2264.40
268	2515	000637	茂化实华	48.20	C	0.03	−0.62	0.74	2.33	4.74	48.71	0.66	−6.99	−4.67	−7.21	45.89	192118.70	399792.22	−37.88
269	2530	603615	茶花股份	48.10	C	0.15	2.57	3.50	0.46	0.81	12.64	0.00	−12.30	−6.95	17.29	107.78	146697.06	68989.24	3692.34
270	2538	002476	宝莫股份	48.00	C	0.02	1.57	2.71	0.45	0.79	18.62	2.75	7.30	1.63	−34.67	82.44	101006.21	44731.46	1318.26
271	2546	600722	金牛化工	47.90	C	0.01	1.51	1.58	0.33	0.39	9.17	270.89	−48.68	0.95	−5.48	81.06	123981.91	40403.53	1752.85
272	2562	000422	ST宜化	47.70	C	0.13	−18.42	4.35	0.61	2.18	93.90	1.32	−5.83	17.50	9.21	50.42	2201566.85	1380469.99	21407.68
273	2562	600714	金瑞矿业	47.70	C	0.01	0.06	0.65	0.24	0.35	9.79	0.00	−2.21	0.72	−9.39	53.94	68739.15	16301.48	358.01
274	2579	002326	永太科技	47.50	C	0.14	−1.03	2.72	0.47	1.28	55.15	1.92	0.60	3.34	6.98	105.93	774539.12	345030.66	7769.40
275	2588	002562	兄弟科技	47.40	C	0.03	0.35	1.86	0.40	1.08	43.52	1.84	52.56	30.64	4.87	79.41	535844.08	191879.20	2802.88
276	2604	002201	九鼎新材	47.20	C	0.10	2.16	3.65	0.70	1.93	60.95	1.90	69.73	3.19	−44.52	100.02	250013.33	167071.54	3451.47

续表

序号	A股上市公司评价得分排序	股票代码	股票简称	综合得分	评价等级	每股收益（元）	净资产收益率(%)	总资产报酬率(%)	总资产周转率（次）	流动资产周转率（次）	资产负债率(%)	已获利息倍数	营业收入增长率(%)	资本扩张率(%)	市场投资回报率(%)	股价波动率(%)	年末资产总额（万元）	营业收入（万元）	净利润（万元）
277	2610	002125	湘潭电化	47.10	C	0.04	1.32	2.85	0.34	1.03	51.23	1.32	1.99	46.85	53.80	92.33	366477.19	123416.67	2459.41
278	2610	601500	通用股份	47.10	C	0.10	1.81	2.10	0.47	1.33	51.86	2.34	3.36	0.38	-8.93	34.92	762896.96	344771.83	9101.31
279	2630	000737	南风化工	46.70	C	0.17	-5.36	9.07	0.80	1.78	59.19	4.50	-7.34	28.74	65.23	150.12	125592.33	112545.56	9183.76
280	2641	000408	*ST藏格	46.40	C	0.11	2.46	3.47	0.21	0.76	8.76	30.89	-5.70	0.13	8.99	125.75	867763.86	190348.71	22888.75
281	2648	603332	苏州龙杰	46.30	C	0.30	0.66	2.51	0.57	0.73	10.05	0.00	-45.83	-2.59	-34.35	123.41	148562.77	87950.35	3580.53
282	2665	300109	新开源	46.10	C	0.14	0.48	2.84	0.23	0.88	25.79	2.30	5.85	0.77	-18.30	71.55	414547.84	97852.91	3264.34
283	2665	002068	黑猫股份	46.10	C	0.13	2.66	2.58	0.79	1.57	55.52	2.27	-15.04	3.31	29.79	129.81	693271.53	555977.60	8381.49
284	2673	603822	嘉澳环保	46.00	C	0.51	4.70	3.82	0.68	1.50	57.50	2.33	-1.90	6.42	-32.82	55.13	203470.70	123014.60	4046.08
285	2680	002096	南岭民爆	45.90	C	0.05	3.72	1.44	0.52	1.15	47.92	1.64	-20.72	0.56	10.28	225.56	398559.06	199909.35	2596.58
286	2686	600230	沧州大化	45.80	C	0.09	-1.71	0.20	0.29	0.84	38.62	13.32	-21.48	0.19	-14.46	94.48	637266.30	165326.48	1345.73
287	2686	000792	*ST盐湖	45.80	C	0.49	-17.81	15.40	0.66	1.72	73.82	8.11	-21.47	0.00	0.00	26.33	2010981.46	1401626.06	201011.75
288	2692	300107	建新股份	45.70	C	0.08	2.98	2.93	0.33	0.47	7.25	103.60	-39.07	-16.08	-11.28	74.38	159691.31	56370.66	4533.70
289	2699	688199	久日新材	45.60	C	1.23	3.34	5.55	0.32	0.45	20.79	18.64	-24.23	-1.95	-28.63	86.57	330322.42	101141.80	13638.65
290	2708	000893	亚钾国际	45.50	C	0.08	0.16	1.90	0.09	0.59	7.42	402.76	-40.01	1.82	32.94	141.30	431770.39	36317.24	6145.98
291	2741	000949	新乡化纤	45.00	C	0.07	1.50	3.09	0.53	1.53	56.18	1.71	-6.82	1.91	-19.97	69.11	878274.78	447650.96	8357.15
292	2763	600249	两面针	44.60	C	0.11	0.05	2.76	0.26	0.37	16.99	60.05	-42.24	2.86	2.35	52.36	255526.61	68543.12	5818.66
293	2773	000782	美达股份	44.50	C	0.07	-1.58	2.51	0.86	1.73	48.98	2.84	-21.32	-1.54	-8.36	53.02	282254.86	234981.12	3656.06
294	2796	300721	怡达股份	43.90	C	-0.05	-0.85	0.77	0.51	1.81	60.33	0.64	5.21	-1.19	52.10	172.31	223735.60	100416.00	-427.09
295	2830	300163	先锋新材	43.00	C	0.04	0.02	3.14	0.36	0.63	16.59	7.08	-38.75	2.89	-6.89	102.44	71687.23	27572.15	1791.30
296	2839	000159	国际实业	42.90	C	0.18	0.47	4.63	0.20	0.40	18.12	4.54	28.18	0.44	-19.44	74.79	267938.06	55167.46	8499.92
297	2863	300637	扬帆新材	42.40	C	0.12	3.29	3.37	0.42	1.50	38.30	3.84	-3.38	-1.82	-33.32	97.99	123222.58	49441.00	2764.92
298	2868	600871	石化油服	42.30	C	0.00	-3.96	2.04	1.11	2.26	89.00	1.38	-2.57	-0.61	-18.96	70.58	6109119.50	6807339.40	7897.80
299	2868	603879	永悦科技	42.30	C	0.02	-1.43	1.14	0.70	0.84	8.80	3.39	-5.21	-0.51	-8.96	202.54	58530.42	40638.69	535.39

续表

序号	A股上市公司评价得分排序	股票代码	股票简称	综合得分	评价等级	每股收益（元）	净资产收益率(%)	总资产报酬率(%)	总资产周转率（次）	流动资产周转率（次）	资产负债率(%)	已获利息倍数	营业收入增长率(%)	资本扩张率(%)	市场投资回报率(%)	股价波动率(%)	年末资产总额（万元）	营业收入（万元）	净利润（万元）
300	2927	300798	锦鸡股份	40.80	C	0.05	1.27	1.81	0.50	0.75	19.91	0.00	-32.96	0.08	-34.44	79.61	152862.60	75358.67	2183.86
301	2930	300769	德方纳米	40.70	C	-0.36	-4.36	-1.13	0.34	0.64	42.07	-2.63	-10.62	121.72	162.11	209.72	378205.17	94212.83	-3486.58
302	2943	300135	宝利国际	40.30	C	0.00	-1.81	2.23	0.73	1.06	52.42	1.03	-16.93	-1.05	-3.31	116.02	262124.33	201839.44	-236.54
303	2947	300054	鼎龙股份	40.20	C	-0.17	-6.41	-2.08	0.42	0.80	16.20	-42.96	58.15	-4.35	92.39	145.72	445017.08	181685.91	-13103.72
304	2960	600691	阳煤化工	39.90	C	0.05	-11.80	3.66	0.54	1.37	73.78	1.12	0.12	-8.70	10.23	51.44	2421547.87	1795021.71	2366.12
305	2960	002407	多氟多	39.90	C	0.07	-4.78	2.16	0.45	1.09	63.48	1.25	9.30	1.68	53.39	133.16	965109.50	420877.72	4407.47
306	2969	600387	海越能源	39.60	C	0.15	1.94	2.73	1.14	1.79	19.25	7.18	-58.77	3.96	-28.63	63.86	411505.56	493127.62	7505.21
307	3015	600759	洲际油气	38.00	C	0.08	-3.91	5.03	0.11	1.84	60.43	1.53	-41.72	0.40	-38.73	94.80	1419567.65	162227.83	24529.27
308	3043	600228	返利科技	37.00	C	-0.12	-16.20	-6.54	1.46	2.78	59.90	-22.00	-15.63	-21.93	74.47	157.86	24855.13	36559.48	-1833.06
309	3049	002513	*ST 蓝丰	36.80	C	0.04	-4.15	1.34	0.54	1.64	49.81	1.09	-10.80	2.16	-47.46	148.62	231104.92	134197.09	1482.36
310	3070	600423	ST 柳化	36.10	C	0.02	2.71	2.39	0.20	0.23	16.29	0.00	-71.35	3.58	-25.27	43.95	46937.01	10712.08	1271.64
311	3082	002828	贝肯能源	35.40	C	0.12	2.07	2.47	0.36	0.59	62.38	2.16	-33.54	-3.11	-28.36	58.71	262948.97	93575.36	2697.40
312	3089	600889	南京化纤	35.00	C	0.03	-11.05	3.60	0.17	0.34	33.22	0.00	-44.36	10.35	-8.19	140.84	230936.56	36596.72	1269.19
313	3092	000599	青岛双星	34.90	C	-0.04	-7.74	0.96	0.44	1.03	65.00	0.57	7.20	-3.11	-13.26	63.59	1005920.66	442068.14	-7224.85
314	3123	600165	新日恒力	33.50	C	0.03	0.56	1.52	0.04	0.16	61.83	1.90	-55.18	37.59	87.93	210.61	333457.11	11911.50	2320.10
315	3126	000545	金浦钛业	33.40	C	-0.25	-13.49	-7.94	0.61	1.44	37.43	-9.44	-2.69	-12.98	13.13	100.57	288770.61	183409.34	-25022.33
316	3145	002319	乐通股份	32.50	C	0.04	-21.63	5.54	0.49	1.36	77.33	1.53	-17.88	1.20	-25.12	110.38	62652.45	31456.37	730.98
317	3145	000936	华西股份	32.50	C	-0.38	-0.39	-0.25	0.22	0.38	44.36	-0.10	-26.09	-17.96	3.02	130.37	867516.74	235555.87	-28795.78
318	3154	000420	吉林化纤	32.10	C	-0.11	-7.67	-0.01	0.29	1.10	64.18	0.00	-7.09	3.08	-14.46	55.09	868828.31	249971.45	-23192.40
319	3161	002207	准油股份	31.70	C	-0.03	-38.26	0.97	0.44	0.88	64.39	0.36	-35.27	104.33	5.16	115.76	41296.04	19552.48	-829.94
320	3164	002748	世龙实业	31.60	C	-0.59	-13.40	-8.47	0.85	3.18	46.39	-7.14	-15.03	-12.81	-16.27	46.62	187597.21	157159.69	-13786.03
321	3171	000707	ST 双环	31.20	C	-1.04	911.08	-10.23	0.54	2.46	109.74	-2.44	-22.55	-259.24	-30.93	64.20	303260.95	178481.82	-48082.57
322	3181	300230	永利股份	30.90	C	-0.67	-19.36	-10.58	0.74	1.25	42.91	-28.44	-1.67	-30.07	28.17	110.65	403343.50	320888.10	-52667.32

续表

序号	A股上市公司评价得分排序	股票代码	股票简称	综合得分	评价等级	每股收益（元）	净资产收益率(%)	总资产报酬率(%)	总资产周转率（次）	流动资产周转率（次）	资产负债率(%)	已获利息倍数	营业收入增长率(%)	资本扩张率(%)	市场投资回报率(%)	股价波动率(%)	年末资产总额（万元）	营业收入（万元）	净利润（万元）
323	3199	000822	山东海化	30.30	C	−0.28	−8.42	−6.76	0.84	1.85	30.03	−13032.14	−20.20	−9.55	−18.42	80.84	430617.53	368761.35	−25173.80
324	3236	002805	丰元股份	28.30	C	−0.20	−5.93	−2.57	0.35	0.77	50.58	−2.01	−21.99	−6.48	14.38	58.19	110698.70	35726.39	−2920.30
325	3250	300180	华峰超纤	27.50	C	−0.28	−10.37	−4.59	0.39	1.45	36.88	−5.08	−0.66	−3.17	−32.91	87.68	805502.77	321910.46	−48430.64
326	3272	300537	广信材料	26.80	C	−1.11	−19.10	−11.91	0.44	1.05	26.52	−27.76	−6.90	−17.19	−13.88	103.64	150058.77	75314.07	−22177.86
327	3278	002496	*ST 辉丰	26.50	C	−0.19	−14.47	−7.02	0.32	0.97	51.96	−14.75	33.87	−18.71	−16.83	106.95	496703.26	164180.77	−35352.27
328	3303	002450	康得退	25.50	C	−0.91	18.93	−28.83	0.13	0.28	215.46	−3.35	−25.16	0.00	0.00	0.00	810108.70	110725.08	−320686.93
329	3316	600844	丹化科技	25.00	C	−0.36	−23.38	−19.18	0.39	2.56	31.20	−28.38	−12.54	−20.77	−19.86	126.72	259454.73	107545.62	−47290.95
330	3326	002554	惠博普	24.40	C	−0.17	−10.29	−3.53	0.28	0.43	44.34	−2.50	−50.49	22.52	−17.77	50.38	406245.81	113552.49	−17624.89
331	3335	300405	科隆股份	24.10	C	−0.27	−10.22	−2.57	0.58	0.86	50.72	−1.20	−1.58	−7.77	22.42	224.93	154398.15	92880.47	−6159.33
332	3341	603991	至正股份	24.00	C	−0.65	−13.15	−6.66	0.49	0.86	35.10	−3.89	−32.60	−11.47	124.80	211.80	57171.25	31131.62	−4807.96
333	3347	000525	红太阳	23.80	C	−0.27	−6.01	1.57	0.32	0.61	64.41	0.56	−12.84	−10.54	−40.28	102.50	1154274.82	402199.52	−14908.66
334	3391	300169	天晟新材	22.30	C	−0.87	−39.56	−13.96	0.50	0.81	64.26	−6.28	0.00	−31.85	11.89	166.13	172946.65	89350.33	−28558.77
335	3416	300072	三聚环保	21.30	C	−0.59	−13.03	−5.73	0.35	0.48	48.26	−5.62	−15.91	−13.83	−14.84	140.32	1888929.68	713344.23	−135353.40
336	3420	002172	澳洋健康	21.10	C	−0.59	−50.77	−4.73	0.48	1.17	84.93	−2.21	3.40	−32.85	−21.72	111.02	642660.33	308340.12	−47122.48
337	3423	300716	国立科技	21.00	C	−1.98	−49.65	−18.67	0.97	1.70	71.59	−9.78	−25.94	−36.08	−19.11	73.27	208786.93	192691.59	−37365.44
338	3426	600078	澄星股份	20.90	C	−3.34	−197.98	−29.23	0.46	1.07	100.56	−10.42	−5.24	−101.34	−21.79	59.63	542760.60	313654.85	−216920.25
339	3432	603133	碳元科技	20.60	C	−0.41	−13.14	−5.78	0.33	0.89	49.13	−6.26	2.59	−10.51	−59.69	151.74	161288.35	56257.91	−9811.42
340	3437	000523	广州浪奇	20.40	C	−7.14	816.66	−80.54	0.55	0.66	212.35	−27.47	−72.99	−292.85	−45.43	155.03	326875.46	334849.62	−556526.14
341	3474	002094	青岛金王	19.10	C	−0.62	−18.76	−11.17	0.77	1.04	42.39	−9.10	−26.91	−18.38	−26.65	59.40	480551.14	400171.68	−57055.91
342	3499	002629	ST 仁智	18.20	C	−0.04	−47.57	−2.29	0.29	0.54	91.51	−1.64	12.12	−37.15	−18.81	105.49	37902.31	10857.34	−1529.20
343	3503	600091	*ST 明科	18.00	C	−0.04	−5.20	−1.48	0.02	0.02	22.98	−62.32	−24.58	−1.94	−52.46	135.56	115699.19	1823.47	−1758.98
344	3506	600777	新潮能源	17.90	C	−0.39	−18.50	−10.28	0.16	1.98	45.32	−5.02	−31.74	−22.90	−29.36	66.45	2272992.90	414361.76	−265625.66
345	3511	603188	ST 亚邦	17.70	C	−1.07	−26.80	−16.69	0.16	0.55	39.67	−15.30	−54.07	−23.48	−20.53	52.01	382195.71	65263.73	−70868.90

续表

序号	A股上市公司评价得分排序	股票代码	股票简称	综合得分	评价等级	每股收益（元）	净资产收益率(%)	总资产报酬率(%)	总资产周转率（次）	流动资产周转率（次）	资产负债率(%)	已获利息倍数	营业收入增长率(%)	资本扩张率(%)	市场投资回报率(%)	股价波动率(%)	年末资产总额（万元）	营业收入（万元）	净利润（万元）
346	3525	300437	清水源	17.20	C	-1.71	-23.37	-6.30	0.27	0.48	66.02	-2.75	-27.55	-21.97	-5.34	75.87	438777.48	123738.74	-39235.75
347	3537	300478	杭州高新	16.60	C	-1.50	-107.70	-29.85	0.68	1.29	84.04	-17.47	-41.02	-77.49	-17.18	67.44	40287.36	41120.68	-19186.52
348	3545	002470	*ST 金正	16.10	C	-1.02	-37.17	-14.91	0.46	0.81	64.50	-11.14	-17.28	-45.76	-54.50	215.12	1790396.47	935498.60	-336453.52
349	3548	300446	*ST 乐材	15.90	C	-0.12	-6.05	-2.67	0.17	0.27	19.59	-131.66	-52.96	-2.55	-45.12	154.07	83811.50	13104.98	-2412.73
350	3568	002427	ST 尤夫	14.90	C	-1.71	-147.19	-3.92	0.43	0.98	98.96	-0.40	-20.68	-93.07	-51.10	130.73	540241.98	244641.17	-75094.26
351	3578	300164	通源石油	14.20	C	-2.07	-80.59	-50.36	0.27	0.66	43.78	-37.10	-59.40	-48.60	-27.42	77.38	171230.77	63169.64	-113251.97
352	3595	300325	*ST 德威	13.00	C	-0.70	-121.38	-19.37	0.30	0.54	89.84	-5.34	-22.25	-74.08	-31.48	89.01	264530.59	89474.27	-72481.36
353	3598	002341	新纶科技	12.90	C	-1.12	-25.61	-13.29	0.26	0.88	53.31	-6.26	-32.36	-26.14	-39.91	151.03	774900.67	224699.97	-130315.89
354	3601	603619	中曼石油	12.70	C	-1.22	-23.53	-7.12	0.30	0.73	62.26	-4.98	-35.66	-19.50	-41.44	91.64	504497.15	158466.39	-48716.45
355	3602	300530	*ST 达志	12.60	C	-0.32	-26.92	-5.14	0.13	0.29	71.14	-5.70	-35.24	-40.75	59.81	174.91	109416.59	11235.75	-5794.69
356	3602	300157	恒泰艾普	12.60	C	-1.70	-55.09	-26.61	0.17	0.38	62.99	-10.22	-34.60	-58.75	-7.64	198.02	346821.55	69593.77	-120795.23
357	3605	600589	广东榕泰	12.50	C	-1.73	-61.89	-27.96	0.27	0.36	63.78	-13.58	-26.49	-49.84	-40.27	164.82	364142.12	106553.72	-121523.49
358	3639	600319	*ST 亚星	9.70	C	-0.08	-73.31	-1.58	0.03	0.16	98.00	-128371.50	-97.02	-39.88	12.19	72.48	194213.18	4929.38	-2567.45
359		601568	北元集团	79.40	A	0.51	16.26	14.74	0.73	1.87	18.75	65.67	-1.92	58.28	15.48	22.56	1541407.65	985351.17	168422.38
360		300848	美瑞新材	77.90	A	1.79	17.24	15.70	1.02	1.38	24.59	731.34	16.71	201.20	15.48	41.98	103838.29	75686.15	10203.17
361		688026	洁特生物	76.80	A	1.22	19.14	21.62	0.74	1.24	17.82	47666.03	103.61	128.92	15.48	118.89	96970.91	50393.38	11937.15
362		300910	瑞丰新材	75.90	A	1.58	12.19	13.08	0.53	0.65	9.83	0.00	31.09	136.83	15.48	41.56	230333.25	86085.54	18286.47
363		002984	森麒麟	75.30	A	1.64	22.55	15.29	0.67	1.67	28.27	15.04	2.76	53.73	15.48	23.57	773673.72	470538.18	98055.25
364		605399	晨光新材	75.10	A	0.81	14.69	16.25	0.82	1.16	9.02	400.13	8.11	154.12	15.48	46.44	124644.25	74621.25	12755.89
365		003017	大洋生物	74.50	BBB	1.93	11.73	10.77	0.72	1.41	22.03	151.59	9.10	92.36	15.48	26.00	122880.10	67833.51	9160.60
366		300876	蒙泰高新	74.40	BBB	1.00	14.46	17.02	0.67	0.87	3.41	62.32	-2.38	207.80	15.48	49.96	78490.36	36972.65	8007.12
367		300920	润阳科技	73.70	BBB	1.69	14.73	17.45	0.49	0.74	13.19	103.03	18.95	191.00	15.48	10.10	129527.68	43412.47	12695.23
368		300905	宝丽迪	73.50	BBB	1.83	11.94	14.38	0.74	0.94	7.42	0.00	-5.73	233.60	15.48	49.97	135512.90	67128.17	10439.16

续表

序号	A股上市公司评价得分排序	股票代码	股票简称	综合得分	评价等级	每股收益（元）	净资产收益率(%)	总资产报酬率(%)	总资产周转率（次）	流动资产周转率（次）	资产负债率(%)	已获利息倍数	营业收入增长率(%)	资本扩张率(%)	市场投资回报率(%)	股价波动率(%)	年末资产总额（万元）	营业收入（万元）	净利润（万元）
369		003022	联泓新科	73.50	BBB	0.73	14.29	10.50	0.68	2.44	41.93	6.20	4.53	69.44	15.48	18.25	954524.80	593136.02	65471.57
370		688179	阿拉丁	72.90	BBB	0.93	12.02	13.81	0.37	0.53	5.42	357.45	11.74	135.92	15.48	55.27	86354.76	23422.02	7443.21
371		603949	雪龙集团	72.50	BBB	0.76	19.93	21.66	0.62	0.89	10.72	292.85	33.50	124.22	15.48	97.16	107691.08	48767.18	14611.24
372		003002	壶化股份	72.40	BBB	0.60	10.60	11.74	0.53	0.93	15.16	0.00	11.24	68.63	15.48	39.77	126252.46	55640.12	10374.04
373		688398	赛特新材	71.90	BBB	1.22	13.43	13.36	0.65	1.05	22.78	102.50	28.75	152.12	15.48	71.26	106972.19	51619.68	9383.20
374		605155	西大门	71.90	BBB	1.08	9.93	10.91	0.43	0.67	7.99	0.00	-13.35	103.99	15.48	0.00	109954.11	35425.35	7783.87
375		688129	东来技术	71.80	BBB	0.82	12.92	14.07	0.63	0.72	10.80	0.00	-12.75	161.42	15.48	45.71	88621.26	40798.91	7835.33
376		300856	科思股份	71.80	BBB	1.70	15.44	14.74	0.75	1.31	12.13	30.75	-8.35	170.68	15.48	94.31	167910.04	100846.94	16345.82
377		603948	建业股份	71.50	BBB	0.82	9.73	9.65	1.15	1.68	25.93	584.73	3.17	70.56	15.48	65.60	190022.23	172869.27	12568.62
378		605166	聚合顺	71.10	BBB	0.42	11.38	7.86	1.51	2.27	40.57	33.06	5.68	143.85	15.48	64.11	229293.72	256430.98	11573.72
379		688550	瑞联新材	70.80	BBB	3.00	9.57	10.35	0.50	0.71	7.97	18.88	6.00	300.36	15.48	31.30	292477.24	104960.98	17540.95
380		603353	和顺石油	70.80	BBB	1.39	13.50	15.45	1.23	2.39	16.52	123.09	-4.98	139.39	15.48	174.41	197057.25	184352.88	17048.86
381		603155	新亚强	70.70	BBB	1.21	10.11	12.94	0.35	0.43	6.56	0.00	-18.54	195.63	15.48	34.88	210459.17	49032.91	15733.64
382		688106	金宏气体	70.20	BBB	0.47	8.95	9.71	0.48	0.87	17.17	26.68	7.13	207.72	15.48	101.15	345531.00	124334.24	20214.26
383		300847	中船汉光	70.00	BB	0.52	10.09	10.03	0.84	1.25	12.98	0.00	7.19	58.39	15.48	93.59	124445.12	87429.52	9194.47
384		300919	中伟股份	69.90	BB	0.82	11.66	6.71	0.93	1.43	61.10	8.63	40.07	81.48	15.48	3.71	986411.11	743962.41	42015.94
385		688157	松井股份	69.70	BB	1.26	10.02	10.73	0.48	0.61	11.39	203.24	-4.44	174.66	15.48	52.82	124258.08	43492.63	8676.88
386		002998	优彩资源	69.70	BB	0.51	11.72	11.19	0.90	1.98	14.68	14.52	-21.55	67.76	15.48	28.93	164447.15	136360.34	13517.51
387		605008	长鸿高科	69.00	BB	0.70	19.56	20.17	0.72	1.52	23.18	43.58	12.09	74.30	15.48	115.01	228162.44	129728.28	30162.65
388		300821	东岳硅材	68.50	BB	0.25	8.11	8.74	0.72	1.09	9.32	0.00	-8.41	93.53	15.48	77.29	449841.73	250332.05	28073.19
389		605366	宏柏新材	67.30	BB	0.44	8.09	9.69	0.60	1.03	9.06	29.25	-11.48	108.11	15.48	41.52	185093.09	89742.73	12267.08
390		605183	确成股份	67.20	BB	0.53	9.34	9.74	0.45	0.74	11.46	49.60	-11.41	43.26	15.48	31.15	271032.99	105527.84	19340.14
391		688571	杭华股份	66.80	BB	0.46	8.90	8.69	0.69	0.89	20.91	0.00	-2.04	49.58	15.48	31.73	165938.01	98705.41	10972.77

续表

序号	A股上市公司评价得分排序	股票代码	股票简称	综合得分	评价等级	每股收益（元）	净资产收益率(%)	总资产报酬率(%)	总资产周转率（次）	流动资产周转率（次）	资产负债率(%)	已获利息倍数	营业收入增长率(%)	资本扩张率(%)	市场投资回报率(%)	股价波动率(%)	年末资产总额（万元）	营业收入（万元）	净利润（万元）
392		300886	华业香料	66.60	BB	0.86	5.87	10.28	0.44	0.83	5.84	18.74	−4.09	105.32	15.48	41.91	54781.40	20602.10	4021.70
393		300891	惠云钛业	66.50	BB	0.27	9.28	8.99	0.80	1.57	18.02	38.22	−4.73	56.67	15.48	36.20	139146.68	95474.51	8912.99
394		605006	山东玻纤	65.20	BB	0.40	10.24	8.20	0.46	1.97	60.72	2.51	10.19	31.22	15.48	46.51	453491.77	199585.31	17237.12
395		688585	上纬新材	63.00	B	0.32	12.63	9.49	1.17	1.38	46.45	25.40	44.28	23.58	15.48	25.44	198794.22	194596.19	11895.09
396		002986	宇新股份	62.00	B	0.32	1.25	2.45	1.31	3.13	9.69	1299.81	−27.31	87.59	15.48	66.39	221644.58	229807.92	3082.40
397		002971	和远气体	62.00	B	0.56	9.11	7.90	0.54	1.77	40.31	4.96	23.82	77.87	15.48	74.54	182299.66	82414.48	8709.50
398		688133	泰坦科技	61.00	B	1.70	8.98	8.99	1.00	1.09	21.41	16.44	21.01	158.03	15.48	62.79	185044.04	138448.47	10190.42
399		300839	博汇股份	60.80	B	0.64	7.93	6.05	0.75	2.16	43.28	7.04	17.54	95.97	15.48	45.12	147143.79	97228.65	5779.28
400		002999	天禾股份	59.50	CCC	0.38	9.41	4.56	2.39	2.86	75.89	3.46	11.37	47.26	15.48	32.80	509119.34	1003687.12	10936.20
401		688065	凯赛生物	59.20	CCC	1.18	4.97	5.79	0.17	0.27	5.36	136.02	−21.87	147.41	15.48	58.79	1213515.13	149719.14	45734.10
402		688219	会通股份	57.00	CCC	0.44	11.19	6.16	0.97	1.49	60.81	3.85	2.29	43.24	15.48	52.80	431127.18	412374.70	18221.12
403		300890	翔丰华	52.80	CC	0.56	3.98	4.17	0.31	0.45	34.22	13.59	−35.55	56.35	15.48	35.69	155634.75	41603.88	4545.31

第八章 机械行业上市公司业绩评价

机械行业是国民经济密切相关的行业，是资本、技术及劳动力密集型且受内需和固定投资拉动的周期性行业，具有内部子行业众多、产品覆盖范围广泛、内部竞争激烈、地区发展不平衡等主要特点。2020年全年机械行业营业收入实现小幅增长，产销回稳，出口基本稳定。2020年，申万机械设备指数涨幅为31.06%，申万电气设备指数涨幅为94.71%，申万国防军工指数涨幅为57.98%。2021年是我国"十四五"规划的开局之年，《中华人民共和国国民经济和社会发展第十四个五年规划和2035年远景目标纲要》（以下简称《纲要》）提出了一系列重要举措，将继续提升工程机械市场需求。特别是各项基础设施建设、区域发展布局、城市乡村建设和民生保障工程等，都需要工程机械厂商的参与，这也是未来中国工程机械市场保持持续增长的重要动力。一方面，我国经济发展空间巨大，基础设施建设规模庞大，工程机械存量更新和新增需求并重；另一方面，近年来工程机械行业新技术、新材料、新工法应用不断取得新成果，有力推动了技术进步和产业创新，大幅度提高了市场应用能力，同时工程机械应用领域需求不断升级，智能化、数字化、网络化、轻量化赋能工程机械不断拓展应用领域，相信未来工程机械市场仍将处于上升期，"十四五"期间也必将高质量发展。

一、机械行业上市公司业绩评价结果

截至2020年末，机械行业细分为机械设备、电气设备和国防军工三个子行业。A股机械行业上市公司共计704家，其中盈利619家、亏损85家，即有88%的公司实现盈利，比2019年提升了3个百分点。

2020年末，机械行业上市公司资产总额6.28万亿元，占全部上市公司资产总额的8.27%，机械行业资产规模占比较2019年末提高了0.29个百分点；归属于母公司股东的所有者权益2.69万亿元，比2019年末增加了0.39万亿元，占全部上市公司归属于母公司股东的所有者权益的10.48%。

2020年，机械行业上市公司实现营业收入3.14万亿元，占全部上市公司营业收入的

7.20%，比 2019 年机械行业上市公司实现的营业收入增加了 0.37 万亿元；机械行业上市公司实现营业利润 0.24 万亿元，占全部上市公司实现营业利润的 8.59%（比 2019 年提高了 2.6 个百分点），比 2019 年机械行业上市公司实现的营业利润增加了 757.36 亿元，收入和营业利润均呈现增长趋势。

2020 年，机械行业整体评价结果为 C，行业业绩综合得分 61.9 分，比全市场的 61.4 分高 0.81%。剔除 2020 年新上市、买壳上市的公司后，机械行业上市公司只有隆基股份业绩评价综合得分进入“中联价值 100”。机械行业中，业绩评价为 AA 的有 3 家，评价为 A 的有 16 家，评价为 BBB 的有 55 家，评价为 BB 的有 83 家，评价为 B 的有 123 家，评价为 CCC 的有 120 家，评价为 CC 的有 90 家，评价为 C 的有 214 家。

表 8-1 列示了机械行业评价得分前十名的公司。

表 8 - 1　2020 年度机械行业评价得分前十名的公司

序号	股票代码	股票简称	在 A 股上市公司中评价得分排序
1	601012	隆基股份	10
2	600031	三一重工	12
3	600438	通威股份	39
4	000157	中联重科	57
5	601877	正泰电器	63
6	601100	恒立液压	68
7	300274	阳光电源	95
8	002884	凌霄泵业	98
9	002833	弘亚数控	120
10	603218	日月股份	121

基于对机械行业上市公司的整体评价，下面分别从财务效益、资产质量、偿债风险、发展能力、市场表现五个方面对机械行业上市公司进行具体分析。

（一）财务效益

表 8-2 列示了 2020 年机械行业上市公司财务效益状况评价结果。

从综合得分来看，机械行业上市公司 2020 年的财务效益状况低于全部上市公司平均水平，本行业与 2019 年相比有所提升，扣除非经常性损益净资产收益率、总资产报酬率、营业利润率、盈利现金保障倍数和总股本收益率指标均大幅提升。

在机械行业上市公司财务效益状况指标中，太阳能晶片及组件生产制造商隆基股份财务效益排名第一。2020 年隆基股份实现营业收入 545.83 亿元，同比增长 65.92%；归属于母公司股东净利润 87.00 亿元，同比增长 64.77%；全年海外收入 214.61 亿元，同比增长

70%；基本每股收益 2.27 元，同比增长 54.42%，业绩实现大幅增长。2020 年，依托单晶技术和成本的优势，隆基股份在有效保障单晶产品市场需求的同时，实现了单晶硅片和组件等主要产品销量的同比大幅增长：单晶硅片对外销量达到 31.84GW，同比增长 25.65%，自用 26.31GW；对外销量达到 23.96GW，同比增长 223.98%，自用 0.57GW；组件产品的市场占有率迅速提升，全球市场占有率约 19%，较 2019 年大幅提升 11 个百分点。

表 8－2　机械行业财务效益状况比较表

分析指标		2020 年 上市公司平均值	2020 年 行业值	2019 年 行业值	增长率 （%）
基本指标	扣除非经常性损益净资产收益率 (%)	5.93	5.27	3.07	71.66
	总资产报酬率 (%)	5.00	4.84	3.69	31.17
	基本得分	20.49	19.88	16.86	17.91
修正指标	营业利润率 (%)	6.43	7.67	5.38	42.57
	盈利现金保障倍数	2.01	1.38	2.37	−41.77
	总股本收益率 (%)	38.17	34.03	19.2	77.19
综合得分		22.11	20.95	18.9	10.85

（二）资产质量

从综合得分来看，机械行业上市公司 2020 年资产质量状况明显高于 2019 年的行业平均水平，资产质量分析指标与上年相比都有不同程度的增长。表 8–3 列示了机械行业上市公司资产质量状况评价结果。

表 8－3　机械行业资产质量状况比较表

分析指标		2020 年上市公司 平均值	2020 年行业值	2019 年行业值	增长率（%）
基本指标	总资产周转率（次）	0.60	0.53	0.50	6.00
	流动资产周转率（次）	1.14	0.83	0.78	6.41
	基本得分	9.09	8.09	7.72	4.79
修正指标	应收账款周转率（次）	8.07	3.45	2.82	22.34
	存货周转率（次）	2.64	2.86	2.61	9.58
综合得分		9.07	7.86	7.69	2.21

机械行业上市公司 2020 年总资产及流动资产周转率分别为 0.53 次及 0.83 次，分别比 2019 年增长 6.00% 和 6.41%。机械行业上市公司应收账款周转率远远低于上市公司平均水平，这主要与机械行业上市公司交易结算方式有关。机械行业上市公司 2020 年存货周转率

为 2.86 次，比 2019 年的 2.61 次增长 9.58%，与上市公司平均存货周转率基本持平。

在机械行业上市公司资产质量状况指标中，安彩高科及玉龙股份的资产质量状况得分为 15 分，资产质量在机械行业中并列最高。安彩高科 2020 年实现营业收入 22.91 亿元，同比增长 13.61%，实现归属于母公司股东净利润 1.11 亿元，同比增长 458.62%，总资产周转率 1.00 次，流动资产周转率 2.36 次，应收账款周转率 10.47 次，存货周转率 13.61 次，均远高于全部上市公司平均值和行业值。

（三）偿债风险

从综合得分来看，2020 年机械行业上市公司偿债风险状况得分较 2019 年有所上升，均高于全部上市公司平均水平和本行业上年水平。表 8–4 列示了机械行业上市公司偿债风险状况评价结果。与 2019 年相比较，2020 年机械行业上市公司总产负债率和带息负债比率有所下降，且低于 2020 年全部上市公司平均水平，说明机械行业公司在行业持续回暖的情况下，资产负债率和带息负债比率有所改善；除资产负债率和带息负债比率外，其他指标均高于上年行业水平。

在机械行业上市公司偿债风险状况指标中，有 3 家公司得分为 15 分，在行业中并列最高，其中资产负债率、速动比率、带息负债率等指标均好于全部上市公司及行业平均水平。

表 8 – 4　机械行业偿债风险状况比较表

分析指标		2020 年上市公司平均值	2020 年行业值	2019 年行业值	增长率（%）
基本指标	资产负债率 (%)	60.33	53.85	54.66	–1.48
	已获利息倍数	4.3	6.44	4.02	60.20
	基本得分	8.9	9.52	9.33	2.04
修正指标	速动比率 (%)	82.33	113.58	109.79	3.45
	现金流动负债比率 (%)	13.31	10.13	11.01	–7.99
	带息负债比率（%）	40.72	28.13	31.6	–10.98
综合得分		8.89	9.5	9.22	3.04

（四）发展能力

表 8–5 列示了机械行业上市公司发展能力状况评价结果。从综合得分来看，2020 年机械行业上市公司发展能力状况略高于全部上市公司的平均水平。行业的营业收入增长率、资本扩张率、营业利润增长率、总资产增长率均高于所有上市公司平均水平；累计保留盈余率低于所有上市公司平均值。2017 年以来，受基建投资需求增加、国家环保政策力度加强、设备更新需求、人工替代、出口增长等多重因素的影响，机械行业市场高速增长，行业整体盈利水平大幅提升。

表 8－5　机械行业发展能力状况比较表

分析指标		2020 年上市公司平均值	2020 年行业值	2019 年行业值	增长率（%）
基本指标	营业收入增长率 (%)	2.91	13.4	10.17	31.76
	资本扩张率 (%)	11.25	15.86	8.17	94.12
	基本得分	12.11	14.03	12.04	16.53
修正指标	累计保留盈余率 (%)	40.8	32.34	30.38	6.45
	三年营业收入增长率 (%)	8.5	12.43	12.4	0.24
	总资产增长率 (%)	10.58	14.55	8.42	72.80
	营业利润增长率 (%)	2.48	45.87	28.1	63.24
综合得分		12.17	13.76	12.2	12.79

在机械行业上市公司发展能力状况指标中，隆基股份发展能力得分为20分，排名第一。隆基股份 2020 年实现营业收入 545.83 亿元，较 2019 年增长 65.92%；归属于母公司股东净利润 85.52 亿元，较上年增长 61.99%。2020 年，隆基股份单晶组件、单晶硅片等主要产品均取得大幅增长，在行业内处于龙头地位。

（五）市场表现

2020 年 2—3 月机械行业上市公司指数紧随大盘昂头上升，4 月升至最高后直线下降，4—12 月随大盘震荡上行，机械行业指数位于沪深 300 指数下方。具体情况见图 8–1。

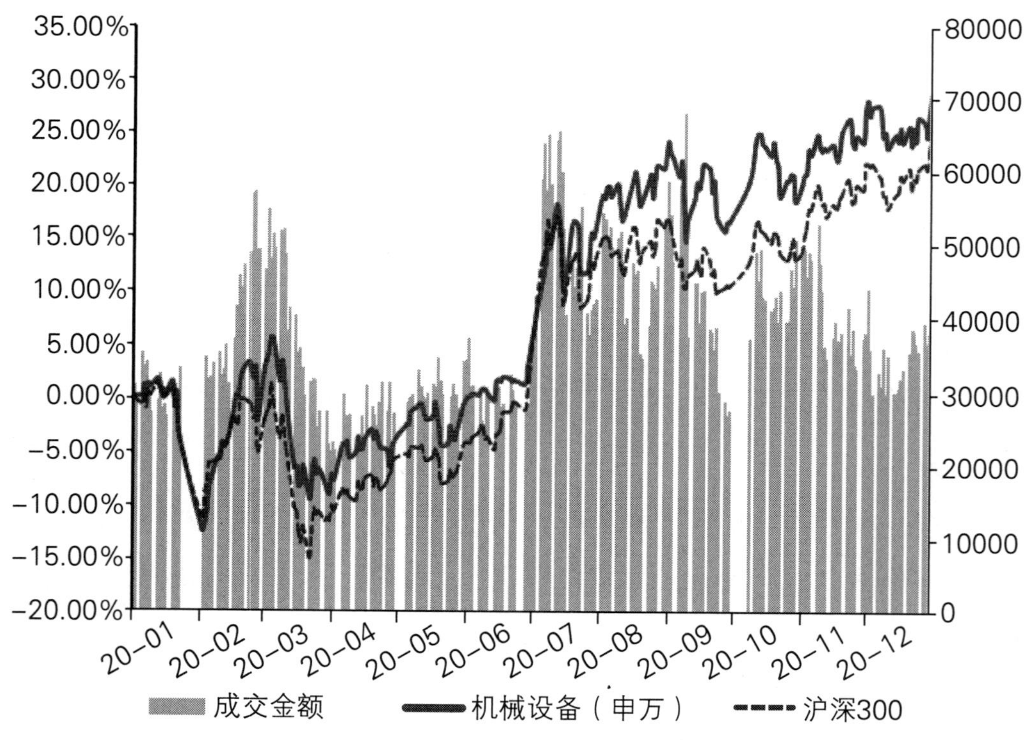

图 8－1　机械设备指数与沪深 300 指数波动图

数据来源：Wind。

从综合得分来看，机械行业上市公司市场表现状况略低于全部上市公司全部上市公司的平均水平。表 8-6 列示了机械行业上市公司市场表现状况评价结果。2020 年机械行业上市公司市场投资回报率为 29.09 %，高于全部上市公司 15.87% 的平均水平，比 2019 年机械行业 18.45% 的水平上升了 57.67%。2020 年机械行业上市公司有 474 家市场投资回报率为正值，比上年增加了 35 家，其中最高的为上机数控，市场投资回报率达到 591.11 %。市场表现得分最高的为特锐德，得分 12.88 分。

表 8 － 6　机械行业公司市场表现状况比较表

分析指标	2020 年上市公司平均值	2020 年行业值	2019 年行业值	增长率（%）
市场投资回报率（%）	15.87	29.09	18.45	57.67
股价波动率 (%)	105.04	115.14	88.72	29.78
得分	9.17	9.87	8.93	10.53

二、2020 年度机械行业上市公司业绩影响因素分析

2020 年，我国经济增长结构持续优化，持续推进供给侧改革，加大逆周期调节力度，着力做好“六稳”工作。在逆周期政策的积极调节下，宏观经济表现出较强韧性，实际 GDP 增速保持在目标区间。截至 2020 年末，机械行业 A 股上市公司 88% 的公司实现盈利，比 2019 年提升了 3 个百分点。2020 年，机械行业上市公司实现营业收入 3.14 万亿元，比 2019 年增加了 0.49 万亿元。2020 年机械行业上市公司实现净利润 0.20 亿元，占上市公司全部净利润的 9.39%，比 2019 年增加了 3.8 个百分点，总体呈现收入及净利润双增长的状态。2020 年机械行业上市公司财务效益状况较 2019 年呈现大幅转好态势。影响机械行业板块盈利状况的主要原因如下。

（一）固定资产投资稳健增长带动机械行业收入保持增长

固定资产投资增速是决定机械行业发展的主要因素，直接引发对机械行业的设备需求。2020 年政府分别从稳定企业投资信心、战略性布局投资结构以及适度加强固定资产投资的逆周期调节力度等三个方面制定和推出投资相关的政策和措施，受上述政策的影响，2020 年机械行业固定资产投资总额持续增长。2020 年全年机械工业增加值增速同比增长 6%，高于全年全国工业和制造业增加值增速 3.2 和 2.6 个百分点，超出年初预期。机械工业主要涉及的五个国民经济行业大类中，电气机械和器材制造业增长 8.9%、汽车制造业增长 6.6%、专用设备制造业增长 6.3%、通用设备制造业增长 5.1%、仪器仪表制造业增长 3.4%；主要涉及的 52 个行业种类里 43 个行业增加值实现了增长。截至 2020 年末，机械行业 A 股上市公司资产总额 6.28 万亿元，比 2019 年增加了 0.80 万亿元。2020 年机械行

业上市公司营业收入增长率为13.40%，比2019年的10.17%提高了3.23个百分点。虽然国内外宏观经济环境处于不确定的状态，并且由于受到新冠肺炎疫情影响，总体经济仍有下行压力，但机械行业上市公司维持了2016年以来的增长态势，仍旧处于上升发展周期。以固定资产投资为主要驱动力的机械行业，在2020年仍然保持良好的发展势头。以行业龙头企业三一重工为例，由于地产、基建固定资产投资在2019—2020年保持提升，三一重工核心产品挖掘机保有量与GDP和固定资产投资完成额之间存在正相关性，2020年固定资产投资完成额的同比增速为5.7%，从而使三一重工营业收入同比增长93%。

（二）外贸进出口实现增长促进行业景气回升

在复杂的国际贸易环境下，机械外贸进出口总额年底实现同比扭负为正。2020年机械工业累计实现进出口总额7847亿美元，同比增长1.54%。其中进口3177亿美元，同比增长0.88%，14个分行业中农业机械、仪器仪表、文化办公设备、电工电器、机械基础件、食品包装机械和其他民用机械7个分行业进口金额同比增长；出口4670亿美元，同比增长1.99%，14个分行业中农业机械、仪器仪表、石化通用、电工电器、食品包装机械、汽车和其他民用机械7个行业出口金额同比增长。全年机械工业累计实现贸易顺差1494亿美元，较上年增加61亿美元。

机械工业景气指数的编制涵盖生产、投资、外贸、经济效益等多个维度，综合反映机械工业的运行情况。受疫情冲击，2月份机械工业景气指数下降至70.36，此后持续回升，11月重回临界值之上，12月机械工业景气指数为101.4，反映出年末机械工业行业运行已回升至景气区间之内。

以上市公司行业排名第一的隆基股份为例，随着光伏全面平价上网时代的到来，叠加各国实现碳中和目标的积极政策影响，光伏行业市场需求将进入新的快速发展阶段。报告期内，隆基股份稳步推进各环节高效产能扩产项目的实施，加大对高效单晶电池产能的布局。此外，为进一步完善海外产能布局，公司于2020年7月收购越南电池、组件产能，巩固全球化市场竞争力。隆基股份继续推进全球化战略，促进全球化经营有效落地，全年海外收入214.61亿元，同比增长70%。

（三）产品生产逐渐恢复，下游需求恢复释放行业增长潜能

2020年初受疫情影响，机械工业重点监测的120种主要产品生产大幅下降，1—2月仅两种产品产量实现增长。此后随着复工复产的推进与企业生产的恢复，产品产量实现增长的品种数不断增加。全年产量增长的产品有62种，占比超过半数，达到了51.7%；产量下降的产品有58种，占比48.3%。主要原因具体看，一是得益于基建投资与能源建设项目的启动，工程机械、载重车、发电和输变电设备产品生产快速复苏并保持稳定增长；二是在利好政策的带动下农业机械生产触底回升；三是与物流、环保和智能制造相关的产品生产逐步加快；四是下半年汽车市场开始恢复，全年产销量跌幅明显收窄，以微跌收官；五是进入四季度后量大面广的通用型产品生产基本恢复。

由于我国城镇化建设规模仍在不断增长，挖掘机人均保有量依然低于发达国家，因此下游新增需求有进一步提升的空间。随着人口老龄化的加剧、基建和农村劳动力缺失，使得挖掘机人力替代趋势更加明显。除此之外挖掘机对装载机、农用机械的替代，如小型挖掘机、微型挖掘机在典型的农耕活动中，具有适用性强、功能多样、效率高等优势，将推动对拖拉机等传统农机的有效替代。近年来，挖掘机零部件的国产化也带动了销售价格的下降，性价比大幅提高，也加快了对人力的替代效应。

（四）增值税改革力度持续加大，促进了行业利润增长

2020年，增值税改革力度持续加大。机械行业作为中游行业，上承原材料波动，下对各行业需求变化。增值税税率降低，有利于机械行业上市公司改善经营现金流，提升盈利能力。增值税税率自2018年5月从17%降至16%，2019年4月从16%降至13%，促使机械行业上市公司整体净利率水平进一步提升，经营性现金流改善。增值税降低有利于改善行业公司经营性现金流，降低财务费用，提高营业利润率。

以机械工业行业内的上市公司为例，受益于增值税优惠政策，三一重工净利率2020年为15.97%，2019年为15.19%，增值税改革对净利率提升效果十分显著。另一家上市公司中联重科，净利率2020年为11.30%，2019年为9.87%。

（五）"专项债＋资本金"进一步拉动机械行业需求

2020年政府工作报告明确提出"积极的财政政策要更加积极有为，稳健的货币政策要更加灵活适度"，2020年财政赤字率拟按3.6%以上安排，财政赤字规模比上年增加1万亿元；实施扩大内需战略，扩大有效投资，2020年拟安排地方政府专项债券3.75万亿元，较2019年大幅增加1.6万亿元，提高专项债券可用作项目资本金的比例，重点支持既促消费惠民生又调结构增后劲的"两新一重"建设，主要是加强新型基础设施建设、发展新一代信息网络、拓展5G应用，建设数据中心，增加充电桩、换电站设施等。2020年8—9月，地方政府专项债券分别发行了7199.29亿元和5083.14亿元，这是继5月（专项债发行10309.65亿元）的又一高点。截至2020年9月底，地方政府专项债券累计发行36966.97亿元，已经完成全年计划（37500.00亿元）的98.58%，财政部表示，将确保新增专项债于10月底发行完成。2020年8—10月地方政府专项债发行提速。专项债可用作资本金项目范围扩大，投向基建比例将明显提升。基建投资增速的回升直接拉动工程机械的需求。

（六）"两新一重"全面实施，带动机械行业高速发展

2020年中央经济工作会议提出，支持战略性产业发展，支持加大设备更新和技改投入，推进传统制造业优化升级。此外，基于疫情影响及全球经济形势，2020年政府工作报告强调"两新一重"建设，即新基建（5G、充电桩、新能源车）、新城镇建设（县城基础设施、旧改）、重大工程建设（交通水利），表明投资将新老基建并重。根据各省市发布的重点项目投资计划，2020年以来22个省市公布的重点项目总量约1.43万项，15个省市项目总投资额约为37万亿元。披露的投资计划项目清单中，基建投资是各地投资计划中的重要组成部分，部分地区基建计划投资额占到了总投资额的50%，对机械行业需求起到拉动作用。

例如，中国重汽目前正在快速推进新能源汽车厂区建设，通过定增募集资金约50亿元，

用于智能网联（新能源）重卡等项目的建设，力争提升企业竞争力。

三、2021 年机械行业前景分析

展望2021年，投资的拉动效用将有所减弱、消费的带动作用进展缓慢、外贸出口在国际疫情波动的背景下难以形成有效支撑，行业运行的外部环境依然严峻；同时，2020年下半年机械工业两位数高增长的基数也为2021年下半年继续保持同比增速带来不小压力。但作为“十四五”规划开局之年，重大项目和重大工程的启动，以国内大循环为主体、国内国际双循环相互促进的新发展格局的逐步形成，为机械行业平稳发展带来了相应的市场需求。预计2021年机械工业经济运行总体将呈现前高后平的走势，全年工业增加值增速在5.5%左右，营业收入和利润总额增速在4%左右，外贸进出口力争保持基本平衡。

（一）政策利好加码，2021 年工程机械行业值得期待

2021年4月17日，中共中央政治局召开会议，分析国内外新冠肺炎疫情发展及防控形势，研究当前经济形势，部署当前经济工作。会议专门提到要加强传统基础设施投资。会议强调，要积极拉动国内需求，释放消费潜力，做好复工复产、复商复市的工作，增加居民消费，适当增加公共消费。会议指出，要积极扩大有效投资，实施老旧小区改造，加强传统基础设施和新型基础设施投资，促进传统产业的改造升级，扩大战略性新兴产业的投资。

1. 聚焦“两新一重”扩大有效投资。

2021年是“十四五”规划的开局之年。重大工程项目建设对全年稳投资的效应明显。国家发展改革委新闻发言人在2021年1月19日举行的新闻发布会上表示，聚焦“两新一重”和短板弱项，扩大有效投资。新型基础设施建设方面，加强系统性布局，加快5G、工业互联网、大数据中心等建设。新型城镇化建设方面，实施城市更新行动，推进城镇老旧小区改造，支持保障性租赁住房建设，加强城市防洪排涝设施建设。

重大工程建设方面，实施川藏铁路、西部陆海新通道等重大工程，积极推动重点城市群、都市圈城际铁路、市域市郊铁路和高等级公路建设，加强枢纽机场和中西部支线机场建设；实施国家水网骨干工程，加快推进150项重大水利工程建设。补短板方面，加快补齐市政工程、农业农村、公共安全、科研设施、生态环保、公共卫生、物资储备、防灾减灾、民生保障等领域短板。

2. 城际铁路、市域（郊）铁路是重头。

国务院办公厅于2020年12月17日发布的《关于推动都市圈市域（郊）铁路加快发展的意见》提出，重点支持京津冀、粤港澳大湾区、长三角、成渝、长江中游等财力有支撑、客流有基础、发展有需求的地区规划建设都市圈市域（郊）铁路，强化都市圈内中心城市城区与周边城镇组团便捷通勤，其他条件适宜地区有序推进。

在京津冀地区，新开工项目约1000公里，加快构建“四纵四横一环”通道格局，形

成北京、天津中心城区与新城、卫星城之间的“1 小时通勤圈”，京雄津保唐“1 小时交通圈”；在长三角地区，新开工项目约 4000 公里，打造 1～1.5 小时城际交通圈、城市中心城区与周边城镇组团间 0.5～1 小时通勤网；在粤港澳大湾区，新开工项目约 1000 公里，加快形成以广深港、广珠澳和跨珠江口为主轴，“轴带支撑、极轴放射”的多层次铁路网络，实现大湾区主要城市间 1 小时通达。

（二）“建军百年奋斗目标”军工行业发展加速上升

“十四五”期间是实现 2027 年“建军百年奋斗目标”的关键时期，军工行业进入景气度加速上行期，行业产能正在扩张，众多优质细分领域的基本面将持续向好；股权激励等行业改革利好也有望逐渐显现。

从行业情况来看，目前已经可以看到有三个层面支持行业进入高速增长时期。行业的景气也已经反映到了企业业绩这样的基本面角度。第一个层面主要体现在国防投入规模。我国军费预算持续以高于同期 GDP 增速在增长，其中 2021 年国防支出预算 13553.43 亿元。第二个层面是国防投入向武器装备采购上的倾斜。根据《新时代的中国国防》白皮书，中国的国防费中装备费用的占比从 2010 年的 33.2%、2014 年 39.1%，到 2017 年已上升到 41.1%，提升明显。第三个层面是军民融合。军民融合最大的优势是可实现资源要素的双向流动和高效配置，实现一份投入、多重产出。

（三）机械设备行业景气持续，出口市场未来可期

挖掘机行业销量超预期，中国挖掘机领跑，出口市场未来可期。2021 年第一季度销量累计 12.7 万台，展望未来，按照过去 10 年第一季度平均销量占比 32% 来计算，2021 年全年挖掘机销量有望接近 40 万台。

根据中国工程机械工业协会统计，2021 年 3 月挖掘机销量 79035 台，同比增长 60%。其中国内 72977 台，同比增长 56.6%；出口 6058 台，同比增长 117%。2021 年一季度，挖掘机合计销量 126941 台，同比增长 85%。其中国内 113565 台，同比增长 85.3%；出口 13376 台，同比增长 81.9%。

附表 2020年度机械行业上市公司业绩评价结果排序表

序号	A股上市公司评价得分排序	股票代码	股票简称	综合得分	评价等级	每股收益（元）	总资产报酬率（%）	净资产收益率（%）	总资产周转率（次）	流动资产周转率（次）	资产负债率（%）	已获利息倍数	营业收入增长率（%）	资本扩张率（%）	市场投资回报率（%）	股价波动率（%）	年末资产总额（万元）	营业收入（万元）	净利润（万元）
1	10	601012	隆基股份	83.50	AA	2.27	14.02	27.23	0.74	1.18	59.38	26.67	65.92	25.81	244.80	305.77	8763482.87	5458318.36	869969.59
2	12	600031	三一重工	83.10	AA	1.84	17.50	30.59	0.92	1.24	53.91	43.63	31.29	27.81	100.76	170.63	12625454.80	9934198.80	1586068.90
3	39	600438	通威股份	79.40	A	0.86	8.61	14.97	0.80	2.25	50.91	9.40	17.69	74.39	171.59	260.25	6425194.81	4420027.03	371473.88
4	57	000157	中联重科	78.50	A	0.98	9.21	16.83	0.63	0.90	58.82	10.19	50.34	21.13	48.63	119.52	11627493.85	6510894.22	735523.89
5	63	601877	正泰电器	78.30	A	2.99	13.81	23.64	0.53	1.20	54.98	10.52	10.02	24.97	46.60	100.02	6926975.12	3325306.21	663599.15
6	68	601100	恒立液压	78.20	A	1.73	27.86	34.88	0.82	1.20	30.78	60.16	45.09	30.95	247.54	259.88	1062032.71	785503.84	226124.86
7	95	300274	阳光电源	76.70	A	1.34	8.97	20.14	0.76	0.93	61.20	23.35	48.31	24.10	553.75	517.72	2800293.40	1928564.13	197551.53
8	98	002884	凌霄泵业	76.60	A	1.47	22.46	21.29	0.78	0.87	8.98	0.00	26.45	41.89	89.39	202.50	217010.66	143539.52	35851.71
9	120	002833	弘亚数控	76.10	A	1.63	20.06	21.90	0.79	1.55	19.81	84.07	28.85	24.73	64.94	189.21	226999.51	168929.19	35905.23
10	121	603218	日月股份	76.10	A	1.26	13.70	16.54	0.60	0.77	20.26	37.09	46.61	134.24	97.73	192.28	1040684.01	511059.83	97917.41
11	122	300124	汇川技术	75.70	A	1.22	14.45	21.87	0.69	1.05	40.93	30.69	55.76	23.27	203.52	302.81	1864758.99	1151131.68	218169.76
12	140	600406	国电南瑞	75.60	A	1.06	9.73	15.10	0.62	0.85	44.83	86.62	18.75	11.45	22.54	65.25	6596201.75	3850241.11	521165.34
13	147	603583	捷昌驱动	75.40	A	1.61	14.84	15.11	0.59	0.76	15.10	218.41	32.71	102.38	143.03	229.05	421320.86	186827.41	40392.01
14	149	300607	拓斯达	75.30	A	1.95	18.46	26.83	0.82	0.97	46.48	68.20	65.95	28.71	30.53	123.50	402948.13	275543.96	51412.99
15	157	603416	信捷电气	75.00	BBB	2.36	20.71	24.43	0.62	0.82	31.78	0.00	74.62	25.71	220.30	308.43	221671.49	113439.24	33161.93
16	165	300750	宁德时代	74.70	BBB	2.49	5.92	10.96	0.39	0.55	55.82	11.67	9.90	64.02	220.98	215.32	15661842.69	5031948.77	610391.81
17	177	603298	杭叉集团	74.50	BBB	0.97	14.33	18.51	1.59	2.80	34.09	236.99	29.34	14.07	124.96	250.70	810668.00	1145166.90	92780.25
18	189	601615	明阳智能	74.20	BBB	0.95	4.81	11.76	0.52	0.81	70.78	3.46	114.02	112.70	55.13	147.36	5162784.49	2245698.74	130431.55
19	190	300014	亿纬锂能	74.20	BBB	0.89	9.54	13.79	0.39	0.83	35.13	23.57	27.30	116.18	222.92	212.86	2570020.30	816180.62	168131.46
20	193	300443	金雷股份	74.10	BBB	2.16	22.97	21.56	0.55	0.95	6.54	151.71	31.37	50.50	134.89	243.50	311484.53	147655.64	52223.07
21	206	603486	科沃斯	73.90	BBB	1.14	14.09	23.01	1.38	1.78	49.48	96.96	36.17	25.25	318.39	356.71	616235.34	723375.65	64398.48
22	214	603606	东方电缆	73.70	BBB	1.36	20.75	33.66	1.01	1.32	48.61	84.84	36.90	46.11	120.92	210.36	609202.06	505233.61	88739.75
23	203	002706	良信股份	73.50	BBB	0.49	15.65	19.53	1.08	1.93	37.50	1686.25	47.98	12.81	269.30	282.27	326094.59	301656.32	37546.72
24	211	002459	晶澳科技	73.30	BBB	1.09	7.05	13.39	0.79	1.42	60.21	4.59	22.17	78.90	247.20	301.02	3729747.34	2584652.09	154834.00

续表

序号	A股上市公司评价得分排序	股票代码	股票简称	综合得分	评价等级	每股收益（元）	总资产报酬率（%）	净资产收益率（%）	总资产周转率（次）	流动资产周转率（次）	资产负债率（%）	已获利息倍数	营业收入增长率（%）	资本扩张率（%）	市场投资回报率（%）	股价波动率（%）	年末资产总额（万元）	营业收入（万元）	净利润（万元）
25	221	300763	锦浪科技	73.10	BBB	2.31	17.58	23.58	0.98	1.46	38.35	129.37	82.98	110.43	499.61	372.22	296659.68	208437.07	31810.42
26	224	600761	安徽合力	73.00	BBB	0.99	11.23	14.68	1.45	2.06	38.75	51.21	26.32	11.24	49.97	155.64	977057.04	1279663.53	83430.07
27	224	300316	晶盛机电	73.00	BBB	0.67	10.84	17.09	0.42	0.56	49.98	329.96	22.54	11.34	86.51	122.35	1049816.64	381067.97	85182.31
28	233	603806	福斯特	72.70	BBB	2.09	18.04	20.12	0.85	1.05	21.79	196.90	31.59	38.29	142.86	258.35	1154485.15	839314.20	156527.33
29	248	603666	亿嘉和	72.40	BBB	2.43	22.66	24.49	0.57	0.72	22.57	93.80	38.94	27.83	77.49	126.67	198563.42	100560.77	33547.89
30	255	002028	思源电气	72.20	BBB	1.23	11.21	16.69	0.74	0.99	39.41	552.75	15.56	29.10	44.90	130.26	1107521.53	737251.99	99383.51
31	255	002179	中航光电	72.20	BBB	1.35	10.07	15.93	0.60	0.73	45.39	36.01	12.52	20.17	97.61	172.64	1921841.89	1030522.24	153137.28
32	263	603338	浙江鼎力	72.00	BBB	1.37	14.44	19.11	0.55	0.78	36.20	708.26	23.75	16.73	100.94	217.34	586903.23	295675.83	66414.02
33	275	300450	先导智能	71.70	BBB	0.87	7.79	15.51	0.53	0.66	55.66	33.42	25.07	31.06	84.80	154.16	1266218.46	585830.06	76750.52
34	275	002757	南兴股份	71.70	BBB	0.88	11.83	13.64	0.82	2.04	27.77	36.01	40.33	11.88	37.27	110.06	283177.09	213292.03	26413.51
35	275	600760	中航沈飞	71.70	BBB	1.06	5.69	14.72	0.88	1.11	67.02	64.62	14.96	16.23	139.76	245.42	3285308.08	2731590.50	148366.69
36	275	002444	巨星科技	71.70	BBB	1.27	13.17	16.39	0.69	1.39	33.93	23.37	28.96	18.66	182.03	286.07	1367777.90	854444.02	136449.46
37	291	603686	龙马环卫	71.40	BBB	1.06	12.98	18.93	1.09	1.52	43.25	102.85	28.75	17.17	43.99	181.89	546712.10	544335.62	54420.18
38	291	300151	昌红科技	71.40	BBB	0.38	18.07	18.87	0.94	1.72	19.30	397.49	56.29	21.61	215.56	298.84	133009.96	111801.84	18450.37
39	291	603489	八方股份	71.40	BBB	3.35	18.35	18.77	0.54	0.58	19.21	0.00	16.76	16.15	88.54	221.37	285063.33	139719.43	40229.48
40	298	603638	艾迪精密	71.30	BBB	0.86	19.26	23.20	0.71	1.23	34.06	36.21	56.38	22.30	235.46	281.68	371191.23	225562.45	51607.72
41	313	603185	上机数控	71.00	BBB	2.31	16.66	24.32	0.79	1.54	45.69	24.47	273.48	55.90	591.11	385.59	490143.91	301100.55	53132.82
42	313	600732	爱旭股份	71.00	BBB	0.42	10.27	19.20	0.93	3.47	54.07	6.68	59.23	127.36	93.57	204.97	1270195.70	966374.38	80621.75
43	313	002801	微光股份	71.00	BBB	1.26	17.06	17.62	0.61	0.75	15.34	0.00	0.50	15.35	22.40	72.92	138867.61	79819.48	19337.63
44	320	603203	快克股份	70.90	BBB	1.13	15.26	16.49	0.42	0.49	18.66	4027.01	16.08	14.77	0.97	55.76	139938.24	53498.61	17567.14
45	320	603700	宁水集团	70.90	BBB	1.34	16.83	20.20	0.85	0.95	29.41	334.32	15.97	16.70	63.70	98.81	205992.35	159015.24	27269.55
46	320	300720	海川智能	70.90	BBB	0.68	14.87	14.44	0.40	0.51	9.11	0.00	24.15	11.39	54.78	192.71	58622.79	21826.44	7302.67
47	336	603985	恒润股份	70.70	BBB	2.27	24.65	33.59	1.03	1.77	42.47	26.07	66.61	31.80	197.65	296.98	268845.32	238450.98	45681.39
48	345	603267	鸿远电子	70.60	BBB	2.10	21.01	20.83	0.62	0.71	18.01	98.16	61.22	24.42	240.39	321.58	315609.13	170003.54	48606.87

续表

序号	A股上市公司评价得分排序	股票代码	股票简称	综合得分	评价等级	每股收益（元）	总资产报酬率（%）	净资产收益率（%）	总资产周转率（次）	流动资产周转率（次）	资产负债率（%）	已获利息倍数	营业收入增长率（%）	资本扩张率（%）	市场投资回报率（%）	股价波动率（%）	年末资产总额（万元）	营业收入（万元）	净利润（万元）
49	384	300171	东富龙	70.00	BB	0.74	9.32	13.88	0.46	0.53	43.86	84549.38	19.60	13.92	125.15	259.73	657981.93	270768.82	48138.76
50	392	603960	克来机电	69.90	BB	0.51	13.22	16.27	0.62	0.93	17.81	1497.98	−3.79	35.41	104.06	223.41	122487.62	76614.28	14234.18
51	392	002851	麦格米特	69.90	BB	0.84	10.03	16.00	0.74	0.98	40.57	16.54	−5.15	58.77	62.06	134.96	520636.13	337644.27	40346.07
52	399	603187	海容冷链	69.80	BB	1.70	11.93	16.46	0.69	0.88	43.24	25.48	23.11	24.40	162.15	241.61	321274.43	189048.91	27067.78
53	405	300776	帝尔激光	69.70	BB	3.53	17.70	22.91	0.44	0.45	32.90	1220.43	53.19	23.44	64.04	167.96	268228.54	107228.33	37315.48
54	414	300371	汇中股份	69.60	BB	0.76	16.66	16.61	0.48	0.83	13.10	0.00	18.03	13.80	−1.95	96.93	93657.02	42521.03	12695.09
55	423	600885	宏发股份	69.50	BB	1.12	12.90	16.14	0.74	1.31	31.75	24.83	10.42	12.28	58.42	142.53	1084294.65	781906.98	112926.00
56	431	002158	汉钟精机	69.40	BB	0.68	11.90	16.72	0.61	0.86	41.80	27.56	25.75	12.30	65.43	115.09	396377.45	227220.81	36459.02
57	444	300669	沪宁股份	69.20	BB	0.49	10.69	10.10	0.59	0.87	10.59	389.02	2.40	9.66	70.28	124.69	62834.76	35625.11	5422.97
58	451	002430	杭氧股份	69.10	BB	0.87	9.20	13.90	0.76	1.40	52.67	14.65	22.40	10.05	119.63	256.75	1443542.01	1002076.81	90629.35
59	451	603915	国茂股份	69.10	BB	0.78	11.32	15.03	0.59	0.80	36.54	0.00	22.40	12.90	78.91	218.19	400300.67	218407.65	36005.09
60	458	603757	大元泵业	69.00	BB	1.30	16.28	17.88	0.94	1.22	20.95	366.04	22.40	12.11	21.74	162.62	159590.71	141313.15	21340.49
61	482	002129	中环股份	68.70	BB	0.38	5.16	6.07	0.35	1.18	52.18	2.55	22.40	36.66	110.18	132.43	5871968.39	1905677.61	147551.10
62	493	300470	中密控股	68.50	BB	1.09	12.33	14.72	0.46	0.59	33.26	62.40	22.40	14.55	71.14	168.78	229507.03	92430.65	21117.91
63	508	300400	劲拓股份	68.40	BB	0.52	12.69	20.10	0.78	1.15	42.60	51.97	22.40	25.16	−12.86	92.46	118220.92	88379.68	12267.70
64	516	688006	杭可科技	68.30	BB	0.93	11.04	15.53	0.39	0.46	33.76	0.00	22.40	15.48	103.07	150.37	387579.96	149286.80	37193.88
65	525	300693	盛弘股份	68.20	BB	0.78	10.73	14.98	0.67	0.81	39.23	45.45	22.40	13.98	85.60	135.60	124194.35	77135.50	10610.10
66	525	688012	中微公司	68.20	BB	0.92	9.52	12.12	0.43	0.57	24.68	0.00	22.40	16.48	51.59	127.88	580087.69	227329.19	49230.65
67	533	002026	山东威达	68.10	BB	0.60	9.58	10.39	0.71	1.00	20.09	0.00	22.40	10.53	118.16	276.30	322554.22	216505.28	25514.51
68	546	300617	安靠智电	68.00	BB	1.04	14.94	15.31	0.47	0.61	21.34	33.60	22.40	12.17	130.09	177.38	118146.23	52876.37	13458.77
69	560	002829	星网宇达	67.80	BB	0.70	9.80	12.37	0.43	0.69	33.48	11.94	22.40	19.25	96.71	149.60	173573.38	68540.75	13133.95
70	567	002534	杭锅股份	67.70	BB	0.70	7.17	17.03	0.54	0.75	64.20	53.09	22.40	6.93	22.94	87.85	1040926.97	535566.63	61406.11
71	567	000528	柳工	67.70	BB	0.90	5.65	11.83	0.72	1.02	64.97	8.96	22.40	9.99	6.69	52.94	3401050.13	2300255.00	134549.09
72	580	300751	迈为股份	67.60	BB	7.58	10.59	25.04	0.53	0.58	62.70	59.79	22.40	28.04	361.17	333.61	465197.03	228544.27	38691.62

续表

序号	A股上市公司评价得分排序	股票代码	股票简称	综合得分	评价等级	每股收益（元）	总资产报酬率（%）	净资产收益率（%）	总资产周转率（次）	流动资产周转率（次）	资产负债率（%）	已获利息倍数	营业收入增长率（%）	资本扩张率（%）	市场投资回报率（%）	股价波动率（%）	年末资产总额（万元）	营业收入（万元）	净利润（万元）
73	587	603988	中电电机	67.50	BB	0.73	17.28	23.59	0.74	0.86	40.21	96.23	22.40	8.90	30.06	166.23	126554.57	85640.58	17121.43
74	594	600562	国睿科技	67.40	BB	0.38	10.82	15.20	0.67	0.78	44.40	258.81	22.40	139.16	12.87	91.25	777348.74	360553.28	46581.93
75	594	300415	伊之密	67.40	BB	0.74	12.58	22.05	0.84	1.38	55.94	12.13	22.40	22.42	37.63	203.95	362902.28	271820.39	32021.64
76	594	000922	佳电股份	67.40	BB	0.68	11.08	17.22	0.57	0.69	46.23	0.00	22.40	17.25	28.32	84.84	475381.02	236875.39	40782.99
77	609	603659	璞泰来	67.30	BB	1.52	8.42	11.58	0.47	0.69	38.46	6.97	22.40	144.62	29.83	116.98	1448627.54	528067.41	72693.79
78	609	600835	上海机电	67.30	BB	1.10	5.63	12.73	0.66	0.80	60.23	242.31	22.40	5.24	17.94	96.13	3617179.10	2339410.58	178574.16
79	623	300397	天和防务	67.20	BB	0.24	13.14	14.70	0.67	1.27	21.19	82.19	22.40	17.31	5.80	78.75	188246.43	122263.95	20193.98
80	623	002690	美亚光电	67.20	BB	0.65	17.93	18.73	0.53	0.69	19.70	0.00	22.40	-3.68	22.14	111.95	285916.75	149596.92	43818.89
81	633	300724	捷佳伟创	67.10	BB	1.63	7.97	18.31	0.53	0.57	67.31	23.39	22.40	18.76	242.10	222.98	928343.25	404424.97	51177.77
82	644	002498	汉缆股份	67.00	BB	0.18	9.73	10.89	1.00	1.30	24.72	461.63	22.40	11.91	37.63	133.89	751285.70	695176.87	58304.50
83	644	002202	金风科技	67.00	BB	0.67	4.07	8.83	0.53	1.22	67.96	4.13	22.40	8.53	14.99	80.30	10913818.11	5626510.54	296547.64
84	644	002367	康力电梯	67.00	BB	0.62	9.68	16.04	0.71	1.02	51.92	75.53	22.40	1.51	31.83	120.87	628433.52	428012.00	48105.23
85	644	002487	大金重工	67.00	BB	0.84	13.14	21.05	0.80	1.07	48.28	0.00	22.40	20.05	66.13	204.62	465992.93	332541.73	46502.29
86	655	300569	天能重工	66.90	BB	1.09	10.24	20.29	0.51	1.00	67.63	5.63	22.40	16.44	89.35	267.66	760346.84	342487.44	46425.36
87	680	600089	特变电工	66.70	BB	0.59	4.67	7.13	0.42	0.86	57.44	3.86	22.40	8.29	55.18	98.09	10949434.74	4409532.00	319643.74
88	680	688001	华兴源创	66.70	BB	0.64	10.10	10.47	0.58	0.82	13.10	197.65	22.40	66.94	-16.45	71.12	364540.44	167749.64	26511.39
89	695	601882	海天精工	66.60	BB	0.26	6.05	10.30	0.63	0.86	52.97	38.47	22.40	8.91	65.90	191.58	297468.73	163206.32	13822.12
90	695	000425	徐工机械	66.60	BB	0.45	5.79	11.05	0.87	1.13	62.78	8.12	22.40	1.56	-6.20	57.35	9179717.67	7396814.86	374568.34
91	695	002353	杰瑞股份	66.60	BB	1.77	11.81	16.08	0.47	0.60	39.53	23.14	22.40	13.29	-6.44	106.51	1881032.11	829495.71	172207.50
92	717	300360	炬华科技	66.40	BB	0.58	12.45	13.12	0.39	0.49	17.50	7534.34	22.40	10.63	-9.12	59.63	292839.87	109698.12	30177.29
93	717	603678	火炬电子	66.40	BB	1.35	15.30	17.51	0.71	1.03	32.19	28.39	22.40	26.49	203.30	246.58	593393.45	365624.68	63059.38
94	736	300259	新天科技	66.20	BB	0.32	15.16	16.09	0.40	0.52	17.96	0.00	22.40	15.28	-0.34	46.98	316527.51	119450.37	39000.94
95	742	002531	天顺风能	66.10	BB	0.60	11.18	17.21	0.58	1.29	53.28	6.48	22.40	15.84	24.64	107.28	1474826.41	805140.02	110493.25
96	742	002645	华宏科技	66.10	BB	0.42	8.07	9.15	1.04	2.06	23.64	31.99	22.40	50.80	5.74	65.82	393699.75	337568.77	22870.65

续表

序号	A股上市公司评价得分排序	股票代码	股票简称	综合得分	评价等级	每股收益（元）	总资产报酬率（%）	净资产收益率（%）	总资产周转率（次）	流动资产周转率（次）	资产负债率（%）	已获利息倍数	营业收入增长率（%）	资本扩张率（%）	市场投资回报率（%）	股价波动率（%）	年末资产总额（万元）	营业收入（万元）	净利润（万元）
97	761	603855	华荣股份	65.90	BB	0.78	9.89	17.08	0.73	0.91	51.23	129.31	22.40	7.70	68.43	210.87	338551.67	228271.22	27192.36
98	771	688015	交控科技	65.80	BB	1.48	6.73	19.88	0.51	0.57	69.67	140.96	22.40	20.59	10.65	74.93	434897.98	202617.08	23988.80
99	771	300718	长盛轴承	65.80	BB	0.73	11.91	11.46	0.46	0.72	10.82	0.00	22.40	11.45	-9.69	102.00	150879.26	65524.95	14621.78
100	771	600764	中国海防	65.80	BB	1.07	10.10	13.62	0.54	0.64	27.83	26.81	22.40	64.23	20.61	114.35	946273.67	466964.69	74797.12
101	787	002150	通润装备	65.70	BB	0.37	12.04	10.91	0.81	1.08	17.58	491.24	22.40	8.05	-6.43	52.43	183526.66	142396.11	15888.09
102	797	600894	广日股份	65.60	BB	0.83	6.73	8.90	0.61	1.18	29.16	190.72	22.40	7.80	7.75	57.16	1172317.58	677344.06	71243.38
103	797	603337	杰克股份	65.60	BB	0.71	7.96	11.03	0.76	1.37	41.20	22.07	22.40	10.07	46.17	153.18	509752.29	352141.65	31541.89
104	797	000547	航天发展	65.60	BB	0.50	8.45	9.96	0.38	0.70	24.85	35.77	22.40	14.11	155.19	160.24	1243548.84	443604.77	87314.97
105	807	601222	林洋能源	65.50	BB	0.57	7.77	9.40	0.31	0.68	44.53	4.73	22.40	6.52	62.51	133.72	1980932.81	579901.54	100154.55
106	810	002111	威海广泰	65.40	BB	1.01	8.69	12.32	0.56	0.84	42.50	22.82	22.40	10.30	-5.28	51.34	569052.45	296498.39	38415.41
107	810	603279	景津环保	65.40	BB	1.29	13.15	18.24	0.67	0.87	43.36	8805.73	22.40	11.20	-21.84	45.95	524692.04	332929.79	51468.26
108	818	300114	中航电测	65.30	BB	0.45	11.35	14.92	0.65	0.93	32.68	0.00	22.40	18.50	26.17	118.14	293307.33	175991.88	27169.41
109	827	603100	川仪股份	65.20	BB	0.96	8.54	14.60	0.80	1.06	51.22	15.95	22.40	12.18	27.52	110.93	561397.25	425338.00	37803.15
110	834	002896	中大力德	65.10	BB	0.88	8.24	10.64	0.72	1.56	35.97	13.40	22.40	9.90	23.76	128.43	108231.38	76057.33	7043.12
111	842	300660	江苏雷利	65.00	B	1.06	9.32	11.42	0.69	0.85	31.94	159.65	22.40	9.46	16.18	105.32	376667.81	242228.82	28013.03
112	842	300722	新余国科	65.00	B	0.34	10.09	10.90	0.45	0.81	17.06	0.00	22.40	5.06	236.06	508.45	56874.98	24352.63	5017.38
113	853	603277	银都股份	64.90	B	0.77	13.47	14.45	0.58	0.85	23.57	124.00	22.40	11.31	18.86	122.14	296233.97	161430.51	31052.78
114	853	600528	中铁工业	64.90	B	0.79	4.96	8.95	0.58	0.80	50.47	65.97	22.40	15.85	-20.26	35.80	4419003.25	2429181.08	182534.87
115	853	600582	天地科技	64.90	B	0.33	5.18	7.50	0.55	0.76	41.04	51.48	22.40	4.62	-1.69	37.62	3832901.32	2055240.25	165685.52
116	862	300445	康斯特	64.80	B	0.29	7.81	8.00	0.35	0.58	7.96	540.77	22.40	56.00	5.37	81.52	99548.78	28914.12	6015.16
117	874	002184	海得控制	64.70	B	0.53	9.44	13.29	1.04	1.40	46.22	14.76	22.40	12.32	28.36	92.67	234732.06	226553.46	15852.10
118	874	600475	华光环能	64.70	B	1.09	5.15	8.81	0.51	1.06	52.84	14.41	22.40	17.98	16.43	87.58	1662673.68	764161.52	63819.49
119	886	002960	青鸟消防	64.60	B	1.79	12.50	14.95	0.63	0.74	28.55	41.28	22.40	12.09	37.88	195.93	434414.93	252462.16	43913.59
120	886	601567	三星医疗	64.60	B	0.69	8.91	11.39	0.52	1.03	35.86	42.78	22.40	8.67	-14.14	46.35	1369627.82	709270.90	96087.91

续表

序号	A股上市公司评价得分排序	股票代码	股票简称	综合得分	评价等级	每股收益（元）	总资产报酬率（%）	净资产收益率（%）	总资产周转率（次）	流动资产周转率（次）	资产负债率（%）	已获利息倍数	营业收入增长率（%）	资本扩张率（%）	市场投资回报率（%）	股价波动率（%）	年末资产总额（万元）	营业收入（万元）	净利润（万元）
121	886	002025	航天电器	64.60	B	1.01	9.37	13.06	0.70	0.81	36.16	812.95	22.40	12.02	141.51	230.70	645309.15	421841.19	50895.23
122	886	603728	鸣志电器	64.60	B	0.48	8.97	9.63	0.82	1.33	20.89	28.21	22.40	8.56	38.89	162.44	275835.61	221283.55	20182.69
123	886	002595	豪迈科技	64.60	B	1.26	17.27	18.76	0.77	1.27	17.16	66.74	22.40	16.51	57.65	120.40	697214.73	529448.04	100693.85
124	908	002441	众业达	64.40	B	0.48	6.45	6.75	1.85	2.34	34.18	156.40	22.40	4.19	8.84	47.33	625777.08	1074125.42	27244.34
125	908	600580	卧龙电驱	64.40	B	0.67	6.71	11.83	0.62	1.20	60.68	4.70	22.40	10.31	32.54	72.26	2081673.05	1256504.46	92262.85
126	915	601218	吉鑫科技	64.30	B	0.24	7.25	8.95	0.47	0.87	35.72	7.19	22.40	8.60	31.94	95.14	423930.76	204877.06	23428.06
127	932	601002	晋亿实业	64.20	B	0.56	12.34	14.58	0.55	0.84	19.92	39.79	22.40	34.26	−14.66	50.50	496129.80	252187.93	50535.02
128	942	603131	上海沪工	64.10	B	0.38	7.42	9.46	0.55	0.88	43.01	18.12	22.40	7.60	115.05	136.03	232970.86	108584.21	12114.08
129	950	002698	博实股份	64.00	B	0.40	12.91	18.47	0.42	0.51	40.67	278.25	22.40	14.43	15.51	90.01	457681.02	182791.29	46984.10
130	950	603488	展鹏科技	64.00	B	0.36	11.61	11.41	0.39	0.46	14.24	199.65	22.40	5.23	65.61	206.69	108846.15	40703.49	10384.07
131	960	300423	昇辉科技	63.90	B	1.17	9.17	15.39	0.53	0.73	50.06	9.95	22.40	16.56	−5.40	72.47	808529.22	419430.28	57735.57
132	974	601126	四方股份	63.80	B	0.43	6.48	8.38	0.61	0.72	39.35	0.00	22.40	6.84	24.50	84.97	685842.89	386319.39	33736.07
133	974	600207	安彩高科	63.80	B	0.13	6.38	6.87	1.00	2.36	29.44	10.70	22.40	6.94	42.08	102.45	245530.78	229076.89	11522.17
134	974	600967	内蒙一机	63.80	B	0.39	2.66	6.91	0.48	0.57	67.59	171.03	22.40	5.74	11.85	62.56	3016773.62	1323408.70	65722.58
135	974	600841	上柴股份	63.80	B	0.24	2.22	5.83	0.74	0.97	56.37	0.00	22.40	5.47	52.61	117.22	918051.10	613147.15	22762.71
136	974	002931	锋龙股份	63.80	B	0.54	11.54	13.25	0.63	0.97	27.87	34.80	22.40	13.01	−3.47	94.91	94356.71	54807.97	8500.63
137	974	603662	柯力传感	63.80	B	1.58	11.67	12.14	0.37	0.52	20.75	126.86	22.40	9.95	−26.20	60.75	243471.21	83535.78	22364.10
138	987	300762	上海瀚讯	63.70	B	0.78	9.63	12.88	0.36	0.38	27.06	0.00	22.40	13.07	28.18	108.98	188763.05	64086.41	16709.27
139	999	603699	纽威股份	63.50	B	0.70	12.45	19.15	0.70	0.97	45.69	44.83	22.40	8.82	−7.46	77.30	534947.91	363223.16	53376.88
140	999	000519	中兵红箭	63.50	B	0.20	3.29	3.29	0.56	0.83	29.99	1107.62	22.40	4.02	22.17	108.29	1216667.00	646301.53	27455.98
141	999	000400	许继电气	63.50	B	0.71	5.87	8.98	0.70	0.84	45.26	32.28	22.40	6.02	28.66	82.68	1680614.28	1119120.17	80263.02
142	1008	688310	迈得医疗	63.40	B	0.71	8.49	8.06	0.32	0.38	9.84	469.80	22.40	4.07	−0.74	99.28	81601.28	26316.84	5817.02
143	1022	603617	君禾股份	63.30	B	0.49	10.42	14.83	0.65	1.00	46.50	19.38	22.40	21.76	−6.79	56.99	134659.73	73809.72	9730.60
144	1022	688009	中国通号	63.30	B	0.34	5.01	9.74	0.40	0.48	57.94	118.67	22.40	3.68	−14.06	37.16	10532808.23	4012447.67	423942.02

续表

序号	A股上市公司评价得分排序	股票代码	股票简称	综合得分	评价等级	每股收益（元）	总资产报酬率（%）	净资产收益率（%）	总资产周转率（次）	流动资产周转率（次）	资产负债率（%）	已获利息倍数	营业收入增长率（%）	资本扩张率（%）	市场投资回报率（%）	股价波动率（%）	年末资产总额（万元）	营业收入（万元）	净利润（万元）
145	1022	603897	长城科技	63.30	B	0.98	7.60	8.91	1.83	2.22	49.62	5.05	22.40	3.69	-6.65	53.91	395001.90	627341.56	17421.96
146	1034	300515	三德科技	63.20	B	0.35	11.85	13.74	0.45	0.53	26.16	702.80	22.40	11.30	3.95	112.35	76183.91	31944.92	7338.67
147	1034	300416	苏试试验	63.20	B	0.61	8.03	13.80	0.49	0.83	55.99	5.78	22.40	20.93	10.14	75.01	257922.53	118484.43	14305.58
148	1043	300354	东华测试	63.10	B	0.36	12.42	12.41	0.45	0.67	12.19	0.00	22.40	11.31	11.26	144.38	48684.15	20526.85	5035.66
149	1043	600499	科达制造	63.10	B	0.17	4.70	7.14	0.56	1.06	49.44	4.19	22.40	28.70	60.04	107.45	1338411.44	738973.14	42912.69
150	1043	002533	金杯电工	63.10	B	0.36	5.64	8.32	1.39	1.95	46.02	7.29	22.40	36.63	9.00	52.00	662219.12	779614.97	25767.46
151	1043	603956	威派格	63.10	B	0.40	10.28	13.97	0.54	0.73	40.63	230.59	22.40	17.65	-9.41	64.62	222432.32	100223.46	17059.44
152	1043	603063	禾望电气	63.10	B	0.63	6.78	9.68	0.55	0.69	34.12	107.28	22.40	8.94	105.35	225.73	424740.08	233851.65	25975.94
153	1058	002879	长缆科技	63.00	B	0.90	9.73	10.79	0.50	0.61	21.82	0.00	22.40	5.27	-8.91	46.25	196476.29	94057.97	16159.67
154	1058	300800	力合科技	63.00	B	1.63	13.82	14.69	0.35	0.39	18.99	51261.63	22.40	12.31	-29.04	59.06	232231.00	77435.32	26127.28
155	1058	603530	神马电力	63.00	B	0.33	12.78	11.92	0.48	0.80	18.98	22163.92	22.40	3.97	10.89	103.50	137998.00	66297.38	13069.96
156	1069	603088	宁波精达	62.90	B	0.31	9.10	12.19	0.49	0.69	38.94	0.00	22.40	1.89	23.38	99.66	92568.93	42525.06	6827.73
157	1069	603966	法兰泰克	62.90	B	0.74	7.69	14.00	0.48	0.73	58.71	13.70	22.40	12.39	49.60	174.16	283259.40	126084.38	15477.41
158	1069	300034	钢研高纳	62.90	B	0.44	8.41	10.75	0.46	0.74	34.76	32.89	22.40	10.08	121.61	188.31	368213.22	158495.20	24640.57
159	1069	002255	*ST 海陆	62.90	B	0.94	18.33	33.96	0.41	0.69	42.83	28.37	22.40	59.60	21.92	142.17	503184.96	202510.99	79444.81
160	1080	300593	新雷能	62.80	B	0.74	11.22	16.04	0.55	0.83	41.08	9.49	22.40	19.26	65.03	153.00	166843.29	84262.43	14491.01
161	1092	000738	航发控制	62.60	B	0.32	5.46	6.01	0.42	0.68	27.39	27.49	22.40	7.76	70.10	161.72	882760.66	349871.70	37153.22
162	1092	002097	山河智能	62.60	B	0.53	5.61	11.00	0.57	0.91	68.65	3.51	22.40	7.78	35.40	119.33	1735838.03	937736.75	57687.64
163	1115	002892	科力尔	62.40	B	0.69	12.61	14.05	1.12	1.51	24.06	0.00	22.40	4.22	-21.11	54.69	93960.34	99319.17	9823.79
164	1115	002164	宁波东力	62.40	B	2.37	82.13	237.89	0.69	1.56	66.18	86.12	22.40	4.88	55.93	180.92	185959.84	123765.65	146139.35
165	1126	002760	凤形股份	62.30	B	0.69	7.77	12.65	0.54	1.14	46.35	15.75	22.40	11.50	-7.36	65.99	134257.29	70442.43	8645.80
166	1126	601028	玉龙股份	62.30	B	0.15	4.07	5.35	4.02	4.03	37.93	31.77	22.40	11.46	131.90	227.51	371203.08	1190828.07	11693.81
167	1126	002483	润邦股份	62.30	B	0.29	4.87	6.58	0.56	1.10	46.18	4.33	22.40	33.69	31.00	105.00	749265.78	361472.63	23176.10
168	1126	002013	中航机电	62.30	B	0.29	5.28	7.98	0.42	0.64	47.09	7.71	22.40	26.17	60.96	129.20	3024721.65	1222409.88	114524.89

续表

序号	A股上市公司评价得分排序	股票代码	股票简称	综合得分	评价等级	每股收益（元）	总资产报酬率（%）	净资产收益率（%）	总资产周转率（次）	流动资产周转率（次）	资产负债率（%）	已获利息倍数	营业收入增长率（%）	资本扩张率（%）	市场投资回报率（%）	股价波动率（%）	年末资产总额（万元）	营业收入（万元）	净利润（万元）
169	1146	002300	太阳电缆	62.00	B	0.29	8.94	13.44	2.00	3.31	57.04	5.62	22.40	9.73	8.78	39.81	400920.75	794146.01	22123.95
170	1146	603159	上海亚虹	62.00	B	0.29	8.16	9.24	1.01	1.75	26.87	131.26	22.40	1.86	−3.68	63.67	60076.69	59195.08	4023.54
171	1146	603016	新宏泰	62.00	B	0.42	7.82	7.81	0.46	0.58	13.14	0.00	22.40	−1.89	36.33	115.82	96700.74	44397.45	6624.90
172	1157	601698	中国卫通	61.90	B	0.12	4.06	4.21	0.15	0.47	15.67	0.00	22.40	0.74	55.35	113.45	1828928.58	271030.03	64617.94
173	1164	002270	华明装备	61.80	B	0.38	10.76	11.68	0.35	0.56	35.63	7.06	22.40	8.57	9.23	91.13	406373.39	136824.19	29343.84
174	1172	601038	一拖股份	61.70	B	0.28	3.20	5.76	0.62	1.08	59.69	5.04	22.40	4.01	64.88	183.38	1234260.89	748072.99	28096.23
175	1172	002518	科士达	61.70	B	0.52	8.24	11.18	0.59	0.85	31.96	106.18	22.40	7.15	7.72	73.39	413422.72	242254.88	30410.56
176	1183	002965	祥鑫科技	61.60	B	1.07	6.82	9.25	0.65	0.84	43.19	70.10	22.40	15.40	−9.22	50.67	329572.40	183938.20	16160.09
177	1195	300572	安车检测	61.40	B	0.98	14.07	19.88	0.58	0.76	36.23	0.00	22.40	22.24	−18.69	150.35	165998.82	91469.08	19132.38
178	1195	002438	江苏神通	61.40	B	0.44	7.68	10.46	0.46	0.68	39.78	15.24	22.40	9.73	65.56	156.81	359030.62	158555.17	21603.35
179	1195	002452	长高集团	61.40	B	0.40	8.52	15.19	0.48	0.79	59.39	10.27	22.40	15.76	17.61	88.97	361641.53	156172.65	20789.09
180	1195	002335	科华数据	61.40	B	0.83	6.58	11.27	0.52	1.25	58.09	6.32	22.40	1.44	134.97	190.10	832923.01	416758.76	39064.24
181	1212	002606	大连电瓷	61.30	B	0.26	8.80	10.49	0.60	0.94	30.09	22.98	22.40	17.63	35.96	91.19	155529.92	86966.03	10547.96
182	1212	002849	威星智能	61.30	B	0.64	7.52	13.24	0.71	0.85	54.91	58.66	22.40	13.23	−16.01	48.63	184820.13	119814.47	10386.56
183	1212	002837	英维克	61.30	B	0.57	8.46	13.63	0.66	0.88	50.24	13.58	22.40	12.78	49.01	143.49	282184.86	170333.58	18051.80
184	1212	688128	中国电研	61.30	B	0.70	8.27	12.66	0.67	0.86	41.98	114.36	22.40	7.44	−12.82	61.04	399402.14	251964.72	28322.40
185	1225	002850	科达利	61.20	B	0.84	4.46	5.34	0.43	0.87	25.60	18.49	22.40	58.53	108.12	127.66	547200.88	198506.69	17734.55
186	1225	600577	精达股份	61.20	B	0.22	9.59	11.93	1.64	2.13	52.21	6.86	22.40	4.04	16.58	84.55	896577.57	1244690.33	50100.61
187	1234	000880	潍柴重机	61.10	B	0.40	2.39	7.25	0.76	1.50	64.80	0.00	22.40	7.33	16.58	103.33	444830.18	330847.11	10968.58
188	1234	000039	中集集团	61.10	B	1.41	5.58	11.04	0.59	1.20	63.17	5.58	22.40	−2.15	55.63	204.55	14621151.10	9415908.30	601174.00
189	1234	603111	康尼机电	61.10	B	0.43	9.81	14.80	0.66	0.75	43.59	21.40	22.40	16.04	5.49	63.80	541446.61	332571.71	42090.06
190	1257	601369	陕鼓动力	61.00	B	0.41	4.60	10.33	0.37	0.43	67.91	16.62	22.40	4.71	12.06	61.08	2294034.11	806492.90	74314.78
191	1270	300567	精测电子	60.90	B	0.99	6.73	12.91	0.45	0.66	62.74	5.11	22.40	25.27	1.58	99.41	498431.67	207652.36	21561.85
192	1270	300095	华伍股份	60.90	B	0.44	9.52	12.00	0.48	0.82	47.13	4.44	22.40	11.94	69.48	224.20	291210.70	131483.06	17488.05

续表

序号	A股上市公司评价得分排序	股票代码	股票简称	综合得分	评价等级	每股收益（元）	总资产报酬率（%）	净资产收益率（%）	总资产周转率（次）	流动资产周转率（次）	资产负债率（%）	已获利息倍数	营业收入增长率（%）	资本扩张率（%）	市场投资回报率（%）	股价波动率（%）	年末资产总额（万元）	营业收入（万元）	净利润（万元）
193	1281	603859	能科股份	60.80	B	0.86	7.41	8.54	0.51	0.76	26.28	34.75	22.40	4.38	25.75	90.03	195576.62	95190.77	12059.69
194	1281	600218	全柴动力	60.80	B	0.47	4.43	7.84	1.02	1.39	50.46	43.08	22.40	7.79	−18.98	57.68	455090.78	445598.97	17042.19
195	1281	300488	恒锋工具	60.80	B	0.50	8.18	7.93	0.32	0.92	14.25	37.92	22.40	5.23	1.74	98.28	125235.26	38723.16	8304.91
196	1281	002651	利君股份	60.80	B	0.19	7.94	8.39	0.29	0.41	20.48	7464.98	22.40	7.58	139.41	276.36	297750.82	81893.59	19168.11
197	1294	300484	蓝海华腾	60.70	B	0.25	6.62	9.08	0.42	0.48	41.40	1583.46	22.40	11.42	71.68	225.61	104809.00	40070.06	5293.07
198	1302	300007	汉威科技	60.60	B	0.70	6.78	12.55	0.39	0.81	59.89	6.18	22.40	12.60	−5.84	85.13	525233.28	194116.89	24968.32
199	1302	300129	泰胜风能	60.60	B	0.49	9.49	14.42	0.79	1.04	46.14	118.51	22.40	12.52	57.62	216.22	485327.94	360396.85	35597.99
200	1302	002903	宇环数控	60.60	B	0.29	5.92	6.55	0.37	0.51	30.28	206.96	22.40	9.80	−15.32	61.98	95437.94	30429.41	4166.15
201	1309	600379	宝光股份	60.50	B	0.14	6.18	8.29	1.06	1.41	34.82	26.07	22.40	4.03	8.81	45.03	87176.15	90207.87	4616.81
202	1309	600444	国机通用	60.50	B	0.31	4.82	7.60	0.67	0.75	48.18	0.00	22.40	4.10	−10.23	47.22	117986.70	70076.87	4556.14
203	1309	300802	矩子科技	60.50	B	0.55	9.53	9.18	0.42	0.50	11.64	430.51	22.40	4.81	−2.82	105.34	116499.36	48225.59	9229.39
204	1309	002871	伟隆股份	60.50	B	0.50	7.96	8.82	0.41	0.66	23.74	104.05	22.40	1.83	−9.53	40.25	86966.49	34459.00	5796.81
205	1328	002465	海格通信	60.30	B	0.25	4.84	5.68	0.38	0.62	25.30	37.28	22.40	4.38	−2.24	58.25	1403133.64	512206.48	58248.76
206	1328	300648	星云股份	60.30	B	0.42	6.70	10.57	0.54	0.87	50.96	7.59	22.40	10.90	177.64	262.50	121303.97	57485.70	5979.58
207	1336	600558	大西洋	60.20	B	0.12	5.49	5.51	0.99	1.96	25.31	9.80	22.40	4.17	−5.05	36.05	307614.01	301153.09	12410.68
208	1348	300696	爱乐达	60.10	B	0.76	16.45	15.15	0.30	0.45	12.94	334.92	22.40	13.90	244.42	257.49	110438.99	30378.97	13676.00
209	1348	002322	理工环科	60.10	B	0.63	7.31	7.72	0.31	0.83	16.26	30.61	22.40	3.44	−4.49	92.51	368155.56	113537.61	23402.18
210	1348	603339	四方科技	60.10	B	0.34	4.99	5.99	0.45	0.69	27.04	32.96	22.40	3.72	21.53	75.41	248112.64	110320.31	10644.76
211	1356	300474	景嘉微	60.00	CCC	0.69	7.78	8.49	0.23	0.29	16.71	378.78	22.40	7.33	18.59	76.55	303920.50	65377.21	20762.66
212	1356	688333	铂力特	60.00	CCC	1.08	6.38	7.74	0.26	0.41	30.80	17.63	22.40	7.93	168.92	289.61	167877.55	41216.81	8666.81
213	1356	300670	大烨智能	60.00	CCC	0.20	7.25	8.05	0.42	0.66	23.21	25.74	22.40	8.27	−3.35	126.52	131189.84	54128.95	7802.55
214	1372	603028	赛福天	59.80	CCC	0.24	6.65	7.34	0.73	1.55	35.25	22.29	22.40	6.79	−8.34	51.97	116991.88	75049.96	5384.16
215	1385	603025	大豪科技	59.70	CCC	0.23	12.04	11.83	0.40	0.55	10.93	0.00	22.40	1.71	197.61	309.78	207246.19	83253.33	21657.72
216	1393	300066	三川智慧	59.60	CCC	0.20	10.90	11.32	0.41	0.62	13.09	0.00	22.40	9.62	3.13	53.43	236181.04	93831.57	22224.70

续表

序号	A股上市公司评价得分排序	股票代码	股票简称	综合得分	评价等级	每股收益（元）	总资产报酬率（%）	净资产收益率（%）	总资产周转率（次）	流动资产周转率（次）	资产负债率（%）	已获利息倍数	营业收入增长率（%）	资本扩张率（%）	市场投资回报率（%）	股价波动率（%）	年末资产总额（万元）	营业收入（万元）	净利润（万元）
217	1401	603611	诺力股份	59.50	CCC	0.91	5.78	13.57	0.76	1.09	66.25	11.78	22.40	17.64	-16.61	90.42	565772.80	407705.49	23975.41
218	1401	300629	新劲刚	59.50	CCC	0.39	5.96	6.41	0.28	0.59	22.06	5.43	22.40	36.92	26.74	126.20	115867.73	31936.91	5011.59
219	1413	002819	东方中科	59.40	CCC	0.35	8.08	11.42	1.08	1.15	44.59	37.72	22.40	2.87	20.11	135.56	106654.19	112996.62	6653.84
220	1430	601908	京运通	59.30	CCC	0.22	5.49	5.99	0.24	0.95	54.38	2.17	22.40	6.17	232.93	254.61	1686954.47	405619.78	44754.37
221	1430	000576	甘化科工	59.30	CCC	1.53	50.49	47.88	0.29	0.68	10.63	288.71	22.40	51.56	32.32	169.60	194327.77	51478.32	69000.25
222	1430	300483	首华燃气	59.30	CCC	0.85	5.76	6.78	0.21	1.71	39.62	7.24	22.40	2.62	-2.42	61.90	712984.59	152553.53	28811.51
223	1441	002282	博深股份	59.20	CCC	0.29	5.44	5.38	0.41	1.15	21.52	20.00	22.40	22.44	15.43	129.07	349582.27	129233.80	13397.33
224	1441	603283	赛腾股份	59.20	CCC	1.00	8.18	15.98	0.75	1.21	61.81	9.95	22.40	23.24	27.79	119.34	332705.03	202836.96	18384.52
225	1441	300667	必创科技	59.20	CCC	0.27	4.01	5.03	0.52	0.93	26.34	9.70	22.40	34.29	26.61	125.72	156176.19	77057.35	5051.54
226	1453	300604	长川科技	59.10	CCC	0.27	4.73	7.48	0.50	0.73	31.75	27.79	22.40	27.83	23.18	73.11	186658.19	80382.93	8496.45
227	1453	600372	中航电子	59.10	CCC	0.35	4.18	6.81	0.37	0.49	55.39	3.65	22.40	34.13	30.43	101.45	2471989.67	874661.42	65533.94
228	1453	002890	弘宇股份	59.10	CCC	0.35	4.25	4.29	0.63	0.87	15.70	25.60	22.40	2.01	-14.38	155.48	65426.29	40627.56	2341.99
229	1463	603289	泰瑞机器	59.00	CCC	0.33	6.72	8.29	0.60	0.76	29.73	0.00	22.40	3.14	-10.55	63.00	151063.87	87314.09	8669.50
230	1463	601727	上海电气	59.00	CCC	0.25	2.86	5.31	0.46	0.64	66.12	3.91	22.40	16.66	7.43	52.07	31540273.40	13654032.00	526600.30
231	1475	300193	佳士科技	58.90	CCC	0.34	6.91	7.14	0.37	0.45	16.25	5614.06	22.40	-4.42	-15.46	58.54	269668.32	102026.24	16508.94
232	1475	300112	万讯自控	58.90	CCC	0.32	8.15	8.40	0.55	1.05	18.99	246.26	22.40	8.86	-8.65	94.66	138064.89	73220.22	9009.05
233	1475	603050	科林电气	58.90	CCC	0.68	4.54	9.63	0.65	0.91	58.88	323.61	22.40	9.19	18.19	60.36	299921.63	175324.19	11379.15
234	1475	300286	安科瑞	58.90	CCC	0.60	11.42	15.43	0.63	0.87	29.22	0.00	22.40	7.62	33.49	175.10	115305.52	71874.79	12143.90
235	1489	002526	山东矿机	58.80	CCC	0.06	5.78	4.30	0.61	0.89	20.20	34.97	22.40	3.52	4.36	58.49	347340.20	209018.41	11706.66
236	1489	603356	华菱精工	58.80	CCC	0.55	8.02	11.01	1.25	1.83	51.84	8.66	22.40	12.75	-13.24	79.57	178723.02	191194.58	8938.31
237	1489	600468	百利电气	58.80	CCC	0.10	5.10	6.65	0.64	0.97	44.75	10.78	22.40	7.60	20.82	97.39	362526.57	219946.14	12859.11
238	1489	002747	埃斯顿	58.80	CCC	0.15	4.94	8.18	0.53	1.19	65.04	3.10	22.40	15.62	164.60	267.25	568482.16	251016.66	15155.72
239	1489	603556	海兴电力	58.80	CCC	0.98	8.04	9.02	0.41	0.49	23.70	23.07	22.40	3.05	-16.69	38.99	706855.81	280595.24	47918.29
240	1502	603680	今创集团	58.70	CCC	0.53	5.78	8.90	0.42	0.61	50.29	5.76	22.40	8.00	37.66	94.72	908460.90	387759.42	38693.84

续表

序号	A股上市公司评价得分排序	股票代码	股票简称	综合得分	评价等级	每股收益（元）	总资产报酬率（%）	净资产收益率（%）	总资产周转率（次）	流动资产周转率（次）	资产负债率（%）	已获利息倍数	营业收入增长率（%）	资本扩张率（%）	市场投资回报率（%）	股价波动率（%）	年末资产总额（万元）	营业收入（万元）	净利润（万元）
241	1515	002927	泰永长征	58.60	CCC	0.38	9.76	11.57	0.67	0.85	24.60	84.44	22.40	8.59	−22.37	62.13	121313.15	77911.86	10165.16
242	1515	000682	东方电子	58.60	CCC	0.21	5.29	8.62	0.57	0.67	44.89	80.39	22.40	6.89	−4.43	37.01	689845.17	371864.35	31734.63
243	1527	300606	金太阳	58.50	CCC	0.80	11.80	13.50	0.54	0.76	30.22	129.96	22.40	−18.43	−12.21	110.45	75964.34	41490.59	7962.04
244	1527	002972	科安达	58.50	CCC	0.78	12.54	12.58	0.29	0.31	12.27	0.00	22.40	10.57	−27.12	69.63	130743.08	36054.82	13743.23
245	1527	002151	北斗星通	58.50	CCC	0.30	3.39	3.13	0.55	1.03	34.59	4.16	22.40	29.18	90.04	233.58	710200.62	362433.81	12903.77
246	1527	002576	通达动力	58.50	CCC	0.54	7.84	9.49	1.14	1.44	28.19	84.04	22.40	8.99	14.73	110.39	134818.75	151593.16	8810.98
247	1527	603320	迪贝电气	58.50	CCC	0.32	5.70	5.93	0.65	1.00	37.43	4.49	22.40	4.27	−13.00	43.93	115143.68	72862.95	4184.06
248	1542	600893	航发动力	58.30	CCC	0.49	2.64	3.15	0.45	0.75	41.73	6.18	22.40	2.61	165.63	232.05	6435233.23	2863262.27	116607.68
249	1551	300427	红相股份	58.20	CCC	0.65	7.67	9.30	0.31	0.78	51.75	3.11	22.40	1.40	68.75	161.19	492927.31	151599.28	21967.39
250	1551	603076	乐惠国际	58.20	CCC	1.42	6.90	13.07	0.45	0.55	52.82	12.65	22.40	13.24	93.11	234.51	181570.31	85214.86	10546.75
251	1559	600765	中航重机	58.10	CCC	0.37	4.32	6.22	0.45	0.62	54.22	4.78	22.40	9.93	139.78	205.99	1566633.58	669816.50	42621.50
252	1559	300441	鲍斯股份	58.10	CCC	0.15	7.21	8.09	0.70	1.48	44.82	6.60	22.40	−1.17	−5.23	64.38	285600.38	197095.95	12821.19
253	1559	688003	天准科技	58.10	CCC	0.56	5.48	6.75	0.48	0.54	27.08	316.13	22.40	−5.45	1.10	67.94	212100.73	96411.02	10738.13
254	1559	300185	通裕重工	58.10	CCC	0.12	6.22	7.17	0.46	0.87	53.54	3.02	22.40	4.96	115.69	304.49	1241853.77	568767.04	40409.28
255	1571	002935	天奥电子	58.00	CCC	0.49	6.35	7.77	0.53	0.58	26.38	182.86	22.40	6.36	23.50	58.43	182906.44	91639.45	10145.13
256	1571	600984	建设机械	58.00	CCC	0.60	6.10	11.50	0.31	0.67	61.57	6.64	22.40	52.98	9.77	224.93	1513857.45	400124.20	55312.01
257	1571	300101	振芯科技	58.00	CCC	0.14	5.66	7.28	0.32	0.45	38.53	13.94	22.40	8.16	70.40	142.89	194691.95	57717.76	8380.99
258	1571	002957	科瑞技术	58.00	CCC	0.72	10.94	13.14	0.60	0.74	22.46	120.72	22.40	8.09	−39.32	85.10	353997.75	201434.94	34721.14
259	1580	600038	中直股份	57.90	CCC	1.29	3.25	8.59	0.75	0.85	65.15	41.04	22.40	8.18	29.51	101.86	2630588.05	1965475.11	75792.39
260	1586	000976	华铁股份	57.80	CCC	0.28	9.57	11.06	0.32	0.69	30.62	10.42	22.40	11.98	1.14	100.24	744584.32	224321.88	54055.90
261	1586	002598	山东章鼓	57.80	CCC	0.26	6.59	9.19	0.76	1.05	43.61	17.20	22.40	4.93	2.07	44.57	161105.90	112899.01	8151.90
262	1592	002338	奥普光电	57.70	CCC	0.22	5.46	5.85	0.42	0.60	9.88	4602.34	22.40	5.53	40.86	210.73	108344.04	44074.60	5558.27
263	1592	000811	冰轮环境	57.70	CCC	0.30	3.92	5.50	0.52	0.91	45.30	7.21	22.40	12.76	23.76	80.09	818614.06	404355.01	23243.11
264	1606	603912	佳力图	57.60	CCC	0.54	8.99	13.24	0.41	0.47	42.29	16.94	22.40	20.99	2.72	115.33	165412.40	62525.94	11539.78

续表

序号	A股上市公司评价得分排序	股票代码	股票简称	综合得分	评价等级	每股收益（元）	总资产报酬率（%）	净资产收益率（%）	总资产周转率（次）	流动资产周转率（次）	资产负债率（%）	已获利息倍数	营业收入增长率（%）	资本扩张率（%）	市场投资回报率（%）	股价波动率（%）	年末资产总额（万元）	营业收入（万元）	净利润（万元）
265	1606	002276	万马股份	57.60	CCC	0.22	3.63	5.13	1.17	1.51	45.74	7.02	22.40	5.78	–4.06	61.82	834195.31	932178.93	22606.03
266	1614	603829	洛凯股份	57.50	CCC	0.40	7.46	9.98	0.73	1.05	41.40	17.27	22.40	18.48	0.18	66.92	138682.25	87956.32	7481.26
267	1614	300457	赢合科技	57.50	CCC	0.32	3.58	4.55	0.35	0.50	34.53	7.56	22.40	66.16	33.76	99.57	807126.90	238471.34	19253.15
268	1614	300499	高澜股份	57.50	CCC	0.29	6.09	10.85	0.60	0.80	53.51	10.47	22.40	24.07	31.25	78.48	220281.04	122823.23	10034.74
269	1614	300376	易事特	57.50	CCC	0.20	6.02	8.29	0.32	0.62	54.37	2.88	22.40	10.12	71.02	231.96	1329726.63	417081.29	48013.25
270	1625	002580	圣阳股份	57.40	CCC	0.08	1.91	1.96	0.81	1.09	28.32	3.69	22.40	41.17	16.56	54.77	241327.90	176128.88	2899.34
271	1625	002664	长鹰信质	57.40	CCC	0.79	7.70	11.20	0.60	1.02	49.33	37.79	22.40	5.32	–5.45	92.28	539802.53	287828.77	29858.79
272	1634	002334	英威腾	57.30	CCC	0.18	3.97	4.84	0.83	1.23	41.21	11.01	22.40	7.56	22.42	84.79	284786.18	228643.42	7812.69
273	1634	600862	中航高科	57.30	CCC	0.31	8.17	10.01	0.45	0.67	32.56	30.55	22.40	5.08	165.35	218.25	652551.24	291174.42	42984.80
274	1643	600435	北方导航	57.20	CCC	0.04	4.26	6.38	0.59	0.82	43.61	30.45	22.40	4.87	4.05	75.62	526601.26	300594.01	18490.00
275	1643	600388	龙净环保	57.20	CCC	0.66	4.42	11.73	0.44	0.56	74.79	5.92	22.40	9.60	–9.73	57.19	2513045.47	1018076.46	71078.62
276	1643	300447	全信股份	57.20	CCC	0.48	9.39	12.24	0.44	0.56	30.26	21.73	22.40	13.77	44.75	168.07	179064.24	71274.23	14361.81
277	1669	600875	东方电气	57.00	CCC	0.60	2.24	5.86	0.39	0.52	65.60	58.60	22.40	5.80	7.04	63.06	9779513.78	3623892.55	191626.41
278	1669	000551	创元科技	57.00	CCC	0.29	5.19	8.07	0.67	1.03	46.97	10.48	22.40	10.72	19.27	91.32	500038.75	321334.62	20356.28
279	1669	002559	亚威股份	57.00	CCC	0.24	4.69	6.43	0.49	0.78	45.89	11.29	22.40	8.94	–5.66	53.35	374923.96	163864.24	12514.22
280	1669	300092	科新机电	57.00	CCC	0.35	8.47	12.51	0.68	0.85	43.74	339.65	22.40	10.87	27.47	152.37	118393.45	73516.08	7926.02
281	1681	002560	通达股份	56.90	CCC	0.27	4.48	4.55	0.61	0.98	28.05	5.93	22.40	36.39	50.02	133.90	332598.22	192785.80	9431.48
282	1681	000570	苏常柴A	56.90	CCC	0.09	1.66	2.36	0.62	1.00	42.00	8.45	22.40	7.62	18.80	55.18	395295.45	229646.47	5229.48
283	1693	300099	精准信息	56.80	CCC	0.18	6.12	6.34	0.26	0.49	11.65	348.09	22.40	0.82	10.29	148.34	203797.21	53713.53	11372.83
284	1693	300412	迦南科技	56.80	CCC	0.26	5.73	8.98	0.62	0.80	49.55	18.82	22.40	5.71	50.64	190.35	175806.14	100724.92	7745.57
285	1706	601616	广电电气	56.70	CCC	0.08	3.61	3.80	0.31	0.52	16.22	32.33	22.40	1.70	5.96	49.42	328271.51	103830.44	10356.21
286	1706	601766	中国中车	56.70	CCC	0.39	4.38	8.43	0.59	0.91	56.89	16.84	22.40	6.49	–24.94	49.90	39238036.80	22765604.10	1382306.00
287	1716	603396	金辰股份	56.60	CCC	0.78	6.81	9.86	0.54	0.63	52.44	19.52	22.40	8.02	103.59	208.76	215781.44	106075.27	9743.28
288	1732	300786	国林科技	56.40	CCC	0.94	8.79	9.96	0.38	0.49	26.24	233.44	22.40	8.45	–29.85	65.25	113302.04	40157.88	8002.94

续表

序号	A股上市公司评价得分排序	股票代码	股票简称	综合得分	评价等级	每股收益（元）	总资产报酬率（%）	净资产收益率（%）	总资产周转率（次）	流动资产周转率（次）	资产负债率（%）	已获利息倍数	营业收入增长率（%）	资本扩张率（%）	市场投资回报率（%）	股价波动率（%）	年末资产总额（万元）	营业收入（万元）	净利润（万元）
289	1746	300407	凯发电气	56.30	CCC	0.28	4.17	6.07	0.74	0.87	46.04	7.30	22.40	7.11	-5.86	57.61	268611.28	194816.79	8505.25
290	1754	603656	泰禾智能	56.20	CCC	0.29	4.13	4.26	0.42	0.58	19.30	0.00	22.40	3.04	-2.48	40.70	119784.44	47475.92	4056.82
291	1764	300281	金明精机	56.10	CCC	0.09	2.85	2.96	0.28	0.45	11.97	23.53	22.40	2.42	-0.03	52.08	142956.51	40654.37	3683.21
292	1771	603012	创力集团	56.00	CCC	0.57	9.84	14.31	0.41	0.56	44.42	18.60	22.40	13.47	-28.88	58.82	579820.88	228724.40	43391.05
293	1771	300486	东杰智能	56.00	CCC	0.38	5.04	7.47	0.39	0.70	48.74	12.17	22.40	8.96	1.08	77.70	298683.10	103451.59	10965.59
294	1771	600118	中国卫星	56.00	CCC	0.30	4.17	5.65	0.60	0.80	33.20	63.43	22.40	5.45	45.61	77.88	1159044.54	700740.44	42646.36
295	1782	002218	拓日新能	55.90	CCC	0.13	5.33	5.47	0.21	0.58	52.52	2.31	22.40	4.47	71.38	113.97	651570.88	136053.35	16574.59
296	1782	603969	银龙股份	55.90	CCC	0.16	6.54	7.55	0.88	1.12	29.04	8.84	22.40	4.27	-7.25	55.86	270423.25	255722.84	14190.69
297	1782	300772	运达股份	55.90	CCC	0.59	1.11	10.27	0.83	1.11	88.49	71.29	22.40	20.76	-4.34	73.44	1601808.24	1147786.00	17300.78
298	1793	300589	江龙船艇	55.80	CCC	0.17	4.55	9.49	0.68	1.15	62.40	7.35	22.40	2.06	147.53	376.95	98690.80	61299.02	3486.00
299	1793	300480	光力科技	55.80	CCC	0.24	8.15	7.87	0.34	0.56	16.68	44.71	22.40	3.92	2.00	110.86	93729.30	31130.44	6034.27
300	1805	603331	百达精工	55.70	CCC	0.46	7.50	9.05	0.57	1.20	49.67	4.47	22.40	13.21	-11.35	42.04	188790.51	96758.98	8098.15
301	1805	603690	至纯科技	55.70	CCC	1.01	7.76	11.19	0.30	0.47	46.94	6.01	22.40	110.59	21.26	101.49	595666.28	139705.61	26075.03
302	1805	300111	向日葵	55.70	CCC	0.05	11.69	30.42	0.46	0.65	51.98	28.31	22.40	57.82	34.46	170.96	56444.48	28695.50	6736.14
303	1811	603901	永创智能	55.60	CCC	0.40	6.22	11.40	0.55	0.72	58.59	6.05	22.40	6.76	-17.60	113.03	374871.32	202004.60	17142.29
304	1811	603507	振江股份	55.60	CCC	0.54	3.51	3.89	0.56	1.20	59.00	1.78	22.40	1.25	4.55	93.40	357466.95	193135.22	5667.32
305	1811	300421	力星股份	55.60	CCC	0.25	5.56	5.31	0.54	1.13	22.28	22.33	22.40	2.90	7.20	132.78	148884.93	78735.19	6059.99
306	1821	600501	航天晨光	55.50	CCC	0.11	2.15	2.81	0.75	1.13	54.83	9.26	22.40	2.94	28.22	90.84	518019.50	370045.37	6478.86
307	1821	300780	德恩精工	55.50	CCC	0.67	9.07	9.67	0.35	0.80	25.36	43.45	22.40	8.56	-27.84	63.87	141395.74	45132.50	9807.86
308	1821	002389	航天彩虹	55.50	CCC	0.29	3.95	4.48	0.35	0.73	23.01	33.30	22.40	3.17	187.55	249.35	880287.90	298833.13	29925.65
309	1826	300341	麦克奥迪	55.40	CCC	0.27	11.69	12.96	0.71	1.04	29.91	27.19	22.40	11.02	-41.25	130.59	170533.52	118660.06	14716.40
310	1835	601177	杭齿前进	55.30	CCC	0.21	5.12	6.38	0.49	1.11	53.05	4.22	22.40	4.38	-14.03	42.69	401517.94	191843.67	11768.16
311	1847	300503	昊志机电	55.20	CCC	0.26	6.56	8.29	0.45	0.88	50.95	3.49	22.40	8.15	-4.48	141.54	204639.66	87437.69	8007.49
312	1847	300257	开山股份	55.20	CCC	0.30	3.99	6.32	0.32	0.87	56.76	4.72	22.40	32.03	24.21	162.49	1096184.47	302215.01	26326.37

续表

序号	A股上市公司评价得分排序	股票代码	股票简称	综合得分	评价等级	每股收益（元）	总资产报酬率（%）	净资产收益率（%）	总资产周转率（次）	流动资产周转率（次）	资产负债率（%）	已获利息倍数	营业收入增长率（%）	资本扩张率（%）	市场投资回报率（%）	股价波动率（%）	年末资产总额（万元）	营业收入（万元）	净利润（万元）
313	1856	600184	光电股份	55.10	CCC	0.10	1.13	2.18	0.56	0.78	53.00	0.00	22.40	1.39	-3.26	69.32	510576.03	249189.61	5190.01
314	1856	000821	京山轻机	55.10	CCC	0.11	1.16	1.35	0.54	0.75	61.02	2.02	22.40	2.12	61.07	87.71	625452.28	305987.39	3257.90
315	1856	300260	新莱应材	55.10	CCC	0.41	5.24	8.43	0.56	0.86	52.05	3.56	22.40	34.12	38.48	144.63	232992.05	132304.72	8222.87
316	1864	603269	海鸥股份	55.00	CC	0.46	3.94	6.38	0.46	0.59	58.77	6.82	22.40	25.08	-9.47	38.24	211374.82	83423.36	5006.98
317	1864	300420	五洋停车	55.00	CC	0.18	5.43	6.68	0.48	0.76	31.28	13.08	22.40	50.50	4.67	66.62	394835.14	163156.37	15090.65
318	1864	002882	金龙羽	55.00	CC	0.44	11.01	10.10	1.26	1.52	27.04	17.74	22.40	5.11	-11.39	42.81	266874.03	319936.40	19192.78
319	1884	300393	中来股份	54.80	CC	0.13	3.66	3.70	0.56	1.27	54.30	2.71	22.40	26.84	59.75	127.29	971668.89	508494.59	14679.22
320	1884	300118	东方日升	54.80	CC	0.19	2.40	2.45	0.59	1.22	65.63	1.81	22.40	6.10	110.38	164.90	2892283.03	1606349.23	23627.68
321	1890	000680	山推股份	54.70	CC	0.08	2.00	2.79	0.76	1.23	60.60	2.30	22.40	2.90	2.14	42.18	970268.66	709816.20	10524.06
322	1894	002953	日丰股份	54.60	CC	0.61	9.37	10.67	1.21	1.55	28.83	12.64	22.40	9.70	-6.42	146.45	145048.79	162894.31	10525.78
323	1894	300581	晨曦航空	54.60	CC	0.37	8.18	9.14	0.32	0.39	19.74	0.00	22.40	8.38	169.89	350.61	89278.25	27075.77	6295.65
324	1905	002046	国机精工	54.50	CC	0.12	3.00	3.00	0.50	0.96	38.41	4.83	22.40	2.37	46.45	160.73	473691.60	235512.37	8653.69
325	1906	600302	标准股份	54.40	CC	0.41	8.74	11.67	0.70	0.85	38.55	23.59	22.40	13.54	-9.35	43.40	211496.28	125580.14	14267.67
326	1906	603318	派思股份	54.40	CC	0.06	3.42	2.68	0.48	1.30	52.71	2.36	22.40	58.58	-38.51	112.42	303338.51	113310.23	3131.09
327	1916	000837	*ST 秦机	54.30	CC	0.22	3.95	7.16	0.46	0.80	68.87	3.59	22.40	-1.37	58.82	154.09	926969.65	409508.26	20802.95
328	1921	603036	如通股份	54.20	CC	0.33	6.38	6.03	0.24	0.27	10.16	0.00	22.40	5.22	-20.31	45.32	126179.44	29071.82	6661.85
329	1921	600421	ST 华嵘	54.20	CC	0.05	15.57	26.55	1.16	1.50	48.60	13.09	22.40	16.26	9.77	129.61	12139.75	14018.85	1540.80
330	1940	002857	三晖电气	54.00	CC	0.18	4.22	4.78	0.34	0.41	22.31	0.00	22.40	2.19	-7.42	50.16	63701.04	21172.80	2342.43
331	1940	002249	大洋电机	54.00	CC	0.04	1.15	1.00	0.56	0.97	37.75	4.04	22.40	18.78	14.50	56.75	1386342.38	777646.56	7941.83
332	1951	002933	新兴装备	53.90	CC	0.84	6.60	6.19	0.19	0.20	8.39	0.00	22.40	3.95	-12.61	58.90	174233.03	31998.70	9688.77
333	1951	300179	四方达	53.90	CC	0.15	7.87	8.26	0.28	0.45	19.13	0.00	22.40	-0.84	5.86	112.06	112285.76	31847.64	7537.21
334	1951	000816	智慧农业	53.90	CC	0.04	2.37	3.16	0.46	1.05	34.01	6.08	22.40	3.23	156.39	375.94	368949.26	174028.17	7568.19
335	1951	600879	航天电子	53.90	CC	0.18	2.77	4.02	0.46	0.57	57.20	4.32	22.40	2.82	22.98	49.32	3120499.34	1400858.60	52962.48
336	1962	600150	中国船舶	53.80	CC	0.07	0.77	0.69	0.56	0.80	65.36	1.69	22.40	150.75	-20.03	57.41	15250952.85	5524354.13	25585.54

续表

序号	A股上市公司评价得分排序	股票代码	股票简称	综合得分	评价等级	每股收益（元）	总资产报酬率（%）	净资产收益率（%）	总资产周转率（次）	流动资产周转率（次）	资产负债率（%）	已获利息倍数	营业收入增长率（%）	资本扩张率（%）	市场投资回报率（%）	股价波动率（%）	年末资产总额（万元）	营业收入（万元）	净利润（万元）
337	1962	688037	芯源微	53.80	CC	0.58	4.90	6.29	0.31	0.35	34.79	0.00	22.40	5.79	36.26	101.45	122459.99	32890.02	4882.86
338	1970	603321	梅轮电梯	53.70	CC	0.17	3.41	4.68	0.43	0.75	38.03	136.63	22.40	4.05	−1.42	40.32	177575.72	72571.38	5051.95
339	1970	002074	国轩高科	53.70	CC	0.13	1.96	1.46	0.25	0.44	60.21	1.47	22.40	22.30	166.49	138.49	2783461.22	672423.32	14690.39
340	1970	002006	精功科技	53.70	CC	0.06	3.05	4.28	0.56	0.77	53.37	4.97	22.40	5.28	18.22	71.25	207098.52	106989.46	4033.45
341	1986	603500	祥和实业	53.50	CC	0.32	6.68	6.38	0.28	0.40	11.36	0.00	22.40	−4.71	−8.48	141.13	96298.24	27315.53	5582.16
342	1986	300594	朗进科技	53.50	CC	0.98	8.57	10.14	0.49	0.56	28.59	22.48	22.40	9.74	−32.27	62.58	125357.00	58380.64	8672.62
343	1986	002843	泰嘉股份	53.50	CC	0.20	6.89	7.74	0.51	1.07	38.29	17.70	22.40	−17.69	−2.72	52.15	78539.96	40317.98	4155.43
344	1998	600268	国电南自	53.40	CC	0.10	3.80	7.57	0.58	0.79	63.22	6.12	22.40	3.10	39.43	148.31	867585.93	503202.97	23800.63
345	1998	300154	瑞凌股份	53.40	CC	0.15	4.20	4.00	0.29	0.33	16.41	82.79	22.40	−2.44	3.35	91.72	193799.82	55563.07	6553.15
346	1998	300097	智云股份	53.40	CC	0.13	2.61	2.91	0.57	1.06	41.13	5.07	22.40	12.88	8.23	126.84	234878.67	118732.58	3796.29
347	2006	300509	新美星	53.30	CC	0.20	5.22	9.46	0.44	0.59	59.14	16.61	22.40	0.34	−1.40	140.02	166165.20	69149.85	6413.17
348	2006	300382	斯莱克	53.30	CC	0.11	5.05	5.48	0.43	0.57	48.04	3.34	22.40	14.69	36.24	134.83	220360.25	88286.56	5871.17
349	2006	300306	远方信息	53.30	CC	0.26	4.68	5.07	0.25	0.41	11.73	0.00	22.40	1.69	−18.57	87.83	162078.28	40233.50	7192.66
350	2006	600973	宝胜股份	53.30	CC	0.16	4.22	4.94	1.85	2.78	72.66	1.74	22.40	10.98	14.44	51.41	1987679.68	3413849.53	25542.67
351	2015	002527	新时达	53.20	CC	0.14	3.73	2.85	0.64	1.01	45.96	2.82	22.40	1.44	14.61	60.67	606421.79	395706.35	9285.11
352	2015	603315	福鞍股份	53.20	CC	0.32	6.26	7.37	0.43	0.56	35.93	7.19	22.40	3.66	−4.96	51.29	213203.19	88624.85	9883.79
353	2025	300464	星徽股份	53.10	CC	0.60	8.40	11.94	1.48	2.83	50.56	7.23	22.40	10.65	21.74	222.25	404717.32	552296.15	22733.32
354	2035	002774	快意电梯	53.00	CC	0.09	2.28	2.81	0.55	0.68	37.69	171.16	22.40	1.48	−18.49	45.26	175878.98	93933.18	3058.24
355	2035	300351	永贵电器	53.00	CC	0.27	4.49	5.42	0.43	0.61	19.17	353.16	22.40	5.53	0.53	105.99	251126.57	105369.53	10710.58
356	2035	002272	川润股份	53.00	CC	0.15	4.29	5.27	0.54	0.74	49.94	5.73	22.40	7.10	32.64	91.24	282449.89	127322.19	7202.84
357	2035	601106	中国一重	53.00	CC	0.02	2.34	1.17	0.60	0.89	65.76	1.41	22.40	0.83	0.00	53.34	3287255.13	1990273.68	13149.85
358	2051	688028	沃尔德	52.90	CC	0.62	6.33	5.79	0.27	0.39	6.04	0.00	22.40	−2.44	−44.69	122.23	89811.88	24183.17	4949.08
359	2065	300349	金卡智能	52.80	CC	0.26	3.15	2.93	0.38	0.67	31.64	35.03	22.40	−3.42	−17.21	49.80	524747.38	193418.40	10710.01
360	2078	600847	万里股份	52.60	CC	0.03	0.56	0.58	0.78	1.25	8.44	20.05	22.40	0.58	−12.51	48.75	75896.91	58710.78	402.28

续表

序号	A股上市公司评价得分排序	股票代码	股票简称	综合得分	评价等级	每股收益（元）	总资产报酬率（%）	净资产收益率（%）	总资产周转率（次）	流动资产周转率（次）	资产负债率（%）	已获利息倍数	营业收入增长率（%）	资本扩张率（%）	市场投资回报率（%）	股价波动率（%）	年末资产总额（万元）	营业收入（万元）	净利润（万元）
361	2078	300018	中元股份	52.60	CC	0.10	4.38	4.41	0.32	0.43	13.01	31.44	22.40	4.43	21.98	112.62	132261.59	40639.17	4962.26
362	2090	002611	东方精工	52.50	CC	0.26	6.92	9.20	0.46	0.65	33.08	28.03	22.40	−3.87	6.61	40.22	632323.67	291627.01	39709.73
363	2097	300438	鹏辉能源	52.40	CC	0.13	1.70	2.50	0.59	0.98	62.03	3.17	22.40	5.46	40.71	125.42	695912.58	364222.60	6445.68
364	2102	603015	弘讯科技	52.30	CC	0.15	4.23	4.80	0.40	0.59	37.46	10.81	22.40	4.96	−6.05	64.36	204361.98	74967.86	5986.36
365	2113	603577	汇金通	52.10	CC	0.37	6.50	8.10	0.77	1.02	47.07	3.37	22.40	8.50	20.46	100.58	257202.84	193706.30	10597.26
366	2113	300001	特锐德	52.10	CC	0.17	2.18	3.32	0.46	0.74	68.48	1.55	22.40	46.43	63.06	90.40	1706681.42	742061.74	15012.17
367	2119	002350	北京科锐	52.00	CC	0.10	2.64	3.24	0.65	1.02	37.66	7.38	22.40	5.02	22.23	44.14	331737.35	218289.54	6549.79
368	2119	300514	友讯达	52.00	CC	0.17	3.78	5.76	0.64	0.75	35.97	22.45	22.40	4.12	−9.31	90.87	93001.55	65972.10	3363.71
369	2126	600262	北方股份	51.90	CC	0.38	3.59	5.43	0.57	0.73	50.43	5.43	22.40	4.10	−12.88	67.62	247841.05	138838.31	6534.88
370	2126	300402	宝色股份	51.90	CC	0.20	3.00	6.09	0.63	0.92	60.51	3.61	22.40	5.28	79.89	289.28	172648.90	109206.26	4045.34
371	2126	002339	积成电子	51.90	CC	0.12	3.10	3.22	0.57	0.74	44.27	3.53	22.40	3.89	−4.38	54.39	375956.50	208497.11	6625.50
372	2126	002342	巨力索具	51.90	CC	0.04	1.87	1.36	0.55	0.96	39.28	1.94	22.40	1.21	31.57	64.61	405119.58	221470.23	3315.68
373	2140	300775	三角防务	51.80	CC	0.41	9.54	11.06	0.25	0.35	25.77	0.00	22.40	8.74	10.49	112.26	259483.35	61484.63	20440.78
374	2140	002204	大连重工	51.80	CC	0.03	0.77	0.75	0.48	0.62	61.44	6.52	22.40	−1.13	24.50	121.98	1693968.60	816190.96	4901.41
375	2154	300549	优德精密	51.60	CC	0.17	3.96	4.38	0.43	0.64	26.50	8.66	22.40	3.22	64.63	279.95	71510.87	31147.48	2268.56
376	2154	002132	恒星科技	51.60	CC	0.10	4.15	4.24	0.57	1.17	44.45	3.38	22.40	5.80	9.14	108.08	518374.09	283275.96	11877.55
377	2154	600843	上工申贝	51.60	CC	0.16	3.43	4.17	0.67	1.08	43.25	6.68	22.40	2.29	−21.04	47.77	467672.37	306461.26	10930.56
378	2162	002346	柘中股份	51.50	CC	0.35	6.05	7.57	0.22	0.82	22.85	55.59	22.40	2.65	−16.25	48.93	270153.99	60442.22	15564.90
379	2162	300210	森远股份	51.50	CC	0.26	8.86	13.13	0.21	0.39	43.84	5.16	22.40	14.02	25.43	170.15	179180.15	38042.78	12402.39
380	2174	300265	通光线缆	51.40	CC	0.17	4.54	5.28	0.58	0.85	44.99	3.01	22.40	21.56	37.01	136.33	251101.95	146745.23	6651.34
381	2179	600481	双良节能	51.30	CC	0.08	4.63	6.01	0.52	0.68	46.16	10.38	22.40	−3.74	21.09	126.86	410892.76	207156.34	13563.71
382	2179	300553	集智股份	51.30	CC	0.27	3.02	3.02	0.41	0.56	19.79	0.00	22.40	3.07	−18.04	55.68	42658.85	16464.77	1018.05
383	2186	300391	康跃科技	51.20	CC	0.07	2.38	6.02	0.39	0.76	69.05	4.75	22.40	92.76	68.76	214.62	468303.59	121450.40	6629.15
384	2186	002169	智光电气	51.20	CC	0.31	6.05	7.42	0.38	0.70	39.63	4.61	22.40	9.58	2.17	95.43	548624.08	214257.13	23501.07

续表

序号	A股上市公司评价得分排序	股票代码	股票简称	综合得分	评价等级	每股收益（元）	总资产报酬率（%）	净资产收益率（%）	总资产周转率（次）	流动资产周转率（次）	资产负债率（%）	已获利息倍数	营业收入增长率（%）	资本扩张率（%）	市场投资回报率（%）	股价波动率（%）	年末资产总额（万元）	营业收入（万元）	净利润（万元）
385	2196	002613	北玻股份	51.10	CC	0.01	1.06	0.62	0.52	0.78	24.14	26.98	22.40	0.62	55.56	123.21	210666.65	106533.66	979.88
386	2196	002009	天奇股份	51.10	CC	0.16	3.36	4.14	0.61	0.88	64.82	2.16	22.40	−0.57	29.34	85.92	592189.29	359224.79	8656.23
387	2202	002823	凯中精密	51.00	CC	0.29	4.51	5.96	0.58	1.67	58.18	2.88	22.40	5.00	10.29	56.91	343928.85	192064.86	8368.70
388	2202	300461	田中精机	51.00	CC	0.70	8.20	95.88	0.69	0.87	74.05	4.00	22.40	386.45	5.96	87.38	56771.38	36376.59	8515.52
389	2208	600592	龙溪股份	50.90	CC	0.37	6.13	6.89	0.41	0.64	29.60	17.11	22.40	5.08	−29.91	82.40	294305.29	115870.53	13936.04
390	2208	002686	亿利达	50.90	CC	0.06	2.72	2.03	0.46	0.90	48.45	1.61	22.40	37.24	14.12	65.30	341801.21	148418.08	3084.52
391	2220	603308	应流股份	50.80	CC	0.41	3.40	4.22	0.23	0.71	47.49	2.85	22.40	3.16	82.95	183.23	820338.13	183312.98	17914.43
392	2220	600685	中船防务	50.80	CC	2.59	8.35	21.92	0.25	0.42	54.92	24.43	22.40	12.89	76.40	260.18	3893751.73	1160846.07	362683.02
393	2220	002112	三变科技	50.80	CC	0.16	4.62	8.16	0.94	1.32	64.33	2.79	22.40	4.50	17.89	106.57	111417.51	101033.80	3172.36
394	2220	002546	新联电子	50.80	CC	0.22	6.00	5.79	0.17	0.19	8.24	204.84	22.40	5.87	−2.11	44.77	351070.44	57492.19	18148.05
395	2230	000768	中航西飞	50.70	CC	0.28	1.96	4.87	0.62	0.80	73.82	14.41	22.40	−7.81	117.04	176.70	5846032.74	3348428.29	77717.88
396	2248	600992	贵绳股份	50.50	CC	0.12	1.96	2.12	0.76	1.13	51.31	2.69	22.40	1.90	1.38	46.39	295893.46	213007.91	3018.66
397	2259	300719	安达维尔	50.40	CC	0.38	7.98	9.40	0.45	0.50	27.17	18.17	22.40	7.33	50.47	247.83	144348.26	60969.98	9547.85
398	2272	300430	诚益通	50.30	CC	0.22	2.99	3.52	0.31	0.59	29.25	8.85	22.40	3.47	8.46	112.91	252399.86	76442.69	6186.84
399	2272	002073	软控股份	50.30	CC	0.10	1.63	1.63	0.38	0.52	44.68	4.37	22.40	1.67	−3.92	47.91	817258.62	308206.49	7303.60
400	2280	600316	洪都航空	50.20	CC	0.18	1.83	2.65	0.56	0.72	46.96	10.93	22.40	2.99	292.06	349.38	967232.60	506859.76	13382.99
401	2293	603278	大业股份	50.10	CC	0.35	2.92	5.92	0.66	1.09	66.76	5.64	22.40	3.33	−12.42	53.52	529741.40	307368.72	10252.65
402	2293	002520	日发精机	50.10	CC	0.15	3.92	3.75	0.31	1.05	54.31	2.60	22.40	1.39	−6.53	46.24	634097.63	191457.54	10800.78
403	2297	603667	五洲新春	50.00	C	0.21	3.50	3.40	0.54	1.11	44.33	3.10	22.40	3.74	−21.18	47.55	339547.63	175399.10	6314.46
404	2297	300551	古鳌科技	50.00	C	0.12	3.13	3.97	0.34	0.42	24.53	37.33	22.40	7.48	85.41	215.34	83779.71	29207.28	2421.45
405	2297	300417	南华仪器	50.00	C	0.48	11.00	12.81	0.48	0.67	17.15	0.00	22.40	0.57	−46.49	115.72	62696.72	31163.95	6636.52
406	2297	000803	北清环能	50.00	C	0.29	7.02	19.30	0.32	1.44	64.67	7.91	22.40	0.00	−6.35	62.95	181555.87	34688.16	5129.06
407	2309	601890	亚星锚链	49.90	C	0.09	3.00	2.86	0.28	0.37	21.84	10.58	22.40	1.96	11.36	70.81	402767.60	110889.32	8915.02
408	2332	601608	中信重工	49.70	C	0.05	2.27	2.65	0.31	0.52	62.19	1.83	22.40	1.96	−1.57	46.67	2019621.83	631822.30	20017.94

续表

序号	A股上市公司评价得分排序	股票代码	股票简称	综合得分	评价等级	每股收益（元）	总资产报酬率（%）	净资产收益率（%）	总资产周转率（次）	流动资产周转率（次）	资产负债率（%）	已获利息倍数	营业收入增长率（%）	资本扩张率（%）	市场投资回报率（%）	股价波动率（%）	年末资产总额（万元）	营业收入（万元）	净利润（万元）
409	2332	300103	达刚控股	49.70	C	0.20	6.07	6.18	0.58	1.03	42.88	4.99	22.40	9.16	12.53	117.33	233147.10	127908.36	7889.85
410	2339	000561	烽火电子	49.60	C	0.16	3.32	6.62	0.41	0.53	52.21	40.39	22.40	5.14	−1.09	81.39	357252.58	138733.16	11028.79
411	2339	300228	富瑞特装	49.60	C	0.15	4.96	5.15	0.51	0.81	58.79	4.15	22.40	3.68	29.94	192.14	353987.80	180608.06	7377.06
412	2339	002730	电光科技	49.60	C	0.17	4.93	5.42	0.56	0.87	22.03	11.16	22.40	−3.38	15.10	173.95	128884.45	80812.78	5543.97
413	2339	603628	清源股份	49.60	C	0.25	3.78	7.42	0.41	0.69	51.72	2.96	22.40	1.81	32.67	91.22	198916.73	90047.45	7062.83
414	2354	002617	露笑科技	49.40	C	0.09	3.53	4.36	0.35	0.79	64.11	1.88	22.40	3.80	37.70	134.49	832559.11	284836.88	12774.86
415	2364	600990	四创电子	49.20	C	1.07	3.49	6.85	0.52	0.79	67.20	3.16	22.40	3.88	−1.13	64.43	790969.81	394226.20	17434.68
416	2364	002877	智能自控	49.20	C	0.17	5.16	7.49	0.40	0.74	46.55	16.62	22.40	4.70	−17.13	41.97	145806.26	55172.47	5708.43
417	2364	300557	理工光科	49.20	C	0.24	2.01	3.36	0.44	0.54	49.96	9.66	22.40	−3.23	−5.33	82.62	104621.12	42577.65	1791.08
418	2374	002278	神开股份	49.10	C	0.08	2.89	2.94	0.43	0.62	29.71	17.97	22.40	1.07	4.07	88.20	172129.42	72616.06	3542.77
419	2386	603861	白云电器	49.00	C	0.21	2.76	3.04	0.43	0.65	60.22	2.25	22.40	3.40	−5.62	35.57	725029.91	302837.63	8627.40
420	2395	002192	融捷股份	48.80	C	0.08	3.32	3.47	0.43	1.16	39.63	4.29	22.40	3.84	64.33	222.66	101699.20	38993.50	2091.70
421	2395	603618	杭电股份	48.80	C	0.17	3.54	4.51	0.83	1.11	62.37	2.30	22.40	3.78	3.02	50.64	744475.16	581367.80	12404.58
422	2400	600495	晋西车轴	48.70	C	0.02	0.74	0.63	0.29	0.50	17.39	0.00	22.40	1.24	−2.86	45.85	390935.23	113961.36	2024.43
423	2400	002413	雷科防务	48.70	C	0.16	5.17	4.68	0.23	0.54	29.59	8.63	22.40	10.18	25.36	106.47	577824.15	121556.04	18154.06
424	2408	300040	九洲集团	48.60	C	0.20	2.68	3.47	0.21	0.48	66.83	2.10	22.40	16.36	36.37	123.22	721750.55	127986.75	7714.68
425	2422	600312	平高电气	48.40	C	0.09	1.33	1.46	0.45	0.62	54.78	3.36	22.40	0.43	9.17	80.64	2075074.57	978106.51	13687.20
426	2422	002190	成飞集成	48.40	C	0.33	4.12	5.00	0.29	0.85	24.39	32.78	22.40	1.27	27.70	97.39	354816.82	98374.93	13335.70
427	2431	600560	金自天正	48.30	C	0.17	2.29	4.89	0.39	0.46	57.33	0.00	22.40	3.60	2.54	56.80	196256.05	69588.05	4026.43
428	2438	600482	中国动力	48.20	C	0.28	1.50	1.58	0.47	0.68	37.78	4.39	22.40	−0.05	−12.38	63.87	5874468.90	2701418.94	57792.61
429	2453	300062	中能电气	48.10	C	0.04	2.95	1.73	0.47	0.70	59.13	1.78	22.40	0.78	92.41	357.93	195925.30	94997.45	1380.47
430	2453	002722	金轮股份	48.10	C	0.19	3.56	1.75	0.78	1.32	36.58	2.25	22.40	−0.41	−24.92	53.50	299732.06	236680.55	3340.61
431	2453	300619	金银河	48.10	C	0.17	3.98	2.50	0.46	0.87	64.17	1.49	22.40	7.24	−2.62	88.55	146989.54	59418.08	1270.78
432	2461	000533	顺钠股份	48.00	C	0.12	5.36	9.36	0.61	0.80	61.09	4.22	22.40	8.71	7.36	52.33	244436.90	147767.49	8549.18

续表

序号	A股上市公司评价得分排序	股票代码	股票简称	综合得分	评价等级	每股收益（元）	总资产报酬率（%）	净资产收益率（%）	总资产周转率（次）	流动资产周转率（次）	资产负债率（%）	已获利息倍数	营业收入增长率（%）	资本扩张率（%）	市场投资回报率（%）	股价波动率（%）	年末资产总额（万元）	营业收入（万元）	净利润（万元）
433	2461	000777	中核科技	48.00	C	0.27	4.62	6.94	0.48	0.76	37.43	14.32	22.40	4.87	6.38	67.38	246814.84	116685.71	10463.00
434	2469	601179	中国西电	47.90	C	0.05	1.04	1.29	0.44	0.58	42.36	6.45	22.40	0.21	27.27	128.52	3616456.03	1580202.97	26953.47
435	2469	300491	通合科技	47.90	C	0.26	5.64	6.05	0.36	0.63	25.24	22.56	22.40	2.74	16.77	159.69	92974.41	32058.63	4149.73
436	2485	002552	宝鼎科技	47.70	C	0.02	0.76	1.14	0.49	1.02	11.15	0.00	22.40	1.14	-47.39	126.08	75425.70	36667.30	758.26
437	2485	002090	金智科技	47.70	C	0.16	3.26	5.70	0.52	0.82	59.91	2.69	22.40	3.23	-22.72	61.48	348436.46	185819.43	7830.01
438	2494	300126	锐奇股份	47.60	C	0.04	0.87	1.16	0.35	0.47	19.52	0.00	22.40	4.89	27.76	166.71	126815.62	42918.61	1151.69
439	2502	601606	长城军工	47.50	C	0.16	3.93	4.98	0.43	0.72	36.11	11.28	22.40	3.98	5.52	119.70	378892.97	158594.39	11817.41
440	2502	300600	国瑞科技	47.50	C	0.23	5.19	5.95	0.30	0.38	35.77	5.25	22.40	3.73	104.22	263.17	181731.88	57025.25	6818.92
441	2511	300165	天瑞仪器	47.40	C	0.05	2.21	1.07	0.40	0.67	32.19	6.40	22.40	2.89	2.40	83.69	256443.95	93569.67	1836.83
442	2517	300554	三超新材	47.30	C	0.21	2.87	3.73	0.28	0.51	37.95	5.66	22.40	14.89	34.70	157.09	92650.63	25837.95	2003.07
443	2517	002347	泰尔股份	47.30	C	0.06	2.04	2.77	0.38	0.49	43.45	6.29	22.40	-0.86	-3.90	40.02	206174.67	81197.65	3246.05
444	2537	600525	长园集团	47.00	C	0.10	3.08	2.91	0.54	0.95	63.10	1.42	22.40	2.23	8.77	96.98	1169174.40	618768.97	12397.69
445	2543	300275	梅安森	46.90	C	0.17	4.53	4.98	0.35	0.71	37.96	7.07	22.40	6.63	-23.41	87.91	87148.08	28473.32	2607.49
446	2543	300540	深冷股份	46.90	C	0.08	1.88	2.38	0.48	0.59	51.05	3.58	22.40	4.06	24.99	177.26	120346.52	51872.36	1376.77
447	2559	300065	海兰信	46.50	C	0.14	3.34	3.29	0.34	0.53	43.96	5.75	22.40	-8.63	16.29	128.60	291863.16	87093.10	5635.31
448	2559	002733	雄韬股份	46.50	C	0.19	2.67	2.42	0.53	0.80	41.52	2.23	22.40	21.70	-21.80	82.14	521091.20	254662.38	6723.51
449	2564	300008	天海防务	46.40	C	0.03	1.79	2.56	0.26	0.59	19.15	1.93	22.40	308.81	85.67	329.97	203899.64	52355.27	2626.42
450	2571	300512	中亚股份	46.30	C	0.16	2.41	2.98	0.33	0.47	30.34	1440.90	22.40	1.72	-1.76	156.19	204890.89	66205.06	4219.70
451	2571	002209	达意隆	46.30	C	0.09	1.99	2.76	0.63	0.91	58.33	2.59	22.40	3.94	-6.26	64.87	151069.09	92961.00	1701.69
452	2571	002023	海特高新	46.30	C	0.04	1.90	0.18	0.13	0.49	45.84	1.20	22.40	-1.24	32.58	73.60	729953.35	96413.31	708.74
453	2581	002529	*ST海源	46.20	C	0.13	5.08	3.91	0.22	0.46	30.57	4.12	22.40	4.10	28.20	93.64	123429.89	30031.37	3286.69
454	2588	002689	远大智能	46.10	C	0.01	0.34	0.52	0.43	0.73	37.51	0.00	22.40	2.29	-12.32	63.65	211941.90	91521.40	678.61
455	2603	300283	温州宏丰	45.90	C	0.08	4.83	4.92	1.10	2.21	55.93	1.84	22.40	24.15	23.61	166.33	173723.65	175971.01	3397.35
456	2609	002667	鞍重股份	45.80	C	0.02	-0.57	0.67	0.32	0.43	14.10	-2364.68	22.40	0.33	-4.03	94.39	90755.05	29015.34	521.81

续表

序号	A股上市公司评价得分排序	股票代码	股票简称	综合得分	评价等级	每股收益（元）	总资产报酬率（%）	净资产收益率（%）	总资产周转率（次）	流动资产周转率（次）	资产负债率（%）	已获利息倍数	营业收入增长率（%）	资本扩张率（%）	市场投资回报率（%）	股价波动率（%）	年末资产总额（万元）	营业收入（万元）	净利润（万元）
457	2615	300215	电科院	45.70	C	0.11	4.68	4.41	0.18	0.84	55.32	2.08	22.40	−13.73	13.81	99.68	410252.51	70229.76	8726.99
458	2615	002426	*ST胜利	45.70	C	0.11	5.02	9.95	0.77	1.45	59.03	2.81	22.40	9.35	−11.23	94.21	1118834.64	959521.37	43685.74
459	2631	002767	先锋电子	45.50	C	0.14	2.56	2.70	0.38	0.49	24.48	132.40	22.40	2.02	−28.31	49.75	99915.38	35444.12	2015.53
460	2631	603011	合锻智能	45.50	C	0.06	1.63	1.51	0.32	0.58	36.49	2.36	22.40	0.86	3.93	66.07	266168.70	83795.45	2539.55
461	2638	603626	科森科技	45.40	C	−0.10	0.03	−2.85	0.65	1.74	64.72	0.02	22.40	25.03	9.50	122.86	602760.46	346702.14	−5452.74
462	2652	300527	中船应急	45.20	C	0.08	2.99	3.77	0.44	0.62	32.79	8.57	22.40	28.42	−12.09	102.28	427932.06	182133.89	9635.85
463	2652	600202	哈空调	45.20	C	0.13	3.89	7.37	0.43	0.59	69.08	3.07	22.40	5.38	−14.25	36.87	228148.07	91717.58	5066.95
464	2656	300626	华瑞股份	45.10	C	0.07	2.94	2.14	0.73	1.30	44.49	2.10	22.40	1.50	5.21	88.71	99322.47	72935.93	1173.07
465	2656	603895	天永智能	45.10	C	0.11	0.68	2.07	0.40	0.46	52.31	0.00	22.40	2.09	−27.93	52.99	124749.77	50689.28	1220.40
466	2656	603090	宏盛股份	45.10	C	0.07	1.71	1.57	0.45	0.80	27.07	4.63	22.40	−0.42	−9.50	38.83	69810.09	32514.93	799.04
467	2664	603819	神力股份	45.00	C	0.07	2.31	1.98	0.75	1.16	45.37	2.40	22.40	−3.99	7.02	145.16	136666.75	94107.44	1507.68
468	2664	688022	瀚川智能	45.00	C	0.41	2.30	4.90	0.44	0.55	45.02	0.00	22.40	2.33	−26.36	124.03	162608.57	60313.84	4330.47
469	2669	002795	永和智控	44.90	C	0.06	4.46	2.10	0.67	1.37	45.95	2.98	22.40	5.38	−33.60	69.60	118593.48	64769.12	1310.41
470	2669	002227	奥特迅	44.90	C	0.03	0.70	0.72	0.25	0.57	38.82	4.70	22.40	0.16	35.15	90.96	134373.03	32312.17	591.59
471	2673	000806	*ST银河	44.80	C	0.05	5.38	41.58	0.58	0.86	97.05	5.12	22.40	−73.39	−26.77	93.46	212661.85	110597.57	6205.68
472	2676	300317	珈伟新能	44.70	C	0.04	2.66	1.58	0.21	0.48	42.23	1.55	22.40	2.08	73.79	277.30	339371.91	79997.91	3057.17
473	2686	300713	英可瑞	44.60	C	0.20	1.64	3.09	0.28	0.40	22.23	7.99	22.40	−1.13	40.14	257.00	92619.63	26564.99	2238.66
474	2701	300490	华自科技	44.40	C	0.11	1.50	1.79	0.35	0.60	48.74	2.32	22.40	−0.67	2.43	90.66	349299.42	116228.57	3213.01
475	2704	600391	航发科技	44.30	C	−0.05	1.00	0.50	0.49	0.76	66.50	1.38	22.40	1.01	76.06	144.10	580865.64	272105.85	969.99
476	2708	300123	亚光科技	44.20	C	0.03	2.29	0.58	0.23	0.54	35.65	1.54	22.40	4.71	57.55	172.72	824496.42	181287.96	3013.27
477	2719	688218	江苏北人	43.90	C	0.25	2.66	3.31	0.38	0.42	33.47	9.62	22.40	1.37	−34.17	95.19	127537.24	47287.22	2786.09
478	2719	300161	华中数控	43.90	C	0.16	3.01	3.08	0.51	0.67	52.21	2.41	22.40	3.50	19.56	93.18	285356.12	132238.58	4132.94
479	2731	600072	中船科技	43.70	C	0.20	3.33	3.39	0.21	0.32	53.03	2.20	22.40	6.37	−1.14	79.33	905205.40	187493.77	13967.37
480	2735	002364	中恒电气	43.60	C	0.16	3.33	3.63	0.47	0.66	35.25	12.23	22.40	3.42	−22.83	113.61	344824.68	143349.52	7960.96

续表

序号	A股上市公司评价得分排序	股票代码	股票简称	综合得分	评价等级	每股收益（元）	总资产报酬率（%）	净资产收益率（%）	总资产周转率（次）	流动资产周转率（次）	资产负债率（%）	已获利息倍数	营业收入增长率（%）	资本扩张率（%）	市场投资回报率（%）	股价波动率（%）	年末资产总额（万元）	营业收入（万元）	净利润（万元）
481	2735	002796	世嘉科技	43.60	C	0.15	1.89	2.69	0.68	1.23	34.30	47.92	22.40	2.70	-34.87	156.27	241602.35	164094.59	4207.14
482	2742	002523	天桥起重	43.40	C	0.04	1.68	2.77	0.39	0.54	43.50	5.01	22.40	1.68	-19.28	43.39	400853.86	150153.03	6227.13
483	2751	000530	冰山冷热	43.10	C	0.03	0.66	0.66	0.31	0.73	39.29	1.63	22.40	-0.14	24.01	60.22	568156.83	172726.79	2284.98
484	2753	300173	福能东方	43.00	C	0.02	2.15	1.71	0.29	0.40	55.01	2.19	22.40	132.64	-8.15	94.10	360130.45	73951.77	1981.01
485	2762	000925	众合科技	42.90	C	0.10	1.89	0.20	0.43	0.81	58.89	1.03	22.40	1.27	-7.30	65.67	614636.68	292678.99	490.27
486	2791	600860	京城股份	42.30	C	0.34	8.24	14.02	0.64	1.33	41.27	8.17	22.40	42.96	-25.87	112.93	170543.09	108829.65	11936.44
487	2791	600526	菲达环保	42.30	C	0.10	2.22	2.37	0.45	0.59	68.20	1.92	22.40	3.48	-10.12	64.37	674265.23	311128.14	4995.81
488	2797	603333	尚纬股份	42.20	C	0.03	1.76	0.96	0.66	0.88	51.61	1.45	22.40	0.16	-43.89	93.24	318675.43	202969.89	1479.57
489	2797	600151	航天机电	42.20	C	0.12	1.64	2.13	0.56	1.45	44.13	1.93	22.40	2.64	75.83	179.32	1064248.15	609330.23	12496.78
490	2803	601700	风范股份	42.10	C	0.19	7.23	8.83	0.56	0.69	44.91	5.11	22.40	9.04	-27.17	83.07	474208.14	260052.21	22106.85
491	2817	300004	南风股份	41.90	C	0.31	5.42	6.43	0.28	0.49	24.97	10.17	22.40	13.04	-9.22	110.00	298836.81	79860.80	13587.76
492	2817	002122	*ST 天马	41.90	C	0.13	6.57	11.32	0.16	0.31	60.27	3.16	22.40	4.97	7.02	127.29	444276.85	72174.33	19514.29
493	2817	601798	蓝科高新	41.90	C	0.05	1.22	0.67	0.37	0.58	41.79	1.40	22.40	1.28	-7.82	127.17	306174.29	118011.09	1179.41
494	2826	002480	新筑股份	41.60	C	0.08	2.70	2.57	0.31	0.61	62.46	1.54	22.40	19.48	15.67	121.47	735009.01	234210.19	6504.88
495	2826	300345	华民股份	41.60	C	0.01	1.04	1.14	0.26	0.50	9.15	18.19	22.40	1.20	-52.87	146.54	55872.02	14919.34	576.27
496	2843	600520	文一科技	41.10	C	0.05	1.76	2.67	0.36	0.71	52.05	6.02	22.40	2.70	-38.27	89.60	89657.91	33204.27	1130.86
497	2844	300105	龙源技术	41.00	C	0.02	0.44	0.51	0.20	0.23	17.69	0.00	22.40	-4.80	3.26	74.36	225805.62	45829.41	979.57
498	2846	002058	*ST 威尔	40.90	C	-0.01	0.13	-0.37	0.39	0.49	17.19	0.00	22.40	2.98	-39.81	81.78	21802.38	8232.33	-65.77
499	2857	600320	振华重工	40.60	C	0.08	2.47	2.33	0.29	0.59	78.47	1.36	22.40	-8.05	-1.74	45.44	7932064.45	2265514.17	41613.54
500	2870	688033	天宜上佳	40.20	C	0.25	5.34	4.64	0.16	0.24	6.96	1057.31	22.40	2.94	-48.59	149.21	259222.01	41516.69	11024.15
501	2875	002031	巨轮智能	40.00	C	-0.07	0.70	-2.19	0.29	0.49	43.40	0.51	22.40	-5.90	-1.47	37.39	600394.91	167811.32	-7668.27
502	2883	002297	博云新材	39.90	C	0.05	2.75	2.25	0.18	0.32	30.92	4.99	22.40	1.85	14.44	105.78	204945.92	34511.93	3163.05
503	2891	300466	赛摩智能	39.70	C	0.04	1.94	1.23	0.44	0.74	29.91	2.57	22.40	-1.57	-0.31	142.16	119712.75	54505.13	1041.21
504	2896	000584	哈工智能	39.50	C	0.01	1.70	0.42	0.34	0.65	49.14	1.12	22.40	36.75	-7.89	59.43	501649.82	161787.48	931.65

续表

序号	A股上市公司评价得分排序	股票代码	股票简称	综合得分	评价等级	每股收益（元）	总资产报酬率（%）	净资产收益率（%）	总资产周转率（次）	流动资产周转率（次）	资产负债率（%）	已获利息倍数	营业收入增长率（%）	资本扩张率（%）	市场投资回报率（%）	股价波动率（%）	年末资产总额（万元）	营业收入（万元）	净利润（万元）
505	2899	300411	金盾股份	39.40	C	0.07	1.44	2.81	0.43	0.59	33.31	10.75	22.40	-36.30	17.22	115.66	147582.18	73377.65	3559.17
506	2899	000585	*ST 东电	39.40	C	0.07	21.65	-53.03	0.25	0.60	217.59	40.78	22.40	0.00	-18.70	90.85	15752.58	7999.09	6266.50
507	2901	688011	新光光电	39.30	C	0.24	2.14	2.00	0.09	0.11	7.25	147.43	22.40	0.57	19.08	98.71	132823.40	12408.62	2454.48
508	2920	300521	爱司凯	38.70	C	-0.08	-2.99	-2.33	0.23	0.45	14.28	0.00	22.40	-2.45	88.00	253.06	59968.52	13643.99	-1214.79
509	2925	002471	中超控股	38.50	C	0.01	2.74	0.47	0.91	1.21	73.04	1.11	22.40	-14.16	14.14	63.16	549205.69	543489.09	750.93
510	2928	600550	保变电气	38.30	C	0.01	2.55	3.25	0.66	0.96	86.58	1.24	22.40	-3.32	59.85	135.02	564103.03	408456.87	2499.70
511	2932	603029	天鹅股份	38.20	C	0.15	-0.27	-0.25	0.35	0.52	42.26	-1.82	22.40	-2.92	-11.60	56.98	131726.27	44804.16	-192.21
512	2932	300700	岱勒新材	38.20	C	0.02	1.44	0.28	0.21	0.43	53.08	0.86	22.40	0.30	3.61	102.36	113690.54	24289.70	150.38
513	2936	600169	太原重工	38.10	C	0.01	3.08	0.75	0.25	0.35	85.64	1.08	22.40	50.69	-9.24	34.34	3543068.34	861088.63	3178.20
514	2954	601989	中国重工	37.40	C	-0.02	0.24	-0.59	0.20	0.29	50.03	0.52	22.40	-0.22	-21.99	60.23	17240677.13	3490618.76	-50545.50
515	2960	300080	易成新能	37.20	C	-0.02	-0.15	-1.36	0.43	0.89	43.94	-0.15	22.40	-3.66	12.08	82.82	939396.50	396850.08	-7308.01
516	2981	002121	*ST 科陆	36.50	C	0.13	5.36	14.51	0.34	0.66	82.34	1.80	22.40	52.46	-21.09	67.30	927917.91	333728.89	19683.52
517	2985	002451	摩恩电气	36.30	C	0.02	1.96	1.06	0.37	0.81	42.40	1.78	22.40	1.02	-27.27	74.67	122744.35	45427.20	748.61
518	2991	300444	双杰电气	36.20	C	0.06	1.83	2.74	0.45	0.67	71.95	1.76	22.40	-1.66	2.89	150.70	264856.19	123134.84	2051.25
519	2997	600405	动力源	35.80	C	-0.08	-0.04	-4.40	0.47	0.86	58.81	-0.02	22.40	-1.33	39.66	62.78	256174.78	121570.97	-4672.82
520	2997	300809	华辰装备	35.80	C	0.21	2.22	2.39	0.13	0.15	25.77	22.15	22.40	0.32	-34.84	79.71	187558.38	23063.98	3316.68
521	3002	600343	航天动力	35.50	C	0.04	1.10	1.21	0.29	0.41	37.76	3.63	22.40	-5.43	3.39	68.77	392893.81	124901.89	3050.73
522	3008	000852	石化机械	35.20	C	0.01	2.09	1.57	0.73	0.89	76.07	1.37	22.40	0.70	-31.83	75.61	820468.92	621335.18	3066.30
523	3015	002943	宇晶股份	34.90	C	-0.06	-0.32	-0.65	0.34	0.53	28.28	-1.87	22.40	0.23	-25.14	100.01	109601.62	36529.00	-512.75
524	3020	600815	厦工股份	34.80	C	0.02	1.65	3.53	0.53	0.68	56.16	0.00	22.40	3.39	-19.23	55.57	347366.60	192011.95	5294.40
525	3027	600537	亿晶光电	34.50	C	-0.55	-8.55	-21.77	0.59	1.17	64.43	-21.14	22.40	-19.63	60.06	125.29	750918.10	409801.10	-65243.20
526	3030	300195	长荣股份	34.20	C	-0.23	0.34	-2.97	0.21	0.59	55.07	0.19	22.40	-3.77	-18.30	86.21	622399.98	122349.58	-8457.40
527	3033	300068	南都电源	34.10	C	-0.33	-1.31	-6.65	0.75	1.37	59.66	-0.79	22.40	-9.18	35.72	106.31	1428278.68	1025977.26	-40276.75
528	3036	300091	金通灵	34.00	C	0.05	2.22	2.06	0.23	0.36	59.43	1.71	22.40	-4.58	-0.68	145.43	611326.78	143605.82	5233.19

续表

序号	A股上市公司评价得分排序	股票代码	股票简称	综合得分	评价等级	每股收益（元）	总资产报酬率（%）	净资产收益率（%）	总资产周转率（次）	流动资产周转率（次）	资产负债率（%）	已获利息倍数	营业收入增长率（%）	资本扩张率（%）	市场投资回报率（%）	股价波动率（%）	年末资产总额（万元）	营业收入（万元）	净利润（万元）
529	3052	000901	航天科技	33.30	C	−0.85	−9.78	−15.22	0.75	1.28	38.37	−37.43	22.40	4.57	4.07	71.19	730967.67	534957.17	−67078.49
530	3060	002490	山东墨龙	33.00	C	0.04	2.84	0.64	0.55	1.28	65.19	1.13	22.40	0.70	−16.15	53.64	517563.58	300971.90	1145.54
531	3079	600416	湘电股份	31.90	C	0.08	2.74	3.22	0.32	0.47	74.01	1.53	22.40	3.35	199.29	230.08	1274217.59	469645.83	10503.86
532	3079	300278	*ST 华昌	31.90	C	−1.03	−16.99	6056.84	0.56	0.94	111.69	−4.34	22.40	−206.61	4.78	170.03	267003.58	160001.34	−58635.66
533	3082	300510	金冠股份	31.80	C	0.06	1.19	2.00	0.24	0.50	18.75	2.20	22.40	−11.91	−30.29	100.40	321107.64	84518.56	5584.42
534	3091	002633	申科股份	31.40	C	−0.22	−4.91	−6.81	0.27	0.52	26.15	−13.67	22.40	−6.59	−16.76	48.20	62729.41	16983.34	−3267.52
535	3094	600590	泰豪科技	31.20	C	−0.30	0.44	−5.30	0.45	0.64	71.51	0.28	22.40	−6.29	−5.83	53.18	1387009.15	604458.94	−21647.15
536	3094	600579	克劳斯	31.20	C	−0.28	−0.87	−4.26	0.61	1.43	66.83	−0.75	22.40	−3.42	−27.73	131.47	1600718.48	981639.26	−22998.99
537	3104	600243	*ST 海华	30.90	C	0.07	4.72	1.25	0.35	0.60	30.37	2.73	22.40	4.37	−38.33	131.88	165865.28	63670.62	1412.84
538	3108	603800	道森股份	30.80	C	0.02	1.40	0.65	0.51	0.67	42.48	1.51	22.40	−10.09	−22.64	52.29	157786.49	84768.39	626.18
539	3110	000856	冀东装备	30.70	C	0.02	0.99	−2.42	1.11	1.48	82.33	1.37	22.40	−2.39	−34.61	85.73	248756.03	265222.73	−1076.87
540	3126	300810	中科海讯	30.10	C	0.27	1.98	2.03	0.11	0.12	10.58	0.00	22.40	1.30	−50.97	107.66	112686.18	12515.56	2030.98
541	3126	300362	天翔环境	30.10	C	0.12	1.50	−6.71	0.10	0.12	98.53	4.20	22.40	0.00	0.00	87.21	402155.93	41369.74	5440.90
542	3137	002779	中坚科技	29.70	C	−0.18	−3.76	−3.83	0.46	0.81	29.94	−31.65	22.40	−4.00	−22.86	61.74	88157.53	39487.94	−2418.02
543	3139	002692	ST 远程	29.60	C	−0.19	−2.84	−13.38	0.99	1.26	63.90	−1.38	22.40	−12.54	−24.80	77.25	259071.13	264977.30	−13404.81
544	3142	002196	方正电机	29.50	C	−1.36	−23.38	−34.74	0.42	0.94	38.71	−60.17	22.40	−25.02	37.30	114.53	258520.80	114257.00	−64223.34
545	3152	300048	合康新能	28.70	C	−0.46	−18.64	−31.65	0.40	0.72	36.76	−27.49	22.40	−29.29	97.09	170.90	259994.59	125656.93	−62819.85
546	3165	300141	和顺电气	28.00	C	−0.23	−5.30	−8.79	0.45	0.57	32.41	−6.21	22.40	−8.91	50.60	149.19	100449.94	52636.41	−6260.66
547	3177	002691	冀凯股份	27.40	C	−0.05	−1.29	−1.77	0.22	0.39	16.44	−2.99	22.40	−1.96	−28.48	71.49	104695.79	24086.77	−1562.48
548	3177	600241	*ST 时万	27.40	C	−0.10	−1.76	−4.59	0.40	0.84	30.15	−1.79	22.40	2.45	−37.48	91.50	124284.17	51589.02	−3934.45
549	3179	002816	和科达	27.30	C	−0.51	−7.71	−11.88	0.27	0.39	27.40	−199.33	22.40	−11.21	4.33	119.88	55904.77	15042.49	−5124.83
550	3188	300756	金马游乐	26.90	C	−0.20	−1.28	−1.94	0.22	0.26	43.37	−57.26	22.40	−2.99	−13.57	105.59	180970.36	38301.03	−2016.06
551	3201	600192	长城电工	26.50	C	−0.44	−3.95	−10.87	0.44	0.63	60.50	−3.49	22.40	−10.65	0.43	35.82	471098.47	206472.92	−21439.09
552	3209	300201	海伦哲	26.00	C	−0.45	−12.23	−33.77	0.64	1.02	60.04	−10.42	22.40	−31.31	−25.18	81.91	286615.60	203569.01	−47496.26

续表

序号	A股上市公司评价得分排序	股票代码	股票简称	综合得分	评价等级	每股收益（元）	总资产报酬率（%）	净资产收益率（%）	总资产周转率（次）	流动资产周转率（次）	资产负债率（%）	已获利息倍数	营业收入增长率（%）	资本扩张率（%）	市场投资回报率（%）	股价波动率（%）	年末资产总额（万元）	营业收入（万元）	净利润（万元）
553	3218	002176	江特电机	25.80	C	0.01	1.12	0.82	0.35	0.74	66.71	1.03	22.40	−4.18	−1.33	223.68	481841.95	184398.48	1340.77
554	3231	300145	中金环境	25.30	C	−1.03	−18.67	−49.13	0.44	1.06	66.25	−15.52	22.40	−40.15	−14.41	64.83	876788.68	421843.88	−194165.16
555	3242	300024	机器人	24.90	C	−0.25	−3.97	−6.81	0.26	0.38	54.79	−5.00	22.40	−25.83	−14.34	56.55	1077696.56	265963.61	−38978.02
556	3244	300293	蓝英装备	24.80	C	−0.68	−7.59	−24.14	0.50	0.86	67.09	−4.57	22.40	−21.68	98.33	310.52	227799.88	115619.61	−20601.86
557	3249	300029	*ST 天龙	24.40	C	−0.16	−19.33	−114.10	0.71	1.39	94.37	−118.23	22.40	−71.52	−14.67	71.95	22080.79	11252.57	−3197.44
558	3258	600375	汉马科技	24.10	C	−0.88	−2.61	−18.23	0.51	0.96	80.59	−2.18	22.40	−15.94	64.57	177.53	1262423.72	642824.96	−48911.88
559	3264	300307	慈星股份	24.00	C	−0.67	−14.62	−19.39	0.33	0.55	28.38	−87.39	22.40	−20.64	15.54	179.74	356276.39	123329.54	−55900.01
560	3275	002639	雪人股份	23.60	C	−0.27	−3.77	−8.43	0.37	0.77	45.58	−2.61	22.40	−8.23	−23.13	79.38	395765.62	145837.83	−18959.23
561	3282	300471	厚普股份	23.50	C	−0.46	−10.09	−17.04	0.26	0.63	43.63	−17.47	22.40	−14.11	16.11	118.44	191230.43	47837.12	−19876.66
562	3290	300222	科大智能	23.20	C	−0.39	−3.29	−13.81	0.46	0.63	69.98	−4.96	22.40	−16.03	7.40	135.61	557569.74	273845.29	−25326.53
563	3299	300011	鼎汉技术	22.90	C	−0.84	−11.48	−27.58	0.35	0.57	55.33	−7.16	22.40	−24.63	12.62	72.13	330221.10	121975.00	−47327.21
564	3299	600869	远东股份	22.90	C	−0.76	−6.57	−40.65	1.15	1.74	80.52	−3.50	22.40	−34.45	−22.18	65.03	1686065.05	1980408.80	−168571.91
565	3305	002786	银宝山新	22.80	C	−0.85	−6.36	−43.22	0.76	1.18	85.89	−3.48	22.40	−35.77	−20.36	57.11	427970.01	324215.63	−33358.97
566	3308	300757	罗博特科	22.40	C	−0.65	−4.64	−9.43	0.33	0.43	59.86	−7.73	22.40	−7.07	15.84	79.07	173029.95	52824.90	−6795.18
567	3308	002309	中利集团	22.40	C	−3.35	−10.35	−40.91	0.48	0.70	65.37	−3.41	22.40	−35.10	−9.78	53.00	1624488.91	903339.91	−292399.78
568	3314	600172	黄河旋风	22.30	C	−0.70	−6.51	−26.44	0.23	0.69	67.72	−2.13	22.40	−23.35	10.81	68.18	997085.35	245050.26	−98041.53
569	3317	300385	雪浪环境	22.20	C	−1.01	−8.95	−31.58	0.42	0.68	73.88	−6.22	22.40	−24.92	4.19	102.18	383762.93	148794.96	−36907.59
570	3317	002021	ST 中捷	22.20	C	−0.11	−7.39	−11.73	0.52	0.77	26.86	−15.15	22.40	−11.06	−24.78	95.83	86186.02	52553.53	−7855.02
571	3321	300424	航新科技	22.10	C	−1.36	−14.62	−44.07	0.52	0.82	68.13	−8.30	22.40	−30.02	4.77	113.44	224930.27	122363.53	−38361.06
572	3334	600290	*ST 华仪	21.40	C	0.04	2.01	2.67	0.18	0.34	72.18	1.80	22.40	2.17	1.90	189.91	440551.89	83941.83	3235.09
573	3334	000595	*ST 宝实	21.40	C	0.01	2.22	1.95	0.13	0.27	36.91	1.93	22.40	161.78	−40.16	152.49	158297.54	20490.88	1344.68
574	3339	002535	*ST 林重	21.30	C	0.05	4.05	4.69	0.19	0.43	82.68	1.24	22.40	0.45	−46.32	198.32	479795.55	90497.46	3893.21
575	3349	300410	正业科技	20.90	C	−0.83	−12.61	−39.31	0.52	0.79	71.39	−9.57	22.40	−33.75	−14.32	115.48	220014.12	119727.21	−31045.95
576	3349	002337	赛象科技	20.90	C	−0.17	−6.77	−8.75	0.23	0.29	25.29	0.00	22.40	−9.25	−12.39	39.55	158889.45	35797.99	−10919.41

续表

序号	A股上市公司评价得分排序	股票代码	股票简称	综合得分	评价等级	每股收益（元）	总资产报酬率（%）	净资产收益率（%）	总资产周转率（次）	流动资产周转率（次）	资产负债率（%）	已获利息倍数	营业收入增长率（%）	资本扩张率（%）	市场投资回报率（%）	股价波动率（%）	年末资产总额（万元）	营业收入（万元）	净利润（万元）
577	3365	300276	三丰智能	20.20	C	−0.94	−27.85	−43.96	0.25	0.43	42.12	−232.88	22.40	−36.35	−6.38	84.60	402829.12	116792.76	−131775.59
578	3373	603169	兰石重装	20.00	C	−0.27	−0.33	−14.35	0.27	0.38	83.54	−0.16	22.40	−14.18	−21.80	69.36	1054102.00	290084.08	−26964.93
579	3386	300069	金利华电	19.50	C	−0.52	−9.93	−17.66	0.23	0.43	40.63	−9.09	22.40	−16.22	−6.76	52.36	53890.26	12853.14	−6196.82
580	3390	300153	科泰电源	19.40	C	−0.53	−13.66	−22.03	0.48	0.69	38.48	−26.14	22.40	−22.07	−3.99	129.42	124189.22	70213.08	−19217.13
581	3391	000697	炼石航空	19.30	C	−0.71	−11.77	−38.00	0.32	1.40	69.79	−4.47	22.40	−32.92	7.06	94.25	336465.92	113148.42	−48105.71
582	3394	300356	光一科技	19.20	C	−0.24	−3.49	−9.72	0.22	0.52	47.59	−1.56	22.40	−9.47	−37.27	90.15	187000.20	39301.75	−10020.48
583	3401	300159	新研股份	18.90	C	−1.72	−36.84	−84.21	0.17	0.38	64.25	−16.81	22.40	−59.65	11.11	109.83	504611.89	110474.20	−264235.34
584	3403	002685	华东重机	18.80	C	−1.07	−15.71	−23.85	1.14	1.89	35.17	−20.60	22.40	−22.17	−40.64	102.48	606046.22	763450.13	−107077.43
585	3422	300472	新元科技	18.20	C	−1.82	−24.70	−41.64	0.29	0.59	49.25	−34.23	22.40	−35.28	−28.32	84.83	142763.27	44275.61	−38389.31
586	3426	300442	普丽盛	18.00	C	−2.27	−15.26	−39.44	0.32	0.48	64.07	−14.09	22.40	−33.19	135.29	236.25	135104.09	45949.40	−23901.54
587	3442	002248	华东数控	17.30	C	−0.27	−16.48	−148.48	0.37	0.51	90.37	−11.53	22.40	−41.46	−27.66	74.47	51903.00	21001.39	−10048.58
588	3442	002231	奥维通信	17.30	C	−0.47	−22.47	−32.54	0.36	0.39	42.53	−341.41	22.40	−27.98	−32.63	88.74	74956.69	27850.13	−16739.55
589	3450	300745	欣锐科技	17.00	C	−2.49	−22.85	−29.79	0.24	0.31	42.55	−64.30	22.40	−25.80	−11.32	95.18	141748.54	35369.70	−28478.00
590	3455	002358	ST 森源	16.80	C	−1.06	−11.03	−24.42	0.22	0.37	49.60	−7.21	22.40	−21.93	−34.04	87.73	703487.24	164991.45	−98754.68
591	3472	603789	星光农机	15.80	C	−1.07	−19.32	−29.93	0.16	0.27	37.46	−22.21	22.40	−21.36	−9.93	46.12	140111.28	24842.26	−29784.75
592	3478	300477	合纵科技	15.60	C	−0.95	−17.77	−47.86	0.30	0.59	70.06	−12.54	22.40	−38.01	−16.99	60.25	415239.30	129955.00	−77741.89
593	3480	002622	融钰集团	15.50	C	−0.35	−16.83	−27.57	0.07	0.28	35.02	−6.50	22.40	−32.16	−19.80	52.56	134053.92	11434.50	−29712.43
594	3483	300084	海默科技	15.20	C	−1.55	−20.86	−37.43	0.18	0.34	46.31	−12.39	22.40	−33.33	−9.49	87.93	239175.23	50366.01	−60079.58
595	3493	300116	保力新	14.60	C	−0.04	−20.52	−36.44	0.14	0.17	47.07	0.00	22.40	−27.10	9.82	249.41	77515.66	14050.50	−17729.71
596	3495	002514	宝馨科技	14.50	C	−0.70	−23.03	−47.09	0.31	0.64	56.79	−13.30	22.40	−38.25	−27.65	79.89	146564.84	49561.09	−39062.17
597	3500	002506	协鑫集成	14.30	C	−0.52	−14.11	−59.98	0.40	0.76	68.73	−4.79	22.40	−2.85	−27.49	197.29	1379982.41	595676.61	−262663.87
598	3504	000410	*ST 沈机	14.00	C	−0.43	−9.93	−101.73	0.21	0.36	93.75	−6.60	22.40	−68.32	−46.75	104.36	555533.51	134313.75	−73417.86
599	3515	600545	卓郎智能	13.40	C	−0.30	−4.62	−11.76	0.37	0.60	60.38	−3.72	22.40	−19.62	−42.88	92.84	1284634.20	484954.90	−67154.20
600	3518	300208	青岛中程	13.00	C	−0.54	−7.21	−24.13	0.06	0.08	69.56	−2.91	22.40	−25.61	91.34	285.37	460069.12	28949.03	−39611.86

续表

序号	A股上市公司评价得分排序	股票代码	股票简称	综合得分	评价等级	每股收益（元）	总资产报酬率（%）	净资产收益率（%）	总资产周转率（次）	流动资产周转率（次）	资产负债率（%）	已获利息倍数	营业收入增长率（%）	资本扩张率（%）	市场投资回报率（%）	股价波动率（%）	年末资产总额（万元）	营业收入（万元）	净利润（万元）
601	3518	002564	天沃科技	13.00	C	-1.35	-3.74	-36.96	0.25	0.31	89.84	-2.27	22.40	-31.40	-13.07	71.16	3038789.53	771247.36	-140192.05
602	3530	000687	*ST 华讯	12.40	C	-1.43	-71.10	112.06	0.03	0.05	250.86	-8.48	22.40	0.00	-75.43	349.87	98342.54	4669.57	-108487.24
603	3550	000008	神州高铁	11.10	C	-0.33	-5.95	-12.52	0.15	0.30	48.02	-5.77	22.40	-11.98	-32.04	63.61	1282831.06	191751.92	-89197.09
604	3565	002630	华西能源	9.60	C	-0.39	-2.95	-15.87	0.17	0.28	78.53	-1.60	22.40	-21.04	6.03	59.70	1241983.77	220731.87	-47940.31
605	3566	300064	*ST 金刚	9.50	C	-1.03	-14.82	-111.39	0.07	0.23	92.25	-4.58	22.40	-71.55	61.67	308.61	637760.95	47837.45	-124237.08
606	3575	300370	ST 安控	8.70	C	-0.43	-10.03	-56.44	0.20	0.37	82.65	-2.06	22.40	-48.31	-25.77	111.32	296727.96	63302.20	-42639.33
607	3579	002665	首航高科	8.20	C	-0.35	-9.69	-14.34	0.05	0.15	28.44	-7.24	22.40	-13.62	-38.45	91.98	803713.27	44053.05	-88993.43
608	3596	002366	台海核电	5.80	C	-1.73	-21.25	-87.77	0.07	0.13	83.01	-6.34	22.40	-60.96	-53.19	127.14	572790.43	44005.77	-152085.41
609	3598	600112	ST 天成	5.20	C	-0.38	-8.25	-128.84	0.09	0.36	105.03	-1.62	22.40	-117.31	-46.37	110.60	126238.48	13931.29	-19550.40
610		002532	天山铝业	80.30	AA	0.51	12.26	18.43	1.04	2.46	61.85	3.90	22.40	1230.13	24.29	103.19	5059293.81	2745953.19	191245.62
611		002980	华盛昌	77.10	A	2.76	47.34	46.54	1.16	1.23	11.16	0.00	22.40	169.22	15.48	119.51	119098.51	96266.08	33767.63
612		688169	石头科技	76.80	A	21.43	31.73	31.85	0.92	1.15	9.35	0.00	22.40	379.18	15.48	275.19	784793.44	453043.87	136941.49
613		688063	派能科技	75.90	A	2.36	15.71	17.27	0.56	0.67	14.94	101.88	22.40	515.03	15.48	0.00	321376.41	112007.01	27448.50
614		688390	固德威	75.10	A	3.64	17.01	27.58	0.89	1.09	43.09	210.70	22.40	246.62	15.48	74.93	255966.40	158908.41	25880.95
615		003025	思进智能	74.70	BBB	1.55	14.75	15.27	0.52	0.73	15.62	0.00	22.40	113.47	15.48	36.66	98974.23	38806.28	9363.33
616		605100	华丰股份	74.70	BBB	2.64	13.46	14.94	0.89	1.38	20.91	29.59	22.40	112.22	15.48	57.66	222482.95	159181.82	19332.69
617		002975	博杰股份	73.90	BBB	2.48	32.62	36.50	1.13	1.40	19.13	1606.09	22.40	151.69	15.48	180.47	168792.30	137596.47	34809.39
618		300813	泰林生物	73.60	BBB	0.95	12.82	14.37	0.50	0.69	17.73	0.00	22.40	93.90	15.48	99.10	53999.37	20023.75	4838.56
619		688160	步科股份	73.30	BBB	1.02	14.93	16.88	0.79	0.90	20.67	0.00	22.40	155.95	15.48	52.84	78288.25	43408.97	7291.13
620		688057	金达莱	73.20	BBB	1.82	15.94	17.86	0.36	0.42	14.19	114.50	22.40	161.13	15.48	21.34	362730.50	97088.08	38444.97
621		300870	欧陆通	72.80	BBB	2.30	12.61	19.78	1.20	1.43	39.02	443.94	22.40	224.15	15.48	32.54	245842.57	208347.32	19395.44
622		300885	海昌新材	72.50	BBB	0.96	13.55	12.42	0.40	0.50	4.60	0.00	22.40	135.10	15.48	42.33	74176.88	21635.10	6262.61
623		688686	奥普特	72.50	BBB	3.95	18.29	17.10	0.42	0.44	5.61	0.00	22.40	306.73	15.48	0.00	242830.55	64242.73	24416.55
624		688408	中信博	72.40	BBB	2.52	9.58	16.93	0.88	1.00	46.77	61.51	22.40	178.96	15.48	88.43	466359.45	312860.47	28549.42

续表

序号	A股上市公司评价得分排序	股票代码	股票简称	综合得分	评价等级	每股收益（元）	总资产报酬率（%）	净资产收益率（%）	总资产周转率（次）	流动资产周转率（次）	资产负债率（%）	已获利息倍数	营业收入增长率（%）	资本扩张率（%）	市场投资回报率（%）	股价波动率（%）	年末资产总额（万元）	营业收入（万元）	净利润（万元）
625		300861	美畅股份	72.30	BBB	1.20	19.82	18.72	0.45	0.58	6.36	310.89	22.40	149.80	15.48	29.73	368862.03	120532.08	45261.33
626		300837	浙矿股份	72.10	BBB	1.38	15.09	17.52	0.49	0.67	25.13	0.00	22.40	114.20	15.48	104.22	125917.94	46282.32	12113.58
627		002979	雷赛智能	71.50	BBB	0.90	19.29	21.65	0.88	1.08	18.93	868.18	22.40	80.08	15.48	151.25	137856.08	94642.63	18819.32
628		688056	莱伯泰科	71.30	BBB	1.17	11.74	12.22	0.54	0.63	13.08	6645.69	22.40	126.23	15.48	33.66	85237.33	34860.49	6529.72
629		300850	新强联	71.20	BBB	4.69	23.48	39.44	0.95	1.35	54.65	34.95	22.40	136.39	15.48	213.74	333703.64	206440.10	42472.06
630		688558	国盛智科	71.10	BBB	1.04	11.68	13.21	0.62	0.81	21.60	0.00	22.40	106.78	15.48	58.64	158631.72	73560.95	12185.99
631		688308	欧科亿	70.80	BBB	1.43	9.78	10.82	0.53	0.83	19.39	24.79	22.40	92.76	15.48	20.87	162170.84	70220.91	10744.86
632		688200	华峰测控	70.70	BBB	3.40	17.27	15.55	0.29	0.32	5.96	0.00	22.40	398.76	15.48	95.61	227004.74	39748.44	19919.07
633		605186	健麾信息	70.60	BBB	0.94	16.68	17.38	0.39	0.49	12.01	0.00	22.40	149.95	15.48	2.30	99740.41	28680.70	10678.87
634		300851	交大思诺	70.50	BBB	1.62	13.85	14.22	0.37	0.44	11.09	0.00	22.40	116.28	15.48	67.16	130528.05	35892.03	12062.42
635		300922	天秦装备	70.10	BBB	0.77	11.43	10.73	0.35	0.42	6.29	0.00	22.40	129.37	15.48	2.70	89187.94	23018.81	6439.70
636		688698	伟创电气	70.00	BB	0.65	12.86	17.03	0.75	0.87	29.05	110.51	22.40	187.47	15.48	0.00	107551.95	57223.03	8755.55
637		688330	宏力达	69.80	BB	3.92	16.93	17.36	0.41	0.45	10.93	58.98	22.40	372.20	15.48	24.22	339646.81	90851.99	31819.86
638		605066	天正电气	69.60	BB	0.70	10.93	19.27	0.95	1.18	45.20	70.59	22.40	109.67	15.48	32.91	316479.41	247323.35	24682.83
639		688777	中控技术	69.50	BB	0.95	7.10	14.60	0.48	0.51	50.91	73.93	22.40	118.10	15.48	21.66	821921.72	315874.34	42972.85
640		688569	铁科轨道	69.40	BB	0.85	10.00	11.21	0.52	0.65	16.69	99.70	22.40	111.12	15.48	28.25	295993.17	122944.65	20374.19
641		300897	山科智能	68.70	BB	1.26	11.35	12.34	0.52	0.63	17.82	43.59	22.40	198.00	15.48	35.21	103153.36	38078.33	6982.92
642		003021	兆威机电	68.60	BB	2.98	12.60	14.18	0.56	0.68	10.98	382.26	22.40	308.00	15.48	37.87	311437.63	119508.87	24474.48
643		300907	康平科技	68.20	BB	0.84	8.00	10.46	0.97	1.34	34.30	31.83	22.40	87.09	15.48	44.15	114078.34	83461.69	6016.25
644		688599	天合光能	67.90	BB	0.64	4.49	8.68	0.72	1.16	65.56	4.24	22.40	23.64	15.48	81.66	4559246.14	2941797.34	123313.97
645		688586	江航装备	67.80	BB	0.56	9.16	14.18	0.35	0.49	35.38	57.26	22.40	139.96	15.48	53.08	298705.58	83097.35	19388.00
646		688577	浙海德曼	67.60	BB	1.21	7.62	9.71	0.51	0.75	26.94	42.58	22.40	131.65	15.48	28.83	104806.02	41055.09	5323.47
647		605288	凯迪股份	67.40	BB	3.94	10.42	12.83	0.64	0.88	23.89	394.95	22.40	173.20	15.48	25.99	258719.21	127193.57	17252.50
648		605123	派克新材	66.80	BB	1.85	11.51	14.96	0.57	0.75	33.78	45.83	22.40	141.98	15.48	38.92	237889.06	102777.32	16654.13

续表

序号	A股上市公司评价得分排序	股票代码	股票简称	综合得分	评价等级	每股收益（元）	总资产报酬率（%）	净资产收益率（%）	总资产周转率（次）	流动资产周转率（次）	资产负债率（%）	已获利息倍数	营业收入增长率（%）	资本扩张率（%）	市场投资回报率（%）	股价波动率（%）	年末资产总额（万元）	营业收入（万元）	净利润（万元）
649		300823	建科机械	66.60	BB	1.02	10.74	12.56	0.47	0.64	18.76	90.54	22.40	77.22	15.48	86.62	114278.40	46617.82	9120.96
650		300880	迦南智能	66.50	BB	0.71	11.24	17.00	0.63	0.70	35.41	0.00	22.40	125.91	15.48	56.32	99640.19	50782.89	7892.63
651		002985	北摩高科	66.20	BB	2.30	19.85	20.26	0.34	0.44	16.68	827.16	22.40	101.83	15.48	179.13	272537.92	68668.00	34400.87
652		300820	英杰电气	65.70	BB	1.13	11.15	13.13	0.39	0.41	24.15	0.00	22.40	99.35	15.48	141.47	139721.84	42070.48	10450.04
653		688560	明冠新材	65.70	BB	0.86	8.72	10.69	0.66	0.81	23.76	105.72	22.40	104.83	15.48	15.87	173902.34	91863.00	10548.92
654		300853	申昊科技	65.70	BB	2.33	16.99	20.26	0.55	0.72	23.64	214.69	22.40	158.53	15.48	52.43	151134.06	61155.05	16211.96
655		688312	燕麦科技	65.60	BB	0.81	12.44	11.87	0.38	0.39	5.23	0.00	22.40	139.66	15.48	112.26	127937.09	35036.39	10201.82
656		688516	奥特维	65.10	BB	1.76	8.70	20.16	0.52	0.56	63.43	17.78	22.40	141.29	15.48	90.24	297965.92	114387.31	15532.90
657		300817	双飞股份	65.00	B	0.77	9.70	10.80	0.70	1.30	22.43	187.19	22.40	81.42	15.48	99.38	115252.89	62488.10	7486.47
658		300862	蓝盾光电	64.70	B	1.18	8.81	10.73	0.41	0.46	21.23	43.03	22.40	202.67	15.48	51.66	229516.74	71456.79	12903.94
659		688510	航亚科技	64.70	B	0.31	7.77	8.84	0.33	0.58	22.32	19.42	22.40	131.27	15.48	12.84	121080.16	30112.10	5954.19
660		688311	盟升电子	64.60	B	1.09	8.41	9.89	0.28	0.38	23.04	109.48	22.40	215.86	15.48	86.67	213672.37	42323.18	10705.23
661		688377	迪威尔	64.20	B	0.48	6.61	6.92	0.46	0.73	17.80	8.13	22.40	109.98	15.48	87.32	186316.02	70810.37	7822.63
662		300838	浙江力诺	64.20	B	0.52	9.16	10.70	0.59	0.77	21.02	36.33	22.40	100.01	15.48	51.64	97915.85	46976.84	6208.34
663		688551	科威尔	64.10	B	0.83	9.40	9.74	0.25	0.27	9.39	0.00	22.40	390.53	15.48	32.76	101661.70	16248.09	5403.43
664		688557	兰剑智能	64.10	B	1.50	11.35	13.88	0.53	0.67	19.18	137.72	22.40	161.86	15.48	29.00	108037.64	45180.25	8374.73
665		300882	万胜智能	64.00	B	0.68	10.79	14.62	0.62	0.75	26.17	6677.65	22.40	112.79	15.48	41.97	110056.23	57110.24	8733.55
666		688155	先惠技术	63.90	B	0.96	6.45	8.11	0.49	0.52	21.40	0.00	22.40	163.88	15.48	70.24	138829.37	50235.24	6104.49
667		605222	起帆电缆	63.80	B	1.10	13.26	18.96	2.08	2.51	52.08	9.05	22.40	77.73	15.48	29.80	578114.99	973586.77	41034.19
668		688788	科思科技	63.70	B	2.96	9.40	9.76	0.31	0.31	8.74	22.72	22.40	275.41	15.48	43.63	311632.40	65492.76	17570.73
669		300902	国安达	63.50	B	0.61	10.66	10.60	0.41	0.57	9.28	85.64	22.40	151.44	15.48	54.20	92371.66	27578.96	6207.81
670		300818	耐普矿机	63.40	B	0.61	4.43	5.92	0.32	0.44	48.71	55.73	22.40	70.09	15.48	60.16	171585.22	36814.80	4137.55
671		300865	大宏立	63.30	B	0.81	9.09	10.04	0.72	0.88	21.49	0.00	22.40	114.76	15.48	56.60	112420.23	60680.76	6493.88
672		300923	研奥股份	63.30	B	0.98	7.02	7.15	0.36	0.45	11.58	389.54	22.40	94.11	15.48	13.40	120740.26	34914.44	5785.52

续表

序号	A股上市公司评价得分排序	股票代码	股票简称	综合得分	评价等级	每股收益（元）	总资产报酬率（%）	净资产收益率（%）	总资产周转率（次）	流动资产周转率（次）	资产负债率（%）	已获利息倍数	营业收入增长率（%）	资本扩张率（%）	市场投资回报率（%）	股价波动率（%）	年末资产总额（万元）	营业收入（万元）	净利润（万元）
673		003009	中天火箭	62.90	B	0.82	8.01	10.71	0.56	0.80	28.98	13.31	22.40	76.61	15.48	122.57	173723.45	86327.45	10343.95
674		688600	皖仪科技	62.80	B	0.50	8.46	10.57	0.55	0.63	18.10	0.00	22.40	162.00	15.48	110.56	102621.73	41727.31	6135.17
675		688378	奥来德	62.20	B	1.18	5.59	7.07	0.20	0.30	21.83	48.83	22.40	250.95	15.48	63.98	202547.25	28353.57	7191.64
676		300875	捷强装备	62.10	B	1.56	12.10	11.71	0.28	0.37	6.49	871.42	22.40	304.33	15.48	37.42	145850.84	26847.96	9956.70
677		603095	越剑智能	60.30	B	1.02	6.72	8.31	0.35	0.47	27.71	171.20	22.40	88.19	15.48	49.37	268721.19	73882.44	12354.66
678		300906	日月明	60.30	B	0.88	9.88	9.81	0.18	0.20	9.45	0.00	22.40	190.34	15.48	53.07	90221.41	11642.76	5386.16
679		300900	广联航空	60.10	B	0.60	9.76	9.68	0.26	0.39	10.03	24.31	22.40	170.76	15.48	42.40	168662.94	31470.00	10054.03
680		300833	浩洋股份	59.80	CCC	1.17	7.76	7.24	0.30	0.35	3.61	6076.49	22.40	158.45	15.48	74.77	184221.27	39968.60	8911.99
681		603212	赛伍技术	59.70	CCC	0.50	8.59	12.21	0.79	1.01	42.86	15.92	22.40	43.25	15.48	104.51	327633.90	218250.97	19412.59
682		688379	华光新材	59.60	CCC	0.88	8.38	9.25	0.85	1.08	26.39	6.80	22.40	75.67	15.48	42.29	121039.46	86034.55	6468.21
683		002977	天箭科技	59.50	CCC	1.23	11.30	12.67	0.26	0.29	17.77	0.00	22.40	145.75	15.48	139.99	112383.25	21862.23	8236.96
684		688529	豪森股份	59.00	CCC	0.83	5.00	11.87	0.42	0.54	61.43	3.82	22.40	190.33	15.48	47.33	271658.84	103654.37	8357.70
685		688017	绿的谐波	59.00	CCC	0.82	7.50	7.06	0.17	0.22	7.02	255.73	22.40	165.87	15.48	121.54	179906.27	21651.21	8127.16
686		300879	大叶股份	58.30	CCC	0.59	5.48	10.98	0.60	1.06	49.74	10.12	22.40	92.12	15.48	44.64	182905.28	100111.55	7670.16
687		688559	海目星	58.20	CCC	0.48	3.41	7.60	0.46	0.63	61.79	6.08	22.40	111.00	15.48	38.26	361381.10	132059.07	7735.05
688		688596	正帆科技	58.00	CCC	0.58	6.60	10.47	0.49	0.61	39.68	23.20	22.40	154.88	15.48	55.61	282601.49	110898.55	12425.81
689		688309	恒誉环保	57.70	CCC	0.67	9.82	9.80	0.31	0.41	9.11	83.44	22.40	213.89	15.48	89.90	78298.09	17458.93	4597.20
690		688518	联赢激光	57.50	CCC	0.26	3.80	5.78	0.42	0.46	43.23	62.49	22.40	64.64	15.48	101.81	253862.52	87792.55	6700.57
691		300827	上能电气	57.30	CCC	1.15	4.85	12.33	0.55	0.61	62.40	7.30	22.40	105.46	15.48	120.43	224715.91	100401.27	7745.36
692		688528	秦川物联	56.60	CCC	0.31	7.24	8.82	0.41	0.62	23.80	34.19	22.40	158.58	15.48	79.98	99028.37	30208.48	4615.76
693		688360	德马科技	56.60	CCC	0.87	6.51	10.62	0.65	0.76	44.63	50.22	22.40	145.86	15.48	115.11	160602.44	76695.18	6643.88
694		688556	高测股份	55.50	CCC	0.43	3.87	8.54	0.44	0.55	48.71	7.15	22.40	150.10	15.48	68.66	191921.67	74609.74	5886.39
695		688090	瑞松科技	55.00	CC	0.77	3.83	6.53	0.54	0.76	40.87	11.67	22.40	78.43	15.48	95.01	164759.72	79890.63	4966.08
696		688215	瑞晟智能	53.60	CC	0.48	5.36	5.78	0.37	0.46	17.18	29.38	22.40	242.68	15.48	63.75	52438.92	13339.77	1622.60

续表

序号	A股上市公司评价得分排序	股票代码	股票简称	综合得分	评价等级	每股收益（元）	总资产报酬率（%）	净资产收益率（%）	总资产周转率（次）	流动资产周转率（次）	资产负债率（%）	已获利息倍数	营业收入增长率（%）	资本扩张率（%）	市场投资回报率（%）	股价波动率（%）	年末资产总额（万元）	营业收入（万元）	净利润（万元）
697		300812	易天股份	50.30	CC	0.76	5.54	7.59	0.35	0.39	40.46	215.58	22.40	2.47	15.48	109.02	128610.28	43027.86	5742.88
698		601399	ST 国重装	49.60	C	0.05	1.79	2.70	0.32	0.46	51.96	12.00	22.40	2.33	15.48	66.76	2747797.33	882444.84	35256.34
699		300836	佰奥智能	49.40	C	0.34	2.53	3.36	0.53	0.58	24.29	0.00	22.40	105.47	15.48	66.30	81286.75	33694.23	1534.83
700		605001	威奥股份	48.20	C	0.61	5.16	7.36	0.30	0.43	41.02	6.10	22.40	82.63	15.48	65.15	488155.24	116282.32	16406.20
701		688081	兴图新科	46.10	C	0.45	4.87	4.55	0.23	0.25	9.29	513.68	22.40	2.20	15.48	101.27	80436.77	19267.59	3284.03
702		688339	亿华通 –U	38.90	C	–0.38	–1.41	–1.83	0.24	0.33	20.53	–3.70	22.40	111.28	15.48	104.79	304750.96	57229.29	–3257.34
703		688165	埃夫特 –U	33.20	C	–0.38	–5.96	–9.14	0.37	0.58	36.01	–12.67	22.40	30.94	15.48	75.33	330733.29	113358.38	–17051.11
704		688567	孚能科技	24.80	C	–0.35	–2.87	–3.85	0.08	0.14	34.64	–19.75	22.40	41.86	15.48	88.85	1541764.50	111965.23	–33100.43

第九章 汽车行业上市公司业绩评价

汽车行业是国民经济的支柱产业之一，作为经济产业中重要的中游行业，其上游承载零部件、钢铁、橡胶原料行业及生产设备制造行业，下游衔接矿山开采、公路交通运输、特种用途等国民经济相关产业领域。2020年受新冠肺炎疫情、宏观经济增速放缓、中美贸易摩擦等因素影响，汽车销量呈现先降后升的态势，全年汽车销量最终同比上升6.51%。2020年申万汽车股票指数从3988.84上升至5708.20点，全年涨幅达到43.10%，显著高于上证综指全年12.57%的涨幅。2020年市场规模已经到达行业拐点，智能汽车赛道市场关注度提升明显。预计2021年汽车行业将呈现复苏态势，仍然具备长期配置价值。

一、汽车行业上市公司业绩评价结果

截至2020年末，汽车行业包括汽车整车、汽车零部件、汽车服务、其他交运设备等企业的全部上市公司189家，其中168家盈利。汽车行业的综合评价分值为61.40分，高于同年全部上市公司的综合评价分值51.20分。汽车行业仅有中国重汽业绩评价综合得分进入“中联价值100”，名列96名。

2020年末汽车行业上市公司资产总额为3.48万亿元，占纳入评价4007家上市公司资产总额的4.59%；实现营业收入共2.70万亿元，占全部上市公司营业收入的6.19%；实现净利润0.09万亿元，占全部上市公司净利润的3.95%。

在纳入评价的189家汽车行业上市公司中（剔除了15家当年上市或借壳上市的公司），业绩为A的有2家；业绩为BBB的有13家，业绩为BB的有17家，业绩为B的有34家；业绩为CCC的有28家，业绩为CC的有24家，业绩为C的有56家。

2020年汽车行业上市公司整体净利润率水平为3.16%，受疫情影响，略低于上年同期的3.74%，也低于全部上市公司的平均水平4.96%，说明汽车行业在2020年的经营收益水平低于全部上市公司平均水平。

2020年，汽车行业按评价体系，行业评价排名前十的公司见表9–1。

表9－1　2020年度汽车行业评价排名前十的公司

序号	股票代码	股票简称	A股上市公司中评价得分排序
1	000951	中国重汽	100
2	603129	春风动力	128
3	000338	潍柴动力	172
4	601799	星宇股份	181
5	000800	一汽解放	199
6	002553	南方轴承	237
7	600742	一汽富维	244
8	601965	中国汽研	261
9	000581	威孚高科	266
10	601633	长城汽车	331

下面分别从财务效益、资产质量、偿债风险、发展能力及市场表现等五个方面对汽车行业上市公司进行具体分析。

（一）财务效益

从综合得分来看，2020年汽车行业上市公司财务效益除盈利现金保障倍数以外，全部低于上市公司当年平均水平，但总体来看较上年有所提升。表9–2列示了2020年汽车行业上市公司财务效益状况评价结果。与2019年的情况相比较，2020年汽车行业上市公司财务效益指标中净资产收益率显著增加，总资产报酬率所有下降，综合得分较上年有所提升。从财务效益指标分析中可以看到，汽车行业虽然在2020年受到新冠肺炎疫情、中美贸易摩擦、主要原材料价格升高等影响，但经营业绩依然有所提升，表现出了行业韧性，并在行业下行周期中已经实现了拐点上扬。

在汽车行业上市公司财务效益状况指标中，得分前五的分别为潍柴动力、中国重汽、福耀玻璃、星宇股份和郑煤机。其中，福耀玻璃持续推动汽车玻璃朝“安全舒适、节能环保、造型美观、智能集成”方向发展，天幕、隔热、隔音、抬头显示、可调光、防紫外线、憎水、太阳能、包边模块化等高附加值产品占比持续提升，占比较上年同期上升2.64%，财务效益状况得以提升。

表 9－2 汽车行业财务效益状况比较表

分析指标		2020 年上市公司平均值	2020 年行业值	2019 年行业值	增长率 (%)
基本指标	净资产收益率 (%)	7.56	6.39	4.03	58.56
	总资产报酬率 (%)	5.00	3.8	4.02	-5.47
	基本得分	20.49	17.55	17.88	-1.8
修正指标	营业利润率 (%)	6.43	3.89	3.73	4.29
	盈利现金保障倍数	2.01	2.47	2.19	12.79
	总股本收益率 (%)	38.17	35.90	35.77	0.36
综合得分		22.11	20.31	19.94	1.86

（二）资产质量

从综合得分来看，汽车行业上市公司资产质量略高于全部上市公司平均水平。同比来看，资产质量状况分析指标中除应收账款周转率高于上年同期，其他指标均有不同程度的下降。表 9-3 列示了汽车行业上市公司资产质量状况评价结果。在汽车行业上市公司资产质量状况指标中，总资产周转率、流动资产周转率、存货周转率均优于上市公司平均水平。但与 2019 年相比，除应收账款周转率以外各项指标均有不同程度的下滑，显示出汽车行业在 2020 年中依然因新冠肺炎疫情和其他原因受到了严峻的挑战。

在汽车行业上市公司资产质量指标中，得分前五的公司分别为中国铁物、新日股份、一汽解放、江淮汽车和长安汽车，其中中国铁物和新日股份以资产质量得分 15 分满分在汽车行业资产质量得分中并列第一。如新日股份持续实施直营及分销网络拓展，经过持续三年的拓展工作，公司渠道网络已基本实现覆盖全国电动车主要市场的地区城市及县市区域，渠道网络建设的重点已转变为提升终端门店零售能力。报告期内，公司市场资源投入已开始重点向门店装修与形象升级、店长 / 导购零售技能培训、门店产品陈列、门店线上线下融合营销等领域进行倾斜，以增强门店竞争力并提升零售成交水平。截至 2020 年末，新日股份已经拥有国内经销商 1600 家，经销网点约 8300 个。

表 9－3 汽车行业资产质量状况比较表

分析指标		2020 年上市公司平均值	2020 年行业值	2019 年行业值	增长率 (%)
基本指标	总资产周转率（次）	0.60	0.81	0.85	-4.71
	流动资产周转率（次）	1.14	1.40	1.48	-5.41
	基本得分	9.09	10.82	10.84	-0.18
修正指标	应收账款周转率（次）	8.07	8.08	7.71	4.80
	存货周转率（次）	2.64	7.02	7.63	-7.99
综合得分		9.07	10.48	10.38	0.96

（三）偿债风险

从综合得分来看，2020 年汽车行业上市公司偿债风险状况好于全部上市公司平均水平，但低于同行业上年水平。

表 9–4 列示了汽车行业上市公司偿债风险状况评价结果。从指标平均得分来看，汽车行业资产负债比率略有增加，但依然低于全部上市公司的平均水平。在已获利息倍数指标上，汽车行业平均水平高于全部上市公司平均水平，且受到 2020 年下半年行业景气度回升的影响，大部分汽车行业公司净利润水平有所回升，也导致 2020 年平均分值较 2019 年有所提升。从速动比率上来看，汽车行业 2020 年较 2019 年的比率有所上升，且优于全部上市公司平均水平，说明汽车行业的流动资产可以立即变现用于偿还流动负债的能力要优于全部上市公司的平均水平。2020 年汽车行业上市公司现金流动负债比率水平在 2019 年的基础上有较大提升，显示出其现金净流量覆盖流动负债的比率有所增加，但其表现依然低于全部上市公司同期水平。带息负债比率较上年有所下降，同时也低于 2020 年全部上市公司的平均值。

在汽车行业上市公司偿债风险状况指标中，共有 7 家公司以 14.99 的得分并列第一，分别为凯众股份、新坐标、天普股份、秦安股份、华懋科技、朗博科技和兆丰股份。其中，新坐标截至 2020 年 12 月 31 日，并无任何短期和长期借款，资产负债率仅为 11.27%，偿债风险较小。

表 9－4 汽车行业偿债风险状况比较表

分析指标		2020 年上市公司平均值	2020 年行业值	2019 年行业值	增长率 (%)
基本指标	资产负债率 (%)	60.33	60.24	59.53	1.19
	已获利息倍数	4.30	5.62	4.94	13.77
	基本得分	8.90	9.05	9.22	–1.84
修正指标	速动比率 (%)	82.33	99.50	98.59	0.92
	现金流动负债比率（%）	13.31	12.46	11.91	4.62
	带息负债比率（%）	40.72	31.67	35.32	–10.33
综合得分		8.89	9.30	9.08	2.42

（四）发展能力

从综合得分来看，2020 年汽车行业上市公司发展能力状况虽然受到新冠肺炎疫情的影响，但依然在行业下行周期中实现了上升拐点。除三年营业收入增长率由于近三年行业处于下行周期而低于上年水平外，其他指标均较 2019 年有所上升。

表 9–5 列示了汽车行业上市公司发展能力状况评价结果。2020 年，受到新冠肺炎疫情、中美贸易摩擦等因素影响，汽车行业产销量在 2018 年和 2019 年出现了 28 年以来首次负增长，但在 2020 年出现了先低后高的增长曲线，并实现了同比正向增幅，特别是新能源汽

车受到了行业的高度关注，一度成为全市场瞩目的热点。

汽车行业发展能力中得分前五的上市公司分别为一汽解放、中国重汽、长安汽车、春风动力和四通新材，其中一汽解放以营业收入增长率310.93%、资本扩张率202.65%、累计保留盈余率58.77%、三年营业收入增长率59.72%、总资产增长率226.82%、营业利润增长率0%，发展能力20分得分第一。

表9－5　汽车行业发展能力状况表

分析指标		2020年上市公司平均值	2020年行业值	2019年行业值	增长率(%)
基本指标	营业收入增长率(%)	2.91	3.1	−2.09	−248.33
	资本扩张率(%)	11.25	7.33	3.91	87.47
	基本得分	12.11	11.53	9.20	25.33
修正指标	累计保留盈余率(%)	40.80	47.29	46.98	0.66
	三年营业收入增长率(%)	8.50	1.56	5.7	−72.63
	总资产增长率(%)	10.58	9.52	5.51	72.78
	营业利润率增长率(%)	2.48	6.58	−25.1	−126.22
综合得分		12.17	11.80	9.81	20.29

（五）市场表现

表9-6列示了汽车行业市场表现情况。2020年由于新能源汽车受到市场的广泛关注，汽车行业的股票受到投资者追捧，从市值增长率来看，远高于上市公司整体的平均值，同时，较2019年也有71.01%的涨幅。

综合来看，汽车行业上市公司市场表现评价得分前五的公司为银轮股份、华懋科技、东风科技、均胜电子和渤海汽车，其中银轮股份以市值增长率71.98%和股价波动率120.50%，得分12.58分，位居第一。

银轮股份传统产品热交换器和尾气处理业务收入表现稳健，收入和毛利均有显著提升。在新能源汽车方面，银轮股份在2020年陆续斩获北美新能源标杆企业冷却模块、沃尔沃新能源汽车电池冷却模块业务、吉利戴姆勒相关项目等逾200项新项目，预计达产后可新增近40亿元的年销售收入，有望为公司业绩带来进一步的高增长。因此，银轮股份股票也受到市场追捧，市场表现优异。

表9－6　行业公司市场表现比较表

分析指标	2020年上市公司平均值	2020年行业值	2019年行业值	增长率(%)
市值增长率(%)	15.87	24.78	14.49	71.01
股价波动率(%)	105.04	118.17	92.62	27.59
得分	9.17	9.5	8.47	12.16

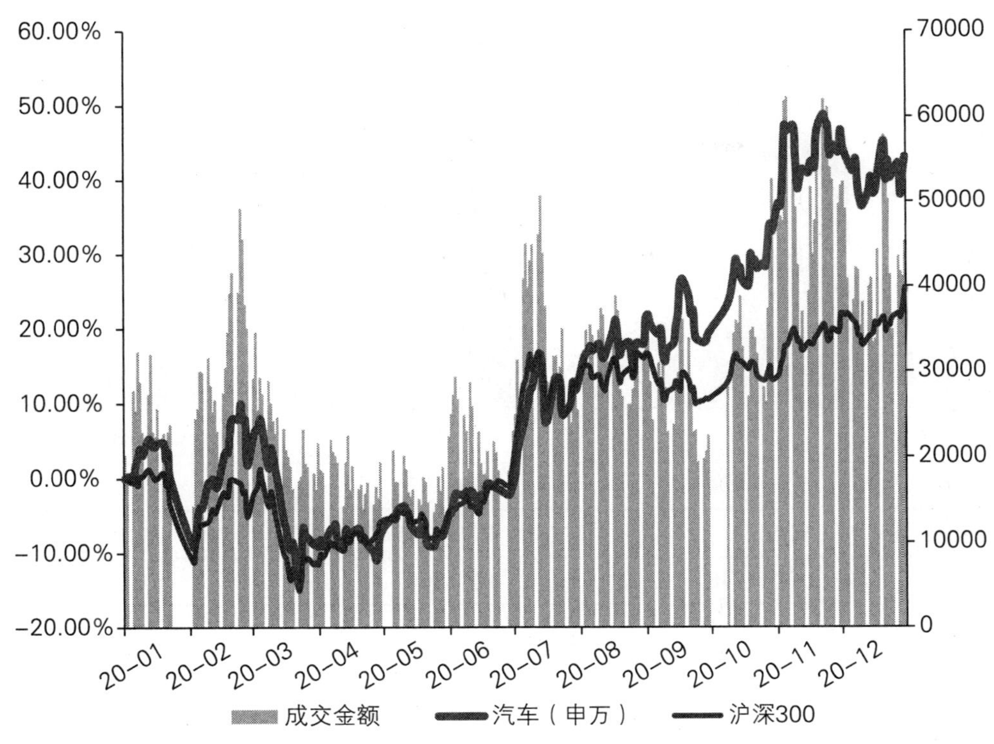

图 9－1　2020 年申万汽车行业指数与沪深 300 指数比较

二、2020 年度汽车行业上市公司业绩影响因素分析

从汽车行业整体来看，汽车销量基本持平略有下降，但行业整体利润规模略有回升。根据中国汽车工业协会统计，2020 年中国汽车销量为 2526.76 万台，同比下降 1.89%。根据国家统计局数据，汽车制造业 2020 年累计实现全年利润总额 5093 亿元，较上年同期 5087 亿元上升 0.12%。汽车行业上市公司作为汽车行业领头羊，其 2020 年收入总计 15206.4 亿元，同比增长 3.04%；净利润实现 252.3 亿元，同比增长 13.37%。业绩提升的主要因素如下。

（一）行业发展景气度回升，乘用车市场持续回暖

2020 年我国 GDP 同比增长 2.3%，是全球主要经济体中为数不多的保持正增长的国家之一，经济运行长期向好的基本趋势并未发生变化。汽车行业在经历了 2018 年和 2019 年的下行周期后，又受到疫情的影响，依然保持了积极的景气度，体现出了行业较强的自我应对和恢复能力，整体发展保持在一个合理区间。

乘用车销量 2020 年达到 1974.81 万辆，较 2019 年销量下降 6.11%，但其降幅较 2019 年比 2018 年的降幅 9.04% 有所缩窄。降幅缩窄的主要原因是由于 SUV 在经历 2019 年同比下降 6.08% 之后，在 2020 年的销量较 2019 年略有回升，上升幅度达到 0.86%。轿车在 2020 年和 2019 年的同比下降幅度分别为 10.67% 和 10.07%，降幅有所缩窄。但 MPV 市场销量继续下探，2020 年的降幅比例从 2019 年的 19.94% 扩大至 23.83%。乘用车中各车型近三年销量如图 9–2 所示。

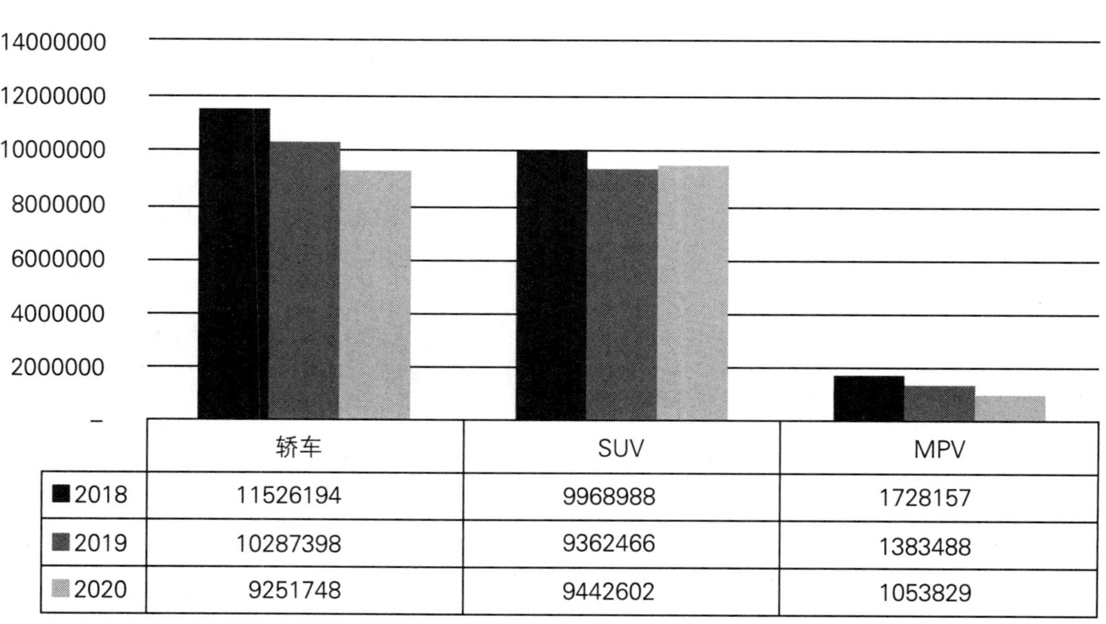

	轿车	SUV	MPV
2018	11526194	9968988	1728157
2019	10287398	9362466	1383488
2020	9251748	9442602	1053829

图 9－2　乘用车中各车型近三年销量

2020 年全年乘用车销量虽然整体依旧处于下降状态，但从季度情况分析，主要是因为疫情导致 2020 年一季度汽车销量降幅过大，其余三个季度较 2019 年的销量均有所回升，行业景气度呈现回升状态。其中，SUV 表现较为亮眼，在 2020 年的第二季度到第四季度，同比上升比例达到 13.08%、12.82% 和 15.54%。具体情况如图 9–3 所示。

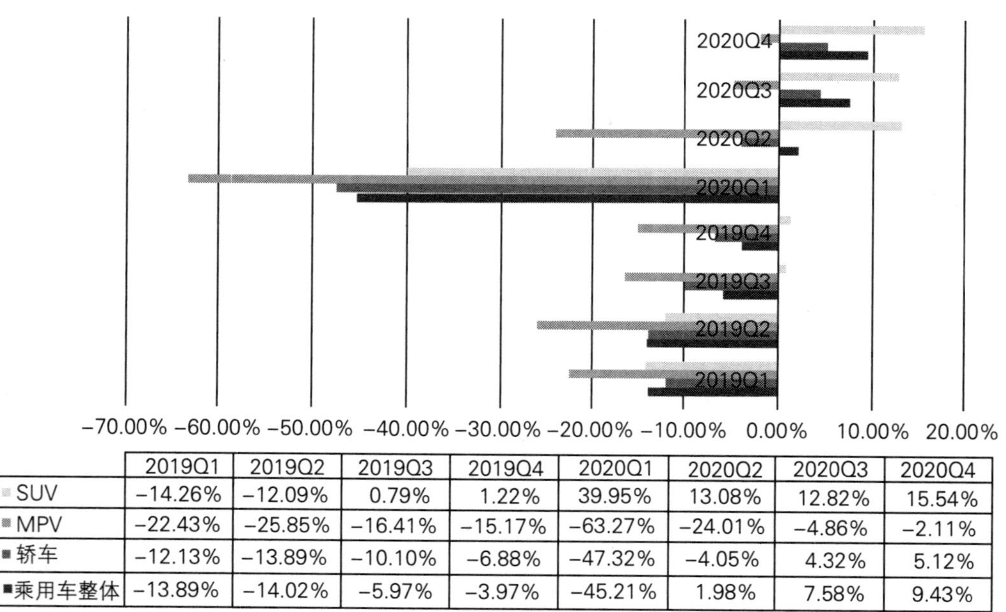

	2019Q1	2019Q2	2019Q3	2019Q4	2020Q1	2020Q2	2020Q3	2020Q4
SUV	–14.26%	–12.09%	0.79%	1.22%	39.95%	13.08%	12.82%	15.54%
MPV	–22.43%	–25.85%	–16.41%	–15.17%	–63.27%	–24.01%	–4.86%	–2.11%
轿车	–12.13%	–13.89%	–10.10%	–6.88%	–47.32%	–4.05%	4.32%	5.12%
乘用车整体	–13.89%	–14.02%	–5.97%	–3.97%	–45.21%	1.98%	7.58%	9.43%

图 9－3　乘用车各车型销量同比增减情况

（二）汽车行业经营成果得到提振，三四季度表现强劲

汽车行业上市公司营业收入 2020 年实现 15206.39 亿元，较 2019 年的 14758.00 亿元上升 3.04%，但受疫情影响，2020 年第一、二季度的销售收入低于 2019 年同期数

据，虽然2020年第三季度和第四季度表现强劲，但2020年全年收入依然低于2018年的15639.35亿元。具体分季度数据如图9-4所示。

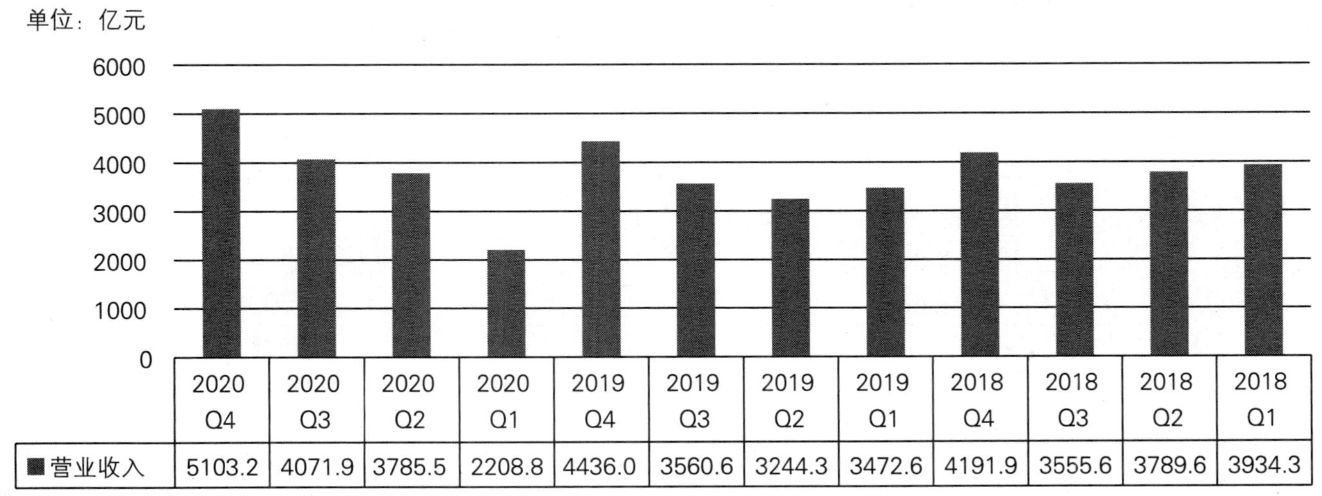

图9－4　2018—2020年汽车行业上市公司分季度营业收入

2020年汽车行业受到疫情影响，第一季度和第二季度的经营业绩较同期下滑较为明显，在2020年第一季度仅实现2208.8亿元的营业收入，较2019年和2018年同期下滑比例分别为36.39%和43.86%。但在2020年的后半年，营业收入得到显著提升，第三季度和第四季度分别实现收入4071.9亿元和5103.2亿元，其中第四季度实现的营业收入为近五年单季度内最高，行业复苏迹象越发明显。

从利润层面来看，2020年实现的净利润也较2019年有所提升，显示出行业在经历下行周期后，已经实现上升拐点。2020年汽车行业上市公司在经历疫情阵痛的情况下，依然合计实现净利润252.30亿元，较2019年222.55亿元上升13.37%。从图9-5可见，汽车行业的行业周期已经出现上扬趋势。

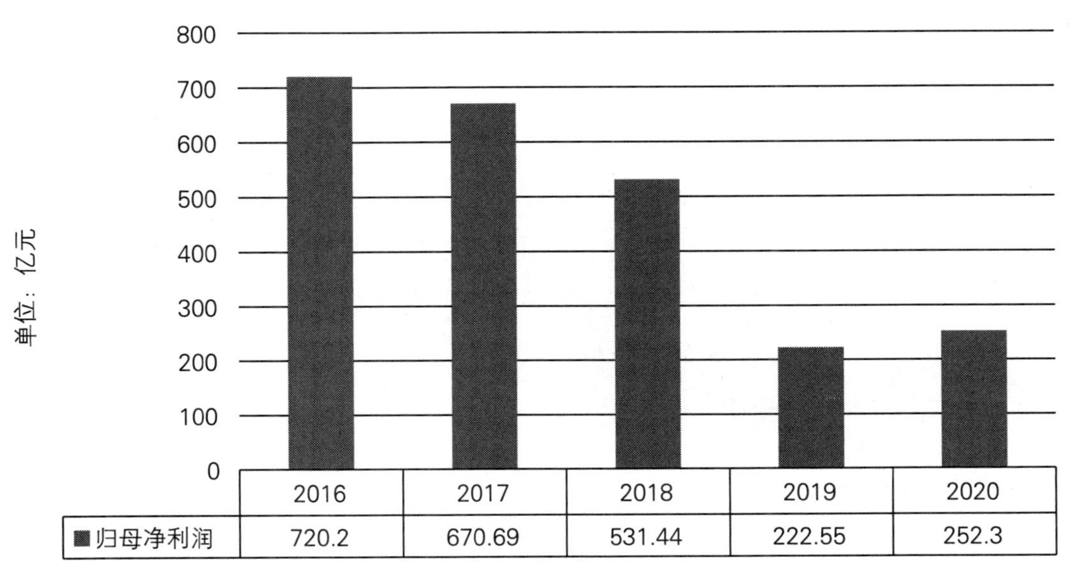

图9－5　汽车行业上市公司近5年归属于母公司股东净利润

（三）新能源汽车产量回升，市场关注度显著提升

2020 年新能源汽车行业顶住了 2019 年下半年受到补贴退坡、燃油汽车国五国六切换大幅折扣销售的负面影响，实现了爆发式增长。2020 年全国新能源汽车销量达 136.7 万辆，同比上升 10.9%，在疫情背景下实现逆势增长。自 2020 年 10 月以来，新能源汽车销量月度同比增速超过 100%。其中，纯电动汽车产量 94 万辆，同比增加 11.5%。近 5 年新能源汽车产量如图 9–6 所示。

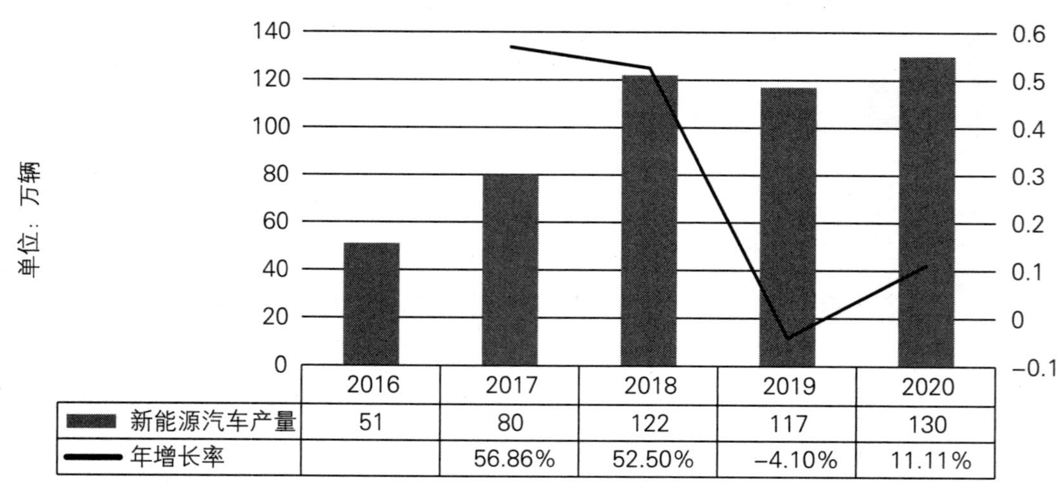

	2016	2017	2018	2019	2020
新能源汽车产量	51	80	122	117	130
年增长率		56.86%	52.50%	–4.10%	11.11%

图 9 – 6　2016—2020 年新能源汽车产量

2020 年，全球新能源汽车行业上市企业在下半年受到资本集中追捧，市值上涨明显。中国是全球新能源汽车的第一大市场，如比亚迪等新能源汽车概念的股价较 2019 年底上涨了近 6 倍。从中证指数 -CS 新能车（399976.SZ）来看，2019 年底该指数为 98.89，在 2020 年中的高点为 308.81，且在 2021 年初依然延续上升态势，市场关注度显著提高。详见图 9–7。

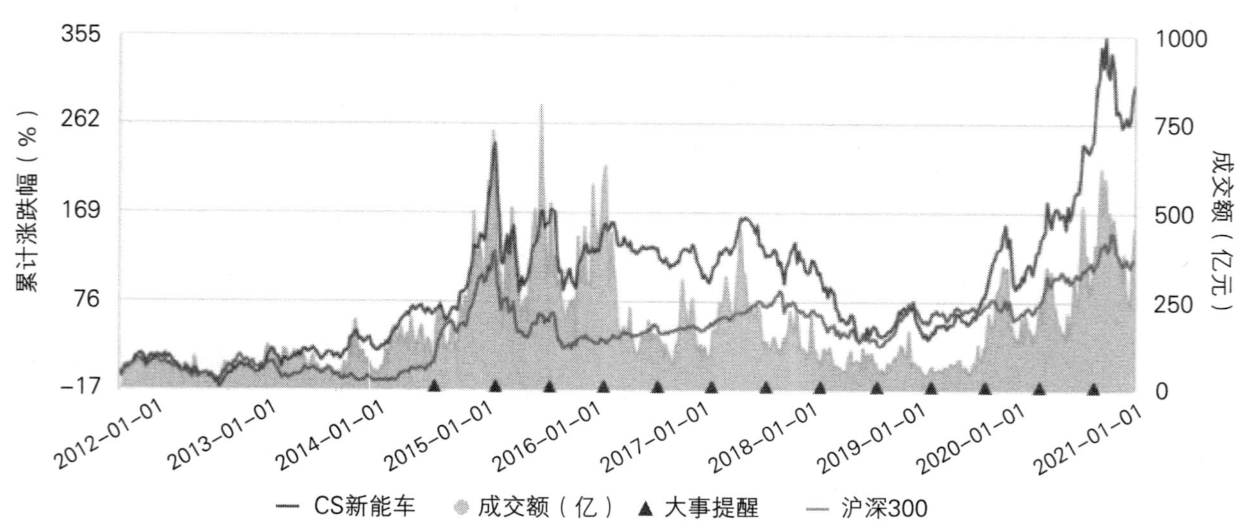

图 9 – 7　CS 新能车（399976.SZ）市场表现

（四）新能源政策指引行业发展，行业结构性显现

新能源汽车作为中国汽车产业新时代高质量发展的战略决策，已经进入了加速发展的新阶段，国家在2020年先后出台了全方位的政策激励，如降低相关企业准入门槛，适度延长补贴，鼓励充/换电站建设等，几乎覆盖了新能源汽车整体生命周期。具体政策如表9–7所示。

表9－7 2020年出台的新能源激励政策

发布时间	发布机关	文件名称	主要内容
4月23日	工信部等四部门	《关于完善新能源汽车推广应用财政补贴政策的通知》	将新能源汽车推广应用财政补贴政策实施期限延长至2022年底，其中，2020年补贴标准不退坡，2021—2022年补贴标准分别在上一年基础上退坡10%、20%。原则上每年补贴规模上限约200万辆
6月15日	工信部	《关于修改〈乘用车企业平均燃料消耗量与新能源汽车积分并行管理办法〉的决定》	明确了2021—2023年新能源汽车积分比例要求，分比为14%、16%、18%，对具备节能减排优势的车型给予核算优惠、并修改了新能源汽车积分计算方法
7月15日	工信部等三部门	《关于开展新能源汽车下乡活动的通知》	2020年7—12月将在国内开展新能源汽车下乡活动，参与活动车型共16款，售价最低不到3万元。企业还承诺在扣除国家购置税补贴基础上，给予一定让利
7月30日	工信部	《关于修改新能源汽车生产企业及产品准入管理规定》	删除申请新能源汽车生产企业准入有关“设计开发能力”的要求，将新能源汽车生产企业停止生产的时间由12个月调整为24个月；删除有关新能源汽车生产企业申请准入的过渡期
8月6日	交通运输部	《关于推动交通运输领域新型基础设施建设的指导意见》	引导在城市群等重点高速公路服务区建设超快充、大功率电动汽车充电设施
9月11日	发展改革委	《关于扩大战略性新兴产业投资培育壮大新增长点增长极的指导意见》	加快新能源汽车充/换电站建设，提升高速公路服务区和公共停车位的快速充/换电站覆盖率
9月21日	财政部等五部门	《关于开展燃料电池汽车示范应用的通知》	将对燃料电池汽车的购置补贴政策，调整为燃料电池汽车示范应用支持政策，对符合条件的城市群开展燃料电池汽车关键核心技术产业化攻关和示范应用给予奖励，形成布局合理、各有侧重、协同推进的燃料电池汽车发展型模式
9月23日	发展改革委等四部门	《关于扩大战略性新兴产业投资培育壮大新增长点增长极的指导意见》	加快新能源产业跨越式发展，加快核心技术部件研发；加快新能源汽车充/换电站建设，提升高速公路服务区和公共停车位的快速充/换电站覆盖率。实施智能网联汽车道路测试和示范作用
10月9日	国务院	《新能源汽车动力蓄电池梯次利用管理办法》	鼓励梯次利用企业研发生产适用于基站备电、储能、充换电等领域的梯次产品。鼓励采用租赁、规模化利用等便于梯次利用产品回收的商业模式
10月23日	发展改革委、科技部等六部门	《关于支持民营企业加快改革发展与转型升级的实施意见》	对新能源汽车、商用车等行业新增产能，在符合市场准入要求条件下，公平给予资质、认证认可，不得额外设置前置条件

除了国家政策，各省份如北京、上海、广东、海南等，也在加快新能源汽车产业的布局，整体来看，相关政策主要集中在三个方面，分别是基础设施建设、新能源汽车推广及加快氢能产业发展。

新能源汽车经过多年发展，已经形成了自身产业结构。在中国市场，2020 年新能源汽车主打低端市场的份额为 40.87%，以高性价比吸引潜在客户。34.87% 的新能源汽车主打中高端市场，主要以品牌溢价拓宽市场。剩余 24.35% 的新能源汽车在高中端市场并存，在高端豪华领域进行战略布局。

（五）汽车行业转型阵痛，盈利水平近期承压

近年来，随着新能源汽车逐渐受到市场认可和重视，汽车行业各上市公司也开始探索如何参与。在这个过程中，企业需要投入资金进行探索，同时特斯拉频繁降价，导致车企定价受到掣肘，近 5 年来，汽车行业毛利率和净利率不断下降。详见图 9–8。

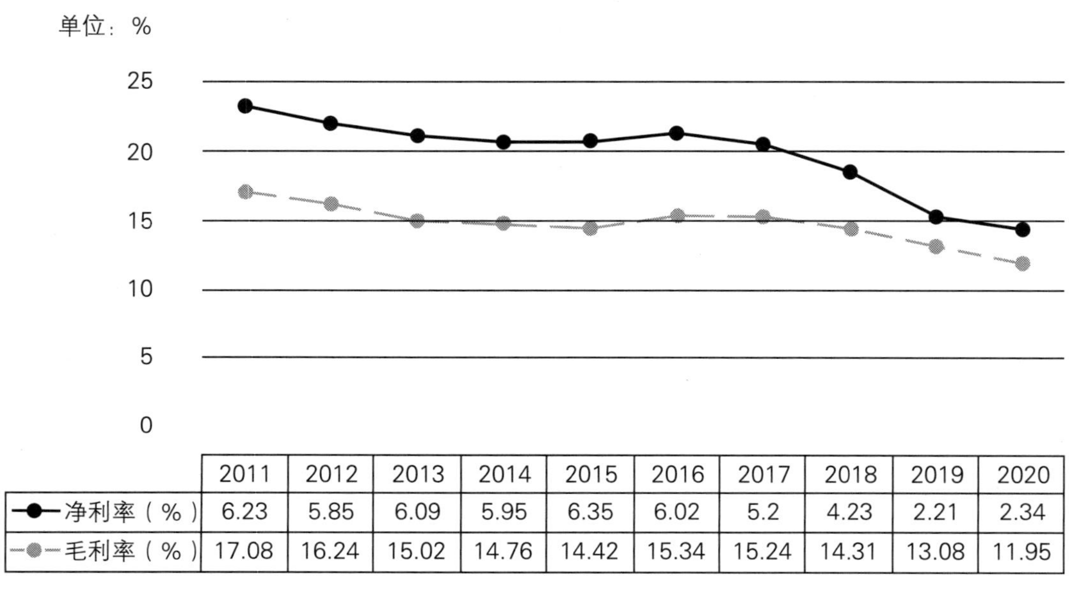

	2011	2012	2013	2014	2015	2016	2017	2018	2019	2020
净利率（%）	6.23	5.85	6.09	5.95	6.35	6.02	5.2	4.23	2.21	2.34
毛利率（%）	17.08	16.24	15.02	14.76	14.42	15.34	15.24	14.31	13.08	11.95

图 9－8　2011—2020 年汽车行业上市公司毛利率和净利润水平

从图 9–8 中可以发现，2016 年汽车行业上市公司的毛利率水平为 15.34%，为近 5 年来的最高水平。净利润率在 2016 年为 6.35%，为 2011—2020 年中的峰值，其后续就进入了下行区间，并在 2019 年降低到了 2.21%，为近 10 年的最低值，但在 2020 年有所回升。

三、2021 年汽车行业前景分析

汽车行业经过 2020 年疫情的洗礼，在 2021 年有望实现“报复性”反弹。目前国内扩大内需的战略坚定不动摇，同时辅以各项促进消费政策的持续发力，汽车行业的产业循环在不断改善，为后续行业复苏奠定良好基础。从目前行业发展态势来看，新能源电动车将是行业下一个高增长赛道，从 2021 年第 19 届上海车展可以看出，各大汽车品牌均推出了

最新智能电动产品，首发车型中 28.3% 的均为新能源车。值此变革之际，行业格局也将迎来巨变。

（一）新能源汽车板块表现亮眼，收入利润增速超行业平均

新能源汽车上中下产业链板块，包括锂、钴、设备、正负极、电解液、结构件、锂电池和新能源汽车整车九大板块，在 A 股上市的主要公司共计 33 家。在 2021 年一季度，上述公司继续保持着喜人的高增长态势。在收入端，合计实现 1199.62 亿元，同比增长 77.32%。其中增速较快的板块有锂电池行业、结构件行业等，比如锂电池行业收入合计实现 338.02 亿元，同比增长达到 94.35%。从净利润层面看，上述公司合计实现归属于母公司股东净利润 83.70 亿元，同比增长 285.90%，其中锂电池归属于母公司股东净利润增长比例达到 213.10%。

资料链接：

比亚迪 e 平台 3.0 正式发布，助力打造智能汽车

2021 年 4 月，比亚迪在上海车展正式发布 e 平台 3.0 版本，具有“智能、高效、安全、美学”四大核心特征，助力下一代智能电动车生产。

智能：e 平台 3.0 采用全新的电子电气架构和全新的车用操作系统 BYDOS，软硬件实现完全解耦，可拓展、可升级，且充分开放。

高效：e 平台 3.0 的关键模块体积小、重量轻、性能强、能耗低。e 平台 3.0 电驱动系统升级为 8 合 1 模块，综合效率可超 89%，且标配高宽域高效热泵系统。

安全：在 e 平台 3.0 中，刀片电池将作为结构件融入车身的一体化设计，充分利用零部件集成化、小型化带来的安全空间优势，大幅提高纯电动车的安全性。

美学：e 平台 3.0 的车型前悬更短、轴长比更大、重心更低、风阻系数更小。

资料来源：安信证券研究报告。

（二）外部造车新势力加大投资，加速汽车智能化发展

华为、百度等外部造车新势力继续加大对汽车产业的相关投入，并已有相关技术落地，从而加速汽车智能化发展。百度在 2021 年 1 月 11 日宣布正式组建智能汽车公司，以整车制造商的身份登陆汽车行业，并引入吉利控股集团成为新公司的战略合作伙伴。百度新组建的汽车公司保持自主运营，并将母公司的人工智能、Apollo 自动驾驶、小度车载、百度地图等核心技术赋予汽车公司，专注智能汽车的设计研发、生产制造、销售服务全产业链，重塑智能汽车产品形态。

华为汽车技术也已实现落地，北汽新能源最新发布的 ARCFOX 极狐品牌推出了华为 HI 版，搭载了华为自动驾驶 ADS 技术和鸿蒙 OS 操作系统等相关技术，是华为自动驾驶落地的首款车型。目前华为在智能驾驶领域已经初步形成了五大核心技术，分别包括鸿蒙

OS 智能座舱、智能驾驶计算平台 MDC810、高分辨 4D 成像雷达、“八爪鱼”自动驾驶开放平台和集成式智能热管理系统。

此外，科技大厂与能源龙头都在积极探索行业发展轨迹，如上汽集团与阿里合作“智己汽车”。中国石化也与蔚来携手共建换电站，并在新材料及智能电动汽车等方面展开全方位合作，争创能源行业与汽车行业合作新模式。

（三）消费政策刺激延续，促进行业健康高质发展

2018—2020 年是国内汽车市场内部调整阶段，在经历市场规模前期下滑之后，相关刺激汽车消费的政策陆续推出，积极促进了市场规模在后期回升。

2021 年 2 月 9 日，商务部发布《关于印发商务领域促进汽车消费工作指引和部分地方经验做法的通知》，在文件中主要梳理了在商务领域促进汽车消费的主要工作和一些值得借鉴的地方经验，从而引导市场进一步落实相关政策。从政策导向上来说，促进汽车消费的政策已经从中央主导转向中央规划辅以地方落实转化，从单一政策向政策组合转化，这样的组合拳倡导地方政府因地制宜，充分发挥了各地市场化资源配置能力，并已取得了不菲成效。如北京、上海、广州、深圳、杭州、海南、天津等城市都通过增发购车指标、放款购车资质现值等手段优化限购政策，上海、天津、陕西、广东等 10 个地区向消费者发放购车补贴，且范围覆盖燃油车、新能源车等多种级别的车。其他地方政府也都发布了相关促进汽车消费的政策，进一步改善消费环境。

（四）自主品牌销量回暖，豪华车市场份额屡创新高

此前，自主品牌依托于低端车型迅速打开了国内市场，年销售规模不断增加。从销售市场份额来看，虽然自主品牌份额在近年来有所下降，但进入 2021 年后，自主品牌乘用车销售份额在 1 月份环比提升 4.13%。从销售数量来看，基于 2020 年底的销售高位，环比增速除了法系品牌有所提高，其余国别品牌均有所下降，但同比来看均有较大幅度的增长，而自主品牌销量领跑行业。详见表 9-8。

表 9-8　分国别乘用车销量数据

	月销量（万辆）	环比增速 (%)	同比增速 (%)	月销售份额 (%)
自主品牌	86.70	-16.39	40.98	42.40
日系品牌	46.60	-11.28	21.60	22.30
德系品牌	44.90	-1.97	15.42	21.96
美系品牌	18.20	-29.73	24.66	8.90
韩系品牌	6.10	-17.57	5.17	298
法系品牌	0.70	16.67	75.00	0.34
其他品牌	230	-14.81	15.00	1.12

受到汽车消费升级、汽车消费政策刺激等影响，豪华车市场屡创历史新高。根据乘联会披露的数据显示，2021 年 1 月，豪华品牌乘用车销量达到 30.08 万辆，同比增长 40.9%，市场份额维持在 10% 以上。从供给端来看，汽车金融规模持续扩大，豪华车品牌入门级车型价格不断下探，豪华品牌购车门槛降低；从需求端来看，换购市场往往以豪华品牌为主，叠加消费升级等因素，导致豪华车市场份额高居不下。详见表 9–9。

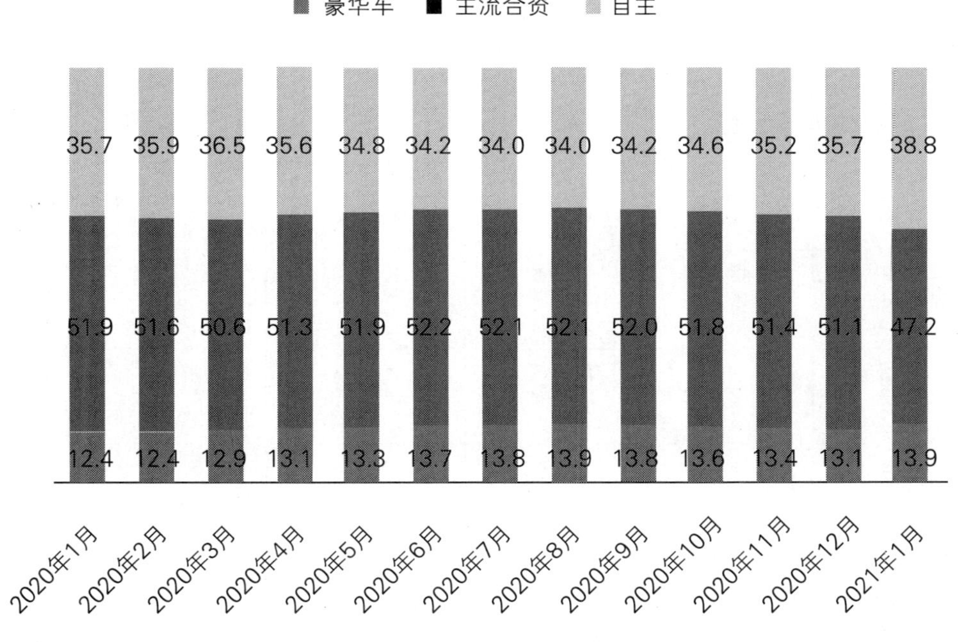

图 9－9　豪华车、主流合资、自主车型销售情况

（五）芯片短期制约效应明显，下半年有望缓解

由于 2020 年新冠肺炎疫情影响，2021 年一季度美国寒潮、主要芯片生产大厂发生火灾等不确定因素导致半导体产量减少，2020 年下半年新冠肺炎疫情影响衰减引起各行业复苏导致半导体需求增长，最终形成了目前芯片供需失衡的情况。如长城汽车最近表述，由于芯片短缺影响，WEY 品牌旗下推出的“坦克 300”暂停接单。

从长期来看，缺芯的影响只是暂时情况。目前行业呈现出了上升趋势，行业景气度不断提升，复苏趋势不变。而且，主流的芯片大厂已经开始积极扩产，预计下半年缺芯问题能够得到相应缓解。此外，英特尔、中芯国际等全球主流芯片大厂也都在积极扩产。

附表　2020年度汽车行业上市公司业绩评价结果排序表

序号	A股上市公司评价得分排序	股票代码	股票简称	综合得分	评价等级	每股收益（元）	净资产收益率（%）	总资产报酬率(%)	总资产周转率（次）	流动资产周转率（次）	资产负债率(%)	已获利息倍数	营业收入增长率(%)	资本扩张率(%)	市场投资回报率(%)	股价波动率(%)	年末资产总额（万元）	营业收入（万元）	净利润（万元）
1	100	000951	中国重汽	76.60	A	2.80	27.98	10.86	1.96	2.20	74.55	25.51	50.44	20.11	39.46	180.43	3711666.00	5993757.88	242194.80
2	128	603129	春风动力	75.80	A	2.78	27.33	11.62	1.34	1.82	63.91	1219.09	39.58	41.41	263.04	393.27	420126.90	452561.53	35370.31
3	172	000338	潍柴动力	74.60	BBB	1.16	15.01	5.45	0.78	1.42	70.29	12.13	13.27	15.28	−2.09	68.25	27075016.90	19749109.29	1127483.98
4	181	601799	星宇股份	74.40	BBB	4.20	21.46	13.80	0.73	0.98	48.20	97.60	20.21	21.17	118.24	201.95	1142801.47	732271.51	115953.56
5	199	000800	一汽解放	74.00	BBB	0.58	16.16	8.33	2.71	4.04	61.77	522.10	310.93	202.65	12.97	108.26	6423752.27	11368108.50	264062.64
6	237	002553	南方轴承	73.20	BBB	1.13	44.21	44.82	0.45	0.98	15.00	6064.61	14.37	59.34	96.40	163.82	128716.78	46597.74	39362.43
7	244	600742	一汽富维	73.00	BBB	0.93	13.15	6.53	1.15	1.93	55.85	139.97	9.84	15.78	8.53	100.76	1791312.94	1951997.97	96923.87
8	261	601965	中国汽研	72.60	BBB	0.57	11.76	10.57	0.54	1.33	21.30	3555.67	24.08	10.94	86.00	176.93	664481.20	341791.32	58452.02
9	266	000581	威孚高科	72.50	BBB	2.79	15.56	11.78	0.50	0.87	31.28	154.67	46.67	7.49	23.41	99.50	2735069.54	1288382.63	282273.59
10	331	601633	长城汽车	71.10	BBB	0.59	9.60	4.87	0.77	1.23	62.77	22.99	8.62	5.41	325.79	402.89	15401149.06	10330760.72	536249.02
11	358	603787	新日股份	70.80	BBB	0.50	10.40	4.21	2.01	2.74	67.66	0.00	65.87	8.30	113.86	292.08	323028.90	506831.67	10444.46
12	395	601717	郑煤机	70.20	BBB	0.72	10.15	7.05	0.84	1.24	58.37	7.55	3.06	6.78	71.80	221.37	3371441.53	2650866.35	137878.16
13	395	603596	伯特利	70.20	BBB	1.13	18.22	12.90	0.68	0.90	36.99	34.73	−3.63	19.60	48.58	114.13	467235.96	304189.21	49235.79
14	406	603786	科博达	70.10	BBB	1.29	15.70	15.12	0.67	0.92	16.04	1188.15	−0.29	17.74	30.68	97.46	471008.38	291372.77	57397.01
15	406	603305	旭升股份	70.10	BBB	0.77	13.64	11.11	0.46	0.99	27.55	59.37	48.33	114.27	−10.45	94.87	459205.01	162750.27	33277.41
16	476	603040	新坐标	69.20	BB	1.44	17.75	18.61	0.38	0.65	11.27	0.00	12.05	15.06	6.37	131.36	105048.08	37608.72	15461.01
17	476	002594	比亚迪	69.20	BB	1.47	9.47	5.07	0.79	1.43	67.94	3.17	22.59	2.96	304.76	348.85	20101732.10	15659769.10	601396.30
18	515	000030	富奥股份	68.70	BB	0.52	11.55	6.87	0.81	1.52	42.78	72.81	10.43	11.01	56.51	150.39	1446148.86	1111343.03	90846.71
19	542	002048	宁波华翔	68.40	BB	1.36	10.16	7.47	0.93	1.74	38.74	64.06	−1.18	11.45	0.53	82.44	1910471.50	1689235.77	112827.61
20	588	603758	秦安股份	67.90	BB	0.74	12.74	14.26	0.33	0.52	11.11	0.00	53.51	7.06	47.26	153.29	296664.85	91443.91	32482.51
21	598	600660	福耀玻璃	67.80	BB	1.04	12.10	9.00	0.52	1.10	43.81	9.46	−5.67	1.04	101.78	217.01	3842362.52	1990659.35	259845.09
22	606	000550	江铃汽车	67.70	BB	0.64	5.13	1.79	1.26	1.93	61.02	24.42	13.44	4.67	45.95	142.72	2818518.54	3309573.37	55069.90
23	634	603013	亚普股份	67.40	BB	0.99	15.76	9.71	1.35	2.12	44.19	22.60	−3.05	5.34	−3.39	63.22	630590.17	885929.58	54071.26

续表

序号	A股上市公司评价得分排序	股票代码	股票简称	综合得分	评价等级	每股收益（元）	净资产收益率（%）	总资产报酬率(%)	总资产周转率(次)	流动资产周转率（次）	资产负债率(%)	已获利息倍数	营业收入增长率(%)	资本扩张率(%)	市场投资回报率(%)	股价波动率(%)	年末资产总额（万元）	营业收入（万元）	净利润（万元）
24	685	600104	上汽集团	67.00	BB	1.75	9.56	4.31	0.82	1.34	66.28	16.89	-12.52	3.06	6.63	103.23	91941475.58	72304258.92	2918805.09
25	696	300580	贝斯特	66.90	BB	0.88	10.58	8.98	0.41	0.80	32.07	138.43	16.12	20.25	33.38	105.74	269040.47	93114.14	17706.18
26	712	300432	富临精工	66.80	BB	0.45	17.21	13.23	0.63	1.02	34.21	249.28	22.02	18.84	38.30	167.33	315743.12	184452.70	32907.91
27	736	601311	骆驼股份	66.60	BB	0.65	9.82	7.88	0.81	1.74	37.13	8.07	6.83	12.27	28.58	78.42	1236517.76	963981.57	72181.66
28	758	603319	湘油泵	66.40	BB	1.61	15.78	10.45	0.67	1.15	44.97	7.61	40.67	62.88	120.91	241.55	240645.80	140901.72	16865.92
29	758	600741	华域汽车	66.40	BB	1.71	11.94	5.77	0.92	1.51	61.32	20.26	-7.25	-0.87	14.84	124.22	15043595.96	13357763.97	697808.40
30	783	603306	华懋科技	66.10	BB	0.65	8.25	8.55	0.35	0.48	10.67	220.62	-3.67	2.62	66.83	138.18	276182.05	94954.70	20101.94
31	794	001696	宗申动力	66.00	BB	0.51	13.04	8.71	0.84	1.57	48.68	9.22	36.40	5.48	35.07	153.76	971176.66	763017.27	63296.93
32	883	300547	川环科技	65.10	BB	0.52	13.07	12.59	0.66	0.89	16.50	0.00	17.50	6.30	8.79	144.39	106488.82	67746.76	11278.49
33	891	601689	拓普集团	65.00	B	0.60	8.28	6.25	0.56	1.21	35.47	36.96	21.50	5.58	109.79	202.48	1211522.85	651109.49	63013.42
34	912	603809	豪能股份	64.80	B	0.85	10.64	7.85	0.41	0.97	41.82	40.41	26.20	11.57	111.61	272.48	328477.97	117079.14	19282.98
35	912	603358	华达科技	64.80	B	0.73	8.50	5.89	0.85	1.39	42.18	89.86	-1.05	5.48	31.04	64.11	508036.86	413382.90	24331.56
36	924	600933	爱柯迪	64.70	B	0.50	10.22	9.03	0.47	0.79	21.38	116.20	-1.38	8.04	12.94	98.72	565773.80	259050.46	43761.48
37	966	300428	四通新材	64.30	B	0.75	11.38	8.08	1.48	2.21	58.90	4.64	108.37	20.58	3.07	65.17	1129723.48	1339159.60	48326.89
38	983	603926	铁流股份	64.20	B	1.02	13.26	9.58	0.71	1.22	41.87	28.19	3.24	11.52	-1.73	62.24	220889.83	150801.00	16143.91
39	1001	603158	腾龙股份	64.00	B	0.73	14.00	9.02	0.65	1.14	52.25	7.59	71.44	12.84	23.94	87.09	299023.77	177191.84	18849.81
40	1011	603335	迪生力	63.90	B	0.14	11.35	12.13	1.15	1.67	23.25	23.11	19.47	6.05	-5.37	52.06	84201.73	97592.89	7125.85
41	1025	603037	凯众股份	63.80	B	0.78	9.50	9.35	0.52	0.75	9.73	0.00	0.14	2.66	-15.89	56.82	96324.69	49439.79	8154.42
42	1025	000927	中国铁物	63.80	B	0.22	33.54	11.79	3.39	4.15	69.21	9.30	10263.48	0.00	15.50	99.78	2428959.94	4446687.65	102606.08
43	1043	600148	长春一东	63.60	B	0.40	15.23	8.25	0.94	1.18	54.74	540.53	22.49	11.59	6.09	77.48	135819.07	115607.11	8876.47
44	1043	002406	远东传动	63.60	B	0.56	10.39	9.00	0.52	0.76	21.31	160.01	23.44	15.89	14.34	87.53	426235.83	216533.02	32443.38
45	1062	603239	浙江仙通	63.40	B	0.39	10.85	10.27	0.52	0.84	17.44	243.84	-3.83	-2.89	58.03	127.89	117244.62	61787.48	10655.82
46	1088	300507	苏奥传感	63.20	B	0.34	12.28	11.86	0.60	0.78	17.02	131.11	15.25	10.19	5.03	147.37	142305.78	81351.14	13825.46

续表

序号	A股上市公司评价得分排序	股票代码	股票简称	综合得分	评价等级	每股收益（元）	净资产收益率（%）	总资产报酬率(%)	总资产周转率(次)	流动资产周转率（次）	资产负债率(%)	已获利息倍数	营业收入增长率(%)	资本扩张率(%)	市场投资回报率(%)	股价波动率(%)	年末资产总额（万元）	营业收入（万元）	净利润（万元）
47	1113	600081	东风科技	63.00	B	0.31	10.83	4.02	1.01	1.48	70.51	20.51	5.49	2.36	46.88	85.03	730784.54	688917.01	23073.84
48	1124	002126	银轮股份	62.90	B	0.41	8.66	5.41	0.69	1.18	55.75	6.54	14.55	6.80	71.98	120.50	985624.54	632418.65	36586.47
49	1136	002328	新朋股份	62.80	B	0.19	6.56	5.90	0.97	2.02	35.00	87.41	17.99	2.76	29.17	93.37	473708.31	425059.66	19937.69
50	1166	600877	ST 电能	62.50	B	0.10	22.33	16.35	0.68	0.77	36.77	382.29	15.45	25.88	37.32	90.61	66673.11	40231.15	8445.62
51	1172	603730	岱美股份	62.40	B	0.68	10.29	8.98	0.73	1.21	28.93	27.74	−18.01	4.19	31.76	115.86	548549.34	395011.00	39314.15
52	1190	002283	天润工业	62.20	B	0.45	10.55	8.13	0.59	1.15	37.95	19.08	22.92	10.41	45.16	185.19	813263.86	442840.86	50717.30
53	1222	600679	上海凤凰	61.80	B	0.15	6.33	6.29	0.61	1.46	28.10	51.34	41.12	32.44	7.73	81.67	268743.43	137572.03	10739.98
54	1231	300680	隆盛科技	61.70	B	0.40	7.51	5.99	0.48	1.08	38.27	7.01	42.19	45.85	151.35	253.35	139087.79	57805.64	5433.18
55	1231	603788	宁波高发	61.70	B	0.80	9.53	9.43	0.40	0.45	15.59	266.49	−5.57	2.99	−12.29	68.25	226198.31	89142.84	17932.79
56	1255	603179	新泉股份	61.40	B	0.75	9.84	5.82	0.64	0.92	47.59	7.33	21.24	101.43	134.64	197.92	665798.84	368048.92	25705.22
57	1294	002434	万里扬	61.10	B	0.47	9.47	6.46	0.54	1.18	42.25	12.80	18.92	7.27	−6.23	66.94	1158086.12	606488.35	61189.89
58	1330	000559	万向钱潮	60.90	B	0.15	6.21	4.18	0.79	1.24	42.90	8.05	2.84	62.35	0.11	62.55	1549007.86	1088167.99	44359.40
59	1341	000913	钱江摩托	60.80	B	0.53	7.35	6.01	0.77	1.15	41.95	132.70	−4.55	0.37	136.63	308.09	462283.75	361245.02	19684.68
60	1341	002085	万丰奥威	60.80	B	0.27	10.80	7.17	0.71	1.53	52.99	4.37	−0.82	12.73	−5.60	43.46	1597322.59	1069922.49	76487.62
61	1341	603982	泉峰汽车	60.80	B	0.60	8.00	6.81	0.64	1.25	30.10	10.30	10.81	6.49	6.96	69.48	223139.63	138575.68	12094.88
62	1341	601238	广汽集团	60.80	B	0.58	7.16	4.37	0.45	1.11	39.32	14.43	5.88	5.10	10.59	100.53	14280666.29	6271711.14	605106.85
63	1354	603006	联明股份	60.70	B	0.43	6.35	6.38	0.45	0.85	28.18	15.18	−12.09	4.84	11.51	48.95	201396.64	91078.21	8967.74
64	1354	000625	长安汽车	60.70	B	0.68	6.75	2.42	0.77	1.38	55.77	56.63	19.79	21.73	108.59	233.71	12091580.53	8456554.41	328847.86
65	1381	600480	凌云股份	60.40	B	0.13	5.89	4.21	0.90	1.53	57.35	4.70	14.95	4.16	54.90	119.18	1600873.71	1353973.76	39393.37
66	1410	300258	精锻科技	60.10	B	0.38	6.17	6.02	0.32	0.86	28.79	5.92	−2.12	49.70	47.97	148.12	424351.66	120313.09	15556.04
67	1435	603035	常熟汽饰	59.80	CCC	1.21	10.54	6.67	0.31	0.92	48.67	5.04	21.57	26.12	−1.01	94.64	715244.34	221789.01	34683.50
68	1465	000903	云内动力	59.50	CCC	0.12	4.05	2.94	0.73	1.27	61.62	2.40	46.94	2.60	70.42	212.02	1491852.21	1000874.27	22886.16
69	1478	600006	东风汽车	59.40	CCC	0.28	7.00	2.65	0.70	0.92	59.87	55.72	1.58	5.15	105.95	197.88	2016300.14	1373340.14	55290.88

续表

序号	A股上市公司评价得分排序	股票代码	股票简称	综合得分	评价等级	每股收益（元）	净资产收益率（%）	总资产报酬率(%)	总资产周转率(次)	流动资产周转率（次）	资产负债率(%)	已获利息倍数	营业收入增长率(%)	资本扩张率(%)	市场投资回报率(%)	股价波动率(%)	年末资产总额（万元）	营业收入（万元）	净利润（万元）
70	1478	600523	贵航股份	59.40	CCC	0.37	5.91	5.74	0.70	1.10	14.67	9309.80	1.27	2.87	7.77	101.99	325788.51	223610.66	16189.07
71	1507	002454	松芝股份	59.20	CCC	0.39	6.69	4.88	0.55	0.80	37.73	115.23	−0.65	9.32	20.90	89.04	654845.40	338383.48	26112.52
72	1507	603766	隆鑫通用	59.20	CCC	0.25	6.69	4.80	0.79	1.42	42.30	17.79	−2.00	0.93	−7.89	65.93	1316997.90	1043705.54	50576.57
73	1519	603348	文灿股份	59.10	CCC	0.36	3.71	4.42	0.55	1.30	53.92	2.34	69.25	13.80	13.97	146.01	560060.13	260256.89	8994.97
74	1555	002105	信隆健康	58.80	CCC	0.45	27.36	13.09	1.07	1.66	61.23	8.46	−5.05	19.43	3.85	179.30	183487.83	186732.85	17880.08
75	1608	603166	福达股份	58.40	CCC	0.34	9.09	7.65	0.54	1.33	33.18	8.86	16.87	5.32	2.33	77.41	338963.57	177030.62	20058.41
76	1611	603089	正裕工业	58.30	CCC	0.52	10.65	9.32	0.68	1.43	34.99	9.71	2.60	21.26	13.37	120.31	180352.06	113774.75	11397.22
77	1641	300304	云意电气	58.00	CCC	0.23	9.51	8.73	0.30	0.43	22.72	30.44	17.56	8.57	16.78	150.37	289944.42	83956.12	20474.60
78	1657	603917	合力科技	57.80	CCC	0.47	7.39	6.57	0.46	0.79	23.56	45.62	−1.13	5.95	−7.70	68.00	134582.58	60407.46	7391.51
79	1657	002516	旷达科技	57.80	CCC	0.14	5.92	6.20	0.37	0.67	12.90	0.00	−5.34	−4.39	38.29	107.33	396096.42	148996.26	20876.15
80	1663	603701	德宏股份	57.70	CCC	0.25	8.93	7.47	0.61	1.06	27.49	115.43	25.95	2.01	−12.87	57.14	99203.25	59976.07	6362.69
81	1677	603197	保隆科技	57.60	CCC	1.12	9.93	6.54	0.87	1.48	64.93	4.64	0.30	6.43	−13.39	63.40	391333.48	333108.51	13215.07
82	1685	603586	金麒麟	57.50	CCC	0.82	7.48	7.41	0.47	0.81	16.86	21.24	−20.67	−0.79	−15.36	52.38	261129.74	128678.15	16309.53
83	1731	002101	广东鸿图	57.10	CCC	0.29	4.00	3.24	0.69	1.62	39.38	5.21	−5.25	2.59	−5.46	48.62	808777.97	559602.61	19343.81
84	1731	002906	华阳集团	57.10	CCC	0.39	5.13	3.62	0.70	0.99	28.24	201.22	−0.27	4.11	121.74	207.29	499476.74	337443.40	18013.08
85	1743	000887	中鼎股份	57.00	CCC	0.40	5.53	4.36	0.62	1.18	52.51	4.53	−1.35	0.34	26.70	124.24	1892289.49	1154832.40	49654.21
86	1767	002448	中原内配	56.80	CCC	0.25	5.36	4.62	0.40	1.06	40.75	5.59	22.15	9.82	5.01	49.91	497557.52	182027.19	15101.04
87	1780	603776	永安行	56.70	CCC	2.66	16.16	8.89	0.20	0.24	31.05	42.12	−6.69	25.77	−4.87	63.12	493895.58	87295.58	49389.47
88	1798	002921	联诚精密	56.50	CCC	0.90	9.22	8.00	0.66	1.29	43.75	4.91	22.02	21.26	6.63	80.48	151482.76	91251.77	7166.64
89	1806	603109	神驰机电	56.40	CCC	0.72	8.23	6.24	0.78	0.95	38.97	27.03	22.90	5.33	−25.91	144.67	216133.06	156160.47	10584.62
90	1829	300652	雷迪克	56.20	CCC	0.67	6.84	6.06	0.32	0.42	25.90	5.19	−5.40	23.73	1.08	83.74	129496.62	43738.49	5933.81
91	1846	002870	香山股份	56.00	CCC	0.68	5.91	2.66	0.27	0.71	71.94	127.89	16.03	137.17	6.69	71.94	637118.02	97673.45	7508.32
92	1857	300695	兆丰股份	55.90	CCC	2.40	8.59	8.30	0.21	0.28	17.26	177.46	−15.98	−1.50	−3.94	74.94	223175.53	46986.13	15986.90

续表

序号	A股上市公司评价得分排序	股票代码	股票简称	综合得分	评价等级	每股收益（元）	净资产收益率（%）	总资产报酬率(%)	总资产周转率(次)	流动资产周转率（次）	资产负债率(%)	已获利息倍数	营业收入增长率(%)	资本扩张率(%)	市场投资回报率(%)	股价波动率(%)	年末资产总额（万元）	营业收入（万元）	净利润（万元）
93	1868	600699	均胜电子	55.80	CCC	0.49	1.11	2.90	0.85	1.84	65.40	1.43	−22.38	13.80	43.41	75.34	5626514.85	4788983.76	20383.11
94	1901	600178	东安动力	55.40	CCC	0.09	2.06	1.05	0.75	1.30	62.12	5.72	74.56	2.15	55.69	217.04	507742.12	338519.60	3926.95
95	1939	300611	美力科技	55.00	CC	0.23	6.31	4.96	0.59	1.21	44.81	5.16	11.99	5.30	1.87	117.58	118332.73	67361.16	4015.96
96	1950	600099	林海股份	54.90	CC	0.04	1.60	1.45	1.00	1.41	17.48	0.00	3.72	−0.20	−8.55	57.89	58580.20	59959.64	772.28
97	1981	002662	京威股份	54.40	CC	0.08	3.62	5.71	0.68	1.45	38.57	3.05	3.41	3.69	24.89	132.51	515439.52	375407.81	11253.10
98	2007	300707	威唐工业	54.10	CC	0.20	4.57	3.79	0.53	0.79	39.98	16.78	37.55	10.10	−5.33	87.03	120621.47	55460.18	3158.87
99	2062	300643	万通智控	53.50	CC	0.18	8.36	5.69	0.86	1.69	51.14	8.90	71.90	6.12	−50.02	118.52	93321.51	78864.76	3702.22
100	2062	600327	大东方	53.50	CC	0.36	8.80	7.11	1.21	2.55	49.24	15.24	−15.23	0.99	36.18	75.97	709895.78	793630.73	31561.22
101	2082	603286	日盈电子	53.30	CC	0.17	3.55	3.18	0.62	1.28	36.86	4.19	−0.86	5.63	−3.68	51.60	78437.28	49440.63	1709.07
102	2091	300585	奥联电子	53.20	CC	0.20	5.83	4.57	0.51	1.04	36.00	7.85	12.55	9.21	−20.20	65.39	85250.00	41640.15	3047.34
103	2091	002715	登云股份	53.20	CC	0.11	3.06	3.32	0.51	0.97	30.75	3.19	11.01	3.16	41.55	116.45	73457.17	37265.42	1533.93
104	2101	603655	朗博科技	53.10	CC	0.21	4.50	4.96	0.32	0.47	6.32	0.00	5.45	3.06	−2.02	264.56	54255.09	16868.94	2253.26
105	2111	600297	广汇汽车	53.00	CC	0.19	3.98	3.71	1.10	1.77	67.90	1.78	−7.05	5.34	−14.89	72.92	14691152.36	15844209.99	182834.29
106	2111	603767	中马传动	53.00	CC	0.18	3.80	3.09	0.54	0.96	26.62	265.89	11.14	1.40	−1.28	71.22	199630.06	105185.72	5524.68
107	2127	002703	浙江世宝	52.90	CC	0.05	2.64	2.08	0.56	1.12	32.74	8.40	12.19	2.67	24.27	69.18	197624.63	110212.74	3460.09
108	2127	002536	飞龙股份	52.90	CC	0.25	5.58	3.73	0.68	1.44	44.04	5.41	1.03	4.02	9.89	74.89	392414.58	266546.66	12017.82
109	2141	002213	大为股份	52.80	CC	0.04	3.53	2.71	0.80	1.09	20.98	861.36	106.12	7.29	4.25	80.91	50864.22	38764.65	1370.57
110	2166	002590	万安科技	52.50	CC	0.13	3.29	2.78	0.69	1.11	45.52	7.28	12.14	1.44	3.82	48.25	367475.01	252204.70	6547.17
111	2238	000753	漳州发展	51.50	CC	0.13	5.37	3.87	0.49	1.00	63.77	4.85	9.58	5.95	−3.64	38.50	709688.74	311616.79	13407.48
112	2238	603768	常青股份	51.50	CC	0.37	4.34	3.73	0.63	1.36	51.33	2.69	25.22	3.99	43.06	171.37	362492.70	229708.17	7516.92
113	2250	603085	天成自控	51.40	CC	0.16	6.79	3.51	0.64	1.33	57.95	2.44	−1.95	112.00	22.10	145.15	240347.16	142771.77	5052.53
114	2255	000017	*ST中华A	51.30	CC	0.01	23.60	6.17	1.53	1.65	72.05	0.00	55.03	124.11	−47.57	180.36	9174.28	11785.75	437.57
115	2296	002708	光洋股份	50.80	CC	0.11	3.48	3.22	0.60	1.15	44.46	6.62	9.53	3.49	−24.07	44.44	265077.73	143425.63	5035.80

续表

序号	A股上市公司评价得分排序	股票代码	股票简称	综合得分	评价等级	每股收益（元）	净资产收益率（%）	总资产报酬率(%)	总资产周转率(次)	流动资产周转率（次）	资产负债率(%)	已获利息倍数	营业收入增长率(%)	资本扩张率(%)	市场投资回报率(%)	股价波动率(%)	年末资产总额（万元）	营业收入（万元）	净利润（万元）
116	2316	002765	蓝黛科技	50.60	CC	0.01	0.18	−0.05	0.66	1.55	53.34	−0.10	115.99	20.90	12.14	81.71	394488.52	245468.89	296.05
117	2348	002863	今飞凯达	50.30	CC	0.17	4.52	4.62	0.63	1.46	65.04	1.59	5.73	77.18	0.00	166.22	535804.76	311471.18	6618.31
118	2356	002472	双环传动	50.20	CC	0.08	2.19	2.84	0.44	1.21	56.91	1.55	13.24	−0.14	29.29	105.38	853093.09	366419.51	8052.39
119	2415	300100	双林股份	49.60	C	0.20	4.85	3.61	0.62	1.18	67.42	2.23	−16.86	3.43	92.73	336.17	550422.34	357673.59	8556.28
120	2425	000025	特力A	49.50	C	0.13	4.43	4.64	0.25	0.64	18.95	74.56	−25.68	3.39	−19.91	58.73	170844.23	42441.92	6030.52
121	2425	300681	英搏尔	49.50	C	0.17	2.30	1.20	0.41	0.77	46.97	5.21	32.18	2.68	−3.60	68.86	109111.92	42096.69	1315.71
122	2430	603121	华培动力	49.40	C	0.23	5.30	4.94	0.42	0.67	30.32	26.73	1.22	1.03	−39.08	74.28	160581.39	63844.30	5894.97
123	2476	000622	恒立实业	48.70	C	0.01	1.44	0.97	0.97	1.03	44.96	6.65	−0.70	−0.67	−26.66	73.54	38783.75	34319.21	308.66
124	2493	600960	渤海汽车	48.50	C	0.07	0.41	1.64	0.52	0.99	42.77	1.33	−4.72	2.84	43.27	78.74	919850.04	468567.27	2152.31
125	2493	600335	国机汽车	48.50	C	0.29	2.42	2.01	1.26	1.60	67.56	3.44	−15.39	1.76	−14.04	72.91	3219760.59	4413481.08	25030.04
126	2557	603377	东方时尚	47.80	C	0.28	5.87	5.49	0.19	0.79	45.28	4.75	−23.88	18.61	7.35	102.57	466621.76	84813.42	13814.75
127	2562	000700	模塑科技	47.70	C	0.02	0.45	2.34	0.76	1.61	66.92	1.21	11.57	16.25	35.49	199.88	836331.98	612445.26	1152.80
128	2562	000757	浩物股份	47.70	C	0.08	3.14	3.41	1.34	1.98	43.84	3.50	−8.01	2.84	−5.11	59.67	303034.10	408829.60	5273.81
129	2571	002284	亚太股份	47.60	C	0.02	0.64	1.38	0.51	0.87	51.23	1.37	−8.24	0.44	30.76	74.59	553868.41	292102.15	1728.96
130	2604	603161	科华控股	47.20	C	0.16	1.61	2.26	0.44	0.92	67.23	1.32	−0.07	1.58	31.13	94.97	399040.81	162215.35	2086.27
131	2614	300694	蠡湖股份	47.00	C	0.21	3.71	3.39	0.55	0.97	34.46	6.33	−10.61	2.34	−20.47	80.57	190494.98	107925.21	4581.57
132	2620	002813	路畅科技	46.90	C	0.66	22.96	11.97	0.60	0.98	29.33	13.16	−36.04	25.48	−11.18	76.82	54050.49	49266.31	7880.51
133	2648	002865	钧达股份	46.30	C	0.11	1.38	2.88	0.46	1.00	43.59	1.40	3.84	13.92	14.02	90.37	185755.77	85847.49	1354.64
134	2648	002625	光启技术	46.30	C	0.08	2.09	2.37	0.08	0.09	9.02	19.82	32.25	2.11	133.71	346.58	864737.79	63651.00	16260.81
135	2658	600698	ST 天雁	46.20	C	0.01	1.32	0.97	0.51	0.65	38.75	10.22	27.57	2.16	−16.51	72.75	127245.21	64207.84	1020.24
136	2686	603009	北特科技	45.80	C	0.08	1.41	1.66	0.45	1.00	52.54	1.44	12.87	−6.27	−7.02	73.25	327946.98	147047.91	2274.85
137	2699	600166	福田汽车	45.60	C	0.02	0.92	1.02	1.09	2.52	70.74	1.21	22.99	1.47	46.50	175.33	5274723.83	5776540.29	14070.43
138	2715	002363	隆基机械	45.40	C	0.11	1.90	1.71	0.48	0.76	29.21	17.37	−2.23	−5.78	15.80	102.08	323012.04	159646.31	4489.22

续表

序号	A股上市公司评价得分排序	股票代码	股票简称	综合得分	评价等级	每股收益（元）	净资产收益率（%）	总资产报酬率(%)	总资产周转率(次)	流动资产周转率（次）	资产负债率(%)	已获利息倍数	营业收入增长率(%)	资本扩张率(%)	市场投资回报率(%)	股价波动率(%)	年末资产总额（万元）	营业收入（万元）	净利润（万元）
139	2773	600066	宇通客车	44.50	C	0.21	3.13	0.99	0.62	0.86	53.64	2285.58	-28.79	-12.58	26.74	99.85	3331187.25	2170504.84	51807.53
140	2781	600418	江淮汽车	44.30	C	0.08	1.81	1.22	1.00	2.01	66.96	1.34	-9.42	1.53	140.28	223.76	4211749.07	4283076.81	24947.97
141	2796	603178	圣龙股份	43.90	C	0.28	8.44	4.58	0.64	1.66	63.94	3.00	0.10	7.00	-39.00	127.73	186829.40	122187.80	5497.55
142	2823	601258	ST庞大	43.20	C	0.06	5.30	4.04	1.15	2.67	51.13	3.04	24.01	4.50	-28.43	77.93	2263535.16	2738561.30	57334.39
143	2839	002725	跃岭股份	42.90	C	-0.03	-0.65	-0.40	0.58	1.56	24.74	-0.94	1.02	5.43	-17.55	59.24	134944.26	72221.86	-643.82
144	2846	600609	金杯汽车	42.80	C	-0.38	-27.00	-2.82	1.00	1.31	76.55	-2.32	-2.55	20.91	39.76	178.95	490312.42	545701.97	-28363.75
145	2846	600303	曙光股份	42.80	C	0.08	1.95	2.55	0.48	1.11	38.91	3.79	7.20	1.51	24.73	94.31	511419.94	262294.65	6059.63
146	2850	603023	威帝股份	42.70	C	0.03	2.13	2.61	0.11	0.13	2.69	4.63	-38.78	5.75	3.76	76.51	77730.99	8454.24	1569.53
147	2859	300733	西菱动力	42.50	C	0.05	0.63	0.93	0.31	0.81	34.35	2.01	-2.25	-0.02	65.89	275.89	173670.71	51317.33	714.74
148	2868	603922	金鸿顺	42.30	C	0.06	0.73	0.82	0.36	0.55	14.59	2.78	-38.87	0.73	-12.46	59.76	121669.55	46962.14	757.46
149	2912	601777	力帆科技	41.40	C	0.04	0.78	5.23	0.19	0.52	37.50	1.08	-51.18	295.69	53.17	182.10	1794050.35	363710.61	5468.32
150	2964	600686	金龙汽车	39.80	C	-0.02	1.02	0.96	0.56	0.72	73.36	1.72	-21.98	11.78	20.00	91.04	2372080.02	1395787.39	6076.21
151	3053	000996	中国中期	36.60	C	0.02	1.28	1.39	0.07	0.82	28.24	2.88	-19.86	1.56	-18.70	67.49	66855.06	4993.51	608.25
152	3053	300375	鹏翎股份	36.60	C	-0.09	-3.38	-0.44	0.61	1.31	25.91	-1.21	4.63	-18.25	38.28	144.10	246882.99	167506.17	-6873.38
153	3068	603390	通达电气	36.20	C	0.13	2.51	2.04	0.31	0.43	16.27	14.32	-16.64	0.01	-43.88	94.33	209553.60	65386.77	4397.64
154	3085	600676	交运股份	35.20	C	-0.20	-4.25	-2.20	0.89	1.49	29.02	-8.65	-10.65	-4.98	12.69	97.44	835733.66	777032.09	-25846.60
155	3100	002239	奥特佳	34.70	C	-0.09	-5.80	-4.03	0.45	0.99	40.92	-10.37	16.08	-6.26	174.20	161.01	840864.47	372689.36	-29777.04
156	3123	000868	安凯客车	33.50	C	0.14	18.15	3.33	0.63	0.88	88.08	2.40	-3.44	20.40	-28.23	117.67	511188.59	325990.55	10120.08
157	3167	603997	继峰股份	31.50	C	-0.26	-7.18	-0.30	0.90	2.27	73.64	-0.18	-12.60	-7.16	-4.76	70.70	1732582.23	1573274.96	-34048.35
158	3181	000957	中通客车	30.90	C	0.04	0.85	1.32	0.39	0.47	73.57	1.20	-34.62	1.20	29.13	62.60	1048649.83	440759.63	2352.37
159	3250	002265	西仪股份	27.50	C	-0.18	-6.61	-4.03	0.46	1.07	34.96	-13.16	-14.42	-6.89	-20.02	54.70	134510.42	63908.28	-5998.68
160	3262	002488	金固股份	27.00	C	-0.16	-4.26	-1.44	0.40	1.09	40.44	-1.18	23.96	-5.44	-18.20	140.58	635411.77	262007.36	-16604.72
161	3295	300742	越博动力	25.80	C	0.10	1.48	0.67	0.20	0.34	75.45	0.22	-13.80	36.17	8.19	120.42	161093.68	33354.57	506.18

续表

序号	A股上市公司评价得分排序	股票代码	股票简称	综合得分	评价等级	每股收益（元）	净资产收益率（%）	总资产报酬率(%)	总资产周转率(次)	流动资产周转率（次）	资产负债率(%)	已获利息倍数	营业收入增长率(%)	资本扩张率(%)	市场投资回报率(%)	股价波动率(%)	年末资产总额（万元）	营业收入（万元）	净利润（万元）
162	3335	600653	申华控股	24.10	C	-0.39	-33.29	-7.05	1.10	2.01	67.86	-2.61	-6.26	-30.54	-12.56	42.39	522213.71	689807.04	-68162.00
163	3401	601127	小康股份	22.00	C	-1.49	-33.17	-6.80	0.51	1.22	78.61	-6.91	-21.12	-28.45	49.16	201.39	2626759.46	1430247.60	-223441.93
164	3420	300473	德尔股份	21.10	C	-3.71	-19.72	-6.12	0.71	1.74	57.37	-3.27	-12.30	-13.87	-47.92	126.34	460702.69	338629.29	-41836.79
165	3435	002684	*ST 猛狮	20.50	C	-3.20	219.31	-20.95	0.16	0.37	128.32	-3.92	-17.35	-2472.76	-53.67	149.30	627356.80	109328.69	-186626.91
166	3437	600213	亚星客车	20.40	C	-0.72	-85.71	-0.88	0.41	0.44	97.47	-0.34	-30.60	-59.66	1.35	65.70	416566.22	187947.99	-15742.13
167	3450	002355	兴民智通	20.00	C	-0.57	-14.40	-8.38	0.32	0.54	40.32	-6.38	-20.03	-13.56	-27.33	50.66	429251.91	146517.68	-39779.71
168	3456	000572	ST 海马	19.90	C	-0.81	-25.24	-11.62	0.14	0.43	51.82	-36.71	-70.69	-22.46	48.95	145.91	920833.34	137509.32	-128227.46
169	3458	000678	襄阳轴承	19.80	C	-0.20	-7.73	-2.78	0.45	1.17	55.65	-2.96	-4.01	-9.10	-31.52	79.63	259669.29	119153.15	-9352.77
170	3509	002510	天汽模	17.80	C	-0.90	-34.94	-14.76	0.24	0.44	61.98	-9.05	-37.94	-22.42	2.80	103.76	550998.49	134585.20	-83770.54
171	3553	600626	申达股份	15.70	C	-0.95	-28.39	-7.26	1.08	2.52	69.42	-5.24	-26.35	-27.84	-33.37	108.30	940826.83	1082397.19	-97457.69
172	3563	002592	ST 八菱	15.10	C	-2.57	-72.49	-42.09	0.29	0.76	47.57	-38.92	-19.45	-55.95	-75.96	316.85	146813.16	60485.99	-91235.86
173	3623	600733	北汽蓝谷	11.20	C	-1.86	-44.61	-10.88	0.10	0.14	73.91	-5.74	-77.65	-35.51	42.59	101.43	4362574.86	527246.62	-647639.99
174	3687	000980	*ST 众泰	0.00	C	-5.33	-1096.02	-67.15	0.09	0.15	146.08	-31.39	-55.18	-169.14	-55.18	207.90	958453.18	133817.00	-1080394.47
		605068	明新旭腾	71.90	BBB														
		688386	泛亚微透	71.70	BBB														
		603950	长源东谷	71.20	BBB														
		300893	松原股份	70.00	BB														
		605128	上海沿浦	68.60	BB														
		605018	长华股份	67.40	BB														
		689009	九号公司	66.40	BB														
		605255	天普股份	66.10	BB														
		605088	冠盛股份	65.10	BB														
		300912	凯龙高科	64.10	B														

续表

序号	A股上市公司评价得分排序	股票代码	股票简称	综合得分	评价等级	每股收益（元）	净资产收益率（%）	总资产报酬率(%)	总资产周转率(次)	流动资产周转率（次）	资产负债率(%)	已获利息倍数	营业收入增长率(%)	资本扩张率(%)	市场投资回报率(%)	股价波动率(%)	年末资产总额（万元）	营业收入（万元）	净利润（万元）
		002997	瑞鹄模具	61.10	B														
		300816	艾可蓝	60.40	B														
		300825	阿尔特	58.60	CCC														
		300863	卡倍亿	56.60	CCC														
		605333	沪光股份	56.30	CCC														

第十章　电子和计算机行业上市公司业绩评价

近年来，电子和计算机行业以其高技术含量、高附加值特点越来越受到各个国家和市场的青睐，伴随着行业领域前沿的不断突破创新和与不同行业的广泛融合应用，已成为众多发达国家保持经济持续增长的最重要手段和拉动国民经济发展的强大动力，以及国民经济的基础性、战略性产业。信息化成为全球经济社会发展的显著特征，数字经济将成为未来的经济社会新形态。电子和计算机行业的创新和发展更关系到我国网络安全、经济安全、国家安全，也是中国由网络大国向网络强国转变的必经之路。

2020 年，受新冠肺炎疫情以及国际间竞争加剧的影响，全球经济受到了严重冲击。2020 年下半年全球经济走出上半年的严重衰退，呈现缓慢复苏态势。全球通胀水平整体处于低位，就业市场虽有修复但改善趋缓，制造业景气保持回暖态势。全球宏观经济的缓慢复苏，产业链供应链循环受阻，国际贸易投资萎缩，为电子和计算机行业的发展带来了挑战。可喜的是，我国新冠肺炎疫情在短期内得到了较好的控制，中国经济依然维持长期向好的基本面。全年经济运行呈现逐季改善、逐步恢复常态的趋势，在全球主要经济体中唯一实现经济正增长。同时，5G、工业互联网、智能化升级和数字新型基础设施的快速推进也为电子和计算机行业带来重要发展机遇。特别是在电子信息领域，我国电子信息产业收入规模已达世界第一。据工信部数据显示，近 20 年中国电子信息制造业营业收入由 2000 年的 0.95 万亿元上升到 2020 年约 12.1 万亿元，过去 20 年增长了 11 倍。我国电子信息产业得到了长足快速的发展和进步，在全球产业链分工中已占据了重要的地位。

整体来看，在全球宏观经济的缓慢复苏和经济面临的不稳定不确定性因素显著增加的环境下，我国电子和计算机行业依然保持了总体平稳、转型加快的运行态势，朝着强创新、高效率、促转型的高质量发展方向转变。2020 年，电子行业股票指数表现持续优于市场平均水平，电子行业股票指数全年总涨幅达到 36.05%；计算机行业股票指数在前三季度同样表现优于市场平均水平，但在四季度出现了明显下滑，导致全年总涨幅仅为 9.75%。2021 年，在政策的支持下，我国将逐步实施“中国制造”到“中国创造”的转型，5G 等科技将在新时代中处于战略支撑的地位。电子和计算机领域通过赋能各行业的发展，将为我国经济由高速度向高质量的发展提供充足的原动力，持续驱动我国经济发展。

一、电子和计算机行业上市公司业绩评价结果

截至2020年末，电子和计算机行业全部上市公司共计555家，其中盈利484家，亏损71家，即有87.21%的公司实现盈利，比2019年上升了0.05%；电子和计算机行业上市公司总资产共计47417.89亿元，占全部上市公司总资产的6.25%。

2020年全国4007家上市公司共计实现营业收入436178.82亿元，其中555家电子和计算机行业上市公司实现营业收入33746.23亿元，占全部上市公司营业收入的7.74%；全部上市公司共计实现净利润21627.08亿元，电子和计算机行业上市公司实现净利润1466.47亿元，占全部上市公司实现净利润的6.78%。

2020年电子行业整体评价结果略高于市场平均水平，其行业的综合评价分值为64.5分，比同年全部上市公司的综合评价分值61.4分高5.05%；计算机行业评价结果略低于市场平均水平，其行业的综合评价分值为57.6分，比同年全部上市公司的综合评价分值61.4分低6.19%。555家电子和计算机行业上市公司中有13家业绩评价综合得分进入2020年上市公司“中联价值100”名单，分别为立讯精密、传音控股、海康威视、歌尔股份、韦尔股份、深信服、万兴科技、圣邦股份、晶方科技、三环集团、卓胜微、视源股份、蓝思科技，排名分别为第17位、第19位、第22位、第25位、第43位、第48位、第51位、第52位、第60位、第62位、第65位、第74位、第75位。在555家电子和计算机行业上市公司中（剔除了其中81家2020年上市或借壳上市的公司），业绩为AA的有4家，业绩为A的有13家；业绩为BBB的有28家，业绩为BB的有61家，业绩为B的有73家；业绩为CCC的有57家，业绩为CC的有63家；业绩为E的有175家。2020年电子和计算机行业评价得分前十名的公司见表10–1。

表10－1 2020年度电子和计算机行业评价得分前十名的公司

序号	股票代码	股票简称	在A股上市公司中评价得分排序
1	002475	立讯精密	17
2	688036	传音控股	19
3	002415	海康威视	22
4	002241	歌尔股份	25
5	603501	韦尔股份	43
6	300454	深信服	48
7	300624	万兴科技	51
8	300661	圣邦股份	52
9	603005	晶方科技	60
10	300408	三环集团	62

基于对电子和计算机行业上市公司的整体评价，下面分别从财务效益状况、资产质量状况、偿债风险状况、发展能力状况、市场表现状况五个方面对电子和计算机行业上市公司进行具体分析。

（一）财务效益

从综合得分来看，2020 年电子行业上市公司财务效益状况得分略高于全部上市公司平均水平，计算机行业上市公司财务效益状况得分低于全部上市公司平均水平。

表 10–2 和表 10–3 分别列示了 2020 年电子和计算机行业上市公司财务效益状况评价结果。从基本指标来看，电子行业上市公司财务效益状况略低于全部上市公司平均水平，平均得分为 20.32 分，比全部上市公司平均分 20.49 分低 0.17 分；计算机行业上市公司财务效益状况低于全部上市公司平均水平，平均得分为 16.71 分，比全部上市公司平均分 20.49 分低 3.78 分。有 305 家公司超过全国平均水平，其中得分为满分 35 分的有海康威视、立讯精密、韦尔股份、传音控股等 32 家公司。

从修正指标来看，电子行业得分为 22.41 分，略高于上市公司平均得分 22.11 分。除扣除非经常性损益净资产收益率和营业利润率外，总资产报酬率、盈利现金保障倍数和股本收益率等指标均高于上市公司平均水平。计算机行业得分为 18.58 分，低于上市公司的平均得分 22.11 分。除盈利现金保障倍数外，扣除非经常性损益净资产收益率、总资产报酬率、营业利润率和股本收益率等指标均低于上市公司平均水平。

表 10 – 2　电子行业财务效益状况比较表

分析指标		2020 年上市公司平均值	2020 年行业值	2019 年行业值	增长率 (%)
基本指标	扣除非经常性损益净资产收益率（%）	5.93	5.25	4.41	19.05
	总资产报酬率（%）	5.00	5.32	5.05	5.35
	基本得分	20.49	20.32	19.30	5.28
修正指标	营业利润率（%）	6.43	5.22	4.43	17.83
	盈利现金保障倍数	2.01	2.35	2.24	4.91
	股本收益率（%）	38.17	41.02	33.21	23.52
综合得分		22.11	22.41	20.81	7.69

表 10－3　计算机行业财务效益状况比较表

分析指标		2020 年上市公司平均值	2020 年行业值	2019 年行业值	增长率 (%)
基本指标	扣除非经常性损益净资产收益率（%）	5.93	2.43	1.10	120.91
	总资产报酬率（%）	5.00	3.74	3.58	4.47
	基本得分	20.49	16.71	15.53	7.60
修正指标	营业利润率（%）	6.43	4.65	4.60	1.09
	盈利现金保障倍数	2.01	2.23	2.36	–5.51
	股本收益率（%）	38.17	16.95	12.45	36.14
综合得分		22.11	18.58	17.49	6.23

与 2019 年的情况相比较，2020 年电子和计算机行业上市公司盈利现金保障倍数有所下降，扣除非经常性损益净资产收益率、总资产报酬率、营业利润率、股本收益率与上一年相比均有所改善，其中计算机行业扣除非经常性损益净资产收益率涨幅最高，为 120.91%。整体来看，虽然 2020 年疫情导致众多产业受到严重冲击，但受惠于远程办公和教学的新常态模式，加上 5G 进入应用普及的重要阶段，以及相关基础设施建设需求强劲的带动，使得 2020 年电子和计算机行业的财务效益有所提升。以韦尔股份为例，公司通过布局 CMOS 图像传感器领域和整合各业务体系及产品线，使得公司半导体设计整体技术水平快速提升，产品已经广泛应用于智能手机、汽车等消费电子和工业应用领域。2020 年，在市场需求的推动下，公司实现营业总收入 198.24 亿元，较 2019 年度营业总收入增加 45.43%。其中半导体设计业务收入 172.67 亿元，较 2019 年度增长 52.02%，实现了财务效益的显著提升。

（二）资产质量

从综合得分来看，电子行业上市公司资产质量状况平均得分为 9.66 分，略高于上市公司平均得分：计算机行业上市公司资产质量状况平均得分为 8.56 分，低于上市公司平均得分。

表 10–4 和 10–5 列示了电子和计算机行业上市公司资产质量状况评价结果。在电子和计算机行业上市公司资产质量状况指标中，万兴科技得分为满分 15 分，2020 年公司总资产周转率 0.99 次，流动资产周转率 1.77 次，应收账款周转率 48.59 次，存货周转率 11.24 次。公司的主要产品为数字创意、办公效率及数据管理三大产品线，主要通过在线进行销售，通过第三方平台进行收款。由于线上销售模式的周转效率较高，同时公司对于第三方平台的选择有较大自主权。通过平台引入审核、多家平台均衡风险等平台资金管理措施，公司选择了更具有竞争优势的第三方平台，缩短了结算周期，加快了资金回笼频率，使得公司资产质量在行业中保持了较高的水平。

表 10 – 4　电子行业资产质量状况比较表

分析指标		2020 年上市公司平均值	2020 年行业值	2019 年行业值	增长率 (%)
基本指标	总资产周转率（次）	0.60	0.82	0.87	–5.75
	流动资产周转率（次）	1.14	1.51	1.57	–3.82
	基本得分	9.09	11.13	11.08	0.45
修正指标	应收账款周转率（次）	8.07	4.99	4.72	5.72
	存货周转率（次）	2.64	6.29	6.26	0.48
综合得分		9.07	9.66	9.45	2.22

表 10 – 5　计算机行业资产质量状况比较表

分析指标		2020 年上市公司平均值	2020 年行业值	2019 年行业值	增长率 (%)
基本指标	总资产周转率（次）	0.60	0.65	0.67	–2.99
	流动资产周转率（次）	1.14	0.99	1.06	–6.60
	基本得分	9.09	9.05	9.39	–3.62
修正指标	应收账款周转率（次）	8.07	3.91	3.80	2.89
	存货周转率（次）	2.64	4.17	4.35	–4.14
综合得分		9.07	8.56	8.56	0.00

与 2019 年相比较，2020 年电子行业上市公司总体上资产质量略有提升，计算机行业上市公司总体上资产质量未发生明显变化。与上市公司平均水平相比，行业存货周转率远远高于上市公司平均水平，这主要与电子和计算机行业公司主要经营方式和产品特性有关。

（三）偿债风险

从综合得分来看，2020 年电子和计算机行业上市公司偿债风险状况优于全部上市公司平均水平。

表 10–6 和 10–7 列示了电子和计算机行业上市公司偿债风险状况评价结果。在电子和计算机行业上市公司偿债风险状况指标中，圣邦股份、金山办公获得了满分 15 分，兆易创新等 22 家上市公司取得接近满分的 14.99 分。基于电子和计算机行业的经营模式，行业在运营中保持了较高的速动比率，其中兆易创新和森霸传感 2020 年速动比率分别为 1029.22 和 1078.49，大大高于行业平均水平。

表 10－6　电子行业偿债风险状况比较表

分析指标		2020 年上市公司平均值	2020 年行业值	2019 年行业值	增长率 (%)
基本指标	资产负债率（%）	60.33	51.24	53.85	–4.85
	已获利息倍数	4.30	5.47	4.35	25.75
	基本得分	8.90	9.56	9.42	1.49
修正指标	速动比率（%）	82.33	121.85	110.69	10.08
	现金流动负债比率（%）	13.31	21.97	17.45	25.90
	带息负债比率（%）	40.72	46.77	45.10	3.70
综合得分		8.89	9.15	9.04	1.22

表 10－7　计算机行业偿债风险状况比较表

分析指标		2020 年上市公司平均值	2020 年行业值	2019 年行业值	增长率 (%)
基本指标	资产负债率（%）	60.33	43.19	44.61	–3.18
	已获利息倍数	4.30	5.01	4.01	24.94
	基本得分	8.90	9.92	9.84	0.81
修正指标	速动比率（%）	82.33	151.54	141.79	6.88
	现金流动负债比率（%）	13.31	14.57	12.50	16.56
	带息负债比率（%）	40.72	30.34	33.17	–8.53
综合得分		8.89	10.00	9.57	4.49

与 2019 年相比较，2020 年电子和计算机行业上市公司偿债风险状况平均得分均有所上升，且行业的偿债风险状况明显优于全部上市公司平均水平。说明在电子和计算机行业扩展业务的过程中，各个公司对于营运资金的需求规模与公司经营业绩情况较为匹配。以金山办公为例，2020 年公司保持着较低的资产负债率和付息债务规模，公司营业收入、营业利润及归属于上市公司股东的净利润均较上一年明显增加，展现了公司良好的偿债能力。

（四）发展能力

从综合得分来看，2020 年电子和计算机行业上市公司发展能力状况均优于全部上市公司的平均水平。

表 10–8 和 10–9 列示了电子和计算机行业上市公司发展能力状况评价结果。在电子和计算机行业上市公司发展能力状况指标中，歌尔股份和立讯精密得分排名第一，得分为 20 分。值得一提的是，立讯精密已连续三年蝉联发展能力排名第一的位置，主要原因是公司

在专注于研发投入、智能制造、体系优化及客户服务的同时，通过完善和细化未来战略规划，从产业布局、人才储备、技术积累、公司治理等方面积极落实，持续提高战略规划可行性、增强公司核心竞争力，为公司2020年度高速成长及未来长期可持续发展奠定了坚实基础。2020年，公司实现销售收入925.01亿元，较上年同期增长47.96%；实现利润总额81.36亿元，较上年同期增长44.37%；实现归属于母公司所有者的净利润72.25亿元，较上年同期增长53.28%。实现了在各业务领域的稳步发展。

表10-8 电子行业发展能力状况比较表

分析指标		2020年上市公司平均值	2020年行业值	2019年行业值	增长率(%)
基本指标	营业收入增长率(%)	2.91	12.83	6.62	93.81
	资本扩张率(%)	11.25	25.62	14.98	71.03
	基本得分	12.11	15.39	12.74	20.80
修正指标	累计保留盈余率(%)	40.80	28.59	29.84	-4.19
	三年营业收入增长率(%)	8.50	11.30	22.90	-50.66
	总资产增长率(%)	10.58	21.35	9.34	128.59
	营业利润增长率(%)	2.48	32.19	16.28	97.73
综合得分		12.17	14.05	12.99	8.16

表10-9 计算机行业发展能力状况比较表

分析指标		2020年上市公司平均值	2020年行业值	2019年行业值	增长率(%)
基本指标	营业收入增长率(%)	2.91	6.69	9.72	-31.17
	资本扩张率(%)	11.25	12.71	8.02	58.48
	得分	12.11	12.77	11.93	7.04
修正指标	累计保留盈余率(%)	40.80	29.12	29.20	-0.27
	三年营业收入增长率(%)	8.50	11.89	14.07	-15.49
	总资产增长率(%)	10.58	11.91	9.98	19.34
	营业利润增长率(%)	2.48	-8.48	7.14	-218.77
综合得分		12.17	12.22	11.85	3.12

与2019年相比，2020年电子行业上市公司的营业收入及总资产的增长情况均呈现快速提升的态势，同时营业利润增长率也出现了较大幅度的提升，整体综合得分较2019年明

显提升；计算机行业上市公司的各项指标则除资本扩张率和总资产增长率外，累计保留盈余率、营业收入增长率和营业利润增长率均呈现下降的趋势，整体综合得分较2019年略有上升。主要原因除疫情的影响外，还包括信息安全、工业互联网及信息创新领域在2020年国家相关政策的推动下，已逐步形成业绩释放，为公司发展提供动力。

（五）市场表现

2020年，受新冠肺炎疫情以及国际间竞争加剧的影响，全球经济受到了严重冲击。回顾过去一年，我国证券市场在一二季度受疫情冲击较为明显，而后呈现为持续复苏的过程。计算机和电子行业上市公司表现基本持续优于市场平均水平，值得一提的是，电子行业全年总涨幅达到36.05%。同期电子和计算机行业市场走势具体情况见图10-1。

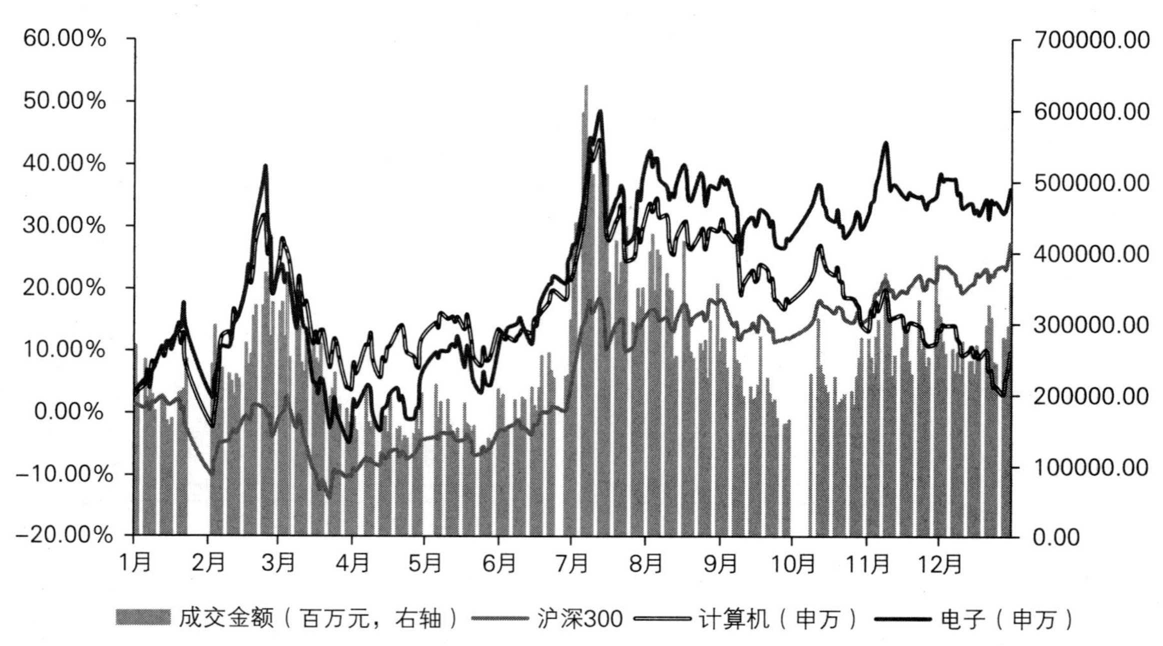

图10-1 2020年电子和计算机行业指数与大盘指数波动

从综合得分来看，电子行业上市公司市场表现状况优于全部上市公司的平均水平，计算机行业上市公司市场表现状况低于全部上市公司的平均水平。

表10-10和10-11分别列示了电子和计算机行业上市公司市场表现状况评价结果。在电子和计算机行业上市公司市场表现状况指标中深信服获得了最高的13.14分，并有安恒科技、韦尔股份等11家公司获得超过12分。以深信服为例，该公司是一家专注于企业级网络安全、云计算及IT基础架构、基础网络与物联网的产品和服务提供商，具有较强的自主研发实力。根据IDC的统计结果显示，深信服的VPN、全网行为管理连续超过10年保持中国市场占有率第一，下一代防火墙、超融合、桌面云、应用交付等核心产品也排名前列，在行业内具有较高的竞争优势。2020年，由于新冠肺炎疫情导致上下游需求受到一定影响，但营业收入依然同比增长18.92%，公司加大了研发投入，研发投入同比增长32.29%，在市场竞争愈加激烈的大环境下，呈现了较好的市场表现。公司2020年实现营

业收入545839.52万元，同比增长18.92%。其中网络安全业务收入为334880.88万元，同比增长17.76%；云计算及IT基础架构业务收入为159129.60万元，同比增长31.02%。2020年国内网络安全政策法规持续完善优化，网络安全市场规范性逐步提升，政企客户在网络安全产品和服务上的投入也在稳步增长，促进了公司的进一步发展。

表10－10　电子行业公司市场表现状况比较表

分析指标	2020年上市公司平均值	2020年行业值	2019年行业值	增长率(%)
市场投资回报率（%）	15.87	15.62	60.67	−74.25
股价波动率（%）	105.04	103.19	117.12	−11.89
得分	9.17	9.21	11.50	−19.91

表10－11　计算机行业公司市场表现状况比较表

分析指标	2020年上市公司平均值	2020年行业值	2019年行业值	增长率(%)
市场投资回报率（%）	15.87	−0.29	40.41	−100.72
股价波动率（%）	105.04	97.66	101.15	−3.45
得分	9.17	8.21	10.31	−20.37

2020年电子行业上市公司市场投资回报率为15.62%，与全部上市公司水平基本持平，计算机行业上市公司市场投资回报率为−0.29%，明显低于全部上市公司15.87%的平均水平，且均与上一年度行业平均水平相比呈现明显下降的趋势。2020年，电子和计算机行业上市公司有130家公司的市场投资回报率高于全部上市公司平均水平，其中最高的为天华超净（277.32%）和振华科技（225.23%）。以天华超净为例，公司业务涵盖防静电超净技术产品、医疗器械和锂电材料业务三大领域。2020年，由于新冠肺炎疫情的因素，公司积极响应政府号召以及疫情防控应急要求，在原主营业务基础上，新增医用防护口罩、医用防护服、日用防护口罩等防疫物资业务，带动公司经营业绩大幅增长，同时也优化了公司产品结构，丰富了产品种类，促进公司业务的规模化发展。另一方面，由公司联合宁德时代等企业共同出资设立的天宜锂业，一期年产2万吨电池级氢氧化锂项目于2020年12月顺利竣工投产，实现了锂电行业项目建设的“加速度”，产品已经获得国内多家头部企业的认证并实现对外销售。未来随着经济的逐步复苏以及相关政策对新能源动力电池产业的推动，公司在电子信息、医疗器械和新能源汽车等领域均具有极佳的发展潜力。

二、2020 年度电子和计算机行业上市公司业绩影响因素分析

2020 年我国电子和计算机行业面对新冠肺炎疫情和复杂的国际贸易局势，通过创新提效，正在加快从规模发展向高质量发展的转型升级，行业保持总体平稳的运行态势，在经济社会发展中的支撑引领作用进一步增强。影响电子和计算机行业业绩的主要因素表现在以下几个方面。

（一）得益于疫情驱动的在线办公和居家娱乐需求，电子信息制造业收入和利润总额同比明显增长

2020 年，虽然全球经济因新冠肺炎疫情受到了严重冲击，但同时也促使在线办公和居家娱乐需求的大幅增长。而我国作为率先实现经济正增长的主要经济体，电子信息制造业实现了营业收入和利润总额双增长的运行态势。据工信部统计，2020 年规模以上电子信息制造业实现营业收入同比增长 8.3%，增速较上一年提高了 3.8 个百分点；利润总额同比增长 17.2%，增速同比提高 14.1 个百分点。

例如笔记本电脑，受益于在线办公需求大幅增长等因素，根据研究机构统计数据，2020 年全球共售出 2.97 亿台电脑，其中笔记本电脑售出 2.351 亿台，销量猛增 26%。而我国 2020 年计算机制造业营业收入同比增长 10.1%，利润同比增长 22.0%，增幅明显。

以春秋电子为例，公司主要从事消费电子产品结构件模组及相关精密模具的研发、设计、生产和销售，主要产品为笔记本电脑及其他电子消费品的结构件模组及相关精密模具。2020 年，疫情发酵致使居家办公成为常态，促进了线上办公和教育需求的快速增长，加速消费电子产品市场回温。受此影响，2020 年公司的笔记本结构件占全球笔记本电脑结构件的市场份额估算增长至 10% 左右，明显地带动了公司盈利能力的提升。春秋电子 2020 年共实现营业收入 358169.95 万元，同比增加 77.36%；净利润 24646.51 万元，同比增加 58.17%。

（二）产业政策推动软件行业高质量发展，盈利能力稳步提升

2020 年，我国软件和信息技术服务业持续恢复，逐步摆脱新冠肺炎疫情负面影响，呈现平稳发展态势。收入和利润均保持较快增长，从业人数稳步增加；信息技术服务加快云化发展，软件应用服务化、平台化趋势明显。根据工信部统计数据，2020 年我国软件业务收入保持较快增长，全国软件和信息技术服务业规模以上企业超 4 万家，累计完成软件业务收入 81616 亿元，同比增长 13.3%。软件和信息技术服务业实现利润总额 10676 亿元，同比增长 7.8%，盈利能力稳步提升。在行业政策重点支持的细分领域中，信息安全产品和服务实现收入 1498 亿元，同比增长 10.0%，为支撑信息系统安全发展发挥重要作用；2020 年嵌入式系统软件实现收入 7492 亿元，同比增长 12.0%，增速较上年提高 4.2 个百分点，占全行业收入比重为 9.2%。嵌入式系统软件已成为产品和装备数字化改造、各领域智能化增值的关键性带动技术。

资料链接：

电子和计算机行业主要政策

➢工信部发布《关于推动工业互联网加快发展的通知》

2020年3月20日，工信部发布《关于推动工业互联网加快发展的通知》，提出加快新型基础设施建设、加快拓展融合创新应用、加大政策支持力度六个方面20项措施，落实推动工业互联网加快发展的决策部署，统筹发展与安全，推动工业互联网在更广范围、更深程度、更高水平上融合创新，培植壮大经济发展新动能，支撑实现高质量发展。

➢《中共中央关于制定国民经济和社会发展第十四个五年规划和二〇三五年远景目标的建议》（"十四五"规划建议）

2020年10月29日，我国在"十四五"规划建议中提出：将科技创新提升到现代化建设全局中的核心地位；把科技自立自强作为国家发展的战略支撑，强化国家战略科技力量；制定科技强国行动纲要，瞄准人工智能、量子信息、集成电路等前沿领域；提升企业技术创新能力，推动产业链上中下游、大中小企业融通创新；激发人才创新活力；完善科技创新体制机制。同时，规划还强调加强产业链自主可控，一方面锻造产业链供应链长板，打造新兴产业链，推动传统产业高端化、智能化、绿色化，发展服务型制造，另一方面要补齐产业链供应链短板，实施产业基础再造工程，加大重要产品和关键核心技术攻关力度，发展先进适用技术，推动产业链供应链多元化。

➢各部委2021年工作报告

发展改革委提出大力实施创新驱动发展战略，加力推进关键核心技术攻关，推动数字经济发展，精准施策推动产业转型升级，推动先进制造业和现代服务业融合发展，构建创新创业创造良好环境。工信部提出推动基础和关键领域创新突破；着力稳定和优化产业链供应链；加快制造业数字化转型；大力推动信息通信业高质量发展；加大支持中小企业发展。

资料来源：各部委及机构官网。

（三）疫情催化及政策鼓励加速企业上云进程，行业营业收入增速明显提高

2020年新冠肺炎疫情的冲击对全球经济的运行造成了巨大的考验，但另一方面也加速了企业向数字化、向云端转型的进程。回顾2020年，我国云计算公司无论是Iaas（基础设施即服务）层的基础计算提供商亦或Saas（软件即服务）的应用层企业，营业收入规模都受益于疫情而有不小的提升。以我国典型的云计算公司用友网络为例，公司云服务业务（不含金融类云服务业务）实现收入342248万元，同比增长73.7%。云业务收入在

总收入中占比达到40%，较上年同期占比增加了17个百分点。截至2020年末，公司云服务业务累计付费客户数为60.16万家，较上年同比增长17.5%。云服务业务规模呈现高速增长态势。

政策方面，随着云计算技术的不断成熟，企业上云的性价比持续提升，在前期企业上云工作基础上，工信部、发展改革委、网信办等部委于2020年先后发文，鼓励云计算与大数据、人工智能、5G等新兴技术融合，实现企业信息系统架构和运营管理模式的数字化转型。2020年4月，国家发展改革委、中央网信办联合印发的《关于推进“上云用数赋智”行动培育新经济发展实施方案》中，鼓励在具备条件的行业领域和企业范围内，探索大数据、人工智能、云计算、数字孪生、5G、物联网和区块链等新一代数字技术应用和集成创新，为企业数字化转型提供技术支撑。国家发展改革委首次正式对“新基建”的概念进行解读，云计算作为新技术基础设施的一部分，将与人工智能、区块链、5G、物联网、工业互联网等新兴技术融合发展，从底层技术架构到上层服务模式两方面赋能传统行业智能升级转型。

（四）前期运行成本压力大、技术和人才储备不足等问题，为行业发展带来了挑战

首先，随着信息技术行业与各领域的融合应用项目加速落地，相关项目在前期往往面临着投入较大、短期内收益成效不显著等挑战，加大了运行成本压力。其次，随着我国物联网、数字化转型等应用的持续深入，对我国现有电子和计算机行业的技术提出新的发展需求，还需进一步提高我国软件技术的算力能力以及核心关键技术的供给能力。同时，随着电子和计算机行业的快速发展，在技术高门槛和新兴需求更广泛的双重压力下，云计算、人工智能、大数据等新兴领域的高端核心技术人才缺口进一步扩大，为行业未来发展带来了挑战。

三、2021年电子和计算机行业业绩前景分析

2021年是我国“十四五”的开局之年，在政策的持续推动下，随着5G应用市场成熟度不断提高、人工智能和云计算等新兴技术的全面应用，我国电子和计算机行业将通过与其他各行业的融合创新，成为我国驱动经济持续增长的新引擎。

（一）5G进入应用普及的重要阶段，推动产业链迭代和需求增长

5G是第五代移动通信网络的简称，是4G的延续与升级，主要特点是波长为毫米级，超宽带，超高速度，超低延时。与4G进行对比，5G拥有更快的速率、更低的功耗、更短的延迟、更强的稳定性、更多的设备支持，将开启物联网时代，推动消费电子、物联网、人工智能、自动驾驶的发展，并渗透进至各个行业。从发展周期来看，2019年是5G的规划期，2020年是5G商用元年，2020—2022年是5G建设的关键时期。

2020年我国5G建设已经初具成果，基站近70万座，覆盖31个省份所有地级以上城市，基础设施完善成为与5G应用端结合的重要基础。根据中国电子信息产业发展研究院、

赛迪、新华网发布的《5G融合应用发展白皮书》，截至2020年9月底，三大运营商5G完成投资约1800亿元，超额完成目标，全国所有地市级以上城市以及部分重点县城已实现5G商用。

2021年，我国有望迎来基站建设大年。基础设施的增强将进一步推动5G应用端的普及，驱动产业链随之更新迭代，促进行业的需求增长。根据《5G产业经济贡献白皮书》判断，预计2020—2025年，我国5G商用直接带动的经济总产出达10.6万亿元，直接创造的经济增加值达3.3万亿元；5G商用间接拉动的经济总产出达24.8万亿元，间接带动的经济增加值达8.4万亿元。

（二）持续研发投入促进科技创新，推动信创产业化进程

信息技术应用创新（以下简称“信创”）是以国家“核高基”（核心电子器件、高端通用芯片及基础软件产品）为基础，自主创新发展国产化信息技术的统称。自主可控是新基建的重中之重，也是其关键的组成部分。因此，新基建的发展，离不开我国安全可控的信息技术体系，保证基础设施的安全。

在我国经济发展和综合国力崛起的过程中，国际贸易摩擦日益频发且复杂化。受华为、中兴事件影响，我国科技尤其是上游核心技术受制于人的现状对我国经济发展、社会稳定等都提出了严峻考验。在此背景下，自主可控关乎国家战略，在国际竞争中发挥着举足轻重的作用。目前，我国信创产业已经历了从预研、可用，到好用，再到规模化推广的快速发展阶段。

2021年，我国信创产业将逐步实现从重应用到重基础，通过加大研发投入，进一步完善产业布局，推动国产化替代进程加速。从国内信创产业参与厂商来看，上市公司主要集中在应用软件和安全软件层。以东方通为例，公司拥有齐全的产品线，涵盖应用服务器、消息、交易三大基础中间件，并且逐步延伸至上层数据中台业务；在行业安全领域的业务主要为子公司微智信业主导的信息安全，以及子公司泰策科技主导的DNS域名解析与应急管理信息化系统建设。目前，政府和行业的信创建设正处于高景气期，从推进节奏来看，信创会首先在政府的轻量级业务系统中实现替代，随后陆续替换重要业务系统；从市场空间的角度看，考虑到服务器数量、业务复杂程度等，行业信创将会是远超政府的庞大市场，以金融、能源、电信、交通等八大关键领域为先导，2021年将会是行业信创的起点，行业未来发展空间非常广阔。

（三）政策进一步推动我国网络安全行业的持续发展

近年来，随着以大数据、云计算、人工智能为代表的新一代信息技术的兴起，网络安全事故也随着网络空间的延伸和复杂化变得越发多样化，并由此带动了网络安全行业的飞速发展。根据咨询机构IDC的统计数据，2020年全球网络安全产业规模达到1252亿美元，预计到2024年全球网络安全市场规模可增长至1747亿美元。

与全球网络安全市场相比，中国的网络安全行业起步较晚，市场规模较小，但发展速度较快。同时，随着我国网络安全政策法规持续完善优化，“等级保护2.0”出台并开始实

施，网络安全市场规范性逐步提升，政企客户在网络安全产品和服务上的投入稳步增长，云安全、威胁情报等新兴安全产品和服务逐步落地，自适应安全、情境化智能安全等新的安全防护理念接连出现，为我国网络安全技术发展不断注入创新活力。随着支撑政策的密集出台和实施，预计未来网络安全行业整体有望将维持较高的增长速度。

资料链接：

网络安全行业相关政策梳理

➢《信息安全技术网络安全等级保护基本要求》

2019年5月，《信息安全技术网络安全等级保护基本要求》发布，对标准名称、保护对象、章节结构、控制措施等部分进行了修改和更新，标志着我国网络安全等级保护工作正式进入“2.0时代”；提出了对云计算安全、移动互联网安全、物联网安全和工业控制系统安全扩展要求。为落实信息安全工作提出了新的要求。

➢《信息安全技术大数据安全管理指南》

2020年8月，《信息安全技术大数据安全管理指南》发布，提出了大数据安全管理基本原则，规定了大数据安全需求、数据分类分级、大数据活动的安全要求、评估大数据安全风险，适用于各类组织进行数据安全管理。

➢《关于促进网络安全产业发展的指导意见（征求意见稿）》

2020年9月，工信部发布《关于促进网络安全产业发展的指导意见（征求意见稿）》，提出到2025年，培育形成一批年营业收入超过20亿元的网络安全企业，形成若干具有国际竞争力的网络安全骨干企业，网络安全产业规模超过2000亿元。加强5G、下一代互联网、工业互联网、物联网、车联网等新兴领域网络安全威胁和风险分析，大力推动相关场景下的网络安全技术产品研发。

➢《中华人民共和国密码法》

2020年10月，《中华人民共和国密码法》发布，提出将规范密码应用和管理，促进密码事业发展，保障网络与信息安全，提出了国家对密码实行分类管理。

➢《网络安全审查办法》

2020年4月，《网络安全审查办法》发布，提出关键信息基础设施运营者采购网络产品和服务，影响或可能影响国家安全的，应当按照该办法进行网络安全审查。

资料来源：工信部、中国政府网等。

（四）工业互联网加速赋能制造业，助力打造制造强国

工业互联网体系涵盖广阔，包括网络设备、工业软件、工业云、工业互联网平台等。工业互联网通过构建连接机器、物料、人、信息系统的基础网络，实现工业数据的全面感知、动态传输、实时分析，形成科学决策与智能控制，提高制造资源配置效率，正成为领军企业竞争的新赛道、全球产业布局 的新方向、制造大国竞争的新焦点。

目前，我国工业互联网进展顺利，成果显著。其中，网络体系是工业互联网的基础，标识解析系统作为网络体系的基础设施，是工业互联网的神经枢纽。目前，五个国家顶级节点已经全部启动，北京、上海、广州、重庆、武汉等五大顶级节点所在地将规划总计超过20亿元的专项资金支持二级节点建设和行业应用，相关部委和地方政府也在酝酿更大力度的政策和资金支持。

工业互联网的建设可以帮助企业实现内外部数据互联互通，促进数字化转型，降本增效。企业内部方面，工业互联网助力企业从研发、生产到销售，实现数据化运营，提高企业内部管理效率，降低生产成本。企业外部方面，打通上下游全产业链，形成闭环，从供给端到需求端，实现产业链全数字化运营，降低企业营销成本，提高产业协同效率，促进产业规模化发展。因此，通过工业互联网赋能制造业，可以提升企业乃至整个产业的生产效率，实现制造业网络化、数字化、智能化转型。随着5G万物互联时代的到来，数以亿计的智能终端实现互联互通，工业互联网有望迎来从网络、平台到安全的全产业链爆发。

资料链接：

持续布局工业互联网建设 宝信软件打开广阔发展空间

宝信软件主营软件开发和新一代信息基础设施服务（IDC）两大核心业务板块。其中，软件开发对应信息化业务、自动化业务和智能化业务。随着新基建持续加码，公司聚焦智慧制造和智慧城市两大市场，围绕新基建战略举措多方面布局，积极拓展工业互联网平台与新一代信息基础设施两大业务方向。

公司凭借在钢铁行业信息化、自动化领域的深厚积累，集大数据、人工智能、智能装备、集控、工业网络安全、移动互联、虚拟制造等七大核心技术推出了自主研发的工业互联网平台 xIn^3Plat，推动相关标准和布局落地，形成涵盖智慧制造和智慧城市两大市场的创新型应用与服务模式，实现跨行业跨领域的互联互通、业务敏捷、数据智能，引领产业数智化转型。公司把握前沿技术发展方向，积极探索商业模式创新，旨在围绕工业互联网平台构建产业生态，打造钢铁行业工业互联网生态圈，为未来发展开辟了新的成长赛道，打开更加广阔发展空间。

资料来源：宝信软件2020年公司年报。

附表：2020 年度电子和计算机行业上市公司业绩评价结果排序表

序号	A股上市公司评价得分排序	股票代码	股票简称	综合得分	评价等级	每股收益（元）	总资产报酬率（%）	净资产收益率（%）	总资产周转率（次）	流动资产周转率（次）	资产负债率（%）	已获利息倍数	营业收入增长率（%）	资本扩张率（%）	市场投资回报率（%）	股价波动率（%）	年末资产总额（万元）	营业收入（万元）	净利润（万元）
1	17	002475	立讯精密	82.10	AA	1.03	14.29	24.14	1.55	2.50	55.86	21.62	47.96	42.10	96.19	171.19	7001275.36	9250125.92	749101.47
2	19	688036	传音控股	81.90	AA	3.36	14.68	25.33	1.73	1.96	59.56	383.62	49.10	27.16	223.04	276.59	2599050.9	3779188.89	267811.63
3	22	002415	海康威视	80.90	AA	1.45	18.89	26.21	0.77	0.92	38.58	69.37	10.14	19.81	45.55	123.11	8870168.24	6350345.09	1367831.95
4	25	002241	歌尔股份	80.40	AA	0.89	8.41	15.41	1.38	2.52	59.82	11.77	64.29	22.35	82.29	230.57	4911782.63	5774274.29	285188.71
5	43	603501	韦尔股份	79.10	A	3.21	16.39	22.81	0.99	1.60	49.11	11.08	45.43	44.87	59.43	85.08	2264799.23	1982396.54	268312.17
6	48	300454	深信服	79.00	A	2.01	9.39	12.51	0.66	1.38	32.57	140.37	18.92	50.68	114.67	97.26	965583.16	545839.52	80937.56
7	51	300624	万兴科技	78.90	A	0.97	14.24	15.53	0.99	1.77	22.18	1845.56	38.81	18.28	28.47	125.15	106441.08	97647.74	13403.28
8	52	300661	圣邦股份	78.90	A	1.86	18.42	19.76	0.73	0.94	19.73	0.00	50.98	33.69	62.39	162.09	186679.6	119654.68	28358.65
9	60	603005	晶方科技	78.40	A	1.19	13.33	12.30	0.37	0.60	9.89	0.00	96.93	69.47	96.60	114.43	373356.01	110352.88	38161.67
10	62	300408	三环集团	78.40	A	0.82	16.08	13.63	0.38	0.58	12.42	498.36	46.49	43.99	58.29	141.01	1234708.45	399397.46	144162.65
11	65	300782	卓胜微	78.30	A	5.96	48.56	47.24	1.11	1.26	14.18	0.00	84.62	56.23	160.24	190.45	309029.5	279214.75	107050.06
12	74	002841	视源股份	78.00	A	2.91	19.05	28.86	1.52	2.35	41.72	29.03	0.45	45.85	37.67	79.49	1256035.46	1712931.53	191182.55
13	75	300433	蓝思科技	78.00	A	1.12	9.86	14.04	0.58	1.42	46.82	11.70	22.08	88.61	103.80	205.32	7957559.14	3693913.36	495523.54
14	116	603986	兆易创新	76.20	A	1.91	10.56	6.98	0.50	0.78	8.68	191.10	40.40	104.63	25.61	89.90	1171072.75	449689.49	88049.12
15	118	300659	中孚信息	76.20	A	1.12	19.12	21.42	0.74	0.81	20.24	0.00	64.68	167.28	30.94	88.97	192714.37	99273.43	24174.48
16	131	688111	金山办公	75.70	A	1.90	12.19	9.58	0.29	0.31	19.04	246280.76	43.14	13.55	174.29	155.09	851158.62	226096.84	88657.38
17	138	600845	宝信软件	75.60	A	1.15	12.19	17.53	0.78	1.06	46.61	1099.10	38.96	3.35	108.41	145.27	1407044.86	951776.3	136007.9
18	159	300701	森霸传感	74.90	BBB	1.34	28.47	23.05	0.52	0.63	8.16	0.00	68.46	25.16	−11.87	91.11	73824.08	34449.7	16125.83
19	168	603039	泛微网络	74.60	BBB	1.11	10.80	12.17	0.64	0.80	50.35	299.70	15.27	45.17	125.81	174.24	271273.75	148239.52	22940.74
20	179	600570	恒生电子	74.40	BBB	1.27	15.72	15.61	0.46	0.87	49.48	504.54	7.77	2.95	73.39	122.18	997114.47	417264.52	136315.24
21	219	002925	盈趣科技	73.70	BBB	2.25	19.37	20.81	0.82	1.06	34.66	186.73	37.77	17.10	40.06	87.60	751430.59	531025.26	106783.34
22	227	002236	大华股份	73.40	BBB	1.34	13.05	15.30	0.80	1.02	44.79	63.34	1.21	26.46	−6.70	81.23	3659503.41	2646596.82	393524.17
23	235	002938	鹏鼎控股	73.20	BBB	1.23	10.67	13.01	0.96	1.80	34.87	192.81	12.16	8.72	7.61	94.64	3310241.52	2985131.45	283993.01
24	236	002410	广联达	73.20	BBB	0.29	5.55	7.12	0.50	0.94	31.31	16.90	13.94	95.81	128.47	162.74	954709.72	394708.3	38136.54
25	239	300496	中科创达	73.10	BBB	1.08	11.41	11.71	0.63	1.06	21.06	29.33	43.85	122.79	154.34	167.38	555761.48	262788.36	44974.2

续表

序号	A股上市公司评价得分排序	股票代码	股票简称	综合得分	评价等级	每股收益（元）	总资产报酬率（%）	净资产收益率（%）	总资产周转率（次）	流动资产周转率（次）	资产负债率（%）	已获利息倍数	营业收入增长率（%）	资本扩张率（%）	市场投资回报率（%）	股价波动率（%）	年末资产总额（万元）	营业收入（万元）	净利润（万元）
26	272	300327	中颖电子	72.30	BBB	0.75	17.30	17.65	0.80	0.89	18.54	979.95	21.35	8.44	24.07	70.44	131982.89	101225.6	20010.7
27	280	603019	中科曙光	72.20	BBB	0.62	5.87	7.13	0.54	0.84	42.97	20.21	6.66	158.69	34.52	99.21	2096397.91	1016113.38	88747
28	302	002214	大立科技	71.70	BBB	0.86	26.77	29.31	0.64	0.85	21.79	87.76	105.52	25.76	147.62	139.61	185351.24	109018.78	39647.35
29	303	300726	宏达电子	71.70	BBB	1.21	25.01	23.96	0.57	0.70	25.60	930.68	65.97	22.67	159.67	232.05	296280.6	140085.76	52918.67
30	306	300684	中石科技	71.70	BBB	0.71	14.47	14.11	0.76	1.01	13.96	272.43	48.06	114.55	−14.63	82.05	198472.54	114859.98	18601.48
31	307	688002	睿创微纳	71.70	BBB	1.31	21.97	19.31	0.51	0.68	17.35	513.76	128.06	25.07	181.39	242.00	354457.56	156144.25	58460.44
32	311	300373	扬杰科技	71.60	BBB	0.80	12.02	13.17	0.69	1.39	26.46	60.83	30.39	13.95	148.28	174.70	408681.27	261697.27	38196.87
33	327	603228	景旺电子	71.20	BBB	1.10	10.12	13.28	0.68	1.12	44.18	195.44	11.55	20.04	−1.97	44.40	1210550.78	706358.89	92466.89
34	328	300687	赛意信息	71.20	BBB	0.81	12.11	14.53	0.83	1.20	38.07	14.53	28.79	26.67	41.92	101.80	201870.42	138530.88	17605.47
35	358	300623	捷捷微电	70.80	BBB	0.58	12.03	10.42	0.37	0.57	15.21	0.00	49.99	10.98	151.88	230.01	294093.22	101090.09	28232.48
36	361	300390	天华超净	70.70	BBB	0.52	18.25	19.64	0.72	2.01	40.31	82.70	73.21	65.65	277.32	222.63	249082.55	131317.74	29052.45
37	375	601138	工业富联	70.50	BBB	0.88	9.43	16.94	2.00	2.11	53.87	34.50	5.65	16.44	−23.83	86.11	22551394.4	43178588.8	1742669.2
38	377	601231	环旭电子	70.50	BBB	0.8	7.81	14.40	1.80	2.23	61.06	22.88	28.20	16.90	−2.69	96.60	3093849.59	4769622.82	173356.52
39	378	600563	法拉电子	70.50	BBB	2.47	19.09	17.64	0.55	0.71	19.42	1766.79	12.51	9.87	129.97	195.24	365010.67	189057.43	56432.72
40	381	002230	科大讯飞	70.50	BBB	0.64	6.76	6.84	0.58	0.99	47.77	24.34	29.23	10.54	18.25	49.96	2483609.18	1302465.79	144178.4
41	383	002384	东山精密	70.40	BBB	0.93	6.50	11.96	0.81	1.46	64.87	4.88	19.28	51.48	−3.19	62.34	3750306.87	2809340.94	153718.72
42	401	000977	浪潮信息	70.20	BBB	1.04	5.44	11.55	1.86	2.01	61.31	11.78	22.04	43.84	−8.04	108.07	3832286.57	6303799.04	150897.21
43	403	600183	生益科技	70.20	BBB	0.74	13.01	17.26	0.87	1.59	42.02	18.15	10.92	13.79	25.33	75.57	1835744.57	1468734.15	180020.28
44	405	002600	领益智造	70.20	BBB	0.33	9.48	16.17	0.99	1.63	50.67	10.60	17.67	24.33	5.39	98.98	2938725.29	2814254.8	226815.7
45	409	600745	闻泰科技	70.10	BBB	2.06	5.24	8.55	0.83	1.85	51.45	5.23	24.36	35.72	7.05	97.75	5989055	5170662.69	245960.6
46	417	002916	深南电路	70.00	BB	3.00	13.11	20.81	0.88	1.95	46.86	15.23	10.23	48.80	4.04	125.43	1400781.96	1160045.7	143124.53
47	425	688019	安集科技	69.90	BB	2.90	15.12	6.08	0.37	0.45	18.58	1289.40	47.99	18.09	111.61	222.17	128734.63	42237.99	15398.91
48	428	603380	易德龙	69.90	BB	1.03	15.00	15.71	1.01	1.35	28.55	84.19	25.46	14.42	23.69	121.57	137543.95	128904.79	16611.96
49	429	300543	朗科智能	69.90	BB	0.72	11.80	17.44	1.15	1.43	46.63	0.00	18.75	16.93	−0.54	78.41	166255.77	166324.08	14924.22
50	439	002724	海洋王	69.70	BB	0.40	13.24	12.56	0.59	0.80	16.50	1481.60	14.03	33.72	3.68	76.39	333736.31	170430.3	33453.54

续表

序号	A股上市公司评价得分排序	股票代码	股票简称	综合得分	评价等级	每股收益（元）	总资产报酬率（%）	净资产收益率（%）	总资产周转率（次）	流动资产周转率（次）	资产负债率（%）	已获利息倍数	营业收入增长率（%）	资本扩张率（%）	市场投资回报率（%）	股价波动率（%）	年末资产总额（万元）	营业收入（万元）	净利润（万元）
51	447	300773	拉卡拉	69.60	BB	1.16	9.63	17.82	0.48	0.62	56.79	4622.64	13.43	3.42	-24.92	62.65	1200938.55	555737.53	93954.01
52	448	002139	拓邦股份	69.60	BB	0.51	11.19	12.95	0.93	1.39	47.88	16.05	35.65	34.67	42.84	121.76	680873.5	556018.3	55119.51
53	464	002402	和而泰	69.40	BB	0.44	9.35	14.27	0.87	1.41	46.69	24.00	27.85	51.67	31.87	76.03	619516.87	466567.72	42053.34
54	465	688023	安恒信息	69.40	BB	1.81	5.91	7.35	0.57	0.69	32.12	22.45	40.14	7.85	82.16	102.81	246312.29	132297.27	13179.2
55	474	603515	欧普照明	69.30	BB	1.06	11.54	12.88	0.96	1.24	38.65	45.38	-4.61	4.70	9.16	73.12	856046.21	796973.27	79984.6
56	496	002782	可立克	69.00	BB	0.47	15.43	7.95	0.82	1.18	24.80	0.00	15.36	79.93	22.76	105.99	194244.64	127989.07	20603.83
57	504	300768	迪普科技	68.90	BB	0.69	13.07	14.25	0.39	0.42	20.43	432.59	10.88	13.33	-2.85	66.23	241921.54	89126.66	27635.91
58	508	688299	长阳科技	68.80	BB	0.63	9.83	9.34	0.49	0.79	19.81	57.75	14.81	8.54	37.34	79.82	218180.75	104504.45	17697.74
59	524	002649	博彦科技	68.60	BB	0.63	10.07	10.42	1.00	1.45	31.23	9.76	16.88	12.41	-11.22	60.61	451023.94	430996.84	34238.88
60	534	300476	胜宏科技	68.50	BB	0.67	7.80	14.17	0.67	1.60	61.49	11.08	44.15	12.19	21.95	59.42	968880.24	559960.71	51889.21
61	553	688188	柏楚电子	68.30	BB	3.71	16.92	13.05	0.24	0.26	4.48	0.00	51.79	16.01	68.03	195.75	261143.46	57082.93	36961.13
62	557	002859	洁美科技	68.30	BB	0.71	12.65	16.08	0.53	1.04	41.78	36.68	50.29	19.21	11.75	56.61	324477.77	142551.89	28925.12
63	579	002439	启明星辰	68.10	BB	0.87	11.90	13.67	0.48	0.63	28.30	116.44	18.04	37.34	-17.51	81.64	836655.84	364674.53	81000.56
64	591	002373	千方科技	67.90	BB	0.72	7.13	7.90	0.53	0.86	36.32	42.75	7.99	32.52	3.63	63.10	1938388.64	941889.56	115141.79
65	602	002463	沪电股份	67.80	BB	0.79	16.55	22.11	0.84	1.53	34.25	98.94	4.65	22.38	-19.17	91.14	955597.31	746002.43	134281.23
66	625	002362	汉王科技	67.60	BB	0.48	12.53	14.01	0.92	1.13	20.25	9726.47	40.80	74.76	45.82	127.17	209830.47	155516.05	18924.83
67	626	002049	紫光国微	67.60	BB	1.33	13.79	15.08	0.47	0.67	34.86	31.48	-4.67	18.50	157.68	243.68	762773.08	327025.52	80156.9
68	629	002913	奥士康	67.50	BB	2.40	9.90	11.22	0.73	1.28	38.14	66.37	27.89	13.12	2.66	48.40	445023.28	291070.92	34924.67
69	632	300738	奥飞数据	67.50	BB	0.78	9.66	12.15	0.37	1.59	55.77	5.09	-4.79	89.06	68.01	172.04	294048.8	84053.69	15811.69
70	635	300674	宇信科技	67.40	BB	1.13	12.43	13.86	0.74	1.06	41.96	26.90	12.44	23.27	21.60	105.15	405209.15	298158.73	45297.8
71	636	300253	卫宁健康	67.40	BB	0.23	9.95	8.99	0.41	0.78	22.17	56.30	18.79	20.63	50.13	112.75	605714.79	226657.98	50552.54
72	641	000938	紫光股份	67.40	BB	0.66	7.22	9.05	1.05	1.80	41.90	13.44	10.36	5.63	-10.68	102.31	5883332.92	5970489.44	324341.97
73	651	000049	德赛电池	67.30	BB	3.23	12.54	25.41	2.18	2.70	68.78	5.67	5.18	-1.36	62.86	107.16	903929.09	1939782.45	74027.69
74	660	000636	风华高科	67.30	BB	0.4	6.09	7.61	0.55	1.19	30.94	34.51	31.54	7.51	97.88	169.03	877892.72	433197.96	37249.06
75	662	600588	用友网络	67.30	BB	0.31	7.58	11.49	0.49	0.90	49.57	7.21	0.18	3.05	89.02	121.32	1695026.32	852458.86	105138.14

续表

序号	A股上市公司评价得分排序	股票代码	股票简称	综合得分	评价等级	每股收益（元）	总资产报酬率（%）	净资产收益率（%）	总资产周转率（次）	流动资产周转率（次）	资产负债率（%）	已获利息倍数	营业收入增长率（%）	资本扩张率（%）	市场投资回报率（%）	股价波动率（%）	年末资产总额（万元）	营业收入（万元）	净利润（万元）
76	665	300115	长盈精密	67.20	BB	0.65	7.04	8.42	0.84	1.41	48.79	5.67	13.20	55.89	34.71	86.38	1361986.13	979791.14	60335.39
77	670	600584	长电科技	67.20	BB	0.81	6.07	7.32	0.80	2.79	58.52	3.51	12.49	6.10	84.21	170.37	3232819.62	2646399.45	130598.39
78	674	000100	TCL 科技	67.10	BB	0.34	3.94	4.69	0.36	1.35	65.08	3.21	2.33	40.97	55.87	111.11	25790827.9	7667723.8	506520.4
79	679	002920	德赛西威	67.10	BB	0.94	7.69	10.43	0.98	1.31	38.50	1473.46	27.39	10.07	169.96	214.35	754998.57	679906.13	51819.31
80	681	002312	三泰控股	67.10	BB	0.5	11.40	9.43	0.69	1.94	47.69	9.91	171.43	20.70	36.43	100.21	733456.48	517991.18	66817.86
81	687	002371	北方华创	67.00	BB	1.09	4.67	4.41	0.39	0.62	59.40	16.15	49.23	16.58	95.04	124.75	1751803.37	605604.3	63109.31
82	697	002937	兴瑞科技	66.90	BB	0.43	11.89	12.53	0.86	1.19	20.72	0.00	1.65	8.83	−17.56	48.85	126402.99	104038.75	12723.08
83	700	300613	富瀚微	66.90	BB	1.1	6.67	6.38	0.45	0.60	8.21	469.68	16.89	17.39	34.82	140.13	145466.71	61024.79	8979.8
84	715	002185	华天科技	66.80	BB	0.26	5.79	6.04	0.47	1.54	39.79	8.87	3.44	17.21	79.57	117.79	1930912.23	838208.42	82019.2
85	720	002138	顺络电子	66.80	BB	0.74	10.47	11.33	0.50	1.40	34.21	19.30	29.09	9.75	−2.38	54.34	752171.04	347660.91	59711.49
86	724	603297	永新光学	66.70	BB	1.48	13.69	7.96	0.42	0.62	13.90	274.13	0.59	11.49	0.44	67.30	146152	57640.99	16168.38
87	737	300541	先进数通	66.60	BB	0.59	9.89	14.97	2.24	2.62	53.73	7.24	150.65	15.93	−5.02	100.67	214102.23	449300.06	13814.41
88	738	300188	美亚柏科	66.60	BB	0.47	9.55	11.59	0.54	0.85	27.93	229.99	15.41	12.18	22.16	54.90	464527.32	238609.83	40065.9
89	756	300682	朗新科技	66.50	BB	0.71	11.89	11.45	0.50	0.69	27.83	532.34	14.10	17.81	−6.58	66.87	773867.4	338697.98	71443.41
90	761	600171	上海贝岭	66.40	BB	0.75	17.02	5.97	0.37	0.66	14.22	1944.49	51.62	8.24	−13.80	72.19	387953.15	133220.57	54176.48
91	782	002106	莱宝高科	66.20	BB	0.62	8.56	9.09	1.17	1.56	28.67	0.00	40.59	8.97	16.36	137.92	619815.15	675152.94	43898.71
92	787	603160	汇顶科技	66.10	BB	3.67	18.59	18.98	0.75	1.02	18.72	329.81	3.31	24.81	−27.67	176.56	988785.46	668727.55	165917.29
93	789	002351	漫步者	66.10	BB	0.31	13.54	13.37	0.80	1.05	20.41	2695.73	55.59	10.29	−18.65	143.26	260005.33	193418.15	29113.61
94	791	688369	致远互联	66.10	BB	1.4	7.06	7.58	0.43	0.45	28.12	0.00	9.07	7.70	26.49	66.26	184189.41	76329.13	11580.87
95	794	300229	拓尔思	66.00	BB	0.45	12.16	15.85	0.46	1.00	22.88	3080.53	35.37	2.81	−10.34	73.45	282692.22	130943.64	32314.71
96	795	002222	福晶科技	66.00	BB	0.34	14.66	12.89	0.48	0.88	7.47	0.00	9.04	10.41	9.63	84.86	119330.48	54645.58	14882.44
97	809	300002	神州泰岳	65.90	BB	0.18	8.65	7.23	0.69	1.84	23.78	11.18	102.32	5.59	50.74	154.37	519017.09	359579.47	32734.74
98	817	600667	太极实业	65.80	BB	0.4	6.10	11.37	0.86	1.46	62.04	6.09	5.49	7.51	13.77	77.10	2143902.61	1784628.08	95034.41
99	837	000021	深科技	65.70	BB	0.58	6.24	5.27	0.75	1.15	62.98	9.50	13.18	12.78	34.51	112.60	2163462.68	1496723.48	95308.76
100	845	603989	艾华集团	65.60	BB	0.97	11.80	12.82	0.62	0.86	37.99	13.12	11.63	16.15	20.30	59.93	434910.83	251660.32	38318.17

续表

序号	A股上市公司评价得分排序	股票代码	股票简称	综合得分	评价等级	每股收益（元）	总资产报酬率（%）	净资产收益率（%）	总资产周转率（次）	流动资产周转率（次）	资产负债率（%）	已获利息倍数	营业收入增长率（%）	资本扩张率（%）	市场投资回报率（%）	股价波动率（%）	年末资产总额（万元）	营业收入（万元）	净利润（万元）
101	869	300458	全志科技	65.30	BB	0.62	8.06	3.65	0.57	0.68	14.97	96.29	2.88	6.52	−2.81	84.57	275582.37	150548.59	20475.41
102	870	300525	博思软件	65.30	BB	0.58	11.09	10.31	0.58	0.82	28.73	23.72	26.43	16.14	−4.16	144.57	214093.29	113631.55	17927.18
103	871	002409	雅克科技	65.30	BB	0.89	9.09	6.65	0.41	1.15	18.00	114.79	24.05	6.83	139.70	167.85	592365.38	227303.2	41347.92
104	872	002008	大族激光	65.30	BB	0.93	5.97	7.19	0.61	0.92	52.69	11.16	24.89	11.25	4.50	90.98	2134535.62	1194248.26	99349.99
105	876	688008	澜起科技	65.20	BB	0.98	14.87	9.87	0.23	0.25	4.15	0.00	4.94	10.10	11.02	86.95	841944.19	182366.56	110368.35
106	884	300542	新晨科技	65.10	BB	0.23	9.60	12.23	1.07	1.57	33.79	25.02	5.99	5.81	22.10	131.06	108615.63	114915.4	9022.62
107	896	300088	长信科技	65.00	B	0.34	10.98	11.70	0.72	1.94	27.68	23.82	13.62	12.26	−17.81	80.07	988997.49	684395.61	85041.7
108	920	002156	通富微电	64.80	B	0.29	3.38	3.11	0.58	1.44	52.83	2.39	30.27	54.03	33.89	72.19	2123075.11	1076870	38851.05
109	929	603920	世运电路	64.70	B	0.75	9.47	10.84	0.70	1.09	28.99	80.27	3.98	4.35	15.35	93.38	380318.67	253598.96	30356.64
110	934	300516	久之洋	64.70	B	0.38	5.21	5.38	0.53	0.69	24.40	0.00	26.20	5.16	2.52	79.18	149807.72	72274.86	6813.88
111	944	300566	激智科技	64.60	B	0.88	8.64	15.53	0.66	1.09	63.07	6.58	29.55	21.63	30.65	123.76	229154.11	142017.19	14485.28
112	953	300379	东方通	64.50	B	0.88	11.32	9.07	0.28	0.67	16.06	266.21	28.08	23.37	−4.84	89.21	243290.64	64033.78	24436.46
113	956	002866	传艺科技	64.50	B	0.53	7.78	8.34	0.80	1.12	34.69	19.18	15.38	70.39	21.68	113.13	270894.62	176984.48	13509.66
114	957	002484	江海股份	64.50	B	0.46	8.95	7.96	0.55	0.92	23.60	68.48	24.12	9.69	32.83	75.06	516432.44	263504.53	38306.25
115	962	600850	华东电脑	64.40	B	0.74	4.84	11.96	1.06	1.08	65.30	232.27	4.51	6.08	−2.46	65.61	835689.52	812961.66	33519.71
116	963	688099	晶晨股份	64.40	B	0.28	3.41	2.95	0.78	0.91	20.69	220.86	16.14	4.31	38.18	116.49	368568.5	273825.33	11430.23
117	964	300451	创业慧康	64.40	B	0.29	8.66	9.37	0.37	0.69	20.43	61.87	10.34	59.09	14.50	74.72	524912.87	163284.13	33624.09
118	967	603516	淳中科技	64.30	B	0.96	11.38	12.79	0.41	0.59	26.05	18.04	29.99	23.22	−18.61	90.03	138761.91	48260.36	12820.83
119	970	600800	渤海化学	64.30	B	0.19	12.03	17.74	1.04	2.61	41.27	5.38	2529.41	3365.39	−17.38	43.98	472219.66	273471.23	18546.96
120	977	300735	光弘科技	64.30	B	0.44	9.72	8.06	0.60	0.94	12.77	52.93	4.34	100.10	−26.60	95.78	497945.72	228541.33	31017.18
121	981	300378	鼎捷软件	64.30	B	0.46	7.37	5.55	0.65	1.22	34.24	51.92	2.00	8.55	70.46	247.45	232902.56	149608.53	12054.61
122	991	300747	锐科激光	64.20	B	1.03	10.54	10.54	0.68	0.84	30.06	48.12	15.25	11.97	13.25	84.70	381095.15	231664.25	31259.01
123	992	002777	久远银海	64.20	B	0.59	10.99	15.08	0.54	0.66	38.34	0.00	13.50	9.71	−11.68	89.86	222239.79	115354.08	21517.08
124	997	603232	格尔软件	64.10	B	0.32	5.16	4.60	0.36	0.42	18.12	0.00	20.04	100.10	17.15	95.09	162423.87	44480.78	5692.01
125	1003	300679	电连技术	64.00	B	0.97	6.88	6.57	0.58	0.76	22.41	449.45	19.98	3.81	−13.22	68.83	471080.57	259248.15	27403.65

续表

序号	A股上市公司评价得分排序	股票代码	股票简称	综合得分	评价等级	每股收益（元）	总资产报酬率（%）	净资产收益率（%）	总资产周转率（次）	流动资产周转率（次）	资产负债率（%）	已获利息倍数	营业收入增长率（%）	资本扩张率（%）	市场投资回报率（%）	股价波动率（%）	年末资产总额（万元）	营业收入（万元）	净利润（万元）
126	1007	300136	信维通信	64.00	B	1.01	12.06	13.52	0.66	1.16	49.22	15.15	24.53	16.91	−22.65	112.83	1096245.49	639363.83	97389.45
127	1008	002414	高德红外	64.00	B	0.63	19.97	24.55	0.62	0.95	31.33	135.96	103.51	23.18	205.97	184.91	633874.59	333351.92	100081.77
128	1013	002401	中远海科	63.90	B	0.63	6.32	9.64	0.44	0.48	67.59	0.00	26.32	17.58	12.45	91.94	352540.83	152053.74	19282.76
129	1016	300369	绿盟科技	63.90	B	0.38	7.94	7.51	0.48	0.66	20.07	152.75	20.28	3.36	−16.81	91.40	437386.81	201004.43	30125.53
130	1018	300771	智莱科技	63.90	B	1.5	14.11	13.27	0.53	0.59	12.01	310.77	−1.68	11.82	−29.66	82.37	201488.75	102818.39	23941.38
131	1022	300686	智动力	63.90	B	0.51	7.12	9.51	0.89	1.45	41.30	7.04	33.26	143.60	−11.77	54.42	344786.56	232201.23	14289.13
132	1065	300598	诚迈科技	63.40	B	0.56	7.85	5.77	0.96	1.66	27.39	13.91	42.08	24.74	20.52	160.59	110531.86	93789.78	6057.23
133	1072	300582	英飞特	63.40	B	0.84	10.24	12.36	0.57	1.47	37.87	17.32	4.39	15.80	44.80	181.43	197971.95	105307.44	16167.79
134	1076	000725	京东方A	63.30	B	0.13	2.85	1.38	0.35	1.16	59.13	2.27	16.80	22.93	27.42	87.12	42425680.63	13555256.97	452827.04
135	1079	603303	得邦照明	63.30	B	0.7	9.00	9.48	1.05	1.36	34.77	0.00	6.22	8.97	4.55	107.94	445143.35	450752.56	34350.73
136	1090	600703	三安光电	63.20	B	0.24	3.70	1.14	0.25	0.64	23.87	11.75	13.32	36.45	40.95	71.11	3897545.28	845388.28	101628
137	1095	300556	丝路视觉	63.20	B	0.53	6.80	6.19	0.89	1.06	50.15	13.42	9.58	18.81	11.89	123.88	122814.89	100419.02	6017.61
138	1096	002636	金安国纪	63.20	B	0.25	4.87	7.16	0.72	1.05	45.25	39.44	8.57	6.66	2.89	49.15	532607.51	360680.4	18360.88
139	1097	300559	佳发教育	63.10	B	0.53	15.54	18.00	0.45	0.59	16.21	0.00	1.26	14.17	−30.31	95.38	138685.72	59033.31	20397.37
140	1101	603927	中科软	63.10	B	1.12	8.68	21.71	1.04	1.08	62.38	0.00	5.14	12.26	−43.42	146.27	604171.81	578165.76	47664.37
141	1123	601360	三六零	63.00	B	0.43	8.76	7.56	0.30	0.44	16.95	83.18	−9.55	28.16	−34.35	103.03	4426177.3	1161473.1	283790.2
142	1140	603327	福蓉科技	62.80	B	0.79	22.67	22.29	0.99	1.54	13.76	77.45	27.30	17.45	−34.40	76.42	173269.55	165416.31	31767.38
143	1143	002845	同兴达	62.80	B	1.24	5.58	11.09	1.35	1.67	71.88	3.30	71.10	75.37	36.52	140.63	932636.1	1060108.49	27954.35
144	1144	000050	深天马A	62.80	B	0.67	4.02	2.93	0.42	2.01	54.36	2.44	−3.46	25.69	−11.52	53.68	7355780.44	2923274.51	147452.15
145	1147	002912	中新赛克	62.70	B	1.43	11.88	14.54	0.43	0.50	23.48	0.00	5.48	15.50	−26.37	148.05	229365.64	95410.04	24777.6
146	1149	688066	航天宏图	62.60	B	0.78	8.22	9.00	0.50	0.53	29.10	35.71	40.84	11.47	0.93	69.11	189436.32	84669.8	12868.71
147	1165	000541	佛山照明	62.60	B	0.23	5.01	5.03	0.51	1.04	25.91	0.00	12.20	28.63	29.25	88.63	851933.69	374491.45	32216.86
148	1167	300380	安硕信息	62.50	B	0.45	9.55	11.74	0.88	1.03	40.67	31.53	2.19	7.09	−4.44	82.92	86492.56	66094.88	6592.22
149	1178	688088	虹软科技	62.40	B	0.62	9.53	7.56	0.24	0.25	10.39	0.00	21.03	7.83	31.67	93.98	300739.41	68318.66	25145.91
150	1190	688288	鸿泉物联	62.20	B	0.88	8.90	9.20	0.43	0.51	19.16	110.97	45.64	8.07	3.18	102.28	113439.93	45616.1	8830.66

续表

序号	A股上市公司评价得分排序	股票代码	股票简称	综合得分	评价等级	每股收益（元）	总资产报酬率（%）	净资产收益率（%）	总资产周转率（次）	流动资产周转率（次）	资产负债率（%）	已获利息倍数	营业收入增长率（%）	资本扩张率（%）	市场投资回报率（%）	股价波动率（%）	年末资产总额（万元）	营业收入（万元）	净利润（万元）
151	1194	300632	光莆股份	62.20	B	0.53	8.93	8.77	0.52	0.62	20.65	49.03	−1.89	138.42	−26.09	111.16	242709.95	96422.47	14008.95
152	1198	002436	兴森科技	62.10	B	0.35	11.74	9.69	0.71	1.53	41.94	11.43	6.07	20.64	13.87	95.36	616381.59	403465.52	54673.49
153	1200	688123	聚辰股份	62.10	B	1.35	11.95	4.30	0.33	0.33	6.14	0.00	−3.80	9.99	−15.59	100.59	155646.99	49385.21	16282.34
154	1208	002815	崇达技术	62.00	B	0.5	7.98	9.64	0.67	1.58	43.39	21.41	17.18	11.79	−18.00	63.41	768398.42	436771.46	44524.29
155	1211	002063	远光软件	62.00	B	0.24	10.06	9.62	0.56	0.77	11.81	919.61	8.07	7.17	−10.80	69.05	313813.44	169151.92	28101.9
156	1223	002876	三利谱	61.80	B	1.01	5.66	6.99	0.66	1.07	43.70	4.30	31.33	98.81	−0.93	63.98	329329.11	190510.39	11869.22
157	1231	300579	数字认证	61.70	B	0.57	8.24	12.47	0.61	0.69	49.11	1245.37	8.07	11.46	−0.21	94.59	149310.07	85796.31	10412.7
158	1251	300625	三雄极光	61.50	B	0.85	8.62	7.79	0.74	0.93	26.00	0.00	−6.47	6.76	−2.01	68.31	323880.56	234182.14	23469.05
159	1254	000988	华工科技	61.50	B	0.55	6.36	5.34	0.59	0.78	39.60	25.77	12.40	7.04	11.20	50.44	1107627.14	613754.89	54042.31
160	1259	300552	万集科技	61.40	B	3.12	23.76	30.94	0.57	0.64	23.98	357.13	−50.39	29.47	−17.08	85.06	280882.67	166258.74	60166.98
161	1271	300223	北京君正	61.40	B	0.21	1.39	0.43	0.42	0.93	8.33	0.00	539.40	565.52	7.48	91.52	896829.21	216980.11	7296.16
162	1284	002152	广电运通	61.30	B	0.29	6.51	7.03	0.43	0.62	30.33	97.02	−1.32	10.43	10.73	103.18	1570968.27	641076.5	84903.37
163	1285	300042	朗科科技	61.20	B	0.35	7.38	5.26	1.32	1.65	9.81	0.00	24.85	5.87	−14.01	81.87	117913.36	149091.66	7065.22
164	1290	300671	富满电子	61.20	B	0.66	8.80	10.46	0.62	0.85	37.07	11.35	39.79	76.05	88.01	202.50	165229.25	83624.7	10044.42
165	1291	300634	彩讯股份	61.20	B	0.34	8.78	8.05	0.42	0.70	15.72	31.04	0.96	7.48	0.38	85.38	179328.14	73912.02	14174.44
166	1296	002970	锐明技术	61.10	B	1.36	12.03	11.91	0.74	0.87	30.94	74.19	2.90	13.24	−26.37	92.28	228884.13	160895.5	23842.49
167	1301	603890	春秋电子	61.10	B	0.65	8.80	14.02	1.00	1.53	58.12	10.66	77.36	17.49	49.01	181.38	428173.79	358169.95	24679.18
168	1311	300046	台基股份	61.10	B	0.15	4.28	3.49	0.49	0.60	16.14	13.68	46.54	5.41	52.65	101.44	76927.52	38824.49	3010.55
169	1319	603918	金桥信息	61.00	B	0.38	7.59	10.64	0.74	0.87	47.61	29.97	6.31	13.00	−11.08	42.68	137991.85	100425.13	8854.2
170	1321	002368	太极股份	61.00	B	0.64	3.86	8.45	0.71	0.93	72.09	6.37	20.81	10.21	−8.01	61.22	1351611.9	853260.96	37250.7
171	1323	688138	清溢光电	61.00	B	0.29	6.58	5.79	0.35	0.93	17.32	1200.67	1.57	4.89	34.44	153.72	142506.63	48719.26	7629.03
172	1345	300227	光韵达	60.80	B	0.29	9.73	10.90	0.48	1.06	38.21	11.74	12.25	7.75	43.32	126.28	198178.78	88723.37	14372.14
173	1356	603189	网达软件	60.70	B	0.32	8.12	6.13	0.32	0.47	18.20	25.35	10.03	9.14	−1.47	83.49	108684.09	32800.4	7167.59
174	1359	300075	数字政通	60.70	B	0.35	4.93	5.41	0.39	0.53	23.32	27.40	12.44	31.52	−0.45	57.23	405726.94	141399.71	15839.2
175	1388	002579	中京电子	60.40	B	0.4	5.65	7.33	0.55	1.06	47.63	4.11	11.48	99.75	−12.08	44.82	511328.45	233965.78	16243.07

续表

序号	A股上市公司评价得分排序	股票代码	股票简称	综合得分	评价等级	每股收益（元）	总资产报酬率（%）	净资产收益率（%）	总资产周转率（次）	流动资产周转率（次）	资产负债率（%）	已获利息倍数	营业收入增长率（%）	资本扩张率（%）	市场投资回报率（%）	股价波动率（%）	年末资产总额（万元）	营业收入（万元）	净利润（万元）
176	1395	002232	启明信息	60.30	B	0.31	6.94	10.71	0.74	0.89	41.81	0.00	2.00	1.61	18.27	101.21	223504.95	155185.42	12844.93
177	1404	000997	新大陆	60.20	B	0.45	4.72	7.44	0.53	0.82	45.46	177.08	12.89	1.77	-9.03	51.71	1178292.28	635695.09	50223.92
178	1407	300346	南大光电	60.20	B	0.22	5.15	1.61	0.24	0.53	40.94	14.01	85.13	15.01	128.03	161.75	267303.69	59495.85	10867.5
179	1417	002189	中光学	60.10	B	0.56	4.77	6.55	1.00	1.37	56.29	12.34	30.58	9.34	0.62	81.46	347588.17	333296.91	14907.27
180	1440	300799	左江科技	59.80	CCC	0.92	14.02	13.03	0.26	0.29	12.42	49.21	-8.25	13.06	-21.54	66.42	80496.04	20072.2	9302.76
181	1445	603936	博敏电子	59.80	CCC	0.55	6.43	7.28	0.55	1.23	37.07	8.07	4.35	41.99	-2.27	62.97	556375.62	278550.61	24671.35
182	1451	600363	联创光电	59.70	CCC	0.61	6.27	8.09	0.64	1.09	47.75	5.91	-12.12	11.76	57.87	198.25	629231.38	382668.93	30867.02
183	1457	600271	航天信息	59.60	CCC	0.56	10.98	13.85	0.92	1.24	34.52	12.85	-35.66	9.74	-46.19	130.27	2414161	2181269.24	207801.01
184	1458	000823	超声电子	59.60	CCC	0.58	6.87	7.97	0.82	1.32	37.66	22.38	6.75	8.87	-18.26	53.90	691635.77	516855.28	36611.28
185	1468	600261	阳光照明	59.50	CCC	0.34	9.07	10.67	0.75	1.05	39.11	53.18	-9.32	4.92	-18.73	66.72	647834.91	482089.43	48489.63
186	1470	000034	神州数码	59.50	CCC	0.96	4.18	14.36	3.06	3.88	84.68	2.97	6.06	7.50	5.14	74.97	3068960.32	9206044.34	62410
187	1472	300248	新开普	59.50	CCC	0.38	9.17	9.17	0.41	0.65	18.71	59.10	-2.56	6.49	-5.31	99.67	229515.77	93934.95	18474.32
188	1473	603186	华正新材	59.50	CCC	0.92	5.90	9.44	0.78	1.31	57.72	4.63	12.75	94.76	-18.37	126.14	346720.3	228408.07	12601.11
189	1485	000948	南天信息	59.40	CCC	0.26	3.70	6.03	0.96	1.15	51.16	8.46	28.34	27.75	-9.48	72.29	483643.93	423943.82	13374.84
190	1495	300348	长亮科技	59.30	CCC	0.34	14.07	15.61	0.73	1.04	32.27	25.76	18.28	-7.66	25.83	115.11	204280.55	155083.98	23791.82
191	1511	002835	同为股份	59.20	CCC	0.33	7.24	8.79	0.78	1.13	31.53	21.26	23.95	10.03	0.51	153.57	109797.25	78839.41	7065.35
192	1515	000066	中国长城	59.20	CCC	0.32	5.56	6.03	0.59	0.89	66.05	4.21	33.22	8.05	21.53	99.37	2753026.7	1444608.81	97458.55
193	1516	300207	欣旺达	59.20	CCC	0.52	4.99	3.96	1.09	1.77	76.70	3.49	17.64	19.25	55.65	173.60	3067220.21	2969230.79	80026.13
194	1537	300036	超图软件	59.00	CCC	0.52	7.93	10.34	0.48	0.80	40.16	594.55	-7.20	0.99	-10.90	82.96	358490.8	161004.74	23421.33
195	1538	600446	金证股份	59.00	CCC	0.42	9.41	6.36	1.17	1.59	52.12	5.57	15.75	17.12	-23.62	61.54	513271.24	564321.67	34775.73
196	1540	000555	神州信息	59.00	CCC	0.49	4.92	3.75	0.94	1.25	52.82	12.85	5.32	6.83	5.57	56.24	1205186.28	1068597.68	46638.3
197	1541	603386	广东骏亚	58.90	CCC	0.54	5.58	10.43	0.73	1.74	62.52	4.99	40.32	10.53	-5.54	67.96	298744.69	206574.7	12006.57
198	1546	002888	惠威科技	58.90	CCC	0.25	7.47	5.46	0.55	0.73	14.12	0.00	-3.36	1.36	-25.24	60.59	49751.46	26557.93	3063.35
199	1549	300739	明阳电路	58.90	CCC	0.48	6.92	7.01	0.58	0.87	44.71	28.81	12.32	12.15	-3.39	94.39	268444.4	129114.29	13276.96
200	1550	002421	达实智能	58.90	CCC	0.17	5.93	9.33	0.44	0.68	60.18	6.13	45.57	10.18	-4.32	51.82	799293.71	321098.85	31283.35

续表

序号	A股上市公司评价得分排序	股票代码	股票简称	综合得分	评价等级	每股收益（元）	总资产报酬率（%）	净资产收益率（%）	总资产周转率（次）	流动资产周转率（次）	资产负债率（%）	已获利息倍数	营业收入增长率（%）	资本扩张率（%）	市场投资回报率（%）	股价波动率（%）	年末资产总额（万元）	营业收入（万元）	净利润（万元）
201	1575	300231	银信科技	58.70	CCC	0.39	8.04	12.03	0.84	1.08	53.34	8.58	50.24	13.33	4.30	75.69	301351.67	231703.88	16261.28
202	1577	603636	南威软件	58.70	CCC	0.42	6.87	9.59	0.37	0.71	41.21	62.33	11.59	27.98	−19.37	85.05	458603.49	153915.04	25928.29
203	1579	002212	天融信	58.70	CCC	0.35	5.25	4.79	0.51	1.22	15.28	39.79	−19.56	7.73	9.04	76.84	1132425.83	570416.93	39661.24
204	1585	300440	运达科技	58.60	CCC	0.32	8.30	9.50	0.35	0.42	29.36	2015.93	0.59	5.16	10.29	70.18	198041.99	69389.37	14474.17
205	1592	002609	捷顺科技	58.60	CCC	0.25	6.39	6.04	0.46	0.72	26.97	56.55	17.78	8.59	6.08	89.46	316131.49	137118.92	16126.53
206	1638	300493	润欣科技	58.10	CCC	0.09	5.16	6.11	1.34	1.67	30.84	51.09	−4.37	0.88	−13.86	65.05	108936.33	138673.77	4520.17
207	1665	300666	江丰电子	57.70	CCC	0.67	9.67	6.35	0.61	1.14	54.03	8.59	41.41	57.94	15.08	72.99	237150.28	116654.26	14308.05
208	1668	002380	科远智慧	57.70	CCC	0.54	4.91	4.29	0.29	0.43	22.31	0.00	12.58	4.38	1.53	56.10	303599.71	84453.5	13299.73
209	1678	300602	飞荣达	57.60	CCC	0.42	5.84	5.95	0.70	1.20	42.70	13.09	12.01	49.64	−26.46	107.57	468863.54	292933.86	20714.36
210	1681	300303	聚飞光电	57.60	CCC	0.24	8.31	10.72	0.52	0.73	49.46	12.21	−6.21	13.15	−9.47	80.75	495615.49	235111.8	30774.35
211	1683	002952	亚世光电	57.60	CCC	0.52	10.58	6.46	0.49	0.55	15.37	0.00	3.84	5.49	−31.46	69.66	98862.66	46428.52	8625.89
212	1700	002273	水晶光电	57.40	CCC	0.37	7.44	6.92	0.46	1.09	20.88	102.02	7.45	23.48	−29.76	84.03	751265.88	322342.64	46087.51
213	1704	002417	深南股份	57.40	CCC	0.06	6.46	8.20	1.03	1.39	32.19	443.47	66.47	11.02	−2.11	97.78	40830.32	48183.54	2391.19
214	1721	688018	乐鑫科技	57.20	CCC	1.3	5.90	4.54	0.47	0.48	10.30	0.00	9.75	1.94	−17.79	112.10	182963.12	83128.65	10405.2
215	1727	300508	维宏股份	57.20	CCC	0.32	5.77	2.65	0.34	0.54	12.96	26.79	9.35	4.36	−18.52	68.17	64265.1	20924.18	2908.24
216	1730	300656	民德电子	57.20	CCC	0.47	9.81	2.86	0.55	0.85	32.52	10.39	32.04	7.81	38.34	157.68	81046.77	40321	5238.72
217	1757	300271	华宇软件	56.90	CCC	0.36	3.33	4.79	0.39	0.60	32.20	44.68	−4.40	10.81	−8.62	57.87	979744.03	335584.42	29406.79
218	1758	688368	晶丰明源	56.90	CCC	1.12	4.72	2.37	0.74	0.82	21.57	301.37	26.24	12.70	102.98	232.00	162759.06	110294.23	6975.02
219	1762	002537	海联金汇	56.90	CCC	0.17	4.00	3.62	0.93	1.28	41.41	14.61	19.26	4.11	0.28	80.54	693393.39	632398.97	21134.41
220	1767	300468	四方精创	56.80	CCC	0.26	6.35	5.82	0.47	0.76	6.90	0.00	9.21	5.72	−17.93	68.45	125177.15	57398.36	7455.5
221	1776	002296	辉煌科技	56.80	CCC	0.23	5.20	4.97	0.32	0.47	24.28	503.17	26.42	5.55	−16.68	53.47	216835.97	63766.16	8495.75
222	1802	000733	振华科技	56.50	CCC	1.18	8.85	8.98	0.45	0.66	33.33	14.18	7.67	10.96	225.23	269.87	895802.91	394973.1	60249.83
223	1807	002947	恒铭达	56.40	CCC	0.86	8.07	6.11	0.43	0.50	22.83	1109.89	10.04	5.32	−34.48	89.96	166054.39	64362.37	10512.9
224	1823	002855	捷荣技术	56.30	CCC	0.42	3.97	5.53	0.99	1.56	52.23	13.49	1.58	8.93	−24.66	72.68	292936.23	282293.79	8840.8
225	1828	002962	五方光电	56.30	CCC	0.57	8.20	6.86	0.30	0.41	13.14	172.14	−19.02	6.48	−41.79	100.42	200672.61	58854.47	13801.32

续表

序号	A股上市公司评价得分排序	股票代码	股票简称	综合得分	评价等级	每股收益（元）	总资产报酬率（%）	净资产收益率（%）	总资产周转率（次）	流动资产周转率（次）	资产负债率（%）	已获利息倍数	营业收入增长率（%）	资本扩张率（%）	市场投资回报率（%）	股价波动率（%）	年末资产总额（万元）	营业收入（万元）	净利润（万元）
226	1853	600571	信雅达	56.00	CCC	0.26	5.96	0.75	0.80	0.97	37.03	71.91	5.54	3.60	-26.31	67.43	166381.47	126621.18	10702.78
227	1869	603990	麦迪科技	55.80	CCC	0.24	4.84	3.70	0.27	0.36	18.42	8.35	-7.52	144.77	7.09	106.09	152165.83	30807.86	4196.57
228	1875	603881	数据港	55.80	CCC	0.63	4.61	6.26	0.16	0.76	62.28	2.64	25.20	162.40	52.93	185.36	767342.23	90973.59	13419.58
229	1880	000532	华金资本	55.70	CCC	0.47	10.99	7.72	0.21	0.77	49.34	4.73	19.06	16.37	-0.92	55.81	232988.24	51503.78	17750.19
230	1882	300532	今天国际	55.70	CCC	0.22	3.96	7.20	0.48	0.57	60.11	8.61	30.51	11.04	-9.81	84.75	215024.44	92976.56	6049.31
231	1902	603383	顶点软件	55.40	CCC	0.65	8.04	7.90	0.25	0.28	20.03	842.94	2.98	4.47	-40.11	103.19	148068	35002.66	10886.17
232	1914	600855	航天长峰	55.30	CCC	0.33	3.60	3.63	0.69	0.82	60.67	53.84	6.59	-4.71	20.94	140.29	459555.43	276305.45	11353.7
233	1915	300790	宇瞳光学	55.30	CCC	0.62	6.99	9.42	0.61	1.16	52.97	7.18	19.53	7.65	-25.07	64.30	272676.49	147147.08	12675.43
234	1918	300730	科创信息	55.30	CCC	0.21	5.20	6.46	0.64	0.81	34.83	69.81	13.75	5.47	4.67	107.40	71314.52	43559.91	3220.37
235	1919	002635	安洁科技	55.30	CCC	0.71	6.69	1.13	0.41	0.75	18.35	56.54	-7.36	5.23	-5.12	100.71	732701.82	290530.98	46777.61
236	1924	600536	中国软件	55.20	CCC	0.14	2.72	4.85	0.96	1.15	66.81	8.11	27.30	4.48	8.76	97.76	869479.87	740815.16	16501.02
237	1940	688020	方邦股份	55.00	CC	1.49	8.57	5.83	0.17	0.21	8.60	156.83	-1.08	5.78	2.84	65.49	178235.68	28853.61	12556.63
238	1971	300290	荣科科技	54.60	CC	0.14	5.76	6.89	0.44	0.76	28.86	12.88	8.86	28.68	-25.66	104.51	198296.31	78789.65	9471.76
239	1972	300787	海能实业	54.60	CC	0.89	7.16	7.01	0.90	1.53	38.79	61.23	41.88	6.72	-32.52	137.80	196742.31	156578.03	11350.43
240	1979	002079	苏州固锝	54.60	CC	0.12	5.19	3.91	0.78	1.10	19.45	40.36	-8.88	1.15	-16.70	78.07	237411.84	180466.12	10426.02
241	1981	300386	飞天诚信	54.40	CC	0.15	3.47	2.13	0.44	0.53	6.90	0.00	-4.38	3.25	28.59	159.58	204868.22	89848.97	6436.34
242	1992	300672	国科微	54.30	CC	0.39	3.26	4.66	0.30	0.54	58.04	3.29	34.64	10.22	2.75	73.70	293988.34	73093.44	6970.75
243	1995	300219	鸿利智汇	54.30	CC	0.13	3.17	1.94	0.85	1.57	49.15	8.33	-13.06	2.95	55.07	118.79	376707.46	312434.65	7505.04
244	1998	603138	海量数据	54.20	CC	0.14	5.44	5.06	0.56	0.61	29.19	0.00	-28.04	4.57	-5.49	107.11	72006.92	39671.3	3019.37
245	2005	603738	泰晶科技	54.20	CC	0.23	4.01	2.70	0.49	1.08	34.89	7.01	8.84	7.99	-9.74	90.13	137822.29	63092.51	3982.87
246	2022	688058	宝兰德	54.00	CC	1.53	7.29	5.21	0.18	0.19	3.58	0.00	27.19	4.46	-11.44	135.47	101844.22	18226.02	6190.82
247	2039	002922	伊戈尔	53.80	CC	0.36	3.07	2.77	0.75	1.18	36.90	8.32	8.44	57.17	-10.14	53.64	231298.24	140604.25	4770.96
248	2059	600602	云赛智联	53.60	CC	0.18	5.12	5.59	0.74	0.85	27.74	0.00	-6.13	4.96	-33.60	89.34	624824.78	458921.87	28872.1
249	2060	300456	赛微电子	53.60	CC	0.31	5.68	-0.23	0.17	0.42	25.05	17.86	6.55	6.43	-6.14	77.38	477582.02	76500.61	18740.4
250	2073	002253	川大智胜	53.50	CC	0.3	4.74	4.39	0.20	0.51	16.91	40.24	4.33	3.14	-5.32	59.13	179719.64	35734.71	7366.81

续表

序号	A股上市公司评价得分排序	股票代码	股票简称	综合得分	评价等级	每股收益（元）	总资产报酬率（%）	净资产收益率（%）	总资产周转率（次）	流动资产周转率（次）	资产负债率（%）	已获利息倍数	营业收入增长率（%）	资本扩张率（%）	市场投资回报率（%）	股价波动率（%）	年末资产总额（万元）	营业收入（万元）	净利润（万元）
251	2104	300155	安居宝	53.10	CC	0.19	7.61	7.97	0.56	0.75	21.67	306.12	1.43	6.91	24.86	120.25	172047.46	93730.76	10814.75
252	2107	300245	天玑科技	53.10	CC	0.12	2.55	1.67	0.30	0.44	10.85	0.00	16.55	2.85	-5.80	76.13	167736.51	49216.72	3679.64
253	2116	002869	金溢科技	53.00	CC	3.53	21.18	30.91	0.46	0.54	18.23	20324.20	-45.33	25.27	-23.09	98.80	289654.97	156364.6	62895.39
254	2130	002808	恒久科技	52.90	CC	0.1	5.06	3.85	0.60	0.89	23.58	9.83	53.86	1.70	-18.83	91.02	78879.67	48677.35	3217
255	2134	300368	汇金股份	52.90	CC	0.12	8.43	11.01	0.49	0.77	71.01	3.47	60.56	6.39	61.75	284.08	353786.07	135914.92	12522.92
256	2136	002119	康强电子	52.90	CC	0.23	6.93	8.12	0.85	1.55	46.90	3.84	9.19	8.80	-21.68	78.60	182904.68	154863.25	8793.1
257	2137	600203	福日电子	52.90	CC	0.02	1.40	-0.31	1.66	2.27	65.68	1.37	14.56	-1.35	53.39	125.17	821493.31	1303441.33	3963.26
258	2141	300789	唐源电气	52.80	CC	1.4	7.85	6.58	0.30	0.32	18.87	0.00	-12.87	6.95	-45.23	98.03	91937.96	26902.49	6456.52
259	2151	300645	正元智慧	52.70	CC	0.22	3.35	3.20	0.59	0.80	49.42	2.07	9.92	12.39	10.68	59.92	150192.14	82559.48	2997.09
260	2153	000062	深圳华强	52.70	CC	0.6	8.36	11.67	1.38	2.09	50.16	9.70	13.76	6.82	-18.20	74.76	1224095.75	1633098.31	71973.53
261	2156	603633	徕木股份	52.60	CC	0.19	4.63	4.41	0.33	0.69	39.94	2.86	13.86	42.08	6.79	140.43	179904.58	52945.03	4288.31
262	2158	300455	康拓红外	52.60	CC	0.22	7.56	10.12	0.47	0.59	39.65	34.15	22.36	8.34	2.88	89.00	258602.07	113517.2	15462.47
263	2159	300277	海联讯	52.60	CC	0.07	5.38	6.02	0.44	0.46	33.06	424.89	5.02	4.10	-3.84	151.60	75435.8	34407.18	3787.48
264	2164	002729	好利来	52.60	CC	0.16	3.10	3.34	0.35	0.71	11.56	35.48	-4.99	-7.09	-5.05	98.45	47021.06	16919.5	1078.46
265	2169	300752	隆利科技	52.50	CC	0.36	2.03	1.47	0.92	1.18	64.32	8.18	18.27	8.53	27.55	144.37	246849.6	201234.33	4345.61
266	2178	688025	杰普特	52.30	CC	0.48	2.47	1.30	0.43	0.49	25.34	17.30	50.37	2.89	1.04	135.84	216362.67	85362.72	4400.98
267	2186	002388	新亚制程	52.20	CC	0.14	3.00	2.67	0.88	1.08	47.38	17.07	34.60	-0.79	-23.02	58.33	245795.53	203923.14	4033.63
268	2187	300460	惠伦晶体	52.20	CC	0.09	3.14	2.75	0.42	0.92	47.67	3.25	25.13	5.68	26.33	123.03	105689.35	38784.05	2020.17
269	2197	000727	华东科技	52.00	CC	0.16	8.71	-13.10	2.38	4.29	83.28	2.96	1201.72	-14.51	10.83	152.79	3603239.27	6855550.08	101755.4
270	2219	300399	天利科技	51.80	CC	0.14	5.77	-4.56	0.95	1.12	7.41	0.00	-13.92	4.51	16.53	133.45	51731.6	48660.43	2502.7
271	2228	002660	茂硕电源	51.70	CC	0.23	5.18	6.28	0.73	1.11	59.98	3.63	-1.03	12.44	-9.86	56.31	173151.73	123495.87	6294.95
272	2233	300545	联得装备	51.60	CC	0.51	5.55	8.31	0.48	0.69	52.43	7.78	13.59	16.97	0.78	71.90	177294.14	78219.18	7323.32
273	2234	300166	东方国信	51.60	CC	0.29	5.19	4.13	0.30	0.60	19.59	11.70	-2.88	4.54	-20.94	85.66	738205.04	208848.95	31306.94
274	2244	600110	诺德股份	51.50	CC	0	3.24	-1.46	0.29	0.52	57.43	1.14	0.22	44.66	91.10	160.13	801627.77	215476.53	1369
275	2246	300550	和仁科技	51.50	CC	0.26	4.01	3.53	0.36	0.44	27.99	18.17	3.12	78.58	-13.57	66.46	156232.61	45473.83	4204.63

续表

序号	A股上市公司评价得分排序	股票代码	股票简称	综合得分	评价等级	每股收益（元）	总资产报酬率（%）	净资产收益率（%）	总资产周转率（次）	流动资产周转率（次）	资产负债率（%）	已获利息倍数	营业收入增长率（%）	资本扩张率（%）	市场投资回报率（%）	股价波动率（%）	年末资产总额（万元）	营业收入（万元）	净利润（万元）
276	2251	300085	银之杰	51.40	CC	0.03	2.34	1.61	0.66	1.10	33.94	2.61	17.74	1.23	12.26	164.51	210615.24	139046.02	3550.06
277	2252	603685	晨丰科技	51.40	CC	0.6	7.86	9.52	0.71	1.20	37.40	15.01	5.00	1.99	−16.20	93.05	177332.49	117281.14	10988.22
278	2257	002681	奋达科技	51.30	CC	0.55	21.43	7.02	0.70	1.33	56.59	26.35	0.06	3.13	−25.78	161.03	518370.84	353772.87	105786.69
279	2263	600552	凯盛科技	51.20	CC	0.16	4.53	2.61	0.70	1.12	62.68	2.78	12.16	3.39	13.10	69.84	753312.98	506768.74	18755.75
280	2265	300561	汇金科技	51.20	CC	0.07	2.39	1.14	0.26	0.43	12.16	164.80	3.76	−0.46	−0.19	135.28	75705.52	20392.62	1725.52
281	2267	002861	瀛通通讯	51.20	CC	0.38	4.19	3.16	0.77	1.31	38.95	5.31	9.03	2.14	−39.11	83.13	176110.91	120788.26	4492.27
282	2268	300047	天源迪科	51.20	CC	0.21	4.69	4.22	0.89	1.29	42.93	4.11	17.52	4.81	−7.74	64.87	605384.17	525415.98	17481.52
283	2289	300232	洲明科技	50.90	CC	0.12	1.93	1.17	0.63	0.98	56.75	6.11	−11.46	14.12	−6.99	76.90	816348.04	496180.62	10575.26
284	2294	603328	依顿电子	50.90	CC	0.22	6.01	6.13	0.57	0.77	22.05	0.00	−18.59	−6.92	−28.71	84.51	425880.09	245103.72	22449.37
285	2298	688039	当虹科技	50.80	CC	1.29	6.55	5.54	0.23	0.25	9.18	135.57	28.60	5.42	−34.10	125.91	162218.97	36589.13	10283.2
286	2313	002045	国光电器	50.70	CC	0.4	5.29	6.62	0.98	1.50	54.50	7.38	−4.31	5.69	−31.55	104.04	448398.91	425402.79	18718.79
287	2317	300212	易华录	50.60	CC	1.06	8.13	7.41	0.20	0.29	69.66	3.40	−25.05	19.67	7.64	101.62	1537948	280622.68	69709.57
288	2319	300608	思特奇	50.60	CC	0.45	6.77	7.80	0.44	0.68	51.00	3.17	−14.25	9.03	−21.25	59.01	173366.74	73723.6	7001.01
289	2321	300130	新国都	50.60	CC	0.18	3.31	1.55	0.78	1.15	28.13	6.91	−13.06	−1.09	−36.32	98.11	337614.26	263236.17	8510.97
290	2323	603068	博通集成	50.60	CC	0.24	1.59	1.30	0.43	0.47	8.71	58.72	−31.15	57.54	−8.62	115.03	217800.81	80869.97	3322.24
291	2326	603528	多伦科技	50.50	CC	0.13	3.99	3.07	0.25	0.36	34.28	12.79	−8.92	14.54	31.13	130.57	285057.03	63562.17	8295.46
292	2327	600410	华胜天成	50.50	CC	0.12	8.19	−0.89	0.40	0.76	40.24	7.76	−14.73	3.95	−17.51	111.78	960755.96	390116.98	44136.83
293	2333	000670	*ST 盈方	50.50	CC	0.02	5.17	33.20	0.92	1.36	88.48	9.76	16849.97	0.00	0.00	28.06	146841.98	69996.61	2779.08
294	2344	002881	美格智能	50.40	CC	0.15	1.88	2.87	1.27	1.49	40.55	11.17	20.15	5.95	−30.71	73.40	97856.25	112084.56	2744
295	2347	300419	浩丰科技	50.40	CC	0.06	1.93	1.56	0.48	0.58	41.26	0.00	3.04	4.81	15.79	193.52	146339.1	63993.59	2201.35
296	2352	002885	京泉华	50.30	CC	0.18	2.62	0.27	0.83	1.23	50.82	3.57	−1.43	2.67	−10.37	51.86	162867.62	131375.06	3144.07
297	2356	600884	杉杉股份	50.20	CC	0.1	2.25	−0.70	0.33	0.80	43.33	1.89	−5.35	2.11	93.80	183.03	2454065.88	821589.67	20513.4
298	2359	688078	龙软科技	50.20	CC	0.72	10.02	9.62	0.35	0.36	10.18	276.81	28.06	−1.49	−43.51	118.91	56965.57	19764.17	5074.53
299	2367	300235	方直科技	50.20	CC	0.19	5.11	4.03	0.18	0.26	4.31	53.28	12.21	3.63	−9.58	116.38	67865.84	12232.22	3111.61
300	2388	603595	东尼电子	49.90	C	0.22	3.97	1.73	0.45	1.02	49.94	2.78	40.45	4.52	−22.20	103.82	221497.71	92810.36	4783.32

续表

序号	A股上市公司评价得分排序	股票代码	股票简称	综合得分	评价等级	每股收益（元）	总资产报酬率（%）	净资产收益率（%）	总资产周转率（次）	流动资产周转率（次）	资产负债率（%）	已获利息倍数	营业收入增长率（%）	资本扩张率（%）	市场投资回报率（%）	股价波动率（%）	年末资产总额（万元）	营业收入（万元）	净利润（万元）
301	2401	300365	恒华科技	49.80	C	0.14	3.52	3.75	0.35	0.39	19.39	13.23	-14.05	1.58	-23.70	74.77	270313.57	96531.6	8223.1
302	2402	600460	士兰微	49.80	C	0.05	1.37	-2.60	0.46	1.05	54.20	0.77	37.61	6.35	57.14	97.06	984011.13	428056.18	-2263.66
303	2404	002376	新北洋	49.80	C	0.28	4.97	5.69	0.40	0.79	33.95	5.81	-2.24	1.10	-22.54	65.98	592008.67	239593.19	24244.73
304	2405	002268	卫士通	49.80	C	0.19	2.68	3.18	0.38	0.55	27.20	1838.42	13.31	2.50	-35.74	107.24	648044.69	238370.49	16245.06
305	2408	300120	经纬辉开	49.70	C	0.17	3.32	1.55	0.80	1.68	37.45	3.48	33.56	1.50	63.69	269.91	410152.09	311509.62	8187.69
306	2429	000020	深华发A	49.50	C	0.02	2.79	1.23	1.11	2.11	46.44	2.04	-4.13	2.07	-9.09	91.32	62777.96	69174.23	683.02
307	2439	002655	共达电声	49.30	C	0.13	5.27	8.81	1.04	1.95	51.60	3.90	19.89	0.20	-48.63	137.55	107712.3	118009.59	4593.58
308	2443	688030	山石网科	49.20	C	0.33	2.92	2.72	0.42	0.47	20.55	318.32	7.53	3.37	-12.45	106.84	179397.92	72538.88	6017.15
309	2445	300523	辰安科技	49.20	C	0.4	5.87	5.95	0.58	0.69	41.68	16.77	5.43	5.45	-29.76	88.28	302984.23	164998.04	12051.18
310	2446	688258	卓易信息	49.20	C	0.67	6.67	5.08	0.20	0.24	10.36	52.89	-6.77	5.42	-30.40	146.58	100631.6	19841.63	5805.33
311	2447	002153	石基信息	49.20	C	-0.06	0.61	1.69	0.31	0.51	13.50	7.13	-9.43	-1.70	-20.57	74.15	1059281.35	331731.99	1106.93
312	2457	300650	太龙照明	49.10	C	0.25	2.67	3.83	0.86	1.51	67.84	4.88	102.13	5.27	-2.98	153.78	179036.4	113269.35	2421.16
313	2468	300678	中科信息	49.00	C	0.18	4.22	3.95	0.51	0.61	28.89	24.34	19.85	4.02	-3.11	77.87	86736.75	43674.3	3280.87
314	2471	300288	朗玛信息	48.80	C	0.14	3.10	2.20	0.20	0.73	22.73	5.27	-13.88	2.47	-12.20	66.64	187735.2	37524.11	3637.6
315	2479	300079	数码视讯	48.70	C	0.05	2.09	2.10	0.22	0.35	13.42	1385.07	-2.92	2.69	-24.30	75.75	456121.48	98666.79	9588.27
316	2485	600353	旭光电子	48.60	C	0.1	3.72	2.56	0.51	0.69	24.15	46.87	-24.87	-5.17	-3.79	48.32	161710.46	90203.55	5816.6
317	2486	603773	沃格光电	48.60	C	0.15	1.02	0.33	0.32	0.67	19.74	0.00	15.23	-0.08	-21.97	66.35	201254.42	60415.75	1411.06
318	2487	002065	东华软件	48.60	C	0.18	3.88	4.24	0.51	0.59	46.92	5.53	3.60	4.42	-21.75	125.71	1888332.07	916718.67	54594.53
319	2503	300177	中海达	48.40	C	0.13	5.21	2.26	0.53	0.80	41.58	9.02	9.50	-0.25	12.47	84.51	352135.82	177305.88	15442.86
320	2513	603629	利通电子	48.30	C	0.46	2.97	3.80	0.79	1.04	53.82	4.61	1.69	3.23	18.78	105.51	219591.28	164761.62	4369.97
321	2522	300339	润和软件	48.20	C	0.21	5.36	3.56	0.55	1.08	33.64	3.56	16.93	1.82	-31.39	101.82	432387.91	248039.27	16805.06
322	2525	300709	精研科技	48.20	C	1.24	5.36	7.36	0.57	0.89	47.70	51.19	6.19	19.53	-31.91	139.82	327013.13	156412.65	14185.14
323	2540	600360	华微电子	48.00	C	0.04	2.11	0.92	0.29	0.51	48.95	1.32	3.75	0.36	20.20	73.78	610989.18	171858.36	3355.12
324	2546	300691	联合光电	47.90	C	0.22	3.56	3.53	0.76	1.21	45.52	4.77	5.27	5.13	-31.21	76.46	174713.68	128826.16	4992.88
325	2547	300793	佳禾智能	47.90	C	0.26	3.21	2.24	1.14	1.41	53.73	13.00	17.54	1.94	-40.49	102.47	263459.12	265335.01	6824.58

续表

序号	A股上市公司评价得分排序	股票代码	股票简称	综合得分	评价等级	每股收益（元）	总资产报酬率（%）	净资产收益率（%）	总资产周转率（次）	流动资产周转率（次）	资产负债率（%）	已获利息倍数	营业收入增长率（%）	资本扩张率（%）	市场投资回报率（%）	股价波动率（%）	年末资产总额（万元）	营业收入（万元）	净利润（万元）
326	2550	300045	华力创通	47.90	C	0.05	2.11	1.26	0.27	0.42	26.96	6.02	0.67	2.34	3.14	104.92	239424.63	64507.55	2918.93
327	2556	002134	天津普林	47.90	C	0.03	1.26	0.28	0.78	1.43	33.11	10.03	9.48	1.65	−14.07	66.59	59506.36	45789.16	650.13
328	2557	000158	常山北明	47.80	C	0.06	2.62	−2.30	0.68	1.15	59.47	1.47	4.63	1.98	−9.90	140.66	1489539.58	988379.56	10710.94
329	2558	300663	科蓝软件	47.80	C	0.2	5.06	6.27	0.56	0.73	49.06	2.61	11.22	49.03	−13.34	98.04	223286.75	103867.39	6218.58
330	2592	600237	铜峰电子	47.40	C	0.01	1.31	−1.29	0.49	0.87	31.81	2.26	3.04	0.85	22.50	91.24	167736.72	84708.66	964.21
331	2596	002577	雷柏科技	47.30	C	0.16	4.78	2.82	0.39	0.50	9.99	0.00	0.09	5.48	−12.54	120.47	117508.95	45009.87	4651.28
332	2602	600797	浙大网新	47.30	C	0.06	2.81	−1.69	0.60	1.27	31.11	5.87	1.51	−1.75	−33.81	62.12	634955.49	380415.35	9948.92
333	2604	002771	真视通	47.20	C	0.1	1.92	1.63	0.57	0.66	38.50	12.56	−11.18	2.63	−9.96	65.23	114661.39	66189.96	1912.86
334	2607	300605	恒锋信息	47.20	C	0.36	7.23	10.09	0.53	0.59	52.01	50.70	−11.38	−13.04	−1.72	62.61	100668.99	50212.31	5909.6
335	2614	002177	御银股份	47.00	C	0.09	4.64	1.30	0.10	0.27	4.22	46.74	−14.78	4.15	−8.30	83.25	178020.08	18234.99	7175.69
336	2628	002449	国星光电	46.90	C	0.16	1.50	1.19	0.53	0.90	37.92	13.46	−19.80	−2.59	−22.73	84.45	572357.36	326327.04	8656.23
337	2629	600728	佳都科技	46.80	C	0.05	1.00	1.26	0.42	0.58	47.42	3.40	−14.47	11.79	−21.75	51.34	1045745.66	428648.55	7974.7
338	2631	002955	鸿合科技	46.70	C	0.35	3.16	1.12	0.99	1.14	26.62	69.57	−17.32	3.31	−36.92	139.17	413858.64	399364.48	9524.9
339	2635	002288	超华科技	46.60	C	0.02	2.55	2.15	0.36	0.69	58.35	1.23	−3.29	0.28	53.43	175.32	381495.36	127777.84	2006.59
340	2636	002745	木林森	46.50	C	0.22	3.94	−5.10	0.53	0.92	59.31	2.46	−8.39	20.39	7.10	92.14	3077523.76	1738130.71	30340.05
341	2637	000045	深纺织 A	46.50	C	0.07	1.18	0.63	0.44	0.95	21.54	13.38	−2.28	1.16	−6.75	82.98	496954.76	210896.47	4349.76
342	2640	300096	易联众	46.50	C	0.03	3.90	4.54	0.59	0.92	50.87	4.39	10.79	3.83	−20.29	98.21	184767.63	105106.41	6142.31
343	2641	600288	大恒科技	46.40	C	0.13	2.28	3.36	0.67	0.94	41.39	9.00	−29.97	3.76	−15.56	45.01	360374.23	231517.57	8351.93
344	2644	600071	凤凰光学	46.40	C	0.05	1.75	−0.86	0.80	1.24	64.86	2.00	12.83	3.72	−3.22	73.94	169326.14	127267.68	1454.96
345	2647	300331	苏大维格	46.40	C	0.23	2.81	−0.09	0.50	0.95	49.09	3.03	7.33	2.98	7.54	110.53	308356.3	139227.94	4179.24
346	2655	300074	华平股份	46.30	C	0.04	1.56	1.33	0.27	0.49	32.96	5.34	−6.77	−3.68	−8.63	63.27	173868.05	44533.04	2526.92
347	2664	300330	华虹计通	46.20	C	0.04	0.82	0.48	0.52	0.63	41.05	163.49	24.45	2.28	−0.51	93.22	64565.29	32435.03	588.23
348	2666	002077	*ST 大港	46.10	C	0.17	4.39	1.41	0.17	0.36	31.35	2.51	−7.73	6.28	7.16	84.49	449036.58	86034.69	12572.38
349	2669	300319	麦捷科技	46.10	C	0.05	2.24	0.69	0.64	1.26	43.71	2.87	28.14	1.38	−29.61	88.14	384877.11	232919.4	4641.61
350	2678	688007	光峰科技	46.00	C	0.25	4.16	0.61	0.62	0.98	32.26	6.55	−1.53	2.88	−35.26	89.84	322620.43	194888.42	8665.72

续表

序号	A股上市公司评价得分排序	股票代码	股票简称	综合得分	评价等级	每股收益（元）	总资产报酬率（%）	净资产收益率（%）	总资产周转率（次）	流动资产周转率（次）	资产负债率（%）	已获利息倍数	营业收入增长率（%）	资本扩张率（%）	市场投资回报率（%）	股价波动率（%）	年末资产总额（万元）	营业收入（万元）	净利润（万元）
351	2680	300462	华铭智能	45.90	C	0.68	5.07	6.46	0.43	0.53	34.83	12.12	−13.22	7.46	−22.50	67.86	262575.51	124977.36	12686.5
352	2684	002199	东晶电子	45.90	C	0.03	1.58	−0.13	0.52	0.91	22.98	7251.55	24.73	2.01	−28.02	75.67	52521.67	26240.42	797.55
353	2697	300020	银江股份	45.70	C	0.24	4.05	3.81	0.33	0.49	47.78	2.95	2.82	5.18	−6.76	72.49	671357.87	213818.19	15136.83
354	2699	300322	硕贝德	45.60	C	0.07	2.51	2.25	0.78	1.12	52.63	2.63	5.51	98.64	−37.41	93.00	295153.61	184593.28	3680.42
355	2704	300766	每日互动	45.60	C	0.18	3.96	4.28	0.26	0.34	16.97	0.00	0.11	1.78	−54.96	138.00	206313.36	50144.15	7723.78
356	2706	300647	超频三	45.60	C	0.04	2.68	0.15	0.45	1.02	52.21	1.62	13.78	7.19	36.62	163.12	144243.16	60933.9	1604.87
357	2712	300706	阿石创	45.50	C	0.04	2.51	0.88	0.41	0.86	49.53	1.47	11.80	15.64	−6.89	82.43	101229.84	35397.7	743.12
358	2716	002036	联创电子	45.40	C	0.17	3.09	0.34	0.70	1.17	66.12	1.85	23.84	63.56	−26.18	76.84	1238825.97	753194.29	14365.44
359	2717	603933	睿能科技	45.40	C	0.13	2.07	0.81	1.04	1.19	28.95	4.83	1.29	−0.80	−31.06	63.61	145985.09	149698.92	2383.74
360	2722	300170	汉得信息	45.30	C	0.07	2.02	1.21	0.53	0.73	36.68	2.74	−8.46	7.86	−28.42	69.03	521757.73	249308.5	6144.74
361	2723	300657	弘信电子	45.30	C	0.26	3.52	−2.14	0.65	1.01	64.04	3.22	7.20	11.35	−27.19	113.04	463874.1	263736.89	9102.79
362	2729	300241	瑞丰光电	45.20	C	0.09	2.33	0.32	0.57	1.14	44.05	7.49	−10.13	4.54	−8.65	117.49	223607.86	123291.05	4769.36
363	2740	603679	华体科技	45.10	C	0.47	5.72	7.48	0.50	0.74	50.08	6.57	−1.33	14.36	−26.96	102.95	157812.24	70236.29	6655.19
364	2741	300808	久量股份	45.00	C	0.24	3.66	2.97	0.49	0.84	22.35	5.89	−19.79	2.87	−33.39	62.35	139024.07	70554.8	3876.47
365	2760	300202	*ST 聚龙	44.70	C	0.09	3.21	2.53	0.25	0.35	27.95	2.90	−15.42	0.06	−22.52	112.05	226886.94	56586.26	4738.24
366	2774	600478	科力远	44.50	C	0.03	2.61	−5.88	0.41	1.51	50.40	1.49	22.41	1.11	1.03	56.00	614902.54	254577.6	4090.48
367	2785	300256	星星科技	44.20	C	0.12	2.04	−1.61	0.80	1.48	68.02	1.26	30.81	1.50	−1.77	77.23	1071217.37	829815.8	5203.23
368	2791	002657	中科金财	44.20	C	0.02	0.81	−1.82	0.56	0.90	28.23	2.92	5.14	0.37	−45.66	110.07	314237.61	175840.27	690.02
369	2795	603660	苏州科达	44.00	C	0.17	3.09	2.93	0.74	0.92	44.82	3.58	−7.57	5.35	−36.20	133.79	352512.25	235377.65	8552.72
370	2806	600718	东软集团	43.90	C	0.11	0.61	−3.44	0.49	0.91	48.54	1.27	−8.89	−4.55	−9.71	50.69	1640770.1	762198.77	−1652.3
371	2808	688168	安博通	43.70	C	0.87	4.53	3.18	0.24	0.25	10.74	66.11	5.67	2.14	−43.04	120.19	114505.89	26283.57	4457.84
372	2823	300128	锦富技术	43.20	C	0.02	2.91	0.83	0.56	1.17	45.76	1.84	−13.62	0.64	−12.81	105.38	235316.86	136423.27	2686.9
373	2828	002180	纳思达	43.10	C	0.08	0.87	−1.71	0.52	1.50	68.15	0.41	−15.93	26.94	−19.39	97.99	3822641.63	1958518.5	−15049.89
374	2830	688118	普元信息	43.00	C	0.33	2.86	0.83	0.33	0.34	10.23	0.00	−8.90	1.58	−36.52	128.77	108949.14	36071.82	3136.52
375	2839	688010	福光股份	42.90	C	0.33	2.66	2.13	0.27	0.44	22.85	19.76	1.32	1.14	−34.74	86.90	233600.18	58754.96	5101.95

续表

序号	A股上市公司评价得分排序	股票代码	股票简称	综合得分	评价等级	每股收益（元）	总资产报酬率（%）	净资产收益率（%）	总资产周转率（次）	流动资产周转率（次）	资产负债率（%）	已获利息倍数	营业收入增长率（%）	资本扩张率（%）	市场投资回报率（%）	股价波动率（%）	年末资产总额（万元）	营业收入（万元）	净利润（万元）
376	2850	600152	维科技术	42.70	C	0.12	2.00	-4.66	0.59	1.01	55.02	5.26	6.08	6.99	7.47	57.92	317131.39	174497.95	4819.95
377	2854	300708	聚灿光电	42.60	C	0.08	2.53	-8.69	0.53	0.98	71.17	1.29	23.05	4.87	90.01	284.74	265539.45	140667.42	2137.49
378	2860	300302	同有科技	42.50	C	0.08	3.49	2.70	0.20	0.51	16.94	3.55	-4.03	21.21	-10.68	101.55	170785.01	33153.8	3728.31
379	2864	300449	汉邦高科	42.40	C	0.16	3.92	-3.02	0.27	0.54	34.70	4.11	-17.76	-1.21	24.76	141.26	140263.71	42387.81	4770.24
380	2876	002528	英飞拓	42.20	C	0.07	2.46	1.40	0.73	1.25	50.90	2.58	10.23	0.40	-35.85	72.18	774021.21	523723.21	8182.63
381	2877	300448	浩云科技	42.20	C	0.02	0.47	-0.77	0.29	0.42	13.08	4.41	-34.80	-2.46	13.55	86.44	170406.16	51144.41	-424.85
382	2878	603496	恒为科技	42.20	C	0.18	3.52	3.16	0.50	0.65	30.54	21.44	22.81	1.60	-31.98	105.95	116852.81	53312.45	3096.69
383	2880	600476	湘邮科技	42.10	C	0.03	2.45	-2.16	0.83	1.01	61.36	2.44	15.88	-5.24	-32.79	62.51	41054.54	34160.94	441.94
384	2881	002387	维信诺	42.10	C	0.15	2.63	-3.56	0.09	0.50	49.43	1.41	27.69	1.41	-29.00	83.10	3852484.93	343433.11	25487.51
385	2883	300311	任子行	42.10	C	0.03	1.75	-1.81	0.53	0.81	42.24	4.64	-11.87	1.89	-41.15	88.87	167523.87	87798.92	1648.94
386	2889	300479	神思电子	42.10	C	0.04	1.68	-1.34	0.40	0.68	25.79	2.57	-20.15	1.43	-11.99	61.72	92305.2	37559.44	1077.31
387	2890	300053	欧比特	42.00	C	0.16	3.27	1.65	0.22	0.49	22.89	46.76	2.13	3.64	-29.92	80.10	393324.65	86983.15	10823.75
388	2893	002280	*ST 联络	42.00	C	0.04	3.94	-4.26	1.74	2.71	73.27	2.66	29.57	5.45	-65.31	296.63	964262.11	1615557.52	20597.38
389	2905	300131	英唐智控	41.60	C	0.25	9.46	-21.46	2.28	2.98	58.36	2.12	-12.82	-24.00	55.40	170.45	347650.28	1041822.63	22224.28
390	2908	600707	彩虹股份	41.50	C	-0.23	-0.49	-5.01	0.25	1.04	51.86	-0.29	78.29	-4.43	54.18	127.49	4110194.4	1044797.64	-91690.97
391	2914	000701	厦门信达	41.40	C	-0.29	3.25	-2.39	4.05	5.47	83.04	1.29	-8.98	-1.09	-9.28	93.75	1792293.1	7627633.4	5658.88
392	2922	002197	证通电子	41.00	C	0.04	2.02	-1.47	0.21	0.50	62.68	1.15	-0.81	0.70	-6.74	72.79	649082.48	132874.34	1156.39
393	2924	300520	科大国创	40.90	C	0.16	2.33	-7.93	0.57	0.99	48.85	4.97	-3.67	-15.47	15.09	110.83	263310.78	151204.07	4601.36
394	2944	002474	榕基软件	40.30	C	0.08	2.68	1.25	0.26	0.38	44.90	2.94	0.43	2.74	-28.54	68.06	288676.33	73047.55	4827.85
395	2951	300377	赢时胜	40.10	C	0.02	-0.81	-3.01	0.27	0.59	7.76	-9.48	27.79	-3.48	-25.89	84.07	301324.27	83777.05	-4347.27
396	2952	300333	兆日科技	40.00	C	-0.06	2.39	-6.80	0.24	0.42	7.30	0.00	-10.81	-5.20	-16.04	79.44	87160.43	21376.44	-493.35
397	2955	300279	和晶科技	40.00	C	0.01	1.78	0.15	0.66	1.16	65.87	1.19	15.31	0.14	-11.68	82.15	265265.64	168197.73	415.03
398	2962	300076	GQY 视讯	39.90	C	0.04	1.67	0.35	0.16	0.19	8.15	0.00	107.49	1.56	-15.92	81.81	112331.07	17963.24	1587.95
399	2978	603106	恒银科技	39.30	C	0.08	1.14	-0.63	0.35	0.42	36.50	0.00	-9.11	2.06	-20.66	86.92	256793.61	92374.32	3243.22
400	2982	600100	同方股份	39.30	C	0.03	2.61	-1.29	0.42	0.82	67.02	1.31	12.44	-0.23	-30.17	84.52	6232777.46	2590704.82	31262.26

续表

序号	A股上市公司评价得分排序	股票代码	股票简称	综合得分	评价等级	每股收益（元）	总资产报酬率（%）	净资产收益率（%）	总资产周转率（次）	流动资产周转率（次）	资产负债率（%）	已获利息倍数	营业收入增长率（%）	资本扩张率（%）	市场投资回报率（%）	股价波动率（%）	年末资产总额（万元）	营业收入（万元）	净利润（万元）
401	2995	000536	*ST 华映	38.90	C	0.22	6.98	-22.77	0.16	0.70	54.10	2.93	48.83	12.66	6.24	153.27	1213496.53	219387.31	61338.03
402	3017	002279	久其软件	37.90	C	0.1	4.14	-17.57	0.99	1.66	57.85	2.62	-9.04	-5.86	-26.82	91.77	266702.3	282140.87	7443.7
403	3028	300323	华灿光电	37.50	C	0.02	0.79	-7.53	0.23	0.51	42.83	1.24	-2.66	31.18	64.70	220.79	1103421.11	264413.3	1823.97
404	3031	600651	飞乐音响	37.40	C	0.19	6.14	-60.43	0.47	0.87	68.78	2.99	51.44	0.00	-24.12	68.00	910845.52	443348.21	43296.07
405	3048	300078	思创医惠	36.90	C	0.12	3.50	1.12	0.33	0.64	36.50	4.99	-6.53	1.85	-29.47	92.93	472232.19	147126.47	10696.3
406	3061	002076	*ST 雪莱	36.40	C	0.06	12.52	25.80	0.49	1.18	104.31	2.12	-5.44	0.00	-27.18	127.28	69288.4	33429.67	4392.18
407	3065	002055	得润电子	36.30	C	0.25	3.33	-5.29	0.74	1.19	73.56	1.50	-2.86	0.13	17.01	98.04	947666.54	727222.85	6489.02
408	3066	300352	北信源	36.30	C	0.02	0.54	0.25	0.23	0.32	23.87	3.63	-11.24	-3.01	-25.93	86.50	286781.5	64082.34	1889.89
409	3094	300736	百邦科技	34.90	C	-0.67	-27.40	-30.41	1.58	1.88	32.37	-4347.52	38.35	-32.20	-19.14	98.61	27170.72	48891.85	-8749.71
410	3106	300044	*ST 赛为	34.30	C	-0.08	0.39	-5.20	0.33	0.60	66.91	0.23	22.94	-6.92	-3.26	75.90	503812.66	156950.46	-5680.87
411	3129	300609	汇纳科技	33.30	C	-0.07	-1.15	-2.50	0.22	0.37	9.16	-36.64	-32.65	84.76	-54.22	125.47	123777.57	21875.11	-947.57
412	3138	300077	国民技术	32.90	C	0.02	1.71	-15.11	0.19	0.44	46.74	0.83	-3.81	0.18	30.40	93.32	204549.66	37970.72	-653.51
413	3144	002405	四维图新	32.60	C	-0.16	-3.57	-4.99	0.24	0.78	14.32	-14.88	-7.02	-1.29	-13.63	71.14	920591.22	214765.56	-35699.38
414	3149	002331	皖通科技	32.30	C	-0.47	-5.93	-9.34	0.52	0.72	28.21	-148.42	7.97	-9.78	12.22	59.71	284266.53	157594.9	-18719.58
415	3153	002766	*ST 索菱	32.20	C	-3.1	-34.32	1302.77	0.27	0.38	135.44	-7.42	9.26	-236.41	34.07	120.62	214628.8	102645.09	-130489.86
416	3154	002308	威创股份	32.10	C	0.04	1.15	-11.70	0.23	0.32	10.68	5.83	-41.83	0.33	7.30	96.92	262168.67	64083.9	3092.08
417	3186	300150	世纪瑞尔	30.80	C	-0.16	-3.43	-4.93	0.33	0.51	16.21	-32.77	-13.09	-7.12	10.90	70.73	227153.1	77722.51	-9029.31
418	3192	300032	金龙机电	30.60	C	-0.3	-10.10	-15.66	0.75	1.82	47.24	-12.86	0.60	-17.01	35.30	122.29	227087.05	174220.67	-25061.62
419	3207	300301	长方集团	30.10	C	-0.05	1.54	-6.50	0.43	1.02	57.75	0.76	-19.43	-2.98	19.15	266.14	273872.84	130285.75	-3780.83
420	3213	600756	浪潮软件	29.80	C	-0.27	-2.34	-3.85	0.36	0.53	44.88	-181.96	-8.70	-12.84	-26.16	70.98	385375.5	132889.76	-8614.95
421	3234	002512	达华智能	28.50	C	0.02	3.54	-18.60	0.43	1.03	68.97	1.15	-7.35	2.17	-45.61	82.13	437388.88	211490.85	2081.36
422	3242	300389	艾比森	28.00	C	-0.23	-4.91	-7.69	0.75	1.05	43.90	-535671.50	-24.69	-6.79	-5.67	72.08	212097.03	164211.47	-7170.5
423	3250	002289	宇顺电子	27.50	C	-0.11	-7.56	-10.64	0.36	0.50	17.48	-14.42	-31.82	-9.56	0.24	93.04	36143.16	13942.08	-3153.56
424	3252	300250	初灵信息	27.50	C	-1.69	-33.34	-43.23	0.38	0.67	26.62	-904.33	-16.07	-31.67	-18.31	69.25	96050.28	40775.04	-36893.53
425	3259	300465	高伟达	27.20	C	-1.5	-29.38	-71.52	0.87	1.26	70.01	-27.71	7.70	-57.00	14.24	103.70	193927.61	189365.85	-66124.59

续表

序号	A股上市公司评价得分排序	股票代码	股票简称	综合得分	评价等级	每股收益（元）	总资产报酬率（%）	净资产收益率（%）	总资产周转率（次）	流动资产周转率（次）	资产负债率（%）	已获利息倍数	营业收入增长率（%）	资本扩张率（%）	市场投资回报率（%）	股价波动率（%）	年末资产总额（万元）	营业收入（万元）	净利润（万元）
426	3266	300168	万达信息	26.90	C	-1.1	-15.43	-61.95	0.41	0.79	78.70	-7.54	41.60	-48.97	36.93	91.78	697831.01	300827.11	-128578.34
427	3277	603869	新智认知	26.60	C	0.03	2.21	-8.47	0.17	0.26	37.69	1.82	-63.61	-0.08	-18.18	72.54	641039.01	117480.99	1395.72
428	3285	600654	ST 中安	26.10	C	-0.14	-1.07	-193.61	0.60	1.10	98.00	-0.31	4.16	-70.44	-17.14	89.70	462966.65	301432.86	-18233.51
429	3290	002072	*ST 凯瑞	26.00	C	-1.15	-36.74	272.58	0.05	0.10	143.27	-14.38	72.99	-723.95	-22.74	58.19	40305.61	2651.37	-20233.15
430	3302	603508	思维列控	25.70	C	-2.16	-11.01	-13.95	0.18	0.38	9.86	0.00	-6.51	-11.39	-41.37	101.16	434190.82	84355.28	-56088.67
431	3309	300546	雄帝科技	25.30	C	-0.11	-1.59	-3.20	0.38	0.45	18.40	-74.09	-42.79	-1.09	-43.66	107.40	103928.98	40399.15	-1627.12
432	3311	300209	天泽信息	25.30	C	-2.08	-14.75	-25.73	1.01	1.55	31.45	-20.29	29.97	-22.07	-30.47	97.54	453724.71	502653.11	-87464.75
433	3322	300807	天迈科技	24.80	C	0.05	-0.26	-2.40	0.25	0.34	16.89	-2.12	-53.93	-6.49	-43.93	120.84	76611	21600.25	264.04
434	3329	300366	创意信息	24.40	C	-1.5	-22.24	-40.89	0.56	0.76	50.36	-20.48	1.78	-33.58	-11.08	129.35	324742.86	200647.08	-81621.57
435	3339	002141	贤丰控股	24.10	C	-0.48	-40.14	-26.47	0.64	1.66	35.86	-20.93	-2.62	-50.00	-30.68	70.45	116724.08	96366.14	-63253.92
436	3351	002642	荣联科技	23.70	C	-1.64	-31.56	-51.19	0.84	1.35	49.88	-102.52	-13.62	-50.58	-29.30	88.96	278962.87	281302.35	-108296.94
437	3354	300162	雷曼光电	23.60	C	-0.9	-25.89	-40.01	0.64	0.97	45.93	-191.13	-15.31	-33.45	-23.39	86.88	115968.5	81883.31	-31699.8
438	3357	002369	卓翼科技	23.60	C	-1.04	-16.60	-34.49	0.87	1.82	54.01	-15.51	-9.05	-30.06	-45.27	142.08	301678.63	304062.62	-60766.32
439	3376	300296	利亚德	22.90	C	-0.38	-5.57	-13.47	0.46	0.64	46.79	-7.64	-26.68	-13.69	-18.04	86.11	1363744.95	663366.69	-96853.31
440	3381	300102	乾照光电	22.90	C	-0.35	-3.06	-12.07	0.20	0.52	62.13	-2.07	26.60	-9.54	21.29	188.09	621365.79	131571.98	-24768.21
441	3388	600601	ST 方科	22.40	C	-0.42	-6.84	-70.84	0.63	1.25	91.69	-3.09	2.45	-60.67	7.88	112.84	898641.06	597254.64	-91991.22
442	3406	300287	飞利信	21.80	C	-0.92	-31.06	-42.77	0.23	0.38	32.72	-139.73	-34.01	-37.14	3.96	76.97	357207.61	97167.01	-132086.81
443	3410	002456	欧菲光	21.50	C	-0.72	-2.84	-19.73	1.29	2.16	73.71	-1.50	-6.97	-18.04	-18.46	82.53	3422706.23	4834970.1	-185368.33
444	3412	600751	海航科技	21.40	C	-3.38	-6.53	-90.42	2.70	3.45	94.47	-3.33	2.92	-64.35	-11.98	85.52	12165605.2	33669393.8	-1180379.3
445	3413	300139	晓程科技	21.40	C	-0.36	-3.46	-12.72	0.15	0.23	13.90	-4.36	-48.64	-6.79	19.51	177.33	112806.1	18475.33	-6188.87
446	3419	300324	旋极信息	21.30	C	-0.73	-16.49	-26.99	0.38	0.67	37.96	-41.26	-15.97	-22.67	-27.11	130.96	666765.96	279761.4	-124665.69
447	3446	300184	力源信息	20.20	C	-1.47	-29.29	-45.67	1.83	2.61	39.01	-58.94	-21.10	-37.85	-38.20	77.42	478336.69	1036016.62	-173524.93
448	3447	002587	奥拓电子	20.20	C	-0.25	-6.99	-13.13	0.35	0.44	38.22	-74.09	-34.18	-0.03	-32.56	92.76	224954.91	81953.19	-15597.72
449	3449	300167	迪威迅	20.10	C	-0.4	-11.52	-21.43	0.27	0.38	40.40	-4.74	-52.01	-19.89	-13.17	86.88	79408.82	25208.93	-11680.62
450	3450	300588	熙菱信息	20.00	C	-0.83	-13.64	-38.94	0.29	0.34	69.22	-23.23	-3.76	-32.76	-6.02	116.61	91313.53	27049.07	-13577.12

续表

序号	A股上市公司评价得分排序	股票代码	股票简称	综合得分	评价等级	每股收益（元）	总资产报酬率（%）	净资产收益率（%）	总资产周转率（次）	流动资产周转率（次）	资产负债率（%）	已获利息倍数	营业收入增长率（%）	资本扩张率（%）	市场投资回报率（%）	股价波动率（%）	年末资产总额（万元）	营业收入（万元）	净利润（万元）
451	3457	300340	科恒股份	19.90	C	-3.51	-25.42	-71.23	0.56	0.93	72.68	-22.67	-10.51	-52.09	7.66	84.13	254449.58	164646.97	-74459.18
452	3482	300220	金运激光	18.70	C	-0.37	-14.73	-22.65	0.47	0.79	51.07	-45.81	-10.25	-18.78	-43.02	160.66	45260.39	19682.06	-5762.63
453	3483	002217	合力泰	18.70	C	-1.00	-9.19	-27.39	0.53	0.80	65.62	-4.25	-7.93	-22.89	-27.07	97.46	3037231.87	1715288.82	-308196.13
454	3484	002005	ST 德豪	18.70	C	-0.34	-12.32	-38.03	0.47	1.18	52.05	-869.97	-25.65	-27.06	-38.58	108.09	406348.4	221600.26	-60248.3
455	3498	002316	亚联发展	18.30	C	-1.24	-18.30	-97.00	1.18	2.27	86.38	-14.28	-21.94	-61.88	-49.60	132.14	248947.45	327921.93	-57366.83
456	3508	002530	金财互联	17.90	C	-1.6	-32.81	-43.41	0.27	0.54	31.30	-109.55	-19.88	-35.58	-41.92	142.78	332881.65	101147.97	-122340.36
457	3522	300083	创世纪	17.30	C	-0.49	-6.95	-31.47	0.47	0.79	72.68	-4.44	-36.11	-25.28	179.15	235.85	757689.93	347538.12	-69560.05
458	3531	000606	顺利办	16.90	C	-1.56	-54.89	-115.34	0.36	0.82	71.11	-146.99	-61.75	-74.31	-42.52	80.34	150269.48	77450.4	-119354.09
459	3539	300264	佳创视讯	16.60	C	-0.12	-8.16	-25.80	0.29	0.39	37.58	-12.54	-22.62	-20.48	-33.97	105.58	39378.34	12710.78	-4896.39
460	3544	300469	信息发展	16.30	C	-0.31	-4.13	-23.12	0.49	0.74	71.51	-2.65	-10.65	-18.87	-31.24	92.77	103338.09	57199.85	-6193.48
461	3558	600198	*ST 大唐	15.40	C	-1.55	-35.37	-392.60	0.27	0.61	116.54	-14.07	-15.62	-136.43	-7.02	125.78	314041.93	120721.15	-173763.4
462	3559	300270	中威电子	15.40	C	-0.39	-10.28	-15.60	0.17	0.26	26.63	-23.02	-11.50	-14.28	-31.99	85.50	108070.08	20854.86	-11761.95
463	3579	002195	二三四五	14.20	C	-0.16	-7.87	-10.09	0.12	0.17	7.70	-35.00	-49.78	-10.21	-32.10	65.41	990815.87	122579.28	-91300.33
464	3584	002547	春兴精工	13.80	C	-0.94	-13.42	-48.46	0.73	1.29	70.81	-9.01	-29.03	-38.62	-44.54	144.35	610935.04	515325.28	-106879.75
465	3604	300300	海峡创新	12.60	C	-0.87	-26.50	-24.45	0.16	0.35	50.69	-21.57	-21.69	-38.91	-53.93	145.60	184534.53	35359.88	-59387.41
466	3610	002383	合众思壮	12.20	C	-1.48	-12.09	-46.65	0.21	0.37	75.45	-3.24	9.12	-39.27	-28.64	91.28	726713.03	169023.92	-109936.44
467	3612	002161	远望谷	12.00	C	-0.59	-17.95	-6.99	0.17	0.32	45.91	-22.97	-24.62	-24.53	-43.16	155.41	278868.02	47401.9	-43970.07
468	3619	000413	东旭光电	11.50	C	-0.59	-2.97	-10.08	0.11	0.19	55.86	-1.29	-59.79	-9.21	-25.99	71.33	6482923.29	704874.6	-347259.39
469	3630	300297	蓝盾股份	10.80	C	-0.87	-10.88	-35.57	0.13	0.22	60.63	-3.83	-45.53	-27.72	-16.91	144.66	735352.48	104554.43	-111020.33
470	3651	300344	立方数科	8.80	C	-1.21	-78.87	-190.36	0.27	0.58	88.72	-30.36	-56.25	-91.03	-27.87	86.72	47819.26	19770.78	-59300.04
471	3653	300367	ST 网力	8.70	C	-0.44	-11.29	-150.16	0.08	0.16	92.81	-3.19	-21.81	-71.38	-20.31	97.78	302892.88	27640.3	-52265.52
472	3657	300010	豆神教育	8.10	C	-2.96	-41.67	-125.51	0.23	0.56	81.14	-25.16	-29.97	-76.10	-28.14	141.20	453853.46	138615.9	-270692.29
473	3671	002618	*ST 丹邦	6.10	C	-1.48	-36.09	-61.45	0.02	0.18	47.69	-19.88	-85.96	-47.25	-60.06	162.01	174988.73	4872.45	-81105.01
474	3677	600666	ST 瑞德	4.50	C	-0.56	-16.43	-179.66	0.16	0.40	97.33	-4.14	-28.81	-89.65	-48.96	155.42	295218.04	51955.56	-68434.35
475	-	300852	四会富仕	76.50	A	2.49	17.94	18.24	0.84	1.26	17.86	163.66	35.70	147.44	15.48	53.17	106914.65	65021.04	12050.01

续表

序号	A股上市公司评价得分排序	股票代码	股票简称	综合得分	评价等级	每股收益（元）	总资产报酬率（%）	净资产收益率（%）	总资产周转率（次）	流动资产周转率（次）	资产负债率（%）	已获利息倍数	营业收入增长率（%）	资本扩张率（%）	市场投资回报率（%）	股价波动率（%）	年末资产总额（万元）	营业收入（万元）	净利润（万元）
476	–	300916	朗特智能	75.20	A	2.72	13.64	15.56	1.03	1.16	23.43	316.84	36.06	231.28	15.48	17.41	108825.88	77442.74	8926.63
477	–	688588	凌志软件	74.30	BBB	0.52	21.26	16.08	0.60	0.87	7.84	0.00	5.61	76.42	15.48	116.66	130372.95	63009.16	20073.12
478	–	002993	奥海科技	74.10	BBB	2.18	11.72	21.07	0.92	1.10	47.20	175.64	27.17	182.53	15.48	60.13	419747.42	294520.29	32903.86
479	–	688536	思瑞浦	74.00	BBB	2.83	12.29	11.99	0.38	0.39	3.40	702.90	86.61	1075.32	15.48	75.08	266423.39	56648.85	18379.21
480	–	003028	振邦智能	74.00	BBB	2.11	19.92	23.40	0.99	1.05	27.33	0.00	42.74	161.59	15.48	0.00	142451.58	99418.67	17365.99
481	–	688093	世华科技	73.90	BBB	0.92	18.92	18.03	0.42	0.74	7.30	0.00	36.50	296.22	15.48	23.51	117800.13	32895.6	12892.1
482	–	002987	京北方	73.60	BBB	1.87	19.96	21.47	1.54	1.62	15.17	341.88	35.90	181.13	15.48	71.37	208908.62	229256.85	27607.62
483	–	300822	贝仕达克	73.50	BBB	1.69	18.22	19.42	0.83	1.06	24.46	0.00	20.19	145.47	15.48	80.66	150871.49	88580.54	16911.62
484	–	300866	安克创新	73.40	BBB	2.25	19.85	20.57	1.87	2.07	21.75	441.15	40.54	175.16	15.48	57.65	698275.39	935262.93	89486.93
485	–	688208	道通科技	73.40	BBB	0.98	19.57	21.64	0.67	0.85	20.22	127.95	31.94	117.39	15.48	158.28	317500.63	157777.51	43305.97
486	–	603893	瑞芯微	73.00	BBB	0.79	13.28	13.67	0.78	0.88	16.83	0.00	32.37	31.75	15.48	163.26	271842.23	186338.72	31997.26
487	–	603931	格林达	73.00	BBB	1.19	12.32	11.40	0.60	0.93	11.48	80.92	11.25	111.25	15.48	48.79	124813.02	58353.48	10084.44
488	–	300925	法本信息	72.90	BBB	1.25	12.19	14.54	1.79	1.85	26.33	40.53	49.06	171.31	15.48	0.00	151894.68	194773.75	12154.02
489	–	688127	蓝特光学	72.90	BBB	0.49	17.65	15.77	0.36	0.69	9.89	810.69	31.38	114.30	15.48	40.12	153607.12	43893.33	18307.82
490	–	003026	中晶科技	72.80	BBB	1.16	15.27	15.02	0.43	0.61	11.45	0.00	22.07	110.14	15.48	58.08	84401.19	27287.76	8672.75
491	–	300909	汇创达	71.70	BBB	1.22	11.78	12.47	0.62	0.86	20.64	55.02	49.59	228.36	15.48	37.48	142393.64	60869.93	9462.89
492	–	605111	新洁能	71.60	BBB	1.69	14.32	15.57	0.87	0.99	17.06	0.00	23.62	102.93	15.48	160.06	139848.15	95498.9	13935.42
493	–	300884	狄耐克	71.30	BBB	1.67	15.68	18.63	0.67	0.72	25.72	458.10	26.47	218.23	15.48	51.45	163753.06	77790.02	15459.56
494	–	688396	华润微	70.90	BBB	0.84	8.46	10.44	0.52	0.87	28.62	27.69	21.50	84.65	15.48	133.72	1653249.58	697725.92	105970.85
495	–	688568	中科星图	70.60	BBB	0.78	14.55	16.56	0.61	0.65	26.09	65.66	43.55	332.81	15.48	88.44	168941.71	70254.15	15160.64
496	–	003004	声迅股份	70.40	BBB	1.05	12.02	13.99	0.44	0.57	20.20	22.79	−15.54	150.76	15.48	44.73	89256.58	30798.79	7047.13
497	–	688608	恒玄科技	70.30	BBB	2.20	6.25	5.69	0.33	0.34	4.66	3489.69	63.55	952.73	15.48	13.56	576432.25	106117.11	19839.05
498	–	688508	芯朋微	69.90	BB	1.04	10.87	9.17	0.44	0.48	7.46	0.00	28.11	176.28	15.48	65.66	139512.81	42929.87	9973.62
499	–	688595	芯海科技	69.70	BB	1.10	13.82	10.48	0.53	0.65	16.05	23.68	40.40	216.81	15.48	28.66	102101.27	36279.6	8876.39
500	–	688678	福立旺	69.60	BB	0.86	10.28	11.64	0.41	0.67	22.73	28.21	16.63	145.42	15.48	11.47	171815	51695.02	11285.35

续表

序号	A股上市公司评价得分排序	股票代码	股票简称	综合得分	评价等级	每股收益（元）	总资产报酬率（%）	净资产收益率（%）	总资产周转率（次）	流动资产周转率（次）	资产负债率（%）	已获利息倍数	营业收入增长率（%）	资本扩张率（%）	市场投资回报率（%）	股价波动率（%）	年末资产总额（万元）	营业收入（万元）	净利润（万元）
501	–	002990	盛视科技	69.50	BB	1.98	13.85	16.25	0.50	0.53	23.63	127.00	15.82	201.70	15.48	63.10	247023.52	93510.99	22439.41
502	–	300843	胜蓝股份	69.10	BB	0.77	10.98	15.14	0.87	1.08	35.29	287.54	26.29	95.54	15.48	83.76	133992.62	91484.28	10237.09
503	–	003007	直真科技	69.10	BB	1.02	8.46	8.92	0.53	0.65	15.59	3055.73	8.45	107.27	15.48	31.35	108474.59	44356.02	6614.72
504	–	003005	竞业达	68.90	BB	1.72	12.28	15.27	0.43	0.52	26.64	164.62	−11.27	199.36	15.48	24.19	187497.07	60068.23	14805.36
505	–	003029	吉大正元	68.90	BB	0.79	9.77	11.84	0.44	0.46	25.58	626.02	1.70	82.74	15.48	26.65	170179.34	61037.64	11542.33
506	–	688555	泽达易盛	68.70	BB	1.11	12.86	9.89	0.35	0.45	12.19	295.46	15.55	102.34	15.48	117.95	94656.75	25570.41	8072.66
507	–	688233	神工股份	68.70	BB	0.65	12.96	11.40	0.22	0.33	10.14	0.00	1.86	235.97	15.48	91.70	134856.78	19209.75	10027.65
508	–	605118	力鼎光电	68.60	BB	0.39	16.76	14.74	0.41	0.58	9.39	0.00	−10.41	81.82	15.48	57.16	124224.88	41705.3	15063.29
509	–	688699	明微电子	68.20	BB	1.96	14.19	14.33	0.64	0.76	9.69	0.00	13.47	223.82	15.48	33.37	120228.18	52526.12	10926.69
510	–	605258	协和电子	67.90	BB	1.35	10.86	11.26	0.58	0.90	19.40	18.65	13.54	124.99	15.48	15.84	136593.96	61583.17	9408.01
511	–	003019	宸展光电	67.80	BB	1.13	12.72	11.87	1.04	1.22	18.52	2765.10	−9.71	148.90	15.48	36.40	148512.41	119365.61	11118.38
512	–	688135	利扬芯片	67.40	BB	0.49	7.38	6.40	0.30	0.70	10.60	17.06	8.97	115.31	15.48	34.16	109210.58	25282.54	5194.72
513	–	300868	杰美特	67.20	BB	1.00	8.84	7.78	0.60	0.70	14.69	0.00	3.06	255.26	15.48	42.84	211210	85470.81	10637.07
514	–	688181	八亿时空	67.10	BB	1.77	10.98	8.83	0.35	0.44	12.85	701.80	50.71	8.75	15.48	106.76	193663.82	64868.38	17047.31
515	–	300903	科翔股份	67.10	BB	0.79	6.78	11.17	0.88	1.15	49.07	24.64	20.60	112.28	15.48	48.41	225197.18	160215.03	10503.38
516	–	605058	澳弘电子	67.00	BB	1.10	9.79	11.01	0.59	0.68	30.12	29.65	4.45	122.18	15.48	27.72	186507.65	88222.95	12476.89
517	–	688286	敏芯股份	67.00	BB	0.94	5.80	5.41	0.45	0.53	5.06	0.00	16.21	270.97	15.48	49.79	112376.37	33007.47	4263.91
518	–	002983	芯瑞达	66.70	BB	0.67	9.22	8.41	0.51	0.61	26.37	0.00	7.11	99.65	15.48	109.45	139669.99	55978.68	8738.37
519	–	688095	福昕软件	66.60	BB	2.95	7.37	5.12	0.26	0.29	5.29	1414.55	27.01	802.72	15.48	43.13	317188.79	46860.4	11599.85
520	–	300895	铜牛信息	66.50	BB	0.70	5.51	4.85	0.27	0.59	16.20	0.00	17.98	39.04	15.48	46.84	137148.16	30951.7	5513.62
521	–	688228	开普云	66.10	BB	1.09	8.63	5.75	0.36	0.43	10.32	0.00	1.06	402.86	15.48	88.92	131211.27	30123.22	6884.48
522	–	688060	云涌科技	65.80	BB	1.45	13.38	11.25	0.41	0.45	6.30	1094.08	4.81	279.78	15.48	129.57	97977.16	26294.83	7418.28
523	–	688365	光云科技	65.70	BB	0.24	8.73	4.40	0.48	0.61	12.76	281.02	9.75	57.07	15.48	152.42	129936.99	50997.03	9111.84
524	–	003015	日久光电	65.40	BB	0.45	10.38	11.05	0.42	0.74	21.57	10.66	−6.15	83.45	15.48	35.96	143750.38	51732.72	9908.51
525	–	688500	慧辰资讯	64.70	B	1.13	9.30	4.86	0.36	0.42	11.72	0.00	1.41	109.03	15.48	87.63	142905.06	38934.24	8535.44

续表

序号	A股上市公司评价得分排序	股票代码	股票简称	综合得分	评价等级	每股收益（元）	总资产报酬率（%）	净资产收益率（%）	总资产周转率（次）	流动资产周转率（次）	资产负债率（%）	已获利息倍数	营业收入增长率（%）	资本扩张率（%）	市场投资回报率（%）	股价波动率（%）	年末资产总额（万元）	营业收入（万元）	净利润（万元）
526	–	688318	财富趋势	64.70	B	4.12	13.49	11.37	0.13	0.16	4.33	0.00	21.03	200.01	15.48	98.22	302968.95	27324.61	25148.64
527	–	688579	山大地纬	64.20	B	0.24	7.10	7.50	0.37	0.63	26.85	0.00	1.41	43.66	15.48	92.28	165108.14	49544.24	9120.81
528	–	688004	博汇科技	64.20	B	0.93	7.93	8.30	0.46	0.47	11.01	0.00	4.83	130.85	15.48	144.45	80094.12	28786.53	4642.55
529	–	300846	首都在线	63.70	B	0.10	5.77	5.69	1.10	2.48	28.44	50.28	36.46	21.14	15.48	135.95	105895.84	100855.04	4800.29
530	–	688981	中芯国际	63.70	B	0.67	3.13	1.30	0.17	0.37	30.77	9.87	24.77	98.76	15.48	71.26	20460165.4	2747070.9	402132.6
531	–	688051	佳华科技	63.60	B	2.44	14.33	14.48	0.47	0.73	25.08	23.94	32.37	209.76	15.48	132.83	199866.04	68142.65	17797.44
532	–	603290	斯达半导	62.80	B	1.15	18.34	18.19	0.84	1.19	18.81	269.81	23.55	107.90	15.48	216.53	142468.08	96300.3	18102.8
533	–	300845	捷安高科	62.50	B	0.84	10.71	10.75	0.40	0.45	18.14	0.00	−9.25	112.25	15.48	73.46	94193.96	28598.11	6759.39
534	–	002976	瑞玛工业	62.50	B	0.59	8.25	8.19	0.68	0.94	31.72	251.49	−4.21	61.54	15.48	73.44	110648.03	58419.48	6386.46
535	–	300857	协创数据	61.10	B	0.57	7.91	7.84	1.40	1.75	41.32	6.93	44.54	83.36	15.48	64.39	200214.43	224901.3	10023.89
536	–	688519	南亚新材	60.50	B	0.69	6.04	6.39	0.78	1.01	28.43	14.94	20.62	286.40	15.48	34.36	362284.15	212068.14	13575.62
537	–	002981	朝阳科技	59.50	CCC	0.52	5.12	6.62	0.91	1.27	32.42	33.94	9.31	88.36	15.48	109.40	123650.51	90471.52	4545.91
538	–	300889	爱克股份	59.50	CCC	0.78	7.03	8.26	0.62	0.67	29.25	214.14	−11.96	234.69	15.48	49.17	217792.47	99397.58	9810.34
539	–	688229	博睿数据	59.50	CCC	0.84	5.87	4.24	0.25	0.26	3.87	0.00	−15.62	312.41	15.48	62.59	87471.87	13884.04	3113.91
540	–	688086	紫晶存储	59.30	CCC	0.57	5.58	7.14	0.26	0.34	33.53	15.90	8.97	107.18	15.48	97.02	279883.61	56262.86	10383.06
541	–	605218	伟时电子	59.00	CCC	0.47	8.10	8.19	1.00	1.28	22.44	594.91	−10.45	123.75	15.48	30.41	143549.47	110160.77	8169.12
542	–	688055	龙腾光电	58.90	CCC	0.08	5.76	6.59	0.81	2.17	33.75	12.94	13.87	19.69	15.48	32.30	566439.45	438256.77	26206.16
543	–	300872	天阳科技	58.80	CCC	0.71	7.57	6.85	0.65	0.74	18.74	9.99	23.84	132.62	15.48	46.63	272430.42	131532.77	13292.16
544	–	300842	帝科股份	58.40	CCC	0.94	8.72	12.94	1.26	1.35	48.44	7.21	21.71	107.26	15.48	103.01	161860.93	158154.46	8208.65
545	–	605358	立昂微	57.00	CCC	0.55	5.91	7.31	0.27	0.63	60.59	3.67	26.04	28.26	15.48	247.72	637534.63	150201.78	21527.09
546	–	688590	新致软件	56.80	CCC	0.58	6.97	7.29	0.64	0.73	41.62	4.31	−3.88	72.23	15.48	14.07	202665.54	107428.05	8512.71
547	–	300830	金现代	55.70	CCC	0.17	7.37	5.77	0.50	0.55	6.96	0.00	7.23	56.69	15.48	79.77	119251.19	49392.95	6772.16
548	–	688589	力合微	54.50	CC	0.33	4.48	4.28	0.37	0.40	11.08	0.00	−22.09	172.51	15.48	84.83	80523.4	21562.73	2782.05
549	–	300831	派瑞股份	50.70	CC	0.10	4.86	2.76	0.17	0.21	6.42	35.85	−48.08	60.89	15.48	116.89	81146.18	12153.47	2927.59
550	–	688126	沪硅产业－	50.10	CC	0.04	1.53	−3.77	0.15	0.73	34.20	2.56	21.36	84.37	15.48	156.62	1449850.73	181127.78	9000.24

续表

序号	A股上市公司评价得分排序	股票代码	股票简称	综合得分	评价等级	每股收益（元）	总资产报酬率（%）	净资产收益率（%）	总资产周转率（次）	流动资产周转率（次）	资产负债率（%）	已获利息倍数	营业收入增长率（%）	资本扩张率（%）	市场投资回报率（%）	股价波动率（%）	年末资产总额（万元）	营业收入（万元）	净利润（万元）
551	–	002992	宝明科技	48.60	C	0.26	1.58	0.90	0.62	0.94	41.76	3.76	–24.98	95.32	15.48	61.62	259711.44	137839.34	3117.58
552	–	688521	芯原股份–	46.70	C	–0.06	–0.30	–5.94	0.64	0.84	17.80	–5.66	12.40	173.16	15.48	60.84	319523.08	150612.93	–2556.64
553	–	688561	奇安信–U	43.70	C	–0.54	–3.46	–7.24	0.43	0.66	19.33	–76.98	31.93	98.83	15.48	48.29	1242431.91	416117.41	–34073.62
554	–	688158	优刻得–W	40.80	C	–0.82	–10.39	–14.75	0.75	1.21	24.19	–5737.38	62.06	86.86	15.48	143.91	430466.41	245513.43	–34270.37
555	–	688256	寒武纪–U	33.90	C	–1.15	–7.26	–12.21	0.08	0.08	12.01	0.00	3.38	47.63	15.48	78.11	730952.87	45892.73	–43450.93

第十一章　电力行业上市公司业绩评价

电力行业作为传统公共事业产业，是国民经济发展的支柱之一。宏观经济运行状态、国家政策、气候环境等自然因素很大程度影响着电力行业的产业结构及供需。2020 年迎来“十三五”规划的收官，我国电力行业深化改革的成效显著，电力消费结构持续优化，非化石能源装机容量在“十三五”期间年复合增长率为 17.82%，非化石能源装机容量在电力结构中的占比由 29.60% 增长到 43.41%，提升近 14 个百分点。

2020 年，全国电力供需总体平衡，部分地区有余，局部地区用电高峰时段电力供应偏紧。2020 年全社会用电总量 7.51 万亿千瓦时，较上年增长 3.1%，经济运行稳步复苏是用电量增速回升的最主要原因。截至 2020 年底，全国全口径发电装机容量 22.0 亿千瓦，同比增长 9.5%；全国新增发电装机容量 19087 万千瓦，同比增加 8587 万千瓦，其中新增并网风电、太阳能发电装机容量分别为 7167 万千瓦和 4820 万千瓦，新增并网风电装机规模创历史新高。2020 年末电力（申万）行业股票指数 2564.44，较 2020 年初上升 3.38%，涨幅远低于沪深 300 指数 25.51% 的上涨率。2021 年作为“十四五”规划的开局之年，“做好碳达峰、碳中和工作”为本年八项重点任务之一。在新的国内外环境形势下，我国电力发展也迎来新的机遇和挑战。

一、电力行业上市公司业绩评价结果

截至 2020 年末，电力行业 A 股上市公司共计 75 家，较 2019 年参与业绩评价的电力公司增加 1 家上市公司。其中，盈利 68 家，亏损 7 家，有 90.67% 的公司实现盈利，比 2019 年上升 1.48 个百分点；电力行业上市公司总资产共计 45224.41 亿元，比 2020 年初上升 5.94 个百分点，占全部上市公司总资产的 5.96%。

2020 年，全部上市公司共计实现营业收入 436178.82 亿元，电力行业 75 家上市公司实现营业收入 12120.39 亿元，较 2019 年同期收入下降 0.8%，占全部上市公司营业收入的 2.78%，占比较上年略有下降；全部上市公司共计实现营业利润 28037.99 亿元，电力行业上市公司实现营业利润 1736.52 亿元，较上年同期利润提升 20.55%，占全部上市公司营业利润的 6.19%，相比上年上升 0.77 个百分点。2020 年电力行业整体评价结果为中，行业业绩综合得分 62.1 分，较全市场综合得分 61.4 分高 0.7 分。75 家电力行业上市公司中仅长江电力、宝新能源两家公司业绩评价综合得分名列 2020 年度“中联价值 100”。电力行业上市公司业绩为 A 的共 2 家；业绩为 B 的共 36 家（其中 BBB 的 4 家，BB 的 19 家，B 的 13 家），业绩为 C 的有 37 家（其中 CCC 的 13 家，CC 的 8 家，C 的 16 家）。表 11-1 列示了 2020 年电力行业评价得分前十的上市公司。

表 11－1　2020 年度电力行业评价得分前十名的公司

序号	评价单位代码	单位名称	在 A 股上市公司中评价得分排序排名
1	600900	长江电力	35
2	000690	宝新能源	44
3	600023	浙能电力	352
4	600236	桂冠电力	367
5	002039	黔源电力	368
6	600452	涪陵电力	389
7	002015	协鑫能科	416
8	600167	联美控股	445
9	600116	三峡水利	456
10	600027	华电国际	473

基于对电力行业上市公司的整体评价，下面分别从财务效益状况、资产质量状况、偿债风险状况、发展能力状况、市场表现状况五个方面对电力行业上市公司进行具体分析。

（一）财务效益

表 11-2 列示了电力行业上市公司财务效益状况评价结果。从综合得分来看，2020 年电力行业上市公司财务效益略高于全部上市公司平均水平。根据财务效益状况指标具体分析：与全部上市公司平均值比较，除股本收益率外，2020 年电力行业上市公司财务效益指标均高于上市公司平均水平；与 2019 年行业情况相比较，除盈利现金保障倍数外，各指标均出现不同幅度的上升。从总体情况来看，电力行业上市公司财务效益状况较上年小幅上升。就电力行业具体上市公司的财务效益得分情况而言，有 36 家上市公司财务效益超过全部上市公司平均水平。其中，长江电力在基本指标的财务效益方面获得满分 35 分。长江电力作为世界上最大的水电企业，2020 年受益于上游来水颇丰，公司营业收入以及利润双双创新高。扣除非经常性损益净资产收益率、总资产报酬率、营业利润率、盈利现金保障倍数和股本收益率分别达到 16.07%、11.99%、56.93%、1.55 倍和 117.55%，与全体上市公司和电力行业上市公司相比表现较为突出。

表 11－2　电力行业财务效益状况比较表

分析指标		2020 年上市公司平均值	2020 年行业值	2019 年行业值	增长率（%）
基本指标	扣除非经常性损益净资产收益率（%）	5.93	8.06	7.16	12.57
	总资产报酬率（%）	5.00	6.06	5.69	6.50
	基本得分	20.49	22.64	21.42	5.70
修正指标	营业利润率（%）	6.43	14.33	11.78	21.65
	盈利现金保障倍数	2.01	2.72	3.04	−10.53
	股本收益率（%）	38.17	34.51	27.58	25.13
综合得分		22.11	24.81	23.56	5.31

（二）资产质量

表 11–3 列示了电力行业上市公司资产质量状况评价结果。从综合得分来看，2020 年电力行业上市公司资产质量状况优于上市公司平均水平。从资产质量状况指标来看，流动资产周转率、存货周转率高于上市公司平均值，总资产周转率、应收账款周转率指标低于上市公司平均水平。除存货周转率指标外，其他指标均显示电力行业上市公司在资产周转性较上年呈现下降趋势，总资产周转率、流动资产周转率和应收账款周转率分别较上年下降了 3.45%、6.09%、17.2%。电力行业中有 48 家上市公司超过全部上市公司平均水平，其中涪陵电力、三峡水利、广州发展、通宝能源等 8 家电力行业上市公司在资产质量方面获得满分 15 分，皖能电力、文山电力在资产质量方面的得分接近满分。涪陵电力的主营业务为电力供应业务、配电网节能业务。2020 年其总资产周转率、流动资产周转率、存货周转率、应收账款周转率分别为 0.49、3.48、4910.6、15.59，存货周转率远高于行业其他上市公司。2020 年，其存货较上期期末数减少 43.53%，主要得益于项目储备材料减少。

表 11－3　电力行业资产质量状况比较表

分析指标		2020 年上市公司平均值	2020 年行业值	2019 年行业值	增长率（%）
基本指标	总资产周转率（次）	0.6	0.28	0.29	−3.45
	流动资产周转率（次）	1.14	1.85	1.97	−6.09
	基本得分	9.09	8.74	9.12	−4.17
修正指标	存货周转率（次）	2.64	10.95	10.34	5.90
	应收账款周转率（次）	8.07	5.97	7.21	−17.20
综合得分		9.07	10.19	12.02	−15.22

（三）偿债风险

表 11–4 列示了电力行业上市公司偿债风险状况评价结果。电力行业一直是资产负债率较高的行业，从综合得分来看，电力行业得分值低于全部上市公司平均值，因而偿债风险状况仍然高于上市公司平均水平。与 2019 年的情况相比，除资产负债率、带息负债比率略有下降，已获利息倍数、速动比率和现金流动负债比率分别较上年上升 17.20%、3.02% 和 11.64%。从行业内具体公司来看，电力行业上市公司中有 9 家企业高于上市公司平均水平，较上年已有所改善。其中该指标得分较高的公司有梅雁吉祥、通宝能源、明星电力等。梅雁吉祥为兼营发电售电的企业，负债规模相对有限，2020 年电力生产营业收入占营业收入的比例为 60.48%。其现金流动负债比率为 351.59%，明显高于行业平均水平。

表 11 － 4　电力行业偿债风险状况比较表

分析指标		2020 年上市公司平均值	2020 年行业值	2019 年行业值	增长率（%）
基本指标	资产负债率（%）	60.33	61.51	63.74	–3.50
	已获利息倍数	4.30	2.93	2.5	17.20
	基本得分	8.90	7.70	7.18	7.24
修正指标	速动比率（%）	82.33	53.83	52.25	3.02
	现金流动负债比率（%）	13.31	34.92	31.28	11.64
	带息负债比率（%）	40.72	77.06	77.77	–0.91
综合得分		8.89	5.77	5.54	4.15

（四）发展能力

表 11–5 列示了电力行业上市公司发展能力状况评价结果。从综合得分来看，2020 年电力行业上市公司发展能力略低于全部上市公司平均水平。从具体指标来看，除营业收入增长率、累计保留盈余率和总资产增长率外，其他指标均高于全部上市公司平均水平。与 2019 年电力行业上市公司发展能力状况相比，除累计保留盈余率、营业利润增长率较上年有所回升外，营业收入增长、资本扩张率、三年营业收入增长率、总资产增长率指标均出现不同程度的下降。2020 年受煤价波动的影响，火电企业盈利与 2019 年相比表现较差，在 26 家火电板块上市公司中，16 家上市公司的营业利润增长率未达到行业平均水平。电力行业上市公司中，有 28 家企业在发展能力方面得分超过全部上市公司平均水平，三峡水利、中国核电、长江电力在发展能力方面得分较高。2020 年，三峡水利完成了重大资产重组，收购了重庆长电联合能源有限责任公司控股权及重庆两江长兴电力有限公司 100% 股权，重组后公司核心业务为电力生产、供应，受益于售电量的增加、自有水电站发电量增加以及综合购电成本控制等，2020 年其营业利润增长率达 224.04%，在行业内表现较好。

表 11 – 5　电力行业发展能力状况比较表

分析指标		2020 年上市公司平均值	2020 年行业值	2019 年行业值	增长率（%）
基本指标	营业收入增长率（%）	2.91	−0.8	12.88	−106.21
	资本扩张率（%）	11.25	11.99	15.73	−23.78
	基本得分	12.11	11.79	14.02	−15.91
修正指标	累计保留盈余率（%）	40.8	31.16	30.52	2.10
	三年营业收入增长率（%）	8.5	8.53	15.07	−43.40
	总资产增长率（%）	10.58	5.94	7.79	−23.75
	营业利润增长率（%）	2.48	20.55	17.93	14.61
综合得分		12.17	11.85	12.73	−6.91

（五）市场表现

2020 年我国电力行业指数的变动与沪深 300 指数变动基本保持一致。受新冠肺炎疫情停工停产的影响，2020 年第一、第二季度 A 股上证综指与电力行业指数表现较差。随着疫情的有效防控，经济运行稳步复苏，到 2020 年末，我国电力行业指数基本回归到往年正常水平，2020 年末电力（申万）行业股票指数 2564.44，较 2019 年末上涨 3.38%，涨幅远低于沪深 300 指数 25.51% 的增长率。整体表现不及沪深 300 大盘指数，具体如图 11–1 所示。表 11–6 列示了电力行业上市公司市场表现状况评价结果。从综合得分来看，电力行业上市公司市场回报率为 10.65%，低于全部上市公司 15.87% 的水平，比 2019 年电力行业 18.02% 的水平下降 7.37 个百分点。从公司来看，电力行业有 57 家上市公司在市场表现方面优于全部上市公司平均得分。晋控电力、赣能股份、吉电股份等在市场表现方面得分较高。根据晋控电力 2020 年度报告，燃料采购成本降低导致其年度利润水平较高。2020 年其利润总额同比增长达到 315.75%，归属于上市公司股东的净利润同比增长 231.75%，较高的利润水平使其市场回报率表现突出。

表 11 – 6　电力行业市场表现状况比较表

分析指标	2020 年上市公司平均值	2020 年行业值	2019 年行业值	增长率（%）
市场投资回报率（%）	15.87	10.65	18.02	−40.90
股价波动率（%）	105.04	75.63	80.10	−5.58
得分	9.17	9.50	9.18	3.49

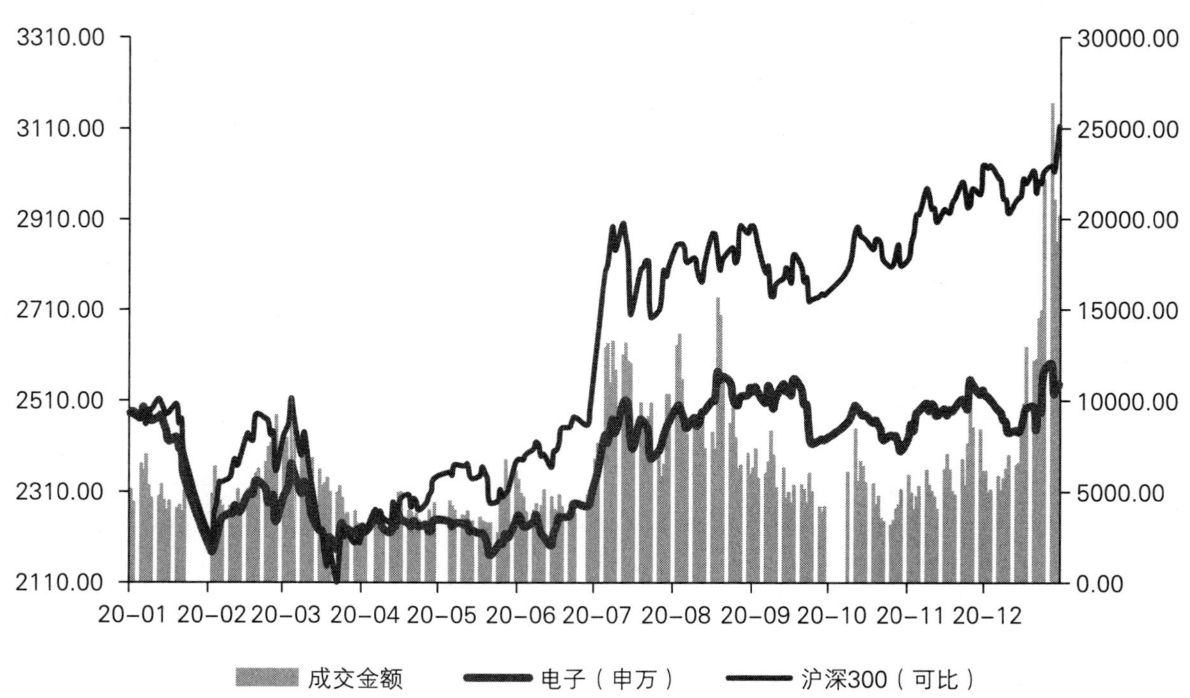

图 11－1 沪深 300 与电力行业指数走势图

二、2020 年度电力行业上市公司业绩影响因素分析

“十三五”时期，全国全口径发电量年均增长 5.8%，其中非化石能源发电量年均增长 10.6%，占总发电量比重从 2015 年的 27.2% 上升至 2020 年的 33.9%，提升 6.7 个百分点；煤电发电量年均增速为 3.5%，占总发电量比重从 2015 年的 67.9% 下降至 2020 年的 60.8%，降低 7.1 个百分点。2020 年，全国电力生产运行平稳，电力供需总体平衡。全国全口径发电量 7.62 万亿千瓦时，同比增长 4.0%。非化石能源发电量 2.58 万亿千瓦时，同比增长 7.9%，占全国全口径发电量的比重为 33.9%，同比提高 1.2 个百分点。水电、核电设备利用小时同比提高。随着全社会疫情防控和复工复产、复商复市，各产业电力的消费需求已恢复常态，并保持小幅增长。第一产业和城乡居民生活用电量增速较快，社会用电潜力得到进一步释放。2020 年，我国电力资产结构持续优化，影响电力行业业绩的因素主要如下。

（一）煤价波动和电价定价方式调整，火电行业业绩承压

从变动成本来看，煤炭成本在煤电成本中占比高，其供应稳定程度影响火电企业经营稳定性。2020 年初，新冠肺炎疫情暴发，初期对煤炭生产及运输均有一定负面影响，导致短期内煤炭供应减弱，同时火电企业为保障电力供应加强储煤力度，煤炭需求随之增长，导致煤炭价格于 2020 年有所回升。随后，政策导向保障煤炭供给，煤矿复工复产效果较好，主产地煤炭供应量持续增加，但下游电厂需求恢复不足，水电、风电等清洁能源替代效应冲击火电需求，叠加天气回暖导致供热用煤需求减弱，煤炭供应充裕，带动煤炭价格

回落。下半年以来，随着进口煤的收紧，季节性因素影响等，煤炭价格明显上涨。从固定成本来看，2020 年火电机组利用效率偏低，导致固定成本摊销占比提高。根据中国电力联合会统计，2020 年全年火电设备利用小时为 4216 小时，同比降低 92 小时，火电设备利用率降低进一步加剧了火电行业经营压力。

2020 年 1 月 1 日起，我国实施《电价指导意见》，约定实施“基准价＋上下浮动”的市场化价格机制，且首年电价暂不上浮。《电价指导意见》加剧了电力供应市场竞争，在全社会用电需求增速平稳并确保用户端用电成本相对稳定的前提下，电力企业采取降电价的方式争取市场电量。短期看，目前仍没有参与市场交易的工商业用户自身参与市场交易的意愿不强，且整体议价能力偏弱，暂不上浮的市场化价格主要影响已参与市场交易的工商业用户交易电价，并进一步压缩煤电企业利润水平，火电电价让利将影响火电企业收入水平，火电企业需更好地优化煤炭采购策略。

（二）水电利用效率创新高，行业业绩稳中有升

在我国电力需求增长以及国家大力倡导发展清洁能源的大环境下，我国水电发电量持续增长，2020 年，水电新增装机 1323 万千瓦，同比增加 197.7%。就总装机容量而言，水电低于火电位列第二，2020 年水电装机总量 37061 万千瓦，占全部电力装机的 16.84%，风电及光电紧随其后占比均超过 10%。

2020 年，水电总发电量为 13552 亿千瓦时，水电发电设备利用小时 3827 小时，比同期提高 130 小时，全国主要流域弃水电量约 301 亿千瓦时，水能利用率约 96.61%。水电利用效率提高，受益于以下两个方面：一方面，2020 年汛期重点流域来水偏丰，第四季度极寒天气下用电激增，南方省份火电出力有限，主要水电上市公司均临时加大发电功率；另一方面，外送通道的建设规划、西南水电开发与抽水蓄能电站建设、重大水电工程持续推动技术创新为我国水电利用效率的提高提供了硬件支持。在这两方面的加持下，水电行业整体业绩较好。水电龙头长江电力 2020 年全年实现归属于母公司股东净利润 263.2 亿元，同比增长 22.1%。

（三）清洁能源占比持续上升，度电成本降低助力行业发展

2020 年，由于风电、光电去补贴政策，已核准项目未获得补贴出现强装机现象。全国新增发电装机容量 19087 万千瓦，同比增加 8587 万千瓦，其中新增并网风电、太阳能发电装机容量分别为 7167 万千瓦和 4820 万千瓦，新增并网风电装机规模创历史新高。风能、太阳能的发电量与发电装机量均保持两位数增长。我国可再生能源行业在经过较长时间发展后，在产业链各环节中的研发能力不断提升，技术创新不断加强，使得发电设备效率不断提升，成本不断下降。光伏方面，度电成本下降的主要因素是电站初始投资建设成本的降低及设备效率的提升，近三年光伏电池组件效率的提升、制造工艺的进步，以及多晶组件、单晶组件等原材料价格下降等因素保证了光伏系统度电成本的下降；风电方面，得益于风电设备技术提升以及运营效率的提升，风电场度电成本进一步降低。

目前已经在光照资源和风资源优质地区实现了平价上网，随着技术的进一步发展，规

模化集约化的用地和建设模式将为行业的健康有序发展提供更加有利的市场化推进方式。上市公司中节能风力发电股份有限公司专注于风力发电的项目开发、建设及运营，2020 年其并网装机容量为 315.97 万千瓦，上网电量为 65.41 亿千瓦时，发电收入 26.59 亿元，同比提高 7.25%。

（四）核电增速放缓，核电建设有序稳妥推进

核电是高效、清洁、安全和经济的能源，具有资源消耗少、环境影响小和供应能力强等优点。2020 年，我国有两台核电机组完成首次装料，运行核电机组共 49 台，核电装机总量 4989 万千瓦，同比增加 2.4%。新增装机 112 万千瓦，较上年同期少投产 287 万千瓦，同比减少 72.6%。发电量 3662 亿千瓦时，同比提高 5.0%。2020 年，受国家核电批复减少事故等以及福岛核电站事故等的影响，新开工机组数量较少，核电工程投资额有所下滑，我国核电主要企业电源项目在建规模有所缩减，但是随着项目的完工，我国核电装机规模不断扩大，发电量同步提高。中国将在确保安全的前提下，继续发展核电。未来核电建设将有序稳妥推进，市场前景广阔。例如，中国广核作为我国规模最大的核电运营商，截至 2020 年底，其拥有 24 台在运核电机组、7 台在建核电机组，装机容量分别为 2714 万千瓦、821 万千瓦，占全国在运及在建核电总装机容量的 54.42%、47.31%。中国广核 2020 年实现收入 705.85 亿元，同比增长 15.9%，收入增长主要是由于阳江 6 号机组和台山 2 号机组的投产。

资料链接：

电网体制改革进展顺利，完成国家发展改革委定制目标

到 2020 年底，北京、广州两家区域性交易机构和省（自治区、直辖市）交易机构中电网企业持股比例将全部降至 50% 以下，实现预期的股份制改造目标。由于交易机构全部采用公司制形式，接下来，交易机构将规范设立股东会、董事会、监事会和经理层，加强内部机制建设，形成权责分明、相互制衡的公司法人治理结构和灵活高效的经营管理机制。同时，电力交易机构还需进一步厘清与市场管理委员会、调度机构的职能、业务界面并加强配合。

按照《关于推进电力交易机构独立规范运行的实施意见》明确的建设目标，2022 年底前，各地电力交易机构要结合实际情况进一步规范完善市场框架、交易规则、交易品种等，京津冀、长三角、珠三角等地区的交易机构相互融合，适应区域经济一体化要求的电力市场初步形成。2025 年底前，基本建成主体规范、功能完备、品种齐全、高效协同、全国统一的电力交易组织体系。

资料来源：国际电力网。

三、2021 年电力行业前景分析

2020 年 9 月 22 日，习近平总书记在第七十五届联合国大会上提出了应对气候变化的国家自主贡献目标和长期愿景，表示中国将力争在 2030 年前实现二氧化碳排放达峰，在 2060 年前实现碳中和。针对“双碳”目标，中国电力企业联合会理事长刘振亚在《实现碳达峰碳中和的根本途径》（以下简称《途径》）中提到，立足于国情，实现目标应加快推进能源生产清洁替代和能源消费电能替代，即以清洁能源替代化石能源发电，以电替代煤炭、石油、天然气，从而实现电力发展与碳脱钩，经济发展与碳排放脱钩。文中还提到通过特高压推进西部、北部清洁能源外送，并提出电力行业于 2025 年实现碳达峰的目标。2021 年 4 月，国家能源局印发《2021 年能源工作指导意见》（以下简称《意见》），对 2021 年煤炭消费比重、非化石能源装机、风电及光伏发电利用率等诸多方面设定了目标及指导方向。在新的社会环境下，全社会用电总量增长获得新的驱动力，能源转型，低成本、高效益发展清洁能源将迎来全面加速。

（一）煤炭消费逐步减少，火电继续发挥基础作用

清洁能源受时间和空间限制，并不能支撑冬季电力的缺口，火电仍将承担基础电源和辅助调峰电源的作用。根据《途径》，为实现双碳目标应严控煤电，确保煤电 2025 年左达到装机峰值 11 亿千瓦，该目标基本与 2020 年装机容量持平（2020 年 10.95 亿千瓦）。火电向低碳转型将主要围绕低排放煤电机组改造及降低线损率两方面展开。据国家能源局数据，火电标准煤耗 10 年累计下降 23.5 克 / 千瓦时，2020 年为 305.5 克 / 千瓦时，同比再降 0.9 克 / 千瓦时。以 2020 年火电发电量 5.17 万亿千瓦时粗略估算，可节省煤炭 465 万吨。另一方面，2020 年全国线损率 5.62%，再创新低。预计未来将通过特高压、电网设施改造等技术支持，在降煤的同时保证电量。 此外，北方地区清洁取暖“煤改电”的加速推进将为全社会发电带来增量，若在清洁能源无法满足冬季用电缺口的情况下，将改善火电装机的发电利用小时数。

据报道，2017—2020 年，我国煤炭消费比重由 60.4% 下降至 56.8%，非化石能源消费占比从 13.8% 提高至 15.9%。根据《意见》，2021 年煤炭消费比重将下降到 56% 以下。对煤炭消费总量的控制，或将利好煤电成本。据《途径》分析，预计到 2028 年，我国煤炭消费将降至 27 亿吨标煤左右，将较 2020 年能源消费标准煤总量 49.8 亿吨，年均复合下调 7.95%。 压控终端用煤的政策将引领煤炭行业新一轮的转型。

（二）风电、光电持续增长，弃风弃光将得到进一步改善

“十三五”时期，我国非化石能源消费占比从 12.1% 提高到 15.9%，平均每年提高 0.76 个百分点。根据“双碳”目标的实施规划，到 2030 年非化石能源消费比重要达到 25% 左右，相当于今后 10 年平均每年要增加非化石能源大约相当于 7000 万吨标准煤。

国家能源局综合司《关于 2021 年风电、光伏发电开发建设有关事项的通知（征求意见稿）》提出，2021 年全国风电、光伏发电量占全社会用电量的比重达到 11% 左右（2020 年

为9.54%），后续逐年提高，到2025年达到16.5%左右。为完成上述目标，除新增装机外，发电利用小时数有望得到保障，弃风弃光将得到进一步改善。

此外，2021年起新备案集中式光伏电站、工商业分布式光伏和新核准陆上风电项目，中央财政不再补贴，产业支持政策将逐步弱化。从2021年光伏政策趋势与项目开发来看，全面进入平价之后。风光电力发展机遇与挑战并存。

（三）特高压、电力储能创新发展，将成为电力企业的新投资机遇

截至2020年，我国共有30条特高压线路建成投运，其中14条交流特高压、16条直流特高压。特高压由于能够极大程度地改善输电损耗，近两年受到关注，投资增速显著。刘振亚在《途径》一文中倡导，以特高压电网引领中国能源互联网建设，推动碳减排。在2030年前，重点推进西部、北部特高压直流外送通道和东部、西部特高压交流骨干网架建设，保障清洁能源输送和化石能源替代。

另一方面，为提高电网对可再生能源的消纳和调控能力，新型储能市场空间广阔，亟待技术革新。2020年，风电、光电发电利用小时数分别为2073小时、1281小时，约为火电发电利用小时数的50%及30%。虽然火电目前仍是调峰调频的主力，但发展储能是发展低碳能源的关键。2021年4月，电力规划设计总院院长杜忠明在“第十届储能国际峰会暨展览会”上指出，预计2025年全国新型储能规模3000万~5000万千瓦，2030年进一步增加到1.5亿千瓦左右。国网能源研究院预计，到2060年这一规模将达4.2亿千瓦。中国三峡新能源也表示将积极进行氢能利用、储能电站、综合能源服务等，关注能源科技类投资机会。

（四）补贴贷缓解新能源补贴拖欠，风光电企业转向规模化发展

近年来在风光电补贴的带动下，我国新能源产业发展令全球瞩目，但在行业政策实施的初期由于一些企业非理性投资快速涌入市场，导致补贴资金缺口越来越大。补贴长期拖欠，交易电价逐步市场化使得小型电力企业资金紧张，现金流进一步恶化。据统计，截至2019年底可再生能源电价补偿缺口累计达到3000亿元以上。近两年来，新能源电力行业民企为缓解资金压力开始抛售电站。

为实现“双碳”目标，促进行业良性发展，2021年3月国家发展改革委联合财政部、中国人民银行、银保监会和国家能源局联合下发了《关于引导加大金融支持力度 促进风电和光伏发电等行业健康有序发展的通知》，计划对确权的应收财政补贴发放确权贷款，以缓解企业困难。电价去补贴市场化交易及补贴拖欠清理了小型电力企业，提高了风光电力行业的资金门槛，加速了行业的整合及规模化发展。

另一方面，受新能源板块需求暴增影响，上游供应商扩产尚未到位，供求紧张，导致短期内材料价格上涨。以光伏产业为例，硅料价格从2021年初的70元/千克上涨到140元/千克。实际上光伏设备厂商近几年正在积极扩产，预计2021年随着超过100GW的上游配套产能投产能够缓解新能源的装机成本。此外，光伏设备的源头供应商较为集中，光电企业规模化发展能够提升其议价能力，加速整个产业链向低成本高效率的方向发展。

（五）核电、水电调配灵活丰富能源结构，碳排放权蕴藏巨大价值

随着风、光伏等清洁能源的快速发展，需要稳定的基荷电源与其互补发展，而核电运行稳定可靠，换料周期长，可大规模替代传统化石能源，可与风、光伏等清洁能源协同发展，为构建清洁低碳安全高效的现代能源体系提供重要支撑。根据《“十四五”规划和2035远景目标纲要》，到2025年，中国在运核电装机达到7000万千瓦，在建核电装机达到3000万千瓦；到2035年，在运和在建核电装机容量合计将达到2亿千瓦；核电建设有望按照每年6~8台机组稳步推进。截至2020年12月31日，中国在运核电机组装机规模为4989万千瓦（不含台湾地区），占全国发电装机的2.3%，核电在我国能源结构中的占比仍然很低，国内核电发展空间和市场前景依然广阔。

同理，与其他电源相比，水电具有低碳环保、成本低、可储存的优势。随着国家节能减排力度的不断增强，水电装机容量将进一步增加。在“双碳”目标下，我国水电发展也迎来新的机遇和动力，水电将稳健发挥在高比例可再生能源体系中的特殊作用，进一步凸显其经济社会效益。但是受到我国水电资源条件限制，经济效益较好的水电资源基本被开发完毕，预计未来新增水电装机容量增速有限。我国目前处于在建和筹建状态的大中型水电站主要集中在十三大水电基地，未来行业空间将进一步被龙头企业占据，水电行业寡头垄断格局将进一步增强。

2021年3月生态环境部起草《碳排放权交易管理暂行条例（草案修改稿）》明确了实施细则和各方权责，健全交易机制，加速推进碳排放权交易市场建设。2021年2月1日起，《碳排放权交易管理办法（试行）》正式实施，电力、钢铁、石油、化工、有色金属、造纸、航空等行业均纳入全国碳交易市场。核电、水电企业蕴藏的碳排放权潜在价值巨大，以中广核为例，根据其公布的环境社会责任报告，2020年二氧化碳减排量约合1.5亿吨，总发电折合节省煤用量约5700万吨。碳排放权交易将为清洁能源企业价值赋能。

附表　2020年度电力行业上市公司业绩评价结果排序表

序号	A股上市公司评价得分排序	证券代码	公司简称	评价等级	综合得分	每股收益（元）	净资产收益率（%）	总资产报酬率（%）	总资产周转率（次）	流动资产周转率（次）	资产负债率（%）	已获利息倍数	营业收入增长率（%）	资本扩张率（%）	市场投资回报率（%）	股价波动率（%）	年末资产总额（万元）	营业收入（万元）	净利润（万元）
1	35	600900	长江电力	A	79.6	1.19	16.35	11.99	0.18	4.49	46.1	7.28	15.86	18.87	6.98	55.07	33082709.66	5778336.7	2650626.18
2	44	000690	宝新能源	A	79.1	0.84	17.82	13.96	0.37	1.34	43.53	7.19	27.24	14.72	31.82	121.35	1930161.71	715967.22	181786.33
3	352	600023	浙能电力	BBB	70.9	0.45	9.22	7.96	0.46	1.83	33.36	7.8	−4.94	5.27	−3.88	42.24	11451242.95	5168443.34	667343.1
4	367	600236	桂冠电力	BBB	70.7	0.28	14.07	8.95	0.2	2.45	56.77	3.94	−0.77	13.04	−5.22	37.25	4478045.3	897394.53	249458.86
5	368	002039	黔源电力	BBB	70.7	1.45	14.75	8.08	0.17	5.17	66.18	2.79	21.9	10.93	5.09	56.87	1643246.02	265056.65	70416.81
6	389	600452	涪陵电力	BBB	70.4	0.91	21.21	8.93	0.49	3.48	67.82	9.39	1.24	3.74	25.14	127.66	597894.88	265439.46	40078.18
7	416	002015	协鑫能科	BB	70	0.59	15.19	8	0.43	1.69	70.32	3.53	3.74	8.95	16.65	57	2820259.54	1130593.17	103347.24
8	445	600167	联美控股	BB	69.7	0.74	20.63	16.63	0.28	0.49	34.56	63.92	5.94	16.09	−10.98	57.51	1385780.13	359800.94	172827.41
9	456	600116	三峡水利	BB	69.5	0.41	9.35	7.48	0.43	2.33	46.24	4.69	302.17	250.53	12.67	63.47	1948313.94	525598.39	62377.79
10	473	600027	华电国际	BB	69.3	0.33	6.26	5.07	0.39	3.53	60.37	2.49	−3.11	17.6	−4.38	46.02	23461112.2	9074401.6	577673.5
11	522	002608	江苏国信	BB	68.6	0.6	8.06	6.36	0.28	1.03	47.21	5.38	3.52	7.04	−0.1	42.7	7456872.41	2061592.66	306007.14
12	523	600886	国投电力	BB	68.6	0.78	12.59	7.02	0.17	1.72	63.92	3.78	−7.34	11.01	−2.02	65.77	22890936.96	3932036.41	977618.01
13	526	600780	通宝能源	BB	68.5	0.26	5.44	5.49	0.84	3.3	32.09	8.47	4.95	4.92	5.76	35.27	827360.72	694229.61	29720.45
14	573	600483	福能股份	BB	68.1	0.9	10.62	7.48	0.3	1.45	46.55	4.86	−3.9	27.84	−11.32	44.02	3481320.96	955743.48	159558.51
15	580	000883	湖北能源	BB	68.1	0.38	8.75	7.04	0.28	3.18	41.74	6.18	7.67	4.34	−4.35	40.16	6016683.98	1702343.91	275922.56
16	594	601985	中国核电	BB	67.9	0.38	9.95	5.55	0.14	1.11	69.49	2.87	13.48	29.03	−0.73	44.97	38174597.32	5227645.2	1094713.92
17	667	000600	建投能源	BB	67.2	0.52	7.83	6.32	0.43	2.27	56.56	3.55	1.83	6.02	15.1	68.9	3388489.96	1421934.71	120694.19
18	677	600025	华能水电	BB	67.1	0.27	8.29	5.72	0.12	2.78	61.42	2.47	−7.44	11.91	9.62	65.79	16463210.2	1925337.5	528326.58
19	680	601991	大唐发电	BB	67.1	0.1	4.41	5.18	0.34	2.84	67.4	1.98	0.17	11.79	−2.17	47.26	28033350.8	9561442.2	531603.7
20	770	600098	广州发展	BB	66.3	0.34	5.15	4.42	0.74	3.24	51.49	3.45	7.15	2.55	0.23	35.56	4340066.91	3164512.31	109227.91
21	796	000543	皖能电力	BB	66	0.45	7.25	5.94	0.5	4.29	42.56	4.73	4.1	6.11	−9.18	38.48	3369201.68	1675199.91	132875.55
22	800	000539	粤电力A	BB	66	0.33	6.52	6.09	0.35	2.28	58.42	3.52	−3.51	4.54	−2.99	42.75	8597081.82	2832906.54	263526.15

续表

序号	A股上市公司评价得分排序	证券代码	公司简称	评价等级	综合得分	每股收益（元）	净资产收益率（%）	总资产报酬率（%）	总资产周转率（次）	流动资产周转率（次）	资产负债率（%）	已获利息倍数	营业收入增长率（%）	资本扩张率（%）	市场投资回报率（%）	股价波动率（%）	年末资产总额（万元）	营业收入（万元）	净利润（万元）
23	840	000531	穗恒运A	BB	65.7	1.14	17.02	9.35	0.27	0.8	56.75	6.38	7.23	27.4	40.94	136.92	1360448.63	346200.09	89209.44
24	857	600795	国电电力	BB	65.5	0.13	4.93	5.31	0.32	3.24	66.83	2.19	-0.15	1.62	-1.65	46.21	35733735.36	11642116.14	770717.09
25	868	600982	宁波能源	BB	65.3	0.24	7.38	5.72	0.67	1.77	43.96	8.89	29.28	7.34	24.14	65.9	710197.24	441067.21	28200.65
26	898	600163	中闽能源	B	65	0.29	17.3	10.18	0.17	0.76	63.78	4.98	115.59	78.87	15.97	58.22	1039272.9	125201.27	53504.87
27	995	600578	京能电力	B	64.1	0.2	5.67	4.27	0.26	2.29	61.27	2.25	9	7.67	0.43	40.68	8074674.33	2009747.88	176079.64
28	1021	000027	深圳能源	B	63.9	0.78	11.71	6.53	0.19	1	63.31	2.98	-1.74	24.62	17.85	78.37	11406226.42	2045450.61	426747.16
29	1064	600011	华能国际	B	63.4	0.18	4.15	4.45	0.4	2.67	67.71	1.87	-2.33	20.62	-18.2	81.03	43820575.24	16943918.75	570372.05
30	1088	000899	赣能股份	B	63.2	0.32	6.46	5.87	0.35	1.89	36.97	4.91	0.26	4.99	48.32	91.6	798855.62	267718.95	31618.63
31	1113	003816	中国广核	B	63	0.19	10.33	6.76	0.18	1.13	63.86	2.77	15.95	4.68	-21.25	51.85	39189837.35	7058471.06	1487563.67
32	1228	600995	文山电力	B	61.8	0.23	5.06	4.92	0.67	4.58	23.65	21.44	-18.88	0.25	6.72	55.51	287103.8	188143.21	11072.22
33	1263	001896	豫能控股	B	61.4	0.25	4.9	5.11	0.41	2.22	69.29	2.08	7.31	5.46	164.55	227.34	2236689.06	868091.26	35018.65
34	1314	600863	内蒙华电	B	61.1	0.11	5.26	4.06	0.35	3.92	57.6	2.07	6.1	3.8	-2.45	27.2	4285745.37	1536055.08	69950.88
35	1318	600644	乐山电力	B	61	0.19	6.68	5.34	0.59	3.67	54.44	5	3.06	6.8	5.12	40.5	399892.36	229120.49	11192.78
36	1334	000875	吉电股份	B	60.9	0.22	6.28	4.64	0.2	1.25	79.86	1.75	19	5.87	33.33	57.79	5609032.85	1006001.76	79900.41
37	1391	600642	申能股份	B	60.3	0.49	7.92	6.11	0.27	1.2	48.97	4.78	-49.26	2.83	-7.23	33.85	7629843.56	1970885.87	303998.19
38	1405	600131	国网信通	B	60.2	0.52	16.45	6.99	0.7	0.83	57.92	20.75	-9.71	69.52	-32.77	78.73	1102878.99	701105.57	60686.51
39	1424	600101	明星电力	CCC	60	0.17	2.93	2.7	0.5	1.93	28.52	178.45	3.76	3.23	-18.91	39.48	340138.65	166822.58	7612.06
40	1436	000591	太阳能	CCC	59.8	0.34	7.51	5.66	0.14	0.55	63.82	2.19	5.87	5.19	106.18	156.9	3915441.31	530500.57	101937.4
41	1459	600674	川投能源	CCC	59.6	0.72	11.31	9.17	0.03	0.21	28	9.96	23	7.6	6.06	50.06	4132913.22	103112.03	320999.84
42	1467	601016	节能风电	CCC	59.5	0.14	7.19	4.59	0.09	0.51	68.07	2.46	7.23	30.65	43.44	106.86	3308430.02	266721.33	66516.89
43	1501	000791	甘肃电投	CCC	59.3	0.33	6.74	5.65	0.12	0.82	60.63	2.25	-0.12	5.05	24.4	75.32	1903708.9	226492.77	51742.68
44	1548	600021	上海电力	CCC	58.9	0.29	4.6	4.1	0.2	1.34	73.11	2.03	2.16	15.33	-10.4	25.78	12894683.68	2420283.78	191130.82
45	1557	002616	长青集团	CCC	58.8	0.47	13.59	7.28	0.37	1.53	70.49	4.81	20.98	13.4	-7.88	96.67	932813.34	302238.09	35367.73

续表

序号	A股上市公司评价得分排序	证券代码	公司简称	评价等级	综合得分	每股收益（元）	净资产收益率（%）	总资产报酬率（%）	总资产周转率（次）	流动资产周转率（次）	资产负债率（%）	已获利息倍数	营业收入增长率（%）	资本扩张率（%）	市场投资回报率（%）	股价波动率（%）	年末资产总额（万元）	营业收入（万元）	净利润（万元）
46	1570	600979	广安爱众	CCC	58.7	0.15	4.85	4.34	0.26	1.5	52.3	2.73	2.27	3.76	2.89	55.76	885017.77	226921.41	18066.11
47	1646	000601	韶能股份	CCC	58	0.2	4.53	4.49	0.42	1.99	60.08	2.36	15.16	−1.07	22.93	89.94	1266917.89	495927.31	21948.28
48	1695	000720	新能泰山	CCC	57.5	0.22	10.53	9.97	0.78	0.86	45.57	7.83	7.62	10.55	−33.11	108.81	528593.64	385308.65	28408.14
49	1809	000155	川能动力	CCC	56.4	0.12	4.25	6.35	0.24	0.63	50.72	4.39	−2.66	7.77	91.32	157.63	923418.47	199650.78	29366.89
50	1832	000767	晋控电力	CCC	56.2	0.07	2.85	3.92	0.22	0.94	84.84	1.24	−2.81	7.92	61.55	87.01	5685393.93	1168752.87	23767.81
51	1878	000966	长源电力	CCC	55.8	0.32	8.5	6.65	0.59	3.97	54.66	4.36	−22.32	−0.6	−11.94	43.62	968822.24	572215.51	35551.01
52	2160	603693	江苏新能	CC	52.6	0.25	3.33	3.53	0.16	0.58	54	2.82	4.2	1.91	26.58	123.21	1121413.43	154672.22	17103.43
53	2190	603105	芯能科技	CC	52.1	0.16	5.42	5.64	0.16	0.81	45.21	2.4	10.24	5.57	26.49	101.07	279688.77	42674.85	8088.6
54	2248	600509	天富能源	CC	51.5	0.04	0.8	2.86	0.23	1.18	69.85	1.29	0.03	−1.55	35.21	101.66	2193319.65	489577.91	9954.25
55	2342	601619	嘉泽新能	CC	50.4	0.1	5.67	4.19	0.09	0.5	70.04	1.92	−9.31	10.24	−11	52.53	1222881.14	101165.93	19805.71
56	2343	600396	金山股份	CC	50.4	0.06	3.94	3.42	0.37	2.91	88.21	1.06	−1.55	2.19	46.57	103.44	2045475.38	728651.61	5481.15
57	2348	600310	桂东电力	CC	50.3	0.31	11.91	4	1.04	3.19	86.3	1.98	−29.13	7.69	6.47	39.66	2019140.97	1875374.63	28765.46
58	2349	600969	郴电国际	CC	50.3	0.08	0.87	1.49	0.22	1.16	72.43	1.9	1.12	2.51	11.21	34.63	1395809.58	304716.13	5936.95
59	2451	600505	西昌电力	C	49.1	0.09	2.88	1.99	0.26	1.49	63.77	3.59	1.43	3.72	−29.14	88.78	398113.69	96191.11	4067.52
60	2469	600744	华银电力	C	49	0.02	1.13	3.21	0.44	1.69	83.61	1.18	−8.2	1.31	18.75	79.76	1807020.21	825568.09	3913.18
61	2511	600868	梅雁吉祥	C	48.3	0.02	1.46	1.75	0.08	0.5	1.31	0	−36.85	0.74	−11.68	36.84	241173.96	18202.95	3647
62	2595	000037	深南电A	C	47.3	0.11	3.16	3.25	0.32	0.55	30.89	3.16	−19.41	1.22	−12.14	138.21	302083.09	98525.38	6792.48
63	2619	002893	华通热力	C	47	0.14	4.6	3.3	0.45	0.97	72.18	1.5	3.48	−3.98	−10.31	71.07	219520.77	95156.85	2692.07
64	2789	600719	大连热电	C	44.2	0.02	1.3	2.01	0.27	0.82	72.56	1.4	−12.08	0.82	−14.85	35.55	271038.62	67424.26	965.84
65	2873	000722	湖南发展	C	42.3	0.21	3.26	4.07	0.1	0.21	7.22	20.35	27.48	2.48	2.75	62.87	332493.75	31088.59	9720.35
66	2917	000862	银星能源	C	41.2	0.05	1.3	3.6	0.13	0.59	69.94	1.1	−11.4	1.17	−11.65	75.67	893398.46	120186.59	3453.27
67	3047	002610	爱康科技	C	36.9	0	0.54	3.28	0.28	0.63	57.29	0.9	−41.16	−0.32	103.06	183.95	959283.29	301631.71	2952.57
68	3111	600726	华电能源	C	34.1	−0.56	−97.67	−1.27	0.46	2.56	96.43	−0.35	−1.45	−58.15	34.01	104.38	2272395.64	1067075.34	−116901.94

续表

序号	A股上市公司评价得分排序	证券代码	公司简称	评价等级	综合得分	每股收益（元）	净资产收益率（%）	总资产报酬率（%）	总资产周转率（次）	流动资产周转率（次）	资产负债率（%）	已获利息倍数	营业收入增长率（%）	资本扩张率（%）	市场投资回报率（%）	股价波动率（%）	年末资产总额（万元）	营业收入（万元）	净利润（万元）
69	3211	002499	*ST 科林	C	29.9	0.05	17.11	4.04	0.05	0.06	91.94	1.37	−19.08	18.48	36.37	116.42	74903.22	3938.28	1040.04
70	3228	002256	*ST 兆新	C	28.9	0.03	3.38	7.41	0.15	0.68	38.88	1.39	−3.9	3.31	−58.43	259.08	277318.29	41447.72	5426.97
71	3293	300125	聆达股份	C	25.9	−0.21	−7.52	−1.57	0.16	0.39	62.48	−1.15	154.52	8.59	−15.72	92.16	235767.89	28232.8	−5819.91
72	3370	000692	惠天热电	C	23.2	−1.83	−126.36	−14.14	0.34	1.02	92.9	−5.61	2.33	−73.2	−1.69	72.63	500079.58	189380.15	−97091.11
73	3441	000993	闽东电力	C	20.3	−0.18	−4.14	−1.16	0.09	0.28	53.37	−1.09	−38.11	−4.38	9.78	66.61	421742.9	36941.99	−8262.74
74	3549	000040	东旭蓝天	C	15.8	−0.69	−7.98	−1.38	0.12	0.23	53.46	−0.6	−48.99	−9.8	−19.55	73.55	2620116.88	347142.84	−104099.15
75		601778	晶科科技	CC	53.7	0.19	4.92	4.8	0.12	0.35	61.95	1.63	−32.82	33.95	15.48	57.1	2930683.34	358751.14	48647.11

第十二章　建筑行业（装饰）上市公司业绩评价

改革开放以来，我国建筑业快速发展，建造能力不断增强，产业规模不断扩大，吸纳了大量农村转移劳动力，带动了大量关联产业，对经济社会发展、城乡建设和民生改善做出了重要贡献。2020 年，我国 GDP 总额为 101.60 万亿元，同比增长 2.3%，其中建筑行业总产值 26.39 万亿元，占 GDP 比重约为 25.97%，较上年增长 2.3%。建筑行业指数（申万）第一季度受疫情影响小幅下降，随着复工复产逐渐上升平稳，第三季度上涨迅猛，第四季度逐步回落，整体呈现宽幅震荡，全年最终降幅为 10.31%。全年建筑行业经历了基建投资增速放缓、新基建布局，装配式建筑推行，截至 2020 年末，全国建筑业企业实现利润 8303 亿元，比上年增加 23.5 亿元，增速为 0.3%。同时建筑行业（装饰）将进一步推进新基建建设，推动区域协调发展，持续推进生态环保建设，推动基建投融资机制创新。2021 年建筑业发展的关键词依旧是“改革”，这也是建筑业未来发展的根本逻辑。

一、建筑行业上市公司业绩评价结果

截至 2020年末，建筑行业（装饰）A 股上市公司共 135 家，其中 114 家盈利，占比 84.44%，建筑行业（装饰）的综合评价分值为 56.45 分，低于全部上市公司的综合评价分值 61.41 分。无建筑行业（装饰）上市公司进入 2020 年上市公司业绩评价综合得分的前一百名。在 135 家建筑行业（装饰）上市公司中，业绩为 B 的 25 家，业绩为 BB 的 17 家，业绩为 BBB 的 5 家；业绩为 C 的 47 家，业绩为 CC 的 18 家，业绩为 CCC 的 22 家。

2020 年全部上市公司为 4007 家，建筑行业（装饰）上市公司资产总额合计 10.08 万亿元，占全部上市公司资产总额的 13.28%，行业同比增长 14.12%；全部上市公司实现营业收入 43.62 万亿元，建筑行业（装饰）135 家上市公司实现营业收入 6.49 万亿元，占全部上市公司营业收入的 14.89%，行业同比增加 15.94%；全部上市公司共实现利润总额 2.59 万亿元，建筑行业（装饰）上市公司实现利润总额 0.27 万亿元，占全部上市公司利润总额的 9.79%，行业同比增长 8.61%；全部上市公司共计实现净利润 2.16 万亿元，建筑行业（装饰）上市公司实现净利润 0.21 万亿元，占全部上市公司实现净利润的 9.78%，行业同比增长 11.34%；建筑行业（装饰）行业上市公司 2020 年度市场投资回报率 –2.86%，低于全部上市公司 15.87% 的市场投资回报率；建筑行业（装饰）上市公司股价波动率为 80.15%，低于全部上市公司 105.04% 的股价波动率。

建筑行业（装饰）扣除非经常性损益净资产收益率的平均值为 7.81%，高于全部上市公司 5.93% 的平均水平；营业利润率平均值 4.17%，低于全部上市公司 6.43% 的平均水平；总资产报酬率 3.98 %，低于全部上市公司 5.00% 的平均水平。说明 2020 年建筑行业（装饰）上市公司净资产收益率水平高于全部上市公司平均水平，经营收益和总资产的报酬率低于全部上市公司水平。2020 年，建筑行业（装饰）按评价体系，行业综合排名十强见表 12–1。

表 12 – 1　2020 年度建筑行业（装饰）评价得分前十名的公司

名次	股票代码	股票简称	业绩得分	在 A 股上市公司中评价得分排序
1	600039	四川路桥	72.50	263
2	000498	山东路桥	72.40	270
3	601668	中国建筑	71.20	330
4	601117	中国化学	70.40	388
5	002081	金螳螂	70.00	415
6	002061	浙江交科	69.80	432
7	601390	中国中铁	69.30	475
8	000779	甘咨询	68.50	538
9	600248	陕西建工	67.50	631
10	603357	设计总院	67.30	654

基于对建筑行业上市公司整体评价，下面分别从财务效益状况、资产质量状况、偿债风险状况、发展能力状况和市场表现状况五个方面对建筑行业上市公司进行具体分析。

（一）财务效益

从综合得分来看，2020 年建筑行业（装饰）上市公司财务效益状况平均得分为 22.09 分，低于全部上市公司的平均得分 22.11 分。

表 12–2 列示了 2020 年建筑行业（装饰）上市公司财务效益状况评价结果（满分为 35 分）。在建筑行业（装饰）上市公司财务效益状况指标中，有 37 家得分高于全国上市公司平均水平，有 12 家得分超过 25 分。

从结果上看，建筑行业（装饰）上市公司财务效益状况平均得分与全部上市公司的平均水平基本持平。该行业总股本收益率和扣除非经常性损益净资产收益率指标高于全部上市公司平均值，总资产报酬率、营业利润率及盈利现金保障倍数等财务指标低于全部上市公司平均水平。

行业里财务效益状况指标得分前五的分别是中国建筑、四川路桥、同济科技、金螳螂和东湖高新。排名第一的中国建筑，行业综合评价得分排名第三。中国建筑 2020 年全年新签合同额 32008 亿元，同比增长 11.6%，其中建筑业务 2020 年新签合同额为 27721 亿元，同比增长 11.5%。得益于房建业务、基建业务和 PPP 业务快速增长，中国建筑房建业务新签合同 20779 亿元，占比 74.96%，同比增加 6.5%；基建业务新签合同 6798 亿元，占比约 24.52%，同比增加 30.1%。2020 年中国建筑实现营业收入 16150.23 万元，比 2019 年的 14198.37 万元增长 13.75%；实现营业利润 944.82 万元，比上年增长 12.75%。

表 12－2　建筑行业（装饰）财务效益状况比较表

分析指标		2020 年上市公司平均值	2020 年行业值	2019 年行业值	增长率（%）
基本指标	扣除非经常性损益净资产收益率 (%)	5.93	7.81	8.60	–9.19
	总资产报酬率 (%)	5.00	3.98	4.17	–4.56
	基本得分	20.49	20.32	21.12	–3.79
修正指标	营业利润率 (%)	6.43	4.17	4.41	–5.44
	盈利现金保障倍数	2.01	1.06	0.49	116.33
	总股本收益率 (%)	38.17	66.91	65.31	2.45
综合得分		22.11	22.09	21.65	2.03

（二）资产质量

从表 12–3 中可以看出，建筑行业（装饰）上市公司资产质量状况指标较 2019 年略有上升，与全部上市公司平均值基本持平。

从综合得分来看，2020 年建筑行业（装饰）上市公司资产质量状况（满分为 15 分）平均得分为 8.91 分，低于全部上市公司 9.07 分的平均水平。其中有 59 家企业超过全国上市公司的平均水平，中天精装、东易日盛、名雕股份三家企业的资产质量状况评分获得满分。

上市公司资产质量排名前五的公司为中天精装、名雕股份、东易日盛、中国海诚和浙江交科，这五家公司在资产质量上得分优良。如排名第一的名雕股份 2020 年实现营业收入 8.67 亿元，营业利润 0.35 亿元，总资产周转率 0.62 次，流动资产周转率 1.29 次，存货周转率为 22.78 次，应收账款周转率 309.11 次。

表 12－3　建筑行业（装饰）资产质量状况比较表

分析指标		2020 年上市公司平均值	2020 年行业值	2019 年行业值	增长率（%）
基本指标	总资产周转率（次）	0.60	0.69	0.68	1.47
	流动资产周转率（次）	1.14	1.06	1.03	2.91
	基本得分	9.09	9.40	9.37	0.32
修正指标	应收账款周转率（次）	8.07	5.98	5.70	4.91
	存货周转率（次）	2.64	3.43	2.92	17.47
综合得分		9.07	8.91	8.79	1.37

（三）偿债风险

从表 12-4 中可以看出，建筑行业（装饰）上市公司偿债风险状况指标较 2019 年略有上升，但仍低于全部上市公司平均水平。资产负债率和带息负债比率略有下降，现金流动负债比率大幅上升，增长率为 109.42%，说明建筑行业上市公司偿债能力有大幅度的提升。

从综合得分来看，2020 年建筑行业（装饰）上市公司偿债风险状况平均得分为 4.96 分，低于全部上市公司 8.89 分的平均水平。其中有 46 家企业超过全国上市公司的平均水平，三维工程、中公高科、杰恩设计三家企业的偿债风险状况评分高于 14 分。

上市公司偿债风险状况综合得分排名前五的为三维工程、中公高科、杰恩设计、华图山鼎和设计总院，这五家公司在偿债风险上得分优良。如排名第一的三维工程实现营业总收入 67596.42 万元，同比增长 7.12%；实现营业利润人民币 10275.62 万元，同比增 14.79%。2020 年资产负债率为 20.43%，已获利息倍数为 200.64，速动比率为 402.7%，现金流动负债比率为 45.98%，带息负债比率为 0.00%。

表 12－4　建筑行业（装饰）偿债风险状况比较表

分析指标		2020 年上市公司平均值	2020 年行业值	2019 年行业值	增长率（%）
基本指标	资产负债率 (%)	60.33	74.10	74.83	–0.98
	已获利息倍数	4.30	3.58	3.50	2.29
	基本得分	8.90	3.82	3.92	–2.55
修正指标	速动比率 (%)	82.33	87.09	79.60	9.41
	现金流动负债比率 (%)	13.31	4.00	1.91	109.42
	带息负债比率 (%)	40.72	32.56	32.69	–0.40
综合得分		8.89	4.96	4.87	1.85

（四）发展能力

从表 12-5 中可以看出，建筑行业（装饰）上市公司发展能力状况较 2019 年略有下降，但仍高于全部上市公司平均水平。近年来，改革和创新一直是我国经济的主旋律，建筑行业在多重政策影响下，整体资产和营业收入都呈现高速增长趋势，但随着近年基建投资增速放缓，建筑行业增速下调，进入发展趋于平稳的状态。

从综合得分来看，2020 年建筑行业（装饰）上市公司发展能力状况平均得分为 13.65 分，高于全部上市公司 12.17 分的平均水平。其中有 57 家公司超过全国上市公司的平均水平，陕西建工的发展能力状况评分获得满分。

上市公司发展能力状况综合得分排名前五的有陕西建工、山东路桥、四川路桥、中国中铁和高新发展，这五家公司在发展能力上得分优良。如排名第一的陕西建工启动并完成了吸收合并陕建有限公司（原陕建股份）的重大资产重组。通过资产重组，陕西建工由主营石油化工工程施工的企业转变为资质齐全的区域龙头建筑企业。2020 年新签合同总额 2749.13 亿元，实现营业收入 1277.23 亿元，截至 2020 年底，公司总资产达 1819.65 亿元，同比增长 25.29%。公司建筑规模竞争优势凸显。2020 年营业收入增长率为 1483.09%，资本扩张率为 483.61%，累计保留盈余率为 60.12%，三年营业收入平均增长率为 220.11%，总资产增长率为 2063.49%，营业利润增长率为 912.74%。

表 12－5　建筑行业发展能力状况比较表

分析指标		2020 年上市公司平均值	2020 年行业值	2019 年行业值	增长率（%）
基本指标	营业收入增长率 (%)	2.91	14.19	15.73	−9.79
	资本扩张率 (%)	11.25	18.08	17.79	1.63
	基本得分	12.11	14.46	14.98	−3.47
修正指标	累计保留盈余率 (%)	40.80	41.32	42.61	−3.03
	三年营业收入平均增长率 (%)	8.50	13.92	12.48	11.54
	总资产增长率 (%)	10.58	14.12	13.04	8.28
	营业利润增长率 (%)	2.48	8.63	10.09	−14.47
综合得分		12.17	13.65	13.42	1.71

（五）市场表现

从表 12-6 中可以看出，建筑行业（装饰）上市公司市场表现状况较 2019 年略有上升，但仍低于全部上市公司平均水平。

从综合得分来看，2020 年建筑行业（装饰）上市公司市场表现状况平均得分为 8.45 分，低于全部上市公司 9.17 分的平均水平，其中有 55 家企业超过全国上市公司的平均水平。上市公司市场表现状况综合得分排名前三的为永福股份、地铁设计、中岩大地，这三家公司在市场表现上得分优良。

表 12－6　建筑行业市场表现状况比较表

分析指标		2020 年上市公司平均值	2020 年行业值	2019 年行业值	增长率（%）
基本指标	市场投资回报率 (%)	15.87	−2.86	3.35	−185.37
	股价波动率 (%)	105.04	80.15	82.74	−3.13
	得分	9.17	8.45	7.88	7.23

2020 年虽受疫情影响，建筑业上市公司发展稳定，建筑行业（装饰）的市场表现与整体经济周期相关度较高，建筑装饰指数随市场行情同步变化。2020 年建筑行业（装饰）上市公司市场投资回报率为 −2.86%，低于全部上市公司 15.87% 的平均水平，比 2019 年 3.35% 的水平大幅降低。建筑装饰行业指数与沪深 300 指数波动情况如图 12–1 所示。

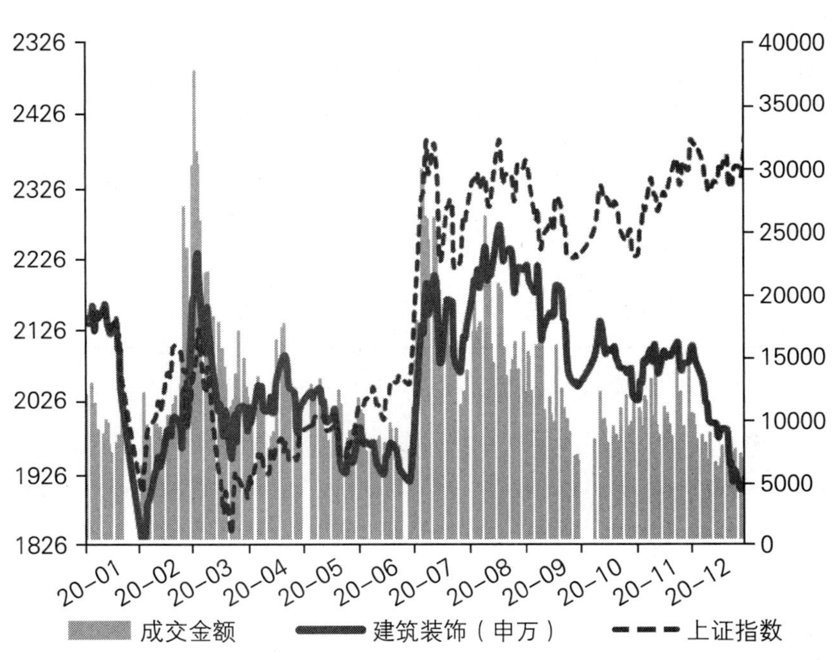

图 12－1　建筑装饰行业指数（申万）与沪深 300 指数波动

二、2020 年度建筑行业（装饰）上市公司业绩影响因素分析

2020 年度，全国建筑业总产值 26.40 万亿元，同比增长 6.24%。2020 年基建投资仍是拉动建筑业的主要因素，随着基建投资逐渐回归冷静，传统基建暴露出的产能过剩、杠杆过高的风险将得到进一步控制，建筑行业的发展趋于冷静。2020 年建筑行业上市公司业绩的主要影响因素如下。

（一）基建投资增速减缓掣肘建筑业营业收入

建筑装饰行业是典型的投资拉动型行业，行业发展程度与固定资产投资紧密相关。2020 年，全国固定资产投资（不含农户）518907.00 亿元，累计同比增长 2.9%，相较于

2019 年 5.4% 的增速，固定资产投资放缓。从三大主要领域来看，房地产开发投资 141443 亿元，同比增长 7.0%，增速比上年回落 2.9 个百分点；基础设施投资增速 0.9%，增速比上年回落 2.9 个百分点；制造业投资下降 2.2%，降幅收窄 1.3 个百分点。

基建投资增速放缓主要是因为 2020 年基建资金面改善未达预期。一是专项债大幅扩容成为全年基建增量资金主要来源，但下半年投向基建的规模环比下滑显著、流入棚改等非基建领域比例提升。从全年来看，专项债大幅扩容且投向基建比例提升。二是国债作为全年基建增量资金重要来源之一，其发行规模以及投向基建比例可能低于市场预期。三是城投债净融资规模上半年增长显著，但下半年同比转负，未能继续贡献增量资金。四是非标规模持续收缩，投向基建比例处于历史低位，持续拖累基建投资，2017 年以来信托多项规范措施出台，限制其资金违规流向地产、地方政府融资平台等，2016—2019 年社融非标项存量同比分别变动 5.5%、14.9%、−10.9%、−7.4%，同时投向基建比例持续下滑。

（二）新基建推进行业升级转型高质量发展

2020 年的新冠肺炎疫情对建筑业造成了一定程度的影响。根据数据显示，第一季度基础设施投资下降 19.7%，房地产开发投资同比下降 7.7%，建筑安装工程投资同比下降 17.6%，建筑业总产值同比下降 16%。疫情对建筑施工活动的影响主要体现在用工荒、人材机价格上涨、在建工程成本增加、工效降低和工期延误等方面。

应对新冠肺炎疫情影响，新基建逐渐成为投资的新亮点。2020 年 2 月 14 日，中央全面深化改革委员会第十二次会议指出，“基础设施是经济社会发展的重要支撑，要以整体优化、协同融合为导向，统筹存量和增量、传统和新型基础设施发展，打造集约高效、经济适用、智能绿色、安全可靠的现代化基础设施体系”。2020 年 3 月 4 日，中共中央政治局常务委员会召开会议，强调“要加大公共卫生服务、应急物资保障领域投入，加快 5G 网络、数据中心等新型基础设施建设进度”。

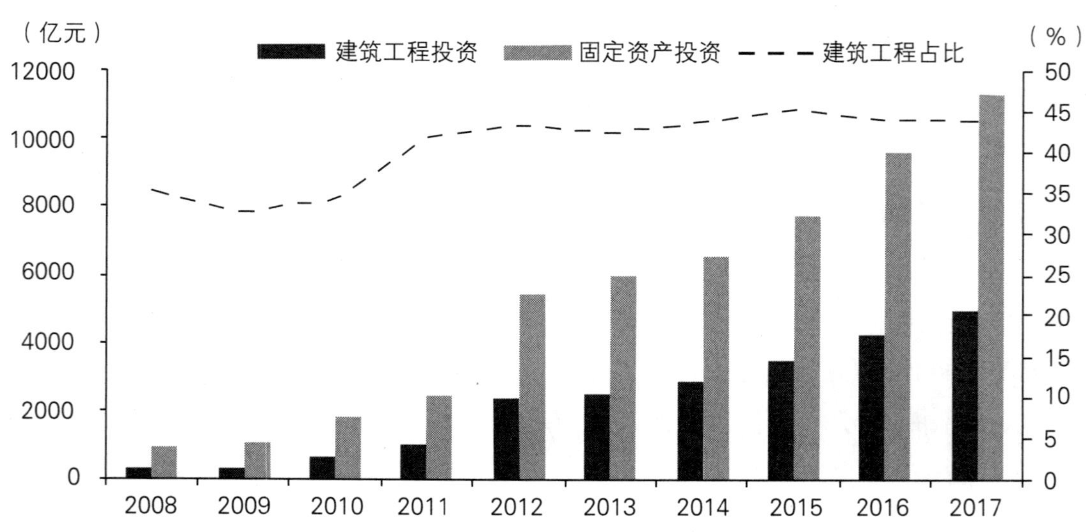

图 12－2　电子信息产业细分行业固定资产及建筑工程投资加总情况

数据来源：Wind 资讯。

一方面，高铁在我国铁路里程中的占比正不断提升，全国至2020年底计划实现铁路网规模15万千米，其中高铁3万千米，至2025年底实现铁路网规模17.5万千米，其中高铁3.8万千米，实现“八纵八横”主通道建设，至2030年基本实现内外互联互通、区际多路畅通、省会高铁连通、地市快速通达、县域基本覆盖。根据中国铁路总公司信息，2019年末我国铁路营运里程达13.9万千米，高铁3.5万千米，高铁提前完成了“十三五”的营运里程目标。2019年9月国务院印发《交通强国建设纲要》，要求至2035年全国基本形成“123出行圈”（都市区1小时通勤、城市群2小时通达、全国主要城市3小时覆盖），推进干线铁路、城际铁路、市域（郊）铁路、城市轨道交通融合发展。

另一方面，特高压建设有望提振电网投资，相关建筑企业受益。2016年之后电网基本建设投资增速总体处于较低水平，2019年全国电网基本建设完成投资4856亿元，同比下滑9.6%。2014—2016年间特高压建设曾带动电网投资增速实现较高增长，国家电网2020年重点工作任务的通知明确指出年内将核准7项特高压工程，并开工建设白鹤滩－江苏特高压直流、华中特高压交流环网等工程，近期国家电网发布的应对疫情影响全力恢复建设助推企业复工复产的十二项举措中，三项涉及特高压，涉及投资达978亿元，广西、湖南等地亦发布特高压建设的相关重点工程规划。

（三）装配式建筑市场需求扩大，降低建筑行业资源消耗

2020年全国各地共出台157份装配式建筑相关政策文件，近期江西省出台《关于加快推进全省装配式建筑发展的若干意见》，提出到2025年，装配式建筑新开工面积占新建建筑总面积的比例不低于40%，其中2025年目标面积比例超过全国规划水平（30%）。2020年吉林、江西两省，以及河南南阳、安徽宣城等地相继发布当地绿色建筑创建实施方案，持续落实住建部《绿色建筑创建行动方案》；京津冀三地协同标准《绿色建筑评价标准（征求意见稿）》发布；江苏发布《关于开展装配式建筑综合评定的通知》以不断提升省内装配式建筑设计和建造水平。

装配式装修层面，装配式装修是具有工业化思维的新装修方式，相比传统装修“多、快、好、省”，优势明显。目前装配式装修尚处于起步阶段，但规模成长迅速，2019年新开工面积为4529万平方米，同比增长547.93%。根据中国建筑装饰协会数据，2018年我国装饰装修行业总产值已达4.25万亿元，同比增速为7.9%。

装配式建筑层面，2020年，全国31个省、自治区、直辖市和新疆生产建设兵团新开工装配式建筑共计6.3亿平方米，较2019年增长50%，占新建建筑面积的比例约为20.5%，完成了《“十三五”装配式建筑行动方案》确定的到2020年达到15%以上的工作目标。从结构形式看，新开工装配式混凝土结构建筑4.3亿平方米，较2019年增长59.3%，占新开工装配式建筑的比例为68.3%；装配式钢结构建筑1.9亿平方米，较2019年增长46%，占新开工装配式建筑的比例为30.2%，其中，新开工装配式钢结构住宅1206万平方米，较2019年增长33%。

（四）主要原材料价格和劳动力成本持续上涨推高建筑业成本

建筑项目施工涉及多种原材料，如沙、土、石料、砖、水泥、钢筋等。一方面，受各国应对疫情所采取的量化宽松政策的影响，输入性通货膨胀叠加国内成本性通胀，导致建筑类原材料价格2020年有所上涨。以钢筋为例，2020年国内钢材价格平均综合指数105.57点，与上年同期相比下降2.41点，同比下降2.24%，其中长材价格平均指数109.76点，同比下降3.69%；板材价格平均指数103.63点，同比下降0.59%。分品种看，2020年全国冷轧薄板、热轧卷板价格有所上涨，分别上涨164元/吨、1元/吨；中厚板价格保持平稳，略降6元/吨；高线、螺纹钢、角钢、镀锌板和热轧无缝卷价格均不同程度下降，分别下降186元/吨、183元/吨、166元/吨、326元/吨和209元/吨。详见图12–3。

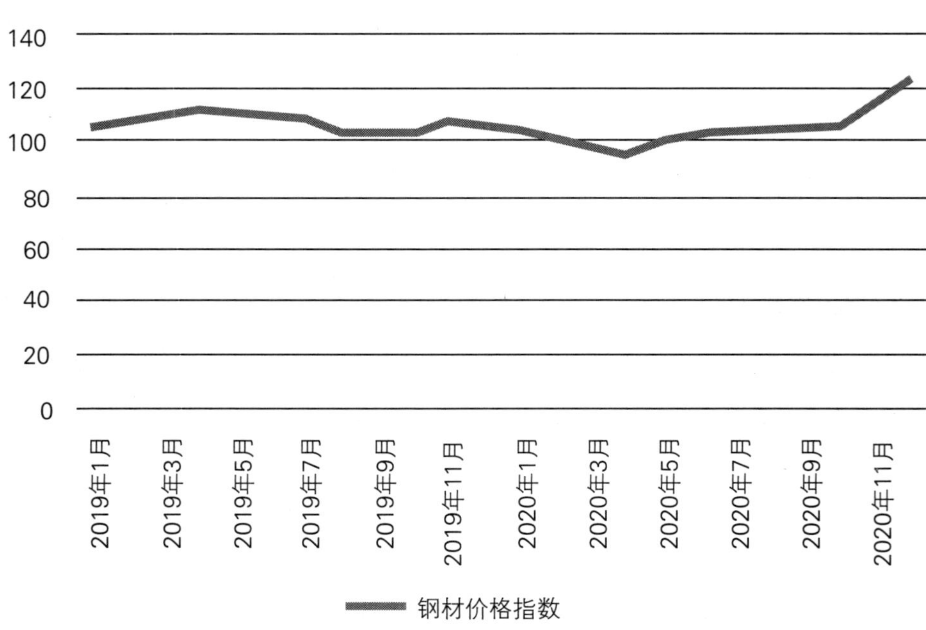

图12－3　2019—2020年中国钢材价格指数走势

数据来源：中国钢铁工业协会、智研咨询整理。

劳动力资源作为建筑业必不可少的生产要素之一，其成本的上升也必定导致房地产营运成本上涨。根据国家统计局公布数据显示，2020年，全国居民人均工资性收入17917元，增长4.3%。

三、2021年建筑行业（装饰）前景分析

面对国内外异常复杂的形势和艰巨繁重的建设任务，建筑行业（装饰）充分发挥着托底作用，在稳定国民经济方面发挥着重要作用。在“十四五”时期，建筑业更需要积极拥抱新技术变革，把握工业化、数字化、智能化发展的历史机遇。今后，技术变革和政策将引领建筑业转型升级，BIM、装配式、绿色建筑、智能化、市场化等都将是建筑行业未来

发展方向。

（一）“十四五”开局，基建领域发展空间较大

2020 年 10 月 29 日中共产党第十九届中央委员会第五次全体会议通过的《中共中央关于制定国民经济和社会发展第十四个五年规划和二〇三五年远景目标的建议》中，多次提及基础设施建设领域。其中，“加快发展现代产业体系”部分指出，要加快建设交通强国，完善综合运输大通道、综合交通枢纽和物流网络，加快城市群和都市圈轨道交通网络化，提高农村和边境地区交通通达深度；要加强水利基础设施建设，提升水资源优化配置和水旱灾害防御能力；要拓展投资空间，加快补齐基础设施、市政工程等领域短板；要推进新型基础设施、新型城镇化、交通水利等重大工程建设。“推进乡村振兴”部分指出，完善乡村水、电、路、气、物流等基础设施。“推进区域协调发展和新型城镇化”部分指出，要优化重大基础设施建设；增强城市防洪排涝能力，建设海绵城市。“实行高水平对外开放”部分也指出，要推动共建“一带一路”高质量发展；推进基础设施互联互通，拓展第三方市场合作。

（二）建筑行业市场将更加多样化

在需求牵引供给、供给创造需求动态平衡中，传统的以完成建筑实体为主要方式的建筑市场形势将逐步发生改变，由建筑为主体转化为建筑为载体。而在以国内大循环为主体、国内国际双循环相互促进的新发展格局指引下，建筑市场的模式和形态也将发生改变，建筑将回归提供功能和满足需求，特别是美好需求的本身。2021 年的建筑市场将呈现新老基建共存、形式多样化的生态。

建筑市场由政府主导的大拆大建式的发展方式将无以为继，同时，建筑企业侧重于短期规模扩张的增长路径也必将遭到挑战。未来基础设施建筑市场将逐步由新增项目建设向存量项目运营管理为主，运营管理是未来的主战场。建筑企业应按规模划分，大型建筑企业的转型方向主要在服务和运营能力方面，而中小企业的转型方向则是产品品质方面。

建筑市场的空间在于与产业的关联程度。以国内大循环为主体的新发展格局主要通过扩大内需、释放消费潜力、聚焦新产业新业态新模式释放动能进行革新，其中具有良好发展前景的新产业包括服务产业、文化产业、资源产业、环保产业、养老产业、旅游产业、互联网产业和人工智能产业等。所有的新产业都需要建筑的支撑，而建筑依托于产业又被赋予了新的使命。新基建发展理念就是传统基建与 5G、人工智能、工业互联网的深度融合。从产业的角度来看，建筑的细分市场将更加完善，建筑市场将呈现多样化和多元化的生态。

（三）碳中和目标下，建筑行业升级成为必然趋势

建筑建材行业能耗及碳排放高，总量仍居全行业高位。尽管“十三五”期间在国家政策的调控背景之下能耗与碳排放同比增长率有所回落，但总量依然较大，且从能耗及碳排放占全国总量变化趋势中可以看到碳排放占比近几年下降趋势逐渐不明显，而能耗比重自 2010 年以后呈上升趋势。

我国碳中和过渡期短，任务难度高。中国的经济体量大，目前仍处于工业化发展阶段，能源消耗量和碳排放量均处于双增长阶段。欧美等发达国家从碳达峰再到碳中和普遍有50~70年的过渡期，而我国只有30年过渡期，考虑到我国的人口数量、经济规模和发展阶段，要在如此短的时间内完成“3060”目标，必须加快建设清洁低碳高效的能源体系和循环发展的经济体系，减少能源消费总量、降低能源碳强度，增加碳汇与负排放。

2020年12月召开的中央经济工作会议明确将“做好碳达峰、碳中和工作”确定为2021年八大重点任务之一，近期中央、住建部在相关会议、政策、文件中多次强调加快发展装配式建筑，装配式建筑可在全寿命周期实现碳减排。根据中国环境与发展国际委员会统计：2018年，我国建筑能耗占全社会总能耗三分之一，全国既有600亿平方米建筑中的90.00%为高能耗建筑。相较传统现浇住宅，装配式PC住宅建造和使用过程中，可在建造、内装修、后期使用等全寿命周期内的各个环节实现减碳，每平方米节水20.50%、减碳7.50%，减少垃圾排放77.70%。

2021年1月16日，中国建筑材料联合会对行业碳达峰、碳中和行动提出倡议：我国建筑材料行业要在2025年前全面实现碳达峰，水泥等行业要在2023年前率先实现碳达峰，并配套六方面举措，行业提前达峰的各项具体指导规划开始出台，行业升级成为建筑建材领域未来发展的必然趋势。

（四）REITs发展降低税负和杠杆，加速规模扩张

“十三五”期间，基建领域投融资出现多种模式的变化，PPP模式和专项债对基建行业的景气周期产生重大影响。就基础建设细分行业而言，政府部门的未来规划形成了主要的需求，但是这些需求能否真正落地形成有效需求，还需要投融资模式的支持。2020年4月30日，中国证监会、国家发展改革委联合发布《关于推进基础设施领域不动产投资信托基金（REITs）试点相关工作的通知》（证监发〔2020〕40号）。文件明确基础设施REITs试点的基本原则、试点项目要求及试点工作安排。

当前我国宏观经济面临下滑风险，逆周期调控必要性提升，基建政策持续加码，资金面及项目端持续改善，新政出台启动REITs市场，有望改善基建传统投融资模式、一定程度上推动解决基建领域结构性问题，补充中长期资金，支撑逆周期加码；REITs在新兴市场亦迎来暴发式增长，2011—2019年泰国、墨西哥CAGR分别达到36%、52%，印度2019年上市首只REITs规模即达到46亿美元。根据发展改革委数据，我国在1981—2018年累积基础设施固定资产投资存量总规模约420万亿元，其中1995—2019年即新增约150万亿广义基建投资，交通仓储、电力、水利环境公共设施分别新增约58万亿元、31万亿元、60万亿元，底层资产充裕，未来市场容量可观。

附表　2020 年度建筑装饰行业上市公司业绩评价结果排序表

序号	A股上市公司评价得分排序	股票代码	股票简称	综合得分	评价等级	每股收益（元）	总资产报酬率	净资产收益率（%）	总资产周转率（次）	流动资产周转率（次）	资产负债率(%)	已获利息倍数	营业收入增长率(%)	资本扩张率(%)	市场投资回报率(%)	股价波动率(%)	年末资产总额（万元）	营业收入（万元）	净利润（万元）
1	263	600039	四川路桥	72.50	BBB	0.78	5.62	14.15	0.58	1.17	78.13	2.63	15.83	43.60	34.52	87.47	11322374.54	6106990.75	304547.21
2	270	000498	山东路桥	72.40	BBB	1.12	5.16	11.88	0.79	1.11	76.59	5.22	48.05	56.26	1.60	54.69	5508091.53	3443732.70	147550.98
3	330	601668	中国建筑	71.20	BBB	1.07	5.57	12.73	0.76	1.06	73.67	5.03	13.75	15.00	−13.77	28.56	219217383.90	161502332.70	7095038.00
4	388	601117	中国化学	70.40	BBB	0.71	3.96	9.11	0.87	1.13	70.06	11.20	5.63	8.33	−6.60	59.20	13600815.24	10945651.44	384216.17
5	415	002081	金螳螂	70.00	BB	0.88	6.76	13.86	0.74	0.82	61.90	19.62	1.33	11.33	3.66	92.79	4500331.34	3124322.78	234060.88
6	432	002061	浙江交科	69.80	BB	0.73	4.41	11.11	0.98	1.32	76.89	6.29	27.13	12.40	−11.12	39.56	4140875.67	3673771.77	104890.81
7	475	601390	中国中铁	69.30	BB	0.96	3.95	8.56	0.86	1.34	73.90	3.97	14.49	27.59	−9.84	28.38	120012210.80	97140488.90	2724942.90
8	538	000779	甘咨询	68.50	BB	0.83	10.08	15.49	0.68	1.04	44.70	421.99	16.01	18.19	−8.13	46.82	390039.11	248056.93	30865.03
9	631	600248	陕西建工	67.50	BB	0.90	5.05	2.55	1.34	1.52	90.51	3.78	1,483.09	483.61	1.34	39.94	18196527.40	12772307.95	295920.64
10	654	603357	设计总院	67.30	BB	0.80	11.35	13.86	0.51	0.59	35.69	–	17.96	11.22	−12.48	34.19	406735.23	190993.66	36385.99
11	754	601618	中国中冶	66.50	BB	0.32	3.38	6.76	0.83	1.09	72.28	3.71	18.15	20.06	−1.24	36.56	50639296.30	40011462.30	938235.70
12	779	002883	中设股份	66.20	BB	0.57	11.28	11.43	0.60	0.71	36.72	76.15	52.36	25.70	−5.70	105.84	98121.87	47516.97	7807.33
13	810	002541	鸿路钢构	65.90	BB	1.53	7.80	11.14	0.93	1.41	63.12	10.61	25.07	21.06	234.14	330.57	1620731.18	1345092.59	79908.74
14	812	601186	中国铁建	65.90	BB	1.50	3.70	8.30	0.78	1.13	74.76	3.73	9.62	19.70	−21.83	47.02	124279279.90	91032476.30	2570867.40
15	819	603018	华设集团	65.80	BB	1.05	8.25	18.30	0.62	0.71	62.51	46.15	14.19	17.72	26.25	110.73	920615.11	535380.35	60458.14
16	834	000928	中钢国际	65.70	BB	0.48	4.48	10.94	0.78	0.94	70.79	6.75	10.54	10.34	−6.33	47.35	1970889.48	1482748.89	61356.70
17	863	603466	风语筑	65.40	BB	1.19	9.70	17.81	0.56	0.63	54.43	1,308.37	11.15	18.11	49.89	154.21	432883.47	225630.19	34251.09
18	864	002949	华阳国际	65.40	BB	0.88	9.68	13.66	0.82	1.21	47.48	48.91	58.55	22.76	−13.60	181.57	275346.48	189409.38	19119.57
19	885	002469	三维工程	65.10	BB	0.73	16.62	4.28	0.29	0.35	20.43	200.64	7.12	78.58	36.36	94.11	300485.99	67596.42	37180.21
20	907	000628	高新发展	64.90	B	0.77	5.56	14.71	0.78	0.83	79.73	8.27	67.12	52.93	−18.12	45.96	833894.95	553307.88	26741.42
21	915	002713	东易日盛	64.80	B	0.43	8.64	12.05	1.14	2.04	67.69	88.93	−9.27	20.76	10.52	91.24	316298.49	344666.53	21720.41
22	924	600820	隧道股份	64.70	B	0.72	3.59	8.83	0.54	1.04	76.95	4.51	23.80	8.07	−8.96	32.27	10938608.28	5400624.69	230677.54
23	978	600068	葛洲坝	64.30	B	0.73	4.00	6.56	0.46	0.81	69.41	4.52	2.42	19.79	−1.62	40.55	25940470.41	11261117.29	529344.63

续表

序号	A股上市公司评价得分排序	股票代码	股票简称	综合得分	评价等级	每股收益（元）	总资产报酬率	净资产收益率（%）	总资产周转率（次）	流动资产周转率（次）	资产负债率(%)	已获利息倍数	营业收入增长率(%)	资本扩张率(%)	市场投资回报率(%)	股价波动率(%)	年末资产总额（万元）	营业收入（万元）	净利润（万元）
24	1009	000065	北方国际	64.00	B	0.98	6.34	11.27	0.78	1.10	65.56	7.54	16.19	14.18	−13.01	36.05	1808138.60	1285065.62	78414.30
25	1011	600970	中材国际	63.90	B	0.65	4.58	7.69	0.67	1.00	67.15	8.70	−7.72	5.59	3.80	78.86	3421217.69	2249195.42	111820.82
26	1012	600512	腾达建设	63.90	B	0.38	7.33	4.78	0.56	0.77	52.68	17.12	35.15	12.53	5.71	53.53	1092543.36	590341.87	57467.16
27	1048	600846	同济科技	63.60	B	0.95	10.01	24.68	0.54	0.62	70.60	17.76	−0.76	−6.88	−8.26	39.03	1131813.40	630263.13	87104.79
28	1049	002761	多喜爱	63.60	B	0.95	2.76	15.02	0.96	1.28	91.54	2.89	5.16	22.70	−25.51	49.89	8678075.96	7954965.31	115373.85
29	1062	603458	勘设股份	63.40	B	2.16	10.31	16.66	0.43	0.62	55.81	11.64	9.15	15.99	0.38	50.17	692121.89	279783.93	51664.94
30	1114	002140	东华科技	63.00	B	0.37	3.21	8.52	0.70	0.92	70.45	67.60	15.32	6.82	−1.24	36.27	813471.30	521030.48	20237.96
31	1115	601886	江河集团	63.00	B	0.84	5.35	7.71	0.62	0.76	66.02	6.02	−4.02	9.55	−16.86	51.36	2938185.01	1804996.48	112795.53
32	1130	300384	三联虹普	62.90	B	0.53	6.83	8.85	0.30	0.50	31.49	83.19	4.08	9.91	−18.97	48.76	300830.74	87540.18	17364.45
33	1153	600496	精工钢构	62.60	B	0.35	5.74	9.71	0.78	1.00	56.72	4.94	12.20	29.50	48.87	184.94	1580768.44	1148401.86	64524.79
34	1176	600133	东湖高新	62.40	B	0.87	5.28	10.56	0.39	0.58	74.04	2.54	12.42	18.76	3.13	56.90	2717837.22	1059375.06	76195.37
35	1191	601800	中国交建	62.20	B	0.90	3.59	5.17	0.52	1.13	72.56	2.41	13.12	20.72	−19.95	40.36	130416859.01	62758619.45	1934861.74
36	1196	603887	城地香江	62.10	B	1.05	7.51	9.97	0.53	0.79	52.76	5.66	34.52	22.29	0.69	119.18	858555.26	393340.31	39253.90
37	1202	601669	中国电建	62.10	B	0.46	3.10	4.81	0.47	1.02	74.74	2.60	15.38	15.73	−9.48	48.97	88654344.17	40118065.50	1273581.45
38	1247	603359	东珠生态	61.60	B	1.19	6.87	12.77	0.35	0.42	55.40	–	15.93	9.98	5.12	63.13	740305.24	233790.76	39241.54
39	1289	300732	设研院	61.20	B	1.35	8.43	12.64	0.41	0.53	51.21	12.18	19.45	9.78	−3.79	66.04	510362.51	188585.30	31077.69
40	1349	600477	杭萧钢构	60.80	B	0.34	10.78	9.88	0.92	1.32	52.68	18.51	22.70	15.59	32.25	79.18	896470.38	813875.74	75163.45
41	1381	603698	航天工程	60.40	B	0.33	4.71	6.17	0.50	0.67	32.96	–	16.55	4.72	−8.22	44.24	435340.59	207052.46	17933.48
42	1383	002062	宏润建设	60.40	B	0.38	5.02	11.53	0.69	0.89	77.63	4.25	−5.25	14.27	17.62	100.55	1700022.39	1131657.28	53324.21
43	1386	600284	浦东建设	60.40	B	0.46	3.64	6.08	0.54	0.71	60.18	12.67	34.68	4.98	−3.45	25.24	1668345.18	837648.58	45563.14
44	1428	601611	中国核建	59.90	CCC	0.43	2.63	7.24	0.54	0.81	82.30	2.57	14.48	30.03	1.77	72.30	14576926.23	7280046.30	175227.23
45	1489	300649	杭州园林	59.40	CCC	0.39	5.12	11.42	0.72	0.89	64.98	40.18	−2.62	8.99	−22.67	42.09	127565.69	80634.44	5030.38
46	1520	002116	中国海诚	59.10	CCC	0.15	2.16	1.97	1.16	1.28	68.99	244.79	−8.68	0.78	−10.47	43.10	452065.15	509662.73	6384.96

续表

序号	A股上市公司评价得分排序	股票代码	股票简称	综合得分	评价等级	每股收益（元）	总资产报酬率	净资产收益率（%）	总资产周转率（次）	流动资产周转率（次）	资产负债率(%)	已获利息倍数	营业收入增长率(%)	资本扩张率(%)	市场投资回报率(%)	股价波动率(%)	年末资产总额（万元）	营业收入（万元）	净利润（万元）
47	1531	600170	上海建工	59.00	CCC	0.34	2.32	6.10	0.80	0.99	86.34	2.91	12.57	21.36	−12.23	26.54	32135673.36	23132723.20	322230.96
48	1539	002060	粤水电	59.00	CCC	0.22	3.32	7.81	0.45	0.98	86.97	1.60	12.92	12.87	10.38	43.79	2949165.78	1258302.49	27613.19
49	1552	300746	汉嘉设计	58.90	CCC	0.31	4.19	6.34	1.01	2.29	37.83	9.21	92.59	3.18	−12.68	79.76	206584.53	227445.06	7836.05
50	1560	603017	中衡设计	58.80	CCC	0.79	7.16	10.10	0.51	0.83	45.53	91.56	−5.51	4.65	−5.73	83.84	371656.92	183534.97	22427.81
51	1609	002830	名雕股份	58.40	CCC	0.17	2.53	3.51	0.62	1.29	55.77	941.24	−3.44	0.95	−24.51	60.63	149837.79	86720.56	2572.50
52	1637	601789	宁波建工	58.10	CCC	0.27	2.94	7.16	1.15	1.36	79.63	3.09	6.69	16.66	5.94	85.95	1862230.80	1979685.42	29732.25
53	1670	603081	大丰实业	57.70	CCC	0.78	8.41	13.21	0.53	0.73	54.99	12.86	17.21	13.30	−28.68	58.14	515859.94	250911.29	31239.16
54	1685	600629	华建集团	57.50	CCC	0.33	3.33	4.49	0.79	1.09	71.59	10.64	20.12	0.72	−9.21	43.17	1161747.62	861373.35	23755.24
55	1729	600853	龙建股份	57.20	CCC	0.22	2.49	8.01	0.55	0.80	85.86	2.09	6.58	50.81	0.95	60.59	2344626.28	1183742.80	22279.58
56	1747	300517	海波重科	57.00	CCC	0.49	3.88	6.49	0.53	0.67	53.26	29.45	17.52	16.95	2.81	89.95	180649.17	85723.00	5190.28
57	1766	300500	启迪设计	56.90	CCC	0.21	3.36	3.33	0.70	1.07	44.39	4.40	47.49	1.34	−12.37	54.84	275313.87	184992.99	4616.44
58	1769	600502	安徽建工	56.80	CCC	0.47	3.85	7.28	0.58	0.82	83.61	1.84	20.54	21.01	−4.25	61.73	10580667.00	5697244.44	121354.68
59	1779	000055	方大集团	56.80	CCC	0.35	4.97	7.06	0.26	0.61	54.10	5.21	−0.88	4.13	−5.59	50.19	1186685.73	297929.64	38177.72
60	1789	300564	筑博设计	56.70	CCC	1.38	8.57	7.28	0.54	0.64	39.14	–	3.90	9.94	−32.58	75.07	187905.97	96023.15	13840.65
61	1814	601226	华电重工	56.40	CCC	0.08	1.58	1.88	0.99	1.20	57.53	9.04	24.12	2.06	−0.76	34.57	878132.97	890641.55	9777.72
62	1834	600193	ST 创兴	56.20	CCC	0.14	9.22	9.77	0.91	1.15	74.88	12.50	96.99	23.91	21.66	107.56	130155.96	109596.53	6093.80
63	1839	603909	合诚股份	56.10	CCC	0.33	4.76	5.24	0.54	0.73	40.29	6.60	4.50	6.40	13.61	85.84	149611.36	79674.48	5194.97
64	1864	600769	祥龙电业	55.90	CCC	0.01	4.84	5.22	0.21	0.53	60.90	–	32.34	8.64	−10.58	59.81	15448.76	3066.86	528.82
65	1889	603955	大千生态	55.60	CCC	0.81	5.23	6.98	0.27	0.46	52.30	3.44	2.73	22.55	−8.75	49.15	361482.64	94417.21	10964.70
66	1956	002135	东南网架	54.90	CC	0.26	3.32	5.04	0.74	1.01	64.44	5.10	3.12	10.16	11.09	94.62	1365009.06	925628.99	26349.48
67	1974	002620	瑞和股份	54.60	CC	0.40	4.00	6.16	0.62	0.77	55.87	5.45	−1.42	7.88	−5.55	46.34	635477.44	376388.24	17501.81
68	1989	603843	正平股份	54.40	CC	0.20	4.26	7.42	0.71	0.95	75.25	2.29	31.19	11.47	−19.47	61.85	716819.31	489160.51	13066.14
69	1994	603637	镇海股份	54.30	CC	0.27	5.39	6.56	0.81	0.89	41.52	–	6.12	4.40	−26.70	56.80	138488.72	109620.79	6512.41

续表

序号	A股上市公司评价得分排序	股票代码	股票简称	综合得分	评价等级	每股收益（元）	总资产报酬率	净资产收益率（%）	总资产周转率（次）	流动资产周转率（次）	资产负债率(%)	已获利息倍数	营业收入增长率(%)	资本扩张率(%)	市场投资回报率(%)	股价波动率(%)	年末资产总额（万元）	营业收入（万元）	净利润（万元）
70	2003	300675	建科院	54.20	CC	0.30	5.35	5.71	0.43	0.77	59.79	5.78	8.22	7.58	16.41	159.19	130996.26	50645.77	4704.77
71	2028	300778	新城市	53.90	CC	1.01	9.47	8.58	0.33	0.34	26.51	44.49	-6.03	6.64	-21.64	179.80	132957.59	41561.52	10080.21
72	2038	603098	森特股份	53.80	CC	0.38	5.39	8.58	0.65	0.76	57.39	5.16	-6.08	3.30	-23.11	41.15	501455.49	315251.94	18245.28
73	2040	600610	ST 毅达	53.80	CC	0.04	7.67	23.14	0.82	2.86	93.55	2.32	441.12	102.66	15.48	49.72	139455.10	107894.07	4555.83
74	2055	603860	中公高科	53.60	CC	0.53	5.18	3.59	0.23	0.41	14.97	1,950.21	-17.10	3.67	-19.11	54.31	78949.51	17970.91	3451.75
75	2100	002298	中电兴发	53.20	CC	0.45	5.37	5.67	0.38	0.72	37.29	7.93	0.39	2.05	21.76	97.56	746767.98	276633.78	29592.61
76	2193	002822	中装建设	52.10	CC	0.37	6.19	7.85	0.84	0.95	52.67	5.13	14.87	19.67	-35.08	101.82	730237.57	558144.89	25893.13
77	2213	002775	文科园林	51.90	CC	0.31	4.90	5.87	0.50	0.69	53.13	3.60	-13.06	-3.25	-6.77	44.38	539406.86	252020.38	15543.13
78	2229	002593	日上集团	51.70	CC	0.11	3.51	2.86	0.71	1.00	54.09	2.67	11.33	2.01	-1.87	43.02	429148.16	293494.88	7668.51
79	2243	002375	亚厦股份	51.50	CC	0.24	2.28	3.03	0.49	0.58	61.49	5.48	0.02	3.76	26.48	230.49	2228048.67	1078735.22	33163.44
80	2262	300621	维业股份	51.20	CC	0.22	2.89	4.35	0.74	0.82	64.34	4.43	-15.12	8.25	-14.09	72.86	299670.92	211052.60	4796.74
81	2284	300668	杰恩设计	50.90	CC	0.19	5.11	3.47	0.55	0.67	17.62	272.02	-20.04	-6.31	-13.45	71.74	56244.49	31156.55	2036.35
82	2285	300492	华图山鼎	50.90	CC	0.10	5.34	5.02	0.36	0.47	10.06	26.45	-41.31	-1.65	65.82	181.43	32043.14	12545.34	1416.37
83	2303	002743	富煌钢构	50.80	CC	0.40	3.42	4.89	0.49	0.63	67.37	2.02	8.95	33.57	-0.96	110.22	904527.34	407441.60	13446.94
84	2376	600939	重庆建工	50.00	C	0.09	1.58	2.79	0.76	0.94	86.55	1.70	6.11	-4.92	-21.34	48.93	7354663.78	5529416.69	37457.98
85	2385	300284	苏交科	49.90	C	0.40	4.68	7.03	0.40	0.51	61.85	4.63	-7.84	5.91	-27.59	82.58	1428838.37	549936.00	41474.94
86	2464	002542	中化岩土	49.00	C	0.10	3.55	4.14	0.58	0.77	61.33	2.33	38.11	-1.14	-18.72	44.47	1060391.76	566278.13	16918.79
87	2494	002811	郑中设计	48.50	C	0.10	2.28	0.77	0.58	0.69	48.54	1.91	-24.62	-1.82	-15.66	45.85	311988.89	189315.21	2628.01
88	2541	300635	中达安	48.00	C	0.22	4.06	5.16	0.45	0.61	45.82	4.60	-3.11	-3.95	34.08	105.54	120917.20	54684.17	3682.22
89	2560	002856	美芝股份	47.80	C	0.12	2.15	0.29	0.75	0.84	53.40	2.73	37.12	28.68	-25.55	56.14	177916.91	124853.23	1540.63
90	2583	300712	永福股份	47.50	C	0.28	4.00	3.45	0.43	0.51	52.54	2.83	-31.93	4.01	115.10	163.36	218840.01	98043.91	4761.51
91	2599	603316	诚邦股份	47.30	C	0.20	2.57	3.71	0.51	0.85	61.43	3.74	26.52	6.31	-21.64	106.25	242115.06	114741.93	4076.32
92	2601	002307	北新路桥	47.30	C	0.06	2.00	0.90	0.35	0.91	88.37	1.35	6.83	23.32	-19.23	77.26	4075893.09	1188578.52	8032.08

续表

序号	A股上市公司评价得分排序	股票代码	股票简称	综合得分	评价等级	每股收益（元）	总资产报酬率	净资产收益率（%）	总资产周转率（次）	流动资产周转率（次）	资产负债率(%)	已获利息倍数	营业收入增长率(%)	资本扩张率(%)	市场投资回报率(%)	股价波动率(%)	年末资产总额（万元）	营业收入（万元）	净利润（万元）
93	2673	002047	宝鹰股份	46.00	C	0.08	3.09	2.26	0.54	0.56	64.93	1.69	-10.81	1.98	-42.71	85.55	1202884.66	595490.32	10249.99
94	2676	603030	全筑股份	46.00	C	0.25	3.32	6.12	0.54	0.61	74.62	2.64	-21.80	7.57	-16.43	107.55	1050858.98	542416.50	17856.03
95	2726	600491	龙元建设	45.30	C	0.53	2.23	5.41	0.29	0.58	79.98	5.73	-16.99	6.79	-28.60	104.99	6253752.51	1778668.34	83294.03
96	2732	002941	新疆交建	45.20	C	0.18	2.15	3.23	0.56	0.87	73.68	2.57	19.96	42.02	-38.40	92.05	1460766.67	713919.78	12061.24
97	2733	002628	成都路桥	45.10	C	0.11	2.81	2.74	0.30	0.60	61.73	2.17	-22.18	5.14	-20.84	34.87	773305.09	217530.18	8210.83
98	2771	603388	元成股份	44.60	C	0.32	4.90	6.19	0.24	0.36	62.87	3.56	-29.08	4.69	-16.76	41.28	302786.63	71476.38	9289.13
99	2820	603828	柯利达	43.40	C	0.03	0.94	1.65	0.57	0.79	69.15	1.14	16.18	38.62	-17.58	106.76	527215.09	265700.28	2359.85
100	2853	603959	百利科技	42.60	C	0.05	2.34	2.65	0.51	0.70	77.06	1.48	0.56	39.17	20.61	172.01	278147.26	140420.14	2499.06
101	2912	000010	美丽生态	41.40	C	0.05	5.14	2.61	0.36	0.44	76.95	2.38	-25.59	8.30	14.67	50.91	354173.05	140854.22	7635.44
102	2933	300355	蒙草生态	40.70	C	0.11	3.83	2.54	0.16	0.41	63.90	1.68	-10.87	2.73	3.47	120.47	1521608.03	254179.48	19314.03
103	2972	603815	交建股份	39.60	C	0.19	3.69	6.44	0.61	0.83	78.28	3.64	11.48	4.26	-41.14	165.25	547569.68	317919.68	10181.63
104	2996	002431	棕榈股份	38.80	C	0.03	2.67	-6.07	0.29	0.43	71.25	1.04	77.98	-0.45	2.87	106.06	1645360.24	482115.38	2815.63
105	3067	300237	美晨生态	36.30	C	0.04	2.74	0.52	0.28	0.35	69.79	1.21	3.77	-9.82	-0.74	141.93	1112497.26	306592.72	2667.37
106	3082	300536	农尚环境	35.40	C	0.02	0.60	1.11	0.21	0.23	53.30	12.50	-37.71	-0.56	69.41	237.30	130368.21	28826.64	715.09
107	3087	002051	中工国际	35.20	C	-0.07	-0.37	-1.14	0.36	0.44	50.68	-4.10	-25.25	-2.91	-26.51	61.67	2168285.14	796599.01	-10205.71
108	3120	002963	豪尔赛	33.60	C	0.28	2.11	1.34	0.27	0.28	22.43	-	-48.30	0.99	-45.86	102.25	213555.32	59811.62	4275.06
109	3132	002310	东方园林	33.20	C	-0.18	0.54	-4.08	0.20	0.31	70.71	0.30	7.28	4.76	-20.23	55.06	4537912.41	872553.54	-48917.05
110	3178	002789	建艺集团	31.10	C	-0.18	1.81	-2.63	0.51	0.65	76.54	0.78	-24.73	-14.08	5.78	69.99	432761.63	226938.70	-2600.75
111	3201	300197	节能铁汉	30.30	C	-	2.59	-1.18	0.14	0.28	77.45	1.10	-16.87	-1.30	-0.32	104.50	3020029.58	421149.68	5756.93
112	3305	603007	花王股份	25.50	C	0.06	2.08	-1.13	0.15	0.27	66.98	1.11	-53.67	-1.17	-22.62	72.52	375095.98	57203.05	209.77
113	3352	002325	洪涛股份	23.60	C	-0.28	-0.88	-9.61	0.30	0.39	72.65	-0.43	-11.46	-8.75	-20.02	40.32	1231159.91	356857.73	-33257.92
114	3355	603778	乾景园林	23.60	C	-0.16	-4.53	-6.46	0.13	0.19	28.96	-24.27	-27.38	52.61	-1.32	79.84	216314.79	25849.62	-8064.69
115	3383	603929	亚翔集成	22.80	C	-0.15	-1.71	-4.23	0.45	0.49	46.90	-14.23	-50.29	-10.05	-25.33	83.95	197756.01	92936.71	-3451.90

续表

序号	A股上市公司评价得分排序	股票代码	股票简称	综合得分	评价等级	每股收益（元）	总资产报酬率	净资产收益率（%）	总资产周转率（次）	流动资产周转率（次）	资产负债率(%)	已获利息倍数	营业收入增长率(%)	资本扩张率(%)	市场投资回报率(%)	股价波动率(%)	年末资产总额（万元）	营业收入（万元）	净利润（万元）
116	3398	002663	普邦股份	22.10	C	-0.12	-4.16	-6.70	0.35	0.49	44.06	-6.68	-17.77	-5.25	-34.77	65.12	711514.35	254147.94	-21867.06
117	3400	002374	中锐股份	22.10	C	-0.19	-0.56	-6.53	0.11	0.23	49.79	-0.23	-47.46	10.58	-21.46	45.80	566001.71	61604.88	-18121.15
118	3423	002482	广田集团	21.00	C	-0.51	-1.24	-11.97	0.51	0.58	72.83	-0.53	-6.13	-9.85	-37.98	75.50	2341073.78	1224647.81	-79203.85
119	3425	600209	*ST 罗顿	21.00	C	-0.18	-13.31	-18.50	0.10	0.33	14.91	–	-57.07	-20.58	37.69	143.70	47341.33	5438.74	-7568.82
120	3431	300495	美尚生态	20.80	C	-0.01	1.56	-0.22	0.14	0.27	57.46	1.06	-31.05	-11.25	-38.86	109.87	909122.35	134131.70	-800.58
121	3445	002781	奇信股份	20.20	C	-2.47	-11.41	-32.87	0.49	0.55	62.65	-5.58	-47.45	-29.52	-7.96	119.12	381814.05	210957.26	-57186.01
122	3451	601068	中铝国际	20.00	C	-0.71	-2.12	-12.81	0.42	0.55	71.32	-1.80	-25.87	1.57	-35.73	83.25	5451402.43	2302595.10	-185639.75
123	3477	002717	岭南股份	19.00	C	-0.30	-1.11	-9.86	0.34	0.52	75.26	-0.77	-16.41	-6.78	-30.63	99.06	1959056.61	665128.46	-45206.92
124	3487	002586	*ST 围海	18.60	C	-0.24	-1.51	-4.32	0.22	0.46	59.57	-0.99	-42.54	-12.66	-35.76	115.58	812948.66	197508.31	-28649.17
125	3494	002178	延华智能	18.50	C	-0.38	-16.38	-32.79	0.35	0.48	57.58	-42.17	-28.13	-29.71	-20.56	73.82	172540.82	65985.27	-28762.99
126	3526	603717	天域生态	17.20	C	-0.65	-3.03	-11.59	0.17	0.26	58.99	-1.77	-30.43	-6.23	-5.42	40.83	331759.27	58254.29	-15859.71
127	3562	300592	华凯创意	15.20	C	-0.51	-5.87	-12.99	0.13	0.18	51.91	-9.74	-67.18	-14.50	50.08	228.35	91222.97	13516.29	-6248.34
128	3647	002200	ST 云投	9.10	C	-0.51	-0.13	-53.28	0.08	0.12	89.00	-0.03	-60.76	-26.19	-28.40	71.12	296809.11	26771.27	-11479.10
129	3654	300506	名家汇	8.40	C	-0.53	-9.60	-19.00	0.14	0.19	52.22	-7.92	-59.04	-31.50	-30.52	104.46	305617.32	51287.78	-33707.26
130	3668	002504	ST 弘高	6.60	C	-0.06	-1.28	-9.73	0.12	0.13	83.78	-12.01	-45.72	-11.01	-27.04	60.31	350150.44	45009.61	-5896.36
131		002989	中天精装	71.90	BBB	1.43	9.33	14.73	1.02	1.11	47.00	28.60	9.63	124.81	15.48	83.40	305598.42	256493.22	18883.16
132		003013	地铁设计	68.50	BB	0.78	8.98	18.12	0.50	0.62	55.88	–	13.73	67.34	15.48	19.07	417746.02	187030.85	29016.97
133		003001	中岩大地	67.00	BB	1.28	7.26	11.24	0.74	0.81	34.90	356.86	10.31	150.30	15.48	28.61	196522.29	112921.64	10079.99
134		300826	测绘股份	61.60	B	0.97	5.77	8.49	0.36	0.44	43.82	590.06	5.99	86.49	15.48	53.79	182303.86	54333.24	7463.38
135		605178	时空科技	58.70	CCC	2.25	7.40	8.41	0.40	0.43	25.32	20.77	-14.10	127.24	15.48	64.02	276370.12	89649.08	13281.42

第十三章 银行业上市公司业绩评价

回顾2020年，新冠肺炎疫情突袭并在全球迅速蔓延，给我国和全球的经济都带来了巨大的冲击。在新冠肺炎疫情冲击和宏观经济整体下行的大背景下，我国银行业仍然能够持续加大对实体经济的让利以支持，并在国家新出台的政策指导下，大力支持疫情防护防控、复工复产工作，不断提高金融服务实体经济的质量和效率，从而促使我国银行业保持稳健发展态势。2020年，申万银行业指数从年初的3884.36点波动下降至年末的3696.86点，下跌4.83%。

展望2021年，面对新冠肺炎疫情带来的巨大挑战，我国政府能够迅速应对，及时出台政策，疫情得到有效控制，我国宏观经济也逐步回归到正轨，在宏观政策等因素的不断调整下，我国的总体经济运作有望继续保持稳中有进的发展趋势，主要金融指标运作也将维持在合理的区间。2021年，经济逐渐复苏，在此基础上我国银行业的运行环境不断好转，整体运行趋势也将逐渐向好。

一、2020年度银行业上市公司业绩评价结果

截至2020年末，我国A股市场上市银行共37家，其中2020年新上市的有1家银行，为厦门银行。考虑到当年上市的银行不进行指标评价，因此，纳入本次业绩评价的银行业上市公司共36家。详见表13-1。

截至2020年末，36家银行A股上市公司中，沪市28家，占比77.78%，深市8家，占比22.22%。36家银行上市公司资产总额2073253.34亿元，所有者权益合计169407.05亿元，2020年实现营业收入53259.52亿元，实现净利润17087.95亿元。

表 13－1　2020 年纳入业绩评价的 A 股上市银行汇总表

股票简称	上市日期	股票简称	上市日期
平安银行	1991-04-03	江阴银行	2016-09-02
浦发银行	1999-11-10	无锡银行	2016-09-23
民生银行	2000-12-19	常熟银行	2016-09-30
招商银行	2002-04-09	杭州银行	2016-10-27
华夏银行	2003-09-12	上海银行	2016-11-16
中国银行	2006-07-05	苏农银行	2016-11-29
工商银行	2006-10-27	张家港行	2017-01-24
兴业银行	2007-02-05	成都银行	2018-01-31
中信银行	2007-04-27	郑州银行	2018-09-19
交通银行	2007-05-15	长沙银行	2018-09-26
宁波银行	2007-07-19	紫金银行	2019-01-03
南京银行	2007-07-19	青岛银行	2019-01-16
北京银行	2007-09-19	西安银行	2019-03-01
建设银行	2007-09-25	青农商行	2019-03-26
农业银行	2010-07-15	苏州银行	2019-08-02
光大银行	2010-08-18	渝农商行	2019-10-29
江苏银行	2016-08-02	浙商银行	2019-11-26
贵阳银行	2016-08-16	邮储银行	2019-12-10

在 36 家银行上市公司中，评价等级为 A 的有 5 家；评价等级为 BBB 的有 6 家，评价等级为 BB 的有 7 家，评价等级为 B 的有 6 家；评价等级为 CCC 的有 11 家，评价等级为 CC 的有 1 家。

根据 2020 年银行业整体评价结果显示，业绩评价综合得分进入“中联价值 100”名单的有两家，分别是招商银行和宁波银行。招商银行位列全部上市公司第 31 位，居银行业之首，宁波银行位列全部上市公司第 91 位。2020 年度银行业评价得分排名前十的公司如表 13–2 所示。

表 13－2　2020 年度银行业评价得分前十名的公司

名次	股票代码	股票简称	在 A 股上市公司中评价得分排序
1	600036.SH	招商银行	31
2	002142.SZ	宁波银行	91
3	600926.SH	杭州银行	127
4	601838.SH	成都银行	148

续表

名次	股票代码	股票简称	在A股上市公司中评价得分排序
5	601166.SH	兴业银行	152
6	601939.SH	建设银行	179
7	601009.SH	南京银行	276
8	601288.SH	农业银行	285
9	601398.SH	工商银行	361
10	600919.SH	江苏银行	375

基于对银行业上市公司的整体评价，下面分别从安全性、流动性、盈利能力、发展能力以及市场表现五个方面对上市银行公司进行具体分析。

（一）安全性状况

1. 资本充足率。

2020年，我国A股36家上市银行的资本充足率均满足监管要求，但半数银行该指标较上年同比下降，36家A股上市银行的资本充足率整体较2019年平均下降0.46%。一方面，为落实国家“六稳”“六保”的工作要求，支持疫情防控和实体经济恢复，贷款及债券投资同比增多，因此带动风险加权资产快速增长；另一方面，受新冠肺炎疫情冲击，行业整体盈利能力有所下降，行业内部充分暴露风险并加快处置，导致资本内生积累速度放缓。在上市银行资本充足率排名中名列前三位的是：建设银行（17.06%）、工商银行（16.88%）、紫金银行（16.81%）；资本充足率排名后三位的分别为：郑州银行（12.86%）、青农商行（12.32%）、北京银行（11.49%）。36家A股上市银行的资本充足率均值，较银监会《商业银行资本管理办法（试行）》规定的资本充足率最低要求10.50%高出35.69%，资本市场对于银行核心资本的保障作用不容小觑。

2020年，上市银行拓宽资本补充渠道的主要方式是发行永续债与二级资本债。整体来看，在央行连续开展票据互换操作和二级市场流动性不断改善的背景下，上市银行永续债发行的速度较快，2020年共有14家上市银行通过发行永续债补充资本，其中股份制银行5家、大型商业银行3家、城市商业银行3家、农村商业银行1家。中国银行在2020年内共发行三期永续债，说明永续债是中大型银行补充资本的有效方式。同时，二级资本债券作为固定收益类资本工具，其发行相对便利，也是上市银行补充资本的重要渠道。2020年共有13家银行发行二级资本债券，发行规模达4840.00亿元。此外，2020年青农商行和紫金银行通过可转债方式进行再融资，成为中期资本补充来源。

2. 不良贷款率。

2020年，为应对新冠肺炎疫情带来的负面影响，银行业整体主动加大了不良贷款暴露和处置力度，进一步夯实了资产质量。得益于不良贷款处置力度的大幅提高，2020年末

A股上市银行信贷资产质量基本稳定，不良贷款率较年中明显回落企稳。从行业平均不良贷款率来看，36家上市银行2020年末不良贷款率平均值为1.39%，与2019年相比有所降低，下降幅度为2.58%，整体稳中向好。在36家A股上市银行中不良贷款率较低的前三位分别为：宁波银行(0.79%)、邮储银行（0.88%）、南京银行（0.91%）；不良贷款率较高的三位分别为：华夏银行（1.80%）、民生银行（1.82%）、郑州银行（2.08%）。郑州银行虽是所有上市银行中不良贷款率最高的，但其2020年不良贷款率与2019年相比下降了0.29个百分点，且该指标三年呈现下降态势。华夏银行的不良贷款率虽也处在高位，但2020年不良贷款率较2019年下降了0.03个百分点，资产质量整体稳中向好发展。民生银行不良贷款率大幅度上升主要源于从严执行现有风险分类标准导致的不良规模扩大，叠加疫情影响下信用卡不良风险高发导致的零售不良贷款增长，剔除信用卡业务后，该行其余零售业务不良贷款率较年初下降0.14个百分点，总体风险仍在可控范围内。

受不良贷款认定趋严和疫情冲击外部经济剧变的影响，部分银行不良贷款率出现抬头，如上升幅度较大的民生银行、交通银行、北京银行、农业银行和工商银行，不良贷款率同比分别上升16.67%、13.61%、12.14%、12.14%和10.49%。部分股份制商业银行因信用卡不良风险高发导致的零售不良贷款较大幅度增长。相比之下，大型国有商业银行零售资产质量较为稳健，不良贷款率的提升主要是源于对公不良贷款的增长，且主要集中在交通运输等受疫情影响较深的行业。同时也要看到，各家银行积极采取各种措施持续夯实资产质量，为下一步的风险抵御奠定基础，如交通银行、平安银行和中信银行等进一步加强不良贷款的认定标准，已将逾期60天以上贷款确认为不良贷款。银行业上市公司安全性状况如表13-3所示。

表13－3 银行业安全性状况表

分析指标	2019年行业平均值（%）	2020年行业平均值（%）	增长率幅度（%）
资本充足率	14.31	14.25	-0.46
不良贷款率	1.42	1.39	-2.58

（二）流动性状况

1. 净稳定资金比例。

与2019年相比，2020年36家A股上市银行的净稳定资金比例增幅为0.80%。大部分上市银行具有充足稳定的资金来源，还款能力较强。上市银行净稳定资金比例排名前三位的分别为邮储银行（162.41%）、西安银行（135.75%）、紫金银行（129.89%）。净稳定资金比例较低的六家分别为：无锡银行、渝农商行、常熟银行、苏农银行、江阴银行、张家港行，均为100.00%。

2. 流动性覆盖率。

与2019年相比，2020年36家A股上市银行的流动性覆盖率下降幅度为5.30%，上市银行流动性覆盖率较高的前三家分别为郑州银行（353.94%）、贵阳银行（291.25%）、西安银行（262.48%）。流动性覆盖率较低的四家分别为无锡银行、苏农银行、江阴银行、张家港行，均为 100.00%。

在严监管的情况下，各家银行对流动风险的管理更为重视，在调整业务模式的过程中，流动性覆盖率难免呈现出波动趋势，波动性覆盖率虽略有下降，但银行的流动性风险也仍在可控范围内。银行业上市公司流动性状况如表 13–4 所示。

表 13 － 4　银行业流动性状况表

分析指标	2019 年行业平均值（%）	2020 年行业平均值（%）	增长率幅度（%）
净稳定资金比例	111.63	112.52	0.80
流动性覆盖率	170.79	161.74	–5.30

（三）盈利能力状况

1. 净资产收益率。

与 2019 年相比，2020 年 36 家 A 股上市银行的净资产收益率降幅为 11.17%，上市银行净资产收益率排名位居前三位的分别是成都银行（14.75%）、招商银行（14.53%）、贵阳银行（14.49%）；后三位分别是华夏银行（7.81%）、郑州银行（7.74%）、民生银行（6.55%）。

2020 年度上市银行净利润整体微增，但净资产收益率仍持续走低，行业整体盈利水平逐渐下降。近年来，国家对金融行业实施强监管政策，降杠杆和金融供给侧结构性改革逐渐深化，叠加利率变动和新冠肺炎疫情因素的影响，导致银行业净资产收益率继续下滑。此外，近年来银行业上市、定向增资、可转债发行相对比较活跃，银行股本的增加也降低了杠杆倍数。

2. 总资产收益率。

与 2019 年相比，2020 年 36 家 A 股上市银行的总资产收益率降幅为 8.70%，上市银行总资产收益率排名前三位的分别为招商银行（1.24%）、贵阳银行（1.07%）、宁波银行（1.03%）；排名后三位分别为邮储银行（0.60%）、青岛银行（0.59%）、民生银行（0.51%）。

2020 年上市银行总资产收益率呈下降趋势，在适度宽松的货币政策影响下，银行采用了扩大资产规模的方式，保持营业收入的持续增长，但由于净利润减少，导致总资产收益率下降。银行业上市公司盈利能力状况如表 13–5 所示。

表 13 － 5　银行业盈利能力状况表

分析指标	2019 年行业平均值（%）	2020 年行业平均值（%）	增长率幅度（%）
净资产收益率	11.67	10.37	–11.17
总资产收益率	0.88	0.81	–8.70

（四）发展能力状况

1. 资本扩张率。

与 2019 年相比，2020 年 36 家 A 股上市银行的资本扩张率降幅为 4.95%。其中，江苏银行在 2020 年大规模向原 A 股股东配股增资，加之其以前年度发行的可转债在本年度部分转股成功，导致其资本规模大幅度提升。在实现规模快速增长的同时，江苏银行还不断优化资产结构，控制付息成本，其按规模系数调整后资本扩张率（23.42%）在 36 家上市银行排名中位居第一，其后两位分别为邮储银行（21.15%）、招商银行（16.41%）；排名后三位的分别为民生银行（1.57%）、江阴银行（1.30%）、青岛银行（0.56%）。

2. 营业收入增长率。

与 2019 年相比，2020 年 36 家 A 股上市银行的营业收入增长率降幅为 33.59%。在 36 家上市银行按规模系数调整后营业收入增长率的排名中，位居前三的分别为江苏银行（10.98%）、兴业银行（10.84%）、宁波银行（10.31%）。而后三位分别为常熟银行（0.85%）、江阴银行（–0.62%）、紫金银行（–1.70%）。

受到减费让利等政策落地和疫情致使信用卡业务和信贷规模下降的影响，中间业务收入增速较大幅度放缓。同时，由于年内汇率、利率及资产价格的波动，其他非息收入下降，最终致使 2020 年上市银行营业收入的增长主要依靠利息净收入的提振。在诸多不利因素的影响下，上市银行营业收入仍保持了一定幅度的增长，但增长速度大幅度下降。表 13–6 列示了银行业上市公司发展能力状况。

表 13 – 6　银行业发展能力状况表

分析指标	2019 年行业平均值（%）	2020 年行业平均值（%）	增长率幅度（%）
资本扩张率	12.11	11.51	–4.95
营业收入增长率	10.42	6.92	–33.59

（五）市场表现状况

2020 年银行业指数和沪深 300 指数保持较大相关性，总体来看，银行业指数走势弱于沪深 300 指数。详见图 13–1。

1. 市场投资回报率。

根据统计数据，上市银行整体市场投资回报率出现了负值的情况，但市场两极分化较为严重。2020 年，从市场投资回报率来看，在 36 家上市银行中，位居前三位的分别为杭州银行（78.63%）、成都银行（37.50%）、宁波银行（29.24%）；排名后三位的分别为苏州银行（–22.86%）、西安银行（–25.76%）、渝农商行（–30.40%）。市场投资回报率排名后三位的银行均是 2019 年上市的小型商业银行，在上市初期受市场追捧有过较大幅度的上涨，之后一直处于价值回归中。

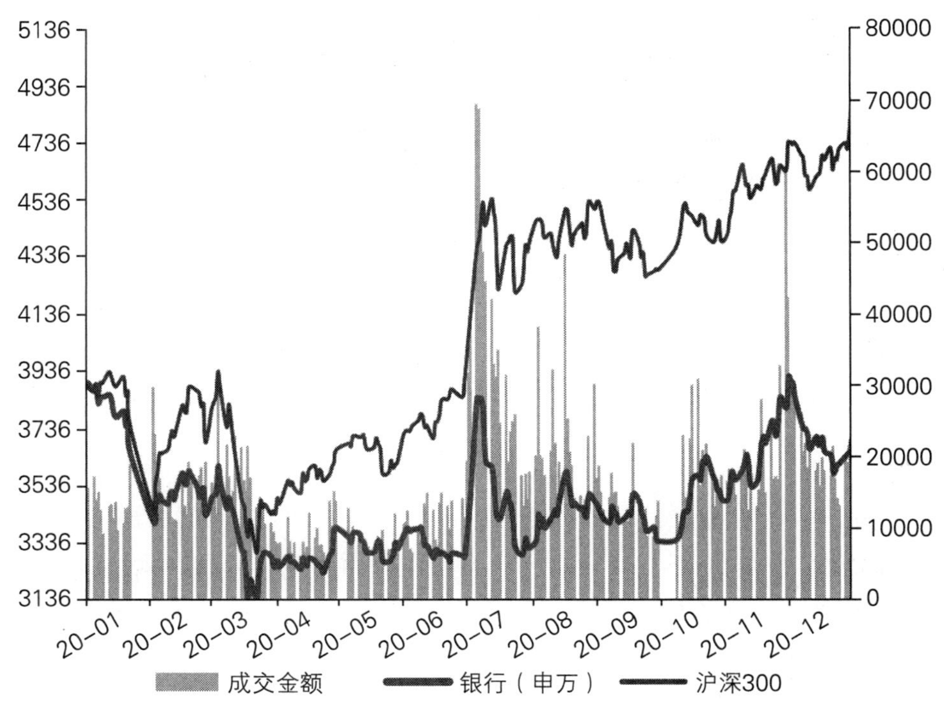

图 13－1　银行指数和沪深 300 趋势

2. 股价波动率。

从波动性指标看，股价波动最大的前三家分别为青农商行（48.34%）、常熟银行（42.11%）、青岛银行（38.73%）；股价波动相对较小的前三家分别为交通银行（13.00%）、农业银行（11.74%）、中国银行（11.70%）。股价波动率明显与银行规模呈负相关性。表 13-7 列示了银行业上市公司市场表现状况。

表 13－7　银行业市场表现状况表

分析指标	2019 年行业平均值（%）	2020 年行业平均值（%）	增长率幅度（%）
市场投资回报率	23.08	12.60	−45.41
股价波动率	38.70	25.73	−33.51

二、2020 年度银行业上市公司业绩影响因素分析

截至 2020 年末，我国 A 股纳入业绩评价的上市银行一共有 36 家，包括 6 家大型商业银行、9 家股份制商业银行、13 家城市商业银行、8 家农村商业银行。2020 年末，36 家 A 股上市银行的总资产为 2073253.34 亿元，同比增长 10.25%；所有者权益合计 169407.05 亿元，同比增长 10.69%；2020 年度实现营业收入 53259.52 亿元，同比增长 5.47%；净利润为 17087.95 亿元，同比增长 0.58%。总体来看，我国银行业经营情况正逐步改善，影响上市银行业绩的因素主要有以下几方面。

（一）资产负债规模扩张，资产端回归贷款

在资产规模方面，不同类别上市银行总资产增长速度相差不大，城市商业银行增速

最快，大型国有商业银行的增速最慢。截至2020年末，36家A股上市银行的总资产为2073253.34亿元，同比增长10.25%。其中，大型国有商业银行总资产合计为1351358.97亿元，同比增长9.59%；全国性股份制商业银行总资产合计为539517.25亿元，同比增长11.25%；城市商业银行总资产合计为156625.82亿元，同比增长12.35%；农村商业银行总资产合计为25751.30亿元，同比增长12.21%。详见图13-2。

2020年新冠肺炎疫情对全国乃至全球经济带来巨大冲击，国家为防控疫情支持生产恢复出台了一系列扶持政策，银行业作为国家支持并影响实体经济的主要平台，其资产负债受政策的影响均扩张明显，行业信贷规模增速明显。

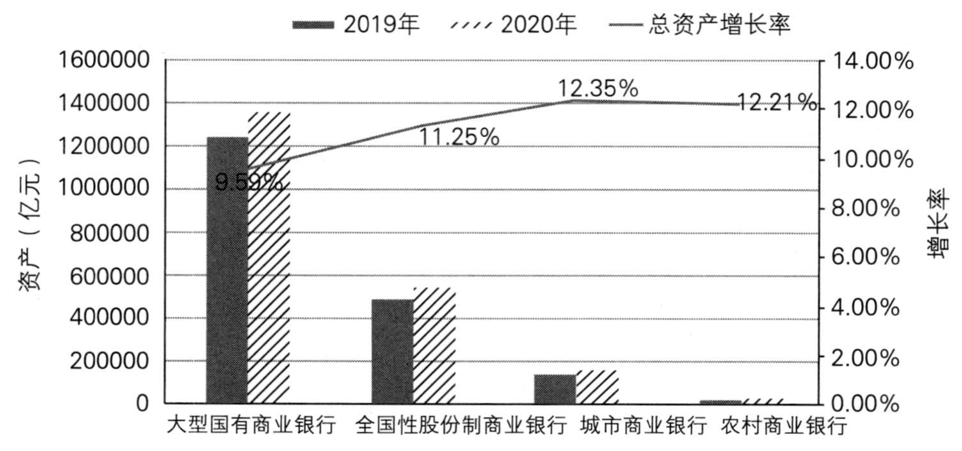

图13－2 上市银行总资产增长情况

在负债规模方面，除农村商业银行负债规模增速略高于资产规模增速外，其余银行负债增速均小于资产增速。36家A股上市银行的总负债合计为1903846.29亿元，同比增长10.21%。其中，大型国有商业银行总负债合计为1239118.88亿元，同比增长9.55%；全国性股份制商业银行总负债合计为496151.38亿元，同比增长11.23%；城市商业银行总负债合计为144905.10亿元，同比增长12.10%；农村商业银行总负债合计为23670.92亿元，同比增长12.58%。详见图13-3。

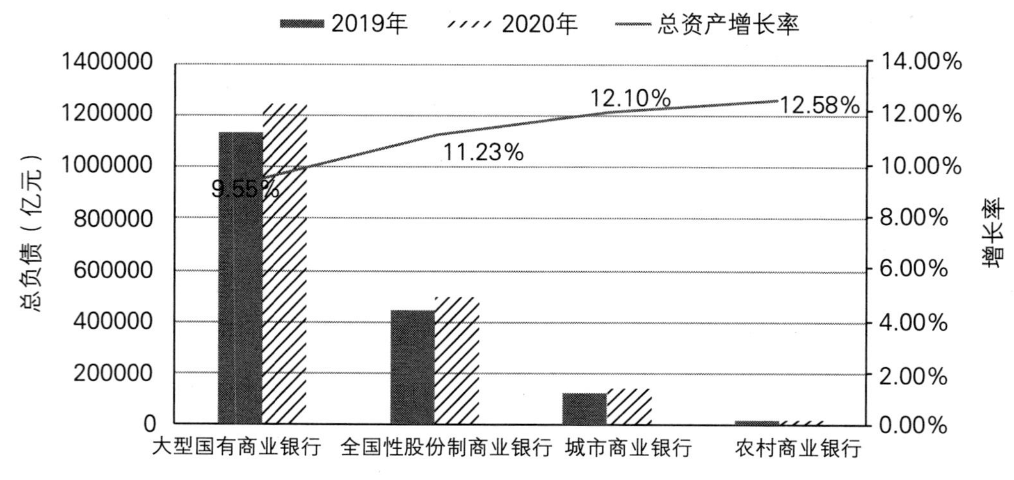

图13－3 上市银行总负债增长情况

在资产负债结构方面，36家上市银行2020年贷款增速为12.17%，资产增速为10.25%，贷款增速整体超过资产增速，资产端进一步向贷款集中。其中，农村商业银行的提升较为明显，这与2020年第三季度末普惠型小微企业贷款余额同比增长30.5%的趋势相吻合，说明小微企业的信贷需求增速较快，而农村商业银行的主要客户群体为小微企业，因此贷款在资产端的占比提升幅度较大。详见图13–4。

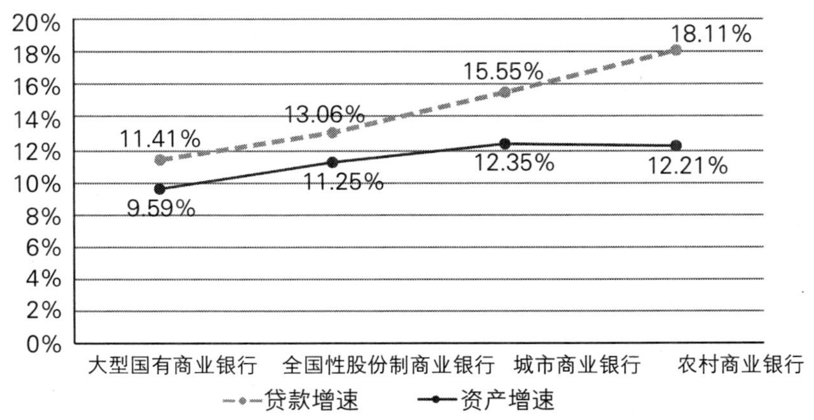

图13－4　2020年上市银行总资产增速和贷款增速

截至2020年末，大型国有商业银行贷款占总资产的比重为54.76%，同比增长1.67%；全国性股份制商业银行贷款占总资产的比重为55.65%，同比增长1.63%；城市商业银行贷款占总资产的比重为45.38%，同比增长2.85%；农村商业银行贷款占总资产的比重为49.31%，同比增长5.25%。其中农村商业银行仍处于去同业资产的结构调整过程中，发放贷款及垫款增速仍保持较高水平，边际变化较显著。详见图13–5。

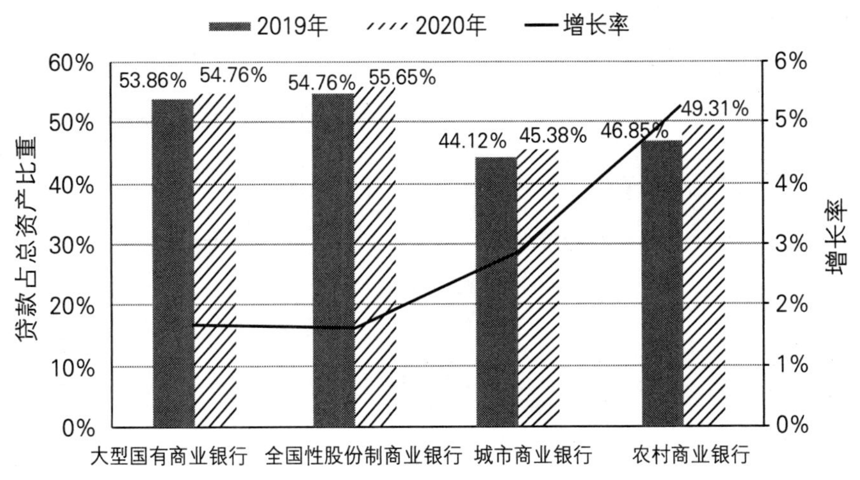

图13－5　上市银行贷款占总资产的比重及增长率

（二）修复利润负增长，业绩依靠规模驱动

1. 盈利能力指标整体下滑，下降趋势放缓。

2020年上半年，除疫情带来的负面影响外，全国商业银行在国家政策引导下加大拨备计提，加快不良核销并让利实体经济，因此行业整体盈利呈现明显负增长。2020 年中报显示，36 家商业银行净利润增长率同比下滑 9.33%，大型国有商业银行、全国性股份制商业银行、城市商业银行和农村商业银行的净利润增长率分别为：−11.16%、−8.01%、3.29% 和 −3.57%。

随着疫情得到控制、经济持续恢复，此前受到疫情影响较严重的代销和投行等中间业务收入正在逐步恢复，疫情和让利影响基本消化，因此全年盈利增速显著提升，盈利增速降幅收窄明显。截至 2020 年末，在 36 家 A 股上市银行统计口径下，大型国有商业银行实现净利润 11566.48 亿元，比 2019 年增长了 1.77%，城市商业银行实现净利润 1226.54 亿元，比 2019 年增长了 4.25%，主要是由于生息资产规模扩大引起的利息净收入增长和其他非利息收入、手续费收入的增长，除大型国有商业银行、城市商业银行的净利润实现微增外，其余两类上市商业银行整体利润指标均呈现下滑趋势。全国性股份制商业银行实现净利润 4102.27 亿元，比 2019 年下降了 3.35%，主要是由于营业支出的高速增长，其营业支出较 2019 年增长了 13.07%；农村商业银行实现净利润 192.67 亿元，比 2019 年下降了 4.94%。农村商业银行净利润大幅度下降是因为相较大型国有商业银行和业绩能力突出的各全国性股份制商业银行，其抵抗风险和资本不足的能力偏弱，其主要是服务于中小微企业，而中小微企业同样风险承受能力较弱，受到疫情冲击较大，直接影响中小银行的盈利情况。上市银行净利润增长情况如图 13–6 所示。

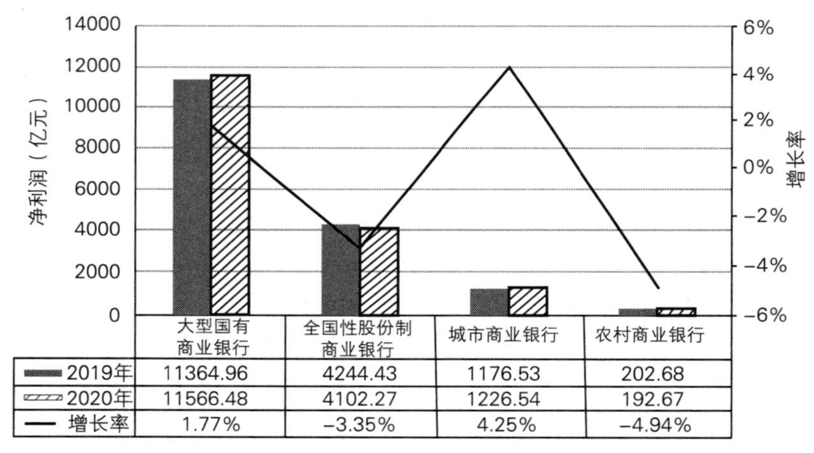

	大型国有商业银行	全国性股份制商业银行	城市商业银行	农村商业银行
2019年	11364.96	4244.43	1176.53	202.68
2020年	11566.48	4102.27	1226.54	192.67
增长率	1.77%	−3.35%	4.25%	−4.94%

图 13 – 6　上市银行净利润增长情况

此外，36 家上市银行的净资产收益率与总资产净利率均呈现同比下降趋势，其中全国性股份制商业银行盈利能力指标下降幅度最大，其总资产净利率同比下降 13.12%，同时净资产收益率同比下降 13.34%。由此可见，2020 年 36 家上市银行的盈利能力普遍降低。

2. 净息差整体收窄，生息资产与计息负债增速提升。

2020 年，由于市场利率下行叠加降费让利政策，我国上市银行净息差增速整体放缓。2020 年 36 家上市银行净息差均值同比仅增加 0.67%，主要是受到降息周期和疫情冲击的影响净息差增速减缓。大型国有商业银行和农村商业银行 2020 年净息差较 2019 年分别下降了

1.67% 和 5.26%，只有全国性股份制商业银行和城市商业银行的净息差表现良好，较 2019 年同比分别增加 2.56% 和 4.86%。其中，全国性股份制商业银行只有 4 家银行的净息差增速为正数，分别为兴业银行（21.65%）、华夏银行（15.63%）、中信银行（6.60%）、民生银行（1.42%），全国性股份制商业银行的净息差整体表现良好主要是由于兴业银行和华夏银行净息差的表现优异提升了全国性股份制商业银行整体的净息差。详见图 13–7 至图 13–10。

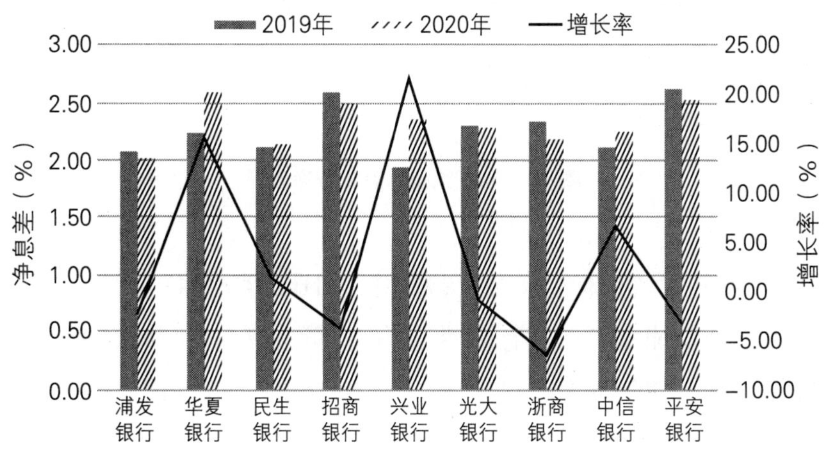

图 13 – 7　全国性股份制商业银行净息差

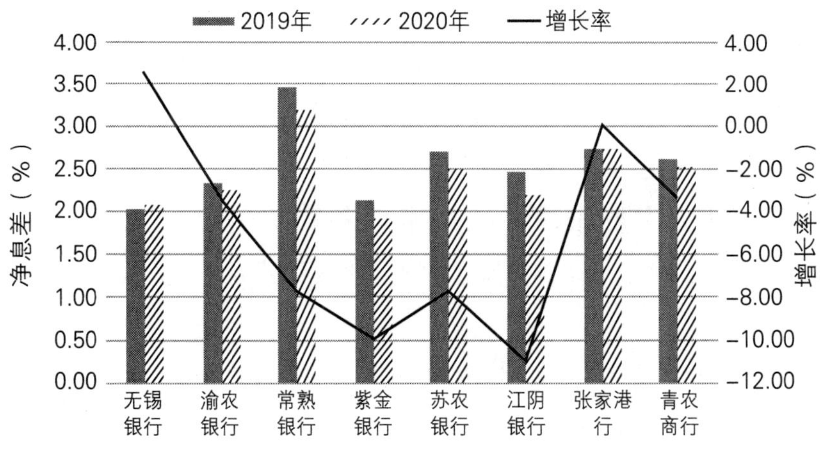

图 13 – 8　农村商业银行净息差

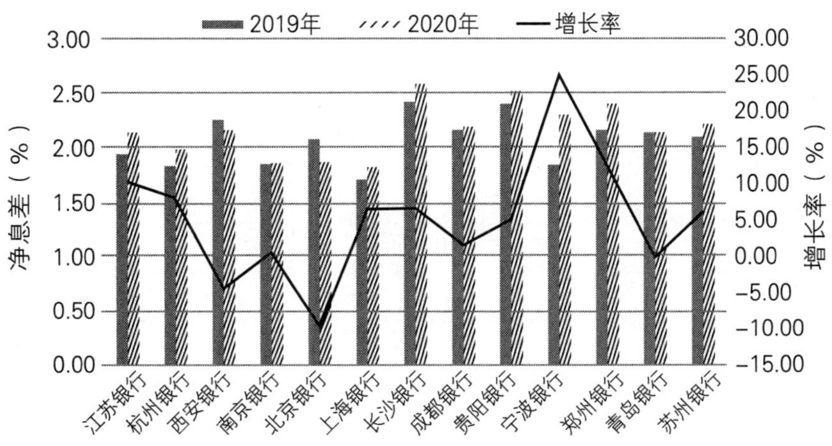

图 13 – 9　城市商业银行净息差

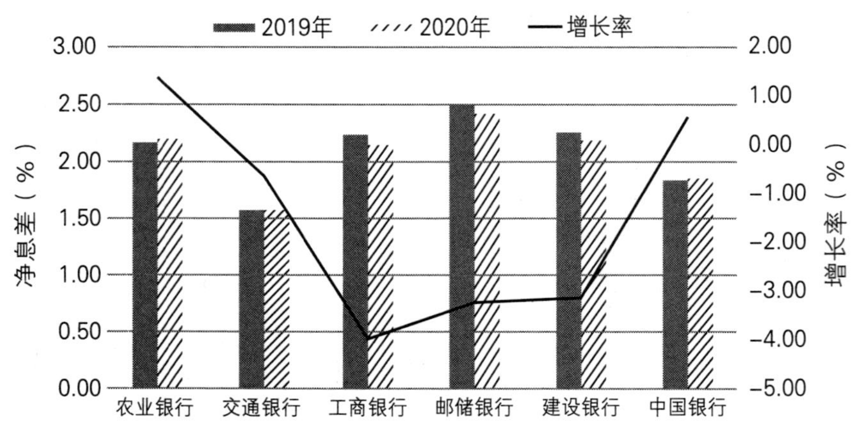

图 13－10　大型国有银行净息差

2020 年，36 家上市银行整体生息资产规模为 1663474.43 亿元，整体规模较 2019 年增加了 9.92%。大型国有商业银行、全国性股份制商业银行、城市商业银行和农村商业银行 2020 年生息资产规模较 2019 年分别增长了 8.76%、11.11%、13.89% 和 12.18%。在目前所有上市银行中，全年生息资产规模增长最快的三家银行分别是贵阳银行（89.70%）、青岛银行（25.34%）和宁波银行（22.02%）。从资产端来看主要原因是信贷增速环比提升，贷款占比明显提高，低收益同行业资产持续压降。2020 年末，36 家上市银行本外币贷款余额 178.4 万亿元，同比增长 12.5%，人民币贷款增加 1.26 万亿元。制造业中长期贷款余额增长 35.2%，同比增加 20.3%。普惠小微贷款增长 30.3%，同比增加 7.2%，整体结构有所优化。从信贷的结构角度来分析，零售贷款是各个银行信贷的最主要构成部分，零售贷款占比持续增长，其增长动力主要来源于信用卡业务和消费贷款业务的增加。从负债角度来分析，36 家上市银行整体计息负债规模为 1843321.38 亿元，与 2019 年相比增加了 9.80%。详见图 13–11。

净息差收窄反映出 2020 年银行业在疫情下积极帮助实体经济，大幅夯实资产质量。随着货币政策回归常态、生产恢复和市场利率阶段性上行等因素的推动，我国上市银行的净息差在经历加大幅度收窄后逐步趋于稳定。

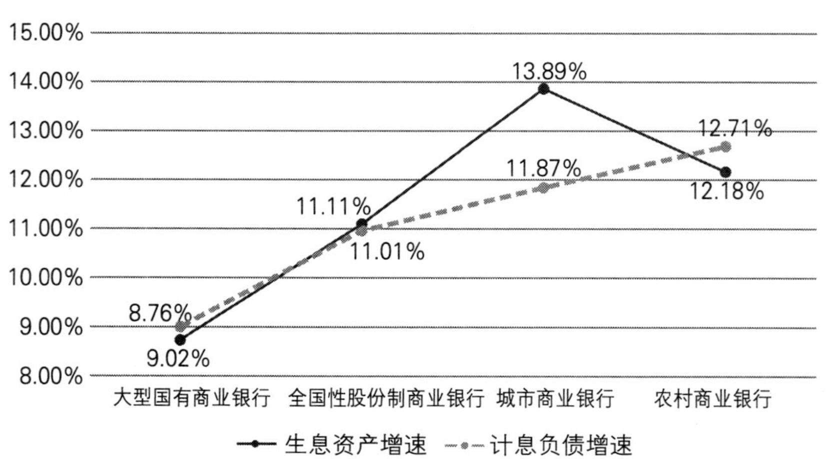

图 13－11　2020 年上市银行生息资产和计息负债增长率

3. 利息净收入保持稳增，业绩依靠规模驱动。

随着2020年大型国有商业银行生息资产规模扩大，使得利息净收入逐渐增长，2020年利息净收入实现总额25903.85亿元，与2019年相比增加了9.62%。另外，城市商业银行利息净收入实现总额2694.34亿元，与2019年相比增加了20.18%；全国性股份制商业银行利息净收入实现总额10822.75亿元，与2019年相比增加了17.58%；农村商业银行利息净收入实现总额545.81亿元，与2019年相比增加了5.79%。

2020年，大型国有商业银行手续费及佣金净收入实现总额4574.45亿元，与2019年相比下降了13.71%；全国性股份制商业银行手续费及佣金净收入实现总额2902.54亿元，与2019年相比下降了15.33%；城市商业银行手续费及佣金净收入实现总额386.71亿元，与2019年相比下降了5.95%；农村商业银行手续费及佣金净收入实现38.75亿元，与2019年相比增加了12.15%。详见图13–12。

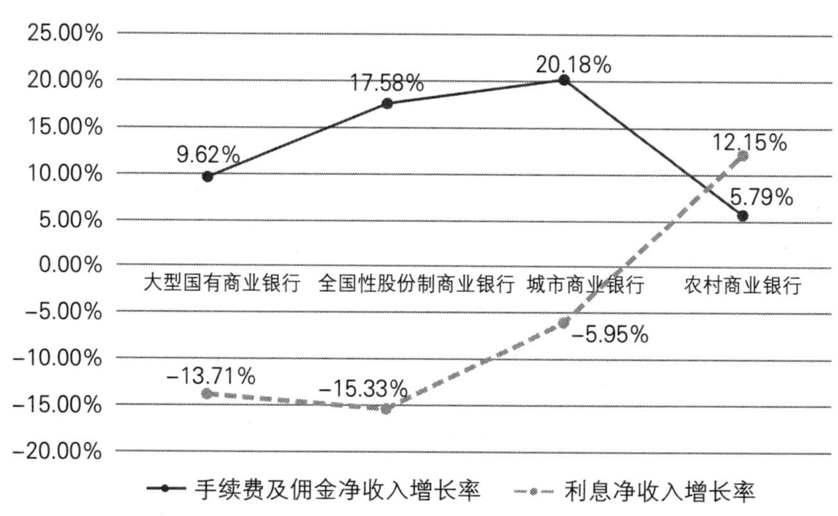

图13－12　2020年上市银行利息净收入和手续费及佣金净收入增长情况

2020年上市银行营业收入规模达53259.52亿元，较2019年增长了5.47%。但同时，上市银行营业支出达32881.52亿元，较2019年增长9.52%。从营业收入结构来看，利息净收入在营业收入中的占比总体增加，这主要是源于全国性股份制银行商业银行和城市商业银行的利息净收入的增长表现优异。此外，手续费及佣金净收入增长率总体下降了13.87%，同时手续费及佣金净收入在营业收入的占比小幅下降。由此可以看出，2020年全年业绩主要依靠规模驱动。

（三）风险指标整体承压，但总体平稳可控

1. 不良贷款额整体升高，不良贷款率下降。

2020年，36家上市银行的不良贷款余额为17125.81亿元，较2019年增加了16.35%；不良贷款率平均为1.39%，同比下降2.58%。2020年大型国有商业银行持续暴露不良，其不良贷款余额为11471.58亿元，较2019年增加了22.17%，不良贷款率平均为 1.45%，同比增加 9.69%；全国性股份制商业银行不良贷款余额为 4533.10 亿元，较 2019 年增加了 3.96%，不良贷款率平均为 1.48%，同比下降 7.52%，资产质量得到改善；城市商业银行不良贷款余额为 944.97 亿元，较 2019 年增加了 15.44%，不良贷款率平均为 1.32%，同比下降 3.60%，资产质量持续改善；农村商业银行不良贷款余额为 176.15 亿元，较 2019 年增加了 16.97%，不良贷款率平均为 1.34%，同比下降 3.33%。36 家上市银行 2020 年与 2019 年相比不良贷款金额增加幅度较大，在风险控制能力不断加强的情况下除大型国有商业银行外，不良贷款率均有所下降。在宏观政策调节和结构性改革持续推进的影响下，上市银行的资产质量有望持续改善。详见图 13-13 和图 13-14。

2020 年是防范化解金融风险攻坚战收官之年，随着影子银行风险的持续收敛，金融体系稳定程度逐渐提升。面对严峻的内、外部形势，商业银行的不良资产加速暴露，各个银行对不良的认定标准更加审慎，并不断加快对不良资产的处置。因此，不良贷款余额增速和不良贷款率均呈现上升趋势，上市银行的信贷结构整体保持在较为健康的发展水平。

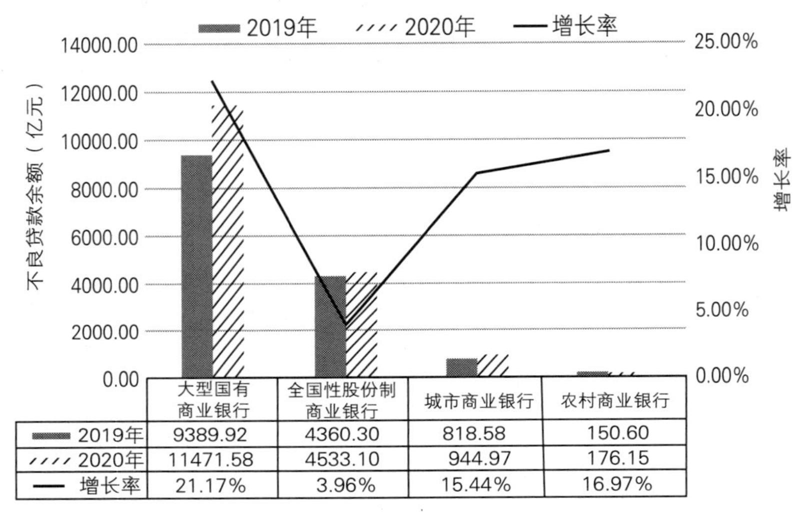

	大型国有商业银行	全国性股份制商业银行	城市商业银行	农村商业银行
2019年	9389.92	4360.30	818.58	150.60
2020年	11471.58	4533.10	944.97	176.15
增长率	21.17%	3.96%	15.44%	16.97%

图 13－13　2020 年上市银行不良贷款余额

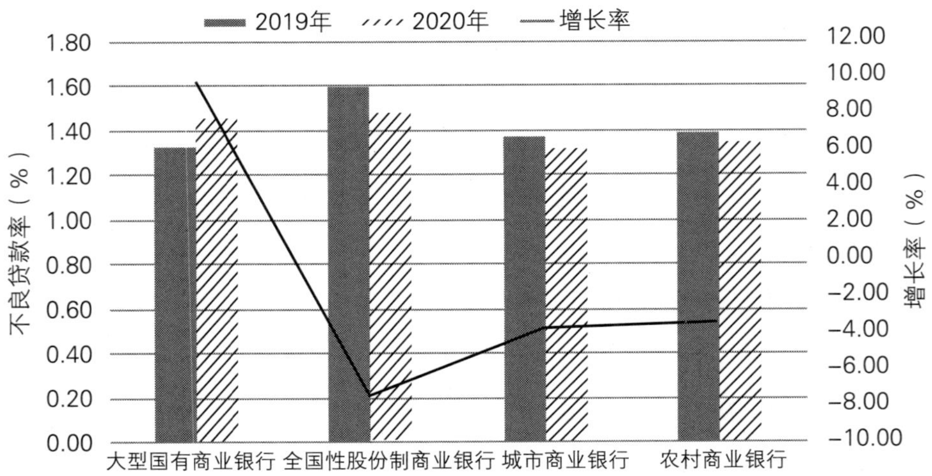

图 13－14　2020 年上市银行不良贷款率

2. 拨备覆盖率和拨贷比同步提升。

在审慎应对不良资产的同时，各个商业银行也通过不断提高拨备覆盖率以增强银行风险抵补的能力。2020 年，36 家上市商业银行拨备覆盖率均值为 267.64 %，同比上升 2.33%；拨贷比为 3.47%，同比下降 0.65%。从拨备计提角度来分析，银行拨备力度有所加强，大型国有商业银行拨备覆盖率降低 5.15%，降低至 230.78%，拨贷比提升至 3.20%；全国性股份制商业银行拨备覆盖率提升 1.37% 至 204.74%，拨贷比下降至 2.85%；城市商业银行拨备覆盖率提升 6.38% 至 301.17%，拨贷比提升至 3.71%；农村商业银行拨备覆盖率提升 1.42% 至 311.56%，拨贷比提下降至 4.00%。其中，宁波银行（505.59%）、常熟银行（485.33%）、杭州银行（469.54%）和招商银行（437.68%）的拨备水平较好，风险承受能力相对较强。详见图 13–15。

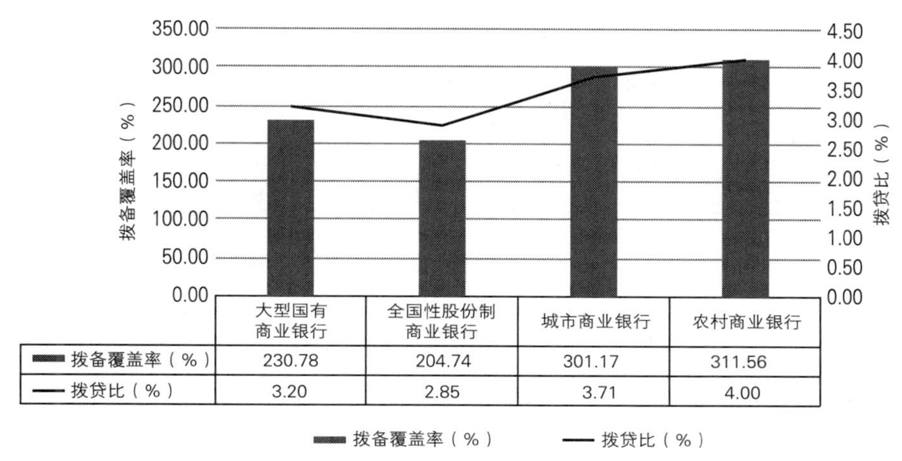

	大型国有商业银行	全国性股份制商业银行	城市商业银行	农村商业银行
拨备覆盖率（%）	230.78	204.74	301.17	311.56
拨贷比（%）	3.20	2.85	3.71	4.00

图 13 – 15 2020 年上市银行拨备覆盖率和拨贷比

3. 资本充足率有所下降，中小银行加快补充进程。

2020 年，36 家上市银行核心一级资本充足率均值为 10.15%，一级资本充足率均值为 11.41%，资本充足率均值为 14.25%。与 2019 年相比，除了一级资本充足率微增外，核心一级资本充足率和资本充足率均有所下降。大型国有商业银行的核心一级资本充足率均值为 11.60%，一级资本充足率均值为 13.23%，资本充足率均值为 15.98%；全国性股份制商业银行核心一级资本充足率均值为 9.29%，一级资本充足率均值为 11.12%，资本充足率均值为 13.77%；城市商业银行核心一级资本充足率均值为 9.55%，一级资本充足率均值为 10.95%，资本充足率均值为 13.79%；农村商业银行核心一级资本充足率均值为 11.01%，一级资本充足率均值为 11.26%，资本充足率均值为 14.24%。详见图 13–16。

总体来看，上市银行的资金补充速度整体有所提升，除青岛银行之外，其他上市银行核心一级资本充足率均高于 8.5%。在 36 家上市银行中，核心一级资本充足水平最高的为建设银行（13.62%），核心一级资本充足率最低的为青岛银行（8.35%）。2020 年，为有效应对疫情冲击，银行一方面纷纷加大拨备计提力度；另一方面主要通过永续债和二级资本债等方式提升资金补充速度和力度，2020 年商业银行合计融资规模超 1.2 万亿元。此外，专项债成为支持中小银行募资创新的主要工具之一。

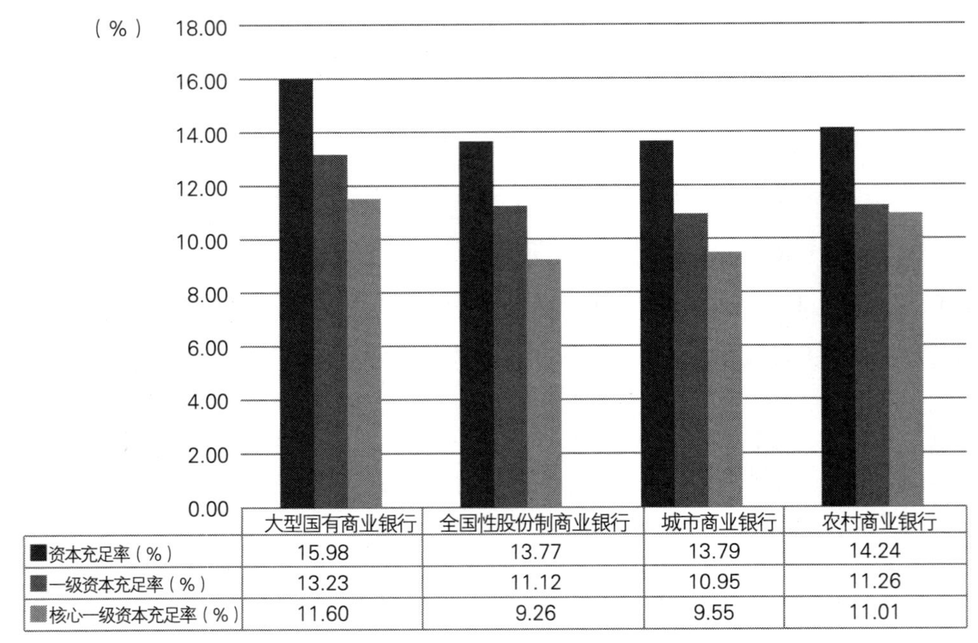

	大型国有商业银行	全国性股份制商业银行	城市商业银行	农村商业银行
资本充足率（%）	15.98	13.77	13.79	14.24
一级资本充足率（%）	13.23	11.12	10.95	11.26
核心一级资本充足率（%）	11.60	9.26	9.55	11.01

图 13－16　2020 年上市银行资本充足率

（四）金融主动有序开放，竞争力逐渐显现

1. 银行业加快开放步伐。

虽然当前的国际形势错综复杂，新冠肺炎疫情对全球经济的冲击仍在继续，全球金融市场波动加剧，但我国对外开放的步伐从未停滞。金融业作为我国对外开放格局中的重要组成部分，主动有序扩大金融业高水平开放是中国金融业自身发展的需要，也是推动经济全球化的必经之路。作为金融业的重要组成部分，我国银行业对外开放的进程较快，相关政策也落地较早。在政策的推动下，我国银行业逐渐呈现对外开放新格局。

2018 年以来，银保监会共批准新设外资法人银行 2 家、外资分行 30 家。截至 2020 年末，外资银行在华共设立了 41 家外资法人银行、116 家外国银行分行和 144 家代表处，营业性机构总数 946 家，外资银行总资产 3.78 万亿元。2020 年 1 月 3 日，中国银保监会发布《关于推动银行业和保险业高质量发展的指导意见》重申深化银行业对外开放，按照内外一致原则，公平对待境内外各主体，营造中外资银行公平竞争的市场环境。随着取消或放宽外资持股比例限制、放宽外资机构和业务准入条件、扩大外资机构业务范围、优化外资机构监管规则和简化行政许可流程等新政的实施，以及《中华人民共和国外资银行管理条例》等监管条例的修订和完善，将会有更多的外资机构参与我国金融市场，国内银行业竞争将会加剧。

2. 外资银行短时间内竞争力有限。

银行的主要职能是提供金融服务以及风险定价，因此银行核心业务的本质是“服务”。

熟悉客户及其经营环境是提供这些服务的前提，而外资银行由于发展时间较短、对我国企业及其经营环境了解程度有限，且运行管理机制与国内文化存在较大差异，短时间内来看对内资银行的竞争威胁有限。具体来讲，在面对客户时，外资银行对国内经济环境、金融监管环境和客户需求等方面了解有限，缺乏有效的风险定价机制。在对内管理时，随着内资银行的发展，外资银行吸引人才的优势渐弱，内部管理制度与国内环境的差异带来的“水土不服”的问题仍然存在。随着金融业主动有序开放，外资银行在上述方面与中资银行的差距将逐步缩小，但短期来看难以对中资银行构成绝对的竞争威胁。

3. 对外开放将促进国内银行加快改革。

金融是竞争性服务业，开放竞争有助于中国自身金融业发展和效率提升。短期来看，金融业持续对外开放会给我国传统银行机构带来一定竞争压力。但是长期来看，金融主动有序对外开放显然利大于弊。首先，竞争推动改革。对外开放能促进银行业形成多元化竞争格局，外资银行带来的竞争压力有利于中资银行加快经营转型。其次，开放促进学习。外资银行在公司治理、业务创新和风险管理等方面积累了丰富的经验，引入外资股东作为战略投资方可以在提升资本金的同时促进人才和信息等资源的交流，也有利于中资机构优化公司治理、业务模式及风险管理能力，提高金融运营效率。最后，开放助力国际化。金融开放有利于中资银行拓展国际化视野，从而推动中资银行更好地与国际市场接轨，进一步促进中国资本市场国际化。总体来看，银行业对外开放与利用外资的成效显著，在提高行业整体竞争水平的同时，开放带来的风险总体可控。

（五）央行货币政策的加持，稳定银行业的发展

2020 年，新冠肺炎疫情对中国和世界经济造成巨大的影响，2020 年第一季度，中国 GDP 同比下降 6.8%，是有季度 GDP 统计以来的首次负增长和最大降幅。因此，央行实施较为宽松的货币政策以尽可能缓解外部冲击对经济增长下行压力的影响。

回顾 2020 年，央行推出了“三不变”的货币政策，即“稳健货币政策的取向不变，保持灵活适度的操作要求不变，坚持正常货币政策的决心不变”。银行体系是我国金融体系的重要组成部分，央行的货币政策主要通过银行体系传导至市场。具体来讲，央行通过政策利率，包括作为短期政策利率的公开市场操作利率和作为中期政策利率的中期借贷便利利率来引导贷款市场报价利率，进而影响银行的贷款利率。

央行综合运用降准降息、再贷款等手段，引导广义货币供应量和社会融资规模增速提升；创新货币政策工具，推动企业便利获得贷款，推动利率持续下行；强化对稳企业的金融支持，中小微企业贷款、普惠型小微企业贷款和其他困难企业贷款延期还本付息；强调大型商业银行普惠型小微企业贷款增速，大幅增加小微企业信用贷、首贷、无还本续贷。

1. 多次开展中期借贷便利工具（MLF）操作。

目前我国存单利率仍处在高位，这说明银行长期稳定负债依然较为稀缺。加之信用风险事件持续发酵，引发非银机构资金面紧张，客观上推动央行加大公开市场投放力度。因此，央行于 2020 年开展多次 MLF 操作，这在一定程度上满足了银行的负债需求。

2. 下调存款准备金率。

2020 年 1 月下调存款准备金率与 2020 年春节前投放的现金形成对冲，保持银行体系流动性总量基本稳定，维持了一贯的稳健货币政策。此次全面降准属于逆周期调节，释放长期资金 8000 多亿元，有利于实现货币信贷、社会融资规模增长同经济发展相适应，为高质量发展和供给侧结构性改革营造适宜的货币金融环境，有效增加金融机构支持实体经济的稳定资金来源，降低金融机构支持实体经济的资金成本，直接支持实体经济。

3. 中小银行定向降准。

在新冠肺炎疫情的影响下，中小企业因面临停工停产导致的资金周转压力加大和信用风险上升等一系列问题。2020 年 4 月的定向降准体现了国家对小微民营企业的支持，通过增加中小银行的资金实力，引导其以更优惠的利率向中小微企业发放贷款，从而降低其融资成本，在一定程度上改善其现金流状况，从而防范和化解疫情带来的信用风险和流动风险，进而在宏观层面上为实体经济恢复和发展提供有力支撑。因此，我国银行业 2020 年贷款业务明显向中小微企业倾斜。

4. 下调超额准备金率。

2020 年 4 月，央行将金融机构在央行超额存款准备金利率从 0.72% 下调至 0.35%，这是自 2008 年以来首次下调超额准备金利率。这一举措降低了商业银行在央行获取的存款收益，意在鼓励金融机构加大对实体经济的信贷投放力度，提高银行资金使用效率，引导贷款实际利率下行，促进实体经济恢复发展。

5. 下调再贷款、再贴现利率。

2020 年 7 月，央行宣布下调再贴现利率 0.25 个百分点，这是近 10 年来首次调整再贴现利率。同时，2020 年还两次下调了再贷款利率。这些举措均有利于引导银行信贷投放利率回落，支持企业融资。这意味着银行能以更低的成本将未到期的贷款或票据质押给央行进行融资，从而激励银行加大贷款和票据的投放力度，最终实现通过有效货币政策工具引导实体融资利率下降从而支持经济实体融资的目的。

三、2021 年银行业业绩前景分析

2021 年，虽然新冠肺炎疫情在我国已基本得到控制，但新冠肺炎疫情给我国经济和全球经济带来的负面影响仍需要时间恢复。目前，政策环境中与银行业发展息息相关的主要有“稳杠杆”基调下的结构性去杠杆和“融资结构性调整”。

过去十多年来中国宏观杠杆率上升较快，金融资产风险向银行部门集中，经过数年的改革，我国“去杠杆”已初见成效。在“稳杠杆”的总体基调下，更加关注需要结构性去杠杆的特殊领域，如金融和房地产等个别方面。为化解房地产金融自身的风险，2020 年监管部门出台了房企融资“三条红线”，随后在 2020 年底又出台了房地产贷款集中度管理的政策。这两项新政传递了一个清晰的政策信号：为金融和房地产解绑，降低房地产因素在

金融系统性风险当中的比重，这势必会对银行业的发展产生影响。

在融资结构调整方面，国家决策层在 2019 年 2 月提出了“金融供给侧结构性改革”的顶层设计思想，其重点目标就是调整优化金融体系结构和融资结构，最直接的体现就是提高直接融资比重，资本市场发展加速。因此，势必会对提供间接融资渠道的银行业产生影响。

2021 年，受到宏观经济逐渐复苏及新冠肺炎导致的发展基数等因素的影响，银行业预计会在未来取得较好业绩。但在以上两大政策背景下，业绩驱动因素会产生一定变化，2021 年银行业发展将呈现如下趋势。

（一）资产规模增速将放缓，贷款结构进一步优化

2020 年，受到宏观经济下行及疫情影响，银行业呈现“以量补价”的经营方式，资产规模增速由年初的 8% 左右逐步攀升至接近 12%。而在 2021，随着货币政策回归常态化，社会融资增速将会下降，银行业的资产增速也将相应放缓至 10% 左右。在贷款结构方面，经营性的中长期贷款规模稳定扩大，经营性中长期贷款余额占比逐年增加，并在 2020 年 1 月出现急剧增加，后该指标有回落，但整体上涨趋势不变。以上指标的变动说明银行业持续加强对企业资本性开支的信贷支持力度。即使因为《房地产贷款集中度管理制度》的出台，中长期贷款规模可能存在逐渐缩减的问题，但银行贷款总量依靠经营性中长期贷款依然可以维持规模与占比的双增。

（二）资产质量存在分化，仍面临较大压力

2020 年，由于新冠肺炎疫情、国内监管审慎性要求提升和中美贸易战激烈化等因素，银行业的信用成本大幅提升。2020 年初，商业银行的不良贷款率为 1.85% 左右并在此后逐步攀升，至 2020 年末，该指标已经激增至近 2%。但随着以上负面影响因素的减弱，加之在 2020 年银行普遍大幅计提拨备、大幅确认以及核销不良，在清理历史包袱的同时，预支了 2021 年的信用成本，为 2021 年信用成本的改善创设空间。

但是，以上操作是由会计处理带来的，银行业实际的资产质量仍然面临较大压力，主要的压力有以下两点：首先，来源于金融和房地产解绑带来的房地产风险。解绑方向是确定的，但也是需要时间和过程。短期来看，部分高杠杆的大型房企可能会出现风险事件，但还可通过发行信用债的方式缓解贷款收缩的压力。而中小型房企的替代渠道有限，整体受压较大。基于政策的结构性影响，预计会加速行业的洗牌。因此房地产行业在 2021 年将面临资金收紧、成本抬升的局面。其次，来源于部分特殊企业的违约风险，2020 年下半年，边缘城投、高负债国企的信用事件陆续暴发，未来这些企业或将面临较大信用风险。

与此同时，也可能出现资产质量进一步分化：首先是资产质量行业内部分化。城市商业银行、农村商业银行延期还本付息所占比重较大，而国有股份制银行由于资产规模较大，延期还本付息所占比重较低。2021 年 3 月底延期还本付息纾困政策结束，因此，企业风险可能陆续在 2021 年第四季度暴发，在银行业中体现为不良贷款激增。其次，资产质量风险在区域间也将分化。由于中西部地区政府信用业务的规模较大，其存量风险较大，因此风险将可能暴露在中西部财政较弱的地区。

（三）非利息收入增速将恢复增长态势

2020年受疫情影响，银行业整体的非息收入受影响较大，上市银行在2020年前三季度的非息收入几乎是零增长。随着实体经济持续回暖，预计2021年银行非息收入将恢复正常的增长态势。首先，随着国民消费和社会投资活动的复苏，银行卡业务、支付结算业务及消费信贷手续费收入将逐步增长。其次，由于国家政策的助推，资本市场的重要性和活跃度日渐提升，机构投资者的数量及比重逐步提升，因此，银行业基金代销业务的收入预计将保持目前较高幅度增长。另外，金融供给侧改革是金融业的长期改革任务，资本市场直接融资比重将逐步增加。因此，银行业服务于直接融资的相关对公业务，如过桥贷款、短期融资券、中期票据和并购贷款财务顾问费等收入将逐渐增加。随着基础设施类资产证券化类产品的大力推行，银行业的承销手续费等非息收入也将快速增加。最后，虽然资管新规给银行理财业务带来一定的冲击，但在经历了3年左右的调整和适应后，这种冲击已经逐渐消化，银行理财规模正在逐步恢复。

（四）信用供给回归正常，息差走阔

疫情对经济的冲击逐渐减弱，经济逐步修复，货币政策逐渐收紧，宽信用政策将在2021年持续，但是在经济转好的大背景下，政策大概率将会逐渐平稳退出，资本约束逐渐成为核心变量，这将推动信用扩张回归常态。

在资产端，2021年初终端贷款利率较大幅度提升，将支撑资产收益率抬升。在负债端，高息结构性存款压降缓释整体负债成本，而存单成本率的滞后性将导致同业存单价格持续上行的影响将在下年体现。因此，资产端上行幅度将大于负债端，推动整体息差走阔。城市商业银行、农村商业银行和一些负债基础较薄弱的银行，可能将面临金融市场利率上行的滞后影响，从而体现为息差表现不佳。

（五）行业结构性趋势呈现四大分化

首先，银行业务将呈现结构分化。资本市场带来的融资性脱媒持续深化，居民家庭不动产配置增速放缓的同时金融需求配置将逐渐增加，互联网金融平台的推广降低了理财的门槛。同时，在政策推动和科技发展等因素的助推下，金融脱媒加速进行，从而推动银行业务机构进一步分化。因此，收入结构层面，中间业务的收入可能出现新的增长点，增长主要是来自财富管理、投行及交易银行业务等业务，这些中间业务的发展客观上对营业收入和利润做出稳定支持的同时帮助银行业降低对利率切点的依赖。相应地，表外资产的占比可能会大幅度提升，并且成为贡献存款的稳定来源。

其次，中小银行的资产负债表将持续分化。2021年，虽然银行业整体业绩预计将回升，但仍有部分地方性中小银行的境况不佳，化解风险与应对资本不足仍是其发展的主要任务。而收缩资产负债表是国际银行业应对风险压力和经营危机所导致的资本不足的常用手段，因此，在大多数银行持续资产扩张的同时，这些面临较大风险的中小银行会逆势缩表，因而市场上出现资产负债表分化的现象。

再次，营业收入及净利润增速分化。由于利率市场化改革、新冠肺炎疫情以及行业周期性影响，行业整体营收增速下行。2021年，预计上市银行营收将再次反弹并走向分化。在净利润方面，2020上半年，受到疫情冲击和监管部门的窗口指导，行业整体净利润增速下滑严重，但同样也为2021年净利润增长留下了空间。2021年，预计在没有窗口指导的情况下，净利润可能会出现较大反弹，相应也会产生更大的分化。

最后，上市银行的估值分化将进一步加剧。随着宏观经济由高速度发展转向高质量发展，银行业也正处于从规模发展向结构性和质量发展的变革阶段。在经济步入“新常态”后，银行业受整体经济发展的红利减弱，开始呈现差异化竞争，其收入结构和资产质量取代存款规模成为银行业企业发展的主要决定因素。这种差异性竞争在资本市场上的体现就是上市银行的估值分化。2021年，差异化竞争的结果叠加营收与利润的分化、资产负债表的分化，将推动估值分化进一步加大。

附表　2020 年度银行业上市公司业绩评价结果排序表

序号	A股上市公司评价得分排序	股票代码	股票简称	综合得分	评价等级	资本充足率（%）	不良贷款率（%）	净稳定资金比例（%）	流动性覆盖率（%）	净资产收益率（%）	总资产收益率（%）	资本扩张率（%）	营业收入增长率（%）	收益率（%）	波动性（%）	年末资产总额（亿元）	营业收入（亿元）	净利润（亿元）
1	31	600036.SH	招商银行	79.90	A	16.54	1.07	117.51	145.92	14.53	1.24	18.24	7.70	16.79	28.28	83614.48	2904.82	979.59
2	91	002142.SZ	宁波银行	76.90	A	14.84	0.79	108.44	136.67	13.78	1.03	18.12	17.19	29.24	38.68	16267.49	411.11	151.36
3	127	600926.SH	杭州银行	75.80	A	14.41	1.07	112.36	160.46	9.95	0.65	29.29	15.87	78.63	35.50	11692.57	248.06	71.36
4	148	601838.SH	成都银行	75.30	A	14.23	1.37	101.20	249.96	14.75	1.00	29.43	14.73	37.50	34.34	6524.34	146.00	60.28
5	152	601166.SH	兴业银行	75.20	A	13.47	1.25	105.08	190.25	11.53	0.90	13.67	12.04	8.82	26.43	78940.00	2031.37	676.81
6	179	601939.SH	建设银行	74.40	BBB	17.06	1.56	127.15	158.53	11.83	1.02	6.90	7.12	−8.96	19.31	281322.54	7558.58	2735.79
7	276	601009.SH	南京银行	72.20	BBB	14.75	0.91	115.34	165.54	13.48	0.92	22.86	6.24	−2.47	26.57	15170.76	344.65	132.10
8	285	601288.SH	农业银行	72.10	BBB	16.59	1.57	125.51	116.30	10.38	0.83	12.81	4.89	−10.73	11.74	272050.47	6579.61	2164.00
9	361	601398.SH	工商银行	70.70	BBB	16.88	1.58	128.33	123.28	11.34	1.00	8.08	3.22	−12.18	15.27	333450.58	8826.65	3176.85
10	375	600919.SH	江苏银行	70.50	BBB	14.47	1.32	107.19	215.65	9.81	0.71	33.45	15.68	−16.36	21.25	23378.93	520.26	156.20
11	406	601658.SH	邮储银行	70.10	BBB	13.88	0.88	162.41	234.61	10.56	0.60	23.50	3.39	−17.09	17.97	113532.63	2862.02	643.18
12	415	601988.SH	中国银行	70.00	BB	16.22	1.46	123.50	139.79	9.91	0.87	9.42	2.98	−9.36	11.70	244026.59	5655.31	2050.96
13	505	000001.SZ	平安银行	68.80	BB	13.29	1.18	105.50	127.68	8.54	0.69	16.34	11.30	13.92	35.52	44685.14	1535.42	289.28
14	598	601818.SH	光大银行	67.80	BB	13.90	1.38	107.29	150.47	9.01	0.75	17.86	7.28	−3.79	28.47	53681.10	1424.79	379.05
15	794	601997.SH	贵阳银行	66.00	BB	12.88	1.53	108.34	291.25	14.49	1.07	10.23	9.64	−9.09	22.76	5906.80	160.81	61.43
16	794	600908.SH	无锡银行	66.00	BB	15.21	1.10	100.00	100.00	10.25	0.77	19.95	10.07	12.88	33.46	1800.18	38.96	13.22
17	831	600000.SH	浦发银行	65.70	BB	14.64	1.73	105.01	132.25	9.78	0.79	15.11	2.99	−18.77	21.15	79502.18	1963.84	589.93
18	866	601328.SH	交通银行	65.30	BB	15.25	1.67	109.01	132.33	9.48	0.77	9.70	5.91	−17.00	13.00	106976.16	2462.00	795.70
19	902	601577.SH	长沙银行	64.90	B	13.60	1.21	119.96	210.43	12.70	0.85	9.30	5.91	7.12	23.75	7042.35	180.22	55.61
20	1025	600928.SH	西安银行	63.80	B	14.50	1.18	135.75	262.48	11.20	0.94	8.26	4.27	−25.76	28.87	3063.92	71.38	27.59
21	1052	002958.SZ	青农商行	63.50	B	12.32	1.44	121.86	159.42	10.83	0.80	17.58	9.65	−5.17	48.34	4068.11	95.72	29.77
22	1222	601229.SH	上海银行	61.80	B	12.86	1.22	108.49	163.52	11.36	0.89	7.74	1.90	−13.84	18.34	24621.44	507.46	209.15
23	1242	601128.SH	常熟银行	61.60	B	13.53	0.96	100.00	182.58	10.47	0.98	6.75	2.13	−13.31	42.11	2086.85	65.82	19.36

续表

序号	A股上市公司评价得分排序	股票代码	股票简称	综合得分	评价等级	资本充足率（%）	不良贷款率（%）	净稳定资金比例（%）	流动性覆盖率（%）	净资产收益率（%）	总资产收益率（%）	资本扩张率（%）	营业收入增长率（%）	收益率（%）	波动性（%）	年末资产总额（亿元）	营业收入（亿元）	净利润（亿元）
24	1354	002936.SZ	郑州银行	60.70	B	12.86	2.08	100.00	353.94	7.74	0.63	15.24	8.30	-4.32	24.39	5478.13	146.07	33.21
25	1428	002839.SZ	张家港行	59.90	CCC	13.75	1.17	100.00	100.00	9.03	0.75	5.33	8.87	8.89	35.72	1438.18	41.95	9.96
26	1456	601998.SH	中信银行	59.60	CCC	13.01	1.64	106.14	135.14	9.07	0.69	5.17	3.81	-13.59	19.28	75111.61	1947.31	495.32
27	1465	600015.SH	华夏银行	59.50	CCC	13.08	1.80	105.10	133.07	7.81	0.67	4.94	12.48	-15.84	17.38	33998.16	953.09	215.68
28	1495	002966.SZ	苏州银行	59.30	CCC	14.21	1.38	118.66	146.12	9.06	0.75	7.87	9.97	-22.86	25.65	3880.68	103.64	27.25
29	1555	601860.SH	紫金银行	58.80	CCC	16.81	1.68	129.89	107.34	10.09	0.69	7.75	-4.25	-19.74	34.49	2176.64	44.77	14.42
30	1555	601077.SH	渝农商行	58.80	CCC	14.28	1.31	100.00	186.99	9.31	0.79	5.90	5.84	-30.40	25.71	11359.26	281.86	85.65
31	1641	601169.SH	北京银行	58.00	CCC	11.49	1.57	104.60	118.49	10.07	0.77	5.83	1.85	-11.20	16.93	29000.14	642.99	216.46
32	1705	603323.SH	苏农银行	57.30	CCC	13.53	1.28	100.00	100.00	8.07	0.72	4.43	6.59	-5.25	24.18	1394.40	37.53	9.59
33	1705	002948.SZ	青岛银行	57.30	CCC	14.11	1.51	105.23	152.42	7.99	0.59	1.41	9.61	5.45	38.73	4598.28	105.41	24.53
34	1731	601916.SH	浙商银行	57.10	CCC	12.93	1.42	110.43	111.49	9.64	0.65	3.53	2.89	-10.39	22.43	20482.25	477.03	125.59
35	1806	002807.SZ	江阴银行	56.40	CCC	14.48	1.79	100.00	100.00	8.87	0.80	3.26	-1.56	-7.01	23.47	1427.66	33.51	10.70
36	1991	600016.SH	民生银行	54.30	CC	13.04	1.82	104.57	128.37	6.55	0.51	1.96	2.50	-6.46	15.04	69502.33	1849.51	351.02

第十四章 证券行业上市公司业绩评价

2020 年，受疫情影响，股票市场行情跌宕起伏，但整体呈现结构性上涨趋势。《证券法》第二次修订后于 2020 年 3 月 1 日起正式施行，意味着我国基本市场沿注册制方向加速前进，证券行业加快业务转型，抓住机遇，获得良好的经营成果。根据中国证券业协会公布数据，2020 年我国共计 138 家证券公司，其中：127 家证券公司实现盈利，全行业实现营业收入 4484.79 亿元，同比增长 24.41%；实现净利润 1575.34 亿元，同比增长 27.98%。申万证券指数从 2020 年初的 6439.33 点上升至年底的 7336.39 点，涨幅为 13.93%。展望 2021 年，随着全面深化资本市场改革的政策落地实施，以及市场行情的逐步回暖，我国证券行业有望分享改革政策红利，保持业绩稳步增长。

一、证券行业上市公司业绩评价结果

截至 2020 年 12 月 31 日，参与本次评价等级的 A 股上市证券公司共有 36 家（剔除 2020 年新上市公司、剔除综合金融或投资类企业、剔除因涉及多种主业，无法与一般证券公司比较的企业）。其中，评价等级为 AA 的有 1 家，评价等级为 A 的有 5 家；评价等级为 BBB 的有 9 家，评价等级为 BB 的有 11 家，评价等级为 B 的有 7 家；评价等级为 CCC 的有 2 家，评价等级为 C 的有 1 家。截至 2020 年 12 月 31 日，36 家证券公司资产总额 80905.99 亿元，较上年增长 23.48%；2020 年实现营业收入 4795.67 亿元，同比增长 26.77%；实现净利润 1391.73 亿元，同比增长 33.78%。A 股上市证券公司汇总如表 14–1 所示。

表 14 – 1 2020 年 A 股上市证券公司汇总表

股票简称	上市日期	股票名称	上市日期
海通证券	1994–02–24	西部证券	2012–05–03
东北证券	1997–02–27	国信证券	2014–12–29
广发证券	1997–06–11	申万宏源	2015–01–26
国元证券	1997–06–16	东兴证券	2015–02–26

续表

股票简称	上市日期	股票名称	上市日期
国海证券	1997-07-09	东方证券	2015-03-23
长江证券	1997-07-31	国泰君安	2015-06-26
国金证券	1997-08-07	第一创业	2016-05-11
西南证券	2001-01-09	华安证券	2016-12-06
中信证券	2003-01-06	中原证券	2017-01-03
太平洋	2007-12-28	中国银河	2017-01-23
光大证券	2009-08-18	浙商证券	2017-06-26
招商证券	2009-11-17	财通证券	2017-10-24
华泰证券	2010-02-26	华西证券	2018-02-05
兴业证券	2010-10-13	南京证券	2018-06-13
山西证券	2010-11-15	中信建投	2018-06-20
方正证券	2011-08-10	天风证券	2018-10-19
东吴证券	2011-12-12	长城证券	2018-10-26
红塔证券	2019-07-05	华林证券	2019-01-17

注：2020 年新上市的证券公司未纳入本次评价范围。

根据综合评价结果，2020 年证券行业上市公司业绩评价综合进入“中联价值 100”的共有两家，其中，中信建投排第 17 名，综合得分 82.13；招商证券排第 42 名，综合得分 79.11。2020 年度证券行业评价等级前十强数据见表 14–2。

表 14 – 2 2020 年度证券行业评价得分前十名的公司

名次	股票代码	股票简称	在 A 股上市公司中评级得分排序
1	601066.SH	中信建投	17
2	600999.SH	招商证券	42
3	002736.SZ	国信证券	101
4	600030.SH	中信证券	106
5	000776.SZ	广发证券	114
6	601881.SH	中国银河	137
7	600837.SH	海通证券	191
8	002673.SZ	西部证券	197
9	601688.SH	华泰证券	228
10	601211.SH	国泰君安	242

基于对证券行业上市公司的总体评估，下面将分别从盈利能力、稳健性状况、发展能力、市场表现四个方面对证券行业上市公司进行具体分析。

（一）盈利能力

表 14–3 为 2020 年证券行业上市公司盈利能力评价结果。从基本指标来看，净资产收益率和总资产收益率在一定程度上有所提升，但上升幅度较 2019 年而言非常小，主要原因是受到疫情的影响。但另一方面，沪深两市再融资规模上升，叠加政策红利的影响，能够促进证券行业上市公司各业务板块业务的稳定发展。此外，纳入评估范围的上市证券公司较 2019 年增加了两家，也促使行业整体盈利能力有所提升。

相较于 2019 年，2020 年 A 股上市的 36 家证券公司净资产收率上涨幅度为 14.81%，净资产收益率排名位居前三的分别是中信建投（15.26%）、华林证券（14.31%）、兴业证券（11.77%）;居后三位的分别是太平洋（–7.52%）、中原证券（0.83%）、方正证券（3.00%）。太平洋在经历了 2019 年净资产收益率由负转正后，2020 年的净资产收益率再次为负，说明疫情对盈利能力不强的企业而言冲击较大，但随着证券新规的实施，在 2021 年证券行业公司盈利能力有望整体提升。

表 14 – 3　证券行业上市公司盈利状况表

分析指标	2020 年行业平均值	2019 年行业平均值	增长率（%）
净资产收益率（%）	6.90	6.01	14.81
总资产收益率（%）	1.90	1.60	18.75

（二）稳健性

从证券行业上市公司稳健性指标分析来看，2020 年 A 股上市的 36 家证券公司资本杠杆率均高于监管标准值，行业平均值为 24.16%。其中，资本杠杆率位居前三名的分别是西部证券（47.15%）、太平洋（42.06）、南京证券（38.71%）；2020 年 A 股上市的 36 家证券公司流动性覆盖率均高于监管标准值，行业平均值为 273.04%，较 2019 年有所下降。其中，流动性覆盖率排名位居前三的分别是南京证券（694.62%）、红塔证券（509.54%）、太平洋（456.77%）。此外，纳入本次评价指标的上市证券公司的风险覆盖率、净稳定资金率均高于监管标准值，行业均值分别为 275.04% 和 163.92%，说明我国证券业上市公司风险控制水平均符合监管规定。表 14–4 为 2020 年证券行业上市公司稳健性状况。

表 14 – 4　证券行业上市公司稳健性状况表

分析指标	行业标准	2020 年行业平均值（%）
资本杠杆率	≥ 8%	24.16
流动性覆盖率	≥ 100%	273.04
风险覆盖率	≥ 100%	275.29
净稳定资金率	≥ 100%	163.92

（三）发展能力

2020年，证券业上市公司平均资本扩张率为17.77%，较2019年有大幅上升。且36家上市证券公司中，共有35家证券公司资本呈扩张态势，2020年资本扩张率位居前三名的分别是东吴证券（51.72%）、西部证券（47.20%）、国信证券（43.85%），仅太平洋1家证券公司资本扩张率小于0，为−7.52%。

2020年，市场行情在经历了波动后，较2019年依然稳步提升，交投市场的活跃度有所提高；注册制实施后，上市证券公司营业收入稳步增长，营业收入增长率为29.93%。但营业收入增长率较2019年的53.96%来说，增长幅度较低，主要原因还是受疫情影响，国际市场行情整体低迷。营业收入增长率位居前三的分别是红塔证券（170.37%）、浙商证券（87.94%）、长城证券（76.16%）；排名后三位的分别是山西证券（−34.50%）、太平洋（−34.07%）、东北证券（−17.06%）。山西证券连续两年营业收入增长率为负数，除此之外，西南证券的营业收入增长率也为负数，为−9.15%。表14−4列示了证券行业上市公司发展能力状况。

表14－4　证券行业上市公司发展能力状况表

分析指标	2020年行业平均值	2019年行业平均值	增长率（%）
资本扩张率（%）	17.77	5.24	239.12
营业收入增长率（%）	29.93	53.96	−44.53

（四）市场表现

2020年度沪深300指数全年上涨27.21%，日均股票成交额9034.80亿元，同比增加61.36%。申万证券指数全年上涨13.48%。2020年，市场行情整体呈现上涨趋势，证券板块第一季度初略有下降后一直在5500点到6500点之间震荡。证券板块第三季度初有一明显拉升过程，从2020年第二季度底的6076点升至7160点，涨幅高达17.83%；证券板块后一直在7000点到7500点之间震荡。具体情况见图14−1。

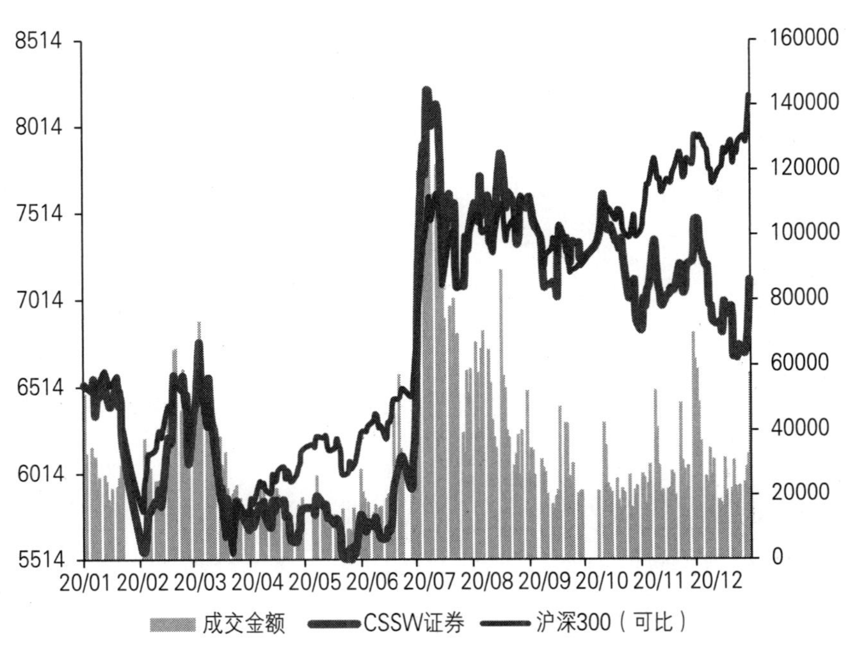

图14－1　申万证券行业指数与沪深300指数

如上所述，由于2020年A股指数及证券指数整体上涨，但上涨幅度较2019年而言并不高，波动率较大。证券行业上市公司平均市场回报率下降为12.60%，股价波动率高达102.90%。表14–5列示了证券行业上市公司市场表现状况评价结果。

在36家上市证券公司中，投资回报率前三名分别是招商证券（100.65%）、国金证券（96.78%）、浙商证券（65.29%）；投资回报率前三名对应的股价波动率也较高，分别是46.06%、56.72%和68.44%；投资回报率最小的国海证券（–14.09%）股价波动率仍高达32.54%。

表14－5 证券行业上市公司市场表现状况表

分析指标	2020年行业平均值（%）	2019年行业平均值（%）	增长率幅度（%）
市场投资回报率	12.60	43.09	–70.76
股价波动率	102.90	38.28	200.19

二、2020年度证券行业上市公司业绩影响因素分析

2020年，资本市场深化改革、证券市场主动有序开放、创业板试点注册制的成功落地，成为我国证券行业在复杂的国际形势中，依然保持业绩增长的主要动力。证券行业的各项主营业务中，投资银行业务净收入同比增幅较大，高达39.26%；同时，居民利用证券公司进行财富管理的意愿进一步增强，证券业逐步转型财富管理业务；行业资产规模进一步提升，行业总资产达8.90万亿元，同比增长22.50%，行业净资产达2.31万亿元，同比增长14.10%。

（一）2020年，中国市场交投活跃度大幅提升，证券经纪业务成为证券行业业绩增长的重要动力之一

2020年初，我国市场受到疫情的影响，出现大幅震荡现象，截至2020年12月31日，共有49个交易日单日成交额突破1万亿元，第二季度大盘下跌幅度较大。但随着疫情的逐渐稳定、消退，经济逐渐复苏，到2020年下半年，市场回暖升温，整体来看2020年度大盘依然是上涨趋势。

截至2020年12月31日，股基交易额同比上涨约63%，伴随着股基交易额的上涨，融资融券余额也有大幅上涨，占A股流动之比稳定在2.5%左右。与此同时，权益市场投资者数量也呈波动增长趋势，证券行业经纪业务收入有较大幅度增长，成为证券行业收入的占比最高的业务。

2020年证券行业主营业务收入中，证券经纪业务净收入达1161.10亿元，同比增幅为47.42%，据Wind数据资讯统计，全年沪深主板股票，基金板块总交易额达220.45万亿元，以此数据计算证券行业经纪业务佣金率为0.0263%。佣金率进一步下行，但经纪业务收入保

持增长，相信未来佣金率下行的趋势将会迎来拐点，证券行业经纪业务将进一步提高。详见图 14–2 和图 14–3。

上市券商公司中，经纪业务收入最高的是中信证券，高达 143.98 亿元，同比增长 50.69%。其公募基金佣金收入排名行业前列；QFII/RQFII 交易客户数量增长至 219 家；重点私募基金覆盖率提升至 80% 左右；重点银行理财子公司券商结算模式业务招标累计中标 15 家，并在传统经纪业务的基础上加强了交叉销售及程序化电子交易业务拓展，市场份额在亚太地区保持领先。

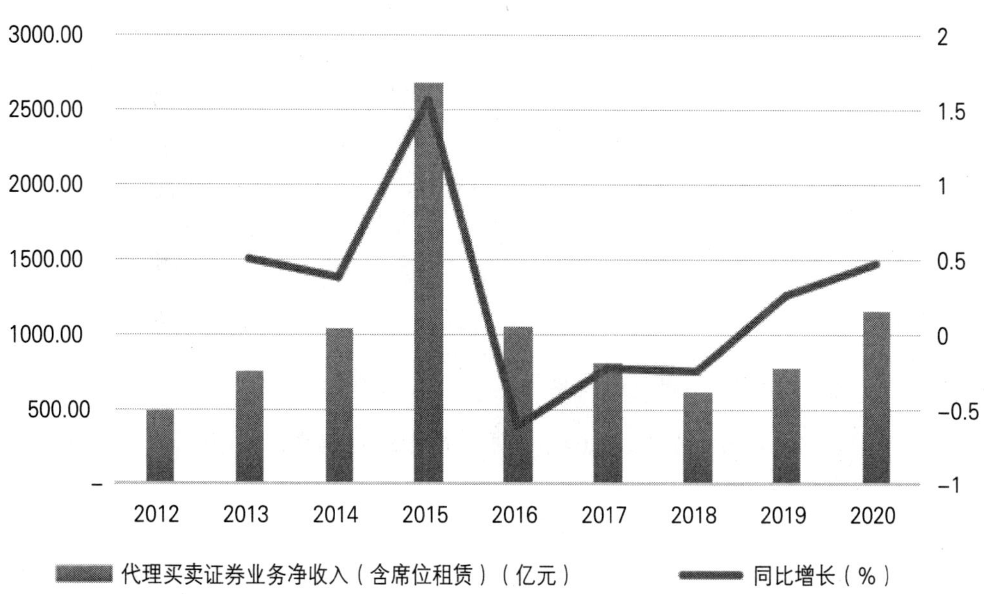

图 14－2　2012—2020 年证券行业经纪业务净收入

数据来源：中国证券业协会。

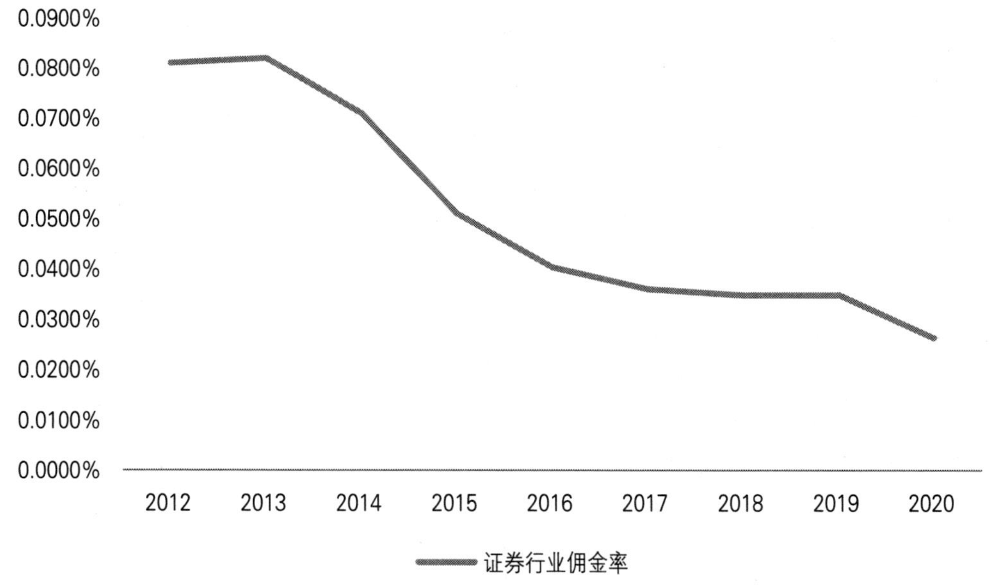

图 14－3　2012—2020 年证券行业经纪业务佣金率

数据来源：Wind、证券业协会。

（二）注册制落地，IPO募资规模大幅增长，投行业务同比增长显著

2020年10月9日，国务院印发《关于进一步提高上市公司质量的意见》提出将“全面推行、分步实施证券发行注册制，支持优质企业上市”。2019年12月28日，全国人大常委会审议通过了《中华人民共和国证券法（修订草案）》并于2020年3月1日起施行。新证券法实行新股发行注册制，简化债券发行条件，全方位、多角度推动资本市场改革。

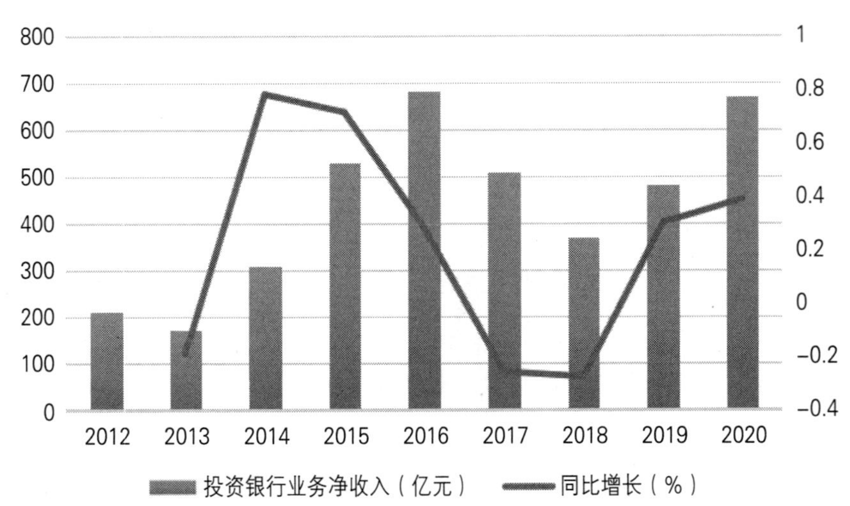

图14－4　2012—2020年证券行业投资银行业务净收入（亿元）

数据来源：Wind、证券业协会。

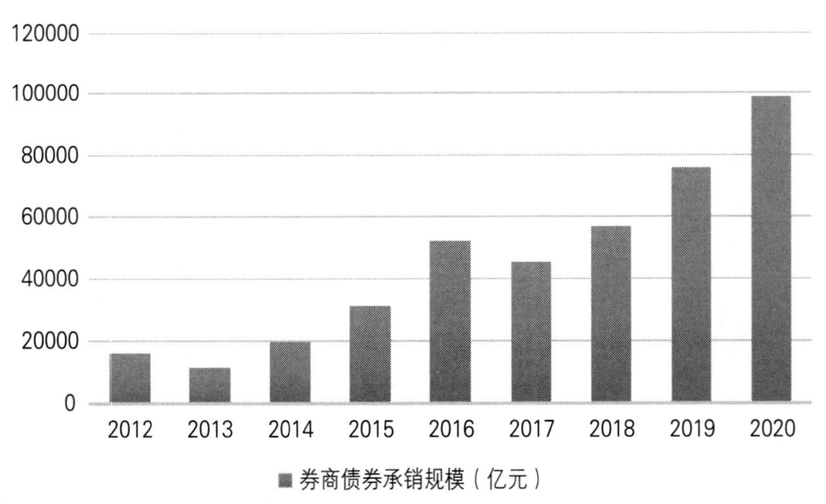

图14－5　2012—2020年券商债券承销规模（亿元）

数据来源：Wind、证券业协会。

2020年，证券行业通过股票IPO[①]募集5260.31亿元，同比增长74.69%；通过再融资募集7315.02亿元，同比增长41.67%；通过债券融资13.54万亿元，同比增长28.02%，服务实体经济取得显著成效。行业融资需求增加，加之创业板注册制和再融资新规落地等

---

① IPO，即首次公开募股（Initial Public Offering），是指一家企业第一次将它的股份向公众出售。

政策红利，在此背景下，证券行业2020年实现投资银行业务净收入672.11亿元，同比大幅上升39.26%，助力证券行业业绩增长。公司债、企业债发行全面注册制，券商债承规模9.89万亿元，创历史新高。

上市公司方面，中信证券2020年投行业务收入68.82亿元，同比增长50.59%，位列第一名；中金公司2020年投行业务收入59.56亿元，同比增长55.63%；中信建投证券2020年投行业务收入58.57亿元，同比增长58.99%。

（三）证券行业加快财富管理业务转型，资产管理业务收入稳中有升

自2018年4月资管新规正式发布，并于2018年7月发布补充文件以来，证券公司的资产管理业务面临着许多新要求，如去通道、嵌入限制和净资产管理等，行业商业模型正面临着重塑。伴随着资管新规的逐步推进，证券行业传统的资管业务在2020年持续去通道化，主动管理成为大势所趋，业务结构持续改善。

2020年，证券行业加速转型财富管理模块，证券行业资产管理业务净收入约为299.60亿元，同比增长8.88%。客户交易结算资金余额（含信用交易资金）1.66万亿元，受托管理资金本金总额10.51万亿元，较2019年的12.29万亿元同比下降14.48%。持续推进资产管理业务转型，证券公司主动管理规模占比超过50%，其中，中信证券资管2020年主动管理破万亿元。

行业内传统的资产管理业务近年来增速趋稳，在追求转型的情况下，头部证券公司的基金板块、私募板块和另类资产管理业务却取得了可见的进步，业务收入和利润占比显著提升。例如，2020年火爆的基金模板业务中，中信证券控股的华夏基金、广发证券控股的广发基金及参股的易方达基金，其各自净利润均超过10亿元。私募板块业务中，华泰证券持有的华泰紫金及华泰创新投在2020年贡献的净利润超过25亿元，贡献的利润占比较大。详见图14-6。

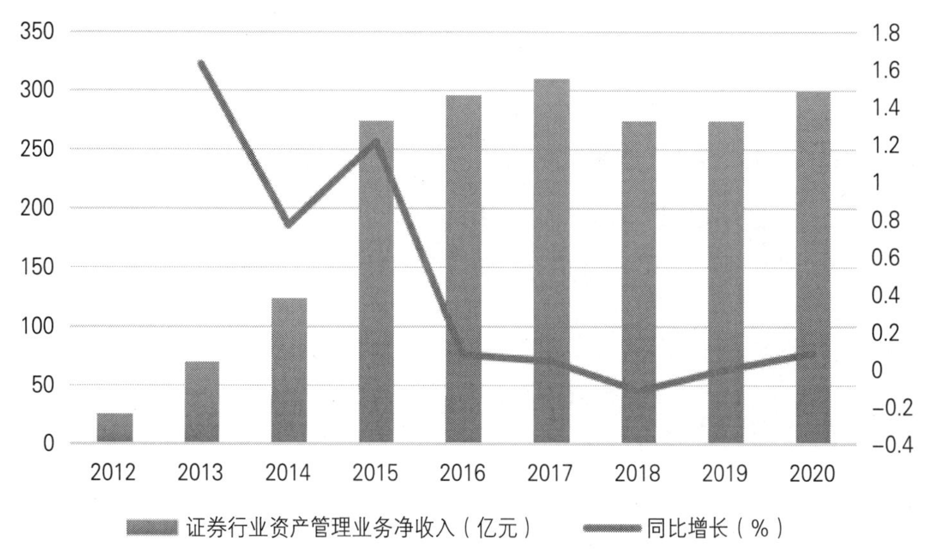

图14－6　2012—2020年证券行业资产管理业务净收入（亿元）

数据来源：Wind、证券业协会。

（四）新证券法实施助力多层次创新服务模式，资本中介业务成为证券行业业绩发力点

无论是注册制改革，还是两融余额的不断提高，抑或是期权等衍生品种的问世，都对券商的资本中介业务形成了更大的考验。在这一背景下，净资本的补充将成为新《证券法》时代下证券公司的必要选择，而券商则可通过横向兼并、IPO 或再融资、证券公司次级债、股东增资、吸收战略投资者等方式进一步补充资本实力，以应对资本市场的新局面。对于多层次资本市场和衍生品市场，需要券商来担当做市商提供流动性，以更好地增强市场活性，而这也将成为券商资本中介业务进一步扩张的机会。

牌照不再是稀缺品，同时证券公司发展互联网模式的意愿逐渐旺盛，证券行业逐渐从以中介赚取佣金为主的模式转向以资本体量优势、品牌优势以及专业服务优势为主要竞争力的资本中介模式，证券公司以满足客户多元化的金融需求为前提，转向重资本型业务与轻资本型业务深度融合的发展阶段，能够更好地服务实体经济。

2020 年，股市交投活跃度较高，融资融券余额同比上涨，最高突破 1.60 万亿元。截至 2020 年 12 月 31 日，两融月占流动市值比约 2.50%，整体保持稳定。而股权质押规模在 2020 年 7 月随大盘有所上升，从 2020 年初的 45817 亿元上升至 50920 亿元的峰值，而后不断下降，截至 2020 年 12 月 31 日，股权质押规模为 43012 亿元，全年股权质押规模下降 6%，占 A 股市值之比从 7% 下降至约 5%。

（五）2020 年下半年市场回暖显著，衍生品及 FICC[①] 业务发展推动自营业务收入在 2019 年高基数背景下依然保持增长

2020 年，证券行业自营配置依然以固收类为主，权益类配置比例较低。随着年金、养老金等长期资金持续入市，国内金融市场完善及各类衍生金融工具推出衍生品、FICC 等非方向性业务进一步发展，权益市场交投活跃度有望得到进一步提升，同时，权益市场也将延续回暖趋势，推动券商自营投资业务收入稳步增加。2020 年，证券行业实现自营业务收入 1262.92 亿元，在 2019 年自营收入 1221.60 亿元的高基数下，同比增长 3.38%。由于其他业务表现优异，自营业务收入占证券行业整体营业收入比重同比有所下滑，较 2019 年下降了 5.73 个百分点至 28.16%。详见图 14-7。

上市券商中，中信证券以 179.07 亿元位居自营业务收入第一名；排在第二位的是中金公司，其自营业务收入为 131.59 亿元；第三名是海通证券，其自营业务收入为 110.77 亿元。

三、2021 年证券行业前景分析

随着疫情的缓解，国际市场逐渐稳定并趋于增长；国内注册制在科创板及创业板成功

① FICC 业务，即固定收益 (Fixed Income)、外汇 (Currency) 和大宗商品 (Commodities) 业务。

推行，预计全面注册制也将在2021年实施；投行业务将迎来新的机遇，且随着长期资金的不断入市、金融资产的扩张，证券行业有望在2020年的业绩基础上保持增长趋势。

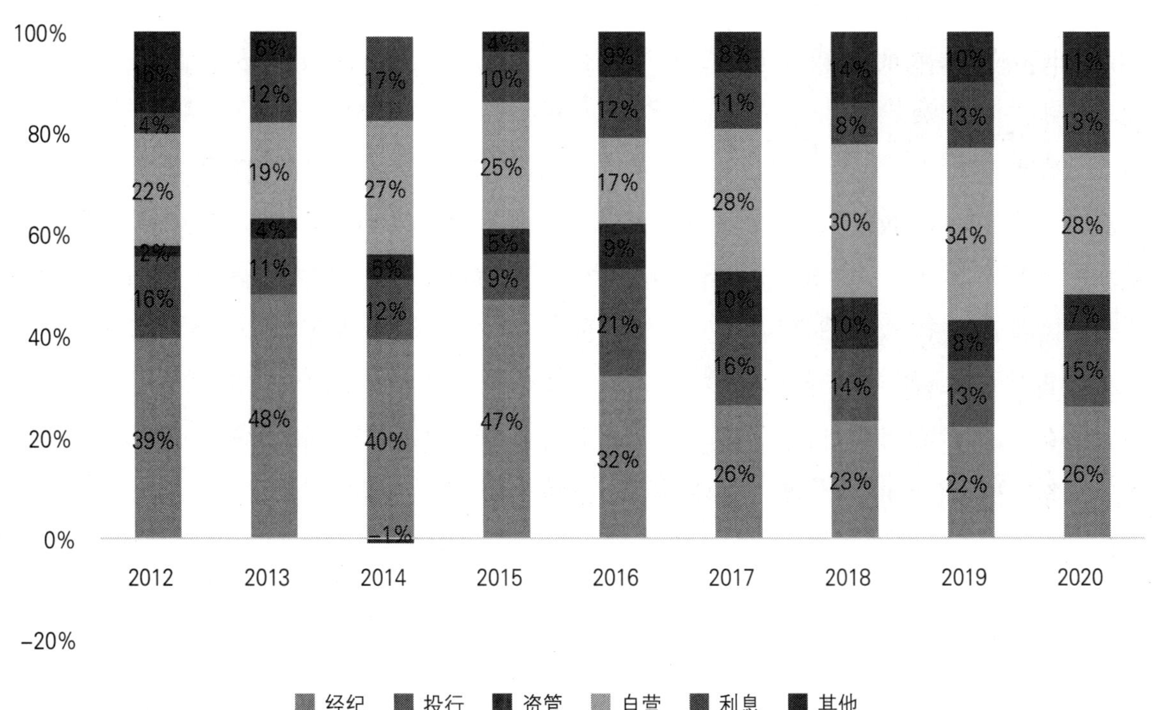

图14－7 2012—2020证券行业各项业务收入占比

数据来源：Wind。

（一）注册制和退市新规双管发力改善市场竞争格局

注册制背景下，证监会采取更加强力的监管措施，从源头把关上市公司质量，依据国务院关于提高上市公司质量相关意见，保障IPO信息披露质量，提高监督部门执法强度，强调发行人和中介机构责任，重点惩处欺诈发行、操纵市场、内幕交易等违法违规行为，保证证券市场活力。注册制改革后，注册审核周期较之前有大幅缩短，监管后移并不意味着放低要求，仍着力提高审核透明度和效率。试点注册制以来，新股价格形成机制、交易运行机制、优胜劣汰机制等正发生积极变化，价格发现效率提升，市场自我约束力量增强。

2020年底，上交所与深交所分别正式发布退市新规，并于2021年正式实施，意味着国内证券市场将施行最为严格的退市制度。过去退市标准低，退市率较低导致证券市场聚集了大量不被市场看好的个股，大盘指数多年以来没有起色，与我国整体经济发展成果不相符合。如果没有良性的退出机制，就无法形成“有进有出、优胜劣汰”的健康市场。

资本市场注册制与退市新规双管发力，使资本市场中有发展潜力、有市场认可度的公司能及时融资，财务表现差、前景不佳的上市公司能及时退出，确保让丧失市场与商业价值的公司及时退出，加大上市公司造假成本，保证资本市场整体资本的优良性，保证了A股的整体流动性。

（二）资本新规平稳有序推进资管行业规范发展

央行及银保监会决定延长资管新规至2021年底，延期的同时希望建立完善的鼓励约束机制，安排完备配套政策实施，稳健地推进资管新规的实施落地。

延期后，金融机构能够有更多机会发行新债券投资产品，保持债券市场需求扩张，保持稳定中长期债券投资规模，同时在股票市场也能更好地稳定投资者情绪，增强投资信心。

未来我国证券行业的资产管理业务将继续处于转型升级阶段，过渡期的延长，能够使金融机构有更多时间准备维护长期资金来源、创新产品类型、提升对存量资产的应对能力，有利于稳定并增强金融市场投资规模，稳定保持市场资金平稳扩张趋势，保障金融市场的稳定发展。同时，继续助力实体经济，一方面，通过直接增加对非金融企业以债券和股票的方式进行投资，支持实体经济发展。另一方面，资产管理业务对金融债和存单的投资规模增大，也对内部资金进行了充分利用，间接地支持了实体经济融资。

（三）外资券商进入将会产生“鲶鱼效应”，激发市场活力

目前，外资券商处于发展初期，尚未形成一定的竞争优势。自证监会正式取消证券公司外资股比限制起，外资券商发展受制于资本规模、业务牌照、网点较少和缺乏业务协同等原因导致发展进度较慢。但从中长期来看，外资券商进入将会产生“鲶鱼效应”，激发市场活力，部分外资券商在全球大类资产配置和衍生品业务等方面具备一定优势，有利于提升行业整体服务水平。同时，外资机构入场将有助于带来大量境外增量资金、先进的管理经验和丰富的业务模式，与内资券商形成差异化良性竞争，提升内资券商竞争能力，并引入国际竞争，倒逼国内证券公司创新发展。

行业开放外部券商进行公平公开竞争的同时，监管部门可能放宽国内券商的业务创新空间。当前证券行业政策依然是宽松创新的局面，资本市场改革转型的同时，过去几年去杠杆的成效提高了行业规范化程度，也为宽松政策奠定了良好的基础。

（四）衍生品业务持续增长推动券商金融投资扩张，助力券商业绩提升

目前，中国无论场内还是场外金融衍生品发展均处于早期阶段，但复杂的宏观环境和逐渐成熟的金融市场将推升对衍生品的需求，且机构客户投资意愿及能力的增加，使得金融机构推出更为丰富的衍生品工具，在政策的支持下吸引更多投资者参与进来，降低投资者投资门槛，推动证券行业场外衍生品业务持续增长，扩张证券公司金融投资规模，有望助力证券行业业绩继续提升。而衍生品业务要求证券公司自身要有较为强大的规模资金优势以及把控风险的专业能力，龙头地位的证券公司资产规模大、抗风险能力强同时具备先行试点的先发优势，已拥有较强的竞争优势。

资本市场的深化改革，要求作为关键一环的中介证券机构要有更强的风险把控能力、研究学习能力、服务客户能力以及渠道建设能力，也只有这样的公司未来才能进一步提高市场占有率。从世界各领先的投行经验可以预见，衍生品业务拥有更丰富的客户服务、更多样的投资者策略模式，同时能优化证券公司自身的资本结构并拥有稳定的收益预期等特

点，因此，可能有望成为国内券商未来着重布局的新领域。而拥有核心竞争力、资本充足、投资渠道众多、风控严谨、服务链条完善的头部券商，可能以衍生品业务的持续发展为重要抓手，加强自身业务壁垒，进一步打开业绩长期成长的空间。

附表 2020年度证券行业上市公司业绩评价结果排序表

序号	A股上市公司评价得分排序	股票代码	单位名称	综合得分	评价等级	净资产收益率（%）	总资产收益率（%）	资本杠杆率（%）	流动性覆盖率（%）	风险覆盖率（%）	净稳定资金率（%）	资本扩张率（%）	营业收入增长率（%）	投资回报率（%）	股价波动率（%）	年末资产总额（亿元）	营业收入（亿元）	净利润（亿元）
1	18	601066.SH	中信建投	82.13	AA	15.26	2.90	20.16	215.93	309.29	156.82	19.64	70.53	45.37	45.63	3712.28	233.51	95.37
2	45	600999.SH	招商证券	79.11	A	9.95	2.16	17.38	278.45	225.96	144.18	24.31	29.77	100.65	46.06	4997.27	242.78	95.04
3	105	002736.SZ	国信证券	76.47	A	9.65	2.51	22.79	298.11	303.50	166.34	43.85	33.29	14.76	35.03	3027.56	187.84	66.18
4	110	600030.SH	中信证券	76.39	A	8.83	1.68	14.95	141.83	154.96	124.15	12.35	26.06	19.58	34.62	10529.62	543.83	155.17
5	119	000776.SZ	广发证券	76.20	A	10.97	2.53	18.24	206.96	197.62	179.15	8.64	27.81	8.83	31.93	4574.64	291.53	107.71
6	141	601881.SH	中国银河	75.63	A	9.50	1.92	18.12	280.88	251.09	133.56	14.02	39.37	7.75	41.35	4457.30	237.49	73.12
7	196	600837.SH	海通证券	74.07	BBB	7.78	1.81	26.03	208.11	344.45	157.16	19.14	11.01	−14.09	32.54	6940.73	382.20	120.37
8	201	002673.SZ	西部证券	74.02	BBB	5.16	2.01	47.15	444.00	443.14	290.22	47.20	40.85	5.47	32.39	638.63	51.84	11.32
9	234	601688.SH	华泰证券	73.25	BBB	8.43	1.70	21.08	230.31	236.68	130.22	5.30	26.47	−7.47	30.91	7167.51	314.45	108.70
10	248	601211.SH	国泰君安	73.02	BBB	8.03	1.86	24.28	210.95	239.61	140.17	0.10	17.53	−2.55	29.85	7028.99	352.00	117.37
11	271	601878.SH	浙商证券	72.37	BBB	9.51	2.05	21.50	254.73	323.40	141.03	30.25	87.94	65.29	68.44	910.90	106.37	16.27
12	298	601788.SH	光大证券	71.83	BBB	4.83	1.14	26.24	209.17	282.91	164.25	8.52	57.76	61.27	65.77	2287.36	158.66	24.66
13	344	000166.SZ	申万宏源	71.03	BBB	9.01	1.79	16.06	205.07	163.70	133.71	6.20	19.58	5.82	34.16	4911.24	294.09	78.76
14	370	601377.SH	兴业证券	70.73	BBB	11.77	2.61	19.17	169.15	231.51	132.50	10.24	23.37	33.15	50.83	1810.20	175.80	45.84
15	413	600109.SH	国金证券	70.05	BBB	8.65	3.18	37.48	261.09	359.04	149.43	8.43	39.39	96.78	56.72	676.30	60.63	18.74
16	541	002797.SZ	第一创业	68.50	BB	7.34	2.31	29.43	354.24	308.63	176.70	51.72	20.77	27.21	49.40	406.36	31.20	8.79
17	550	601555.SH	东吴证券	68.42	BB	6.93	1.70	21.28	261.77	245.21	156.29	32.72	43.39	20.41	44.31	1054.75	73.56	17.14
18	568	000728.SZ	国元证券	68.24	BB	4.92	1.58	31.11	375.92	350.56	158.98	24.25	41.57	16.99	46.15	905.57	45.29	13.71
19	596	601236.SH	红塔证券	67.90	BB	10.25	3.47	32.24	509.54	197.58	165.35	7.96	170.37	15.23	47.01	383.18	55.85	14.52
20	597	002926.SZ	华西证券	67.88	BB	9.26	2.62	29.13	335.38	407.57	197.78	8.50	18.93	16.73	39.59	772.29	46.83	19.02
21	619	601990.SH	南京证券	67.67	BB	6.01	2.02	38.71	694.62	479.89	248.18	41.94	7.43	2.42	47.95	445.70	23.65	8.15
22	673	600958.SH	东方证券	67.18	BB	4.76	0.98	11.95	245.56	229.94	151.06	11.52	21.42	14.64	40.11	2911.17	231.34	27.22
23	802	601108.SH	财通证券	66.02	BB	10.23	2.84	15.13	245.63	254.48	160.43	9.88	31.82	21.28	49.21	966.59	65.28	22.92

续表

序号	A股上市公司评价得分排序	股票代码	单位名称	综合得分	评价等级	净资产收益率（%）	总资产收益率（%）	资本杠杆率（%）	流动性覆盖率（%）	风险覆盖率（%）	净稳定资金率（%）	资本扩张率（%）	营业收入增长率（%）	投资回报率（%）	股价波动率（%）	年末资产总额（亿元）	营业收入（亿元）	净利润（亿元）
24	841	002945.SZ	华林证券	65.75	BB	14.31	3.93	25.92	257.86	298.06	206.14	12.78	47.42	8.17	50.93	247.96	14.90	8.12
25	843	000750.SZ	国海证券	65.69	BB	4.83	1.17	23.81	156.35	223.97	149.87	31.18	25.89	23.02	39.71	725.54	44.82	8.10
26	854	000783.SZ	长江证券	65.55	BB	7.27	1.71	20.38	186.45	201.07	149.32	3.91	10.68	26.15	43.23	1344.10	77.84	20.86
27	965	002939.SZ	长城证券	64.38	B	8.53	2.33	24.79	230.58	195.17	169.93	6.77	76.16	−5.99	37.40	722.13	68.69	15.31
28	1051	600909.SH	华安证券	63.60	B	8.87	2.31	23.78	398.18	202.71	163.32	9.13	3.87	16.81	44.00	586.13	33.57	12.65
29	1112	601198.SH	东兴证券	63.09	B	7.42	1.88	22.99	235.70	277.78	168.37	4.21	43.13	4.64	35.74	863.75	56.87	15.40
30	1135	600369.SH	西南证券	62.94	B	4.74	1.46	24.50	315.31	335.59	187.20	28.23	−9.15	5.74	34.65	791.88	31.70	10.58
31	1145	601375.SH	中原证券	62.82	B	0.83	0.21	21.39	169.52	298.03	169.30	35.14	30.80	7.54	37.41	523.77	31.03	1.02
32	1221	002500.SZ	山西证券	61.88	B	4.97	1.29	21.58	213.75	307.05	192.22	32.05	−34.50	12.93	43.18	624.52	33.42	7.62
33	1389	000686.SZ	东北证券	60.41	B	8.74	2.14	19.14	137.42	299.41	150.37	7.82	−17.06	12.03	38.11	686.86	66.10	14.67
34	1583	601901.SH	方正证券	58.69	CCC	3.00	0.92	27.30	154.60	337.16	142.08	2.22	14.36	5.32	32.78	1232.56	75.42	11.98
35	1620	601162.SH	天风证券	58.30	CCC	3.46	0.97	12.37	279.37	158.24	130.55	27.05	13.35	−0.78	42.99	814.05	43.60	6.88
36	2492	601099.SH	太平洋	48.57	C	−7.52	−2.83	42.06	456.77	235.30	164.88	−7.52	−34.07	9.15	39.83	226.59	11.72	−7.56
																	4,795.67	1,391.73
																	0.00%	0.00%

第十五章 医药生物行业上市公司业绩评价

我国人口老龄化进程进一步加快，居民收入水平不断提升、对健康日益重视，使得医药行业市场需求一直维持较高发展速度。2020 年，新冠肺炎疫情对国际经济活动造成了重大影响。国内新冠疫情的快速控制，为医药生物企业提供了良好的经营环境和终端需求；同时全球疫情的暴发和反复，对许多领域的需求带来了显著的刺激，为国内医药企业带来了发展机遇，尤其是医疗器械板块，由于与防护关联度很高，2020 年一度呈现翻倍式增长的态势。综合来看，2020 年医药生物（申万）行业上市公司整体营业收入增速为 7.04%，营业利润增速为 26.35%，显著高于上市公司平均增速水平和 GDP 增速，保持较高增速水平。2020 年末医药生物（申万）行业股票指数 12077.43，较 2019 年末上升 51.10%，远高于沪深 300 指数 27.21% 的上涨率。2021 年国外新冠肺炎疫情恶化和反复，对医药行业的刺激和需求继续提升，我国医药行业发展迎来新机遇。

一、医药生物行业上市公司业绩评价结果

2020 年医药生物行业的上市公司共有 359 家，其中盈利 311 家，亏损 48 家。医药生物行业综合评价分值为 66.39 分，高于同年全部上市公司的综合评价分值 61.41 分。359 家医药生物行业上市公司中共有迈瑞医疗、英科医疗、恒瑞医药、振德医疗、健帆生物、硕世生物、药明康德、鱼跃医疗、华大基因、金域医学、万孚生物、理邦仪器、爱尔眼科、奥美医疗、蓝帆医疗、凯莱英、达安基因、贝达药业、以岭药业和新和成 20 家公司业绩评价综合得分名列 2020 年度“中联价值 100”，排名最高的迈瑞医疗位列 2020 年全部上市公司业绩评价综合得分的第 3 位。359 家医药生物行业上市公司中业绩为 AAA 的有 1 家，业绩为 AA 的有 5 家，业绩为 A 的有 31 家；业绩为 BBB 的有 50 家，业绩为 BB 的有 63 家，业绩为 B 的有 34 家；业绩为 CCC 的有 42 家，业绩为 CC 的有 36 家，业绩为 C 的有 97 家。

2020 年全部上市公司为 4007 家，其资产总额为 75.93 万亿元。其中，医药生物行业全部上市公司资产总额为 2.78 万亿元，占全部上市公司资产总额的 3.66%；全部上市公司

实现营业收入 43.62 万亿元，医药生物行业 359 家上市公司实现营业收入 1.91 万亿元，占全部上市公司营业收入的 4.37%；全部上市公司共计实现利润总额 2.77 万亿元，医药生物行业上市公司实现利润总额达到 0.18 万亿元，占全部上市公司实现利润总额的 6.42%；全部上市公司共计实现净利润 2.16 万亿元，医药生物行业上市公司实现净利润 0.14 万亿元，占全部上市公司实现净利润的 6.57%；医药生物行业上市公司 2020 年度市场投资回报率为 31.26%，高于全部上市公司 15.87% 的市场投资回报率；医药生物行业上市公司股价波动率为 114.66%，高于全部上市公司 105.04% 的股价波动率；医药生物行业扣除非经常性损益净资产收益率的平均值为 7.76%，高于全部上市公司 5.93% 的扣除非经常性损益净资产收益率。表 15–1 列示了医药生物行业综合评价得分前十名的公司。

表 15 － 1　2020 年度医药生物行业评价得分前十名的公司

名次	股票代码	股票简称	在 A 股上市公司中评价得分排序
1	300760	迈瑞医疗	3
2	300677	英科医疗	6
3	600276	恒瑞医药	7
4	603301	振德医疗	26
5	300529	健帆生物	27
6	688399	硕世生物	33
7	603259	药明康德	38
8	002223	鱼跃医疗	40
9	300676	华大基因	49
10	603882	金域医学	50

基于对医药生物行业上市公司的整体评价，下面分别从财务效益状况、资产质量状况、偿债风险状况、发展能力状况、市场表现状况五个方面对医药生物行业上市公司进行具体分析。

资料链接：

科技抗疫者：迈瑞医疗业绩再爆发，布局瞄准世界级龙头

迈瑞医疗 2020 年实现营业收入 210.26 亿元，同比增长 27.00%；净利润 66.58 亿元，增长 42.24%；并拟每 10 股派发现金红利 25 元。与此同时，2021 年一季报营业收入 57.81 亿元，同比增长 21.93%；净利润 17.15 亿元，同比增长 30.59%。

作为国内乃至全球医疗器械新龙头，迈瑞医疗通过自主研发从追赶到超越，不断进行科技实力 PK，打破全球巨头在医疗器械领域的垄断地位，更是通过这次新冠肺炎疫情加速进入全球高端市场。

资料来源：德林社。

（一）财务效益

由表 15-2 可以看出，医药生物行业上市公司整体财务效益状况优于全部上市公司平均水平，除盈利现金保障倍数外，扣除非经常性损益净资产收益率、总资产报酬率、营业利润率和股本收益率指标均高于全部上市公司平均水平。

表 15 － 2　医药生物行业财务效益状况比较表

评价指标		2020 年上市公司平均值	2020 年行业值	2019 年行业值	增长率 (%)
基本指标	扣除非经常性损益净资产收益率（%）	5.93	7.76	6.75	14.96
	总资产报酬率（%）	5.00	7.79	7.24	7.60
	基本得分	20.49	23.66	22.34	5.91
修正指标	营业利润率（%）	6.43	9.49	8.00	18.63
	盈利现金保障倍数	2.01	1.52	1.41	7.80
	股本收益率（%）	38.17	51.16	42.39	20.69
综合得分		22.11	24.01	22.74	5.58

2020 年医药生物行业上市公司各项指标均高于 2019 年行业值。财务效益综合得分前五家的上市公司为迈瑞医疗、新和成、蓝帆医疗、恒瑞医药和乐普医疗。盈利较好与全民医保体系的不断完善、人口老龄化、大健康领域消费升级及新冠肺炎疫情对医药行业的刺激等利好因素息息相关。

（二）资产质量

由表 15-3 可以看出，医药生物行业上市公司资产质量状况中应收账款周转率明显低于全部上市公司平均水平，这与医药生物行业特殊的营销模式具有一定的关系，即医药生物行业上市公司对客户应收账款期限过长导致应收账款周转率偏低。医药生物行业上市公司资产质量状况中总资产周转率、流动资产周转率、存货周转率略高于全部上市公司平均水平，这与医药生物行业药品流通两票制、实施“互联网 +”等有利因素存在一定的关联性。资产质量综合得分前五家上市公司为通策医疗、ST 冠福、英科医疗、振德医疗和爱尔眼科，上述公司通过实施“互联网 +”提高资产管理能力，在医疗体制改革政策支持下，资产质量表现优异。

表 15 － 3　医药生物行业资产质量状况比较表

评价指标		2020 年上市公司平均值	2020 年行业值	2019 年行业值	增长率 (%)
基本指标	总资产周转率（次）	0.6	0.73	0.77	–5.19
	流动资产周转率（次）	1.14	1.24	1.31	–5.34
	基本得分	9.09	10.02	10.22	–1.96
修正指标	应收账款周转率（次）	8.07	4.46	4.43	0.68
	存货周转率（次）	2.64	3.9	3.8	2.63
综合得分		9.07	8.85	8.85	—

（三）偿债风险

由表 15–4 可以看出，2020 年医药生物行业上市公司资产负债率低于全部上市公司平均水平，已获利息倍数、速动比率、现金流动负债比率显著好于全部上市公司的平均水平，带息负债比率略高于全部上市公司，显示出医药生物行业上市公司较强的短期偿债能力。

表 15 － 4　医药生物行业偿债风险状况比较表

评价指标		2020 年上市公司平均值	2020 年行业值	2019 年行业值	增长率 (%)
基本指标	资产负债率（%）	60.33	42.58	44.21	–3.69
	已获利息倍数	4.3	8.03	6.38	25.86
	基本得分	8.9	10.23	10.22	0.10
修正指标	速动比率（%）	82.33	137.31	127.72	7.51
	现金流动负债比率（%）	13.31	22.37	18.16	23.18
	带息负债比率（%）	40.72	42.11	42.99	–2.05
综合得分		8.89	9.79	9.5	3.05

与 2019 年相比较，已获利息倍数和现金流动负债比率指标显著改善，资产负债率和速动比率有所好转，带息负债比率指标略有恶化，2020 年医药生物行业上市公司偿债风险状况与 2019 年总体上差异不大，略有上升。偿债风险状况综合得分前五家上市公司为拱东医疗、健帆生物、天臣医疗、普门科技和江中药业，上述公司财务政策相对稳健。

（四）发展能力

从表 15–5 可知，医药生物行业上市公司 2020 年度营业收入增长率、资本扩张率、累计保留盈余率、三年营业收入增长率、总资产增长率和营业利润增长率等六项发展能力指标均明显高于全部上市公司平均水平。医药行业作为典型的刚性消费行业，社会人口老龄化以及农村人口城镇化等客观因素继续保证了医药需求的确定性增长。

2020年医药生物行业上市公司资本扩张率、总资产增长率和营业利润增长率指标优于2019年水平，其他发展能力指标均低于2019年水平，主要是受带量采购政策影响，行业收入增长率水平有所下降。发展能力综合得分前五家上市公司为药明康德、英科医疗、浙农股份、华大基因和智飞生物。

表15－5 医药生物行业发展能力状况比较表

评价指标		2020年上市公司平均值	2020年行业值	2019年行业值	增长率(%)
基本指标	营业收入增长率（%）	2.91	7.04	12.75	-44.78
	资本扩张率（%）	11.25	16.79	9.59	75.08
	基本得分	12.11	13.42	12.79	4.93
修正指标	累计保留盈余率（%）	40.8	44.42	44.51	-0.20
	三年营业收入增长率（%）	8.5	12.97	17.75	-26.93
	总资产增长率（%）	10.58	14.13	9.17	54.09
	营业利润增长率（%）	2.48	26.35	-1.78	1580.34
综合得分		12.17	13.7	12.73	7.62

（五）市场表现

2020年，全部上市公司市场投资回报率15.87%，股价波动率为105.04%，作为重要的稳定增长型防御品种，医药生物上市公司市场表现良好，全年市场投资回报率31.26%，显著高于全部上市公司平均水平。具体情况见表15-6。

表15－6 医药生物行业公司市场表现状况比较表

评价指标	2020年上市公司平均值	2020年行业值	2019年行业值	增长率(%)
市场投资回报率（%）	15.87	31.26	27.92	11.96
股价波动率（%）	105.04	114.66	95.36	20.24
得分	9.17	10.04	9.48	5.91

与2019年相比，2020年医药生物行业上市公司的市场表现情况良好，股价波动率有所上升，市场投资回报率升高。市场表现综合得分前五家上市公司为我武生物、海正药业、万孚生物、九强生物和灵康药业，上述公司资本管理能力较好，在二级市场股价表现优异。

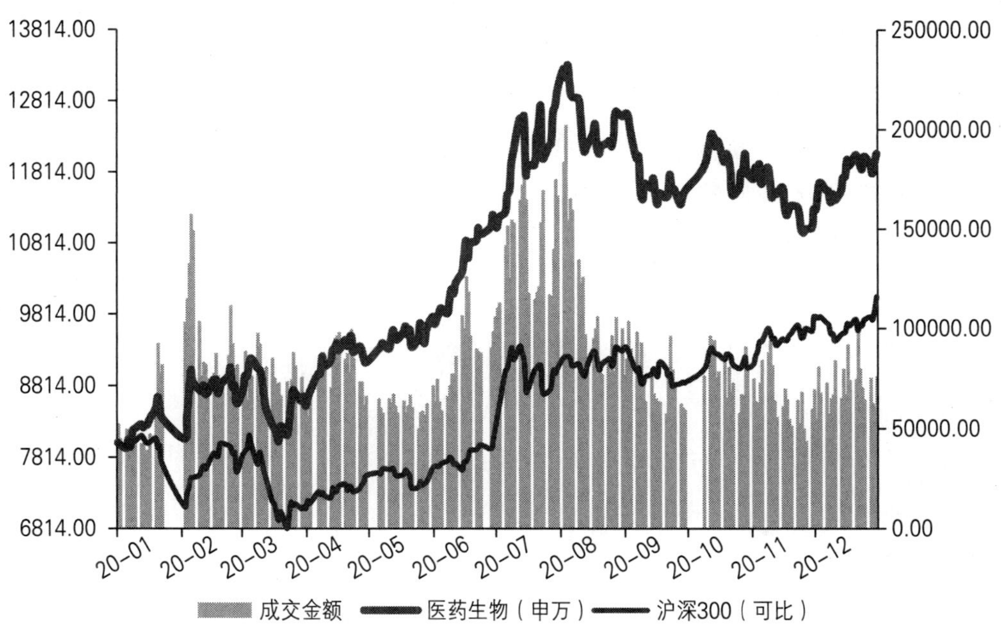

图 15－1　沪深 300 与医药生物行业指数走势图

二、2020 年度影响医药生物行业上市公司业绩的因素分析

2020 年医药生物行业上市公司实现营业收入 19071.44 亿元，同比增长 7.04%，收入增长率较 2019 年低 44.78%。实现营业利润 1809.57 亿元，营业利润同比增长率 26.35%，显著高于 2019 年的 −1.78%。在人口老龄化持续、药品及医药耗材集采深度推进、叠加疫情影响等因素驱动下，我国医药市场整体保持向上趋势，但增速有所放缓，上市公司盈利能力显著提升。2020 年影响行业上市公司业绩的主要因素如下。

（一）医疗新基建提速叠加疫情影响，医疗器械市场加速扩容

据财政部统计，2020 年全国发行地方政府新增债券约 4.5 万亿元，其中专项债券 3.6 万亿元，特别是发行了 1 万亿元的抗疫特别国债，用于支持各地政府对包括医疗新基建在内的基础设施投资。2020 年 7 月 6 日，国家发展改革委下达了 456.6 亿元的 2020 年卫生领域中央预算内投资，用于支持各地加强公共卫生防控救治能力建设。此后，国家发展改革委和国家卫健委先后发布《公共卫生防控救治能力建设方案》和《关于完善发热门诊和医疗机构感染防控工作的通知》，国务院印发了《深化医药卫生体制改革 2020 年下半年重点工作任务》，财政部发布了《关于下达支持应急物资保障体系建设补助资金预算的通知》。多项政策的陆续密集出台，体现了国家积极支持行业的自主研发创新，极大加速了对部分先进领域的国产替代。同时，随着医疗新基建的开展，国内医疗器械市场迎来长期扩容。

2020 年 11 月 24 日，财政部提前下达 2021 年中央财政医疗服务与保障能力提升补助资金约 80 亿元，用于支持公立医院综合改革项目，主要内容包括落实公立医院基本建设和设备购置、配备相应的大型医用设备等。同日，财政部提前下达 2021 年基本公共卫生服务补助资金预算约 543 亿元，旨在加强基层乃至县级医院的疾病防控能力。

随着疫情防控进入常态化，国家陆续出台相关政策以完善我国疾病防控和公共卫生应急体系，加强生命科学领域的基础研究和医疗健康关键核心技术突破，加快提高疾病防控和公共卫生领域战略科技力量和战略储备能力，加快补齐我国高端医疗装备短板，加快关键核心技术攻关，突破技术装备瓶颈，实现高端医疗装备自主可控。

同时，2020 年受新冠肺炎疫情影响，防疫物资需求在全球范围内激增，长时间处于供不应求状态，为生产此类医疗用品的公司带来了巨大的发展契机。疫情的暴发给部分医疗器械类企业带来了非常多的订单，国内外对新冠病毒检测、防护用品的需求激增，再加上一些企业涉及出口业务，更是带动了其业绩快速提升。

（二）新冠肺炎疫情拉动上市公司业务加速增长

2020 年，全球新冠肺炎疫情带来防疫物资和医疗器械基础设备采购额快速增长，疫情阶段海外原料药供应短缺催生了中国原料药行业的爆发，同时全球创新药持续强劲的融资带来 CRMO（药物研发生产服务）行业高速增长。国际市场从 3 月开始进入疫情高峰期，在国内疫情缓和之后，国内医药行业相关抗疫设备的产能和交付开始向国际市场倾斜。为行业公司带来了可观的利润并为未来全球化拓展打下了良好的基础。

从行业内部看，各子版块受疫情影响情况和程度不尽相同。

化学制药板块：新冠肺炎疫情对化学制药板块同时带来冲击和机遇。由于隔离政策和大众卫生意识的大幅加强，2020 年化学制药收入同比下滑。同时海外疫情的持续发酵，给国内原料药生产企业带来了增量订单。

生物制品板块：新冠肺炎疫情对于疫苗板块有明显的推动作用，疫苗的需求量大且维持刚性，推动了相关企业业绩及股价增长。如智飞生物 2020 年公司实现营业收入 151.90 亿元，同比增长 43.48%；实现归属于母公司所有者扣除非经常性损益的净利润 33.23 亿元，同比增长 39.13%。2020 年，主要受益于对疫情认知的不断深入、国内庞大的人口基数，以及居民可支配收入和健康意识提升，疫苗销售高速增长。

中药板块：2020 年全年中药板块收入呈负增长，上半年大部分中药企业受疫情影响冲击较大，收入明显下滑，从第三季度开始业绩缓慢恢复。

医疗器械板块：受全球新冠肺炎疫情刺激，2020 年医疗器械板块整体出现大幅增长。板块内部，基础医疗设备、医用耗材、新冠病毒检测（核酸、抗体）、药机工业等大幅增长。同时，高值耗材、中高端医疗设备受新冠肺炎疫情影响业绩下滑。如迈瑞医疗，2020 年，受新冠肺炎疫情的影响，其生命信息与支持业务的监护仪、呼吸机、输注泵，医学影像业务的便携彩超、移动 DR，体外诊断业务的新冠 IgG/IgM 抗体检测试剂等与疫情直接相关的产品销售加速增长。

医药商业板块：主要由于新冠肺炎疫情的影响，医药商业板块 2020 年同比增速有所降低，其中经销商企业受影响较大，零售药店板块收入增速也有所下降。

医疗服务板块：2020 年医疗服务板块收入实现两位数增长。细分领域，因国内复工较早且海外疫情蔓延导致订单向国内转移，CRMO 板块公司业绩增长突出。专科医疗服务企业在2020第一季度时受到疫情的一定冲击，第二季度疫情逐步消退，业绩迅速反弹，2020年全年业绩实现暴发增长。如金域医学，2020年实现归属于上市公司股东的扣除非经常性损益净利润14.57亿元，同比增长357.24%，主要受益于新冠病毒核酸检测业务增长，金域医学在湖北、广东、吉林、北京等30个省份和香港、澳门特别行政区开展新冠病毒核酸检测，截至报告期末累计检测量超过3200万人份，核酸检测收入增长迅速，报告期收入实现了同比56.45%的高速增长。

（三）医药生物上市公司研发投入普遍增长

从医药生物（申万）行业上市公司公布的年报看，行业上市公司2020年研发投入超过600亿元，较上一年度显著增长。2020年新冠肺炎疫情给全球医疗行业带来考验的同时，也促使生物医药类企业进一步加大了研发投入，“技术创新”成为众多医药企业财报的关键词。同时2020年药品和耗材集采的有效推进倒逼企业去研发新产品、研发创新药，以提升自身竞争力。从药品市场结构看，中国创新药占比仅在10%左右，国内创新药未来增长空间巨大。创新药研发需要大量资金的投入，近年来国内创新药企研发投入维持高增长，为未来创新药的高速发展奠定了基础。

三、2021年医药生物行业前景展望

（一）人口老龄化及居民收入增长推动医药市场需求持续增长

根据国家统计局发布的《2019年国民经济和社会发展统计公报》，2019年底全国总人口140005万人，其中：60周岁以上人口达25388万人，占比为18.1%；65周岁以上人口达17603万人，占比为12.6%。我国已步入老龄化社会。未来十几年，我国将成为全球老龄化进程最快的国家之一，这将继续促进医药行业的发展。

（二）药品监管体制改革进入新篇章

“十三五”以来，我国药品监管体制改革顺利完成，药品监管法规制度体系全面升级，审评审批体系日臻科学规范，疫苗监管体系改革取得历史性突破，风险防控体系全面深化细化，技术支撑体系建设与时俱进，“十三五”规划发展目标和主要任务顺利完成，为新时代新发展阶段药品监管事业改革发展奠定扎实基础。

“十四五”时期是我国“两个一百年”奋斗目标承前启后的历史交汇期，以国内大循环为主体、国内国际双循环相互促进的新发展格局将加快形成，药品监管工作面临一系列新形势、新机遇、新挑战。“十四五”规划和2035年远景目标纲要对加强和改进食品药品安全监管制度，完善创新药物、疫苗、医疗器械等快速审评审批机制，推进药品监管能力现代化等作出系列部署要求。

（三）创新药物发展成为市场主要驱动力

随着药品审评审批制度改革，创新药的发展驶入快车道。与此同时，产品处于研发阶段的创新药企纷纷启动上市融资。新冠肺炎疫情让人们对于生物制药的依赖更甚，如疫苗

和中和抗体等生物医药的研发。在疫情的催化下，具有创新属性的生物医药企业成了资本市场的“香饽饽”。

国际上，Evaluate Vantage 统计显示，2021 年肿瘤药物将继续成为医药生物行业收入增长的主要驱动力。在 10 个销量最大的新产品中，有 6 个是用于治疗各种癌症的药物，其中 3 个是抗 PD-1（L1）抗体。2021 新年伊始，国际制药巨头辉瑞将非专利药物业务剥离之后，再次对外表明其生物制药的定位，创新药对大型制药企业的拉动愈发明显。

附表　2020年度医药生物行业上市公司业绩评价结果排序表

A股上市公司评价得分排序	证券代码	股票简称	评价等级	综合得分	每股收益（元）	净资产收益率（%）	总资产报酬率（%）	总资产周转率（次）	流动资产周转率（次）	资产负债率（%）	已获利息倍数	营业收入增长率（%）	资本扩张率（%）	市场投资回报率（%）	股价波动率（%）	年末资产总额（万元）	营业收入（万元）	净利润（万元）
3	300760	迈瑞医疗	AAA	86.20	5.48	31.22	25.24	0.71	1.04	30.07	0	27.0	25.1	140.68	141.04	3330638.9	2102584.64	665960.33
6	300677	英科医疗	AA	84.40	21.98	127.98	105.08	1.74	2.75	27	393	564.3	528.8	1319.28	411.31	1293480.81	1383671.45	700451.14
7	600276	恒瑞医药	AA	84.10	1.19	21.33	22.16	0.89	1.1	11.35	1257	19.1	23.5	55.99	85.58	3472958.99	2773459.87	630889.31
26	603301	振德医疗	AA	80.40	12.5	100.25	78.32	2.29	3.5	30.21	194	456.8	219.1	310.41	318.83	640008.67	1039854.56	297189.99
27	300529	健帆生物	AA	80.30	1.1	33.52	36.14	0.68	1.1	11.91	0	36.2	30.6	83.84	128.18	321667.03	195078.05	87299.63
33	688399	硕世生物	A	79.80	13.98	58.2	56.01	1.01	1.3	26.92	11565	502.4	63.1	234.76	355.92	227767.33	173968.07	81956.73
38	603259	药明康德	A	79.50	1.27	9.62	9.44	0.44	0.93	29.32	18	28.5	87.9	111.92	149.64	4629116.57	1653543.15	298625.01
40	002223	鱼跃医疗	A	79.40	1.75	23.79	22.56	0.75	1.42	25.54	133	45.1	21.7	40.46	102.71	1006525.24	672568.73	175660.98
49	300676	华大基因	A	79.00	5.25	39.53	29.6	0.98	1.45	46.17	28	199.9	36.9	87.25	187.02	1119504.05	839723	210205.24
50	603882	金域医学	A	78.90	3.29	49.05	33.34	1.49	2.18	41.61	63	56.5	66.7	149.66	183.01	663931.3	824376.35	157343.23
67	300482	万孚生物	A	78.30	1.87	21.01	20.47	0.78	1.4	30.48	67	35.6	21.7	67.71	114.08	430609.72	281084.13	61680.71
72	300206	理邦仪器	A	78.10	1.12	38.89	39.99	1.23	1.88	19.74	1229	104.1	39.6	153.4	214.93	225904.84	231860.42	64769.17
77	300015	爱尔眼科	A	77.80	0.42	25.85	17.78	0.87	2.46	31.46	32	19.2	51.7	147.92	209.86	1554059.1	1191241	187716.88
79	002950	奥美医疗	A	77.70	1.83	42.71	33.86	0.96	1.7	39.81	77	63.0	42.0	49.07	128.02	485608.05	383449.8	116046.28
80	002382	蓝帆医疗	A	77.70	1.82	19.11	14.58	0.52	1.48	42.37	12	126.4	16.0	72.67	182.6	1703477.8	786942.51	176304.44
82	002821	凯莱英	A	77.60	3.1	14.25	14.97	0.58	1.11	16.25	326	28.0	96.8	137.92	145.7	715756.55	314968.97	72205.19
85	002030	达安基因	A	77.30	2.79	71.74	57.01	1.04	1.76	32.62	130	386.4	116.3	235.3	269.41	670002.78	534120.96	245004.47
87	300558	贝达药业	A	77.20	1.5	9.94	15.09	0.4	1.42	20.75	18	20.4	67.8	60.79	160.68	522953.76	187026.63	60108.57
91	002603	以岭药业	A	76.90	1.02	13.76	13.94	0.85	1.67	22.35	136	50.8	12.2	114.39	170.36	1149233.77	878247.97	121493.07
99	002001	新和成	A	76.60	1.66	18.86	14.68	0.35	0.79	37.2	18	35.3	14.8	48.94	78.75	3089700.78	1031408.44	357722.75
107	600763	通策医疗	A	76.40	1.54	24.35	24.42	0.73	2.84	23.37	37	10.2	19.2	181.79	229.11	306440.18	208786.49	54496.16
113	300122	智飞生物	A	76.30	2.06	47.48	30.44	1.16	1.54	45.79	31	43.5	43.5	185.46	252.21	1521524.18	1519036.62	330132.68
114	603127	昭衍新药	A	76.20	1.4	28.33	20.5	0.61	1.18	41.92	432	68.3	48.0	150.16	186.27	210782.16	107590.49	31362.78
117	603658	安图生物	A	76.20	1.74	14.92	14.1	0.48	0.84	19.07	30	11.2	150.0	56.28	101.39	813714.14	297813.16	75709.08
126	300347	泰格医药	A	75.90	2.2	8.45	16.79	0.24	0.43	8.45	45	13.9	223.4	162.45	179.61	1950605.77	319227.85	202900.07
132	002022	科华生物	A	75.70	1.33	34.17	28.73	0.86	1.43	34.77	40	72.1	44.9	30.26	106.26	597715.35	415542.88	114220.26

续表

A股上市公司评价得分排序	证券代码	股票简称	评价等级	综合得分	每股收益（元）	净资产收益率（%）	总资产报酬率（%）	总资产周转率（次）	流动资产周转率（次）	资产负债率（%）	已获利息倍数	营业收入增长率（%）	资本扩张率（%）	市场投资回报率（%）	股价波动率（%）	年末资产总额（万元）	营业收入（万元）	净利润（万元）
136	300246	宝莱特	A	75.70	2.37	41.98	33.46	1.09	2.05	35.74	34	69.0	76.3	70.94	215.11	160716.41	139601.36	35226.05
139	002932	明德生物	A	75.60	6.98	53.37	53.98	0.93	1.14	21.85	852	429.4	81.1	74.99	220.88	142664.55	95909.92	47562.8
142	300685	艾德生物	A	75.50	0.82	14.5	17.23	0.62	0.81	12.72	235	25.9	25.1	75.74	154.06	129289.77	72839.06	18032.64
143	300595	欧普康视	A	75.40	0.72	23.78	24.22	0.46	0.6	10.02	967	34.6	38.5	162.44	186.09	221292.4	87066.36	44397.3
144	002007	华兰生物	A	75.40	0.89	22.8	24.43	0.57	0.76	19.31	433	35.8	17.7	58.32	166.17	1003863.71	502320.63	184416.39
145	603233	大参林	A	75.40	1.62	21.06	13.88	1.39	2.12	54.81	127	30.9	28.7	83.37	169.69	1233192.6	1458286.53	108301.95
154	300702	天宇股份	A	75.10	3.69	21.21	20.01	0.67	1.18	27.46	175	22.6	74.1	85.42	154.21	488956.81	258739.57	66706.08
161	300759	康龙化成	BBB	74.90	1.48	9.25	12.34	0.47	0.89	24.98	47	36.6	14.0	148.34	190.91	1190879.27	513359.68	114699.15
170	600436	片仔癀	BBB	74.60	2.77	21.11	21.1	0.68	0.83	19.1	73	13.8	18.5	146.63	198.89	1020556.97	651078.2	168935.53
171	000661	长春高新	BBB	74.60	7.53	30.41	26.7	0.58	0.87	26.84	116	16.3	39.9	90.5	163.83	1684462.32	857660.07	330765.36
185	688016	心脉医疗	BBB	74.30	2.98	16.6	19.71	0.37	0.43	10.33	0	40.9	15.8	74.58	164.74	137606.6	47025.23	21461.29
186	688202	美迪西	BBB	74.20	2.09	12.01	12.04	0.53	0.89	16.76	0	48.2	13.5	164.61	235.53	136432.31	66595.59	13418.95
192	300639	凯普生物	BBB	74.10	1.66	20.71	22.38	0.65	1.03	11.29	581	85.7	113.9	40.96	165.37	285696.43	135449.68	39465.7
209	688139	海尔生物	BBB	73.90	1.2	12.11	12.15	0.4	0.53	29.37	5088	38.5	13.2	127.03	231.99	394259.9	140202.9	38412.34
213	000538	云南白药	BBB	73.70	4.32	7.57	13.29	0.62	0.7	30.56	41	10.4	0.6	31.84	95.09	5521944.82	3274276.68	551103.62
216	688363	华熙生物	BBB	73.70	1.35	11.86	14.2	0.49	0.71	12.22	0	39.6	10.3	76.12	161.15	571689.43	263273.4	64501.11
217	300725	药石科技	BBB	73.70	1.29	13.17	11.88	0.59	0.85	21.88	325	54.4	155.7	104.09	156.82	242528.96	102222.92	18420.45
224	000739	普洛药业	BBB	73.40	0.69	16.94	13.94	1.12	1.78	41.42	61	9.3	16.5	80.55	132.73	749478.8	787967.27	81673.01
233	000513	丽珠集团	BBB	73.30	1.83	14.26	12.91	0.55	0.77	33.76	0	12.1	11.1	23.31	99.06	2059081.58	1052040.98	213132.67
249	002432	九安医疗	BBB	72.90	0.56	14.15	11.22	0.91	1.47	25.87	35	184.4	14.0	79.95	144.32	245856.05	200836.02	23682.78
260	603939	益丰药房	BBB	72.60	1.46	15.96	11.23	1.19	2.01	55.35	16	27.9	22.8	78.41	145.63	1294990.08	1314450.24	86685.47
264	300314	戴维医疗	BBB	72.50	0.47	13.82	14.05	0.44	0.62	15.03	0	29.0	15.0	73.61	220.76	112213.58	45953.06	13619.04
269	300630	普利制药	BBB	72.40	0.94	23.88	19.33	0.5	1.24	33.27	62	25.1	78.0	15.4	55.35	305599.93	118860.34	40745.09
297	300453	三鑫医疗	BBB	71.80	0.45	14.64	12.98	0.79	2.05	32.1	107	30.3	17.7	129.3	183.47	124475.43	94038.56	12898.93
308	000650	仁和药业	BBB	71.70	0.45	12.68	15.04	0.73	1.15	11.02	598	−10.4	28.9	−2.26	49.36	630505.22	410610.42	65765.72
312	002262	恩华药业	BBB	71.60	0.72	18.38	19.04	0.75	1.06	13.54	536	−19.0	13.9	36.3	119.36	474844.03	336130.35	72710.43
314	600529	山东药玻	BBB	71.50	0.95	13.62	12.07	0.64	1.11	24.29	0	14.5	10.0	82.71	155.54	562141.83	342706.95	56443.96

续表

A股上市公司评价得分排序	证券代码	股票简称	评价等级	综合得分	每股收益（元）	净资产收益率（%）	总资产报酬率（%）	总资产周转率（次）	流动资产周转率（次）	资产负债率（%）	已获利息倍数	营业收入增长率（%）	资本扩张率（%）	市场投资回报率（%）	股价波动率（%）	年末资产总额（万元）	营业收入（万元）	净利润（万元）
315	600161	天坛生物	BBB	71.40	0.51	16.56	15.99	0.5	0.79	20.03	371	5.0	16.5	79.89	134.45	754105.17	344559.49	94307.66
323	688068	热景生物	BBB	71.30	1.8	15.74	15.71	0.63	0.9	17.25	287	144.1	15.0	−17.8	142.87	90251.5	51353.36	11129.58
325	600380	健康元	BBB	71.30	0.58	13.24	11.14	0.5	0.77	31.68	84	12.9	10.7	33.74	147.11	2815697.76	1352160.58	257846.65
335	600566	济川药业	BBB	71.10	1.53	17.8	15.81	0.64	1.07	26.18	46	−11.2	27.2	−11.2	53.82	1051583.26	616497.42	127721.25
342	002901	大博医疗	BBB	71.00	1.51	28.92	29.1	0.65	0.88	19.1	0	26.2	21.7	29.18	131.66	263759.66	158686.02	61475.44
348	300463	迈克生物	BBB	70.90	1.43	21.94	17.5	0.62	0.98	37.07	15	14.9	20.4	70.25	164.9	636498.26	370387.7	82135.45
350	002626	金达威	BBB	70.90	1.57	27.13	23.92	0.71	1.7	32.22	36	9.8	18.2	82.52	244.47	515266.95	350440.66	95337.24
364	300244	迪安诊断	BBB	70.70	1.29	18.03	13.17	0.92	1.43	51.38	7	26.0	17.3	54.22	151.43	1239874.97	1064916.18	106993.41
374	000915	华特达因	BBB	70.60	1.24	18.49	17.95	0.53	0.9	20.56	2224	1.2	14.3	−11.39	79.68	369497.76	182103.4	53271.67
386	300357	我武生物	BBB	70.40	0.53	17.55	21.27	0.42	0.57	4.77	0	−0.5	13.0	74.59	106.29	160475.55	63620.82	26972.43
398	603811	诚意药业	BBB	70.20	0.99	18.06	17.73	0.69	2.53	26.58	39	11.3	15.2	28.15	112.24	120688.14	75813.21	16495.14
399	600750	江中药业	BBB	70.20	0.75	11.28	12.01	0.5	0.77	13.65	301	−0.3	8.3	2.74	73.36	492357.38	244145.18	49032.32
410	600211	西藏药业	BBB	70.10	1.69	14.61	16.51	0.48	1.02	12.09	449	9.3	5.8	199.43	405.39	294428.83	137310.51	42066.25
443	002727	一心堂	BB	69.70	1.38	14.49	11.35	1.46	2.05	38.03	40	20.8	25.8	40.19	151.61	932830.54	1265628.43	78916.61
444	603309	维力医疗	BB	69.70	0.59	14.73	13.62	0.77	2.64	23.16	19	13.8	10.4	13.42	69.47	148877.52	113067.88	15987.99
463	688389	普门科技	BB	69.40	0.34	11.25	12.66	0.45	0.6	11.32	8096	31.0	9.0	24.2	135.56	128954	55382.3	14396.89
470	002880	卫光生物	BB	69.30	1.18	11.95	12.87	0.53	0.85	11.57	208	10.1	12.1	39.15	116.72	183614.4	90456.47	18958.54
479	603880	南卫股份	BB	69.20	0.45	13.71	12.1	1.1	1.87	34.67	15	118.1	23.5	42.21	148.29	107264.55	107239.99	9828.38
482	600521	华海药业	BB	69.20	0.64	14.09	11.39	0.55	1.1	48.24	10	20.4	16.4	110.89	192.58	1299076.63	648521.34	99459.85
486	002940	昂利康	BB	69.10	1.81	12.66	12.68	0.78	1.09	29	1231	−7.6	35.6	40.66	123.05	194075.4	128964.71	18130.15
487	603079	圣达生物	BB	69.10	1.17	18.08	14.12	0.54	1.08	22.09	49	67.1	45.3	−20.89	88.67	170086.89	86731.48	18997.22
492	300601	康泰生物	BB	69.00	1.03	12.14	11.45	0.33	0.63	22.13	331	16.4	171.0	114.44	174.69	958450.76	226117.74	67918.62
501	300497	富祥药业	BB	68.90	0.7	12.66	12.12	0.45	0.79	24.67	17	10.3	99.5	19.28	111.52	404566.59	149295.3	32217.87
507	600867	通化东宝	BB	68.80	0.46	18.08	20.04	0.52	1.5	4.2	117	4.1	11.0	3.04	81.84	580326.02	289216.92	93032.2
509	300765	新诺威	BB	68.80	0.71	10.31	12.58	0.45	0.68	9.07	0	4.9	11.2	10.02	89.3	295490.28	131741.41	29971.22
517	600062	华润双鹤	BB	68.70	0.96	10.75	10.29	0.72	1.32	24.48	333	−9.4	8.1	−6.35	33.44	1241648.67	850393.82	101349.61
519	002107	沃华医药	BB	68.70	0.31	20.84	18.93	0.85	1.42	33	49	17.0	18.4	54.07	141.53	137009.49	100608.15	18632.48

续表

A股上市公司评价得分排序	证券代码	股票简称	评价等级	综合得分	每股收益（元）	净资产收益率（%）	总资产报酬率（%）	总资产周转率（次）	流动资产周转率（次）	资产负债率（%）	已获利息倍数	营业收入增长率（%）	资本扩张率（%）	市场投资回报率（%）	股价波动率（%）	年末资产总额（万元）	营业收入（万元）	净利润（万元）
537	300363	博腾股份	BB	68.50	0.61	8.89	9.18	0.49	1.01	24.54	16	33.6	10.7	148.49	149.51	449693.92	207187.54	32319.36
545	603229	奥翔药业	BB	68.40	0.39	9.65	8.54	0.36	0.52	18.44	70	32.9	74.7	153.65	253.73	138168.85	40924.94	8683.6
546	600479	千金药业	BB	68.40	0.71	11.92	10.62	0.9	1.18	34.68	190	2.9	5.0	2.79	41.88	422871.14	362696.68	36020.74
551	603858	步长制药	BB	68.30	1.68	12.25	11.37	0.73	2.13	39.65	17	12.3	0.2	14.97	91.56	2288626.36	1600671.43	184314.22
558	000963	华东医药	BB	68.30	1.61	17.97	15.43	1.48	2.37	37.28	51	−5.0	18.0	9.56	118.87	2420134.82	3368305.88	290971.66
565	300003	乐普医疗	BB	68.20	1.01	16.05	14.51	0.47	1.32	41.96	9	3.1	31.6	−16.38	89.14	1815686.51	803866.75	187707.86
575	600056	中国医药	BB	68.10	1.23	10.88	6.89	1.25	1.65	63.19	9	11.4	11.0	11.64	46.16	3319203.62	3931175.35	138608.05
583	300653	正海生物	BB	68.00	0.99	17.8	17.89	0.38	0.56	19.72	0	4.8	9.9	16.84	117.85	80553.91	29328.16	11833.4
589	603387	基蛋生物	BB	67.90	1.17	14.74	16.16	0.48	0.61	25.78	61	16.0	19.2	48.83	101.62	269998.39	112333.56	33031.31
601	300753	爱朋医疗	BB	67.80	0.92	12.68	14.12	0.56	0.83	10.57	74609	16.7	9.6	−19.42	77.99	82723.95	44307.61	9687.15
645	600998	九州通	BB	67.40	1.6	9.15	7.06	1.46	1.77	68.31	5	11.4	16.6	29.55	47.14	8082384.37	11085951.41	338508.24
647	300452	山河药辅	BB	67.40	0.53	13.35	12.61	0.62	1.22	27.27	148	14.5	9.8	46.18	198.23	90087.16	53119.66	9352.13
658	300401	花园生物	BB	67.30	0.54	9.65	11.75	0.22	0.44	15.05	38	−14.4	66.9	26.7	64.61	342519.15	61489.44	27226.47
682	300642	透景生命	BB	67.10	1.33	8.13	9.97	0.37	0.53	7.67	965	10.9	8.4	38.97	88.81	137177.43	48958.09	12055.28
691	002737	葵花药业	BB	67.00	1	14.94	14.94	0.66	1.15	33.69	67	−20.8	−1.1	6.36	63.3	511334.31	346188.83	61993.87
696	002332	仙琚制药	BB	66.90	0.55	12.67	10.59	0.63	1.22	32.99	14	8.4	49.8	36.1	106.51	683823.11	401887.28	52899.86
708	002252	上海莱士	BB	66.90	0.21	7.16	7.91	0.15	0.58	1.43	3928	6.8	118.7	−1.24	60.57	2549379.86	276168.2	131859.04
714	300142	沃森生物	BB	66.80	0.65	13.66	16.5	0.35	0.71	18.58	2299	162.1	38.5	27.06	216.75	963828.93	293902.12	121118.67
716	600085	同仁堂	BB	66.80	0.75	10.57	9.52	0.6	0.79	28.81	38	−3.4	6.0	−13.81	47.81	2183751.24	1282587.91	161636.33
723	002755	奥赛康	BB	66.70	0.78	24.34	21.98	1.01	1.43	20.35	279	−16.3	20.5	−17.8	74.54	380809.94	378268.89	72536.87
726	603987	康德莱	BB	66.70	0.46	10.89	10.24	0.66	1.08	30.32	20	45.6	10.0	69.77	153.88	425777.12	264538.2	32633.32
728	300030	阳普医疗	BB	66.70	0.53	16.06	11.67	0.57	1.18	42.52	8	59.9	19.6	68.96	140.5	174475.64	91922.55	16332.14
731	603896	寿仙谷	BB	66.70	1.07	10.96	10.88	0.42	0.83	21.96	14	16.3	13.1	18.71	144.96	169958.3	63605.06	15171.21
740	603883	老百姓	BB	66.60	1.54	15.86	9.58	1.32	2.61	57.41	17	19.8	24.0	33.59	124.89	1128410.9	1396669.92	76448.43
746	300562	乐心医疗	BB	66.60	0.37	9.85	6.12	1.13	1.71	52.64	192	51.3	15.3	42.75	82.77	138306.3	133674.81	6789.34
748	300009	安科生物	BB	66.60	0.26	10.79	12:41	0.51	1.09	16.44	258	−0.7	8.5	27.63	127.81	350487.89	170141.72	34653.46
758	000999	华润三九	BB	66.40	1.63	10.06	9.8	0.65	1.29	36.12	406	−7.2	9.1	−19.32	59.84	2201014.73	1363725.82	161752.86

续表

A股上市公司评价得分排序	证券代码	股票简称	评价等级	综合得分	每股收益（元）	净资产收益率（%）	总资产报酬率（%）	总资产周转率（次）	流动资产周转率（次）	资产负债率（%）	已获利息倍数	营业收入增长率（%）	资本扩张率（%）	市场投资回报率（%）	股价波动率（%）	年末资产总额（万元）	营业收入（万元）	净利润（万元）
760	600329	中新药业	BB	66.40	0.86	11.35	9.53	0.82	1.23	28.17	114637	-5.6	7.7	28.22	92.38	828338.77	660365.2	67966.17
764	002275	桂林三金	BB	66.40	0.48	8.74	9.75	0.43	0.72	23.78	31	-4.5	5.1	14.99	46.86	388227.32	156648.47	27702.09
768	600196	复星医药	BB	66.40	1.43	7.03	6.98	0.38	1.33	45.05	6	6.0	17.3	100.63	216.47	8368600.97	3030698.13	393997.98
772	600511	国药股份	BB	66.30	1.83	11.34	8.04	1.64	1.84	47.42	35	-9.6	7.7	73.86	163.45	2490493.3	4037860.81	150925.07
774	300519	新光药业	BB	66.30	0.62	11.12	13.11	0.32	0.39	7.17	0	-2.8	3.4	21.24	134.68	89078.57	28308.03	9897.64
777	688166	博瑞医药	BB	66.20	0.41	11.41	11.9	0.48	0.78	21.62	95	56.1	9.1	38.37	104.42	182778.79	78538.27	16936.19
778	600993	马应龙	BB	66.20	0.97	12.14	14.11	0.78	0.97	23.79	72	3.2	11.8	16.04	119.89	386646.02	279159.19	43064.29
785	300573	兴齐眼药	BB	66.10	1.09	14.28	11.93	0.76	2.39	28.13	18	27.0	20.7	20.86	197.64	96570.12	68868.21	9346.02
793	002923	润都股份	BB	66.10	0.74	11.5	10.6	0.88	1.61	31.41	85	-7.9	10.4	-4.86	69.76	151377.22	125263.08	13586.24
806	600055	万东医疗	BB	65.90	0.41	9.78	9.8	0.42	0.68	16.79	128	15.2	9.0	-0.87	112.78	285975.83	113190.48	21827.24
814	002287	奇正藏药	BB	65.90	0.77	14.08	12.6	0.4	0.58	40.92	21	5.2	16.5	20.43	148.04	445910.05	147621.38	40591.77
832	300723	一品红	BB	65.70	1.43	10.13	14.47	0.85	1.4	30.31	24	2.3	11.5	5.3	61.52	214515.79	167541.71	22363.63
880	000028	国药一致	BB	65.20	3.27	10.48	6.61	1.63	2.13	57.35	9	14.6	10.0	0.41	66.76	3959453.35	5964945.5	172129.64
881	688029	南微医学	BB	65.20	1.96	8.39	10.07	0.44	0.54	14.22	0	1.5	5.4	16.23	93.89	310522.71	132640.56	26613.65
882	600420	国药现代	BB	65.20	0.63	8.07	6.49	0.7	1.27	46.2	9	2.9	6.7	7.61	44.51	1825045.48	1255628.16	90004.69
883	600285	羚锐制药	BB	65.10	0.57	13.14	10.79	0.69	1.27	32.84	331	8.1	4.6	-12.08	78.01	345775.62	233157.74	32438.24
892	002019	亿帆医药	B	65.00	0.8	9.96	10.15	0.48	1.54	24.98	16	4.1	11.6	22.34	135.5	1163723.97	540038.06	93139.4
927	600332	白云山	B	64.70	1.79	10.35	7.03	1.06	1.32	52.8	11	-5.1	8.5	-15.14	50.72	5976006.29	6167370.25	309162.78
943	600216	浙江医药	B	64.60	0.75	6.5	8.6	0.7	1.44	23.53	19	4.0	-2.7	8.87	93.85	1050045.79	732693.48	65964.45
947	002864	盘龙药业	B	64.60	0.92	10.54	9.31	0.64	0.86	36.72	34	9.8	9.0	-8.18	41.49	116254.88	67031.3	8109.23
950	002020	京新药业	B	64.50	0.98	11.68	13.55	0.58	0.99	30.59	128	-10.7	6.0	-4.04	73.3	566624.7	325807.55	65332.73
980	601607	上海医药	B	64.30	1.58	9.47	6	1.34	1.87	63.31	6	2.9	10.8	6.38	58.76	14918565.55	19190915.62	560526.4
987	300396	迪瑞医疗	B	64.20	0.97	12.33	15.46	0.46	0.87	18.23	102	-7.1	-4.6	39.6	113.72	202344.82	93723.59	28474.21
1000	000756	新华制药	B	64.10	0.52	9.63	6.97	0.89	2.35	52.19	8	7.1	9.0	23.88	76.42	709295.22	600558.66	34711.33
1005	002551	尚荣医疗	B	64.00	0.2	11.19	7.88	0.46	0.89	27.98	23	48.1	29.5	39.2	135.7	506131.02	226729.39	36994.9
1028	300358	楚天科技	B	63.80	0.38	5	4.85	0.63	1.04	58.39	6	86.7	19.0	61.44	190.39	690692.6	357621.34	20098.18
1063	603520	司太立	B	63.40	1	17.39	10.03	0.35	0.86	57.68	4	4.5	81.3	121.81	212.5	440633.55	136708.72	25359.73

续表

A股上市公司评价得分排序	证券代码	股票简称	评价等级	综合得分	每股收益（元）	净资产收益率（%）	总资产报酬率（%）	总资产周转率（次）	流动资产周转率（次）	资产负债率（%）	已获利息倍数	营业收入增长率（%）	资本扩张率（%）	市场投资回报率（%）	股价波动率（%）	年末资产总额（万元）	营业收入（万元）	净利润（万元）
1069	000403	派林生物	B	63.40	0.38	17.81	16.18	0.72	1.27	41.49	12	14.7	20.6	114.02	208.38	165261.72	104993.77	18268.36
1100	300705	九典制药	B	63.10	0.35	8.42	8.72	0.89	2.04	26.09	18	5.9	9.7	119.01	223.41	113071.99	97815.91	8225.98
1128	603456	九洲药业	B	62.90	0.47	10.82	10.2	0.55	1.23	38.3	11	31.3	8.0	148.13	176.22	500179.36	264728.42	37988.77
1131	300298	三诺生物	B	62.90	0.33	6.49	7.26	0.56	1.31	29.64	20	13.3	3.5	128.03	270.89	389594.11	201521.41	18689.03
1168	603368	柳药股份	B	62.50	1.96	14.86	8.42	1.17	1.37	63.23	5	5.5	16.9	-9.42	36.97	1480773.35	1566866.3	78176.77
1195	000989	九芝堂	B	62.20	0.32	6.25	7.06	0.71	1.35	22.6	561	11.8	-1.7	-2.22	62.56	507150.83	355954.1	26974.86
1219	002826	易明医药	B	61.90	0.22	4.76	5.62	0.69	1.42	24.33	30	8.9	5.4	-3.89	72.1	90808.74	60261.93	4109.12
1234	600976	健民集团	B	61.70	0.96	10.94	7.28	1.13	1.83	45.26	289	9.7	9.6	45.63	177.8	241717.68	245599.63	14868.65
1235	002675	东诚药业	B	61.70	0.52	10.12	8.98	0.47	1.14	32.83	14	14.2	3.9	29.75	146.01	739320.62	341897.75	51747.32
1242	603367	辰欣药业	B	61.60	0.97	8.67	8.45	0.63	0.95	22.12	50	-10.7	5.0	-15.74	49.03	616571.05	367415.85	43736.02
1292	300026	红日药业	B	61.20	0.19	6.81	7.67	0.7	1.29	27.39	24	29.7	4.6	31.4	101.71	1017962.85	648811.59	55967.95
1293	600267	海正药业	B	61.20	0.43	4.54	6.26	0.54	1.51	60.42	3	2.6	7.5	67.84	104.44	2085977.22	1135439.57	72316.73
1307	300485	赛升药业	B	61.10	0.32	4.31	6.19	0.38	0.7	4.72	1012	-8.1	5.1	64.99	190.8	299106.25	109422.53	15128.3
1322	002365	永安药业	B	61.00	0.37	5.51	6.47	0.58	1.31	16.17	110	-14.4	9.5	-0.48	83.72	216373.3	117285.35	11865.87
1344	688198	佰仁医疗	B	60.80	0.59	5.05	7.99	0.22	0.24	4.09	0	24.6	9.3	83.4	228.81	87143.51	18191.79	5591.88
1346	002462	嘉事堂	B	60.80	1.09	11.43	7.32	1.71	1.91	62.33	6	4.8	8.2	-10.46	41.17	1413371.72	2325613.59	59090.35
1365	000950	重药控股	B	60.60	0.51	11.25	6.04	1.33	1.63	75.3	3	33.6	18.3	-9.17	46.45	4243246.62	4521957.08	114739.07
1374	300439	美康生物	B	60.50	0.87	7.69	11.5	0.66	1.24	48.16	7	-26.5	21.5	33.27	113.49	325416.95	230203.24	29356.81
1385	002817	黄山胶囊	B	60.40	0.31	4.66	5.7	0.37	0.57	16.45	213	-1.9	5.4	0.35	52.21	91581.21	31942.63	4359.05
1406	002399	海普瑞	B	60.20	0.76	6.15	9.2	0.31	0.71	38.56	6	15.3	56.5	-11.06	80.73	1902589.47	533207.49	102163.18
1420	300181	佐力药业	CCC	60.00	0.15	5.78	5.62	0.48	1.32	30.38	7	19.7	22.1	16.76	96.15	246987.64	109087.82	9531.17
1421	300294	博雅生物	CCC	60.00	0.61	6.45	6.71	0.52	0.9	18.73	16	-7.7	5.1	3.36	110.28	515853.53	268375.43	27526.15
1429	300143	盈康生命	CCC	59.90	0.22	0.65	8.27	0.29	0.97	15.47	10	15.4	63.9	112.93	264.9	265075.03	66105.44	12932.35
1435	300016	北陆药业	CCC	59.80	0.36	7.84	8.19	0.37	0.87	33.55	20	1.0	30.4	7.64	93.8	284757.35	82733.76	15399.59
1462	600422	昆药集团	CCC	59.60	0.6	7.49	7.32	0.99	1.49	43.33	20	-5.0	6.2	-18.4	46.79	812210.83	771708.69	46218.27
1493	300406	九强生物	CCC	59.40	0.21	4.81	4.74	0.28	0.6	13.63	18	0.9	73.7	56.93	83.14	396366.7	84811.85	12167.72
1494	002653	海思科	CCC	59.40	0.59	4.23	14.29	0.66	1.6	42.87	26	-15.4	20.1	-14.65	81.54	499656.99	332959.96	60120.47

续表

A股上市公司评价得分排序	证券代码	股票简称	评价等级	综合得分	每股收益（元）	净资产收益率（%）	总资产报酬率（%）	总资产周转率（次）	流动资产周转率（次）	资产负债率（%）	已获利息倍数	营业收入增长率（%）	资本扩张率（%）	市场投资回报率（%）	股价波动率（%）	年末资产总额（万元）	营业收入（万元）	净利润（万元）
1500	002873	新天药业	CCC	59.30	0.64	9.24	6.83	0.57	1.07	46.07	16	-2.9	16.9	-3.45	60.68	153593.38	75094.64	7410.32
1521	300636	同和药业	CCC	59.10	0.54	8.83	7.01	0.35	0.83	44.37	10	5.4	15.6	28.64	166.74	146766.89	43542.01	7005.11
1526	600739	辽宁成大	CCC	59.10	1.81	3.32	8.4	0.43	2.21	36.14	6	-4.5	9.0	40.59	131.99	3915761.63	1694477.76	251333.1
1529	603707	健友股份	CCC	59.00	0.86	22.46	15.19	0.46	0.53	51.5	17	18.0	24.7	3.08	86.42	772036.05	291488.09	79665.47
1530	600513	联环药业	CCC	59.00	0.36	10.15	8.06	0.7	1.32	42.31	9	7.4	9.0	27.85	133.22	204906.63	138603.86	12015.2
1534	603538	美诺华	CCC	59.00	1.14	5.18	8.49	0.42	1.05	42.45	9	1.1	12.4	50.31	178.84	306272.28	119369.79	17305.51
1559	603676	卫信康	CCC	58.80	0.14	4.13	5.23	0.54	0.8	27.71	0	-3.4	5.7	-15.03	50.17	136006.24	71566.68	5842.48
1567	000919	金陵药业	CCC	58.80	0.13	3.32	2.97	0.59	1.17	19.85	327	-1.2	0.3	6.94	43.69	428357.04	250373.24	9365.77
1617	600079	人福医药	CCC	58.30	0.83	9.93	8.69	0.61	1.19	59.1	4	-6.6	-7.6	139.64	227.17	3162687	2036891.87	172403.59
1659	300049	福瑞股份	CCC	57.80	0.24	6.1	5.16	0.36	0.84	29.47	37	-2.9	4.1	5.03	100.64	229052.92	80753.26	9026.9
1662	002907	华森制药	CCC	57.80	0.3	7.91	9.19	0.53	1	31.35	9	4.8	10.4	-18.81	55.89	172141.34	88247.45	11918.72
1677	300158	振东制药	CCC	57.60	0.26	3.11	4.73	0.67	1.43	25.91	16	10.2	3.5	17.56	64.58	760315.9	484783.32	25357.36
1692	300404	博济医药	CCC	57.50	0.08	3.77	4.23	0.38	0.79	35.3	20	16.3	6.3	-1.29	95.9	74963.19	26046.84	2486.83
1707	603976	正川股份	CCC	57.30	0.35	4.54	4.81	0.39	0.71	21.46	213	-3.7	0.4	317.08	427.11	132460.91	50198.17	5305.05
1711	600252	中恒集团	CCC	57.30	0.16	1.64	4.04	0.37	0.82	31.29	5	-3.6	28.6	-5.54	39.05	1197461.38	367639.37	23608.17
1716	688358	祥生医疗	CCC	57.20	1.25	7.69	8.4	0.25	0.27	11.61	0	-9.9	1.9	-0.06	106.13	134960.4	33309.27	9963.61
1717	000952	广济药业	CCC	57.20	0.22	2.94	6.45	0.37	1.13	31.01	4	-5.9	41.6	-5.88	36.38	197943.86	68816.93	7029.95
1720	600833	第一医药	CCC	57.20	0.31	6.09	7.07	1.21	1.84	46.33	55	27.7	2.3	3.53	73.99	139625.58	158690.37	6854.09
1723	600535	天士力	CCC	57.20	0.75	6.57	8.61	0.67	1.05	24.92	6	-28.5	4.4	-3.39	67.55	1649369.37	1357611.45	108985.74
1725	603351	威尔药业	CCC	57.20	0.77	6.89	7.97	0.48	1.11	20.58	25	-16.4	4.7	-6.87	89.76	163641.61	73606.37	10044.67
1735	300149	睿智医药	CCC	57.10	0.31	3.46	6.42	0.38	1.72	40.5	4	11.6	6.5	9.85	157.29	412158.1	148159.19	15402.91
1794	002422	科伦药业	CCC	56.60	0.58	4.23	4.77	0.52	1.14	56.22	3	-6.7	0.7	-17.89	56.35	3198334.6	1646420.13	79147.72
1798	002099	海翔药业	CCC	56.50	0.2	5.12	5.81	0.35	0.78	18.48	36	-16.0	2.2	23.3	85.34	717856.83	247138.66	31969.9
1827	603590	康辰药业	CCC	56.30	1.15	5.17	5.99	0.23	0.41	18.54	498	-24.1	13.1	7.07	91.99	378566.1	80864.39	18335.5
1835	603108	润达医疗	CCC	56.20	0.57	13.08	9.16	0.74	1.19	59.91	4	0.2	16.0	10.8	105	1017654.73	706915.63	50383.05
1849	002644	佛慈制药	CCC	56.00	0.22	1.19	5.96	0.29	0.64	29.6	107	6.2	5.6	-2.27	50.59	226713.25	66805.1	11167.46
1850	000518	四环生物	CCC	56.00	0.03	4.15	4.28	0.58	0.71	16.83	48	20.9	3.8	42.21	112.21	82370.75	50539.94	2765.65

续表

A股上市公司评价得分排序	证券代码	股票简称	评价等级	综合得分	每股收益（元）	净资产收益率（%）	总资产报酬率（%）	总资产周转率（次）	流动资产周转率（次）	资产负债率（%）	已获利息倍数	营业收入增长率（%）	资本扩张率（%）	市场投资回报率（%）	股价波动率（%）	年末资产总额（万元）	营业收入（万元）	净利润（万元）
1857	600587	新华医疗	CCC	55.90	0.58	4.19	4.03	0.79	1.59	57.95	4	4.4	3.5	-0.18	61.33	1155384.82	915096.04	23940.07
1860	603139	康惠制药	CCC	55.90	0.34	2.84	3.69	0.34	0.61	18.17	31	-4.0	5.5	-2.56	47.93	131121.48	41407.17	3645.76
1862	300381	溢多利	CCC	55.90	0.35	5.09	6.06	0.42	0.93	30.16	6	-6.5	19.6	11.12	93.49	467222.56	191476.45	20233.7
1871	000153	丰原药业	CCC	55.80	0.33	4.04	4.94	0.92	1.91	60.18	5	2.6	9.1	32.92	128.71	363620.76	332118.24	10209.66
1921	002349	精华制药	CCC	55.30	0.14	0.77	2.74	0.42	1.02	21.21	4	10.7	15.8	8.42	60.51	315602.72	128135.33	2792.51
1941	000534	万泽股份	CC	55.00	0.16	0.54	5.82	0.26	0.71	53.35	5	0.7	4.6	48.74	115.75	212576.91	55256.2	6883.52
1945	002788	鹭燕医药	CC	55.00	0.74	11.95	6.75	1.94	2.32	71.47	3	3.5	27.5	3.74	62.92	843488.33	1553127.85	26780.89
1952	000411	英特集团	CC	54.90	0.63	10.83	5.51	2.27	2.55	71.5	4	1.7	7.9	59.2	201.87	1125026.96	2500820.47	34281.1
1975	000705	浙江震元	CC	54.60	0.27	3.96	4.38	1.3	2.01	34.77	90	6.1	2.9	9.68	53.77	270127.9	343984.04	9285.35
2002	002198	嘉应制药	CC	54.20	0.04	2.97	3.25	0.65	1.29	15.52	7	8.8	3.0	-18.39	76.54	80843.98	54472.9	1983.83
2007	600572	康恩贝	CC	54.10	0.18	2.18	9.29	0.62	1.32	42.35	7	-12.7	8.2	-23.54	53.62	927858.54	590901.7	54919.95
2009	603567	珍宝岛	CC	54.10	0.51	6.7	7.1	0.35	0.58	46.23	5	3.4	4.8	-8.57	35.84	1023431.28	340374.73	43750.35
2010	603669	灵康药业	CC	54.10	0.22	4.8	8.23	0.43	0.61	45.52	17	-38.8	12.6	67.86	116.35	271620.85	100100.24	16007.29
2027	000790	华神科技	CC	53.90	0.06	5.21	3.9	0.67	0.88	19.96	0	1.9	3.6	-1.8	52.22	114001.21	75930.75	3741.63
2033	002435	长江健康	CC	53.90	0.22	2.85	5.11	0.57	1.16	28.14	6	-16.4	0.3	3.16	50.1	724240.44	424058.42	26731.7
2054	000623	吉林敖东	CC	53.60	1.48	7.09	6.94	0.08	0.36	13.98	15	-27.1	4.8	-2.7	36.25	2735345.71	225165.1	169141.32
2061	600789	鲁抗医药	CC	53.60	0.26	0.49	4.53	0.59	1.65	53.81	5	12.7	5.9	28.72	106.53	727282.48	420510.91	23348.5
2074	600488	天药股份	CC	53.40	0.03	2.7	2.66	0.54	1.67	38.92	4	6.9	5.2	18.7	50.56	617605.95	311684.78	8057.52
2089	600594	益佰制药	CC	53.30	0.29	4.76	6.25	0.63	1.36	33.74	8	1.6	-7.0	14.32	99.58	522638.67	341319.29	21133.87
2095	300194	福安药业	CC	53.20	0.18	4.28	4.69	0.44	1.22	23.74	25	-14.8	14.2	-9.22	57.94	597279.44	236834.33	20577.08
2102	000423	东阿阿胶	CC	53.10	0.07	-0.42	1.59	0.3	0.43	10.71	12	15.2	-2.5	7.01	108.46	1095002.47	340943.72	4096.89
2120	603998	方盛制药	CC	53.00	0.15	3.09	4.05	0.6	1.78	43.56	5	16.9	5.3	-25.95	54.83	224278.08	127876.5	5377.7
2128	000710	贝瑞基因	CC	52.90	0.6	4.59	8.26	0.49	0.8	25.32	17	-4.8	3.2	3.26	168.21	324396.92	154038.57	20569.2
2155	002390	信邦制药	CC	52.60	0.11	4.82	3.66	0.58	0.95	46.51	4	-12.2	2.4	58.52	126.59	966217.35	584562.15	22057.51
2175	688366	昊海生科	CC	52.40	1.3	3.56	4.21	0.21	0.34	8.96	53	-17.0	1.4	0.95	160.62	629870.54	133242.7	22633.85
2189	002038	双鹭药业	CC	52.10	0.36	2.6	7.78	0.21	0.44	7.6	1167	-45.2	3.4	-22.3	60.28	539482.88	111273.38	36145.33
2196	600682	南京新百	CC	52.00	0.56	4.91	4.94	0.24	0.61	31.18	13	-40.5	4.5	11.05	137.99	2462807.61	565690.4	90169.95

续表

A股上市公司评价得分排序	证券代码	股票简称	评价等级	综合得分	每股收益（元）	净资产收益率（%）	总资产报酬率（%）	总资产周转率（次）	流动资产周转率（次）	资产负债率（%）	已获利息倍数	营业收入增长率（%）	资本扩张率（%）	市场投资回报率（%）	股价波动率（%）	年末资产总额（万元）	营业收入（万元）	净利润（万元）
2198	C00004	国华网安	CC	52.00	0.39	4.21	4.03	0.18	0.55	6.83	190	159.2	3.7	-7.39	121.83	156356.29	28053.1	6199.03
2205	002412	汉森制药	CC	51.90	0.21	6.23	6.62	0.39	1.32	15.56	17	-16.5	4.2	-22.77	64.89	188864.17	74123.73	10614.64
2220	300039	上海凯宝	CC	51.80	0.1	3.72	4.62	0.32	0.41	10.39	256	-36.0	0.3	0.52	56.98	287728.42	90800.89	10612.27
2250	300238	冠昊生物	CC	51.40	0.18	4.08	5.21	0.38	1.02	36.84	4	-0.2	1.8	31.21	165.52	113472.78	43695.72	4136
2270	300147	香雪制药	CC	51.20	0.15	4.54	3.25	0.34	0.9	56.5	2	10.3	3.4	5.21	78.53	977816.94	307209.07	14179.73
2276	600713	南京医药	CC	51.10	0.36	8.45	4.41	1.76	1.95	79.41	3	7.2	6.6	-1.67	37.22	2340957.17	3981736.36	47003.78
2280	002166	莱茵生物	CC	51.00	0.15	3.02	4	0.27	0.46	42.8	7	5.7	2.9	3.96	65.41	316255.72	78367.14	8617.77
2330	002566	益盛药业	CC	50.50	0.24	3.59	4.46	0.32	0.4	23.74	9	-16.8	3.6	0.59	34.09	279609.9	84258.99	8961.5
2340	002102	ST 冠福	CC	50.40	0.05	0.65	1.91	1.48	4.82	62.6	5	-19.4	3.4	-24.63	61.84	917201.51	1284167.96	10440.07
2357	600812	华北制药	CC	50.20	0.06	-0.86	3.57	0.54	1.16	70.52	1	5.6	25.5	13.15	163.51	2393171.67	1149250.42	10447.72
2362	600227	圣济堂	CC	50.20	0.03	0.98	1.92	0.41	1.21	30.62	3	-4.9	1.7	0.37	45.18	465540.77	192685.29	5237.62
2365	300255	常山药业	CC	50.20	0.27	8.97	8.39	0.56	0.85	37.6	6	14.1	4.8	10.73	88.83	457255.68	236378.59	25114.05
2366	600351	亚宝药业	CC	50.20	0.14	2.29	3.85	0.63	1.37	29.79	5	-14.5	3.5	-14.42	84.51	401428.68	260242.31	10898.7
2411	600557	康缘药业	C	49.70	0.44	6.89	5.2	0.5	1.05	29.28	14	-33.6	5.9	-30.47	62.12	611850.84	303192.64	27402.6
2413	600272	开开实业	C	49.70	0.06	0.29	2.19	0.73	1.37	50.09	0	-12.5	0.1	-7.46	48.86	104346.91	76182.16	1290.59
2414	600080	ST 金花	C	49.70	0.11	1.46	2.53	0.34	0.73	12.11	14	-11.5	0.3	-7.09	80.19	195857.43	66818.03	3695.22
2436	000590	启迪药业	C	49.40	0.09	2.93	3.18	0.32	0.55	27.72	2079	-12.7	3.7	-29.91	52.18	89215.76	27509.01	2272.24
2448	300584	海辰药业	C	49.20	0.46	7.85	7.7	0.8	2.22	25.1	10	-23.6	3.8	-26.77	74.44	90651.89	70629.57	5452.66
2465	300110	华仁药业	C	49.00	0.08	3.98	4	0.53	1.11	31.8	11	10.6	3.6	12.38	95.28	341554.48	161631.88	9688.95
2466	600851	海欣股份	C	49.00	0.1	1.64	2.07	0.17	1.08	22.14	18	-16.1	8.2	-9.47	48.07	562506.61	93272.8	9811.45
2484	600222	太龙药业	C	48.60	0.05	0.87	3.38	0.46	0.79	54.84	1	8.0	16.7	11.59	74.14	338939.47	141709.73	2759.58
2495	000504	南华生物	C	48.50	0.03	9.75	5.57	0.43	0.56	75.82	6	30.9	17.5	52.04	197.26	55614.01	17556.5	1463.55
2496	600829	人民同泰	C	48.50	0.25	7.26	4.34	1.39	1.51	66.77	8	-4.2	7.9	8.48	53.26	599518.45	800525.97	14495.72
2502	300267	尔康制药	C	48.40	0.1	1.25	3.53	0.38	0.88	11.51	18	-13.2	0.0	-17.75	73.05	654679.62	238227.5	19127.72
2519	603716	塞力医疗	C	48.20	0.29	4.97	4.8	0.61	0.82	53.86	3	16.1	11.2	-5.02	53.48	390634.01	212547.16	8203.47
2528	300436	广生堂	C	48.20	0.11	0.55	2.55	0.39	1.62	42.14	3	-11.2	1.1	14.93	66.39	100578.1	36848.94	1652.86
2554	002424	贵州百灵	C	47.90	0.11	1.92	3.97	0.44	0.67	44.26	4	8.3	-5.4	-7.88	45.03	703283.45	308788.82	15372.59

续表

A股上市公司评价得分排序	证券代码	股票简称	评价等级	综合得分	每股收益（元）	净资产收益率（%）	总资产报酬率（%）	总资产周转率（次）	流动资产周转率（次）	资产负债率（%）	已获利息倍数	营业收入增长率（%）	资本扩张率（%）	市场投资回报率（%）	股价波动率（%）	年末资产总额（万元）	营业收入（万元）	净利润（万元）
2572	000597	东北制药	C	47.60	0.01	0.36	1.72	0.6	1.29	66.12	2	-10.2	5.2	1.25	52.37	1216569.48	738435.44	1082.75
2573	600538	国发股份	C	47.60	0.01	0.22	1.06	0.29	0.55	20.33	85	6.6	31.9	16.61	125.8	106893.75	26769.98	320.06
2651	300239	东宝生物	C	46.30	0.04	1.17	1.87	0.33	0.94	29.6	4	-8.7	0.6	15.6	107.08	141793.42	44882.78	1819.43
2707	300534	陇神戎发	C	45.60	0.01	-0.15	0.7	0.3	0.83	14.71	3	6.7	0.0	-3.96	68.29	86666.12	25489.98	328.29
2713	000813	德展健康	C	45.50	0.13	3.22	5.67	0.16	0.2	6.98	1883	-45.8	6.1	-29.81	67.41	639944.35	96286.79	27364.13
2721	600530	*ST交昂	C	45.30	0.12	1.13	8.91	0.25	1.03	32.56	6	0.0	10.2	-42.94	138.94	129396.11	33269.55	9499.14
2768	688108	赛诺医疗	C	44.60	0.05	1.02	2.38	0.27	0.43	11.47	0	-24.9	-1.9	-18.75	189.41	121749.78	32742	2249.32
2788	300086	康芝药业	C	44.20	0.02	1.96	1.96	0.38	1.49	38.72	3	-8.6	0.0	12.38	117.81	261367.45	92164.29	1998.68
2790	600796	钱江生化	C	44.20	0.02	-4.66	1.43	0.42	1.11	40.91	6	13.0	8.1	-15.18	45.55	116035.52	42959.39	810.36
2796	000788	北大医药	C	43.90	0.07	3.56	2.9	0.83	0.94	44	4	-21.2	3.6	-8.2	46.1	230620.08	197742.21	3917.64
2802	002044	美年健康	C	43.90	0.14	-6.05	6.21	0.42	0.95	52.59	3	-8.3	6.6	-25.36	96.86	1833624.37	781489.65	64473.13
2809	300318	博晖创新	C	43.70	0.01	-0.9	1.12	0.23	0.71	61.27	1	17.6	36.8	190.28	381.77	371524.22	73871.74	-755.2
2811	002550	千红制药	C	43.70	-0.11	6.75	-5.97	0.62	0.91	15.76	-19	-0.5	-11.5	-3.06	53.49	245177.94	166760.66	-14762.69
2827	002393	力生制药	C	43.20	0.05	0.06	0.61	0.22	0.49	14.34	59	-29.4	-2.6	-24.47	45.68	502218.3	114083.76	861.53
2837	688321	微芯生物	C	43.00	0.08	0.38	2.32	0.16	0.29	13.46	11	55.1	3.3	-35.1	111.87	172627.1	26946.98	3104.6
2856	002589	瑞康医药	C	42.60	0.21	4.31	4.72	0.85	1	66.51	3	-22.8	2.2	-31.27	79.87	3129019.43	2720388.39	62455.18
2857	600673	东阳光	C	42.60	0.14	2.86	6.61	0.38	0.78	64.39	2	-29.8	1.3	-45.33	116.71	2780392.53	1037061.75	79910.91
2887	002437	誉衡药业	C	42.10	0.18	-16.84	11.97	0.56	1.22	57.2	7	-39.6	21.7	3.89	85.69	451631.07	305494.93	40867.69
2909	002294	信立泰	C	41.50	0.06	-0.11	1.01	0.37	1.05	19.18	4	-38.7	-16.1	43.91	202.18	691849.82	273856.23	5013.49
2928	002773	康弘药业	C	40.80	-0.31	-6.33	-8.09	0.51	0.94	17.79	-1034	1.2	24.6	28.45	77.29	700115.86	329543.01	-26985.31
2937	000078	海王生物	C	40.50	-0.11	-1.12	3.03	0.99	1.17	81.14	1	-3.5	-4.6	8.67	100.49	3972050.65	4002249.54	-4128.8
2946	000931	中关村	C	40.30	0.03	2.39	4	0.51	0.85	44.69	2	-16.2	2.9	-30.83	85.21	345508.92	178961.59	5538.9
2948	603963	大理药业	C	40.20	0.01	-0.29	0.66	0.37	0.55	18.64	0	-27.4	0.7	-11.15	36.01	57871.13	21358.35	323.17
2954	000516	国际医学	C	40.00	0.02	-13.14	1.46	0.15	0.81	58.49	1	62.2	0.7	159.72	244.55	1212440.77	160698.6	3483.68
2973	300273	和佳医疗	C	39.50	0.08	1.57	3.13	0.14	0.27	57.93	2	-23.6	2.4	13.69	106.52	663791.6	93023.6	6433.72
2981	600129	太极集团	C	39.30	0.12	-18.69	2.66	0.78	1.36	78.15	2	-3.7	0.9	16.7	100.94	1448590.77	1120780.37	3208.77
2991	002433	太安堂	C	39.10	0.03	-0.51	1.96	0.4	0.8	40.28	1	-10.7	0.4	-10.36	38.16	907705.88	358194.86	2688.88

续表

A股上市公司评价得分排序	证券代码	股票简称	评价等级	综合得分	每股收益（元）	净资产收益率（%）	总资产报酬率（%）	总资产周转率（次）	流动资产周转率（次）	资产负债率（%）	已获利息倍数	营业收入增长率（%）	资本扩张率（%）	市场投资回报率（%）	股价波动率（%）	年末资产总额（万元）	营业收入（万元）	净利润（万元）
3000	002728	特一药业	C	38.60	0.22	3.06	4.25	0.28	0.68	52.11	2	-31.3	-6.3	-32.93	62.07	225611.6	63269.52	4381.65
3002	603222	济民制药	C	38.50	0.02	0.87	2.07	0.4	1.16	54.35	1	13.8	-2.5	-74.27	157.72	229197.48	87764	-692.6
3011	300289	利德曼	C	38.20	-0.12	-2.41	-0.73	0.28	0.66	15.35	-5	-8.5	-4.9	-1.62	98.9	162863.35	47151.1	-2942.12
3014	002750	龙津药业	C	38.10	0.03	-0.96	0.89	0.31	0.51	16.28	0	-7.7	5.8	-35.48	107.04	84175.58	25402.67	775.42
3020	600771	广誉远	C	37.80	0.07	-0.45	1.29	0.3	0.41	34.97	2	-8.9	1.1	-13.15	61.45	379796.59	110943	2957.64
3029	002524	光正眼科	C	37.50	0.08	-3.49	4.43	0.56	1.95	77.39	3	-28.3	-68.2	38.36	162.15	149024.68	92104.86	3209.72
3030	002900	哈三联	C	37.50	0.09	-1.31	1.37	0.52	0.86	27.84	17	-36.3	-3.3	-20.31	48.74	248276.08	133888.3	2663.32
3033	600767	ST 运盛	C	37.40	0.03	1.04	3.66	0.14	0.31	31.65	14	-63.3	-1.7	-41.04	91.28	33407.44	4867.38	1065.38
3035	600896	览海医疗	C	37.30	0.07	-8.7	2.63	0.03	0.09	21.87	7	139.1	38.8	-7.59	68.15	288797.65	7439.36	5796.64
3136	300683	海特生物	C	33.10	-0.24	-2.46	-1.69	0.24	0.37	21.11	-80	-15.5	-2.0	34.61	146.13	218656.6	52412.34	-2567.43
3142	300633	开立医疗	C	32.60	-0.12	-6.57	-1.16	0.5	0.77	40.27	-2	-7.2	-4.2	8.1	102.51	225192.03	116308.19	-4626.31
3150	000509	*ST 华塑	C	32.20	0.01	-72.31	7.31	0.23	0.33	45.05	61	-28.6	0.0	8.93	165.61	27248.75	5008.44	1314.64
3194	600645	中源协和	C	30.50	-0.27	-6.08	-1.75	0.27	0.69	28.22	-23	-4.9	1.2	15.42	141.42	487956.95	131889.39	-12692.16
3200	300434	金石亚药	C	30.30	-1.71	-28.69	-23.23	0.27	0.85	17.45	-3904	-22.7	-25.8	1.62	72.4	249419.63	77729.64	-68447.45
3220	002173	创新医疗	C	29.50	-0.69	-11.57	-9.82	0.26	0.62	19.91	-36	-17.0	-13.2	-7.34	92.03	267754.2	72424.3	-31440.41
3229	300233	金城医药	C	28.70	-1.26	-13.06	-7.59	0.56	1.34	30.66	-17	6.0	-15.1	-3.35	166.07	500011.31	296193.58	-48067.96
3238	300326	凯利泰	C	28.20	-0.18	-5.91	-1.74	0.28	0.57	26.99	-3	-13.2	-2.4	15.22	149.26	368080.11	106157.44	-12495.13
3268	603168	莎普爱思	C	26.90	-0.56	-15.19	-10.82	0.22	0.45	21.93	0	-30.6	-12.3	-9.03	60.59	167290.33	35823.13	-17936.93
3275	002370	亚太药业	C	26.70	0.05	-22.13	4.57	0.24	0.37	66.24	1	-27.4	4.3	-41.67	126.41	195632.05	51488.53	2727.5
3291	000566	海南海药	C	26.00	-0.45	-21.51	-4.52	0.21	0.39	61.36	-2	-10.0	-14.2	53.57	106.56	1027923.16	220031.4	-65456.12
3313	300254	仟源医药	C	25.10	-1.23	-33.85	-13.53	0.47	1.38	51.54	-4	-25.1	-6.4	-15.99	79.04	180051.87	84807.25	-28057.11
3320	300006	莱美药业	C	24.90	-0.4	-26.89	-7.83	0.48	0.91	60.87	-3	-14.8	-25.5	24.81	151.03	314780.3	158352.99	-34465.59
3321	002317	众生药业	C	24.80	-0.53	-16.4	-5.99	0.37	0.65	24.07	-8	-25.1	-12.3	-12.58	80.09	477607.86	189582.36	-43442.9
3326	600664	哈药股份	C	24.40	-0.43	-13.74	-7.48	0.89	1.43	66.33	-16	-8.8	-32.9	-15.62	98.98	1184753.45	1078845.65	-104525.02
3333	600200	江苏吴中	C	24.20	-0.71	-7.79	-11.54	0.49	0.8	50	-7	-11.3	-21.6	0.18	121.1	370371.57	187173.67	-50759.57
3335	300204	舒泰神	C	24.10	-0.28	-8.96	-8.56	0.23	0.44	14.48	-156	-35.7	-2.9	-20.44	84.49	185620.58	42521.21	-13301.88
3337	600613	神奇制药	C	24.10	-0.64	-14.3	-10.08	0.55	1.1	24.86	-68	-5.6	-12.5	-30.99	96	309797.14	181900.67	-35347.3

续表

A股上市公司评价得分排序	证券代码	股票简称	评价等级	综合得分	每股收益（元）	净资产收益率（%）	总资产报酬率（%）	总资产周转率（次）	流动资产周转率（次）	资产负债率（%）	已获利息倍数	营业收入增长率（%）	资本扩张率（%）	市场投资回报率（%）	股价波动率（%）	年末资产总额（万元）	营业收入（万元）	净利润（万元）
3345	002693	双成药业	C	24.00	-0.13	-13.3	-7.4	0.29	1.27	34.08	-7	-22.3	-11.8	-7.44	63.91	90767.75	26944.18	-7994.96
3360	002219	*ST恒康	C	23.50	-0.03	-18.8	3.01	0.58	2.4	96.73	1	-23.9	-23.9	-27.17	171.78	482079.8	280589.55	-4251.3
3395	300199	翰宇药业	C	22.20	-0.66	-31.96	-12.1	0.17	0.49	58.26	-9	17.5	-24.9	15.04	113.43	402032.71	72172.35	-60929.79
3401	300583	赛托生物	C	22.00	-1.68	-10.87	-5.44	0.31	0.69	40.47	-5	-5.5	-10.4	-31.34	59.26	284129.52	91318.76	-18961.78
3438	002872	ST天圣	C	20.40	-1.54	-5.62	-12.33	0.3	0.81	34.46	-13	-28.3	-19.1	-12.18	49.38	364593.98	120274.61	-49358.51
3491	002581	未名医药	C	18.50	-0.3	-8.02	-6.02	0.09	0.22	10.4	-7	-51.2	-8.3	157.77	240.21	244496.31	27683.04	-19817.72
3515	000503	国新健康	C	17.60	-0.27	-22.1	-18.62	0.16	0.21	25.65	-477	59.6	-21.5	-52.28	127.47	129681.79	20737.22	-24334.22
3551	002898	赛隆药业	C	15.80	-0.38	-15.42	-5.22	0.15	0.43	27.88	-8	-58.9	-10.9	-25.25	46.54	81395.99	12068.43	-6722.19
3587	002411	延安必康	C	13.80	-0.68	-9.88	-2.39	0.33	0.85	54.07	-1	-25.5	-12.8	-67.22	266.51	1957289.18	695340.82	-102824.79
3589	000150	宜华健康	C	13.50	-0.71	-94.09	-6.79	0.28	0.7	94.59	-2	-12.9	-69.8	-40.46	122.56	509329.72	156164.44	-61446.13
3599	000908	景峰医药	C	12.80	-1.1	-106.45	-26.65	0.25	0.63	76.27	-9	-34.7	-67.1	16.71	150.28	269027.63	87791.86	-104765.61
3607	000766	通化金马	C	12.40	-0.37	-17	-4.77	0.23	0.69	53.68	-2	-43.8	-13.5	-50.26	133.54	497707.61	111180.24	-36066
3609	600781	*ST辅仁	C	12.30	-2.06	-14.7	-6.9	0.26	0.45	63.23	-1	-44.1	-31.3	-38.68	118.64	1091742.11	289051.76	-133123.28
3615	300108	吉药控股	C	11.70	-0.57	-167.26	-9.03	0.22	0.58	99.01	-2	-39.2	-93.4	-2.05	134.7	273975.27	64854.61	-41808.46
3635	600671	*ST目药	C	10.20	-0.33	-53.2	-8.92	0.42	0.9	78.91	-6	-30.5	-33.7	-31.18	112.12	44251.02	20662.73	-5154.9
3643	600721	*ST百花	C	9.50	-0.82	-46.77	-27.8	0.07	0.16	35.96	-419	-67.7	-34.6	-43.78	114.7	97468.43	8453.04	-31976.45
3670	600090	*ST济堂	C	6.40	-1.57	-31.68	-32.78	0.11	0.17	41.04	-28	-80.1	-36.7	-67.78	278.25	691357.81	89382.26	-233397.43
3676	002118	紫鑫药业	C	4.90	-0.55	-17.16	-3.77	0.03	0.04	64.4	-1	-66.8	-15.9	-48.23	136.47	1050874.48	28553.53	-70576.1
3680	600518	*ST康美	C	3.30	-5.62	-400.95	-50.64	0.11	0.16	119.49	-12	-52.7	-134.2	-29.29	89.85	3621298	541200.8	-2774696.04
	688289	圣湘生物	AA	81.70	7.01	97.78	100.73	1.56	1.73	13	6042	1203.5	751.2	15.48	25.85	545437.41	476296.39	261659.7
	605369	拱东医疗	A	79.00	3.48	26.66	27.45	0.87	1.25	12.19	0	50.0	198.1	15.48	26.72	137567.83	82965.18	22588.1
	300869	康泰医学	A	75.90	1.64	55.31	51.7	1.01	1.7	25.22	296	261.8	169.0	15.48	85.31	209782.83	140122.53	61339.54
	300832	新产业	A	75.80	2.38	21.57	25.03	0.5	0.66	9.45	0	30.5	53.1	15.48	87.15	530569.37	219496.65	93914.74
	603087	甘李药业	BBB	74.70	2.31	16.72	18.61	0.43	0.74	5.99	0	16.1	63.4	15.48	65.95	950744.88	336188.19	123071.07
	002758	浙农股份	BBB	74.70	0.72	16.75	15.51	4.07	5.36	60.37	13	1612.1	647.1	10.39	38.94	1257945.63	2874725.28	78048.71
	688298	东方生物	BBB	74.10	14.28	122.82	100.35	1.66	1.82	31.39	44267	788.8	864.6	15.48	230.37	357322.34	326535.56	168033.12
	688301	奕瑞科技	BBB	74.00	3.77	13.03	14.35	0.44	0.48	9.03	75	43.6	518.8	15.48	45.4	289536.57	78408.07	22309.4

续表

A股上市公司评价得分排序	证券代码	股票简称	评价等级	综合得分	每股收益（元）	净资产收益率（%）	总资产报酬率（%）	总资产周转率（次）	流动资产周转率（次）	资产负债率（%）	已获利息倍数	营业收入增长率（%）	资本扩张率（%）	市场投资回报率（%）	股价波动率（%）	年末资产总额（万元）	营业收入（万元）	净利润（万元）
	688580	伟思医疗	BBB	73.50	2.46	15.35	17.12	0.39	0.44	8.4	403	18.7	453.6	15.48	123.85	154044.37	37836.73	14313.44
	688356	键凯科技	BBB	73.50	1.71	15.39	17.29	0.32	0.39	4.93	1693	38.9	288.6	15.48	51.1	90061.14	18662.26	8567.89
	300841	康华生物	BBB	73.50	7.77	31.62	34.13	0.73	0.88	8.07	2098	87.3	243.6	15.48	148.91	214767.82	103863.6	40804.63
	688658	悦康药业	BBB	72.00	1.23	16.71	11.66	0.97	1.5	34.29	21	1.2	218.8	15.48	6.85	545699.69	433894.9	44362.79
	605116	奥锐特	BBB	72.00	0.42	12.87	14.11	0.55	0.88	9.65	0	24.0	41.7	15.48	23.24	153321.28	72144.02	15722.72
	688013	天臣医疗	BBB	71.80	0.54	9.65	13.18	0.54	0.71	3.99	0	−5.5	334.7	15.48	30.61	48524.31	16334.43	3494.81
	003020	立方制药	BBB	71.70	1.94	13.36	12.96	1.56	1.91	23.57	643	14.8	99.0	15.48	21.01	153601.96	189429.14	13511.61
	603392	万泰生物	BBB	71.10	1.62	29.89	27.03	0.83	1.64	26.35	454	98.9	63.2	15.48	211.51	350367.88	235425.68	68181.52
	605266	健之佳	BBB	71.00	6.15	20.62	11.16	1.63	2.13	50.94	68	26.6	194.5	15.48	23.47	346853.12	446635.74	24940.9
	300896	爱美客	BBB	70.80	4.51	16.09	18.7	0.26	0.29	2.19	0	27.2	583.8	15.48	71.03	463266.88	70929.02	43338.98
	688513	苑东生物	BBB	70.70	1.78	8.08	11.34	0.52	0.73	17.21	478	−2.7	200.4	15.48	30.04	253085.72	92191.85	17816.18
	688393	安必平	BBB	70.60	1.09	8.64	10.91	0.41	0.53	9.65	0	5.7	162.6	15.48	44.53	129225.08	37543.31	8362.22
	688566	吉贝尔	BBB	70.10	0.77	11.16	12.68	0.48	0.6	9.78	0	4.3	235.1	15.48	106.19	174726.43	56597.35	12985.72
	300878	维康药业	BB	69.70	2.03	11.48	12.69	0.5	0.87	15	627	−3.0	166.3	15.48	42.98	162878.24	62276.7	13570.45
	688050	爱博医疗	BB	69.60	1.08	8.13	9.55	0.23	0.37	5.55	0	39.9	139.0	15.48	52.75	163852.63	27304.87	9611.78
	605177	东亚药业	BB	68.30	1.31	8.02	8.27	0.55	0.92	16.9	82	−10.8	104.0	15.48	38.21	208135.67	88167.07	11448.16
	688085	三友医疗	BB	66.70	0.63	9.6	12.33	0.35	0.44	8.16	0	10.2	250.5	15.48	127.74	167067.39	39043.25	11855.88
	688278	特宝生物	BB	66.50	0.29	14.16	14.28	0.8	1.3	16.13	57	8.8	77.5	15.48	175.63	119273.4	79393.43	11656.96
	688136	科兴制药	BB	65.10	0.93	10.91	9.56	0.69	1.06	22.67	16	2.5	162.8	15.48	5.79	236661.64	122029	13913.72
	688338	赛科希德	B	63.50	0.99	8.34	8.74	0.24	0.26	3.23	0	−3.1	261.9	15.48	121.14	140146.5	22239.84	6918.84
	688505	复旦张江	B	63.00	0.17	8.63	8.97	0.41	0.53	19.68	33	−19.0	115.2	15.48	126.36	250070.1	83380.27	16425.93
	688488	艾迪药业	B	60.10	0.1	2.72	4.34	0.26	0.42	6.01	44	−16.3	144.5	15.48	62.62	144682.7	28905.62	3977.18
	688189	南新制药	CCC	57.80	1.01	13.34	10.58	0.74	1	22.73	12	7.3	354.8	15.48	90.94	210297.44	108811.7	14002.68
	605199	葫芦娃	CCC	57.10	0.32	10.42	11	0.89	1.54	39.75	16	−11.0	42.3	15.48	138.23	152115.99	116170.58	12150.25
	603439	贵州三力	CCC	55.60	0.24	11.46	11.27	0.63	0.83	22	51	−28.7	50.8	15.48	138.44	125879.11	63022.5	9395.11
	688222	成都先导	CC	52.60	0.17	4.8	5.62	0.21	0.3	22.46	77	−7.8	149.7	15.48	101.49	164800.58	24360.05	6402.32
	002793	罗欣药业	C	47.80	0.22	7.53	6.04	0.8	1.25	43.66	9	−19.7	9.8	−25.37	82.21	772169.97	609594.56	34260.13

续表

A股上市公司评价得分排序	证券代码	股票简称	评价等级	综合得分	每股收益（元）	净资产收益率（%）	总资产报酬率（%）	总资产周转率（次）	流动资产周转率（次）	资产负债率（%）	已获利息倍数	营业收入增长率（%）	资本扩张率（%）	市场投资回报率（%）	股价波动率（%）	年末资产总额（万元）	营业收入（万元）	净利润（万元）
	688180	君实生物–U	C	37.10	–2.03	–38.81	–26.48	0.26	0.48	27.13	–56	105.8	95.7	15.48	95.64	799740.95	159489.66	–166860.73
	688221	前沿生物–U	C	34.30	–0.8	–17.86	–13.55	0.03	0.04	14.93	–172	123.5	255.0	15.48	27.25	251629.01	4662.28	–23551.67
	688185	康希诺–U	C	34.10	–1.72	–13.56	–9.3	0.01	0.01	10.04	0	990.1	312.8	15.48	54.66	674807.37	2489.04	–39663.82
	688177	百奥泰–U	C	32.80	–1.27	–42.66	–29.91	0.11	0.22	16.19	–138	26327.1	218.0	15.48	120.06	239315.98	18498.99	–51322.65
	688578	艾力斯–U	C	31.00	–0.84	–17.59	–14.34	0	0	3.65	–270	–10.9	143.0	15.48	15.86	298705.89	56.09	–31051.52
	688336	三生国健	C	27.50	–0.37	–5.85	–6.83	0.16	0.27	8.75	0	–44.4	55.7	15.48	105.92	495386.57	65500.58	–23581.26
	688277	天智航–U	C	27.10	–0.14	–9.49	–7.46	0.15	0.21	8.28	0	–40.8	72.1	15.48	165.61	111928.02	13590.95	–5416.5
	688266	泽璟制药–U	C	25.90	–1.36	–39.21	–26.52	0.02	0.03	14.14	–279	0.0	2193.7	15.48	151.18	197028.2	2766.09	–31067.53
	688520	神州细胞–U	C	21.70	–1.74	–246.95	–56.32	0	0	64.63	–39	–87.6	1590.5	15.48	106.1	166351.1	32.82	–71405.84

第十六章 农林牧渔行业上市公司业绩评价

发展现代农业是搭建现代产业体系的重要基础。建设现代农业对于我国来说，不仅可以解放农村生产力，促进农村经济发展，更是加快产业升级、解决就业问题、消灭贫困、缓解两极分化的重要途径，是农业现代化发展的必经之路，是我国实现弯道超车的重要一环。2020 年全国粮食产量 66949 万吨，较上年增加 565 万吨，增产 0.9%；全年猪牛羊禽肉产量 7639 万吨，较上年下降 0.1%。2020 年农林牧渔行业指数总体呈上升趋势，由年初 3201.74 点，上升到年末 3913.1 点，全年上升 22.22%，年内最高达 4862.15 点。从趋势上看，2020 年农林牧渔指数变动情况整体与沪深 300 指数保持一致，到 2020 年底，农林牧渔指数略高于沪深 300 指数。党中央指示，全党工作的首要目标是要解决好“三农”问题，全面推进乡村振兴是实现中华民族伟大复兴的重要一环，尽全国最大可动员的力量加快农业农村现代化，要让广大农民过上更加美好的生活。

一、农林牧渔行业上市公司业绩评价结果

参与本次等级评价的中国 A 股上市农林牧渔行业公司共有 42 家，其中，盈利企业 33 家，亏损企业 9 家，盈利企业占比达 78.57%。此外，湘佳股份是 2020 年新上市企业，暂不计入业绩评价排名。

2020 年，农林牧渔行业 42 家上市公司总资产共计 3810.49 亿元，占全部上市公司总资产的 0.50%。2019 年全国 4007 家上市公司共计实现营业收入 436178.82 亿元，农林牧渔行业上市公司实现营业收入 2294.28 亿元，占全部上市公司营业收入的 0.53%；全部上市公司共计实现净利润 21627.08 亿元，农林牧渔行业上市公司实现净利润 406.37 亿元，占全部上市公司实现净利润的 1.88%。

根据2020年上市公司业绩综合评价结果显示，有2家农林牧渔行业上市公司的业绩评价得分进入“中联价值100”名单，最高得分87.3，于全部上市企业业绩表现中排名第二。从整体行业上看，农林牧渔行业整体业绩表现综合评分为71.35分，高于全部A股上市公司的61.41分平均水平。在农林牧渔行业上市公司中，业绩评价等级为AAA的企业有1家，业绩评价等级为A的企业有1家；业绩评价等级为BBB的企业有1家，业绩评价等级为BB的企业有8家，业绩评价等级为B的企业有3家，业绩评价等级为CCC的企业有4家，业绩评价等级为CC的企业有3家，业绩评价等级为C的企业有21家。表16–1列示了农林牧渔行业业绩排名前十的公司。

表16－1　2020年度农林牧渔行业中联十强排行榜

名次	股票代码	股票简称	在A股上市公司中评价得分排序
1	002714	牧原股份	2
2	600598	北大荒	69
3	300498	温氏股份	495
4	300511	雪榕生物	539
5	002746	仙坛股份	562
6	002299	圣农发展	574
7	600975	新五丰	698
8	002772	众兴菌业	703
9	600097	开创国际	833
10	603477	巨星农牧	858

下面分别从财务效益状况、资产质量状况、偿债风险状况、发展能力状况与市场表现状况五个方面，对2020年农林牧渔行业上市公司的具体业绩表现进行分析。

（一）财务效益

从财务效益上看，2020年农林牧渔行业上市公司财务效益状况平均得分为25.39分，高于全部上市公司22.11分的平均得分。表16–2列示了农林牧渔行业上市公司财务状况。

从具体指标上看，除股本收益率以外，2020年农林牧渔行业上市公司的其他所有指标都有一定程度的下降，尤其是表中盈利现金保障倍数和营业利润率这两大指标，下降幅度分别为49.41%和26.07%，且其他指标下降幅度也比较大。下降的主要原因是2020年新冠肺炎疫情的影响，各地施行严格的道路封锁，致使农产品运销受阻，影响农业经济的运行。

表 16－2　2020 年农林牧渔行业财务效益状况比较表

分析指标		2020 年上市公司平均值	2020 年行业值	2019 年行业值	增长率（%）
基本指标	扣除非经常性损益净资产收益率 (%)	5.93	16.95	17.69	−4.18
	总资产报酬率 (%)	5	10.6	12.23	−13.33
	基本得分	20.49	32.8	34.41	−4.68
修正指标	营业利润率 (%)	6.43	9.98	13.5	−26.07
	盈利现金保障倍数	2.01	0.86	1.7	−49.41
	股本收益率 (%)	38.17	86.78	78.16	11.03
综合得分		22.11	25.39	28.08	−9.58

在 2020 年财务效益状况指标中，牧原股份、圣农发展等 12 家公司的财务效益状况超过了全部上市公司的平均水平。以牧原股份为例，公司主营生猪养殖，兼有饲料加工、生猪育种、生猪屠宰等业务。2020 年公司营业收入 562.78 亿元，比 2019 年增长 178.31%。公司销售生猪 1811.5 万头，商品猪生猪营业收入同比上涨 180.76%，饲料原料营业收入同比上涨 133.20%。

（二）资产质量

从综合得分上看，2020 年农林牧渔上市公司的资产质量得分为 11.86 分，与上年度相比，资产状况得分有所下降；相较于全部上市公司得分 9.07 分而言，农林牧渔上市公司整体资产质量较好。表 16–3 列示了农林牧渔行业的资产状况比较情况，从总体上看，除应收账款周转率外，各指标都呈现一定程度的负增长。其原因在于，随着农林牧渔行业市场集中化程度的进一步提升，行业内各企业不断扩大经营规模，资产规模不断增加；同时受到非洲猪瘟疫情的影响，各养殖类企业大幅增加防疫投入，各项资产的增长幅度超过了营业收入等指标的增长幅度。

表 16－3　2020 年农林牧渔行业资产质量状况比较表

分析指标		2020 年上市公司平均值	2020 年行业值	2019 年行业值	增长率（%）
基本指标	总资产周转率（次）	0.6	0.69	0.82	−15.85
	流动资产周转率（次）	1.14	1.71	1.75	−2.29
	基本得分	9.09	10.9	11.19	92.59
修正指标	应收账款周转率（次）	8.07	27.14	18.77	44.59
	存货周转率（次）	2.64	2.96	3.73	−20.64
综合得分		9.07	11.86	15	−20.93

在2020年农林牧渔行业上市公司中，湘佳股份等17家公司的资产状况指标高于全部上市公司的平均值，比率占40.48%。其中湘佳股份、温氏股份、新五丰、农发种业、圣农发展的资产状况排名前五。从农林牧渔行业的特性上分析，该行业各指标均高于我国全部上市公司平均值。其原因在于人们对农产品的流通效率与效益的要求越来越高，因此流通环节相对较少，各种周转率相对较高，但行业受新冠肺炎疫情影响较大，资产状况指标较2019年有一定幅度降低。以湘佳股份为例，2020年受新冠肺炎疫情影响，全国各地活禽市场流动性受到较大影响。尽管如此，2020年公司营业收入21895.58万元，仍较上年度增长16.60%。

（三）偿债风险

从综合得分上看，2020年农林牧渔行业上市公司的偿债风险得分为8.14分，低于全部上市公司得分8.89分。

表16–4列示了2020年农林牧渔行业的偿债风险状况比较情况，从总体上看，基本指标均有一定的增长，说明行业负债在一定程度上有所增加；修正指标中，速动比率和现金流动负债比率均有所下降，说明行业偿还流动负债的能力有所下降，而带息负债比率却有所增长，说明行业未来的偿债压力，尤其是偿还利息的压力有所增加。

表16－4 2020年农林牧渔行业偿债风险状况比较表

分析指标		2020年上市公司平均值	2020年行业值	2019年行业值	增长率（%）
基本指标	资产负债率(%)	60.33	44.02	40.07	9.86
	已获利息倍数	4.3	13.23	10.28	28.70
	基本得分	8.9	10.64	11.03	–3.54
修正指标	速动比率(%)	82.33	65.96	90.55	–27.16
	现金流动负债比率（%）	13.31	35.14	51.38	–31.61
	带息负债比率(%)	40.72	56.71	46.68	21.49
综合得分		8.89	8.14	10.23	–20.43

在2020年农林牧渔行业上市公司的偿债风险状况指标中，登海种业、北大荒等14家公司的偿债风险评分高于全部上市公司的平均值，占农林牧渔行业上市公司的33.33%。

（四）发展能力

从综合得分上看，2020年农林牧渔行业上市公司的发展能力得分为15.63分，相较于2019年而言有小幅度下降，比全部上市公司发展能力状况平均得分12.17分高。

表16–5列示了农林牧渔行业的发展能力状况比较情况，与2019年相比，基本指标的

增长率均为负，修正指标中，累计保留盈余率、三年营业收入增长率和总资产增长率有所增长，较 2019 年分别增长 7.25%、15.19% 和 93.39%，但营业利润增长率却为 −77.48%，说明 2020 年农林牧渔行业的收入和资产有所增长，但成本的增长使得行业利润有大幅下降。其原因在于 2020 年新冠肺炎疫情的影响，各地施行严格的道路封锁，致使农产品运销受阻，影响了农业经济的运行。

表 16 − 5　2020 年农林牧渔行业发展能力状况比较表

分析指标		2020 年上市公司平均值	2020 年行业值	2019 年行业值	增长率（%）
基本指标	营业收入增长率 (%)	2.91	16.98	23.15	−26.65
	资本扩张率 (%)	11.25	20.16	24.54	−17.85
	基本得分	12.11	15.09	17.84	−15.51
修正指标	累计保留盈余率 (%)	40.80	48.24	44.98	7.25
	三年营业收入增长率（%）	8.50	16.76	14.55	15.19
	总资产增长率 (%)	10.58	32.18	16.64	93.39
	营业利润增长率（%）	2.48	33.80	150.08	−77.48
综合得分		12.17	15.63	15.72	−0.57

在 2020 年农林牧渔行业中，牧原股份等 9 家公司的发展能力高于全部上市公司的平均值，占农林牧渔行业上市公司 21.43%。其中牧原股份发展能力状况评分为 20 分，在所有上市公司中的发展能力排名中与其他上市公司并列第一。牧原股份专注于大规模一体化的养殖模式，通过自建饲料厂、研发营养配方并生产饲料、自主设计猪舍和自动化设备等途径保障增产增收。2020 年公司实现销售收入 562.78 亿元，归属于母公司所有者的净利润 274.26 亿元，分别增长 178.31% 和 348.53%。

（五）市场表现

2020 年，受国家政策鼓励发展影响，农林牧渔板块发展较好。2020 年农林牧渔行业指数总体呈上升趋势，由年初 3201.74 点上升到年末 3913.1 点，全年上升 22.22%，年内最高达 4862.15 点。从趋势上看，2020 年农林牧渔指数变动情况整体与沪深 300 指数较为一致，到 2020 年底，农林牧渔指数略高于沪深 300 指数。详见图 16−1。

从综合得分上看，2020 年农林牧渔行业上市公司的市场表现状况得分为 9.4 分，相较于 2019 年在一定程度上有所上升。农林牧渔上市公司在市场表现上优于上市公司平均水平。

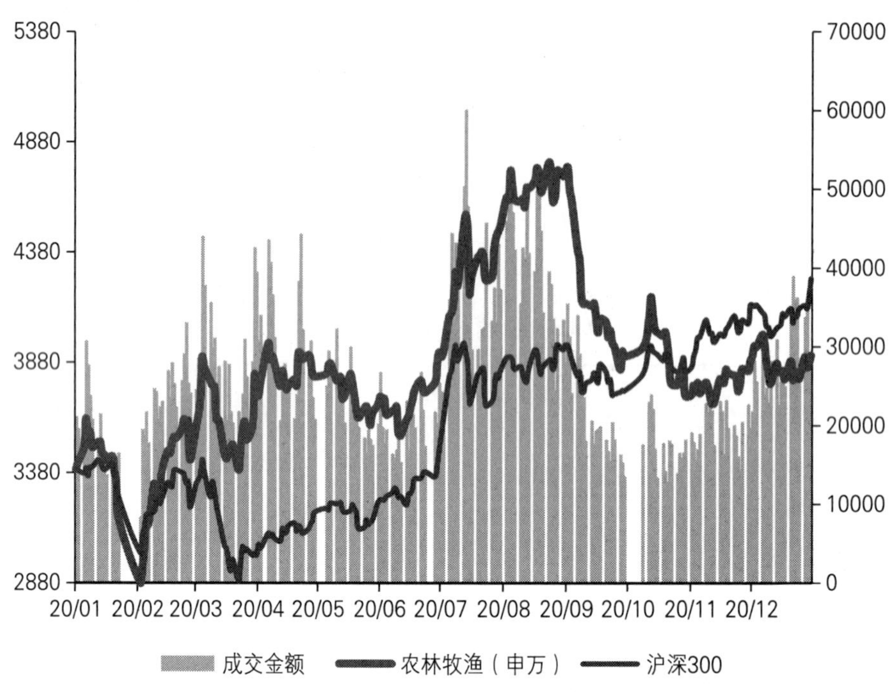

图 16－1　2020 年农林牧渔指数与大盘指数波动

表 16–6 列示了农林牧渔行业的市场表现状况比较情况。市场投资回报率较 2019 年有所下降，但由于 2019 年相较于 2018 年市场投资回报率大幅增长了 188.60%，因此，2020 年是在高基数下有小幅下降。股价波动率较 2019 年有所上升，且高于上市公司平均值。其原因在于受到猪瘟疫情及其他灾害的影响，农业生产相比于其他行业存在较大不确定性，由此在股价上反映出波动较大。

表 16－6　2020 年农林牧渔行业市场表现状况比较表

分析指标	2020 年上市公司平均值	2020 年行业值	2019 年行业值	增长率 %
市场投资回报率 (%)	15.87	25.85	26.58	–2.75
股价波动率（%）	105.04	125.15	108.54	15.30
得分	9.17	9.4	8.92	5.38

二、2020 年农林牧渔行业上市公司业绩影响因素分析

2020 年农林牧渔行业上市公司实现营业收入 2294.28 亿元，实现净利润 406.37 亿元。就收入和利润而言，畜牧业、农业板块收入出现增长，其他行业均呈不同程度下滑。

（一）开展乡村振兴战略，颁布系列政策调动从业者积极性，助力粮食生产

随着我国人口数量继续增长，国民消费结构进一步升级，以及资源、环境等承载力趋于紧张，粮食供需仍将维持较为收缩的平衡态势。2020 年受全球范围内新冠肺炎疫情影响，粮

食等大宗农产品供应链、贸易量、运输链等均受到不同程度冲击，国际农产品市场供给有较大的不确定性。而我国为了完成打赢脱贫攻坚战，补上全面小康“三农”短板重点任务，通过实施乡村振兴战略，深化农业供给侧结构性改革等举措，使农业发展逐步走上高质量的道路。

2020 年，虽然疫情影响农业生产，但是各地在抓好疫情防控的基础上，加大对粮食生产的支持力度，层层把控落实粮食生产相关责任，积极向农民施行各项补贴政策，调动农民继续扩大种植的积极性，全国粮食播种面积扭降返升。2020 年全国粮食播种面积 116768 千公顷（175152 万亩），比 2019 年增加 704 千公顷（1056 万亩），增长 0.6%。全年粮食产量 66949 万吨，比上年增加 565 万吨，增产 0.9%。其中稻谷产量 21186 万吨，增产 1.1%；小麦产量 13425 万吨，增产 0.5%；玉米产量 26067 万吨，持平略减。

2020 年全年，我国农业种植区域气候较为适宜温和，未发生较大病虫害疫情，保证了粮食等作物正常生长发育及产量产出。虽然部分地区发生洪涝灾害以及台风等极端天气，但各地政府领导农民加强田间管理，积极应对灾情，因此灾情对粮食生产影响较少。经粮食产品抽样调查显示，2020 年全国粮食作物单产 382 千克 / 亩，每亩产量比上年增加 0.9 千克，增长 0.2%。

国家高度重视粮食安全问题，出台了一系列惠农助农政策，调动农民种粮积极性，抓好农业生产，加强农业种质资源保护和利用，要求合理利用耕地资源，防止耕地“非粮化”，稳定粮食生产，引导工商资本下乡流转耕地种粮。

资料链接：

2020 年中国关于粮食的主要政策

发布时间	发布单位	政策名称	主要内容
2020 年 2 月	国务院	《关于加强农业种质资源保护与利用的意见》	健全国家农业种质资源保护体系，实施国家和省级两级管理，建立国家统筹，分级负责。组织实施优异种质资源创制与应用行动，完善创新技术体系，规模化创制突破性新种质，推进良种重大科研联合攻关。深入推进种业科研人才与科研成果权益改革，鼓励农业种质资源保护单位开展资源创新和技术服务，建立国家农业种质资源共享利用交易平台，支持创新种质上市公开交易、作价到企业投资入股
2020 年 4 月	中央应对新型冠状病毒感染肺炎疫情工作领导小组	《关于再有效防控疫情的同时积极有序推进复工复产的指导意见》	抓好农业生产和重要副食品稳产保供，全面恢复农贸市场经营

续表

发布时间	发布单位	政策名称	主要内容
2020 年 10 月	农业农村部	《全国乡村产业发展规划（2020—2025 年）》	拓展农产品初加工，粮食等耐储农产品，重点发展烘干、储藏、脱壳、去杂、磨制等初加工，实现保值增值。食用类初级农产品，重点发展发酵、压榨、灌制、炸制、干制、腌制、熟制等初加工，满足市场多样化需求。向优势区域聚集，引导大型农业企业重心下沉。在粮食生产功能区、重要农产品保护区、特色农产品优势区和水产品主产区，建设加工专用原料基地，布局加工产能，改变加工在城市、原料在乡村的状况
2020 年 11 月	国务院	《关于防止耕地“非粮化”稳定粮食生产的意见》	坚持把确保国家粮食安全作为“三农”工作的首要任务，明确耕地利用优先序，加强粮食生产功能区监管，稳定非主产区粮食种植面积，严禁违规占用永久基本农田种树挖塘
2020 年 12 月	农业部	《关于促进农产品加工环节减损增效的指导意见》	到 2025 年，农产品加工环节损失率降到 5% 以下。到 2035 年，农产品加工环节损失率降到 3% 以下。发展延长销售时间类初加工，发展终端消费需求类初加工，促进口粮品种适度加工，促进农产品深度加工，推行绿色生产，发展综合利用加工减损增效
2020 年 12 月	国家统计局、农业部	《农业及相关产业统计分类（2020）》	根据农业及相关产业生产活动的特点，将国民经济行业分类中相关的类别重新组合，是对国民经济行业分类中符合农业及相关产业特征相关活动的再分类

资料来源：中商情报网讯。

（二）非洲猪瘟整体可控，抗疫环境下头部养殖企业成本优势尽显

非洲猪瘟总体已有效控制，仅局部地区偶有发现，国内生猪存栏持续恢复。全年猪牛羊禽肉产量 7639 万吨，较上年略降。其中，猪肉产量 4113 万吨，下降 3.3%；牛肉产量 672 万吨，增长 0.8%；羊肉产量 492 万吨，增长 1.0%；禽肉产量 2361 万吨，增长 5.5%。禽蛋产量 3468 万吨，增长 4.8%。牛奶产量 3440 万吨，增长 7.5%。年末生猪存栏 40650 万头，比上年末增长 31.0%；全年生猪出栏 52704 万头，比上年下降 3.2%。

非洲猪瘟疫情可能会发展成为长期伴随并影响养殖行业发展的重要因素之一，养殖场为了降低生猪的全程死亡率加大了对猪舍的改造，增加了严格的清洗消毒环节，饲料端进行加热消毒，最终的结果是虽然生猪死亡率有所下降，但其他环节的成本出现了上升，最终对于完全成本的影响事前难以衡量。因此防控疫情中的成本优势考验的是养殖企业整套的综合管理能力、员工的执行力和经验的积累，成本优势的形成需要在一个科学的体系下进行长时间的经验积累，具有极高的壁垒。生猪本质上是一种同质化较强的产品，因此成本的控制水平直接影响了养殖企业的核心竞争力和抗风险能力。如占据成本优势，企业将在猪价高位时取得比同行业更多利润，在猪价低迷时利用同行普遍亏损退出的契机继续实

现规模扩张。从历史情况来看，每次养殖生猪行业周期均是落后产能的淘汰周期，同时也是先进产能的扩张周期。

在当前世界范围内猪价下行速度放缓的背景下，此次非洲猪瘟疫情，会导致头部养殖企业的市场占有率快速提升。以牧原股份为例，公司已经形成集饲料、猪育种、商品猪饲养、生猪屠宰等环节于一体的生猪产业链，同时拥有自动化水平较高的猪舍配套智能饲喂系统，有较为完善的生猪育种技术、饲料配方技术，同时拥有完备、有经验的生产管理体系，在疫情的严防严控、产品品质的把控、成本严控下的规模效应等方面拥有较大优势。2020 年除第二季度外均保持月均 10 万头以上净增量，截至 2020 年底，公司能繁母猪存栏为 262.4 万头，占全国能繁母猪的 6.30%。

（三）水产品消费量逐年提升，渔业捕捞规模下降，推动水产养殖发展

根据国家统计局数据显示，过去 10 年内，我国水产品产量呈现平稳增长的态势，水产品产量由 2010 年的 5373 万吨增加至 2020 年的 6545 万吨。根据联合国粮农组织数据显示，我国居民年人均水产品消费量由 2009 年的 31.9 千克增加至 2020 年的 41.0 千克，为全球水产品第一大消费国。

目前我国渔业捕捞规模多年持续下滑，而水产养殖产量逐年提升。近年来，我国淡水及海水自然渔业资源受自然环境和人类活动的影响面临枯竭危机。同时由于亚洲水产品消费量约占全球总消费量的 70%，消费规模持续增加，加剧近海及内陆水渔业资源压力，从发展趋势看，近海捕捞已经加速转向远洋捕捞。我国为维持自然渔业资源的健康可持续发展，“休渔禁捕”政策于近年不断趋严。水产养殖成为自然渔业资源枯竭及政策保护下我国渔业生产的支柱。根据渔业渔政管理局数据，2020 年我国养殖水产品产量 5215 万吨，同比增长 3.0%。

（四）后非洲猪瘟时期养殖行业与新兴宠物市场发展，动物保护产品成为业绩增长点

生猪养殖整体景气度提升，除口蹄疫外多品类疫苗市场需求扩张。自非洲猪瘟疫情严重打击后，生猪与能繁母猪存栏量一路走低，而 2020 年两者分别增长 31.0% 和 35.1%，逐渐恢复至非洲猪瘟暴发前的正常水平。存栏量的增长保证了生物制品的下游需求，且养殖场在慢性非洲猪瘟猪场饲养成功的关键在于控制好继发感染其他病原发病死亡，市场对猪附红细胞体、猪肺疫、链球菌等疾病的针对性药物及疫苗需求增加，市场需求的变化影响动物保护产业的相关业务持续上升。

数据显示，2020 年中国城镇狗猫数量达到了 10084 万只，同比增长 1.7%。中国宠物行业市场规模近年来呈较大涨幅，2010—2020 年间市场规模由 134.4 亿元增长至 727.3 亿元，年均复合增长率近 20%，同时国内宠物疫苗市场有相同的发展机会。宠物行业的快速发展和城市青年对宠物的需求热度不减，推动了行业内动物保护相关产业业务的发展。如中牧股份 2020 年化药产品营业收入达 10.13 亿元，同比增长 24.9%。业绩整体向好的主要原因有：非洲猪瘟的疫情得到有效控制，疫苗试验进展顺利，公司生物制品、猪用兽药业务有较大提升；对兽用狂犬病疫苗等业务的成功布局成为新的业绩增长点。

（五）养殖业产能恢复和“禁抗令”正式施行，头部企业优势明显，行业集中度提高

2020 年度，生猪产能逐渐恢复至疫情前水平，存栏量逐渐回升，出栏量始终处于高位；在产蛋鸡存栏量已是历史新高位，肉鸡存栏也是全年处于较高水平，产能十分充沛；反刍类养殖经济效益良好，牛羊产品产量与销售均火爆，养殖户扩大生产，迅速拉升产能。受上述因素拉动，2020 全年国内饲料需求旺盛，同时养殖业客户对于饲料的品质要求显著提高。在需求旺盛的大环境下，2020 年度，全国饲料总产量 25276.1 万吨，同比增长 10.4%。其中，猪饲料产量同比增长 16.4%，蛋禽饲料产量同比增长 7.5%，肉禽饲料产量同比增长 8.4%，反刍动物饲料产量同比增长 18.9%，均创历史新高。

2020 年，“禁抗令”正式施行和“散装料”的广泛推广，提高了整个饲料行业的进入门槛，种植业客户对饲料生产者的产品质量、产量供应、产品合规性等有着更高的要求，加速淘汰小作坊式的落后产能，推动行业向规模化和集群化转型。全年全国 10 万吨以上规模饲料生产厂 749 家，比上年增加 128 家；饲料产量 13352 万吨，占全国饲料总产量的 52.8%。由于我国饲料行业市场规模巨大，且需求端与供给端发展十分火热，虽行业整体增速趋于稳健，但是行业呈规模化和集群化发展趋势，大型集团销售额增速较快，头部企业市场占有率增加，集群优势日益凸显。如禾丰股份，作为国内饲料龙头企业之一，2020 年饲料销售量有较大增幅，并达到历史公司最高水平，进一步扩大市场份额。2020 年度，公司饲料板块控股及参股企业合计生产饲料 698 万吨，同比增长 41%，饲料业务实现销售收入 121.10 亿元，同比增长 55.54%。

三、2021 年农林牧渔行业业绩前景分析

2021 作为“十四五”开局之年，自中央一号文件发布以来，全面推进乡村振兴，加快农业农村现代化，解决发展不平衡不充分问题，关键环节在于“三农”问题，迫切需要补齐农业农村短板弱项，推动城乡协调发展；构建新发展格局，潜力后劲在“三农”，迫切需要扩大农村需求，畅通城乡经济循环；应对国内外各种风险挑战，基础支撑在“三农”，迫切需要稳住农业基本盘，守好“三农”基础。

（一）国家重点扶持农业项目，助力现代化农业建设

根据《2021 年乡村产业工作要点》要求，未来要建设一批集中优势产业、原料产业基地共建、合理利用自然资源、联合带领周围农户的产业化联合体。确立自然资源优势地区和物流中心，促进上下游产业延伸拓宽，原料至终端，建立紧密关联全产业的闭环链条，有效利用新型电商等销售模式，发展集生产、加工、物流、体验、电商于一体的产业集合体，建设现代农业体系。

细分至各行业：关于现代种业，继续加快国家农业种质资源库建设，推行落实制种模范县奖励政策，建设优势制种基地，鼓励创新型种业企业发展，强化植物新品种保护；关于畜牧业，支持发展标准化规模化养殖模式，积极落实环评、用地、信贷等扶持政策，监

控检测生猪补栏出栏情况，优化猪、牛、羊肉供应链，建立生产屠宰一体加工产业基地，建设配套物流储存冷链体系，促进“运猪”向“运肉”转变；关于水产养殖，继续鼓励创建水产健康养殖示范区，重点发展池塘工程化、工厂化养殖模式，稳步发展稻渔综合种养和大水面生态渔业，鼓励发展碳汇渔业，支持深远海养殖业发展。

（二）养殖业发展呈规模化发展，形成闭合产业链，助推产业加速转型升级

非洲猪瘟疫情导致一大部分资金短缺，管理不善，抗风险弱的小作坊养殖企业退出市场，而大型企业抗风险能力强，在非洲猪瘟防控中取得较好成效，同时加大硬件投入，推广智能化养殖模式，提升养殖效率，提高了生猪产业规模化、集群化的发展。

由于其明显的周期性特征，近年来生猪产业的龙头企业均是通过自行研发、合作建设和投资并购等方式积极寻求向产业链上、下游延伸拓展，提高企业抵抗市场波动对生产经营造成的压力的能力，同时提高产品质量，保障食品安全，提升品牌效应。受疫情影响及分区防控方案，生猪产业的流动格局有了较大的调整，各个区域内的自给自足能力有了显著的提高，各大型企业均在其优势区域内形成育、繁、养、宰、销等完整的产业链闭环。

同时，我国生猪养殖业掀起了现代产业升级，“智能养猪”“互联网养猪”等理念逐渐兴起。智能化养殖技术不仅提高了非洲猪瘟等疫情的防控力度，而且极大地减少了人与猪的接触，防止病毒传染。通过智能算法提高了养殖效率。未来生猪养殖模式和设备更新将更加自动化、智能化，保障养殖安全，提高养殖效率，降低人力成本，科学提升产品质量，保障产品食品安全，加速生猪产业转型升级。

（三）转基因技术迎来商业化，种植行业有望实现发展新突破

当前我国玉米连续多年需求大于供给，库存也处于较低水平，同时受到虫害的侵袭，大豆则是自产不足，高度依赖国外进口，转基因技术的推广将带来显著的产量提升并降低生产成本。转基因产品的开发壁垒较高，其具备研发周期长、投入的费用较高的特点，受制于此，转基因技术只能由行业头部企业牵头研发。当前我国已有多个玉米和大豆品种获批了转基因安全证书，将来进入商业化推广阶段，或将推动整个行业生产格局的变化，带来市场集中度大幅提升。

国务院发布的中央一号文件中明确提出了粮食安全与种子安全的重要性；同样在中央经济工作会议中针对种子问题明确的三项任务中也提到开展种源“卡脖子”技术攻关，立志打一场翻身仗。据 Philips McDougall[①] 数据，2018 年在全球 379 亿美元种子市场中，转基因种子比重达 55%，其中五大转基因种植国家的种植面积占比近 9 成，平均应用率也已接近饱和，中国占比仅 1.51%，市场空间庞大。农业农村部科技教育司发布获批的两个玉米品种除原有北方春玉米地区外，新增获批黄淮海夏玉米区、西南玉米区、西北玉米区、南方玉米区的安全证书（生产应用）。若未来顺利商业化，凭借着抗虫增效等性状优势，转基因玉米有望快速拓展市场，带动种植业景气度提升。

① Philips McDougall 指的是埃信华迈（IHS Markit）Crop Science 的农药市场数据库。

附表 2020年度农林牧渔行业上市公司业绩评价结果排序表

序号	A股上市公司评价得分排序	股票代码	股票简称	综合得分（100）	评价等级	每股收益（元）	总资产报酬率(%)	净资产收益率(%)	总资产周转率（次）	流动资产周转率（次）	资产负债率(%)	已获利息倍数	营业收入增长率(%)	资本扩张率(%)	市场投资回报率(%)	股价波动率(%)	年末资产总额（万元）	营业收入（万元）	净利润（万元）
1	2	002714	牧原股份	87.30	AAA	7.46	35.63	62.11	0.64	1.92	46.09	34.78	178.31	108.46	45.00	102.25	12262725.7	5627706.56	3037476.99
2	69	600598	北大荒	78.20	A	0.56	12.38	14.77	0.41	1.06	16.93	0	4.16	4.57	82.44	134.49	809377.42	324089.1	97163.53
3	495	300498	温氏股份	69.00	BB	1.18	11.48	15.89	1.03	3.05	40.88	20.38	2.47	2.06	-33.3	94.24	8050012.26	7492376.02	748398.49
4	539	300511	雪榕生物	68.50	BB	0.57	7.23	11.96	0.52	2.28	55.68	3.71	12.09	16.26	82.69	212.2	456461.25	220218.59	22505.19
5	562	002746	仙坛股份	68.20	BB	0.76	7.35	8.84	0.65	0.90	15.00	31.22	-9.77	34.68	-25.21	61.61	546238.11	318832.07	35758.14
6	574	002299	圣农发展	68.10	BB	1.64	14.73	20.34	0.91	3.6	36.22	20.81	-5.59	-9.81	14.25	71.30	1492904.06	1374459.95	204154.09
7	698	600975	新五丰	66.90	BB	0.43	14.97	20.72	1.41	2.75	32.64	33.06	27.85	22.08	0.36	93.95	222851.79	272373.12	28293.8
8	703	002772	众兴菌业	66.90	BB	0.56	5.19	7.10	0.28	0.74	51.05	3.22	28.32	5.00	60.12	105.00	558194.42	148317.85	18949.6
9	833	600097	开创国际	65.70	BB	0.59	5.80	7.83	0.73	1.42	31.99	19.19	-10.99	5.37	3.09	48.96	281541.04	196895.22	14612.69
10	858	603477	巨星农牧	65.40	BB	0.38	4.68	7.45	0.50	1.13	36.96	5.31	159.05	208.43	-12.81	70.94	429531.48	143919.06	13349.82
11	1180	000713	丰乐种业	62.40	B	0.11	2.98	3.23	0.93	1.54	33.21	7.67	2.19	1.40	80.67	109.28	265660.22	245659.83	5683.96
12	1245	300106	西部牧业	61.60	B	0.06	4.24	4.85	0.77	1.75	38.95	4.38	26.40	3.03	93.39	255.69	107152.69	82032.75	3125.35
13	1332	300087	荃银高科	60.90	B	0.32	7.87	19.18	0.76	1.03	64.11	8.60	38.84	37.72	174.89	194.50	247244.78	160170.91	14689.61
14	1602	002041	登海种业	58.50	CCC	0.12	1.87	1.56	0.24	0.31	16.63	124.85	9.42	-0.26	103.35	181.65	376050.86	90074.4	4889.09
15	1829	601118	海南橡胶	56.20	CCC	0.02	1.78	0.65	0.91	2.27	42.90	1.44	14.07	0.79	-5.68	49.79	1773672.5	1574432.05	6600.09
16	1852	600313	农发种业	56.00	CCC	0.03	2.21	2.39	1.14	1.85	34.91	5.55	-28.68	2.15	73.03	138.53	332000.12	366254.88	5117.56
17	1866	600506	*ST香梨	55.90	CCC	0.03	3.77	1.61	0.4	0.82	7.27	0	438.3	1.63	-5.30	54.83	30035.71	11858.42	445.46
18	2015	600371	万向德农	54.10	CC	0.19	7.99	10.98	0.31	0.45	22.63	0	-12.83	5.83	52.38	158.44	74627.9	24005.82	6167.82
19	2082	300761	立华股份	53.30	CC	0.63	2.96	3.76	0.97	1.87	27.79	26.98	-2.81	-2.12	-46.06	103.34	925051.71	862096.62	25407.57
20	2109	000735	罗牛山	53.10	CC	0.09	1.94	2.54	0.31	1.34	49.09	2.31	100.41	1.97	-11.82	49.17	842886.39	233332.67	10811.2
21	2453	002696	百洋股份	49.10	C	0.06	3.19	1.88	0.86	1.74	49.13	1.71	-12.71	1.04	-2.79	54.33	278586.83	248257.42	2645.95
22	2483	000998	隆平高科	48.70	C	0.09	3.55	3.55	0.23	0.50	54.60	1.93	5.14	-7.75	11.29	65.25	1385086.08	329052.77	23238.77
23	2505	600359	新农开发	48.40	C	0.1	3.57	9.44	0.32	0.65	72.48	3.37	0.99	12.24	43.38	143.44	175187.97	55623.01	4303.67

续表

序号	A股上市公司评价得分排序	股票代码	股票简称	综合得分（100）	评价等级	每股收益（元）	总资产报酬率(%)	净资产收益率(%)	总资产周转率（次）	流动资产周转率（次）	资产负债率(%)	已获利息倍数	营业收入增长率(%)	资本扩张率(%)	市场投资回报率(%)	股价波动率(%)	年末资产总额（万元）	营业收入（万元）	净利润（万元）
24	2675	600467	好当家	46.00	C	0.04	2.71	1.90	0.19	0.60	49.34	1.75	0.33	1.14	10.99	69.55	648585.39	123013.75	6199.26
25	2700	600257	大湖股份	45.60	C	0.01	2.35	1.68	0.51	0.89	34.00	3.05	-15.82	9.29	29.49	101.91	196851.44	93651.78	2094.7
26	2724	002234	民和股份	45.30	C	0.22	2.46	2.42	0.51	1.28	20.89	5.07	-48.66	-4.24	-51.14	143.23	332291.39	168188.4	6495.76
27	2958	600540	新赛股份	40.00	C	0.02	2.22	1.31	0.66	1.28	62.51	1.34	-18.92	2.68	29.59	105.92	176157.94	111910.01	852.28
28	2987	600354	*ST 敦种	39.20	C	0.06	3.64	4.33	0.53	0.89	62.46	1.93	-19.39	13.94	-25.06	87.1	166408.04	95421.06	2538.19
29	2989	002069	獐子岛	39.10	C	0.02	5.38	54.55	0.69	1.21	97.18	1.46	-29.4	20	41.58	180.15	255610.13	192666.1	3598.64
30	3027	002458	益生股份	37.60	C	0.09	2.61	2.83	0.4	1.28	31.09	7.33	-51.14	-10.82	-31.81	112.81	466848.26	175103.64	9668.26
31	3114	300189	神农科技	33.90	C	-0.12	-10.89	-11.9	0.12	0.42	8.74	-150.59	15.04	-3.45	55.58	180.91	110539.35	12936.84	-12218.51
32	3160	600108	亚盛集团	31.80	C	-0.44	-8.54	-19.8	0.37	0.78	51.86	-5.25	14.66	-18.24	18.98	61.63	833895.4	313206.69	-88340.03
33	3162	000798	中水渔业	31.70	C	-0.48	-12.84	-21.46	0.39	1.24	42.98	-12.67	-23.05	-19.91	80.24	176.53	114095.42	44528.66	-15694.57
34	3164	300313	ST 天山	31.60	C	0.01	1.55	1.70	0.16	1.51	83.57	1.26	-28.69	1.58	289.76	560.47	90701.94	16330.93	251.24
35	3193	002679	福建金森	30.50	C	0.04	3.58	1.16	0.09	0.09	57.37	1.17	15.15	0.53	-28.1	125.84	177327.1	14803.19	871.27
36	3203	300094	国联水产	30.10	C	-0.3	-3.18	-13.21	0.89	1.20	60.64	-1.41	-2.89	-12.33	16.26	101.45	509412.62	449410.61	-28337.97
37	3247	000592	平潭发展	27.80	C	-0.12	-6.36	-8.77	0.27	0.33	33.58	-389.36	27.72	-8.34	-6.71	116.46	493568.94	123426.33	-30058.26
38	3552	002321	*ST 华英	15.80	C	-1.78	-10.53	-40.6	0.40	0.92	72.03	-4.01	-43.35	-33.2	-35.21	108.51	717449.17	312555.62	-101690.87
39	3647	002200	ST 云投	9.10	C	-0.51	-0.13	-29.87	0.08	0.12	89.00	-0.03	-60.76	-26.19	-28.4	71.12	296809.11	26771.27	-11479.1
40	3665	600265	*ST 景谷	6.90	C	-0.14	-2.25	-66.7	0.16	0.19	93.07	-0.63	-75.07	-42.9	-21	67.83	29574.54	5067.82	-1881.57
41	3669	002086	*ST 东洋	6.50	C	-0.4	-6.55	-18.77	0.12	0.24	55.95	-3.31	-26.91	-17.38	-52.13	202.6	327911.65	42798.48	-29958.04
42		002982	湘佳股份	71.40	BBB	1.87	10.10	13.79	1.18	2.50	31.30	18.37	16.6	95.78	15.48	129.26	237763.02	218958.58	17014.77

第十七章　房地产行业上市公司业绩评价

从国民经济上下游产业链的关系看，房地产行业处于承上启下的位置，在经济建设、社会发展、财政税收、国防建设以及稳定就业等方面发挥着重要作用。2020 年，我国 GDP 总额达到 101.60 万亿元，同比增长 2.3%，其中房地产行业占 GDP 比重约为 7.34%。受到疫情影响房地产行业指数（申万）上半年低位徘徊，下半年逐步回暖，整体呈现宽幅震荡，全年最终涨幅为 8.12%。全年房地产行业调控经历了从趋紧到逐步稳定的过程，继续抑制投机活动，降低市场风险，稳步推进去库存的任务，截至 2020 年末，商品房待售面积 4.99 亿平方米，同比微增 0.1%。预计 2021 年房地产行业整体将继续处于调整升级的状态，“转型升级”将继续成为关键词。

一、房地产行业上市公司业绩评价结构

截至 2020 年末，房地产行业 A 股上市公司共 128 家，其中 104 家盈利，占比 81.25%。房地产行业综合评价分值为 55.03 分，低于全部上市公司的综合评价分值 61.41 分。在 128 家房地产行业上市公司中，业绩为 A 的有 2，业绩为 BBB 有 2 家，业绩为 BB 有 14 家，业绩为 B 有 14 家；业绩为 CCC 有 15 家，业绩为 CC 有 13 家，业绩为 C 有 68 家。

2020 年纳入业绩评价的上市公司共 4007 家，其资产总额总计为 75.93 万亿元，其中，房地产行业上市公司资产总额合计为 13.43 万亿元，占全部上市公司资产总额的 17.69%；房地产行业 128 家上市公司实现主营业务收入 2.78 万亿元，占全部上市公司营业收入的 6.37%；房地产行业上市公司实现利润总额达到 0.38 万亿元，占全部上市公司实现利润总额的 13.83%；房地产行业上市公司实现净利润 0.27 万亿元，占全部上市公司实现净利润的 12.33%；该行业上市公司 2020 年度市场投资回报率为 −7.03%，远低于全部上市公司 15.87% 的平均市场投资回报率；房地产行业上市公司股价波动率为 80.98%，低于全部上市公司 105.04% 的平均股价波动率；房地产行业扣除非经常性损益净资产收益率的平均值为 8.83%，高于全部上市公司 5.93% 的平均值。表 17–1 列示了房地产行业上市公司业绩评价排名前十的公司。

表 17－1　2020 年度房地产行业评价得分前十名的公司

名次	股票代码	股票简称	业绩得分	在 A 股上市公司中评价得分排序
1	601155	新城控股	75.1	155
2	002968	新大正	74.4	182
3	000002	万科 A	70.9	349
4	600383	金地集团	70.0	419
5	002016	世荣兆业	69.6	450
6	603506	南都物业	69.6	452
7	000011	深物业 A	68.1	571
8	600606	绿地控股	68.0	584
9	000656	金科股份	67.9	595
10	002208	合肥城建	67.7	607

基于对房地产行业上市公司的整体评价，下面分别从财务效益状况、资产质量状况、偿债风险状况、发展能力状况和市场表现状况五个方面对房地产行业上市公司进行具体分析。

（一）财务效益

从综合得分来看，2020 年房地产行业上市公司财务效益状况平均得分为 24.41 分，高于全部上市公司平均得分 22.11 分。

表 17–2 列示了 2020 年房地产行业财务效益状况评价结果（满分为 35 分）。在房地产行业上市公司财务效益状况指标中，有 47 家公司得分高于全国上市公司平均水平，有 8 家公司得分超过 30 分。

财务效益状况指标得分排名第一的是万科 A，该公司的行业综合评价得分亦在前五名之列。万科 A 2020 年实现营业收入 4191.12 亿元，比上年增长 13.92%；实现营业利润 799.59 亿元，比上年增长 4.37%；扣除非经常性损益净资产收益率 18.70 %，盈利现金保障倍数 0.9。主要受益于万科多年来坚持“城乡建设与生活服务商”的运营模式，已稳步实现并将不断加强对房地产开发、投资及商业运营管理等业务领域的覆盖，并且更多地聚焦于商业开发和运营的轻资产运营模式，以持续地获取更多的现金流，降低财务杠杆，提升运营能力。

与 2019 年的情况相比较，2020 年房地产行业上市公司总体上财务效益状况虽然有所下降，但呈现稳健发展。房地产行业受到政策影响发展速度有所减缓，且受疫情的影响较大，二、三线城市房地产市场逐步降温，导致整体来看房地产上市公司的财务效益下降。

表 17 － 2　房地产行业财务效益状况比较表

分析指标		2020 年全部上市公司平均值	2020 年行业值	2019 年行业值	增长率（%）
基本指标	扣除非经常性损益净资产收益率 (%)	5.93	8.83	11.71	−24.59
	总资产报酬率 (%)	5.00	4.22	4.94	−14.57
	基本得分	20.49	21.36	24.91	−14.25
修正指标	营业利润率 (%)	6.43	13.88	16.74	−17.08
	盈利现金保障倍数	2.01	1.17	0.87	34.48
	股本收益率 (%)	38.17	75.45	86.22	−12.49
综合得分		22.11	24.41	25.96	−5.97

（二）资产质量

从综合得分来看，房地产行业上市公司资产质量状况平均得分为 4.98 分，低于全部上市公司 9.07 分的平均得分。

表 17–3 列示了房地产行业资产质量状况评价结果。在房地产行业上市公司资产质量状况评价中，招商积余等 8 家公司得分均为满分 15 分，但另有 41 家公司得分为 0。这说明房地产行业上市公司在资产质量上一方面两极分化较为严重，行业集中度进一步提高；另一方面相对于全国平均水平而言仍有一定的差异，资产质量较低的上市公司占比较大，仍然需要通过转型升级，提升资产质量。以新城控股为例，其总资产周转率为 0.29 次，高于行业平均值，存货周转率为 0.44，同样高于行业平均值，主要受益于该企业在全年经营稳健，因时制策，及时调整经营思路，有效推出契合市场需求的产品，转型升级向着轻资产运营转变，加快产品销售和资金回笼，确保公司平稳运行。

表 17 － 3　房地产行业资产质量状况表

分析指标		2020 年全部上市公司平均值	2020 年行业值	2019 年行业值	增长率（%）
基本指标	总资产周转率（次）	0.6	0.22	0.23	−4.35
	流动资产周转率（次）	1.14	0.27	0.27	0.00
	基本得分	9.09	1.92	2.08	−7.69
修正指标	应收账款周转率（次）	8.07	12.33	13.44	−8.26
	存货周转率（次）	2.64	0.3	0.29	3.45
综合得分		9.07	4.98	5.05	−1.39

与 2019 年比较可知，2020 年房地产行业上市公司总体上资产质量有所下降，这主要是因为受到新冠肺炎疫情影响，导致房地产行业的现金流吃紧，转型升级有所放缓，但是随着下半年疫情的逐步控制，上市公司采取有效的营销手段并加速开拓“第二曲线”，加快转型，进一步提升了企业的资产质量水平。

（三）偿债风险

从综合得分来看，2020 年房地产行业上市公司偿债风险状况平均得分为 4.16 分，低于全部上市公司 8.89 分的平均得分。

表 17–4 列示了房地产行业偿债风险状况评价结果。在房地产行业上市公司偿债风险状况评价中，排名前五的为特发服务、新大正、万业企业、宁波富达和 *ST 中珠。其中较为典型的是万业企业，该企业在全年经营稳健，有效推出契合市场需求的产品，加快产品销售和资金回笼，提升现金流量和盈利能力，进而降低偿债风险。

表 17 – 4　房地产行业偿债风险状况比较表

分析指标		2020 年全部上市公司平均值	2020 年行业值	2019 年行业值	增长率（%）
基本指标	资产负债率 (%)	60.33	79.08	79.02	0.08
	已获利息倍数	4.30	3.58	4.04	–11.39
	基本得分	8.90	3.82	4.22	–9.48
修正指标	速动比率 (%)	82.33	48.85	47.05	3.83
	现金流动负债比率 (%)	13.31	3.91	3.55	10.14
	带息负债比率（%）	40.72	34.02	36.37	–6.46
综合得分		8.89	4.16	4.36	–4.59

与 2019 年相比较，2020 年房地产行业上市公司偿债风险状况平均得分下降了 4.59%，主要由于 2020 年突如其来的疫情影响导致房地产行业受到重创，尤其是上半年销售受到巨大影响，另一方面“三条红线”的政策出台导致房地产行业上市公司的融资渠道收紧，进一步提升了行业的偿债风险。

（四）发展能力

从综合得分来看，2020 年房地产行业上市公司发展能力状况平均得分为 13.35 分，高于 2020 年全部上市公司 12.17 分的平均得分。

表 17–5 列示了房地产行业发展能力状况评价结果。在房地产行业上市公司发展能力状况评价中排名前五位的公司分别是中南建设、新城控股、金科股份、荣安地产和华发股份。以新城控股为例，其资本扩张率 32.62%、累计保留盈余率 62.6%、三年营业收入平均增长率 53.12%，各项指标均比较靠前，规模的稳定扩张和运营能力的不断提高为企业发展提供了强大的动力。这主要是因为企业秉持“住宅 + 商业”双轮驱动的运作模式，以上海

为中枢、长三角为核心，现已基本完成全国重点城市群及重点城市的布局。从根本上转本运营理念，实现自身的转型升级，另一方面积极探索新的发展营销和发展模式，形成住宅与商业协同互补，有力推动吾悦广场的快速发展，打造最具价值的商业地产平台，提升自己的产业协同水平，除此之外，企业还加强在“互联网 +”方面的应用，2020 年受到疫情的影响，企业并没有停歇，而是积极运用互联网和其他新技术逆势而上，开拓新销售渠道。视频直播卖房、特价房源秒杀、发放购房优惠券等活动有效地实现了线上引流。官方微信、购房 App、与第三方平台联动，组合出击，从线上直面 C 端客户，以进一步提升企业的发展能力。

表 17－5　房地产行业发展能力状况比较表

分析指标		2020 年全部上市公司平均值	2020 年行业值	2019 年行业值	增长率（%）
基本指标	营业收入增长率 (%)	2.91	10.74	19.96	−46.19
	资本扩张率 (%)	11.25	13.45	21.17	−36.47
	基本得分	12.11	13.36	16.50	−19.03
修正指标	累计保留盈余率 (%)	40.80	45.91	48.05	−4.45
	三年营业收入增长率 (%)	8.50	16.92	15.44	9.59
	总资产增长率 (%)	10.58	13.73	16.49	−16.74
	营业利润增长率 (%)	2.48	−7.53	14.09	−153.44
综合得分		12.17	13.35	14.54	−8.18

2020 年房地产行业上市公司三年营业收入增长率从 2019 年的 15.44 升至 16.92%，资本扩张率由 21.17% 降至 13.45%，累计保留盈余率由 48.05% 降至 45.91%，营业利润增长率由 14.09% 降至 −7.53%。这说明房地产行业上市公司受到宏观调控政策的影响导致销售增速有所减慢，且扩张速度逐步放缓，除此之外，2020 年疫情的影响对于企业的发展也有较大的冲击，为了更好地应对 2020 年疫情带来的冲击和国家对于房地产行业的趋严调控，各个房地产上市公司一方面通过线上销售模式加速去库存，提升现金流的回笼能力，另一方面通过开拓“第二曲线”的方式，以逐步加快改革转型和升级调整，提升企业的发展能力。

（五）市场表现

从综合得分来看，房地产行业上市公司市场表现状况平均得分为 8.13 分，低于全国上市公司 9.17 分的平均水平。

表 17−6 列示了房地产行业市场表现状况评价结果（满分 15 分）。在房地产行业上市公司市场表现状况评价中，有 35 家得分高于全国上市公司平均水平。

表 17－6　房地产行业公司市场表现状况比较表

分析指标	2020 年全部上市公司平均值	2020 年行业值	2019 年行业值	增长率（%）
市场投资回报率（%）	15.87	−7.03	13.06	−153.83
股价波动率 (%)	105.04	80.98	90.74	−10.76
得分	9.17	8.13	8.41	−3.33

2020 年，宏观调控趋严，但是突如其来的疫情对于房地产行业有较大的影响，房地产上市公司的发展也受到了巨大的冲击。2020 年上市公司市场投资回报率为 −7.03%，低于 2019 年的 13.06%。房地产行业上市公司 2020 年股价波动率为 80.98%，也同样低于 2019 年的 90.74%。房地产行业指数与沪深 300 指数波动情况如图 17−1 所示。

图 17－1　房地产行业指数（申万）与沪深 300 指数波动

数据来源：Wind 资讯。

二、2020 年度房地产行业上市公司业绩影响因素分析

总体来看，2020 年全年房地产市场仍然延续平稳为主的趋势，房地产行业整体的结构转型和市场化的调控进一步完善，房地产行业的发展整体更加健康平稳。房地产行业上市公司作为社会经济发展的重要组成部分和代表力量，也在稳步推进自身的结构调整和转型升级，2020 年房地产行业 128 家上市公司实现主营业务收入 2.78 万亿元，同比增长 10.74%，实现净利润 0.27 万元，同比下降 8.01%。2020 年对房地产行业上市公司业绩产生重要影响因素有以下几个方面。

（一）趋严的行业调控政策，加大了对去库存和销售业绩的影响

为了更好地促进房地产行业健康发展，推动和完善房地产行业长效机制的建立，各地政府在2020年全年延续上年实行的较为多样化的调控政策，进一步夯实房产的居住属性，使得各地房地产市场热度更加趋于回归理性。

从成交量来看，市场表现逐步降温，截至2020年12月末，商品房待售面积4.99亿平方米，同比微增0.1%，相较2019年的去化速度有所下降。根据易居研究院所公布的数据显示，2020年全年中国40个城市新建商品住宅成交面积同比小幅增长1%，增速比1—11月略有收窄，其中一线城市全年成交面积同比增长16%，二线城市2020年内先升温后降温，全年成交面积同比下降5%，三四线城市全年成交面积同比微增2%。

从销售角度而言，2020年房地产行业受到疫情的影响，上半年销售速度有所放缓，但随着各个房企加大宣传和销售力度并开拓线上销售模式，加快现金流回流。根据CRIC（克而瑞）数据显示，TOP100房企的累计权益销售金额同比增长13%，但相比2017年的40.5%和2018年的35.1%明显放缓，其中中国恒大、碧桂园和万科三家龙头企业仍然领跑，整体来看房地产行业2020年仍以“稳”字贯穿全年。

出现这种现象的主要原因如下：第一，2020年初突如其来的疫情影响使得整个行业的销售出现断崖式的下跌，但市场随着疫情的逐步消退而有所回暖，结合各大房企逐步推动线上和线下相结合的销售模式，加速了现金的回流，使得全年销售金额和面积并没有出现断崖式的回落。第二，受疫情和房地产企业负债率的影响，部分房地产上市公司逐步开始采用降价销售等促销手段，以回笼资金，降低企业负债率，提升企业存货周转率和现金周转速度，提升资产质量和运营能力。

根据Wind数据统计，2020年房地产行业128家上市公司实现营业利润0.39万亿元，同比下降7.53%；从全年来看，行业整体财务状况的平稳，但行业利润集中度逐步提高。根据Wind数据统计，房地产公司强者更强，A股上市房地产开发企业的净利润前十平均年度净利润规模达210.11亿元，是128家上市房地产企业净利润均值的10.08倍。

（二）注重质量与结构性调控，降低负债稳定发展成为重中之重

2020年房地产行业的宏观调控逐步趋向稳定，更加注重质量和结构性调控。虽然房地产行业受疫情的影响较为严重，但中央始终没有改变对于房地产行业的调控方向，仍然坚持房住不炒的定位，全面落实因城施策，稳地价、稳房价、稳预期的长效机制，防止房市大起大落。

一方面，全年房地产市场调控趋于紧张，融资环境更加严峻，随着下半年房地产三条红线的出台，各大房地产企业继续全力以赴通过“去库存”提升周转率和现金流量，提升财务质量和企业的生存能力，为结构转型奠定良好的资金基础。以万科为例，2020年存货周转率为0.3123次，较2019年0.2843次有所上升；2020年应收账款周转率为283.93次，较2019年229.24次提升幅度较大。

另一方面，稳定的房地产政策已经基本成为基调，趋严的调控倒逼房地产上市公司实

现全面化、经营多元化和高科技的发展模式，除此之外长租公寓企业洗牌现象加剧，优胜劣汰推动行业集中度进一步提升，整体来看房地产行业逐步回归理性稳定发展已是必然趋势。

政府层面：第一，疫情的出现打破了2020年的平静，受到疫情的影响，房地产行业同样受到了较大的冲击，为了应对疫情所带来的影响，前期政府虽然在货币政策上有所放宽，但是总体上仍然坚持房住不炒的原则和方向。2020年中央明确表态防止房市大起大落。进一步为房地产行业的发展奠定了基调，坚持房住不炒的定位。第二，2020年7月20日国务院办公厅发布《〈关于全面推进城镇老旧小区改造指导意见〉的通知》，通知明确提出重点改造2000年底前建成的老旧小区，在合理利用现有资源的基础上，进一步改善人民群众居住的环境和水平。第三，2020年8月20日，住房城乡建设部、人民银行在北京召开重点房地产企业座谈会，会议明确了重点房地产企业资金监测和融资管理规则，即房地产行业的融资"三条红线"政策，具体内容如下：（1）房企剔除预收款后的资产负债率不得大于70%。（2）房企的净负债率不得大于100%。（3）房企的"现金短债比"小于1。这一定程度上降低了房地产企业的融资空间，但也同时降低了相关的系统性风险。第四，2020年9月16日，住房城乡建设部发布《住房租赁条例（征求意见稿）》，对租房市场提出了60多条规范性意见，以进一步改善租赁市场的环境，稳定租金水平。第五，2020年12月22日，全国住房和城乡建设工作会议指出：要推动城市结构优化、功能完善和品质提升，深入推进以人为核心的新型城镇化；并同时要稳妥实施房地产的长效机制方案，进一步推动房地产市场的稳定发展。

企业层面：第一，加速转型和集中板块资源进行"集约式"发展。2020年房地产企业受到疫情的影响，房产销售由此受到了巨大的冲击，虽然企业通过各种促销手段并结合开发线上销售模式，对销售有所挽回，但是下半年受到政策尤其是"三条红线"的压顶导致各大房企对于降负债和提高现金流充满了"渴求"，因此物业板块拆分重新上市成为各大房企选择的方案。通过物业板块的拆分上市，一方面可以使得整个企业将各板块的优势资源整合集中发展，提高运营效率；另一方面物业板块本身仍然可以借助地产板块实现协同效应，提升企业整体的现金流产生能力，金科股份、融创服务和恒大物业等众多房企上市公司都加入了这一阵营。以金科股份为例，其2020年4月公告宣称将拆分物业板块在H股上市，最终于2020年11月港股上市成功。金科股份通过拆分物业上市，金科服务成功上市是金科股份本身"四位一体、生态协同"战略的重大进展，其将实现"地产＋服务"的双向赋能，打造A+H的双资本运作平台，优化资产负债结构，提升在国际资本市场的知名度，助力可持续健康发展。第二，企业多元化发展开拓新型第二曲线。随着国家对于房地产调控的深入和完善，各大房企为了更好地迎接挑战，应对调控，开始转变自己的战略，开拓新型"战场"，如发展"智慧地产""乐园地产""园区地产"，甚至跨行业发展汽车行业，等等。事实上，过去十年中国的大规模城镇化推动了城市的发展，也同样为地产行业带来了黄金十年，但是未来随着人口生育率的下降，老龄化的加剧，"人口红利"效应将会减弱，但未来对于物业高品质的服务追求将会更多，所以对于伴生第二产业的开拓（包括物业服务、乐园地产、养老文旅地产等）也会兴盛。第三，在传统的房地产开发销售运营层面，一方面通过创新销售和降价促销等方式，加速去库存，提高存货周转率和现金流量；另一方面，通过优化产业结构和产品结构，创新发展模式，淘汰“落后产能和产品”，逐步过渡到轻资产高周转的运营模式，拓宽盈利方式，提升现金流量，改善融资环境，降低企业运营风险。

总而言之，随着房地产开发企业不断推进升级转型和产业布局的调整，房地产上市公司的整体资产质量也将不断提高。

（三）融资环境持续收紧，“三条红线”压顶，推动融资结构多元化

从 2016 年的“9·30”调控政策之后，2017—2018 年房地产行业经历了多轮调控，2020 年为了更好地贯彻“房子是用来住的，不是用来炒的”的理念，调控政策继续趋于紧张，房地产行业的融资环境更是“步步紧逼”，下半年房地产“三条红线”的出台更是倒逼房地产上市公司优化资源和财务结构。2020 年房地产行业融资环境整体上呈现以下特点。

融资规模和融资成本均有所下降，但融资成本仍然维持在较高的水平，推动融资结构继续多元化。根据 CRIC 数据统计整理，截至 2020 年 12 月 16 日，95 家典型房企融资总额为 14800 亿元，较 2019 年全年下降 2.71%，整体融资成本下降，但年末有回升趋势，2020 年房企的新增债券类融资成本为 6.13%，同比下降了 0.95 个百分点，其中：境内债券加权平均融资成本为 4.41%，同比下降 0.91 个百分点，境外债券成本为 7.89%，同比下降 0.15 个百分点。主要原因如下：第一，融资成本的下降，主要缘于在较为宽松的货币环境下，房企的境内外融资成本“普降”。第二，融资规模下降主要由于国内融资政策对于房地产开发企业继续趋紧导致，尤其是下半年的“三条红线”政策，一方面导致企业通过多种营销手段加速回流现金，另一方面也使得企业被动式减少债务融资。

为了更好地缓解资金紧张的局面，各个房地产企业不断寻求新的融资渠道和融资方式，利用境外渠道、股权方式和资产证券化等多种渠道或方式融资，以提高自身的现金保有量。除此之外，上文所提的物业分拆上市也成为各大上市房企的另外一种重要的融资渠道。

整体来看房地产行业的融资规模变化不大，事实上房地产企业通过加大销售回款和融资结构化和多元化来提升企业的“造血”能力，进一步促进了房地产行业的健康发展。

（四）主要原材料价格和劳动力成本维持稳定，房地产营运成本稳中有升

房地产项目施工涉及多种原材料，如沙、土、石料、砖、水泥、钢筋等。一方面，受各国应对疫情所采取的量化宽松政策的影响，导致输入性通货膨胀叠加国内成本性通胀的影响，使建筑类原材料价格 2020 年有所上涨；另一方面，由于国家对于政策性保障房的投入力度仍然较大，由此提升了对于房地产原材料的需求，进而推高建筑行业所需的成本。以水泥和钢筋两种原材料为例：

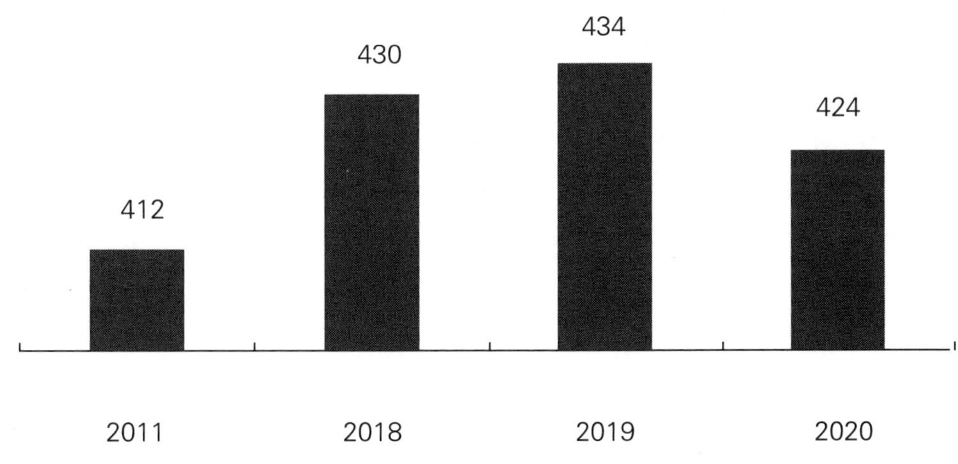

图 17－2　全国 P·O42.5 水泥市场价格（元 / 吨）

数据来源：水泥地理。

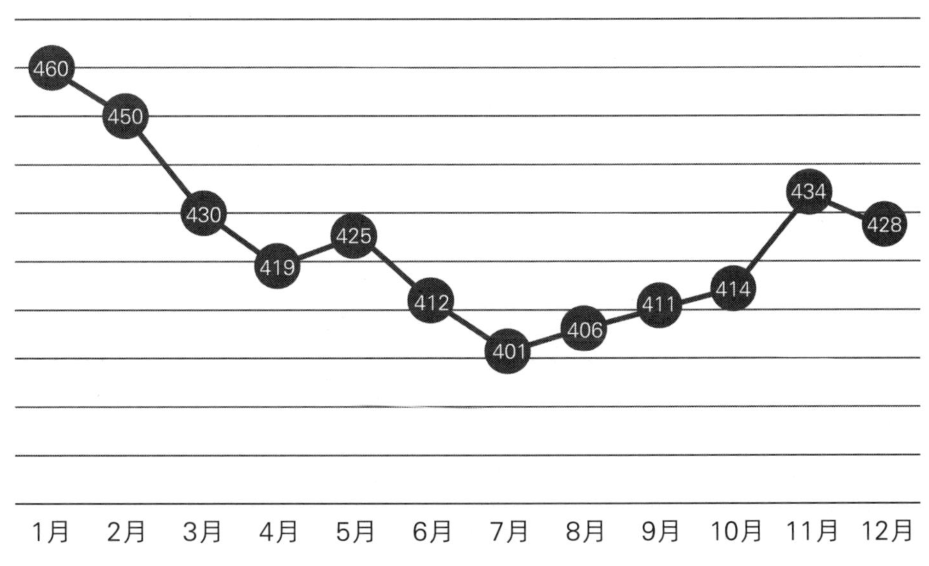

图 17－3　2020 年全国水泥市场价格

数据来源：水泥地理。

第一，从图 17–2 和图 17–3 可以看出全年水泥市场指数上半年受到疫情的影响呈现大幅下滑，而后随着疫情的控制，经济逐步复苏，水泥市场的价格逐步上涨。全年平均价格达到 424 元 / 吨，高出 2011 年 412 元 / 吨的价格，但是受到疫情影响相较于 2019 年有所下降，整体相对仍然呈现较为平稳的发展水平。

第二，同样 2020 年钢铁市场上半年受到疫情的影响表现低迷，但下半年随着疫情的控制和经济的复苏而逐步回暖。其中以螺纹钢为代表的黑色产业链表现较为活跃。由图 17–4 可以明显看出钢铁市场在 2020 年全年呈现震荡调整的状态。

除此之外，劳动力资源作为房地产经营必不可少的生产要素之一，其成本的上升也必定导致房地产营运成本上涨。根据国家统计局公布数据，2020年，全国居民人均工资性收入17917元，增长4.3%。

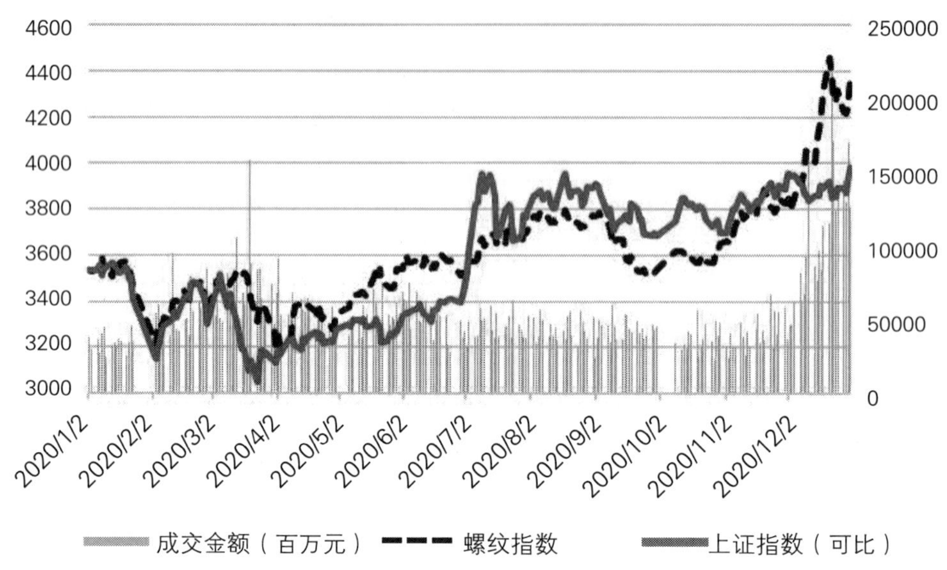

图17－4　Wind螺纹钢指数

数据来源：Wind资讯。

资料链接：

2020年房地产行业十大事件

○2020年2月，全民战疫，房企先行，房地产上市公司纷纷捐款捐物，同时组织对业主进行房租减免和延期，较好地履行了企业的社会责任。

○2020年4月30日，中国证监会和国家发展改革委联合发布《关于推进基础设施领域不动产投资信托基金（REITs）试点相关工作的通知》，标志着呼吁多年的中国版公募REITs终于以基础设施先行先试的方式正式启动。

○2020年7月20日，国务院办公厅印发《关于全面推进城镇老旧小区改造工作的指导意见》（以下简称《意见》），明确城镇老旧小区改造任务，重点改造2000年底前建成的老旧小区。

○2020年8月20日，住建部与央行联合召开座谈会，约谈12家房企，并在会上提出了“重点房地产企业资金监测和融资管理规则”，即将房地产企业负债水平与融资约束相绑定的“345”政策——三条红线、四档管理、5%增幅限制，首次将房企的负债水平与融资许可进行挂钩。

○2020年9月16日，阿里正式宣布进军房产界，与易居达成合作，联合推出“天猫好房”平台，进一步促进房地产行业线上销售的浪潮。

○ 2020年11月3日，《中共中央关于制定国民经济和社会发展第十四个五年规划和二〇三五年远景目标的建议》全文发布。提出坚持房子是用来住的、不是用来炒的定位；探索支持利用集体建设用地按照规划建设租赁住房，完善长租房政策，扩大保障性租赁住房供给等。

○ 2020年11月，蛋壳公寓北京总部暴雷，长租公寓市场信心受到重创。

○ 2020年"第二曲线"成为不少房企的热词，一方面可以在原有地产行业的基础上开拓相关产业，另一方面也可以直接转变行业踏入新型行业。

○ 2020年，房企拆分物业上市热潮贯穿全年，特别是下半年物业管理企业、代建工程公司等纷纷从传统房地产母公司剥离，掀起了一股上市热潮。

○ 根据国家统计局数据，2020年末商品房待售面积49850万平方米，比上年末增加29万平方米。其中，商品住宅待售面积22379万平方米，减少94万平方米。

资料来源：国家统计局、克而瑞地产研究、戴德梁行、前瞻产业研究院。

三、2021年房地产行业前景分析

从整体来看，在延续2020年调控政策的基础上，预计2021年中央将继续有针对性地对房地产行业进行进一步调控。在继续落实去库存任务的前提下，完善和健全租购并举的住房制度，发展和培育健康的长期租赁住房市场，形成以市场为主满足多层次需求，以政府为主提供基本保障的体系。除此之外，也会积极应对"后疫情时代"所带来的经济影响和国际上的地区保护主义尤其是美国对亚太地区的态度和措施，以推动整体经济的转型平稳过渡，改变房地产行业占据经济支柱地位的现状。

（一）中国经济处于改革和平稳发展阶段，房地产投资将趋于更加谨慎和理性

在深化改革、结构化调整的攻坚阶段和落地年的背景下，我国的经济已经步入改革转型的关键期，为了更好地实现转型升级和产业结构的优化调整，转变过去主要依赖房地产行业发展的情况，在"后疫情时代"积极应对国内外所带来的挑战，我国将对房地产行业进行更加合理的调控。2021年，中央继续坚持更好地贯彻"房子是用来住的，而不是用来炒的"理念，推动建立房地产健康发展的长效机制，预计中央将继续有针对性地对房地产行业进行新一轮的结构性调整。2021年的中国经济将继续维持新常态，经济的转型升级和改革将摆在第一位，并处于攻坚阶段。这一方面佐证了经济的新常态将继续存在，另一方面说明房地产行业的调控仍将继续。从趋势来看，经济结构转型升级的常态化依然会导致部分资金从房地产行业流向其他领域；进一步的调控政策也将会使得房地产行业发展步入稳定的状态。2021年房地产开发投资将更加谨慎。

（二）后疫情时代的新型房地产行业发展模式

2020年伊始，突如其来的疫情打乱了社会的脚步，各个行业都在寻求新型的发展和运

营模式，以求能够在疫情中突出重围，减少和降低疫情所带来的影响，房地产行业也不例外。2021 年，在我国疫情得到基本控制的前提下，各大房企开始转变发展思路，探索新型发展和运营模式。第一，分拆业务板块集中资源发展将成为未来房地产上市公司的一大主流。事实上，2020 年多家上市公司分拆物业板块进行 A /H 股上市，提升自身运营能力，优化自身的结构，进行资源有效整合，提升发展能力，未来也将有更多的上市公司将自己的优质板块进行整合、提炼和拆分上市，以此一方面提高融资能力，另一方面可以整合资源提升企业的竞争优势和能力。第二，开拓房地产行业的第二曲线已成为未来房地产上市公司的路径之一。随着房地产调控的逐步趋紧，未来房地产行业的结构性调整也将逐步加速推进。一方面企业可以通过开拓“临近产业”，事实上对文旅地产、智慧地产、养老地产很多企业近几年已经逐步开始布局。另一方面，其他相关产业的开拓也将稳步推进。

事实上随着疫情逐步得到控制，各行各业都将回归正轨，未来房地产行业也会走出“新世界”。

（三）“三条红线”压顶，倒逼房地产行业结构转型升级加快

经济的新常态发展和结构化调整已然进入了新的阶段，房地产的调控政策还将继续压顶，行业升级、企业整合和洗牌的速度将继续加快，在疫情的催化下，2020 年房地产行业将加快推进结构升级转型，“多元化”和“降负债”发展将成为行业发展的关键词。

第一，多元化发展势在必行。从 2020 年开始，疫情的影响和本身行业的发展周期加速推动行业结构的调整。未来的多元化发展主要表现为房地产行业如何突破第二曲线的发展及其抉择。企业一方面可以仍然结合原有的地产优势和规模，开拓相关产业，如文旅地产、园区地产、乐园地产和养老地产；另一方面也可以和其他公司合作进军其他非相关产业，如汽车产业、科技产业等等。但殊途同归，最终各大房地产上市公司为了更好地应对后疫情时代和房地产行业本身的发展瓶颈，多元化的发展道路必将成为其壮大自身实力的途径之一。

第二，“降负债”将成为房地产行业未来的发展关键词。虽然经过一年的积极去化，但各大房企的负债率仍然较高，依据 CRIC 数据显示，截至 2021 年 1 月 13 日不完全统计，95 家房企 2021 年到期债券 7223.81 亿元，同比增长 22.45%，其中境内到期债券同比增长 5.77% 至 4188.89 亿元，境外到期债券同比增长 56.52% 至 3034.92 亿元。一方面，较高的负债率和偿债压力，促使企业积极降低负债率；另一方面，“三条红线”的政策也在驱使各大房企加速回笼现金流，降低负债率，满足监管的基本要求。

2021 年，房地产市场调控逐步趋稳，一方面，集体用地入市进一步缓解房地产行业的供需矛盾，有效地推动市场健康发展。另一方面，“去杠杆”将成为 2021 年房地产行业的关键词，各大房企将通过去杠杆、调结构更好地保证企业的高质量发展，提高房地产企业的资产质量和财务安全性，从整体上进一步推动房地产行业向着更加理性的趋势发展，推动更快建立房地产健康发展的长效机制。随着结构转型的不断推进，新的房地产行业运营模式也会不断催生，为了更好地应对未来的新挑战，房地产行业发展第二曲线已经势在必行，未来无论是智慧地产还是养老文旅地产，抑或是进军其他产业都会将房地产行业带向一个新的高度。

附表　2020年度房地产行业上市公司业绩评价结果排序表

序号	A股上市公司评价得分排名	股票代码	股票简称	综合得分	评价等级	每股收益（元）	净资产收益率(%)	总资产报酬率(%)	总资产周转率（次）	流动资产周转率（次）	资产负债率(%)	已获利息倍数	营业收入增长率(%)	资本扩张率(%)	市场投资回报率(%)	股价波动率(%)	年末资产总额（万元）	营业收入（万元）	净利润（万元）
1	155	601155	新城控股	75.10	A	6.79	19.80	6.90	0.29	0.37	84.73	2.81	69.46	32.62	-4.69	51.08	53775283.41	14547522.55	1646572.62
2	182	002968	新大正	74.40	BBB	1.22	14.25	13.91	1.18	1.46	30.77	-	25.01	13.02	8.46	109.45	123255.55	131834.88	13197.92
3	349	000002	万科A	70.90	BBB	3.62	18.70	5.36	0.23	0.28	81.28	5.74	13.92	29.29	-7.14	48.52	186917709.4	41911167.77	5929811.64
4	419	600383	金地集团	70.00	BB	2.30	16.57	7.00	0.23	0.28	76.59	4.49	32.61	14.17	-3.38	52.65	40162958.51	8365671.1	1524063.2
5	450	002016	世荣兆业	69.60	BB	1.03	22.40	14.31	0.36	0.40	47.79	174.64	7.07	28.08	-22.23	58.32	775769.82	294757.61	83388.01
6	452	603506	南都物业	69.60	BB	1.03	14.51	11.59	0.84	1.15	52.17	-	13.58	14.48	-5.93	112.65	175591.36	141347.46	14531.13
7	571	000011	深物业A	68.10	BB	1.34	20.46	10.59	0.36	0.41	69.03	6.65	3.60	15.75	33.48	305.82	1220735.69	410437.46	73133.79
8	584	600606	绿地控股	68.00	BB	1.23	14.30	2.89	0.36	0.41	88.89	6.03	6.53	18.18	-13.65	117.22	139733628.6	45575312.33	2113565.95
9	595	000656	金科股份	67.90	BB	1.30	14.10	3.73	0.25	0.28	80.72	14.10	29.41	40.93	-3.54	94.06	38115797.85	8770441	970435.99
10	607	002208	合肥城建	67.70	BB	1.04	21.06	7.94	0.31	0.33	67.84	7.07	91.07	141.66	23.19	184.43	1866130.27	535928.22	90011.18
11	616	000069	华侨城A	67.70	BB	1.56	12.39	6.34	0.20	0.24	75.83	5.76	36.39	16.19	-3.94	63.13	45658825.2	8186809.01	1572291.38
12	652	000961	中南建设	67.30	BB	1.87	16.95	5.37	0.24	0.28	86.54	2.52	9.43	80.31	-12.18	73.43	35925345.27	7860084.83	780406.61
13	676	600510	黑牡丹	67.10	BB	0.79	12.64	5.87	0.32	0.38	69.61	12.73	31.31	7.85	1.66	66.74	3374492.84	1021160.36	127632.86
14	699	600048	保利地产	66.90	BB	2.42	15.84	5.11	0.21	0.23	78.69	9.95	3.04	16.17	4.73	45.00	125137491.9	24309486.85	4004820.76
15	730	001914	招商积余	66.70	BB	0.41	4.41	4.95	0.53	1.48	49.09	4.39	42.07	3.58	15.72	120.99	1627950.31	863514.75	40871.53
16	823	600007	中国国贸	65.80	BB	0.82	10.24	10.14	0.26	1.51	33.70	11.45	-12.25	5.85	-27.41	55.09	1209012.33	309776.04	82613.08
17	886	000517	荣安地产	65.10	BB	0.55	21.23	4.63	0.21	0.22	84.46	11.89	67.77	56.05	8.94	55.41	6776796.64	1117771.81	177772.99
18	899	600724	宁波富达	65.00	B	0.29	12.72	15.83	0.52	0.93	16.30	84.90	-25.58	1.88	1.99	66.36	415680.27	234029.84	56248.91
19	921	600173	卧龙地产	64.80	B	0.69	16.40	8.57	0.29	0.34	59.85	-	18.77	14.27	-2.15	48.41	786514.96	228129.89	48437.53
20	946	000671	阳光城	64.60	B	1.20	9.92	2.96	0.25	0.29	83.18	10.39	34.60	16.42	-19.30	45.00	35230185.31	8217124.45	549134.54
21	984	600639	浦东金桥	64.20	B	0.99	9.83	6.02	0.13	0.34	63.43	9.64	7.18	8.15	-7.81	65.03	3003012.11	359322.49	110064.33
22	1017	600565	迪马股份	63.90	B	0.76	10.68	3.67	0.28	0.31	77.62	16.05	7.99	21.52	-21.30	41.94	8172774.04	2127077.53	207616.78

续表

序号	A股上市公司评价得分排名	股票代码	股票简称	综合得分	评价等级	每股收益（元）	净资产收益率(%)	总资产报酬率(%)	总资产周转率（次）	流动资产周转率（次）	资产负债率(%)	已获利息倍数	营业收入增长率(%)	资本扩张率(%)	市场投资回报率(%)	股价波动率(%)	年末资产总额（万元）	营业收入（万元）	净利润（万元）
23	1067	002314	南山控股	63.40	B	0.48	13.39	7.40	0.24	0.36	77.26	3.04	55.19	4.01	34.75	145.51	5229795.2	1123238.58	167669.63
24	1108	600657	信达地产	63.10	B	0.53	6.12	6.70	0.27	0.31	74.32	1.90	32.78	6.37	2.97	88.48	9427864.81	2586380.29	174445.75
25	1179	600683	京投发展	62.40	B	0.56	16.52	4.12	0.18	0.24	83.12	3.62	104.83	103.34	-13.76	46.31	4980953.74	886442.42	106334.59
26	1280	000616	海航投资	61.30	B	0.20	4.91	7.29	0.21	0.69	8.41	8.11	487.76	22.12	-2.83	77.85	581918.93	125477.54	37862.25
27	1328	600658	电子城	61.00	B	0.47	5.13	6.06	0.24	0.30	59.21	4.15	106.61	6.27	5.11	91.81	1781021.96	377045.27	54569.14
28	1335	600692	亚通股份	60.90	B	0.17	5.35	4.07	0.37	0.46	66.37	6.57	16.57	8.16	8.04	52.15	281805.88	100250.91	6536.91
29	1355	000560	我爱我家	60.70	B	0.13	3.21	3.35	0.48	1.02	48.40	3.68	-14.60	0.33	-5.85	82.53	2012374.31	957494.45	32487.3
30	1360	000090	天健集团	60.70	B	0.74	14.08	5.43	0.38	0.44	77.47	10.53	16.77	14.25	19.45	149.32	4899863.32	1712470.79	148878.89
31	1370	600663	陆家嘴	60.50	B	0.99	15.40	8.86	0.15	0.36	66.67	4.59	-2.02	16.25	-18.10	46.11	10135435.43	1447472.72	501342.61
32	1427	000838	财信发展	60.00	CCC	0.11	6.71	2.25	0.34	0.35	83.98	8.59	78.30	3.44	-13.74	49.04	1817358.54	605171.3	25887.51
33	1448	600325	华发股份	59.70	CCC	1.16	8.36	2.74	0.18	0.20	80.32	5.61	53.87	46.31	-15.36	42.55	32184423.48	5100630.15	455988.49
34	1465	600223	鲁商发展	59.50	CCC	0.64	11.15	1.61	0.23	0.24	89.40	10.36	32.33	38.80	-10.14	152.56	6149858.47	1361548.21	63888.94
35	1479	600177	雅戈尔	59.40	CCC	1.56	10.99	12.95	0.14	0.27	64.12	10.39	-7.61	2.50	3.70	44.36	8001508.54	1147557.05	720657.95
36	1522	002146	荣盛发展	59.10	CCC	1.73	16.11	4.43	0.26	0.29	82.07	8.87	0.85	15.87	-29.07	57.04	28861087.24	7151132.17	777391.04
37	1571	000718	苏宁环球	58.70	CCC	0.34	11.79	9.50	0.25	0.32	45.53	12.98	9.25	2.22	-6.54	49.38	1597154.55	428744.27	101299.42
38	1593	000537	广宇发展	58.60	CCC	1.19	15.05	4.95	0.27	0.31	79.48	5.25	-14.08	12.83	-15.56	62.40	7483498.96	1975056.78	221160.57
39	1614	002133	广宇集团	58.30	CCC	0.38	7.99	3.21	0.36	0.40	73.33	10.87	36.47	9.90	-5.35	28.74	1565229.32	523354.67	32786.45
40	1635	600675	中华企业	58.10	CCC	0.23	9.81	6.21	0.22	0.31	64.61	5.33	-13.02	3.49	-26.06	49.77	4934421.78	1155208.93	198380.63
41	1640	002285	世联行	58.10	CCC	0.05	0.89	3.80	0.60	0.78	51.67	3.96	1.10	-2.94	32.60	231.33	1089113.24	672269.84	13342.07
42	1691	000863	三湘印象	57.50	CCC	0.23	1.79	3.39	0.43	0.52	51.61	4.34	146.00	-17.98	5.80	73.74	966168.28	488941.58	20858.63
43	1750	000909	数源科技	57.00	CCC	0.11	-0.47	4.31	0.36	0.52	52.26	1.91	21.70	61.71	1.28	42.68	432537.79	134491.93	6100.97
44	1754	600067	冠城大通	57.00	CCC	0.22	3.50	4.18	0.36	0.46	62.02	3.54	14.18	3.36	-9.21	37.36	2451176.27	889181.49	35292.2
45	1841	000029	深深房A	56.10	CCC	0.29	7.05	8.13	0.33	0.39	25.92	-	-36.63	3.75	-33.94	73.02	493691.67	161500.97	28996.28

续表

序号	A股上市公司评价得分排名	股票代码	股票简称	综合得分	评价等级	每股收益（元）	净资产收益率(%)	总资产报酬率(%)	总资产周转率（次）	流动资产周转率（次）	资产负债率(%)	已获利息倍数	营业收入增长率(%)	资本扩张率(%)	市场投资回报率(%)	股价波动率(%)	年末资产总额（万元）	营业收入（万元）	净利润（万元）
46	1920	002244	滨江集团	55.30	CCC	0.75	13.27	3.78	0.19	0.21	83.70	6.21	14.60	25.13	-1.37	59.78	17201552.79	2859679.98	354777
47	1970	600648	外高桥	54.60	CC	0.64	5.47	4.52	0.27	0.53	71.41	2.70	13.53	3.39	-19.62	50.03	3929617.06	1015071.22	76944.17
48	1976	000036	华联控股	54.60	CC	0.37	12.98	9.01	0.24	0.30	46.28	23.16	-14.63	3.18	0.53	78.85	1084447.38	270506.49	77292.81
49	1990	000897	津滨发展	54.40	CC	0.12	6.30	4.11	0.27	0.28	78.01	42.99	43.65	17.68	14.20	67.04	693679.19	184196.22	22909.19
50	2017	000691	亚太实业	54.00	CC	0.06	9.52	8.85	0.55	1.20	68.13	5.16	1810.28	163.36	13.93	120.59	72739.64	26575.67	3132.93
51	2057	001979	招商蛇口	53.60	CC	1.46	5.72	5.08	0.19	0.25	65.63	3.34	32.71	11.43	-31.71	63.17	73715734	12962081.84	1691330.21
52	2078	600064	南京高科	53.40	CC	1.63	11.64	8.16	0.09	0.17	56.74	17.26	-0.18	12.00	8.87	82.98	3261860.87	290353.62	210488.62
53	2105	600649	城投控股	53.10	CC	0.30	2.06	3.94	0.13	0.16	65.30	2.21	80.18	4.17	-4.09	39.66	6152414.31	656492.58	76937.94
54	2121	000797	中国武夷	53.00	CC	0.17	8.22	3.58	0.27	0.29	74.76	8.39	11.37	-0.72	-8.57	55.61	2335369.79	581964.93	49030.41
55	2127	600159	大龙地产	52.90	CC	0.13	4.07	3.33	0.22	0.24	43.77	15.09	8.15	2.57	0.08	41.25	437377.89	98713.65	10306.99
56	2147	000042	中洲控股	52.70	CC	0.42	1.91	4.48	0.24	0.27	81.56	1.42	48.30	2.30	-14.02	34.85	4444375.76	1069701.95	15996.44
57	2173	600748	上实发展	52.40	CC	0.41	6.07	3.63	0.20	0.23	67.97	8.57	-9.21	12.97	-16.57	51.39	4247913.71	804876.19	85023.93
58	2283	600641	万业企业	51.00	CC	0.35	3.57	5.57	0.12	0.18	13.53	459.34	-50.16	6.30	21.05	81.41	771475.89	93149.01	29502.59
59	2336	600185	格力地产	50.40	CC	0.30	6.81	5.99	0.18	0.22	77.50	1.52	52.38	7.21	34.28	307.09	3747000.82	638896.67	55765.9
60	2378	600848	上海临港	50.00	C	0.67	7.82	6.64	0.10	0.17	57.74	5.94	-0.51	8.50	-17.74	55.60	4181020.37	392955.63	163080.34
61	2386	600823	世茂股份	49.90	C	0.41	6.45	3.42	0.16	0.27	66.57	20.04	1.19	3.54	9.13	145.10	14930475.4	2170534.22	324885.82
62	2409	000736	中交地产	49.70	C	0.50	5.95	6.17	0.17	0.18	87.04	1.48	-12.54	105.92	21.98	90.81	9950332.62	1229999.83	89601.26
63	2461	000608	阳光股份	49.10	C	0.14	2.57	4.18	0.10	0.82	38.82	2.49	134.85	3.12	-37.15	95.81	592379.19	57016.27	11540.82
64	2518	600647	同达创业	48.20	C	0.08	2.29	2.45	0.48	0.52	35.19	–	1401.24	3.77	-14.40	54.71	50452.13	23919.25	1186.91
65	2535	600665	天地源	48.10	C	0.38	7.58	1.51	0.17	0.17	87.54	21.38	-5.15	5.32	-11.22	35.46	3395533.84	530365.49	34877.69
66	2543	600736	苏州高新	48.00	C	0.13	1.30	1.81	0.20	0.24	71.66	2.32	9.88	1.53	-18.25	39.33	5459018.12	1004097.44	37493.17
67	2552	600077	宋都股份	47.90	C	0.27	9.05	2.32	0.18	0.20	86.70	2.08	71.86	3.58	4.66	101.89	4301711.46	716141.53	32063.5
68	2561	600895	张江高科	47.80	C	1.18	12.97	9.56	0.03	0.06	55.78	6.58	-47.23	10.76	12.85	139.83	3281973.06	77919.82	173265.29

续表

序号	A股上市公司评价得分排名	股票代码	股票简称	综合得分	评价等级	每股收益（元）	净资产收益率(%)	总资产报酬率(%)	总资产周转率（次）	流动资产周转率（次）	资产负债率(%)	已获利息倍数	营业收入增长率(%)	资本扩张率(%)	市场投资回报率(%)	股价波动率(%)	年末资产总额（万元）	营业收入（万元）	净利润（万元）
69	2562	600094	大名城	47.70	C	0.18	3.52	3.38	0.37	0.43	62.68	2.26	13.75	−1.08	−33.09	113.43	3783295.81	1483694.28	52295.15
70	2575	600376	首开股份	47.60	C	1.13	5.51	4.68	0.14	0.16	80.42	1.77	−7.18	10.85	−22.69	51.45	32784291.64	4422642.74	418431.79
71	2617	000006	深振业A	47.00	C	0.64	11.64	8.13	0.19	0.24	49.22	7.07	−21.35	9.31	5.50	140.81	1543476	293473.33	90289.01
72	2624	600162	香江控股	46.90	C	0.08	4.35	4.14	0.20	0.26	77.86	2.33	1.11	−0.01	−13.44	41.87	2562392.59	498215.09	26333.08
73	2665	601512	中新集团	46.10	C	0.87	11.03	9.62	0.14	0.25	41.73	8.64	−35.71	8.97	−26.33	48.39	2574587.05	341411.36	161872.12
74	2692	600208	新湖中宝	45.70	C	0.38	2.85	4.59	0.10	0.16	71.60	2.39	−6.88	9.57	−20.87	51.74	13568456.33	1379202.11	329097.61
75	2703	600773	西藏城投	45.60	C	0.14	3.31	1.78	0.13	0.15	75.33	5.00	38.70	2.90	22.01	65.63	1451837.92	186382.15	10647.96
76	2750	600340	华夏幸福	44.80	C	0.97	5.35	3.35	0.21	0.24	81.29	2.03	−3.80	24.08	−37.85	80.75	48876235.88	10120852.07	480573.97
77	2754	600638	新黄浦	44.70	C	0.40	2.72	2.35	0.07	0.08	77.57	13.99	−6.42	5.58	−2.64	101.39	2009291.35	119412.98	31509.25
78	2766	600466	蓝光发展	44.60	C	1.00	7.88	2.54	0.19	0.20	82.04	6.54	9.60	18.60	−35.23	82.59	25826412.83	4295737.6	367597.74
79	2784	000031	大悦城	44.30	C	−0.09	2.29	2.87	0.20	0.27	77.16	2.32	13.79	7.30	−37.49	79.57	19987138.8	3844528.43	112270.39
80	2786	600622	光大嘉宝	44.20	C	0.28	2.28	4.11	0.13	0.28	70.64	2.03	−18.32	4.93	−14.39	57.65	3387703.12	393736.19	37874.69
81	2793	600533	栖霞建设	44.10	C	0.31	5.88	2.77	0.15	0.18	80.79	3.23	43.93	5.23	−2.98	49.29	2211763.67	329469.9	31662.13
82	2822	600743	华远地产	43.30	C	0.18	1.65	1.21	0.13	0.14	84.50	8.08	4.16	3.28	−9.73	29.28	6163671.24	773070.17	27983.88
83	2832	600503	华丽家族	43.00	C	0.09	2.85	3.83	0.18	0.36	33.30	5.61	−53.98	−4.81	12.81	85.89	566439.21	107957.12	12492.54
84	2855	600568	*ST中珠	42.60	C	–	−1.20	1.02	0.16	0.34	12.05	9.53	4.50	2.26	−21.04	110.06	452533.49	72747.38	1459.11
85	2862	600246	万通发展	42.50	C	0.03	0.50	2.43	0.11	0.20	34.34	2.14	23.55	−7.27	25.27	126.37	1158221.56	136242.2	7574.26
86	2901	600215	*ST经开	41.70	C	0.18	0.83	4.24	0.06	0.06	12.11	–	−9.49	−3.54	−16.96	170.90	282346.72	16895.47	8329.51
87	2913	000402	金融街	41.40	C	0.84	0.02	5.01	0.11	0.16	76.48	1.71	−30.79	2.11	−17.51	36.41	16920791.58	1812137.34	221846.79
88	2936	600716	凤凰股份	40.50	C	0.06	−0.08	1.25	0.10	0.16	30.42	19.48	−31.31	−0.13	−1.71	38.48	872532.43	89410.8	5788.92
89	2983	000926	福星股份	39.30	C	0.32	0.48	4.12	0.14	0.18	76.58	1.33	−21.59	−0.69	−21.65	45.40	5245485.22	750114.08	29085.42
90	2985	000631	顺发恒业	39.20	C	0.10	3.04	4.64	0.07	0.08	14.80	25.86	−64.75	−3.09	2.00	39.91	744780.49	58113.84	25279.59
91	2990	600463	空港股份	39.10	C	0.03	−5.23	1.49	0.37	0.61	59.33	1.18	2.09	−0.79	−16.22	69.46	318028.22	111791.14	464.78

续表

序号	A股上市公司评价得分排名	股票代码	股票简称	综合得分	评价等级	每股收益（元）	净资产收益率(%)	总资产报酬率(%)	总资产周转率（次）	流动资产周转率（次）	资产负债率(%)	已获利息倍数	营业收入增长率(%)	资本扩张率(%)	市场投资回报率(%)	股价波动率(%)	年末资产总额（万元）	营业收入（万元）	净利润（万元）
92	3015	601588	北辰实业	38.00	C	0.04	2.63	3.69	0.20	0.23	77.18	1.54	-10.57	-1.69	-27.11	53.46	8644345.63	1799598.24	57598.34
93	3018	600266	城建发展	37.80	C	0.44	2.79	2.09	0.11	0.13	78.70	2.30	-15.46	0.01	-22.25	49.16	13136404.4	1389086.18	110264.71
94	3081	000014	沙河股份	35.50	C	0.02	-0.14	2.24	0.16	0.17	60.81	2.02	-20.88	-0.22	-12.02	110.89	243368.88	34667.34	913.47
95	3096	000540	中天金融	34.90	C	0.08	1.20	2.43	0.06	0.09	84.35	1.31	-43.29	4.41	-5.97	59.94	13845106.37	713258.72	71002.46
96	3107	000615	奥园美谷	34.20	C	-0.17	-1.06	3.09	0.20	0.27	71.94	1.78	-36.92	-0.22	64.84	127.06	945317.4	198734.41	3817.07
97	3112	600604	市北高新	34.10	C	0.09	1.82	2.96	0.06	0.11	56.16	1.76	10.27	10.98	-26.17	83.75	1910914.26	120234.56	18191.26
98	3115	002377	国创高新	33.80	C	-3.25	-78.14	-58.76	0.87	1.83	33.74	-181.90	-10.89	-57.95	-11.06	54.90	342055.43	439828.92	-298618.83
99	3118	000965	天保基建	33.60	C	0.09	1.74	2.64	0.09	0.10	45.83	2.47	-32.59	1.38	9.96	44.00	995128.79	81973.04	9534.76
100	3123	000514	渝开发	33.50	C	0.16	2.92	2.85	0.09	0.11	49.81	4.25	-27.92	2.68	-20.49	34.31	764225.43	62401.23	13518.27
101	3131	600708	光明地产	33.20	C	-0.03	-3.75	1.53	0.17	0.18	83.43	2.07	10.10	-3.78	-25.16	47.80	8822025.16	1498475.08	13289.07
102	3141	000573	粤宏远A	32.70	C	-0.18	-7.09	-2.83	0.27	0.44	49.34	-1.89	-9.48	-8.97	-6.07	55.98	310925.71	82605.89	-12036.92
103	3152	000809	铁岭新城	32.20	C	-0.07	-2.27	0.29	0.04	0.04	33.08	0.20	2.25	-1.93	-17.92	38.83	456671.61	18827.92	-6022.05
104	3198	600082	海泰发展	30.40	C	0.05	-3.96	4.01	0.15	0.16	44.56	1.57	-32.40	1.93	-25.19	48.96	314571.07	45810.03	3301.71
105	3248	000667	美好置业	27.70	C	0.04	-14.24	0.34	0.15	0.20	75.83	0.35	14.95	-5.53	40.58	113.19	2831420.22	420671.36	-44735.7
106	3310	002305	南国置业	25.30	C	0.01	-5.79	1.20	0.14	0.15	80.55	1.36	-36.80	17.82	-8.96	85.80	2997644.22	402493.96	3292.8
107	3348	000502	绿景控股	23.80	C	-0.10	-12.05	-7.87	0.06	0.11	17.51	–	-9.67	-8.97	25.87	67.12	23158.11	1474.01	-1882.3
108	3366	000679	大连友谊	23.30	C	0.07	-31.08	5.85	0.06	0.09	49.66	1.03	-77.34	0.22	-24.72	86.34	134417.72	17577.27	396.1
109	3372	600791	京能置业	23.20	C	-0.16	-2.01	0.06	0.02	0.02	79.01	0.13	-73.57	-5.37	30.35	113.37	1818372.35	31280.91	-7318.56
110	3404	000981	*ST银亿	21.90	C	-0.27	-19.56	-1.71	0.33	0.79	72.34	-0.74	12.93	-11.52	13.28	144.73	2214474	795966.42	-106628.17
111	3437	000668	荣丰控股	20.40	C	-0.16	-2.99	-0.32	0.04	0.05	60.22	-0.69	-73.84	-5.30	-0.46	165.47	261925.19	10958.33	-2328.53
112	3465	600225	*ST松江	19.50	C	-4.19	307.55	-27.64	0.10	0.15	134.71	-3.34	-8.54	-584.83	-54.66	155.07	954609.94	108240.18	-411602.48
113	3486	000558	莱茵体育	18.70	C	-0.06	-5.23	-1.63	0.06	0.18	43.70	-1.14	1.58	-5.13	-15.77	58.79	216588.15	14002.45	-7320.73
114	3497	600807	济南高新	18.30	C	-0.95	-34.36	-17.53	0.24	0.48	86.21	-17.27	-28.45	-50.56	-5.32	96.33	470655.9	108926.44	-80995.5

续表

序号	A股上市公司评价得分排名	股票代码	股票简称	综合得分	评价等级	每股收益（元）	净资产收益率(%)	总资产报酬率(%)	总资产周转率（次）	流动资产周转率（次）	资产负债率(%)	已获利息倍数	营业收入增长率(%)	资本扩张率(%)	市场投资回报率(%)	股价波动率(%)	年末资产总额（万元）	营业收入（万元）	净利润（万元）
115	3517	000056	皇庭国际	17.40	C	−0.26	−5.05	0.47	0.06	0.47	58.89	0.15	−27.74	−12.99	−29.36	62.67	1175675.96	68572.98	−31966.07
116	3521	600684	珠江股份	17.30	C	−0.69	−24.59	−0.54	0.09	0.11	89.61	−0.35	−16.04	−26.59	−21.42	53.85	3030555.93	247505.36	−61707.61
117	3547	600890	*ST 中房	16.00	C	−0.09	−20.24	−17.50	0.04	0.05	8.43	–	−91.42	−18.03	−24.00	80.55	25236.88	1090.4	−5084.6
118	3572	600393	粤泰股份	14.50	C	−0.36	−18.67	−5.25	0.20	0.23	62.88	−2.55	−34.21	−18.77	−26.28	62.18	1391427.64	301601.39	−106153.92
119	3586	000506	中润资源	13.80	C	−0.53	−54.55	−16.60	0.17	0.45	75.31	−5.55	−17.53	−47.56	−20.07	68.82	232313.13	42505.44	−48576.1
120	3613	600239	*ST 云城	11.90	C	−1.63	−105.25	0.51	0.05	0.08	97.68	0.15	−29.69	−66.48	−18.80	145.72	8033692.22	439325.95	−309353.84
121	3634	000609	*ST 中迪	10.40	C	−1.00	−23.48	−5.84	0.03	0.03	68.10	−3.45	−80.62	−19.64	−14.73	77.24	388201.91	10619.77	−30625.47
122	3636	600515	*ST 基础	10.20	C	−1.98	−58.31	−9.85	0.09	0.19	85.80	−2.11	−45.21	−70.91	50.35	165.99	5743449.93	631479.28	−965006.58
123	3639	000620	新华联	9.70	C	−0.68	−14.50	0.75	0.14	0.24	83.45	0.28	−40.91	−14.19	−40.50	102.37	5039103.77	708388.42	−122692.24
124	3659	600322	天房发展	7.60	C	−2.28	−69.57	−10.73	0.11	0.13	88.69	−29.83	−71.22	−52.31	−22.83	48.67	2294366.08	275286.96	−280350.94
125	3662	002147	*ST 新光	7.10	C	−1.78	−160.26	−22.69	0.13	0.25	101.92	−7.15	−1.39	−107.14	−51.53	129.40	1105209.4	166947.92	−326451.24
126	3678	000918	嘉凯城	3.60	C	−0.70	−43.82	−3.11	0.06	0.09	82.47	−0.65	−39.47	−35.11	−39.54	80.13	1349267.05	99991.84	−128245.29
127	3683	000732	泰禾集团	2.50	C	−2.01	−16.96	−1.62	0.02	0.02	90.75	−2.34	−84.70	−40.55	−46.65	122.69	21683258.63	361453.45	−510652.73
128		300917	特发服务	79.70	A	1.32	18.51	18.12	1.40	1.56	26.50	–	24.40	202.36	15.48	5.92	109978.45	110865.98	10834.96

第十八章　环保行业上市公司业绩评价

2020年，我国环保行业开始进入稳定发展阶段，并已经开始成为支撑产业经济效益增长的重要力量。随着环保产业的逐渐成形，环保企业也已逐步迈入产业集团化形态。环保企业进入市场已从过去倾向于以某一细分领域进行专业治理的业务模式，逐渐转型为向环保问题的综合解决方案服务商，向全国性和区域环境综合服务集团发展。

2020年，一批新的国家环保政策开始颁布实施，产业升级和转型进一步得到提速。预计环保板块在2021年增长趋势不变，细分板块增速差异开始分化。固废处理板块受到垃圾分类、焚烧发电等相关政策的影响，增长幅度稳定；水务与水处理板块受到融资环境的影响，涨幅较小；大气治理和环境监测板块政策导向性强；节能环保业务板块受益效果预计较为显著。2020年，环保工程及服务（申万）指数涨幅为−2.32%。2021年是我国“十四五”开局之年，预计2021年环保行业领域将不断扩展，技术水平会不断提升，随着行业从业队伍素质的变化，环保产业的技术水平得到较大幅度的提升。新技术、新产品不断涌现，新发明、新专利层出不穷。目前我国环保产业技术水平与国际先进水平的差距不断缩小，有些已经达到甚至超过国外水平，有些产品已经出口国外，如污水处理技术、电除尘与袋除尘、火电厂脱硫、在线监测仪器等。我国现有的主导产品与技术已经基本可以满足国内市场需要。

一、环保行业上市公司业绩评价结果

截至2020年末，环保行业A股上市公司共74家，其中盈利61家。环保行业的综合评价得分值为50.82分，低于全部上市公司53.53分的平均得分。环保行业无上市公司进入2020年上市公司业绩评价综合得分的“中联价值100”名单。在74家环保行业上市公司中，业绩为A级的有1家；业绩为BBB级的有6家，业绩为BB级的有6家，业绩为B级的有12家；业绩为CCC级的有20家，业绩为CC级的有4家，业绩为C级的有25家。

2020年全部上市公司为4007家，全部上市公司资产总额为75.93万亿元，环保行业上市公司资产总额为0.62万亿元，占全部上市公司资产总额的0.82%，同比上升0.14%；

全部上市公司实现营业收入 43.62 万亿元，环保行业上市公司实现营业收入为 0.19 万亿元，占全部上市公司营业收入的 0.44%，同比上升 0.12%；全部上市公司实现利润总额为 2.77 万亿元，环保行业上市公司实现利润总额约为 0.02 万亿元，占全部上市公司利润总额的 0.56%，同比上升 0.29%；全部上市公司实现净利润 2.16 万亿元，环保行业上市公司实现净利润为 0.01 万亿元，占全部上市公司净利润的 0.56%，同比上升 0.34%；环保行业上市公司的市场投资回报率低于全部上市公司市场投资回报率；环保行业上市公司的股价波动率为 79.39%，低于全部上市公司 105.04% 的股价波动率。

2020 年，环保行业排名前十的上市公司见表 18–1。

表 18 – 1　2020 年度环保行业评价得分前十名的公司

序号	股票代码	股票简称	在 A 股上市公司中评价得分排序
1	603568	伟明环保	135
2	600323	瀚蓝环境	326
3	603588	高能环境	336
4	000967	盈峰环境	733
5	603279	景津环保	862
6	002266	浙富控股	935
7	002887	绿茵生态	959
8	002034	旺能环境	1075
9	300800	力合科技	1120
10	601200	上海环境	1317

基于对环保行业上市公司的整体评价，下面分别从财务效益状况、资产质量状况、偿债风险状况、发展能力状况、市场表现状况五个方面对环保行业上市公司进行具体分析。

（一）财务效益

从综合得分来看，2020 年环保行业上市公司财务效益略低于全部上市公司平均水平，部分指标高于同行业上年水平。表 18–2 列示了 2020 年环保行业上市公司财务效益状况评价结果。

与 2019 年的情况相比较，2020 年环保行业上市公司财务效益略有上升，但是幅度不大。从表 18–2 可以看出，在财务效益指标中，环保行业扣除非经常性损益净资产收益率以及盈利现金保障倍数均高于全部上市公司平均水平。

在环保行业上市公司财务效益状况评价中，伟明环保的综合得分为 75.70 分，在环保行业评价得分第一。伟明环保各项业务的生产经营稳定，建立了现代化的企业管理运营体系，以技术研发为依托，以垃圾焚烧发电项目的投资、建设和运营服务为核心，不断提高运营水平，加快装备及技术输出，进一步丰富完善固废处理业务产业链，在固废“减量化、资源化、无害化”处理领域为社会提供全方位的服务，打造成为国际先进、国内领先的综合性固废处理服务商，因此伟明环保在2020年财务效益指标较好。

表 18 - 2 环保行业财务效益状况比较表

分析指标 平均值		2020 年上市公司 平均值	2020 年行业值	2019 年行业值	增长率 (%)
基本指标	扣除非经常性损益 净资产收益率 (%)	7.56	5.17	2.46	110.16
	总资产报酬率 (%)	5.00	4.16	3.14	32.48
	基本得分	20.49	18.22	16.21	12.40
修正指标	营业利润率 (%)	6.43	8.18	6.62	23.56
	盈利现金保障倍数	2.01	2.13	4.86	–56.17
综合得分		22.11	20.55	19.73	4.16

（二）资产质量

从综合得分来看，环保行业上市公司资产质量略低于全部上市公司平均水平，略低于同行业上年水平。

表 18–3 列示了环保行业上市公司资产质量状况评价结果。在环保行业上市公司资产质量状况指标中，总资产周转率、流动资产周转率及应收账款周转率均低于全部上市公司平均水平。与 2019 年相比，2020 年各项周转率指标均有下降，行业的资产质量整体有所下滑。

表 18 - 3 环保行业资产质量状况比较表

分析指标 平均值		2020 年上市公司 平均值	2020 年行业值	2019 年行业值	增长率 (%)
基本指标	总资产周转率（次）	0.60	0.33	0.34	–2.94
	流动资产周转率（次）	1.14	0.80	0.80	—
	基本得分	9.09	6.96	7.05	–1.28
修正指标	应收账款周转率（次）	8.07	2.63	2.50	5.20
	存货周转率（次）	2.64	3.23	2.53	27.67
综合得分		9.07	7.20	6.96	3.45

该项指标评价得分第一的为富春环保，得分为13.64分。2020年富春环保实现营业收入46.56亿元，同比增长13.14%，实现归属于母公司股东净利润2.98亿元，同比下降0.70%。富春环保总资产周转率0.46次，流动资产周转率1.56次，应收账款周转率10.78次，存货周转率12.28次，均高于行业值。

（三）偿债风险

从综合得分来看，2020年环保行业上市公司偿债风险评价指标低于全部上市公司平均水平，部分指标略高于同行业上年水平。

表18–4列示了环保行业上市公司偿债风险状况评价结果。在环保行业上市公司偿债风险状况指标中，带息负债比率和速动比率均高于全部上市公司平均水平，这与其产品优势、经营状况有很大关系。

在环保行业上市公司偿债状况指标评价中，力合科技得分第一，其资产负债率、已获利息倍数、速动比率、现金流动负债比率和带息负债比率等指标均高于行业平均水平。力合科技已形成了由分析化学、光电子技术、精密机械、计算机软件和自动控制技术等多学科组成的高科技研发平台，积极发展自主知识产权，经营状况良好。

表18－4　环保行业偿债风险状况比较表

分析指标 平均值		2020年上市公司 平均值	2020年行业值	2019年行业值	增长率(%)
基本指标	资产负债率（%）	60.33	59.83	61.75	–3.11
	已获利息倍数	4.00	2.78	2.03	36.95
	基本得分	8.90	8.03	7.42	8.22
修正指标	速动比率（%）	82.33	96.56	79.91	20.84
	现金流动负债比率（%）	13.31	11.22	10.92	2.75
	带息负债比率（%）	40.72	50.60	47.43	6.68
综合得分		8.89	7.88	7.75	1.68

（四）发展能力

从综合得分来看，2020年环保行业上市公司发展能力高于全部上市公司的平均水平，且高于同行业上年水平。

表18–5列示了环保行业上市公司发展能力状况评价结果。在环保行业上市公司发展能力状况指标评价中，浙富控股得分17.74分，排名第一。

2020年浙富控股实现营业收入83.43亿元，同比增长670.07%，归属于母公司股东净利润13.62亿元，同比增长930.19%。浙富控股以发行股份的方式向桐庐源桐、叶标、申联投资、胡金莲、沛石恒达、沛能投资等6名交易对方购买其持有的申联环保集团100%股权，以支付现金的方式向胡显春购买其持有的申能环保40%股权。浙富控股的业务范围增加危险废物无害化处理及再生资源回收利用，并在组织模式、财务管理与内控、技术研发、业务合作等方式继续进行整合，收入得到快速增长。

表 18－5 环保行业发展能力状况比较表

分析指标 平均值		2020 年上市公司平均值	2020 年行业值	2019 年行业值	增长率 (%)
基本指标	营业收入增长率（%）	2.91	8.68	19.18	−54.74
	资本扩张率（%）	11.25	14.95	10.74	39.20
	基本得分	12.11	13.34	14.24	−6.32
修正指标	累计保留盈余率（%）	40.80	31.75	28.96	9.63
	三年营业收入平均增长率（%）	8.50	14.71	19.12	−23.06
	总资产增长率（%）	10.58	14.10	21.66	−34.90
	营业利润增长率（%）	2.48	5.17	21.58	−76.04
综合得分		12.17	12.98	14.31	−9.29

（五）市场表现

2020 年环保行业市场表现劣于大盘，且整体走势延续平稳态势，弱于 2019 年的市场表现（见图 18–1）。

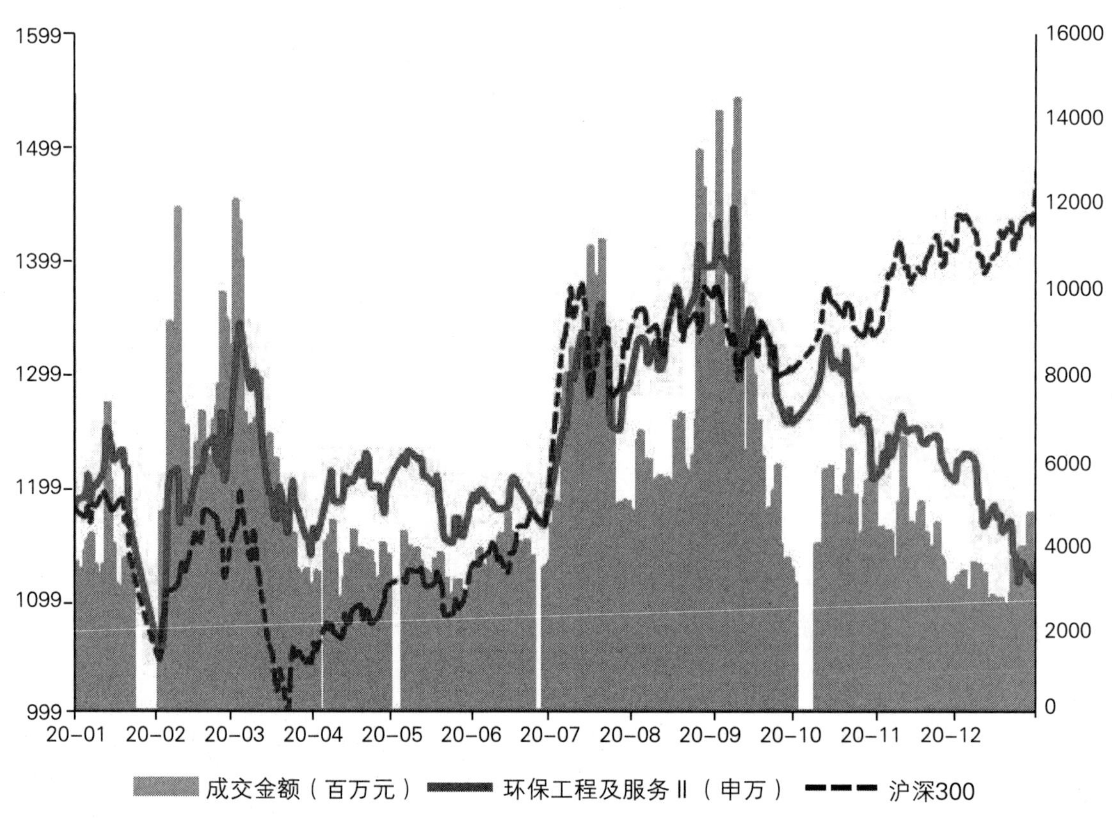

图 18－1 2020 年环保指数与大盘指数波动

从综合得分来看，环保行业上市公司市场表现劣于全部上市公司的平均水平。表 18-6 列示了环保行业上市公司市场表现状况评价结果。

在环保行业上市公司市场表现状况指标评价中，伟明环保名列第一，伟明环保已形成涵盖城市生活垃圾焚烧发电行业全产业链业务，实现一体化运作，在长三角等东部沿海发达地区拥有较高市场份额。伟明环保通过增加生活垃圾焚烧发电运营项目规模和设备销售规模，提升了收益水平。伟明环保行业竞争力提升，得到了市场投资者追捧，进而投资回报率较高。

表 18 － 6　环保行业公司市场表现状况比较表

分析指标	2020 年上市公司平均值	2020 年行业值	2019 年行业值	增长率 (%)
投资回报率（%）	15.87	0.60	4.23	–85.82
股价波动率（%）	105.04	79.39	94.15	–15.68
得分	9.17	8.70	7.57	14.93

二、2020 年度环保行业上市公司业绩影响因素分析

近年来，受国家去杠杆、资本新规和 PPP 政策收紧等因素影响，很多环保行业上市公司将商业模式向“轻资产”方向转变。2020 年全国环保行业营业收入约 0.19 万亿元，同比增长 8.68%，远高于同期经济增速，其中 9 家公司营业收入过百亿元，比上年减少 1 家，分别是光大环境 375.80 亿港元、北控水务 281.93 亿港元、中国天楹 186.87 亿元、首创股份 149.07 亿元、格林美 143.54 亿美元、盈峰环境 126.96 亿元、碧水源 122.55 亿元、龙净环保 109.35 亿元、启迪环境 101.76 亿元。此外，13 家环境企业营业收入在 50 亿 ~100 亿元之间，较上年增加 4 家。从全国工商联环境商会主办的“2020 中国生态环境产业高峰论坛”上获悉的一组数据显示，“2020 中国环境企业 50 强”榜单中 A 股上市公司 36 家，H 股上市公司 9 家，新加坡上市公司 4 家，非上市环保公司 4 家。光大环境、北控水务、中国天楹排名前三。

此外，环保行业的业绩表现也十分亮眼。截至 2021 年 4 月 30 日，共有 94 家环保行业上市公司披露 2020 年业绩报告，55 家上市公司实现营业收入和净利润双增长。其中，怡球资源、钱江水利、侨银股份、中创环保、玉禾田等 9 家上市公司净利润增幅同比翻番。从板块来看，固废处理、水治理、环卫、能源环保等细分领域头部企业，产业链延伸、攻城拔寨进程提速，业务规模效应及协同效应凸显。但另一方面，环保行业整体资产负债率攀升，行业内主要公司投资回报率显著下滑，上市公司平均跌幅远高于市场平均跌幅。目前有相当数量的环保上市公司由于资产负债率高、现金流恶化而失去债务偿还能力，在去杠杆的大环境下正面临生存困境，急需并购重组为其输血。

影响 2020 年环保行业上市公司业绩的主要因素有以下几个方面。

（一）系列产业政策出台，加快建立绿色低碳循环发展经济体系

2020 年是“十三五”的收官之年，是打赢打好污染防治攻坚战的决胜之年，是我国深入推进生态文明建设的关键期，也是以生态环境高水平保护促进经济高质量发展的攻坚期、持续打好污染防治攻坚战的窗口期，以及实现碳中和宏伟目标和美丽中国建设目标的奠基期。

随着生态环境保护治理的力度持续加大，我国环保产业的发展空间加速释放，在国民经济中的战略地位不断提升。在“双循环”新格局下，环保产业发展深度匹配国内“双循环”发展内在需求，已成为深化供给侧改革，促进我国经济转型换挡，推动绿色发展的重要力量。2020 年国家相关主管单位也出台了一系列产业政策，如 2020 年 3 月，中共中央办公厅、国务院办公厅发布《关于构建现代环境治理体系的指导意见》，2020 年 5 月，中国证监会与国家发展改革委联合发布了《关于推进基础设施领域不动产投资信托基金(REITs) 试点相关工作的通知》。

（二）产业投入力度不断加大，投融资环境欣欣向荣

2020 年环保企业一扫阴霾纷纷焕发新生。在投融资方面，政府借助政策性金融 PPP 手段解决环保企业资金问题，为环保企业发展提供了有力的支撑。生态环境部从多方面着力推动环保产业发展，包括加大资金投入，强化资金引导。如 2020 年 7 月，国家绿色发展基金股份有限公司经国务院批准设立，由财政部、生态环境部和上海市共同发起，包括四川省在内的沿长江经济带省市共同出资，并吸收国有资本和社会资本共同出资设立，地方上也在发力；在投资环境方面，有关部门积极出台和落实生态环境保护相关的财税、价格、金融、贸易等优惠扶持政策，积极支持环保企业的发展。如 2020 年 9 月，生态环境部组织编制形成美丽中国建设生态环境保护目标指标研究报告，开展建设美丽中国生态环境目标指标研究工作，开设多次专题研究审议美丽中国生态环境目标指标，为推进生态文明建设、共筑美丽中国注入强大动力。

当前央行的缩量续作和政策表态使得市场担心未来流动性会有所收紧，且国内外经济复苏预期较强，再加上两会关于环保行业的预期，在此背景下，投资人会更加青睐运营稳健、现金流较好、获得政策重点支持等特点的子板块和子行业。目前，环保行业相对于其他板块估值普遍偏低，部分低估值、高成长的优质企业将会逐渐凸显投资价值。

2020 年前三季度，安信环保板块 103 家上市公司共实现营业收入 2218.35 亿元，同比增长 4.6%；实现归属于母公司股东净利润 203.51 亿元，同比增长 0.34%；实现扣除非经常性损益归属于母公司股东净利润 178.45 亿元，同比下滑 0.16%。随着疫情影响进一步收缩，环保生态维护改善力度大，叠加商业模式的重运营化发展和订单产能进一步释放，环保行业有望迈入新阶段。“十四五”期间，环保精细化运营的重要性更加凸显，环卫市场智能化、信息化、精细化、一体化已经成为新趋势。数据表明，使用环卫机器人可节省 50.7% 的总成本。对于水务、固废、大气等处理终端运营企业，运营为王是当前企业竞争的核心逻辑。精细化管理将充分提高企业治理效果及运营效率，提高企业竞争力。运营和

技术的提升将增加更多投资价值。

（三）产业技术升级，着力打造智慧环保新基建

在产业技术升级方面，截至2020年底，在燃煤锅炉、工业炉窑电除尘、布袋除尘等产品和技术方面，我国已达到国际先进水平；第三方治理、环境服务、环境金融等业态得到了快速发展；“互联网+”模式、PPP模式、生态环境导向开发模式等在环境治理领域也得到了创新和应用。

环保产业与技术相融合，经历了从“智慧环保”到“智慧环境”再到“智慧生态”的转变。从阿里云推出ET环境大脑、与江西水务共建水务行业云平台，到腾讯云携手粤海水务打造智慧水务生态圈，再到华为斩获4.45亿元智慧水务大单，携手深圳水务和深圳移动打造5G智慧水质净化厂，深度参与城市数字化转型，以及中国移动中标2400万元环境监测项目等。数字化、智能化、智慧化已成为环保产业升级发展的内在需求和必然趋势。在上市公司中，恒华科技凭借雄厚的软件研发实力、卓越的信息技术服务能力、丰富的工程设计与工程管理经验，围绕智慧能源、智能交通、智慧环保、智慧城市四大领域，实现软件产品及服务、工程设计与服务、工程总承包/项目管理三大业务，致力于提供全价值链的一体化服务。另外，华平股份依托平安城市、智慧政务、智慧民生三大领域深度拓展，产品和解决方案覆盖智能交通、智慧环保、智慧医疗、智慧园区等应用，为城市用户提供全面的智慧城市综合化解决方案。

新基建如新交通网的构建为环保企业带来增量机会，同时新基建可为环保产业提供新产品和新服务，并催生更好的商业模式。环保企业开始主动拥抱科技，纷纷主动布局智慧环保等新基建产业，且频放大招：研究发布一体化环境监测网络，发展人工智能无人驾驶环卫车、环卫机器人，研发危废智慧监管系统，参与海绵城市和无废城市建设，助推垃圾分类精准落地，对症全国小微水体和流域治理等。以上市公司伟明环保为例，深耕环保事业20余载，伟明环保已成为中国固废处理行业领军企业。公司作为我国规模最大的城市生活垃圾焚烧处理企业之一，拥有技术研究开发、设备设计制造、项目投资建设、项目运营管理等全产业链一体化优势，在项目投资、建设、运营以及设备研制等方面建立了一套科学的系统化技术标准和运作模式，形成了专业化、精细化、标准化的业务管理能力，帮助公司保持行业领先的经营业绩和盈利能力。公司获得一系列社会荣誉，树立了良好的市场品牌形象，并具备项目快速复制能力。

（四）新冠肺炎疫情使行业发展步伐放缓

此次新冠肺炎疫情在2020年对大多数行业造成一定影响，环保行业自然也不例外。从整体来看，环保上市公司在成长性方面的表现受新冠肺炎疫情影响，环保营业收入和营业利润均同比降低。

根据2020年全年的业绩报告，74家环保行业上市公司的营业收入总额1927.83亿元，相比2019年的1773.89亿元，同比增长8.68%，增长率相比上年同期增长率下降30.21%。

一方面，新冠肺炎疫情打乱了供应链布局导致业务发展迟缓。受疫情影响，上游企业生产原材料及设备采购和运输供应一时难到位，下游企业的工作进度自然受到极大影响。环保装备制造和环保产品生产类企业及有在建项目的环保工程类企业均受到不同程度影响，生产及交付工作可能有一定程度延后。对于生产型环保企业，如果不能按照合同约定满足客户的供货时间要求，有可能导致客户另寻他主而流失业务。

另一方面，新冠肺炎疫情冷却了市场招投标热度。2020 年很多既定招标项目都有不同程度延期甚至取消，对众多环保企业在 2019 年制定的既定年度计划和业绩考核会造成直接影响。

三、2021 年环保行业前景分析

2020 年，环保行业几大利空因素基本消除：PPP 清库基本完成；2020 年以来融资环境逐步改善；部分企业退出市场，市场竞争环境改善；优质环保公司大部分完成逆向混改，竞争力增强。2021 年，在政策的引导下，环保行业的需求会慢慢地释放出来。一方面国家能源结构转型，另一方面碳市场进一步建立。随着政策预期逐步兑现，当前环保板块估值处于历史底部，板块前期调整充分，在未来我国实现碳达峰、碳中和的长期目标之下，环保行业的估值中枢有望上行。

（一）数字经济对环保领域的赋能将迎来真正提速

近年来，人工智能、纳米新材料、大数据等前沿技术的不断创新和突破，为我国节能环保技术创新发展带来诸多机遇。以水处理为例，通过定向培养高效脱氮除磷微生物菌种、采用抗污染的分离膜材料等行业间协同融合手段，大幅提升了水处理效率和效果。通过与新一代信息技术相融合，更是催生了智慧环保等新业态，解决了环境及污染信息全面感知、环保数据高速传输，以及应急事件智能决策等传统环保工作痛点，使得应用场景不断拓展创新。2020 年我国智慧环保市场规模达到 840 亿元，相比 2015 年增长了 165%。预计 2021 年开始的“十四五”期间，将打破各行业间的应用壁垒，实现多领域协同融合将成为提升节能环保技术水平的重要路径，也将成为环保企业优化环保装备产品结构、提高核心竞争力的重要方式。我们预计，随着物联网、云计算、遥感监测、地理信息系统 (GIS)、数据挖掘与人工智能等技术的不断创新以及行业间协同融合的持续深入，智慧节能、物联环保等节能环保新型服务业态将不断涌现。

例如，环卫服务市场重视环卫装备的“电动化”“智能化”，各地在招投标时将向具有提供“电动化”“智能化”装备能力的环卫服务企业倾斜，行业准入门槛提升，龙头企业的品牌力、口碑力显现，“装备 + 服务”一体化的龙头企业将迎来“装备 + 服务”的双重催化。

（二）涉疫领域将迎来质变和快速发展

环卫及消杀将向智能化发展，如大连甘井子区疫情期间开展智能垃圾分类及消杀试点工作，可在无人值守情况下实现垃圾减量 14%。

危废处理将向集中化发展，以目前的产生量和处理能力估算，预计到 2022 年，全年危废产生量将达到 1 亿万吨，处理能力缺口超过 2000 万吨，包括医废在内的危废处理能力提升刻不容缓。

环境应急监测将向精准化发展，2020 年环境监测市场规模同比增长 25%，远高于前 3 年增长速度均值 16%，预计到 2025 年精密环境监测设备市场规模将达到 2400 亿元。

室内空气净化将向专业化发展，预计到 2025 年，室内空气净化行业市场规模将达 2000 亿元，其中，医疗场所专用的高精度专业化净化设备市场规模将达 600 亿元。

（三）产业集团化形态加快布局

环保行业作为一个产业已经逐渐成形，2021 年环保企业也已逐步迈入产业集团化形态。过去，企业进入环保市场，多数是以某一个细分领域作为切入点，而从细分领域的专业治理向环保问题的综合解决方案服务商转换的趋势愈加明显。各类环保企业由装备制造商、细分领域专业化系统解决方案提供商，向全国性和区域环境综合服务集团发展，进一步向环境综合服务集团发展。

（四）垃圾发电行业有上升空间

随着垃圾焚烧行业的逐渐成熟，国补退坡取消部分逐渐由地方政府承担顺价是必然趋势。国补的退坡以及取消，对于部分运营能力较弱、环保排放不达标、股东背景薄弱、顺价能力不强的小型垃圾焚烧发电企业有较大冲击，而行业内优质的龙头企业，具有“资金 + 运营能力 + 政府资源”等多项竞争优势，2021 年有望抓住国补退坡背景下的行业整合机会，顺势通过并购扩张提升自身的市场占有率水平。

目前中央政府对生物质 / 垃圾发电项目的补贴将只覆盖项目投产后的前 82500 小时或前 15 年，这为该行业的长期发展带来了一些担忧。自 2021 年起，补贴责任将逐步向地方政府转移，这有利于行业的长远发展，鉴于此，地方政府将加强对未来新项目的审查，以确保项目盈利能力和可持续性。此外，预计垃圾处理费的上升趋势在长期内将弥补补贴支持的减少。这些方向可能会成为“十四五”规划的一部分。

整体而言，看好行业的发展，因为焚烧处理方式在中国总的垃圾处理量中占比还不到 60%，未来机会还很大。

（五）精细化处置是未来固废行业提质的重要方向

目前我国已基本实现城市垃圾无害化处理达 100% 的指标要求，但在固废处置精细化程度方面，我国距发达国家仍有较大差距。应进一步以垃圾分类制度为抓手，不断推动静脉产业熵减和再生资源利用，促进固废处置领域的转型。垃圾分类不仅会改变人们的生活方式，更会对固废处置产业链利润的重新分配和体系化建设产生深远影响，固废处置产业也将在这个过程中迎来整体的提质。物业公司与环卫企业的跨界合作或整合非常值得关注；环卫服务端“垃圾分类 + 资源回收”两网融合发展渐成趋势。

（六）系统化措施将实现水环境治理行业的增质提效

随着前期污水处理产能的迅速释放，国家的关注重点从以前的“大干快上”转变为如何运用科学化、系统化的方法进行高效处置。对污水处理行业来说，水环境治理是一项系统性工程，也是对生态理念的先行示范，单纯通过扩大产能、提高标准，已无法经济地解决目前我国水环境中存在的诸如工业点源直排、农业和城市的面源污染、合流制管网的溢流污染、污染物排放不达标、黑臭水体等问题。此外，水生态安全仍将是我国的长期战略，对我国社会的可持续发展、居民的身体健康等方面起着重要的支撑作用。因此，需通过系统化的保护与治理工作，如截污控源、末端治理、水生态一体化等来整体解决水环境问题。实际上，“长江大保护”及“黄河大保护”，也要更多地考虑如何运用新模式，解决生态系统及商业模式的问题，这样才有利于资源的调动。

（七）汽车拆解和锂电池回收将是循环经济中的新亮点

一方面，由于快速增长时期积累的车辆即将达到报废期，新能源汽车逐渐崛起而加速老旧车辆更新换代，叠加政策推动非法拆解车辆流入正规报废渠道等因素，我国汽车报废即将迎来高峰期，而五大总成再制造、再利用的放开则直接解决了商业模式的掣肘，未来几年我国汽车拆解行业将不断放量、整合，该细分领域将逐步形成规模化的汽车拆解、再制造公司。另一方面，近年来新能源汽车的兴起快速增加了锂电池的使用量和报废量，锂电原材料依赖进口使得回收材料将成为重要的替代品。预计 2021 年锂电池逐步进入大规模报废期，锂电材料回收具有可观的经济性，锂电池回收产业有望成为循环经济的下一个风口。实际上，各个工业产业链形成循环经济闭环将是未来的重要趋势，而再制造能力是竞争力的核心，渠道整合能力是规模扩张的关键。

（八）金融资本注入为行业发展提供新鲜活力

金融资本不断向环保产业渗透，环保企业借助金融资本的力量不断发展壮大，全国范围内竞争热度呈区域化特征，领先的环保企业均形成了区域化布局。我国环保行业进入环境效果为核心的转型期，合同环境服务模式是趋势，目前该模式处于试点阶段。2021 年，随着环保行业竞争加剧，能否具备技术优势就成为环保企业可持续发展的关键，同时也是为绿色“一带一路”的企业海外布局提供了绝佳机会。

（九）并购整合仍将活跃，重塑竞争格局

环保产业潮起潮落，市场格局剧烈变动。当前的竞争格局尚未稳定，各类型企业仍将面临重新定位和并购整合。

2021 年，国企和民企将发掘各自的比较优势重新定位。国企间的竞争与整合初露端倪。当前的环保国企可以分为四种类型：第一类是长期从事环保行业的全国性综合环保公司，如首创股份、北控水务、中国光大绿色环保、瀚蓝环境等；第二类是区域性环保公司，如武汉控股、重庆水务、洪城水业等；第三类是新进入环保行业的大型国企，如三峡环保、华能环保、中广核环保、浙能电力等；第四类是建筑类国企，如中国交建、葛洲坝等。四类国企的业务有所交叉，存在竞争关系。预计 2021 年开局的“十四五”期间，各类国企将发掘自身的优势和定位，寻找适合的发展路径，且存在整合的可能。民企发挥自身特色，专注细分领域。部分民企虽有股权变更，但仍然保持着经营的独立性，其原有特点有所保留。部分民企成功实现 IPO 或股权融资，在不同的细分领域展现出专业化特色。

附表 2020年度环保行上市公司绩评价结果排序表

序号	A股上市公司评价得分排序	股票代码	股票简称	综合得分	评价等级	每股收益（元）	总资产报酬率(%)	净资产收益率(%)	总资产周转率（次）	流动资产周转率（次）	资产负债率(%)	已获利息倍数	营业收入增长率(%)	资本扩张率(%)	市场投资回报率(%)	股价波动率(%)	年末资产总额（万元）	营业收入（万元）	净利润（万元）
1	135	603568	伟明环保	75.70	A	1.00	17.09	25.02	0.36	1.39	47.02	49.63	53.25	31.05	0.42	47.41	1047323.19	312348.92	125575.85
2	326	600323	瀚蓝环境	71.30	BBB	3.30	17.38	17.84	0.53	0.57	19.96	4585.50	14.18	410.12	15.48	40.24	136994.94	48350.87	13720.85
3	336	603588	高能环境	71.10	BBB	1.82	15.94	17.15	0.36	0.42	14.19	114.50	24.81	161.13	15.48	21.34	362730.50	97088.08	38444.97
4	733	000967	盈峰环境	66.70	BB	4.66	25.08	36.26	1.20	1.95	40.54	24.02	20.05	150.48	15.48	124.97	454784.83	431521.95	68908.27
5	862	603279	景津环保	65.40	BB	1.38	7.10	13.34	0.33	2.14	67.22	4.87	21.45	14.57	38.10	102.49	2492891.06	748143.55	105768.23
6	935	002266	浙富控股	64.70	B	0.75	6.98	13.99	0.51	1.31	65.43	4.28	34.51	45.73	45.85	106.65	1543024.95	682673.28	63672.95
7	959	002887	绿茵生态	64.40	B	2.37	13.24	15.71	0.49	0.58	24.57	70.83	1.10	152.90	15.48	29.45	204745.00	76754.41	17667.60
8	1075	002034	旺能环境	63.40	B	0.92	13.01	27.05	0.73	1.56	61.89	9.69	28.87	34.79	15.48	90.72	447231.27	282910.87	40698.24
9	1120	300800	力合科技	63.00	B	1.34	8.74	15.29	0.19	1.01	60.67	3.43	16.37	126.40	15.48	36.90	693372.38	103372.57	30368.91
10	1317	601200	上海环境	61.00	B	0.47	6.48	10.93	0.30	1.16	56.57	4.85	12.95	69.93	15.48	37.10	1883912.53	492921.88	73799.34
11	1398	600217	中再资环	60.20	B	0.44	6.46	8.93	0.52	1.04	42.64	12.98	12.89	9.54	32.38	117.81	3011053.70	1433202.51	142982.07
12	1432	300631	久吾高科	59.90	CCC	0.92	7.04	9.91	0.54	0.75	41.58	13.75	10.30	64.42	15.48	15.56	184283.11	85349.68	8679.04
13	1507	603126	中材节能	59.20	CCC	1.29	13.15	17.67	0.67	0.87	43.36	8805.73	0.56	11.20	−21.84	45.95	524692.04	332929.79	51468.26
14	1510	002479	富春环保	59.20	CCC	1.18	8.81	8.29	0.41	0.46	21.23	43.03	−8.18	202.67	15.48	51.66	229516.74	71456.79	12903.94
15	1551	000920	南方汇通	58.90	CCC	0.30	15.18	17.55	0.63	1.56	52.38	13.02	670.07	93.82	7.11	94.12	1871557.14	834335.20	159708.18
16	1561	601330	绿色动力	58.80	CCC	0.90	10.79	12.88	0.29	0.41	39.40	14.34	32.95	12.30	13.63	78.64	362470.48	94819.51	28515.00
17	1630	300190	维尔利	58.10	CCC	3.80	21.76	21.11	0.47	0.52	13.86	0.00	65.52	349.92	15.48	91.57	164022.80	49138.74	19277.62
18	1699	002672	东江环保	57.40	CCC	0.64	9.67	8.25	0.36	0.53	15.57	73.37	−17.55	99.74	15.48	25.08	87879.46	25039.95	5607.86
19	1719	600388	龙净环保	57.20	CCC	1.25	7.06	11.32	0.16	0.85	60.13	4.25	49.63	15.92	5.86	88.10	1200688.95	169837.69	52055.29
20	1734	000035	中国天楹	57.10	CCC	1.63	13.82	12.75	0.35	0.39	18.99	51261.63	5.43	12.31	−29.04	59.06	232231.00	77435.32	26127.28

续表

序号	A股上市公司评价得分排序	股票代码	股票简称	综合得分	评价等级	每股收益（元）	总资产报酬率(%)	净资产收益率(%)	总资产周转率（次）	流动资产周转率（次）	资产负债率(%)	已获利息倍数	营业收入增长率(%)	资本扩张率(%)	市场投资回报率(%)	股价波动率(%)	年末资产总额（万元）	营业收入（万元）	净利润（万元）
21	1745	000551	创元科技	57.00	CCC	0.50	8.46	5.69	0.55	0.63	18.10	0.00	2.01	162.00	15.48	110.56	102621.73	41727.31	6135.17
22	1761	002658	雪迪龙	56.90	CCC	1.11	9.11	9.29	0.46	0.51	12.60	0.00	9.41	335.43	15.48	80.03	123341.09	37576.14	6673.32
23	1765	300172	中电环保	56.90	CCC	1.52	10.81	9.64	0.58	0.67	36.82	30.70	3.08	101.51	15.48	78.94	177910.90	79760.74	12639.28
24	1771	688101	三达膜	56.80	CCC	0.64	4.76	7.51	0.19	0.99	58.96	4.10	23.72	29.40	−2.64	40.79	2705745.08	451175.44	74601.88
25	1811	300786	国林科技	56.40	CCC	0.30	10.76	19.69	0.56	0.65	64.05	4.15	1.80	21.54	11.00	43.65	616909.40	333050.54	41072.06
26	1901	300137	先河环保	55.40	CCC	0.79	9.53	10.36	0.39	0.54	39.61	10.54	7.56	21.73	2.01	74.01	140718.18	53126.95	9967.51
27	1938	300422	博世科	55.10	CCC	0.63	9.56	8.95	0.45	0.55	26.18	20.22	8.61	97.94	15.48	53.90	99158.22	35179.07	6179.30
28	2013	300263	隆华科技	54.10	CC	0.76	7.64	10.82	0.50	0.60	34.47	73.42	10.44	184.43	15.48	103.50	148776.27	55721.20	7406.87
29	2031	300425	中建环能	53.90	CC	0.22	4.71	6.37	0.65	0.88	49.25	196.27	14.25	6.10	26.67	85.06	419370.17	259702.62	15472.73
30	2122	300335	迪森股份	53.00	CC	0.34	5.84	7.50	0.46	1.56	58.98	4.18	13.14	−1.44	−15.84	55.39	1112195.86	465629.87	36243.93
31	2124	300203	聚光科技	53.00	CC	0.25	6.67	8.24	0.53	1.20	44.53	7.18	10.34	11.03	8.01	115.29	252127.57	125411.50	12040.90
32	2478	300332	天壕环境	48.70	C	0.43	6.98	10.99	0.15	0.92	66.87	2.37	29.97	65.32	−19.23	52.06	1744607.14	227761.88	52843.46
33	2504	002573	清新环境	48.40	C	0.85	10.19	9.04	0.38	0.44	10.23	82.86	−27.41	178.19	15.48	57.76	68977.56	18927.68	4393.32
34	2586	300187	永清环保	47.50	C	0.46	5.87	7.33	0.36	0.65	55.07	5.43	17.29	9.98	9.14	75.58	981302.19	320273.42	36388.79
35	2591	300070	碧水源	47.40	C	0.67	9.82	8.87	0.31	0.41	9.11	83.44	−25.65	213.89	15.48	89.90	78298.09	17458.93	4597.20
36	2600	600292	远达环保	47.30	C	0.34	5.08	5.78	0.32	1.19	48.45	4.16	−4.15	6.73	−1.07	38.60	1042415.35	331502.12	33349.45
37	2667	300779	惠城环保	46.10	C	0.66	4.42	8.14	0.44	0.56	74.79	5.92	−6.90	9.60	−9.73	57.19	2513045.47	1018076.46	71078.62
38	2679	603200	上海洗霸	46.00	C	0.26	4.75	6.67	0.45	1.77	75.2	2.19	17.65	6.76	−32.2	63.60	5037788.24	2186749.18	82850.21
39	2818	300056	中创环保	43.50	C	0.29	5.19	7.22	0.67	1.03	46.97	10.48	−0.74	10.72	19.27	91.32	500038.75	321334.62	20356.28
40	2872	600526	菲达环保	42.30	C	0.25	6.54	6.86	0.39	0.45	31.12	6.99	−2.45	4.06	−13.4	41.37	324084.75	121279.51	15023.98

续表

序号	A股上市公司评价得分排序	股票代码	股票简称	综合得分	评价等级	每股收益（元）	总资产报酬率(%)	净资产收益率(%)	总资产周转率（次）	流动资产周转率（次）	资产负债率(%)	已获利息倍数	营业收入增长率(%)	资本扩张率(%)	市场投资回报率(%)	股价波动率(%)	年末资产总额（万元）	营业收入（万元）	净利润（万元）
41	2900	002205	国统股份	41.80	C	0.34	8.22	8.54	0.36	0.61	36.39	15.54	1.43	11.09	14.15	118.41	267352.07	91983.31	17781.71
42	2998	300152	科融环境	38.70	C	0.66	5.71	5.71	0.20	0.34	26.32	0.00	18.12	4.64	-15.34	57.04	453310.25	87644.71	22411.73
43	3206	300362	天翔环境	30.10	C	0.94	8.79	8.83	0.38	0.49	26.24	233.44	7.73	8.45	-29.85	65.25	113302.04	40157.88	8002.94
44	3331	300334	津膜科技	24.30	C	0.25	6.66	6.18	0.49	0.64	17.06	0.00	-9.18	0.21	-14.26	64.41	253731.69	124810.09	13750.38
45	3396	300385	雪浪环境	22.20	C	0.52	3.9	6.02	0.34	0.80	76.86	1.98	11.28	39.01	14.35	38.24	1200377.68	360941.78	19215.47
46	3418	300055	万邦达	21.30	C	0.25	6.13	7.48	0.37	0.74	45.84	14.41	-2.63	-5.41	24.38	110.69	526442.50	182418.75	25210.04
47	3466	300266	兴源环境	19.50	C	0.25	6.07	7.73	0.36	0.69	42.88	9.03	0.83	7.94	2.43	66.18	351360.14	124206.42	17375.07
48	3513	000826	启迪环境	17.70	C	0.09	4.01	3.25	0.47	1.07	45.89	2.66	6.96	-1.11	1.19	125.72	331226.73	156262.41	4406.44
49	3518	603177	德创环保	17.40	C	1.10	7.43	3.38	0.46	0.85	55.3	6.38	5.28	6.54	-31.34	89.74	937069.78	410121.30	54316.78
50	3564	000005	世纪星源	15.10	C	0.06	2.19	0.99	0.21	0.59	57.02	1.38	-6.28	3.14	16.61	107.31	848595.35	169366.55	5372.93
51	3583	300140	中环装备	13.90	C	0.19	2.58	3.43	0.39	0.87	55.49	2.43	22.15	-4.33	-16.30	39.43	1096087.03	412288.49	21268.31
52	3593	000820	*ST 节能	13.40	C	0.05	2.61	1.66	0.23	0.56	57.21	2.14	11.52	-2.51	46.75	153.98	367189.67	74897.52	3251.46
53	3624	000068	华控赛格	11.20	C	0.36	3.84	3.86	0.14	0.43	65.61	2.22	-21.52	2.57	-3.78	61.98	6893842.55	961757.58	119990.24
54	3637	300262	巴安水务	9.90	C	0.03	1.60	-0.08	0.39	0.94	42.45	2.02	-9.57	1.03	25.13	80.08	956644.55	367823.77	4063.51
55	3648	603603	博天环境	9.10	C	0.27	3.74	2.99	0.34	0.84	30.81	10.93	-5.8	2.62	-41.26	120.52	96248.51	32385.97	2701.52
56	3682	000711	京蓝科技	2.60	C	0.35	3.91	3.86	0.47	0.60	28.35	7.07	-9.17	3.51	28.24	257.61	116624.86	53009.48	3238.84
57		300864	南大环境	75.00	BBB	0.06	3.80	-3.03	1.04	1.73	30.18	3.37	23.63	4.43	-9.22	121.59	161980.08	182438.87	3903.38
58		688057	金达莱	73.20	BBB	0.10	2.22	-1.87	0.45	0.59	68.20	1.92	-8.92	3.48	-10.12	64.37	674265.23	311128.14	4995.81
59		300815	玉禾田	72.50	BBB	0.09	3.37	1.35	0.24	0.91	72.72	1.32	3.81	2.21	-19.12	71.40	380456.80	87151.38	1996.53
60		003027	同兴环保	70.10	BBB	0.02	1.65	1.05	0.35	0.73	44.07	1.98	0.30	-10.66	-20.28	155.95	118957.32	51494.65	1312.90

续表

序号	A股上市公司评价得分排序	股票代码	股票简称	综合得分	评价等级	每股收益（元）	总资产报酬率(%)	净资产收益率(%)	总资产周转率（次）	流动资产周转率（次）	资产负债率(%)	已获利息倍数	营业收入增长率(%)	资本扩张率(%)	市场投资回报率(%)	股价波动率(%)	年末资产总额（万元）	营业收入（万元）	净利润（万元）
61		002973	侨银股份	68.50	BB	0.12	1.50	−1.95	0.10	0.12	98.53	4.20	0.92	0.00	0.00	87.21	402155.93	41369.74	5440.90
62		300867	圣元环保	67.70	BB	−0.29	−2.49	−10.88	0.26	0.61	55.41	−1.38	−2.68	−9.58	20.17	115.54	184272.13	50252.36	−8421.14
63		601827	三峰环境	66.90	BB	−1.01	−8.95	−37.76	0.42	0.68	73.88	−6.22	19.75	−24.92	4.19	102.18	383762.93	148794.96	−36907.59
64		688679	通源环境	66.00	BB	−0.43	−5.67	−6.80	0.09	0.20	17.39	−11.76	−24.89	−7.01	−12.43	67.36	654287.36	63101.63	−37628.93
65		300862	蓝盾光电	64.70	B	−0.34	−3.87	−21.23	0.22	0.39	80.45	−2.87	18.09	−21.27	−9.95	57.90	1133866.44	244868.51	−53275.42
66		688069	德林海	64.30	B	−1.13	−1.77	−9.25	0.20	0.70	63.50	−1.09	−16.27	−8.14	−27.23	70.58	4237279.83	852076.46	−141688.94
67		688156	路德环境	64.30	B	−0.61	−8.72	−27.67	0.32	0.42	67.45	−8.09	−45.44	−23.13	−12.63	42.69	126809.59	42402.77	−12481.53
68		688600	皖仪科技	62.80	B	−0.37	−12.99	−29.54	0.15	0.27	46.01	−12.71	−27.81	−23.51	−19.66	48.48	246837.75	39892.11	−38679.62
69		688335	复洁环保	61.40	B	−1.15	−5.77	−24.93	0.31	0.40	67.63	−3.05	−25.39	−21.63	−35.74	88.39	582070.95	188357.93	−52238.44
70		688178	万德斯	61.40	B	−0.57	−422.74	13.55	0.04	0.06	17834.54	−0.86	−89.75	0.00	−34.02	132.39	1342.09	166.25	−36298.66
71		688096	京源环保	59.70	CCC	−0.17	−2.54	−21.05	0.06	0.20	79.04	−1.15	1.60	−18.71	−22.57	69.99	371382.26	22867.93	−17907.29
72		688466	金科环境	59.50	CCC	−0.70	−7.56	−22.29	0.08	0.26	65.20	−3.39	−55.26	−22.38	−22.49	77.29	530762.31	42904.57	−48392.58
73		300899	上海凯鑫	58.30	CCC	−1.03	−1.20	−31.04	0.16	0.52	88.76	−0.54	−33.53	−22.35	−45.77	110.40	1190396.88	192047.09	−45204.84
74		688309	恒誉环保	57.70	CCC	−2.30	−16.82	−64.66	0.11	0.17	72.66	−2.89	−39.08	−49.16	−52.86	121.27	980390.90	115832.05	−253132.22

第三部分
中国上市公司税收分析报告

第十九章　2020 年度 A 股上市公司税收负担率分析

一、上市公司年度税负研究指标

（一）研究范围

本次研究选取 A 股上市公司的合并报表数据，主要针对 2020 年情况进行分析，并对 2016—2020 年之间的变化进行比较。A 股上市公司选取我国沪深两市 2016—2020 年所有公布财报数据的企业（不含金融企业）。

（二）研究方法

对 A 股上市公司的税负分析主要利用上市公司 2016—2020 年的面板数据分析，从宏观层面上把握我国上市公司整体税收负担水平和各行业的差异之处，本次分析从以下三个方面进行研究：

（1）A 股上市公司整体税收负担分析；

（2）各板块上市公司税收负担差异；

（3）各行业上市公司收入增加值、利润增加值、年度增加值、经营活动现金净流出增加值对支出税费增幅的影响。

本章对上市公司的行业分类以申万的行业分类为准，将全部 A 股上市公司分为 30 个一类行业、104 个二类行业、227 个三类行业。详见表 19-1。

表 19－1　上市公司行业分类表

序号	一级	二级	三级
1	采掘	采掘服务	其他采掘服务
			油气钻采服务
		煤炭开采	焦炭加工
			煤炭开采
		其他采掘	其他采掘
		石油开采	石油开采
2	传媒	互联网传媒	互联网信息服务
			其他互联网服务
			移动互联网服务
		文化传媒	平面媒体
			其他文化传媒
			影视动漫
			有线电视网络
		营销传播	营销服务

续表

序号	一级	二级	三级
3	电气设备	电机	电机
		电气自动化设备	电网自动化
			工控自动化
			计量仪表
		电源设备	储能设备
			风电设备
			光伏设备
			火电设备
			其他电源设备
			综合电力设备商
		高低压设备	低压设备
			高压设备
			线缆部件及其他
			中压设备
4	电子	半导体	半导体材料
			分立器件
			集成电路
		电子制造	电子零部件制造
			电子系统组装
		光学光电子	LED
			光学元件
			显示器件
		其他电子	其他电子
		元件	被动元件
			印制电路板
5	房地产	房地产开发	房地产开发
		园区开发	园区开发
6	纺织服装	纺织制造	辅料
			毛纺
			棉纺
			其他纺织
			丝绸
			印染

序号	一级	二级	三级
6	纺织服装	服装家纺	家纺
			男装
			女装
			其他服装
			鞋帽
			休闲服装
7	非银金融	保险	保险
		多元金融	多元金融
		证券	证券
8	钢铁	钢铁	普钢
			特钢
9	公用事业	电力	火电
			燃机发电
			热电
			水电
			新能源发电
		环保工程及服务	环保工程及服务
		燃气	燃气
		水务	水务
10	国防军工	船舶制造	船舶制造
		地面兵装	地面兵装
		航空装备	航空装备
		航天装备	航天装备
11	化工	化学纤维	氨纶
			涤纶
			其他纤维
			维纶
			粘胶
		化学原料	纯碱
			氯碱
			其他化学原料
			无机盐
		化学制品	玻纤

续表

序号	一级	二级	三级
11	化工	化学制品	氮肥
			纺织化学用品
			氟化工及制冷剂
			复合肥
			钾肥
			聚氨酯
			磷肥
			磷化工及磷酸盐
			民爆用品
			农药
			其他化学制品
			日用化学产品
			涂料油漆油墨制造
		石油化工	石油加工
			石油贸易
		塑料	改性塑料
			合成革
			其他塑料制品
		橡胶	轮胎
			其他橡胶制品
			炭黑
12	机械设备	金属制品	金属制品
		通用机械	机床工具
			机械基础件
			磨具磨料
			内燃机
			其他通用机械
			制冷空调设备
		仪器仪表	仪器仪表
		运输设备	铁路设备
		专用设备	纺织服装设备
			工程机械
			环保设备
12	机械设备	专用设备	楼宇设备
			农用机械
			其他专用机械
			冶金矿采化工设备
			印刷包装机械
			重型机械
13	计算机	计算机设备	计算机设备
		计算机应用	IT 服务
			软件开发
14	家用电器	白色家电	冰箱
			家电零部件
			空调
			洗衣机
			小家电
		视听器材	彩电
			其他视听器材
15	建筑材料	玻璃制造	玻璃制造
		其他建材	管材
			耐火材料
			其他建材
		水泥制造	水泥制造
16	建筑装饰	房屋建设	房屋建设
		基础建设	城轨建设
			路桥施工
			其他基础建设
			水利工程
			铁路建设
		园林工程	园林工程
		专业工程	钢结构
			国际工程承包
			化学工程
			其他专业工程
		装修装饰	装修装饰

续表

序号	一级	二级	三级
17	交通运输	港口	港口
		高速公路	高速公路
		公交	公交
		航空运输	航空运输
		航运	航运
		机场	机场
		铁路运输	铁路运输
		物流	物流
18	农林牧渔	畜禽养殖	畜禽养殖
		动物保健	动物保健
		林业	林业
		农产品加工	果蔬加工
			粮油加工
			其他农产品加工
		农业综合	农业综合
		饲料	饲料
		渔业	海洋捕捞
			水产养殖
		种植业	粮食种植
			其他种植业
			种子生产
19	汽车	其他交运设备	其他交运设备
		汽车服务	汽车服务
		汽车零部件	汽车零部件
		汽车整车	乘用车
			商用载货车
			商用载客车
20	轻工制造	包装印刷	包装印刷
		家用轻工	家具
			其他家用轻工
			文娱用品
			珠宝首饰
		其他轻工制造	其他轻工制造
		造纸	造纸

序号	一级	二级	三级
21	商业贸易	贸易	贸易
		商业物业经营	一般物业经营
			专业市场
		一般零售	百货
			超市
			多业态零售
		专业零售	专业连锁
22	食品饮料	食品加工	肉制品
			乳品
			食品综合
			调味发酵品
		饮料制造	白酒
			黄酒
			啤酒
			葡萄酒
			其他酒类
			软饮料
23	通信	通信设备	通信传输设备
			通信配套服务
			终端设备
		通信运营	通信运营
24	休闲服务	餐饮	餐饮
		景点	人工景点
			自然景点
		酒店	酒店
		旅游综合	旅游综合
		其他休闲服务	其他休闲服务
25	医药生物	化学制药	化学原料药
			化学制剂
		生物制品	生物制品
		医疗服务	医疗服务
		医疗器械	医疗器械
		医药商业	医药商业
		中药	中药

续表

序号	一级	二级	三级
26	银行	银行	银行
27	有色金属	工业金属	铝
			铅锌
			铜
		黄金	黄金
		金属非金属新材料	磁性材料
			非金属新材料
			金属新材料
27	有色金属	稀有金属	锂
			其他稀有小金属
			钨
			稀土
28	综合	综合	综合

（三）研究数据来源

税收负担率具体指标的分析、计算以 A 股上市公司年报中披露的合并资产负债表、合并利润表和合并现金流量表为基础。2016—2020 年 A 股上市公司的审计报告类型大部分为标准无保留意见，审计报告类型情况统计见表 19–2 所示。

表 19 – 2　审计报告类型统计表

单位：%

类型	2016 年	2017 年	2018 年	2019 年	2020 年
标准无保留意见	96.7	97.6	95.9	96.2	94.1
带强调事项段的无保留意见	2.4	1.3	2.1	2.0	2.6
保留意见	0.6	0.8	1.6	1.5	2.5
无法表示意见	0.3	0.3	0.4	0.3	0.8
合计	100.0	100.0	100.0	100.0	100.0

二、A 股上市公司整体税收负担率分析

（一）2020 年国家总体税收情况

根据国家统计局发布的《中华人民共和国 2020 年国民经济和社会发展统计公报》，2020 年全年国内生产总值 1015986 亿元，比上年增长 2.3%。根据财政部 2020 年 1 月 28 日发布的《2020 年财政收支情况》，2020 年，全国一般公共预算收入 182895 亿元，同比下降 3.9%。全国税收收入 154310 亿元，同比下降 2.3%；非税收入 28585 亿元，同比下降 11.7%。税收收入中国内增值税 56791 亿元，同比下降 8.9%；国内消费税 12028 亿元，同比下降 4.3%；企业所得税 36424 亿元，同比下降 2.4%；个人所得税 11568 亿元，同比增长 11.4%。

（二）A股上市公司总体税负分析

根据 Wind 资讯的面板数据统计，2020 年 A 股上市公司共计 4007 家（不含金融企业）。累计实现收入 43.67 万亿元，同比增长 2.93%；累计实现利润总额 2.77 万亿元，同比增长 2.38%；累计支付的各项税费总额 2.49 万亿元，同比下降 6.63%；经营活动现金流出总额累计 44.00 万亿元，同比增长 3.38%。如表 19–3 所示。

表 19 – 3　2016—2020 年上市公司相关财务数据

单位：亿元

年度	支付的各项税费	收入	利润	年度增加值	经营活动现金流出
2016	20702.10	281094.25	19580.17	69465.73	282744.76
2017	23116.03	341830.76	25851.85	81853.95	347414.88
2018	25816.07	389606.66	26883.36	89471.82	398195.29
2019	26717.55	424336.31	27087.53	94193.73	425669.40
2020	24945.71	436761.02	27732.07	95243.97	440069.90

数据来源：Wind 资讯。

2016—2020 年全行业的税收负担率如表 19–4 所示。

表 19 – 4　2016—2020 年上市公司税收负担率总览

单位：%

年度	收入税收负担率	利润税收负担率	年度增加值税收负担率	经营活动现金流出税收负担率
2016	7.36	105.73	29.80	7.32
2017	6.76	89.42	28.24	6.65
2018	6.63	96.03	28.85	6.48
2019	6.30	98.63	28.36	6.28
2020	5.71	89.95	26.19	5.67
5 年平均	6.55	95.95	28.29	6.48

数据来源：Wind 资讯。

2016—2020 年，A 股上市公司的收入、利润、年度增加值和经营活动现金流出四个税负率指标呈现如下结果：平均利润税负率＞平均年度增加值税负率＞平均收入税负率＞平均经营活动现金流出税负率。2020 年与近 5 年的平均值相比较，收入、利润、年度增加值、经营活动现金流出税负率均低于平均值。

（三）A股上市公司税收收入和全国税收收入的对比分析

2016—2019 年，上市公司支付的税费与全国税收收入的比值稳定在 23% 左右，2020

年下降至 16%。上市公司支付税费情况如表 19–5 所示。

表 19 – 5　2016—2020 年上市公司支付税费情况表

年度	上市公司支付的各项税费（单位：人民币亿元）	上市公司户均支付税费（单位：人民币亿元）	全国税收收入（单位：人民币亿元）	上市公司支付税费在税收收入中占比（%）
2016	27167.83	10.82	115878.00	23.45
2017	29497.91	9.09	126000.00	23.41
2018	33078.90	9.84	137967.00	23.98
2019	35504.18	9.81	157992.00	22.47
2020	24945.71	6.23	154310.00	16.17

数据来源：Wind 资讯。

本次分析范围内的上市公司支付的各项税费在全国税收收入中的比重如图 19–1 所示。

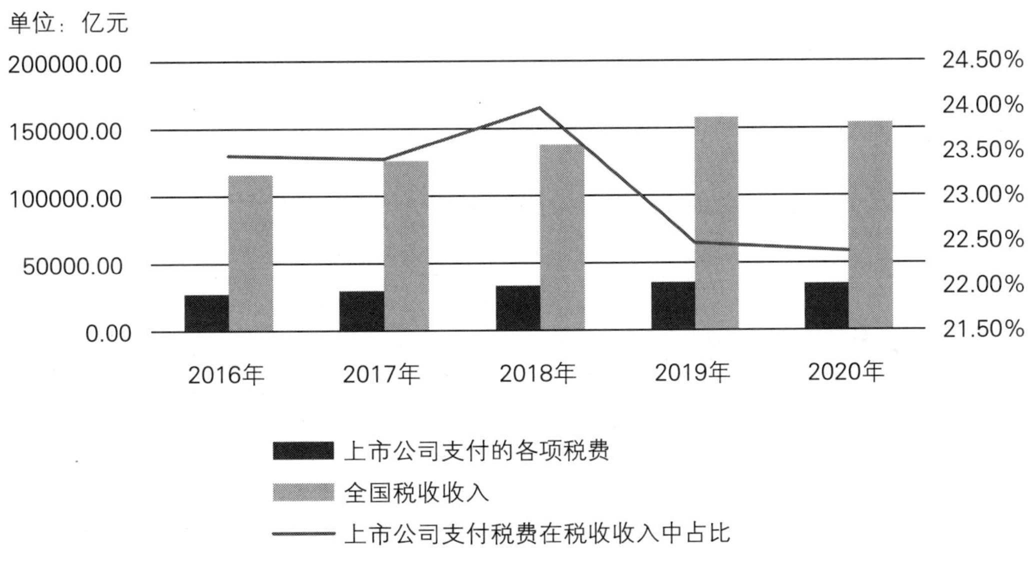

图 19 – 1　支付的各项税费与税收收入的比值图

2020 年营业收入占 GDP 的比重为 42.99%，年度增加值占 GDP 的比重为 9.37%。详见表 19–6 所示。

表 19 – 6　营业收入及年度增加值对 GDP 的贡献程度

年度	收入（单位：亿元）	年度增加值（单位：亿元）	我国 GDP（单位：亿元）	收入在 GDP 中占比（%）	年度增加值在 GDP 中占比（%）
2016	307175.66	93418.76	676708.00	45.39	13.80
2017	382099.84	110165.31	744127.00	51.35	14.80

续表

年度	收入（单位：亿元）	年度增加值（单位：亿元）	我国 GDP（单位：亿元）	收入在 GDP 中占比（%）	年度增加值在 GDP 中占比（%）
2018	446215.42	122710.83	827122.00	53.95	14.84
2019	501672.60	135569.47	990685.00	50.64	13.68
2020	436761.02	95243.97	1015986.00	42.99	9.37
5 年平均	414784.91	111421.67	850925.60	48.86	13.30

数据来源：Wind 资讯。

2016—2020 年增长率如图 19–2 所示。

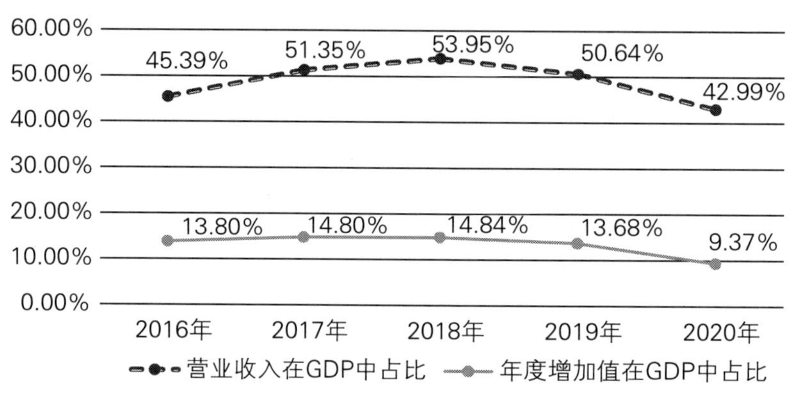

图 19 – 2　收入及年度增加值对 GDP 的贡献程度

三、A 股各板块上市公司税收负担差异

（一）各板块上市公司整体税收负担分析

2020 年，4007 家上市公司累计收入 436761.02 亿元，实现利润 27732.07 亿元，经营活动现金流出 440069.90 亿元，支付的各项税费合计为 24945.71 亿元。表 19–7 列示了各板块上市公司税负比较。

表 19 – 7　各板块上市公司 2020 年税负比较

单位：%

序号	属性	数量（家）	2020 年支付的税费 / 收入	2020 年支付的税费 / 利润总额	2020 年支付的税费 / 经营活动产生的现金支出
1	上市公司	4007	5.71	89.95	5.67
2	深市普通板	469	6.22	79.90	6.23
3	中小企业板	946	3.96	55.58	3.92
4	创业板	887	4.19	56.97	4.22
5	沪市普通板	1490	6.02	105.42	5.96
6	科创板	215	4.97	34.81	5.61

数据来源：Wind 资讯。

由表 19-7 可以看出，上市公司各板块中，创业板、科创板上市公司的税负低于上市公司的平均水平。年度支付的各项税费与收入的比值，创业板为 4.19%，科创板为 4.97%，上市公司的总体水平为 5.71%。支付的税费与利润总额的比值，差异更为明显，上市公司平均水平为 89.95%，而科创板仅为 34.81%。创新是引领发展的第一动力。2021 年的政府工作报告指出，要提高科技创新支撑能力，稳定支持基础研究和应用基础研究，引导企业增加研发投入。在点燃科技创新“新引擎”的过程中，税收支持不可或缺。

（二）各板块上市公司所得税与利润总额比值

2016—2020 年各板块上市公司所得税与利润总额比值如表 19-8 所示。

表 19 - 8 2016—2020 年各板块上市公司所得税 / 利润总额情况

单位：%

序号	属性	2016 年	2017 年	2018 年	2019 年	2020 年	平均值
1	上市公司	21.45	19.97	22.94	23.44	22.01	21.96
2	深市普通板	22.79	20.46	23.37	27.56	23.54	23.54
3	中小企业板	18.27	16.45	23.49	26.47	17.41	20.42
4	创业板	13.80	14.51	26.42	21.32	19.67	19.14
5	沪市普通板	22.75	21.10	22.64	22.31	23.04	22.37
6	科创板	15.64	17.00	17.45	15.20	13.18	15.70

数据来源：Wind 资讯。

由表 19-8 可以看出，各板块上市公司中所得税与利润总额的比值，普通板＞中小企业板＞创业板＞科创板。科创板企业的该指标显著低于上市公司的平均水平，从 2016 年的 15.64% 下降到 2020 年的 13.18%。

科创板企业税负较低主要有两方面原因：一是优惠政策扶持力度大。我国出台很多优惠政策，鼓励科技创新型企业开展研发活动、支持企业加大研发投入。二是科创板上市公司大多为高新技术企业，其法定企业所得税税率比正常企业的所得税税率低 10 个百分点。近年来，税收改革坚持新发展理念，聚焦建立鼓励研发投入、科技创新的政策措施体系，促进经济更高质量、更有效率、更加公平、更可持续发展。研发费用税前加计扣除优惠政策，其扣除比例上已由 2017 年前的 50% 提高至目前的 75%，在享受范围上已由 2018 年前的科技型中小企业扩大至目前的所有企业。2021 年 3 月 24 日，国务院常务会议明确，将制造业企业研发费用加计扣除比例由 75% 提高至 100%，同时改革研发费用加计扣除清缴核算方式，激励企业创新，促进产业升级。这是 2021 年结构性减税中力度最大的一项政策，预计可在 2020 年减税超过 3600 亿元基础上，再为企业新增减税 800 亿元。

（三）各板块上市公司研发费用与收入比值

各板块上市公司研发费用与收入比值见表 19–9。

表 19 – 9　各板块上市公司研发费用与收入比值

单位：%

序号	属性	2016 年	2017 年	2018 年	2019 年	2020 年
1	科创板	1.55	1.41	1.46	4.74	7.26
2	创业板	3.83	3.82	0.44	0.46	0.26
3	中小板	2.90	2.90	0.37	0.38	0.20
4	主板	1.49	1.54	1.07	1.20	0.93
5	平均	2.44	2.42	0.84	1.70	2.16

数据来源：Wind 资讯。

由表 19–9 可以看出，2016—2020 年科创板研发费用占收入的比重从 1.55% 上升到 7.26%，增幅达 3.68 倍，远远高于其他上市公司。高新技术产业呈现良好发展态势，引领作用凸显，成为推动我国经济高质量发展的新动能。国家税务总局新闻发布会上公布的税收大数据显示，2020 年全国高新技术产业实现两位数的较快增长，呈现四个亮点：

一是研发投入力度加大。2020 年，研发与设计服务发票销售收入同比增长 17.3%，其中医学研究、农业科学研究、设计服务同比分别增长 41.5%、26% 和 16.6%。2020 年，全国重点税源企业研发支出预计同比增长 13.1%，其中软件和信息技术服务业增长 25.3%。

二是科技研发成果加速转化。2020 年，科技成果转化服务发票销售收入同比大幅增长 45.1%，其中技术推广服务、科技中介服务、知识产权服务同比分别增长 45.4%、33.2% 和 27.4%，反映科技成果在加速转换为现实生产力。

三是高新技术企业快速增长。2020 年我国高新技术企业预计达 27.5 万户，是“十二五”末 2015 年的 3.5 倍。其中，与高端装备制造相关的工业控制计算机系统、信息安全设备制造发票销售收入同比分别增长 20.1% 和 17.2%；与消费升级相关的智能消费设备制造同比增长 24%。

四是新业态新模式蓬勃发展。2020 年，数字经济相关行业增长较快，计算机设备制造、互联网等相关七大类行业发票销售收入同比增长 12.1%，高于全国总体水平 6.1 个百分点。线上平台交易发展迅速。电子商务信用服务、互联网平台、信息技术服务销售收入同比分别增长 45.7%、29.4% 和 24.5%。

三、增加值对支出税费增幅的影响

（一）收入税收负担率分析

“十三五”时期，党中央、国务院立足经济社会发展全局，出台系列减税降费政策，规模不断增大，红利持续释放，为减轻市场主体负担、有效应对经济下行压力提供了有力支持。5 年来收入税收负担率整体呈下降趋势，2020 年税负比 2016 年下降近 1/4，充分证明减税降费政策措施取得明显成效。详见图 19-3。

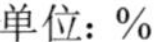
单位：%

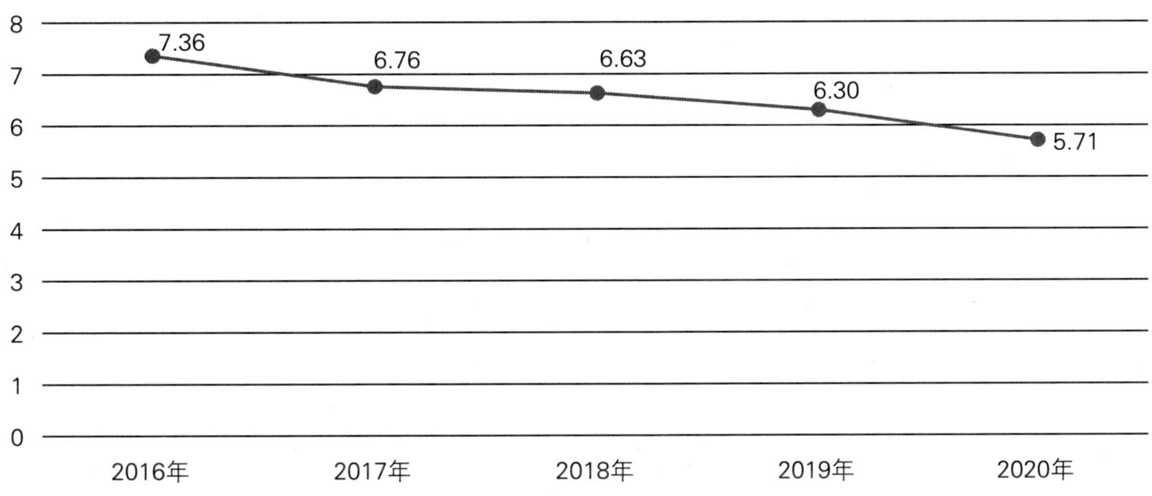

图 19－3　2016—2020 年收入税负率

就具体行业而言，2016—2020 年收入税收负担率见表 19-10。

表 19－10　2016—2020 年各行业收入税收负担率

单位：%

行业	2016 年	2017 年	2018 年	2019 年	2020 年
采掘					
采掘服务	7.08	4.60	4.77	3.93	3.41
煤炭开采 II	11.64	13.67	13.12	12.00	10.81
其他采掘 II	10.51	8.27	8.16	7.09	6.12
石油开采 II	16.87	14.54	13.74	13.54	13.95
传媒					
互联网传媒	3.92	3.26	2.79	2.40	2.55
文化传媒	4.64	4.36	4.37	4.40	3.03
营销传播	5.14	4.45	3.76	2.82	2.32
电气设备					
电机 II	5.11	4.20	4.50	3.95	3.59
电气自动化设备	8.08	8.10	7.45	6.55	5.94
电源设备	5.70	5.42	4.66	4.10	3.64
高低压设备	5.41	4.85	4.30	4.07	3.95
电子					

续表

行业	2016年	2017年	2018年	2019年	2020年
半导体	2.54	2.84	3.00	2.81	2.88
电子制造	2.92	2.57	2.11	2.25	2.18
光学光电子	3.42	3.66	3.53	3.46	3.54
其他电子Ⅱ	3.63	1.26	2.70	2.62	2.88
元件Ⅱ	2.94	2.86	2.93	2.73	2.45
房地产					
房地产开发Ⅱ	13.42	15.00	15.33	15.43	13.34
园区开发Ⅱ	15.35	17.57	20.72	22.29	25.74
纺织服装					
纺织制造	5.76	4.88	4.14	3.93	3.58
服装家纺	8.79	8.39	7.59	7.06	6.60
非银金融					
多元金融Ⅱ	3.22	3.59	2.79	1.86	0.92
钢铁					
钢铁Ⅱ	3.09	3.52	4.24	3.71	2.69
公用事业					
电力	13.72	9.19	8.40	8.30	8.67
环保工程及服务Ⅱ	7.95	7.49	7.82	7.14	6.11
燃气Ⅱ	6.18	5.39	4.73	4.34	4.58
水务Ⅱ	12.73	13.35	10.72	9.50	8.02
国防军工					
船舶制造Ⅱ	2.64	3.25	3.35	2.52	2.17
地面兵装Ⅱ	3.41	3.51	3.39	3.05	2.78
航空装备Ⅱ	2.98	2.73	2.68	2.35	2.10
航天装备Ⅱ	4.00	3.83	4.19	3.63	3.97
化工					
化学纤维	2.40	1.81	2.07	2.99	2.75
化学原料	6.24	6.93	6.18	5.03	4.27
化学制品	4.82	4.98	5.21	4.61	4.31
石油化工	16.15	13.72	11.15	10.51	13.18
塑料	5.58	5.22	3.95	2.98	3.69
橡胶	4.58	3.69	3.93	3.08	3.25

续表

行业	2016 年	2017 年	2018 年	2019 年	2020 年
机械设备					
金属制品 II	3.37	3.46	3.32	3.20	3.10
通用机械	6.05	5.19	5.13	5.20	4.71
仪器仪表 II	7.91	8.20	8.52	6.87	7.01
运输设备 II	6.83	7.55	6.65	6.35	5.37
专用设备	6.57	5.66	5.27	5.04	4.58
计算机					
计算机设备 II	4.45	4.44	3.82	3.70	3.27
计算机应用	5.32	5.27	5.07	4.77	4.31
家用电器					
白色家电	6.44	5.62	5.54	5.36	4.35
视听器材	3.15	2.44	2.72	2.30	2.12
建筑材料					
玻璃制造 II	7.66	8.19	7.12	6.01	6.28
其他建材 II	6.95	5.80	5.69	5.37	5.52
水泥制造 II	10.86	10.68	11.38	11.77	10.55
建筑装饰					
房屋建设 II	5.38	4.34	4.14	3.95	3.83
基础建设	4.34	3.86	4.14	3.53	3.19
园林工程 II	5.00	4.34	4.42	3.85	4.81
专业工程	4.43	4.02	3.55	3.05	2.59
装修装饰 II	4.71	4.32	3.89	3.67	3.71
交通运输					
港口 II	6.49	6.49	6.57	7.35	7.20
高速公路 II	11.37	10.76	12.10	13.21	10.29
公交 II	8.18	7.61	8.34	8.84	8.03
航空运输 II	5.67	5.31	5.10	4.68	3.50
航运 II	2.22	2.29	2.05	1.94	1.49
机场 II	12.27	12.53	11.94	12.02	10.86
铁路运输 II	7.23	7.04	10.11	9.89	8.96
物流 II	2.24	1.80	1.93	1.85	1.59
农林牧渔					

续表

行业	2016 年	2017 年	2018 年	2019 年	2020 年
畜禽养殖Ⅱ	0.52	0.71	0.58	0.50	0.38
动物保健Ⅱ	7.89	7.83	7.44	6.22	5.44
林业Ⅱ	6.95	5.68	6.49	5.63	5.74
农产品加工	3.06	2.89	2.90	2.35	2.04
农业综合Ⅱ	6.53	6.00	6.77	9.71	4.65
饲料Ⅱ	1.12	1.03	1.19	1.06	0.94
渔业	1.41	1.48	1.62	1.72	1.80
种植业	1.43	1.18	1.15	0.84	0.71
汽车					
其他交运设备Ⅱ	5.08	4.74	3.91	4.76	3.83
汽车服务Ⅱ	2.78	2.95	3.17	2.66	2.44
汽车零部件Ⅱ	5.26	5.24	4.94	4.37	4.11
汽车整车	5.03	4.75	4.47	3.82	3.63
轻工制造					
包装印刷Ⅱ	8.00	6.62	5.95	5.61	4.74
家用轻工	6.33	5.98	5.48	5.43	4.56
其他轻工制造Ⅱ	9.02	7.88	5.93	5.15	5.50
造纸Ⅱ	5.80	6.32	6.80	5.84	4.97
商业贸易					
贸易Ⅱ	1.50	1.34	1.06	1.20	0.87
商业物业经营	16.97	12.13	15.81	15.65	14.56
一般零售	4.22	3.86	3.90	3.81	4.22
专业零售	2.06	1.91	2.19	2.58	2.16
食品饮料					
食品加工	7.62	7.33	6.88	6.00	5.95
饮料制造	27.97	28.00	29.92	31.65	31.89
通信					
通信设备	5.78	4.87	4.51	4.74	4.04
通信运营Ⅱ	4.15	2.99	2.64	1.68	2.69
休闲服务					
餐饮Ⅱ	7.52	6.12	6.07	5.54	4.44
景点	12.02	11.10	11.72	13.81	9.40

续表

行业	2016 年	2017 年	2018 年	2019 年	2020 年
酒店 II	8.74	7.62	7.84	7.52	8.19
旅游综合 II	4.52	3.72	4.12	4.02	7.44
其他休闲服务 II	7.54	8.32	8.79	8.25	8.12
医药生物					
化学制药	9.71	9.80	10.26	8.42	7.53
生物制品 II	9.15	8.23	8.63	8.03	7.62
医疗服务 II	4.92	4.97	6.11	4.57	4.04
医疗器械 II	9.18	8.98	9.08	8.44	7.02
医药商业 II	3.00	3.01	3.27	2.93	2.76
中药 II	11.67	11.26	11.00	9.28	8.65
有色金属					
工业金属	2.42	2.81	2.76	2.37	2.03
黄金 II	2.78	3.26	3.11	3.02	3.13
金属非金属新材料	5.88	6.72	8.13	5.55	3.79
稀有金属	4.25	4.58	5.31	4.21	2.88
综合					
综合 II	5.36	4.84	4.41	4.74	4.90
总计	7.36	6.76	6.63	6.30	5.71

数据来源：Wind 资讯。

从行业税负变化看，营销传播降幅最大，税负水平从 2016 年的 5.14% 下降至 2020 年的 2.32%，降幅达 55%。餐饮、贸易、航空运输降幅较大，2020 年比 2016 年税负水平降幅达 40% 以上。制造业及相关环节收益较大，其中，其他轻工制造、纺织制造降幅明显，税负水平分别从 2016 年 9.02%、5.76% 下降至 2020 年 5.50%、3.58%，降幅达 40%。文化传媒、互联网传媒、物流、航运，2020 年比 2016 年税负水平降幅达 1/3。电子制造、计算机设备、电气自动化设备，2020 年比 2016 年降幅达 1/4。当前，以大数据、云计算、物联网等新一代信息技术为代表的新一轮科技革命正在全球范围蓬勃兴起，新业态、新模式、新产业不断涌现。未来最具竞争优势的新型产业必然是高端服务业以及与高端服务业直接相关的制造业，包括数字经济、“互联网 +”等产业。2016 年以来，随着供给侧结构性改革的实施，减税降费在“降成本”方面的政策目标开始凸显。深化增值税改革、研发费用加计扣除……一系列惠及实体经济和百姓的税费政策相继出台，充分体现税收政策在促进产业升级、经济结构优化、推进高质量发展方面的引导作用。

表 19－11　2016—2020 年不同性质公司收入税收负担率

单位：%

公司性质	2016 年	2017 年	2018 年	2019 年	2020 年
地方国有企业	5.60	5.49	5.58	5.41	4.76
公众企业	6.52	6.52	6.55	6.46	5.84
集体企业	5.95	5.35	5.00	4.55	3.99
民营企业	5.93	5.52	5.50	5.21	4.60
其他企业	3.90	1.79	2.80	3.01	2.77
外资企业	9.16	8.69	8.31	8.48	7.53
中央国有企业	9.32	8.46	8.06	7.52	7.14

数据来源：Wind 资讯。

表 19-11 列示了 2016—2020 年不同性质公司税负情况。截至 2020 年 12 月底，沪深上市公司中，中央、地方国有企业占比约 30%，非国有企业（公众企业、民营企业、外资企业、集体企业、其他企业）占比约 70%。中央、地方国有企业平均税负从 2016 年的 9.32%、5.6%，下降至 2020 年的 7.14%、4.76%，非国有上市企业平均税负从 2016 年的 6.25% 下降至 2020 年的 5.02%。在中国经济由高速增长转向高质量发展的过程中，民营经济在产业升级转型及产业优势形成中发挥着重要作用。习近平总书记在民营企业座谈会上指出，支持民营企业发展，要抓好六个方面的政策举措，首要的就是要减轻民营企业税费负担。2016—2020 年民营企业平均税负从 5.93%，下降至 4.60%，税负降幅近 1/4，充分反映了减税降费政策对民营经济发展以及产业优势形成的助推作用。

从地理位置上看，东部沿海地带享受着国家规定的经济特区、沿海经济开发区、经济技术开发区、高新技术产业开发区、沿海开放城市、国家旅游度假区、出口加工区、保税区的相关税收优惠政策，还有一些区域性税收优惠规定，税负降幅较大。其中，广西、福建、海南 2020 年比 2016 年降幅达 40% 以上，山东、天津、浙江降幅达 30% 以上，北京、上海、辽宁降幅达 20% 以上。为了支持西部地区发展，国家在税收上给予西部大开发税收优惠政策，重庆、广西等西部 12 个省份和新疆生产建设兵团享受众多的税收优惠政策，对于推动西部地区经济发展、调整产业结构、增强企业发展实力、进行生态环境治理、实现国家的产业政策，以及培植和涵养长期税源，均有着很大的促进作用。其中，新疆税负降幅最为明显，2020 年较 2016 年下降近 40%，西藏降幅近 30%，陕西、云南降幅达 10% 以上。中部地区经济基础比较雄厚，交通运输比较发达，科技力量比较强，从事制造业、服务业等行业的上市公司比较多，税收优惠政策大部分属通用型的。其中，吉林税负降幅最为明显，2020 年较 2016 年下降 40%，内蒙古、江西、湖南降幅达 20% 以上，湖北、河南降幅近 15%。详见表 19-12。

表 19－12 2016—2020 年各省收入税收负担率

单位：%

省份	2016 年	2017 年	2018 年	2019 年	2020 年
安徽省	6.02	5.86	6.32	6.05	5.49
北京市	9.98	8.98	8.41	7.81	7.46
福建省	4.44	3.82	3.62	3.48	2.57
甘肃省	5.28	5.37	6.08	5.42	4.83
广东省	6.75	6.56	6.59	6.96	6.44
广西壮族自治区	6.02	4.30	4.65	4.20	3.28
贵州省	17.93	18.82	21.18	22.56	22.15
海南省	8.79	7.38	7.72	8.24	5.17
河北省	7.29	7.49	7.66	8.11	7.05
河南省	5.94	6.62	6.88	6.05	5.06
黑龙江省	6.19	5.75	5.03	4.06	3.80
湖北省	5.16	5.13	5.65	4.98	4.52
湖南省	5.02	4.76	4.86	4.19	3.80
吉林省	8.73	7.88	7.70	6.39	5.24
江苏省	5.37	4.95	5.14	5.19	4.74
江西省	2.92	3.30	3.53	3.25	2.24
辽宁省	5.31	4.52	4.30	4.29	4.13
内蒙古自治区	7.38	7.10	6.66	6.85	5.84
宁夏回族自治区	6.31	7.89	8.30	8.20	8.83
青海省	6.24	6.70	6.33	4.67	8.67
山东省	6.07	5.26	5.17	4.56	4.04
山西省	7.37	8.35	9.14	9.73	8.77
陕西省	6.09	7.69	7.78	6.99	5.20
上海市	5.65	5.50	5.39	4.90	4.57
四川省	7.09	7.14	7.65	7.29	7.26
天津市	5.13	3.19	3.77	3.53	3.39
西藏自治区	10.52	12.16	11.33	8.86	7.78
新疆维吾尔自治区	5.92	5.65	5.38	4.14	3.71
云南省	5.02	5.20	6.06	5.10	4.51
浙江省	5.56	4.85	4.73	4.60	3.75
重庆	6.91	6.36	6.57	6.33	6.31

数据来源：Wind 资讯。

（二）利润税收负担率分析

利润税收负担率指标的立脚点是从股东回报的角度来看，即股东获取100元利润总额时，企业为此支付的税收成本。从图19-4的数据中可以看到2020年利润税负率较2016年下降了15%。

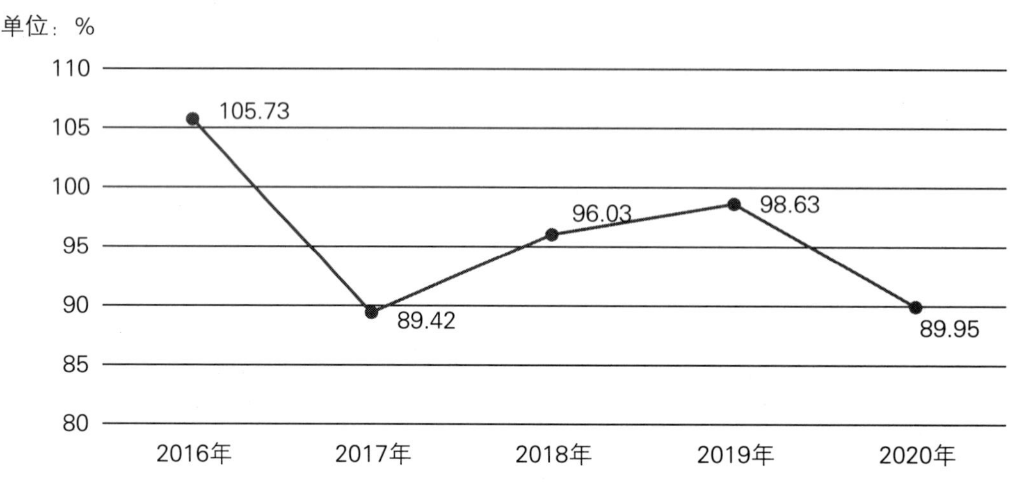

图19－4　2016—2020年利润税收负担率

不同行业2016—2020年利润税收负担率如表19-13所示。

表19－13　2016—2020年各行业利润税收负担率表

单位：%

序号	行业	利润税收负担率					均值
		2016年	2017年	2018年	2019年	2020年	
全行业		105.73	89.42	96.03	98.63	89.95	95.95
1	房地产	93.63	89.24	87.63	95.54	98.75	92.96
2	医药生物	66.11	60.26	79.97	77.61	59.8	68.75
3	公用事业	73.21	73.68	70.60	71.50	58.68	69.53
4	商业贸易	96.28	77.34	67.04	76.77	148.23	93.13
5	机械设备	125.26	72.04	91.34	82.51	57.26	85.68
6	综合	62.82	68.87	49.59	72.08	140.87	78.85
7	建筑装饰	107.03	87.71	87.44	83.11	79.84	89.03
8	建筑材料	91.22	69.60	60.74	58.66	53.34	66.71
9	家用电器	62.04	55.57	67.45	58.93	47.35	58.27
10	汽车	69.78	73.82	86.81	102.23	96.11	85.75
11	电子	43.18	41.68	63.69	59.51	50.81	51.77
12	轻工制造	67.19	59.77	88.61	77.28	57.62	70.09
13	通信	139.50	103.59	137.21	311.37	91.70	156.67
14	计算机	57.06	62.10	89.19	82.97	87.29	75.72

续表

序号	行业	利润税收负担率					均值
		2016 年	2017 年	2018 年	2019 年	2020 年	
15	传媒	32.89	33.39	-277.6	304.39	192.88	57.19
16	农林牧渔	27.22	29.98	40.39	18.15	13.27	25.80
17	化工	238.00	193.76	164.15	224.27	177.39	199.51
18	有色金属	109.53	71.43	118.54	146.71	76.07	104.46
19	交通运输	49.90	39.47	51.89	51.08	190.41	76.55
20	非银金融	27.72	29.28	40.24	25.37	-3.04	23.91
21	电气设备	70.45	68.57	104.24	75.52	53.13	74.38
22	休闲服务	63.79	46.92	50.55	52.87	241.80	91.19
23	国防军工	66.17	68.72	75.80	55.72	39.88	61.26
24	采掘	476.41	226.27	167.69	181.04	191.05	248.49
25	食品饮料	88.40	80.38	77.40	79.17	72.45	79.56
26	纺织服装	73.81	72.42	97.12	109.27	108.03	92.13
27	钢铁	139.9	51.58	50.82	80.80	58.88	76.40

数据来源：Wind 资讯。

表中数据显示，利润税负率按近 5 年均值排名靠前的行业有采掘（248.49%）、化工（199.51%）、通信（156.61%）、有色金属（104.46%）；利润税负率均值靠后的行业有非银金融（23.91%）、农林牧渔业（25.8%）、电子（51.77%）、传媒（57.19%）。

（三）年度增加值税收负担率分析

年度增加值反映企业在经营中创造价值并承担一定社会责任，年度增加值税负率从 2016 年的 29.80% 下降到 2020 年的 26.19%。2016—2020 年年度增加值税负率，大体处于整体下降趋势，2020 年为 5 年最低值。详见图 19–5。

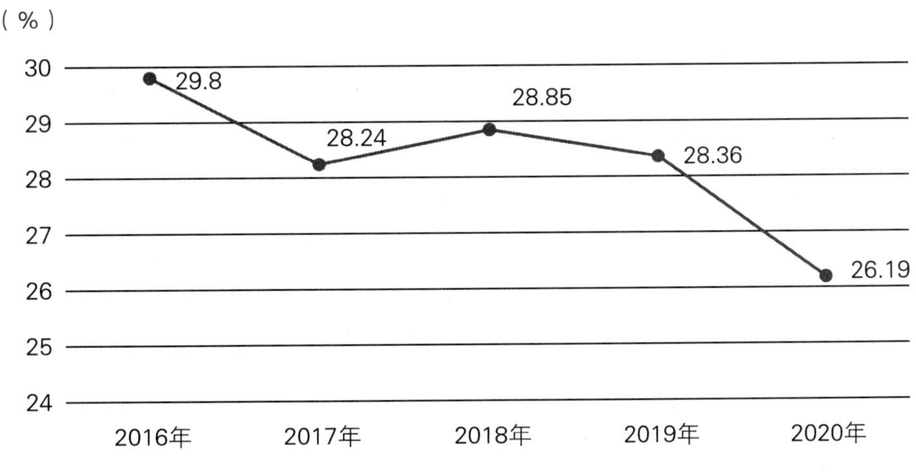

图 19－5　2016—2020 年度增加值税负率

在行业分布上，各个行业年度增加值税收负担率如表 19–14 所示。

表 19 – 14　2016—2020 年各行业经济增加值税收负担率表

单位：%

序号	行业	经济增加值税负率					均值
		2016 年	2017 年	2018 年	2019 年	2020 年	
全行业		29.80	28.24	28.85	28.36	26.19	28.29
1	房地产	48.48	47.78	47.29	49.34	49.88	48.55
2	医药生物	26.38	25.75	28.40	26.11	22.69	25.87
3	公用事业	26.81	23.12	22.31	22.09	21.10	23.09
4	商业贸易	28.89	26.44	24.52	25.94	26.74	26.51
5	机械设备	24.50	21.29	21.75	20.71	18.14	21.28
6	综合	22.63	22.43	19.71	21.10	26.73	22.52
7	建筑装饰	28.67	25.44	25.25	23.82	23.72	25.38
8	建筑材料	28.11	27.59	28.80	29.28	28.01	28.36
9	家用电器	25.13	22.78	24.55	22.63	18.87	22.79
10	汽车	24.46	24.33	23.35	20.99	20.28	22.68
11	电子	13.18	12.59	13.74	13.08	12.75	13.07
12	轻工制造	24.18	23.38	25.34	22.79	18.89	22.92
13	通信	14.39	12.35	11.92	11.95	10.98	12.32
14	计算机	16.51	15.70	16.76	15.36	14.21	15.71
15	传媒	14.87	14.12	23.45	17.78	13.51	16.75
16	农林牧渔	11.03	11.02	12.41	8.27	6.67	9.88
17	化工	47.63	45.43	42.89	44.09	39.58	43.92
18	有色金属	23.93	24.18	27.86	26.13	21.67	24.75
19	交通运输	15.74	14.84	16.64	17.05	17.17	16.29
20	非银金融	9.91	9.55	8.66	6.10	4.79	7.80
21	电气设备	24.27	22.86	23.24	19.99	17.88	21.65
22	休闲服务	20.42	17.62	19.33	19.15	26.2	20.54
23	国防军工	11.79	11.67	11.81	10.15	9.05	10.89

续表

序号	行业	经济增加值税负率					均值
		2016 年	2017 年	2018 年	2019 年	2020 年	
24	采掘	40.78	39.38	38.95	39.02	36.06	38.84
25	食品饮料	37.60	37.03	37.19	37.82	36.68	37.26
26	纺织服装	23.83	23.57	23.77	22.67	21.54	23.08
27	钢铁	18.78	19.18	21.27	22.44	17.56	19.85

数据来源：Wind 资讯。

表中数据显示，年度经济增加值税负率按近 5 年均值排名靠前的行业有房地产（48.55%）、化工（43.92%）、采掘（38.84%）、食品饮料（37.26%）；排名靠后的行业有非银金融（7.8%）、农林牧渔（9.88%）、国防军工（10.89%）、通信（12.32%）。

（四）现金流量税收负担率分析

经营活动现金流出税负率由 2016 年 7.32% 下降至 2020 年 5.67%，5 年来呈下降趋势，该指标各年变化如图 19-6 所示。

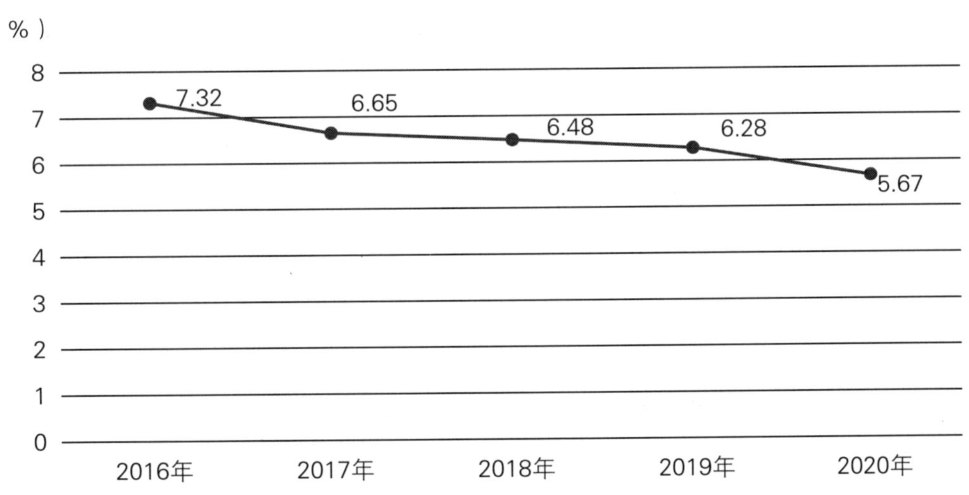

图 19－6 2016—2020 年经营活动现金流出税负率比较图

该指标在各行业比较中也表现出较强的行业特征，2016—2020 年各行业经营活动现金流量税负率计算结果如表 19-15 所示。

表 19－15 2016—2020 年各行业经营活动现金流出税收负担率表

单位：%

序号	行业	经营活动现金流出税收负担率					均值
		2016 年	2017 年	2018 年	2019 年	2020 年	
全行业		7.32	6.65	6.48	6.28	5.67	6.48

续表

序号	行业	经营活动现金流出税收负担率					均值
		2016 年	2017 年	2018 年	2019 年	2020 年	
1	房地产	10.1	9.56	10.3	11.16	9.99	10.22
2	医药生物	7.39	7.07	7.32	6.29	5.81	6.78
3	公用事业	15.58	10.37	9.44	9.43	9.58	10.88
4	商业贸易	2.7	2.32	2.29	2.45	1.85	2.32
5	机械设备	6.5	6.34	5.66	5.61	5.07	5.84
6	综合	4.69	4.49	4.37	4.5	4.64	4.54
7	建筑装饰	5.02	4.06	3.95	3.54	3.29	3.97
8	建筑材料	9.98	9.33	10.34	10.89	9.91	10.09
9	家用电器	6.51	5.69	5.92	5.45	4.47	5.61
10	汽车	4.68	4.57	4.27	4.26	4.04	4.36
11	电子	3.31	2.78	2.76	2.72	2.76	2.87
12	轻工制造	6.09	6.07	5.85	5.66	4.91	5.72
13	通信	4.97	4.21	3.85	3.87	3.75	4.13
14	计算机	4.69	4.68	4.39	4.25	3.85	4.37
15	传媒	4.62	3.95	3.56	3.19	2.22	3.51
16	农林牧渔	1.89	1.79	1.84	1.58	1.28	1.68
17	化工	11.97	10.31	8.66	8.19	8.76	9.58
18	有色金属	2.72	3.3	3.52	2.93	2.43	2.98
19	交通运输	3.87	3.39	3.61	3.54	2.57	3.40
20	非银金融	5.79	9.25	10.02	13.14	6.17	8.87
21	电气设备	6.27	5.8	5.08	4.75	4.38	5.26
22	休闲服务	6.33	5.31	5.38	5.5	7.53	6.01
23	国防军工	3.23	3.12	3.24	2.64	2.47	2.94
24	采掘	15.17	14.43	13.48	12.89	12.73	13.74
25	食品饮料	16.98	16.91	18.34	18.5	18.51	17.85
26	纺织服装	7.57	6.79	6.09	5.89	5.49	6.37
27	钢铁	3.38	4.27	5.13	4.01	2.9	3.94

数据来源：Wind 资讯。

表中数据显示，经营活动现金流出税负率按近 5 年均值排名靠前的行业有食品饮料（17.85%）、采掘（13.74%）、公用事业（10.88%）、房地产（10.22%）；排名靠后的行业有：农林牧渔业（1.68%）、商业贸易（2.32%）、电子（2.87%）、国防军工（2.94%）。

四、结论

（一）企业税费负担持续下降

根据国家税务总局公布的十组税收数据显示，“十三五”以来，随着一系列大规模减税降费政策措施落实落地，2016—2019 年，我国一般公共预算收入中税收收入占 GDP 比重分别为 17.47%、17.35%、17.01% 和 16.02%，2020 年预计进一步降至 15.2% 左右，较 2019 年继续回落约 0.82 个百分点，比“十二五”末的 2015 年（18.13%）下降近 3 个百分点。

（二）实体经济和民营经济受益较为明显

2020 年减税降费聚焦助力市场主体纾困解难，促进了经济恢复性增长。其中，制造业及相关环节是减税降费受益较大的行业；民营经济减税降费受益较为明显。

（三）科技创新型企业税收政策扶持力度显著

目前税收优惠政策覆盖科技创新活动的各个环节领域，对高新技术企业减按 15% 的税率征收企业所得税，并不断扩大高新技术企业认定范围。软件和集成电路企业可以享受企业所得税定期减免优惠，国家规划布局内的重点企业，可减按 10% 的税率征收企业所得税。对自行开发生产的计算机软件产品、集成电路重大项目企业还给予增值税期末留抵税额退税的优惠，对动漫企业实施增值税超税负即征即退等政策。

五、澄清与说明

由于上市公司税收相关数据的披露较为单一，从可操作的角度出发，本次对上市公司税收负担的数据取自上市公司披露的 2020 年现金流量表中“支付的各项税费”项目，该项数据体现了上市公司在 2020 年实际支出的税费金额，与实际的归属于企业 2020 年应缴纳的税费有一定的差异，对税收负担率的分析造成了一定的影响，但是我们认为从全行业角度出发来对上市公司进行税收负担率的分析，其带来的影响是可以接受的。

第二十章　2020 年上市公司与 IPO 税收管理分析

一、IPO 与税收管理简述

IPO 是 Initial Public Offering 的英文缩写，即首次公开募集资金，是指公司（股份有限公司）首次向社会公众公开招股的发行方式。上市公司是成功了的 IPO，IPO 可以为企业筹集资金扩大生产规模、投资有前景的项目、改善企业资本结构及治理结构，还有利于提高企业商誉及知名度。

（一）我国 IPO 机制演变

我国 IPO 的审核机制至今经过四个阶段的变化：

（1）额度制。2001 年 3 月前，资本市场主要为国企服务，各省份、各部委都有上市指标，只要搞定了指标就意味着上市已经成功了一大半。

（2）通道制。2001 年 3 月，证监会发布《关于证券公司推荐发行申请有关工作方案的通知》，提出证券公司推荐企业发行股票，实行“证券公司自行排队、限报家数”的方案，具体指每家证券公司一次只能推荐一定数量的企业申请发行股票，由证券公司将拟推荐的企业逐一排队，按序推荐。

（3）保荐制。2003 年 12 月，证监会发布《证券发行上市保荐制度暂行办法》，自 2004 年 2 月 1 日起施行，标志着中国证券市场的保荐制度起航。保荐制的推出，是中国资本市场走向专业化的重要标志。

（4）注册制。2015 年 12 月 27 日，第十二届全国人大常委会第十八次会议审议通过《关于授权国务院在实施股票发行注册制改革中调整适用〈中华人民共和国证券法〉有关规定的决定》，授权国务院对拟在上海证券交易所、深圳证券交易所上市交易的股票的公开发行，调整适用《中华人民共和国证券法》关于股票公开发行核准制度的有关规定，实行注册制度，并决定自 2016 年 3 月 1 日起施行，实施期限为两年。

2018 年 11 月 5 日，习近平总书记在首届进博会的主旨演讲指出，将在上海证券交易所设立科创板并试点注册制，支持上海国际金融中心和科技创新中心建设，不断完善资本市场基础制度。2019 年 3 月 1 日，中国证监会正式发布《科创板首次公开发行股票注册管理办法》，上交所发布申请受理、上市审核、发行承销、交易规则、持续监管等系统规章，标志着注册制的正式启动。2019 年 12 月，新《证券法》通过，并于 2020 年 3 月 1 日开始全面推行注册制。2020 年 6 月，创业板正式运行注册制。2020 年 12 月 31 日，退市新规正式运行。注册制改革首次在科创板试行，注册制的特点就是上市门槛放低，不再强制要求盈利，同时提供多元化的上市标准。对 2016—2020 年度发审委审核 IPO 企业结果情况统计如表 20–1 所示。

表 20 – 1　2016—2020 年度发审委审核 IPO 结果

年度	上市板	IPO 申报企业	取消审核	通过	未通过	暂缓表决	通过率（%）
2016	创业板	98	2	83	11	2	84.69
	上证主板	124	1	118	4	1	95.16
	深证主板	52	1	46	3	2	88.46
	小计	274	4	247	18	5	90.15
2017	创业板	176	4	121	45	6	68.75
	上证主板	229	2	187	28	12	81.66
	深证主板	90	1	72	13	4	80.00
	小计	495	7	380	86	22	76.77
2018	创业板	62	4	31	26	1	50.00
	上证主板	96	6	56	26	8	58.33
	深证主板	35	3	24	7	1	68.57
	小计	193	13	111	59	10	57.51
2019	创业板	73	4	57	12		78.08
	科创板	115	1	109	3	2	94.78
	上证主板	59	2	53	2	2	89.83
	深证主板	30	28	2			6.67
	小计	277	35	221	17	4	79.78
2020	创业板	216	1	210	2	3	97.22
	科创板	228	2	217	2	7	95.18
	上证主板	127	1	123	1	2	96.85
	深证主板	62	1	54	4	3	87.10
	小计	633	5	604	9	15	95.42
合计		1872	64	1563	189	56	83.49

数据来源：Wind 资讯。

由表 20–1 可知：

（1）2016—2020 年间，IPO 企业申报数量呈现波浪变动，2016—2017 年大幅增加，2018 年出现下降后 2019—2020 年数量大幅增加；2016—2020 年 IPO 通过率变化呈现 V 字型变化，2020 年达到最高值 95.42%，其次是 2016 年度的 90.15%。

（2）2016—2018 年主板通过率高于创业板；2019—2020 年更多企业选择在科创板、创业板上市，科创板的通过率在各板块上市通过率中居第一。

（3）2019 年科创板首次实行注册制改革当年有 119 家企业申报 IPO，109 家通过审核，通过率 94.78%。2020 年科创板 IPO 申报企业几乎是 2019 年的 2 倍，达 228 家，其中 217 家通过，通过率为 95.18%。

（二）我国目前 IPO 理念

2020 年 10 月，国务院提出“全面推行、分步实施证券发行注册制”，注册制的实施有力地推进了创业板的上市速度。

实行注册制是大势所趋，注册制改革后，发行条件更加精简优化、更具包容性，注册审核回归以信息披露为中心的核心理念，要求企业真实、准确、完整披露信息，提高信息披露质量是注册制成功的关键。

发行人能否通过审核往往是审核方多因素综合考量的结果。很多审核中被关注的事项之间是相互联系，或者相互依存、相互影响的。例如，关联交易问题既是独立性问题，也往往成为财务操作的重要手段；员工社保与劳务派遣问题，既是规范运作问题，也会对财务利润构成影响。

二、企业 IPO 中的税务风险

（一）我国 IPO 相关文件中关于税务的相关规定

1. 主板。

《首次公开发行股票并上市管理办法（2020 年 7 月修正）》（证监会令第 173 号），2020 年 7 月 10 日起施行。

该管理办法第十八条规定，发行人不得有下列情形：

（1）最近 36 个月内未经法定机关核准，擅自公开或者变相公开发行过证券；或者有关违法行为虽然发生在 36 个月前，但目前仍处于持续状态。

（2）最近 36 个月内违反工商、税收、土地、环保、海关以及其他法律、行政法规，受到行政处罚，且情节严重。

（3）最近 36 个月内曾向中国证监会提出发行申请，但报送的发行申请文件有虚假记载、误导性陈述或重大遗漏；或者不符合发行条件以欺骗手段骗取发行核准；或者以不正当手段干扰中国证监会及其发行审核委员会审核工作；或者伪造、变造发行人或其董事、监事、高级管理人员的签字、盖章。

（4）本次报送的发行申请文件有虚假记载、误导性陈述或者重大遗漏。

（5）涉嫌犯罪被司法机关立案侦查，尚未有明确结论意见。

（6）严重损害投资者合法权益和社会公共利益的其他情形。

第二十五条规定，发行人应完整披露关联方关系并按重要性原则恰当披露关联交易。关联交易价格公允，不存在通过关联交易操纵利润的情形。

第二十七条规定，发行人依法纳税，各项税收优惠符合相关法律法规的规定。发行人的经营成果对税收优惠不存在严重依赖。

2. 创业板。

《创业板首次公开发行股票注册管理办法（试行）》（证监会令第 167 号），2020 年 6 月 12 日施行。

该管理办法第十二条规定，发行人业务完整，具有直接面向市场独立持续经营的能力：

资产完整，业务及人员、财务、机构独立，与控股股东、实际控制人及其控制的其他企业间不存在对发行人构成重大不利影响的同业竞争，不存在严重影响独立性或者显失公平的关联交易。

第十三条规定，发行人生产经营符合法律、行政法规的规定，符合国家产业政策。

最近三年内，发行人及其控股股东、实际控制人不存在贪污、贿赂、侵占财产、挪用财产或者破坏社会主义市场经济秩序的刑事犯罪，不存在欺诈发行、重大信息披露违法或者其他涉及国家安全、公共安全、生态安全、生产安全、公众健康安全等领域的重大违法行为。

3.《关于发布〈上海证券交易所科创板发行上市审核业务指南第 2 号——常见问题的信息披露和核查要求自查表〉的通知》（上证函〔2021〕230 号）规定：

研发支出资本化。研发支出的成本费用归集范围是否恰当，研发支出的发生是否真实，是否与相关研发活动切实相关，是否存在为申请高新技术企业认定及企业所得税费用加计扣除目的虚增研发支出的情形。

期间费用报告期内波动较大或占营业收入的比重与同行业可比公司存在较大差异。

报告期发行人向税务机关申请研发费用加计扣除优惠政策的研发费用金额与发行人实际发生的研发费用金额之间的差异并逐项定量分析原因。

税收优惠到期或即将到期。

（1）如果很可能获得相关税收优惠批复，按优惠税率预提预缴经税务部门同意，可暂按优惠税率预提并做风险提示，并说明如果未来被追缴税款，是否有大股东承诺补偿；同时发行人应在招股说明书中披露税收优惠不确定性风险。

（2）如果获得相关税收优惠批复的可能性较小，需按照谨慎性原则按正常税率预提，未来根据实际的税收优惠批复情况进行相应调整。

（二）企业提供申报材料在税务方面的要求

（1）需提供最近三年和最近一期汇算清缴所得税纳税申报表。申报期内按时报送至主管税务机关，且加盖税务机关公章或申报受理章。若分公司独立纳税，则单独提供上述资料。母公司及控股子公司可根据发审委反馈意见，若需要则进行补充。该要求目的是核查拟 IPO 企业是否存在偷漏税问题，或是否合规处理税务问题。

（2）需提供合规享受税收优惠、财政补贴等的相关证明文件。发审委需要核查企业享受的税收优惠、财政补贴是否符合法律相关规定，其经营业绩是否存在严重的税收优惠和财政补贴依赖。

（3）需说明主要税种的纳税情况，并提供注册会计师出具的意见。该要求目的是核查企业的纳税情况，核查企业是否在税务方面存在问题。

（4）需提供税务局出具的证明其最近三年和最近一期无重大违规情况的说明，独立纳税的分公司需单独提供，母公司及控股子公司可根据发审委反馈意见，若需要则进行补充。该要求目的是核查企业无重大违法违规行为，重大违法违规行为严重影响企业上市审核通过率。

（5）需提供税务主管机关加盖公章，与所得税纳税申报表一致的最近三年和最近一期的企业原始财务报表。独立纳税的分公司需单独提供，母公司及控股子公司可根据发审委反馈意见，若需要则进行补充。该要求目的是全面了解企业财务情况，确保审核的全面性和准确性。

（三）IPO 时重点关注的涉税事项

2018—2020 年 IPO 未通过审核企业共 85 家，剔除被否原因未披露的企业后剩余 72 家，根据披露被否原因信息明确涉及涉税风险事项的有 52 家。对被否原因中明确涉及税务的事项进行汇总，结果如表 20–2 所示。

表 20 – 2　2018—2020 年度 IPO 被否原因涉税事项统计

序号	被否原因涉税事项	提及次数	提及比例（%）
1	关联交易	31	41.33
2	股权相关	18	24.00
3	社保公积金相关	5	6.67
4	税收优惠依赖	5	6.67
5	政府补助	5	6.67
6	研发支出	3	4.00
7	财务报表与纳税申报表收入差异过大	2	2.67
8	行政处罚	2	2.67
9	劳务外包的合规性	2	2.67
10	高新技术企业指标是否合格	1	1.33
11	股权相关	1	1.33

数据来源：Wind 资讯。

根据数据统计可知，IPO 企业应该重点关注的涉税风险事项前五项主要有：

（1）关联交易。主要包括根据“实质重于形式”原则对是否属于关联方关系的判断，关联交易定价公允与否、是否具有合理商业目的、是否存在利益输送，营业收入对关联交易的依赖等问题。

（2）股权相关。主要包括境内境外股权架构搭建、拆除退回、股权转让、企业整体改制等涉及股权行为时的定价是否合理，是否具有合理商业目的，资金来源，及纳税义务、完税情况、税务风险等。

（3）社保公积金相关。主要包括缴纳社会保险和住房公积金员工人数、基数、未缴纳的五险一金费用的比例等。

（4）税收优惠依赖。主要包括收入对税收优惠的依赖程度、税收优惠的可持续性；税收优惠主要是企业所得税的优惠政策，如软件企业、高新技术企业，及增值税和消费税的税收优惠风险。

（5）研发支出。主要关注研发项目、研发人员、研发费用发生的流程和费用归集的合规合理，还有企业会计准则、高新技术企业及企业所得税研发费用归集的比对分析。

在实践中，IPO 申请的前提需要满足财务指标要求，拟 IPO 企业会更多地关注盈利水平等财务指标和状况，而可能忽视了其中的税务风险。有学者研究发现：近 60% 的 IPO 企业在上市前 3 年补缴过税款，主要发生在前 1~2 年，平均补缴税额约 3400 万元。

导致 IPO 失败的原因主要是企业持续盈利能力存疑、财务会计处理不合理、缺乏独立性等，其中也暗藏了税务风险或问题。

自 2016 年以来，我国 A 股市场上发生的高新技术企业 IPO 占到新上市公司总数的 80% 以上。

三、IPO 具体涉税事项风险分析及上市公司相关数据分析

（一）关联交易

关联交易历来是 IPO 审核中重点关注的事项。关联交易既是非财务事项，也是财务事项。关联交易作为市场经济中普遍存在的经济现象，有好的一面也有中性的一面，也可能有明显的负面效应。

对关联方的认定本来就不是一件简单的事，不仅有规则之间的交叉，还有很大的实质性判断的成分。关联交易的公允性、对发行人独立性的影响等更是需要进行实质性判断。

不同的法律法规中都对关联关系、关联交易等做了相关规定，如《公司法》《上市公司信息披露管理办法》《企业会计准则第 36 号——关联方披露》《上市公司关联交易实施指引》等。税收法律也对关联关系的界定做出明确规定，且对关联交易的税务处理做了规定。

1. 税收文件中对关联关系及关联交易的规定。

《国家税务总局关于完善关联申报和同期资料管理有关事项的公告》（国家税务总局公

告2016年第42号）中规定，企业在报送年度企业所得税纳税申报表时，应当就其与关联方之间的业务往来进行关联申报，附送《中华人民共和国企业年度关联业务往来报告表（2016年版）》。并在企业所得税法及其实施条件、税收征收管理法的基础上对关联关系及关联交易做了进一步明确规定：

企业与其他企业、组织或者个人具有下列关系之一的，构成本公告所称关联关系：

（1）一方直接或者间接持有另一方的股份总和达到25%以上；双方直接或者间接同为第三方所持有的股份达到25%以上。

如果一方通过中间方对另一方间接持有股份，只要其对中间方持股比例达到25%以上，则其对另一方的持股比例按照中间方对另一方的持股比例计算。

两个以上具有夫妻、直系血亲、兄弟姐妹以及其他抚养、赡养关系的自然人共同持股同一企业，在判定关联关系时持股比例合并计算。

（2）双方存在持股关系或者同为第三方持股，虽持股比例未达到本条第（1）项规定，但双方之间借贷资金总额占任一方实收资本比例达到50%以上，或者一方全部借贷资金总额的10%以上由另一方担保（与独立金融机构之间的借贷或者担保除外）。

（3）双方存在持股关系或者同为第三方持股，虽持股比例未达到本条第（1）项规定，但一方的生产经营活动必须由另一方提供专利权、非专利技术、商标权、著作权等特许权才能正常进行。

（4）双方存在持股关系或者同为第三方持股，虽持股比例未达到本条第（1）项规定，但一方的购买、销售、接受劳务、提供劳务等经营活动由另一方控制。

上述控制是指一方有权决定另一方的财务和经营政策，并能据以从另一方的经营活动中获取利益。

（5）一方半数以上董事或者半数以上高级管理人员（包括上市公司董事会秘书、经理、副经理、财务负责人和公司章程规定的其他人员）由另一方任命或者委派，或者同时担任另一方的董事或者高级管理人员；或者双方各自半数以上董事或者半数以上高级管理人员同为第三方任命或者委派。

（6）具有夫妻、直系血亲、兄弟姐妹以及其他抚养、赡养关系的两个自然人分别与双方具有本条第（1）至（5）项关系之一。

（7）双方在实质上具有其他共同利益。

除本条第（2）项规定外，上述关联关系年度内发生变化的，关联关系按照实际存续期间认定。

关联交易主要包括：

（1）有形资产使用权或者所有权的转让。有形资产包括商品、产品、房屋建筑物、交通工具、机器设备、工具器具等。

（2）金融资产的转让。金融资产包括应收账款、应收票据、其他应收款项、股权投资、债权投资和衍生金融工具形成的资产等。

（3）无形资产使用权或者所有权的转让。无形资产包括专利权、非专利技术、商业秘密、商标权、品牌、客户名单、销售渠道、特许经营权、政府许可、著作权等。

（4）资金融通。资金包括各类长短期借贷资金（含集团资金池）、担保费、各类应计息预付款和延期收付款等。

（5）劳务交易。劳务包括市场调查、营销策划、代理、设计、咨询、行政管理、技术服务、合约研发、维修、法律服务、财务管理、审计、招聘、培训、集中采购等。

2. 关联交易存在的税务风险。

税务处理中对关联交易的税务处理原则遵循独立交易原则。相关规定如下：

纳税人可以向主管税务机关提出与其关联企业之间业务往来的定价原则和计算方法，主管税务机关审核、批准后，与纳税人预先约定有关定价事项，监督纳税人执行。

纳税人与其关联企业之间的业务往来有下列情形之一的，税务机关可以调整其应纳税额：

（1）购销业务未按照独立企业之间的业务往来作价；

（2）融通资金所支付或者收取的利息超过或者低于没有关联关系的企业之间所能同意的数额，或者利率超过或者低于同类业务的正常利率；

（3）提供劳务，未按照独立企业之间业务往来收取或者支付劳务费用；

（4）转让财产、提供财产使用权等业务往来，未按照独立企业之间业务往来作价或者收取、支付费用；

（5）未按照独立企业之间业务往来作价的其他情形。

纳税人与其关联企业未按照独立企业之间的业务往来支付价款、费用的，税务机关自该业务往来发生的纳税年度起 3 年内进行调整；有特殊情况的，可以自该业务往来发生的纳税年度起 10 年内进行调整。

（二）股权相关

在上市之前，企业往往会理顺股权架构，整合业务资源板块。一方面会涉及股权本身的变动，如股东的股权变动、原境外股权架构的拆除等；另一方面公司业务、资源的整合会涉及企业重组。在以上过程中，企业会遇到不少税收问题，IPO 过程中如果有所涉及，也会受到关注。2018—2020 年说明被否原因的拟 IPO 未通过企业中，有 13 家涉及股权变动的原因，具体内容包括股权激励，员工持股平台，股权转让的背景、原因、是否具有合理商业目的、定价是否公允及纳税情况，尤其是涉及境外股权架构拆除或境外退市股权的要特别注意转让各方是否产生纳税义务、是否完成纳税。

股权交易和重组行为本身具有一定的复杂性，涉及的因素较多。经济行为本身、会计处理的选择与税收处理之间并不具有必然的联系性。由于交易行为本身的特殊性，常常也会造成经济行为中确定的交易路径与交易定价与税务认定出现差异。这里，由于交易各方之间可能存在的关联关系，也会与关联交易的税务风险交缠在一起。

重组交易中涉税处理常见的税务风险点有：（1）对重组税收优惠适用理解错误产生的税务风险；（2）交易方式和处理在经济行为、会计选择与税收处理不匹配或选择不当造成的特殊重组税收优惠适用不当；（3）税收优惠时间节点确认失误补缴税款；（4）不符合税收程序法规定，未按规定书面备案或者享受税收优惠后无留存备查资料。表 20-2 列示了 IPO 未通过企业涉及股权的情况。

表 20 － 2　2018—2020 年度 IPO 未通过企业被否涉及股权明细

公司名称	上市板	会议年度	被否原因
江苏网进科技股份有限公司	创业板	2020	请发行人代表结合黄玉龙、张亚娟和潘成华之间的股权转让及其资金往来和纳税情况等说明实际控制人的认定理由是否充分，实际控制人所持发行人的股份权属是否清晰，是否符合《创业板首次公开发行股票注册管理办法（试行）》第十二条的有关规定，请保荐人代表发表明确意见
安徽金春无纺布股份有限公司	创业板	2018	1. 欣金瑞智系控股股东金瑞集团及其下属公司内的核心员工投资发行人的持股平台。请发行人代表说明：（1）欣金瑞智用以向金春有限增资款来源，是否存在代为出资、股份代持或其他利益安排，是否存在发行人、金禾实业及其关联方向该等合伙人提供资金的情形；（2）欣金瑞智的合伙人主要为金禾实业的员工而发行人员工较少的原因及合理性，股份支付的处理是否符合会计准则的规定；（3）以发行人作为金瑞集团员工持股平台投资标的的原因及合理性，是否存在该等合伙人对发行人提供相关服务或利益安排的情形，是否影响发行人的独立性。请保荐代表人发表核查意见。 2. 发行人在股转系统挂牌期间，2017 年未按期披露 2016 年年度报告，存在年报更正及前期会计差错更正等情形。请发行人代表说明：（1）未按期披露 2016 年报、会计差错更正的原因，是否存在违法或被处罚的风险；（2）本次申报财务数据与新三板披露信息存在差异的原因；（3）2014 年至 2016 年期间利用员工个人卡收款的原因及必要性，是否存在规避税务监管情形和法律风险，个人银行卡收款对应的销售真实性及合理性；（4）会计基础工作是否规范，相关内部控制制度是否健全有效。请保荐代表人发表核查意见
北京煜邦电力技术股份有限公司	创业板	2018	4. 发行人历史上存在 18 次股权转让，其中 2004 年 12 月迅达机械将其持有煜邦有限 10% 的股权转让给林纯以及 2013 年 1 月北电计量、唐山华电分别将其持有煜邦有限的 3.24% 股权转让给高景宏泰。请发行人代表说明：（1）上述历次股权转让是否真实有效，有无法律纠纷；（2）迅达机械、北电计量、唐山华电分别将其持有的煜邦有限股权进行转让，是否涉及集体资产，有无履行合法程序；（3）与股权转让相关的税务缴纳情况，是否存在税收风险及其对发行人的影响。请保荐代表人发表核查意见
北京博睿宏远数据科技股份有限公司	创业板	2018	1. 发行人股改之前存在较频繁的股权转让。请发行人代表说明：（1）股权转让的背景及原因；（2）历史沿革中长期存在股份代持的具体原因；代持解除后股权是否清晰，是否存在纠纷或潜在纠纷。请保荐代表人说明核查过程、依据，并发表明确核查意见
杭州千岛湖鲟龙科技股份有限公司	创业板	2018	1. 报告期内，发行人营业收入中境外收入占比较高，且主要通过经销渠道实现销售。请发行人代表说明：（1）主要经销商的资金实力、销售区域，销售核算与经销商的核算是否存在重大不符；（2）分类及分地区说明发行人经销商布局的合理性，是否频繁发生经销商开业及退出的情况，经销商变化情况及原因，经销商终止合作后库存商品的解决方式；（3）报关数据与发行人自身数据是否匹配，出口退税情况是否与发行人境外销售规模相匹配。请保荐代表人说明核查过程、依据，并发表明确核查意见。 4. 招股说明书披露，发行人不存在控股股东和实际控制人，公司股权结构较为分散。请发行人代表：（1）结合发行人历史和实际管理等情况分析说明认定不存在

续表

公司名称	上市板	会议年度	被否原因
杭州千岛湖鲟龙科技股份有限公司	创业板	2018	控股股东和实际控制人的合理性;（2）说明是否形成一致行动，是否存在共同控制;（3）说明公司治理结构的稳定性及对持续经营的影响。请保荐代表人说明核查过程、依据，并发表明确核查意见
浙江春晖智能控制股份有限公司	创业板	2018	4. 发行人实际控制人杨广宇兄弟杨晨广曾持有浙江春晖空调压缩机有限公司 47.14% 股份，后转让。请发行人代表说明:（1）杨晨广转让该公司的原因，是否曾与发行人存在同业竞争或关联交易;（2）该转让是否具有商业实质，是否存在代持或其他利益安排。请保荐代表人说明核查过程、依据，并发表明确核查意见
广东格林精密部件股份有限公司	创业板	2018	1. 关于发行人历史沿革，请发行人代表说明:（1）发行人境外架构的搭建、挂牌、摘牌、回归等过程中，涉及的资金跨境流动是否合法合规，是否符合我国外商投资、外汇出入境的相关规定;（2）大中华精密自法兰克福交易所初级板块摘牌事宜，以及大中华精密将丰骏投资转让给吴宝发和吴宝玉、大中华精密特别股东大会启动公司注销清算程序，是否获得 42 名非回归股东的同意，是否合法合规，是否存在纠纷或潜在法律风险;（3）西安亿仕登、乐清超然、上海楚熠、HQH、王云川通过无偿受让丰骏投资所持发行人股份成为发行人股东的合法合规性。请保荐代表人说明核查方法、过程，并发表明确核查意见
深圳华智融科技股份有限公司	创业板	2018	3. 请发行人代表说明:（1）王国红、郑镇文、潘盛煊三人上市前以较低价格退出的原因及合理性;（2）实际控制人的兄弟杨华受让曾勇光股权的背景，其胞弟杨欣无偿赠与资金的真实性及合理性;（3）私募基金勤道汇盛、新三板挂牌企业捷鑫网络两者受让曾勇光股权价格差异较大的原因及合理性;（4）主要外部股东任职、投资的企业与发行人及主要客户、供应商及股东是否存在业务往来，是否存在为发行人承担成本费用、利益输送或其他利益安排等情形。请保荐代表人说明核查方法、过程，并发表明确核查意见
上海晶丰明源半导体股份有限公司	上证主板	2018	4. 发行人历史上因股权激励存在委托持股的情形，上海晶哲瑞股权也存在股权代持的情形。请发行人代表说明:（1）上述股权代持事项产生的背景及原因，是否存在规避或违反法律法规的情形;（2）股权激励是否进行了股份支付会计处理，确定公允价值的依据是否符合会计准则的规定;（3）解除股权代持支付对价是否公允，是否存在法律纠纷风险。请保荐代表人说明核查依据、过程并发表明确核查意见
海南中和药业股份有限公司	上证主板	2018	5. 发行人曾存在境外投资架构搭建及拆除的情形。请发行人代表说明:（1）境外投资架构搭建及拆除的背景、原因及具体过程;（2）所涉事宜是否经过有关部门的批准，涉及的相关税费是否已足额缴纳，是否按规定办理外汇登记手续，崔学云办理外汇补登记手续是否合法合规;（3）搭建境外投资架构中存在不符合外资并购审批相关规定的情形是否属于重大违法违规行为。请保荐代表人说明核查过程、依据，并发表明确核查意见
上海丽人丽妆化妆品股份有限公司	上证主板	2018	3. 发行人于 2015 年以现金和股权为对价收购上海联恩 49% 股权。2016 年 5 月，发行人与上海联恩及其股东等签订协议，发行人拟使用募集资金 1.8 亿元收购上海联恩 51% 的股权。请发行人代表说明:（1）上海联恩股权评估增值较大的原因及合理性;（2）两次定价方法不一致的原因及商业合理性;（3）发行人分两次购买上海联恩股权的原因及合理性，交易是否构成一揽子交易;（4）上海联恩 51% 股权收购对发行人财务状况和经营成果的影响。请保荐代表人发表核查意见

续表

公司名称	上市板	会议年度	被否原因
天津立中集团股份有限公司	上证主板	2018	1. 新加坡立中 2005 年 10 月境外上市、2015 年 11 月境外退市，新加坡立中将其持有的保定车轮 25% 股权等转让给立中有限，以零对价将立中有限 75% 股权转让给天津企管、25% 股权转让给香港臧氏。请发行人代表说明，上述行为是否符合境外投资、返程投资、外汇管理等方面的有关规定，是否取得有关主管部门的核准或备案，是否履行了各项法律程序，所涉各方主体相关资金的来源是否合法，所涉各方主体是否履行了缴纳所得税的义务。请保荐代表人说明核查方法、过程、依据，并发表明确核查意见。 2. 2016 年，四通新材拟发行股份购买天津企管的股权，天津企管是发行人的控股股东，被臧氏家族实际控制。请发行人代表:（1）说明天津企管重组时控制的主要资产与发行人现有资产的异同，主要财务数据的差异原因;（2）四通新材 2016 年 1 月停牌拟重组，11 月终止重组，说明重组前一个月立中有限注册资本由 3.9 亿元增加至 10.1 亿元、重组终止后一个月整体变更减资至 2.4 亿元的原因及合理性;（3）说明终止该重组事项的原因。请保荐代表人说明核查方法、过程、依据，并发表明确核查意见
深圳威迈斯新能源股份有限公司	深证主板	2020	2. 2017 年 6 月发行人进行股权激励时确认股份支付费用采用的每股价格同 2018 年 3 月引入外部投资者的每股受让价格存在较大差异。请发行人代表：结合两次股份变动时的定价过程及期间的关键影响事件，说明转让价格与授予股份公允价值之间产生差异的合理性。请保荐代表人说明核查依据、过程，并发表明确核查意见。 4. 2009 年 9 月蔡友良、杨学锋曾接受万仁春委托代其持有威迈斯有限的股权。2013 年 7 月经双方协商由万仁春将其实际持有的发行人部分股权转让给蔡友良。发行人持股 5% 以上股东蔡友良涉及的执行案件目前仍处于司法程序中。请发行人代表:（1）说明 2009 年至 2013 年蔡友良、杨学锋代发行人控股股东、实际控制人万仁春持有股份是否真实;（2）结合万仁春向蔡友良借款的背景、金额、支付方式等因素，说明解除代持时股权转让款由万仁春向蔡友良的借款抵销的真实性，在解除代持关系过程中是否存在纠纷或潜在纠纷;（3）说明蔡友良持有发行人的股份被司法查封、冻结的可能性以及对发行人的影响。请保荐代表人说明核查依据、过程，并发表明确核查意见

数据来源：Wind 资讯。

（三）税收优惠

依赖税收优惠导致 IPO 失败的主要关联了企业的持续盈利能力。尤其是软件与信息技术服务业大多是高新技术企业，税收优惠政策的合规性对业绩有着直接影响，税收优惠是否符合国家的相关法律法规规定、享受的税务优惠是否超过了国家政策范围等都是需要关注的内容。

企业所得税的税收优惠主要是税率的优惠，包括高新技术企业优惠税率、软件企业优惠税率、农业企业优惠税率、西部大开发企业优惠税率等。流转税中的税收优惠主要指增值税退税，包括销售软件产品退税、销售农业产品退税、销售军品退税，以及销售废旧物资退税等。

首先要确保税收优惠的合法性。需要对税收优惠的条件进行严格把关判断，合法的税收优惠都明确有国家税务层面的文件依据，地方性的一些税收优惠政策并不符合法律法规，实质上属于地方财政的返还或奖励。还需要注意税收程序法有无对税收优惠的办理程序规定。

其次，需要关注税收优惠的持续性和占净利润的比重。在可预见期间内是否可以持续享受。比如，持续满足条件的企业享受15%的企业所得税税率，国家长期扶持自主软件研发，故增值税返政策能够持续享有等。在关注税收优惠持续性的同时，还应关注税收优惠金额占净利润的比例。税收优惠的持续性和在净利润中的占比在企业拟IPO时期在较大程度上可能影响着企业长期的持续盈利能力。

最后，要关注企业是否因为税收优惠缺乏法律法规支持或错误判断而产生被税务机关追溯的风险。

受限于上市公司披露信息有限，无法对企业所得税税收优惠对上市公司经营情况的影响进行计算分析。仅对上市公司2018—2020年度现金流量表中“收到的税费返还”项目进行分析：连续3年收到税费返还的公司有2726家，我们按照企业所属申万二级行业分类计算排列了2018—2020年3年企业收到的税费返还在当年利润总额中的占比，供参考，详见表20–3。

表20－3　2018—2020年度上市公司收到的税费返还/利润总额计算分析

所属申万二级行业名称	收到的税费返还2018年报合并报表（单位：万元）	收到的税费返还2019年报合并报表（单位：万元）	收到的税费返还2020年报合并报表（单位：万元）	收到的税费返还/利润总额（2018年）（单位：%）	收到的税费返还/利润总额（2019年）（单位：%）	收到的税费返还/利润总额（2020年）（单位：%）
服装家纺	112854.48	97454.28	90119.24	12.97	11.00	175.20
光学光电子	2032979.59	2093673.93	2431893.72	188.42	506.01	152.56
多元金融Ⅱ	13156.23	9419.72	3345.68	24.47	–26.66	142.41
船舶制造Ⅱ	820597.30	486725.58	488733.47	–577.16	135.39	103.22
贸易Ⅱ	1127916.76	1008832.12	1012732.22	115.12	102.01	99.76
通信设备	1357731.99	997301.77	1000558.78	216.23	–142.29	82.15
视听器材	335436.25	348235.25	376118.37	515.82	88.35	80.08
其他交运设备Ⅱ	153225.85	137914.83	129623.58	–508.52	82.06	55.22
计算机设备Ⅱ	359381.29	293535.69	387077.83	88.40	35.46	44.32
其他电子Ⅱ	153093.88	98362.30	141272.14	22.76	18.76	37.29
电子制造	2486346.81	2415391.64	2792079.00	54.98	38.88	35.18
园区开发Ⅱ	38354.34	37597.04	36538.29	32.09	30.05	34.61
家用轻工	329185.28	333575.07	345567.24	56.73	22.77	29.81

续表

所属申万二级行业名称	收到的税费返还2018年报合并报表（单位：万元）	收到的税费返还2019年报合并报表（单位：万元）	收到的税费返还2020年报合并报表（单位：万元）	收到的税费返还/利润总额（2018年）（单位：%）	收到的税费返还/利润总额（2019年）（单位：%）	收到的税费返还/利润总额（2020年）（单位：%）
电机Ⅱ	88166.98	86437.31	71868.46	-36.77	108.95	29.25
汽车整车	974317.18	1062720.33	1399480.34	13.17	21.11	28.75
汽车零部件Ⅱ	826885.24	886588.11	741075.01	18.29	33.28	28.47
金属制品Ⅱ	476387.01	301540.20	244534.97	65.07	49.36	26.75
元件Ⅱ	575452.06	561836.42	539318.86	32.76	38.86	26.25
通用机械	498656.15	309975.49	328822.97	74.83	-898.14	25.92
其他轻工制造Ⅱ	17354.16	13009.06	13207.63	46.12	31.64	24.89
电源设备	837649.97	1174739.63	1222355.03	40.12	31.63	23.56
工业金属	273189.23	393574.03	417679.08	21.50	19.46	22.61
仪器仪表Ⅱ	79133.19	83125.48	81537.88	25.60	20.47	21.58
计算机应用	525508.92	533278.66	581034.63	19.04	17.96	21.48
采掘服务	134290.64	112009.35	143161.79	31.03	14.00	21.32
纺织制造	280078.60	217187.84	215030.99	68.83	48.22	20.05
白色家电	1504305.21	1470065.94	1623945.85	19.75	17.16	18.74
装修装饰Ⅱ	1508.69	11693.90	31862.08	0.59	5.46	18.72
化学纤维	860608.41	753419.62	869403.64	49.32	22.25	18.26
半导体	346159.19	428191.22	446454.72	52.97	35.30	18.20
橡胶	65264.29	127926.43	137529.15	11.89	19.99	16.07
化学制品	794461.10	980286.68	1009034.12	9.87	53.28	15.98
电气自动化设备	267898.07	236184.25	270963.27	23.13	24.50	15.72
农产品加工	93464.17	127489.28	207026.68	9.48	10.99	15.59
金属非金属新材料	100520.30	128477.29	125667.67	6.70	13.69	15.42
稀有金属	119691.43	117471.63	125079.44	9.11	99.06	15.25
高低压设备	208516.94	248339.46	268304.66	17.54	20.78	14.54
专用设备	778669.12	933845.07	858886.88	27.62	19.38	13.94
总计	25374128.84	24925422.92	27400768.87	14.20	13.97	13.64

续表

所属申万二级行业名称	收到的税费返还 2018 年报合并报表（单位：万元）	收到的税费返还 2019 年报合并报表（单位：万元）	收到的税费返还 2020 年报合并报表（单位：万元）	收到的税费返还 / 利润总额（2018 年）（单位：%）	收到的税费返还 / 利润总额（2019 年）（单位：%）	收到的税费返还 / 利润总额（2020 年）（单位：%）
化学制药	418817.15	386984.75	476030.52	14.92	11.15	13.25
航空装备 II	96629.51	76325.99	68835.41	14.36	16.38	10.79
塑料	50684.06	48936.65	41672.74	163.35	−11.58	10.21
医疗服务 II	47424.22	59173.59	94719.75	6.99	142.89	10.19
包装印刷 II	75682.85	81580.37	81354.85	10.27	10.55	10.16
专业零售	17983.68	8605.79	32626.83	7.68	3.17	10.15
专业工程	359630.90	308668.81	215016.42	16.15	14.26	10.07
环保工程及服务 II	157155.19	137791.18	123156.89	12.09	9.16	8.57
航运 II	271593.87	159130.81	206306.69	32.18	8.76	8.49
造纸 II	146533.80	128000.39	100661.55	10.40	12.04	8.07
钢铁 II	273577.23	420093.64	493284.60	2.38	6.91	8.04
汽车服务 II	11674.05	15570.62	10346.92	5.04	8.78	7.91
生物制品 II	56719.49	51089.57	65474.04	8.92	6.21	7.50
石油化工	206126.32	254142.58	346088.78	1.85	2.66	6.61
医药商业 II	32533.06	24527.82	94633.95	2.17	1.83	6.21
航天装备 II	20299.08	23097.42	18310.96	7.67	15.04	6.02
动物保健 II	2379.53	6195.57	9309.52	2.05	5.81	6.00
农业综合 II	128.43	862.61	916.29	0.84	4.33	5.94
运输设备 II	172613.20	189808.04	142336.23	8.78	7.35	5.90
医疗器械 II	181923.90	211957.13	299839.79	10.51	9.91	5.75
其他建材 II	114334.00	88935.43	92042.02	11.23	8.02	5.68
物流 II	249333.38	274218.41	254396.77	8.21	12.58	5.50
玻璃制造 II	27960.75	20056.64	29616.26	10.80	6.08	5.03
基础建设	453448.59	424105.57	595846.88	4.59	3.74	4.92
食品加工	73555.48	73515.72	85627.92	7.70	5.95	4.52
电力	373846.39	450318.77	526387.54	4.45	4.60	4.43
化学原料	85061.11	68255.13	71324.58	4.30	4.61	4.18

续表

所属申万二级行业名称	收到的税费返还2018年报合并报表（单位：万元）	收到的税费返还2019年报合并报表（单位：万元）	收到的税费返还2020年报合并报表（单位：万元）	收到的税费返还/利润总额（2018年）（单位：%）	收到的税费返还/利润总额（2019年）（单位：%）	收到的税费返还/利润总额（2020年）（单位：%）
水务Ⅱ	92140.95	74006.35	51656.63	10.50	7.17	4.10
房地产开发Ⅱ	165158.41	275681.27	497973.37	1.38	2.30	3.82
互联网传媒	82230.54	64301.86	59072.25	-51.07	5.04	3.59
其他采掘Ⅱ	13687.70	19360.01	15101.08	5.46	6.30	3.20
种植业	1965.44	2852.34	1607.95	3.22	-13.94	2.95
水泥制造Ⅱ	279318.68	226148.06	228303.75	4.18	2.77	2.75
港口Ⅱ	8742.92	14287.93	53180.90	0.39	0.51	2.31
燃气Ⅱ	19948.36	23288.81	34023.41	7.53	41.44	2.26
饲料Ⅱ	20946.45	26816.20	30593.96	3.16	2.19	2.10
地面兵装Ⅱ	6915.51	8301.92	9570.63	2.21	2.07	1.96
中药Ⅱ	22865.97	30980.28	41734.51	1.05	1.54	1.82
其他休闲服务Ⅱ	485.67	625.20	932.10	1.30	1.08	1.51
煤炭开采Ⅱ	122735.73	95006.35	128184.47	1.17	0.95	1.39
畜禽养殖Ⅱ	18459.87	17623.03	12416.68	2.68	0.85	1.31
通信运营Ⅱ	40468.51	11666.78	20022.67	3.33	0.82	1.22
商业物业经营	5183.06	2525.89	3161.37	1.78	0.76	1.08
高速公路Ⅱ	16951.23	9296.08	6672.90	1.31	0.80	0.85
旅游综合Ⅱ	892.74	2438.65	5588.73	0.13	0.31	0.76
饮料制造	14280.93	13539.51	19465.17	0.46	0.35	0.44
房屋建设Ⅱ	15859.36	17579.28	28862.10	0.20	0.20	0.29
黄金Ⅱ	3884.38	6915.02	1026.46	2.03	2.03	0.15
航空运输Ⅱ	55924.65	47620.65	91876.52	2.73	2.41	-1.85
公交Ⅱ	926.85	332.42	1314.95	5.28	-3.66	-3.33
林业Ⅱ	1857.92	1025.92	1059.86	23.29	43.59	-3.62
景点	69.54	1458.66	1151.03	0.35	7.82	-4.39
园林工程Ⅱ	3221.25	8199.74	5328.77	3.49	-4.57	-5.91
酒店Ⅱ	1329.75	2739.29	4387.04	-1.89	393.92	-7.32

续表

所属申万二级行业名称	收到的税费返还2018年报合并报表（单位：万元）	收到的税费返还2019年报合并报表（单位：万元）	收到的税费返还2020年报合并报表（单位：万元）	收到的税费返还/利润总额（2018年）（单位：%）	收到的税费返还/利润总额（2019年）（单位：%）	收到的税费返还/利润总额（2020年）（单位：%）
文化传媒	123795.15	91619.65	88691.54	-197.67	30.43	-11.00
营销传播	37717.33	33164.39	22434.91	-4.68	-8.45	-14.13
渔业	37827.72	30889.23	30188.68	-322.51	-16.35	-71.40
综合Ⅱ	111051.53	95595.50	98982.23	20.85	38.30	-98.03
一般零售	21239.23	20155.80	21112.16	3.68	-34.31	-618.81

数据来源：Wind资讯。

（四）研发支出

对2018—2020年度在主板、科创板、创业板上市的共计4084家企业的研发支出进行分析。选取上市公司披露的当期费用化的研发支出与资本化的研发支出的合计数作为当期研发支出金额。2018—2020年连续3年研发支出均大于零的企业有1002家，计算其当期研发支出在营业收入的占比如表20–4所示。

经计算比较，2018—2020年度连续3年均投入研发的上市公司当期研发支出/营业收入占比平均值为1.83%、1.93%、2.05%，3年均值为1.94%。2019年的研发投入增速为12.05%，2020年较2019年的投入增速为6.22%。研发投入较高的是信息传输、软件和信息技术服务业，科学研究和技术服务业，其2020年度的研发投入占比分别为4.07%和3.86%，三年均值为3.72%、3.97%。

2018—2020年间IPO被否原因中提及研发支出的仅有3家，主要集中在研发项目与核心技术，研发人员配备与研发费用支出等投入的充足性，研发支出归集费用与管理费用划分不清造成的核算准确性等。

随着税收法规中对研发费用的税收优惠政策倾斜，近年内企业所得税研发费用加计扣除比例由50%提升至75%再至100%，2021年度IPO被否案例中也更多地提到了研发费用。研发支出的税务风险可从以下几方面进行把握：

（1）归集口径的一致与比对。研发费用的核算归集在企业会计准则、高新技术企业认定管理办法和有关企业所得税的法律规定中有各自不同的表述。企业披露和提交资料时要注意不同归集口径的规定，努力确保《企业所得税纳税申报表》期间费用明细表中列示的研发费用、企业所得税享受加计扣除研发费用基数，企业财务审计报告中列示的研发费用、专项审计报告中列示的研发费用数据与要求一致。

（2）完善预算、决算、立项等制度，享受企业所得税加计扣除的企业务必按规定留存备查相关资料。

（3）对研发费用既应关注其占销售费用比例，也应关注其同比上升或下降比例，关注异常变动。

表 20－4　2018—2020 年度上市公司当期研发支出 / 营业收入计算分析

所属证监会行业名称门类行业	本期研发支出合计 2018 年报合并报表（单位：万元）	本期研发支出合计 2019 年报合并报表（单位：万元）	本期研发支出合计 2020 年报合并报表（单位：万元）	研发支出总额 / 营业收入（2018 年）（%）	研发支出总额 / 营业收入（2019 年）（%）	研发支出总额 / 营业收入（2020 年）（%）
信息传输、软件和信息技术服务业	1763633.30	2079265.77	2383757.80	3.37	3.73	4.07
科学研究和技术服务业	154111.74	190927.56	231257.28	3.92	4.14	3.86
综合	63807.73	67014.45	69722.94	2.46	2.25	2.86
教育	3253.09	5641.50	4376.91	1.30	2.17	2.58
制造业	18636764.74	20545035.02	22774320.53	2.39	2.48	2.52
建筑业	6170867.20	8079313.71	10226542.25	1.74	1.96	2.21
卫生和社会工作	31706.38	34675.07	43738.37	2.43	2.22	2.08
水利、环境和公共设施管理业	82292.88	93341.30	108361.94	1.68	1.75	1.89
金融业	74493.41	87687.88	113448.16	2.44	1.71	1.67
采矿业	890621.93	1089266.27	1336083.88	0.89	0.93	1.06
文化、体育和娱乐业	118282.09	79893.67	64842.57	1.57	1.05	0.86
农、林、牧、渔业	13432.25	14822.13	15808.88	0.64	0.50	0.49
电力、热力、燃气及水生产和供应业	73692.72	216214.93	283047.69	0.13	0.34	0.46
交通运输、仓储和邮政业	233413.70	305257.73	323432.72	0.33	0.39	0.44
批发和零售业	244237.27	280612.32	313007.60	0.35	0.36	0.41
住宿和餐饮业	4225.80	5008.75	3135.89	0.19	0.22	0.27
房地产业	70333.49	66923.96	86807.26	0.30	0.24	0.25
租赁和商务服务业	11353.23	17978.39	17745.91	0.04	0.06	0.05
总计	28640522.95	33258880.43	38399438.55	1.83	1.93	2.05

（五）其他事项

IPO 中我们需要关注的其他涉及税务风险的事项有：

（1）社保及住房公积金。2020 年多省份企业缴纳的职工基本养老保险费、职工基本医疗保险费（含生育保险费）、工伤保险费、失业保险费交由税务部门统一征收。2018—

2020年IPO被否原因中有5家被提及，主要问题有未缴纳住房公积金的人数过多、月缴基数过低。

（2）补缴税款及滞纳金。补缴税款及缴纳税收滞纳金是历史遗留的税务问题，2018—2020年IPO被否原因中有4家被提及该问题。拟IPO企业可考虑企业前3年所执行的税种、税率是否合法合规，有没有税收方面的违法违规行为，这些都是应该重视的税收问题。补税时企业应重点关注补税的性质，是由于错误引起的还是由于舞弊引起的，同时还应关注是否存在不合规申报的税收问题。

（3）IPO进程中申报的财务报表与原始报表之间存在差异，主要包括会计确认的财务收入与增值税申报表，海关申报数据、出口退税申报表，企业所得税申报表等的差异，费用如研发费用与企业所得税申报表的差异。2018—2020年IPO被否原因中有3家企业被提及该问题。这种差异包括原本存在的差异和拟IPO时对以往年度利润调整产生的差异。

四、IPO税务风险管理建议

IPO对企业来说是具有里程碑意义的大事，涉及的工作内容、工作领域都很多，税务事项只是其中的一个小项。然而税务事项无小事，税务风险管理应存在于企业自身日常经营行为的方方面面，由于涉税环节处理不合规、外部环境改变，可能会引发潜在的税务风险。我们应该更多地将税务管理前置，针对这些行为对其风险采取提前预测、识别、评估、控制、消除的管理行为。税务风险管理行为是动态的、持续的，进行税务风险管理的企业，在日常经营活动中，会更加注重相关法规规定，严格遵守会计准则和税法要求。

在企业进行税务风险管理的过程中，首先要充分了解企业的业务环境，结合企业具体业务、具体经济行为，同时结合战略计划，预测和评估内部和外部的影响因素造成税务风险的影响程度。拟IPO企业要全面分析税务环境，对之前的税务环境进行分析，对以后的税务环境进行预测，对于潜在税务风险进行合理分析，从而规避风险。在这个过程中还要系统地收集关于企业的税务信息，掌握历史税务相关事项，分析企业的税务是否符合相关规定。其次，要遵循谨慎性的原则，认真对待与企业相关的涉税活动，对于税务风险进行有效识别，特别是对涉及资金数额较大的活动，管理人员要进行仔细辨别，从而有效规避税务风险。

第二十一章　资产重组定价与税收管理

本章是基于 Wind 中国并购库的资料并结合税收有关政策对 2016—2020 年度上市公司并购情况进行税收分析，分析的主要内容包括上市公司资产重组的类型、交易方式及相关的税收处理等。

关于“重组”在税收政策中最先出现的是《关于外商投资企业合并、分立、股权重组，资产转让等重组业务所得税处理的暂行规定》，是 1997 年 4 月发布的税收文件，主要针对外商投资企业的重组事项。2000 年之后我国迎来国有企业改制潮，由于没有发布统一的重组税收文件，在很长一段时间内是申请加审批的方式，我们查到 2006 年前后很多税收文件都是针对某个企业的审批文件。

2008 年《关于企业改制重组若干契税政策的通知》、2009 年《关于企业重组业务企业所得税处理若干问题的通知》等一些政策陆续开始落地。2010 年国务院重申了《关于促进企业兼并重组的意见》，强调必须切实推进企业兼并重组，深化企业改革。

2014 年国务院出台了《关于进一步优化企业兼并重组市场环境的意见》，首次给兼并重组做了概念性描述：兼并重组是企业加强资源整合、实现快速发展、提高竞争力的有效措施，是化解产能严重过剩矛盾、调整优化产业结构、提高发展质量效益的重要途径。正是对于兼并重组进行了足够的肯定，通过优化政策环境来促进兼并重组的有效实施，税收相关政策才得以正式颁布。先后发布了多项有关重组的政策，而主要的税收政策集中在企业所得税、土地增值税、契税、印花税及增值税方面。

但是由于我国税收政策不是体系法，而是部门法，不同税种的研究者和政策制定者也是不同的，因此各项税收政策在企业重组中的实际运用会出现不同税种对相近条款有不同解释的情况。

结合上市公司的重组行为及 Wind 资讯的统计信息，我们分析的对象为并购交易，属于兼并重组中的一种，主要是以股权或股权加现金作为对价的一种股权收购或者资产收购。

一、上市公司并购行为概述

（一）2016—2020 年度中国交易并购统计

根据 Wind 中国并购库的数据显示，2016—2020 年度并购交易统计结果如图 21-1 和表 21-1 所示。

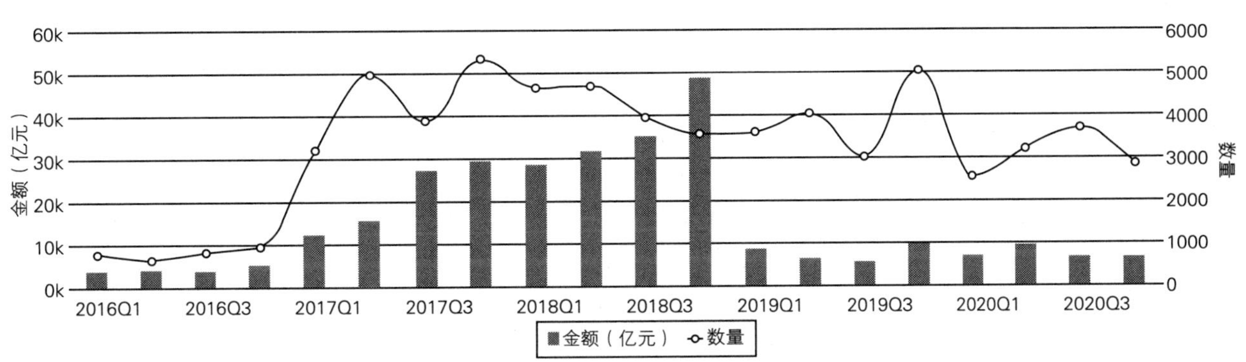

图 21－1 2016—2020 年度并购交易统计

表 21 － 1 2016—2020 年度并购交易统计

时间	数量（项）	金额（亿元）	同比增长 (%)
合计	65607	310301.88	—
2020	12352	30465.03	-2.31
2019	15708	31184.92	-78.49
2018	16881	144964.05	69.58
2017	17402	85484.31	369.6
2016	3264	18203.57	6.7

图 21-1 的统计是基于并购完成日期落在哪个区间来统计的，因为并购不能一蹴而就，我们选择的是以完成日作为统计标准，从上面的统计情况，可以看出有以下几个方面的特点：

（1）2017—2018 年度我国上市公司并购交易金额呈显著增长的态势，2018 年之后交易额有明显的下降，从整体来看 2018 年的第四季度是一个并购交易额的高峰期。

（2）我国上市公司并购数量在 2017 年度之后呈现出周期性的波动，2020 年受疫情影响，整体并购完成数量并没有显著下降。从数量来看，2017 年第四季度的数量是相对较高的，2017 年全年是最近 5 年当中并购交易数量最多的一年，达到了 17000 多项。

（3）这种周期波动属性中隐含着行业属性，每个行业在整个经济周期中，有些时候是顺周期的，有些时候是逆周期的，比如资源类的企业、金融牌照类的企业、技术类创新企业都会有不同的周期性，行业发展的顺周期性会促进并购行为的发生。

（4）隐藏在周期和行业属性中的另外一个属性是价值属性，所有的并购或者企业重组行为背后的推手，除了政府的主导因素或者宏观经济因素影响因素之外，更多的就是资本，资本的目的是获取更大的价值，所以资本是企业重组或者并购强有力的推手，也是价值属性的重要体现。

（二）我国企业并购交易类型

根据 Wind 中国并购库信息，我们筛选了 2016—2020 年度并购方案交易类型，如图 21-2 所示。

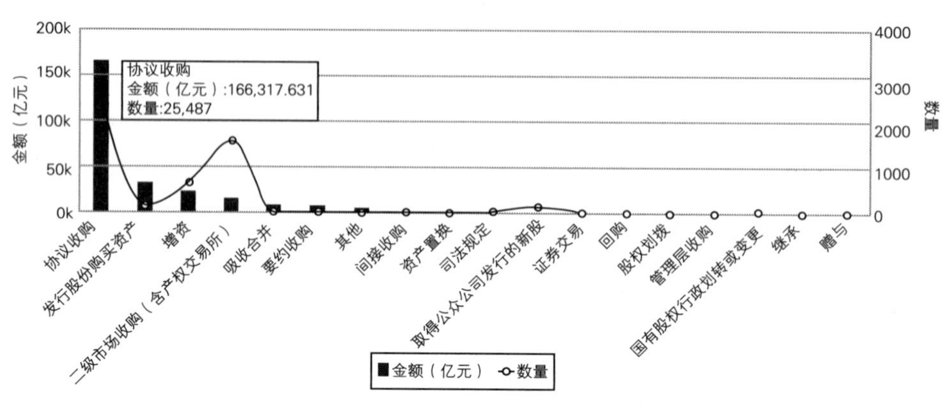

图 21－2　2016—2020 年度并购交易类型统计

2016—2020 年度通过协议收购的交易方式是最多的，协议转让是资本市场上或者整个并购项目中最核心的一种交易方式。交易方式从高到低排序，其次是上市公司惯用的方式——发行股份购买资产，这种方式可以节约大量的现金。紧随其后还有增资、二级市场收购、吸收合并、要约收购等主要方式。

前面几种类型基本上是并购交易的主导类型，除此之外还有一些辅助性的交易方式，一是取得公众公司发行的新股。二是国有股权行政划转或变更，具有行政性。虽然具有行政性，但并非所有的行政性的并购一定适用税收优惠政策。也需要按照目前的税收架构来处理，只有符合税收框架才能享受税收优惠，如果不满足税收框架也不能够享受税收优惠。

（三）我国企业并购交易的交易方式

根据 Wind 中国并购库信息，我们统计了 2016—2020 年度并购方案支付方式，如图 21-3 所示。

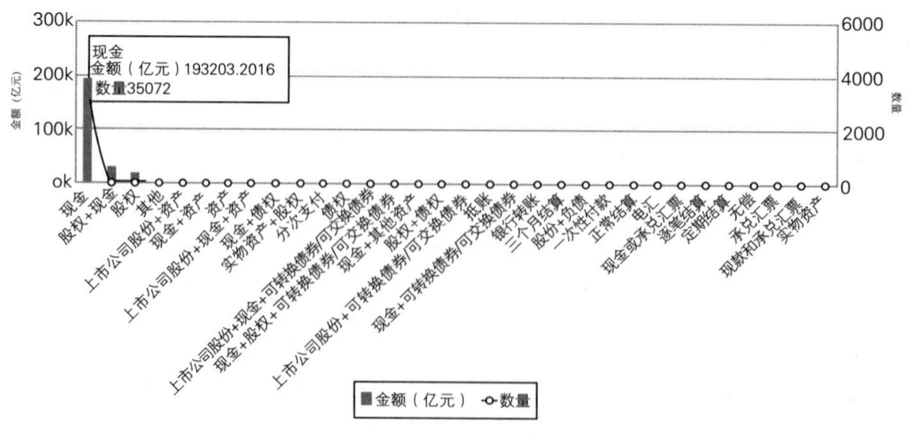

图 21－3　2016—2020 年度并购支付方式统计

根据图21-3我们可以看到，支付方式采用最多的是现金交易，2016—2020年度现金支付方式累计金额达到19万亿元，其次选择股权加现金的交易方式，再次是股权支付方式。而支付方式的选择对税收管理的制约性非常大。

财税〔2009〕59号文里面提到，凡是特殊性税务重组都有一条根本的要求，就是股权支付要达到整个交易比例的85%及以上，从图21-3可以非常直观地看到在整个并购交易当中现金还是主导的交易方式，体现了“现金为王”的经济属性，同样影响了税收政策的适用，在并购的交易中需花费更多的税收交易成本。

另外我们也关注到股权在增值税体系下的税收政策，上市公司的股份属于有价证券，其在转让环节会涉及增值税的问题，若为非上市公司的股权，则一般不会涉及增值税的问题。在实务中，对新三板的股权，我们更多地认为是一种股权而不是作为股份的方式存在。

二、资产重组的交易安排

（一）重组类型的选择

并购就目的来讲有两个方面，一是企业资源的重新配置，更多地侧重于从企业内部优化资产结构，提高资产质量，一般选择资产扩张、收购、出售、置换等方式实现，是内涵式增长，更多的是关注资产的交易以及权属变更过程中的税收。二是获得目标企业的控制权，属于外延式的增长方式，一般通过企业股权交易实现，企业并购更侧重于所得税相关政策的运用。

（二）交易方案设计

重组中最核心的部分就是交易方案设计，可能是律师团队、顾问团队、税务团队共同或者独立完成，在交易结构设计时，需要考虑的事项非常多，包括：

（1）并购时交易成本是否需要融资，以及融资怎么解决，上市公司可以发行股份购买资产，能解决大部分的非现金交易成本，但是税费如果免除不了，会形成现金交易成本，有些非上市公司选择申请并购贷款等方式解决。

（2）协议收购中过渡期安排，过渡期是指协议签订日至股份/资产交割日之间的时间段，过渡期安排通常涉及该时间段的权利（收益）及义务（负债）由谁来承担，以及对最终定价的影响等。同样，一些对赌条款以及业绩兜底条款等都会对交易方案及税费产生影响。

（3）并购中还可能出现对高管或一些员工的补偿和奖励方式的考虑，一些人员辞退的安排，以及对人员辞退或承接的选择，劳动合同变更或保留等，都会构成方案中的一部分。

上述工作的核心是交易方案设计，在交易方案设计时有两个税收相关的点至关重要，一是对税款的估计，怎样确定交易方案涉及的税收金额，什么时候缴纳税款。二是对交易方案涉及的税收风险进行评估。在全部问题都解决后，交易方案才最终完成。

在交易方案设计时应考虑交易本身对涉税事项的影响：企业的经营活动和涉税事项是

否有冲突，交易的各个步骤对企业涉税情况的影响程度。简言之，在设计交易方案时不可避免会产生涉税问题，考虑涉税问题下的资产定价就显得比较重要，把税收和定价结合起来，称为税收约束下的资产定价，所以在进行交易方案设计时是围绕价格去做，但能够约束交易价格的就是税收，这是由税收刚性决定的，税收成为交易结构乃至整个交易方案设计的一个刚性的必要考虑因素。

（三）重组的一般税收规则

交易结构设计要考虑的税收是重组中的一般税收规则，也是税收中性在重组中的适用性问题。税收中性强调的是如果企业从经济行为中获得收益，那么企业应当通过收益完成税收缴纳，而不是只要企业发生经济行为仅取得账面的获利就需要缴税。严格的税收中性应实现重组中涉及的各方在参与重组事项后仍应当像没有参与过重组一样来对待，而不是通过税收优惠来完成。账面收益与现金收益对企业经营来说不是等同的，企业既有利润表也有现金流量表，税收是侧重利润表来征税还是更侧重现金流量表来征税，从税收中性角度来说，企业必须是用现金去缴纳税款，如果没有获得现金收益征税很难实现，因此应该侧重以现金流的角度判断征税的可能性。然而现实中的问题更加复杂，税收政策的制定既要保障税收不构成兼并重组的障碍，又要防止滥用重组税收政策的恶意避税行为发生，税收政策要解决现实中的各种问题也需要不断完善与修订。

（四）重组中的税收优惠

交易结构设计还要考虑税收的另一个方面，即重组中的税收优惠，就目前阶段来讲，我国针对重组的税收优惠涉及的税种包括企业所得税、增值税、土地增值税、契税和印花税等。现阶段税法框架下，我国并没有一个完整的针对企业并购业务整体的税收政策，而是分别从各个税种的角度立法的，我们需要从各个税种的规定中找出与重组相关的税收优惠政策。

我国针对重组的税收优惠政策具有阶段性和滞后性，阶段性表现在税收优惠有一定的有效期，而且税收优惠文件的发布略带一定的滞后性，税务文件的连续性不强，如 2015 年 2 月 2 日发布的《关于企业改制重组有关土地增值税政策的通知》，文件有效期自 2015 年 1 月 1 日至 2017 年 12 月 31 日止，之后在 2018 年 5 月 16 日发布了《关于继续实施企业改制重组有关土地增值税政策的通知》，文件有限期自 2018 年 1 月 1 日至 2020 年 12 月 31 日止，税收政策的连贯性在一段时间内是模糊的，因此设计交易方案的同时也面临优惠政策不可预期的风险，这些都增加重组交易方案设计的难度。

三、上市公司并购案例分析

（一）企业重组中企业所得税相关政策

企业重组中与企业所得税相关的税收优惠政策包括以下八个方面：

（1）企业法律形式变更，是指企业注册名称、住所以及企业组织形式等的简单改变，但符合规定其他重组的类型除外。

（2）债务重组，是指在债务人发生财务困难的情况下，债权人按照其与债务人达成的书面协议或者法院裁定书，就其债务人的债务作出让步的事项。

（3）股权收购，是指一家企业（以下称为收购企业）购买另一家企业（以下称为被收购企业）的股权，以实现对被收购企业控制的交易。收购企业支付对价的形式包括股权支付、非股权支付或两者的组合。股权支付，是指企业重组中购买、换取资产的一方支付的对价中，以本企业或其控股企业的股权、股份作为支付的形式；非股权支付，是指以本企业的现金、银行存款、应收款项、本企业或其控股企业股权和股份以外的有价证券、存货、固定资产、其他资产以及承担债务等作为支付的形式。

（4）资产收购，是指一家企业（受让企业）购买另一家企业（转让企业）实质经营性资产的交易。受让企业支付对价的形式包括股权支付、非股权支付或两者的组合。

（5）股权、资产划转，是指100%直接控制的居民企业之间，以及受同一或相同多家居民企业100%直接控制的居民企业之间按账面净值划转股权或资产。

（6）合并，是指一家或多家企业（被合并企业）将其全部资产和负债转让给另一家现存或新设企业（合并企业），被合并企业股东换取合并企业的股权或非股权支付，实现两个或两个以上企业的依法合并。

（7）分立，是指一家企业（被分立企业）将部分或全部资产分离转让给现存或新设的企业（分立企业），被分立企业股东换取分立企业的股权或非股权支付，实现企业的依法分立。

（8）企业改制，指依法改变企业原有的资本结构、组织形式、经营管理模式或体制等。通常特指国有企业的改制，但广义上也包括其他性质企业的改制，如集体企业的改制、股份合作制企业的改制、中外合作企业的改制等，以及非企业单位的改制，如事业单位改制等。

企业需要结合自身将发生的经济行为及税收优惠设计交易方案，下面我们根据上市公司的并购行为进行具体的案例分析。

（二）发行股份购买资产案例分析

我们选取了在2020年度完成交割的哈高科（代码：600095）以发行股份购买湘财证券99.73%的股份并购事项作为分析对象，该交易首次披露时间是2019年7月2日，完成交割日为2020年6月4日。

1. 交易方案描述。

哈高科以发行股份的方式作为支付购买标的资产的对价，并同时发行股份募集配套资金。

标的资产是新湖控股有限公司、国网英大国际控股集团有限公司等16家股东持有的湘财证券股份有限公司99.73%的股份。其中新湖控股有限公司直接持有湘财证券股份有限公司74.12%的股份，国网英大国际控股集团有限公司直接持有湘财证券股份有限公司15.60%的股份，同时，哈高科拟向不超过10名符合条件的特定投资者非公开发行股票募集配套资金，发行数量不超过本次发行前公司股本总额的20%，募集资金拟用于增资湘财证券、支付本次交易中介机构费用及交易税费。

哈高科交易对象除了青海省投资集团有限公司持有的0.27%股份外，其余原16家股东均是这次交易的交易对象，标的资产湘财证券股份有限公司原有的股权结构如图21-4所示。

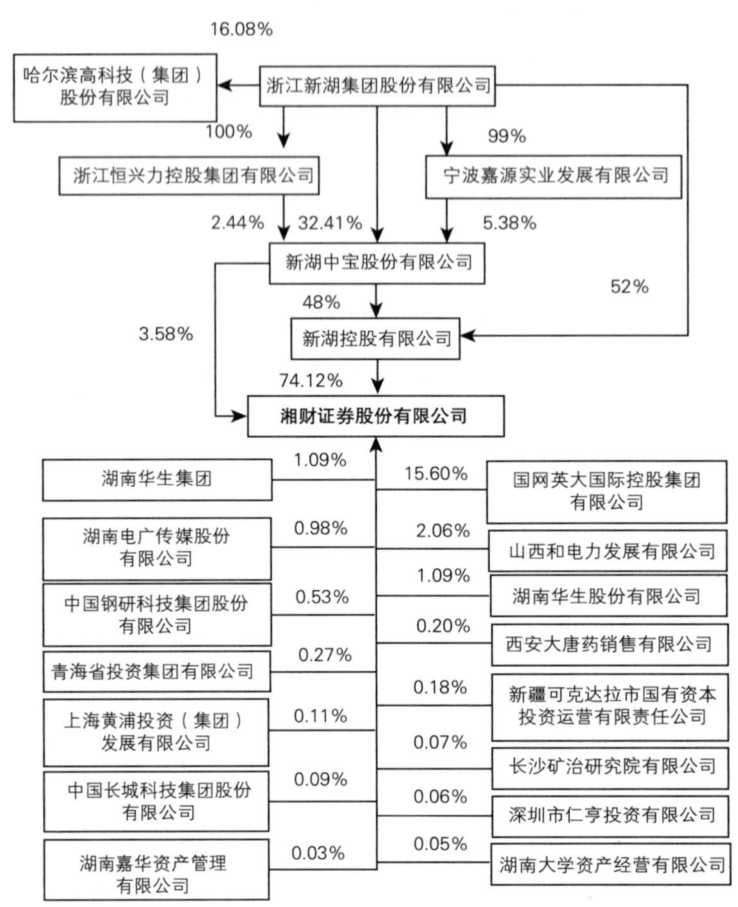

图21－4　湘财证券股份有限公司原股权结构图

2. 交易案例企业所得税涉税分析。

企业所得税特殊性税务处理五个基本条件的判断：哈高科以发行股份购买湘财证券股份有限公司的股份初步判断具有合理的商业目的，且不以减少、免除或者推迟缴纳税款为主要目的；被收购股权比例为99.73%，不低于被收购企业全部股权的50%；满足企业重组后的连续12个月内不改变重组资产原来的实质性经营活动的条件；重组交易对价为100%股权支付，不低于其交易支付总额的85%；满足企业重组中取得股权支付的原主要股东，在重组后连续12个月内，不转让所取得的股权的条件。

案例所描述的重组事项为股权收购事项，且股权收购的主导方是转让方，该重组事项的交易对象包括原湘财证券股份有限公司的16家股东，即16家交易对象为本次重组的主导方，各个股东的持股比例不尽相同，在16家原股东中转让股权比例不低于50%的只有新湖控股有限公司，持有74.12%的比例。其次是国网英大国际控股集团有限公司持有

15.6% 的比例，不满足转让股权比例不低于 50% 的要求，判断国网英大不满足特殊性税务处理的条件。

上述分析是仅根据税收相关规定来进行，而且是独立判断的，从哈高科的角度而言是整体购买湘财证券 99.73% 的股份，构成了上市公司重大资产重组，根据《上市公司重大资产重组管理办法》相关规定，特定对象以资产认购而取得的上市公司股份，自股份发行结束之日起 12 个月内不得转让，特定对象成为上市公司控股股东的，36 个月内不得转让。表明原 16 位股东取得的哈高科股权支付至少持有时间不少于 12 个月，控股股东不少于 36 个月，表明其余的 15 位股东在 12 个月内是没有变现途径的，保障了股东权益的连续性。

企业重组中取得股权支付的原主要股东，在重组后连续 12 个月内，不得转让所取得的股权，条件判断中的原主要股东是指持股比例达到 20% 及以上的股东，其余股东虽然未达到 20% 的比例，但都满足了 12 个月内不转让所取得的股份的条件，只是转让的股权比例占全部股权的比例没有达到 50% 不能适用特殊性税务处理，同一单交易中，不同的股东所能享受的税收待遇是不一样的，对于构成上市公司重大资产重组的股权收购，设置 50% 比例的条件是否合理是值得思考的。

（三）非货币性资产出资案例分析

1. 交易方案描述。

国务院国有资产监督管理委员会 2017 年批复神华集团与中国国电集团公司实施联合重组，中国神华与国电电力作为两个集团的重要控股子公司达成合资成立新公司（北京国电电力有限公司）的意向，且中国神华与国电电力均为上市公司，组建合资公司后两个上市主体依然独立存在。

交易标的：中国神华出资范围包括其持有的 15 家火力发电公司的股权及 3 个发电厂资产，国电电力出资范围包括其持有的 19 家公司股权及 2 个发电厂和一个分公司资产，以评估价值作为对价。其中，国电电力标的资产的净资产账面值合计 389.55 亿元，评估值合计 512.54 亿元，增值率 31.57%，权益评估值 374.49 亿元；中国神华标的资产的净资产账面值合计 384.42 亿元，评估值合计 465.74 亿元，增值率 21.15%，权益评估值 277.10 亿元。经合资双方协商，国电电力持有合资公司 57.47% 股权，中国神华持有合资公司 42.53% 股权。

2. 交易案例企业所得税涉税分析。

交易主体中国神华及国电电力均为境内居民企业，满足非货币性资产出资主体关于居民企业的要求，新组建的合资公司北京国电电力有限公司注册地为北京，也属于中国境内居民企业，符合以非货币性资产出资设立新的居民企业的要求。

从公布的合资协议资料来看，出资涉及资产范围是股权、电厂和分公司资产，税收规定中的非货币性资产，是指现金、银行存款、应收账款、应收票据以及准备持有至到期的债券投资等货币性资产以外的资产，上述出资范围内的股权符合非货币性资产的要求，电厂及分公司资产则需要按照账面再次区分是否属于非货币性资产来判断哪些资产属于非货币性资产出资的范围，属于非货币性资产出资范围内的资产，可以选择在不超过5年期限内，分期均匀将非货币性资产转让所得计入相应年度的应纳税所得额，按规定计算缴纳企业所得税。

按照出资范围内资产的评估结果，因股权出资比例占比较高，不考虑发电厂及分公司的货币性资产占比的情况下，按照国电电力权益评估值374.49亿元及增值率31.57%，计算出每年应确认的转让所得为374.49/(1+31.57%)×31.57%/5=17.97（亿元），同样中国神华按照权益评估值及增值率计算出每年应确认的转让所得额为13.30亿元。

上述以成立合资公司避免同业竞争、协力合作的方式，不同于吸收合并，吸收合并中两家非母子公司之间的吸收合并可以适用特殊性税务处理，但是采用非货币性资产出资只能按照逐年递延5年平均计算转让所得，在增值率很高的情况下采用非货币性资产出资通过递延纳税实现节税的效果往往有限。

（四）股权划转案例分析

1. 交易方案描述。

从华侨城（代码：000069）发布的公告看到，2017年12月22日收到国务院国有资产监督管理委员会通知，为进一步优化国有控股上市公司股权结构，推动国有资本运营公司试点工作，决定将华侨城集团有限公司持有华侨城531728156股股份无偿划转给北京诚通金控投资有限公司265864078股、国新投资有限公司265864078股。另外一则公告是中国中铁（代码：601390）发布的公告，2018年7月24日接到本公司控股股东中国铁路工程集团有限公司的通知，经国务院国有资产监督管理委员会批准，中国铁路工程集团有限公司拟将其持有的本公司各424904009股A股股份分别无偿划转给北京诚通金控投资有限公司和国新投资有限公司。

2. 交易案例企业所得税涉税分析。

这两则公告内容是基本相同的，但是关于划转事项的税收处理是不一样的，两个案例都是国务院国资委主导下的两批股权划转行为，华侨城是第一批被划转企业，中国中铁是第二批被划转企业。两个案例的区别是划转时间不同，另一个区别是第一批企业中的股权划转不征收企业所得税，即在国资委发文的时候已经明确了税收问题，而第二批名单并没有明确税收问题。

根据股权无偿划转相关规定，100%直接控制的居民企业之间，以及受同一或相同多家居民企业100%直接控制的居民企业之间按账面净值划转股权或资产，可以选择特殊性税务处理。我们查看了北京诚通金控投资有限公司的唯一股东是中国诚通控股集团有限公司，诚通控股集团的唯一股东是国资委，中国铁路工程集团有限公司的唯一股东是国资委，北京诚通金控投资有限公司及中国铁路工程集团有限公司并不属于受同一或相同多家居民企业100%直接控制的居民企业，其无偿划转行为应当缴纳企业所得税。

两个案例虽都属于政府主导下相同性质的重组事项，但是并不等同于只要是政府主导下的重组都可以采用特殊性税务处理。

四、税收管理相关方面考虑

（一）税收政策与其他政策的衔接

税收管理不仅仅要考虑为企业节省税金的问题，还要考虑其他法律法规监管环境对税收的影响，尤其是上市公司、国有企业，与国资有关的项目，不仅仅单纯地去看税收法条上的框架约束，还要关注国资监管方面的要求，上市公司还要关注证监会的监管办法，结合多个监管部门政策之后才能去做税收安排，而不是仅仅看某一个文件，比如国资监管中对交易价格有很严格的要求，不能低于评估价或者评估价的90%，而税收上要求各方不确认损益才能适用特殊性税务处理，这种情形下就需要统筹兼顾，不能顾此失彼。同样，对于同一交易方式及交易价格，律师的法律意见、国资备案以及协议收购等等文件中的描述应尽量表述一致，避免因习惯性描述而缺失了某些政策要件的表述，影响项目进度。

（二）重组中税收政策的界定

对税收政策相关条款的理解与界定仍然是税收管理方面要考虑的重点，一项条款可能有多个解释，哪种解释才是立法者的本意，一项税收政策适用次数越多越能更好地理解其立法意图。

比如吸收合并中特殊性税务处理规定：同一控制下且不需要支付对价的企业合并，对于同一控制的解释，是指参与合并的企业在合并前后均受同一方或相同的多方最终控制，且该控制并非暂时性的。能够对参与合并的企业在合并前后均实施最终控制权的相同多方，是指根据合同或协议的约定，对参与合并企业的财务和经营政策拥有决定控制权的投资者群体。在企业合并前，参与合并各方受最终控制方的控制在12个月以上，企业合并后所形成的主体在最终控制方的控制时间也应达到连续12个月。

经过一系列的解释后，我们又发现一个概念需要解释，即“最终控制”一词，对于最终控制方的理解，我们会出现政策适用的错误判断，如母公司吸收合并全资子公司的情形，这个最终控制企业是指母公司还是母公司的股东，若指母公司的股东，则可以适用特殊性税务处理，若解释为子公司的母公司在吸收合并子公司后不是原来的母公司，这种解释的情形下则不适用特殊性税务处理。

税收管理是贯穿企业发展不可或缺的一部分，税收的刚性约束在企业不断的发展壮大中表现得更为明显，重组是企业扩大发展的重要路径，随着我国法治化进程的推进，我国的重组税收制度必将会更加完善。

第二十二章　2020 年我国税收环境变化及未来展望

2020 年是我国历史上极不平凡的一年，面对突如其来的新冠肺炎疫情以及世界经济深度衰退等严重冲击，我国成为全球唯一实现经济正增长的主要经济体，且抗疫脱贫等攻坚战取得全面胜利，决胜全面建成小康社会取得决定性成就。在这其中，税收制度作为实现国家战略目标的重要手段，对经济的稳定增长起到了举足轻重的作用。税收也通常被称作经济的“晴雨表”，本章我们将从税收政策和征管服务两个维度，简要回顾 2020 年我国税收环境的发展与变革，并对未来进行展望。

一、2020 年我国税收政策主要变化

一直以来，我国税收政策立法都始终以服务国家治理为使命，以服务人民为中心，以服务社会经济发展大局为根本出发点，2020 年亦如此。2020 年出台的税收政策，着力点主要集中在四个方面：（1）减费降税，助力实体；（2）深化改革，行稳致远；（3）税收立法、稳步推进；（4）国际合作，开放共赢。由于税收政策具有连续性，本章的税收政策分析很多涉及“十三五”期间的整体回顾。

（一）减税降费，助力实体

习近平总书记指出，减税降费政策措施要落地生根，让企业轻装上阵。经税务总局统计，“十三五”时期我国新增减税降费超过 7.6 万亿元，其中 2020 年为市场主体减负超过 2.6 万亿元税费（含减免社保费 1.7 万亿元）。相应地，我国企业宏观税负逐年下降，2016—2019 年的宏观税负（即一般公共预算收入中税收收入占 GDP 比重）分别为 17.47%、17.35%、17.01% 和 16.02%，2020 年进一步降至 15.2%，比“十二五”末 2015 年的 18.13% 降低近 3 个百分点。以税务总局监测的全国 10 万户重点税源企业为例，销售收入税费负担率也在 2020 年同比下降了 8%，“十三五”以来累计下降 18.1%。

1. 支持扶贫攻坚税收优惠政策。

增值税发票大数据显示，“十三五”期间我国 832 个已摘帽贫困县的企业生产经营量质齐增，年均增速达 14.6%，产业结构持续优化；2020 年我国年销售过亿元的扶贫龙头企业

数量是 2015 年的 3.3 倍；支持脱贫攻坚税收优惠政策减免金额从 2015 年的 263 亿元增加到 2019 年的 742 亿元，2020 年达到 1022 亿元，年均增长 30.6%。

党的十八大以来，党中央把脱贫攻坚摆在治国理政突出位置，为此财政部和国家税务总局近年来陆续出台了一系列支持脱贫攻坚的税费优惠政策，2020 年 6 月税务总局发布更新版《支持脱贫攻坚税收优惠政策指引》，共六个方面、110 项支持政策，具体如下：一是支持贫困地区基础设施建设（14 项），包括基础设施建设税收优惠 2 项、农田水利建设税收优惠 4 项、农民住宅建设税收优惠 2 项、农村饮水工程税收优惠 6 项；二是推动涉农产业发展（42 项），包括优化土地资源配置税收优惠 8 项、促进农业生产税收优惠 16 项、支持新型农业经营主体发展税收优惠 6 项、促进农产品流通税收优惠 5 项、促进农业资源综合利用税收优惠 7 项；三是激发贫困地区创业就业活力（12 项），包括小微企业税费优惠 5 项、重点群体创业就业税收优惠 7 项；四是推动普惠金融发展（17 项），包括银行类金融机构贷款税收优惠 9 项、小额贷款公司贷款税收优惠 3 项、农牧保险业务税收优惠 3 项；五是促进"老少边穷"地区加快发展（21 项），包括扶持欠发达地区和革命老区发展税收优惠 6 项、支持少数民族地区发展税收优惠 9 项、异地扶贫搬迁税收优惠政策 6 项；六是鼓励社会力量加大扶贫捐赠（4 项）。

2. 支持疫情防控和经济发展（特别是民营经济）税收优惠政策。

2020 年，面对极其复杂的国内外形势，我国不仅在疫情防控取得史无前例、世所罕见的阶段性胜利，而且民营经济仍旧保持了快速迅猛的发展。据税务总局统计数据显示，"十三五"时期，我国民营经济发展迅猛，销售收入年均增长 17.7%，其中私营企业、个体经营增长较快，年均分别增长 22.5% 和 20%。同期，全国新办民营经济涉税市场主体 5600.5 万户，占全部新办涉税市场主体的 97.5%，且其占比逐年递增，从 2015 年的 96.3% 提高到 2020 年的 98.7%。相应地，民营经济的税收贡献也在不断提升，2020 年民营经济缴纳税收占全国税收比重达 60.1%，较 2015 年的 51.5% 提高 8.6 个百分点，成为稳定全国税收的重要支撑和我国经济内生增长的动力源。

取得如上成就，与我国财税政策部门出台一系列确保国家支持新冠肺炎疫情防控、复工复产、稳定外贸、扩大内需的税费优惠政策是分不开的。为了全力支持疫情防控工作，支持企业复工复产，服务经济社会发展大局，我国政府出台了一系列税费优惠政策，从 2020 年 7 月国家税务总局发布的《支持疫情防控和经济社会发展税费优惠政策指引》就可窥一斑。该政策指引的内容聚焦四个方面：一是聚焦支持疫情防控工作。既注重直接支持医疗救治工作，又注重支持相关保障物资的生产和运输，还注重调动各方面力量积极资助和支持疫情防控。二是聚焦减轻企业社保费负担。阶段性减免企业养老、失业、工伤保险单位缴费，阶段性减征基本医疗保险单位缴费，2020 年社会保险个人缴费基数下限可继续执行 2019 年个人缴费基数下限标准，以个人身份参加企业职工基本养老保险的个体工商户和各类灵活就业人员 2020 年可自愿暂缓缴费，降低企业用工成本、增强其复工复产信心。三是聚焦支持小微企业和个体工商户发展。对增值税小规模纳税人、个体工商户给予税费优惠，对小型微利企业和个体工商户延缓缴纳 2020 年所得税，延续实施普惠金融有关税收支持政策，增强其抗风险能力，助其渡过难关。四是聚焦稳外贸扩内需。提高除“两高一资”外出口产品的出口退税率，促进稳定外贸；对二手车经销企业销售旧车减征增值税，将新能源汽车免征车辆购置税政策延长 2 年，促进汽车消费。

3. 激励科技创新税收优惠政策。

科技创新是提高社会生产力和综合国力的战略支撑。“十三五”期间，支持科技创新的税收政策不断优化完善，税收鼓励创新的力度不断加大，为助推创新驱动发展战略实施和创新型国家建设发挥了重要作用。

（1）支持创新减税累计超 2.54 万亿元，民营经济已成为我国科技创新的主力军。“十三五”期间，我国高新技术企业数量持续增长，2020 年科技型中小企业和高新技术企业数量达 27.5 万户，是“十二五”末 2015 年的 3.5 倍；同时，我国鼓励科技创新税收政策减免金额年均增长 28.5%，5 年累计减税 2.54 万亿元；此外，民营高新技术企业的数量占全国高新技术企业的比重，从 2016 年的 87% 提升到 2020 年的 92.4%，民营高新技术企业销售收入占比从 2016 年的 64.2% 提升到 2020 年的 70%。

（2）研发费用加计扣除新政加码，助推双创升级。研发是创新的源泉，2017 年之前我国研发费用加计扣除比例为 50%。为了激励企业加大研发力度，财税部门从科技型中小企业入手，对其在 2018 年 1 月 1 日至 2020 年 12 月 31 日期间发生的研发费用加计扣除比例提高至 75%。一年以后，75% 加计扣除比例的适用范围便扩展至所有企业。该政策在 2020 年底到期后，再次延长执行期至 2023 年 12 月 31 日。同时，根据 2021 年政府工作报告，制造业企业加计扣除比例进一步提高至 100%，制造业是立国之本、强国之基，该政策极大地增强了制造业的创新动力和活力。

同时，财税部门取消了“企业委托境外机构进行研发活动所发生的费用不得加计扣除”的限制，自 2018 年 1 月 1 日起企业委托境外进行研发活动发生的研发费用，可按实际发生额的 80% 计入委托方的委托境外研发费用，这些费用中不超过境内符合条件的研发费用 2/3 的部分，亦可在企业所得税前加计扣除。

税收大数据显示，我国享受研发费用加计扣除政策的企业户数由 2015 年的 5.3 万户提升至 2019 年的 33.9 万户，5 年间扩大了 5.4 倍；减免税额由 726 亿元提升至 3552 亿元，2020 年达到 3600 亿元，年均增长 37.8%。全国研究与试验发展（R&D）投入经费从 2015 年的 1.42 万亿元增长至 2020 年的 2.44 万亿元，年均实现两位数增长，成为世界第二大研发经费投入国。

（3）第三产业继续强势，推动技术先进型服务企业蓬勃成长。“十三五”时期，我国服务业比重进一步提高。据统计，截至 2020 年底，我国服务业增加值占国内生产总值比重达 54.5%，较 2015 年提高 4 个百分点，是推动经济增长的主动力。服务贸易作为推动双创的重要载体，国务院于 2016 年发布《关于同意开展服务贸易创新发展试点的批复》，同意在天津、上海等省市（区域）开展服务贸易创新发展试点，经认定的技术先进型服务企业，可减按 15% 税率缴纳企业所得税；职工教育经费税前扣除比例提高到工资薪金总额的 8%。此后，上述政策的适用地域和服务范围进一步扩大延伸并最终推广至全国，使更多高技术、高附加值服务企业均可享受到税收红利。

（4）新政频出，开启集成电路和软件产业税收优惠新时代。“十三五”期间，在国家政策的扶持带动下，我国芯片技术不断提升，集成电路和软件产业快速发展。与此同时，随着简政放权工作的深入开展，有关集成电路和软件产业资格认定、产品登记等行政、非行政许可审批程序逐步取消。自 2015 年起，备案制最终取代审批制，为相关企业享受税收优惠提供了程序上的便利。

2020 年是集成电路和软件产业迎来重大变革的一年，利好政策频出。2020 年 8 月，国务院颁布制定了惠及集成电路和软件产业全产业链的财税优惠政策。首次给予符合条件的集成电路生产企业 / 项目 10 年免税优惠、亏损结转年限延长至 10 年、执行清单制管理等相关政策。除此之外，更是鼓励同时符合新老政策的企业择优享受，充分释放税收优惠对促进产业高质量发展的政策效应。

（5）中关村国家自主创新示范区，推行技术转让减免企业所得税新政试点。2020 年 8 月，国务院批准了《深化北京市新一轮服务业扩大开放综合试点建设国家服务业扩大开放综合示范区工作方案》，将在中关村国家自主创新示范区开展公司型创投企业所得税优惠政策试点、在示范区特定区域开展技术转让所得税试点等优惠政策。年底，上述两个试点政策便先后落户于示范区，前者对公司型创投企业按个人股东持股比例减免企业所得税，间接减少了个人股东的实际税负，创造性地缓解了公司型基金的经济性重复征税问题；后者将技术转让所得免征额由 500 万元提高至 2000 万元，放宽许可使用权的持有期限，更突破了现行政策对关联方之间技术转让所得适用优惠政策的限制。

4. 区域性创新开放优惠政策。

“十三五”期间，我国积极制定实施了一系列重大区域发展战略，先后将粤港澳大湾区、长三角一体化发展、海南自贸港建设等上升为国家战略，并出台具体规划，形成引领我国发展的区域增长极。在全球经济复杂多变的形势下，我国特殊经济区域的建设对推动经济高质量发展起到了重要作用。这些区域作为深化改革的试验田，在税收制度与纳税服务的创新方面都率先迈出了一步。

（1）自贸区陆续挂牌，带来区域性发展新机遇。继 2013 年在上海设立第一个自贸试验区以来，到如今增加至全国范围内的 21 个，2020 年新增了北京、湖南和安徽，不同的自贸区各具特色、各有侧重。

税收政策方面，上海自贸区作为先行者，推行了对非货币性资产转让所得分期缴纳所得税、启运港退税等税收政策创新，为其他自贸试验区奠定了税收制度基础。广东自贸区内的前海、横琴以及福建自贸区内的平潭则率先为区域内的鼓励行业企业提供 15% 的企业所得税优惠税率。2019 年，上海自贸区临港新片区成立并针对在临港片区设立的从事集成电路、人工智能、生物医药、民用航空等符合条件的企业提供 15% 的企业所得税优惠税率。

纳税服务方面，税务总局为自贸区出台了多项创新服务新举措，通过总结完善在自贸区的试点经验，形成能向全国推广的经验成果，包括一般纳税人登记网上办理、网上办理跨区域涉税事项等在内的便利改革事项已在全国范围推广。

（2）落实人才补贴政策，促进粤港澳大湾区高端人才流动。2019 年 2 月《粤港澳大湾区发展规划纲要》正式出台后，为促进人才流动，财税部门出台文件针对广东省珠三角九市按内地与香港个人所得税税负差额，对在大湾区九市工作的境外高端人才和紧缺人才给予补贴，且明确补贴免征个人所得税。其后九市陆续就享受个税补贴的人才认定和申报操作出台了本地指引。

（3）海南自贸港突破性财税政策，打造高水平国际自贸港。2020 年 6 月 1 日，《海南自由贸易港建设总体方案》（以下简称《方案》）出台。方案提出了贸易自由便利、投资自由便利、跨境资金流动自由便利等 11 个方面共 39 条具体政策，并设立 2025 年、2035 年两大阶段性目标，旨在把海南岛打造成具有较强国际影响力的高水平自由贸易港。其中，税收制度的五个目标，分别为零关税、低税率、简税制、强法治、分阶段。财政部、海关总署、税务总局等各部委于其后几个月陆续发布了多个文件，在落实进口关税、进口增值税、所得税优惠政策等方面出台了具体政策。

零关税。《方案》提出将海南建设成为具有国际竞争力和影响力的“零关税”特殊海关监管区域。全岛封关前，部分进口货物、物品将逐步实现“零关税”。

低税率。一是企业所得税方面，对注册在海南自由贸易港并实质性运营的鼓励类产业企业，减按 15% 征收企业所得税；对在海南自由贸易港设立的旅游业、现代服务业、高新技术产业企业，其 2025 年前新增境外直接投资取得的所得，免征企业所得税。二是个人所得税方面，对在海南自由贸易港工作的高端人才和紧缺人才，其个人所得税实际税负超过 15% 的部分，予以免征。

强法治。2020 年 12 月，《海南自由贸易港法（草案）》已经提请人大审议，并于 2021 年 1 月向公众征求意见。作为我国首部即将诞生的自贸港法律，《海南自由贸易港法》将对海南自贸港的突破性制度从法律层面加以明确和固定。

除上述已经落地的政策和即将出台的《海南自由贸易港法》，《方案》还对海南自贸港的建设设定了以下目标：

2025 年前，海南全岛将适时实施封关运作，同时将对增值税、消费税、车辆购置税、城市维护建设税及教育费附加等多种税费进行简并，改为在零售环节征收销售税，实现多税种合一的特殊税收制度。全岛封关后，除进口征税商品目录规定的品类以外，从海南自由贸易港进口的商品免征进口关税。

2035 年前，进一步推进到除负面清单以外的全行业都可享受 15% 企业所得税税率。

2035 年前，对一个纳税年度内在海南自由贸易港累计居住满 183 天的个人，其取得来源于海南自由贸易港范围内的综合所得和经营所得，按照 3%、10%、15% 三档超额累进税率征收个人所得税。

西部大开发企业所得税政策延续，区域发展更加协调。税收数据显示，区域发展更加协调。2016—2020 年，中部地区税收收入占全国税收比重从 15.6% 提升到 16.5%，西部地区税收占比从 18.4% 提升到 19%，中西部地区合计占比达 35.5%，与东部地区差距进一步缩小。

已实施两轮的西部大开发优惠政策较好促进了西部地区市场、产业、企业发展，西部大开发优惠政策减免企业所得税额从 2015 年的 528.5 亿元增至 2019 年的 1006.9 亿元，2020 年保持 1000 亿元水平，年均增长 13.6%。2021 年起延续的第三轮税收优惠政策门槛进一步降低，将惠及更多市场主体。

社保费减免约 1.7 万亿元。2020 年，面对历史罕见的疫情冲击和复杂的国内外形势，我国在“六稳”工作基础上，明确提出“六保”任务，特别是保就业、保民生、保市场主体，以保促稳、稳中求进。在这样的宏观背景下，继续为市场主体减负、强化民生保障成为 2020 年社会保险任务单的主旋律。经统计，2020 年我国政府对社保费减免约 1.7 万亿元，对助企纾困、渡过难关起到了不可估量的作用，特别是对于中小微企业和个体工商户。

税务总局统计数据显示，2020 年税务部门征收的社保费收入 3.8 万亿元，为民生发展提供了保障。全年，税务部门认真落实阶段性减免企业社保费政策，切实减轻企业负担。自 2020 年 11 月起，社保费已全部由税务部门征收，各级税务部门在维持征收方式稳定的同时，不断优化缴费服务，为广大缴费人提供“网上、掌上、自助”等多种缴费渠道，便于缴费人申报缴费。

（二）深化改革，行稳致远

1. 增值税改革，循序渐进。

“十三五”期间，我国全面结束了增值税和营业税并行的格局，基本解决了营业税遗留的重复征税问题，形成了相对稳定的间接税制体系。“十三五”期间，增值税税制经历了全面推开营改增试点、持续深化增值税改革等多个阶段，在优化增值税税率结构、完善增值税抵扣链条和试行增值税留抵退税等方面进行制度变革。与此同时，我国财税部门还针对多个行业领域和特定业务出台营改增政策性补充文件，以解决在全行业推行营改增过程中遇到的各类问题。

（1）营改增试点全面收官。营改增试点经历了从货物领域逐渐贯通到服务领域的过程。自 2012 年 1 月 1 日起，在上海率先启动交通运输业和部分现代服务业试点，并在之后的 5 年间分地区、分行业、分阶段逐步推进营改增工作。2016 年 5 月 1 日起，我国全面推开营改增试点，至此营业税正式退出历史舞台。2017 年 11 月，国务院决定废止《营业税暂行条例》，并对《增值税暂行条例》作出相应修改，将营改增税制改革成果以法规形式确定下来。

（2）优化增值税税率结构。2016 年营改增全面收官之后，除特定应税行为适用零税率外，增值税税率仍有 17%、13%、11% 和 6% 四档。设置多档税率增加了纳税人税收遵从及税务机关征收管理的负担，也导致某些行业税负水平不合理。因此，“十三五”期间我国将增值税税率从四档简并至三档，并逐步下调税率水平：

自2017年7月1日起，取消13%税率，将原适用13%税率的应税行为调整为适用11%税率；

自2018年5月1日起，将原17%和11%的税率分别下调至16%和10%；

自2019年4月1日起，再度下调增值税税率，将原适用16%和10%的增值税应税行为的税率分别下调至13%和9%。

除零税率外，我国目前执行13%、9%和6%三档税率，尚未完成2018年提出的“税率三档并两档”的改革目标。

（3）实施增值税减税政策。“十三五”期间，减轻市场主体间接税负担贯穿于深化增值税改革进程中。除优化增值税税率结构外，扩大进项税抵扣范围、出台针对小规模纳税人的普惠性政策等一系列增值税减税政策也陆续发布。此外，为应对新冠肺炎疫情，财税部门在第一时间出台推进防疫抗疫、助力复工复产方面的多项增值税优惠措施。

① 完善增值税抵扣链条。全面推开营改增试点范围实现了征税范围对货物和服务的全覆盖，标志着我国建立了规范的消费型增值税制度。在深化增值税改革过程中，为保持增值税税收中性，减轻企业负担，我国进一步出台完善增值税抵扣链条的相关政策，主要包括：一是将不动产（含不动产在建工程）进项税额分两年抵扣改为一次性全额抵扣；二是将国内旅客运输服务纳入抵扣范围；三是对生产、生活服务业纳税人实行加计抵减政策。

② 出台小规模纳税人普惠性政策。为支持中小微企业发展，减轻小规模纳税人增值税负担，财税部门出台惠及小规模纳税人的优惠政策，主要包括：一是将原先不同类型的小规模纳税人年销售额标准统一上调至500万元，同时允许低于该标准但已登记为一般纳税人的企业在规定期限内转登记为小规模纳税人；二是将小规模纳税人免税标准由月销售额3万元（季度销售额9万元）提高至月销售额10万元（季度销售额30万元），并相应享受附加税费减征政策。

③ 试行增值税留抵退税制度。2018年以前，除出口环节适用零税率和集成电路、大飞机等个别行业适用增值税留抵退税外，我国对企业取得的增值税进项税主要施行留待后期抵扣的政策，这在一定程度上占压了企业流动资金，增加企业资金成本，不利于企业的日常运营和扩大再投资。为解决上述问题，2018年以来，我国分行业、分步骤实施了增值税留抵退税制度：首先，从2018年7月起，对装备制造等先进制造业、研发等现代服务业等18类行业符合条件的企业，以及电网企业的存量留抵税额予以退还；然后，在试行的基础上，自2019年4月起，所有行业普遍适用增量留抵退税政策，并明确了申请留抵退税的条件和退税比例；之后，2019年8月税务部门进一步放宽部分先进制造业纳税人申请退税的条件和退税比例，加大对先进制造业的支持力度。

④ 加强出口退税力度。2020年，财税部门将1084项适用税率为13%的产品出口退税率提高至13%，将380项适用税率为9%的产品出口退税率提高至9%，除“高耗能、高污染和资源性”产品外，所有出口产品实现了征退税率一致，减轻了出口企业负担。同时，为便利纳税人办理出口退（免）税事项，税务机关推出“非接触式办理、实地核查、容缺

办理”、无纸化退税申报和恢复退（免）税权等一系列出口退（免）税措施，退税办理进度持续加快。

（4）实施支持疫情防控增值税优惠政策。为应对新冠肺炎疫情，财税部门针对不同地区、不同行业出台多项阶段性减免税政策，助力市场主体纾困，主要包括：一是对湖北省增值税小规模纳税人免征增值税，其他省份的增值税小规模纳税人减按1%征收率征收增值税，预缴增值税项目同步降低预征率；二是对纳税人运输疫情防控重点保障物资取得的收入、无偿捐赠用于应对疫情的货物免征增值税，疫情防控重点保障物资生产企业可以按月申请全额退还增值税增量留抵税额；三是对公共交通运输服务、生活服务、为居民提供必需生活物资快递收派服务、电影放映服务等行业取得的收入免征增值税。

2. 个人所得税改革，渐进突破。

（1）税制突破，破茧而出。“十三五”时期，以2018年《个人所得税法》第七次修正为标志的新一轮个人所得税改革，因其前所未有的变革力度和深远影响备受瞩目。个人所得税是我国最早完成立法的税种之一，自1980年颁布后，《个人所得税法》虽历经数次修正，但在税制方面始终未有突破，一直采用单一的分类所得税制。分类税制计征简单，在我国个人所得税纳税人数量庞大的现实情况下，有利于个人所得税的高效征纳。然而，分类税制和一刀切的费用扣除模式难以全面衡量纳税人的真实纳税能力，且容易造成纳税人通过分散收入逃避税收，从而进一步打击税收公平。随着我国社会经济的快速发展，分类税制在效率与公平之间的失衡逐渐加剧。

随着我国各领域改革的全面持续深化，特别是“十三五”时期，很多改革联动，比如以提高直接税比重为主要目标之一的财税制度改革，更为宏观的收入分配制度改革等，都需要个税改革作为支撑。同时，经济的飞速发展进一步推动个人收入多元化和家庭支出差异化，量能课税、提高税收公平性，亦成为在发展中保障和改善民生的迫切需要。在此背景下，酝酿多年的综合与分类相结合的个人所得税税制破茧而出，正当其时。

2018—2020年，本次个税改革一年一个脚印，分三步平稳落地：一是2018年10月1日，适用新的减除费用标准和税率表；二是2019年1月1日，综合所得个税预扣缴制度和专项附加扣除全面实施，实现了个人所得税制模式的根本性转变，迈出了从分类税制走向综合与分类相结合税制的第一步；三是2020年，新个税法实施后的首次综合所得年度个税汇算清缴顺利完成。

（2）综合征收，量能课税。作为迈向综合征税的第一步，工资薪金、劳务报酬、稿酬和特许权使用费这四类劳动性所得（以下简称“综合所得”）首先突破了分类征税模式，实现合并计税、综合征收。这意味着纳税人取得上述劳动性所得，无论所得项目是否相同，来源是否多样，将以这些所得的总和为基础进行计税。

量能课税不仅要求综合计算纳税人取得的所得，也需要完善的扣除机制体现不同纳税人的实际民生负担。旧税制忽视纳税人个体差异，主要通过单一额度基本减除费用标准（即“起征点”）的有限调整来反映纳税人基本生活支出水平的变化。这次改革引入了涵盖教育、医疗、住房、赡养老人等基本民生负担的“专项附加扣除”，使个税扣除在一定程度上因人而异。沿用下来的基本减除费用是“面”，顾及所有劳动者的基本生活支出；新增的专项附加扣除是“点”，有针对性地为实际支出多、负担重的纳税人减负。点面结合构成更加合理的个税扣除机制，使纳税人的税负不仅与收入水平相关，还体现生活支出负担的影响，从而对纳税人的可支配收入进行有效的调节，提高税收公平性。

（3）征管变革，科技助力。新的税制模式必然要求征管制度的相应变革。改革后的个税征收模式从高度依赖源泉扣缴，走向源泉扣缴与纳税人自主申报相结合。尤其是取得综合所得的居民个人，在扣缴义务人预扣缴的基础上，年终需要通过办理汇算清缴，“查遗补漏、汇总收支、按年算账、多退少补”。年度汇算清缴环节是纳税人依法履行纳税义务、享受权利、承担责任的集中体现。征收模式的改变对于转变个人纳税观念、提升纳税意识具有极大的推动作用，有助于为未来逐步提高直接税比重，优化财政收入结构打好基础。

综合与分类相结合税制的确立与运行，是对税收征管水平的考验，需要探索出一条具有我国特色的自然人税收管理服务之路。除了纳税人识别号制度、自然人税收管理系统、涉税信息共享机制等制度和系统保障，先进信息科技手段的运用也为个税征管和服务变革提供了有力支持。“个人所得税 App”融合了纳税记录查询、年度汇算申报、移动支付缴税等多种功能，在首次个税年度汇算清缴中发挥了重要作用。

（4）对标国际，服务发展。新个税法首次明确定义了“居民”和“非居民”个人，厘清了其分别适用的计税规则。其中判定个人税收居民身份的时间标准调整为 183 天，与国际惯例接轨，加强了国内法与税收协定的衔接，也更便于我国参与国际税收领域的合作。此外，基本减除费用标准的内外统一、无住所个人计税方法从“先税后分”调整为“先分后税”等，也有利于提升税收内外公平和合理性。

以综合征收为基础的税率结构优化调整，总体上降低了个人税负，特别是较低档税率级距的扩大，为中低收入工薪族大幅减负。特别是 2019 年，作为新个税法全面实施的第一年，个税收入同比减少 3400 多亿元。在“十三五”时期落实减税降费过程中，个税改革使大多数自然人纳税人享受到最直接的减税红利。

“十三五”期间个税改革突破性进展的意义，不仅在于更好地发挥个人所得税的收入调节作用，提升税收公平性，更为重要的是个税改革带来的公民纳税意识、民主意识和法治观念的增强，以及由此对社会公共事务管理参与度的提升。

（5）任重道远，续写新篇。放眼国际，近年来全球化背景下税收竞争力日趋引起关注，各国个人所得税税制及征管手段持续优化演进。促进就业和经济增长、保障社会公平成为各国改革的首要目标；个人所得税税制更趋精细严谨，以适应各国经济发展阶段和国际竞争的需求。

在这样的国际税制发展趋势之下，我国个人所得税制度改革依然任重而道远。综合征税的范围尚仅限于部分劳动性所得，扣除机制的灵活性和动态化有待提高，税率结构仍有优化调整空间。这些改革需求已经纳入财税部门“十四五”期间进一步完善现代税收制度的目标计划之列。与此同时，围绕“一带一路”高质量发展的目标和人才强国战略，支持“走出去”企业和个人、吸引境外高端人才的个人税收政策也值得期盼。

3. 绿色税制。

绿色税收肩负着保证财政资金流入以及推动可持续发展的双重责任。“十三五”期间，遵循“创新、协调、绿色、开放、共享”五大新发展理念，以《环保税法》的正式实施、资源税改革为标志，我国的绿色税制体系逐步形成。

（1）《环保税法》正式实施，鼓励绿色增长。2016 年，《环保税法》经全国人民代表大会常务委员会审议通过，于 2018 年 1 月 1 日正式实施。环保税是由排污费转型而来的税种。一方面，环保税在纳税义务人、税目、计税依据、税额设置方面基本沿用了排污费制度，实现了“税负平移”；另一方面，《环保税法》的出台，厘清了原先排污费零散不成体系的状态，从法律的高度树立了执行机关的执法刚性，也体现出我国将“绿色增长”融入税制建设的理念。

环保税建立了“多排多征、少排少征、不排不征”的税收调节机制，并对低标排放、集中治理给予税收减免激励，有力促进生态环境改善和绿色发展。2018—2020 年，环境保护税累计完成 631.5 亿元。2020 年，缴纳环保税的纳税人主要大气污染物二氧化硫、氮氧化物排放量较改革前 2017 年分别下降 42.5%、28.7%；主要水污染物化学需氧量、氨氮排放量较改革前 2017 年分别下降 54.5%、35%。

（2）深化资源税改革，促进资源合理利用。我国自 2010 年起开始推行资源税改革，以原油和天然气在新疆地区试点以从价计征代替从量计征为起点，逐步拓展从价计征税目范围以及试点地区，并同时清理相关收费和基金。“十三五”期间，资源税改革更是取得了里程碑式的进展：

一是全面铺开矿产资源清税立费、从价计征改革。在总结原油、煤炭等资源税改革试点经验的基础上，我国于 2016 年 7 月 1 日起，对除黏土、砂石等低价资源以外的其他矿产资源全面推开清费立税、从价计征改革。通过清费立税取缔各类不规范收费，将资源税规范化、公开化、透明化；通过从价计征，使资源税收入与反映市场供求和资源优劣的价格挂钩，有利于促进资源合理开发利用，提高资源的使用效率。

二是逐步铺开水资源税试点。同样自 2016 年 7 月 1 日起，河北省率先试点开征水资源税，替代了原有的水资源费的征收。2017 年，水资源税改革试点扩围至全国 9 个省份（北京、天津、山西、内蒙古、河南、山东、四川、陕西、宁夏）。据税务总局统计显示，2018 年上半年 9 个扩大试点省份超采区取用地下水量同比下降了 9.28%。可见，水资源税改革在不加重企业税负负担、保证地方税收平稳的基础上，起到了一定的绿色环保效用。

三是《资源税法》立法。2019 年《资源税法》出台，并于 2020 年 9 月 1 日开始施行。《资源税法》以法律形式巩固了近年来资源税改革的成果。与《环保税法》的立法原则一致，《资源税法》基本保持了原税制框架和税负水平不变，同时为水资源税改革预留了空间。《资源税法》作为绿色税制的重要组成部分，最终将推动我国企业形成绿色发展方式，实现可持续发展战略。“十三五”时期资源税收入共7509亿元，比“十二五”时期增长62.3%，其中2020年为1755亿元，比2015年增加720亿元，年均增长11.1%。特别是水资源税改革优化了用水结构，有效抑制地下水超采。

（三）税收立法，稳步推进

1. 总体进展。

为落实税收法定原则，“十三五”期间我国税收立法步入快车道。“十三五”之前，我国18个税种中，仅有3个税种完成立法，即企业所得税、个人所得税和车船税。“十三五”期间，全国人民代表大会共出台8部税法，创造了五年规划期间税收立法的最高纪录。“十三五”期间，税收立法取得的进展如下：

2016年，出台《环境保护税法》，成为我国第一部专门体现“绿色税制”的单行税法。

2017年，出台《烟叶税法》《船舶吨税法》，两部税法保持现行税制框架和税负水平基本不变，将其暂行条例平移上升为法律，为后续其他税收暂行条例上升为法律提供了借鉴；出台《耕地占用税法》《车辆购置税法》；修正《企业所得税法》《个人所得税法》。

2018年，发布《印花税法（征求意见稿）》[《印花税法（草案）》已于2021年初获得国务院常务会议通过，将继续提交全国人大常委会审议]。

2019年，出台《资源税法》；修正《车船税法》；发布《土地增值税法（征求意见稿）》《增值税法（征求意见稿）》《消费税法（征求意见稿）》。

2020年，出台《契税法》《城市维护建设税法》。

我国税收立法工作主要遵循先易后难的原则。总体来看，共识度高、涉及面窄的税种大部分都遵循税收框架与总体税负基本不变的原则优先完成了立法。按照这一原则及目前立法进程，《印花税法》与《土地增值税法》有望下一步出台。

随着税收立法的推进，立法工作将愈发具有挑战性，比如房地产税立法与健全地方税体系的改革目标息息相关，对经济发展的影响也颇为深远；增值税立法则需要结合下一步深化增值税改革的方向，为后续改革预留一定空间。这些将更考验决策者深入思考与洞察未来的能力。

2. 新法实施。

（1）契税法。

2020年8月11日，第十三届全国人民代表大会常务委员会第二十一次会议通过了《中华人民共和国契税法》，从2021年9月1日起实施。届时，从1997年10月1日开始生效实施的《中华人民共和国契税暂行条例》废止。新旧契税法对照，主要的关注点在于：

关注点1：在保持现行税制框架和税负水平基本不变的基础上，对征税范围、减免税、申报缴纳时间等进行了完善和优化。简并了申报纳税环节，有利于提升纳税便利度，对部门协作机制也进行了细化，有利于推动协同治税；同时强化了涉税信息保密责任，有利于保护纳税人权益。

关注点2：《契税法》将暂行条例设置的纳税申报、缴纳税款两个环节合并为申报缴纳一个环节，并统一明确了期限，由原来的“纳税人应当在纳税义务发生之日起10日内，向土地、房屋所在地的契税征收机关办理纳税申报，并在契税征收机关核定的期限内缴纳税款”改为“纳税人应当在依法办理土地、房屋权属登记手续前申报缴纳契税”。

关注点3：进一步明确了相关部门在契税征管上的协税义务，为税务部门深化部门信息共享和业务协同提供了法律保障。纳税人办理土地、房屋权属登记，不动产登记机构应当查验契税完税、减免税凭证或者有关信息。未按照规定缴纳契税的，不动产登记机构不予办理土地、房屋权属登记。

关注点4：为更好地保护纳税人信息安全，税务机关及其工作人员对税收征收管理过程中知悉的纳税人的个人信息，应当依法予以保密，不得泄露或者非法向他人提供。

关注点5：《契税法》还规定，婚姻关系存续期间夫妻之间变更土地、房屋权属，法定继承人通过继承承受土地、房屋权属，免征契税。

关注点6：为体现对公益事业的支持，增加对非营利性学校、医疗机构、社会福利机构承受土地、房屋用于办公、教学、医疗、科研、养老、救助免征契税等规定。

关注点7：增加了退税规定。为保护纳税人权益，《契税法》规定纳税人在依法办理土地、房屋权属登记前，因合同不生效、无效、被撤销或者被解除的，纳税人可以向税务机构申请退还已缴纳的税款，税务机关应当依法办理退税。

关注点8：新《契税法》授权省、自治区、直辖市可以对不同主体、不同地区、不同类型的住房权属转移确定差别税率。

（2）城市维护建设税法。

2020年8月11日，第十三届全国人民代表大会常务委员会第二十一次会议通过了《中华人民共和国城市维护建设税法》，将于2021年9月1日起正式实施。届时，1985年2月8日国务院发布的《中华人民共和国城市维护建设税暂行条例》同时废止。新旧城建税法对照，主要的关注点在于：

关注点1：根据税法第七条、第八条规定，城建税的纳税义务发生时间与增值税、消费税一致，并与增值税、消费税同时缴纳。其扣缴义务人为负有增值税、消费税扣缴义务的单位和个人，在扣缴增值税、消费税的同时扣缴城市维护建设税。

关注点2：为延续现行政策，《城建税法》还对增值税特殊处理等情况单独作了规定：城建税的计税依据可以扣除期末留抵退税退还的增值税税额；对进口货物或者境外单位和个人向境内销售劳务、服务、无形资产缴纳的增值税、消费税税额，不征收城市维护建设税。

关注点3：《城建税法》取消了专项用途规定。随着预算制度的不断改革，自2016年起城建税收入已由一般公共预算统筹安排，不再指定专项用途。同时，考虑税收分配和使用属于财政体制和预算管理问题，一般不在税法中规定，因此《城建税法》不再规定城建税专项用途。

关注点4：确定纳税人所在地是为了确定城建税具体适用税率，与纳税地点不是一个概念，如海洋油气勘探开发所在地在海上，不属于市区、县城或者镇，适用1%税率，但其纳税地点不在海上。

（四）国际合作，开放共赢

1. 落实 BEPS 行动及 CRS，建立健全反避税体系。

2015 年，二十国集团（G20）与经济合作与发展组织（OECD）共同发布《税基侵蚀和利润转移（BEPS) 项目 15 项行动计划最终报告》，“后 BEPS 时代”正式到来。我国作为 BEPS 项目的深度参与方，在 BEPS 最终报告出台后，积极推进 BEPS 行动计划在本国的落地实施。

首先便是对《特别纳税调整实施办法》（国税发〔2009〕2 号）的修订，2016—2017 年间，针对《特别纳税调整实施办法》的修订，我国出台了一系列法规，构建了“管理、调查、服务”三位一体反避税体系，具体包括：

（1）借鉴 BEPS 第 13 项行动计划《转让定价文档和国别报告》并充分结合我国多年反避税工作实践，出台了《国家税务总局关于完善关联申报和同期资料管理有关事项的公告》（国家税务总局公告〔2016〕42 号），规定了采用三层结构文档体系的同期资料；并在年度关联业务往来报告表中纳入国别报告的申报，还纳入了国别报告对外信息交换机制。自 2018 年起，我国加快了国别报告信息自动交换建设，并就 2017 年度国别报告进行了第一次对外国别报告信息交换。截至 2021 年 3 月，已有 78 个国家 / 地区与我国建立国别报告信息自动交换关系。

（2）为落实 BEPS 第 5 项行动计划《考虑透明度和实质性因素，有效打击有害税收实践》最低标准的要求，以及 BEPS 第 14 项行动计划《使争议解决机制更有效》具体措施之一，出台了《国家税务总局关于完善预约定价安排管理有关事项的公告》（国家税务总局公〔2016〕64 号），对预约定价安排管理程序进一步完善。近年来，我国预约定价安排（APA) 谈签效率显著提高，尤其是 2019 年，根据税务总局发布的《中国预约定价安排年度报告（2019)》，2019 年全年共签署 21 例 APA，较往年相比增幅较大，是近十多年来签署数量最多的一年。

（3）全面借鉴 BEPS 行动计划研究成果，出台《特别纳税调查调整及相互协商程序管理办法》（国家税务总局公告〔2017〕6 号），结合 BEPS 国际税收成果与我国税务法规，细化了特别纳税调查实体性和程序性规范。由此，我国相互协商结案进度明显加快，根据各国提供给 OECD 的相互协定程序统计数据，我国 2016—2019 年相互协商案件结案数总计 169 件，年均结案数为 42.45 件，相较于 2011—2015 年结案数总计仅为 5 件，有显著的进展。

2017 年 6 月，我国与其他 67 个国家 / 地区的代表共同签署了 BEPS 第 15 项行动计划提出的《实施税收协定相关措施以防止税基侵蚀与利润转移的多边公约》（以下简称“多边工具”），多边工具主要用以迅速修订现有的税收协定。签订多边工具后，即刻提交了暂定的多边工具立场文书，将除与智利、印度、中国香港、中国台湾、中国澳门的税收协定 / 安排以外的其他现行税收协定均纳入公约适用范围。近年来，我国已与多个国家（地区）

签订了新的税收协定或议定书，包括刚果、阿根廷、西班牙、印度、意大利、新西兰、中国香港与中国澳门等，并出台了对税收协定条款的解释。新签订的税收协定或议定书考虑了 BEPS 行动计划的部分成果，诸如纳入对税收透明实体的规定（BEPS 行动计划 2）、加强对常设机构的规定（BEPS 行动计划 7）、引入“主要目的测试”条款（BEPS 行动计划 6）等。

作为 OECD 国际反避税体系中的另一项重要行动，2014 年 7 月，OECD 发布了《统一报告标准》（CRS），指导各国家（地区）定期对税收居民金融账户涉税信息进行交换，旨在提高全球税收透明度，打击利用跨境金融账户逃避税行为。截至 2020 年 12 月，全球 110 个国家（地区）已签署《金融账户涉税信息自动交换多边主管当局间协议》（CRS-MCAA）。我国于 2015 年 12 月签署 CRS-MCAA，并于 2017 年正式出台并实施《非居民金融账户涉税信息尽职调查管理办法》（以下简称“管理办法”），管理办法的出台为我国实施 CRS 提供了正式的法律依据和操作指引，标志着中国版 CRS 的落地。2018 年 9 月，我国进行了第一次金融账户涉税信息交换，截至 2020 年 12 月，已有 100 个国家（地区）确定将交换金融账户涉税信息至我国，其中不乏英属维尔京群岛、开曼群岛等低税率国家（地区）。

我国作为 BEPS 行动的主要参与国，在过去 5 年中，积极践行着国际反避税体系在我国的落实。虽然如今全球疫情肆虐，贸易冲突不断，不过可以预见的是，未来我国仍然会积极参与全球税收合作，创造公平发展环境。

2.RCEP 成功签署，中欧投资协定谈判完成，促进国际贸易投资。

2020 年 11 月，由东盟发起，历经 8 年、31 轮正式谈判的《区域全面经济伙伴关系协定》（RCEP）在我国和东盟 10 国（文莱、柬埔寨、印度尼西亚、老挝、马来西亚、缅甸、菲律宾、新加坡、泰国、越南）以及澳大利亚、日本、韩国、新西兰 15 国领导人的见证下正式签署。RCEP 现有的 15 个成员国，GDP 总量达 26 万亿美元，总人口约 22.7 亿，出口总额约 5.2 万亿美元。RCEP 自贸协定的签订将构建形成当今世界人口最多、经贸规模最大、最具发展潜力的自由贸易区。RCEP 整合拓展了东盟与我国、日本、韩国等成员国间的“10+1”自贸协定，通过原产地规则、削减关税、正面负面清单等多项措施作出了高水平开放承诺，同时作为中日、日韩之间首个自由贸易协定，为区域经济发展带来诸多亮点。未来协定成员之间九成以上税目可以实现零关税，这将会降低区域内关税商品及原材料成本，同时，关税壁垒的消除，也使得区域内企业间的竞争更为公平。

历经 7 年 35 轮谈判后，中欧领导人于 2020 年 12 月共同宣布如期完成中欧投资协定谈判，为 2020 年我国的全球经济贸易和投资布局画上圆满的句号。这是在经贸领域继 RCEP 签署后，我国的又一大举动。中欧投资协定生效后，将取代我国与欧盟成员国之间现行有效的 26 个双边投资协定，继而为中欧双向投资提供统一的法律框架，为中欧双向投资提供“更大的市场准入、更高水平的营商环境、更有力的制度保障、更光明的合作前景”。中欧投资协定对标国际高水平经贸规则、着眼于制度型开放，是一项全面、平衡和高水平的协定，其谈判成果涵盖市场准入承诺、公平竞争规则、可持续发展议题，以及争端解决机制四方面内容。虽然中欧投资协定不涉及关税增减的问题，但其涉及领域远远超越传统双边投资协定，将对税收产生不容忽视的积极作用。中欧投资协定不但会给双方企业带来更多投资机会，孕育出新的税源，还将进一步助力我国现代化税制体系的建立。

我国正在加快构建以国内大循环为主体、国内国际双循环相互促进的新发展格局，实行高水平对外开放。RCEP 成功签署、中欧投资协定谈判如期完成，释放了我国实行高水平对外开放、开展互利共赢合作的积极信号。RCEP 不仅为我国构建国内国际双循环新发展格局提供发展动力，还将提升东亚区域一体化水平，为全球经济发展带来新动力，而中欧投资协定将为欧洲企业在电信、金融、新能源汽车等领域赢得前所未有的机会。

二、2020 年我国征管服务改革动态

现代化税收征管体制是国家治理体系现代化的重要有机组成部分，因此征管服务改革的核心始终要服务国家治理。

近年来，大规模减税降费叠加深化“放管服”改革，营商环境不断优化，激发了市场主体活力，有力推动了“大众创业、万众创新”，大量新办市场主体不断涌现。“十三五”时期，全国新办涉税市场主体共计 5745.3 万户，较“十二五”时期增加 2607.4 万户，增长 83.1%。同期，全国累计注销涉税市场主体 2403.9 万户，新办与注销相抵，“十三五”时期全国净增涉税市场主体 3341.4 万户，较“十二五”末增长 77.3%。

（一）优化营商，便民办税

良好的营商环境是企业成长创新、经济社会发展的重要基石。2020 年是全面建成小康社会和“十三五”规划的收官之年，税务总局紧扣“战疫情促发展、服务全面小康”主题，持续深化“放管服”改革，加快推进税收治理体系和治理能力现代化，不断优化营商环境，出台了 24 项举措。

（1）支持疫情防控帮扶企业纾困解难方面，5 项举措。一是落实和完善税收优惠政策。执行好住宿餐饮、文体娱乐、交通运输、旅游等受疫情影响严重行业的税收政策；精准定位享受税收优惠的纳税人，主动给予温馨提示；简化税收优惠办理程序。二是认真落实阶段性减免社保费政策。三是大力推广“非接触式”办税缴费服务。推广电子税务局移动端第三方支付；将发票“非接触式”领用比例从 2019 年的 50% 提升到 2020 年的 70%。四是不断优化现场办税缴费服务。加强安全防护，严格落实首问责任制，推行预约办、错峰办、容缺办。五是切实落实延期申报、延期缴税和发票保障措施。

（2）积极推动企业复工复产方面，6 项举措。一是加强分析服务决策。二是加强部门间的协同凝聚合力。三是加强帮扶精准纾困。提高支持复工复产服务便利度，发挥税收数据搭桥作用，对上下游衔接不畅的企业，加强税收数据分析助力企业实现供需对接。对重点企业推行“一企一策”“一对一”“点对点”帮扶等服务措施。四是着力支持小微企业。在

不折不扣落实好小微企业增值税、企业所得税等普惠性税收减免政策的基础上，帮助解决实际困难。各地可根据疫情情况，合理调整疫情期间个体工商户的定期定额纳税。优化小微企业和个体工商户税收征管方式，探索推行小微企业省内跨区迁移线上办理，切实减轻小微企业办税负担。五是深化“银税互动”，助力解决融资难题。将纳入“银税互动”范围的企业数量扩大一倍，在纳税信用A级、B级企业基础上扩大至M级企业。引导银行业金融机构创新信贷产品，满足不同企业特别是民营企业和小微企业信贷需求。积极推进银税数据直连，实现小微企业贷款网上“一站式”办理。梳理受疫情影响较大的企业名单，依法提供相关税收数据，协助银行业金融机构精准放贷。六是积极促进稳就业。落实好进一步支持和促进高校毕业生、建档立卡贫困人口、登记失业人员等重点群体创业或吸纳特殊群体就业有关税收优惠政策。

（3）全力服务国家发展战略方面，6项举措。一是服务打好三大攻坚战。继续落实好金融企业贷款损失准备金企业所得税税前扣除等税收政策。按照《支持脱贫攻坚税收优惠政策指引》相关优惠政策，抓好企业扶贫捐赠所得税税前扣除、扶贫货物免征增值税等政策落实，跟踪执行情况，开展效应分析。扎实做好税务系统对口扶贫工作。进一步健全绿色税制体系，完善节能、治污设施、监测设备、第三方防治企业等税收优惠政策。实施好环境保护税法，做好水资源税改革试点工作。二是支持区域协调发展。配合有关部门进一步研究和落实支持粤港澳大湾区建设、长三角一体化发展、黄河流域生态保护和高质量发展、成渝双城经济圈、海南自由贸易港、深圳中国特色社会主义先行示范区、上海自贸试验区临港新片区建设等国家重大区域发展战略的税收措施。进一步完善税收支持长三角区域一体化发展的征管和服务措施。制定长三角地区跨区域“最多跑一次”清单，在有条件的自由贸易试验区和自由贸易港复制推广。三是更好服务共建“一带一路”。认真落实《乌镇行动计划（2019—2021）》，协助哈萨克斯坦税务部门高质量举办第二届“一带一路”税收征管合作论坛；依托“一带一路”税务学院等平台再为发展中国家开展12期培训；进一步加大与“一带一路”国家和国际产能合作重点国家的税收协定谈签力度，避免或消除双重征税；再更新发布50份国别（地区）投资税收指南，支持企业“走出去”。四是大力支持外贸出口。用足用好出口退税工具，允许已放弃退税权的企业选择恢复退税权。积极推动扩大出口退税无纸化申报范围，进一步压缩出口退税办理时间，将全国正常出口退税的平均办理时间在2019年10个工作日的基础上再提速20%。五是积极服务外资发展。落实好境外投资者以分配利润再投资递延纳税等优惠政策，落实非居民企业享受协定待遇资料备案改备查办法，增强对外支付税务备案便利度，进一步提升投资者信心，支持鼓励境外资本参与国内经济建设。利用税收大数据，跟踪分析外资企业生产经营、投资、利润分配等情况，研究提出政策建议。六是巩固和拓展减税降费成效。

（4）切实优化税收营商环境方面，7项举措。一是认真落实《优化营商环境条例》。做好迎接世界银行营商环境评价工作。确保《税收征管操作规范》《纳税服务规范》落地，持续提高办税缴费规范化、标准化水平。全面建立和实施税务服务“好差评”制度，完善纳税人需求和满意度调查等制度。扎实开展好第 29 个全国税收宣传月活动。二是提高办税缴费便利化水平。推行新办企业涉税事项集成办理，实现企业开办涉税事项一套资料、一窗受理、一次提交、一次办结；简化优化税费申报手续，研究推进财产行为税一体化纳税申报；整合优化非税收入申报表；推行车辆购置税纳税申报表免填写服务，纳税人签字确认后即可缴税；强化大企业跨区域涉税事项和重组事项协调。三是全面推进网上办税缴费。认真落实《电子税务局规范》，完善拓展电子税务局功能，实现纳税人 90% 以上主要涉税服务事项网上办理。推行税务文书电子送达。加强与自然资源、住建、民政等部门合作，推动实现网签合同备案、婚姻登记等信息共享，便利办税缴费。四是优化发票服务。力争年底前在推进增值税专用发票电子化上取得实质性明显进展。在部分地区先行先试的基础上，对新办纳税人免费发放税务 UKey，推进解决税控设备第三方收费问题。开放增值税进项凭证电子数据。自 2020 年 3 月 1 日起，对增值税一般纳税人取得 2017 年 1 月 1 日及以后开具的增值税专用发票、海关进口增值税专用缴款书、机动车销售统一发票、收费公路通行费增值税电子普通发票，取消认证确认、稽核比对、申报抵扣的期限。五是优化税务执法方式。注重多运用税收大数据开展案头风险分析，不准搞大面积、重复性直接下户现场调研；注重多运用风险导向下的“双随机、一公开”监管和信用评价结果开展差异化管理，不准搞眉毛胡子一把抓的无差别稽查；注重多运用兼顾法理情的审慎包容监管，不准搞简单粗暴、选择性、一刀切的随意执法。六是优化纳税服务投诉管理。七是维护纳税人、缴费人合法权益。修订《纳税人权利与义务公告》。对纳税人、扣缴义务人、纳税担保人应缴纳的欠税及滞纳金，可以先行缴纳欠税，再依法缴纳滞纳金；对逾期未申报的纳税人，在认定非正常户时取消实地核查要求，并将未申报时间统一延长为 3 个月；对符合条件的纳税人，由税收征管信息系统自动解除非正常状态，无须纳税人专门申请。明确破产清算期间管理人可以企业名义按规定申领开具发票或者代开发票、办理纳税申报等涉税事宜。严肃组织收入工作纪律，坚决防止和纠正收“过头税费”行为。

2020 年，我国在世界银行开展的营商环境全球排名大幅提升，从 2016 年的第 84 位上升至第 31 位，连续两年跻身全球优化营商环境改善幅度最大的十大经济体。

（二）简政放权，效率提升

“十三五”期间，从 2016 年国地税在服务、征管、稽查等 8 个方面有序开展合作，一厅通办、一窗通办逐步推开。2018 年国地税机构合并；2019 年实现原国地税两套金税三期系统并库。2020 年为了提高征管效率，社会保险资金和各类非税收入都逐步交由税务部门统一征收。2020 年，税务总局共集中接收建议提案 338 件，其中人大建议 209 件、政协提案 129 件，办结率达 100%。此外，2020 年“非接触式”办税成为常态。

截至 2020 年末，“非接触式”办税缴费清单已达 214 项，覆盖纳税人端征管业务事项的 90% 以上，其中 203 项可全程网上办，基本实现了“服务不见面，时刻都在线”。对于税务行政审批事项，也已由 2015 年的 87 项减少至目前的 6 项，取消了 61 个税务证明事项。目前，我国已顺利完成个人所得税第一次并有序推进第二次年终汇算，实现 95% 以上优惠事项“免备案”，正常退税业务实现8个工作日内办结。目前，企业资产损失税前扣除、企业所得税优惠政策适用、非居民纳税人享受协定待遇等情形均不再需要审批或备案，而是采取“自行判断、申报享受、相关资料留存备查”的机制办理。2021年，我国将进一步精简享受优惠政策办理流程和手续，持续扩大“自行判别、自行申报、事后监管”范围。纳税人税务遵从便利度不断提升，我国的税收征管方式向事后监管方向又迈进一步。

（三）技术赋能，数据监管

信息技术赋能税制及征管体制改革。不论是营改增全面完成、《环保税法》实施或是综合与分类相结合的新个人所得税制度启用，大数据和信息技术都在其中发挥着重要支撑作用。例如，通过将增值税发票管理系统与金税三期有效衔接，可实现增值税进项发票免认证；通过创新开发个人所得税App，自然人纳税人可在手机端完成专项附加扣除申报和年度汇算清缴。历经2020年“抗疫”大考，“非接触式”办税已成为纳税人办税缴费新常态，通过网络即可办结的涉税事项越来越多。根据《关于进一步深化税收征管改革的意见》，2021年企业税费事项基本能网上办理，个人税费事项能掌上办理。

增值税发票作为企业连接上下游的重要纽带，其数字化的程度直接影响企业的财税运转效率。继2015年起我国分步推行增值税电子普票后，无纸化税收管理的步伐加快。2021年1月21日起，新办纳税人增值税专票电子化扩围至全国。下一步的目标是于2021年建成全国统一的电子发票服务平台，24小时在线免费为纳税人提供电子发票申领、开具、交付、查验等服务，并于2025年基本实现发票全领域、全环节、全要素电子化，以降低制度性交易成本。

特别需要说明的是，一方面，信息化的确使得政府部门间信息流转更高效，避免了纳税人进行重复性的填报工作；但另一方面，信息全面性和透明度的提升也意味着更精准、更严格的纳税监管。“十四五”时期，我国的税收征管和稽查方式都将在大数据的支持下实现新的转变，这对企业的税务风险管控也提出了更高的要求，企业只有顺应数字化时代的潮流，采用科技手段提升合规水平及管理效率，才能适者生存。

税收大数据已经成为税收立法和征管改革的基石，税收大数据蕴藏着巨大潜能。税收大数据具有时效性强、覆盖面广、颗粒度细的优势，记载着市场主体生产经营状况，能够较为迅速、全面、准确、客观反映经济运行情况。利用税收大数据的搭桥作用，可以很好支持企业复工复产；利用税收大数据，可以精准定位需求，促进减税降费落地落细，并可以实时跟踪监测；利用税收大数据，还可以客观反映经济运行情况，更好地辅助政府经济决策。

下一步，税务部门将继续深化数据共享，改进数据算法，进一步发挥税收大数据优势，重点围绕精准把握新发展阶段、深入贯彻新发展理念、加快构建新发展格局精选分析选题，深挖数据反映的经济规律和特征，持续打造权威性强、可信度高的税收经济分析产品，更好支持市场主体发展，更好服务宏观经济决策。

（四）加快对外开放，稳外商稳外贸

（1）建立新型外商投资法律制度。2020 年 1 月 1 日起正式实施的《中华人民共和国外商投资法》，确立了我国新型外商投资法律制度的基本框架，对外商投资准入、加强外商投资促进和保护、规范外商投资管理等方面作出了统一规定。紧接着，我国又陆续发布了《外商投资法实施条例》《外商投资信息报告办法》《外商投资企业投诉工作办法》《外商投资安全审查办法》等多个法规规章，确保外商投资法有效贯彻实施。

（2）放宽外资市场准入，优化外资管理。2017—2020 年，我国连续 4 年修订全国外商投资准入负面清单和自贸试验区外商投资准入负面清单，其中：全国版负面清单条目由 2017 年的 93 项减至 2020 年的 33 项，自贸区版负面清单条目由 2017 年的 122 项减至 2020 年的 30 项。持续为外资准入负面清单做“减法”，取消部分领域对外资的限制，体现了我国放宽外资市场准入、持续扩大对外开放的基本战略。

“十三五”时期，我国在外资管理模式上也开展重大制度变革，取消对外资企业执行了 30 多年的逐案审批制。2016 年 10 月 1 日起，之前在自贸试验区内试点实施的“外商投资准入前国民待遇加负面清单”的管理模式被推广到全国，开始实施普遍备案制和负面清单下的审批制相结合的外资管理模式。随着《外商投资法》颁布施行，《中外合资经营企业法》《中外合作经营企业法》《外资企业法》被正式废止，设立外商投资企业的审批（备案）制度也退出历史舞台，取而代之的是更为便利的外商投资信息报告制度。

（3）扩大鼓励外商投资领域，鼓励外国投资者在华投资。我国在持续缩减外资准入负面清单的同时，也在不断扩大鼓励外商投资领域。过去 5 年间，我国三次修订《鼓励外商投资产业目录》，其中鼓励外商投资领域大幅扩展。全国鼓励外商投资产业目录将高端制造业作为鼓励外商投资的重点方向，同时促进服务业和制造业融合发展；中西部地区外商投资鼓励类目录则将重点聚焦在劳动密集型、先进适用技术产业和配套设施方面，进一步鼓励外资投向中西部地区。不断扩大鼓励外商投资领域体现了《外商投资法》扩大开放、积极促进外资的精神，统一列举了鼓励和引导外商投资的具体行业、领域、地区，优化和提升了我国现行外商投资促进政策。外国投资者投资鼓励类领域，可以享受财政、税收、金融、用地等方面的优惠待遇；此外，为进一步积极利用外资，鼓励境外投资者持续扩大在华投资，对境外投资者以其在我国境内的投资收益在我国境内扩大投资非禁止的项目和领域，可以依法享受企业利润再投资暂不征收预提所得税的优惠待遇。

（4）出口退税累计超过 7 万亿元，为稳外贸“加油助跑”。对外贸易是我国开放型经济的重要组成部分和国民经济发展的重要推动力量。为进一步扩大对外开放，稳住外贸基本盘，“十三五”时期，我国多次提高出口退税率，助力企业应对中美贸易摩擦影响和全球疫情的负面冲击。“十三五”时期，全国累计办理出口退税 70736 亿元，比“十二五”时期增加 16453 亿元，有力降低了外贸企业成本，有力促进了外贸出口稳定增长。2020 年，共办理出口退税 14549 亿元。

同时，税务部门积极推行无纸化、非接触式、容缺办理等便利举措，不断简化退税流程，压缩退税办理时限，全国正常出口退税的平均办理时间由2018年的13个工作日压缩至2019年的10个工作日内，2020年再压缩至8个工作日内，有力缓解了企业资金压力，为外贸稳定恢复发挥了重要支持作用。

（五）国际税收，合作多赢

“一带一路”倡议是打造我国对外开放新格局的重大发展战略。“十三五”规划亦提出健全“一带一路”合作机制、畅通“一带一路”经济走廊、共创开放包容的人文交流新局面。截至2020年12月23日，已有138个国家、31个国际组织同我国签署了203份共建“一带一路”合作文件。税收作为全球经济治理的重要组成部分，对推进“一带一路”建设发挥着重要作用。

（1）“一带一路”税收征管合作论坛。2019年4月，以“共建‘一带一路’：加强税收合作，改善营商环境”为主题的第一届“一带一路”税收征管合作论坛在浙江乌镇召开，宣告了“一带一路”税收征管合作机制的正式成立。截至目前，“一带一路”税收征管合作机制理事会成员已增加至36个，观察员增加至30个。此外，论坛成立了“一带一路”税收征管能力促进联盟，并发布《乌镇声明》和《乌镇行动计划（2019—2021)》。2020年6月召开了以“同心抗疫、共克时艰”为主题的“一带一路”税收征管合作机制视频会议。2020年12月召开了以“新挑战、新机遇、新发展——全球疫情背景下的税收信息化发展规划”为主题的“一带一路”税收征管合作机制高级别线上会议。理事会成员共同发布《“一带一路”税收征管合作机制信息化线上高级别会议联合声明》，达成三方面15项重要成果，为“一带一路”国家（地区）税收信息化发展提供指引。

（2）“一带一路”税收服务。为了扎实推进“一带一路”建设的要求，充分发挥税收作用，税务总局出台《关于进一步做好税收服务“一带一路”建设工作的通知》（税总发〔2017〕42号），提出若干举措以确实落实税收服务“一带一路”工作，为我国企业参与国际经济合作创造良好的税收环境。其中，作为重要举措之一，税务总局国际税务司编写了《“走出去”税收指引》，从税收政策、税收协定、管理规定及服务举措四个方面，详细列举了企业“走出去”涉及的83个事项，旨在为我国企业“走出去”提供税收法律法规方面的指引与帮助，有效规避境外投资税收风险。此外，截至目前，税务总局已发布104份《国别投资税收指南》，实现了对“一带一路”沿线国家（地区）以及境外其他主要投资目的地的基本覆盖，其中2020年发布58个。截至2020年底，我国税收协定网络已覆盖全球111个国家和地区。

2020年9月，商务部发布《我国“一带一路”贸易投资发展报告2020》，总结了“一带一路”7年来取得的多方面成果：一是越来越多的国家和国际组织加入共商共建共享朋友圈，截至2020年5月我国政府已先后与138个国家、30个国际组织签署200份共建“一带一路”合作文件。二是贸易往来持续增长。2013—2019年，我国与“一带一路”沿线国家货物贸易进出口总额从1.04万亿美元增至1.34万亿美元。三是对外投资持续拓展。2013—2019年，我国企业对“一带一路”沿线国家非金融类直接投资累计超过1000亿美元，年均增长 4.4%。四是合作区平台建设有序前行。截至 2019 年底，纳入商务部统计的境外经贸合作区累计投资 419 亿美元，吸引了数千家企业入驻，产业聚集效应显现。其中，在“一带一路”沿线国家建设的合作区累计投资 350 亿美元，上缴东道国税费超过 30 亿美元，为当地创造就业岗位 33 万个。五是吸收外资稳步提升。2013—2019 年，“一带一路”沿线国家对华直接投资超过 500 亿美元，设立企业超过 2.2 万家。六是加快构筑面向全球的高标准自贸区网络。截至 2019 年底，我国已与 25 个国家和地区达成了 17 个自贸协定，正在开展 12 个自贸协定谈判或升级谈判，以及 10 个自贸协定联合可行性研究或升级研究。

三、未来税收政策和征管制度改革展望

2021 年是我国国民经济和社会发展第十四个五年规划的开局之年。站在历史的新起点上，“十四五”时期的财税改革被寄予了厚望。“十四五”规划纲要提出从以下方面完善现代税收制度：

优化税制结构，健全直接税体系，适当提高直接税比重。

完善个人所得税制度，推进扩大综合征收范围，优化税率结构。

聚焦支持稳定制造业、巩固产业链供应链，进一步优化增值税制度。

调整优化消费税征收范围和税率，推进征收环节后移并稳步下划地方。

规范完善税收优惠。

推进房地产税立法，健全地方税体系，逐步扩大地方税政管理权。

深化税收征管制度改革，建设智慧税务，推动税收征管现代化。

上述目标与“十三五”时期以来一直践行的“建立税种科学、结构优化、法律健全、规范公平、征管高效的现代税收制度”一脉相承。可以预见，“十四五”时期，我国将在“十三五”时期已经搭建的税收制度体系基本框架上，作进一步的优化与完善。

（一）优化税制结构

1994 年税制改革之后，我国形成了以间接税为主、直接税为辅的税制结构。以间接税为主的税制结构有助于提高税收效率，但也带来了税收公平性的问题。随着我国经济的发展，“提高直接税比重”是“十三五”以来不变的财税改革方向。

“十四五”期间，深化个人所得税改革是提高直接税比重的关键。“十四五”规划纲要也提到“完善个人所得税制度，推进扩大综合征收范围，优化税率结构”。未来个人所得税综合征税的范围可能不仅限于现行的劳动性所得，费用扣除制度和税率设置也将有机会进一步优化和完善。此外，为了培养造就高水平人才队伍，吸引境外高端个人的政策体系也将得到完善。优化税制结构的另一面是“进一步优化增值税制度”。增值税改革是“十三五”时期实现大规模减税的主要措施之一。通过增值税改革，增值税税率实现了简并和下调，但现行增值税税率档数（6%、9% 和 13%）与目标的两档税率还有差距。根据近年来增值税改革的趋势，未来结构性减税依然是主要方向，是否可能通过降低税率来实现

进一步的税率简并，值得关注。另外，在留抵退税制度方面，2021年《政府工作报告》强调了对先进制造业企业按月全额退还增值税增量留抵税额，我们也期待在“十四五”时期，增量留抵退税适用条件可以放宽，并在财政负担允许的情况下，适时对存量留抵税额进行退税。

（二）健全地方税体系

健全地方税体系需要培育地方税源，完善地方税税制。在营改增以前，营业税是地方主体的税种，而营业税退出历史舞台后，地方税种面临缺失。在可作为补充地方税源的税种中，较容易实行改革的是消费税。根据“十四五”规划纲要的思路，未来消费税的征收范围和税率将优化，征收环节将后移至批发或零售环节，同时地方分享消费税的比重可能会提高。虽然2019年底发布的《消费税法（征求意见稿）》未明确提出征收环节后移，但其通过对国务院的授权为未来的征收环节创造了条件。“十四五”时期消费税改革可能会有较大的进展。

房地产税也是备受关注的地方税种之一，也与直接税体系相关。“十四五”规划纲要提出“推进房地产税立法”，可见房地产税的立法与开征势在必行。不过，房地产税制度的设计有一定难度（需要考虑是否与其他房地产相关的部分税种进行简并、纳税人的承担能力等），且与房地产市场的平稳发展息息相关，其立法过程可能比较长。

（三）落实税收法定

税收法定是建设现代化税收制度的重要基础。根据落实税收法定原则，“十三五”期间税收法定进程明显提速。截至2020年底，我国18个税种中已有11个完成立法。“十四五”期间，我国将进一步继续推进税收立法。目前尚未制定法律的增值税、消费税、印花税、关税和房地产税等税种可能会纳入下一步立法规划。其中《土地增值税法》《增值税法》与《消费税法》的意见征求稿已向社会公布并征求意见，预计“十四五”期间增值税可以完成立法，而《印花税法（草案）》已提请全国人大常委会审议，有望率先出台。

随着各种实体税立法的持续推进，作为税收程序法的《税收征收管理法》也亟待修订更新。最近一次《税收征收管理法》的修订于2015年完成，距今已多年，无法满足改革后新税收体系的需要。国务院在2021年《关于进一步深化税收征管改革的意见》中提出“推动修订税收征收管理法”。新《税收征收管理法》中是否会回应业界的各种呼吁，如完善纳税人权利、优化滞纳金征收比例等，值得持续关注。

（四）创新驱动发展

科技创新是“十三五”时期引领经济发展的重要动力，也是“十四五”规划纲要着重强调的内容。“十四五”时期，我国将“深入实施科教兴国战略、人才强国战略、创新驱动发展战略，完善国家创新体系，加快建设科技强国”。为了强化国家战略科技力量，“十四五”规划纲要进一步提出“加大基础研究财政投入力度、优化支出结构，对企业投入基础研究实行税收优惠，鼓励社会以捐赠和建立基金等方式多渠道投入，形成持续稳定投入机制”。纵观全球，发达国家的研发税收优惠多有涵盖企业基础研究阶段。我国政策制定者已开始着手这方面的调研工作，“十四五”期间是否会出台企业投入基础研究方面的税收优惠政策值得期待。

除此之外，现行鼓励创新的税收政策也将迎来升级。“十四五”规划纲要提出“实施更大力度的研发费用加计扣除、高新技术企业税收优惠等普惠性政策”。这方面的税收政策升级已初露端倪。根据 2021 年《政府工作报告》，制造业企业加计扣除比例将进一步提高到 100%。注重研发投入的企业可能迎来利好。

（五）转型绿色发展

在第七十五届联合国大会期间，我国承诺“二氧化碳排放力争 2030 年前达到峰值，力争 2060 年前实现碳中和”。

“十四五”规划纲要提出的“加快发展方式绿色转型”将有力助推碳中和目标的达成。根据“十四五”规划纲要，“十四五”期间我国将大力发展绿色经济，构建绿色发展政策体系。比如实施有利于节能环保和资源综合利用的税收政策。2021 年《政府工作报告》提出的“扩大环境保护、节能节水等企业所得税优惠目录范围，促进新型节能环保技术、装备和产品研发应用，培育壮大节能环保产业”正是“十四五”规划精神的体现。在已逐步形成的绿色税收体系的基础上，相信未来将会有更多绿色税政出现在大众视野。

（六）构建“两个循环”新格局

“十四五”规划纲要提出“加快构建以国内大循环为主体、国内国际双循环相互促进的新发展格局”。

根据“十四五”规划纲要，畅通国内大循环，要依托强大国内市场，贯通生产、分配、流通、消费各环节，形成需求牵引供给、供给创造需求的更高水平动态平衡，促进国民经济良性循环。作为政策体系支撑，“十四五”规划纲要提出“完善减税降费政策，构建有利于企业扩大投资、增加研发投入、调节收入分配、减轻消费者负担的税收制度”。在过去 5 年中，减税降费是财政工作的主线。不过，根据目前的宏观税负水平和财政风险来看，“十四五”期间大规模减税降费的空间比较有限，预计减税降费将以基于特定税种、目的而精准施策的结构性减税为主，比如 2021 年《政府工作报告》中提及的对小微企业的税收优惠政策。相信未来会有更多结构性减税政策出台。

根据“十四五”规划纲要，促进国内国际双循环，要立足国内大循环，协同推进强大国内市场和贸易强国建设，形成全球资源要素强大引力场，促进内需和外需、进口和出口、引进外资和对外投资协调发展，加快培育参与国际合作和竞争新优势。海南自由贸易港的建设是构建国内国外双循环格局的点睛之笔。“十四五”时期，海南自由贸易港将对内对接超大规模国内市场、对外吸引全球优质资源集聚，成为国内国际两个市场、两种资源的交汇点。制度层面上，“十四五”期间海南自由贸易港将初步建立以贸易自由便利和投资自由便利为重点的自由贸易港政策制度体系。

除此之外，国内国际双循环需要立足于我国的高水平对外开放以及国际多边合作。可以预见，“十四五”期间，我国会更大力度吸引和利用外资，电信、互联网、教育、文化、医疗等领域相关业务有望逐步开放。我国也会深度参与国际税收规则制定以及寻求国际多边合作。2021 年国务院在《关于进一步深化税收征管改革的意见》中提出将深度参与数字经济等领域的国际税收规则和标准制定，持续推动全球税收治理体系建设。落实 BEPS 行动计划，严厉打击国际逃避税，保护外资企业合法权益，维护我国税收利益。不断完善"一带一路"税收征管合作机制，支持发展中国家提高税收征管能力。进一步扩大和完善税收协定网络，加大跨境涉税争议案件协商力度，实施好对所得避免双重征税的双边协定，为高质量引进来和高水平走出去提供支撑。

（七）深化税收征管改革

深化税收征管改革是构建一流营商环境的重要环节。"十四五"时期，税收"放管服"改革将全面深化，简政放权将走向精准化、协同化和实效化，而监管方式与手段将更加科学化、综合化和智能化。《关于进一步深化税收征管改革的意见》针对"十四五"期间做出了具体的工作部署，其中包括：

（1）推进税收征管数字化升级和智能化改造：运用大数据、云计算、人工智能、移动互联网等现代信息技术，推进内外部涉税数据汇聚联通、线上线下有机贯通。2025 年基本实现发票全领域、全环节、全要素电子化。深化税收大数据共享应用，2025 年建成税务部门与相关部门常态化、制度化数据共享协调机制。

（2）推行优质高效智能税费服务：为确保税费优惠政策直达快享，将持续扩大"自行判别、自行申报、事后监管"范围，以实现企业的便利化操作和快速享受。为减轻办税缴费负担，将全面推行税务证明事项告知承诺制，拓展容缺办理事项，扩大涉税资料由事前报送改为留存备查的范围。将全面改进办税缴费方式，2023 年基本实现信息系统自动提取数据、自动计算税额、自动预填申报，纳税人缴费人确认或补正后即可线上提交。为压减纳税缴费次数和时间，将推进税（费）种综合申报，简并部分税种征期，减少申报次数和时间。2022 年税务部门办理正常出口退税的平均时间压缩至 6 个工作日以内。

（3）精准实施税务监管：建立健全以"信用 + 风险"为基础的新型监管机制。加强重点领域风险防控和监管。同时，对逃避税问题多发的行业、地区和人群，根据税收风险适当提高"双随机、一公开"抽查比例。对隐瞒收入、虚列成本、转移利润以及利用"税收洼地""阴阳合同"和关联交易等逃避税行为，加强预防性制度建设，加大依法防控和监督检查力度。

第二十三章　递延所得税对上市公司质量的影响分析

2020 年上市公司的财务报告披露时间已经截止，纳入本次业绩评价范围内的 4007 家非金融企业上市公司和 77 家金融企业上市公司，2020 年全年实现营业收入 526790.93 亿元，户均收入 128.99 亿元，比上年度营业收入增加 3.61%；2020 年全年实现利润总额为 53057.31 亿元，户均实现利润 12.99 亿元，比上年度提高了 1.88%，2020 年的收入利润率为 10.07%，2019 年的该指标值是 10.24%，2020 年收入到利润的转化度略有下降。就社会贡献来看，4084 家上市公司全年支付的各项税费为 34958.52 亿元，比上年度降低 1.85%。2020 年全国税收收入 154310 亿元，同比下降 2.3%，上市公司缴纳的各项税费占全国税收收入的 22.65%。由于新冠肺炎疫情，2020 年前三个月里人们基本足不出户，从 4 月陆续开始复工复产的生产积极性高涨，产生的效果是显著的，在全国税收收入同比下降 2.3% 的情况下，上市公司缴纳的各项税费仅下降 1.85%。这说明从整体来看上市公司的质量有所提高，经营状况是向好的。从本次业绩评价的结果来看，上市公司的状况仍然呈现出典型的二八定律，今年我们引入一个税法和会计差异方面的指标进行分析和探讨——递延所得税资产来看看盈利与亏损的企业是如何表现的。

一、递延所得税资产表现数据

2016—2020 年连续 5 年间，全部上市公司递延所得税资产在总资产中所占的比重逐年提高，2016 年该比值为 0.38%，2020 年为 0.56%，增长了近 50%。图 23-1 为 4084 家上市公司 2016—2020 年递延所得税资产与总资产比重的分布图示。

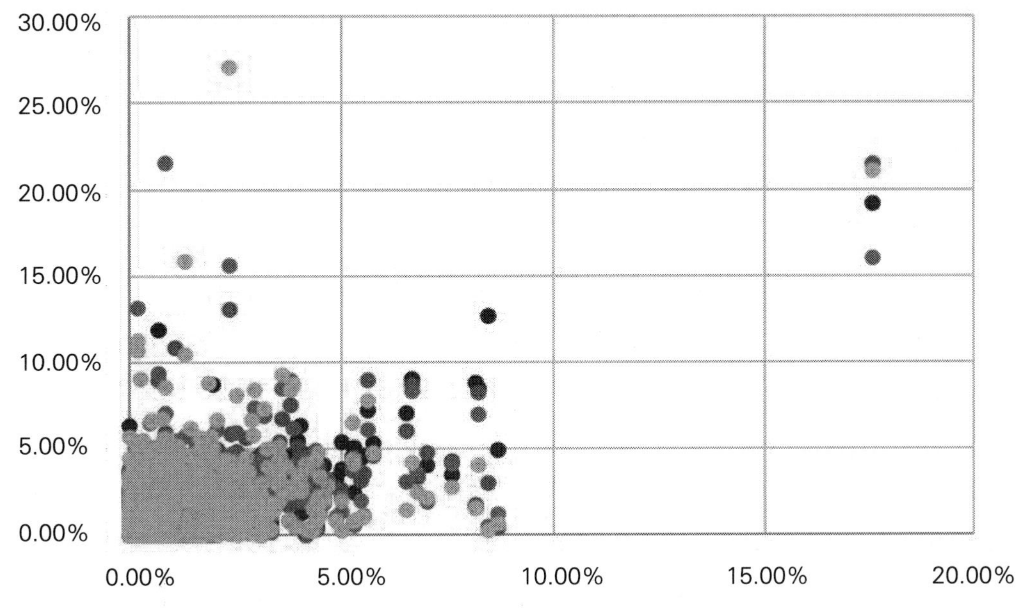

图 23－1　上市公司递延所得税资产与总资产比重分布图

从图中能够非常清晰地看出，绝大部分上市公司的递延所得税资产占资产的比重（为称呼和写作方便，以下将该指标统称为“递延所得税资产占比”）不超过 5%，但是也有个别企业表现突出，超过 15%，甚至超过 20%。表 23-1 列示了 2016—2020 年上市公司递延所得税资产占比统计情况。

表 23－1　2016—2020 年递延所得税资产占比统计表

单位：%

项目	2016 年	2017 年	2018 年	2019 年	2020 年
均值	0.38	0.46	0.50	0.53	0.56
最大	17.59	19.13	21.48	21.52	27.08
最小	0.00	0.00	0.00	0.00	0.00
中位值	0.51	0.51	0.58	0.63	0.65

二、递延所得税资产的内涵和形成

百度百科上给递延所得税资产的定义是这样的：递延所得税资产（Deferred Tax Asset），就是未来预计可以用来抵税的资产，是时间性差异对所得税的影响，在纳税影响会计法下才会产生递延税款，是根据可抵扣暂时性差异及适用税率计算、影响（减少）未来期间应交所得税的金额。

这里出现了两个概念：“时间性差异”和“可抵扣暂时性差异”。这两个名词都是用来形容企业会计处理与税法规定之间差异的词语。与时间性差异对应的另外一个词语是“永久性差异”，与可抵扣暂时性差异对应的另一个词语是“应纳税暂时性差异”。这些名词是在一定历史阶段里存在的词汇，与我国会计制度的变迁关系密切。

时间性差异这一说法是2006年《企业会计准则》实施之前存在的概念。1992年11月30日，经国务院批准，财政部发布了《企业会计准则——基本会计准则》和《企业财务通则》（俗称“两则”），并于1993年7月1日起实施。此后，根据这“两则”制定了13个行业的会计制度和10个行业的财务制度，俗称“两制”。财政部陆续制定并发布了《股份公司会计制度》《企业会计制度》《小企业会计制度》《金融企业会计制度》等。在实行两则和两制的时期，也就是1993—2006年之间，用时间性差异和永久性差异来形容会计核算与税法规定之间的差异。

其中，时间性差异是指由于税法规定与会计准则对收入、利得和费用、损失的确认时间不一致，而使本期应税利润与会计利润产生了暂时性差异，同时会使资产或负债的计税基础与账面价值之间产生暂时性差异，这种差异会在以后期间转回，使两者趋于一致。比如最典型的时间性差异是关于长期股权投资，当采用权益法对一项长期投资进行核算时，企业应根据被投资企业的盈亏调整自己对于该项投资的账面记录，被投资企业盈利时，记作借：长期股权投资，贷：投资收益，被投资企业亏损时，反向做调整分录即可。记入“投资收益”科目的被投资企业盈利按照《企业所得税法》第二十六条的规定“符合条件的居民企业之间的股息、红利等权益性投资收益为免税收入”，也就是该投资收益无须缴纳企业所得税，在企业所得税汇算清缴时需要调整到免税收入，这就和按会计准则计算的利润产生了差异。

永久性差异是指税收法规与会计准则计算口径不一而产生的差异。如《企业所得税法实施条例》第四十条规定：企业发生的职工福利费支出，不超过工资、薪金总额14%的部分，准予扣除。不管企业的利润表列支了多少，在缴纳企业所得税时允许税前列支的金额仅限于工资、薪金总额14%的部分，超过部分不能递延处理，少于工资、薪金总额14%的，按照实际发生金额列支。

从2006年开始执行的《企业会计准则——所得税》中已经不再采用时间性差异的说法，后来2008年企业所得税法修改，采用了暂时性差异的说法，《企业会计准则——所得税》第三章专门阐述暂时性差异。

暂时性差异是是指资产或负债的账面价值与其计税基础之间的差额；未作为资产和负债确认的项目，按照税法规定可以确定其计税基础的，该计税基础与其账面价值之间的差额也属于暂时性差异。按照暂时性差异对未来期间应税金额的影响，分为应纳税暂时性差异和可抵扣暂时性差异。

其中，应纳税暂时性差异，是指在确定未来收回资产或清偿负债期间的应纳税所得额时，将导致产生应税金额的暂时性差异；可抵扣暂时性差异，是指在确定未来收回资产或清偿负债期间的应纳税所得额时，将导致产生可抵扣金额的暂时性差异。

《企业会计准则——所得税》对于暂时性差异的确认规定为：企业对于能够结转以后年度的可抵扣亏损和税款抵减，应当以很可能获得用来抵扣可抵扣亏损和税款抵减的未来应纳税所得额为限，确认相应的递延所得税资产。

综上，我们可以总结为企业能够结转以后年度的亏损和税款抵减可以确认为递延所得税资产，具体包括：

（1）资产的账面价值 < 计税基础，产生可抵扣暂时性差异，进而产生递延所得税资产，如企业因谨慎性原则计提的应收账款坏账准备、存货跌价准备、固定资产减值准备等，都会导致资产的账面价值小于其计税基础，因而产生递延所得税资产。

（2）负债的账面价值 > 计税基础，产生可抵扣暂时性差异，进而产生递延所得税资产，如企业因配比原则计提的预提费用，根据绩效计提的奖金等，如果这些费用在企业所得税汇算清缴结束前还没有实际发生或者发放，那么以实际发生金额为准进行税前扣除，其他部分形成可抵扣暂时性差异，形成递延所得税资产。

（3）亏损产生的递延所得税资产。对于企业所得税法认定的可弥补亏损数额，企业可以在以后的连续 5 个年度内弥补，会计准则对此要求作为“递延所得税资产”予以确认，留待以后年度弥补；如果以后年度的盈利不够弥补，那么就不应该确认该项资产，应转为营业外支出。如果尚未弥补的亏损已过法定期限，则形成了永久性差异。因递延所得税资产的账面价值与计税基础产生差异。

从这三点来看，前两点都是企业处于安全边际考虑，夯实利润，而第三点则是利用政策产生的资产增项。因此从递延所得税资产占比，可以分析上市公司的质量和经营风格。以下先分析递延所得税资产占比最高的三家公司的情况，再分析 2020 年业绩评价中表现最好的板块食品饮料行业的情况。

三、莲花健康的递延所得税资产占比分析

在 4084 家评价单位中，递延所得税资产占比高于 10% 的上市公司只有 6 家，分别为：*ST 盐湖、*ST 索菱、*ST 邦讯、新文化、田中精机和莲花健康。可以看出 6 家企业中，3 家是被警示有退市风险的企业，另外 3 家是正常企业。这 6 家中，*ST 邦讯的变化最大，2020 年递延所得税资产占比达到 27.08%，而该指标 2016 年只有 2.36%，虽然高于全部上市公司的均值和中位值，但是如果及时采取措施，还有起死回生的可能。

*ST 邦讯，标准名称是邦讯技术，是一家通信设备、物联网技术和应用服务提供商，2012 年 5 月 8 日在深圳证券交易所创业板正式上市。从其 2012 年年报到 2021 年第一季度的财务数据来看，只有 5 个年度的利润总额为正数，其余年份均为亏损状态。这就难怪 2020 年出现公司流动资金紧张，经营困难，存在大量诉讼仲裁，部分银行账户被冻结，无法参与正常的招投标业务，有些业务基本处于停滞状态。2020 年邦讯技术资金短缺，不能及时支付供应商货款，员工薪资不能按时支付，员工大量离职，甚至公司的应收账款出现无人催收的情况，财务状况被立信中联会计师事务所出具了“无法表示意见”的审计报告，2021 年 4 月 29 日被实施退市风险警示及其他风险警示。这是一家持续经营出现困难的企

业，未来不具有抵扣的可能性，按照税法规定2021—2015年连续5年间税前列支的亏损3.14亿元不应该计入递延所得税资产，所以其2020年底的递延所得税资产的构成应为减值准备构成。

相对于邦讯技术这样在泥潭中越陷越深的公司，莲花健康则是一家刚刚见到星光的企业。

莲花健康是一家传统企业，其经营的业务与老百姓生活密切相关，于1998年8月在上海证券交易所挂牌上市，是国务院重点扶持发展的520家企业之一。2016—2020年连续5年，该公司的递延所得税资产占比在20%左右。2020年该公司的总资产是15.04亿元，近五年总资产呈下降趋势，从2016年的20.76亿元下降到15.04亿元，年均下降8.39%，递延所得税资产占比逐年增加，年均增加0.87个百分点，可见公司经营在近年间未能得到改善，处于持续亏损的状态。莲花健康近3年利润表如表23-2所示。

表23－2　莲花健康近三年利润表

金额单位：万元

报告期	2020-12-31年报	2019-12-31年报	2018-12-31年报
报表类型	合并报表	合并报表	合并报表
营业总收入	165463.86	170251.04	172881.70
营业收入	165463.86	170251.04	172881.70
其他类金融业务收入			
营业总成本	155861.28	194023.39	204425.35
营业成本	135984.69	152958.61	156109.56
税金及附加	871.90	1081.00	1293.06
销售费用	9382.66	17298.21	14411.77
管理费用	5949.89	19155.91	19054.25
研发费用	1772.03	98.42	
财务费用	1900.10	3431.24	3797.82
其中：利息费用	2180.26	4192.85	4687.47
减：利息收入	579.10	749.99	5.38
其他业务成本(金融类)			
加：其他收益	809.18	129.67	10.98
投资净收益		21733.53	(5353.10)
其中：对联营企业和合营企业的投资收益			
以摊余成本计量的金融资产终止确认收益			
净敞口套期收益			
公允价值变动净收益			
资产减值损失	(445.73)	(134.57)	
信用减值损失	416.32	(3063.05)	
资产处置收益	5.33	8855.50	(1813.30)

续表

报告期	2020-12-31 年报	2019-12-31 年报	2018-12-31 年报
汇兑净收益			
加：营业利润差额（特殊报表科目）			
营业利润差额（合计平衡项目）			
营业利润	10387.68	3748.73	(38699.07)
加：营业外收入	117.34	39992.87	129.97
减：营业外支出	96.68	38654.92	401.31
其中：非流动资产处置净损失			
加：利润总额差额（特殊报表科目）			
利润总额差额（合计平衡项目）			
利润总额	10408.34	5086.68	(38970.41)
减：所得税	2714.09	2280.71	(556.49)
加：未确认的投资损失			
加：净利润差额（特殊报表科目）			
净利润差额（合计平衡项目）			
净利润	7694.25	2805.96	(38413.93)
持续经营净利润	7694.25	2805.96	(38413.93)
终止经营净利润			
减：少数股东损益	265.64	(4117.10)	(5160.89)
归属于母公司所有者的净利润	7428.61	6923.06	(33253.04)
加：其他综合收益			
综合收益总额	7694.25	2805.96	(38413.93)
减：归属于少数股东的综合收益总额	265.64	(4117.10)	(5160.89)
归属于母公司普通股东综合收益总额	7428.61	6923.06	(33253.04)
每股收益：			
基本每股收益	0.05	0.05	(0.31)
稀释每股收益	0.05	0.05	(0.31)
显示币种	CNY	CNY	CNY
原始币种	CNY	CNY	CNY
转换汇率	1	1	1
汇率类型	期末汇率	期末汇率	期末汇率
税率	25.0000	25.0000	25.0000
税率说明			
审计意见（境内）	标准无保留意见	标准无保留意见	带强调事项段的无保留意见
审计意见（境外）			

续表

报告期	2020-12-31 年报	2019-12-31 年报	2018-12-31 年报
调整原因			
调整说明			
公告日期	2021-03-31	2020-03-31	2019-04-26
数据来源	公司公告值	公司公告值	公司公告值
资产减值损失 + 信用减值损失	(29.41)	(3197.62)	0.00
	-0.02%	-1.88%	—

数据来源：Wind

从近 3 年经营情况来看，2018 年亏损，2019 年和 2020 年在合并报表层面都实现了盈利，而资产减值损失和信用减值损失金额非常小，2020 年的比值是 0.02%，2019 年是 1.88%。而纳入本次评价的 4007 家非金融类上市公司中，计提的资产减值损失和信用减值损失与营业总收入的比值 2020 年为 1.08%，2019 年为 1.66%。莲花健康对于减值准备的计提近年来是低于上市公司平均水平的。从其资产构成来看，占比最大的资产是货币资金，其次就是递延所得税资产，经营相关的应收款和存货占比刚刚触及资产的 19.87%，为经营提供装备和装置的固定资产和在建工程合计占比为 13.44%，无形资产占比 9.36%。详见图 23-2。资产经营所需要的条件承载力似乎欠缺，导致企业经营开工不足，而开工不足在市场需求端来看，是需求不够强硬。

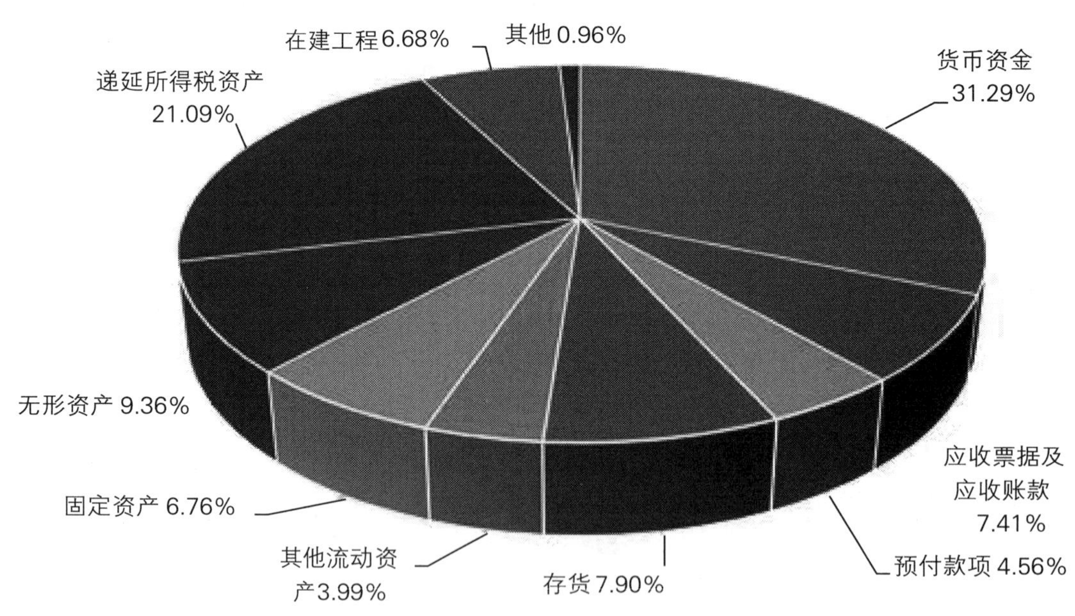

图 23-2 2020 年莲花健康资产构成图

从供给端来看，莲花健康的销售毛利率在行业内处于中下游水平，毛利率低是其经营能力的内在缺陷。详见表 23-3。

表 23-3　莲花健康销售毛利率与营业利润率同行业对比表

排名	证券简称	销售毛利率 (%)			营业利润率 (%)		
		2020 年报	2019 年报	2018 年报	2020 年报	2019 年报	2018 年报
7	莲花健康	17.38	9.58	9.02	—	-12.10	-12.01
	中位值	17.38	18.42	16.75	7.23	8.51	7.75
1	牧原股份	60.64	35.87	9.67	53.77	31.34	4.83
2	海天味业	41.63	44.88	45.86	—	29.36	28.20
3	伊利股份	35.60	36.94	37.40	7.23	8.13	8.46
4	双汇发展	16.88	18.39	20.86	—	11.00	12.40
5	海大集团	11.56	11.21	10.66	5.68	4.52	4.21
6	安井食品	25.20	25.21	25.89	—	8.51	7.75
8	通威股份	16.85	18.42	18.59	—	9.09	9.31
9	金龙鱼	12.12	11.19	9.97	—	2.37	4.15
10	温氏股份	19.52	27.56	16.75	8.21	19.00	7.84
11	新希望	10.47	11.91	8.55	5.55	6.06	2.38

2019 年和 2018 年两年的销售毛利率低于 10%，主业不精不强，是其业绩表现较弱的核心。营业利润率的表现就更加令人痛心。高质量发展已经成为企业发展的主旋律，那么驱动高质量发展的重要因素就是研发投入，提高产品的科技含量，显然莲花健康也在投入，费用的高企注定将营业利润从正拉到负。

还有一点需要说明的是关于信用减值损失准备的计提。2017 年财政部颁布了《企业会计准则第 22 号——金融工具确认和计量》，我国 A 股非金融上市公司于 2019 年启用该准则。2019 年当年，莲花健康计提的信用减值损失为 3063.05 万元，2020 年列入利润表的信用减值损失冲减了 416.32 万元。

截至 2020 年末，莲花健康的信用减值准备为 84290.55 万元，形成递延所得税资产 21072.64 万元；历史经营形成的可抵扣亏损是 39385.70 万元，形成 9846.43 万元的递延所得税资产。

莲花健康作为传统的味精生产制造商，销售模式维持着线下为主、线上为辅的方式。

表 23－4 莲花健康销售模式比较表

金额单位：万元

销售模式	营业收入	营业成本	毛利率（%）	营业收入比上年增减（%）	营业成本比上年增减（%）
线上	299.11	210.76	41.92	225.96	161.00
线下	163983.05	134874.88	21.58	−1.52	−10.12
小计	164282.16	135085.64	21.61	−1.39	−10.03

从表 23–4 来看，线上销售的毛利率明显高于线下模式，但是莲花健康的线上模式形成的收入在营业收入仅占 0.18%。在国内终端消费市场有限的情况下，产品国际化成为必然选择。因此销售渠道和网络的建设，特别是线上销售模式的建设，应该是排在日程之上的业务安排。

其实对于莲花健康来说，2020 年也是不平凡的一年，完成了两件标志性的事件。

第一件事是破产重整完成。2019 年 7 月 3 日，莲花健康收到债权人国厚资产管理股份有限公司的通知书，因公司不能清偿到期债务，且明显缺乏清偿能力，国厚资产向河南省周口市中级人民法院递交了对公司进行重整的申请。2019 年 10 月 15 日，周口市中级人民法院裁定受理莲花健康重整一案，并于同日指定北京市金杜律师事务所担任公司管理人，在重整期间继续营业。2020 年 3 月 4 日，莲花健康收到河南省周口市中级人民法院《民事裁定书》(〔2019〕豫 16 破 7 号)，周口中院裁定确认莲花健康重整计划执行完毕、终结莲花健康重整程序。

第二件事是因 2017 年、2018 年连续两个会计年度经审计的净利润为负值，且 2018 年度经审计的期末净资产为负值，公司股票交易已被实施退市风险警示（*ST），2020 年成功脱帽。

司法重整的成功实施，成功化解了退市风险和债务危机，这可谓莲花健康起死回生的开始。2020 年销售味精 11.76 万吨，鸡精 2.48 万吨，面粉 11.82 万吨，其中核心产品家庭装味精实现量价齐升，销量增长近 1000 吨，利润为正，扭亏为盈。目前国内味精行业在产企业合计已不足 10 家，味精行业已形成了品牌高度集中的产业格局，莲花健康未来之路宽阔。

四、食品饮料行业的递延所得税资产形成分析

食品饮料是民生行业，在二级市场被誉为抗周期的行业，2020 年可以称得上是食品饮料行业在二级市场的又一个“丰收年”。110 家上市公司占有 10977.37 亿元总资产，全年创造 7796.90 亿元收入，总资产周转率 0.75 次 / 年，全年实现利润 1877.44 亿元，扣除非经常性损益净资产收益率达到 19.68%，比上市公司平均 5.93% 的扣除非经常性损益净资产收益率超出 13.75 个百分点，整体业绩评价为良，业绩相当耀眼。

食品饮料行业的业绩是行业属性使然。该行业与老百姓生活息息相关，与人们生活的提高、消费的升级关联度极高。2018年国务院指出消费是最终需求，促进消费对释放内需潜力、推动经济转型升级、保障和改善民生具有重要意义。为加快破解制约居民消费最直接、最突出、最迫切的体制机制障碍，增强消费对经济发展的基础性作用，根据《中共中央 国务院关于完善促进消费体制机制进一步激发居民消费潜力的若干意见》，制定《完善促进消费体制机制实施方案（2018—2020年）》。在消费升级的情况下注定了食品饮料行业的良好业绩。

国内饮料巨头、饮用水行业的龙头老大农夫山泉在2020年终于上市，也在二级市场的食品饮料板块打造了市值超过5000亿元的巨头。从市值来看，目前农夫山泉在国内二级市场食品饮料板块仅次于茅台、五粮液、海天味业和同为2020年新上市的金龙鱼，市值位列第五。农夫山泉目前是70倍的市盈率，行业平均市盈率为47倍左右。当行业龙头企业进入资本市场的时候，市场不仅会给出高于同行业的估值水平，同时也会带来同行业股价的高涨。

良好的业绩带来资产配置的灵活性。食品饮料行业的递延所得税资产占比远远高于上市公司的平均水平。详见图23-3。

图23－3　食品饮料行业的递延所得税资产占比与上市公司平均值比较图

经营状况好，现金流充裕的企业递延所得税资产占比高，这似乎就是“有钱任性”吧。

从食品饮料行业来看，其应收账款周转率41.20次/年，相当于上市公司平均值8.07次/年的5.11倍，流通性极强，营业利润率高达24.23%，主营业务的边际贡献大，整个行业的盈利能力强，带来的最大好处是“不差钱”，将利润做了适当的藏匿。存货跌价准备金额相当于总资产的0.04%，而在实行新会计准则的2019年，存货跌价准备占期末资产价值的0.21%。

食品饮料行业还有一大特点是销售费用高，2016—2020年，销售费用占收入的比重不断攀升，从22.70%增加到76.57%。尽管是民生行业，但是随着消费升级，消费呈现个性化、精致化的趋势，加之80后、90后作为消费主流群体，消费行为开始改变，促进了食品饮料市场对品牌、产品的相应认知和行为习惯的不断变化，这就要求企业在销售费用上加大投入。广告费成为销售费用的主要构成因素，该行业的广告费占营业收入的5%以上。而广告费开支也构成了递延所得税资产的一部分。

我国税法对于食品和饮料行业的广告费税前扣除规定是有所区别的。

食品行业遵循《企业所得税法实施条例》第四十四条的规定，该条款主要内容是企业发生的符合条件的广告费和业务宣传费支出，除国务院财政、税务主管部门另有规定外，不超过当年销售（营业）收入15%的部分，准予扣除；超过部分，准予在以后纳税年度结转扣除。就是说食品行业发生的广告费和业务宣传费应该在不超过当年销售（营业）收入15%的部分内税前扣除，超过部分可以结转以后年度扣除。

饮料行业考虑到品牌推广的需要，扣除比例与食品行业有所区别。在消费升级的趋势下，越来越多的消费者开始青睐高品质的产品，《第一财经周刊》发布的《中国新中产品质生活报告》显示，90%的人因为产品品质而购买一个品牌的产品，84%的人相比价格更加注重品质。据说可口可乐每年的品牌推广费占收入的40%左右。饮料行业面临品牌建设的课题。2020年11月财政部、国家税务总局发布《关于广告费和业务宣传费支出税前扣除有关事项的公告》（财政部 国家税务总局公告2020年第43号），其中第一款为对化妆品制造或销售、医药制造和饮料制造（不含酒类制造）企业发生的广告费和业务宣传费支出，不超过当年销售（营业）收入30%的部分，准予扣除；超过部分，准予在以后纳税年度结转扣除。该条款为饮料制造行业的广告费和业务宣传费的税前扣除规定，从2008年我国开始执行新的《企业所得税法》以来，饮料制造行业的广告费和业务宣传费税前扣除比例一直保持在30%的水平，规定历经财税〔2009〕72号（执行时间自2008年1月1日起至2010年12月31日止）、财税〔2012〕48号（执行时间自2011年1月1日起至2015年12月31日止）、财税〔2017〕41号（执行时间自2016年1月1日起至2020年12月31日止）三个文件，均维持了30%的税前扣除比例的规定。

需要注意的是该款规定不包括酒类制造企业，酒类企业和食品行业一样，按照《企业所得税法实施条例》第四十四条的规定，广告费和业务宣传费应该在不超过当年销售（营业）收入15%的部分内税前扣除，超过部分可以结转以后年度扣除。这或许在税法规定中也认为“酒香不怕巷子深”吧。实际上2020年的资本市场中，酒类企业，特别是白酒制造类企业是一道非常独特的风景线，18家白酒上市公司的市值达到52828.07亿元，纳入本次评价范围的2643家制造业上市公司的市值合计为465405.53亿元，白酒上市公司的市值相当于整个制造业的11.35%，而数量仅占制造业的0.68%。

税法对于制造业企业的固定资产折旧政策也是有优惠的。支持制造业企业加快技术改造和设备更新，2019年财政部、国家税务总局发布《关于扩大固定资产加速折旧优惠政策适用范围的公告》(财政部 国家税务总局公告2019年第66号),自2019年1月1日起固定资产加速折旧优惠扩大至全部制造业领域,优惠政策包括用于研发的仪器设备和单位价值不超过5000元的固定资产两项,具体如下:

一是对所有行业企业2014年1月1日后新购进的专门用于研发的仪器、设备,单位价值不超过100万元的,允许一次性计入当期成本费用在计算应纳税所得额时扣除,不再分年度计算折旧;单位价值超过100万元的,可缩短折旧年限或采取加速折旧的方法。

二是所有行业企业持有的单位价值不超过5000元的固定资产,允许一次性计入当期成本费用在计算应纳税所得额时扣除,不再分年度计算折旧。

2020年食品饮料行业费用化的研发费用合计为19.31亿元,其中的研发仪器、设备都可能会由于会计核算与税收优惠政策之间的差异,形成递延所得税资产或者负债。

五、从递延所得税资产等税收与会计差异看企业质量的逻辑

上文的内容从递延所得税资产占比一个指标出发,分析到企业的利润表,包括减值损失和利润总额,进而分析到企业的资产配置,然后再回到利润表,看企业的营业利润,判断企业主营业务的盈利能力。这里是从一个税收与会计差异的小科目入手来分析企业的业绩。

事实上税收与会计差异主要体现在会计要素、计量原则等方面会计与税务规定的差异,最常见的形式有如下几种:

1. 收入方面的差异。

(1)会计上不确认收入,而税务上却要确认收入。比如视同销售。会计上按照会计准则规定不作为销售收入处理,而按照税法增值税或企业所得税的规定却要计入销售收入。正因为会计上不作为销售处理,所以才出现了税务上的“视同销售”的说法。

视同销售的会计和税务差异,主要涉及增值税和企业所得税的处理方法与会计准则规定的处理方法的差异。其实,其他的税收与会计差异主要也会涉及流转税和企业所得税。

对于流转税的税收与会计差异,会计处理上必须按照税法的规定确认应交税费等,最终差异可能只体现在利润表和纳税申报表等处,对于下一个会计期间基本没有影响。如视同销售的税收与会计差异,会导致增值税申报表上应税销售额大于会计利润表上的营业收入。因此,涉及流转税的税收与会计差异相对比较简单而且好处理。

(2)会计上确认收入,而税务却不(免于)确认收入。比如国债利息收入,会计上是确认收入的,而税法上却因免税可以不确认收入。

(3)收入在税务和会计上确认时间的差异。比如企业预收货款并开具了发票,在税务方面增值税在开具发票的时候就产生了纳税义务,需要确认收入;而会计方面,则需要等到货物发出时才确认收入。

(4)成本费用(扣除项目)的差异。根据《企业会计准则——基本准则》规定,费用只有在经济利益很可能流出从而导致企业资产减少或者负债增加,且经济利益的流出额能

够可靠计量时才能予以确认。因此，会计核算方面对于费用限制比较少，在“很可能”的情况下就会确认，而不强调实际支付，也无具体的比例限制等。

但是，企业所得税法及其实施条例的规定对可以在税前扣除的成本费用有诸多限制，既有强调实际支出的，也有很多扣除项目是有具体比例限制的。比如职工福利费，税法规定必须是在比例限制范围内且已经实际支出才能税前扣除。

2. 资产方面的差异。

会计准则对于各项资产的计价都规定了各自的计量原则；税法对于资产的计税基础也从税法的角度规定了其计量原则。在多数情况下，资产的会计成本与计税基础是一致的；但是，税务基于保证税收的原则，对于资产计税基础的确认一般比会计成本确认更加严格，有些情况下资产的初始计税基础会小于初始会计成本。

同时，对于资产后续计量，会计和税务规定也存在一些差异。比如固定资产折旧，会计准则提供了比较多的折旧方法，如直线法和加速折旧法，同时对于折旧年限也没有给出确定的最低年限。总之，会计准则对折旧的限制是比较少的。而税务方面，对于固定资产规定的折旧方法主要是直线法，在满足税法规定的条件下才能采用加速折旧法；对于折旧年限，税法也按固定资产类别规定了具体的最低折旧年限。

除上述差异外，其他的会计要素也是存在着不同的税收与会计差异的。

附　录

附录一　中国上市公司业绩评价体系说明

为准确、科学评价上市公司的经营业绩，提高上市公司监管效率，更好地服务于广大投资者和促进提高上市公司经营管理水平，2001 年中联财务顾问有限公司和中联资产评估有限公司组织评价领域有关专家成立“中国上市公司业绩评价课题组”，借鉴国内外企业绩效评价的体系与方法，结合上市公司的特点，研究制定了中国上市公司业绩评价指标体系。该评价体系从多角度反映上市公司的业绩，在衡量公司盈利能力的同时，兼顾公司的成长、风险、资产质量和市场表现，做到财务效益和债务风险、资产质量与公司成长的平衡。该评价体系旨在为广大投资者、政府监管机构、债权人、公司职工以及其他利益相关者提供上市公司真实业绩的相关资料及信息，并提供一个有效的分析工具。现将该评价体系的基本内容说明如下：

一、中国上市公司评价体系的主要特点

在研究上市公司业绩评价体系过程中，我们充分借鉴了财政部、国家经贸委、中央企业工委、劳动保障部和国家计委联合颁布的《企业绩效评价实施细则》和国务院国有资产监督管理委员会颁布的《中央企业绩效评价管理暂行办法》（国资委令第 14 号）的有关规定，根据公开披露的上市公司数据，紧密结合中国上市公司的特点，突出反映上市公司的市场表现，研究建立了中国上市公司业绩评价指标体系。归纳起来，主要有以下特点。

（一）充分体现了投入回报特性

企业的根本属性是以盈利为目的，不仅是短期盈利，更重要的是可持续的长期盈利。本评价体现以投入产出为核心，充分反映企业的盈利能力。在评价的五个方面中，有两个方面主要反映盈利能力，一个是从企业的角度反映企业的盈利水平，即盈利能力，占 35% 的权重；另一个是从市场角度反映股票的增值水平，即市场表现，占 15% 的权重。盈利能力主要从投资人和社会两个角度来反映，体现在净资产收益率和总资产报酬率上，增值水平主要体现在市场投资回报率上。因此，本评价体系的核心是体现投入产出特性。

（二）构建了多层次的立体评价体系

本评价体系的评价指标包括基本评价指标和修正评价指标两个层次，两层次之间不是简单的并列关系，而是递进的修正和验证关系。首先，通过 10 项基本评价指标计算出上市公司的业绩评价的得分，然后，通过 13 项评价指标对基本指标评价分数进行验证和修正，从而得出更加客观的评价结果。评价指标之间相互牵制，通过作假财务数据，一方面有的指标得分高了，另一指标可能得分低了，不会获得高分的，要想获得评价高分只有提高上市公司的竞争力和发展质量。

（三）首创了线性评价标准

对某一个评价指标而言，传统的评价标准只是一个数值，最多也只有满意值和不允许值等两个评价标准。而在本评价体系中，创立了线性评价标准。具体而言，每一评价指标分为优秀、良好、平均、较低、较差五档标准，这五档标准反映在坐标轴上就是一条曲线，即评价标准线。线标准不仅能为评价计分提供准确的计算依据，而且能描述不同评价指标的经济特性。不同的评价指标有不同类型的评价标准曲线，只有线标准才能实现更加科学的计分。

（四）具有较强的可操作性

在设计本评价体系时，我们将可操作性作为一项重要的目标。首先，要求所有的评价指标能够从公开的市场上能够获取；其次，评价标准要做到符合实际，既考虑到中国企业的普遍情况，又考虑到上市公司的实际特点；最后，还要设计一套上市公司业绩评价软件，通过软件自动评价中国上市公司的评价得分。

二、中国上市公司业绩评价指标体系

由于我国上市公司法人治理不完善、股权割裂、法制不健全等原因，上市公司出于市场融资、配合二级市场炒作、避免亏损、管理层骗取激励基金及政治追求等特别目的，人为进行盈余操纵，甚至财务欺诈的行为时有发生。因此，不能仅仅从实现利润情况评价上市公司的业绩。我们认为，上市公司的业绩应包括财务效益、资产质量、偿债风险、发展能力及市场表现等五个方面，对于每一方面，我们设置了若干财务指标反映其真实状况，具体分为基本指标和修正指标两个层次。只有五方面的有机结合，才能客观反映企业的真实业绩。

（一）中国上市公司业绩评价指标体系的设置原则

上市公司业绩评价指标体系的设置遵循以下几项原则：一是选定的指标应具有较强的横向、纵向可比性，尽可能排除偶然或异常事项的影响，如果不能完全剔除这些因素的干扰，则通过调整相关指标的权数以降低其对评价结果的影响程度；二是各项指标的设立在整体均衡的基础上应突出相互的制衡性，整个指标体系要具备“此消彼长”的内在机制，提高操控整个指标体系的困难程度；三是指标体系的确定要充分考虑上市公司特点，而且所有财务指标的计算、取值只局限在上市公司公告的数据资料内，不尝试获得每家上市公司进一步的内部信息资料，即在现行法规框架下，通过对部分必要信息的分析判断取得尽可能公平合理的评价结果。

（二）中国上市公司业绩评价指标体系的主要特点

第一，突出股东回报。企业的根本属性就是实现股东价值最大化，本评价体系以投入产出为核心，从股东价值和企业价值两个角度来反映企业的盈利能力，主要采用扣除非经常性损益后的净资产收益率和总资产报酬率两个财务指标来体现，占35%的权重，核心是突出股东回报，体现股东价值最大化。扣除非经常性损益后的净资产收益率剔除了企业盈利的偶然因素，反映企业持续盈利能力，总资产报酬率反映企业占用总资产创造的总价值，包括对股东的回报和对债权人的回报。当然，反映企业盈利能力的财务指标还有很多，我们重点从经营活动创造的利润、盈利是否有现金保障、投入资本获得的收益等多角度对企业的盈利能力进行修正，目的是更加全面、完整、真实地反映企业的盈利能力。

第二，关注公司成长。上市公司的发展不仅需要短期盈利，更需要长期持久的健康发展。本体系从规模增长的角度反映企业的成长性，采用的主要指标是销售增长率和资本扩张率，权重占20%。销售增长反映企业的市场占有和业务发展状况，资本扩张反映企业的盈利中用于扩大再生产的状况。同时，还采用三年营业收入增长、总资产增长、营业利润增长和盈余保留等项指标对成长性进行修正。

第三，体现资产质量。企业资产是创造财富的源泉，资产质量的高低间接反映企业盈利能力。本体系从资产效率的角度反映资产运营水平，采用的主要指标是总资产周转率和流动资产周转率，权重占15%。总资产周转率反映总资产创造产品和服务的能力，体现总资产的运营效率；流动资产周转率反映企业流动资产的运营效率。同时，还采用应收账款周转速度和存货周转速度进行修正。

第四，反映债务风险。企业在发展的同时要防范债务风险，防止出现债务危机，要做到收益和风险的平衡。本体系从负债和流动性角度反映企业的偿债能力，采用的主要指标是资产负债率和已获利息倍数，权重占15%。资产负债率是国际通行反映企业债务水平的指标，已获利息倍数反映企业的盈利中偿还债务利息的能力。同时，还采用带息负债、现金流和速动资产比率进行修正。

第五，重视市场表现。尽管目前我国资本市场的股价与上市公司业绩的相关性不强，股价不能完全反映上市公司的真实业绩，但从我们多年的研究结果看，上市公司的市场表现与业绩的相关性逐年提高，本课题很重视企业在资本市场上的表现，将市场表现作为企业业绩的重要内容，采用的主要指标是市场投资回报率和股价波动率，占15%的权重。市场投资回报率反映股票投资人在资本市场上获得的收益，包括股价上涨、分红、送股等；股价波动率反映股价的稳定性，对股价大起大落的公司适当减分。

（三）中国上市公司业绩评价指标体系的基本框架

中国上市公司业绩评价指标体系由财务效益状况、资产质量状况、偿债风险状况、发展能力状况以及市场表现五部分指标构成，包括基本指标和修正指标两个层次，共23项评价指标。指标体系见附录表1–1。

附录表 1-1 中国上市公司业绩评价指标体系与指标权数表

评价指标		基本指标		修正指标	
评价内容	权数（%）	指标	权数（%）	指标	权数（%）
一、财务效益状况	35	净资产收益率（%） 总资产报酬率（%）	20 15	营业利润率（%） 盈利现金保障倍数 股本收益率（%） 资产规模系数	7 8 8 12
二、资产质量状况	15	总资产周转率（次） 流动资产周转率（次）	8 7	应收账款周转率（次） 存货周转率（次）	9 6
三、偿债风险状况	15	资产负债率（%） 获利倍数	8 7	速动比率（%） 现金流动负债比率（%） 带息负债比率（%）	5 5 5
四、发展能力状况	20	营业收入增长率（%） 资本扩张率（%）	10 10	累计保留盈余率（%） 三年营业收入增长率（%） 总资产增长率（%） 营业利润增长率（%） 资产规模系数	3 3 4 4 6
五、市场表现状况	15	市场投资回报率（%） 股价波动率（%）	10 5		

（四）基本指标的内涵

基本指标是评价上市公司业绩的主要计量指标，是整个评价指标体系的核心。基本指标由净资产收益率、总资产报酬率、总资产周转率、流动资产周转率、资产负债率、已获利息倍数、营业收入增长率、资本扩张率、市场投资回报率以及股价波动率共 10 项计量指标构成。

1. 净资产收益率。

（1）基本概念。

净资产收益率是指企业一定时期内的净利润同平均净资产的比率。净资产收益率充分体现了投资者投入企业的自有资本获取净收益的能力，突出反映了投资与报酬的关系，是评价企业资本经营效益的核心指标。

（2）计算公式。

净资产收益率 =（净利润 − 非经常性损益）/ 平均净资产 ×100%

（3）内容解释。

①净利润是指企业未作任何分配前的税后利润。为更好地评价企业业绩，反映上市公司的可持续盈利能力，本指标的净利润是指扣除非经常性损益后的净利润。

②平均净资产是企业年初所有者权益同本年所有者权益变动的平均数。净资产包括实收资本、资本公积、盈余公积和未分配利润等。

2. 总资产报酬率。

（1）基本概念。

总资产报酬率是企业在报告期内获得的可供投资者和债权人分配的经营收益占总资产的百分比，反映资产利用的综合效果。本指标剔除了财务杠杆对收益率的影响。

（2）计算公式。

$$\text{总资产报酬率} = \text{息税前利润} / \text{年度平均资产总额} \times 100\%$$

（3）内容解释。

①息税前利润是指“企业利润总额＋利息支出”。数据取值于“利润及利润分配表”和“会计报表附注”。

②年度平均资产总额指企业年平均占用的资产额。

$$\text{年度平均资产总额} = (\text{资产总额年初数} + \text{资产总额年末数}) / 2$$

数据取值于“资产负债表”。

3. 总资产周转率。

（1）基本概念。

总资产周转率是指企业一定时期主营业务收入净额同平均资产总额的比值。总资产周转率是综合评价企业全部资产经营质量和利用效率的重要指标。

（2）计算公式。

$$\text{总资产周转率（次）} = \frac{\text{主营业务收入净额}}{\text{平均资产总额}}$$

（3）内容解释:

①主营业务收入净额解释同上。

②平均资产总额是指企业资产总额年初数与年末数的平均值。

$$\text{平均资产总额} = (\text{资产总额年初数} + \text{资产总额年末数}) / 2$$

数据取值于“资产负债表”。

4. 流动资产周转率。

（1）基本概念。

流动资产周转率是指企业一定时期主营业务收入净额同平均流动资产总额的比值。流动资产周转率是评价企业资产利用效率的另一主要指标。

（2）计算公式。

$$\text{流动资产周转率（次）} = \frac{\text{主营业务收入净额}}{\text{平均流动资产总额}}$$

（3）内容解释。

①主营业务收入净额解释同上。

②平均流动资产总额是指企业流动资产总额的年初数与年末数的平均值。

平均流动资产总额 =（流动资产年初数 + 流动资产年末数）/2

数值取值于“资产负债表”。

5. 资产负债率。

（1）基本概念。

资产负债率是指企业一定时期负债总额同资产总额的比率。资产负债率表示企业总资产中有多少是通过负债筹集的，该指标是评价企业负债水平和偿债能力的综合指标。该指标为逆向指标，实际值越低，得分越高。

（2）计算公式。

$$资产负债率 = \frac{负债总额}{资产总额} \times 100\%$$

（3）内容解释。

①负债总额是指企业流动负债、长期负债和递延税款贷项的总和。少数股东权益不在负债总额中体现。数值取值于“资产负债表”。

②资产总额是指企业拥有各项资产价值的总和。数值取值于“资产负债表”。

6. 获利倍数。

（1）基本概念。

获利倍数是指企业一定时期的盈利偿还利息的能力。从偿还利息的角度反映企业当期偿付债务的能力，也叫利息保障倍数。

（2）计算公式。

获利倍数 =（利润总额 + 利息费用）/ 利息支出

（3）内容解释。

由于 Wind 系统数据不断丰富，利息支出取自 Wind 衍生报表中财务费用项下的“利息支出”。

7. 营业收入增长率。

（1）基本概念。

营业收入增长率是指企业本年营业收入增长额同上年营业收入的比率。营业收入增长率表示与上年相比，企业营业收入的增减变动情况，是评价企业成长状况和发展能力的重要指标。

（2）计算公式。

营业收入增长率 = 本年营业收入增长额 / 上年营业收入 ×100%

（3）内容解释。

①本年营业收入增长额是企业本年营业收入与上年营业收入的差额。

本年营业收入增长额 = 本年营业收入 − 上年营业收入

如本年营业收入低于上年，本年营业收入增长额用“−”表示。有关数据取值于“利润及利润分配表”。

②上年营业收入指企业上年全年的主要经营活动所取得的收入减去折扣与折让后的数额。数据取值于“利润及利润分配表”。

8. 资本扩张率。

（1）基本概念。

资本扩张率是指上市公司本年股东权益增长额同年初股东权益的比率。资本扩张率表示企业当年资本的积累能力，是评价企业发展潜力的重要指标。

（2）计算公式。

$$资本扩张率 = \frac{本年股东权益增长额}{年初股东权益} \times 100\%$$

（3）内容解释。

①本年股东权益增长额是指企业本年股东权益与上年股东权益的差额。

本年股东权益增长额 = 股东权益年末数 − 股东权益年初数

数值取值于“资产负债表”。

②年初股东权益指股东权益的年初数。数值取值于“资产负债表”。

9. 市场投资回报率。

（1）基本概念。

市场投资回报率是指上市公司本年在资本市场上投资股票所获得的收益与同年初股票投资成本的比率，反映上市公司股权在一年内的增值幅度。市场投资回报包括股票价格变动、企业分红派息、送配股等因素。市场投资回报率表示上市公司资本市场的增值能力，是评价上市公司市场表现的重要指标。

（2）计算公式：

$$市场投资回报率 = \frac{本年股票投资收益}{股票投资成本} \times 100\%$$

（3）内容解释。

①本年股票投资收益是指在资本市场投资股票所获的收益。

本年股票投资收益 = 股票年末复权价格 − 股票年初复权价格

②股票投资成本是指年初投资股票时的复权价格。

10. 股价波动率。

（1）基本概念。

股价波动率是指上市公司每周股价同平均股价的标准平均方差，反映上市公司本年股票价格在股票市场上的波动情况。股价波动率主要体现上市公司的经营风险，以及稳定持续发展情况。该指标为逆向指标，实际值越低，得分越高。

（2）计算公式。

$$股价波动率 = \sqrt{\sum_{i=1}^{n}(\frac{x_i}{\bar{x}}-1)^2}\times 100\%$$

其中：x_i 表示每周股票的复权开盘价

$\bar{x}$ 表示一年股票的平均复权价

n 表示一年的股票开盘周数

（3）有关说明。

①为避免送配股、分红等对股价的影响，股价波动率采用股票的复权价格计算。

②考虑到股价对波动率的影响，在计算股价波动率时，对每周复权价和平均股价都除以平均股价。

（五）修正指标的内涵

修正指标是从多方面调整完善基本指标评价结果的计量因素，是整个评价指标体系的重要辅助部分。通过修正指标的分析评价，实现对基本指标评价结果的全面调整和修正，形成定量指标评价结果。修正指标由营业利润率、盈利现金保障倍数、股本收益率、资产规模系数、应收账款周转率、存货周转率、速动比率、现金流动负债比率、带息负债比率、累计保留盈余率、三年营业收入增长率、总资产增长率以及营业利润增长率共 13 项计量指标构成。

1. 营业利润率。

（1）基本概念。

营业利润率是指企业一定时期营业利润同营业收入的比率。它表明企业每单位营业收入能带来多少营业利润，反映了企业日常经营性业务的获利能力。

（2）计算公式。

营业利润率 = 本年营业利润 / 本年营业收入 ×100%

（3）内容解释。

①营业利润是指日常经营业务获得的利润，不包括投资收益、营业外收支等因素。数据取值于“利润及利润分配表”。

②营业收入额是指企业当期销售商品、提供劳务等主要经营活动所取得的收入减去折扣与折让后的数额。数据取值于“利润及利润分配表”。

2. 盈利现金保障倍数。

（1）基本概念。

盈利现金保障倍数是企业一定时期经营现金净流量同净利润的比值。盈利现金保障倍数指标反映了企业当期净利润中现金收益的保障程度，真实地反映了企业盈余的质量。

（2）计算公式。

$$盈余现金保障倍数 = \frac{经营现金净流量}{净利润}$$

（3）内容解释。

①经营现金净流量指一定时期内，由企业经营活动所产生的现金及其等价物的流入量与流出量的差额。数据取值于“现金流量表”。

②净利润解释同上。数据取值于“利润及利润分配表”。

3. 股本收益率。

（1）基本概念。

股本收益率是指企业一定时期内获得的净利润与平均股本净额的比率。股本收益率揭示了上市公司净资产中的股本获取净收益的能力。突出反映了股本与报酬的关系。

（2）计算公式。

$$股本收益率 = \frac{净利润}{平均股本净额} \times 100\%$$

（3）内容解释。

①净利润采用归属母公司的净利润。

②平均股本净额是指企业股本净额年初数与年末数的平均值。

$$平均股本净额 = （股本净额年初数 + 股本净额年末数）/ 2$$

数据取值于“资产负债表”。

4. 资产规模系数。

为准确反映不同规模企业的业绩增长难度，合理评价公司业绩，我们设置了资产规模系数。对于资产总额较大的企业，其盈利增长和发展能力增长空间较小，获得高速增长的难度较大；对于资产总额较小的企业，其盈利增长和发展能力增长空间较大，获得高速增幅相对容易。因此，我们用资产规模系数来修正盈利能力和发展能力状况的评价得分，以上市公司的平均资产总额为基准，依据上市公司的实际资产规模适当修正评价得分。原则上，上市公司的总资产规模越大，则其对基本得分的正方向修正力度就越大。

5. 应收账款周转率。

（1）基本概念。

应收账款周转率是企业一定时期内主营业务收入净额同应收账款平均余额的比率。应收账款周转率是对流动资产周转率的补充说明。

（2）计算公式。

$$应收账款周转率 = \frac{主营业务收入净额}{应收账款平均余额}$$

（3）内容解释。

①主营业务收入净额解释同上。

②应收账款是指企业因赊销产品、材料、物资和提供劳务而应向购买方收取的各种款项。应收账款是应收账款账面价值减坏账准备之后的净值。

$$应收账款平均余额 = （应收账款余额年初数 + 应收账款余额年末数）/ 2$$

数据取值于“资产负债表”。

6. 存货周转率。

（1）基本概念。

存货周转率是企业一定时期主营业务成本与存货平均余额的比率。存货周转率是对流动资产周转率的补充说明。

（2）计算公式。

$$存货周转率 = \frac{主营业务成本}{存货平均余额}$$

（3）内容解释。

①营业成本是指企业销售商品或提供劳务等经营业务的实际成本。数据取值于“利润及利润分配表”。

②存货余额是指企业存货账面价值与存货跌价准备之和，是存货账面价值减去存货跌价准备之后的净值。存货账面价值指企业期末各种存货的历史成本。存货跌价准备指存货可变现净值低于存货成本的部分。存货平均余额是存货余额年初数与年末数的平均值，即：

$$存货平均余额 = （存货余额年初数 + 存货余额年末数）/ 2$$

数据取值于“资产负债表”。

7. 速动比率。

（1）概念。

速动比率是企业一定时期的速动资产同流动负债的比率。速动比率衡量企业的短期偿债能力，评价企业流动资产变现能力的强弱。

（2）计算公式。

$$速动比率 = \frac{速动资产}{流动负债} \times 100\%$$

（3）内容解释。

①速动资产是指扣除存货后流动资产的数额。

$$速动资产 = 流动资产 - 存货$$

数据取值于“资产负债表”。

②流动负债解释同上。

8. 现金流动负债比率。

（1）基本概念。

现金流动负债比率是企业一定时期的经营现金净流量同流动负债的比率。现金流动负债比率是从现金流动角度来反映企业当期偿付短期负债的能力。

（2）计算公式。

$$现金流动负债比率 = \frac{年经营现金净流量}{年末流动负债} \times 100\%$$

（3）内容解释。

①年现金净流量指一定时期内，由企业经营活动所产生的现金及其等价物的流入量与流出量的差额。数据取值于“现金流量表”。

②流动负债指企业所有偿还期在一年或一个经营周期以内债务。数据取值于“资产负债表”。

9. 带息负债比率。

①基本概念。

带息负债比率是指带息负债与企业负债总额。

$$带息负债 = 短期借款 + 一年内到期的非流动负债 + 长期借款 + 应付债券 + 应付利息$$

该指标反映企业负债中承担利息负债的比率。该指标为逆向指标，实际值越低，得分越高。

②计算公式。

$$带息负债比率 = 带息负债 / 负债总额 \times 100\%$$

（3）内容解释。

①带息负债表示企业负债中需要承担利息的负债额度。数值取值于“资产负债表”。

②负债总额解释同上。数值取值于“资产负债表”。

10. 累计保留盈余率。

（1）基本概念。

累计保留盈余率是指企业盈余公积与未分配利润之和同平均股东权益的比率。累计保留盈余率反映了企业靠自身经营积累的发展能力大小。

（2）计算公式。

$$累计保留盈余率 = \frac{盈余公积 + 未分配利润}{平均股东权益} \times 100\%$$

（3）内容解释。

①盈余公积是企业按照有关规定及程序从净利润中提取的。数据取值于“资产负债表”。

②未分配利润是企业净利润经过一系列利润分配程序之后的剩余额。数据取值于“资产负债表”。

③平均股东权益是指企业股东权益年初数与年末数的平均值。

$$平均股东权益 =（股东权益年初数+股东权益年末数）/ 2$$

数据取值于“资产负债表”。

11. 三年营业收入平均增长率。

（1）基本概念。

三年营业收入平均增长率表明企业营业收入连续三年的增长情况，体现企业的持续发展态势和市场扩张能力。

（2）计算公式。

$$三年营业收入平均增长率 = \left(\sqrt[3]{\frac{当年营业收入净额}{三年前营业收入净额}} - 1\right) \times 100\%$$

（3）内容解释。

①当年营业收入解释同上。

②三年前营业收入指企业三年前的营业收入数。数据取值于三年前“利润及利润分配表”。

12. 总资产增长率。

（1）基本概念。

总资产增长率是指企业资产规模的增长，反映企业的成长性。

（2）计算公式。

$$总资产增长率 = 本年资产总额增长额 / 上年资产总额 \times 100\%$$

（3）内容解释。

$$本年资产总额增长额 = 本年资产总额 - 上年资产总额$$

如本年资产总额低于上年，本年资产总额增长额用“-”表示。数据取值于“资产负债表”。

13. 营业利润增长率。

（1）基本概念。

营业利润增长率是指企业本年营业利润增加额同上年营业利润的比率。

（2）计算公式。

$$营业利润增长率 =（本年营业利润 - 上年营业利润）/ 上年营业利润 \times 100\%$$

（3）内容解释。

①本年营业利润增长额。

$$本年营业利润增长额 = 本年营业利润 - 上年营业利润$$

如本年营业利润低于上年，本年营业利润增长额用“–”表示。数据取值于“利润及利润分配表”。

②上年营业利润数据取值于上年的“利润及利润分配表”。

（六）评价指标权数的确定方法

在一个指标集合中，指标权数是其中每项指标占有的比重。每项指标对上市公司业绩的影响程度不同，其占有的权重应有所差别。不同的评价目的，评价指标权数的设置也有所区别。上市公司的财务效益状况是整个业绩评价指标体系的重点，该部分的指标权重就应相应加大。在权数设置上进行了分层处理，根据不同层次指标评价的需要，同时采用了德尔菲法（专家意见法）和相关性权重法来确定每个指标的权数。

1. 总权数与分层次权数的设置。

按照权重设计的习惯做法，将评价指标体系的总权数设定为100，即所有指标都是最好的企业可得满分100分。同时，为便于不同层次指标的评价计分，先将基本指标和修正指标的权重均设定为100，修正指标是对基本指标的评价结果的修正，再将不同层次的计分结果返回百分制。

2. 具体指标的权数设置。

对具体指标的权数设置综合运用了相关性权重法与德尔菲法。首先，根据测算的各评价指标之间的相关系数，确定指标之间的关联度，根据关联度赋予每个指标的权数。然后，运用德尔菲法将测算初定的权数分配表，分别发送有关部门、专家，征求他们的意见，在此基础上进行意见综合，形成具体指标的权数分配。

三、中国上市公司业绩评价标准

评价标准是评价三要素之一，是上市公司业绩评价体系中重要组成部分，如果没有合适的评价对比标准，就无法进行具体评价。为取得客观、公正、准确的业绩评价结果，需要根据评价目的和上市公司的特点制定评价标准。为了客观、准确地评价上市公司经营业绩，我们利用全部上市公司的数据，结合全社会平均水平测算制定出一个统一的标准值，以适应所有上市公司跨行业评价的需要，其中上市公司的行业特性和规模大小分别通过所属行业的行业系数和企业规模系数进行修正。

本次业绩评价在考虑行业、规模影响因素的基础上，进一步将评价标准分类细化，分为优秀、良好、平均、较低、较差五个档次。附录表1–2是根据上述原则制定的2020年度上市公司评价标准值。

附录表 1－2 2020 年度中国上市公司业绩评价标准值

项　　目	优秀值	良好值	平均值	较低值	较差值
一、财务效益状况					
净资产收益率（%）	17.1	12.4	6.9	0	−4.4
总资产报酬率（%）	13.5	9.2	4.4	2.4	−0.4
营业利润率（%）	25.8	18.9	6.9	3	−0.5
盈余现金保障倍数	4.2	2.6	1.6	0.6	0
总股本收益率（%）	69	48.5	23.5	1.3	−15.7
二、资产质量状况					
总资产周转率（次）	1	0.9	0.6	0.3	0.2
流动资产周转率（次）	2.5	1.7	1.1	0.4	0.3
存货周转率（次）	11.1	7.9	2.7	0.9	0.5
应收账款周转率（次）	23.4	12.2	7.6	2.7	1.8
三、偿债风险状况					
资产负债率（%）［逆向指标］	18.2	28	60.1	65.9	72.3
已获利息倍数	72.9	19.3	4.1	2.2	−0.4
速动比率（%）	387.3	212.2	83.7	71	57.2
现金流动负债比率（%）	59.1	37.4	13.1	4.6	0.6
带息负债比率［逆向指标］	2	18.9	39.8	50.3	65.7
四、发展能力状况					
营业收入增长率（%）	37.5	19	1.9	−15.5	−26.9
资本扩张率（%）	40.6	24.7	11.5	−1.8	−7.5
累计保留盈余率（%）	62.4	55.8	39.7	15.4	−3.9
三年营业收入平均增长率（%）	30.8	18.9	8.2	−2.2	−8.9
总资产增长率（%）	45.5	20	10.4	0	−6.8
营业利润增长率（%）	92.4	35.5	−3.9	−32.9	−83.3
五、市场表现状况					
市场投资回报率（%）	68.9	40.8	12.6	−15.6	−26.7
股价波动率（%）［逆向指标］	47.3	61	102.9	144.8	184.3

需要特别说明的是：在本评价体系中，所有上市公司采用上述相同的评价标准。有些人建议不同行业采用不同的行业标准，我们考虑：一是上市公司的具有行业选择的自主权；二是上市公司评价是更侧重于对投资人角度评价的，投资人关注的是上市公司的质量，而不是行业；三是国有资企业的评价侧重于企业经营者的业绩，国有企业的主业范围被限定，

经营者只能在限定的范围经营，对企业经营者的评价更要考虑行业因素，在实践中通常不同行业采用不同的行业评价标准，以更加准确衡量企业经营着的业绩。

四、中国上市公司的行业分类

本次业绩评价参照中国证监会颁布的《上市公司行业分类指引》，对被评价的上市公司进行行业分类，并针对不同行业确定了不同的行业系数。上市公司业绩评价的行业分类情况见附录表 1–3。

附录表 1 – 3　上市公司业绩评价的行业分类情况表

序号	行业名称	行业代码	序号	行业名称	行业代码
1	全国所有企业		13	医药、生物制品	C8
2	农林牧渔业	A	14	其他制造业	C9
3	采掘业	B	15	电力煤气及水的生产和供应业	D
4	其中：煤炭	B01	16	建筑业	E
5	制造业	C	17	交通运输、仓储业	F
6	食品、饮料	C0	18	信息技术业	G
7	纺织、服装、毛皮	C1	19	批发和零售贸易业	H
8	造纸、印刷	C3	20	房地产业	J
9	石油、化学、塑胶、塑料	C4	21	社会服务业	K
10	电子	C5	22	传播与文化产业	L
11	金属、非金属	C6	23	综合类	M
12	机械、设备、仪表	C7			

在实践中，一些上市公司的上述行业分类填写不太准确，我们同时运用申万万国的行业分类标准进行行业分类，在一些行业分析中，我们使用的申万万国的行业分类标准进行统计汇总，并撰写分析报告的。

此外，我们根据上市公司的特点，分别依据上市地点、上市时间以及上市公司规模进行了分组。在本评价体系中，将各项分组汇总数据视同一户上市公司进行了业绩评价，目的是为了广大投资者在分析各上市公司业绩的同时，也能分辨不同行业的发展状况，从而更好地评判上市公司业绩状况。

五、中国上市公司业绩评价计分方法

上市公司业绩评价计分方法主要为功效系数法，分为基本指标计分方法、修正指标计分方法两种。

（一）基本指标计分方法

基本指标计分方法是指运用业绩评价的基本指标，将指标实际值对照相应的评价标准值，计算各项指标实际得分的方法。计算公式为：

基本指标总得分 = Σ 单项基本指标得分

单项基本指标得分 = 本档基础分 + 调整分

本档基础分 = 指标权数 × 本档标准系数

调整分 = [（实际值 – 本档标准值）/（上档标准值 – 本档标准值）] ×（上档基础分 – 本档基础分）

上档基础分 = 指标权数 × 上档标准系数

对有关指标的分母为零或为负数时，作了相应的具体处理。

在每一部分指标评价分数计算出来后，要计算该部分指标的分析系数。分析系数是指企业财务效益、资产营运、偿债能力、发展能力四部分评价内容各自的评价分数与该部分权数的比率。基本指标分析系数的计算公式为：

某部分基本指标分析系数 = 该部分指标得分 / 该部分权数

（二）修正指标计分方法

修正指标计分方法是在基本指标计分结果的基础上，运用修正指标对企业效绩基本指标计分结果作进一步调整。修正指标的计分方法仍运用功效系数法原理，以各部分基本指标的评价得分为基础，计算各部分的综合修正系数，再据此计算出修正指标分数。计算公式为：

修正后总得分 = Σ 四部分修正后得分

各部分修正后得分 = 该部分基本指标分数 × 该部分综合修正系数

综合修正系数 = Σ 该部分各指标加权修正系数

某指标加权修正系数 =（修正指标权数 / 该部分权数）× 该指标单项修正系数

某指标单项修正系数 = 1.0+（本档标准系数 + 功效系数 ×0.2 – 该部分基本指标分析系数）/ 2

功效系数 =（指标实际值 – 本档标准值）/（上档标准值 – 本档标准值）

该部分基本指标分析系数 = 该部分基本指标得分 / 该部分权数

在计算修正指标的修正系数时，对有关指标的单项修正系数要作特殊规定。

（三）特殊修正指标计分方法

1. 资产规模系数。

由于上市公司的总资产规模差异较大，不同规模公司的盈利增长难度是不同的，大企业可以获得规模效益，但利润或资产的增长速度很难与小企业相比，为了客观、公正地评价上市公司业绩，在评价体系的财务效益状况部分设置资产规模系数修正指标，并制定相应的评价标准值。上市公司的总资产规模越大，则其修正系数也越大，具体方法如下：

（1）当平均资产总额除以户均资产小于 0.1，该指标修正系数为 0.6；

（2）当平均资产总额除以户均资产在 0.1（含）~0.5 之间，该指标的基本修正系数为 0.6~0.8；

（3）当平均资产总额除以户均资产 0.5（含）~1.0 之间，该指标的基本修正系数为 0.8~1.0；

（4）当平均资产总额除以户均资产在 1（含）~5 之间，该指标的基本修正系数为 1.0~1.2；

（5）当平均资产总额除以户均资产在 5（含）~10 之间，该指标的基本修正系数为 1.2~1.4；

（6）当平均资产总额除以户均资产在 10（含）~100 之间，该指标的基本修正系数为 1.4~1.6；

（7）当平均资产总额除以户均资产大于 100，该指标修正系数为 1.6。

2. 行业系数。

本次评价采用了所有企业统一的标准值，由于上市公司有本行业的资产营运特点，为客观、公正地评价上市公司业绩，就需要通过设置行业系数来修正上市公司的行业差异。

取得行业系数的具体办法是：首先，根据企业绩效评价方法，采用统一的评价标准计算出全国所有企业资产营运状况得分；然后，分行业对资产营运状况得分进行汇总统计，计算出各行业的资产营运状况的平均得分；最后，根据各行业的平均得分测算出各行业相应的行业修正系数。

六、金融行业上市公司业绩评价方法

金融行业上市公司是中国证券市场的重要组成部分，金融行业上市公司的表现直接影响 A 股上市公司的总体表现，如何对金融行业上市公司业绩进行评价是一个重要课题。与其他行业企业不同，金融行业企业是经营特殊业务的企业，这种特殊性决定了不能采用一般行业企业的评价方法对之进行评价，主要表现在某些衡量指标差异较大，如金融行业企业资产负债率一般远高于其他企业，而总资产收益率则较低，无法与其他企业相比较，金融企业的安全性和资产质量方面有其独特的衡量指标。因此，不能将金融企业与其他企业合并起来一起进行评价，而必须单独对之进行评价。我们参考前面上市公司的评价方法同时考虑到金融企业的特殊性，建立了一套上市银行、证券公司的评价体系。

（一）金融行业上市公司绩效评价体系

结合目前金融行业上市公司的特点和我国上市公司的现状，我们对银行业、证券业评价方法作了进一步完善，并初步建立了保险行业评价体系，以更能反映行业的整体财务状况。其他金融企业（主要是信托行业公司）由于经营特点与银行、保险、证券行业有差距，不能简单套用这些评价体系，同时由于这类上市公司数量较少，市值规模影响有限，我们准备在后期进行深入研究的基础上加以探讨。

参考上市公司的评价方法，考虑到上市银行、保险、证券公司经营效绩在盈利能力、资产质量、偿债风险、发展能力及股票市场表现上的要求，其评价体系的设计仍然围绕这五个方面来选择指标（考虑到金融行业的资产质量和偿债风险的相应指标均涉及公司的稳健性，部分指标难以准确划分其性质，因此设置了稳健性指标用以反映）。在比较了各个指标，同时参考了相应行业监管指标后，我们分别选取了相应指标用以衡量上述几个方面，同时考虑到指标的影响力，决定了其权重大小。附录表 1-4、1-5、1-6 分别是上市银行、证券公司、保险公司简易的评价体系。

附录表 1 - 4　上市银行简易评价体系

评价内容	基本指标	指标权重（%）
安全性	资本充足率	8
	不良资产比率	7
流动性	流动性覆盖率	8
	净稳定资金比例	7
盈利能力	净资产收益率	20
	总资产收益率	15
发展能力	资本扩张率	8
	营业收入增长率	12
市场表现	投资回报率	10
	股价波动率	5

附录表 1 - 5　上市证券公司简易评价体系

评价内容	基本指标	指标权重（%）
稳健性指标	资本杠杆率	8
	流动性覆盖率	7
	风险覆盖率	8

续表

评价内容	基本指标	指标权重（%）
稳健性指标	净稳定资金率	7
盈利能力	净资产收益率	20
	总资产收益率	15
发展能力	资本扩张率	8
	营业收入增长率	12
市场表现	投资回报率	10
	股价波动率	5

附录表 1－6　上市保险公司简易评价体系

评价内容	基本指标	指标权重（%）
稳健性指标	偿付能力充足率	15
	资产负债率	15
盈利能力	净资产收益率	20
	总投资收益率	15
发展能力	内含价值增长率	8
	一年新业务价值增长率	12
市场表现	投资回报率	10
	股价波动率	5

注：银行业资本充足率、不良资产比率、流动性覆盖率、净稳定资金比例等指标，证券行业资本杠杆率、流动性覆盖率、风险覆盖率、净稳定资金率等指标，保险业偿付能力充足率、总投资收益率、内含价值增长率、一年新业务价值增长率等指标均为行业监管指标，其计算方法均按照监管部门有关规定计算，公司年报也会按照规定披露。

此外，考虑到金融类上市公司规模差异较大，不同规模公司的盈利能力和发展能力指标不能用统一标准衡量，因此，参考一般企业的评价方法，设置了规模系数对盈利能力和发展能力指标进行调整，使行业内不同规模的企业标准能够相符。考虑到金融行业公司的资产规模普遍较大，不能简单地运用一般上市企业的规模系数，因此，分别针对银行、证券公司具体情况单独设置了规模系数。

（二）金融行业上市公司业绩评价标准

本次业绩评价考虑到行业特殊性、行业监管要求及上市公司整体情况三个因素，将评价标准分为优秀值和平均值两个档次，但是对应不同的指标，标准值的选取有所不同。

对于类似银行业的资本充足率、证券行业净资本指标、保险行业偿付能力充足率等监管指标，其评价标准值综合考虑监管标准及各公司实际指标情况，选取标准值，这些标准值既考虑到监管要求，同时也具有一定的区分度，能够衡量各公司间的相对水平。

对于净资产收益率、主营业务收入增长率、投资回报率、股价波动率等指标，由于在这些指标上金融行业公司与其他企业具有可比性，因此，选择所有上市公司对应指标的优秀值、平均值为标准计算。

其他指标则选取相应金融类上市公司对应指标的优秀值和平均值为标准计算。

（三）金融行业上市公司业绩评价计分方法

业绩评价计分方法仍然采用功效系数法。

指标计分方法是指运用业绩评价的指标，将指标实际值对照相应的评价标准值，计算各项指标实际得分的方法。计算公式为：

$$\text{指标总得分} = \sum \text{单项基本指标得分}$$

$$\text{单项指标得分} = [0.6 + (\text{实际值} - \text{平均值}) / (\text{优秀值} - \text{平均值}) \times 0.4] \times \text{权重}$$

（注：对于部分行业监管部门规定了相应监管值的指标，由于各上市公司相关指标均较好地满足了监管标准，反映了金融类上市公司的稳健性较好，为了体现这种情况同时也考虑到增加公司区分度的需要，我们在计算单项指标得分过程中对计算系数进行了微调：单项指标得分 = [0.8+（实际值 − 平均值）/（优秀值 − 平均值）× 0.2] × 权重）

对有关指标的分母为零或为负数时，作了相应的具体处理。

附录二　2020 年度中国 A 股上市公司业绩评价得分情况

序号	股票代码	股票简称	评价得分	评价等级	序号	股票代码	股票简称	评价得分	评价等级
1	600585	海螺水泥	89.60	AAA	27	300529	健帆生物	80.30	AA
2	002714	牧原股份	87.30	AAA	28	000708	中信特钢	80.10	AA
3	300760	迈瑞医疗	86.20	AAA	29	600887	伊利股份	80.00	A
4	601225	陕西煤业	85.60	AAA	30	002607	中公教育	80.00	A
5	000895	双汇发展	84.60	AA	31	600036	招商银行	79.90	A
6	300677	英科医疗	84.40	AA	32	601216	君正集团	79.80	A
7	600276	恒瑞医药	84.10	AA	33	688399	硕世生物	79.80	A
8	600803	新奥股份	83.70	AA	34	600507	方大特钢	79.70	A
9	603288	海天味业	83.70	AA	35	600900	长江电力	79.60	A
10	601012	隆基股份	83.50	AA	36	600989	宝丰能源	79.50	A
11	000858	五粮液	83.40	AA	37	002157	正邦科技	79.50	A
12	600031	三一重工	83.10	AA	38	603259	药明康德	79.50	A
13	002352	顺丰控股	83.00	AA	39	600438	通威股份	79.40	A
14	601888	中国中免	82.80	AA	40	002223	鱼跃医疗	79.40	A
15	603833	欧派家居	82.30	AA	41	002493	荣盛石化	79.30	A
16	600519	贵州茅台	82.30	AA	42	603613	国联股份	79.10	A
17	002475	立讯精密	82.10	AA	43	603501	韦尔股份	79.10	A
18	601066	中信建投	82.10	AA	44	000690	宝新能源	79.10	A
19	688036	传音控股	81.90	AA	45	600999	招商证券	79.10	A
20	601919	中远海控	81.10	AA	46	002959	小熊电器	79.00	A
21	600346	恒力石化	80.90	AA	47	603444	吉比特	79.00	A
22	002415	海康威视	80.90	AA	48	300454	深信服	79.00	A
23	000333	美的集团	80.90	AA	49	300676	华大基因	79.00	A
24	002271	东方雨虹	80.40	AA	50	603882	金域医学	78.90	A
25	002241	歌尔股份	80.40	AA	51	300624	万兴科技	78.90	A
26	603301	振德医疗	80.40	AA	52	300661	圣邦股份	78.90	A

续表

序号	股票代码	股票简称	评价得分	评价等级	序号	股票代码	股票简称	评价得分	评价等级
53	000921	海信家电	78.70	A	89	002242	九阳股份	77.20	A
54	600143	金发科技	78.60	A	90	300146	汤臣倍健	77.00	A
55	600801	华新水泥	78.60	A	91	002603	以岭药业	76.90	A
56	603238	诺邦股份	78.50	A	92	002142	宁波银行	76.90	A
57	000157	中联重科	78.50	A	93	601319	中国人保	76.90	A
58	000789	万年青	78.50	A	94	603043	广州酒家	76.70	A
59	002027	分众传媒	78.40	A	95	300274	阳光电源	76.70	A
60	603005	晶方科技	78.40	A	96	601966	玲珑轮胎	76.60	A
61	000568	泸州老窖	78.40	A	97	600720	祁连山	76.60	A
62	300408	三环集团	78.40	A	98	002884	凌霄泵业	76.60	A
63	601877	正泰电器	78.30	A	99	002001	新和成	76.60	A
64	601088	中国神华	78.30	A	100	000951	中国重汽	76.60	A
65	300782	卓胜微	78.30	A	101	002838	道恩股份	76.50	A
66	002124	天邦股份	78.30	A	102	603317	天味食品	76.50	A
67	300482	万孚生物	78.30	A	103	600233	圆通速递	76.50	A
68	601100	恒立液压	78.20	A	104	300628	亿联网络	76.50	A
69	600598	北大荒	78.20	A	105	002736	国信证券	76.50	A
70	002705	新宝股份	78.10	A	106	601865	福莱特	76.40	A
71	600809	山西汾酒	78.10	A	107	600763	通策医疗	76.40	A
72	300206	理邦仪器	78.10	A	108	300699	光威复材	76.40	A
73	002507	涪陵榨菜	78.10	A	109	600782	新钢股份	76.40	A
74	002841	视源股份	78.00	A	110	600030	中信证券	76.40	A
75	300433	蓝思科技	78.00	A	111	000902	新洋丰	76.30	A
76	601899	紫金矿业	77.80	A	112	603866	桃李面包	76.30	A
77	300015	爱尔眼科	77.80	A	113	300122	智飞生物	76.30	A
78	002568	百润股份	77.80	A	114	603127	昭衍新药	76.20	A
79	002950	奥美医疗	77.70	A	115	002233	塔牌集团	76.20	A
80	002382	蓝帆医疗	77.70	A	116	603986	兆易创新	76.20	A
81	000932	华菱钢铁	77.60	A	117	603658	安图生物	76.20	A
82	002821	凯莱英	77.60	A	118	300659	中孚信息	76.20	A
83	002311	海大集团	77.50	A	119	000776	广发证券	76.20	A
84	601628	中国人寿	77.50	A	120	002833	弘亚数控	76.10	A
85	002030	达安基因	77.30	A	121	603218	日月股份	76.10	A
86	002064	华峰化学	77.20	A	122	000596	古井贡酒	76.00	A
87	300558	贝达药业	77.20	A	123	600309	万华化学	76.00	A
88	000786	北新建材	77.20	A	124	000401	冀东水泥	75.90	A

续表

序号	股票代码	股票简称	评价得分	评价等级
125	603899	晨光文具	75.90	A
126	300347	泰格医药	75.90	A
127	002385	大北农	75.80	A
128	603129	春风动力	75.80	A
129	002216	三全食品	75.80	A
130	600926	杭州银行	75.80	A
131	688111	金山办公	75.70	A
132	002022	科华生物	75.70	A
133	300124	汇川技术	75.70	A
134	002372	伟星新材	75.70	A
135	603568	伟明环保	75.70	A
136	300246	宝莱特	75.70	A
137	300690	双一科技	75.60	A
138	600845	宝信软件	75.60	A
139	002932	明德生物	75.60	A
140	600406	国电南瑞	75.60	A
141	601881	中国银河	75.60	A
142	300685	艾德生物	75.50	A
143	300595	欧普康视	75.40	A
144	002007	华兰生物	75.40	A
145	603233	大参林	75.40	A
146	600872	中炬高新	75.40	A
147	603583	捷昌驱动	75.40	A
148	002726	龙大肉食	75.30	A
149	300607	拓斯达	75.30	A
150	000876	新希望	75.30	A
151	601838	成都银行	75.30	A
152	603113	金能科技	75.20	A
153	601166	兴业银行	75.20	A
154	300702	天宇股份	75.10	A
155	601155	新城控股	75.10	A
156	002677	浙江美大	75.10	A
157	603416	信捷电气	75.00	BBB
158	601636	旗滨集团	75.00	BBB
159	300701	森霸传感	74.90	BBB
160	601006	大秦铁路	74.90	BBB
161	300759	康龙化成	74.90	BBB
162	300394	天孚通信	74.80	BBB
163	600600	青岛啤酒	74.80	BBB
164	000877	天山股份	74.80	BBB
165	300750	宁德时代	74.70	BBB
166	603801	志邦家居	74.70	BBB
167	603180	金牌厨柜	74.70	BBB
168	603039	泛微网络	74.60	BBB
169	603258	电魂网络	74.60	BBB
170	600436	片仔癀	74.60	BBB
171	000661	长春高新	74.60	BBB
172	000338	潍柴动力	74.60	BBB
173	300502	新易盛	74.60	BBB
174	601336	新华保险	74.60	BBB
175	600690	海尔智家	74.50	BBB
176	603345	安井食品	74.50	BBB
177	603298	杭叉集团	74.50	BBB
178	002110	三钢闽光	74.50	BBB
179	600570	恒生电子	74.40	BBB
180	002056	横店东磁	74.40	BBB
181	601799	星宇股份	74.40	BBB
182	002968	新大正	74.40	BBB
183	002605	姚记科技	74.40	BBB
184	601939	建设银行	74.40	BBB
185	688016	心脉医疗	74.30	BBB
186	688202	美迪西	74.20	BBB
187	300285	国瓷材料	74.20	BBB
188	603517	绝味食品	74.20	BBB
189	601615	明阳智能	74.20	BBB
190	300014	亿纬锂能	74.20	BBB
191	600461	洪城水业	74.10	BBB
192	300639	凯普生物	74.10	BBB
193	300443	金雷股份	74.10	BBB
194	600426	华鲁恒升	74.10	BBB
195	600026	中远海能	74.10	BBB
196	600837	海通证券	74.10	BBB

续表

序号	股票代码	股票简称	评价得分	评价等级	序号	股票代码	股票简称	评价得分	评价等级
197	300777	中简科技	74.00	BBB	233	000513	丽珠集团	73.30	BBB
198	002803	吉宏股份	74.00	BBB	234	601688	华泰证券	73.30	BBB
199	000800	一汽解放	74.00	BBB	235	002938	鹏鼎控股	73.20	BBB
200	600727	鲁北化工	74.00	BBB	236	002410	广联达	73.20	BBB
201	002673	西部证券	74.00	BBB	237	002553	南方轴承	73.20	BBB
202	601233	桐昆股份	73.90	BBB	238	600132	重庆啤酒	73.20	BBB
203	002641	永高股份	73.90	BBB	239	300496	中科创达	73.10	BBB
204	002080	中材科技	73.90	BBB	240	000717	韶钢松山	73.10	BBB
205	000885	城发环境	73.90	BBB	241	300763	锦浪科技	73.10	BBB
206	603486	科沃斯	73.90	BBB	242	600282	南钢股份	73.00	BBB
207	000799	酒鬼酒	73.90	BBB	243	600761	安徽合力	73.00	BBB
208	600486	扬农化工	73.90	BBB	244	600742	一汽富维	73.00	BBB
209	688139	海尔生物	73.90	BBB	245	002304	洋河股份	73.00	BBB
210	002511	中顺洁柔	73.80	BBB	246	300316	晶盛机电	73.00	BBB
211	000975	银泰黄金	73.80	BBB	247	002318	久立特材	73.00	BBB
212	603369	今世缘	73.80	BBB	248	601211	国泰君安	73.00	BBB
213	000538	云南白药	73.70	BBB	249	002432	九安医疗	72.90	BBB
214	603606	东方电缆	73.70	BBB	250	300012	华测检测	72.90	BBB
215	600075	新疆天业	73.70	BBB	251	002572	索菲亚	72.80	BBB
216	688363	华熙生物	73.70	BBB	252	603533	掌阅科技	72.70	BBB
217	300725	药石科技	73.70	BBB	253	000923	河钢资源	72.70	BBB
218	000651	格力电器	73.70	BBB	254	601298	青岛港	72.70	BBB
219	002925	盈趣科技	73.70	BBB	255	002127	南极电商	72.70	BBB
220	600449	宁夏建材	73.50	BBB	256	002810	山东赫达	72.70	BBB
221	300737	科顺股份	73.50	BBB	257	603806	福斯特	72.70	BBB
222	002706	良信股份	73.50	BBB	258	002557	洽洽食品	72.60	BBB
223	603605	珀莱雅	73.50	BBB	259	002791	坚朗五金	72.60	BBB
224	000739	普洛药业	73.40	BBB	260	603939	益丰药房	72.60	BBB
225	600966	博汇纸业	73.40	BBB	261	601965	中国汽研	72.60	BBB
226	002075	沙钢股份	73.40	BBB	262	603060	国检集团	72.50	BBB
227	002236	大华股份	73.40	BBB	263	600039	四川路桥	72.50	BBB
228	002508	老板电器	73.30	BBB	264	300314	戴维医疗	72.50	BBB
229	002128	露天煤业	73.30	BBB	265	000582	北部湾港	72.50	BBB
230	300413	芒果超媒	73.30	BBB	266	000581	威孚高科	72.50	BBB
231	002867	周大生	73.30	BBB	267	300638	广和通	72.40	BBB
232	002459	晶澳科技	73.30	BBB	268	603666	亿嘉和	72.40	BBB

续表

序号	股票代码	股票简称	评价得分	评价等级	序号	股票代码	股票简称	评价得分	评价等级
269	300630	普利制药	72.40	BBB	305	600760	中航沈飞	71.70	BBB
270	000498	山东路桥	72.40	BBB	306	300684	中石科技	71.70	BBB
271	601878	浙商证券	72.40	BBB	307	688002	睿创微纳	71.70	BBB
272	300327	中颖电子	72.30	BBB	308	000650	仁和药业	71.70	BBB
273	603713	密尔克卫	72.30	BBB	309	603609	禾丰股份	71.70	BBB
274	603010	万盛股份	72.30	BBB	310	002444	巨星科技	71.70	BBB
275	601318	中国平安	72.30	BBB	311	300373	扬杰科技	71.60	BBB
276	300792	壹网壹创	72.20	BBB	312	002262	恩华药业	71.60	BBB
277	002028	思源电气	72.20	BBB	313	601058	赛轮轮胎	71.50	BBB
278	603601	再升科技	72.20	BBB	314	600529	山东药玻	71.50	BBB
279	002179	中航光电	72.20	BBB	315	600161	天坛生物	71.40	BBB
280	603019	中科曙光	72.20	BBB	316	603686	龙马环卫	71.40	BBB
281	600985	淮北矿业	72.20	BBB	317	300610	晨化股份	71.40	BBB
282	300481	濮阳惠成	72.20	BBB	318	300151	昌红科技	71.40	BBB
283	002911	佛燃能源	72.20	BBB	319	600522	中天科技	71.40	BBB
284	601009	南京银行	72.20	BBB	320	603489	八方股份	71.40	BBB
285	601288	农业银行	72.10	BBB	321	002567	唐人神	71.40	BBB
286	300770	新媒股份	72.00	BBB	322	300037	新宙邦	71.30	BBB
287	603338	浙江鼎力	72.00	BBB	323	688068	热景生物	71.30	BBB
288	688196	卓越新能	72.00	BBB	324	603638	艾迪精密	71.30	BBB
289	002131	利欧股份	72.00	BBB	325	600380	健康元	71.30	BBB
290	300658	延江股份	72.00	BBB	326	600323	瀚蓝环境	71.30	BBB
291	000672	上峰水泥	72.00	BBB	327	603228	景旺电子	71.20	BBB
292	603208	江山欧派	71.90	BBB	328	300687	赛意信息	71.20	BBB
293	600298	安琪酵母	71.90	BBB	329	603877	太平鸟	71.20	BBB
294	300791	仙乐健康	71.90	BBB	330	601668	中国建筑	71.20	BBB
295	002601	龙蟒佰利	71.80	BBB	331	601633	长城汽车	71.10	BBB
296	601677	明泰铝业	71.80	BBB	332	603639	海利尔	71.10	BBB
297	300453	三鑫医疗	71.80	BBB	333	600547	山东黄金	71.10	BBB
298	601788	光大证券	71.80	BBB	334	002555	三七互娱	71.10	BBB
299	603886	元祖股份	71.70	BBB	335	600566	济川药业	71.10	BBB
300	603799	华友钴业	71.70	BBB	336	603588	高能环境	71.10	BBB
301	300450	先导智能	71.70	BBB	337	603185	上机数控	71.00	BBB
302	002214	大立科技	71.70	BBB	338	600732	爱旭股份	71.00	BBB
303	300726	宏达电子	71.70	BBB	339	002801	微光股份	71.00	BBB
304	002757	南兴股份	71.70	BBB	340	002050	三花智控	71.00	BBB

续表

序号	股票代码	股票简称	评价得分	评价等级	序号	股票代码	股票简称	评价得分	评价等级
341	603599	广信股份	71.00	BBB	377	601231	环旭电子	70.50	BBB
342	002901	大博医疗	71.00	BBB	378	600563	法拉电子	70.50	BBB
343	300785	值得买	71.00	BBB	379	600273	嘉化能源	70.50	BBB
344	000166	申万宏源	71.00	BBB	380	002734	利民股份	70.50	BBB
345	603587	地素时尚	70.90	BBB	381	002230	科大讯飞	70.50	BBB
346	603203	快克股份	70.90	BBB	382	600919	江苏银行	70.50	BBB
347	600057	厦门象屿	70.90	BBB	383	002384	东山精密	70.40	BBB
348	300463	迈克生物	70.90	BBB	384	002032	苏泊尔	70.40	BBB
349	000002	万科A	70.90	BBB	385	603027	千禾味业	70.40	BBB
350	002626	金达威	70.90	BBB	386	300357	我武生物	70.40	BBB
351	002928	华夏航空	70.90	BBB	387	603689	皖天然气	70.40	BBB
352	600023	浙能电力	70.90	BBB	388	601117	中国化学	70.40	BBB
353	000529	广弘控股	70.90	BBB	389	600452	涪陵电力	70.40	BBB
354	603700	宁水集团	70.90	BBB	390	603378	亚士创能	70.30	BBB
355	603128	华贸物流	70.90	BBB	391	002802	洪汇新材	70.30	BBB
356	300720	海川智能	70.90	BBB	392	300522	世名科技	70.30	BBB
357	002919	名臣健康	70.90	BBB	393	601158	重庆水务	70.30	BBB
358	300623	捷捷微电	70.80	BBB	394	603995	甬金股份	70.30	BBB
359	603787	新日股份	70.80	BBB	395	601717	郑煤机	70.20	BBB
360	300662	科锐国际	70.80	BBB	396	603596	伯特利	70.20	BBB
361	300390	天华超净	70.70	BBB	397	002624	完美世界	70.20	BBB
362	000589	贵州轮胎	70.70	BBB	398	603811	诚意药业	70.20	BBB
363	002043	兔宝宝	70.70	BBB	399	600750	江中药业	70.20	BBB
364	300244	迪安诊断	70.70	BBB	400	300578	会畅通讯	70.20	BBB
365	002832	比音勒芬	70.70	BBB	401	000977	浪潮信息	70.20	BBB
366	601139	深圳燃气	70.70	BBB	402	601898	中煤能源	70.20	BBB
367	600236	桂冠电力	70.70	BBB	403	600183	生益科技	70.20	BBB
368	002039	黔源电力	70.70	BBB	404	300729	乐歌股份	70.20	BBB
369	603985	恒润股份	70.70	BBB	405	002600	领益智造	70.20	BBB
370	601377	兴业证券	70.70	BBB	406	002078	太阳纸业	70.10	BBB
371	601398	工商银行	70.70	BBB	407	603786	科博达	70.10	BBB
372	603267	鸿远电子	70.60	BBB	408	600370	三房巷	70.10	BBB
373	601952	苏垦农发	70.60	BBB	409	600745	闻泰科技	70.10	BBB
374	000915	华特达因	70.60	BBB	410	600211	西藏药业	70.10	BBB
375	601138	工业富联	70.50	BBB	411	603305	旭升股份	70.10	BBB
376	601003	柳钢股份	70.50	BBB	412	601601	中国太保	70.10	BBB

续表

序号	股票代码	股票简称	评价得分	评价等级	序号	股票代码	股票简称	评价得分	评价等级
413	600109	国金证券	70.10	BBB	449	600746	江苏索普	69.60	BB
414	601658	邮储银行	70.10	BBB	450	002016	世荣兆业	69.60	BB
415	002081	金螳螂	70.00	BB	451	002360	同德化工	69.60	BB
416	002015	协鑫能科	70.00	BB	452	603506	南都物业	69.60	BB
417	002916	深南电路	70.00	BB	453	300371	汇中股份	69.60	BB
418	603041	美思德	70.00	BB	454	002597	金禾实业	69.60	BB
419	600383	金地集团	70.00	BB	455	600885	宏发股份	69.50	BB
420	600195	中牧股份	70.00	BB	456	600116	三峡水利	69.50	BB
421	300171	东富龙	70.00	BB	457	603697	有友食品	69.50	BB
422	603002	宏昌电子	70.00	BB	458	603566	普莱柯	69.50	BB
423	601988	中国银行	70.00	BB	459	300801	泰和科技	69.50	BB
424	603816	顾家家居	69.90	BB	460	002381	双箭股份	69.50	BB
425	688019	安集科技	69.90	BB	461	603810	丰山集团	69.50	BB
426	002293	罗莱生活	69.90	BB	462	601975	招商南油	69.50	BB
427	603960	克来机电	69.90	BB	463	688389	普门科技	69.40	BB
428	603380	易德龙	69.90	BB	464	002402	和而泰	69.40	BB
429	300543	朗科智能	69.90	BB	465	688023	安恒信息	69.40	BB
430	002851	麦格米特	69.90	BB	466	002812	恩捷股份	69.40	BB
431	002756	永兴材料	69.80	BB	467	002158	汉钟精机	69.40	BB
432	002061	浙江交科	69.80	BB	468	000935	四川双马	69.40	BB
433	603187	海容冷链	69.80	BB	469	300174	元力股份	69.30	BB
434	603737	三棵树	69.80	BB	470	002880	卫光生物	69.30	BB
435	002918	蒙娜丽莎	69.80	BB	471	600176	中国巨石	69.30	BB
436	600019	宝钢股份	69.80	BB	472	000060	中金岭南	69.30	BB
437	600988	赤峰黄金	69.70	BB	473	600027	华电国际	69.30	BB
438	601001	晋控煤业	69.70	BB	474	603515	欧普照明	69.30	BB
439	002724	海洋王	69.70	BB	475	601390	中国中铁	69.30	BB
440	300019	硅宝科技	69.70	BB	476	603040	新坐标	69.20	BB
441	300776	帝尔激光	69.70	BB	477	600188	兖州煤业	69.20	BB
442	600305	恒顺醋业	69.70	BB	478	002594	比亚迪	69.20	BB
443	002727	一心堂	69.70	BB	479	603880	南卫股份	69.20	BB
444	603309	维力医疗	69.70	BB	480	300669	沪宁股份	69.20	BB
445	600167	联美控股	69.70	BB	481	300599	雄塑科技	69.20	BB
446	603056	德邦股份	69.60	BB	482	600521	华海药业	69.20	BB
447	300773	拉卡拉	69.60	BB	483	002430	杭氧股份	69.10	BB
448	002139	拓邦股份	69.60	BB	484	603868	飞科电器	69.10	BB

续表

序号	股票代码	股票简称	评价得分	评价等级	序号	股票代码	股票简称	评价得分	评价等级
485	600668	尖峰集团	69.10	BB	521	000655	金岭矿业	68.60	BB
486	002940	昂利康	69.10	BB	522	002608	江苏国信	68.60	BB
487	603079	圣达生物	69.10	BB	523	600886	国投电力	68.60	BB
488	600702	ST 舍得	69.10	BB	524	002649	博彦科技	68.60	BB
489	603915	国茂股份	69.10	BB	525	000719	中原传媒	68.60	BB
490	603505	金石资源	69.00	BB	526	600780	通宝能源	68.50	BB
491	603757	大元泵业	69.00	BB	527	300214	日科化学	68.50	BB
492	300601	康泰生物	69.00	BB	528	002847	盐津铺子	68.50	BB
493	002585	双星新材	69.00	BB	529	000012	南玻 A	68.50	BB
494	603968	醋化股份	69.00	BB	530	300082	奥克股份	68.50	BB
495	300498	温氏股份	69.00	BB	531	002942	新农股份	68.50	BB
496	002782	可立克	69.00	BB	532	600295	鄂尔多斯	68.50	BB
497	002709	天赐材料	69.00	BB	533	300767	震安科技	68.50	BB
498	603026	石大胜华	69.00	BB	534	300476	胜宏科技	68.50	BB
499	603181	皇马科技	68.90	BB	535	002327	富安娜	68.50	BB
500	600527	江南高纤	68.90	BB	536	300470	中密控股	68.50	BB
501	300497	富祥药业	68.90	BB	537	300363	博腾股份	68.50	BB
502	688357	建龙微纳	68.90	BB	538	000779	甘咨询	68.50	BB
503	603733	仙鹤股份	68.90	BB	539	300511	雪榕生物	68.50	BB
504	300768	迪普科技	68.90	BB	540	300395	菲利华	68.50	BB
505	603165	荣晟环保	68.80	BB	541	002797	第一创业	68.50	BB
506	002825	纳尔股份	68.80	BB	542	300400	劲拓股份	68.40	BB
507	600867	通化东宝	68.80	BB	543	600126	杭钢股份	68.40	BB
508	688299	长阳科技	68.80	BB	544	300627	华测导航	68.40	BB
509	300765	新诺威	68.80	BB	545	603229	奥翔药业	68.40	BB
510	002588	史丹利	68.80	BB	546	600479	千金药业	68.40	BB
511	002909	集泰股份	68.80	BB	547	000156	华数传媒	68.40	BB
512	603919	金徽酒	68.80	BB	548	603657	春光科技	68.40	BB
513	002429	兆驰股份	68.80	BB	549	002048	宁波华翔	68.40	BB
514	000001	平安银行	68.80	BB	550	601555	东吴证券	68.40	BB
515	600618	氯碱化工	68.70	BB	551	603858	步长制药	68.30	BB
516	000030	富奥股份	68.70	BB	552	002853	皮阿诺	68.30	BB
517	600062	华润双鹤	68.70	BB	553	688188	柏楚电子	68.30	BB
518	002258	利尔化学	68.70	BB	554	603363	傲农生物	68.30	BB
519	002107	沃华医药	68.70	BB	555	601928	凤凰传媒	68.30	BB
520	002129	中环股份	68.70	BB	556	300119	瑞普生物	68.30	BB

续表

序号	股票代码	股票简称	评价得分	评价等级	序号	股票代码	股票简称	评价得分	评价等级
557	002859	洁美科技	68.30	BB	593	600731	湖南海利	67.90	BB
558	000963	华东医药	68.30	BB	594	601985	中国核电	67.90	BB
559	688006	杭可科技	68.30	BB	595	000656	金科股份	67.90	BB
560	000778	新兴铸管	68.20	BB	596	601236	红塔证券	67.90	BB
561	002831	裕同科技	68.20	BB	597	002926	华西证券	67.90	BB
562	002746	仙坛股份	68.20	BB	598	600660	福耀玻璃	67.80	BB
563	300693	盛弘股份	68.20	BB	599	600489	中金黄金	67.80	BB
564	002732	燕塘乳业	68.20	BB	600	300031	宝通科技	67.80	BB
565	300003	乐普医疗	68.20	BB	601	300753	爱朋医疗	67.80	BB
566	603355	莱克电气	68.20	BB	602	002463	沪电股份	67.80	BB
567	688012	中微公司	68.20	BB	603	002829	星网宇达	67.80	BB
568	000728	国元证券	68.20	BB	604	300435	中泰股份	67.80	BB
569	300073	当升科技	68.10	BB	605	601818	光大银行	67.80	BB
570	002088	鲁阳节能	68.10	BB	606	603260	合盛硅业	67.70	BB
571	000011	深物业 A	68.10	BB	607	002208	合肥城建	67.70	BB
572	603313	梦百合	68.10	BB	608	603916	苏博特	67.70	BB
573	600483	福能股份	68.10	BB	609	600073	上海梅林	67.70	BB
574	002299	圣农发展	68.10	BB	610	603938	三孚股份	67.70	BB
575	600056	中国医药	68.10	BB	611	002014	永新股份	67.70	BB
576	002026	山东威达	68.10	BB	612	603223	恒通股份	67.70	BB
577	601598	中国外运	68.10	BB	613	002534	杭锅股份	67.70	BB
578	002768	国恩股份	68.10	BB	614	000550	江铃汽车	67.70	BB
579	002439	启明星辰	68.10	BB	615	000528	柳工	67.70	BB
580	000883	湖北能源	68.10	BB	616	000069	华侨城 A	67.70	BB
581	603712	七一二	68.10	BB	617	002648	卫星石化	67.70	BB
582	600612	老凤祥	68.00	BB	618	002614	奥佳华	67.70	BB
583	300653	正海生物	68.00	BB	619	601990	南京证券	67.70	BB
584	600606	绿地控股	68.00	BB	620	600419	天润乳业	67.60	BB
585	300617	安靠智电	68.00	BB	621	300751	迈为股份	67.60	BB
586	002661	克明面业	68.00	BB	622	000703	恒逸石化	67.60	BB
587	300200	高盟新材	68.00	BB	623	000429	粤高速 A	67.60	BB
588	603871	嘉友国际	67.90	BB	624	601018	宁波港	67.60	BB
589	603387	基蛋生物	67.90	BB	625	002362	汉王科技	67.60	BB
590	603758	秦安股份	67.90	BB	626	002049	紫光国微	67.60	BB
591	002373	千方科技	67.90	BB	627	600597	光明乳业	67.50	BB
592	002695	煌上煌	67.90	BB	628	600063	皖维高新	67.50	BB

续表

序号	股票代码	股票简称	评价得分	评价等级	序号	股票代码	股票简称	评价得分	评价等级
629	002913	奥士康	67.50	BB	665	300115	长盈精密	67.20	BB
630	002324	普利特	67.50	BB	666	603983	丸美股份	67.20	BB
631	600248	陕西建工	67.50	BB	667	000600	建投能源	67.20	BB
632	300738	奥飞数据	67.50	BB	668	002930	宏川智慧	67.20	BB
633	603988	中电电机	67.50	BB	669	600308	华泰股份	67.20	BB
634	600562	国睿科技	67.40	BB	670	600584	长电科技	67.20	BB
635	300674	宇信科技	67.40	BB	671	002967	广电计量	67.20	BB
636	300253	卫宁健康	67.40	BB	672	002690	美亚光电	67.20	BB
637	603013	亚普股份	67.40	BB	673	600958	东方证券	67.20	BB
638	300415	伊之密	67.40	BB	674	000100	TCL 科技	67.10	BB
639	000922	佳电股份	67.40	BB	675	603086	先达股份	67.10	BB
640	603706	东方环宇	67.40	BB	676	600510	黑牡丹	67.10	BB
641	000938	紫光股份	67.40	BB	677	600025	华能水电	67.10	BB
642	603867	新化股份	67.40	BB	678	600596	新安股份	67.10	BB
643	603198	迎驾贡酒	67.40	BB	679	002920	德赛西威	67.10	BB
644	002878	元隆雅图	67.40	BB	680	601991	大唐发电	67.10	BB
645	600998	九州通	67.40	BB	681	002312	三泰控股	67.10	BB
646	002749	国光股份	67.40	BB	682	300642	透景生命	67.10	BB
647	300452	山河药辅	67.40	BB	683	002254	泰和新材	67.10	BB
648	603906	龙蟠科技	67.40	BB	684	300724	捷佳伟创	67.10	BB
649	601019	山东出版	67.30	BB	685	002498	汉缆股份	67.00	BB
650	603659	璞泰来	67.30	BB	686	601666	平煤股份	67.00	BB
651	000049	德赛电池	67.30	BB	687	002371	北方华创	67.00	BB
652	000961	中南建设	67.30	BB	688	002202	金风科技	67.00	BB
653	603326	我乐家居	67.30	BB	689	002367	康力电梯	67.00	BB
654	603357	设计总院	67.30	BB	690	002408	齐翔腾达	67.00	BB
655	601228	广州港	67.30	BB	691	002737	葵花药业	67.00	BB
656	600835	上海机电	67.30	BB	692	002487	大金重工	67.00	BB
657	000955	欣龙控股	67.30	BB	693	601872	招商轮船	67.00	BB
658	300401	花园生物	67.30	BB	694	600104	上汽集团	67.00	BB
659	300132	青松股份	67.30	BB	695	002683	宏大爆破	67.00	BB
660	000636	风华高科	67.30	BB	696	002332	仙琚制药	66.90	BB
661	603848	好太太	67.30	BB	697	002937	兴瑞科技	66.90	BB
662	600588	用友网络	67.30	BB	698	600975	新五丰	66.90	BB
663	300575	中旗股份	67.20	BB	699	600048	保利地产	66.90	BB
664	300397	天和防务	67.20	BB	700	300613	富瀚微	66.90	BB

续表

序号	股票代码	股票简称	评价得分	评价等级	序号	股票代码	股票简称	评价得分	评价等级
701	300569	天能重工	66.90	BB	737	300541	先进数通	66.60	BB
702	603183	建研院	66.90	BB	738	300188	美亚柏科	66.60	BB
703	002772	众兴菌业	66.90	BB	739	002443	金洲管道	66.60	BB
704	600022	山东钢铁	66.90	BB	740	603883	老百姓	66.60	BB
705	002538	司尔特	66.90	BB	741	300673	佩蒂股份	66.60	BB
706	600219	南山铝业	66.90	BB	742	601882	海天精工	66.60	BB
707	300580	贝斯特	66.90	BB	743	601311	骆驼股份	66.60	BB
708	002252	上海莱士	66.90	BB	744	000425	徐工机械	66.60	BB
709	601163	三角轮胎	66.90	BB	745	300788	中信出版	66.60	BB
710	603661	恒林股份	66.90	BB	746	300562	乐心医疗	66.60	BB
711	600779	水井坊	66.90	BB	747	002353	杰瑞股份	66.60	BB
712	600997	开滦股份	66.80	BB	748	300009	安科生物	66.60	BB
713	300811	铂科新材	66.80	BB	749	000048	京基智农	66.60	BB
714	300142	沃森生物	66.80	BB	750	600802	福建水泥	66.60	BB
715	002185	华天科技	66.80	BB	751	300563	神宇股份	66.50	BB
716	600085	同仁堂	66.80	BB	752	002558	巨人网络	66.50	BB
717	603365	水星家纺	66.80	BB	753	002154	报喜鸟	66.50	BB
718	603967	中创物流	66.80	BB	754	601618	中国中冶	66.50	BB
719	300432	富临精工	66.80	BB	755	300280	紫天科技	66.50	BB
720	002138	顺络电子	66.80	BB	756	300682	朗新科技	66.50	BB
721	603992	松霖科技	66.70	BB	757	600362	江西铜业	66.50	BB
722	600089	特变电工	66.70	BB	758	000999	华润三九	66.40	BB
723	002755	奥赛康	66.70	BB	759	603319	湘油泵	66.40	BB
724	603297	永新光学	66.70	BB	760	600329	中新药业	66.40	BB
725	002497	雅化集团	66.70	BB	761	600171	上海贝岭	66.40	BB
726	603987	康德莱	66.70	BB	762	300360	炬华科技	66.40	BB
727	600633	浙数文化	66.70	BB	763	600741	华域汽车	66.40	BB
728	300030	阳普医疗	66.70	BB	764	002275	桂林三金	66.40	BB
729	688001	华兴源创	66.70	BB	765	600197	伊力特	66.40	BB
730	001914	招商积余	66.70	BB	766	603711	香飘飘	66.40	BB
731	603896	寿仙谷	66.70	BB	767	603678	火炬电子	66.40	BB
732	600201	生物股份	66.70	BB	768	600196	复星医药	66.40	BB
733	000967	盈峰环境	66.70	BB	769	000598	兴蓉环境	66.40	BB
734	002735	王子新材	66.70	BB	770	600098	广州发展	66.30	BB
735	601000	唐山港	66.70	BB	771	688300	联瑞新材	66.30	BB
736	600378	昊华科技	66.60	BB	772	600511	国药股份	66.30	BB

续表

序号	股票代码	股票简称	评价得分	评价等级	序号	股票代码	股票简称	评价得分	评价等级
773	600231	凌钢股份	66.30	BB	809	300002	神州泰岳	65.90	BB
774	300519	新光药业	66.30	BB	810	002541	鸿路钢构	65.90	BB
775	002191	劲嘉股份	66.30	BB	811	600158	中体产业	65.90	BB
776	002145	中核钛白	66.30	BB	812	601186	中国铁建	65.90	BB
777	688166	博瑞医药	66.20	BB	813	603607	京华激光	65.90	BB
778	600993	马应龙	66.20	BB	814	002287	奇正藏药	65.90	BB
779	002883	中设股份	66.20	BB	815	600548	深高速	65.80	BB
780	300259	新天科技	66.20	BB	816	688015	交控科技	65.80	BB
781	688268	华特气体	66.20	BB	817	600667	太极实业	65.80	BB
782	002106	莱宝高科	66.20	BB	818	002136	安纳达	65.80	BB
783	603306	华懋科技	66.10	BB	819	603018	华设集团	65.80	BB
784	600603	广汇物流	66.10	BB	820	601678	滨化股份	65.80	BB
785	300573	兴齐眼药	66.10	BB	821	300718	长盛轴承	65.80	BB
786	300305	裕兴股份	66.10	BB	822	002315	焦点科技	65.80	BB
787	603160	汇顶科技	66.10	BB	823	600007	中国国贸	65.80	BB
788	002531	天顺风能	66.10	BB	824	300740	水羊股份	65.80	BB
789	002351	漫步者	66.10	BB	825	002263	大东南	65.80	BB
790	002645	华宏科技	66.10	BB	826	603993	洛阳钼业	65.80	BB
791	688369	致远互联	66.10	BB	827	600157	永泰能源	65.80	BB
792	600060	海信视像	66.10	BB	828	002394	联发股份	65.80	BB
793	002923	润都股份	66.10	BB	829	600764	中国海防	65.80	BB
794	300229	拓尔思	66.00	BB	830	300196	长海股份	65.80	BB
795	002222	福晶科技	66.00	BB	831	600389	江山股份	65.70	BB
796	000543	皖能电力	66.00	BB	832	300723	一品红	65.70	BB
797	001696	宗申动力	66.00	BB	833	600097	开创国际	65.70	BB
798	603928	兴业股份	66.00	BB	834	000928	中钢国际	65.70	BB
799	002281	光迅科技	66.00	BB	835	600153	建发股份	65.70	BB
800	000539	粤电力 A	66.00	BB	836	603589	口子窖	65.70	BB
801	000848	承德露露	66.00	BB	837	000021	深科技	65.70	BB
802	601108	财通证券	66.00	BB	838	002150	通润装备	65.70	BB
803	601997	贵阳银行	66.00	BB	839	002467	二六三	65.70	BB
804	600908	无锡银行	66.00	BB	840	000531	穗恒运 A	65.70	BB
805	000807	云铝股份	65.90	BB	841	002945	华林证券	65.70	BB
806	600055	万东医疗	65.90	BB	842	600000	浦发银行	65.70	BB
807	603855	华荣股份	65.90	BB	843	000750	国海证券	65.70	BB
808	603755	日辰股份	65.90	BB	844	600710	苏美达	65.60	BB

续表

序号	股票代码	股票简称	评价得分	评价等级	序号	股票代码	股票简称	评价得分	评价等级
845	603989	艾华集团	65.60	BB	881	688029	南微医学	65.20	BB
846	600894	广日股份	65.60	BB	882	600420	国药现代	65.20	BB
847	002539	云图控股	65.60	BB	883	600285	羚锐制药	65.10	BB
848	603337	杰克股份	65.60	BB	884	300542	新晨科技	65.10	BB
849	000547	航天发展	65.60	BB	885	002469	三维工程	65.10	BB
850	300383	光环新网	65.60	BB	886	000517	荣安地产	65.10	BB
851	300741	华宝股份	65.60	BB	887	002896	中大力德	65.10	BB
852	002763	汇洁股份	65.60	BB	888	601900	南方传媒	65.10	BB
853	603648	畅联股份	65.60	BB	889	300418	昆仑万维	65.10	BB
854	000783	长江证券	65.60	BB	890	300547	川环科技	65.10	BB
855	600328	中盐化工	65.50	BB	891	300660	江苏雷利	65.00	B
856	601222	林洋能源	65.50	BB	892	002019	亿帆医药	65.00	B
857	600795	国电电力	65.50	BB	893	600650	锦江在线	65.00	B
858	603477	巨星农牧	65.40	BB	894	000906	浙商中拓	65.00	B
859	002111	威海广泰	65.40	BB	895	300722	新余国科	65.00	B
860	603970	中农立华	65.40	BB	896	300088	长信科技	65.00	B
861	002543	万和电气	65.40	BB	897	601689	拓普集团	65.00	B
862	603279	景津环保	65.40	BB	898	600163	中闽能源	65.00	B
863	603466	风语筑	65.40	BB	899	600724	宁波富达	65.00	B
864	002949	华阳国际	65.40	BB	900	600459	贵研铂业	65.00	B
865	002891	中宠股份	65.40	BB	901	002778	高科石化	65.00	B
866	600787	中储股份	65.30	BB	902	603277	银都股份	64.90	B
867	600299	安迪苏	65.30	BB	903	600528	中铁工业	64.90	B
868	600982	宁波能源	65.30	BB	904	600582	天地科技	64.90	B
869	300458	全志科技	65.30	BB	905	002602	世纪华通	64.90	B
870	300525	博思软件	65.30	BB	906	600398	海澜之家	64.90	B
871	002409	雅克科技	65.30	BB	907	000628	高新发展	64.90	B
872	002008	大族激光	65.30	BB	908	603696	安记食品	64.90	B
873	300114	中航电测	65.30	BB	909	000510	新金路	64.90	B
874	002091	江苏国泰	65.30	BB	910	601098	中南传媒	64.90	B
875	601328	交通银行	65.30	BB	911	601577	长沙银行	64.90	B
876	688008	澜起科技	65.20	BB	912	603809	豪能股份	64.80	B
877	002643	万润股份	65.20	BB	913	600987	航民股份	64.80	B
878	603739	蔚蓝生物	65.20	BB	914	601515	东风股份	64.80	B
879	603100	川仪股份	65.20	BB	915	002713	东易日盛	64.80	B
880	000028	国药一致	65.20	BB	916	601326	秦港股份	64.80	B

续表

序号	股票代码	股票简称	评价得分	评价等级	序号	股票代码	股票简称	评价得分	评价等级
917	600050	中国联通	64.80	B	953	300379	东方通	64.50	B
918	000830	鲁西化工	64.80	B	954	600008	首创股份	64.50	B
919	600704	物产中大	64.80	B	955	300755	华致酒行	64.50	B
920	002156	通富微电	64.80	B	956	002866	传艺科技	64.50	B
921	600173	卧龙地产	64.80	B	957	002484	江海股份	64.50	B
922	603358	华达科技	64.80	B	958	300596	利安隆	64.40	B
923	300445	康斯特	64.80	B	959	002887	绿茵生态	64.40	B
924	600820	隧道股份	64.70	B	960	002441	众业达	64.40	B
925	002320	海峡股份	64.70	B	961	600580	卧龙电驱	64.40	B
926	600933	爱柯迪	64.70	B	962	600850	华东电脑	64.40	B
927	600332	白云山	64.70	B	963	688099	晶晨股份	64.40	B
928	002184	海得控制	64.70	B	964	300451	创业慧康	64.40	B
929	603920	世运电路	64.70	B	965	002939	长城证券	64.40	B
930	600348	华阳股份	64.70	B	966	600882	妙可蓝多	64.30	B
931	600475	华光环能	64.70	B	967	603516	淳中科技	64.30	B
932	603096	新经典	64.70	B	968	300428	四通新材	64.30	B
933	600968	海油发展	64.70	B	969	601218	吉鑫科技	64.30	B
934	300516	久之洋	64.70	B	970	600800	渤海化学	64.30	B
935	002266	浙富控股	64.70	B	971	002100	天康生物	64.30	B
936	002960	青鸟消防	64.60	B	972	000953	*ST 河化	64.30	B
937	601567	三星医疗	64.60	B	973	000612	焦作万方	64.30	B
938	002025	航天电器	64.60	B	974	603798	康普顿	64.30	B
939	603898	好莱客	64.60	B	975	603578	三星新材	64.30	B
940	603728	鸣志电器	64.60	B	976	600395	盘江股份	64.30	B
941	600917	重庆燃气	64.60	B	977	300735	光弘科技	64.30	B
942	600873	梅花生物	64.60	B	978	600068	葛洲坝	64.30	B
943	600216	浙江医药	64.60	B	979	002398	垒知集团	64.30	B
944	300566	激智科技	64.60	B	980	601607	上海医药	64.30	B
945	002595	豪迈科技	64.60	B	981	300378	鼎捷软件	64.30	B
946	000671	阳光城	64.60	B	982	002818	富森美	64.30	B
947	002864	盘龙药业	64.60	B	983	002003	伟星股份	64.20	B
948	603393	新天然气	64.50	B	984	600639	浦东金桥	64.20	B
949	603020	爱普股份	64.50	B	985	601858	中国科传	64.20	B
950	000000	京新药业	64.50	B	986	603926	铁流股份	64.20	B
951	000983	山西焦煤	64.50	B	987	300396	迪瑞医疗	64.20	B
952	601168	西部矿业	64.50	B	988	002623	亚玛顿	64.20	B

续表

序号	股票代码	股票简称	评价得分	评价等级	序号	股票代码	股票简称	评价得分	评价等级
989	002120	韵达股份	64.20	B	1025	601126	四方股份	63.80	B
990	601002	晋亿实业	64.20	B	1026	600207	安彩高科	63.80	B
991	300747	锐科激光	64.20	B	1027	300618	寒锐钴业	63.80	B
992	002777	久远银海	64.20	B	1028	300358	楚天科技	63.80	B
993	002416	爱施德	64.10	B	1029	002460	赣锋锂业	63.80	B
994	603131	上海沪工	64.10	B	1030	600967	内蒙一机	63.80	B
995	600578	京能电力	64.10	B	1031	600841	上柴股份	63.80	B
996	002946	新乳业	64.10	B	1032	002931	锋龙股份	63.80	B
997	603232	格尔软件	64.10	B	1033	603037	凯众股份	63.80	B
998	300041	回天新材	64.10	B	1034	603662	柯力传感	63.80	B
999	600717	天津港	64.10	B	1035	601069	西部黄金	63.80	B
1000	000756	新华制药	64.10	B	1036	002687	乔治白	63.80	B
1001	603903	中持股份	64.00	B	1037	000927	中国铁物	63.80	B
1002	300225	金力泰	64.00	B	1038	600928	西安银行	63.80	B
1003	300679	电连技术	64.00	B	1039	600399	抚顺特钢	63.70	B
1004	002698	博实股份	64.00	B	1040	300762	上海瀚讯	63.70	B
1005	002551	尚荣医疗	64.00	B	1041	600409	三友化工	63.70	B
1006	603488	展鹏科技	64.00	B	1042	600876	洛阳玻璃	63.70	B
1007	300136	信维通信	64.00	B	1043	600148	长春一东	63.60	B
1008	002414	高德红外	64.00	B	1044	002637	赞宇科技	63.60	B
1009	000065	北方国际	64.00	B	1045	603722	阿科力	63.60	B
1010	603158	腾龙股份	64.00	B	1046	002406	远东传动	63.60	B
1011	600970	中材国际	63.90	B	1047	603008	喜临门	63.60	B
1012	600512	腾达建设	63.90	B	1048	600846	同济科技	63.60	B
1013	002401	中远海科	63.90	B	1049	002761	多喜爱	63.60	B
1014	600971	恒源煤电	63.90	B	1050	002951	金时科技	63.60	B
1015	600350	山东高速	63.90	B	1051	600909	华安证券	63.60	B
1016	300369	绿盟科技	63.90	B	1052	600737	中粮糖业	63.50	B
1017	600565	迪马股份	63.90	B	1053	600500	中化国际	63.50	B
1018	300771	智莱科技	63.90	B	1054	300138	晨光生物	63.50	B
1019	300423	昇辉科技	63.90	B	1055	603699	纽威股份	63.50	B
1020	600508	上海能源	63.90	B	1056	300622	博士眼镜	63.50	B
1021	000027	深圳能源	63.90	B	1057	000519	中兵红箭	63.50	B
1022	300686	智动力	63.90	B	1058	000400	许继电气	63.50	B
1023	603335	迪生力	63.90	B	1059	603977	国泰集团	63.50	B
1024	000819	岳阳兴长	63.90	B	1060	600755	厦门国贸	63.50	B

续表

序号	股票代码	股票简称	评价得分	评价等级	序号	股票代码	股票简称	评价得分	评价等级
1061	002958	青农商行	63.50	B	1097	300559	佳发教育	63.10	B
1062	603458	勘设股份	63.40	B	1098	300127	银河磁体	63.10	B
1063	603520	司太立	63.40	B	1099	300354	东华测试	63.10	B
1064	600011	华能国际	63.40	B	1100	300705	九典制药	63.10	B
1065	300598	诚迈科技	63.40	B	1101	603927	中科软	63.10	B
1066	002860	星帅尔	63.40	B	1102	600499	科达制造	63.10	B
1067	002314	南山控股	63.40	B	1103	603110	东方材料	63.10	B
1068	688310	迈得医疗	63.40	B	1104	300058	蓝色光标	63.10	B
1069	000403	派林生物	63.40	B	1105	002533	金杯电工	63.10	B
1070	603266	天龙股份	63.40	B	1106	603956	威派格	63.10	B
1071	603239	浙江仙通	63.40	B	1107	603225	新凤鸣	63.10	B
1072	300582	英飞特	63.40	B	1108	600657	信达地产	63.10	B
1073	600757	长江传媒	63.40	B	1109	603063	禾望电气	63.10	B
1074	300487	蓝晓科技	63.40	B	1110	300715	凯伦股份	63.10	B
1075	002034	旺能环境	63.40	B	1111	002895	川恒股份	63.10	B
1076	000725	京东方 A	63.30	B	1112	601198	东兴证券	63.10	B
1077	600373	中文传媒	63.30	B	1113	003816	中国广核	63.00	B
1078	000860	顺鑫农业	63.30	B	1114	002140	东华科技	63.00	B
1079	603303	得邦照明	63.30	B	1115	601886	江河集团	63.00	B
1080	688005	容百科技	63.30	B	1116	600081	东风科技	63.00	B
1081	603600	永艺股份	63.30	B	1117	002650	ST 加加	63.00	B
1082	603617	君禾股份	63.30	B	1118	002879	长缆科技	63.00	B
1083	600740	山西焦化	63.30	B	1119	603192	汇得科技	63.00	B
1084	688009	中国通号	63.30	B	1120	300800	力合科技	63.00	B
1085	603897	长城科技	63.30	B	1121	603530	神马电力	63.00	B
1086	603535	嘉诚国际	63.30	B	1122	000785	居然之家	63.00	B
1087	600125	铁龙物流	63.30	B	1123	601360	三六零	63.00	B
1088	000899	赣能股份	63.20	B	1124	002126	银轮股份	62.90	B
1089	300515	三德科技	63.20	B	1125	603088	宁波精达	62.90	B
1090	600703	三安光电	63.20	B	1126	002109	兴化股份	62.90	B
1091	300507	苏奥传感	63.20	B	1127	603966	法兰泰克	62.90	B
1092	603519	立霸股份	63.20	B	1128	603456	九洲药业	62.90	B
1093	300416	苏试试验	63.20	B	1129	002582	好想你	62.90	B
1094	300727	润禾材料	63.20	B	1130	300384	三联虹普	62.90	B
1095	300556	丝路视觉	63.20	B	1131	300298	三诺生物	62.90	B
1096	002636	金安国纪	63.20	B	1132	688116	天奈科技	62.90	B

续表

序号	股票代码	股票简称	评价得分	评价等级	序号	股票代码	股票简称	评价得分	评价等级
1133	300034	钢研高纳	62.90	B	1169	002130	沃尔核材	62.50	B
1134	002255	*ST 海陆	62.90	B	1170	603217	元利科技	62.50	B
1135	600369	西南证券	62.90	B	1171	600539	ST 狮头	62.50	B
1136	002563	森马服饰	62.80	B	1172	603730	岱美股份	62.40	B
1137	600326	西藏天路	62.80	B	1173	603329	上海雅仕	62.40	B
1138	002328	新朋股份	62.80	B	1174	002892	科力尔	62.40	B
1139	300403	汉宇集团	62.80	B	1175	000912	泸天化	62.40	B
1140	603327	福蓉科技	62.80	B	1176	600133	东湖高新	62.40	B
1141	000639	西王食品	62.80	B	1177	002164	宁波东力	62.40	B
1142	300593	新雷能	62.80	B	1178	688088	虹软科技	62.40	B
1143	002845	同兴达	62.80	B	1179	600683	京投发展	62.40	B
1144	000050	深天马 A	62.80	B	1180	000713	丰乐种业	62.40	B
1145	601375	中原证券	62.80	B	1181	002548	金新农	62.40	B
1146	600808	马钢股份	62.70	B	1182	002481	双塔食品	62.40	B
1147	002912	中新赛克	62.70	B	1183	002760	凤形股份	62.30	B
1148	002799	环球印务	62.70	B	1184	601028	玉龙股份	62.30	B
1149	688066	航天宏图	62.60	B	1185	000937	冀中能源	62.30	B
1150	688388	嘉元科技	62.60	B	1186	600256	广汇能源	62.30	B
1151	000910	大亚圣象	62.60	B	1187	002483	润邦股份	62.30	B
1152	000738	航发控制	62.60	B	1188	002013	中航机电	62.30	B
1153	600496	精工钢构	62.60	B	1189	300236	上海新阳	62.30	B
1154	300620	光库科技	62.60	B	1190	688288	鸿泉物联	62.20	B
1155	600141	兴发集团	62.60	B	1191	601800	中国交建	62.20	B
1156	600567	山鹰国际	62.60	B	1192	002283	天润工业	62.20	B
1157	300308	中际旭创	62.60	B	1193	603937	丽岛新材	62.20	B
1158	002840	华统股份	62.60	B	1194	300632	光莆股份	62.20	B
1159	002097	山河智能	62.60	B	1195	000989	九芝堂	62.20	B
1160	600678	四川金顶	62.60	B	1196	603887	城地香江	62.10	B
1161	300758	七彩化学	62.60	B	1197	002302	西部建设	62.10	B
1162	002897	意华股份	62.60	B	1198	002436	兴森科技	62.10	B
1163	000898	鞍钢股份	62.60	B	1199	000825	太钢不锈	62.10	B
1164	601811	新华文轩	62.60	B	1200	688123	聚辰股份	62.10	B
1165	000541	佛山照明	62.60	B	1201	603300	华铁应急	62.10	B
1166	600877	ST 电能	62.50	B	1202	601669	中国电建	62.10	B
1167	300380	安硕信息	62.50	B	1203	603979	金诚信	62.00	B
1168	603368	柳药股份	62.50	B	1204	002300	太阳电缆	62.00	B

续表

序号	股票代码	股票简称	评价得分	评价等级	序号	股票代码	股票简称	评价得分	评价等级
1205	603159	上海亚虹	62.00	B	1241	603156	养元饮品	61.70	B
1206	603385	惠达卫浴	62.00	B	1242	603367	辰欣药业	61.60	B
1207	600210	紫江企业	62.00	B	1243	002012	凯恩股份	61.60	B
1208	002815	崇达技术	62.00	B	1244	300655	晶瑞股份	61.60	B
1209	002155	湖南黄金	62.00	B	1245	300106	西部牧业	61.60	B
1210	002067	景兴纸业	62.00	B	1246	600012	皖通高速	61.60	B
1211	002063	远光软件	62.00	B	1247	603359	东珠生态	61.60	B
1212	601388	怡球资源	62.00	B	1248	600017	日照港	61.60	B
1213	603016	新宏泰	62.00	B	1249	002965	祥鑫科技	61.60	B
1214	601698	中国卫通	61.90	B	1250	601128	常熟银行	61.60	B
1215	600575	淮河能源	61.90	B	1251	300625	三雄极光	61.50	B
1216	600458	时代新材	61.90	B	1252	603878	武进不锈	61.50	B
1217	002702	海欣食品	61.90	B	1253	300748	金力永磁	61.50	B
1218	600051	宁波联合	61.90	B	1254	000988	华工科技	61.50	B
1219	002826	易明医药	61.90	B	1255	600212	江泉实业	61.40	B
1220	600408	ST 安泰	61.90	B	1256	300572	安车检测	61.40	B
1221	002500	山西证券	61.90	B	1257	002438	江苏神通	61.40	B
1222	600679	上海凤凰	61.80	B	1258	603179	新泉股份	61.40	B
1223	002876	三利谱	61.80	B	1259	300552	万集科技	61.40	B
1224	000960	锡业股份	61.80	B	1260	603823	百合花	61.40	B
1225	002440	闰土股份	61.80	B	1261	601699	潞安环能	61.40	B
1226	300664	鹏鹞环保	61.80	B	1262	600487	亨通光电	61.40	B
1227	002270	华明装备	61.80	B	1263	001896	豫能控股	61.40	B
1228	600995	文山电力	61.80	B	1264	000878	云南铜业	61.40	B
1229	300501	海顺新材	61.80	B	1265	600300	ST 维维	61.40	B
1230	601229	上海银行	61.80	B	1266	002452	长高集团	61.40	B
1231	300579	数字认证	61.70	B	1267	600798	宁波海运	61.40	B
1232	300576	容大感光	61.70	B	1268	600111	北方稀土	61.40	B
1233	300680	隆盛科技	61.70	B	1269	002335	科华数据	61.40	B
1234	600976	健民集团	61.70	B	1270	000685	中山公用	61.40	B
1235	002675	东诚药业	61.70	B	1271	300223	北京君正	61.40	B
1236	601038	一拖股份	61.70	B	1272	002606	大连电瓷	61.30	B
1237	300243	瑞丰高材	61.70	B	1273	002461	珠江啤酒	61.30	B
1238	603788	宁波高发	61.70	B	1274	300587	天铁股份	61.30	B
1239	600234	ST 山水	61.70	B	1275	002849	威星智能	61.30	B
1240	002518	科士达	61.70	B	1276	002837	英维克	61.30	B

续表

序号	股票代码	股票简称	评价得分	评价等级	序号	股票代码	股票简称	评价得分	评价等级
1277	002267	陕天然气	61.30	B	1313	002434	万里扬	61.10	B
1278	601918	新集能源	61.30	B	1314	600863	内蒙华电	61.10	B
1279	688128	中国电研	61.30	B	1315	002701	奥瑞金	61.10	B
1280	000616	海航投资	61.30	B	1316	002010	传化智联	61.10	B
1281	603058	永吉股份	61.30	B	1317	601200	上海环境	61.00	B
1282	002004	华邦健康	61.30	B	1318	600644	乐山电力	61.00	B
1283	300692	中环环保	61.30	B	1319	603918	金桥信息	61.00	B
1284	002152	广电运通	61.30	B	1320	601369	陕鼓动力	61.00	B
1285	300042	朗科科技	61.20	B	1321	002368	太极股份	61.00	B
1286	002850	科达利	61.20	B	1322	002365	永安药业	61.00	B
1287	600711	盛屯矿业	61.20	B	1323	688138	清溢光电	61.00	B
1288	600577	精达股份	61.20	B	1324	600278	东方创业	61.00	B
1289	300732	设研院	61.20	B	1325	603612	索通发展	61.00	B
1290	300671	富满电子	61.20	B	1326	600753	东方银星	61.00	B
1291	300634	彩讯股份	61.20	B	1327	300160	秀强股份	61.00	B
1292	300026	红日药业	61.20	B	1328	600658	电子城	61.00	B
1293	600267	海正药业	61.20	B	1329	600456	宝钛股份	61.00	B
1294	001872	招商港口	61.10	B	1330	600549	厦门钨业	60.90	B
1295	603585	苏利股份	61.10	B	1331	002886	沃特股份	60.90	B
1296	002970	锐明技术	61.10	B	1332	300087	荃银高科	60.90	B
1297	002226	江南化工	61.10	B	1333	002697	红旗连锁	60.90	B
1298	000880	潍柴重机	61.10	B	1334	000875	吉电股份	60.90	B
1299	000039	中集集团	61.10	B	1335	600692	亚通股份	60.90	B
1300	603630	拉芳家化	61.10	B	1336	300567	精测电子	60.90	B
1301	603890	春秋电子	61.10	B	1337	000559	万向钱潮	60.90	B
1302	603663	三祥新材	61.10	B	1338	002492	恒基达鑫	60.90	B
1303	603650	彤程新材	61.10	B	1339	000731	四川美丰	60.90	B
1304	603579	荣泰健康	61.10	B	1340	300095	华伍股份	60.90	B
1305	600681	百川能源	61.10	B	1341	000913	钱江摩托	60.80	B
1306	603856	东宏股份	61.10	B	1342	603859	能科股份	60.80	B
1307	300485	赛升药业	61.10	B	1343	600218	全柴动力	60.80	B
1308	000063	中兴通讯	61.10	B	1344	688198	佰仁医疗	60.80	B
1309	688098	申联生物	61.10	B	1345	300227	光韵达	60.80	B
1310	603111	康尼机电	61.10	B	1346	002462	嘉事堂	60.80	B
1311	300046	台基股份	61.10	B	1347	002085	万丰奥威	60.80	B
1312	002753	永东股份	61.10	B	1348	603982	泉峰汽车	60.80	B

续表

序号	股票代码	股票简称	评价得分	评价等级	序号	股票代码	股票简称	评价得分	评价等级
1349	600477	杭萧钢构	60.80	B	1385	002817	黄山胶囊	60.40	B
1350	601238	广汽集团	60.80	B	1386	600284	浦东建设	60.40	B
1351	300488	恒锋工具	60.80	B	1387	300494	盛天网络	60.40	B
1352	002651	利君股份	60.80	B	1388	002579	中京电子	60.40	B
1353	002301	齐心集团	60.80	B	1389	000686	东北证券	60.40	B
1354	603826	坤彩科技	60.70	B	1390	603688	石英股份	60.30	B
1355	000560	我爱我家	60.70	B	1391	600642	申能股份	60.30	B
1356	603189	网达软件	60.70	B	1392	300806	斯迪克	60.30	B
1357	300484	蓝海华腾	60.70	B	1393	002465	海格通信	60.30	B
1358	603006	联明股份	60.70	B	1394	300648	星云股份	60.30	B
1359	300075	数字政通	60.70	B	1395	002232	启明信息	60.30	B
1360	000090	天健集团	60.70	B	1396	002956	西麦食品	60.30	B
1361	000625	长安汽车	60.70	B	1397	603727	博迈科	60.30	B
1362	002936	郑州银行	60.70	B	1398	600217	中再资环	60.20	B
1363	600336	澳柯玛	60.60	B	1399	601992	金隅集团	60.20	B
1364	300007	汉威科技	60.60	B	1400	601949	中国出版	60.20	B
1365	000950	重药控股	60.60	B	1401	000959	首钢股份	60.20	B
1366	603236	移远通信	60.60	B	1402	601137	博威合金	60.20	B
1367	600206	有研新材	60.60	B	1403	600573	惠泉啤酒	60.20	B
1368	300129	泰胜风能	60.60	B	1404	000997	新大陆	60.20	B
1369	002903	宇环数控	60.60	B	1405	600131	国网信通	60.20	B
1370	600663	陆家嘴	60.50	B	1406	002399	海普瑞	60.20	B
1371	600379	宝光股份	60.50	B	1407	300346	南大光电	60.20	B
1372	300320	海达股份	60.50	B	1408	600558	大西洋	60.20	B
1373	000630	铜陵有色	60.50	B	1409	002929	润建股份	60.20	B
1374	300439	美康生物	60.50	B	1410	300696	爱乐达	60.10	B
1375	600444	国机通用	60.50	B	1411	002322	理工环科	60.10	B
1376	300802	矩子科技	60.50	B	1412	603339	四方科技	60.10	B
1377	603311	金海高科	60.50	B	1413	002666	德联集团	60.10	B
1378	603000	人民网	60.50	B	1414	300560	中富通	60.10	B
1379	300121	阳谷华泰	60.50	B	1415	300258	精锻科技	60.10	B
1380	002871	伟隆股份	60.50	B	1416	603053	成都燃气	60.10	B
1381	603698	航天工程	60.40	B	1417	002189	中光学	60.10	B
1382	600480	凌云股份	60.40	B	1418	000544	中原环保	60.00	CCC
1383	002062	宏润建设	60.40	B	1419	300474	景嘉微	60.00	CCC
1384	601801	皖新传媒	60.40	B	1420	300181	佐力药业	60.00	CCC

续表

序号	股票代码	股票简称	评价得分	评价等级	序号	股票代码	股票简称	评价得分	评价等级
1421	300294	博雅生物	60.00	CCC	1457	600271	航天信息	59.60	CCC
1422	688333	铂力特	60.00	CCC	1458	000823	超声电子	59.60	CCC
1423	300670	大烨智能	60.00	CCC	1459	600674	川投能源	59.60	CCC
1424	600101	明星电力	60.00	CCC	1460	603668	天马科技	59.60	CCC
1425	601579	会稽山	60.00	CCC	1461	300066	三川智慧	59.60	CCC
1426	600392	盛和资源	60.00	CCC	1462	600422	昆药集团	59.60	CCC
1427	000838	财信发展	60.00	CCC	1463	000905	厦门港务	59.60	CCC
1428	601611	中国核建	59.90	CCC	1464	601998	中信银行	59.60	CCC
1429	300143	盈康生命	59.90	CCC	1465	600223	鲁商发展	59.50	CCC
1430	603080	新疆火炬	59.90	CCC	1466	603611	诺力股份	59.50	CCC
1431	688089	嘉必优	59.90	CCC	1467	601016	节能风电	59.50	CCC
1432	300631	久吾高科	59.90	CCC	1468	600261	阳光照明	59.50	CCC
1433	000421	南京公用	59.90	CCC	1469	000903	云内动力	59.50	CCC
1434	002839	张家港行	59.90	CCC	1470	000034	神州数码	59.50	CCC
1435	300016	北陆药业	59.80	CCC	1471	688021	奥福环保	59.50	CCC
1436	000591	太阳能	59.80	CCC	1472	300248	新开普	59.50	CCC
1437	603035	常熟汽饰	59.80	CCC	1473	603186	华正新材	59.50	CCC
1438	002224	三力士	59.80	CCC	1474	002790	瑞尔特	59.50	CCC
1439	002669	康达新材	59.80	CCC	1475	300629	新劲刚	59.50	CCC
1440	300799	左江科技	59.80	CCC	1476	603797	联泰环保	59.50	CCC
1441	002392	北京利尔	59.80	CCC	1477	600015	华夏银行	59.50	CCC
1442	002915	中欣氟材	59.80	CCC	1478	603683	晶华新材	59.40	CCC
1443	603028	赛福天	59.80	CCC	1479	600177	雅戈尔	59.40	CCC
1444	002182	云海金属	59.80	CCC	1480	002238	天威视讯	59.40	CCC
1445	603936	博敏电子	59.80	CCC	1481	600006	东风汽车	59.40	CCC
1446	002738	中矿资源	59.80	CCC	1482	002634	棒杰股份	59.40	CCC
1447	000729	燕京啤酒	59.80	CCC	1483	000488	晨鸣纸业	59.40	CCC
1448	600325	华发股份	59.70	CCC	1484	603808	歌力思	59.40	CCC
1449	603025	大豪科技	59.70	CCC	1485	000948	南天信息	59.40	CCC
1450	002057	中钢天源	59.70	CCC	1486	603839	安正时尚	59.40	CCC
1451	600363	联创光电	59.70	CCC	1487	002819	东方中科	59.40	CCC
1452	600637	东方明珠	59.70	CCC	1488	600523	贵航股份	59.40	CCC
1453	600836	*ST 界龙	59.70	CCC	1489	300649	杭州园林	59.40	CCC
1454	600160	巨化股份	59.70	CCC	1490	002453	华软科技	59.40	CCC
1455	002245	蔚蓝锂芯	59.70	CCC	1491	002237	恒邦股份	59.40	CCC
1456	601968	宝钢包装	59.60	CCC	1492	600301	*ST 南化	59.40	CCC

续表

序号	股票代码	股票简称	评价得分	评价等级	序号	股票代码	股票简称	评价得分	评价等级
1493	300406	九强生物	59.40	CCC	1529	603707	健友股份	59.00	CCC
1494	002653	海思科	59.40	CCC	1530	600513	联环药业	59.00	CCC
1495	300348	长亮科技	59.30	CCC	1531	600170	上海建工	59.00	CCC
1496	603066	音飞储存	59.30	CCC	1532	601199	江南水务	59.00	CCC
1497	300531	优博讯	59.30	CCC	1533	603289	泰瑞机器	59.00	CCC
1498	000301	东方盛虹	59.30	CCC	1534	603538	美诺华	59.00	CCC
1499	601908	京运通	59.30	CCC	1535	000635	英力特	59.00	CCC
1500	002873	新天药业	59.30	CCC	1536	601727	上海电气	59.00	CCC
1501	000791	甘肃电投	59.30	CCC	1537	300036	超图软件	59.00	CCC
1502	000576	甘化科工	59.30	CCC	1538	600446	金证股份	59.00	CCC
1503	600551	时代出版	59.30	CCC	1539	002060	粤水电	59.00	CCC
1504	300483	首华燃气	59.30	CCC	1540	000555	神州信息	59.00	CCC
1505	300644	南京聚隆	59.30	CCC	1541	603386	广东骏亚	58.90	CCC
1506	002966	苏州银行	59.30	CCC	1542	300193	佳士科技	58.90	CCC
1507	603126	中材节能	59.20	CCC	1543	300112	万讯自控	58.90	CCC
1508	002282	博深股份	59.20	CCC	1544	002194	武汉凡谷	58.90	CCC
1509	600559	老白干酒	59.20	CCC	1545	603050	科林电气	58.90	CCC
1510	002479	富春环保	59.20	CCC	1546	002888	惠威科技	58.90	CCC
1511	002835	同为股份	59.20	CCC	1547	300286	安科瑞	58.90	CCC
1512	002454	松芝股份	59.20	CCC	1548	600021	上海电力	58.90	CCC
1513	603283	赛腾股份	59.20	CCC	1549	300739	明阳电路	58.90	CCC
1514	300667	必创科技	59.20	CCC	1550	002421	达实智能	58.90	CCC
1515	000066	中国长城	59.20	CCC	1551	000920	南方汇通	58.90	CCC
1516	300207	欣旺达	59.20	CCC	1552	300746	汉嘉设计	58.90	CCC
1517	603766	隆鑫通用	59.20	CCC	1553	600315	上海家化	58.90	CCC
1518	603681	永冠新材	59.20	CCC	1554	300548	博创科技	58.90	CCC
1519	603348	文灿股份	59.10	CCC	1555	002526	山东矿机	58.80	CCC
1520	002116	中国海诚	59.10	CCC	1556	002225	濮耐股份	58.80	CCC
1521	300636	同和药业	59.10	CCC	1557	002616	长青集团	58.80	CCC
1522	002146	荣盛发展	59.10	CCC	1558	002105	信隆健康	58.80	CCC
1523	300604	长川科技	59.10	CCC	1559	603676	卫信康	58.80	CCC
1524	600586	金晶科技	59.10	CCC	1560	603017	中衡设计	58.80	CCC
1525	002632	道明光学	59.10	CCC	1561	601330	绿色动力	58.80	CCC
1526	600739	辽宁成大	59.10	CCC	1562	603356	华菱精工	58.80	CCC
1527	600372	中航电子	59.10	CCC	1563	600468	百利电气	58.80	CCC
1528	002890	弘宇股份	59.10	CCC	1564	002747	埃斯顿	58.80	CCC

续表

序号	股票代码	股票简称	评价得分	评价等级	序号	股票代码	股票简称	评价得分	评价等级
1565	603556	海兴电力	58.80	CCC	1601	300783	三只松鼠	58.50	CCC
1566	002221	东华能源	58.80	CCC	1602	002041	登海种业	58.50	CCC
1567	000919	金陵药业	58.80	CCC	1603	002908	德生科技	58.50	CCC
1568	601860	紫金银行	58.80	CCC	1604	002151	北斗星通	58.50	CCC
1569	601077	渝农商行	58.80	CCC	1605	002576	通达动力	58.50	CCC
1570	600979	广安爱众	58.70	CCC	1606	600190	锦州港	58.50	CCC
1571	000718	苏宁环球	58.70	CCC	1607	603320	迪贝电气	58.50	CCC
1572	002286	保龄宝	58.70	CCC	1608	603166	福达股份	58.40	CCC
1573	603059	倍加洁	58.70	CCC	1609	002830	名雕股份	58.40	CCC
1574	600433	冠豪高新	58.70	CCC	1610	000507	珠海港	58.40	CCC
1575	300231	银信科技	58.70	CCC	1611	603089	正裕工业	58.30	CCC
1576	300221	银禧科技	58.70	CCC	1612	601933	永辉超市	58.30	CCC
1577	603636	南威软件	58.70	CCC	1613	600893	航发动力	58.30	CCC
1578	601208	东材科技	58.70	CCC	1614	002133	广宇集团	58.30	CCC
1579	002212	天融信	58.70	CCC	1615	000404	长虹华意	58.30	CCC
1580	603680	今创集团	58.70	CCC	1616	300689	澄天伟业	58.30	CCC
1581	600866	星湖科技	58.70	CCC	1617	600079	人福医药	58.30	CCC
1582	000407	胜利股份	58.70	CCC	1618	002108	沧州明珠	58.30	CCC
1583	601901	方正证券	58.70	CCC	1619	600874	创业环保	58.30	CCC
1584	600888	新疆众和	58.60	CCC	1620	601162	天风证券	58.30	CCC
1585	300440	运达科技	58.60	CCC	1621	603908	牧高笛	58.20	CCC
1586	002519	银河电子	58.60	CCC	1622	603687	大胜达	58.20	CCC
1587	000552	靖远煤电	58.60	CCC	1623	600356	恒丰纸业	58.20	CCC
1588	688122	西部超导	58.60	CCC	1624	000603	盛达资源	58.20	CCC
1589	002330	得利斯	58.60	CCC	1625	300427	红相股份	58.20	CCC
1590	002927	泰永长征	58.60	CCC	1626	603076	乐惠国际	58.20	CCC
1591	000682	东方电子	58.60	CCC	1627	300717	华信新材	58.20	CCC
1592	002609	捷顺科技	58.60	CCC	1628	002578	闽发铝业	58.20	CCC
1593	000537	广宇发展	58.60	CCC	1629	600352	浙江龙盛	58.10	CCC
1594	000859	国风塑业	58.60	CCC	1630	300190	维尔利	58.10	CCC
1595	000593	大通燃气	58.60	CCC	1631	600765	中航重机	58.10	CCC
1596	300606	金太阳	58.50	CCC	1632	300441	鲍斯股份	58.10	CCC
1597	002972	科安达	58.50	CCC	1633	688003	天准科技	58.10	CCC
1598	600822	上海物贸	58.50	CCC	1634	600794	保税科技	58.10	CCC
1599	600581	八一钢铁	58.50	CCC	1635	600675	中华企业	58.10	CCC
1600	600283	钱江水利	58.50	CCC	1636	300224	正海磁材	58.10	CCC

续表

序号	股票代码	股票简称	评价得分	评价等级	序号	股票代码	股票简称	评价得分	评价等级
1637	601789	宁波建工	58.10	CCC	1673	603701	德宏股份	57.70	CCC
1638	300493	润欣科技	58.10	CCC	1674	000811	冰轮环境	57.70	CCC
1639	300185	通裕重工	58.10	CCC	1675	603067	振华股份	57.70	CCC
1640	002285	世联行	58.10	CCC	1676	601600	中国铝业	57.70	CCC
1641	300304	云意电气	58.00	CCC	1677	300158	振东制药	57.60	CCC
1642	002935	天奥电子	58.00	CCC	1678	300602	飞荣达	57.60	CCC
1643	002228	合兴包装	58.00	CCC	1679	603912	佳力图	57.60	CCC
1644	600984	建设机械	58.00	CCC	1680	603197	保隆科技	57.60	CCC
1645	002489	浙江永强	58.00	CCC	1681	300303	聚飞光电	57.60	CCC
1646	000601	韶能股份	58.00	CCC	1682	000828	东莞控股	57.60	CCC
1647	300101	振芯科技	58.00	CCC	1683	002952	亚世光电	57.60	CCC
1648	002957	科瑞技术	58.00	CCC	1684	002276	万马股份	57.60	CCC
1649	000099	中信海直	58.00	CCC	1685	600629	华建集团	57.50	CCC
1650	601169	北京银行	58.00	CCC	1686	002809	红墙股份	57.50	CCC
1651	600729	重庆百货	57.90	CCC	1687	300590	移为通信	57.50	CCC
1652	600038	中直股份	57.90	CCC	1688	603829	洛凯股份	57.50	CCC
1653	600929	雪天盐业	57.90	CCC	1689	603586	金麒麟	57.50	CCC
1654	300342	天银机电	57.90	CCC	1690	300457	赢合科技	57.50	CCC
1655	600028	中国石化	57.90	CCC	1691	000863	三湘印象	57.50	CCC
1656	300315	掌趣科技	57.90	CCC	1692	300404	博济医药	57.50	CCC
1657	603917	合力科技	57.80	CCC	1693	300499	高澜股份	57.50	CCC
1658	000976	华铁股份	57.80	CCC	1694	300376	易事特	57.50	CCC
1659	300049	福瑞股份	57.80	CCC	1695	000720	新能泰山	57.50	CCC
1660	002598	山东章鼓	57.80	CCC	1696	000557	西部创业	57.40	CCC
1661	002516	旷达科技	57.80	CCC	1697	002580	圣阳股份	57.40	CCC
1662	002907	华森制药	57.80	CCC	1698	002664	长鹰信质	57.40	CCC
1663	002824	和胜股份	57.70	CCC	1699	002672	东江环保	57.40	CCC
1664	002522	浙江众成	57.70	CCC	1700	002273	水晶光电	57.40	CCC
1665	300666	江丰电子	57.70	CCC	1701	603889	新澳股份	57.40	CCC
1666	300063	天龙集团	57.70	CCC	1702	600688	上海石化	57.40	CCC
1667	300035	中科电气	57.70	CCC	1703	002556	辉隆股份	57.40	CCC
1668	002380	科远智慧	57.70	CCC	1704	002417	深南股份	57.40	CCC
1669	002338	奥普光电	57.70	CCC	1705	600490	鹏欣资源	57.30	CCC
1670	603081	大丰实业	57.70	CCC	1706	002334	英威腾	57.30	CCC
1671	002171	楚江新材	57.70	CCC	1707	603976	正川股份	57.30	CCC
1672	000900	现代投资	57.70	CCC	1708	603033	三维股份	57.30	CCC

续表

序号	股票代码	股票简称	评价得分	评价等级	序号	股票代码	股票简称	评价得分	评价等级
1709	300398	飞凯材料	57.30	CCC	1745	000551	创元科技	57.00	CCC
1710	603330	上海天洋	57.30	CCC	1746	002559	亚威股份	57.00	CCC
1711	600252	中恒集团	57.30	CCC	1747	300517	海波重科	57.00	CCC
1712	600862	中航高科	57.30	CCC	1748	300092	科新机电	57.00	CCC
1713	601005	重庆钢铁	57.30	CCC	1749	000990	诚志股份	57.00	CCC
1714	603323	苏农银行	57.30	CCC	1750	000909	数源科技	57.00	CCC
1715	002948	青岛银行	57.30	CCC	1751	000887	中鼎股份	57.00	CCC
1716	688358	祥生医疗	57.20	CCC	1752	000698	沈阳化工	57.00	CCC
1717	000952	广济药业	57.20	CCC	1753	600814	杭州解百	57.00	CCC
1718	600435	北方导航	57.20	CCC	1754	600067	冠城大通	57.00	CCC
1719	600388	龙净环保	57.20	CCC	1755	002560	通达股份	56.90	CCC
1720	600833	第一医药	57.20	CCC	1756	000818	航锦科技	56.90	CCC
1721	688018	乐鑫科技	57.20	CCC	1757	300271	华宇软件	56.90	CCC
1722	002827	高争民爆	57.20	CCC	1758	688368	晶丰明源	56.90	CCC
1723	600535	天士力	57.20	CCC	1759	002540	亚太科技	56.90	CCC
1724	300447	全信股份	57.20	CCC	1760	603818	曲美家居	56.90	CCC
1725	603351	威尔药业	57.20	CCC	1761	002658	雪迪龙	56.90	CCC
1726	600033	福建高速	57.20	CCC	1762	002537	海联金汇	56.90	CCC
1727	300508	维宏股份	57.20	CCC	1763	000570	苏常柴 A	56.90	CCC
1728	601808	中海油服	57.20	CCC	1764	600113	浙江东日	56.90	CCC
1729	600853	龙建股份	57.20	CCC	1765	300172	中电环保	56.90	CCC
1730	300656	民德电子	57.20	CCC	1766	300500	启迪设计	56.90	CCC
1731	002917	金奥博	57.10	CCC	1767	300468	四方精创	56.80	CCC
1732	002101	广东鸿图	57.10	CCC	1768	300359	全通教育	56.80	CCC
1733	603580	艾艾精工	57.10	CCC	1769	600502	安徽建工	56.80	CCC
1734	000035	中国天楹	57.10	CCC	1770	002448	中原内配	56.80	CCC
1735	300149	睿智医药	57.10	CCC	1771	688101	三达膜	56.80	CCC
1736	002098	浔兴股份	57.10	CCC	1772	603118	共进股份	56.80	CCC
1737	600469	风神股份	57.10	CCC	1773	300099	精准信息	56.80	CCC
1738	002906	华阳集团	57.10	CCC	1774	000723	美锦能源	56.80	CCC
1739	603708	家家悦	57.10	CCC	1775	300640	德艺文创	56.80	CCC
1740	603227	雪峰科技	57.10	CCC	1776	002296	辉煌科技	56.80	CCC
1741	600546	山煤国际	57.10	CCC	1777	601566	九牧王	56.80	CCC
1742	601916	浙商银行	57.10	CCC	1778	300412	迦南科技	56.80	CCC
1743	600875	东方电气	57.00	CCC	1779	000055	方大集团	56.80	CCC
1744	600655	豫园股份	57.00	CCC	1780	600096	云天化	56.70	CCC

续表

序号	股票代码	股票简称	评价得分	评价等级	序号	股票代码	股票简称	评价得分	评价等级
1781	601616	广电电气	56.70	CCC	1817	603136	天目湖	56.40	CCC
1782	603776	永安行	56.70	CCC	1818	600961	株冶集团	56.40	CCC
1783	601766	中国中车	56.70	CCC	1819	002678	珠江钢琴	56.40	CCC
1784	600735	新华锦	56.70	CCC	1820	002807	江阴银行	56.40	CCC
1785	002396	星网锐捷	56.70	CCC	1821	000629	攀钢钒钛	56.30	CCC
1786	603610	麒盛科技	56.70	CCC	1822	300407	凯发电气	56.30	CCC
1787	603726	朗迪集团	56.70	CCC	1823	002855	捷荣技术	56.30	CCC
1788	603299	苏盐井神	56.70	CCC	1824	002040	南京港	56.30	CCC
1789	300564	筑博设计	56.70	CCC	1825	600897	厦门空港	56.30	CCC
1790	300651	金陵体育	56.60	CCC	1826	002798	帝欧家居	56.30	CCC
1791	603214	爱婴室	56.60	CCC	1827	603590	康辰药业	56.30	CCC
1792	600377	宁沪高速	56.60	CCC	1828	002962	五方光电	56.30	CCC
1793	600229	城市传媒	56.60	CCC	1829	601118	海南橡胶	56.20	CCC
1794	002422	科伦药业	56.60	CCC	1830	300711	广哈通信	56.20	CCC
1795	603396	金辰股份	56.60	CCC	1831	300652	雷迪克	56.20	CCC
1796	002544	杰赛科技	56.60	CCC	1832	000767	晋控电力	56.20	CCC
1797	000546	金圆股份	56.60	CCC	1833	603656	泰禾智能	56.20	CCC
1798	002099	海翔药业	56.50	CCC	1834	600193	ST 创兴	56.20	CCC
1799	601880	辽港股份	56.50	CCC	1835	603108	润达医疗	56.20	CCC
1800	002386	天原股份	56.50	CCC	1836	002899	英派斯	56.20	CCC
1801	300261	雅本化学	56.50	CCC	1837	600531	豫光金铅	56.20	CCC
1802	000733	振华科技	56.50	CCC	1838	000985	大庆华科	56.20	CCC
1803	002163	海南发展	56.50	CCC	1839	603909	合诚股份	56.10	CCC
1804	600818	中路股份	56.50	CCC	1840	603199	九华旅游	56.10	CCC
1805	002921	联诚精密	56.50	CCC	1841	000029	深深房 A	56.10	CCC
1806	002521	齐峰新材	56.40	CCC	1842	600260	凯乐科技	56.10	CCC
1807	002947	恒铭达	56.40	CCC	1843	601866	中远海发	56.10	CCC
1808	000881	中广核技	56.40	CCC	1844	300281	金明精机	56.10	CCC
1809	000155	川能动力	56.40	CCC	1845	300364	中文在线	56.10	CCC
1810	600980	北矿科技	56.40	CCC	1846	000933	神火股份	56.00	CCC
1811	300786	国林科技	56.40	CCC	1847	603012	创力集团	56.00	CCC
1812	000009	中国宝安	56.40	CCC	1848	300486	东杰智能	56.00	CCC
1813	603109	神驰机电	56.40	CCC	1849	002644	佛慈制药	56.00	CCC
1814	601226	华电重工	56.40	CCC	1850	000518	四环生物	56.00	CCC
1815	601015	陕西黑猫	56.40	CCC	1851	600819	耀皮玻璃	56.00	CCC
1816	002718	友邦吊顶	56.40	CCC	1852	600313	农发种业	56.00	CCC

续表

序号	股票代码	股票简称	评价得分	评价等级	序号	股票代码	股票简称	评价得分	评价等级
1853	600571	信雅达	56.00	CCC	1889	603955	大千生态	55.60	CCC
1854	600118	中国卫星	56.00	CCC	1890	603901	永创智能	55.60	CCC
1855	002870	香山股份	56.00	CCC	1891	603507	振江股份	55.60	CCC
1856	603115	海星股份	56.00	CCC	1892	300805	电声股份	55.60	CCC
1857	600587	新华医疗	55.90	CCC	1893	300616	尚品宅配	55.60	CCC
1858	300695	兆丰股份	55.90	CCC	1894	300421	力星股份	55.60	CCC
1859	002218	拓日新能	55.90	CCC	1895	603078	江化微	55.60	CCC
1860	603139	康惠制药	55.90	CCC	1896	603022	新通联	55.50	CCC
1861	000850	华茂股份	55.90	CCC	1897	600501	航天晨光	55.50	CCC
1862	300381	溢多利	55.90	CCC	1898	300780	德恩精工	55.50	CCC
1863	002517	恺英网络	55.90	CCC	1899	603709	中源家居	55.50	CCC
1864	600769	祥龙电业	55.90	CCC	1900	002389	航天彩虹	55.50	CCC
1865	603969	银龙股份	55.90	CCC	1901	300137	先河环保	55.40	CCC
1866	600506	*ST 香梨	55.90	CCC	1902	603383	顶点软件	55.40	CCC
1867	300772	运达股份	55.90	CCC	1903	600963	岳阳林纸	55.40	CCC
1868	300589	江龙船艇	55.80	CCC	1904	300341	麦克奥迪	55.40	CCC
1869	603990	麦迪科技	55.80	CCC	1905	600178	东安动力	55.40	CCC
1870	600699	均胜电子	55.80	CCC	1906	300518	盛讯达	55.40	CCC
1871	000153	丰原药业	55.80	CCC	1907	002246	北化股份	55.40	CCC
1872	002549	凯美特气	55.80	CCC	1908	600279	重庆港九	55.40	CCC
1873	002340	格林美	55.80	CCC	1909	603336	宏辉果蔬	55.40	CCC
1874	300480	光力科技	55.80	CCC	1910	600287	江苏舜天	55.30	CCC
1875	603881	数据港	55.80	CCC	1911	600149	廊坊发展	55.30	CCC
1876	002868	绿康生化	55.80	CCC	1912	002486	嘉麟杰	55.30	CCC
1877	002203	海亮股份	55.80	CCC	1913	601177	杭齿前进	55.30	CCC
1878	000966	长源电力	55.80	CCC	1914	600855	航天长峰	55.30	CCC
1879	000026	飞亚达	55.80	CCC	1915	300790	宇瞳光学	55.30	CCC
1880	000532	华金资本	55.70	CCC	1916	601958	金钼股份	55.30	CCC
1881	002084	海鸥住工	55.70	CCC	1917	000930	中粮科技	55.30	CCC
1882	300532	今天国际	55.70	CCC	1918	300730	科创信息	55.30	CCC
1883	603331	百达精工	55.70	CCC	1919	002635	安洁科技	55.30	CCC
1884	603690	至纯科技	55.70	CCC	1920	002244	滨江集团	55.30	CCC
1885	300111	向日葵	55.70	CCC	1921	002349	精华制药	55.30	CCC
1886	600018	上港集团	55.60	CCC	1922	002170	芭田股份	55.20	CCC
1887	000751	锌业股份	55.60	CCC	1923	603360	百傲化学	55.20	CCC
1888	002395	双象股份	55.60	CCC	1924	600536	中国软件	55.20	CCC

续表

序号	股票代码	股票简称	评价得分	评价等级	序号	股票代码	股票简称	评价得分	评价等级
1925	300503	昊志机电	55.20	CCC	1961	300393	中来股份	54.80	CC
1926	601020	ST 华钰	55.20	CCC	1962	300388	节能国祯	54.80	CC
1927	300505	川金诺	55.20	CCC	1963	300118	东方日升	54.80	CC
1928	000059	华锦股份	55.20	CCC	1964	002391	长青股份	54.80	CC
1929	000520	长航凤凰	55.20	CCC	1965	603888	新华网	54.70	CC
1930	300257	开山股份	55.20	CCC	1966	600636	国新文化	54.70	CC
1931	600184	光电股份	55.10	CCC	1967	300568	星源材质	54.70	CC
1932	300226	上海钢联	55.10	CCC	1968	000680	山推股份	54.70	CC
1933	600821	*ST 劝业	55.10	CCC	1969	300192	科德教育	54.60	CC
1934	603817	海峡环保	55.10	CCC	1970	600648	外高桥	54.60	CC
1935	000821	京山轻机	55.10	CCC	1971	300290	荣科科技	54.60	CC
1936	300260	新莱应材	55.10	CCC	1972	300787	海能实业	54.60	CC
1937	600182	S 佳通	55.10	CCC	1973	002953	日丰股份	54.60	CC
1938	300422	博世科	55.10	CCC	1974	002620	瑞和股份	54.60	CC
1939	300504	天邑股份	55.00	CC	1975	000705	浙江震元	54.60	CC
1940	688020	方邦股份	55.00	CC	1976	000036	华联控股	54.60	CC
1941	000534	万泽股份	55.00	CC	1977	300581	晨曦航空	54.60	CC
1942	002054	德美化工	55.00	CC	1978	002144	宏达高科	54.60	CC
1943	000019	深粮控股	55.00	CC	1979	002079	苏州固锝	54.60	CC
1944	603269	海鸥股份	55.00	CC	1980	002046	国机精工	54.50	CC
1945	002788	鹭燕医药	55.00	CC	1981	300386	飞天诚信	54.40	CC
1946	000505	京粮控股	55.00	CC	1982	002612	朗姿股份	54.40	CC
1947	300611	美力科技	55.00	CC	1983	600302	标准股份	54.40	CC
1948	300420	五洋停车	55.00	CC	1984	002457	青龙管业	54.40	CC
1949	002882	金龙羽	55.00	CC	1985	002206	海利得	54.40	CC
1950	300797	钢研纳克	54.90	CC	1986	600470	六国化工	54.40	CC
1951	600330	天通股份	54.90	CC	1987	603318	派思股份	54.40	CC
1952	000411	英特集团	54.90	CC	1988	002662	京威股份	54.40	CC
1953	601828	美凯龙	54.90	CC	1989	603843	正平股份	54.40	CC
1954	002215	诺普信	54.90	CC	1990	000897	津滨发展	54.40	CC
1955	600099	林海股份	54.90	CC	1991	603366	日出东方	54.30	CC
1956	002135	东南网架	54.90	CC	1992	300672	国科微	54.30	CC
1957	603677	奇精机械	54.90	CC	1993	000837	*ST 秦机	54.30	CC
1958	001965	招商公路	54.90	CC	1994	603637	镇海股份	54.30	CC
1959	002584	西陇科学	54.80	CC	1995	300219	鸿利智汇	54.30	CC
1960	002404	嘉欣丝绸	54.80	CC	1996	600016	民生银行	54.30	CC

续表

序号	股票代码	股票简称	评价得分	评价等级	序号	股票代码	股票简称	评价得分	评价等级
1997	603036	如通股份	54.20	CC	2033	002435	长江健康	53.90	CC
1998	603138	海量数据	54.20	CC	2034	000816	智慧农业	53.90	CC
1999	600569	安阳钢铁	54.20	CC	2035	600879	航天电子	53.90	CC
2000	600421	ST 华嵘	54.20	CC	2036	600107	美尔雅	53.90	CC
2001	002274	华昌化工	54.20	CC	2037	601996	丰林集团	53.90	CC
2002	002198	嘉应制药	54.20	CC	2038	603098	森特股份	53.80	CC
2003	300675	建科院	54.20	CC	2039	002922	伊戈尔	53.80	CC
2004	002053	云南能投	54.20	CC	2040	600610	ST 毅达	53.80	CC
2005	603738	泰晶科技	54.20	CC	2041	600368	五洲交通	53.80	CC
2006	002250	联化科技	54.20	CC	2042	600238	海南椰岛	53.80	CC
2007	600572	康恩贝	54.10	CC	2043	600150	中国船舶	53.80	CC
2008	300707	威唐工业	54.10	CC	2044	002290	禾盛新材	53.80	CC
2009	603567	珍宝岛	54.10	CC	2045	688037	芯源微	53.80	CC
2010	603669	灵康药业	54.10	CC	2046	601212	白银有色	53.70	CC
2011	601869	长飞光纤	54.10	CC	2047	600035	楚天高速	53.70	CC
2012	601007	金陵饭店	54.10	CC	2048	600903	贵州燃气	53.70	CC
2013	300263	隆华科技	54.10	CC	2049	603665	康隆达	53.70	CC
2014	603421	鼎信通讯	54.10	CC	2050	603321	梅轮电梯	53.70	CC
2015	600371	万向德农	54.10	CC	2051	002074	国轩高科	53.70	CC
2016	300133	华策影视	54.00	CC	2052	600497	驰宏锌锗	53.70	CC
2017	000691	亚太实业	54.00	CC	2053	002006	精功科技	53.70	CC
2018	002857	三晖电气	54.00	CC	2054	000623	吉林敖东	53.60	CC
2019	600455	博通股份	54.00	CC	2055	603860	中公高科	53.60	CC
2020	002249	大洋电机	54.00	CC	2056	300429	强力新材	53.60	CC
2021	600425	青松建化	54.00	CC	2057	001979	招商蛇口	53.60	CC
2022	688058	宝兰德	54.00	CC	2058	600725	ST 云维	53.60	CC
2023	002502	*ST 鼎龙	54.00	CC	2059	600602	云赛智联	53.60	CC
2024	603999	读者传媒	54.00	CC	2060	300456	赛微电子	53.60	CC
2025	000096	广聚能源	54.00	CC	2061	600789	鲁抗医药	53.60	CC
2026	000709	河钢股份	54.00	CC	2062	300643	万通智控	53.50	CC
2027	000790	华神科技	53.90	CC	2063	300017	网宿科技	53.50	CC
2028	300778	新城市	53.90	CC	2064	603429	集友股份	53.50	CC
2029	002933	新兴装备	53.90	CC	2065	000657	中钨高新	53.50	CC
2030	000970	中科三环	53.90	CC	2066	603500	祥和实业	53.50	CC
2031	300425	中建环能	53.90	CC	2067	600327	大东方	53.50	CC
2032	300179	四方达	53.90	CC	2068	300594	朗进科技	53.50	CC

续表

序号	股票代码	股票简称	评价得分	评价等级	序号	股票代码	股票简称	评价得分	评价等级
2069	600269	赣粤高速	53.50	CC	2105	600649	城投控股	53.10	CC
2070	300535	达威股份	53.50	CC	2106	600428	中远海特	53.10	CC
2071	002843	泰嘉股份	53.50	CC	2107	300245	天玑科技	53.10	CC
2072	300409	道氏技术	53.50	CC	2108	300464	星徽股份	53.10	CC
2073	002253	川大智胜	53.50	CC	2109	000735	罗牛山	53.10	CC
2074	600488	天药股份	53.40	CC	2110	603655	朗博科技	53.10	CC
2075	600268	国电南自	53.40	CC	2111	002774	快意电梯	53.00	CC
2076	600259	广晟有色	53.40	CC	2112	600297	广汇汽车	53.00	CC
2077	300154	瑞凌股份	53.40	CC	2113	600827	百联股份	53.00	CC
2078	600064	南京高科	53.40	CC	2114	600386	北巴传媒	53.00	CC
2079	000619	海螺型材	53.40	CC	2115	300351	永贵电器	53.00	CC
2080	300097	智云股份	53.40	CC	2116	002869	金溢科技	53.00	CC
2081	000969	安泰科技	53.40	CC	2117	002272	川润股份	53.00	CC
2082	300761	立华股份	53.30	CC	2118	603767	中马传动	53.00	CC
2083	300509	新美星	53.30	CC	2119	600010	包钢股份	53.00	CC
2084	300382	斯莱克	53.30	CC	2120	603998	方盛制药	53.00	CC
2085	603527	众源新材	53.30	CC	2121	000797	中国武夷	53.00	CC
2086	300306	远方信息	53.30	CC	2122	300335	迪森股份	53.00	CC
2087	603286	日盈电子	53.30	CC	2123	601106	中国一重	53.00	CC
2088	600973	宝胜股份	53.30	CC	2124	300203	聚光科技	53.00	CC
2089	600594	益佰制药	53.30	CC	2125	002846	英联股份	53.00	CC
2090	002066	瑞泰科技	53.30	CC	2126	000973	佛塑科技	53.00	CC
2091	600865	百大集团	53.20	CC	2127	600159	大龙地产	52.90	CC
2092	300387	富邦股份	53.20	CC	2128	000710	贝瑞基因	52.90	CC
2093	000869	张裕 A	53.20	CC	2129	000032	深桑达 A	52.90	CC
2094	300585	奥联电子	53.20	CC	2130	002808	恒久科技	52.90	CC
2095	300194	福安药业	53.20	CC	2131	688028	沃尔德	52.90	CC
2096	002527	新时达	53.20	CC	2132	600251	冠农股份	52.90	CC
2097	603315	福鞍股份	53.20	CC	2133	600135	乐凯胶片	52.90	CC
2098	002715	登云股份	53.20	CC	2134	300368	汇金股份	52.90	CC
2099	002719	*ST 麦趣	53.20	CC	2135	002703	浙江世宝	52.90	CC
2100	002298	中电兴发	53.20	CC	2136	002119	康强电子	52.90	CC
2101	603398	邦宝益智	53.10	CC	2137	600203	福日电子	52.90	CC
2102	000423	东阿阿胶	53.10	CC	2138	300183	东软载波	52.90	CC
2103	002092	中泰化学	53.10	CC	2139	600168	武汉控股	52.90	CC
2104	300155	安居宝	53.10	CC	2140	002536	飞龙股份	52.90	CC

续表

序号	股票代码	股票简称	评价得分	评价等级	序号	股票代码	股票简称	评价得分	评价等级
2141	300789	唐源电气	52.80	CC	2177	600059	古越龙山	52.40	CC
2142	002213	大为股份	52.80	CC	2178	688025	杰普特	52.30	CC
2143	600137	浪莎股份	52.80	CC	2179	600493	凤竹纺织	52.30	CC
2144	300349	金卡智能	52.80	CC	2180	300321	同大股份	52.30	CC
2145	600880	博瑞传播	52.70	CC	2181	002002	鸿达兴业	52.30	CC
2146	300218	安利股份	52.70	CC	2182	002455	百川股份	52.30	CC
2147	000042	中洲控股	52.70	CC	2183	603015	弘讯科技	52.30	CC
2148	601368	绿城水务	52.70	CC	2184	600635	大众公用	52.30	CC
2149	002029	七匹狼	52.70	CC	2185	600400	红豆股份	52.20	CC
2150	601857	中国石油	52.70	CC	2186	002388	新亚制程	52.20	CC
2151	300645	正元智慧	52.70	CC	2187	300460	惠伦晶体	52.20	CC
2152	300586	美联新材	52.70	CC	2188	603322	超讯通信	52.20	CC
2153	000062	深圳华强	52.70	CC	2189	002038	双鹭药业	52.10	CC
2154	600847	万里股份	52.60	CC	2190	603105	芯能科技	52.10	CC
2155	002390	信邦制药	52.60	CC	2191	603577	汇金通	52.10	CC
2156	603633	徕木股份	52.60	CC	2192	300001	特锐德	52.10	CC
2157	600826	兰生股份	52.60	CC	2193	002822	中装建设	52.10	CC
2158	300455	康拓红外	52.60	CC	2194	600277	亿利洁能	52.10	CC
2159	300277	海联讯	52.60	CC	2195	002350	北京科锐	52.00	CC
2160	603693	江苏新能	52.60	CC	2196	600682	南京新百	52.00	CC
2161	300018	中元股份	52.60	CC	2197	000727	华东科技	52.00	CC
2162	601999	出版传媒	52.60	CC	2198	000004	国华网安	52.00	CC
2163	603900	莱绅通灵	52.60	CC	2199	300514	友讯达	52.00	CC
2164	002729	好利来	52.60	CC	2200	300459	金科文化	52.00	CC
2165	000061	农产品	52.60	CC	2201	002165	红宝丽	52.00	CC
2166	600186	莲花健康	52.50	CC	2202	300665	飞鹿股份	51.90	CC
2167	000810	创维数字	52.50	CC	2203	600262	北方股份	51.90	CC
2168	600583	海油工程	52.50	CC	2204	300402	宝色股份	51.90	CC
2169	300752	隆利科技	52.50	CC	2205	002412	汉森制药	51.90	CC
2170	002611	东方精工	52.50	CC	2206	002345	潮宏基	51.90	CC
2171	002590	万安科技	52.50	CC	2207	002339	积成电子	51.90	CC
2172	002162	悦心健康	52.50	CC	2208	002117	东港股份	51.90	CC
2173	600748	上实发展	52.40	CC	2209	603379	三美股份	51.90	CC
2174	300438	鹏辉能源	52.40	CC	2210	300641	正丹股份	51.90	CC
2175	688366	昊海生科	52.40	CC	2211	300654	世纪天鸿	51.90	CC
2176	002295	精艺股份	52.40	CC	2212	601116	三江购物	51.90	CC

续表

序号	股票代码	股票简称	评价得分	评价等级	序号	股票代码	股票简称	评价得分	评价等级
2213	002775	文科园林	51.90	CC	2249	300743	天地数码	51.50	CC
2214	000801	四川九洲	51.90	CC	2250	300238	冠昊生物	51.40	CC
2215	002342	巨力索具	51.90	CC	2251	300085	银之杰	51.40	CC
2216	002723	金莱特	51.80	CC	2252	603685	晨丰科技	51.40	CC
2217	603001	奥康国际	51.80	CC	2253	300265	通光线缆	51.40	CC
2218	300775	三角防务	51.80	CC	2254	603085	天成自控	51.40	CC
2219	300399	天利科技	51.80	CC	2255	000017	*ST 中华 A	51.30	CC
2220	300039	上海凯宝	51.80	CC	2256	600481	双良节能	51.30	CC
2221	002204	大连重工	51.80	CC	2257	002681	奋达科技	51.30	CC
2222	603226	菲林格尔	51.80	CC	2258	002037	保利联合	51.30	CC
2223	601339	百隆东方	51.80	CC	2259	300553	集智股份	51.30	CC
2224	002741	光华科技	51.80	CC	2260	000702	正虹科技	51.30	CC
2225	603077	和邦生物	51.80	CC	2261	000831	五矿稀土	51.30	CC
2226	600784	鲁银投资	51.70	CC	2262	300621	维业股份	51.20	CC
2227	600839	四川长虹	51.70	CC	2263	600552	凯盛科技	51.20	CC
2228	002660	茂硕电源	51.70	CC	2264	300688	创业黑马	51.20	CC
2229	002593	日上集团	51.70	CC	2265	300561	汇金科技	51.20	CC
2230	300272	开能健康	51.60	CC	2266	002545	东方铁塔	51.20	CC
2231	002247	*ST 聚力	51.60	CC	2267	002861	瀛通通讯	51.20	CC
2232	300549	优德精密	51.60	CC	2268	300047	天源迪科	51.20	CC
2233	300545	联得装备	51.60	CC	2269	300391	康跃科技	51.20	CC
2234	300166	东方国信	51.60	CC	2270	300147	香雪制药	51.20	CC
2235	002132	恒星科技	51.60	CC	2271	002169	智光电气	51.20	CC
2236	000683	远兴能源	51.60	CC	2272	300703	创源股份	51.10	CC
2237	600843	上工申贝	51.60	CC	2273	002613	北玻股份	51.10	CC
2238	002346	柘中股份	51.50	CC	2274	002009	天奇股份	51.10	CC
2239	600532	未来股份	51.50	CC	2275	603055	台华新材	51.10	CC
2240	600123	兰花科创	51.50	CC	2276	600713	南京医药	51.10	CC
2241	000753	漳州发展	51.50	CC	2277	300731	科创新源	51.10	CC
2242	601010	文峰股份	51.50	CC	2278	002344	海宁皮城	51.00	CC
2243	002375	亚厦股份	51.50	CC	2279	002823	凯中精密	51.00	CC
2244	600110	诺德股份	51.50	CC	2280	002166	莱茵生物	51.00	CC
2245	603768	常青股份	51.50	CC	2281	000761	本钢板材	51.00	CC
2246	300550	和仁科技	51.50	CC	2282	300461	田中精机	51.00	CC
2247	300210	森远股份	51.50	CC	2283	600641	万业企业	51.00	CC
2248	600509	天富能源	51.50	CC	2284	300668	杰恩设计	50.90	CC

续表

序号	股票代码	股票简称	评价得分	评价等级	序号	股票代码	股票简称	评价得分	评价等级
2285	300492	华图山鼎	50.90	CC	2321	300130	新国都	50.60	CC
2286	002357	富临运业	50.90	CC	2322	000553	安道麦 A	50.60	CC
2287	603045	福达合金	50.90	CC	2323	603068	博通集成	50.60	CC
2288	600592	龙溪股份	50.90	CC	2324	600127	金健米业	50.50	CC
2289	300232	洲明科技	50.90	CC	2325	002820	桂发祥	50.50	CC
2290	603536	惠发食品	50.90	CC	2326	603528	多伦科技	50.50	CC
2291	002686	亿利达	50.90	CC	2327	600410	华胜天成	50.50	CC
2292	600128	弘业股份	50.90	CC	2328	601107	四川成渝	50.50	CC
2293	002160	常铝股份	50.90	CC	2329	600992	贵绳股份	50.50	CC
2294	603328	依顿电子	50.90	CC	2330	002566	益盛药业	50.50	CC
2295	600366	宁波韵升	50.90	CC	2331	002495	佳隆股份	50.50	CC
2296	603308	应流股份	50.80	CC	2332	300781	因赛集团	50.50	CC
2297	002708	光洋股份	50.80	CC	2333	000670	*ST 盈方	50.50	CC
2298	688039	当虹科技	50.80	CC	2334	600429	三元股份	50.50	CC
2299	600685	中船防务	50.80	CC	2335	300191	潜能恒信	50.40	CC
2300	600307	酒钢宏兴	50.80	CC	2336	600185	格力地产	50.40	CC
2301	000677	恒天海龙	50.80	CC	2337	000829	天音控股	50.40	CC
2302	002112	三变科技	50.80	CC	2338	600859	王府井	50.40	CC
2303	002743	富煌钢构	50.80	CC	2339	600768	宁波富邦	50.40	CC
2304	002546	新联电子	50.80	CC	2340	002102	ST 冠福	50.40	CC
2305	600810	神马股份	50.80	CC	2341	603116	红蜻蜓	50.40	CC
2306	300697	电工合金	50.70	CC	2342	601619	嘉泽新能	50.40	CC
2307	000768	中航西飞	50.70	CC	2343	600396	金山股份	50.40	CC
2308	002762	金发拉比	50.70	CC	2344	002881	美格智能	50.40	CC
2309	002259	*ST 升达	50.70	CC	2345	000752	*ST 西发	50.40	CC
2310	603598	引力传媒	50.70	CC	2346	300719	安达维尔	50.40	CC
2311	002033	丽江股份	50.70	CC	2347	300419	浩丰科技	50.40	CC
2312	002442	龙星化工	50.70	CC	2348	600310	桂东电力	50.30	CC
2313	002045	国光电器	50.70	CC	2349	600969	郴电国际	50.30	CC
2314	000715	中兴商业	50.70	CC	2350	600361	华联综超	50.30	CC
2315	300597	吉大通信	50.70	CC	2351	300430	诚益通	50.30	CC
2316	002765	蓝黛科技	50.60	CC	2352	002885	京泉华	50.30	CC
2317	300212	易华录	50.60	CC	2353	002863	今飞凯达	50.30	CC
2318	603038	华立股份	50.60	CC	2354	002073	软控股份	50.30	CC
2319	300608	思特奇	50.60	CC	2355	002428	云南锗业	50.30	CC
2320	300310	宜通世纪	50.60	CC	2356	600884	杉杉股份	50.20	CC

续表

序号	股票代码	股票简称	评价得分	评价等级	序号	股票代码	股票简称	评价得分	评价等级
2357	600812	华北制药	50.20	CC	2393	600235	民丰特纸	49.90	C
2358	600316	洪都航空	50.20	CC	2394	002783	凯龙股份	49.90	C
2359	688078	龙软科技	50.20	CC	2395	002149	西部材料	49.90	C
2360	300533	冰川网络	50.20	CC	2396	000565	渝三峡 A	49.90	C
2361	300057	万顺新材	50.20	CC	2397	600619	海立股份	49.90	C
2362	600227	圣济堂	50.20	CC	2398	600333	长春燃气	49.90	C
2363	600623	华谊集团	50.20	CC	2399	300489	中飞股份	49.90	C
2364	002115	三维通信	50.20	CC	2400	002752	昇兴股份	49.90	C
2365	300255	常山药业	50.20	CC	2401	300365	恒华科技	49.80	C
2366	600351	亚宝药业	50.20	CC	2402	600460	士兰微	49.80	C
2367	300235	方直科技	50.20	CC	2403	600130	波导股份	49.80	C
2368	002472	双环传动	50.20	CC	2404	002376	新北洋	49.80	C
2369	300513	恒实科技	50.10	CC	2405	002268	卫士通	49.80	C
2370	603278	大业股份	50.10	CC	2406	000688	国城矿业	49.80	C
2371	002520	日发精机	50.10	CC	2407	600824	益民集团	49.80	C
2372	600058	五矿发展	50.10	CC	2408	300120	经纬辉开	49.70	C
2373	603667	五洲新春	50.00	C	2409	000736	中交地产	49.70	C
2374	300551	古鳌科技	50.00	C	2410	601608	中信重工	49.70	C
2375	300467	迅游科技	50.00	C	2411	600557	康缘药业	49.70	C
2376	600939	重庆建工	50.00	C	2412	300103	达刚控股	49.70	C
2377	300417	南华仪器	50.00	C	2413	600272	开开实业	49.70	C
2378	600848	上海临港	50.00	C	2414	600080	ST 金花	49.70	C
2379	002303	美盈森	50.00	C	2415	300100	双林股份	49.60	C
2380	002264	新华都	50.00	C	2416	002515	金字火腿	49.60	C
2381	000419	通程控股	50.00	C	2417	000561	烽火电子	49.60	C
2382	600339	中油工程	50.00	C	2418	300217	东方电热	49.60	C
2383	600114	东睦股份	50.00	C	2419	300228	富瑞特装	49.60	C
2384	000803	北清环能	50.00	C	2420	002730	电光科技	49.60	C
2385	300284	苏交科	49.90	C	2421	603628	清源股份	49.60	C
2386	600823	世茂股份	49.90	C	2422	600367	红星发展	49.60	C
2387	002688	金河生物	49.90	C	2423	300710	万隆光电	49.60	C
2388	603595	东尼电子	49.90	C	2424	600811	东方集团	49.60	C
2389	300796	贝斯美	49.90	C	2425	002261	拓维信息	49.50	C
2390	603825	华扬联众	49.90	C	2426	000025	特力 A	49.50	C
2391	603980	吉华集团	49.90	C	2427	601086	国芳集团	49.50	C
2392	601890	亚星锚链	49.90	C	2428	300681	英搏尔	49.50	C

续表

序号	股票代码	股票简称	评价得分	评价等级	序号	股票代码	股票简称	评价得分	评价等级
2429	000020	深华发 A	49.50	C	2465	300110	华仁药业	49.00	C
2430	002617	露笑科技	49.40	C	2466	600851	海欣股份	49.00	C
2431	002468	申通快递	49.40	C	2467	603861	白云电器	49.00	C
2432	002243	力合科创	49.40	C	2468	300678	中科信息	49.00	C
2433	000995	皇台酒业	49.40	C	2469	600744	华银电力	49.00	C
2434	603863	松炀资源	49.40	C	2470	603256	宏和科技	48.90	C
2435	603121	华培动力	49.40	C	2471	300288	朗玛信息	48.80	C
2436	000590	启迪药业	49.40	C	2472	002505	鹏都农牧	48.80	C
2437	000554	泰山石油	49.40	C	2473	002333	ST 罗普	48.80	C
2438	603725	天安新材	49.30	C	2474	002192	融捷股份	48.80	C
2439	002655	共达电声	49.30	C	2475	603618	杭电股份	48.80	C
2440	600990	四创电子	49.20	C	2476	000622	恒立实业	48.70	C
2441	002877	智能自控	49.20	C	2477	002478	常宝股份	48.70	C
2442	000795	英洛华	49.20	C	2478	300332	天壕环境	48.70	C
2443	688030	山石网科	49.20	C	2479	300079	数码视讯	48.70	C
2444	600792	云煤能源	49.20	C	2480	600495	晋西车轴	48.70	C
2445	300523	辰安科技	49.20	C	2481	002413	雷科防务	48.70	C
2446	688258	卓易信息	49.20	C	2482	300539	横河模具	48.70	C
2447	002153	石基信息	49.20	C	2483	000998	隆平高科	48.70	C
2448	300584	海辰药业	49.20	C	2484	600222	太龙药业	48.60	C
2449	300557	理工光科	49.20	C	2485	600353	旭光电子	48.60	C
2450	600959	江苏有线	49.10	C	2486	603773	沃格光电	48.60	C
2451	600505	西昌电力	49.10	C	2487	002065	东华软件	48.60	C
2452	000812	陕西金叶	49.10	C	2488	000038	深大通	48.60	C
2453	002696	百洋股份	49.10	C	2489	300040	九洲集团	48.60	C
2454	002278	神开股份	49.10	C	2490	002183	怡亚通	48.60	C
2455	603790	雅运股份	49.10	C	2491	000759	中百集团	48.60	C
2456	601518	吉林高速	49.10	C	2492	601099	太平洋	48.60	C
2457	300650	太龙照明	49.10	C	2493	600960	渤海汽车	48.50	C
2458	300337	银邦股份	49.10	C	2494	002811	郑中设计	48.50	C
2459	002211	宏达新材	49.10	C	2495	000504	南华生物	48.50	C
2460	002910	庄园牧场	49.10	C	2496	600829	人民同泰	48.50	C
2461	000608	阳光股份	49.10	C	2497	002676	顺威股份	48.50	C
2462	600106	重庆路桥	49.00	C	2498	600335	国机汽车	48.50	C
2463	300571	平治信息	49.00	C	2499	002361	神剑股份	48.40	C
2464	002542	中化岩土	49.00	C	2500	600312	平高电气	48.40	C

续表

序号	股票代码	股票简称	评价得分	评价等级	序号	股票代码	股票简称	评价得分	评价等级
2501	002674	兴业科技	48.40	C	2537	300619	金银河	48.10	C
2502	300267	尔康制药	48.40	C	2538	002476	宝莫股份	48.00	C
2503	300177	中海达	48.40	C	2539	600179	*ST 安通	48.00	C
2504	002573	清新环境	48.40	C	2540	600360	华微电子	48.00	C
2505	600359	新农开发	48.40	C	2541	300635	中达安	48.00	C
2506	002137	实益达	48.40	C	2542	000533	顺钠股份	48.00	C
2507	002190	成飞集成	48.40	C	2543	600736	苏州高新	48.00	C
2508	600981	汇鸿集团	48.30	C	2544	600281	太化股份	48.00	C
2509	300067	安诺其	48.30	C	2545	000777	中核科技	48.00	C
2510	002378	章源钨业	48.30	C	2546	300691	联合光电	47.90	C
2511	600868	梅雁吉祥	48.30	C	2547	300793	佳禾智能	47.90	C
2512	600560	金自天正	48.30	C	2548	002260	*ST 德奥	47.90	C
2513	603629	利通电子	48.30	C	2549	601179	中国西电	47.90	C
2514	300577	开润股份	48.30	C	2550	300045	华力创通	47.90	C
2515	002561	徐家汇	48.20	C	2551	600722	金牛化工	47.90	C
2516	300240	飞力达	48.20	C	2552	600077	宋都股份	47.90	C
2517	603569	长久物流	48.20	C	2553	000626	远大控股	47.90	C
2518	600647	同达创业	48.20	C	2554	002424	贵州百灵	47.90	C
2519	603716	塞力医疗	48.20	C	2555	300491	通合科技	47.90	C
2520	300538	同益股份	48.20	C	2556	002134	天津普林	47.90	C
2521	300021	大禹节水	48.20	C	2557	000158	常山北明	47.80	C
2522	300339	润和软件	48.20	C	2558	300663	科蓝软件	47.80	C
2523	300749	顶固集创	48.20	C	2559	603377	东方时尚	47.80	C
2524	000409	山东地矿	48.20	C	2560	002856	美芝股份	47.80	C
2525	300709	精研科技	48.20	C	2561	600895	张江高科	47.80	C
2526	000637	茂化实华	48.20	C	2562	600094	大名城	47.70	C
2527	600345	长江通信	48.20	C	2563	002552	宝鼎科技	47.70	C
2528	300436	广生堂	48.20	C	2564	000422	ST 宜化	47.70	C
2529	600482	中国动力	48.20	C	2565	600714	金瑞矿业	47.70	C
2530	600965	福成股份	48.10	C	2566	603499	翔港科技	47.70	C
2531	601188	龙江交通	48.10	C	2567	002090	金智科技	47.70	C
2532	300062	中能电气	48.10	C	2568	002035	华帝股份	47.70	C
2533	603615	茶花股份	48.10	C	2569	000700	模塑科技	47.70	C
2534	603123	翠微股份	48.10	C	2570	000757	浩物股份	47.70	C
2535	600665	天地源	48.10	C	2571	000889	中嘉博创	47.60	C
2536	002722	金轮股份	48.10	C	2572	000597	东北制药	47.60	C

续表

序号	股票代码	股票简称	评价得分	评价等级	序号	股票代码	股票简称	评价得分	评价等级
2573	600538	国发股份	47.60	C	2609	601011	宝泰隆	47.20	C
2574	600775	南京熊猫	47.60	C	2610	002125	湘潭电化	47.10	C
2575	600376	首开股份	47.60	C	2611	002852	道道全	47.10	C
2576	300565	科信技术	47.60	C	2612	000016	深康佳 A	47.10	C
2577	002284	亚太股份	47.60	C	2613	601500	通用股份	47.10	C
2578	300126	锐奇股份	47.60	C	2614	002177	御银股份	47.00	C
2579	600770	综艺股份	47.50	C	2615	300694	蠡湖股份	47.00	C
2580	600892	大晟文化	47.50	C	2616	600525	长园集团	47.00	C
2581	002836	新宏泽	47.50	C	2617	000006	深振业 A	47.00	C
2582	002787	华源控股	47.50	C	2618	601969	海南矿业	47.00	C
2583	300712	永福股份	47.50	C	2619	002893	华通热力	47.00	C
2584	601606	长城军工	47.50	C	2620	601101	昊华能源	46.90	C
2585	002326	永太科技	47.50	C	2621	002813	路畅科技	46.90	C
2586	300187	永清环保	47.50	C	2622	002742	三圣股份	46.90	C
2587	300600	国瑞科技	47.50	C	2623	002017	东信和平	46.90	C
2588	000833	粤桂股份	47.40	C	2624	600162	香江控股	46.90	C
2589	300165	天瑞仪器	47.40	C	2625	300275	梅安森	46.90	C
2590	002562	兄弟科技	47.40	C	2626	300540	深冷股份	46.90	C
2591	300070	碧水源	47.40	C	2627	002800	天顺股份	46.90	C
2592	600237	铜峰电子	47.40	C	2628	002449	国星光电	46.90	C
2593	600255	鑫科材料	47.40	C	2629	600728	佳都科技	46.80	C
2594	300475	聚隆科技	47.30	C	2630	002123	梦网科技	46.70	C
2595	000037	深南电 A	47.30	C	2631	002955	鸿合科技	46.70	C
2596	002577	雷柏科技	47.30	C	2632	300234	开尔新材	46.70	C
2597	600180	瑞茂通	47.30	C	2633	000737	南风化工	46.70	C
2598	300554	三超新材	47.30	C	2634	600694	大商股份	46.60	C
2599	603316	诚邦股份	47.30	C	2635	002288	超华科技	46.60	C
2600	600292	远达环保	47.30	C	2636	002745	木林森	46.50	C
2601	002307	北新路桥	47.30	C	2637	000045	深纺织 A	46.50	C
2602	600797	浙大网新	47.30	C	2638	300065	海兰信	46.50	C
2603	002347	泰尔股份	47.30	C	2639	002733	雄韬股份	46.50	C
2604	002771	真视通	47.20	C	2640	300096	易联众	46.50	C
2605	603161	科华控股	47.20	C	2641	600288	大恒科技	46.40	C
2606	000088	盐田港	47.20	C	2642	300008	天海防务	46.40	C
2607	300605	恒锋信息	47.20	C	2643	002627	宜昌交运	46.40	C
2608	002201	九鼎新材	47.20	C	2644	600071	凤凰光学	46.40	C

续表

序号	股票代码	股票简称	评价得分	评价等级	序号	股票代码	股票简称	评价得分	评价等级
2645	000408	*ST 藏格	46.40	C	2681	002096	南岭民爆	45.90	C
2646	600415	小商品城	46.40	C	2682	002792	通宇通讯	45.90	C
2647	300331	苏大维格	46.40	C	2683	002571	德力股份	45.90	C
2648	300512	中亚股份	46.30	C	2684	002199	东晶电子	45.90	C
2649	002596	海南瑞泽	46.30	C	2685	300283	温州宏丰	45.90	C
2650	603332	苏州龙杰	46.30	C	2686	603009	北特科技	45.80	C
2651	300239	东宝生物	46.30	C	2687	600230	沧州大化	45.80	C
2652	002865	钧达股份	46.30	C	2688	300213	佳讯飞鸿	45.80	C
2653	002209	达意隆	46.30	C	2689	002667	鞍重股份	45.80	C
2654	002023	海特高新	46.30	C	2690	601366	利群股份	45.80	C
2655	300074	华平股份	46.30	C	2691	000792	*ST 盐湖	45.80	C
2656	002625	光启技术	46.30	C	2692	600208	新湖中宝	45.70	C
2657	600448	华纺股份	46.30	C	2693	300215	电科院	45.70	C
2658	600698	ST 天雁	46.20	C	2694	000089	深圳机场	45.70	C
2659	600790	轻纺城	46.20	C	2695	600854	春兰股份	45.70	C
2660	600382	广东明珠	46.20	C	2696	300107	建新股份	45.70	C
2661	002529	*ST 海源	46.20	C	2697	300020	银江股份	45.70	C
2662	002354	*ST 天娱	46.20	C	2698	002426	*ST 胜利	45.70	C
2663	000526	学大教育	46.20	C	2699	300322	硕贝德	45.60	C
2664	300330	华虹计通	46.20	C	2700	600257	大湖股份	45.60	C
2665	601512	中新集团	46.10	C	2701	600166	福田汽车	45.60	C
2666	002077	*ST 大港	46.10	C	2702	000911	南宁糖业	45.60	C
2667	300779	惠城环保	46.10	C	2703	600773	西藏城投	45.60	C
2668	300109	新开源	46.10	C	2704	300766	每日互动	45.60	C
2669	300319	麦捷科技	46.10	C	2705	688199	久日新材	45.60	C
2670	002689	远大智能	46.10	C	2706	300647	超频三	45.60	C
2671	002731	萃华珠宝	46.10	C	2707	300534	陇神戎发	45.60	C
2672	002068	黑猫股份	46.10	C	2708	002767	先锋电子	45.50	C
2673	002047	宝鹰股份	46.00	C	2709	603011	合锻智能	45.50	C
2674	603822	嘉澳环保	46.00	C	2710	000548	湖南投资	45.50	C
2675	600467	好当家	46.00	C	2711	300414	中光防雷	45.50	C
2676	603030	全筑股份	46.00	C	2712	300706	阿石创	45.50	C
2677	600189	泉阳泉	46.00	C	2713	000813	德展健康	45.50	C
2678	688007	光峰科技	46.00	C	2714	000893	亚钾国际	45.50	C
2679	603200	上海洗霸	46.00	C	2715	300328	宜安科技	45.40	C
2680	300462	华铭智能	45.90	C	2716	002036	联创电子	45.40	C

续表

序号	股票代码	股票简称	评价得分	评价等级	序号	股票代码	股票简称	评价得分	评价等级
2717	603933	睿能科技	45.40	C	2753	002419	天虹股份	44.70	C
2718	002363	隆基机械	45.40	C	2754	600638	新黄浦	44.70	C
2719	603626	科森科技	45.40	C	2755	000605	渤海股份	44.70	C
2720	603220	中贝通信	45.30	C	2756	300317	珈伟新能	44.70	C
2721	600530	*ST 交昂	45.30	C	2757	600662	强生控股	44.70	C
2722	300170	汉得信息	45.30	C	2758	600037	歌华有线	44.70	C
2723	300657	弘信电子	45.30	C	2759	600776	东方通信	44.70	C
2724	002234	民和股份	45.30	C	2760	300202	*ST 聚龙	44.70	C
2725	000962	东方钽业	45.30	C	2761	000417	合肥百货	44.70	C
2726	600491	龙元建设	45.30	C	2762	000023	深天地 A	44.70	C
2727	300329	海伦钢琴	45.30	C	2763	600831	广电网络	44.60	C
2728	002087	新野纺织	45.30	C	2764	300713	英可瑞	44.60	C
2729	300241	瑞丰光电	45.20	C	2765	002306	中科云网	44.60	C
2730	300527	中船应急	45.20	C	2766	600466	蓝光发展	44.60	C
2731	600202	哈空调	45.20	C	2767	002083	孚日股份	44.60	C
2732	002941	新疆交建	45.20	C	2768	688108	赛诺医疗	44.60	C
2733	002628	成都路桥	45.10	C	2769	600117	西宁特钢	44.60	C
2734	002229	鸿博股份	45.10	C	2770	600249	两面针	44.60	C
2735	000501	鄂武商 A	45.10	C	2771	603388	元成股份	44.60	C
2736	300626	华瑞股份	45.10	C	2772	002420	毅昌股份	44.60	C
2737	603895	天永智能	45.10	C	2773	000782	美达股份	44.50	C
2738	603090	宏盛股份	45.10	C	2774	600478	科力远	44.50	C
2739	300615	欣天科技	45.10	C	2775	000586	汇源通信	44.50	C
2740	603679	华体科技	45.10	C	2776	600337	美克家居	44.50	C
2741	300808	久量股份	45.00	C	2777	600066	宇通客车	44.50	C
2742	002501	*ST 利源	45.00	C	2778	002751	易尚展示	44.40	C
2743	603819	神力股份	45.00	C	2779	300490	华自科技	44.40	C
2744	688022	瀚川智能	45.00	C	2780	300299	富春股份	44.40	C
2745	000949	新乡化纤	45.00	C	2781	600418	江淮汽车	44.30	C
2746	002795	永和智控	44.90	C	2782	600391	航发科技	44.30	C
2747	603268	松发股份	44.90	C	2783	600199	金种子酒	44.30	C
2748	300570	太辰光	44.90	C	2784	000031	大悦城	44.30	C
2749	002227	奥特迅	44.90	C	2785	300256	星星科技	44.20	C
2750	600340	华夏幸福	44.80	C	2786	600622	光大嘉宝	44.20	C
2751	000806	*ST 银河	44.80	C	2787	300123	亚光科技	44.20	C
2752	002425	凯撒文化	44.80	C	2788	300086	康芝药业	44.20	C

续表

序号	股票代码	股票简称	评价得分	评价等级	序号	股票代码	股票简称	评价得分	评价等级
2789	600719	大连热电	44.20	C	2825	002711	*ST 欧浦	43.20	C
2790	600796	钱江生化	44.20	C	2826	601258	ST 庞大	43.20	C
2791	002657	中科金财	44.20	C	2827	002393	力生制药	43.20	C
2792	603167	渤海轮渡	44.10	C	2828	002180	纳思达	43.10	C
2793	600533	栖霞建设	44.10	C	2829	000530	冰山冷热	43.10	C
2794	600498	烽火通信	44.00	C	2830	688118	普元信息	43.00	C
2795	603660	苏州科达	44.00	C	2831	600020	中原高速	43.00	C
2796	000788	北大医药	43.90	C	2832	600503	华丽家族	43.00	C
2797	000681	视觉中国	43.90	C	2833	300163	先锋新材	43.00	C
2798	688218	江苏北人	43.90	C	2834	600696	ST 岩石	43.00	C
2799	601008	连云港	43.90	C	2835	000652	泰达股份	43.00	C
2800	002785	万里石	43.90	C	2836	300173	福能东方	43.00	C
2801	300721	怡达股份	43.90	C	2837	688321	微芯生物	43.00	C
2802	002044	美年健康	43.90	C	2838	603876	鼎胜新材	43.00	C
2803	603178	圣龙股份	43.90	C	2839	688010	福光股份	42.90	C
2804	603803	瑞斯康达	43.90	C	2840	300211	亿通科技	42.90	C
2805	300161	华中数控	43.90	C	2841	300198	纳川股份	42.90	C
2806	600718	东软集团	43.90	C	2842	000159	国际实业	42.90	C
2807	600156	华升股份	43.90	C	2843	000925	众合科技	42.90	C
2808	688168	安博通	43.70	C	2844	002725	跃岭股份	42.90	C
2809	300318	博晖创新	43.70	C	2845	002889	东方嘉盛	42.90	C
2810	600072	中船科技	43.70	C	2846	600609	金杯汽车	42.80	C
2811	002550	千红制药	43.70	C	2847	000070	特发信息	42.80	C
2812	600838	上海九百	43.60	C	2848	603703	盛洋科技	42.80	C
2813	002654	万润科技	43.60	C	2849	600303	曙光股份	42.80	C
2814	002364	中恒电气	43.60	C	2850	600152	维科技术	42.70	C
2815	002251	步步高	43.60	C	2851	603023	威帝股份	42.70	C
2816	002796	世嘉科技	43.60	C	2852	600608	ST 沪科	42.70	C
2817	002397	梦洁股份	43.60	C	2853	603959	百利科技	42.60	C
2818	300056	中创环保	43.50	C	2854	300708	聚灿光电	42.60	C
2819	002523	天桥起重	43.40	C	2855	600568	*ST 中珠	42.60	C
2820	603828	柯利达	43.40	C	2856	002589	瑞康医药	42.60	C
2821	002842	翔鹭钨业	43.40	C	2857	600673	东阳光	42.60	C
2822	600743	华远地产	43.30	C	2858	600516	方大炭素	42.60	C
2823	300128	锦富技术	43.20	C	2859	300733	西菱动力	42.50	C
2824	300022	吉峰科技	43.20	C	2860	300302	同有科技	42.50	C

续表

序号	股票代码	股票简称	评价得分	评价等级
2861	300176	派生科技	42.50	C
2862	600246	万通发展	42.50	C
2863	002446	盛路通信	42.40	C
2864	300449	汉邦高科	42.40	C
2865	002668	奥马电器	42.40	C
2866	300637	扬帆新材	42.40	C
2867	601929	吉视传媒	42.40	C
2868	600871	石化油服	42.30	C
2869	603879	永悦科技	42.30	C
2870	600860	京城股份	42.30	C
2871	603922	金鸿顺	42.30	C
2872	600526	菲达环保	42.30	C
2873	000722	湖南发展	42.30	C
2874	603333	尚纬股份	42.20	C
2875	002565	顺灏股份	42.20	C
2876	002528	英飞拓	42.20	C
2877	300448	浩云科技	42.20	C
2878	603496	恒为科技	42.20	C
2879	600151	航天机电	42.20	C
2880	600476	湘邮科技	42.10	C
2881	002387	维信诺	42.10	C
2882	601700	风范股份	42.10	C
2883	300311	任子行	42.10	C
2884	000521	长虹美菱	42.10	C
2885	600785	新华百货	42.10	C
2886	300291	华录百纳	42.10	C
2887	002437	誉衡药业	42.10	C
2888	000968	蓝焰控股	42.10	C
2889	300479	神思电子	42.10	C
2890	300053	欧比特	42.00	C
2891	600986	浙文互联	42.00	C
2892	600576	祥源文化	42.00	C
2893	002280	*ST 联络	42.00	C
2894	600103	青山纸业	41.90	C
2895	300004	南风股份	41.90	C
2896	002122	*ST 天马	41.90	C
2897	601798	蓝科高新	41.90	C
2898	600250	南纺股份	41.80	C
2899	600857	宁波中百	41.80	C
2900	002205	国统股份	41.80	C
2901	600215	*ST 经开	41.70	C
2902	002059	云南旅游	41.70	C
2903	600693	东百集团	41.60	C
2904	002181	粤传媒	41.60	C
2905	300131	英唐智控	41.60	C
2906	002480	新筑股份	41.60	C
2907	300345	华民股份	41.60	C
2908	600707	彩虹股份	41.50	C
2909	002294	信立泰	41.50	C
2910	002210	*ST 飞马	41.50	C
2911	002575	*ST 群兴	41.50	C
2912	000010	美丽生态	41.40	C
2913	000402	金融街	41.40	C
2914	000701	厦门信达	41.40	C
2915	601777	力帆科技	41.40	C
2916	002113	*ST 天润	41.30	C
2917	000862	银星能源	41.20	C
2918	300134	大富科技	41.20	C
2919	000815	美利云	41.20	C
2920	600520	文一科技	41.10	C
2921	300105	龙源技术	41.00	C
2922	002197	证通电子	41.00	C
2923	603838	四通股份	40.90	C
2924	300520	科大国创	40.90	C
2925	002058	*ST 威尔	40.90	C
2926	000632	三木集团	40.90	C
2927	300798	锦鸡股份	40.80	C
2928	002773	康弘药业	40.80	C
2929	600220	江苏阳光	40.80	C
2930	002095	生意宝	40.70	C
2931	300769	德方纳米	40.70	C
2932	000716	黑芝麻	40.70	C

续表

序号	股票代码	股票简称	评价得分	评价等级	序号	股票代码	股票简称	评价得分	评价等级
2933	300355	蒙草生态	40.70	C	2969	600804	鹏博士	39.60	C
2934	600320	振华重工	40.60	C	2970	600387	海越能源	39.60	C
2935	002187	广百股份	40.50	C	2971	300113	顺网科技	39.60	C
2936	600716	凤凰股份	40.50	C	2972	603815	交建股份	39.60	C
2937	000078	海王生物	40.50	C	2973	300273	和佳医疗	39.50	C
2938	600605	汇通能源	40.40	C	2974	000584	哈工智能	39.50	C
2939	002148	北纬科技	40.40	C	2975	603978	深圳新星	39.50	C
2940	600232	金鹰股份	40.40	C	2976	300411	金盾股份	39.40	C
2941	002759	天际股份	40.40	C	2977	000585	*ST 东电	39.40	C
2942	300350	华鹏飞	40.40	C	2978	603106	恒银科技	39.30	C
2943	300135	宝利国际	40.30	C	2979	002403	爱仕达	39.30	C
2944	002474	榕基软件	40.30	C	2980	600754	锦江酒店	39.30	C
2945	603042	华脉科技	40.30	C	2981	600129	太极集团	39.30	C
2946	000931	中关村	40.30	C	2982	600100	同方股份	39.30	C
2947	300054	鼎龙股份	40.20	C	2983	000926	福星股份	39.30	C
2948	603963	大理药业	40.20	C	2984	688011	新光光电	39.30	C
2949	688033	天宜上佳	40.20	C	2985	000631	顺发恒业	39.20	C
2950	000058	深赛格	40.10	C	2986	600004	白云机场	39.20	C
2951	300377	赢时胜	40.10	C	2987	600354	*ST 敦种	39.20	C
2952	300333	兆日科技	40.00	C	2988	002240	盛新锂能	39.10	C
2953	002031	巨轮智能	40.00	C	2989	002069	獐子岛	39.10	C
2954	000516	国际医学	40.00	C	2990	600463	空港股份	39.10	C
2955	300279	和晶科技	40.00	C	2991	002433	太安堂	39.10	C
2956	002902	铭普光磁	40.00	C	2992	000836	富通信息	39.00	C
2957	600730	中国高科	40.00	C	2993	002445	*ST 中南	39.00	C
2958	600540	新赛股份	40.00	C	2994	600338	西藏珠峰	38.90	C
2959	300555	路通视信	40.00	C	2995	000536	*ST 华映	38.90	C
2960	600691	阳煤化工	39.90	C	2996	002431	棕榈股份	38.80	C
2961	002407	多氟多	39.90	C	2997	600083	*ST 博信	38.70	C
2962	300076	GQY 视讯	39.90	C	2998	300152	科融环境	38.70	C
2963	002297	博云新材	39.90	C	2999	300521	爱司凯	38.70	C
2964	002969	嘉美包装	39.80	C	3000	002728	特一药业	38.60	C
2965	002159	三特索道	39.80	C	3001	600881	亚泰集团	38.60	C
2966	000721	西安饮食	39.80	C	3002	603222	济民制药	38.50	C
2967	600686	金龙汽车	39.80	C	3003	002471	中超控股	38.50	C
2968	300466	赛摩智能	39.70	C	3004	000726	鲁泰 A	38.40	C

续表

序号	股票代码	股票简称	评价得分	评价等级	序号	股票代码	股票简称	评价得分	评价等级
3005	600550	保变电气	38.30	C	3041	600611	大众交通	37.10	C
3006	600738	丽尚国潮	38.30	C	3042	603031	安德利	37.10	C
3007	000886	海南高速	38.30	C	3043	300374	中铁装配	37.00	C
3008	000426	兴业矿业	38.30	C	3044	000758	中色股份	37.00	C
3009	603029	天鹅股份	38.20	C	3045	600228	返利科技	37.00	C
3010	300700	岱勒新材	38.20	C	3046	600358	*ST 联合	37.00	C
3011	300289	利德曼	38.20	C	3047	002610	爱康科技	36.90	C
3012	002104	恒宝股份	38.20	C	3048	300078	思创医惠	36.90	C
3013	600169	太原重工	38.10	C	3049	002513	*ST 蓝丰	36.80	C
3014	002750	龙津药业	38.10	C	3050	300295	三六五网	36.80	C
3015	601588	北辰实业	38.00	C	3051	002093	国脉科技	36.70	C
3016	600759	洲际油气	38.00	C	3052	603101	汇嘉时代	36.70	C
3017	002279	久其软件	37.90	C	3053	601113	ST 华鼎	36.60	C
3018	600266	城建发展	37.80	C	3054	600834	申通地铁	36.60	C
3019	600616	金枫酒业	37.80	C	3055	000996	中国中期	36.60	C
3020	600771	广誉远	37.80	C	3056	600397	安源煤业	36.60	C
3021	600828	茂业商业	37.70	C	3057	300375	鹏翎股份	36.60	C
3022	300050	世纪鼎利	37.70	C	3058	002121	*ST 科陆	36.50	C
3023	600640	号百控股	37.70	C	3059	002631	德尔未来	36.50	C
3024	600883	博闻科技	37.60	C	3060	002277	友阿股份	36.40	C
3025	300251	光线传媒	37.60	C	3061	002076	*ST 雪莱	36.40	C
3026	603389	*ST 亚振	37.60	C	3062	600689	上海三毛	36.30	C
3027	002458	益生股份	37.60	C	3063	300698	万马科技	36.30	C
3028	300323	华灿光电	37.50	C	3064	002451	摩恩电气	36.30	C
3029	002524	光正眼科	37.50	C	3065	002055	得润电子	36.30	C
3030	002900	哈三联	37.50	C	3066	300352	北信源	36.30	C
3031	600651	飞乐音响	37.40	C	3067	300237	美晨生态	36.30	C
3032	601989	中国重工	37.40	C	3068	603390	通达电气	36.20	C
3033	600767	ST 运盛	37.40	C	3069	300444	双杰电气	36.20	C
3034	600628	新世界	37.30	C	3070	002583	海能达	36.10	C
3035	600896	览海医疗	37.30	C	3071	600423	ST 柳化	36.10	C
3036	300043	星辉娱乐	37.30	C	3072	600774	汉商集团	36.10	C
3037	300080	易成新能	37.20	C	3073	603602	纵横通信	35.90	C
3038	603021	山东华鹏	37.20	C	3074	600405	动力源	35.80	C
3039	002769	普路通	37.20	C	3075	300809	华辰装备	35.80	C
3040	600620	天宸股份	37.20	C	3076	603559	中通国脉	35.80	C

续表

序号	股票代码	股票简称	评价得分	评价等级
3077	603003	龙宇燃油	35.70	C
3078	600697	欧亚集团	35.60	C
3079	600343	航天动力	35.50	C
3080	000633	合金投资	35.50	C
3081	000014	沙河股份	35.50	C
3082	300536	农尚环境	35.40	C
3083	002828	贝肯能源	35.40	C
3084	300612	宣亚国际	35.30	C
3085	000852	石化机械	35.20	C
3086	000971	*ST 高升	35.20	C
3087	002051	中工国际	35.20	C
3088	600676	交运股份	35.20	C
3089	000861	海印股份	35.00	C
3090	600898	*ST 美讯	35.00	C
3091	600889	南京化纤	35.00	C
3092	002943	宇晶股份	34.90	C
3093	600088	中视传媒	34.90	C
3094	300736	百邦科技	34.90	C
3095	000599	青岛双星	34.90	C
3096	000540	中天金融	34.90	C
3097	603117	万林物流	34.80	C
3098	600815	厦工股份	34.80	C
3099	600054	黄山旅游	34.80	C
3100	002239	奥特佳	34.70	C
3101	002114	罗平锌电	34.70	C
3102	002418	*ST 康盛	34.60	C
3103	002291	星期六	34.60	C
3104	600537	亿晶光电	34.50	C
3105	600723	首商股份	34.50	C
3106	300044	*ST 赛为	34.30	C
3107	000615	奥园美谷	34.20	C
3108	601021	春秋航空	34.20	C
3109	300195	长荣股份	34.20	C
3110	300068	南都电源	34.10	C
3111	600726	华电能源	34.10	C
3112	600604	市北高新	34.10	C
3113	300091	金通灵	34.00	C
3114	300189	神农科技	33.90	C
3115	002377	国创高新	33.80	C
3116	000610	西安旅游	33.80	C
3117	002329	皇氏集团	33.60	C
3118	000965	天保基建	33.60	C
3119	002174	游族网络	33.60	C
3120	002963	豪尔赛	33.60	C
3121	002400	省广集团	33.60	C
3122	000695	滨海能源	33.60	C
3123	000514	渝开发	33.50	C
3124	000868	安凯客车	33.50	C
3125	600165	新日恒力	33.50	C
3126	000545	金浦钛业	33.40	C
3127	000663	*ST 永林	33.40	C
3128	603729	龙韵股份	33.40	C
3129	300609	汇纳科技	33.30	C
3130	000901	航天科技	33.30	C
3131	600708	光明地产	33.20	C
3132	002310	东方园林	33.20	C
3133	603616	韩建河山	33.10	C
3134	600187	国中水务	33.10	C
3135	600996	贵广网络	33.10	C
3136	300683	海特生物	33.10	C
3137	002490	山东墨龙	33.00	C
3138	300077	国民技术	32.90	C
3139	600242	*ST 中昌	32.80	C
3140	600543	莫高股份	32.70	C
3141	000573	粤宏远 A	32.70	C
3142	300633	开立医疗	32.60	C
3143	002491	通鼎互联	32.60	C
3144	002405	四维图新	32.60	C
3145	002319	乐通股份	32.50	C
3146	000936	华西股份	32.50	C
3147	600617	国新能源	32.40	C
3148	002167	东方锆业	32.30	C

续表

序号	股票代码	股票简称	评价得分	评价等级	序号	股票代码	股票简称	评价得分	评价等级
3149	002331	皖通科技	32.30	C	3185	603800	道森股份	30.80	C
3150	000509	*ST 华塑	32.20	C	3186	300150	世纪瑞尔	30.80	C
3151	600749	西藏旅游	32.20	C	3187	300292	吴通控股	30.70	C
3152	000809	铁岭新城	32.20	C	3188	603777	来伊份	30.70	C
3153	002766	*ST 索菱	32.20	C	3189	600983	惠而浦	30.70	C
3154	002308	威创股份	32.10	C	3190	000856	冀东装备	30.70	C
3155	000420	吉林化纤	32.10	C	3191	600439	瑞贝卡	30.60	C
3156	600416	湘电股份	31.90	C	3192	300032	金龙机电	30.60	C
3157	600825	新华传媒	31.90	C	3193	002679	福建金森	30.50	C
3158	300278	*ST 华昌	31.90	C	3194	600645	中源协和	30.50	C
3159	300510	金冠股份	31.80	C	3195	600624	复旦复华	30.50	C
3160	600108	亚盛集团	31.80	C	3196	000755	山西路桥	30.50	C
3161	601333	广深铁路	31.70	C	3197	000780	*ST 平能	30.40	C
3162	000798	中水渔业	31.70	C	3198	600082	海泰发展	30.40	C
3163	002207	准油股份	31.70	C	3199	300242	佳云科技	30.30	C
3164	300313	ST 天山	31.60	C	3200	300434	金石亚药	30.30	C
3165	002748	世龙实业	31.60	C	3201	300197	节能铁汉	30.30	C
3166	002336	ST 人乐	31.60	C	3202	000822	山东海化	30.30	C
3167	603997	继峰股份	31.50	C	3203	300094	国联水产	30.10	C
3168	002633	申科股份	31.40	C	3204	002485	希努尔	30.10	C
3169	000882	华联股份	31.40	C	3205	300810	中科海讯	30.10	C
3170	002615	哈尔斯	31.30	C	3206	300362	天翔环境	30.10	C
3171	002193	如意集团	31.20	C	3207	300301	长方集团	30.10	C
3172	600590	泰豪科技	31.20	C	3208	600052	浙江广厦	30.10	C
3173	600462	*ST 九有	31.20	C	3209	600805	悦达投资	30.00	C
3174	600579	克劳斯	31.20	C	3210	002875	安奈儿	30.00	C
3175	000707	ST 双环	31.20	C	3211	002499	*ST 科林	29.90	C
3176	000669	*ST 金鸿	31.10	C	3212	600280	*ST 中商	29.80	C
3177	600936	广西广电	31.10	C	3213	600756	浪潮软件	29.80	C
3178	002789	建艺集团	31.10	C	3214	002779	中坚科技	29.70	C
3179	300117	嘉寓股份	31.00	C	3215	000762	西藏矿业	29.70	C
3180	002599	盛通股份	31.00	C	3216	002692	ST 远程	29.60	C
3181	300252	金信诺	30.90	C	3217	000929	兰州黄河	29.60	C
3182	000957	中通客车	30.90	C	3218	000982	*ST 中绒	29.60	C
3183	600243	*ST 海华	30.90	C	3219	002196	方正电机	29.50	C
3184	300230	永利股份	30.90	C	3220	002173	创新医疗	29.50	C

续表

序号	股票代码	股票简称	评价得分	评价等级	序号	股票代码	股票简称	评价得分	评价等级
3221	002638	*ST 勤上	29.40	C	3257	600830	香溢融通	27.20	C
3222	300268	佳沃股份	29.40	C	3258	600861	北京城乡	27.20	C
3223	600258	首旅酒店	29.30	C	3259	300465	高伟达	27.20	C
3224	300247	融捷健康	29.30	C	3260	600289	*ST 信通	27.10	C
3225	603958	哈森股份	29.10	C	3261	002379	宏创控股	27.10	C
3226	002780	三夫户外	29.10	C	3262	600793	宜宾纸业	27.00	C
3227	600029	南方航空	29.00	C	3263	002488	金固股份	27.00	C
3228	002256	*ST 兆新	28.90	C	3264	002186	全聚德	27.00	C
3229	300233	金城医药	28.70	C	3265	002011	盾安环境	26.90	C
3230	300048	合康新能	28.70	C	3266	300168	万达信息	26.90	C
3231	600403	ST 大有	28.60	C	3267	300756	金马游乐	26.90	C
3232	600615	丰华股份	28.60	C	3268	603168	莎普爱思	26.90	C
3233	600119	ST 长投	28.60	C	3269	002700	ST 浩源	26.90	C
3234	002512	达华智能	28.50	C	3270	300205	天喻信息	26.90	C
3235	600070	浙江富润	28.50	C	3271	002671	龙泉股份	26.90	C
3236	000888	峨眉山 A	28.30	C	3272	300537	广信材料	26.80	C
3237	002805	丰元股份	28.30	C	3273	603718	海利生物	26.70	C
3238	300326	凯利泰	28.20	C	3274	600706	曲江文旅	26.70	C
3239	002103	广博股份	28.20	C	3275	002370	亚太药业	26.70	C
3240	603885	吉祥航空	28.10	C	3276	002716	*ST 金贵	26.70	C
3241	600138	中青旅	28.10	C	3277	603869	新智认知	26.60	C
3242	300389	艾比森	28.00	C	3278	603813	原尚股份	26.50	C
3243	300141	和顺电气	28.00	C	3279	002496	*ST 辉丰	26.50	C
3244	600105	永鼎股份	27.90	C	3280	600192	长城电工	26.50	C
3245	600009	上海机场	27.90	C	3281	300071	*ST 嘉信	26.40	C
3246	603069	海汽集团	27.80	C	3282	600758	辽宁能源	26.30	C
3247	000592	平潭发展	27.80	C	3283	002712	思美传媒	26.20	C
3248	000667	美好置业	27.70	C	3284	000851	高鸿股份	26.20	C
3249	000607	华媒控股	27.60	C	3285	600654	ST 中安	26.10	C
3250	002289	宇顺电子	27.50	C	3286	000676	智度股份	26.00	C
3251	002265	西仪股份	27.50	C	3287	300201	海伦哲	26.00	C
3252	300250	初灵信息	27.50	C	3288	000611	ST 天首	26.00	C
3253	300180	华峰超纤	27.50	C	3289	002646	青青稞酒	26.00	C
3254	002691	冀凯股份	27.40	C	3290	002072	*ST 凯瑞	26.00	C
3255	600241	*ST 时万	27.40	C	3291	000566	海南海药	26.00	C
3256	002816	和科达	27.30	C	3292	002570	贝因美	26.00	C

续表

序号	股票代码	股票简称	评价得分	评价等级	序号	股票代码	股票简称	评价得分	评价等级
3293	300125	聆达股份	25.90	C	3329	300366	创意信息	24.40	C
3294	002652	扬子新材	25.90	C	3330	603083	剑桥科技	24.40	C
3295	300742	越博动力	25.80	C	3331	300334	津膜科技	24.30	C
3296	601718	际华集团	25.80	C	3332	300144	宋城演艺	24.20	C
3297	002176	江特电机	25.80	C	3333	600200	江苏吴中	24.20	C
3298	600306	*ST 商城	25.80	C	3334	002569	ST 步森	24.20	C
3299	600870	ST 厦华	25.80	C	3335	300204	舒泰神	24.10	C
3300	002574	明牌珠宝	25.80	C	3336	600653	中华控股	24.10	C
3301	002024	苏宁易购	25.80	C	3337	600613	神奇制药	24.10	C
3302	603508	思维列控	25.70	C	3338	600375	汉马科技	24.10	C
3303	300148	天舟文化	25.50	C	3339	002141	贤丰控股	24.10	C
3304	002450	康得退	25.50	C	3340	300405	科隆股份	24.10	C
3305	603007	花王股份	25.50	C	3341	603991	至正股份	24.00	C
3306	600630	龙头股份	25.50	C	3342	000890	*ST 胜尔	24.00	C
3307	000665	湖北广电	25.50	C	3343	300307	慈星股份	24.00	C
3308	300145	中金环境	25.30	C	3344	300005	探路者	24.00	C
3309	300546	雄帝科技	25.30	C	3345	002693	双成药业	24.00	C
3310	002305	南国置业	25.30	C	3346	603608	天创时尚	23.90	C
3311	300209	天泽信息	25.30	C	3347	000525	红太阳	23.80	C
3312	600595	*ST 中孚	25.20	C	3348	000502	绿景控股	23.80	C
3313	300254	仟源医药	25.10	C	3349	600331	宏达股份	23.80	C
3314	603558	健盛集团	25.10	C	3350	600652	*ST 游久	23.70	C
3315	600084	*ST 中葡	25.10	C	3351	002642	荣联科技	23.70	C
3316	002042	华孚时尚	25.00	C	3352	002325	洪涛股份	23.60	C
3317	600844	丹化科技	25.00	C	3353	300182	捷成股份	23.60	C
3318	002656	ST 摩登	25.00	C	3354	300162	雷曼光电	23.60	C
3319	300024	机器人	24.90	C	3355	603778	乾景园林	23.60	C
3320	300006	莱美药业	24.90	C	3356	002639	雪人股份	23.60	C
3321	002317	众生药业	24.80	C	3357	002369	卓翼科技	23.60	C
3322	300807	天迈科技	24.80	C	3358	603721	中广天择	23.60	C
3323	300293	蓝英装备	24.80	C	3359	603103	横店影视	23.50	C
3324	000524	岭南控股	24.70	C	3360	002219	*ST 恒康	23.50	C
3325	603196	日播时尚	24.50	C	3361	000007	*ST 全新	23.50	C
3326	600664	哈药股份	24.40	C	3362	600561	江西长运	23.50	C
3327	300029	*ST 天龙	24.40	C	3363	300471	厚普股份	23.50	C
3328	002554	惠博普	24.40	C	3364	002694	顾地科技	23.40	C

续表

序号	股票代码	股票简称	评价得分	评价等级	序号	股票代码	股票简称	评价得分	评价等级
3365	300061	旗天科技	23.40	C	3401	300583	赛托生物	22.00	C
3366	000679	大连友谊	23.30	C	3402	601127	小康股份	22.00	C
3367	300222	科大智能	23.20	C	3403	000430	张家界	22.00	C
3368	300249	依米康	23.20	C	3404	000981	*ST 银亿	21.90	C
3369	000659	珠海中富	23.20	C	3405	600115	东方航空	21.80	C
3370	000692	惠天热电	23.20	C	3406	300287	飞利信	21.80	C
3371	000917	电广传媒	23.20	C	3407	603099	长白山	21.70	C
3372	600791	京能置业	23.20	C	3408	002699	美盛文化	21.50	C
3373	002175	ST 东网	23.10	C	3409	600858	银座股份	21.50	C
3374	002313	日海智能	23.10	C	3410	002456	欧菲光	21.50	C
3375	600962	国投中鲁	23.10	C	3411	603557	ST 起步	21.40	C
3376	300296	利亚德	22.90	C	3412	600751	海航科技	21.40	C
3377	002464	*ST 众应	22.90	C	3413	300139	晓程科技	21.40	C
3378	300011	鼎汉技术	22.90	C	3414	600290	*ST 华仪	21.40	C
3379	601111	中国国航	22.90	C	3415	000595	*ST 宝实	21.40	C
3380	600869	远东股份	22.90	C	3416	002535	*ST 林重	21.30	C
3381	300102	乾照光电	22.90	C	3417	300072	三聚环保	21.30	C
3382	002786	银宝山新	22.80	C	3418	300055	万邦达	21.30	C
3383	603929	亚翔集成	22.80	C	3419	300324	旋极信息	21.30	C
3384	600891	退市秋林	22.50	C	3420	002172	澳洋健康	21.10	C
3385	600661	昂立教育	22.40	C	3421	600734	*ST 实达	21.10	C
3386	300757	罗博特科	22.40	C	3422	300473	德尔股份	21.10	C
3387	002309	中利集团	22.40	C	3423	002482	广田集团	21.00	C
3388	600601	ST 方科	22.40	C	3424	300716	国立科技	21.00	C
3389	600381	青海春天	22.40	C	3425	600209	*ST 罗顿	21.00	C
3390	603518	锦泓集团	22.40	C	3426	300410	正业科技	20.90	C
3391	300051	ST 三五	22.30	C	3427	002591	恒大高新	20.90	C
3392	300169	天晟新材	22.30	C	3428	002337	赛象科技	20.90	C
3393	600172	黄河旋风	22.30	C	3429	300013	新宁物流	20.90	C
3394	600293	三峡新材	22.20	C	3430	600078	澄星股份	20.90	C
3395	300199	翰宇药业	22.20	C	3431	300495	美尚生态	20.80	C
3396	300385	雪浪环境	22.20	C	3432	300343	联创股份	20.60	C
3397	002021	ST 中捷	22.20	C	3433	603133	碳元科技	20.60	C
3398	002663	普邦股份	22.10	C	3434	000571	*ST 大洲	20.60	C
3399	300424	航新科技	22.10	C	3435	002684	*ST 猛狮	20.50	C
3400	002374	中锐股份	22.10	C	3436	002466	天齐锂业	20.50	C

续表

序号	股票代码	股票简称	评价得分	评价等级	序号	股票代码	股票简称	评价得分	评价等级
3437	000668	荣丰控股	20.40	C	3473	002659	凯文教育	19.20	C
3438	002872	ST 天圣	20.40	C	3474	002094	青岛金王	19.10	C
3439	000523	广州浪奇	20.40	C	3475	300526	中潜股份	19.10	C
3440	600213	亚星客车	20.40	C	3476	002905	金逸影视	19.10	C
3441	000993	闽东电力	20.30	C	3477	002717	岭南股份	19.00	C
3442	002739	万达电影	20.20	C	3478	300159	新研股份	18.90	C
3443	600076	康欣新材	20.20	C	3479	300098	高新兴	18.90	C
3444	300276	三丰智能	20.20	C	3480	002292	奥飞娱乐	18.80	C
3445	002781	奇信股份	20.20	C	3481	002685	华东重机	18.80	C
3446	300184	力源信息	20.20	C	3482	300220	金运激光	18.70	C
3447	002587	奥拓电子	20.20	C	3483	002217	合力泰	18.70	C
3448	603032	*ST 德新	20.10	C	3484	002005	ST 德豪	18.70	C
3449	300167	迪威迅	20.10	C	3485	600275	ST 昌鱼	18.70	C
3450	300588	熙菱信息	20.00	C	3486	000558	莱茵体育	18.70	C
3451	601068	中铝国际	20.00	C	3487	002586	*ST 围海	18.60	C
3452	300025	华星创业	20.00	C	3488	002503	搜于特	18.60	C
3453	002355	兴民智通	20.00	C	3489	600311	*ST 荣华	18.50	C
3454	603169	兰石重装	20.00	C	3490	300312	*ST 邦讯	18.50	C
3455	600485	*ST 信威	20.00	C	3491	002581	未名医药	18.50	C
3456	000572	ST 海马	19.90	C	3492	000978	桂林旅游	18.50	C
3457	300340	科恒股份	19.90	C	3493	603399	吉翔股份	18.50	C
3458	300603	立昂技术	19.80	C	3494	002178	延华智能	18.50	C
3459	300038	*ST 数知	19.80	C	3495	000796	凯撒旅业	18.40	C
3460	000678	襄阳轴承	19.80	C	3496	002682	龙洲股份	18.40	C
3461	000673	*ST 当代	19.70	C	3497	600807	济南高新	18.30	C
3462	002848	高斯贝尔	19.60	C	3498	002316	亚联发展	18.30	C
3463	600191	*ST 华资	19.50	C	3499	300472	新元科技	18.20	C
3464	300069	金利华电	19.50	C	3500	300338	开元教育	18.20	C
3465	600225	*ST 松江	19.50	C	3501	002629	ST 仁智	18.20	C
3466	300266	兴源环境	19.50	C	3502	603779	ST 威龙	18.20	C
3467	300153	科泰电源	19.40	C	3503	300591	万里马	18.00	C
3468	002806	华锋股份	19.30	C	3504	300442	普丽盛	18.00	C
3469	000697	炼石航空	19.30	C	3505	600091	*ST 明科	18.00	C
3470	300093	金刚玻璃	19.30	C	3506	600777	新潮能源	17.90	C
3471	300356	光一科技	19.20	C	3507	002323	*ST 雅博	17.90	C
3472	000638	万方发展	19.20	C	3508	002530	金财互联	17.90	C

续表

序号	股票代码	股票简称	评价得分	评价等级	序号	股票代码	股票简称	评价得分	评价等级
3509	300392	腾信股份	17.80	C	3545	002470	*ST 金正	16.10	C
3510	002510	天汽模	17.80	C	3546	002348	高乐股份	16.10	C
3511	603188	ST 亚邦	17.70	C	3547	600890	*ST 中房	16.00	C
3512	000793	华闻集团	17.70	C	3548	300446	*ST 乐材	15.90	C
3513	000826	启迪环境	17.70	C	3549	000040	东旭蓝天	15.80	C
3514	000151	中成股份	17.60	C	3550	603789	星光农机	15.80	C
3515	000503	国新健康	17.60	C	3551	002898	赛隆药业	15.80	C
3516	600121	郑州煤电	17.50	C	3552	002321	*ST 华英	15.80	C
3517	000056	皇庭国际	17.40	C	3553	600626	申达股份	15.70	C
3518	603177	德创环保	17.40	C	3554	000613	*ST 东海 A	15.70	C
3519	002248	华东数控	17.30	C	3555	300477	合纵科技	15.60	C
3520	002858	力盛赛车	17.30	C	3556	002640	跨境通	15.60	C
3521	600684	珠江股份	17.30	C	3557	002622	融钰集团	15.50	C
3522	300083	创世纪	17.30	C	3558	600198	*ST 大唐	15.40	C
3523	600355	精伦电子	17.30	C	3559	300270	中威电子	15.40	C
3524	002231	奥维通信	17.30	C	3560	300084	海默科技	15.20	C
3525	300437	清水源	17.20	C	3561	002862	实丰文化	15.20	C
3526	603717	天域生态	17.20	C	3562	300592	华凯创意	15.20	C
3527	300745	欣锐科技	17.00	C	3563	002592	ST 八菱	15.10	C
3528	000587	*ST 金洲	17.00	C	3564	000005	世纪星源	15.10	C
3529	300528	幸福蓝海	17.00	C	3565	002447	*ST 晨鑫	15.00	C
3530	002356	*ST 赫美	16.90	C	3566	300027	华谊兄弟	15.00	C
3531	000606	顺利办	16.90	C	3567	600712	南宁百货	15.00	C
3532	600365	ST 通葡	16.80	C	3568	002427	ST 尤夫	14.90	C
3533	002358	ST 森源	16.80	C	3569	600977	中国电影	14.80	C
3534	002168	惠程科技	16.80	C	3570	300116	保力新	14.60	C
3535	002776	ST 柏龙	16.70	C	3571	600221	*ST 海航	14.60	C
3536	002188	*ST 巴士	16.70	C	3572	600393	粤泰股份	14.50	C
3537	300478	杭州高新	16.60	C	3573	002740	爱迪尔	14.50	C
3538	601595	上海电影	16.60	C	3574	002514	宝馨科技	14.50	C
3539	300264	佳创视讯	16.60	C	3575	300282	三盛教育	14.40	C
3540	300175	朗源股份	16.50	C	3576	002494	华斯股份	14.40	C
3541	300052	中青宝	16.50	C	3577	002506	协鑫集成	14.30	C
3542	600321	正源股份	16.40	C	3578	300164	通源石油	14.20	C
3543	000415	渤海租赁	16.40	C	3579	002195	二三四五	14.20	C
3544	300469	信息发展	16.30	C	3580	002071	长城退	14.10	C

续表

序号	股票代码	股票简称	评价得分	评价等级	序号	股票代码	股票简称	评价得分	评价等级
3581	000410	*ST 沈机	14.00	C	3617	002269	美邦服饰	11.70	C
3582	603996	*ST 中新	13.90	C	3618	002707	众信旅游	11.60	C
3583	300140	中环装备	13.90	C	3619	000413	东旭光电	11.50	C
3584	002547	春兴精工	13.80	C	3620	600634	*ST 富控	11.50	C
3585	002089	ST 新海	13.80	C	3621	300426	唐德影视	11.50	C
3586	000506	中润资源	13.80	C	3622	000835	*ST 长动	11.50	C
3587	002411	延安必康	13.80	C	3623	600778	友好集团	11.20	C
3588	300269	联建光电	13.50	C	3624	000068	华控赛格	11.20	C
3589	000150	宜华健康	13.50	C	3625	600385	*ST 金泰	11.20	C
3590	300795	*ST 米奥	13.50	C	3626	600733	北汽蓝谷	11.20	C
3591	600766	*ST 园城	13.50	C	3627	300081	恒信东方	11.10	C
3592	600545	卓郎智能	13.40	C	3628	000008	神州高铁	11.10	C
3593	000820	*ST 节能	13.40	C	3629	000839	中信国安	11.10	C
3594	600226	*ST 瀚叶	13.20	C	3630	300297	蓝盾股份	10.80	C
3595	300325	*ST 德威	13.00	C	3631	000892	欢瑞世纪	10.70	C
3596	300208	青岛中程	13.00	C	3632	002235	安妮股份	10.50	C
3597	002564	天沃科技	13.00	C	3633	002343	慈文传媒	10.50	C
3598	002341	新纶科技	12.90	C	3634	000609	*ST 中迪	10.40	C
3599	000908	景峰医药	12.80	C	3635	600671	*ST 目药	10.20	C
3600	000428	华天酒店	12.80	C	3636	600515	*ST 基础	10.20	C
3601	603619	中曼石油	12.70	C	3637	300262	巴安水务	9.90	C
3602	300530	*ST 达志	12.60	C	3638	600593	大连圣亚	9.80	C
3603	300157	恒泰艾普	12.60	C	3639	000620	新华联	9.70	C
3604	300300	海峡创新	12.60	C	3640	002052	*ST 同洲	9.70	C
3605	002621	美吉姆	12.50	C	3641	600319	*ST 亚星	9.70	C
3606	600589	广东榕泰	12.50	C	3642	002630	华西能源	9.60	C
3607	000766	通化金马	12.40	C	3643	600721	*ST 百花	9.50	C
3608	000687	*ST 华讯	12.40	C	3644	300064	*ST 金刚	9.50	C
3609	600781	*ST 辅仁	12.30	C	3645	300089	文化长城	9.30	C
3610	002383	合众思壮	12.20	C	3646	600555	*ST 海创	9.20	C
3611	002619	*ST 艾格	12.10	C	3647	002200	ST 云投	9.10	C
3612	002161	远望谷	12.00	C	3648	603603	博天环境	9.10	C
3613	600239	*ST 云城	11.90	C	3649	300353	东土科技	8.90	C
3614	601599	浙文影业	11.80	C	3650	600715	文投控股	8.80	C
3615	300108	吉药控股	11.70	C	3651	300344	立方数科	8.80	C
3616	000564	*ST 大集	11.70	C	3652	300370	ST 安控	8.70	C

续表

序号	股票代码	股票简称	评价得分	评价等级	序号	股票代码	股票简称	评价得分	评价等级
3653	300367	ST 网力	8.70	C		605009	豪悦护理	82.30	AA
3654	300506	名家汇	8.40	C		688289	圣湘生物	81.70	AA
3655	002770	ST 科迪	8.30	C		603565	中谷物流	81.20	AA
3656	002665	首航高科	8.20	C		603195	公牛集团	80.30	AA
3657	300010	豆神教育	8.10	C		002532	天山铝业	80.30	AA
3658	603555	*ST 贵人	7.60	C		300877	金春股份	80.10	AA
3659	600322	天房发展	7.60	C		300917	特发服务	79.70	A
3660	002721	金一文化	7.50	C		601568	北元集团	79.40	A
3661	600145	*ST 新亿	7.30	C		605369	拱东医疗	79.00	A
3662	002147	*ST 新光	7.10	C		300911	亿田智能	78.10	A
3663	600614	*ST 鹏起	7.00	C		300894	火星人	78.10	A
3664	000802	北京文化	6.90	C		300848	美瑞新材	77.90	A
3665	600265	*ST 景谷	6.90	C		300873	海晨股份	77.50	A
3666	000972	*ST 中基	6.70	C		002980	华盛昌	77.10	A
3667	603157	*ST 拉夏	6.60	C		605099	共创草坪	77.00	A
3668	002504	ST 弘高	6.60	C		002978	安宁股份	77.00	A
3669	002086	*ST 东洋	6.50	C		605108	同庆楼	76.90	A
3670	600090	*ST 济堂	6.40	C		688169	石头科技	76.80	A
3671	002618	*ST 丹邦	6.10	C		605158	华达新材	76.80	A
3672	300336	新文化	6.00	C		688026	洁特生物	76.80	A
3673	002366	台海核电	5.80	C		300852	四会富仕	76.50	A
3674	600146	*ST 环球	5.70	C		605338	巴比食品	76.30	A
3675	600112	ST 天成	5.20	C		002991	甘源食品	76.10	A
3676	002118	紫鑫药业	4.90	C		300869	康泰医学	75.90	A
3677	600666	ST 瑞德	4.50	C		688063	派能科技	75.90	A
3678	000918	嘉凯城	3.60	C		300910	瑞丰新材	75.90	A
3679	300178	腾邦国际	3.40	C		300921	南凌科技	75.80	A
3680	600518	*ST 康美	3.30	C		300832	新产业	75.80	A
3681	002473	*ST 圣莱	3.00	C		605169	洪通燃气	75.60	A
3682	000711	京蓝科技	2.60	C		605336	帅丰电器	75.40	A
3683	000732	泰禾集团	2.50	C		002984	森麒麟	75.30	A
3684	600136	当代文体	1.70	C		600817	宏盛科技	75.20	A
3685	600122	*ST 宏图	1.50	C		300916	朗特智能	75.20	A
3686	600856	ST 中天	1.40	C		605399	晨光新材	75.10	A
3687	000980	*ST 众泰	0.00	C		300887	谱尼测试	75.10	A
	300888	稳健医疗	84.90	AA		688390	固德威	75.10	A

续表

序号	股票代码	股票简称	评价得分	评价等级	序号	股票代码	股票简称	评价得分	评价等级
	300864	南大环境	75.00	BBB		603893	瑞芯微	73.00	BBB
	688526	科前生物	74.90	BBB		603931	格林达	73.00	BBB
	605500	森林包装	74.80	BBB		300925	法本信息	72.90	BBB
	003025	思进智能	74.70	BBB		688179	阿拉丁	72.90	BBB
	605003	众望布艺	74.70	BBB		688127	蓝特光学	72.90	BBB
	603087	甘李药业	74.70	BBB		300855	图南股份	72.80	BBB
	605100	华丰股份	74.70	BBB		300870	欧陆通	72.80	BBB
	002758	浙农股份	74.70	BBB		003026	中晶科技	72.80	BBB
	300908	仲景食品	74.60	BBB		300901	中胤时尚	72.70	BBB
	003017	大洋生物	74.50	BBB		605168	三人行	72.70	BBB
	300876	蒙泰高新	74.40	BBB		300885	海昌新材	72.50	BBB
	688588	凌志软件	74.30	BBB		300815	玉禾田	72.50	BBB
	003006	百亚股份	74.20	BBB		688686	奥普特	72.50	BBB
	002993	奥海科技	74.10	BBB		605151	西上海	72.50	BBB
	688298	东方生物	74.10	BBB		603949	雪龙集团	72.50	BBB
	688536	思瑞浦	74.00	BBB		688408	中信博	72.40	BBB
	003028	振邦智能	74.00	BBB		003002	壶化股份	72.40	BBB
	688301	奕瑞科技	74.00	BBB		300861	美畅股份	72.30	BBB
	002975	博杰股份	73.90	BBB		300915	海融科技	72.10	BBB
	688093	世华科技	73.90	BBB		300837	浙矿股份	72.10	BBB
	300920	润阳科技	73.70	BBB		003011	海象新材	72.00	BBB
	300813	泰林生物	73.60	BBB		688658	悦康药业	72.00	BBB
	605376	博迁新材	73.60	BBB		605116	奥锐特	72.00	BBB
	601686	友发集团	73.60	BBB		003012	东鹏控股	71.90	BBB
	002987	京北方	73.60	BBB		688398	赛特新材	71.90	BBB
	688580	伟思医疗	73.50	BBB		002989	中天精装	71.90	BBB
	688356	键凯科技	73.50	BBB		605155	西大门	71.90	BBB
	300905	宝丽迪	73.50	BBB		605068	明新旭腾	71.90	BBB
	300841	康华生物	73.50	BBB		300871	回盛生物	71.80	BBB
	300822	贝仕达克	73.50	BBB		688129	东来技术	71.80	BBB
	003022	联泓新科	73.50	BBB		688013	天臣医疗	71.80	BBB
	300866	安克创新	73.40	BBB		300856	科思股份	71.80	BBB
	300824	北鼎股份	73.40	BBB		688386	泛亚微透	71.70	BBB
	688208	道通科技	73.40	BBB		003020	立方制药	71.70	BBB
	688160	步科股份	73.30	BBB		300909	汇创达	71.70	BBB
	688057	金达莱	73.20	BBB		605111	新洁能	71.60	BBB

续表

序号	股票代码	股票简称	评价得分	评价等级	序号	股票代码	股票简称	评价得分	评价等级
	603948	建业股份	71.50	BBB		300922	天秦装备	70.10	BBB
	002979	雷赛智能	71.50	BBB		688566	吉贝尔	70.10	BBB
	002982	湘佳股份	71.40	BBB		003023	彩虹集团	70.00	BB
	688056	莱伯泰科	71.30	BBB		300893	松原股份	70.00	BB
	300884	狄耐克	71.30	BBB		688698	伟创电气	70.00	BB
	300850	新强联	71.20	BBB		300847	中船汉光	70.00	BB
	300858	科拓生物	71.20	BBB		300860	锋尚文化	69.90	BB
	603950	长源东谷	71.20	BBB		300828	锐新科技	69.90	BB
	603392	万泰生物	71.10	BBB		300919	中伟股份	69.90	BB
	605166	聚合顺	71.10	BBB		605050	福然德	69.90	BB
	688558	国盛智科	71.10	BBB		688508	芯朋微	69.90	BB
	300892	品渥食品	71.00	BBB		605179	一鸣食品	69.80	BB
	605266	健之佳	71.00	BBB		688330	宏力达	69.80	BB
	688396	华润微	70.90	BBB		688157	松井股份	69.70	BB
	688550	瑞联新材	70.80	BBB		688595	芯海科技	69.70	BB
	603682	锦和商业	70.80	BBB		300878	维康药业	69.70	BB
	603353	和顺石油	70.80	BBB		002998	优彩资源	69.70	BB
	300896	爱美客	70.80	BBB		605066	天正电气	69.60	BB
	688308	欧科亿	70.80	BBB		688678	福立旺	69.60	BB
	603155	新亚强	70.70	BBB		300898	熊猫乳品	69.60	BB
	688200	华峰测控	70.70	BBB		688050	爱博医疗	69.60	BB
	688513	苑东生物	70.70	BBB		688777	中控技术	69.50	BB
	300999	金龙鱼	70.60	BBB		002990	盛视科技	69.50	BB
	688618	三旺通信	70.60	BBB		688569	铁科轨道	69.40	BB
	605186	健麾信息	70.60	BBB		605377	华旺科技	69.20	BB
	688393	安必平	70.60	BBB		300843	胜蓝股份	69.10	BB
	688598	金博股份	70.60	BBB		003007	直真科技	69.10	BB
	688568	中科星图	70.60	BBB		605008	长鸿高科	69.00	BB
	603408	建霖家居	70.50	BBB		003005	竞业达	68.90	BB
	300851	交大思诺	70.50	BBB		003029	吉大正元	68.90	BB
	300829	金丹科技	70.40	BBB		002995	天地在线	68.80	BB
	003004	声迅股份	70.40	BBB		605136	丽人丽妆	68.70	BB
	688608	恒玄科技	70.30	BBB		688555	泽达易盛	68.70	BB
	688106	金宏气体	70.20	BBB		605007	五洲特纸	68.70	BB
	003027	同兴环保	70.10	BBB		003016	欣贺股份	68.70	BB
	003008	开普检测	70.10	BBB		688233	神工股份	68.70	BB

续表

序号	股票代码	股票简称	评价得分	评价等级
	300897	山科智能	68.70	BB
	003021	兆威机电	68.60	BB
	605128	上海沿浦	68.60	BB
	605118	力鼎光电	68.60	BB
	002973	侨银股份	68.50	BB
	300821	东岳硅材	68.50	BB
	003013	地铁设计	68.50	BB
	603551	奥普家居	68.40	BB
	605177	东亚药业	68.30	BB
	003018	金富科技	68.20	BB
	300907	康平科技	68.20	BB
	300913	兆龙互连	68.20	BB
	688699	明微电子	68.20	BB
	600956	新天绿能	67.90	BB
	605258	协和电子	67.90	BB
	603112	华翔股份	67.90	BB
	605318	法狮龙	67.90	BB
	688599	天合光能	67.90	BB
	688586	江航装备	67.80	BB
	003019	宸展光电	67.80	BB
	605388	均瑶健康	67.70	BB
	300867	圣元环保	67.70	BB
	688100	威胜信息	67.70	BB
	688668	鼎通科技	67.60	BB
	688577	浙海德曼	67.60	BB
	688135	利扬芯片	67.40	BB
	605288	凯迪股份	67.40	BB
	605018	长华股份	67.40	BB
	605366	宏柏新材	67.30	BB
	300868	杰美特	67.20	BB
	605183	确成股份	67.20	BB
	003000	劲仔食品	67.20	BB
	688181	八亿时空	67.10	BB
	300903	科翔股份	67.10	BB
	605058	澳弘电子	67.00	BB
	003001	中岩大地	67.00	BB
	688286	敏芯股份	67.00	BB
	601827	三峰环境	66.90	BB
	688571	杭华股份	66.80	BB
	605123	派克新材	66.80	BB
	002983	芯瑞达	66.70	BB
	688085	三友医疗	66.70	BB
	300886	华业香料	66.60	BB
	688095	福昕软件	66.60	BB
	300823	建科机械	66.60	BB
	300891	惠云钛业	66.50	BB
	688278	特宝生物	66.50	BB
	300880	迦南智能	66.50	BB
	601609	金田铜业	66.50	BB
	300895	铜牛信息	66.50	BB
	689009	九号公司－	66.40	BB
	002082	万邦德	66.30	BB
	002985	北摩高科	66.20	BB
	605255	天普股份	66.10	BB
	688228	开普云	66.10	BB
	688679	通源环境	66.00	BB
	603719	良品铺子	65.80	BB
	688060	云涌科技	65.80	BB
	688365	光云科技	65.70	BB
	300820	英杰电气	65.70	BB
	688560	明冠新材	65.70	BB
	300853	申昊科技	65.70	BB
	688080	映翰通	65.60	BB
	688312	燕麦科技	65.60	BB
	300840	酷特智能	65.40	BB
	003015	日久光电	65.40	BB
	605006	山东玻纤	65.20	BB
	605299	舒华体育	65.10	BB
	688136	科兴制药	65.10	BB
	605088	冠盛股份	65.10	BB
	688516	奥特维	65.10	BB
	300817	双飞股份	65.00	B

续表

序号	股票代码	股票简称	评价得分	评价等级	序号	股票代码	股票简称	评价得分	评价等级
	603221	爱丽家居	64.90	B		003010	若羽臣	62.20	B
	688500	慧辰资讯	64.70	B		688378	奥来德	62.20	B
	300862	蓝盾光电	64.70	B		300875	捷强装备	62.10	B
	688510	航亚科技	64.70	B		002986	宇新股份	62.00	B
	688318	财富趋势	64.70	B		002971	和远气体	62.00	B
	688311	盟升电子	64.60	B		688077	大地熊	61.90	B
	688069	德林海	64.30	B		605198	德利股份	61.80	B
	688156	路德环境	64.30	B		300826	测绘股份	61.60	B
	688579	山大地纬	64.20	B		605188	国光连锁	61.50	B
	688377	迪威尔	64.20	B		600556	天下秀	61.50	B
	300838	浙江力诺	64.20	B		688335	复洁环保	61.40	B
	688004	博汇科技	64.20	B		688178	万德斯	61.40	B
	688551	科威尔	64.10	B		002997	瑞鹄模具	61.10	B
	688557	兰剑智能	64.10	B		300857	协创数据	61.10	B
	300912	凯龙高科	64.10	B		601816	京沪高铁	61.10	B
	300882	万胜智能	64.00	B		688133	泰坦科技	61.00	B
	688155	先惠技术	63.90	B		300839	博汇股份	60.80	B
	605222	起帆电缆	63.80	B		688313	仕佳光子	60.80	B
	300846	首都在线	63.70	B		688519	南亚新材	60.50	B
	688981	中芯国际	63.70	B		300816	艾可蓝	60.40	B
	688788	科思科技	63.70	B		603095	越剑智能	60.30	B
	300849	锦盛新材	63.70	B		300906	日月明	60.30	B
	688051	佳华科技	63.60	B		300900	广联航空	60.10	B
	300902	国安达	63.50	B		688488	艾迪药业	60.10	B
	688338	赛科希德	63.50	B		300918	南山智尚	59.80	CCC
	300818	耐普矿机	63.40	B		300833	浩洋股份	59.80	CCC
	300865	大宏立	63.30	B		688096	京源环保	59.70	CCC
	300923	研奥股份	63.30	B		603212	赛伍技术	59.70	CCC
	300835	龙磁科技	63.10	B		688379	华光新材	59.60	CCC
	688505	复旦张江	63.00	B		002981	朝阳科技	59.50	CCC
	688585	上纬新材	63.00	B		300889	爱克股份	59.50	CCC
	003009	中天火箭	62.90	B		003003	天元股份	59.50	CCC
	688600	皖仪科技	62.80	B		002999	天禾股份	59.50	CCC
	603290	斯达半导	62.80	B		002977	天箭科技	59.50	CCC
	300845	捷安高科	62.50	B		688466	金科环境	59.50	CCC
	002976	瑞玛工业	62.50	B		688229	博睿数据	59.50	CCC

续表

序号	股票代码	股票简称	评价得分	评价等级	序号	股票代码	股票简称	评价得分	评价等级
	002996	顺博合金	59.40	CCC		601702	华峰铝业	54.70	CC
	688086	紫晶存储	59.30	CCC		688589	力合微	54.50	CC
	688065	凯赛生物	59.20	CCC		601778	晶科科技	53.70	CC
	688529	豪森股份	59.00	CCC		688215	瑞晟智能	53.60	CC
	605218	伟时电子	59.00	CCC		300890	翔丰华	52.80	CC
	688017	绿的谐波	59.00	CCC		688222	成都先导	52.60	CC
	688055	龙腾光电	58.90	CCC		688418	震有科技	52.10	CC
	300872	天阳科技	58.80	CCC		300831	派瑞股份	50.70	CC
	605178	时空科技	58.70	CCC		300812	易天股份	50.30	CC
	300825	阿尔特	58.60	CCC		688126	沪硅产业－	50.10	CC
	300842	帝科股份	58.40	CCC		601399	ST 国重装	49.60	C
	300899	上海凯鑫	58.30	CCC		300819	聚杰微纤	49.50	C
	300879	大叶股份	58.30	CCC		300836	佰奥智能	49.40	C
	688559	海目星	58.20	CCC		002992	宝明科技	48.60	C
	688596	正帆科技	58.00	CCC		605001	威奥股份	48.20	C
	688186	广大特材	57.90	CCC		002793	罗欣药业	47.80	C
	300881	盛德鑫泰	57.80	CCC		688521	芯原股份－	46.70	C
	688189	南新制药	57.80	CCC		688081	兴图新科	46.10	C
	688309	恒誉环保	57.70	CCC		688027	国盾量子	44.40	C
	688518	联赢激光	57.50	CCC		688561	奇安信－U	43.70	C
	300827	上能电气	57.30	CCC		688158	优刻得－W	40.80	C
	605199	葫芦娃	57.10	CCC		688339	亿华通－U	38.90	C
	688219	会通股份	57.00	CCC		688180	君实生物－	37.10	C
	605358	立昂微	57.00	CCC		688221	前沿生物－	34.30	C
	688590	新致软件	56.80	CCC		688185	康希诺－U	34.10	C
	300863	卡倍亿	56.60	CCC		688256	寒武纪－U	33.90	C
	688528	秦川物联	56.60	CCC		688165	埃夫特－U	33.20	C
	688360	德马科技	56.60	CCC		688177	百奥泰－U	32.80	C
	605333	沪光股份	56.30	CCC		688578	艾力斯－U	31.00	C
	002988	豪美新材	55.90	CCC		688159	有方科技	28.70	C
	300883	龙利得	55.80	CCC		688336	三生国健	27.50	C
	300830	金现代	55.70	CCC		688277	天智航－U	27.10	C
	603439	贵州三力	55.60	CCC		688266	泽璟制药－	25.90	C
	688556	高测股份	55.50	CCC		688567	孚能科技	24.80	C
	601956	东贝集团	55.50	CCC		300859	*ST 西域	24.00	C
	688090	瑞松科技	55.00	CC		688520	神州细胞－	21.70	C

注：2020 年当年新股发行和借壳上市的公司只进行业绩评价，不参与排序。

附录三　2020 年度中国 A 股上市公司分类财务指标

序号	单位名称	带息负债比率（%）	累计保留盈余率（%）	三年营业收入平均增长率（%）	总资产增长率（%）	营业利润增长率（%）	扣除非经常性损益净资产收益率（%）
1	全国 A 股上市公司	40.72	40.80	8.50	10.58	2.48	5.93
2	一、按证监会行业划分（根据行业代码）						
3	农林牧渔业 A01-05	56.71	48.24	16.76	32.18	33.80	19.72
4	采矿业 B06-12	36.70	56.06	1.12	-0.61	-24.30	3.29
5	煤炭 B06	49.07	55.57	9.23	6.90	-1.33	9.52
6	制造业 C13-43	40.88	40.83	8.96	12.57	31.07	7.39
7	食品制造业 14	39.58	51.26	10.65	13.43	20.45	14.08
8	酒、饮料和精制茶制造业 15	18.83	83.51	11.65	10.45	12.23	21.56
9	烟草制造业 16						
10	纺织业 17	59.68	39.44	3.12	7.88	33.12	5.54
11	纺织服装、服饰业 18	40.92	45.58	-5.06	-2.90	-5.64	0.23
12	皮革、毛皮羽毛和制鞋业 19	45.49	35.76	-7.66	3.03	-147.89	-4.89
13	造纸和纸制品业 22	65.07	46.66	6.89	6.12	22.85	8.38
14	石油加工、炼焦和核燃料加工 25	42.12	40.04	-3.38	7.91	-14.24	5.30
15	化学原料和化学制品 26	54.35	35.53	5.26	10.68	90.21	5.78
16	医药制造业 C27	46.08	44.16	10.14	10.53	7.90	5.41
17	化学纤维制造业 C28	71.45	36.54	24.27	21.00	44.90	14.18
18	橡胶和塑料制品业 C29	43.45	37.42	9.06	16.78	152.52	12.61
19	非金属矿制品业 C30	47.64	57.29	19.09	9.74	8.90	13.76
20	黑色金属冶炼和压延加工业 C31	45.23	36.94	7.35	7.65	3.72	7.48
21	有色金属冶炼和压延加工业 C32	63.91	23.27	10.18	8.67	220.76	3.06
22	金属制品业 C33	44.02	45.17	10.96	2.36	27.42	6.23
23	通用设备制造业 C34	24.86	30.97	14.33	11.70	117.69	3.98
24	专用设备制造业 C35	31.72	41.16	18.40	16.84	49.00	9.41
25	汽车制造业 C36	30.00	48.39	1.54	9.51	17.44	3.58

续表

序号	单位名称	带息负债比率（%）	累计保留盈余率（%）	三年营业收入平均增长率（%）	总资产增长率（%）	营业利润增长率（%）	扣除非经常性损益净资产收益率（%）
26	铁路船舶航天航空和其他运输设备制造业 C37	15.73	29.55	6.00	11.71	4.68	2.73
27	电气机械和器材制造业 C38	30.45	43.94	8.79	14.36	19.00	8.63
28	计算机、通信和其他电子设备制造业 C39	44.38	29.14	10.68	19.30	66.02	5.56
29	仪器仪表仪表 C40	42.22	39.83	10.82	15.38	44.94	7.74
30	其他制造业 C41	62.94	12.24	-6.47	-16.09	0.00	-11.25
31	电力热力燃气及水的生产和供应业 D44-46	74.43	31.09	10.42	8.39	31.77	8.01
32	电力、热力生产和供应业 D44	76.92	30.93	8.27	6.02	22.90	7.91
33	燃气生产和供应业 D45	54.49	27.65	25.81	35.94	316.91	10.10
34	水的生产和供应业 D46	60.69	37.13	17.86	19.30	22.33	7.21
35	建筑业 E47-50	32.53	40.09	13.94	14.13	7.89	7.65
36	批发和零售业 F51-52	36.47	37.06	7.52	7.29	-38.25	2.23
37	批发 F51	35.81	36.60	11.64	13.36	-16.52	4.27
38	零售 F52	37.33	37.44	0.07	1.28	-57.19	0.58
39	交通运输、仓储业 G53-60	59.94	32.79	4.54	8.62	-95.56	-0.64
40	铁路运输业 G53	72.83	29.62	14.14	44.40	-41.92	4.24
41	道路运输业 G54	74.05	48.23	-0.97	8.30	-39.62	4.24
42	水上运输业 G55	66.65	30.48	11.51	6.11	2.18	8.27
43	航空运输业 G56	50.79	18.40	-14.19	-1.69	-505.75	-29.58
44	管道运输业 G57	36.32	45.76	5.79	10.87	366.26	7.33
45	装卸搬运和运输代理业 G58	44.89	28.40	16.24	13.43	51.73	0.73
46	仓储业 G60	37.98	55.45	26.51	20.68	-3.80	9.51
47	住宿和餐饮业 H61-62	54.46	21.51	-14.44	-1.98	-127.31	-6.51
48	住宿业 H61	55.82	23.40	-14.93	-3.45	-130.11	-6.51
49	餐饮业 H62	21.65	5.36	-10.76	20.97	-90.32	-6.47
50	信息技术业 I63-65	22.54	21.97	7.32	7.36	31.33	1.68
51	电信广播等传输服务 I63	16.71	16.62	1.77	2.15	-19.28	2.13
52	互联网和相关服务 I64	30.39	15.83	4.63	1.18	0.00	-2.66
53	软件和信息技术服务 I65	24.68	28.07	13.42	14.01	7.35	2.82
54	房地产业 K	33.76	45.55	17.24	13.94	-10.04	8.95
55	租赁和商务服务业 L	62.10	38.17	6.00	2.18	1.49	0.72
56	科学研究和技术服务业 M	24.33	36.23	20.75	22.51	11.19	8.34
57	水利、环境和公共设施管理业 N	53.55	38.72	11.37	12.66	-16.10	4.00

续表

序号	单位名称	带息负债比率（%）	累计保留盈余率（%）	三年营业收入平均增长率（%）	总资产增长率（%）	营业利润增长率（%）	扣除非经常性损益净资产收益率（%）
58	居民服务、修理和其他服务业 O	22.74	−40.14	−10.20	−21.71	0.00	−30.41
59	教育 P	38.37	27.12	7.97	10.01	−42.77	0.11
60	卫生和社会工作 Q	50.44	27.48	15.77	26.27	707.51	7.96
61	文化体育和娱乐 R	20.95	27.69	−3.84	−0.18	−435.63	−4.96
62	综合类 S	47.21	31.92	11.80	0.37	−44.35	−1.00
63	二、按照申万行业代码分类（按照汉字分类）						
64	农林牧渔（申万）	59.96	48.30	16.45	29.62	43.06	16.95
65	采掘（申万）	40.68	56.72	2.23	−1.96	−19.60	3.84
66	化工（申万）	44.60	44.21	1.49	7.37	15.13	5.07
67	化工 + 石油（申万）	41.60	52.02	0.57	1.31	−8.45	3.15
68	化工 + 石油 + 油气钻采（申万）	40.77	50.94	0.87	1.44	−9.17	3.09
69	钢铁（申万）	44.75	37.39	7.49	8.17	4.52	7.52
70	有色金属（申万）	64.81	28.94	11.46	7.95	76.26	4.50
71	建筑材料（申万）	48.32	60.12	18.07	8.31	7.34	14.48
72	建筑装饰（申万）	32.56	41.32	13.92	14.12	8.63	7.81
73	电气设备（申万）	31.13	32.41	13.52	16.62	50.31	5.99
74	机械设备（申万）	28.86	35.43	12.72	11.94	39.24	6.02
75	机械设备 − 不包括金属制品（申万）	27.00	34.63	12.90	13.88	38.68	6.24
76	机械设备 + 非汽车交运设备 − 金属制品	27.00	34.63	12.90	13.88	38.68	6.24
77	电气设备 + 机械设备 + 国防军工	28.13	32.34	12.43	14.55	45.87	5.27
78	国防军工（申万）	18.22	24.65	8.50	16.91	64.81	2.01
79	汽车（申万）	31.67	47.29	1.56	9.52	6.58	3.72
80	汽车整车和零部件（申万）	30.33	48.84	2.36	10.16	9.58	3.77
81	家用电器（申万）	24.46	65.81	6.84	10.21	4.17	13.42
82	纺织服装（申万）	46.37	35.91	0.09	5.64	−20.59	1.46
83	轻工制造（申万）	52.93	41.82	6.67	6.28	18.22	6.24
84	食品饮料（申万）	25.70	73.22	12.12	12.18	16.75	19.68
85	医药生物（申万）	42.11	44.42	12.97	14.13	26.35	7.76
86	休闲服务（申万）	44.75	38.87	−4.59	2.54	−78.48	−1.75
87	电子（申万）	46.77	28.59	11.30	21.35	32.19	5.25
88	计算机（申万）	30.34	29.12	11.89	11.91	−8.48	2.43
89	传媒（申万）	28.17	22.21	2.39	1.05	62.05	−2.60
90	通信（申万）	24.65	18.70	2.64	5.70	262.71	2.39
91	交通运输（申万）	55.52	32.88	8.03	9.94	−80.32	0.08

续表

序号	单位名称	带息负债比率（%）	累计保留盈余率（%）	三年营业收入平均增长率（%）	总资产增长率（%）	营业利润增长率（%）	扣除非经常性损益净资产收益率（%）
92	房地产（申万）	34.02	45.91	16.92	13.73	−7.53	8.83
93	商业贸易（申万）	36.81	37.59	5.10	3.54	−56.39	0.60
94	公用事业（申万）	72.53	31.58	11.27	8.89	26.87	7.72
95	电力（申万，公共事业其中项）	77.06	31.16	8.53	5.94	20.55	8.06
96	非银金融（申万）	88.65	12.09	−10.39	−6.11	−395.68	−14.64
97	综合（申万）	49.69	35.28	10.02	1.40	−40.07	−1.24
98	煤炭（申万，包含煤炭两字的）	49.30	52.18	7.86	6.47	1.18	9.05
99	环保（申万，包含环保两字的）	50.60	31.75	14.71	14.10	5.17	4.03
100	节能（申万，包含节能两字的）	0.00	0.00	0.00	0.00	0.00	0.00
101	三、按资产规模划分						
102	100 亿元以上	41.19	44.50	8.99	10.69	−2.95	6.80
103	50 亿 ~100 亿元	38.34	30.98	6.94	8.47	30.75	3.07
104	10 亿 ~50 亿元	34.18	23.98	4.94	11.49	111.47	1.93
105	10 亿元以下	24.69	−29.13	−8.23	3.64	0.00	−1.37
106	四、按上市地点划分						
107	沪市 (60 开头或 900)	40.63	43.71	7.44	9.19	−9.96	5.82
108	深市（00 开头或 300）	41.16	37.00	10.63	12.07	28.97	6.10
109	科创板 (688)	26.75	17.60	16.85	52.37	53.47	6.05
110	其中：深圳普通版 (000,001,003)	41.05	38.54	10.03	11.02	16.40	6.69
111	中小企业板 (002)	41.69	37.68	11.11	12.32	49.77	6.19
112	创业板 (300)	40.36	31.66	11.45	16.10	31.92	4.42
113	五、按上市时间						
114	2020 年上市	50.66	25.80	13.18	55.11	15.14	8.17
115	2019 年上市	45.53	33.78	15.20	11.34	12.46	10.48
116	2018 年上市	37.37	49.44	9.46	20.19	5.32	11.37
117	2017 年上市	45.80	43.00	13.52	16.71	20.30	9.47
118	2016 年上市	34.49	46.04	13.62	15.05	−4.73	7.18
119	2015 年前上市	40.52	41.22	8.11	9.39	1.02	5.47
141	六、按公司地点分类						
142	北京	39.08	42.97	4.99	5.52	−14.39	4.19
143	天津	47.15	29.96	9.89	7.58	−42.85	2.98
144	河北	45.58	41.26	8.27	15.47	−6.01	7.35
145	京津冀地区	40.07	42.20	5.46	6.39	−15.18	4.35
146	山西	50.73	45.96	3.38	5.39	0.72	5.67
147	内蒙古	47.49	37.30	9.48	2.80	5.49	7.33

续表

序号	单位名称	带息负债比率（%）	累计保留盈余率（%）	三年营业收入平均增长率（%）	总资产增长率（%）	营业利润增长率（%）	扣除非经常性损益净资产收益率（%）
148	辽宁	63.47	29.91	9.95	1.65	23.55	4.17
149	吉林	46.94	34.19	17.57	15.89	0.00	3.89
150	黑龙江	44.95	7.88	1.75	−3.06	0.00	−6.54
151	上海	38.69	44.37	4.34	13.42	−15.22	5.60
152	江苏	33.53	38.58	11.17	12.42	16.45	6.51
153	浙江	41.80	43.37	12.84	15.90	41.75	8.06
154	安徽	42.77	52.68	13.14	9.33	7.30	10.23
155	福建	40.29	33.96	19.32	18.53	14.75	6.56
156	江西	45.99	45.81	13.46	15.43	34.71	7.39
157	山东	42.96	46.87	10.69	12.07	14.23	8.45
158	河南	49.84	37.19	13.17	14.94	56.67	10.78
159	湖北	41.29	36.27	8.50	6.58	−14.59	5.04
160	湖南	46.23	33.89	12.59	14.59	59.42	6.94
161	广东	37.04	43.20	9.77	12.67	3.03	8.06
162	广西	64.98	33.65	11.04	19.88	−3.92	6.39
163	海南	64.24	−57.20	−9.21	−13.35	−12883.19	−67.67
164	重庆	33.82	36.34	10.34	21.28	62.54	4.11
165	四川	40.23	43.46	12.39	15.72	23.54	9.74
166	贵州	39.87	75.41	7.26	13.96	14.13	21.06
167	云南	60.16	23.07	9.56	1.16	8.09	4.49
168	西藏	54.00	38.68	14.13	6.54	−2.16	8.34
169	陕西	24.65	30.72	21.09	37.54	19.22	5.87
170	甘肃	54.84	25.54	−0.07	2.60	158.87	2.50
171	青海	61.17	−122.23	4.43	−2.01	0.00	0.48
172	宁夏	56.36	9.66	−1.63	10.45	55.27	10.46
173	新疆	54.97	25.35	8.94	5.18	−81.23	−0.46
174	七、按公司属性分类						
175	（一）中央国有企业	40.06	41.77	6.13	7.33	−9.80	5.28
176	（二）地方国有企业	46.28	42.41	9.64	11.62	−3.46	5.84
177	（三）公众企业	29.70	43.58	9.17	12.58	8.95	9.16
178	（四）民营企业	40.42	38.19	11.42	14.54	28.58	6.41
179	（五）外资企业	34.22	42.72	8.74	11.61	16.52	9.15
180	（六）集体企业	33.19	51.09	9.86	8.09	−2.26	8.60
181	（七）其他企业	60.35	2.17	−1.14	−7.27	−434.22	−18.89

附录四　新三板概述

2020年，新三板在深改政策及精选层示范效应带动下，活力迸发，政策红利效应逐步释放。截至2020年底，挂牌企业总量8187家，较年初下降766家，净减少数较以往年份明显减少。

一级市场方面，截至2020年底，新增挂牌企业数量136家；2020年增发家数601家，实施完成增发次数为602次，共实际募资326.1亿元。其中，44家精选层企业完成公开发行合计募集111.96亿元；还有179家公司自办发行。此外，有105家新三板企业在科创板、创业板等转板上市。

二级市场方面，全市场年换手率为9.9%，交投活跃，较上年增长3.9%，其中精选层市场月均换手率17.28%，7—12月换手率合计103.65%；三板市场价值洼地不断被修复，做市市盈率达到19.33倍，高于2019年的18.55倍。在降低投资者准入门槛后，合格投资者数量大幅提升，合格投资者户数达到165.8万户，其中机构投资者5.74万户，个人投资者160.06万户；投资者结构日趋合理，南方、华夏等公募机构率先成立可投三板的基金产品，并引入了券商资管、信托机构、私募、QFII/RQFII等。

一、重点政策回顾

自2019年宣布启动新三板深化改革以来，2020年新三板出台67份深改规则。在2019年底发布实施《分层管理办法》《投资者适当性管理办法》等首批7件业务规则后，2020年1月19日，全国股转公司又发布实施了《公开发行规则》《保荐业务细则》《发行承销管理细则》3件第三批业务规则，正式启动公开发行并在精选层挂牌业务。至3月间，发布有《精选层审查问答28条》《精选层审查细则》《挂牌委员会细则》等业务规则，标志着精选层公开发行相关业务规则全部框架构建完毕。

同时，定期调层与转板相关制度也陆续出炉。2020年4月30日，《全国中小企业股份转让系统挂牌公司分层调整业务指南》出台。6月3日，证监会发布《关于全国中小企业股份转让系统挂牌公司转板上市的指导意见》。

2020年11月27日，深交所和上交所分别发布《精选层向创业板和科创板转板上市办法（试行）》公开征求意见稿。意味着新三板挂牌公司转板上市的具体实施路径已经明确，标志着开启新三板转板上市机制，有助于拓宽中小企业上市渠道，有利于加强多层次资本市场有机联系。

二、市场概况

（一）市场总量：规模收缩态势

2020年，新三板挂牌企业数量从2019年底的8953家降至8187家，净减少766家，新挂牌企业数量为136家。具体来看，2020年摘牌公司数量在900家，新挂牌企业数量为136家。新三板挂牌公司总数及总股权月度变化见附录图4-1、图4-2。

从摘牌原因来看，主动申请终止挂牌的企业达754家，占比83.4%；由于“其他被终止上市的情形”，而被全国股转公司终止挂牌的企业有114家，占比12.6%；另有35家企业因拟转板上市而摘牌。

从所属分层上看，2020年内新设精选层，且创新层吸引力也明显增强，企业纷纷申报。截至2020年底，新三板精选层、创新层、基础层公司数量分别为41家、1138家、7008家，占比分别为0.5%、13.9%、85.6%。而创新层公司数量净增加471家。

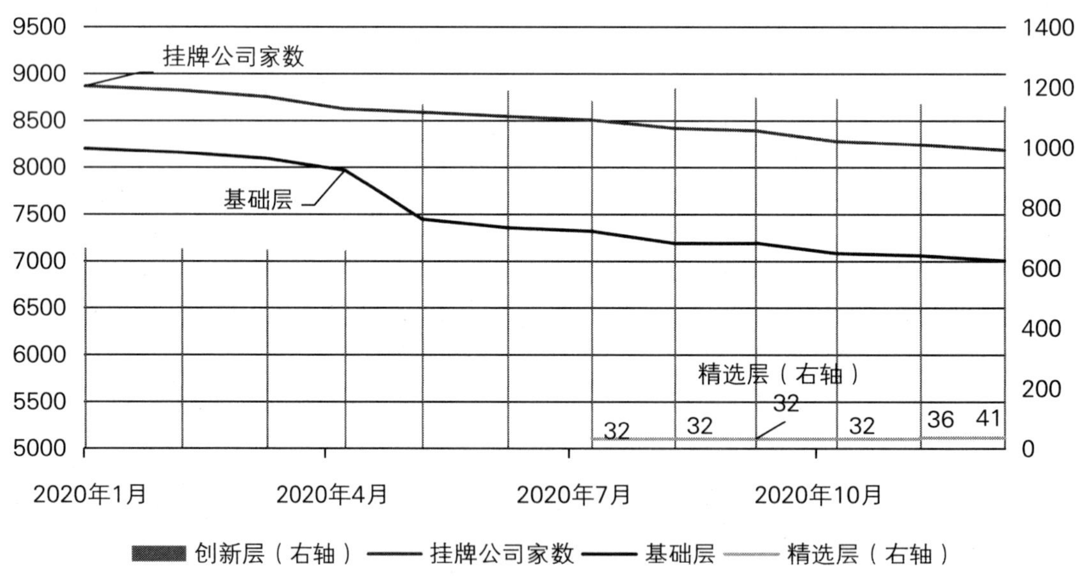

附录图4-1 挂牌公司总数月度变化图

资料来源：股转系统，Wind。

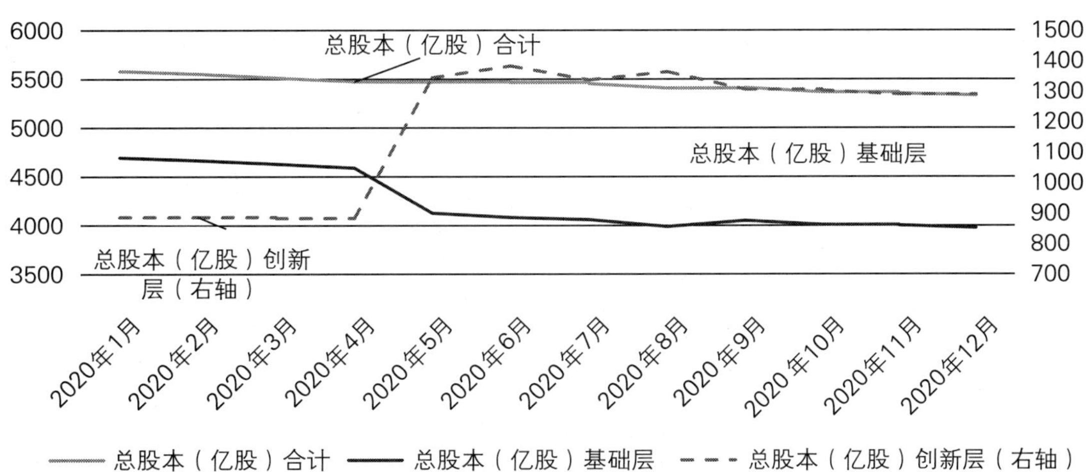

附录图 4－2 新三板总股数月度变化图

资料来源：股转系统，Wind。

（二）行业分类

在全部挂牌公司中，工业仍然是排名第一的行业门类，挂牌公司数 2494 家，占比 30.5%，较 2019 年上升 0.6%；排名第二位的是信息技术类，占比 28.04%，较 2019 年下降了 2%；排名第三位为可选消费，占比 13.9%，较 2019 年下降了 0.22%。详见附录表 4–1。

附录表 4－1 2020 年各行业挂牌公司情况概览表（Wind 一级行业）

行业	总挂牌数	做市交易家数	股份总量（万股）	总资产均值（万元）	净资产均值（万元）	营业收入均值（万元）	净利润均值（万元）
工业	2494	146	13755705	24345	11394	18182.95	787.27
信息技术	2296	159	10889328	17420	9467	17440.75	489.28
可选消费	1138	56	5625214	21362	10562	16993.47	200.62
材料	989	66	6568360	27960	14736	24403.51	988.66
医疗保健	454	43	2581842	21694	13246	15310.69	1219.02
日常消费	447	27	3098906	30138	15175	27136.42	638.25
金融	116	15	8530463	731758	139534	90899.13	8519.28
公用事业	90	11	1517740	72347	27477	22835.94	1239.10
能源	80	7	791741	41750	16969	29927.62	–933.13
房地产	60	3	232471	20298	11479	14073.11	772.12
电信服务	22	3	98974	12705	7567	9217.88	373.60

资料来源：海瀛新锐，Wind。

（三）地域分布

2020 年，除山西挂牌总数增加 1 家外，其余省份均有不同程度的下降。2020 年各省份挂牌家数参见附录图 4–3。

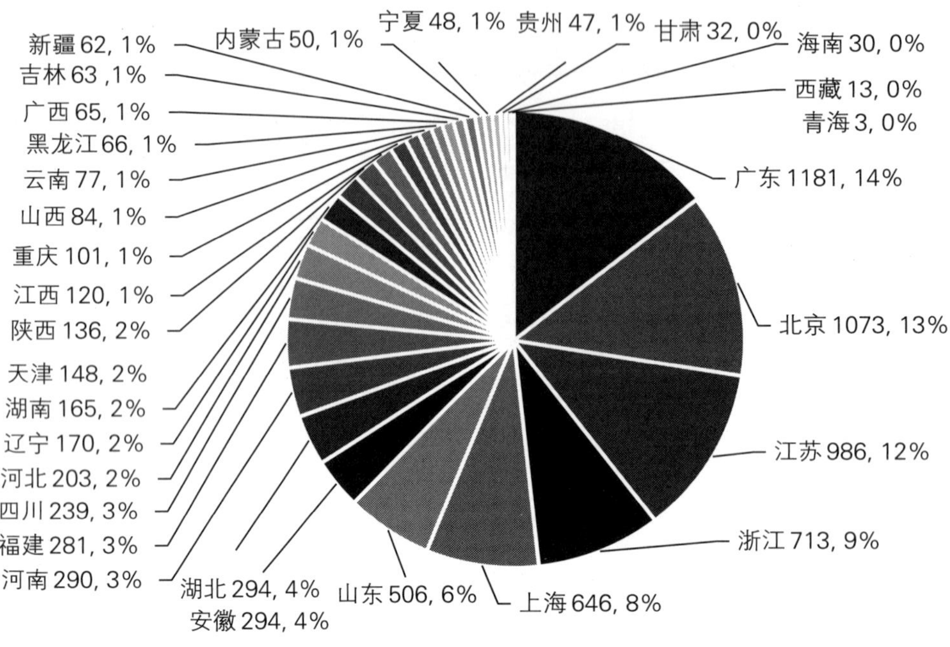

附录图 4－3　2020 年各省份挂牌公司家数图

资料来源：股转系统，Wind。

（四）精选层挂牌

2020 年 7 月 27 日开板当天，首批 32 家精选层企业挂牌。随后自 11 月 9 日开始，万通液压等二批企业陆续晋层交易。截至 2020 年 12 月 31 日，共有 41 家企业正式登陆精选层，44 家企业完成精选层公开发行。详见附录表 4–2。

附录表 4－2　44 家精选层企业发行概况

名称	发行价格（元）	发行市盈率	新股发行数量（万股）	募资净额（亿元）	中签率(%)	网上认购倍数	省份
盖世食品	3.5	10.7	2453.9	0.7	1.9	52.7	辽宁
三元基因	25.0	52.9	1300.0	3.0	2.3	43.7	北京
同惠电子	6.3	25.4	2400.3	1.4	1.6	62.0	江苏
浩淼科技	5.8	12.2	1150.0	0.5	1.3	79.9	安徽
丰光精密	6.4	34.6	805.0	0.4	0.9	106.7	山东
秉扬科技	7.2	21.9	4094.0	2.8	2.4	41.9	四川
安徽凤凰	7.2	15.1	1801.4	1.2	1.5	68.9	安徽
数字人	12.5	24.9	800.0	0.9	0.7	135.6	山东
诺思兰德	6.0		4112.7	2.3	0.7	142.1	北京
德众股份	3.6	13.9	3300.0	1.1	0.6	154.1	湖南
万通液压	8.0	18.7	1610.0	1.2	1.3	80.2	山东
常辅股份	10.2	16.1	435.0	0.3	0.3	334.4	江苏
旭杰科技	10.9	27.4	920.0	0.8	1.2	85.0	江苏

续表

名称	发行价格（元）	发行市盈率	新股发行数量（万股）	募资净额（亿元）	中签率(%)	网上认购倍数	省份
殷图网联	10.0	26.5	1000.0	0.9	0.4	254.3	北京
翰博高新	48.5	32.0	1000.0	4.4	1.0	102.9	安徽
连城数控	37.9	30.9	1500.0	5.3	1.1	87.4	辽宁
微创光电	18.2	25.4	1200.0	2.0	0.6	158.2	湖北
创远仪器	22.3	90.4	1200.0	2.5	0.9	106.5	上海
中航泰达	6.9	33.1	3499.0	2.2	1.5	65.6	北京
建邦股份	18.9	17.7	1042.3	1.8	1.4	72.5	山东
鹿得医疗	8.6	32.8	1750.0	1.4	0.5	220.3	江苏
三友科技	10.0	18.9	1430.0	1.2	0.3	302.9	浙江
富士达	16.0	28.9	1500.0	2.1	0.5	216.0	陕西
大唐药业	8.2	22.4	3536.0	2.6	0.8	124.0	内蒙古
森萱医药	5.4	22.9	6000.0	3.0	0.5	209.6	江苏
润农节水	4.7	25.3	4000.0	1.8	1.3	75.4	河北
恒拓开源	7.0	42.8	3856.0	2.4	1.0	102.6	河南
观典防务	13.7	52.0	3959.0	5.0	0.5	184.2	北京
凯添燃气	4.8	18.4	5200.0	2.3	0.8	122.0	宁夏
流金岁月	7.2	30.1	3000.0	2.0	0.9	112.2	北京
永顺生物	29.9	46.0	120.0	0.3	0.0	2,316.8	广东
龙竹科技	9.2	20.7	2000.0	1.7	0.6	161.5	福建
泰祥股份	16.4	15.0	1400.0	2.1	0.3	311.6	湖北
国源科技	11.9	35.7	3345.0	3.6	0.4	266.3	北京
生物谷	14.0	24.5	684.9	0.8	0.1	730.3	云南
新安洁	5.9	37.5	6000.0	3.3	0.4	241.6	重庆
贝特瑞	41.8	51.9	4000.0	16.0	0.3	326.1	广东
方大股份	8.4	37.0	1510.5	1.1	0.2	421.5	河北
苏轴股份	14.5	19.1	800.0	1.0	0.2	618.2	江苏
佳先股份	9.5	25.0	2132.2	1.8	0.3	310.7	安徽
同享科技	10.2	19.8	1200.0	1.1	0.1	763.0	江苏
球冠电缆	9.1	19.7	4000.0	3.3	0.6	178.0	浙江
颖泰生物	5.5	24.8	10000.0	5.1	0.2	530.5	北京
艾融软件	25.2	49.3	880.0	2.0	0.1	1,754.2	上海

资料来源：股转系统，Wind。

（五）推荐挂牌主办券商

2020年有35家主办券商开展了推荐挂牌业务。以挂牌家数看，开源证券、国融证券、东吴证券位列前三名；以挂牌股份数量看，开源证券、山西证券、国融证券位列前三名。详见附录图4-4。

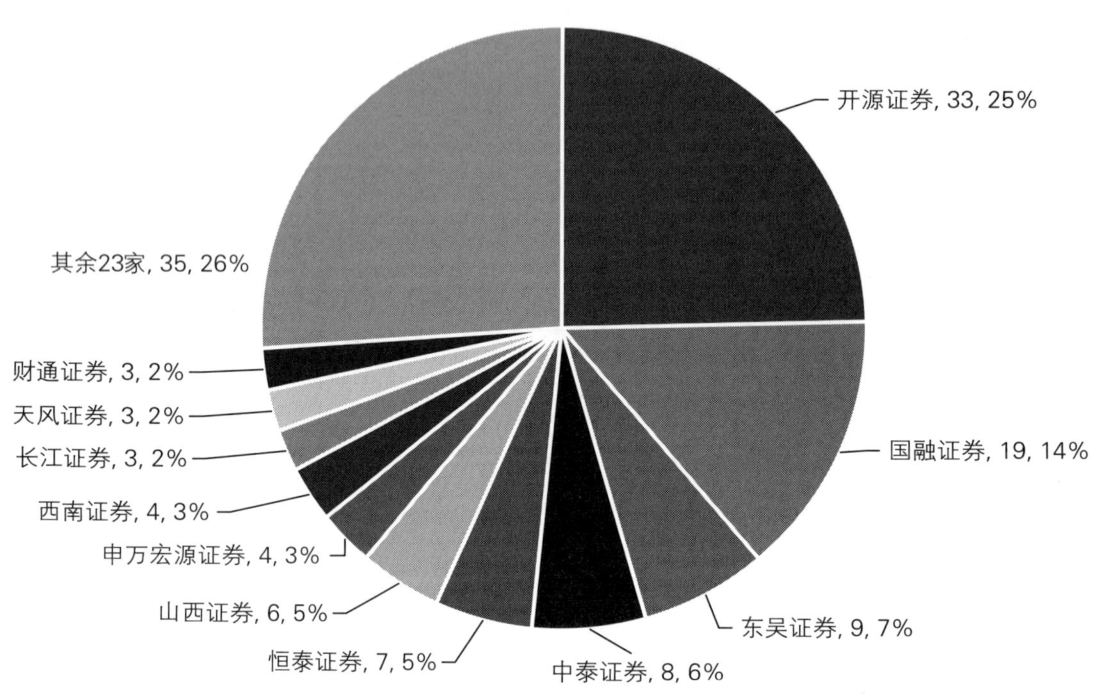

附录图4－4　2020年主办券商挂牌家数（次）分布图

资料来源：股转系统，Wind。

三、新三板2020年一级市场发行情况

（一）新增挂牌同比下滑55%

详见附录图4-5。

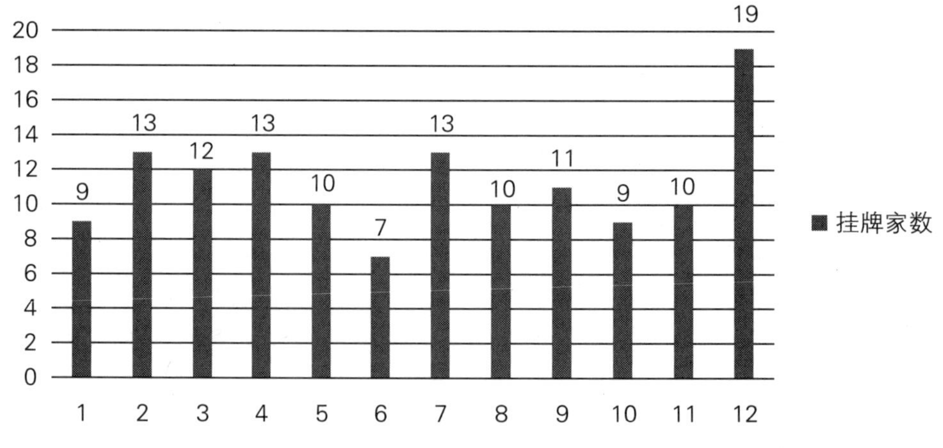

附录图4－5　2020年月度挂牌家数图

资料来源：Wind。

2018 年以来，新三板市场挂牌公司数持续下降，新增挂牌公司数量减少，主动摘牌公司数急剧增加。2020 年，根据 Wind 挂牌时间统计，累计新增挂牌公司 136 家，为 2019 年 249 家的 54.6%。

（二）新增公司所属行业统计

以新增挂牌公司家数统计，行业分布主要为资本货物、材料 II、软件与服务等。见附录表 4–3。

附录表 4 – 3　2020 年新增挂牌公司数量行业分布情况（Wind 二级行业）

Wind 二级行业	家数	总资产（万元）	总营收（万元）	净利润（万元）	总股本（万股）
资本货物	37	393757.93	296837.23	18698.67	85044.33
材料 II	22	318762.84	299656.61	29758.54	77610.74
软件与服务	20	194977.24	196876.71	21536.72	62979.29
商业和专业服务	15	117609.91	65813.49	12719.90	31871.05
技术硬件与设备	8	157996.36	287372.07	19728.83	28249.77
汽车与汽车零部件	5	44079.70	44623.11	2069.73	9780.00
媒体 II	4	45675.31	114039.15	3172.49	7929.36
耐用消费品与服装	4	43906.03	60715.87	2807.99	7531.20
食品、饮料与烟草	4	111757.47	88419.62	11961.03	29460.73
制药、生物科技与生命科学	4	41716.62	26369.01	400.7	21482.59
医疗保健设备与服务	3	24755.11	27772.08	1573.66	5490.00
房地产 II	2	5882.87	5404.41	324.19	2500.00
零售业	2	12920.21	34129.35	1201.22	7000.00
运输	2	19263.18	11605.90	850.38	4500.00
公用事业 II	1	33764.55	4227.77	135.57	13200.00
家庭与个人用品	1	14728.32	12621.99	429.89	5037.00
食品与主要用品零售 II	1	3075.38	1481.50	188.41	1500.00
消费者服务 II	1	2504.45	1058.58	372.2	1500.00

资料来源：股转系统，Wind。

（三）增发情况

1. 增发实施总次数上升明显。

挂牌企业融资意愿大幅上升。据 Wind 按发行日期统计，2020 年增发企业 601 家，实施完成增发次数为 602 次，是 2019 年 503 次的 119.7%；共实际募资 326.1 亿元，是 2019 年 211.8 亿元的 153.9%。2020 年增发实施月度情况见附录图 4–6。

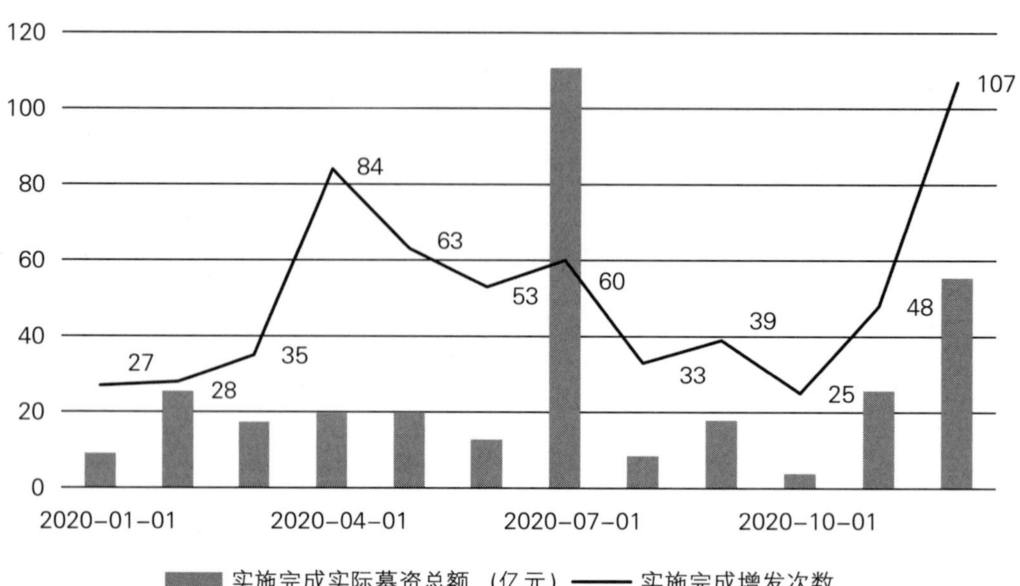

附录图 4-6　2020 年增发实施月度情况

资料来源：股转系统，Wind。

2. 增发主承销商。详见附录表 4-4。

附录表 4-4　增发主承销商承销家数排名前 20 名

机构名称	承销家数	募集资金合计（万元）	机构名称	承销家数	募集资金合计（万元）
长江证券股份有限公司	18	136447.61	招商证券股份有限公司	11	54686.75
申万宏源证券有限公司	18	63401.51	恒泰证券股份有限公司	11	24413.42
开源证券股份有限公司	18	44380.45	天风证券股份有限公司	11	31384.07
中泰证券股份有限公司	16	43894.48	财信证券有限责任公司	10	24346.05
山西证券股份有限公司	16	34746.51	西南证券股份有限公司	10	18153.89
中信建投证券股份有限公司	15	76786.36	首创证券股份有限公司	9	75696.09
安信证券股份有限公司	14	49443.45	光大证券股份有限公司	9	52373.77
国融证券股份有限公司	13	17780.64	浙商证券股份有限公司	9	15941.35
兴业证券股份有限公司	13	69732.04	国元证券股份有限公司	8	20578.61
东吴证券股份有限公司	12	25941.24	海通证券股份有限公司	8	24050.38

资料来源：股转系统，Wind。

（四）债券发行

2020 年共有 4 家企业发行 4 次各类债券，累计发行各类债券 38.2 亿元。详见附录表 4-5。

附录表 4 － 5 2020 债券发行概况表

公司简称	债券简称	发行规模（亿）	发行期限（年）	债券评级	主体评级	票面利率(%)	发行方式	承销方式
中投保	20 中保 Y1	30.0000	3	AAA	AAA	4.47	公募	余额包销
首创大气	20 大气债	1.5000	3	AAA	AAA	4.00	私募	代销
维泰股份	20 维泰 MTN001	1.7000	3	AA	AA	6.50	公募	余额包销
中国康富	20 康富 01	5.0000	3	–	AA+	6.50	私募	余额包销

资料来源：股转系统，Wind。

四、2020 年新三板二级市场交易情况

（一）三板指数

从指数走势来看，新三板做市指数从年初的 914.67 点一路上升至 7 月底的 1201 点后在 1050~1150 点间横盘整理；12 月 31 日收盘价为 1073 点，上涨 15.2%；同期创业板指上涨 61.8%。详见附录图 4–7。

附录图 4 － 7 2020 年新三板成指及做市、创业板指走势对比

资料来源：股转系统，Wind。

（二）成交

成交金额方面，2020 年新三板股票总成交额达 1294.64 亿元，同比提升 57%；市场呈逐步放大趋势，7 月更是在连续竞价交易政策的影响下，一度放大到 225.94 亿元 / 月。

2020 年总成交量 260.42 亿股，同比提升 18%；总体换手率达到 9.9%，较上年提升了 3.6%。成交数据详见附录表 4–6。

附录表 4－6 新三板 2020 年成交数据

交易日期	成交数量（万股）				成交均价（元/股）			
	合计	做市交易	集合竞价交易	连续竞价交易	合计	做市交易	集合竞价交易	连续竞价交易
2020 年 1 月	174516	91956	82561		4.69	5.70	3.68	
2020 年 2 月	146652	70481	76172		4.90	5.69	4.16	
2020 年 3 月	224337	80311	144026		4.03	5.01	3.47	
2020 年 4 月	209564	108065	101499		4.67	5.24	4.14	
2020 年 5 月	176223	79027	97196		4.32	4.57	4.16	
2020 年 6 月	220601	89743	130858		4.62	4.88	4.50	
2020 年 7 月	373031	137280	168730	67021	5.44	4.72	4.37	2.95
2020 年 8 月	240672	69214	123743	47715	6.18	4.23	4.32	14.41
2020 年 9 月	226024	84374	125296	16354	4.37	3.58	3.85	13.26
2020 年 10 月	158950	62937	81241	14772	5.29	4.17	4.25	16.83
2020 年 11 月	181381	65105	96016	20261	4.87	4.04	4.09	12.56
2020 年 12 月	272287	72557	164053	35677	5.58	4.67	4.27	14.00

资料来源：股转系统，Wind。

（三）行业成交情况

2020 年，以交易股数计算，软件与服务、多元金融业、技术硬件与设备行业是新三板中成交最为活跃的前三行业板块。以交易金额计算，软件与服务、材料 II、资本货物位列前三甲，分别累计交易 201.7 亿元、155.6 亿元、109.9 亿元。详见附录表 4-7。

附录表 4－7 2020 年新三板行业成交数量图（Wind 二级）

行业名称	区间成交数量（万股）				区间成交额占股转总成交额比重 (%)			
	合计	做市交易	集合竞价交易	连续竞价交易	合计	做市交易	集合竞价交易	连续竞价交易
软件与服务	280386.5	163154.5	77365.7	39866.3	100.0	53.4	23.7	22.9
多元金融	231794.3	153763.9	78030.4		100.0	69.0	31.0	
技术硬件与设备	176081.6	118411.9	45145.5	12524.1	100.0	43.3	24.0	32.7
资本货物	167184.9	67419.4	62680.3	37085.2	100.0	24.7	23.8	51.5
材料 II	153715.1	58287.5	43310.5	52117.0	100.0	11.2	13.6	75.2
制药、生物科技与生命科学	102486.4	43553.8	15216.3	43716.4	100.0	39.3	21.2	39.5
商业和专业服务	53942.2	29271.8	15834.8	8835.7	100.0	44.7	30.2	25.1
医疗保健设备与服务	53642.2	41090.3	7360.8	5191.1	100.0	83.7	7.50	8.9
食品、饮料与烟草	53067.6	11877.2	41109.5	80.9	100.0	62.0	37.7	0.3

续表

行业名称	区间成交数量（万股）				区间成交额占股转总成交额比重（%）			
	合计	做市交易	集合竞价交易	连续竞价交易	合计	做市交易	集合竞价交易	连续竞价交易
公用事业 II	30303.7	16264.4	2685.5	11353.8	100.0	40.6	10.4	49.0
运输	28961.5	25074.8	3886.7		100.0	68.3	31.7	
媒体 II	24824.3	19780.1	5044.2		100.0	76.6	23.4	
能源 II	14053.4	9624.2	4429.3		100.0	34.6	65.4	
零售业	12693.1	1120.0	7002.9	4570.1	100.0	8.4	45.7	45.9
汽车与汽车零部件	11423.7	3950.8	4248.3	3224.6	100.0	18.6	22.2	59.2
半导体与半导体生产设备	10221.6	1314.2	8907.5		100.0	2.7	97.3	
消费者服务 II	9740.5	5635.7	4104.8		100.0	33.5	66.5	
耐用消费品与服装	8883.0	1530.7	4308.5	3043.8	100.0	22.5	34.4	43.1
银行	3199.9		3199.9		100.0		100.0	
电信服务 II	3196.8	158.1	3038.7		100.0	15.4	84.6	
家庭与个人用品	2850.9	924.3	1926.7		100.0	22.9	77.1	
食品与主要用品零售 II	1167.4		1167.4		100.0		100.0	
房地产 II	434.3	245.6	188.7		100.0	39.0	61.0	
保险 II	276.7	0.3	276.4		100.0	0.1	99.9	

资料来源：股转系统，Wind。

（四）估值情况

1.2020 年新三板估值变化情况。

随着改革红利释放、投资者结构日趋多元，2020 年新三板二级市场持续火爆，新三板市场价值洼地不断被修复，做市 PE（市盈率）从 18.61 上涨到 19.38 倍；做市 PB（市净率）也从 1.59 倍上涨到 1.76 倍。详见附录图 4-8 及图 4-9。

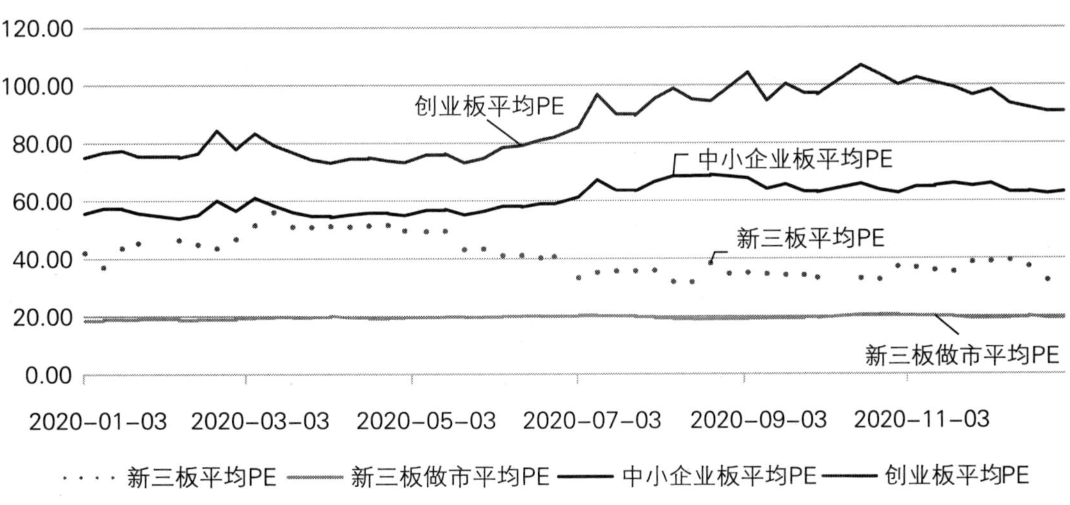

附录图 4－8　2020 年新三板、中小板、创业板平均 PE 比较图

资料来源：股转系统，Wind。

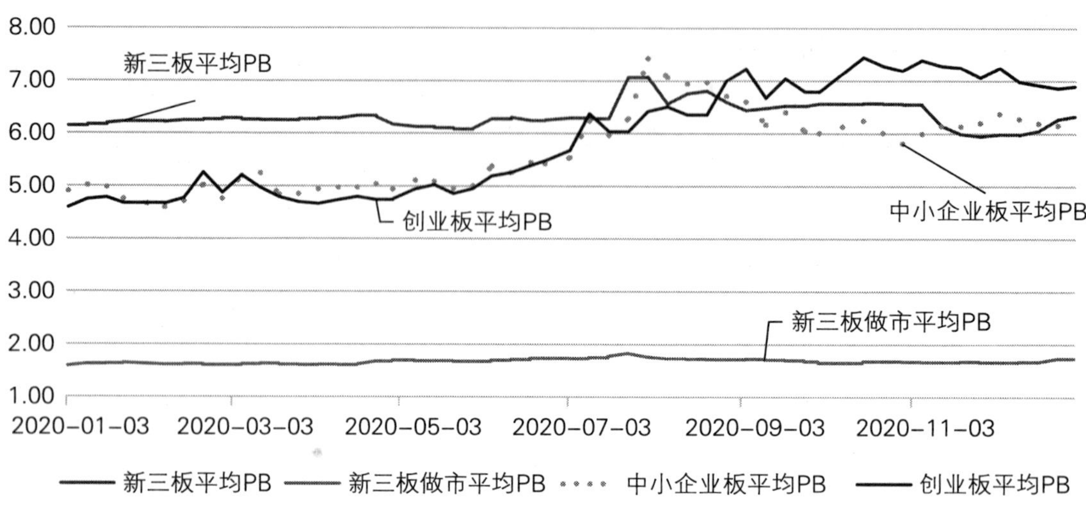

附录图 4－9　新三板、中小板、创业板平均 PB 比较图

资料来源：股转系统，Wind。

2. 行业估值。

2020 年新三板平均 PE 前三名为零售业、食品饮料与烟草、汽车与汽车零部件，平均市盈率分别为 265 倍、112 倍、76.9 倍。平均 PB 前三名的则为软件与服务、家庭与个人用品、媒体Ⅱ，分别为 54.3 倍、18.5 倍、9 倍。

新三板的 PE、PB 与中小企业板、创业板比较存在巨大的差额，既反映出各板块企业素质、投资者有不同的规模大小与主体特征，也反映了多层次资本市场初步搭建完成。详见附录表 4–8。

附录表 4－8　新三板、中小板、创业板平均 PE、PB 比较表

行业名称	新三板			中小企业板			创业板		
	公司家数	平均 PE	平均 PB	公司家数	平均 PE	平均 PB	公司家数	平均 PE	平均 PB
零售业	126	264.8	–4.2	9	1.3	1.9	4	9.3	8.92
食品、饮料与烟草	364	112	4.1	55	–42	7.1	24	2.2	8.31
汽车与汽车零部件	169	76.9	2.2	43	41	2.7	27	41.4	3.37
资本货物	1484	76.3	3.4	239	23.8	3.2	219	44.8	4.71
商业和专业服务	742	40.7	7.2	18	38.3	3.1	51	52.4	3.73
材料 II	939	40.4	8.1	173	176	3	107	35.9	4.59
公用事业 II	87	39.6	3.1	12	12.8	1.1	5	542.6	3.26
耐用消费品与服装	281	37.2	4	81	20.6	2.7	33	31.3	5.09
家庭与个人用品	29	27.8	18.5	4	45.4	6.1	2	80.9	5.76
技术硬件与设备	691	25.6	4.2	113	24.4	–0.2	161	–3977.6	6.84
能源 II	73	25	1.2	10	30.1	6	6	53.6	2.13
媒体 II	312	22.5	9	16	430.8	1.7	25	12.1	9.55

续表

行业名称	新三板			中小企业板			创业板		
	公司家数	平均 PE	平均 PB	公司家数	平均 PE	平均 PB	公司家数	平均 PE	平均 PB
银行	8	18.5	0.9	7	11.1	1.2	0		
运输	123	18.3	2	19	−8.3	2.5	4	24.1	3.92
软件与服务	1413	13.3	54.3	56	45.8	5	121	43.4	4.69
食品与主要用品零售 II	32	4.4	2.6	5	18.9	2.3	3	55.4	5.98
保险 II	18	−5.9	3.5	0			0		
电信服务 II	22	−7.1	5.2	1	16.9	3.3	3	46.3	4.89
房地产 II	53	−9.6	8.2	14	−1.9	1.5	1	44.8	5.33
制药、生物科技与生命科学	241	−12.9	4.2	65	15.6	3.8	71	144.1	6.42
多元金融	83	−25.6	4.5	12	2.1	2.7	4	25.9	10.6
医疗保健设备与服务	191	−37	4.4	17	26.6	4.3	24	60	10.86
消费者服务 II	176	−45.5	8.7	14	−13045.8	38.4	10	19.3	4.48
半导体与半导体生产设备	53	−123.8	7	19	15.6	4.7	34	128.3	10.64

资料来源：股转系统，Wind。

（五）做市券商排名

2020 年，新三板做市商共有 42 家，较 2019 年 24 家大幅度增高。详见附录表 4–9。

附录表 4 – 9　2020 做市券商做市个数排名前 11 名

券商列表	做市股票个数	可交易股份数量（万股）	做市企业净资产均值（万元）	做市企业净利润均值（万元）
首创证券股份有限公司	28	217329	38877	5910
开源证券股份有限公司	27	917340	115130	9611
万和证券股份有限公司	24	639035	56398	7579
粤开证券股份有限公司	23	215882	66173	7544
银泰证券有限责任公司	17	253375	58266	6113
国金证券股份有限公司	13	114628	39946	5606
金元证券股份有限公司	12	94055	63105	6696
红塔证券股份有限公司	10	114443	47428	2602
东莞证券股份有限公司	7	433575	62847	6651
安信证券股份有限公司	7	62025	29954	4985
渤海证券股份有限公司	7	72846	74036	14558

资料来源：股转系统，Wind。

五、并购与重组

（一）并购

2020 年，上市公司并购挂牌公司事件发生了 63 起，较 2019 年 161 起大幅下降。按照进度划分：完成的有 38 起，达成意向的有 1 起，终止的有 7 起。其中，完成部分按照并购目的划分：垂直整合的 3 起，多元化战略的 5 起，横向整合的 5 起，战略合作的 3 起，资产调整的 4 起，其他的 18 起。详见附录表 4–10。

附录表 4 – 10　上市公司完成并购挂牌公司交易金额前 10 名

公司名称	受让后持股比例（%）	公司名称	所属层级	并购目的	支付方式	交易金额（万元）
泰和新材		民士达	基础层	垂直整合	股权	237393.81
华宏科技	100.00	鑫泰科技（退市）		多元化战略	股权 + 现金	81000.00
数源科技		东软股份	创新层	多元化战略	股权 + 现金	66762.99
豫园股份	90.09	策源股份（退市）		多元化战略	现金	56596.28
北清环能	86.34	十方环能（退市）		其他	股权 + 现金	39373.62
亚太实业	51.00	亚诺生物	基础层	其他	现金	29070.00
因赛集团	51.01	天与空（退市）		战略合作	现金	23459.99
西藏天路	51.00	重交再生	基础层	垂直整合	现金	21879.01
精达股份	97.65	恒丰特导	基础层	横向整合	现金	13901.70
ST 狮头	40.00	昆汀科技	基础层	多元化战略	现金	12833.20

资料来源：Wind。

（二）重组

据 Wind 统计，2020 全年新三板共发生 15 次重组。详见附录表 4–11。

按照进度划分：完成的 11 次，董事会预案的 3 次，过户的 1 次。

按照重组方式划分：发行股份收购资产 7 次，协议收购 5 次，资产置换 2 次，赠予 1 次。

按照重组目的划分：横向联合 4 次，多元化战略 9 次，资产调整 2 次。

附录表 4 – 11　2020 年新三板挂牌公司重组

股票名称	重组进度	重组形式	重组目的	交易总价值（万元）	最后采用评估方法	Wind 行业
国恒 3	过户	资产置换	多元化战略	727596.52	市场法，收益法	多元化零售
盈谷股份	董事会预案	发行股份购买资产	多元化战略	100000.00		半导体产品与半导体设备
巴中公用	完成	发行股份购买资产	多元化战略	32163.29	收益法	燃气 Ⅲ
桂林五洲	完成	资产置换	多元化战略	27894.28	资产基础法	多元化零售
环威股份	完成	发行股份购买资产	横向整合	20874.48	资产基础法	电气设备
中民燃气	完成	发行股份购买资产	多元化战略	20742.00	资产基础法	独立电力生产商与能源贸易商 Ⅲ

续表

股票名称	重组进度	重组形式	重组目的	交易总价值（万元）	最后采用评估方法	Wind 行业
伟大节能	完成	发行股份购买资产	横向整合	18120.19	收益法	建筑与工程 Ⅲ
诚享东方	完成	协议收购	多元化战略	11868.89	资产基础法	互联网与售货目录零售
佳利达（退市）	完成	发行股份购买资产	横向整合	10400.00	收益法	公路与铁路运输
美登科技	完成	协议收购	横向整合	10100.00	收益法	互联网软件与服务 Ⅲ
师帅冷链	董事会预案	协议收购	多元化战略	1860.00		商业服务与用品
格瑞特	完成	发行股份购买资产	多元化战略	1616.48	收益法	建筑与工程 Ⅲ
云能威士	完成	协议收购	资产调整	258.47	资产基础法	机械
ST 苏玺	完成	协议收购	资产调整	0.00		媒体 Ⅲ
大菲 5	董事会预案	赠予	多元化战略		收益法	食品

资料来源：Wind。

六、其他重大事项

（一）分红送股

2020 年共有 2538 家挂牌公司进行了分红送股。其中：分红的有 2174 家次，送股的有 339 家次，转增股份的有 301 家次。详见附录表 4–12。

附录表 4 – 12　2020 年分红行业分布表

Wind 行业	数量			次数		
	分红（万元）	送股（万股）	转股（万股）	分红	送股	转增
资本货物	218389.60	37818.00	38263.73	460	61	40
材料 Ⅱ	184489.10	10117.24	46485.63	312	26	34
技术硬件与设备	149026.20	48759.79	43805.68	232	39	31
软件与服务	140653.10	35816.59	58425.35	285	78	77
商业和专业服务	80847.99	35683.37	22478.95	215	48	40
食品、饮料与烟草	55631.92	20131.53	4576.63	89	21	12
制药、生物科技与生命科学	47383.76	1250.98	16779.05	72	5	9
多元金融	47235.80	3373.59	—	38	2	0
耐用消费品与服装	45151.54	6048.70	19631.07	68	9	7
媒体 Ⅱ	42212.16	5106.70	4617.56	55	8	7
医疗保健设备与服务	38196.93	12122.71	2601.25	66	11	6
汽车与汽车零部件	34827.54	6293.85	3850.50	56	2	4
银行	31863.43	19512.73	—	6	2	0
运输	29816.03	11317.09	1371.98	45	6	5

续表

Wind 行业	数量			次数		
	分红（万元）	送股（万股）	转股（万股）	分红	送股	转增
公用事业 II	19050.18	—	2316.05	22	0	3
能源 II	14557.65	499.00	57.00	27	2	2
消费者服务 II	14323.22	4694.00	6370.69	30	4	7
零售业	10205.00	1983.14	8062.26	32	3	6
半导体与半导体生产设备	9066.15	68.90	2421.32	14	1	2
家庭与个人用品	8305.45	893.40	44.68	11	3	1
房地产 II	5376.32	4172.26	1262.30	20	5	2
食品与主要用品零售 II	4297.43	310.79	5940.33	10	2	5
电信服务 II	3088.82	—	—	7	0	0
保险 II	2499.89	125.00	5.00	2	1	1
总计	1236495.00	266099.40	289367.00	2174	339	301

资料来源：股转系统，Wind。

（二）股权质押

2020 年，累计公告发生 1200 次股权质押，质押股数达 127.88 亿股。分行业质押情况见附录图 4-10。

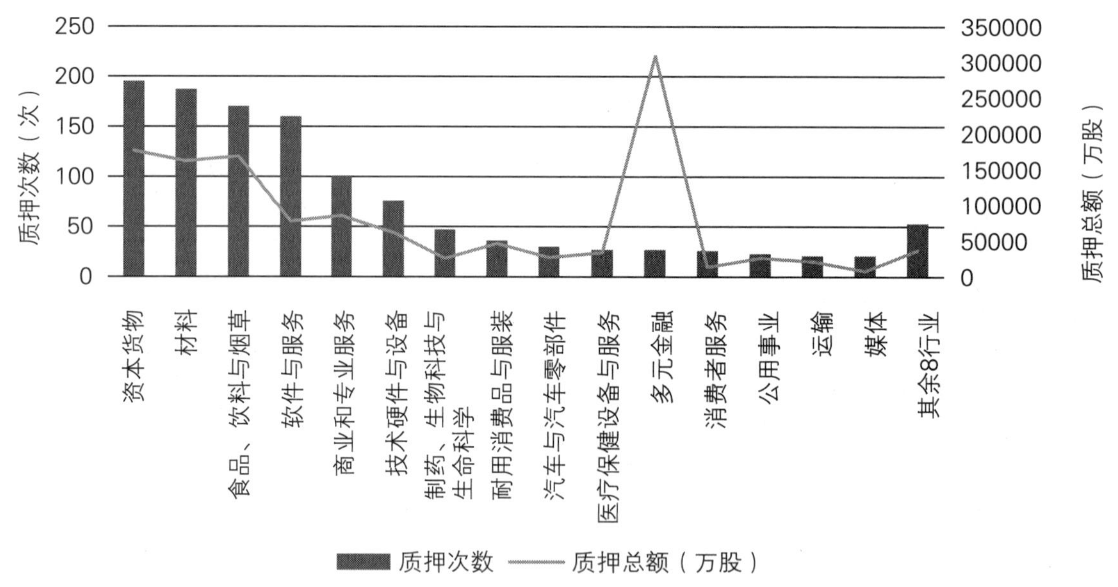

附录图 4－10　2020 年新三板股权质押分行业概况（Wind 二级行业）

资料来源：股转系统，Wind。

（三）冻结

2020 年，新三板共发生冻结股权 222 起，累计冻结 53.87 亿股。详见附录图 4-11。

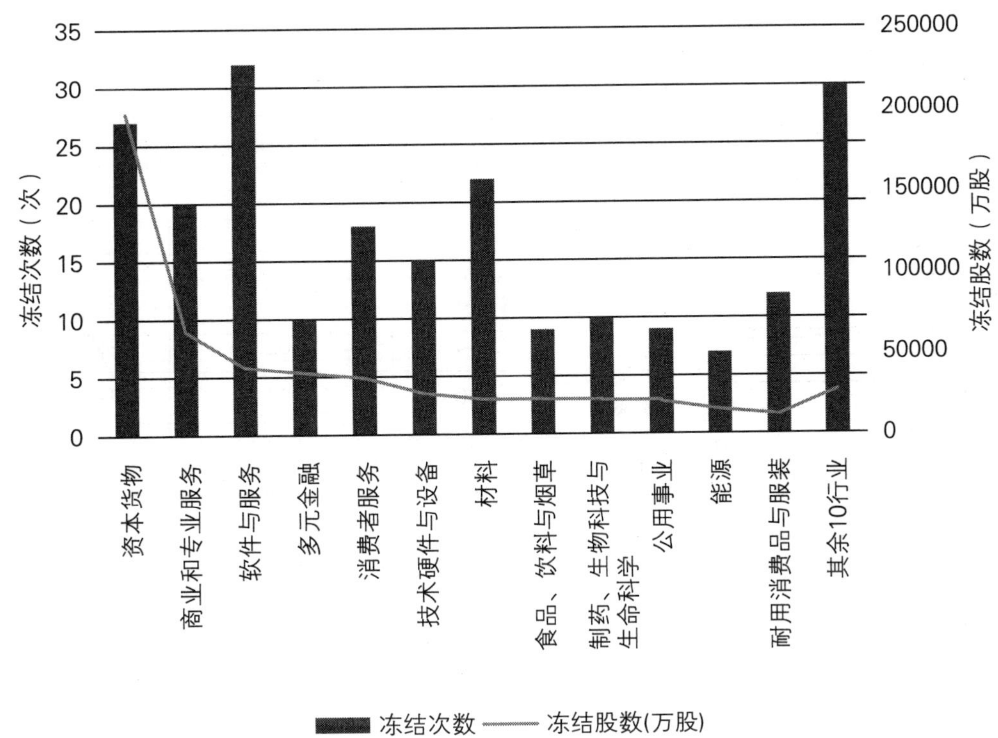

附录图 4－11　2020 年新三板股权冻结情况（Wind 二级行业）

资料来源：股转系统，Wind。

（四）诉讼仲裁

2020 年，新三板共发生 2569 起诉讼仲裁，其中民事诉讼 2326 起、行政诉讼 36 起、仲裁 192 起，累计涉案金额 279 亿元。详见附录图 4-12。

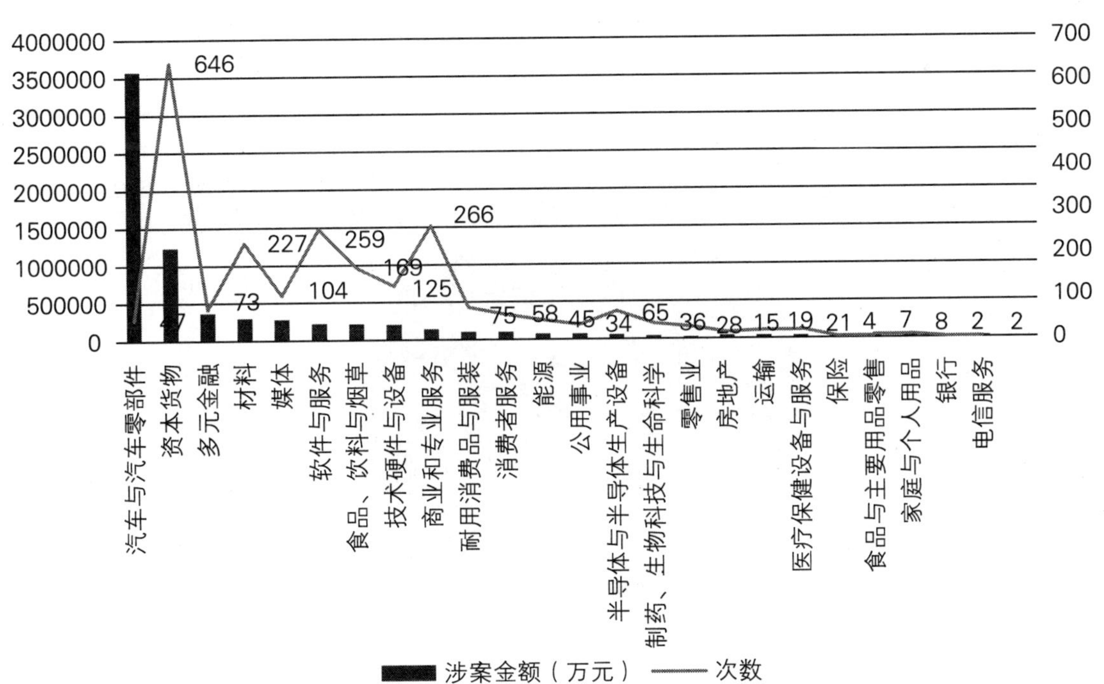

附录图 4－12　2020 年新三板诉讼仲裁金额分行业概况（Wind 二级行业）

资料来源：股转系统，Wind。

（五）处罚

2020 年，新三板共发生处罚 617 起，较 2019 年的 833 起减少了 25.9%；累计处罚金额 3857 万元，较 2019 年的 4564 万元减少了 15.5%。详见附录图 4-13。

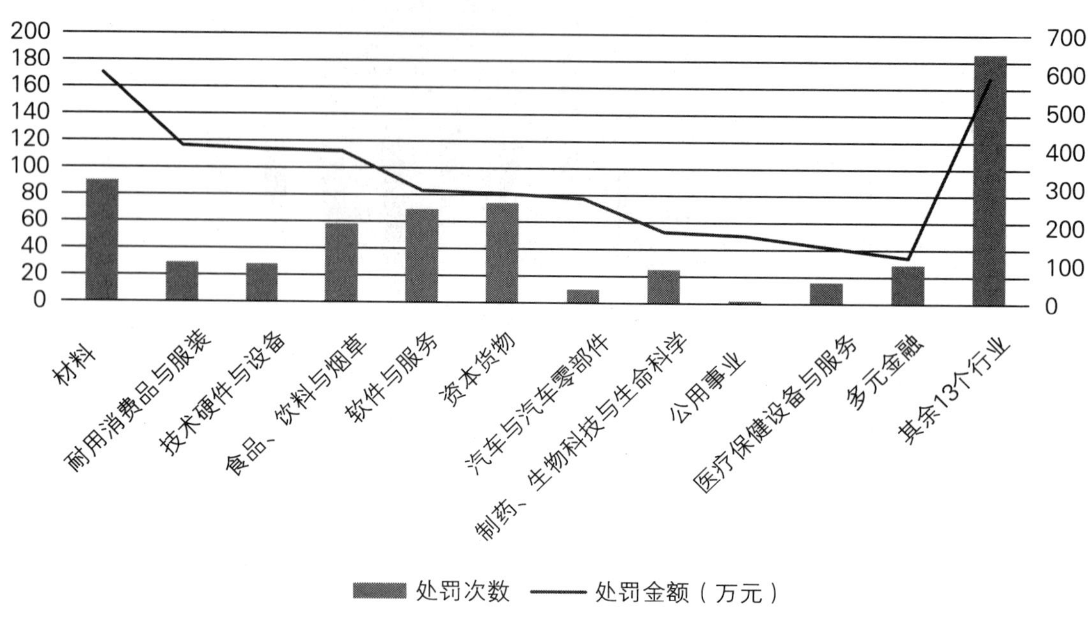

附录图 4－13　2020 年新三板处罚分行业概况（Wind 二级行业）

资料来源：股转系统，Wind。

（六）股权激励

2020 年，新三板共发生股权激励 71 起，涉及股票的 56 起，涉及期权的 15 起。其中：实施的 35 起，股东大会通过的 18 起，股东大会未通过的 4 起，停止实施的 9 起，董事会预案的 5 起。详见附录图 4-14 及图 4-15。

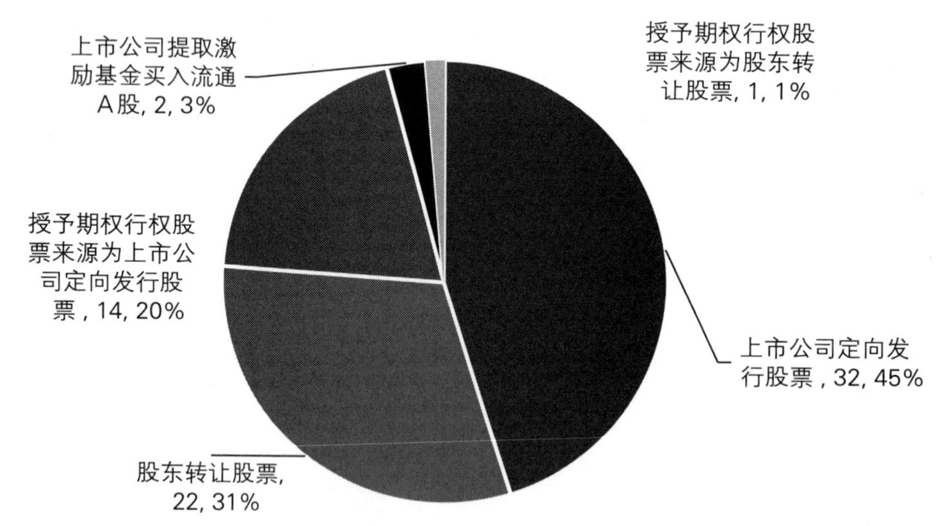

附录图 4－14　2020 年激励方式汇总情况

资料来源：股转系统，Wind。

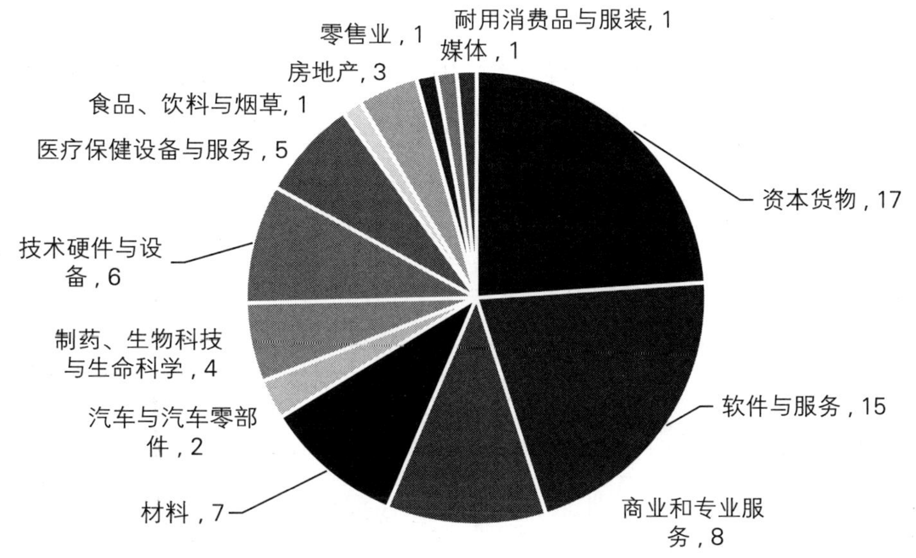

附录图 4－15　2020 年新三板行业实施股权激励家数（Wind 二级行业）

资料来源：股转系统，Wind。

（七）回购

2020 年，142 家挂牌公司预计回购 11.85 亿股；实际回购 9.21 亿股，涉及金额 19.28 亿元。详见附录表 4–13。

附录表 4－13　回购金额前 10 名

简称	区间已回购金额（元）	区间已回购股数（股）	区间回购最高价（元/股）	区间回购最低价（元/股）
益盟股份	106283895.20	24155112	4.50	3.90
硅谷天堂	87102745.61	100000000	0.99	0.73
华成保险（退市）	80640000.00	63000000	1.28	1.28
恒晟农贷	70903010.00	70906000	1.00	0.94
德信股份	65625000.00	12500000	5.25	5.25
先锋科技（退市）	60000000.00	6000000	10.00	10.00
大自然	57124953.80	8420000	7.19	6.45
桑尼泰克	53718071.84	7502524	7.16	7.16
实力文化	52715232.00	11872800	4.44	4.44
生物谷	49676078.06	3999993	12.95	12.03

七、2021 年展望

建设好新三板市场具有现实需要，对于服务经济高质量发展、助力多层次资本市场建设、支持中小企业融资发展、拓宽居民财富管理渠道均具有重要意义；时值“十四五”开局之年，市场各方已多次明确表示要进一步深化新三板改革，构建新发展格局对新三板服务中小企业能力提出了更高要求。展望2021，新三板仍将是“改革年”和“服务年”，预计仍将聚焦转板、促进引入投资者等工作，以进一步巩固改革成效。

（一）落地转板上市制度

转板上市是配套精选层的差异化制度之一。转板制度落地将使得新三板与沪深市场打通，提高整体效率。这一方面有利于企业在不同成长阶段融资，另一方面也有利于打通投资环节，满足投资人关心的“投得进、管得好、退得出”等，从而使得新三板形成一个“内循环”递层系统。

2020年11月底，上交所、深交所分别发布《转板上市办法》（公开征求意见），意味着新三板挂牌公司转板上市的具体实施路径已经明确。预计2021年股转系统将发布转板上市监管指引，明确信息披露等操作要求，并加强对拟转板上市企业指导培训；同时，股转系统将与沪深交易所、中国结算等建立实施衔接机制，确保转板上市制度平稳、顺畅落地。

（二）促进QFII、RQFII投资新三板挂牌股票

允许QFII、RQFII投资新三板挂牌股票有两方面利好。一方面，可为新三板市场带来增量资金、先进经验，满足新三板挂牌企业境外融资需求；另一方面，可为境外合格投资者投资国内优质新三板企业打开通道，分享国内经济持续增长背景下的新三板企业成长红利。

实施进度上，2020年10月，全国股转公司依据中国证监会、中国人民银行、国家外汇管理局2020年9月发布的《合格境外机构投资者和人民币合格境外机构投资者境内证券期货投资管理办法》，制定了《全国中小企业股份转让系统合格境外机构投资者和人民币合格境外机构投资者证券交易实施细则》及配套文件《全国中小企业股份转让系统合格境外机构投资者和人民币合格境外机构投资者信息报备指南》，明确了QFII和RQFII参与新三板交易结算安排及基本监管要求。预计政策将在2021年完善完毕，并实现首单落地。

（三）混合交易和融资融券制度加速落地

目前，新三板市场基础层、创新层实施的日内多次集合竞价、做市交易，精选层实施的连续竞价交易都属于单一交易制度。混合交易制度是基于单一交易制度发展而来。未来，新三板将在精选层连续竞价交易的基础上引入做市商，提供流动性，增加交易订单供给。具有价格发现速度快，价格有效性、成交及时性强的优势，同时兼顾了抗操纵、平抑价格波动和降低交易成本等功能。

融资融券交易，又称证券信用交易或保证金交易。融资交易为投资者提供了借入资金买入证券的机制，从增加市场需求角度为市场提供流动性；融券卖空交易为投资者提供了借入证券并卖出的机制，从增加市场供给角度提高了市场流动性。

预计混合交易和融资融券制度也将在2021年实现首单。

（四）继续完善多层次建设

2021年，新三板将继续完善多层次资本市场互联互通制度：

（1）精选层将打造为小特精专企业聚集地；将推出精选层再融资制度，明确精选层企业并购重组要求。研发推出精选层指数。

（2）创新层和基础层将进一步丰富融资工具，可能推出可转债等股债结合类融资产品，加速和孵化小特精专企业。

（3）将加大与区域股权市场对接力度，试点四板“转板”新三板机制；将研究推出建立更加多元、包容的准入标准。

（五）持续提升挂牌公司质量及价值

挂牌公司质量是资本市场可持续发展的基石，关系重大。2021年股转系统将继续开展提升内控水平专项行动，贴身辅导挂牌公司提高信息披露和公司治理水平；将加强会计监管与服务，不断提升财务信息质量，便利投资者高效获取投资信息。同时，股转系统将强化增量企业培育，拓展区域服务基地。优化存量企业服务，建立“挂牌公司管家式服务”机制。

此外，股转系统将鼓励券商加大投研、推荐和保荐力度，培育一批新三板特色券商。

后　记

《中国上市公司业绩评价报告》研究与编辑工作是中联企业管理集团组建的、由国务院国资委等机构的专家组成的“中国上市公司业绩评价课题组”完成的。课题组充分借鉴了财政部、国务院国资委颁布的有关企业绩效评价办法，以财政部等五部委颁布的《企业绩效评价操作细则（修订）》为基础，结合中国上市公司的特点，构建了一套包含20多项财务指标的业绩评价体系。评价结果完全基于公开披露的上市公司信息。

2020年是十分特殊的一年，新冠肺炎疫情全球大流行和世界百年未有之大变局深刻交织，国际环境日趋复杂，不稳定性不确定性越来越多，面对极其复杂的局面，中国加快构建以国内大循环为主体、国内国际双循环相互促进的新发展格局，重塑了我国国际合作和竞争新优势，在全面深化改革与高水平开放过程中，助力经济高质量发展。上市公司作为微观主体中的佼佼者，表现可圈可点。2020年，上市公司整体业绩保持了稳中向好的趋势，营业收入和净利润，同比分别增长8.6%和6.4%，与此同时，A股三大指数一路震荡上行，彰显宏观经济与微观主体的双重韧性，上证综指（代码：000001）报收于3473.07点，年上涨13.87%；深证综指（代码：399106）报收于2329.37点，年上涨35.20%；创业板指（代码：399006）报收于2966.26点，年上涨64.96%。

基于连续20年对中国上市公司业绩的深刻研究，通过对2020年中国A股上市公司的研究，形成了丰富的研究成果。通过对2020年国内外宏观经济背景的分析，2020年上市公司评价报告对上市公司的经营业绩进行综合评价，在此基础上，结合各界专家的意见，最终推选出中国资本市场权威、科学的“中联价值”上市公司。课题组还深入研究煤炭、石油石化、有色等15个重点行业，所选行业覆盖了产业规划重点扶持行业和投资者关注的市场特点板块，为了提升业绩评价报告研究深度，组织召开部分行业的研讨会。课题组还对新三板、上市公司年度税收等进行了研究分析，丰富了中国上市公司业绩评价报告的内容。

本书分为三个部分和附录。第一部分：第一章由穆东升撰写；第二章由丁青超、孙凯萌撰写；第三章由李向亮撰写。第二部分：第四章由陶涛、石圣之撰写；第五章由蒋卫锋、翟湘琳撰写；第六章由陶涛、刘杰撰写；第七章由潘明、高峰撰写；第八章由金阳、周海文撰写；第九章由俞文杰撰写；第十章由李业强、任喆撰写；第十一章由侯超飞、蒋霄骑撰写；

第十二章由汪炫、蔡嘉露撰写；第十三章由胡超、黄永佳撰写；第十四章由胡超、张国丽撰写；第十五章由侯超飞、徐晶晶、高原撰写；第十六章由张帆、白杨昊男撰写；第十七章由吴晓光、孙禄撰写；第十八章由田祥宇、陈炜聪撰写。第三部分：第十九章由刘玮撰写；第二十章由张世超撰写；第二十一章由朱淑珍撰写；第二十二章由朱斌撰写；第二十三章由邓艳芳撰写。附录四由潘明、金阳、陈丹旭撰写。穆东升、潘明、金阳、邓艳芳、唐章奇、刘松、鲁杰钢、韩荣、吴晓光、王大鹏负责审稿与统稿工作。孙庆红、刘志、洪方圆、张晓萌负责数据采集、处理和统计分析工作。

课题研究和编纂工作，得到了国务院国资委的大力支持。第十三届全国人大社会建设委员会委员、国务院国资委原副主任孟建民等为研究工作提供了诸多指导，在此谨表谢意！